瓶窑镇志

杭州市余杭区瓶窑镇志编纂委员会编

方志出版社
Publishing House of Local Records

瓶窑镇志编纂委员会

顾　问　魏　桥　刘永根

主　任　吕复春

副主任　俞卫强　吴建中

委　员　张　静　王志亮　陆建荣　倪满芬　陈建荣　邵素萍

马旭亮　高箭飞　胡立有　汪增荣　许国华　罗生祥

办公室

主　任　罗生祥（兼）

副主任　洪乐勇　李长春　陈建民

成　员　嵇掌虎　华玉水　徐兴龙　阮景友　王文娟　张　青

编纂人员

主　审　罗生祥

主　编　王　庆

编　辑　付　勤　姚雪贵　陈　杰

摄　影　吴云水等

编　务　卞琳芳

良渚古城遗址——
2019年世界文化遗产申报项目

2018年1月26日，经国务院审批，中国联合国教科文组织全国委员会秘书处致函联合国教科文组织，正式推荐“良渚古城遗址”作为2019年世界文化遗产申报项目。此次良渚古城遗址明确将“良渚古城+瑶山遗址+11条水坝”作为遗址申遗范围。良渚古城遗址（公元前3300–2300）是中国长江下游环太湖地区的一个区域性早期国家的权力与信仰中心所在，它以规模宏大的古城、功能复杂的水利系统、分等级墓地（含祭坛）等一系列相关遗址，以及具有信仰与制度象征的系列玉器，揭示了中国新石器时代晚期在长江下游环太湖地区曾经存在过一个以稻作农业为经济支撑的、出现明显社会分化和具有统一信仰的区域性国家。良渚古城遗址真实、完整地保存至今，可实证距今5000年前中国长江流域史前社会稻作农业发展的高度成就，可填补《世界遗产名录》中东亚地区新石器时代考古遗址的空缺，为中国5000年文明史提供独特的见证。

良渚文化发祥地——瓶窑（2013年）

朱关城/摄

杭州十大“最美湿地”之一的北湖湿地（2017年）

朱关城/摄

瓶窑凤城花苑小区（2005年）

瓶窑新建住宅小区（2016年）

北湖小学（前为幼儿园，2017年）

余杭区第三人民医院（2013年）

104国道瓶窑风都工业区段（2015年）

207省道、201省道彭公立交（2015年）

石濑古村（2015年）

瓶窑大厦（2007年）　　唐永春/摄

瓶窑镇第一初级中学（2013年）

瓶窑西险大塘（2014年）

潘飞鹤/摄

瓶窑风都工业园区（2015年）

瓶窑古窑遗址（2004年） 姚雪贵/摄

瓶窑集镇十八口古井之一（1998年）

洪水淹没瓶窑西溪街（20世纪80年代）

瓶窑外窑街老药店（20世纪80年代）

瓶窑西溪居民纳凉（20世纪80年代） 汤荣华/摄

瓶窑横街（20世纪90年代） 汤荣华/摄

苕溪渔民打鱼（20世纪70年代） 沈文琬/摄

苕溪竹排（20世纪70年代） 姚雪贵/摄

瓶窑苕溪水上贸易码头（20世纪80年代）　　胡兴国/摄

北湖草荡庄村闸（2015年）

石门水库（1998年）

长命港西杨家村段（2015年）

奇坑村石湖、秋湖（2016年）

瓶窑南山农居点（2016年）

瓶窑大观山农贸市场（2010年）

余杭农村商业银行瓶窑支行（2013年）

瓶窑镇老年活动中心（2014年）

彭公竹制品

彭公竹制品市场（2007年）

窑山下的民居（2017年）

杭州樱花园（2018年）

奇鹤村文化礼堂（2015年）

奇鹤村古戏台（2015）

瓶窑总工会大楼（2016年）

瓶窑恒德购物广场（2015年）

瓶窑南山大桥（2017年）

瓶窑镇政府大楼（2009年）

瓶窑镇为5.12汶川大地震灾区捐款活动（2008年）

良渚国家遗址公园启动仪式（2009年）

瓶窑镇省市区非物质文化遗产（2015年）

茗溪穿镇而过（2015年）

良渚古城北城墙遗址（2007年）

彭公老虎岭水坝“草裹泥”实物（2016

莫角山（1987年）

良渚“神徽”像

玉琮

玉钺

玉璧

南山摩崖造像全景（2006年）

南山摩崖造像——真武大帝（2007年）

南山摩崖造像——如来讲经佛（2007年）

南山摩崖造像——慈航观音菩萨（2007年）　　李清国/摄

南山摩崖造像——尊华宿王智佛（2007年）

中共余杭区瓶窑镇第十四届代表大会第一次会议全体委员合影（2016年）

左起：陈建荣、倪满芬、楼红兵、邵素萍、张静(副书记)、吕复春(书记)、吴建中(副书记)、王志亮、陆建荣、周冬梅

瓶窑镇第十五届人民代表大会第三次会议（2009年）

前排左起：人大副主席汪增荣、党委副书记刘玉明、人大主席罗生祥、党委书记钟湘君、镇长俞卫强、人大副主席洪乐勇

2017年12月27日，参加《瓶窑镇志》评审会人员合影

区委老领导、镇领导看望镇志编纂人员（2017年）

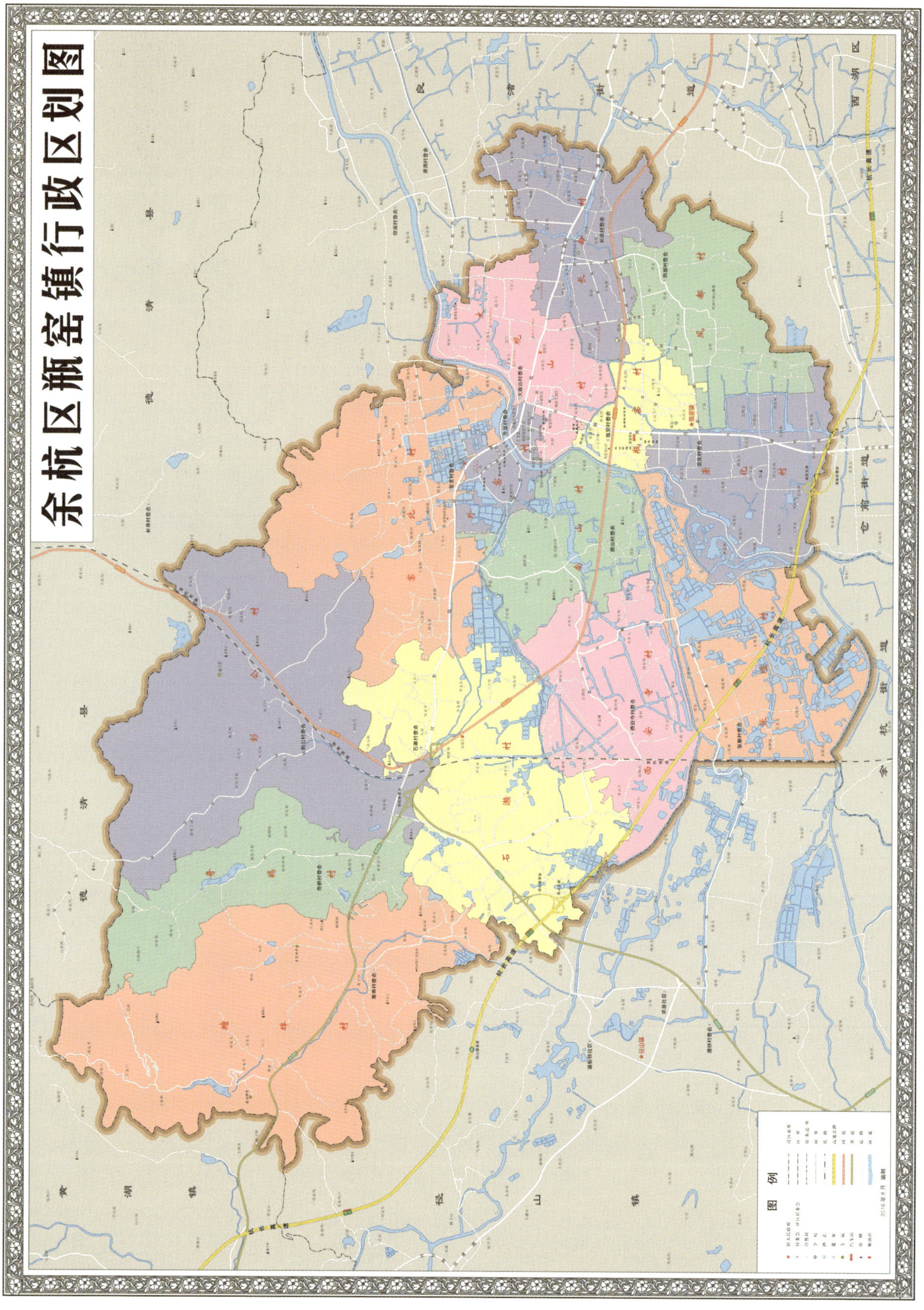

图审号: 浙5(2017)203号

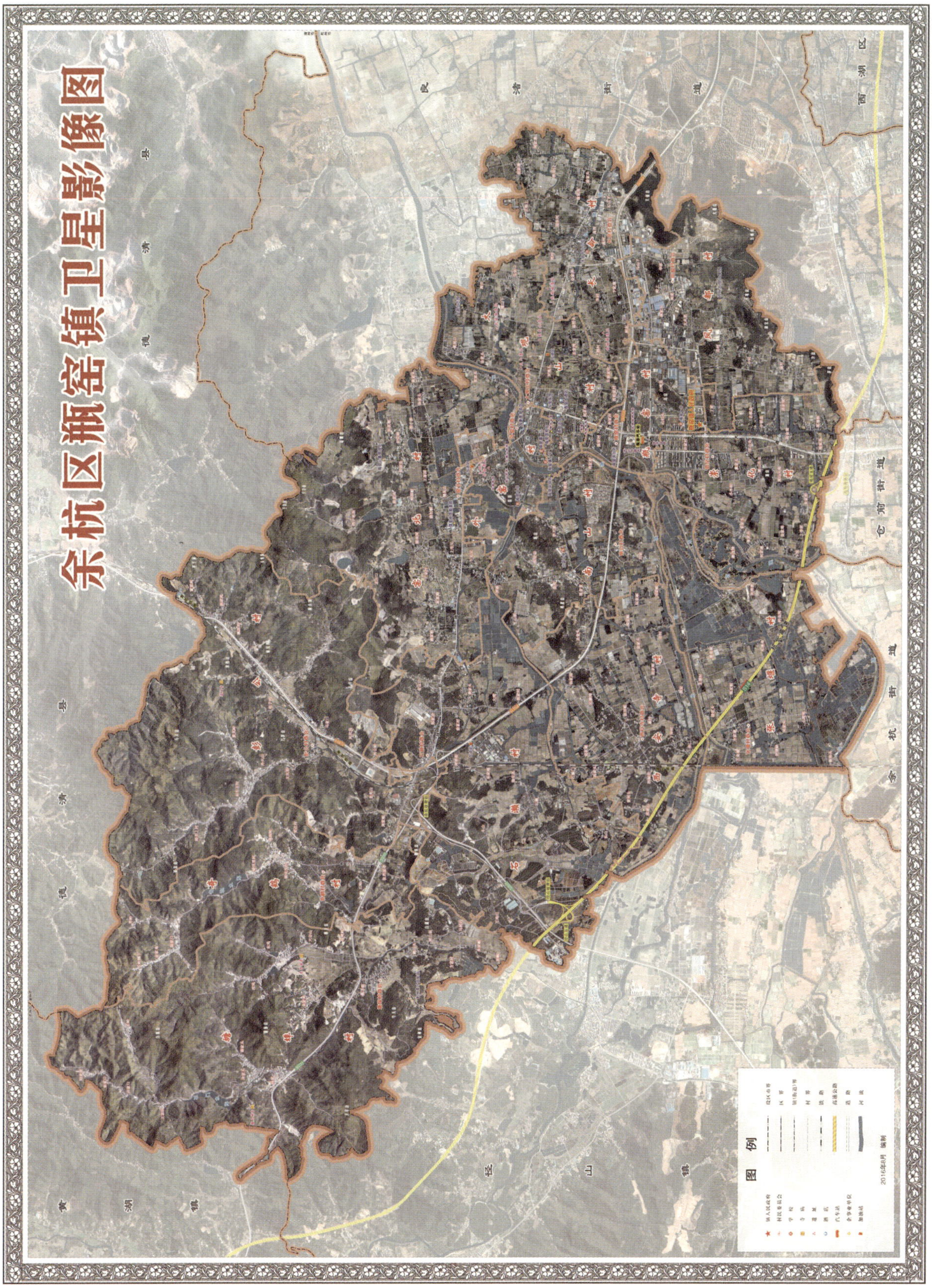

浙江省测绘大队 编制

图审号: 浙5（2017）206号

德清县
袁家头
金家头
杨家头
北城墙遗址
大淮
费家头
陈家弄
反山遗址
西城墙遗址
莫角山遗址
大观山果园
双池头
庙桥头
圣堂湾
南城墙遗址
东杨家村
西杨家村
桥东
下金村
科皇饲料
鼎云机械制造
豪悦实业
蒋家头
良盛机械
文澜环保设备
大夫里
五星铝业
凤都工业园
知味观食品
恒立钣金
镇法庭
镇税务分局
丁家
崇化
瓶窑镇
镇国土所
工人文化宫
许家村
瓶窑第一中学
美好·桂花溪园
陈家头
烂泥湾
横山庙
乌山
山湾里
杭氧有色金属构件
山后头
羊城大酒店
屏惠家园
兴宇大楼
南北乐章
溪东社区
柳郡苑
瓶窑车站
北湖绿洲花园
康冶机械
瓶窑交通大楼
瓶窑派出所
苕溪桥
G104
相公庙
羊山塘
瓶窑社区
仲家村
周家桥
闻家村
凤惠家园
华兴社区
桥上桥
下塘湾
市第二福利院
瓶窑大厦
瑞达城市花园
张家墩
区第三人民医院
兴和苑
瓶窑广场
葡萄畈
苕溪苑
瓶窑第一小学
新窑社区
云峰大厦
外窑
大观山
窑北风情酒店
大桥南路
瓶窑大桥
梦溪大桥
三仙角
里窑社区
瓶窑中学
窑山
窑山花园
兴泰花园
杨梅坞社区
汇观山祭坛遗址
昌兴养殖场

瓶窑镇城区图

良渚遗址分布图
瑶山片区
先民的祭坛
仅次于莫角山的第二等级群落
姚家墩片区
先民的玉器作坊
依山傍水的先民村落
塘山片区
古城的防卫工程
大型的防洪水利设施
汇观山片区
先民的王陵
拥有最大的祭祀遗址
良渚古城片区
先民的王陵
墓葬遗址的代表
5 000年前的紫禁城
宫殿群遗址的代表
先民村落
先民的村落
墓地遗址
荀山片区
临水而居的先民村落
莫角山
反山
汇观山
瑶山
塘山
姚家墩
良渚博物院
良渚文化村
瓶窑镇
德清县
东明山森林公园
G104
遗址保护范围
重点保护区
遗址点
古城城垣遗址

良渚遗址分布图

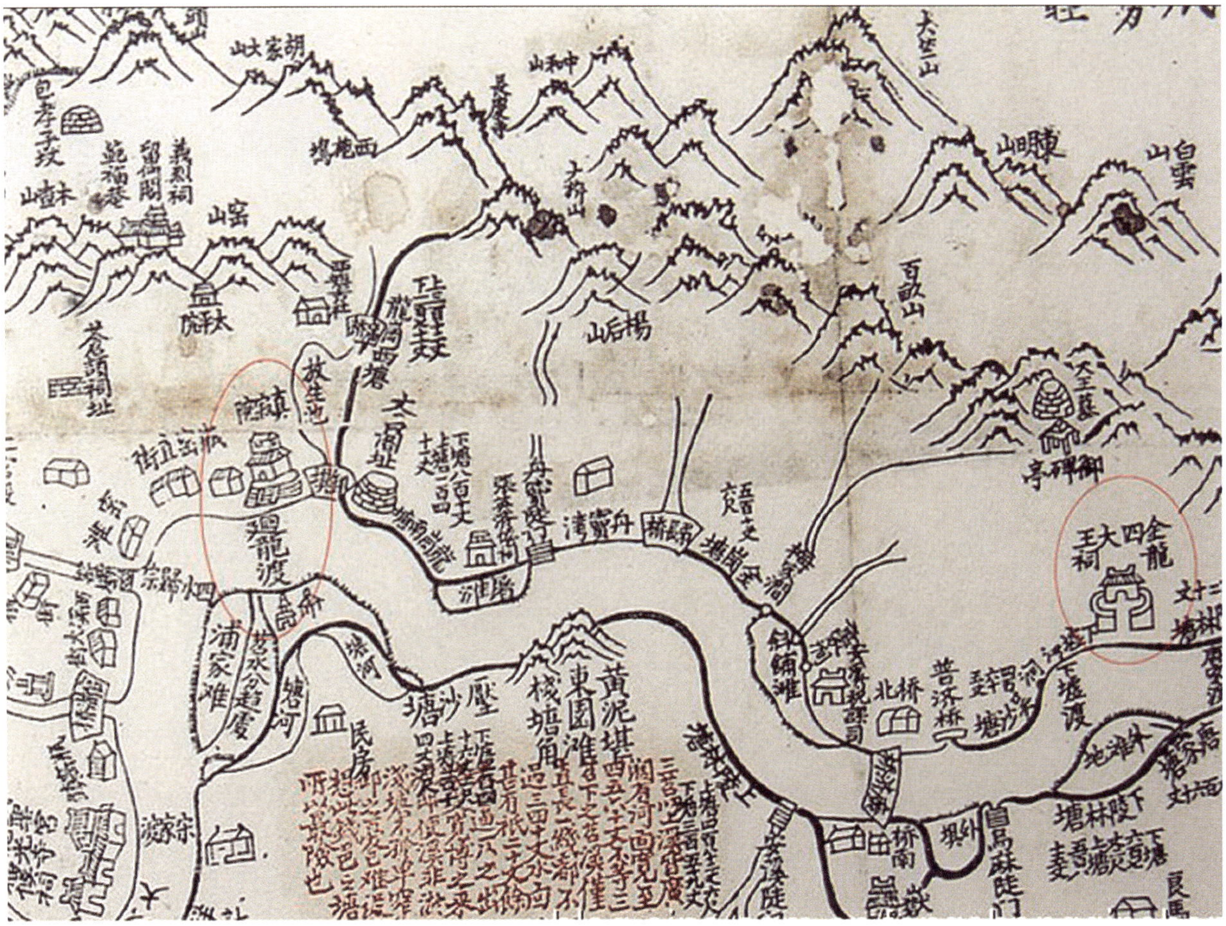

清茗溪险塘图

杭区政区图
余杭区
杭州市
拱墅区
下城区
江干区
西湖区
上城区
滨江区
临平街道
东湖街道
南苑街道
星桥街道
乔司街道
运河街道
塘栖镇
崇贤街道
仁和街道
良渚街道
五常街道
留下街道
西湖街道
半山街道
丁桥镇
笕桥镇
九堡镇
下沙街道
白杨街道
三墩镇
浦沿街道
大麻镇
许村镇
雷甸镇
新安镇
下舍镇
西溪国家湿地公园
西湖风景名胜区
杭州绕城高速
杭浦高速
杭甬高速
沪杭高速二通道
京杭运河
钱塘江
图 例
设区市政府
县（市、区）政府
乡（镇）政府、街道办事处
行政村、社区居委会
设区市界
县（市、区）界
乡、镇（街道）界
山峰
河流、桥梁
铁路客运专线
铁路
高速公路及编号
规划、在建高速公路
国道及编号
省道及编号
地铁及始末站
隧道
杭州市勘测设计研究院 编制
注：底图资料由浙江省测绘与地理信息局提供。
本图界线仅供参考，不作划界依据。
地图审图号：浙S（2012）260号
2012年12月
内部用图 注意保存

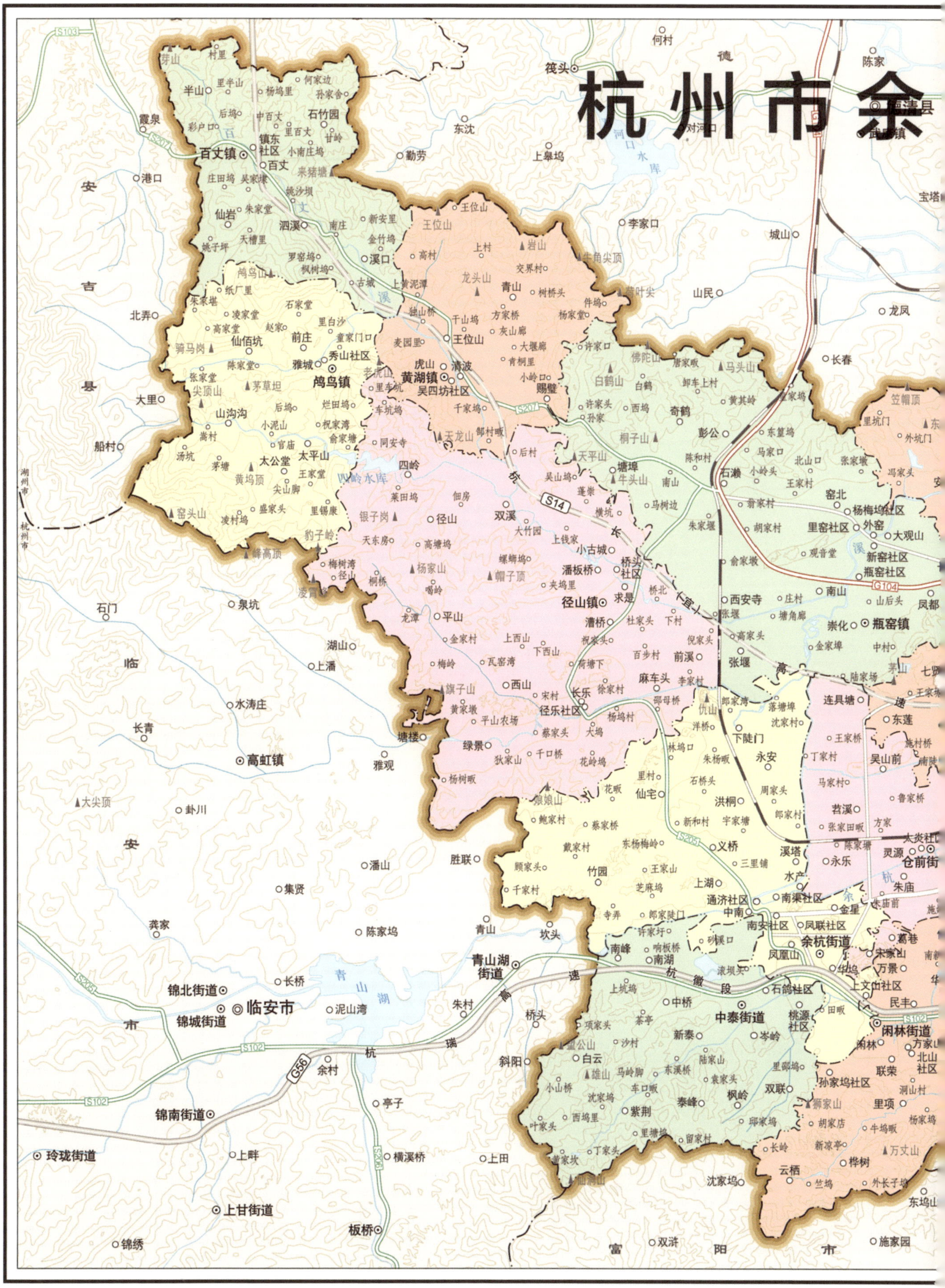

杭州市余
德清县
武康镇
何村
筏头
陈家
对河口
河口水库
宝塔
东沈
勤劳
上皋坞
李家口
城山
牛角尖顶
山民
龙凤
长春
霞泉
港口
安
吉
县
北弄
大里
船村
湖州市
杭州市
百丈镇
百丈
镇东社区
半山
村里
里半山
杨坞里
何家边
孙家舍
后坞
中百丈
石竹园
彩户口
里百丈
甘岭
小南庄坞
来猪塘
庄田坞
吴家塘
姚沙坝
仙岩
朱家堂
泗溪
南庄
新安里
大槽里
金竹坞
姚子坪
罗窑坞
溪口
枫树坞
古城
鸬鸟山
纸厂里
朱家堪
石家堂
凌家堂
高家堂
赵家
里白沙
仙佰坑
前庄
童家门口
骑马岗
秀山社区
雅城
鸬鸟镇
陈家堂
张家堂
尖顶山
茅草坦
山沟沟
后坞
烂田坞
小泥山
祝家湾
嵩村
官庙
俞家塘
汤坑
太公堂
太平山
茅塘
黄坞顶
王家堂
尖山脚
四岭水库
窑头山
凌村坞
盛家头
里锡康
豹子岭
峰高顶
王位山
岩山
高村
上村
交界村
龙头山
青山
树桥头
上黄泥潭
方家桥
杨家堂
件坞
谯山桥
千山坞
灰山廊
大堰廊
麦园里
王位山
青桐里
虎山
黄湖镇
清波
吴四坊社区
小岭口
赐璧
老虎山
里车坑
车坑坞
千家坞
天龙山
邹村畈
后村
同安寺
四岭
莱田坞
佃房
银子岗
径山
双溪
大竹园
天东房
高塘坞
上钱家
小古城
螺蛳坞
梅树湾
径山
杨家山
帽子顶
潘板桥
桥头社区
桐桥
嘈岭
夹坞里
凌晨
径山镇
求是
龙潭
平山
漕桥
杜家头
下村
金家村
上西山
祝家头
倪家头
下西山
百步村
前溪
梅岭
瓦窑湾
荷塘下
麻车头
李家村
旗子山
西山
宋村
徐家村
长乐
邵母桥
黄家墩
径乐社区
平山农场
杨坞村
蔡家头
大坞
绿景
狄家山
千口桥
花岭坞
杨树畈
许家口
佛陀山
唐家畈
马头山
白鹤山
白鹤
卸车上村
许家头
西坞
奇鹤
黄其岭
孙家
桐子山
彭公
天平山
陈和村
塘埠
牛头山
南山
吴山坞
蓬崇
横坑
马树边
朱家堰
S14
长
宜
杭
石濑
东篁坞
马家口
北山口
张家墩
小岭头
王家村
翁家村
窑北
杨梅坞社区
外窑
胡家村
里窑社区
大观山
俞家墩
观音堂
新窑社区
瓶窑社区
G104
西安寺
庄村
南山
山后头
凤都
张堰
塘角廊
崇化
瓶窑镇
高家头
金家埠
中村
张堰
陆家场
笠帽顶
里坑门
外坑门
冯家头
连具塘
东莲
王家桥
施村桥
丁家村
吴山前
马家村
鲁家桥
苕溪
张家田畈
方家
太炎社区
陈家塘
灵源
永乐
仓前街道
朱庙
仇山
郎家湾
落塘埠
洋桥
沈家村
下陡门
林坞口
朱杨畈
永安
石桥头
里村
仙宅
花畈
洪桐
周家头
郎家村
娘娘山
鲍家村
蔡家桥
新和村
宇家塘
S205
东杨梅岭
义桥
溪塔
戴家村
王家山
三里铺
顾家头
竹园
水产
上湖
芝麻坞
千家村
通济社区
南渠社区
中南
金星
寺弄
郎家陡门
许家圩
南安社区
凤联社区
南峰
响板桥
余杭街道
砂溪口
南湖
凤凰山
宋家山
万景
漾坝头
华坞
杭
徽
段
石鸽社区
上文山社区
上坑坞
中桥
中泰街道
桃源社区
田畈
民丰
项家头
茶亭
新泰
岑岭
闲林街道
沙村
陆家山
闲林
方家
北山社区
白云
马岭脚
东溪桥
里郡坞
联荣
孙家坞社区
雄山
车口畈
袁家头
双联
涧山村
小山桥
沈家坞
紫荆
泰峰
枫岭
狮家山
里项
西坞里
留家村
胡家店
叶家头
里塘坞
邱家坞
牛坞畈
杨家坞
董家坎
丁家头
长岭
新凉亭
万丈山
凤洞山
沈家坞
云栖
竺坞
桦树
外长子坞
东坞
施家园
泉坑
石门
湖山
上潘
临
水涛庄
长青
塘楼
高虹镇
雅观
大尖顶
卦川
安
胜联
潘山
集贤
龚家
陈家坞
青山
坎头
青山湖街道
青山湖
锦北街道
长桥
临安市
锦城街道
泥山湾
朱村
桥头
市
S102
杭
瑞
高
速
G56
余村
斜阳
S102
亭子
锦南街道
玲珑街道
上畔
S206
横溪桥
上田
上甘街道
板桥
锦绣
富
双济
阳
市

序

《瓶窑镇志》编纂完成，行将出版。值此瓶窑广大干部群众以高度的政治责任感和历史使命感认真学习贯彻党的十九大精神，把习近平新时代中国特色社会主义思想贯彻到社会主义现代化建设全过程、体现到党的建设各方面，深入推进“五大余杭”建设，争当践行习近平新时代中国特色社会主义思想的排头兵，推动余杭加快成为名副其实的全省榜样，再创新绩之际，兴修志之业，载盛世之昌，可谓合时应运，这是瓶窑镇的大事，值得庆贺！

天赋明珠，北秀瓶窑。大浪淘沙，沧海桑田，大自然的伟力在这里锻造出中华民族最早的栖息地之一，从境内莫角山、汇观山、良渚古城及其外围大型水利工程等遗迹的发掘表明，早在距今四五千年前，已有先民在该地生息繁衍，成了良渚文化的发祥地，孕育了“中华文明的曙光”。中华人民共和国成立以后，尤其是改革开放以来，瓶窑地方经济日益繁荣，发展日新月异。而今，瓶窑镇党委、政府不忘初心，带领瓶窑儿女，围绕“经济强镇、文化名镇、优美城镇”的目标，扎实推进“跨过新国道，建设新瓶窑”的发展战略，启动了以“文化融入经济、经济体现文化、经济文化一体化”为核心的互动发展模式，不懈努力，形成瓶窑新区最新的“一心、两轴、四区、多带”空间结构，且始终在保护良渚文化的大背景下实现自身的发展，以实干演绎传承和发展齐头并进、产镇融合互荣共辉的格局。背靠着林木华盖的青山，面对着奔流不息的绿水，瓶窑，更是一个创业、创新者的金山银山。为优化城镇布局，提高城镇品位，瓶窑作为新型中心镇，不断加强城镇基础设施、文化设施和综合配套建设，打造一批与各类文化遗存、独具特色的自然生态景观相配套的商业、休闲娱乐、文化旅游设施，引导瓶窑、崇化、凤都、长命、外窑、大观山等处于城镇化前沿的村与中心城区的扩张实现一体化发展。瓶窑，一个文明富庶、设施完备、和谐开放、宜居宜业的新型中心镇正在加速完善中。良渚遗址申遗，这给瓶窑带来挑战的同时，更将带来无限的发展机遇。”借申遗之势，瓶窑将进一步优化产业结构，布局文化旅游产业，让文化旅游产业成为瓶窑发展的一个新引擎。

作为余杭地方志的重要组成部分，《瓶窑镇志》独立成志，尚属首次，可谓填补了瓶窑地方志文化空白。“治天下者以史为鉴，治郡国者以志为鉴”。《瓶窑镇志》以邓小平理论、“三个代表”重要思想和科学发展观为指导，深入贯彻习近平总书记系列重要讲话精神，坚持辩证唯物主义和历史唯物主义的立场、观点和方法，客观、系统记述瓶窑镇各方面的历史与现状。《瓶窑镇志》起自良渚文化发端，下迄2015年，循瓶窑镇历史轨迹，记载了瓶窑镇城乡的兴衰、变迁、发展和现状。其间，尤重视发展变化进程和改革开放成果，以及地方党委、政府切实加强领导，保证各项中心工作完成的担当和措施。为传承和抢救乡土历史文化，激发爱国爱乡情怀，探索中国特色新型城镇化发展经验、发展模式、发展道路提供了历史智慧和现实借鉴。志为信史，可以说《瓶窑镇志》是瓶窑镇的变迁史、发展史，为瓶窑镇乃至余杭奉献了一份熟悉自己家乡、从而建设好美好家园的宝贵史料，为外地人了解瓶窑提供了一份难得的资料，也为后人留下可资借鉴的历史经验。该志在编纂上继承地方志优良传统，有所创新。全志由概述、大事记及各专编组成，各编下设章、节。以记述为主，辅以图、表、照片等。横排门类，事以类从；纵叙发展，不断主线。是一部集史志、资料等多种功能于一体的著述，具有较高的"资治、教化、存史"的作用。

盛世修志，我们有幸主持其事，深感荣光。编修镇志是一项重要的文化建设事业，它对宣传瓶窑的悠久历史和瓶窑人民的光荣传统，使广大干部群众，尤其是青少年受到爱国主义教育；对分析研究瓶窑历史和现状，促进瓶窑经济建设和社会发展，尤其对深入推进文化余杭建设，为坚定文化自信贡献余杭力量展现余杭担当有着重要借鉴作用。因而，我们十分重视该项工作，并一以贯之。《瓶窑镇志》的即将付梓出版，有赖镇委、镇政府的正确指导和大力支持，有赖编纂人员谨勤于世、殚精积虑的两年工作。《瓶窑镇志》毕功于役，也是瓶窑镇热心文化人士和区地方志办公室指正的结果。在此，特向为《瓶窑镇志》编纂出版辛勤劳动的主审、主编和编纂人员致以敬意！

方志乃经世致用辅治之作，亦为惠及子孙传世之本，当兹《瓶窑镇志》问世之际，热切期望它能为读者所喜、所用，从中了解瓶窑历史和现状，激发热爱家乡之情，为家乡改革开放和经济建设、社会发展再谱新篇章。戮力同心，加快发展，在"五大余杭"建设热潮中展现瓶窑应有作为，贡献瓶窑应有力量。

值此《瓶窑镇志》出版之际，谨代表中共瓶窑镇委、镇政府，向辛勤奋战在一线的瓶窑人民致以崇高的敬意！是为序。

中共杭州市余杭区瓶窑镇委书记 吕夏春

杭州市余杭区瓶窑镇人民政府镇长 吴建中

2017年11月25日

凡　　例

一、以马克思列宁主义、毛泽东思想、邓小平理论、“三个代表”重要思想、科学发展观和习近平新时代中国特色社会主义思想为指导，坚持辩证唯物主义和历史唯物主义的立场、观点和方法，客观、系统记述瓶窑镇各方面的历史与现状，尤重视发展变化进程和改革开放成果，传承和抢救乡土历史文化，激发爱国爱乡情怀，为探索中国特色新型城镇化发展经验、发展模式、发展道路提供历史智慧和现实借鉴。

二、编纂质量要求参照中国地方志指导小组印发的《地方志书质量规定》执行。在坚持志体的前提下，体裁运用、篇目设置、资料选择等作适当创新。内容以记载镇域范围内的微观资料为主，详县（区）志之所略。根据瓶窑镇的特点，有选择性地记述域内自然、政治、经济、文化、社会的历史与现状，重在突出瓶窑镇的“名”与“特”的内涵，从而达到执简驭繁、文约事丰、易于阅读、利于普及的目的。

三、上限因事而异，尽量追溯至事物发端，贯通古今又详今略古，重点记述中华人民共和国成立以来的历史和现状。下限一般到2015年，大事记至2016年。

四、记述地域范围，尊重瓶窑建置变化历史事实，叙事以现境为主，少数内容因追溯源流、叙述因果或不可分割等原因，适当兼及旧境之内、现境之外事项，随文注释记述范围之今属。

五、志不越境，然重要历史事实注重交代背景，反映与瓶窑行政区域外的横向对比、联系。

六、继承传统志书体例，并有所创新。采取章节体与条目体结合，其体裁为述、记、志、传、图、表、录及注释等。以志体为主，各体兼用。

七、横排门类，纵叙发展，述而不论。志书主体大致按自然、经济、政治、文化、社会分类设编，采用章、节、目结构，志首冠概述、大事记，编、章下设小序，志末附索引、后记。个别节、目为显特色而未严格横排门类。

八、采用现代语体文、记述体，力求准确、简明、生动。文字、数字、计量等按国家规定标准规范书写。记述面积类目事项时，仍沿用旧制“亩”为单位，同时括注换算后的法定计量单位，以照顾读者阅读习惯。

九、图体包括地图、示意图和照片，注重典型性，与志体相得益彰，力求图文并茂。表格设计力求科学、规范。

十、丛录纂辑历代重要文献、诗文等，以明地域文化内涵。

十一、中华民国及以前，以传统中国历史纪年法纪年，用汉字书写（中华民国年号用阿拉伯数字），括注公元纪年；中华人民共和国以公元纪年，用阿拉伯数字书写。

十二、事件一般以年、月记时，重大事件至日，农历用汉字数字书写，公历用阿拉伯数字书写。

十三、世纪、年代表述均用阿拉伯数字书写，凡不注明世纪之年代，均指20世纪。

十四、人物选录原则注重政绩、著述、创造发明和社会贡献。人物记述源自历史文献和征集采访。

十五、坚持"生不立传"原则，入志人物以本籍为主，亦载在瓶窑活动并有较大影响的客籍人士。一般以事系人，人随事出。凡影响较大、事迹较多者立传，次之者为作传略。并为在世著名人士作简介，主要记其业绩。烈士以民政局在册名录和历史档案资料为准。

十六、资料主要来源于正史、旧志、专著、档案及实际调查，凡直录史籍文献原文者，注明出处。其他入志资料一般不注出处。史籍文献记载不一的，取有参考价值者；实难考订取舍者，则并存诸说。

十七、历史数据采自文献资料。中华人民共和国成立后，以统计部门资料为准；统计部门缺载者，酌采工作部门统计数据。

十八、"解放"特指中华民国38年（1949年9月30日止）5月2日余杭县解放，5月3日杭县解放。"改革开放"系指1978年中共十一届三中全会后。"文化大革命"系指1966年—1976年期间。"瓶窑"泛指今瓶窑镇所辖地。

十九、政区名称以当时名称为准，地名采用现行标准地名，必要时用历史名称。古今地名不同者，书以当时地名，括注记述下限2015年时地名。

二十、机构、组织、单位等均用当时当地典章制度和约定俗成的称谓。使用频率较高的名称，首次出现用全称，括注简称，其后用简称。

二十一、历史上余杭县、杭县及瓶窑、彭公、长命、北湖资料相糅并用，纵横结合，融为一体。

二十二、为彰显境内良渚文化之重要，特设专卷，且置舆地卷之后。

二十三、瓶窑山水灵淑，某山某水按其方位皆为详载。苕溪专赖北湖、西险大塘为之利害所关，故志水利尤详。

二十四、风俗、方言皆志不可缺者，然缺乏个性，今斟酌并稍加删润以著。增加非物质文化遗产内容，体现瓶窑文化积淀。

二十五、某些内容难以按类编修、以类相从，除在大事记内容外，作专记若干附大致相关编章节后。某些内容（同一事物）以不同方式（资料取舍，记述角度）在多个地方出现，以体现事物之间的相互渗透和彼此联系，亦方便读者阅读。

目　　录

第一编　舆　　地

第二编　良渚文化

第三编　经　　济

第四编 政 治

第五编　文　　化

第六编　社　　会

第七编 人 物

第八编 丛 录

概　述

天赋明珠，北秀瓶窑。

瓶窑历史源远流长。从境内何家埠等遗迹的发掘表明，早在距今7000年—6000年间的马家浜文化时期，已有人类在此生息繁衍。距今5300年—4300年，成为良渚文化的发祥地，是中国古代文明的源流之一。瓶窑镇境内的反山显贵者墓地、汇观山祭坛遗址、良渚文化古城遗址及古城外围大型水利工程调查与发掘项目等先后被评为全国十大考古新发现，是实证中国5000年文明史发生最具规模和水平的地区之一，在人类文明史上具有唯一性和特别重要性。而窑山的古窑遗址又是一处向世人展示瓶窑文化魅力的宝地。窑山有18口窑连接18条弄，每条弄还有1口井的故事，传诵着祖辈的勤劳智慧。瓶窑，一个充满文化内涵的地名。

瓶窑地处交通要道，西北崇山峻岭，东南为一马平川，又有三苕沮洳，在军事上有比较重要的战略地位，历来是军队屯戍、兵家争战之地。镇北的马头关是浙西北三关之一，为浙西北进杭通道，经此可至武康、湖州直趋苏南，西经独松关至安吉、长兴径取安徽。北来西临之敌欲取杭州，必经瓶窑。苕溪干流南苕溪源于东天目山的马尖岗，从中泰乡入境，贯穿余杭街道，经仓前吴山，在瓶窑镇汤湾渡、龙舌嘴与中苕溪、北苕溪汇合，经良渚街道安溪、仁和街道獐山入德清县境，最后注入太湖。右岸建有西险大塘，是杭城的重要防洪屏障。瓶窑，又是一个重要的战略要地。

瓶窑山川环错，丰邑浩穰，苕溪汤汤，白鹤巍巍。旧有“瓶窑十景”，更有南山摩崖石刻造像、北湖草荡等众多文化遗存与自然风景名胜。被人誉为杭州第二飞来峰——南山摩崖石刻造像尚存元代佛教、道教摩崖单身造像13尊，躯体高大，造型端庄，具有很高的历史价值和艺术研究价值，为全国重点文物保护单位。北湖古称天荒荡，又名北湖草荡，是杭州地区仅存的原生态湿地，湿地动植物丰富，芦苇丛生、野鸟纷飞，构成北湖独特的生态系统。瓶窑，还是典型江南佳丽地。

背靠着林木华盖的青山，面对着奔流不息的绿水，瓶窑镇党委、政府不忘初心，带领瓶窑儿女，围绕“经济强镇、文化名镇、优美城镇”的目标，扎实推进“跨过新国道，建设新瓶窑”的发展战略，启动了以“文化融入经济、经济体现文化、经济文化一体化”为核心的互动发展模式，不懈努力，形成而今瓶窑新区最新的“一心、两轴、四区、多带”空间结构，且始终在保护良渚文化的大背景下实现自身的发展，以实干演绎传承和发展齐头并进、产镇融合互荣共辉的格局。瓶窑，更是一个创业、创新者的金山银山。

一

瓶窑镇位于杭州市北郊，北纬30°23′—30°55′，东经119°57′—120°03′，东邻良渚街道，西邻径山、黄湖镇，南接余杭、仓前街道，北与德清县交界。2015 年，人口 5.79 万，面积 128.81 平方公里，建成区面积 18 平方公里。1997 年初，被列为浙江省小城镇综合改革试点镇。2007 年，瓶窑镇被确定为省级中心镇。9 年来，瓶窑镇在推进中心镇建设上成效显著，生产总值等主要经济指标都实现了翻番，产业基础不断扎实，基础配套日渐完善，生态环境持续改善，人民生活日益幸福，区域中心地位逐步凸显。中心镇建设成为推动瓶窑实现跨越发展的重要抓手，破解诸多要素制约的有效手段，推进城乡区域统筹发展的战略节点。2016 年 11 月，瓶窑镇成功获列杭州市首批转型升级示范镇，向着小城市培育试点镇迈出重要一步。

瓶窑宏观构造特征大体可分为西部山地丘陵区和东部平原区。大致以东苕溪为界，西部山地丘陵河谷，东部水网平原。镇境西北属天目山东麓山脉之余脉，层峦叠嶂，茂林修竹。因苕溪而成的河谷平原分布在南、中、北 3 条苕溪谷口至东苕溪一带，低河漫滩，地势起伏。东部为水网平原，平畴一片，塘漾棋布，是闻名的杭嘉湖平原。因地处北亚热带南缘季风气候区，温暖湿润，四季分明，光照充足，雨量充沛。年平均气温 15.8 ℃—16.2 ℃，年平均降雨量 1392 毫米，年降水日 130 天—145 天。境内多种地貌类型分布，加之亚热带季风性气候调节，为各种植物生长和动物孳生繁衍，提供了良好的自然环境。较高的森林覆盖率、良好的植被，维系着生态环境的良好发展。野生植物中属国家一级保护的有水杉、南方红豆杉，二级保护的有银杏、黄杉、鹅掌楸、杜仲、夏腊梅、金钱松等。野生动物中属国家二级保护的有灵猫、大鲵、穿山甲等。由于大范围的开发建设，生态环境也受到严重影响。

瓶窑古称亭市，南宋《咸淳临安志》卷之二十四《山川三》载："亭市山，《郡国志》云：杭州亭市山余石乡。亭市村多陶户，善作大瓮，今谓之浙瓮。"《太平寰宇记》载："亭市村人悉作大瓮，今人谓之浙瓮。"宋代，亭市山南麓建窑烧制陶瓶，始称窑山，亭市村因此得名瓶窑。"窑山旧名横山，郡志在县北七十里，高七十丈周回四里，窑屋绕山、上下重叠名瓶窑，有瓶窑镇。"（清《康熙钱塘县志》卷二《山川上》）"位于区政府驻地以西 31 公里。镇北的窑山原名横山，唐代建窑烧瓶，始称窑山，瓶窑因此得名。民国年间置瓶窑镇，属杭县。新中国成立后沿用之。1950 年余杭县苕北北镇所属上窑划归瓶窑镇。1958 年 5 月杭县建制撤销，瓶窑镇和长命乡划归余杭县。1958 年下半年撤销余杭县，瓶窑镇和长命乡划归临安县，同年底置长命公社。1961 年 3 月原余杭县从临安县析出划归钱塘联社，长命公社和瓶窑镇属钱塘联社，4 月改建余杭县，属余杭县。1988 年 3 月北湖乡并入瓶窑镇。1992 年 5 月长命乡并入。"（浙江省民政厅编《浙江区划地名溯源》浙江大学出版社，2007.5，第 70 页）

民国年间确定为建制镇，但一镇二治，以官口桥为界，桥北属余杭县，桥南属钱塘县，后为杭县。1950 年 6 月，省政府训令"同意余杭县所属瓶窑西半个镇划归杭县管理。"（府民字第 4325 号）自此，瓶窑结束一镇二治的历史。至 1958 年 4 月，杭县建制撤销划归余杭县。同年 10 月，余杭县撤销划归临安县。1961 年 3 月，原余杭县从临安县析出划归钱塘联社，瓶窑属钱塘联社；4 月钱塘联社改建为余杭县，瓶窑属余杭县。1962 年 4 月，浙江省北湖种畜场划出张堰、圣堂、西安寺、毛元岭 4 村与瓶窑镇的西中、何中、上窑、外窑和甪窦 5 个村合并组建北湖人民公社。1983 年 6 月，外窑村划回瓶窑镇 1988 年，北湖乡撤销并入瓶窑镇；1992 年 5 月，长命乡撤销并入瓶窑镇；2001 年 8 月，彭公乡撤销并人瓶窑镇。2003 年 6 月，建立华兴、新窑、里窑、杨梅坞 4 个社区。同年 9 月，村规模调整为外窑、大观山、长命、瓶窑、凤都、崇化、南山、张堰、西安寺、窑北、彭公、塘埠、奇鹤、石濑 14 个村。2009 年 10 月，瓶窑村撤村建居，成立瓶窑社区。2013 年 5 月，新建溪东社区。2013 年 5 月，瓶窑镇下辖华兴、新窑、里窑、杨梅坞、瓶窑、溪东 6 个社区，外窑、大观山、长命、凤都、崇化、南山、张堰、西安寺、窑北、彭公、塘埠、奇鹤、石濑 13 个建制村。

二

瓶窑自然条件优越，物产丰富。良渚文化遗址出土的文物证实，良渚文化时期经济已进入与黄河流域同等发展阶段，是余杭经济开发之肇始。长期以来，凭借得天独厚自然条件，又依托余杭发展了自身。中华人民共和国成立后，虽屡经曲折，但地方经济仍日益发展。1979 年起，农村和城镇先后实施经济体制改革，生产力得到解放，经济活力不断增强，经济总量大幅度增长。

苕溪南北，向为杭州粮仓，还盛产蚕丝、蔬菜、水果等。白鹤上下，层峦叠嶂、茂林如海，茶叶、竹笋等土特产名闻遐迩。瓶窑农业源远流长，可追溯到远古时代的良渚古国。在境内的文化遗址中出土的文物中，就有稻谷、绸片和用于水稻生产的石制田器和千步。瓶窑的农业生产，经原始农业发展到传统农业，走过了一个近五千年的漫长时期。而传统农业发展到今天的现代农业，60 年的时间就实现了历史性的跨越。特别是关系到国计民生的粮食生产，现代化的程度已经达到先进国家的水平，部分是由于收割机、插秧机、高效植保喷雾机、犁耕机等机械的应用，劳动手段改变，劳动生产效力大为提高。农业生产的社会化分工和专业化逐步得到实现，生产规模和生产专业化程度得到长足的发展，农业结构发生了巨大的变化。水利设施已经相当完善，西险大塘和苕溪北塘、“十里渠”及 130 多座山塘水库成为防洪抗旱重要设施，保障农业生产。2001 年，全镇农业总产值 1.88 亿元。2005 年，农业总产值 2.83 亿元。2010 年，20 亩以上种粮大户共有 292 户，总计面积 10979 亩，占全镇种粮面积的 1/3。种粮大户平均种粮面积达到 37.6 亩，存栏百头以上养猪户 28 户，存栏千羽以上养禽户 130 户，5 亩以上蔬菜，设施栽培专业户 30 户。全镇粮食、畜、禽、蛋、茶、果、鱼的产量远远超过传统生产的产量，且正在向生态化现代农业推进。2001 年开始，瓶窑镇启动农业特色园区建设，大力发展都市效益农业，先后建成上窑蔬菜园区、青虾养殖、毛园岭水果、彭公竹笋、海深特种鱼、张堰茭白等农业特色园区。政府鼓励农户走农产品深加工路子，提升农产品附加值。杭州石门笋制品有限公司等一批农业企业快速成长，从而提高了农业经济效益。依托彭公竹制品市场的优势，打造全国最大竹制品市场，年市场交易额超 7 亿元。2010 年，全镇实现农业总产值 4.82 亿元，增长 7.71%。土地流转全年累计完成 25229 亩，其中新增 7700 亩，超额完成 10%。2015 年，瓶窑镇省级现代农业综合区以 91.42 分通过浙江省农业园区办验收考核。该项目涉及瓶窑镇 6 个行政村，规划布局“一心三区八园”〔现代粮食、蔬菜种苗育苗中心(农业公共服务中心)；奇鹤花卉苗木示范区、大观山种猪示范区、粮食生产功能区，毛元岭桃果、塘埠水果、海深特种水产、西安寺早竹、满元蔬菜、凯西爱红豆杉、龙华铁皮石斛、鱼佬大休闲农业精品园〕。全镇实现农业增加值 4.26 亿元，同比增长 5.19%。种植业收入 32239 万元，同比增长 28.29%，渔业收入 10234 万元，同比增长 13.06%，林业收入 16355 万元，同比增长 8.66%，畜牧业收入 2381 万元，同比减少 62.27%。省级现代农业综合园区创建成功，苕溪北片万亩低产田改造完成。

旧时，“瓶罂今出钱塘瓶窑”，没有什么工业可言。民国 16 年(1927 年)，徽商金纯织开办民生棉织厂,始有工业。然至20世纪40年代末,瓶窑仅剩有一家小型电厂及铁、竹、木加工业8家。1956年组建铁、竹、木手工业生产合作社,1958年办起机械厂、草包厂、砖瓦厂、米厂。1978年,创办镇办企业皮鞋厂、标牌厂。这个以“窑”出名的小镇开始以一个崭新的面貌颠覆着人们的记忆。20世纪80年代,先后办起杭生电扇厂、杭生冰箱厂、瓶窑文教用品厂、彭公汽车改装厂等企业。至2005年,形成纺织服装、文教印刷、医疗化工、机械电子、农产品加工等行业格局。有大小企业976家,资产总额39.52亿元,实现工业总产值82.1亿元。1998年以来,集体企业开展经营机制转换工作,企业生产经营驶上快车道,涌现出华达、长命印刷、文教用品、华通羊绒等一大批规模型大企业,初步形成纺织服装、文教印刷、医疗化工、机械电子、农产品加工等多元化行业格局。为保护良渚文化遗址,瓶窑镇调整工业发展规划,启动工业园区建设,1998年,提出“跨过新国道,建设新瓶窑”的战略,开发建设“凤都工业园”,先后有全国民营企业500强的鼎胜实业、杭州知味观食品企业等一批知名企业落户园区,进驻企业160余家,提供就业岗位8660余个,为瓶窑工业经济培育壮大发挥了关键性作用。2010年底,全镇累计拥有工业企业1000余家,其中入围全国民营企业500强企业一家(杭州鼎胜实业有限公司,排名334位),全球细小漆包线领导先驱企业杭州益利素勒精线有限公司一家,规模以上企业130多家,自主创新注册专利120余件,省著名商标1件、省级名牌产品1个,杭州市著名商标5件、杭州市名牌产品1个。凤都工业区块被评为杭州市十佳工业功能区块。瓶窑工业从传统的手工业,发展到现在已经形成“纺织服装、文教印刷、机械五金、食品加工”的块状经济以及三大品牌,即“最细的益利素勒的精线、最薄的鼎胜集团的铝箔、最硬的双金机械的双金属复合颚板”的格局。此外,还形成了相当规模的仿良渚文化玉雕的产业,加工户达40多户,年产值5000万元,产品远销国内及海外。借用文化符号提升当地产业的知名度、美誉度,增加文化产品的附加值,成为瓶窑出产的独特标志。

2010年,实现工业总产值124亿元,同比增长33.49%。其中规模工业产值92.83亿元,同比增长29.67%。新增6家规模企业,全镇规模企业总数达到146家,亿元企业突破20家;完成新产品增加值15.5亿元。全镇现有亿元企业26家,杭州益利素勒精线有限公司是“世界500强”益利素勒集团在华的唯一生产企业,杭州鼎胜实业集团连年入围全国民营经济500强。2015年,全镇实现规模以上工业增加值22.87亿元,同比增长7.4%;高新技术产业产值27.65亿元,同比增长1.13%。是年9月,浙江省经济和信息化委员会、省统计局联合公布2014年度工业强镇综合评价结果,瓶窑镇排名第39位,是余杭区唯一入选的镇(街道)。

瓶窑物产丰富,又得地利之优,商品流通历来发达。明代中叶,瓶窑镇已是临安、昌化、於潜、安吉、孝丰和县内山货集散之地,山货行、过塘行曾盛极一时。瓶窑山货业主要集中在沿东苕溪岸的上窑、西溪、外窑,长约三华里,形成了上窑地段以经营批发为主的山货业大户,外窑地段以经营零售为主的山货业小户这样一个市场格局。民国时,较有名的山货行有“骆义昌”“天南”“大成”“郑万顺”等。山货的兴旺,推动了商业发展,规模较大的商号有杭裕气绸布店、方瑞隆南货店、吴茂昌南货店、冯源顺酱酒店、汪益兴酱园,另外宏大绸布店、陈万兴米行、陈协兴米行、朱一堂南货店、新华楼茶店、小有天菜馆等在当地也小有名气。镇西十里石濑村,唐宋以来就是商贸市镇。明嘉靖《余杭县志》载:“石濑镇,自许墩上桥至云福祥院止聚山货通商贾舟楫。”镇境内长命桥、化湾(水河桥)、石门、塘埠、板石、张堰等地历来有市。清咸丰七年(1857年),县内最早的典当铺“保昌当”在瓶窑西溪街开业,内设账房、仓库、信房、首饰房、米房、更楼等，资金8万银元，是当时全县资本最为雄厚的当铺。民国时，“商业地点以沿溪横街至山麓直街为最盛，有酱园、南货栈、电汽厂等。出口以竹、木、柴、炭、茶、笋为大宗（略）。杭瓶公路今已直达横湖，山货输出与各货输入，当益畅通。抗战时全毁。”（民国《杭县志稿》卷十四）。抗日战争期间，瓶窑、石濑等镇被日寇占领，市场衰败。1951年，全镇有商店货行174家。自1978年改革开放以后，个体民营经济打破国有商业、供销合作商业一统天下局面，促进商贸发展。1986年，占地6600平方米、建筑面积6200平方米、拥有179个摊位的瓶窑综合市场改建完成。1988年1月，瓶窑供销社和安吉县土产公司共同投资建造的瓶安大楼建成开业。2001年，有个体工商户1613家、民营企业299家，其中经营商贸的近200家，商业零售额达1.01亿元。出口商品有羊绒服装、羽绒制品、化工染料、竹制品、茶叶等。2005年，瓶窑镇第三产业增加值达4.62亿元，占全镇国内生产总值22.8%。2012年11月，通过生态建设、产业发展、民生保障、人居环境、历史文化、风土人情等经济、社会和人文元素等方面的考量，瓶窑镇成为2012年杭州市十大新型中心镇，也是余杭区唯一入选的城镇。新型城镇的崛起，促进第三产业快速发展。2013年，全镇第三产业服务业实现销售收入15.05亿元，增长17%。围绕重点服务领域，推进铭品购物中心、瓶窑农贸市场等项目建设。竹木工艺城开业并承办杭州市第六届竹笋节。瓶窑股份经济合作社综合楼和兴宇大楼，被确认为全区首批重点商务楼宇；长命印刷厂的绿色印刷、杭州俊士铁路设备有限公司的创意火车纳入区文创产业扶持项目；花源山庄、梅林山庄获评浙江省旅游特色经营户（点）。开展文创产业存量空间排查，建立镇级重点文创产业项目库，1万多平方米闲置厂房纳入区创意产业招商名录，引进金融网络公司入驻，与新东方烹饪学校达成租赁意向。永昌商道、环境导视等纳入市级扶持项目。2015年，瓶窑恒德广场开业运营，嘉凯城城市客厅完成主体工程，继续推进瓶窑商贸城招商，完成杭亿商业办公楼项目建设。以“都市田园、清静瓶窑”为主题，推进现代民宿发展，风都水岸小筑项目与浙江宾馆达成合作意向，“东坞55号——油纸伞之家”启动。全镇实现第三业增加值17.50亿元，同比增长11.4%。社会消费品零售总额20.30亿元，同比增长8.6%。

三

瓶窑交通素称便捷，据考古发现，早在良渚文化时期已有独木舟用木桨划船。

春秋时期，吴越间道经过瓶窑境。三国时，孙氏兴吴筑马头关隘，为瓶窑北部边境重关。南苕溪、中苕溪、北苕溪3条溪在镇境内合流为东苕溪，河宽水深，上溯经余杭至临安青山，下流经德清、湖州、过太湖进入江苏水系。境内河港纵横密布，从瓶窑夹塘经内河支港定班航船可达杭州、余杭、塘栖、临平、三墩等地。瓶窑历来是商贾荟萃、百货云集的水陆商埠，是安吉、孝丰、临安和余杭山区的山货集散地，也是城市商品进入山区的大门。1995年，据镇航运公司统计，全镇有驳船62艘5260吨，拖轮7艘，动力862千瓦（其他企业和非企业水运工具尚未统计在内）。1995年，年吞吐量60万吨的瓶窑码头建成并投入使用，仓库266平方米，容量660吨。1958年国家铁道部开始修筑南京至杭州铁路，1972年1月在杭州火车站举行通车典礼。杭宣铁路在境内的石濑站，客货兼营。1925年，兴建104国道（亦称杭宁公路、京杭国道）马头关至彭公段。1926年，建成瓶窑至彭公段、瓶窑至荀山段。1929年，杭州至湖州全线通车。1975年，达到三级公路标准。1998年，全线按一级公路标准改建并改道绕过良渚文化遗址，瓶窑段总长 15.5 公里,新建桥梁 4 座,1999 年建成通车。1926 年,兴建 04 省道(彭公—安吉公路),抗日战争中遭到破坏,1948 年建成通车。1977 年,按三级平原公路标准拓宽改善,2003 年,全线按一级公路标准改建,2005 年竣工。015 省道(彭公—余杭公路)1925 年 7 月建成,抗日战争时期全线遭破坏。1957 年按 6 级公路标准建成通车,1966 年改建全线桥梁,1979 年全线按三级公路标准改建。1989 年,全线铺成沥青路面。2001 年,按全线一级公路标准改建。2004 年,竣工通车。1977 年起,全镇村与村、村与镇及与周边乡镇之间的机耕路开始改建或新建公路,瓶窑与周边乡镇连接的有长命至安溪下溪湾、西险大塘沿塘、水河桥至吴山、长命至良渚七贤桥等公路,镇境内有彭公至卸车、石门至长岭、瓶窑至西中、瓶窑至张堰、彭公至石濑等公路。20 世纪 80 年代,东苕溪与大运河通航,百吨货轮可直达杭州、上海、苏州、无锡等地。04 省道、015 省道、新老 104 国道交汇于彭公,贯穿全镇。至 2005 年,镇境有主要公路 53.31 公里、县级公路 24.6 公里 、镇级公路 29.77 公里 。

1975 年,建瓶窑自来水厂。至 2005 年,企事业单位及村民饮用自来水,平原村自来水入村率达 100% ,入户率达 89% 。1923 年,瓶窑宣阳电气公司开业。1984 年,35 千伏瓶窑变电所建成投运。2002 年又建成 110 千伏凤山变电所。农业、工业和居民生活用电需求和安全均有保障。全镇村、社区及境内企事业单位均开通有线电视,总干线长 54.33 公里,农村有线电视覆盖率 100% 。

旧时镇区以官口桥为界,半属钱塘,半属余杭。1978 年改革开放前,瓶窑镇老城区只有 0.3 平方公里。中华人民共和国成立后,随着社会、经济的发展而不断扩大,特别是 1978 年改革开放以后,瓶窑镇按自己特色编制总体发展规划以及相配套的工业、商贸、居住等专项规划。进入 80 年代,住宅建设向结构合理、配套设施齐全发展,先后建成新窑、精工、杨梅坞、何家埠等新型住宅小区。1985 年,随着改革开放的深入,瓶窑镇实施了跨苕溪发展战略,规划城区面积为 1.3 平方公里。按现代化城市的要求,精心规划和建设新城区,先后建成大桥南路、新窑路、沿塘路、教育路、新兴路、东兴路等,并拓宽和新建了华兴路、风溪路、精工路、杭生路等,与新 104 国道和老国道之间沟通,形成城市交通路网。跨入 90 年代,华兴大厦、银行大楼等 10 多幢高层建筑拔地而起。2001 年,建成的瓶窑大厦,主楼高 45 米,建筑面积万余平方米,成为瓶窑新的标志性建筑。跨溪发展受良渚文化的制约,瓶窑镇城镇建设规划作出重大的调整,提出"跨过新国道,建设新瓶窑"的新思路,实施了三大项目的建设。2004 年,投资 5000 多万元,建造华兴路与新 104 国道互通立交桥,新建瓶仓大道,新建瓶窑镇政府大楼,使瓶窑城区建设跨过新 104 国道,获得一个全新的城镇发展空间。2010 年,瓶窑新规划的 12 平方公里的新城区域内,瓶窑汽车站、北湖绿洲房产、羊山农居点、瓶窑一中等项目已经完工。崭新瓶窑组团中心镇已展露新姿。瓶窑镇的城镇区域已经扩大到 18 平方公里,比原来的老瓶窑城区面积扩大了 60 倍。由于逐年加大资金投入,改造老城区、建设新城区、扩大建城区,一改昔日街小路窄、房屋低矮、设施简陋形象,相继建成为布局比较合理、基础设施比较配套、且交通便捷、市场繁荣的新型城镇。进入 21 世纪后,为融入杭州大都市,实施小城镇大战略的目标,完善城镇道路设施,推进"三改一拆",持续开展"五水共治",推进"五气共治",完善城镇管理,保洁及市政、路灯养护实现专业化、规范化。在中心城镇(街道)建设快速发展的同时,不断推进农村农民的住宅改造,一大批新农居点多(高)层公寓建筑如雨后春笋般的在广阔田野上崛起。伴随撤村建居,城乡建设的迅速发展,城乡面貌的巨大变化,逐步实现了生产生活生态的高度融合。

四

瓶窑既有天目山灵秀之气，又得东南沿海浩荡之风，访大禹之遗航，缅秦皇之渡浙，人杰地灵，代有传人。摇泰，生卒不详。东汉时余杭石濑人，古闽越国国王无诸后裔（无诸是移居今福建境内的越人后裔，自称为闽越王）。摇泰为东汉南阳太守。摇泰曾在境内建查湖，惠及乡里。盛度（968—1041），字公量，出生于瓶窑横山。北宋著名的政治家、军事家、外交家。北宋祥符七年（1014）中进士。曾任翰林学士、兵部郎中、参知政事、知枢密院事、枢密使等。奉使陕西，勘察疆域，参质汉、唐故地，绘《西域图》献于朝廷，宋真宗曾嘉奖他，以"博学"称之。迁右谏议大夫，为翰林学士，加史馆修撰、兵部郎中。景祐二年（1035），任参知政事，知应天府，任太子少傅。卒后赠太子太保，谥文肃。盛度为官清廉。宋人笔记小说《青箱杂记》有载。柴车（？—1441），字叔舆，瓶窑人。永乐年间考中举人，步入仕途，官至兵部尚书。柴车为人正直清廉，不好奢华，后人将柴车和于谦相提并论。清代名医魏之琇，世医出身，幼因贫于质肆帮活，夜则灯下苦读，先后达 20 年，精通医术，并以医济世，颇有医名。《续名医类案》是魏之琇继明江瓘《名医类案》之后的一部中医医案巨著。另有《柳州医话》等，均行于世。

在先辈影响下，瓶窑重视教育、文化事业。有文字记载的教育历史始于汉。至宋，经师自由讲学之风盛行，且秀异多出其中。清光绪年间，镇上有"骆家馆"等 7 家私塾，光绪三十二年（1906 年）钱塘与余杭两县在瓶窑联办"苕西两等小学堂"。民国 18 年（1929 年），教育总长蔡元培视察瓶窑镇苕西小学，影响了瓶窑教育发展。至 1949 年解放前夕，瓶窑镇有中心国民学校 1 所、代用中心国民学校 2 所、国民学校（初小）17 所。现代著名作家汪馥泉，儿时就读苕西两等小学堂。中华人民共和国成立后，历届政府十分重视教育事业，把"教育优先"方针落到实处，大力发展教育，1986 年，普及九年义务教育。2000 年，跻身浙江省教育强镇行列。2008 年，落成启用的瓶窑一中新校园，投资规模超 1 亿元，现代化教学设施齐全。2015 年，全镇有 1 所初级中学、4 所中心小学、1 所完小、1 所成人职业技校，在校学生 1 万余人。境内瓶窑高级中学创办于 1956 年秋，是区属公办普通高级中学、省三级重点普通中学。校园占地面积 61670.6 平方米，建筑面积 24632 平方米，绿化面积 21228 平方米。丹桂玉兰四季飘香，山水清风轻灵脱俗，是颇具中国传统书院神韵的书香校园、人文校园和绿色校园。

中华人民共和国成立后，全镇医疗卫生事业蓬勃发展。特别是改革开放以来，瓶窑镇医疗卫生事业发生翻天覆地的变化。建于 1951 年 12 月的余杭区第三人民医院，是一所二级综合性医院，2005 年初完成从馒头山整迁到集镇华兴路，2016 年 7 月，再次整体迁建项目在南山厂区块开工，按二级甲等医院标准建设，总投资 6.05 亿元。通过不断加大投入，调整医疗布局，优化资源配置，积极创造条件，以区第三医院为龙头，建立彭公专科医院、长命卫生院和社区卫生服务中心，积极推行新型农民医疗制度，农民的参保率达到 99.8%。基本解决农民看病难矛盾。2004 年，成功创建杭州地区首个国家卫生镇，使全镇群众的卫生意识达到了一个新的水平。2010 年，社区卫生服务中心启用。该项目由原余杭区第三人民医院改建，投资 2000 多万元，占地 1.1 公顷，承担着 13 个建置村、5 个社区约 10 万名流动人口的医疗、预防、保健、康复、健康教育、计划生育技术服务六位一体功能。中心下设 11 个社区卫生服务站点，能提供基本医疗、健康咨询、计划免疫、预防保健、康复医疗、计划生育、慢性病随访等服务，免费为社区居民建立电子健康档案。次年9月,瓶窑镇社区卫生服务通过验收,成功创建为浙江省级规范社区卫生服务中心。

百姓文体活动多姿多彩。1984年,开始每年举办元宵节灯会,成为瓶窑镇群众文化习俗。建设文化大礼堂,开展文化下乡演出。瓶窑苕溪艺术团作为唯一一支代表浙江民间的舞蹈队,在"夕阳秀"2016载歌载舞携手夕阳秀华章国家大剧院舞蹈展演获金奖,"窑山风情"获中韩文化艺术交流活动金奖,改编省级非物质文化遗产项目——石濑花灯,南山彩狮完成抢救性保护复原。各种业余的足球、乒乓球体育团体,健身、舞蹈、舞龙队、腰鼓队、秧歌队的艺术团等各类群众业余文体队伍活跃瓶窑城乡。发源于瓶窑塘埠村的余杭纸伞制作技艺已被列入浙江省级非物质文化遗产名录。2011年,纸伞以全新面貌出现在全球著名的设计节米兰设计周上。从1996年起,每四年举办一次全镇人民运动会,成为展示镇人民体育运动水平的一个舞台。2014年,瓶窑镇获全省小城镇大文化示范十大样本镇称号。

瓶窑儿女吸吮了数千年的历史精华,奋发图强,自1978年改革开放以来,农业和农村经济保持良好的发展态势,工业经济持续健康发展,第三产业全面进步,综合经济实力显著增强,城镇品位明显提升,人民生活水平稳步提高,文化、卫生、教育等各项社会事业全面健康协调发展。杭州地区首个国家卫生镇、全国小城镇建设示范镇、国家级生态镇、全国重点镇,一块块"国"字招牌映衬着瓶窑丰厚的文化内涵,构建了一个个新生代承续系列,奏响出一首瓶窑人民不忘初心,锐意进取的时代凯歌,在瓶窑不断延绵的历史长河中,掀起层层蔚为壮观的波峰,显得那样雄奇俊伟,五彩缤纷。

大　事　记

夏

公元前2070年至前1600年,《郡国志》云:“夏禹东去,舍舟登陆于此,乃以为名。”(乐史《太平寰宇志》卷九十三、《太平御览》卷一百七十)

禹巡会稽至此,舍航登陆,故以航名州。(明万历《钱塘县志·纪疆》)

禹治之,奠高山大川,决九川,距四海,悯彼蛮方泽国,作西海险塘。(清孙之禄《南漳子》卷上)

今钱塘之金鹅山,《郡国志》云:防风氏封此山,下有风渚。禹致群神于会稽山,防风氏后至,禹杀而戮之。(宋罗泌《路史》卷二十《史记》卷四十七《孔子世家》)

大禹作塘,名西海险塘。(明陈善《南湖考》)按:苕溪之堤塘,其险要厉害并埒于钱塘江海塘,位于杭州之西,故称。实为东汉熹平年间陈浑所筑,今称西险大塘。

秦

秦王政二十五年(前222年),“王翦遂定荆江南地;降越君,置会稽郡。”余杭、钱唐两县属会稽郡。

始皇三十七年(前210年),“十一月,浮江下,观籍柯,渡海渚。过丹阳,至钱唐。临浙江,水波恶,乃西百二十里从狭中渡。”(汉《史记》卷六《秦始皇本纪》)

“浙江又东径余杭故县南新县北,秦始皇南游会稽,途出是地,因立为县。”(北魏郦道元《水经注·浙江水》)今瓶窑地属余杭县。

汉

新莽始建国元年(9年)余杭改名进睦,钱唐改名泉亭。(《汉书》卷二十八上《地理志》)

建武初(约25年),余杭,莽曰进睦,世祖建武初复故名。(清嘉庆《余杭县志》卷一引万历《县志》)

建武六年(30年),钱塘,省入余杭。(清康熙《杭州府志》卷一)

永建四年(129年),吴郡,顺帝分会稽置:余杭钱唐属吴郡。(宋范晔《后汉书》志第二十二《郡国四》,民国《杭县志稿》卷二《通纪》)今瓶窑地随之。

熹平二年(173年),余杭县令陈浑发民10万,修筑上、下南湖,调节苕溪洪水,灌溉余杭、钱唐两县农田。

隋

开皇九年(589 年),余杭郡,平陈置杭州,统县六:钱唐、盐官、余杭、绥安、富阳、於潜。(《隋书》卷三十一《地理志下》,《元和郡县志》卷二五《江南道》)

陈置钱唐郡,隋平陈废郡,置杭州,初治余杭,开皇十年改治钱唐。炀帝大业三年改曰余杭郡。(《读史方舆纪要》卷九十《浙江二》)今瓶窑地属余杭县。

唐

天授三年(692 年),(朝廷)敕钱塘、於潜、余杭、临安四县租税纲运径取道于此(苕溪),公私便之。(南宋咸淳《临安志》卷三十六)

开元四年(716 年),新升望县:杭州余杭县开元四年二月二十六日升。(宋王溥《唐会要》卷七十)

余杭、钱塘一带缫丝、织绸、造纸等家庭手工业兴起。〔《余杭县志》(1990 年版)《大事记》〕

杭州余杭郡,上。土贡:白编绫、绫、藤纸、木瓜、橘、蜜姜、苣、牛膝。(《旧唐书》卷四十《地理三》;宋欧阳修、宋祁《新唐书》卷四十一《地理五》)

宝历元年(825 年),归珧,宝历元年为余杭令。(清嘉庆《余杭县志》卷二十)

余杭,望。南五里有上湖,西二里有下湖。宝历中,令归珧因汉令陈浑故迹置。北三里有北湖,亦珧所开,溉田千余顷。珧又筑甬道,通西北大路,高广径直百余里,行旅无山水之患。有铜。(《新唐书》卷四十一《地理五》)

唐大中年间(847 年—859 年),河南人盛珰任余杭令,爱瓶窑黄山之秀,遂举家从河南商丘虞城迁至瓶窑黄山居住,成为江南盛氏始祖。唐代大书法家柳公权受请书“黄山”二字。盛珰命工匠将“黄山”两字刻石于黄山之上。

宋

元祐二年(1087 年),县令李元弼率民增筑(西险大塘)三尺,又差捍江兵,土豪寨官助之。(清嘉庆《余杭县志》卷十一《水利》)

崇宁五年(1106 年),杨时为余杭令,专务以德化民,而于水利尤尽心力。(清嘉庆《余杭县志》卷二十)

绍兴四年(1134 年),临安府大都督府,县九:钱塘、仁和、余杭……(《宋史》卷八十八《地理四》)今瓶窑地分属余杭、钱塘县。六年(1134 年)六月,江东、淮南北郡县蝗,飞入湖州境,声如风雨,自癸巳至于七月丙申,遍于畿县,余杭、仁和、钱塘皆蝗。(《宋史》卷六十三《志第十六》)是年,东苕溪钱塘段分筑黄鄱、烂泥湾等 10 塘,化湾陡门、安溪陡门等 5 闸。〔《余杭县志》(1990 年版)《大事记》〕

绍兴年间(1131—1161年),高宗南逃,经彭公、瓶窑等地,瓶窑人田七组织乡民在城隍山截战尾追金兵,败。

隆兴二年(1164年)夏,行都畿县余杭大蝗,令漕臣察狱莅捕。(宋马端临《文献通考》卷三百十四,《宋史》卷六十二《志第十五》)

淳熙七年(1180年),南山普宁禅寺,在(余杭)县北三十里常熟乡,宋白云通教大师创庵以居,隆兴间改庵为院,曰传灯,又改普安;淳熙七年改今额。(明吴之鲸《武林梵志》卷六)南山普宁禅寺,在常熟乡瓶窑镇西,宋白云通教大师创庵以居。淳熙七年改今额。(清嘉庆《余杭县志》卷十五)

绍熙四年(1193年)八月辛丑,钱塘、临安、新城、富阳、於潜县大雨水,余杭县尤甚,漂没田庐,死者无算。(《宋史》卷六十一《志第十四》)

咸淳八年(1272年)十月庚戌,以秋雨水溢,诏减钱塘、仁和两县民田租什二。(《宋史》卷四十六《本纪第四十六》)十年(1274年)六月乙巳夜,地震,自西北有声如雷,余杭县为甚。(《宋史》卷六十七《志第二十》)八月癸丑,天目山崩,余杭民溺死者无算。(《续文献通考》卷二百二十一)

德祐元年(1275年)八月癸丑,大霖雨,天目山崩,水涌流安吉、临安、余杭,民溺死者亡算。(《宋史》卷四十七《本纪第四十七》)九月戊寅,发米振余杭、临安两县水灾,余杭灾甚,再给米二千石。(同上)

元

至元十七年(1280年)四月丁亥,立杭州路金玉总管府。(《元史》卷十一《世祖本纪》)杭州路,县八:钱塘、仁和、余杭……(《元史》卷六十二《地理志》)今瓶窑地分属余杭、钱塘县。

至正十二年(1352年),徐寿辉起义军破杭州,经瓶窑、彭公,出马头关取武康、德清。大德七年(1303年)七月,罢江南白云宗摄所,其田令依例输租。(《元史》卷九《成宗本纪》)

元代,统治者崇信佛教,瓶窑镇设立"杭州路余杭县南山大普宁寺大藏经局"刻《大藏经》,全套共五百九十一函。

明

洪武五年(1372年)八月,余杭山谷水涌,人民溺死者众。(《明史》卷二十八《五行一》)

成化十八年(1505年)七月戊戌,浙江余杭等县骤雨,山水漂房屋,伤禾稼,民有死者。(《明武宗实录》卷三)

嘉靖三十五年(1556年),浙江总督胡宗宪派双溪兵驻瓶窑,设北乡营,抗倭寇。

万历四十二年(1614年),真寂寺,宋宝庆间建,万历甲寅僧广印移建瓶窑。《槜李诗系》卷三十二:白云散人广印,主瓶窑真寂观以老。(明吴之鲸《武林梵志》卷四)

妙济寺在县东北四十里黄坑界。元至元[元]年,僧愚溪创为(对)[接]待寺。中[元]统间,改今额。元末兵毁。明洪武四年复毁,万历三十年间,僧宝碧峰再建。(明万历《余杭县志》)

万历三十七年（1609年），戊申夏四月，天乃降割淫雨为灾，浃四旬不休，五月塘崩，闸复圮，苕水县（案通‘悬’）注如倾，三峡大浸稽天，桑田为海，下民其鱼，屋庐荡析，莳种亡具，呼号流散，遍于四野。（黄汝亨《化湾闸碑》）

万历年间（1573年—1620年），“瓶罂今出钱塘瓶窑。”（明万历《杭州府志》）

清

顺治二年（1645年）六月，明总兵仁和人唐彪在安溪聚众抗清，转战昌化、余杭和瓶窑，死者过半，杀清兵也相当，后在安溪战死。十二月，“鲁王总兵唐彪，与大清兵战于瓶窑，杀伤相当。”（清李天根《爝火录》卷十三）《皇明四朝成仁录》卷七：瓶窑之战，死者居半，杀敌亦复相当。“明长兴副将方元章、瓶窑副将姚志倬、张起芬起兵复余杭，战败，元章死之。”（《小腆纪年附考》卷十）

顺治初年至康熙二年，安溪唐起凡举兵反清，历20年，清军杭州协副将王鼎新会同钱、余两县清军会剿，久战不胜。至顺治十八年（1661年），唐将叶尔行、姚济被擒。康熙元年（1662年）三月破乌尖山寨，唐败死。十年（1653年）四月，余杭诸乡多虎患。（《皇朝文献通考》卷二百六十八）。

康熙二年（1663年）七月，唐余部被围瓶窑东皇坞，唐将章贤、黄五兄弟等突围至瓶窑，再次被围，展开血战，败没。四十八年（1709年）十一月，庚午，（朝廷）赈济浙江余杭等六县水灾饥民。（《清圣祖实录》卷二百四十）

雍正五年（1727年），压沙溪塘，在五都五图瓶窑地方，总督臣李卫委员动帑修筑五十八丈。（清雍正《浙江通志》卷五十二）

乾隆七年（1742年）八月，议准疏浚钱塘、余杭二县交界之瓶窑镇溪河，以利杭、嘉、湖三府田畴。《清高宗实录》卷一百七十三：八月乙巳，工部议准浙江巡抚常安疏称：钱塘、余杭二县交界之瓶窑镇溪河，为诸水汇归太湖之尾间，水挟沙至，水去沙停，兼之窑户堆积废料残沙，渐以淤阻，上游无从宣泄，遂致泛溢，塘堤亦多冲刷，亟宜先为挑浚疏通，以利杭、嘉、湖三郡民生，并转饬该地方官，晓谕附近窑户，不许仍前堆积，致妨水道。从之。（《大清会典则例》卷一百三十四）二十七年（1762年）七月，大风雨，山水骤至，仁和、钱塘、海宁、余杭及杭州卫仁和场民屯田地灶被淹。《清史稿·灾异志》：七月，仁和、钱塘、海宁、余杭大风雨，山水骤发，灶场、田禾尽淹。（清乾隆《杭州府志》卷五十六）

咸丰七年（1857年）五月初四，西坞村木象畈人胡万成起义反清，攻占余杭县城，清杭嘉湖道叶堃领兵镇压，胡败，十一日退至石门天平山坛石寺，因内奸出卖而被俘遇害。十年（1860年）二月，太平天国忠王李秀成率军1250人奔袭杭州，从武康梯子岭进入角头至瓶窑，与清按察使段光清部激战于瓶窑，清兵大败，四散溃走，太平军强渡苕溪抵良渚过夜，翌日破杭州。十一年（1861年）九月十七日，李秀成占余杭。十二月攻破杭城，直至同治三年二月杭城失守，历时两年三月。（徐映璞《太平军在浙江》）瓶窑西溪街开出杭县第一家典当铺：保昌当。内设账房、仓库、信房、首饰房、米房、当传、更楼等，分记账、保管、传递、保卫等职责，资金8万银圆，是全县资本最为雄厚的当铺，抗日战争爆发后歇业。十二年（1863年）八月，杭州、余杭两城相距六十里，见官军日逼，（太平军）益筑垒连四十里，通余杭。（清罗正钧《左文襄公年谱》）

道(光)咸(丰)年间,浙江四大名医姚氏传人李劳世坐诊外窑街,擅长内科兼治杂病。(《余杭区镇街简志》)咸丰年间,钱塘境之瓶窑设立"清厘金"分卡。(民国《杭县志稿》)

同治二年(1863年)癸亥,大举进攻,杨昌浚军城北,康国器军城东,魏喻义等列营西北,分寇(指太平军)势,复破陡门坚垒。其日,黄少春一军绕瓶窑屯,未下。明日,各军越城北,攻临清堰,寇酋汪海洋阻水拒官军,官军深入遇伏,副将余佩玉死之,士卒殿者亡三百人。(清罗正钧《左文襄公年谱》)三年(1864年)二月,丙申,复杭州省城,余杭太平军汪海洋是日亦空城出,与杭州太平军合,走瓶窑。公自督亲军追之,令罗大春、简桂林将兵在前,太平军殊死战,大军进薄之,太平军引入安溪屯,复乘胜逼攻,寇(太平军)不支,分走德清、武康。(清罗正钧《左文襄公年谱》)《左宗棠全集·家书》:二月二十四日卯刻始克杭州、余杭两城,自入浙以来六百余日,无日不在忧危震撼中,得此始有小歇之处。二十五日亲率各营追贼(太平军)至瓶窑,至安溪关,夺逐要隘。五年(1866)三月,苕溪竹木货运日盛,货商每令篠户于瓦窑塘塘边钉椿绊系竹木,溪流水急,日夜动摇,以致塘身逐渐损伤。为护塘身,知府刘汝谬于塘侧立永禁碑石,同治八年三月重申旧事,令竹木放木香埠以下堤边椿系,不准在瓦窑塘绊系。十年(1871年)二月十九日,余杭县风雹尤烈,衙署、仓廒、民居坍损无算。(民国《杭州府志》卷八十五)

光绪元年(1875年),杭州府属自夏徂秋水旱相继,风雹虫蝝伤稼,仁和、钱塘、海宁灾尤重。(民国《杭州府志》卷八十五)二年(1876年)大水,南湖塘圮,巡抚杨昌浚拨款修理,以工代赈。(清光绪《余杭县志稿·恤政》)八月,丁未,杨昌浚奏杭州等属被水被风情形一折:本年入夏以后,浙江杭州等所属之余杭等县,雨水过多,田庐多被淹没,并有淹毙人口。(《清德宗实录》卷三)七年(1881年)八月,庚寅,谕内阁:给事中楼誉普奏浙江杭州等府同被水灾,请饬速筹抚恤一折。兹据该给事中奏称,本年五月下旬,余杭县之苕溪,水势骤涨,冲坍塘堤,田庐被淹。仁和、钱塘二县,农田亦被浸灌。(《清德宗实录》卷一百四十九)是年九月,瓶窑乡温台人与两湖人械斗,致伤毙数十名。两湖人避赴省城呼冤,经官宪暂为安捶(抚),日给钱米,令分处钱塘、清波各门外。八年(1882年)五月二十三日,径山出蛟,双溪镇人有溺死者,钱塘化湾、阴山、龙岗等塘,余杭月湾塘圮各数十丈,田庐淹没。(民国《杭州府志》卷八十五)九年(1883年)十一月,瓶窑某富户嫁女于余杭,奁资丰盛,价值千金。遇盗抢劫一空。次日,邑尊带同干役四五人,勇悍亲兵七八人,至瓶窑镇直扑盗巢,尽数捉获,计共七人。(《申报》1883年12月24日第3845号第1版)光绪十二年(1886年)夏天箬溪再次"险塘大溃",浙抚卫荣光调动全省力量(包括军队)治水,大筑堤坝。(《杭属苕溪险塘图说》)

光绪十六年(1890年)九月,用以工代赈的办法对南湖和东苕溪同时进行疏浚、修坝。二十一年(1895年)一月,杭州所属瓶窑地方,时有匪徒出没,乘机抢夺,不止一次。本月初四日,抚宪特派新右旗亲兵全营往彼驻扎,并派新前旗亲兵五队,分驻湖墅。(《申报》1895年1月17日第7812号第3版)二十三年(1897年)因秋雨连绵,田稻收成歉薄,闻所收租米,高田每亩仅三斗有零,低田不过二斗左右。除完纳钱漕夕实无盈余,即上等沙田所收,亦只二斗余,故业珏者,无不为之愁眉双锁也。(《申报》1897年12月30日第8876号第2版)

光绪三十年(1904年)七月,设瓶窑镇(邮政)代办分局。(民国《杭州府志》卷一百七十五)局址在市街(今磨子心),后改设自办局。三十二年(1906年)杭属各镇近奉颜廉访谕,饬县主仿行巡警,由仁钱二首县之塘栖、瓶窑等镇先行试办,均派汛弁为巡长。府县点验,给发军装,俾资保卫闾阎云。(《申报》1906年7月22日第11947号第9版)三十三年(1907年),钱塘余杭苕西两等小学堂,在钱塘孝女南乡五图瓶窑镇,由仲以忠等借存诚公所开办。十月开学。(民国《杭州府志》卷十七)三十五年(1909 年),杭属瓶窑镇,为南苕、中苕、北苕三溪汇流处。前月杪天目万山之水,从三溪汹涌而来,宣泄不及,致水涨三丈。瓶窑全镇俨成泽国,且冲坍丁姓房屋三间,淹毙救塘人夫一名。初十以后,水势渐退。讵十四日,水又暴涨,对岸险塘高峙,为浙西三郡屏障,水与塘平,前次已矬,陷四十余丈,今更岌岌可危。各乡田禾漂没多日,各庄董以无可补救,大灾已成。(《申报》1909 年 7 月 7 日第 13082 号第 5 版)

宣统元年(1910 年),"抵奉口陡门,左会苕溪,有西溪、瓶窑二镇。移府同知驻瓶窑"。(《清史稿·地理志》卷六十五)二年(1910 年)三月,"巡警道详称镇埠已办巡警处所酌派副巡官前往整理,杭州府属仁和县塘栖镇、钱塘余杭两县瓶窑镇、余杭县黄湖镇"。(民国《杭州府志》卷一百七十六)三年(1911 年),安溪农民潘加雨等组织稻草帮(也作草索帮)暴动。钱塘县知事廖某派统领陈阿浦领兵驻瓶窑镇压稻草邦,潘加雨、卜阿正、费加生等三位农民首领,在镇东三圣角被杀害。是年,杭州总捕同知详请省宪"自经抚宪奏准,以贵捕府稽移驻瓶窑,迭蒙贵捕府请添防兵四棚,驻守辖本年三月间,忽奉抽去两棚,地重兵单,益难镇摄接情上求省宪,俯念要地,迅速添拨防兵营驻窑"。(《申报》1911 年 6 月 10 日第 13770 号第 10 版)是年九月,"杭垣瓶窑地方,于本月初五、六日两昼夜,倾盆大雨,溪水陡深丈余。而初七、八,山水继至,乡民抢护不及,冲坍塘闸十余处。急流横溢,低区田禾尽遭淹没。各乡区牲畜漂亡,室卢荡尽。讵十四日上午,忽有乡民千余人来镇抢劫米店,其中河南客民最居多数。自十点钟起,至下午三点钟止,声势汹汹,计共被劫沈世昌等米店五家,抢去米豆粉食三四百石。随后蜂拥至苕西小学堂肆闹,捣毁门窗、食物、器具,现在人心惶惶,市面大为震恐。该处当五方冲要,驻扎防营仅止两棚兵力,不敷镇压。昨经杭总捕同知郅司马禀请,上峰迅拨勇队暂驻,并请赐拨重帑,先办急赈以保危局"。(《申报》1911 年 9 月 9 日第 13861 号第 10 版)是年冬,设警察瓶窑分所。

中华民国

(民国资料源于《余杭县志》1990 年版、民国《杭县志稿》、余杭区档案馆档案、杭州市档案馆档案、南京中国第二历史档案馆档案,《东南日报》《申报》等报刊。)

元年(1912 年)1 月 22 日,仁和、钱塘两县合并,称杭县。瓶窑等区,年来迭遭水患,饥民遍野,致强悍者勾结外匪,肆行焚劫。各乡自治绅董协议,公推骆绅泰,环禀都督,要求酌发军队及水师炮艇。

2 年(1913 年),光复后裁撤同知,仅眷警察分署。春季改为西乡派出所。

3 年(1914 年)3 月,商防营韩管带拨兵四棚来此弹压迎赛龙灯乡民,周知事于 6 日来瓶窑勘察。

8 年(1919 年)6 月 1 日,瓶窑等地学生罢课,商店罢市,延续 3 日。响应北京"五四"爱国运动。

11 年(1922 年)9 月,自 8 月 31 日起至 9 月 2 日止,飓风急雨,昼夜不息,山洪四发,苕溪南湖并溢,塘堤尽溃,加上六七两月,叠遭大水三次,数十年来未有之浩劫。

12 年(1923 年),瓶窑镇开设宣阳电气公司。是年,瓶窑同德钱庄开业,资本 1 万银元,经营存、放、汇等金融业务,后改名协昌。

13年(1924年),杭瓶路顾子才、谢纯叔、骆树立等所发起修筑杭瓶路,“以余杭双溪黄湖为起点,杭县湖墅为终点。计黄湖至瓶窑三十六里,瓶窑至良渚十八里,良渚至三墩十八里,山墩至湖墅十六里。现黄瓶段已着手施工,黄湖方面由张星叔君主持一切。其自瓶窑至周家畈一段,长十二里。作为瓶周段,工程费约一万三千元,筹认数目已达万元。昨由筹备主任骆树立君函催各股东,请其正月终以前,先缴半数,以便二月初五可如期开工云”。6月,马头关至彭公段由商营余武汽车公司承筑。15年,由瓶湖双汽车公司承筑彭公至黄湖段。

19年6月,“浙省公路局筹筑之杭州小河至瓶窑镇汽车路,业已竣工,于本月十六日起实行通车。自瓶窑镇起,经过长命桥、良渚、勾庄、祥符桥以达小河,均设站售票,每日来回八次”。

16年(1927年)2月,杭县乡村建立农民协会,领导“二五减租”。瓶窑区有良渚等18个农民协会。次年,94个村有农民协会。5月,杭县划出城区、西湖、会堡、湖墅、皋塘、江干6个区建立杭州市,市、县自此分设。11月22日,杭县妇女协会成立。是月,瓶窑、良渚、上纤埠、乔司、三墩、南蒋村等地相继在小学内开设民众夜校。

17年(1928年)2月,县立瓶窑中心小学建立。5月,由两县商绅张辅贤、骆恒、朱焕庭、高桂堂、骆泰、须岩、陈三益、骆盛唐、李文藻、骆贡庭、陈宏剑等多人发起,购买股金600股(每股50元),集资8万元,组成杭瓶公司,骆恒担任董事长。公司承筑瓶窑至良渚段,长8.37公里,1929年6月筑成。然线上的瓶窑与良渚两座公路大桥由省公路局建成。7月,瓶湖双汽车公司建立,经营瓶窑至黄湖、双溪客运,设瓶窑、彭公、塘埠、石门、赐壁、黄湖、双溪7个站。1952那年10月1日停业。8月,设瓶窑雨量站。11月,杭县瓶窑的横山上村成立农村信用合作社,为县内建立最早的一批信用社。是年,瓶窑横山村信用合作社筹建注册,会员12人,是钱塘、仁和两县第一批成立的农村信用合作社之一。

18年(1929年),余杭、瓶窑镇分别建立水标站。是年,中华民国教育总长蔡元培视察瓶窑镇苕溪小学。是年6月,由商营杭瓶汽车公司承筑的瓶窑至良渚段开通,并承租小河至瓶窑的线路客运,有大小客车5辆,公事车1辆、货车1辆,每日对开4班,县境内设瓶窑、长命、良渚3个站。1949年12月承租期满停业。

19年(1930年)4月,天气乍寒乍热稍受影响杭属瓶窑长乐桥一带,瓶窑蚕已三眠开叶,叶价开两元八角。是月30日,《申报》以《杭县孝女乡之铁田》为题报道尹家山之麓,有田一畦,田中开掘稍深,即现铁隔,全田皆然,故以铁田称。7月,杭县各乡缺米,县长潘忠甲与瓶窑4乡,调露、西镇等9乡士商会商,筹款请领平米,分配各乡区办粜。是年,德清潘氏外科嫡传后人潘芹波迁居瓶窑开设诊所,主外科,擅肠科。

20年(1931年)10月,余杭北乡之白鹿山,峰峦起伏,竹密林深,而虎豹之属,恒出没其间。曹某捕获一虎,虎重二百余斤,售于杭垣某药铺。

21年(1932年)4月,瓶窑邮政自办局定为三等乙级局,局址迁太平坊窑山弄3号。

23年(1934年)夏,大旱60余天,两县境内河道干涸,田土龟裂,灾象惨重,为百余年间所未见。瓶窑附近金家弄等处,今岁农村经济不足,孵育土种者多,天时不正,抵抗力薄,备受损害。嗣均补育改良种,调护得力,成绩尚佳。新茧已上市,统扯只有五六分年岁,茧身以改良种较优。是年,余杭县苕北镇撑拕业工会成立,常务理事金阿良,理事蒋惠春、徐荣生。36年6月改名余杭县苕北镇竹木业工会,会长陈阿金,副会长沈香林。

24年(1935年),余杭县、杭县螟虫严重为害,余杭县受灾7万余亩。11月,良渚人施昕更在良渚一带发现黑陶。12月，进行第一次发掘；次年3月，再次发掘，出土大批黑陶、石器、玉器等新石器时代遗存。1959年命名为“良渚文化”。

26年(1937年)2月，杭县二十五年征工服役，县水利工程为培修西险大塘，工事事务所于离塘最近之瓶窑镇，积极进行。兹闻分段放样工作均已告竣。参与者有10个乡镇，动员壮丁计1.2万余名。12月23日，日本侵略军侵陷余杭县。日军到达余杭重镇瓶窑，搭便桥、捆绑舟船，步兵、骑兵、军车、枪炮纷纷渡过苕溪。次日，杭州、杭县沦陷。是年，瓶窑保昌当、协昌钱庄、横山村农村信用合作社等金融机构相继瘫痪、歇业。

27年(1938年)1月，“二十五日晨，华军某部某营，袭击余杭之石浏、瓶窑日军据点，并以一部破坏京杭国道上之长命桥(瓶窑东)，并将余杭杭州间电话线路拆毁三十华里。同日上午八时，余杭日军百余，骑兵十余，企图截击华军袭击部队，在大路附近与华军遭遇，华某部即据瓶窑之线，另以一部扼守前门山高地，激战一小时。日军又由石濑、瓶窑增援，并附小钢炮四门，用排炮向华军射击，同时日军亦向华军射击三百余发，接战至晚，日军不支败退。是役击毙日军六十，及马十余匹，华军阵亡排长一员、士兵十余人，伤二十二名。”4月，“金华廿三日中央社电：杭州敌一千五百人，十九日向临平退去，沪沿线各地敌，现悬赏捉我便衣队，并派敌便衣队五百名，分布铁路沿线各地，防我便衣队之袭击。廿日敌以汽车由杭运兵三百增援余杭，并由杭县之三郎庙向瓶窑增兵，现瓶窑、余杭、闲林埠一带之敌，共约二千，正加强工事，司令部及主力均在留下”。是年，瓶窑开设第一家西医医院“福音医院”。

29年(1940年)，杭县警察瓶窑分所，在瓶窑镇固定岗位四处，巡逻路线及地点，均系临时指定。

30年(1941年)9月，日伪军在西险大塘何家陡门至安溪段砍伐古松686株。

31年(1942年)，安溪、塘埠、黄湖邮政代办所改属瓶窑局管辖，兼办人寿保险业务。

32年(1943年)7月上旬，瓶窑日兵50余与工兵民伕100余至安溪附近砍伐林木，遭抗日游击队分路围击后溃逃，死3人，遗弃器械甚多。

33年(1944年)秋某日，浙江保安特务三团，自安溪出发，经长命桥越过公路时，恰与日伪军遭遇。双方激烈交战，约计半小时，日伪军匆匆败逃，被打死伪军连长一人，伤数人。保安特务三团营长宋擎风也被流弹击中头部，不幸阵亡。

34年(1945年)，由聚德堂、金结堂、永庆坊、三元坊等组成杭县挑挽业工会，理事长戴友发，理事陈慎言，秘书朱笔行。

35年(1946年)10月，第一专署召集有关县组织东苕溪、南北湖水利参事会，疏浚东苕溪，抢修西险大塘。杭县段36年2月动工，4月竣工，完成土石方4.48万余立方米。是年，据《中华农学会报》：第十都瓶窑区，分二十七图，有土地224495亩。11月13日，杭长公路彭公岭与瓶窑站交叉处，盗匪10余人洗劫过往汽车6辆，旅客损失甚大。

36年(1947年)夏，大旱，余杭县受灾3.8万亩；杭县受灾11.7万亩。10月18日，杭县小学开课两月，教师仅拿到30万元(米每石60万元)。20日，向政府请愿无果，各中心小学校长联名辞职。是年，瓶窑合作信用社成立，为扶植自耕农贷款，社内试办土地信用部，专门办理赎购田地抵押贷款。

37年(1948年)4月22日，被日军所毁的瓶窑大桥修复，由公路总局杭州工程处派工。

38年(1949年)5月2日下午，中国人民解放军廿一军六十一师、六十二师解放余杭县城。

5月3日，解放军从孝丰经黄湖过瓶窑直抵杭州。杭州市解放，杭县同时解放。是月，余杭县、杭县区乡人民政权先后建立。8月，开始以村为单位建立农民协会。5月，建立中共瓶窑区委员会，先后下辖瓶窑、崇化、良渚、大陆、严庄、纤石、永泰、东平、云会等9个乡(镇)党支部。7月，建立中共仁爱区委员会，先后下辖石濑、民主、联合、新民、新生、中溪、爱民、民建等8个乡党支部。8月，杭县人民政府武工队配合杭州市警备部队围剿瓶窑股匪徐彬、王德义部，俘获王德义。6月底起，霪雨半月余，苕溪水位暴涨，水灾严重。人民政府拨出粮、款，组织民工抢修塘堤。9月全县中、小学为建设新民主主义的，民族的、大众的、科学的文化教育，实行改革，废除公民、童子军等课程和训导体制，采用新编课本，增设政治课，实行民主管理。

中华人民共和国

（中华人民共和国资料源于《余杭县志》1990年版、《余杭通志》、《余杭年鉴》、《余杭区乡镇街道简志》、余杭区档案馆档案、瓶窑镇档案室档案、《瓶窑新闻选编》、《余杭报》等报刊。）

1949年

10月开始，余杭县、杭县实行减租土地，每亩平均减租25%左右，至1950年2月结束。

10月9日—14日，杭县在拱宸桥召开首次农民代表会议，代表277人。余杭县于12日—14日召开，代表188人。瓶窑均有代表出席。

10月16日—18日，余杭县在县城在城镇召开首届一次各界人民代表会议。代表121人。瓶窑有代表出席。

10月，匪浙江省救国纵队16支队40余人在北湖草荡被解放军剿灭，匪大队长戚宝生潜逃至杭州被抓获。

11月7日—11日，杭县在县政府所在地拱宸桥召开首届一次各界人民代表会议，代表323人；省委副书记谭启龙到会并致词。两县会议主要议题均为落实省委剿匪反霸、废除保甲制度、实行减租减息及发展生产等任务。瓶窑认真贯彻。

12月23日，杭县划为省直属县。

1950年

1月，瓶窑人民认购胜利折实公债。

2月，中共浙江省委和中共杭县县委分别在永和乡、花园乡进行民主建政试点。至6月结束。杭县改建为塘栖、乔司、临平、四维、三墩、瓶窑、留下、上泗、盐区9个区，75个乡，6个镇。瓶窑区辖瓶窑镇及纤石、安溪、良渚、崇化、三合、长命、永泰、獐山、云会9个乡。

5月，长命乡人民政府从崇化乡、纤石乡、瓶窑镇分出建立。是月，设瓶窑三等水文站，配技术人员1名。

6月21日，浙江省政府训令："同意余杭县所属瓶窑西半个镇划归杭县管理。"自此，瓶窑结束一镇两治的局面。

7月，建立中共仁爱区委员会，先后下辖石濑、民主、联合、新民、新生、中溪、爱民、民建等8个乡党支部。

8月,土地改革运动开始,先在杭县义桥、山桥试点。12月瓶窑区所属乡全面展开,次年5月基本完成,6月起复查,8月底结束。

9月,瓶窑镇成立工会筹组,由王涛、金爱民、凌庚申等人负责。

11月,塘埠等乡建立第一批农业生产互助组。

12月15日,中国人民银行瓶窑营业所成立。是年,在宣阳公司旧址开办瓶窑利民电厂,以51.5千瓦汽车发动机配18.75千瓦发电机发电。瓶窑镇文化站(民办)成立。翌年升级为瓶窑区文化馆(公办)。

1951年

4月,杭县调整为10个区、2个直属镇、131个乡。瓶窑区辖瓶窑镇和长命、崇化、良渚、纤石、安溪、三合、大陆、角窦、羊山、荀山、沈桥、石桥、七贤13个乡。今瓶窑地为当时杭县瓶窑镇、长命乡、崇化乡及余杭县仁爱区石濑乡、民主乡。

6月,羊山乡人民政府从瓶窑镇、崇化乡分出建立。

7月,两县先后开展抗美援朝、增产节约、捐献飞机大炮等群众运动。瓶窑捐献数亿元(旧币)及一批物资。

9月,省委农工部派工作组在余杭县在城镇进行手工业合作化试点;年底,在杭县临平镇试点,瓶窑于次年初展开。

10月4日,余杭县召开手工业者代表大会,动员手工业者组织起来走合作化道路。瓶窑镇响应。

11月,杭县划归杭州市管辖(此前为省属县)。

12月,李劳世、李宗恒、张育才等开业医生创立瓶窑镇联合诊所,为杭县最早的中西医联合体之一。

是年,瓶窑镇第一届工会委员会成立。主席杨志祥,副主席岑宏章。

1952年

3月,工商界开展"五反"(反行贿、反偷税漏税、反盗骗国家资财、反偷工减料、反盗窃国家经济情报)运动。6月结束。

6月,民主乡张堰(今属瓶窑镇)设水文站。

9月,以民办公助形式建立瓶窑区立乙种妇幼保健站。

1953年

2月,瓶窑宣传贯彻《中华人民共和国婚姻法》,保护妇女、儿童合法权益。

5月,举行普选,选举第一届县、乡(镇)人民代表大会代表,次年3月完成。

6月,私营商业开始接受社会主义改造。11月,实行公私合营。

12月8日,杭县决定以临平镇为县城,县级机关从杭州拱宸桥迁到临平。

是年,实行普遍民兵制,乡建分队,村建中队。

1954 年

1 月，瓶窑邮政自办局改属杭县临平局管辖。11 月邮电合并，12 月改为瓶窑邮电分局。

2 月 20 日—25 日，杭县举行第一届人民代表大会第一次会议。瓶窑选出代表 4 名与会。

4 月，开始建立信用合作社。至年底，瓶窑各乡普遍建立，入社农户占总农户数的 80%。

6 月 5 日，开始兴建国家经营的粮食市场（交易所）。

是年，初级农业生产合作社发展迅速。年底，瓶窑建有 10 余个初级农业生产合作社。

1955 年

2 月，省农业厅在余杭县石濑乡建立石濑茶叶试验场，征用西山、和尚头山等 11 处土地 2238.9 亩，后逐步扩大征地至 11250 亩。

5 月 4 日，杭县农村有线广播站开始播音。

5 月，长命一带推广低拳桑。

6 月，开始实行粮食“三定”（定产、定购、定销）政策。

7 月，实行义务兵役制。是年，瓶窑征兵 10 余名。

8 月，两县出现农业合作化高潮，至年底，瓶窑有初、高级农业生产合作社 20 余个。

1956 年

1 月，建瓶窑区供销社，乡建供销站。完成手工业社会主义改造，参加手工业社和生产小组的手工业者占总数的 99.8%。

是月，石濑、民主、联合 3 个乡合并为石濑乡，建立乡人民委员会。同时，建立乡党总支部。1957 年 3 月区委撤销后，至 1958 年 4 月建立仁爱区工作委员会前，所辖乡党组织隶属县委。

4 月，调整乡的规模，合并为瓶窑、长命、良渚、安溪、七贤等 5 个乡（镇）人民委员会。羊山、崇化 2 个乡和长命乡，角窦乡的一部分合并为长命乡，建立乡人民委员会、乡党总支部。

5 月，瓶窑地区占粮田总面积的 65% 推广双季稻。

8 月 1 日，第 12 号台风袭击余杭县、杭县，余杭镇及附近农村万余人被洪水围困，省政府派飞机空投食品救援。

9 月，杭县在瓶窑镇创办杭县第三初级中学。1958 年 4 月，瓶窑镇划归余杭县，易名为余杭县第三初级中学；1958 年 10 月，更名为临安县瓶窑初级中学；1961 年 4 月校名为余杭县瓶窑初级中学。1970 年秋，开始招收高中生，校名为余杭县瓶窑中学。

11 月，基本完成农业社会主义改造，瓶窑入社农户占总农户数的 95% 以上。

1957 年

5 月，瓶窑召开干部会和知识分子、工商界人士等座谈会，学习毛泽东《关于正确处理人民内部矛盾问题的报告》，发动各界人士揭露矛盾，提出建议，帮助政府改进工作。

春夏之间，农业生产合作社群众性闹退社事件频发。至 7 月基本平息。

8 月，据上级安排，瓶窑开展农村基层整风和社会主义教育运动，对基层干部和农民进行方向前途教育。

9月，整风反右派斗争在两县开展，至次年4月结束，多人被错划为“右派分子”。1997年，全部改正并作安置。

1958年

2月，利民电厂公私合营，更名为瓶窑电厂，设备略有改善。

4月29日，杭县建制撤销，划为临平、塘栖、三墩、上泗4个区。瓶窑镇人民委员会隶属原余杭县人民委员会。中共瓶窑镇委员会由杭县划入，隶属县委。

夏，瓶窑在原有联合诊所的基础上建立瓶窑镇医院。

8月，长命乡卫生院成立，下设水河桥、长命门诊所。

8月，开始“大办钢铁”，组织上千人砍树烧炭和建造小高炉群。农业总产值降至1956年水平，职工增加，加剧社会商品供需矛盾，山林资源更是遭到严重破坏。

9月，撤销区、乡建制，实现人民公社化。余杭县建立跃进（后改余杭）、仓前、石鸽、长命、仁爱（后改潘板桥）、双溪、黄湖7个公社。今瓶窑分属长命、仁爱公社。

10月，建立长命人民公社，1959年4月称长命人民公社管理委员会，下辖瓶窑镇人委和长命、角窦、崇化、羊山4个管理区管委会。建立中共长命人民公社委员会，下辖瓶窑镇党委和长命、角窦、崇化、羊山等4个管理区党总支部。

11月，各公社以生产队为单位普遍兴办公共食堂。1961年，食堂停办。

12月，长命公社建立农具修配厂。

是月，余杭县建制撤销，并入临安县（按：省人民委员会1958年9月13日第39次会议决议，并报经国务院1958年11月21日全体会议第82次会议通过撤销23个县建制，其中含余杭县）。

是年，杭州市公交公司武林门至瓶窑13路开通。

1959年

3月8日，瓶窑区召开有上千人参加的基层干部大会，贯彻中共中央郑州会议精神，纠正“大跃进”中的“共产风”，清退“平调”（平均主义，无偿调拨）钱物。

3月30日，原杭县辖境建立半山、拱墅两联社。

5月，县、社干部分头深入生产队，向社员宣读毛泽东《党内通知》，纠正讲假话、高指标等错误做法。

7月，瓶窑镇恢复县属镇建制，改建为镇党委。1960年6月隶属长命人民公社党委。

9月，“反右倾，鼓干劲”运动展开，再次刮起浮夸风，提出粮食亩产1000公斤，力争1500公斤，要求工业生产翻一番，对集体所有制的内部关系进行不恰当的过多变动。并盲目大办工业，大办文教卫生，大搞基建。

10月，组织民工参加杭（州）长（兴）铁路路基修筑工程。1961年8月停工。

11月，两个月内办起公社、大队、小队集体牧场百余个。1961年后，陆续停办。

12月26日，夏鼐在《长江流域考古问题》一文中正式提出“良渚文化”的命名。

是年，大批民工参加余杭塘河庆隆桥至大关段拓宽工程，并疏浚闲林港。省农业厅在北湖草荡建立种畜场，潘板桥公社的张堰、西安寺、圣塘、毛元岭4个大队划给种畜场。1962年4

月,省农业厅北湖种畜场将原属潘板桥公社的4个大队划回余杭县。

1960年

1月4日,拱墅联社划出原属杭州市区部分,其余与半山联社合并,建立钱塘联社,驻临平镇。

5月,机关等进行“新三反”运动(反贪污、反浪费、反官僚主义),农村进行改造“三类队”工作,错批错斗了一批基层干部,至9月基本结束。

11月,生产队重新给社员划分自留地。

是年,由于“大跃进”、人民公社化和“反右倾”的错误,发生严重的经济困难,出现财政赤字和物质供应紧张局面。浮肿病在部分地区流行。是年,人民解放军铁道兵8508、0079部队为修筑杭长铁路驻瓶窑、彭公、石濑等地。

1961年

春,瓶窑镇医院改称为瓶窑区医院。

3月23日,原余杭县境从临安县析出,划归钱塘联社。

4月9日,撤销联社,恢复县建置,以余杭为县名。

4月,恢复区级建制,建立临平、塘栖、余杭、三墩、瓶窑5个区。同时调整公社规模,全县改建为5个镇,45个公社。从潘板桥公社分出建立石濑人民公社,9月由塘埠人民公社的部分大队划入,并改建为彭公人民公社。是月起,精简吃商品粮人口,先后动员城镇居民转为农业户口。

7月,瓶窑设立人民法庭。

9月,推行农副产品购销合同,用换购办法收购农副产品;同时发放商品优待券,市场紧张商品凭券供应。

12月14日起,在瓶窑首次推行应用脊髓灰质炎口服活疫苗(糖丸),预防小儿麻痹症,完成应服对象的84.7%。

是年,接通杭州电网,瓶窑电厂停止发电。

1962年

2月,贯彻中共中央《关于改变农村人民公社基本核算单位问题指示》,落实以生产队为基本核算单位。次月,瓶窑98%实行以生产队为基本核算单位。

4月,省北湖种畜场和长命人民公社的部分大队合并建立北湖人民公社,同时建立北湖人民公社党委。

夏,全县发生急性血吸虫病462例。主要发生在北湖草荡周围,占97.5%(450例),经抢救无效死亡2人。

8月,中国人民银行杭县支行瓶窑营业所升级为中国人民银行余杭支行瓶窑办事处。

1963年

2月,开始第五届基层选举,至9月底完成。

3月始，以共青团组织和学校为重点开展学雷锋活动。

4月26日，据县人民委员会《关于社员建筑房屋用地审批手续问题的通知》精神，规定今后社员新建房屋所需宅基地，需经县人民委员会批准。

4月，北湖乡卫生院成立，下设张堰门诊部。

5月9日，毛泽东为五常公社等浙江省7个干部参加劳动的材料批示，瓶窑地区积极贯彻批示精神。

6月24日，设立余杭县瓶窑木材检查站。

7月，彭公乡卫生院成立。

9月12日，12号台风袭击县境。暴雨持续28小时，东苕溪上游3天连续降雨346毫米。南苕溪北岸及中、北苕溪多处漫堤坍塘，受灾8个公社，79个大队，12800余户；淹没水稻10万余亩，死亡17人。县委组织工作组，到余杭、瓶窑等重灾区领导群众抗灾救灾。

9月，省委第一书记江华到瓶窑视察水灾时，指示绿化窑山。翌年春，瓶窑区、镇组织区镇机关和学校、企事业单位300多人上窑山植树。

12月，长命抽水机站被评为全国水利管理先进单位，《人民日报》发表社论，推广该站经验。

1964年

3月17日，县农行瓶窑营业所建立。

3月，瓶窑联合医院另选镇北馒头山旧屋，改建为医院。原西溪街旧址改为门诊部。

春，西险大塘开始在迎水坡干砌块石护堤，当年完成3.5万平方米。

5月25日，全县取消粮食集市交易，建立瓶窑等8个粮库。

10月，组织干部参加省委社教工作团赴萧山。县内同时开展面上社会主义教育运动。

是年，开始组织瓶窑城镇知识青年上山下乡，插队落户。是年，在全军大练兵、大比武中，长命人民公社北村大队青年民兵徐玉林因步兵六大科目全部优秀，赴北京参加全国民兵代表大会，获奖一支半自动步枪。

1965年

2月，中旬，瓶窑片召开有5000余人参加的干部和贫下中农代表会议，传达中央《农村社会主义教育运动中目前提出的一些问题》，纠正运动中的错误做法。

10月25日，省委社教工作团第四分团进驻余杭县，县级机关"四清"运动开始。区级机关和农村公社分3批进行，直至"文化大革命"。

12月，仓前公社金星大队、长命公社下家塘大队、勾庄公社长兜大队被列为全国农业机械化试点大队，引进一批电耕犁和拖拉机。

是年，余杭县农业银行瓶窑办事处再次改称为余杭县人民银行瓶窑办事处。

1966年

6月，县委和省委社教四分团组织公社书记以上干部学习"文化大革命"文件，提出以"文化大革命"为中心，推动各项工作。

6月25日—7月1日，公社党委书记参加县委和省社教四分团组织的干部学习班，学习“文化大革命”文件，提出以“文化大革命”为中心，推动各项工作。

7月，进驻学校的“四清”工作队，代替“文化革命”工作组，开展“文化大革命”运动试点，不久退出，各校纷纷建立红卫兵组织。“红卫兵”在城乡各地“横扫四旧”。

10月起，从学校到单位，从城镇到农村，纷纷建立“文革小组”和“战斗队”等“造反”组织，层层揪斗“走资本主义道路当权派”，“踢开党委闹革命”，各级党政机关逐渐陷于瘫痪。

是年，全面推广种植晚粳良种“农垦58”。推广种植面积占晚稻的45.2%。同时，推广夏绿肥以及根瘤菌拌种。

1967年

1月，境内各种“革命造反总部”陆续建立。大批“资产阶级反动路线”，争相揪斗干部。并逐步形成分属“浙江省革命造反联合总指挥部”(简称“省联总”)和“红色暴动委员会”(简称“红暴”)的两大派，不断发生争斗。是月，工厂“停产闹革命”，生产遭到破坏。

3月3日，县人民武装部奉命建立生产办公室，瓶窑区及所辖公社、大队相应建立各级生产领导小组，负责处理党政机关的日常工作，组织工农业生产。

夏，大旱100余天，成灾面积500余亩，受损严重。基层干部和社员千方百计抗旱保苗。

10月，奇坑水库动工兴建，为县内第二座土石混合坝百万立方米水库。1983年春竣工。

冬，山区大批竹木被乱砍滥伐，运至瓶窑、余杭等地销售，一时公路为之阻塞。经宣传教育，破坏山林行为得到制止。

1968年

2月8日，召开有区、社、队干部和“造反派”负责人参加的“农业学大寨”会议，部署开展“农业学大寨”运动。建立学大寨办公室。组织干部去山西省昔阳县大寨大队参观。

7月10日，余杭县革命委员会建立，各机关、企事业单位相继建立革命委员会或革命领导小组。

是月，开始“清理阶级队伍”，一大批干部、群众被点名批判，甚至被迫害致残。

10月，推广“麦—稻—稻”新三熟制成功，春粮面积重新回升。同时，推广小苗带土移栽。

11月，境内各大队在“学大寨”运动中，大规模地拆埂并圩、挑墩平地、填塘造田、开沟筑路，进行园田化建设。

是年，1966年、1967年、1968年三届城镇初、高中毕业生被动员“上山下乡”，到农村接受贫下中农再教育。至次年12月，瓶窑共动员、接收、安置杭州市区及县内下乡知识青年67名，彭公、长命、北湖公社180名。

1968年—1970年，解放军20军某部驻瓶窑、彭公等地挖筑备战坑道。

1969年

4月，开展“整党”。各级整党领导小组均有“造反派”参加，搞划线站队，批判所谓“刘(少奇)、邓(小平)路线”。

11月15日，县召开战备现场会。至月底，瓶窑挖“防空洞”、防空壕无数。

1970 年

2 月中旬,全县开展“一打三反”(打击现行反革命,反对贪污盗窃,反对投机倒把,反对铺张浪费)运动,至 8 月底结束。

2 月,调整驻校工宣队,一个厂的工宣队进驻一个学校,并接办这个学校。瓶窑中学由瓶窑搬运站接办。

4 月,69、70 两届中学毕业生中,除 70 届初中毕业生“推荐和选拔”一部分升入高中外,其余多数动员上山下乡,插队落户。

5 月,成立夺煤大会战指挥部,在全县范围内开展所谓“夺煤大会战”。至年底,终因得不偿失,以失败而告终。

8 月 26 日—30 日,召开中共余杭县第四次代表大会,恢复中共余杭县委。

秋,北湖围垦工程开始,1972 年 2 月完成。重建北湖堤塘,新筑围堤 10.08 公里,加固老堤 4.6 公里,完成土方 79 万立方米,用工 71 万工,投资 59 万元。

11 月,杭长铁路县境内段(39 公里)开始复建,次年底铺轨竣工。1972 年 1 月 30 日通车。

12 月,开始调整大队、生产队规模。至 1971 年 4 月结束。

是年始,群众在村旁、宅旁、路旁、河旁普遍种植速生楝树。北湖草荡水利、农垦、灭螺工程开展。

1971 年

8 月,建立公社、大队、生产队三级农科网。

10 月 16 日—20 日,全体公社干部参加余杭县委党员干部会议,听取中央关于粉碎林彪反党集团有关文件的传达。

冬,彭公、北湖两公社联合开挖彭北十里渠。

12 月,公社、大队普遍建立农机厂,为修理农机具服务,实行“大修不出社,小修不出队”。

1972 年

3 月 28 日—4 月 4 日,落实县委“工业学大庆”会议精神,贯彻“以钢为纲”,掀起兴办“五小”(小钢铁、小化肥、小水泥、小煤窑、小农机)工业高潮。

3 月,根据中共中央《关于农村人民公社分配问题的指示》,县委组织力量到各公社展开工作,规定有利于集体增产、个人增收,减轻农民负担和分配兑现的具体政策。

是年,杭丰(交通)机械厂建立主产汽车轮箍。

1973 年

10 月 27 日,瑞典气象研究所所长施纳德考察瓶窑水文站水文测量设施。巴基斯坦、美国、日本及联合国等水文专家也先后前往考察。

10 月 3 日—22 日,各公社党委书记由县委组织赴河南林县和山西大寨大队参观学习。

1974 年

1 月，县水利部门自行设计的库容百万立方米的双曲拱坝水库石门水库动工兴建，1980 年 6 月竣工。

4 月—9 月，在彭公乡进行钩体病自然疫源调查，主要传染源为黑线姬鼠，占调查鼠类的 87.5%，鼠肾组织培养 450 只，其中 22 只分离到菌株，占 4.86%，主要为黄疸出血型。

1975 年

12 月，中、北苕溪改道工程开始。至 1978 年先后竣工。

1976 年

3 月，县内开展“批邓、反击右倾翻案风”运动。由于县委和广大干部群众抵制，未造成破坏性影响。

4 月，瓶窑中学建立地震测报站，成立领导、教师，学生三结合测报小组。

12 月至下年 1 月间，连降大雪，低温严寒，农作物普遭冻害。

是年，瓶窑地区人民卫生防治院改为瓶窑区人民医院。1978 年，瓶窑区人民医院改名为余杭县第三人民医院，属县级医疗机构。

1977 年

1 月 1 日—5 日，连日大雪，山区积雪深达 30 厘米—40 厘米。公路、电话线路中断，大批竹木被压断。

7 月，夏鼐《碳十四测定年代和中国史前考古学》一文指出：“良渚文化的延续时间达一千年左右，即公元前 3300 年—公元前 2250 年。”

9 月 23 日，区、社干部及有关人员深入揭批“江青反革命集团”罪行，联系实际，清查与“四人帮”阴谋活动有牵连的人和事。

10 月，取消“工宣队”、“贫宣队”对学校的管理，进驻学校的工人、农民返回原单位，恢复校长制。

是年，西险大塘全面加高拓宽，堤面加高至吴淞桥高 10.5 米以上，拓宽 6 米—8 米，铺沙石，筑成简易公路。

1978 年

3 月，水稻育秧推广合理扩大秧田面积，减少大田用种量和秧田播种量（简称“一扩两减”）的新技术。

6 月，瓶窑自来水厂建成向居民供水。水厂位于窑山顶，建有 60 吨/日澄清池 1 组，600 立方米清水池 1 口，采用 100 毫米铸铁管，铺设水管 8 公里，在苕溪新窑坝头筑井取水，送上山顶，经过加矾、澄清、过滤、消毒后利用地势的高差送入企业、单位、居民家中。

8 月，长命公社农机厂试产电扇。

9 月，瓶窑区人民医院升为县级医院，同时更名为余杭县第三人民医院。

12月，自1976年起，瓶窑镇调整及重建蔬菜基地，至年末有蔬菜基地200余亩。

是年，彭公、北湖、长命相继成立文化站，配备专职文化干部，建立图书室和文艺骨干队伍。

由瓶窑工人俱乐部改建的瓶窑电影院建成，35毫米放映机落户瓶窑。

1979年

2月，公社主要领导及村干部赴县参加县委召开的三级干部大会，贯彻中国共产党十一届三中全会精神。会后把工作重点转移到社会主义现代化建设上来。

3月20日，贯彻中央〔1979〕5号文件精神，开展对地、富、反、坏、右分子全面评审、摘帽工作。

3月，在彭公公社石濑大队召开全县扫盲和业余教育现场会。4月中旬，县教育局又组织80余人到彭公验收扫盲成果。经检查、考核、评议，有3个大队已符合青壮年基本无盲单位要求，有4个大队已符合青少年基本无盲单位的要求。

8月，开始更改地名工作，恢复以自然村命名。1985年结束后，县人民政府公布标准地名。

10月，余杭县瓶窑区林业水利站成立，蔡土根任站长。

是年，瓶窑出土"蚁鼻钱"一批。每枚重的3.55克，轻的1.8克。

1980年

11月1日，始行县、乡人民代表大会代表由选民直接选举办法，选出第六届县人大代表，乡、镇代表。

11月，建立和健全生产责任制，部分生产队实行包工到户。

12月20日，县内公共汽车开始通车。首通博陆，继通下沙、余杭、瓶窑。

是年，中国农业银行余杭县支行在瓶窑开办营业所。

1981年

2月，成立余杭电力公司瓶窑小组，管辖潘板桥、双溪、黄湖、百丈、鸬鸟、太平6个人民公社，管理10千伏线路3条。

3月，瓶窑镇吴家埠发现新石器时代遗址，后经浙江省考古研究所二次发掘，有良渚文化时期小墓19座和大量随葬陶器、石器、玉器，下层并有崧泽文化期、马家浜文化期遗物。

5月始，山区部分生产队试行包产到户责任制，将分散的土地和零星作物承包到户。到秋季，部分生产队实行春粮联产承包到户。大部分生产队实行联产到组或联产到户。

10月，县内各公社均成立农机服务站。

11月，杭州市农民教育经验交流会在余杭召开。瓶窑区委在会上介绍实现基本无文盲区的情况。

12月，境内开始山林定权发证，稳定林权。至1985年底，定权发证占林地面积的99%。

是年，农村出现各种专业户。是年，瓶窑水厂增加设备，水厂供水能力达到2500吨/日。

1982年

3月28日晚，县农行瓶窑营业所被窃侨汇券1900元。6月7日，又被窃库款3200元，后侦破,系内部人员作案。

3月,县内各公社全面推行家庭联产承包责任制。

是月,张堰等地,相继建立自来水厂。

4月,教育部工农教育司司长姚仲达等到彭公公社了解农民教育情况。

5月,良渚至余杭公路建成通车。自此,县城至瓶窑、余杭、三墩各乡镇,不必绕道杭州。

7月,据县政府《关于清理和处理村镇建房侵占耕地问题的通知》精神,从7月1日起村民建房暂停半年,制止毁田造房,节约和保护耕地。是月,余杭电力公司瓶窑小组更名为瓶窑电力工段,接管长命、瓶窑、北湖、彭公的供电和管理。

9月,各种联产承包责任制逐步推行,部分生产队实行粮田包产到户。至1983年,94%的生产队实行包产到户。

10月,瓶窑镇为治脏突破口,开展"全民文明礼貌月"的爱国卫生运动。

1983年

3月,开始实行政社分设,恢复乡(镇)人民政府,建立乡经济联合委员会,至1984年4月完成。各种经济作物陆续推行联产承包;山区生产队开始由点到面,将山林联产承包到户。

4月,二轻系统普遍实行承包经济责任制,企业与县二轻局签订承包合同。

8月下旬,开始从重从快惩处严重危害社会治安的犯罪活动,依法逮捕和惩办一批严重犯罪分子。

是年,开通43路瓶窑至石濑茶场公交车。

1984年

1月,进行机构改革,按干部"四化"(年轻化、知识化、专业化、革命化)要求,调整县及县级部门领导班子;开始对城镇从事服务业的农村人员实行"自理口粮,城镇落户"的政策。

春,各乡村按照"大稳定、小调整"原则,进一步完善联产到户生产责任制。粮田承包期延长到15年左右,多年生经济作物承包期延长到20年左右。

5月12日,据县委决定对厂矿企业简政放权,扩大自主权。

6月13日—14日,暴雨,苕溪超过历史最高水位。受淹稻田2万亩,水利设施严重受损。北湖滞洪区开闸分洪。

是月,县政府拨款在临平、塘栖、余杭、瓶窑、三墩镇兴建退休教师宿舍3000平方米。

12月,35千伏瓶窑变电所建成并投入运行。

是年,全面推行乡镇企业经济承包责任制。

1985年

2月,建立余杭电视台,7月1日正式播出电视新闻,瓶窑自此可以收看县内电视台节目。

5月,建立镇公安派出所。

10月,瓶窑镇开始实施九年制义务教育和改革中等教育结构,发展职业教育。

11月,中国工商银行余杭支行成立。中国人民银行余杭支行瓶窑分理处划归中国工商银行余杭支行,改称中国工商银行余杭支行瓶窑分理处。

12 月,杭生电扇厂生产电扇突破 10 万台。

是年起,取消粮食统购,实行合同定购。其他农副产品取消派购,全部放开。是年,浙江精密模具厂由龙泉县迁至长命乡羊山。

1986 年

1 月,建立乡镇一级财政,核定收支,独立核算。瓶窑等镇自 1987 年 1 月起实行。

3 月 3 日,水利电力部副部长杨振环检查西险大塘。

3 月 25 日,下午 5 时 30 分,瓶窑等镇遭受暴风雨、冰雹袭击,受损民房百余间、农作物万余亩。

是月,长命乡反山发现良渚文化墓葬群。经浙江省考古研究所两次发掘,从 11 座墓中出土琮、璧、钺等玉器 1226 件组。

6 月,石门水库水电站建成并网发电,安装 75 千瓦、40 千瓦水轮发电机各 1 台。

1987 年

1 月 14 日,外窑村成立老年人协会,系县内第一个村级老年人协会。

1 月,瓶窑实行乡(镇)一级财政包干。

是月,余杭电力公司瓶窑电力工段再次更名为余杭县供电局瓶窑供电所,下设良渚、潘板桥、黄湖供电营业所,管理 10 千伏线路 34 条,总容量 169490 千伏安。

9 月 9 日—11 日,受 12 号台风影响,3 天降雨 200 毫米,农田受淹上万亩。

是年,全省第一座 500 千伏的瓶窑变电所在北湖乡状元岭建成。

1988 年

1 月,由瓶窑供销社和安吉县土产公司共同投资建造的瓶安大楼建成开业,主体建筑面积 3067 平方米,附属建筑 971 平方米,楼高 6 层,是瓶窑镇上第一家集住宿、餐饮、娱乐、商贸于一体的综合性宾馆。

4 月 2 日,北湖乡撤销,并入瓶窑镇。

4 月 15 日,下午 2 时,西险大塘瓶窑公路桥上游一侧堤塘迎水面发生大滑坡,经过 27 天紧张抢修,至 5 月 16 日完工。工程长度 47. 7 米,含衔接段和桥基基础保护部分 15. 7 米。工程量土方 1144 立方米,大方脚埋石混凝土 80. 4 立方米,混凝土预制块 67. 4 立方米,浆砌埋石 116. 2 立方米,现浇混凝土 140 立方米。

6 月 11 日,境内数百亩毛竹受竹卵园蝽危害。

7 月 15 日—26 日,瓶窑、三墩、余杭地区出现严重旱情。

8 月 8 日,凌晨 3 时,第七号台风入侵县境,最大风力 12 级以上,并降大到暴雨,瓶窑直接经济损失 60 万元。

9 月 2 日,晚,连续暴雨 3 小时余,瓶窑降雨量达到 132 毫米,损失严重。

10 月,长命乡柏树庙村一村民采挖黄沙时,发现春秋战国时青铜器 10 件。

11 月 24 日,县工商行政管理局在瓶窑等地举办假冒伪劣商品展览。

12 月,首都机场候机大楼选用杭生空调设备厂与国家建设部建筑设计院等单位共同研发生产的EP型风机盘管空调系列。

是年,彭公乡人民武装部部长吴建军,维护备战坑道成绩突出,被评为全军国防工程维护先进个人,受到总参谋部表彰。是年,中国工商银行余杭支行瓶窑分理处营业大楼建成,楼高5层,建筑面积约1000平方米。

1989年

3月30日,彭公乡石濑村妇代会主任葛彩娟被全国妇联命名为"全国三八红旗手",她5年向国家投售粮食78750公斤。

5月,瓶窑北湖村一村民采挖黄沙时,发现一柄商代石戈,通长41.6厘米,双刃。

8月上旬,瓶窑区干部群众捐款捐物支援磐安、景宁灾区群众。

8月,瓶窑成立县属应急分队。装备冲锋舟4艘,橡皮艇6艘及其他救生设备。主要维护社会治安,处理突发事件,特别是抗洪抢险。

9月8日,彭公乡成人学校金少闲被评为全国教育系统劳动模范。

9月13日,受21号台风及其外围影响,境内大到暴雨,颇多损害。

11月18日,县第四届人民运动会召开,该次运动会分别在瓶窑等镇举行。

11月,开展为期一个月的农村党的基本教育。

11月,召开中共瓶窑镇第七次代表大会,选举产生中共瓶窑镇第七届委员会,书记傅阿惠。召开中共长命乡第七次代表大会,选举产生了中共长命乡第七届委员会,书记叶淼炎。召开中共彭公乡第五次代表大会,选举产生中共彭公乡第五届委员会,书记陈建方。

12月10日,彭公乡举办第二届山羊节,浙江农业大学、省农科院等科技人员到场指导。

12月20日,日本东京都立大学教授中本正智一行,在长命胡林村考察稻作生产习俗。

1990年

2月5日,县委表彰长命乡等售粮超250万公斤的乡镇,表彰张堰、西安寺、长命桥等售粮超25万公斤的村。

3月6日,是年起,乡镇财政体制由"划分收支,核定基数,收支挂钩,增收分成"改为"划分收支,核定基数,总额递增,收支挂钩,增收分成"。

3月5日—6日,召开长命乡第九届人民代表大会,选举产生乡人民代表大会主席团常务主席、乡人民政府乡长、副乡长。

3月8日,召开瓶窑镇第十届人民代表大会,选举产生镇人民代表大会主席团常务主席、镇人民政府镇长、副镇长。召开彭公乡第十届人民代表大会,选举产生乡人民代表大会主席团常务主席,乡人民政府乡长、副乡长。

4月,瓶窑水厂扩建工程竣工并投入使用,扩建后的水厂供水能力激增至7500吨/日。为了提高水质,取水口移至西溪街60号厂门前,在苕溪中筑深井取水,取水能力增至1.2万吨/日。镇附近的河中、西中、角头、上窑、外窑、长命、凤山、羊山、胡林村接通供水,用水的企业、单位和家庭近万家。

5月8日,瓶窑等7个镇被省政府列为重点工业卫星镇。

7月7日,长命等地遭雷雨、大风及冰雹袭击。

8月30日，遭15号强台风袭击，损失严重。次日，苕溪瓶窑水位8.56米，超警戒水位1.06米，北湖开闸分洪。

7月31日，百岁老人首次享受政府发放的每月人均25元的敬老优待金。

9月15日，日本东南亚研究中心中国农业史访华团在长命反山良渚遗址考察。

1991年

2月28日，县政府在瓶窑镇召开售粮超万斤大户表彰会。

3月24日，省科学技术委员会组织全省县科协负责人到彭公实地考察科技种竹、管理、销售一条龙服务工作。

5月20日，瓶窑邮电支局新增自动交换点，并入县内网，8月30日并入国内大网。

5月30日，境内遭受龙卷风袭击并伴有暴雨，损失严重。

6月14日，彭公乡石濑村成为县内首个达标科普村。

6月，瓶窑镇汇观山发掘出良渚文化祭祀遗址，为规模最大的良渚文化祭祀遗址。该发现被列为全国1991年十大考古新发现之一。

7月2日—7日，境内连降大到暴雨，东苕溪瓶窑最高水位达8.08米(6日零点)。稻田受涝被淹，房屋受损无数。

9月，创办彭公职业学校，并建立多个实验基地。

11月11日，中国科协书记处书记常志海在彭公乡考察科技工作，参观科技示范户宋月樵的养殖场。

11月，瓶窑文教用品厂生产的中小学劳技课教材，通过国家教委教材评审委员会评审，推荐在全国中小学范围内使用。

12月，近600平方米的瓶窑区综合文化楼在磨子心小学弄口落成，瓶窑区文化站和新华书店迁入。设万册图书室、辅导室、活动室和办公室等。同年，占地3474平方米，建筑面积1200余平方米的老年活动中心建成，设有乒乓室、棋牌室、教室。

是年，彭公开发早竹笋致富。全乡3000余亩早竹园产春笋88.8万公斤，收入186万元。

1992年

2月23日，中午11时30分，彭公乡东篁坞村与瓶窑镇毛元岭村交界的山林发生火灾。两镇乡即组织人员灭火。省农业厅厅长范福生、市军分区司令员孙维明、县长程德鑫等到现场指挥，武警战士及当地干部群众700余人参与灭火，16时30分扑灭。过火面积400亩，其中林地150亩。

2月24日，汇观山良渚文化遗址被评为1991年考古十大新发现之一。

4月1日，是日起，开始提高粮食统销价格。

4月22日，县内无线寻呼业务开办，瓶窑与临平各设一信号发射点。

4月中旬，开展撤区扩镇并乡工作，到5月下旬结束，全县撤销5个区、扩并23个镇乡、新建3个镇乡，共设23个镇、7个乡建制。

5月21日，撤销长命乡并入瓶窑镇，瓶窑镇面积达到69.68平方公里。同年12月，中共瓶窑镇第八次代表大会召开，选举产生中共瓶窑镇第八届委员会。

8月5日,中共杭州市委书记李金明等到县检查工作,与瓶窑等镇党委领导座谈乡镇经济发展情况。

9月23日,受第十九号台风影响,境内受灾严重,党委政府组织广大干部群众抗灾救灾。

10月,瓶窑镇15个村安装县内直拨电话。

12月16日,中共彭公乡第六次代表大会召开,选举产生中共彭公乡第六届委员会。

12月,高柏服装有限公司被县政府命名为县一级工业企业和出口创汇超一千万元企业。

是年,瓶窑镇投资51.5万元,完成新窑路延伸等城镇基础设施建设项目11个。

1993年

1月1日,开始放开粮食购销和价格,取消国家粮食定购任务,粮食敞开供应,不再使用粮票。

2月9日,李金明在余杭县委书记俞志华、县长洪吉根培同下,到彭公调查。与基层干部探讨农业结构调整、稳定粮食生产、发展"一优两高"农业,加快农村经济发展等问题。

3月4日,省委副书记沈祖伦到彭公等地,就粮价放开后的粮食收购等问题,与乡村领导座谈。

3月9日—10日,召开瓶窑镇第十一届人民代表大会,进行换届选举。

3月14日—15日,召开彭公乡第十一届人民代表大会,进行换届选举。

7月3日—4日,暴雨成灾。

7月,从1992年9月开始发掘的良渚文化莫角山遗址又获重大发现,被选为1993年度全国十大考古新发现之一。

9月,瓶窑被省农业厅、省体委命名为"体育先进乡镇"。是月,瓶窑有线电视开通运行。采用卫星接收和天线接收两种模式,首期为开通12个频道节目,并开辟"瓶窑有线电视台"自办节目,播出"瓶窑新闻""瓶窑经济信息""瓶窑名优特产"等专题。

10月,组建以杭州文教用品厂为核心的杭州华兴集团公司,公司拥有固定资产940万元。

11月29日,县委在瓶窑镇召开小城镇建设现场会。

12月18日,以日本著名社会活动家梅原猛为团长的江南文化考察团,在省人大常委会副主任毛昭晰陪同下考察良渚文化遗址。

12月,长命圩区农业综合开发区工程完工,并通过省综合开发办公室验收。该工程总投资293.81万元,其中乡自筹45.21万元。

是年,投资178万元,完成整修瓶窑老大桥等7个城镇建设项目。

1994年

2月26日,国家文物局副局长张柏率专家组到良渚遗址考察。

4月5日,经国务院批准,民政部批复同意余杭撤县设市。

5月4日,省市领导刘锡荣、马时雍等到彭公乡检查农业生产,并参加劳动。

5月,瓶窑水文站被评为省级先进。

6月16日,应急分队队员马绍忠冒死抢救落水儿童,被追授三等功。

6月26日,零时,杭州市本地电话网开通,余杭等七县(市)电话号码升至7位。瓶窑镇22

个村全部安装直拨电话。

7 月，安装全省首家“110 程控报警系统”。

10 月，杭州天元生物药业有限公司生产的流行性出血疫苗通过国家卫生部专家组验收，并被国家科委列为“95 火炬计划”，投入批量生产。

11 月，瓶窑镇对贯彻实施《全市农村小康村建设实施意见》，作出具体要求。

12 月，投资 4000 余万元的瓶窑五彩商城竣工；投资 50 余万元的彭公乡有线电视系统建立，收看用户达 600 人；投资 24 余万元对两村低压线路整改，占整改数的 92%。

1995 年

1 月 14 日，中共余杭市委书记俞志华、市长洪吉根到瓶窑镇等重点产粮乡镇检查晚稻收购工作。

3 月，彭公乡板石村省级科技示范户沈要刚承包的 6.62 亩早竹林，亩产收益 1.03 万元。

4 月 26 日，省政府召开良渚遗址保护现场会，落实《良渚遗址群保护规划》具体措施。

6 月 25 日，境内连降暴雨，苕溪瓶窑水位最高达 7.81 米，瓶窑镇紧急动员广大干部群众投入抗洪救灾。

6 月，瓶窑自来水厂再次扩建，新建 320 立方米/日澄清池及配套滤池 1 组，1400 立方米清水池 1 口，水厂供水能力达到 1.5 万吨/日。同时新增自动加矾机装置，改漂白粉消毒为符合国家标准的液氯消毒。

8 月，彭公乡推行早稻直播轻型栽培技术，亩产 400 公斤。

9 月起，村全面推行按人口分配口粮田，按劳动力划分责任田的“双田制”，实行口粮田、责任田分离。至 10 月，瓶窑 22 个村完成 92%。

10 月，彭公乡推行早稻直播轻型栽培技术，亩产 400 公斤。

11 月 11 日，彭公乡政府与东风杭州汽车公司合作建立中心试验基地项目签字仪式在彭公举行。

11 月 23 日，是日起一周内，余杭镇自来水厂因水源污染被迫停止供水，瓶窑镇也遇到类似情况，采取车辆运水等应急措施。

12 月 16 日，余杭市市长与瓶窑镇长、彭公乡长签订《耕地保护责任书》。

12 月 18 日，中共瓶窑镇第九次代表大会召开，选举产生中共瓶窑镇第九届委员会和纪律检查委员会。市委于 1997 年 5 月、1998 年 4 月和 8 月，对镇委班子作调整和充实。

是日，李金明视察南、北湖滞洪工程及西险大塘加固工程。

12 月 27 日，洪吉根等在瓶窑检查西险大塘加固工程。

是年，瓶窑镇投资 357 万元续建自来水工程，对水管进行改造；投资 200 万元扩建南瓶窑小商品市场，面积达 5850 平方米；长命印刷厂 11 种产品被省新闻出版局评为优质产品。

1996 年

2 月 4 日—5 日，瓶窑镇第十二届人民代表大会第一次会议召开，会议选举产生镇人民代表大会主席 1 人，镇人民政府镇长 1 人、副镇长 4 人。

3 月 30 日，余杭市委书记徐志祥、市长洪吉根到瓶窑镇督查春耕备耕工作。

3月,位于瓶窑的莫角山良渚文化大型建筑基址被评为“八五”期间全国十大考古新发现之一。

4月,开展“十佳优秀公仆”等“百佳竞赛活动”。

6月29日—7月2日,境内连降暴雨,平均降雨量289毫米,苕溪瓶窑最高水位9.07米(30日20时30分),张堰村溃堤,酿成特大洪灾。据余杭市委、市政府紧急部署,瓶窑组织各级干部和广大群众,全力以赴投入抗洪抢险。

7月6日,苕溪水位居高不下,彭公乡1200余人被洪水围困,受淹耕地5500亩,损失2226万元。

7月10日,杭州市长王永明等到瓶窑视察灾情。

7月,瓶窑中学内的电磁波地震前兆观察仪,被江苏省地震部门选用。

8月,加固苕溪北塘6710米,抢修堤塘决口7处及漏洞百处。是月,瓶窑建立浙江省预备役师装备部直属仓库。

9月28日,余杭境内首家乡级万册图书馆在彭公落成,藏书1.28万册。

10月,“笋干皇”在国家科委举办的八五农业科技攻关成果博览会上获优秀项目。

11月2日—4日,“中国·良渚文化国际学术研讨会”在临平举行。国内外130多位学者专家纪念良渚文化发现60周年,并进行学术研讨。

11月18日,长命农贸市场营业。该市场占地面积7.2亩,投资120万元,交易摊位120个。

11月20日,国务院将良渚遗址群列为全国重点文物保护单位(第四批)。

12月12日,省委书记李泽民、副书记刘枫、柴松岳与200余名机关干部在西险大塘参加劳动。

是年,瓶窑镇投资458万元扩建自来水工程,净水能力扩至每日1.5万吨;投资208万元延伸长命片水管5.7公里;彭公乡投资120万元完成自来水厂主体工程。

1997年

1月9日,“全国环保世纪行”记者团采访苕溪水质治理情况。

2月,彭公乡采用“春笋冬出”技术,全乡竹笋销售收入达1431万元。

3月3日,省委常委、副省长刘锡荣视察西险大塘水利工程。

5月17日,省政府常务会议研究,同意余杭市试行享受地市一级部分经济管理权限。

7月11日,境内普降大雨,农田受到严重损失。

7月20日,东苕溪北塘加固二期工程竣工。

7月31日,瓶窑镇被命名为首家市级卫生城镇。

8月18日—19日,受11号台风影响,境内降雨110毫米以上。

10月,南山摩崖造像成为省第四批重点文物保护单位之一。

是年,瓶窑镇被确定为省小城镇综合改革试点,实行按居住地登记城镇人口。

1998年

1月1日,实施余杭市政府制定《余杭市城镇企业职工大病住院基本医疗保险暂行办法》。

2月15日，随着彭公乡长岭村电话的开通，余杭512个村全部开通电话。

3月7日，良渚玉器在香港中文大学文化馆展出，香港《文汇报》、《大公报》等新闻媒体作详尽报道。

3月，镇委、镇政府在全体机关部门干部中进行人事制度改革，实行中层干部竞争上岗，一般干部双向选择。

是月，杭州天元生物药业公司研制的双价疫苗绳补国内外空白，被国家计划委员会等4家单位确认为中国高新技术产品。

5月，“村务公开，民主管理”工作全面铺开。胡林农业园区工程基本完成。是月，中国建设银行余杭支行在瓶窑设立分理处。是月，组建预备役师水上抢险应急分队。

8月4日，市委、市政府在瓶窑镇召开西险大塘安溪集镇段建设动员大会。至此，西险大塘建设拉开最后攻坚战帷幕。

9月，投资164万元的西中水库维修竣工。投资600余万元的瓶窑镇第一初级中学落成（新窑路）。

10月30日，中共瓶窑镇第十次代表大会召开，选举产生中共瓶窑镇第十届委员会委员12人和纪律检查委员会。

10月，投资80万元完成镇广播电视站与市台的联网，开通23个电视频道，用户发展到5000余户。

12月2日，彭公乡3000余支苗竹运抵四川阆中市七里镇。余杭市常务副市长张炳火带领技术人员赴七里镇进行考察和技术指导。该扶贫项目计划种植早竹100亩，首期50亩。这是上年为四川广安提供3000余支竹苗后又一次援助活动。1998年提供广安的竹苗已出竹笋。

12月，总投资1000余万元连接104国道的镇主干道华兴路基本竣工，次年2月通车。

是年，国有、城镇集体企业转制工作基本完成。瓶窑镇通过杭州市级文明乡镇的验收，获省级体育先进乡镇、杭州市级综合治理先进乡镇、余杭市特级文化站称号。

至年底全镇青虾专养面积达到103公顷，共产商品虾156吨，产值825.24万元，占渔业总产值的41.18%。中国农业银行余杭支行瓶窑分理处大楼竣工，楼高5层，建筑面积1500平方米。

1999年

1月5日—6日，瓶窑镇第十三届人民代表大会第一次会议召开。

1月25日，彭公乡第十三届人民代表大会第一次会议召开。

1月29日，104国道余杭段改建工程竣工通车。

1月，经省水利厅考评，全长38.98公里的西险大塘加固工程招标工作结束。

3月22日，文化部长孙家正一行考察良渚遗址。

6月23日—7月1日，境内暴雨成灾，苕溪瓶窑水位达9.13米，超历史最高，西险大塘瓶窑黄泥口出现2处渗漏。瓶窑、彭公组织力量抢险。30日，省委书记张德江在西险大塘指导抗灾。因“6·30”抗洪抢险表现突出，应急分队荣立集体三等功，队员陈祖祥荣立二等功，10余名队员受嘉奖。

7月1日，苕溪瓶窑水位达9.18米，再超历史之最。省长柴松岳到苕溪瓶窑大桥指导抢险。

7月4日，省委副书记周国富到西险大塘慰问抢险人员。

10月，华兴路竣工，达优良工程，总投资1400万元。

11月，瓶窑（杭州）昌兴饲料有限公司在杭州世贸中心与吉林双辽市签订经贸合作协议，由昌兴饲料有限公司投资2000万开发农产品。

12月3日，“山区稻麦两熟高产高效技术”和“粳型杂交水稻制种技术”通过验收。

是年，余杭、瓶窑、勾庄3个镇通过浙江省教育强镇验收。瓶窑综合经济考核余杭市第一，重点乡镇考核获第二。是年，农网按标准改造全面铺开，总投资1657万元，2001年10完成，改造前容量6530千伏安，改造后容量14030千伏安，农业和乡镇工业用电需求和安全得到保障。

2000年

2月21日—22日，中共中央政治局常委、全国政协主席李瑞环到余杭市作“三讲”教育动员和调研。瓶窑、彭公组织干部认真学习“三讲”教育动员讲话精神。

2月，彭公乡获“早竹之乡”称号。

5月22日，杭州市、余杭市及各镇乡三级“双思”（致富思源、富而思进）教育工作组干部进村入户到企业，展开为期一个月的“双思”教育。

6月13日，省政协主席刘枫一行考察良渚遗址。

12月，投资3400万元的瓶窑大厦竣工，次年5月28日开业。

是年，瓶窑获省“教育强镇”、市“社会综合治理先进单位”称号。举办“瓶窑镇第三届人民运动会暨首届文化艺术节”，承办“浙江省东海明珠乡镇歌手大赛”。

2001年

3月9日，经国务院同意，浙江省政府批复，撤销县级余杭市，设立杭州市余杭区。以原县级余杭市的行政区域为余杭区的行政区域，区人民政府驻临平镇。

3月18日，彭公乡举办首届“春笋节”暨浙北农产品批发市场开业仪式。

4月23日，北湖分洪工程通过省级验收。

5月，瓶窑大厦暨杭州香桂花园大酒店开业，投资4000多万元，建筑面积1万平方米，集餐饮、住宿、娱乐为一体。

6月26日，连日暴雨，苕溪水位急涨，7时30分北湖开闸分洪。

7月6日，晚7时，彭公乡突发山洪，10余处34间房屋倒塌，186公顷田地被淹，39个鱼塘被淹，部分桥梁、道路、堤塘受损。经济损失600万元。

8月8日，余杭区实行镇乡行政区域调整，撤销彭公乡建制，其行政区域并入瓶窑镇。全区辖14个镇、1个乡和4个街道。瓶窑镇总面积为128.81平方公里，5.33万人。乡镇区划调整时，建立新的中共瓶窑镇委员会和纪律检查委员会。17日，区委任命新的瓶窑镇党委、纪委领导班子成员。

9月28日，省政府批准设立杭州良渚遗址管理区，建立杭州良渚遗址管理区管理委员会（浙江省杭州良渚遗址管理局）。杭州良渚遗址管理区管理范围为瓶窑、良渚2个镇242平方公里。

是年,瓶窑自来水厂被评为杭州市供水企业水质管理先进单位。

2002 年

1 月 18 日,瓶窑镇第十四届人民代表大会第一次会议召开。

4 月 9 日,省预备役师杭州高炮团警卫排暨水上抢救分队在瓶窑组建完成,省预备役师装备部副部长张炳火出席成立仪式。

4 月,110 千伏凤山变电所投入运行,主变压器容量为 4 万千伏安,新增 110 千伏输电线路 2 条,新出 10 千伏线路 6 回。

5 月 14 日,良渚文化莫角山宫殿群遗址的环境整治完成。

6 月 14 日,瓶窑中学成为“良渚文化青少年研究与宣传基地”成员单位。

6 月 21 日,副省长章猛进检查西险大塘防汛工作。

9 月 19 日,投资 112.6 万元的国家重点水文测报站——瓶窑水文站新站投入使用。

9 月 11 日,省林业厅授予瓶窑镇彭公为省“早竹之乡”。

12 月 12 日,瓶窑大厦获三星级饭店称号。

是年,瓶窑镇第三产业增加值为 2.44 亿元,较上年增长 18.26%。

2003 年

1 月 18 日,瓶窑凤都工业城开园,该园地处 104 国道瓶窑段以南的乌山畈。规划面积 7 平方公里,分主区块和彭公区块。

3 月 6 日,瓶窑供水工程竣工。净水厂投资 3000 万元,日供水 2.5 万吨,受益 13 万人。

6 月 3 日,省委书记习近平在省市领导王国平、章猛进、茅临生等陪同下,实地察看了西险大塘和瓶窑防汛物资仓库,听取关于东苕溪防汛工作的汇报,详细询问各项防汛措施落实和防汛物资到位等情况。

7 月 16 日,习近平视察良渚遗址。

8 月 8 日,瓶仓大道改建工程和瓶窑互通立交桥开工。瓶仓大道改建工程全长 4.9 公里,路基宽 52 米,四车道,设绿化隔离带、非机动车道及人行道,系高标准二级公路,总投资 1.3 亿元。瓶窑互通立交桥,匝道长 1.23 公里,总投资 4000 万元。次年 10 月竣工。

9 月 25 日,德国益利素勒公司落户小岭头,首期投资 2980 万美元。公司总裁舒博与区长刘庆龙分别在项目总合同上签字。次年,一期工程竣工,2005 年 5 月投产。

9 月,据区委、区政府统一部署,瓶窑镇 35 个建制村并为 14 个。全镇下辖 14 个建制村,4 个社区居委会,284 个村民小组。

11 月 28 日,省林业厅公布首批 53 个森林食品基地,早竹笋基地名列其中。

12 月,彭公早竹笋为 2003 年度省无公害农产品产地和 2003 年度浙江绿色农产品。

是年,瓶窑镇成功举办第四届人民运动会暨第二届文化艺术节。

2004 年

1 月,瓶窑镇新窑社区被命名为“杭州市级科普文明社区”。

2 月 1 日,余杭区“五险合一”(失业、养老、工伤、生育和医疗 5 个险种)社会保险系统投入试运行。

3 月 3 日，省委常委、市委书记王国平考察良渚遗址保护工作。

5 月 19 日，瓶窑镇成立早竹笋专业合作社，为股份制合作制，基地面积 73.34 公顷。

6 月 14 日，省长吕祖善检查水利防汛工作，要求守好西险大塘这道防洪防线。

8 月 18 日，瓶窑镇创建国家卫生镇通过省级考核。

8 月，杭州市园林文物局公布第二批市级文物保护点，瓶窑镇的窑山遗址等不可移动文物被定为市级文物保护点。

10 月 28 日，青虾养殖示范园区、早竹笋园区、上窑蔬菜园区等 5 个园区通过杭州市都市农业园区验收。

10 月，完善农村集体土地二轮承包工作基本结束。

11 月 18 日，104 国道华兴立交桥建成，总投资 2699 万元。

12 月，余杭区第三人民医院新院、桥北农贸新市场建成，均于次年 1 月投入使用。

是月，瓶窑镇各村全部接通互联网。

是年，以镇为单位全面实施新型农民合作医疗制度，参保率为 98.8%。

2005 年

1 月 1 日起，全面取消农业税；开展保持共产党员先进性教育活动。

1 月，完成瓶窑车站主体工程。

2 月，国家统计局农村社会经济调查总队发布全国小城镇综合发展指数测评前 1000 位名单，瓶窑等 11 个镇入围。

3 月 5 日，瓶窑镇获“国家卫生镇”称号，成为杭州地区第一个非县城的国家卫生镇。

3 月 18 日，瓶窑镇新博士综艺乐团注册成立。该团是一支以器乐、声乐为主的综合性民间艺术团队，全团 25 人。

4 月 25 日，瓶窑镇南山村盛家祠堂首次发现明代祭田记碑。

4 月 28 日，杭州石门笋制品有限公司的俞国富被授予市青年“五四”奖章和第七届杭州市十大杰出青年称号。

4 月—12 月，工业资产经营公司分两批对位于瓶窑镇的下属无资产关系的杭州强立机械有限公司、杭州杭星仪表有限公司、杭州新余宏机械有限公司、杭州谷口精工模具有限公司实行属地管理的移交。

5 月 10 日，区苕溪流域养鸭污染综合整治工作动员会议召开，明确“苕溪禁养区内的养鸭户 7 月底前必须清栏”，并划定苕溪流域养鸭污染整治范围。

5 月 13 日，经过 1 个多月的野外考古发掘，良渚文化卞家山遗址抢救性发掘告一段落。在 1000 多平方米范围内，发现良渚文化时期墓葬 32 座，其中有 20 多座墓葬分布在 180 平方米的范围内，墓葬之密在良渚文化遗址中实属罕见。

5 月 15 日，中央电视台节目主持人倪萍，到位于瓶窑镇的杭州市儿童福利院，捐资助养两名孤残儿童。

7 月，遭遇 30 年来最严重的干旱，降雨量仅 8 毫米，水库干涸，溪河断流，受旱农田百公顷，上千群众饮水发生困难。

7月26日，国家级重点水文站——区水文水资源监测站被授予全国文明水文站称号。

7月28日，瓶窑镇长命中心小学少年警校被全国少工委、国家国防教育办公室、中国少年军校总校命名为全国少年军(警)校示范校。在北京房山的中国少年军校总校举行的颁奖授牌仪式上，中央军委副主席、国防部长曹刚川上将亲自为少年军(警)校授牌。

是月，杭州佳美旅游营养食品有限公司被列入2004年度中国食品工业最具成长性民营企业名单。

8月6日，受台风“麦莎”影响，全区普降暴雨，平均降雨量91.5毫米，13座10万立方米以上水库泄洪，西险大塘余杭段、瓶窑段均超警戒水位。

9月1日，临平至瓶窑班线的37辆旧中巴车全部改为豪华中型空调客车。至此，临平副城至余杭、塘栖、瓶窑3个中心镇的中巴公交化改造提前4个月完成。

9月12日，省委常委、市委书记王国平及杭州市有关部门负责人到瓶窑实地调研考察德国益利素勒投资项目。

9月29日，省农村社会经济调查队公布2004年全省百强乡(镇)名单，闲林、运河、塘栖、崇贤、余杭、瓶窑6个镇入围；崇贤、余杭、瓶窑首次进入百强行列。

10月8日，杭州益利素勒精线有限公司在瓶窑镇小岭头投产。系世界上最大的精细漆包线制造商德国益利素勒集团在中国的第一个投资项目。王国平致信祝贺。

11月9日，杭州市防控高致病性禽流感工作会议在瓶窑镇召开，并在杭州原种场开展禽流感防控应急演练。是日，石濑花灯入选第一批余杭区非物质文化遗产代表作名录。

11月，产自塘埠村野山笋、毛竹笋基地的“彭公”牌鲜笋、“梦春”牌笋干和产自彭公村两水坞三、四组早竹笋基地的“彭公”牌早竹笋通过有机食品的认证。

12月18日，区卫生监督所瓶窑分所成立。

12月28日，瓶窑镇第一条公交线路开通，起自老城区西中路口，途经12个站，终点站镇政府新办公楼。该项目由镇政府协调筹建，区交通局承运。

是月，压缩式垃圾中转站的生产车间、附属工程和办公楼已全部完工并投入使用。

是年，镇政府新办公大楼竣工。该大楼位于瓶仓大道东侧、新104国道以南1500米处，建筑面积1225平方米，占地面积0.73公顷，总投资4450万元。瓶仓大道(瓶窑段)竣工。瓶仓大道(瓶窑段)自瓶窑镇华兴立交与华兴路交叉点至瓶窑镇陆家场以南约350米处，南北向，总长3838米，宽52米。是年，瓶窑镇获实现“三年翻番”目标工业战线先进镇乡(街道)。

2006年

1月3日，余杭区惠民医院医疗救助实施意见出台。是日起，凡持有城镇、农村“低保”家庭及城镇困难家庭三类救助证之一的病人，到区第三人民医院就诊，可减免医疗费用。

1月11日，瓶窑镇2005年背街小巷改善(道路)工程由区建设局牵头在临平人民广场举办成果展示。

1月26日，据区政府决定从2006年春季开始，瓶窑城乡义务教育阶段免收杂费(含信息技术费)，具体标准为初中每个学生每学期130元，小学每个学生每学期100元。

2月，瓶窑镇首台拥有自主创新技术的“SH400圆锥破碎机”在杭州双金机械配件有限公司下线。

4月20日,杭州市人民政府确定全市工业十强镇(乡、街道),瓶窑镇名列其中。

4月28日,瓶窑镇举行第五届人民运动会,10月30日闭幕。

5月22日,瓶窑镇通过国家卫生镇复查。

5月28日,"日通杯"乒乓球世界冠军对抗赛在瓶窑镇政府会议中心举行。中国乒协主席徐寅生,省政协副主席李青及区有关领导到场观赛并颁奖。

7月19日,瓶窑镇入选建设部公布的第二批58个"全国小城镇建设示范镇"名单,为杭州八城区中唯一获此殊荣的乡镇。该镇于1997年初被列为浙江省小城镇综合改革试点镇,2000年被确定为浙江省中心城镇。

8月8日,瓶窑镇奇鹤村少年周朝龙因救人而献身。12月,被授予"杭州市见义勇为勇士"称号。

8月,瓶窑"梦春"、"大观山"、"毛元岭"等农产品商标获得余杭区优势农产品商标认定。

9月18日,瓶窑首个村级股份合作经济组织"余杭区瓶窑股份经济合作社"挂牌,村级集体资产产权制度改革取得进展。

9月30日,瓶窑镇新长途汽车站启用。

10月14日,国家统计局公布2005年全国小城镇综合发展水平1000强。余杭区的瓶窑等11个镇入围。

10月15日,由国内文物专家率领的工程队开始对南山摩崖造像进行一期保护维修。

12月11日,瓶窑镇通过杭州市级生态镇验收,瓶窑镇的石濑、张堰、塘埠等村通过区级生态村验收。

12月15日,国家文物局公布最新确定的《中国世界文化遗产预备名单》,良渚遗址(浙江省杭州市余杭区、德清县)被列入其中。

12月28日,彭公村村民施奇强向金华小女孩捐献眼角膜,成为国内首位盲人活体捐献眼角膜的案例。

12月29日,瓶窑镇被浙江省体育局命名为浙江省体育强镇。

12月,成功创建省级生态镇,被评为浙江省健康教育示范镇,通过浙江省体育强镇验收。该镇围绕"跨过新国道,建设新瓶窑"的发展战略,科学编制生态建设规划,基础设施不断完善,建设垃圾和污水处理系统,村村开展创建活动,有7个村成功创建区级生态村。

2007年

1月15日—16日,瓶窑镇第十五届人民代表大会第一次会议在镇政府大楼中心会议室召开。会议听取和审议镇人民政府工作报告、镇第十四届人民代表大会主席团工作报告、2006年财政决算和2007年财政预算报告。

3月25日—28日,中国·瓶窑生态竹笋节举办。

4月16日,中央电视台报道瓶窑彭公何少文"多个心眼养野猪"、沈要刚"拯救旱竹笋"等新闻。

4月28日—12月30日,瓶窑镇举办第三届文化艺术节。该艺术节设书画作品赛、民间工艺美术作品赛、服装设计制作及时装模特表演赛、声乐比赛、戏曲比赛、器乐比赛、锣鼓比赛、舞蹈比赛、石濑花灯研讨会、征文比赛等10项内容。有1000余人参加比赛

5月19日,余杭区确定瓶窑中学为首批青少年科技教育基地之一。

6月22日,余杭区命名余杭区首批10个非物质文化遗产传承基地,瓶窑镇塘埠村刘老泉制伞坊(余杭纸伞制作技艺)为其一。

7月6日,徐建杭被追认为烈士。

8月8日,太湖流域重点骨干水利建设工程——东西苕溪防洪工程(余杭段)通过国家竣工验收。工程建设总投资4.48亿元,历时10余年。

8月25日,瓶窑镇入选"中国活力乡镇(街道)·浙江二十强"。

9月11日,中共中央宣传部、中央精神文明建设指导委员会办公室、全国绿化委员会、国家林业局授予瓶窑镇沈要刚为全国"绿色小康户"。

11月27日,位于瓶窑镇的南山造像维修保护工程一期整修,通过由省市区文物部门联合组织的评估验收。

11月29日,浙江省文物局在良渚古城遗址考古发现新闻发布会上宣布:在良渚文化核心区域发现了总面积达290多万平方米的古城。古城略呈圆角长方形,正南北方向,东西1500米—1700米,南北长1800米—1900米。

12月2日,余杭区进入杭州主城区的7条公交线路一体化改造完成。

12月24日—25日,区委十二届四次全体(扩大)会议调整一副三组团的规划,确定由瓶窑、径山、黄湖、鸬鸟、百丈5个镇组成瓶窑组团,明确"生态瓶窑、休闲胜地、最具魅力的生态文明示范区"的组团功能定位,明确瓶窑镇的中心镇地位。

12月,新成立张堰茭白、苕溪特鱼、七彩湖家禽、彭公笋制品、东苕溪稻米、植物保护等6家农民专业合作社。

2008年

2月1日,普降大雪。至2日上午,平均降雪超过30厘米。因积雪冰冻现象严重,境内多条路道封道,多处民房、工棚、厂房倒塌,山区部分农村因电力设施受损停电。至3日,全区生产生活秩序恢复正常。其间,瓶窑镇党员干部、驻余杭部队官兵和群众千余人次参与抗雪救灾行动。

3月下旬至5月上旬,全镇14个村级组织进行换届选举,选举产生102名村三副班子成员。组建企事业单位党支部3个,调整支部负责人13人,撤销党支部4个。并于5月27日—28日举办为期两天的新一届村干部培训班,内容包括规范村务管理工作、土地管理、新农村建设等。

4月8日,国家文物局公布2007年度全国十大考古新发现评比结果,良渚古城遗址被列入2007年度全国十大考古新发现。

5月7日,浙江省委书记、省人大常委会主任赵洪祝到余杭区检查指导防汛工作,实地考察西险大塘、苕溪堤防河道管理所防汛仓库等,与余杭区有关人员和省有关部门负责人一起分析防汛防台抗旱形势,查找薄弱环节,研究对策措施。

5月,瓶窑镇十里渠小流域治理工程完工。十里渠是镇西北部山区的水利命脉。工程被列为国家级农业综合开发项目,总投资1670万元,治理面积36.5平方公里,惠及彭公、奇鹤、石濑、窑北、西安寺、南山等6个村,3100余家农户、1万余人口。

6月26日，鼎胜铝业有限公司与瓶窑镇政府又签订“10万吨宽幅铝箔”项目。该项目被列为余杭区“六大百亿”项目、杭州市政府重点项目，计划投资8.9亿元。

9月1日，瓶窑镇第一中学新校区启用，9月20日，新校区落成暨建校10周年庆典活动举行。该校区投资1亿元，占地6.67公顷，建筑面积4万余平方米，可容纳54个班、2000余名学生。每个教室均配备多媒体教学系统，图书科技楼有20余个专用教室。

10月2日，全国人大常委会副委员长、中央国家机关工委书记华建敏到余杭区，视察良渚古城遗址及新落成的良渚博物院。浙江省委书记、省人大常委会主任赵洪祝等陪同考察。

20日—21日，首届良渚论坛·2008年中华文化论坛在余杭区举行。

12月，7个重点整治村清理存量垃圾1896吨，完成庭院整治4409户，河道清淤28.09公里，绿化62450平方米；拆除露天粪坑和棚厕1949个，新建改建三格式无害化卫生厕所1182个；整治不良建筑12处，拆除面积1360平方米。投入865万元，硬化村道18公里，累计105公里。投入150万元，改造危桥6座，累计154座。

12月，瓶窑发现民国界址碑，呈长方形，质地为汉白玉。碑正面横排刻有“余杭北湖界址第一段地形图碑”，居中是一帐描绘北湖草塘蓄水的界址比例画，接着是正文竖排十余行，刻有“东至东苕溪、南至马姚港、西至李家村、北至北苕溪”和落款刻着“情侣余杭北湖界址委员会”等字样。

2009年

1月，余杭区给企业退休人员、困难群众、残疾人、中小学生等部分人群发放总价值4200万元的消费券。

1月10日，大观山农贸市场开业，占地0.89公顷，总面积1万平方米，内设摊位420个。

1月17日，瓶窑组团和良渚组团40辆出租汽车开始运营。余杭区实现“一副三组团”客运出租汽车全覆盖。

2月6日，中央电视台七套科技苑播出“赶到正月来上市余杭春笋”，介绍瓶窑镇彭公通过覆盖增温方法让春笋早出提高效益。

3月，区第三次全国文物普查队在瓶窑镇窑北村山茅坞鸡笼山北坡新发现一处东汉窑址，地面散布的陶片、窑具和大量窑渣及器物残片甚为丰富，未见窑床暴露。

4月18日，杭州市统计局局长屠辛庚一行，到瓶窑镇调研统计基础建设情况。

4月底，瓶窑昌兴养殖场共完成生猪禁养8294头，全面完成区政府下达的禁养任务。

5月7日，浙江省委书记、省人大常委会主任赵洪祝到余杭等地检查指导防汛工作，实地考察瓶窑西险大塘、苕溪管理所防汛仓库等。

5月14日，团市委书记黄海峰到瓶窑镇调研共青团工作。

5月15日，区慈善总会顾问刘永根带队，区残联到镇慰问一级残疾人李杭、孙杏才和一级盲施奇强。

5月中旬，区民兵水上抢险救护分队在瓶窑开展为期7天的水上抢险应急演练。

5月20日，杭州市府办公厅主任许保水等，在瓶窑调研杭州五星铝业有限公司二期续建工程。

5月30日，杭州华莹进出口有限公司和杭州华兴实业集团有限公司分别以8.8亿元、5亿元的年销售收入,列2009浙商全国500强排行榜的第416位和493位。其中,杭州华莹进出口有限公司更是以177.5%的年增长率,在增幅TOP100中位居第六。

6月11日,良渚遗址保护行动暨良渚国家遗址公园启动仪式在莫角山遗址现场举行。

6月中旬,建立由53名拖拉手组成拖拉机防洪抢险应急分队。

6月27日,杭州市余杭区联一竹笋专业合作社暨杭州市余杭区竹笋研究所在瓶窑镇彭公集镇正式成立。

6月,国家新闻出版总署组织华东各省的新闻出版局长来到杭州长命印刷有限公司现场考察印刷产品质量,省、市、区、镇领导陪同。

6月,瓶窑镇"清洁余杭"河道清淤工作告一段落,三年来共对全镇37条河道,149.03公里的重点河床淤泥堆积物进行清淤。

7月1日,镇召开庆祝中国共产党成立88周年暨总结表彰大会。此次会议在余杭区首次尝试采用现代远程视频直播技术,在镇政府中心会议室设立主会场,村、社区、学校设立16个分会场。

7月,在"八一"来临之际,镇党委、政府分别对5名"三属"抗战人员和生活困难的退伍军人进行了慰问。

7月,瓶窑杭州益利索勒精线有限公司从杭城100多家企业中脱颖而出,入选"勇于承担社会责任、积极营造和谐劳动氛围"十佳雇主排行榜。

7月,瓶窑镇全面完成14个村的"清洁绿化余杭"整治工作,落实奖励补助资金450万元。

8月11日,受第8号台风"莫拉克"影响,苕溪上游突降大暴雨,四岭水库水位破历史最高纪录。为确保西险大塘安全,北湖在开闸泄洪后,实施爆破分洪。是日,杭州市市长蔡奇、副市长何关新、市政府秘书长许小富等到余杭东苕溪流域抗洪现场检查指导抗洪工作。

是日凌晨1时,北湖滞洪区开闸分洪;上午8时15分北湖围堤北苕溪侧庄村渡实施人工炸堤分洪。

8月18日,北苕溪庄村渡人工炸堤的分洪缺口开始修复,破堤口拟建永久性分洪闸。

8月28日上午,开学在即,镇政府将353800元助学金发放给171户困难户。

8月30日,瓶窑镇杭州鼎胜集团有限公司进入"全国500强民营企业"行列。

8月,杭州鼎胜集团有限公司五星铝箔二期项目的三台铝箔轧机全部竣工投产。

11月9日,瓶窑社区成立。瓶窑村是全镇首个撤村建居村,新成立的瓶窑社区所辖区域3.5平方公里,辖区居民472户、户籍人口2170人。

11月16日,由中国竹产业协会、杭州市政府和浙江省林业厅共同主办的第三届杭州竹笋节开幕式在瓶窑彭公竹制品市场举行。竹笋节期间,举行第三届杭州竹笋节经贸洽谈会、中国竹产业协会四届二次理事会、中国竹产业发展杭州论坛,以及名优竹产品展示展销、竹主题书画摄影展、竹乡生态游等系列活动。

11月22日,瓶窑镇举办第六届人民运动会暨第三届老年人运动会。运动会设田径、球类、棋类、拔河、飞镖等15个大项30余个小项。全镇13个村、5个社区及企事业单位,3000名运动员组成40支代表队参加比赛。

11月25日,彭公村俞国富参加北京召开的"全国优秀复员退伍军人"表彰大会,被授予"全国优秀复员退伍军人"称号,并受到胡锦涛、温家宝等党和国家领导人的接见。

12月,南山摩崖造像保护性维修及景区主干道建设全面完工,管理用房、南山摩崖造像门楼、山门、茶舍等完成设计。南山文化旅游区位于瓶窑镇南山,占地240公顷。其中核心地块南山摩崖造像周围规划面积约4平方公里。

12月18日,北苕溪庄村渡泄洪闸动工建设,规划为4孔×6米,总投资2807万元。2010年12月25日竣工。

是年,杭州鼎胜铝业集团有限公司项目投资0.9亿元,一、二期工程全面竣工并投入生产,实现工业产值7.2亿元。

瓶窑镇实行委托村集体经济组织流转,签订书面委托流转协议书3189份,签订书面流转合同372份。全镇承包土地经营权流转1143.13公顷。

2010年

1月起,无养老保障或者不能享受退职退休待遇的9000多名老年人,每月可以领取90元的城乡居民基础养老金,余杭养老保险实现全覆盖。

3月5日—8日,首届"中国·彭公竹制品交易博览会"在瓶窑镇举办,客商云集超2万人,总成交额达2亿元。

6月15日—9月5日"璀璨——良渚文化特展"在台湾省台北县博物馆开幕。

6月17日,浙江省委常委、杭州市委书记黄坤明等到余杭检查防汛工作。

6月28日,新招10名城建监察队员,拆违控违专职队伍由6人扩充至20人,形成"人人有事、事事有人"的巡查机制。

8月8日,瓶窑镇作为余杭区分会场开展全民健身日活动,1500多名健身爱好者聚集到西险大塘瓶窑段,以千人沿苕溪徒步健身走的方式迎接全民健身日。

10月30日,20时至11月1日零时,全镇开展"零点行动",对行政管辖区范围内居无定所的流动人口实地了解并登记尚未登记的外来流动人口。按时保质完成8.9万余名普查对象的登记工作。

12月2日,余杭首个旅游商品展示中心在彭公周家坂投入使用。

12月22日,环境保护部、省环境保护厅领导和专家到瓶窑进行国家级生态镇预验收。瓶窑镇于2007年成功创建省级生态镇后,又确立争创国家级生态镇的目标。

12月31日,社区卫生服务中心启用。该项目由原余杭区第三人民医院改建,投资2000多万,占地1.1公顷,承担着13个建置村、5个社区约10万名流动人口的医疗、预防、保健、康复、健康教育、计划生育技术服务六位一体功能。中心下设11个社区卫生服务站点。

是年,瓶窑镇团委成为团中央关于乡镇街道团(工)委组织格局创新工作的试点。石濑村被列为全省劳动保障基础信息平台建设试点单位。

冬,塘埠溪小流域整治开工,至2011年夏竣工,总投资1800万元,受益面积5114亩。

是年,石濑村被列为全省劳动保障基础信息平台建设试点单位。

2011年

3月6日,第二届中国彭公竹制品交易博览会开幕。博览会旨为"发展低碳经济,宣传低碳生活"。活动内容主要包括草藤棕系列产品展示展销、竹木工艺品展示和竹工艺、木工艺、茶道专业人士现场操作演绎等。

3 月 18 日,浙江省文物考古研究所、杭州良渚遗址管理区管委会召开良渚古城考古新进展新闻通报会,介绍良渚古城东城墙外美人地遗址考古的阶段性成果。在对该遗址发掘中,发现距今 4000 多年前临河而居的建筑基址和古河道。

4 月中旬,石濑等 13 个村和 1 个社区完成各个组织换届选举工作。村党组织书记的平均年龄 41 周岁,文化程度、"双带"能力得到提升,完成区委要求的换届村、社区党组织书记的"3 个 80%"的目标。

4 月,瓶窑镇团委创建成为浙江省级"五四红旗团委",为余杭区第一个。

5 月 15 日,余杭区第 21 次全国助残日活动在瓶窑镇初级中学体育馆内举行。

6 月 5 日,余杭水厂、瓶窑水厂苕溪取水口的水体有异常。经检测,证实水中存在苯烯类挥发性物质。市、区两级政府随后启动突发性饮用水源污染事故预案。7 日,浙江省省长吕祖善和杭州市委书记黄坤明等省、市、区领导对苕溪饮用水源水质异常情况作出批示,要求加强水质监测,采取有效措施保证人民生活饮用水安全供应。副省长陈加元、副市长张建庭带队到临安市青山污水处理厂和余杭水务公司苕溪奉口取水口检查。8 日,经过对苕溪沿线水质的一路检测,杭州市环境保护局确定违法排污企业是苕溪上游临安市境内的化工厂。杭州市委书记黄坤明到余杭区听取苕溪水源受污染事件最新进展情况,并就下一步工作再次进行部署。9 日,区政府正式发布通告,经有效处置,苕溪水源水质已恢复正常,从 9 日 11 时起全面恢复正常供水。

6 月 11 日,瓶窑镇华兴社区的选手江建在第八届全国残运会射箭项目男子复合弓个人 50 米单轮赛项目中,以 327 环摘取金牌。

6 月 19 日,连续暴雨使东苕溪和上游大中型水库均在警戒水位以上。为确保杭嘉湖平原安全,11 时 20 分,北湖闸分洪。20 日,浙江省常务副省长陈敏尔到余杭检查指导救灾工作,到瓶窑镇里窑社区慰问受灾群众。

6 月,瓶窑镇农民多层公寓羊山一期竣工,建筑面积 2.5 万平方米 8 幢 6 层的多层公寓。

9 月 28 日,中共瓶窑镇第十三次代表大会召开,选举产生新一届党委及纪委班子成员。大会确立今后五年"建设西部重镇、打造北秀明珠"的奋斗目标,力争到 2015 年末综合实力位居余杭区前列,实现发展方式和领导方式的转变,达到新型工业化进程、开放型经济、统筹城乡发展 3 个突破,确保群众生活水平、幸福指数、文明程度和对政府的满意度 4 个提升。

9 月,瓶窑镇社区卫生服务通过验收,成功创建为浙江省级规范社区卫生服务中心。

10 月 17 日,"六五"普法暨民情联系网与综治网"两网合一"启动仪式举行,就"六五"普法、依法治理工作进行动员。

10 月 28 日,瓶窑镇"数字城管"启动仪式举行,标志着瓶窑镇城镇管理工作向数字化、信息化、现代化迈进一步。

11 月,瓶窑镇垃圾分类收集、直运正式启动。

12 月 23 日,国家文物局公布第三次全国文物普查百大普查新发现,余杭的彭公水坝遗址入选。

是年,彭公竹制品市场建设(二期)开工,普通区 90% 主体完成,精品区建至二楼。新城综合市场完成总工程量的 80%。完成北塘二期加固工程,工程总长度 2780 米,工程总投入资金

7035 万元,其中加固堤塘 1370 米、退堤加固 1410 米;拆迁房屋 69 户,其中主房拆迁 45 户。

2012 年

3 月 6 日,瓶窑行政服务中心暨市民之家启用,中心建筑面积 12434 平方米,整体进驻国土、环保、劳保等 6 个基层站所,集中工商、房产、林水、交通等 14 个行政审批部门,供电、水务、电信等 5 个公共服务部门,以及中介、银行等配套服务部门的办事窗口 56 个,集中办理 216 个审批和服务类事项。

4 月 6 日,在全国考古工作会议上,良渚古城遗址考古发掘工作被评为“2009—2010 年度国家文物局田野考古奖”一等奖。

4 月 26 日,第五届中国杭州竹笋节在彭公竹制品市场开幕,第三届中国浙江彭公竹木工艺品博览会也同时拉开帷幕,为期 5 天。

5 月 11 日,通过国家卫生镇省级复查。

9 月,瓶窑成校成为杭州市首个“成人教育科研基地”。

11 月 17 日,良渚遗址继 1994 年、2006 年后,再次被国家文物局列入《中国世界文化遗产预备名单》。区委、区政府正式提出良渚遗址 2016 年申报世界文化遗产目标。

11 月,经网络投票,专家评审和投票,通过生态建设、产业发展、民生保障、人居环境、历史文化、风土人情等经济、社会和人文元素等方面的考量,瓶窑镇成为 2012 年杭州市十大新型中心镇,也是余杭区唯一入选的城镇。

12 月 23 日,瓶窑镇羊山公寓一期进行回迁安置摇号选房,共有安置户 58 户 100 余人参加选房活动,回迁户自主参与摇号率 100% 。

12 月 26 日,横跨余杭区良渚、瓶窑、仓前、余杭、径山、黄湖、百丈、鸬鸟 8 个镇(街道)的杭长高速公路通车。该路是余杭区道路建设历史上里程最长、涉及镇(街道)最多、征用土地最多、拆迁房屋最多、工程最为复杂的省重点交通建设项。

是年,瓶窑镇获评杭州市美丽庭院示范乡镇,塘埠村获评美丽庭院示范村。实施塘埠、彭公等山区片农民饮用水提升工程,12 个水源点全部进入施工阶段。完成西安寺村土地股份合作制改革。完成地质灾害点治理 5 个,实施垦造耕地 18.67 公顷,新建通村联网道路 5 条。

2013 年

1 月 5 日,瓶窑苕溪艺术团代表杭州市参赛,在浙江省首届排舞大赛中演绎印度舞《蓝色婚礼》和《我爱祖国的蓝天》获一等奖。

3 月 5 日,国务院核定并公布第七批全国重点文物保护单位,南山造像(元代)名列其中。

4 月 2 日,浙江省副省长黄旭明等到余杭区检查指导东苕溪流域防汛工作。

4 月 18 日,第六届中国杭州竹笋节暨第四届中国浙江彭公竹木工艺品博览会举行。

4 月 24 日,文化部副部长、国家文物局局长励小捷一行到余杭区实地调研良渚遗址保护和申遗工作。

4 月 28 日,瓶窑镇杨梅坞社区党委书记李春霞作为余杭区社区系统唯一市级劳动模范,在 2013 年市劳动模范和模范集体表彰大会上受到表彰。

5 月,瓶窑溪东社区成立。下辖柳郡、南北乐章、桂花溪园、祥盛家园、良景学府等小区,占地面积0.44平方公里。

6月27日—28日，“美丽中国与美丽非遗”第二届中国非物质文化遗产保护(余杭)论坛暨2013年良渚论坛开幕。

7月22日，瓶窑镇启动创建杭州市全民科学素质工作先进乡镇工作。11月11日，由杭州市科协组织牵头的督查调研小组对瓶窑镇创建杭州市全民科学素质工作先进乡镇进行验收。

8月23日，良渚古城考古新发现入选首届世界考古·上海论坛评选并发布的2011—2012年世界10项重大田野考古发现。这是中国首次评选并发布该类考古成果。

8月28日，瓶窑镇入选“美丽浙江·强镇榜样”综合实力十大强镇。

10月7日，受强台风“菲特”影响，余杭区降大到暴雨，从16时起，启动防汛Ⅱ级应急响应。22时50分，北湖开闸泄洪。

10月10日，通过杭州市级药品安全示范镇区级验收。

11月，《杭州市良渚遗址保护管理条例》由浙江省第十二届人大常委会第六次会议批准、杭州市第十二届人大常委会公布，将于2014年1月1日起施行。经国家文物局批复同意，浙江省人民政府批准的《全国重点文物保护单位良渚遗址保护总体规划》也于11月正式公布实施。

11月，瓶窑镇公共自行车投入试运营，22个服务点共投入500辆自行车。

12月2日，余杭区政府首次设立野生动物禁猎区，位置在南、北湖滞洪区范围内，其中南湖野生动物禁猎区面积为379.33公顷，北湖野生动物禁猎区面积为490.2公顷。

12月19日，通过杭州市扶残爱心乡镇验收。

12月27日，通过档案工作目标管理浙江省一级达标验收。

是年，重点整改部级卫片遥感发现的问题28处(面积4.01公顷)，拆除违建9260平方米。“四边三化”方面，整治拆除广告牌23处，重点拆除104国道彭公段马路市场60334.9平方米，祥彭线废品收购整治拆违1000平方米，瓶仓大道整治拆违500平方米

2014年

4月12日—20日，第七届中国杭州竹笋节暨第五届浙江彭公竹木工艺品博览会，在瓶窑彭公竹制品市场举行。

5月，编制《瓶窑镇老镇区控制性详细规划(报批稿)》，修编《瓶窑镇总体规划》。

6月，瓶窑镇人民政府被评为2013年度杭州市数字城管工作最佳配合单位。

是月，南山农居点开工，占地330亩(22公顷)，安置为保护良渚文化遗址而拆迁的大观山村424户村民。次年5月，基础工程完成后交村民自建。

7月26日，国家粮食局局长任正晓，先后到余杭区瓶窑镇、余杭街道看望创建“四无”粮仓的老粮食工作者汪柏铭、邢福河，参观四无粮仓陈列馆。

9月2日，来自全国30余家中国世界文化遗产预备名单遗产地管理机构的代表聚集杭州良渚，共同见证中国世界文化遗产预备名单遗产地联盟的诞生，并一致达成《中国世界文化遗产预备名单遗产地联盟良渚共识》，在遗产保护上确立共同的理念和方法。

9月5日，甪窦塘加固工程开工，工期9个月，总投资2329万元。

9月，北湖小学改建、中心幼儿园塘埠分园扩建和瓶窑镇第一小学崇化校区教学楼等学校基础设施建设项目完工，初中、小学均成为省义务教育标准化学校。

10月19日，开始实施地方标准规范《乡镇（街道）综合文化站公共服务规范》，保证服务工作质量，提升乡镇（街道）综合文化站的服务水平和能力。

10月，瓶窑镇综合档案室被评省级数字示范化档案室。

10月22日，瓶窑镇一小翁燕平赴苏州参加教育部教师工作司、中国书法家协会主办的“翰墨薪传工程”现场推进会。并在会上作《凸显生本，务实高效——作业梯度设计在小学书法课堂教学中的合理运用研究》的交流发言。

是月，彭公中心小学“学生警察团”小警员应浙江警察学院邀请参观该院并参加中央电视台《警营探秘》节目的录制工作。

11月27日，首届浙北竹乡早竹笋业发展学术研讨会在“早竹笋之乡”瓶窑镇召开。浙江农林大学、中国林业科学院亚热带林业研究所、浙江省林业科学研究所的教授、博士，余杭、德清、临安以及安徽广德的林业技术推广机构、行业组织的负责人参加会议，共同研讨如何应对竹笋业面临的竹地土壤酸化、地力退化等问题。

11月22日，瓶窑镇获全省小城镇大文化示范十大样本镇称号。

11月，瓶窑镇成人文化技术学校的竹产业培训基地“学习共同体”获2014年全国“终身学习活动品牌”称号。

12月，第十届杭州市道德模范（平民英雄）评选结果揭晓，瓶窑镇推选的孝老爱亲典范盛玉皎获得提名奖。

是年，按目标推进安置区块建设、视频监控安装、老旧小区改造、重点河道整治、沿溪集镇段亮灯、羊山湾工程政策处理等8件政府实事工程。推进“五水共治”、“三改一拆”、美丽乡村等重点工作。建立落实河长制、“一河一策”、长效保洁等治水机制，完成河道整治、截污纳管、生活污水治理、企业规范排污、水利工程建设、农业面源污染治理等22个治水项目，全年投入治水资金5700余万元。是年，完成良渚遗址申遗区块333.33公顷土地流转。完成矿山整治5处、地质灾害治理3处，全年垦造耕地22公顷。

2015年

1月10日，余杭区竹业协会骨干10多人，赴南京高淳县漆桥镇、南京农业大学学习交流早竹笋生产作业模式、微生物菌肥开发、早竹测土配方专用肥技术推广等工作。

3月2日，省水利厅长陈川到镇实地调研防汛准备暨重大水利工程——东苕溪羊山湾段整治工程（余杭段）推进工作。副市长戚哮虎、区长朱华等参加调研。

3月27日，良渚遗址申遗工程安置点完成移交工作，该项目涉及长命、大观山两个农居安置点，占地27公顷，总投资2亿元，上年7月动工。

4月5日，“权力与信仰：良渚遗址群考古特展”在北京大学赛克勒考古与艺术博物馆开幕，展出良渚文化精品文物近500件（组）。

4月，由余杭晨报和瓶窑镇联合打造的民生服务移动平台——“掌上余杭·锦绣瓶窑”正式上线。

4月，余杭区武术协会瓶窑镇武术辅导站成立。

5月，瓶窑广场开业运营，嘉凯城城市客厅完成主体工程，瓶窑商贸城招商顺利推进，杭亿商业办公楼完成项目建设。

5月11日，"夕阳秀"2015"中韩友谊花歌节"在韩国光州市文艺会馆落幕。瓶窑苕溪艺术团自编自导自演的民间舞蹈《窑山风情》获得舞蹈类金奖。

7月29日，瓶窑镇创建国家卫生城镇通过省级验收，至此，瓶窑连续4次获"国家卫生镇"称号。

7月，上海至善基金股权投资有限公司余杭分公司落户瓶窑。

8月26日，瓶窑镇49名学生受到区慈善总会发放的助学金，共计20.38万元。

8月，杭州恒立钣金有限公司利用厂房平台安装的光伏发电项目投入使用。

是月，全国工商联发布全国民企500强、制造业500强信息中，杭州鼎胜实业集团有限公司入围。

8月，北湖小学教学楼改造和室外工程全面完成，9月投入使用。

9月，省经信委、省统计局联合公布2014年度工业强镇综合评价结果，瓶窑镇排名第39位，在全省70个工业强镇中，是余杭区唯一入围的镇。

10月12号，由灵鹫讲寺与杭州文史研究会、浙江省社会科学院宗教研究中心共同举办的首届"杭州余杭南山大普宁寺与江南民间佛教学术研讨会"在瓶窑召开。

10月21日，区长朱华到瓶窑专题调研农业园区提升发展专项行动。强调要实施农业园区产业提质、功能拓展、品牌提升、融合发展等战略，不断强化科技应用、深化园区管理、优化盈利模式，努力推动现代农业园区扩发展、上水平、提效益。

10月，瓶窑镇塘埠村启动"东坞55号—油纸伞之家"、"民宿+非遗"模式建设，该项目以非遗文化——"余杭纸伞"为主题的文化体验民宿。

11月1日，"农商银行杯"瓶窑镇第七届人民运动会暨第四届老年人运动会开幕，这是瓶窑镇首次采用"总冠名"与"单项冠名"运作举办的运动会。

11月25日，瓶窑涉及奇鹤、塘埠、彭公、西安寺、南山、窑北6个建制村，规划总面积3.3万亩(2200公顷)，集农业生产、科技示范、休闲观光于一体，产业布局合理、资源要素集聚、功能有机融合的省级现代农业综合区以91.42综合高分通过省级验收。

12月1日，南山大桥开工建设。道路西起里洋路，东至东兴路，全长845.336米，其中大桥长290.3米，宽28米。主桥(46.5+70+46.5米)预应力混凝土变截面连续箱梁，采用挂篮悬臂浇筑施工，引桥为4×30米预应力混凝土等截面连续箱梁，采用满堂支架浇筑施工，总投资5435万元，2017年6月通过验收。

12月3日，瓶窑首个智能垃圾分类投放系统在凤惠家园小区正式投入运行。

是月，长命、彭公污水管网等41项重点治水项目建设收尾，老集镇更新改造全面完成。

是年，瓶窑杭州天澄日化有限公司、浙江彭公竹制品有限公司、杭州神彩包装印业有限公司3家企业在浙江股交中心创业板挂牌。

2016年

1月8日，祥彭线瓶窑大桥维修加固工程完工，该桥于2015年11月开始全封闭施工，主要是将前2跨13米钢筋混凝土空心板更换为预应力空心板，并对墩台盖梁的锈胀、露筋进行封闭处理。

1月20日，瓶窑镇干部走访检查地质灾害点、施工工地、蔬菜大棚、危房等重点行业、重点部位，消除安全隐患，及时做好人员转移；对困难群众进行走访慰问，为低保户送上米、油等生活必需品，帮助他们度过恶劣天气。

1月24日—26日，最低气温达－8—－10℃，山区更低，有严重冰冻，22日晚上，塘埠长岭村道最深的积雪已达45厘米。自1月18日晚省市防御雨雪冰冻灾害工作视频会议后，瓶窑镇党委、政府迅速行动、精心组织、全面动员，全力投入防雪抗冻工作。围绕"保安全、保畅通、保供应、保民生"的要求抓好各项工作。全镇19个组团149名党员干部按照"联系服务群众、加强基层党建、推进重点工作、指导网格管理"的职责，扎扎实实接地气解难题。

1月31日，"朴舍"项目建设正式启动。由上海朴舍酒店管理公司投资开发，选址在塘埠王家村，拟投资600万元，改造房屋4幢，建设成独栋VILLA、天然微农场、图书馆、咖啡厅、创艺空间等区块，致力于打造结合本地文化特色并满足现代生活方式的高端度假风情民宿。

1月，余杭区第三人民医院整体迁建工程开工。

2月26日下午，区人大常委会主任、党组书记汪宏儿一行到瓶窑镇石濑、南山等村调研社会治理大联动工作。

3月4日，瓶窑镇首部镇志编纂工作启动。

3月，日寇侵华的铁证，在瓶窑彭公的碉堡修复完工。该碉堡位于现彭公互通立交桥南侧的烟堆山。

4月5日，自瓶窑镇"1＋7"专项整治开展以来，镇主要领导分片包干、坐镇指挥，深入一线协调处置，共拆除99宗18247平方米违章建筑。

4月11日，余杭晨报头版头条以"瓶窑镇以点带面全面铺开环境整治行动"为题，报道瓶窑镇长命村环桥组29户涉及违建的农户拆违工作基本完工。

4月13日，市政协副主席赵光育带领有关市政协委员、专家学者，就良渚遗址保护与申遗工作到余杭专题视察，实地踏看水利工程遗址、莫角山遗址，听取良管委关于良渚遗址保护和申遗工作情况介绍。区政协主席阮文静等参加视察。

4月20日，瓶窑镇举行"平安志愿者"成立启动仪式。

5月7日，杭州市委组织部和余杭区委组织部联合到瓶窑镇调研"网格支部如何发挥自转功能工作"，对瓶窑镇的组团联村、网格化管理和"两学一做"等工作经验给予了高度评价。

5月10日，省委副书记王辉忠一行实地察看北湖滞洪区、东苕溪瓶窑段整治工程西险大塘和防汛物资仓库等，详细了解水库运行、除险加固、防汛措施及防汛队伍配备和物资储备等情况。市委常委、区委书记徐文光，副市长戚哮虎等参加检查。

5月10日，瓶窑镇第三个重点整治村整组拆违工作正式铺开。马山下区块包括岭上、城隍山、马山下3个村民小组，共计62户人家，总计违建面积多达17000平方米左右。

5月13日，余杭区人民政府与省文物局签署框架协议，共同建设浙江省良渚遗址国家公园，良渚遗址管理区管委会主任、区长朱华同省文物局局长柳河代表双方签约。

5月16日，2015年度全国十大考古新发现在北京揭晓。浙江余杭良渚古城外围大型水利工程的调查与发掘项目成功入选。

5月18日，大观山果园划归余杭属地管理。

5月23日，新104国道瓶窑至勾庄段改建工程通车，由一条主线和长命连接线组成。

6月8日，瓶窑苕溪艺术团作为唯一一支代表浙江民间的舞蹈队，在"夕阳秀"2016载歌载舞携手夕阳秀华章国家大剧院舞蹈展演获金奖，此次活动由澳大利亚中华文化协会、中国民族舞蹈协会等单位共同举办。

6月10日，瓶窑镇杨佩枫在省中医院完成造血干细胞捐献，240毫升造血干细胞混悬液用于挽救一名白血病患者的生命。

6月17日，瓶窑中学地震测报站召开建站40周年座谈会，省政协副主席陈小平，省市地震局相关领导等参加了此次座谈会。

6月20日，瓶窑镇瓶窑社区拆违工作全部完成，累计拆除违法建筑369宗，拆除面积4.5万平方米，成为瓶窑镇首个完成拆违工作的社区。

6月24日，为提高应急避险、灾害处置和救助能力，余杭区在瓶窑镇塘埠村举行了2016年突发地质灾害应急演练。

7月7日，彭公村马海华前往省中医院捐献造血干细胞，成为继杨佩枫后瓶窑第二位造血干细胞捐献者。

7月20日，网络电影《郎中传奇》在瓶窑郎氏中医门诊部前举行开机仪式，电影主角原形郎玉麟和主演刘忠虎等出席。

7月22日，区第三人民医院整体迁建项目在南山开工，总用地面积127亩(8.47公顷)，按二级甲等医院标准建设，项目投资6.05亿元。

7月30日，省委常委、市委书记赵一德在莫角山调研良渚文化遗址保护工作，徐文光等陪同调研。

7月，瓶窑镇成人文化技术学校的《竹编制作技艺的非遗项目传承研究》被省成人教育部门批准立项。

7月30日，瓶窑镇武术辅导站在"江郎杯"第十一届浙江国际传统武术比赛中获得23金、9银。

8月上旬，完成老虎岭水利遗址周边环境整治。

8月11日，市委常委、区委书记徐文光在瓶窑镇瓶窑社区、西安寺村检查基层党建和维稳安保工作，并与镇村干部座谈。

9月4日—5日，杭州召开二十国集团领导人(G20)峰会，瓶窑镇有3100名平安志愿者参加社会维稳行动。

9月27日，瓶窑镇、横山村被列入余杭区第一批地名文化保护名录。

9月28日，受台风"鲇鱼"外围云系影响，中午起受出现强降雨。次日8时30分，瓶窑站达到警戒水位5.66米，14时达5.9米。瓶窑镇启动防汛防台减灾应急预案。

10月，104国道瓶窑至马头关提升改造工程全面启动。

10月，瓶窑镇被省委省政府评为服务(G20)先进集体。

10月20日，瓶窑镇、塘埠村乐了坞2400支早竹种竹移至东阳江镇下街头村种植，该批种竹由杭州绿丰竹笋专业合作社提供。

10月29日，中共瓶窑镇委十四次代表大会召开，选举产生新一届党委及纪委班子成员。

11 月 4 日，杭州市人大常委会党组副书记、副主任朱金坤率市人大常委会督查组到瓶窑，专项督查余杭区人大换届选举遵纪守法情况。区人大常委会主任汪宏儿汇报情况。

11 月 12 日，瓶窑中学举行建校 60 周年庆典活动。

12 月 12 日，永久封闭处于良渚遗址核心保护区内的祥彭线（汽北线至马西线段）。

12 月 19 日，赵一德在瓶窑镇桥北老集镇调研环境整治工作。区委书记戴建平、代区长陈如根等参加调研。

12 月 23 日，瓶窑镇第十七届人民代表大会第一次会议在镇政府中心会议室召开，大会听取和审议政府工作报告，人大主席团工作报告。2016 年度财政预算执行情况和 2017 年度财政预算的报告，选举镇第十七届人大主席、副主席、镇人民政府镇长、副镇长。

第一编

舆　　地

Territory

瓶窑镇位于杭州市北郊，东邻良渚街道，西邻径山、黄湖镇，南接余杭、仓前街道，北与德清县交界。2015 年，下辖 13 个建制村和 6 个社区，总人口 5.78 万，总面积 128.81 平方公里，建成区面积 18 平方公里。瓶窑地势由西向东倾斜。大致以东苕溪为界，西部山地丘陵河谷，东部水网平原。镇境西北属天目山东麓山脉之余脉。层峦叠嶂、茂林修竹。因苕溪而成的河谷平原分布在南、中、北 3 条苕溪谷口至东苕溪一带。东部为水网平原，平畴一片，塘漾棋布，是闻名的杭嘉湖平原。瓶窑地处北亚热带南缘季风气候区，温暖湿润，四季分明，光照充足，雨量充沛。境内多种地貌类型分布，加之亚热带季风性气候调节，为各种植物生长和动物孳生繁衍，提供了良好的自然环境。

"瓶窑古称亭市，镇北的小山唐代建窑烧瓶，始称窑山，瓶窑因此得名。民国年间置瓶窑镇，属杭县。中华人民共和国成立后沿用之。1951 年，余杭县民主乡所属上窑划归瓶窑镇。1958 年 5 月杭县建制撤销，瓶窑镇和长命乡划归余杭县。1958 年下半年撤销余杭县，瓶窑镇和长命乡划归临安县，同年底置长命公社。1961 年 3 月原余杭县从临安县析出划归钱塘联社，长命公社和瓶窑镇属钱塘联社，4 月改建余杭县，属余杭县。1988 年 3 月北湖乡并入瓶窑镇。1992 年 5 月长命乡并入。"（浙江省民政厅编《浙江区划地名溯源》，浙江大学出版社，2007.5）2001 年 8 月，彭公乡撤销并入瓶窑镇。2003 年 6 月，建立华兴、新窑、里窑、杨梅坞 4 个社区。同年 9 月，村规模调整为外窑、大观山、长命、瓶窑、凤都、崇化、南山、张堰、西安寺、窑北、彭公、塘埠、奇鹤、石濑 14 个村。2009 年 11 月瓶窑镇撤村建居，2013 年 5 月溪东社区成立。

瓶窑历来是商贾荟萃、百货云集的水陆商埠，是安吉、孝丰、临安和余杭山区的山货集散地，也是城市商品进入山区的大门。1978 年改革开放前，瓶窑镇老城区只有 0.3 平方公里，随着改革开放的深入，瓶窑镇实施了跨苕溪发展战略，逐年加大资金投入，改造老城区、建设新城区、扩大建城区，一改昔日街小路窄、房屋低矮、设施简陋形象，相继建成为布局比较合理、基础设施比较配套、且交通便捷、市场繁荣的新型城镇。进入 21 世纪后，实施小城镇大战略的目标，在中心城镇建设快速发展的同时，也不断推进新农村建设，城乡面貌的巨大变化，从而逐步实现了生产、生活、生态的高度融合。

第一章　区　　划

瓶窑镇北窑山，唐代建窑烧制陶瓶，瓶窑也因此得名。明万历《杭州府志》载："余杭县，为瓶窑镇，去县东三十里，与钱塘接界，镇之大半属钱塘。""为石濑镇，去县东北三十五里，在山后界。"据此，"瓶窑"之名，至今已有上千年历史，而称镇[①]亦有700余年。

秦时，境内大致归余杭县，属会稽郡。三国时属吴郡。隋唐或属杭州，或属余杭郡。五代置余杭、钱塘、钱江3县，瓶窑属杭州余杭县。北宋置余杭、钱塘、仁和3县，瓶窑属杭州余杭县、钱塘县，南宋至元、明、清时，瓶窑镇的东部属钱塘县，西部（指彭公、北湖一带，其时称苕北镇和仁爱乡）属余杭县。民国时，分属余杭、杭县两县。

中华人民共和国成立后，1950年6月，余杭县所属瓶窑西半个镇划归杭县管理，自此结束瓶窑分属余杭、杭县的历史。

1958年，杭县建制撤销，瓶窑镇划归余杭县。1958年，余杭、杭县两县一度撤销，分属嘉兴地区、杭州市郊区。1961年4月，余杭、杭县两县原辖境合为余杭县；1994年4月，撤销余杭县设立余杭市；2001年3月，撤销余杭市，改置杭州市余杭区。瓶窑镇均随之。

1997年，瓶窑镇被列为浙江省小城镇综合改革试点镇，2000年被确定为浙江省中心城镇。2004年，被建设部等6部委列为全国小城镇建设重点镇。2006年，成为全国小城镇建设示范镇。

第一节　建　　置

明代瓶窑称镇，民国时定为建制镇，但一镇两治，分属杭县、余杭县。1950年6月余杭县民主乡所属上窑划归瓶窑镇，自此结束一镇两治历史。1958年，杭县建制撤销后归余杭县管辖，其间一度划归临安县。境域含原长命、彭公、北湖乡（公社）及瓶窑镇。

一、归属

瓶窑镇位于杭州市北郊，距杭州市中心25公里。位于北纬30°23′—30°55′，东经119°57′—120°03′之间，东邻良渚街道，西邻径山、黄湖镇，南接余杭、仓前街道，北与德清县交界。2015年，总面积128.81平方公里，下辖13个建制村和6个社区，总人口5.78万，建成区面积18平方公里。

秦王政二十五年（前222年），以故吴越地置会稽郡，郡治吴（今苏州）。置钱唐、余杭两县，是为境内建县之始（钱唐几经变更，至民国为杭县，今杭州市余杭区系由原余杭县和杭县大

---

① 镇最早为军事据点，古代在边境驻兵戍守称为镇。宋代军事色彩降低，为经济较发达的人口聚集区。宋以后为县以下，比乡经济发达的行政单位。

部地域合并而成）。秦时，今瓶窑镇地属余杭县。

汉高祖五年（前202年）正月至六月，钱唐县属于韩信楚王国。六年（前201年）春，立刘贾为荆王，属荆王国。十二年（前195年）立刘濞为吴王，属吴王国。西汉余杭、钱唐两县仍属会稽郡。钱唐为会稽郡西部都尉治（郡级治安军事机构）。元封五年（前106年）会稽郡隶扬州刺史部。平帝元始四年（4年），改钱唐县为泉亭县，［新］王莽始建国元年（9年），改余杭县为进睦县。东汉建武元年（25年），复名余杭、钱唐。六年（30年），西部都尉撤销，并钱唐县入余杭县。永建四年（129年），分会稽郡浙江以西地置吴郡，余杭县属吴郡，仍隶扬州刺史部。光和二年（179年），汉灵帝封朱儁为钱唐侯，恢复钱唐县（一说105年至125年间已复置）。汉时，今瓶窑镇地属余杭县。

三国时，余杭、钱唐均入吴国版图，仍属吴郡，隶扬州，钱唐县为吴郡都尉治。吴黄武五年（226年），于富春县（今属富阳市）置东安郡，余杭县属之；七年（228年）废东安郡，余杭仍属吴郡。宝鼎元年（266年）于乌程（今湖州市）置吴兴郡，余杭县改属吴兴郡，钱唐县仍属吴郡，均仍隶扬州。两晋隶属不变。南北朝，梁太清三年（549年）侯景以钱唐为临江郡，不久废。陈祯明元年（587年），于钱唐县置钱唐郡。余杭仍属吴兴郡。

隋开皇九年（589年），废钱唐郡，改置杭州，州治初设余杭。次年移钱唐。大业三年（607年），又改杭州为余杭郡，钱唐、余杭两县属之。唐武德四年（621年）复余杭郡为杭州，贞观元年（627年），设江南道，杭州隶江南道。开元二十一年（733年）设江南东道，杭州属之。天宝元年（742年），改杭州为余杭郡。乾元元年（758年），复为杭州。同年，江南东道下分置浙西、浙东两道，杭州属浙江西道，州治钱塘，余杭县属之。今瓶窑均归属随之。

北宋太平兴国四年（979年），改钱江县为仁和县。至道三年（997年），分天下为15路，杭州隶两浙路并为路治。南宋建炎三年（1129年），升杭州为临安府，亦称行在所。绍兴八年（1138年），正式定都临安（杭州），钱塘、仁和升赤县（京都），余杭为京畿县。元至元十五年（1278年），改临安府为杭州路，钱塘、余杭属之。至正二十六年（1366年），朱元璋攻下杭州，改杭州路为杭州府。今瓶窑归属钱塘、余杭。“钱塘县，旧有二十五乡，今二十一乡……调露乡管里六：临潭、三堆、板桥、狗葬、潘塘、骆家；孝女北乡管里五：安溪、菉豆、下墟、上墟、双牌。”其中大部分属今良渚街道，小部分属瓶窑（不含原彭公、北湖）。

明、清两代，仍称杭州府，余杭、钱塘县均属之。“瓶窑镇，去县东三十里，与钱塘接界，县之大半属钱塘（万历志）。瓶窑俗朴民勤，自农桑外，多以埏埴为业，故市廛之与陶穴相望如栉比（朱国桢《真寂院记》）。”“宣统二年，定自治区域，计城一乡七……置西湖乡、上四乡、调露乡、钦履乡、瓶窑乡。”（民国《杭州府志》卷四《疆域》）“市镇：瓶窑镇去县治东北三十里。石濑镇在县东北三十五里。”（康熙《余杭县志》卷之一《舆地志·市镇》）“石濑镇在县东北三十五里。宋时有酒库，并设巡司。明因之，今裁。《大清一统志》。自许墩上桥，至云福禅院止，聚山货，通商贾舟楫。《嘉靖县志》。”“石濑市在县东北六十里。《咸淳志》。此道里之数，与今石濑镇悬殊，或镇与市，本为两地。《府志》。”（《嘉庆余杭县志》卷三《市镇》）。今瓶窑归属均未变。

民国元年（1912年）1月，废杭州府，以原钱塘、仁和县地并置杭县，与余杭县直属钱塘道。民国16年（1927年），废道制，实行省、县二级制，划杭县之城区、西湖、会堡、湖墅、皋塘、江干6个区建立杭州市。其余仍为杭县，民国《杭州府志》卷六《市镇》：钱塘县，“瓶窑镇，在县西北五十里，半隶余杭”。余杭县，“民国年间确定为建制镇，仍一镇二治，以关口桥为界，桥北属余杭县,桥南属钱塘县,后为杭县”。民国38年(1949年9月30日止),杭县划分为6个区,瓶窑为其中之一。据1931年《杭市县都图乡镇一览图》,瓶窑镇为十都一图、二图、三图、九图、二十二图。行政区划上的瓶窑区与地政区划之杭县第 十都重合。即原瓶窑镇、长命乡归属杭县,原彭公、北湖乡一带归属余杭县。①

1949年5月2日—3日,余杭县、杭县先后解放。余杭县属第九专员公署后称临安专区,为专区驻地;1950年3月,专署迁临安。1953年改属嘉兴专区。1957年属建德专区,1959年属嘉兴专区。1949年,杭县先属杭州市,12月改为省直属县;1951年12月属杭州市;1952年12月仍为省直属县,1957年9月再属杭州市。今瓶窑镇境随余杭县、杭县分属之。

1951年上半年,原余杭县苕北镇所属上窑划归瓶窑镇。1958年5月,瓶窑镇划归余杭县,同时将上窑、外窑划给长命乡。至1958年4月,杭县建制撤销划归余杭县。同年10月,余杭县撤销划归临安县。

1959年3月,建立半山、拱墅2个联社;1960年1月,两联社合并为钱塘联社(县级)。1961年3月,从临安县析出原余杭县境并入钱塘联社;4月,撤销钱塘联社,恢复县建制,定名余杭县,县治设临平镇。1994年4月,撤销余杭县,设立余杭市。2001年3月,撤销余杭市,设立杭州市余杭区;8月,余杭区镇乡划调整为14个镇、1个乡和4个街道。今瓶窑均属之,为其中一镇。

二、沿革

历史上,瓶窑镇域分属钱塘县、杭县和余杭县三地。中华人民共和国成立后,涉及杭县、余杭县(市、区),镇域含原瓶窑、彭公、长命、北湖镇(乡)。

北宋元丰三年(1080年)《元丰九域志》载,钱塘县分11乡、4镇(南阳、北关、安溪、西溪)、1盐监。乡名已无考。

南宋咸淳四年(1268年)《临安志》卷之二十《疆域五·乡里》:“钱塘县管十三乡。……孝女南乡管里四:长平、横乐、杨山、畜口;孝女北乡管里五:安溪、绿豆、下墟、上墟、双牌。”“余杭县管八乡。……同化乡管里一,仙宅;长安乡管里一,永泰。”瓶窑境域分属钱塘、余杭两县。其中原瓶窑、长命乡大致属钱塘县孝女北乡所隶下墟、上墟、双牌,原彭公、北湖乡大致属余杭县同化乡。

明万历时,以在城为坊,负郭为隅,农村为乡。余杭县,乡八,其中“常熟、黄坑二里,山前二里,山后二里,厚郎二里,东林东扇二里,东林西扇二里”。钱塘县,乡九,其中“曰孝女,南管五里,北管四里;曰崇化,七都七里,八都上分六里、下分九里。”(明万历《杭州府志》卷三十四《坊里》)今瓶窑境域大致分属钱塘县孝女、余杭县常熟、黄坑。明万历《杭州府志》又载:“石濑巡检司在县东北三十五里。宋元皆建于此,今废。”“石濑税课局在县东南二里市司坊内瓶窑镇去县治东北三十里。”康熙余杭县志卷之三规制志:“石濑巡检司在县东北三十五里。宋元皆

① 杭县、余杭县界:民国时,北为余杭县界。自石珰山迤东北弯南,再折而北,经上泗区寿民乡、龙坞乡,钦履区留下镇五常、将邱两乡,瓶调区三墩镇大陆、崇化两乡,至瓶窑镇梯子岭,均与余杭接界。西北至梯子岭,西南为余杭县界,西北为武康县界。自梯子岭往东,经瓶调区瓶窑镇,纤石乡落北,沿苕溪至五西区永泰乡油车桥,均与武康接界。北至油车桥,西为武康县界,东为德清县界。自油车桥迤东而北,经五西区永泰、东平两乡,上南沿运河至塘栖镇北添设府旧址(西为德清县界,东为杭县界),又往东经泉塘乡,并临乔区五杭、博陆两乡,至杨家木桥,均与德清接界。自独松关而南,双溪镇为要路,过此,即达瓶窑,商家陆行,多经此,兵家所宜预防也。

建于此,今废。”

清嘉庆《余杭县志》:“旧三十乡,今十四乡(《太平寰宇记》)。”“余杭县管八乡:安乐乡管里一,居贤;钦德乡管里一,风亭;招德乡管里一,由拳;同化乡管里一,仙宅;长安乡管里一,永泰;止戈乡管里二,安仁、修义;(《咸淳志》)。孝行;里一,进贤。常熟。里一,福安。”(按:《咸淳志》称八乡,今抄本只列六乡,必传写之脱误也。)“孝行乡县西北。管四界。白社界一里,后杳界一里,吴市界一里,进贤界一里。常熟乡县北。管四界二扇。山前界二里,山后界二里,黄坑界二里,厚郎界二里,东林东扇二里,东林西扇二里。长安乡县西北。管四界。吴山界二里,旧市界二里,上高界四里,前喝界二里。止戈乡县西北。管四界。同前界二里,黄湖界二里,浮里界二里,古城界一里。以上号水北四乡。总之,凡七十三里。旧《县志》。”(《嘉庆余杭县志》卷三《乡里》)“孝行乡在县西北管四界。白社界一里。后杳界三里。吴市界一里。进贤界一里。常熟乡在县北管四界二扇。山前界二里。山后界二里。黄坑界二里。厚郎界二里。东林东扇二里。东林西扇二里。长安乡在县西北管四界。吴山界三里。旧市界二里。上高界四里。前喝界二里。”(康熙《余杭县志》卷之一《舆地志·乡都》)瓶窑境域分属钱塘、余杭两县。其中原瓶窑、长命乡大致属钱塘县孝女北乡下墟、上墟、双牌,原彭公、北湖乡大致属余杭县常熟乡。清宣统二年(1910),划分自治区域。余杭县分县城和安乐、招钦、同化、常孝、长止 5 个乡。原彭公乡、北湖乡大致属常孝乡。钱塘县分县城和江干、湖墅、西湖、上泗、调露、钦履、瓶窑 7 个乡。原瓶窑、长命乡区域属瓶窑乡。①

南宋至清末宣统二年(1910 年)前长达七八个世纪时间里,瓶窑一部分(原瓶窑、长命)一直属钱塘县孝女北乡所管五里之一的上墟、下墟、双牌等处,一部分(彭公、北湖)属余杭县的常熟乡(常孝)。

民国 23 年(1934 年),推行保甲制度,乡镇以下为保甲。余杭县分 40 个乡镇,辖 319 保,3159 甲;杭县分 80 个乡镇,辖 850 保,8282 甲。29 年 7 月 15 日,民国余杭县订立《保甲制度》,提出“推行目的为改进农村(治理),促成自治,严密民众组织,彻底清查户口,增进自卫能力,完成肃清匿匪。规定:余杭县划城区为一、二、三、四区,仓前、闲林、长桥、石濑为五、六、七、八区”。分 40 个乡镇,辖 392 保,3159 甲;杭县设置临乔、五西、调钦、瓶窑、上泗 5 个区,分 76 个乡镇,辖 822 保,7887 甲。其中瓶窑区,辖瓶窑镇、良渚镇和崇化、严庄、大陆、纤石、永泰、东平、云会 7 个乡;35 年,调整乡镇建制,余杭县设置仓前、南涧、黄湖 3 个区,23 个乡镇,即在城镇、仓前镇、闲林镇、苕北镇(后改安平乡)、黄湖镇、双溪镇、金梧乡、何母乡、环和乡、紫荆乡、九峰乡、舟枕乡、西社乡、支巷乡、灵东乡、灵西乡、径山乡、里安乡、古城乡、履三乡、东厚乡、三贤乡、仁爱乡。辖 233 保,2197 甲。时彭公、北湖地属黄湖区东厚乡、三贤乡。

杭县设置临乔、五西、瓶调、上泗 4 个区,51 个乡镇,即临平镇、塘栖镇、乔司镇、瓶窑镇、良渚镇、三墩镇、留下镇、亭趾乡、东安乡、博陆乡、五杭乡、乾元乡、小林乡、翁梅乡、和睦乡、永熟乡、星亭乡、丁兰乡、皋塘乡、丁河乡、超山乡、宏砺乡、崇贤乡、龙旋乡、四维乡、义桥乡、平泾乡、肇元乡、仁和乡、云会乡、永泰乡、东平乡、纤石乡、崇化乡、大陆乡、山桥乡、双桥乡、塘河乡、蒋

---

① 《咸淳志》所载乡里,大率与明时之里数多寡,绝不相侔。明时七十三里,临安县只四十八里,而《咸淳志》临安有九十八里,余杭只九里。地之垦废,户之盈缩,何至如是悬殊!盖宋所谓里,与明时编户计数之制,未必同也。

邱乡、五常乡、履泰乡、严庄乡、龙坞乡、定山乡、树塘乡、云泉乡，周安乡、寿民乡、东清乡、新宁乡、回龙乡。辖579保，6532甲。时瓶窑、长命一带属瓶调区瓶窑镇、崇化乡。

据民国地图对照：民国22年（1933年），《都图乡镇一览图》（浙江省民政厅测丈队制）显示，瓶窑区的安溪北里（镇）、安溪南镇、上纤新圩乡、义溪乡的部分地域在今良渚街道辖区。其余均归瓶窑。民国31年（1942年），据浙江省政府浙西所编《浙江杭县行政区划图》显示，瓶窑区辖瓶窑镇、黄湾乡、崇化乡、双桥乡、良渚乡、安溪乡、纤石乡、大雄乡、大六乡、山桥乡、严柴乡、勾庄乡，其中良渚乡、安溪乡、纤石乡、大雄乡、大六乡、山桥乡、勾庄乡及严柴乡、祥符乡、黄湾乡的部分区域为今良渚街道辖区。其余均归瓶窑。民国35年（1946年），杭县设置临乔、五西、瓶调、上泗4个区，51个乡镇。其中隶属瓶调区的良渚镇、纤石乡、崇化乡、大陆乡、严庄乡属今良渚街道辖区。横湾、半山、叶家桥、石头桥等属今瓶窑镇辖区。民国37年（1948年），瓶窑镇属瓶调区，旧有瓶窑、横湾、半山、叶家桥、石头桥等乡镇为10都1、2、3、4、9、22图。总面积数54，177，076亩（《杭县志稿》卷四《舆地六》）。民国35年（1946），瓶窑：保10，甲106，户1234，常住人口5117人（男2909，女2208）（《杭县志稿》卷五《人口三》）。

1950年5月，调整行政区划。余杭县调整为1个直属镇（在城镇），5个区，43个乡，仁爱区，辖爱民，民建、新民、新生、中溪、石濑、民主，联合8个乡；同时将石濑乡的汤湾渡、屠家头两自然村划归杭县崇化乡。杭县调整为9个区，6个镇，75个乡。瓶窑区，辖瓶窑镇和纤石、安溪、良渚、崇化、三合、长命、永泰、獐山、云会9个乡；1951年6月，杭县将临平、塘栖列为直属镇，改设瓶窑等10个区，4个镇，127个乡，瓶窑区辖瓶窑镇和长命、崇化、良渚、纤石、安溪、三合、大陆、甪窦、羊山、荀山、沈桥、石桥、七贤13个乡。今瓶窑地为当时杭县瓶窑镇、长命乡、羊山乡、甪窦乡、崇化乡及余杭县仁爱区石濑乡、民主乡、联合乡，黄湖区的塘埠乡、石门乡。

1956年撤区并乡，石濑乡、民主乡、联合乡合并为石濑乡，塘埠乡、石门乡合并为塘埠乡。杭县保留临平、塘栖、三墩、瓶窑、留下5个直属镇，将123个小乡合并为32个大乡。长命乡、羊山乡、崇化乡、甪窦乡合并为长命乡；安溪乡、纤石乡以及荀山乡、长命乡、甪窦乡部分村合并为安溪乡；1957年，杭县恢复临平、塘栖、三墩、瓶窑、留下5个区的建制。1958年4月，杭县撤销，划为杭州市郊区，将瓶窑镇、长命乡划归余杭县，5月，瓶窑镇将上窑、外窑划给长命乡。同年10月，余杭县撤销划归临安县。建立“政社合一”的人民公社，撤销乡的建制。余杭县116个农业合作社组成跃进（后改余杭）、仓前、黄湖、双溪、仁爱（后改潘板桥）、石鸽、长命7个人民公社。同月，余杭县撤销，并入临安县。1959年3月，公社下设管理区。长命公社设长命、羊山、崇化、甪窦4个管理区。1961年3月，原余杭县境域从临安县析出，划归钱塘联社；4月，钱塘联社改建为余杭县，瓶窑区调整为瓶窑镇和长乐、长命、双溪、黄湖，百丈、潘板桥、石濑、塘埠8个公社。

1959年下半年，上窑、外窑、甪窦、西中、何中5个大队又划归瓶窑镇。1961年3月，原余杭县从临安县析出划归钱塘联社，瓶窑属钱塘联社；4月，钱塘联社改建为余杭县，瓶窑属余杭县。1961年上半年，上窑、外窑、甪窦、西中、何中5个大队又划给长命乡，同年下半年5个大队再划归瓶窑镇。

1962年4月，浙江省北湖种畜场撤销，张堰、圣堂、西安寺、毛元岭4个大队划归余杭县，与瓶窑镇的西中、何中、上窑、外窑和甪窦5个大队合并组建北湖人民公社。1983年8月，北湖公社外窑大队划归瓶窑镇。同年10月，外窑大队改建外窑村。长命公社改建长命乡，北湖公社改建北湖乡。同年12月,彭公公社改建彭公乡。其时,瓶窑东西最宽距1.275公里,南北最长距2.3公里,总面积约1.46平方公里。东隔东苕溪与长命乡相望,南西北均与北湖乡相邻。

三、乡村变迁

1985年时,瓶窑镇、彭公乡、北湖乡、长命乡所辖村(居委会)情况如下。

瓶窑镇 民国年间正式确定为建制镇,但一镇二治,以关口桥为界,桥北属余杭县,桥南属钱塘县,后为杭县。1985年,总面积约1.46平方公里。东隔东苕溪与长命乡相望,南西北均与北湖乡相邻。1985年,辖6个居委会,79个居民小组,1个村,共2318户,8288人,其中农业人口876人。

外窑居委会以外窑街得名。成立于1958年。东起三仙角,南临东苕溪,西至八房弄,北及何家埠。1985年,有7个居民小组,552户,3271人。除南侧为该镇主要商业街道外,其余皆为居民住宅区。

里窑居委会 辖区在里窑街两侧,故名。成立于1958年,东起八房弄,南接木桥头,西至小兴池,北至窑山脚。1985年,有9个居民小组,331户,1022人。居民住宅区为主。

西溪居委会 以西溪街得名。成立于1958年,其名沿用至今。东临苕溪,南至关口桥(又名官沟桥、太平桥),西至草荡,北至小港沿。1985年,有8个居民小组,241户,817人。为居民住宅区。

杨梅坞居委会 以辖区杨梅坞得名,成立于1981年11月。东靠北湖乡角窦村大塘,西至窑山机埠,南接长途汽车站,北连北湖乡西中村樟树路。辖区内有余杭县第三人民医院、瓶窑建筑社、瓶窑供电所、瓶窑汽车运输公司、瓶窑车辆管理所等单位,1985年,有14个居民小组,367户,1348人。

上窑居委会 以上窑街得名。成立于1958年,东临苕溪,南至桥上桥,西至塘堤,北至关口桥。1985年,有8个居民小组,150户,388人,为居民住宅区。

何家埠居委会 1985年3月建立。驻地何家埠(浙江煤炭地质局综合物探测量队)主辖煤炭地质局综合物探测量队南山、北山的居民,共260户,550人。

外窑村 以境内外窑村得名。50年代初属民主乡,1956年组建外窑高级社,1958年命名外窑大队,1983年9月划归瓶窑镇管辖,同年10月定名外窑村。1985年,耕地779亩,种植水稻,兼营蚕桑、畜牧。有会馆山、杨梅坞、外窑村、里窑村、沙地上、绿元坝6个自然村。

长命乡 东北分别与良渚、安溪交界,南与大陆、吴山相邻,西隔中苕溪与北湖相望,西北隔东苕溪即为瓶窑镇。中苕溪自南而北流经本乡西部注入东苕溪,再北流东去。民国时,为崇化乡。1951年建长命、羊山、崇化、角窦4个乡,1956年,羊山、崇化2个乡和角窦乡的角窦、何中、西中3个村以及长命乡一部分合并称长命乡,1958年将现北湖乡所属外窑和瓶窑镇所属上窑2个村划入长命乡,同年称长命人民公社长命管理区和角窦管理区。1961年长命和角窦2个管理区改称长命公社,同年将上述5个村划给北湖公社,1983年10月复称长命乡,总面积29.84平方公里,辖11个村,计90个村民小组,分布于90个自然村,3641户,1.4564万人。驻地东杨家村,俗呼凤山西,东距临平镇32公里。乡之名,以境内长命桥而得。俗传,宋康王南渡,为金兵追赶,避伏桥下,得保性命,后遂敕封此桥为"长命桥"(又称藏命桥)。明万历《钱唐志》载此桥,称长明桥。桥名长命或长明,盖皆取吉祥之意。

凤山村 以境内凤山得名。50年代初属羊山乡,1958年命名凤山大队,1966年更名红山

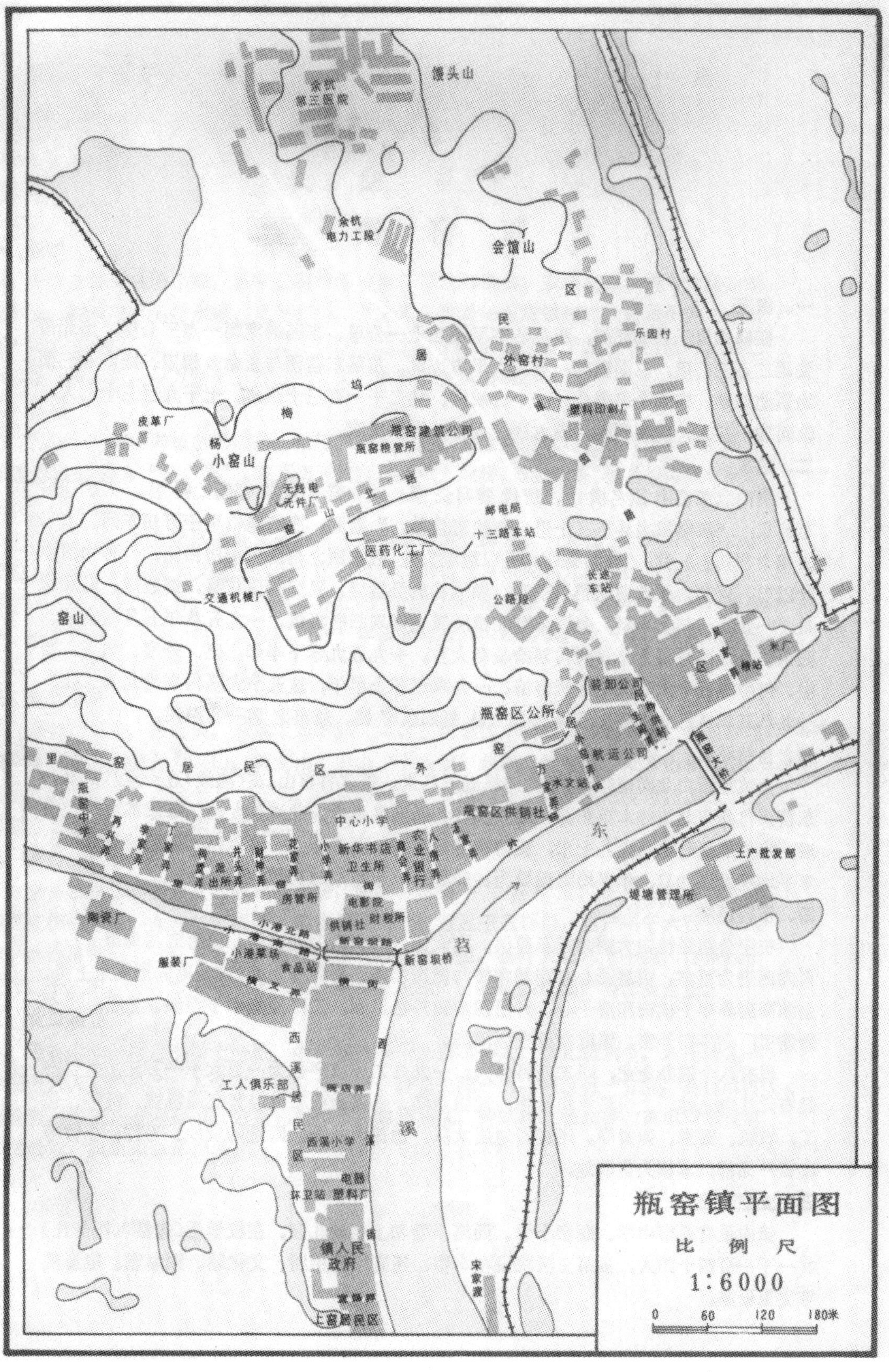

瓶窑镇平面图(1985年)

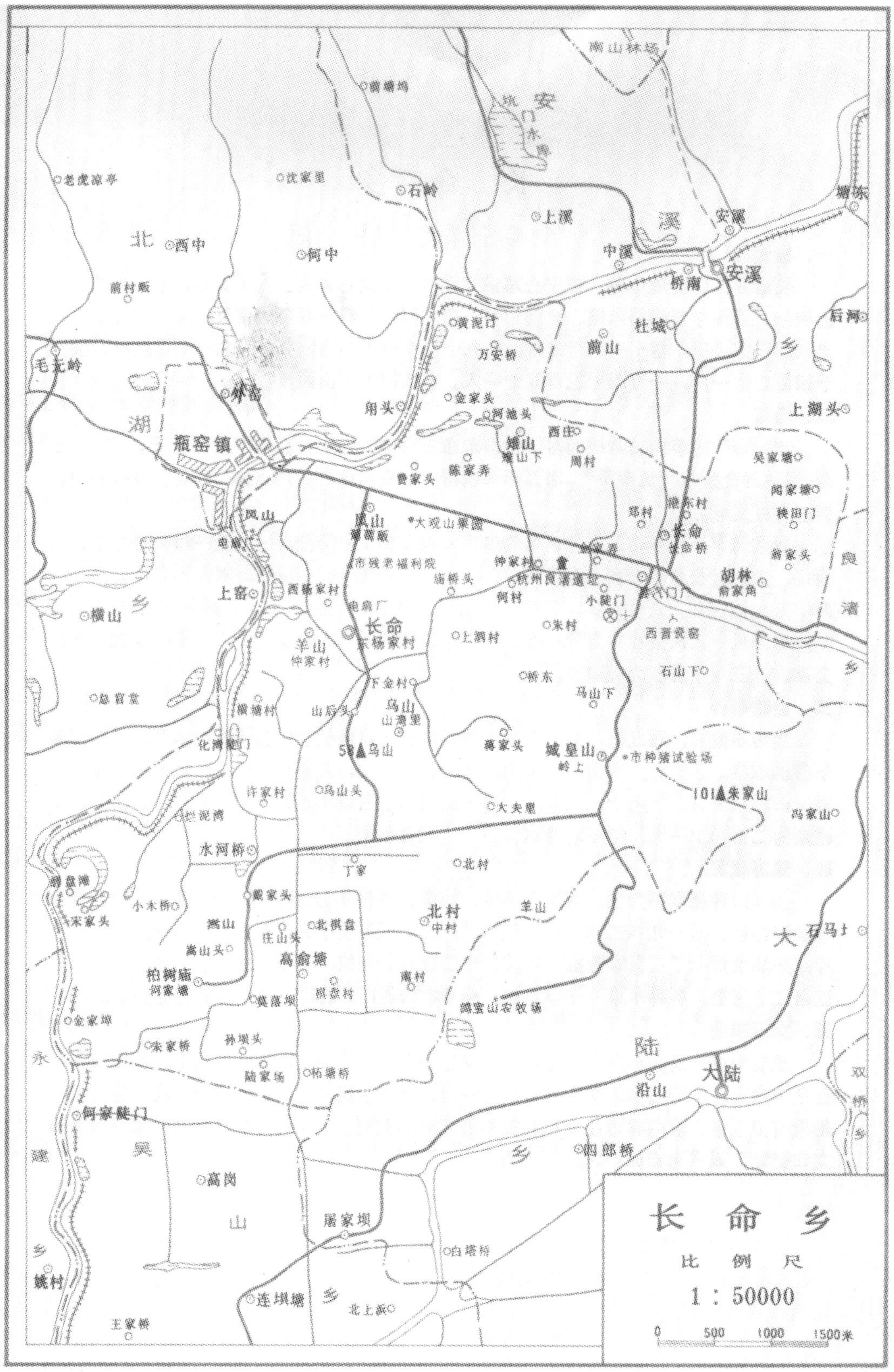

长命乡平面图(1985 年)

大队,1981年8月复称凤山大队,1983年10月定名凤山村。1985年底,户332,人1143。耕地1274亩。有葡萄畈、东杨家村、西杨家村、双池头、宋村、张家墩、闻家村、庙桥头、圣堂湾,9个自然村。

雉山村 以驻地雉山下得名。50年代初分属羊山乡和长命乡,1958年命名雉山大队,1966年更名井岗山大队,1981年8月复称雉山大队,1983年10月定名雉山村。1985年底,户数350,人口1443。耕地1749亩,种植水稻,兼营蚕桑、茶叶。有雉山下、西庄、周村、马金口、陈家弄、费家头、河池头、金家头、黄泥口、1994年农村新设沈家村10个自然村。

长命村 以驻地长命桥得名。50年代初属长命乡,1958年命名长命大队,1966年,分为长命、高村,卞家3个大队,嗣又合并称红峰大队。1981年8月,复称长命大队,1983年10月,定今名。1985年底,户数548,人口2109。耕地2676亩,种植水稻,兼营蚕桑、茶叶。境内有西晋青瓷窑址。大量瓷片堆积,最厚处近1米,并伴有烧窑具。就其造型和装饰纹,断定为西晋产物,是研究古代工艺品生产的好资料。惜在开荒种菜时被扰乱,窑床面目不清。有长命桥、卞家塘、朱村、何村、小𡋾门、上泗村、金家弄、钟家村、环桥、郑村、港东村、高村、高西、石山下14个自然村。

胡林村 境内原有一庙,俗称胡林庙,村以此名。50年代初,属长命乡。1958年,命名胡林、龙腰2个大队。1968年,合并命名东升大队。1981年8月,更名胡林大队。1983年10月,定今名。1985年底,户数365,人口1417。耕地1785亩,种植水稻,兼营蚕桑。有俞家角、龙腰塘、翁家头、和尚𡋾、青狮𡋾、秧田门、闻家塘、吴家塘、费家头、樟地上、胡林11个自然村。

羊山村 以境内羊山得名。50年代初,属羊山乡。1958年,命名羊山大队。1966年,更名红卫大队。1981年8月,复称羊山大队。1983年10月,定名羊山村。1985年底,户数188,人口629。耕地926亩,种植水稻,兼营蚕桑,竹笋。有仲家村、沈家村、羊山塘、横塘村、陈家村5个自然村。

乌山村 以境内乌山得名。50年代初,属崇化乡。1958年,命名乌山大队。1966年,更名东方红大队。1981年8月,复称乌山大队。1983年10月,定乌山村。1985年底,户数260,人口896。耕地1194亩,种植水稻,兼营蚕桑、茶叶。有山湾里、乌山头、桥东、下金村、山后头5个自然村。

城隍山村 以驻地在城隍山下,故名。50年代初,属长命乡。1958年,为卞家塘大队。1961年,从卞家塘大队析出建立城隍山大队。1966年,更名延安大队。1981年8月复称城隍山大队,1983年10月定名城隍山村。1985年底,户数155,人口605。耕地811亩,种植水稻、兼营蚕桑、茶叶。有岭上、华家、马山下、闻家、蒋家头5个自然村。

水河桥村 以驻地水河桥得名。50年代初,属崇化乡。1958年,命名水河桥大队。1966年,更名建设大队。1981年8月,复称水河桥大队。1983年10月,定名水河桥村。1985年底,户数291,人口1201。耕地1439亩,种植水稻,兼营蚕桑、油菜作物等。有水河桥、戴家头、小木桥、施家𡋾、陈家头、烂泥湾、许家村、化湾陡门、蒿山北9个自然村。

北村 境内3个较大的自然村,以方位得名南村、中村,北村。50年代初,属崇化乡。1958年,命名北村大队。1966年,更名向阳大队。1981年8月,复称北村大队。1983年10月,定名北村。1985年底,户数401,人口1456。耕地1884亩,种植水稻,兼营蚕桑、淡水鱼等。有中村、南村、北村、丁家、大夫里5个自然村。

柏树庙村 以境内原有“柏树庙”得名。50年代初,属崇化乡。1958年,命名柏树庙大队。1966年,更名红星大队。1981年8月,复称柏树庙大队。1983年10月,定今名。1985年底,户数324,人口1132。耕地1117亩,种植水稻,兼营蚕桑、竹笋等。有何家塘、宋家头、磨盘滩、屠家头、金家埠、下房、李家头、朱家桥、上李家9个自然村。

高俞塘村 以驻地高俞塘得名。50年代初,属崇化乡。1958年,建六家塘、高俞塘2个大队。1966年,合并称高俞塘大队。1968年10月,更名红旗大队。1981年8月,复称高俞塘大队。1983年10月,定名高俞塘村。1985年底,户数427,人口1500。耕地1915亩,种植水稻,兼营蚕桑、油菜等。有高俞塘、庄山头、北棋盘、中棋盘、邱家坝、蒿山头、孙坝头、陆家场、莫洛埧、柘塘桥10个自然村。

彭公乡 位于县境之西偏北,东为北湖乡,南为潘板桥镇,西为双溪镇、黄湖镇,北界德清县上柏乡。略呈长方形,东西最宽距约9公里,南北最长距约8公里,总面积59.13平方公里。驻地鲁家头,东距临平镇37公里。乡名得之于附近之彭公岭。据考,此地原有“防弓岭”、“防公庙”,方音“防”、“彭”不分,“彭公”或系“防弓”音转。解放前属安平乡。20世纪50年代初,为联合乡和石濑乡。1956年,由联合、石濑和民主3个乡合并称石濑大乡。1958年,称潘板人民公社石濑管理区。1961年5月,该管理区从潘板公社分出建立石濑公社。同年11月,撤销塘埠公社,将长岭,石门、塘埠、西坞、白鹤、骑坑6个大队并入石濑公社,同时改称彭公公社。1983年12月,建立彭公乡。彭公乡驻地鲁家头。1985年,4116户,1.4419万人。辖13个村,计86个村民小组,分布于65个自然村。

翁家村 以驻地翁家村得名。解放后属石濑乡,1958年,命名翁家村大队。1966年,命名红旗大队。1981年8月,复称翁家村大队。1983年12月,定今名。1985年底,户数1229,人口3658(包括杭州茶场等单位户口)。耕地1628亩,种植水稻,兼营茶叶。有翁家村、树根桥、鲁家头、瓜村、埂头、费家村、大湾、胡家村、郎家村9个自然村。

长岭村 境内有一伸向白鹤村较长较陡的岭,俗称“长岭”,村以此得名。50年代初,属石门乡。1958年,命名长岭大队。1983年10月,定名长岭村。1985年底,户数234,人口972。耕地522亩。盛产竹子、杂木、种植水稻。有王家村、长岭、许家口、俞家口、陆家堂、黄坑(属杭州市茶叶试验场。清嘉庆《余杭县志·图考篇》常熟乡图中有“黄坑”,分“黄坑一庄”、“黄坑二庄”。在石濑镇北,苕溪之南。)6个自然村。

白鹤村 以驻地白鹤山得名。50年代初属石门乡,1958年,命名白鹤大队,属双溪公社,其中1958年—1961年白鹤大队和西坞大队合并,定名西坞大队。1961年,划归彭公公社,两个大队又分设,复称白鹤大队。1966年,更名光明大队。1981年8月,复称白鹤大队。1983年10月,定名白鹤村。1985年底,户数159,人口708。耕地403亩。种植水稻,兼产毛竹、杂木。有白鹤、金家角、长岭脚下、界岭4个自然村。界岭曾是余杭县与武康县的分界岭,故名。

卸车村 以驻地卸车岭得名。50年代初属联合乡,1958年命名卸车大队,1966年更名新建大队,1981年8月复称卸车大队,1983年10月定今名。1985年底,户数219,人口800。耕地538亩,1个自然村。种植水稻,兼营毛竹、杂木。卸车,《余杭县志·山水篇》载有“卸车岭”:“县北,相传宋高宗南渡至此岭,路隘,车不得过,卸所载而行,故名。”清陆顺豪登东天柱岭诗:“世间俗士驾应回,踏蹬扪萝独我来。”又曰:“山名鄙俗凭僧撰。”盖此岭石蹬藤萝,行至此,必须舍驾,不必仓皇南渡之宋高宗。

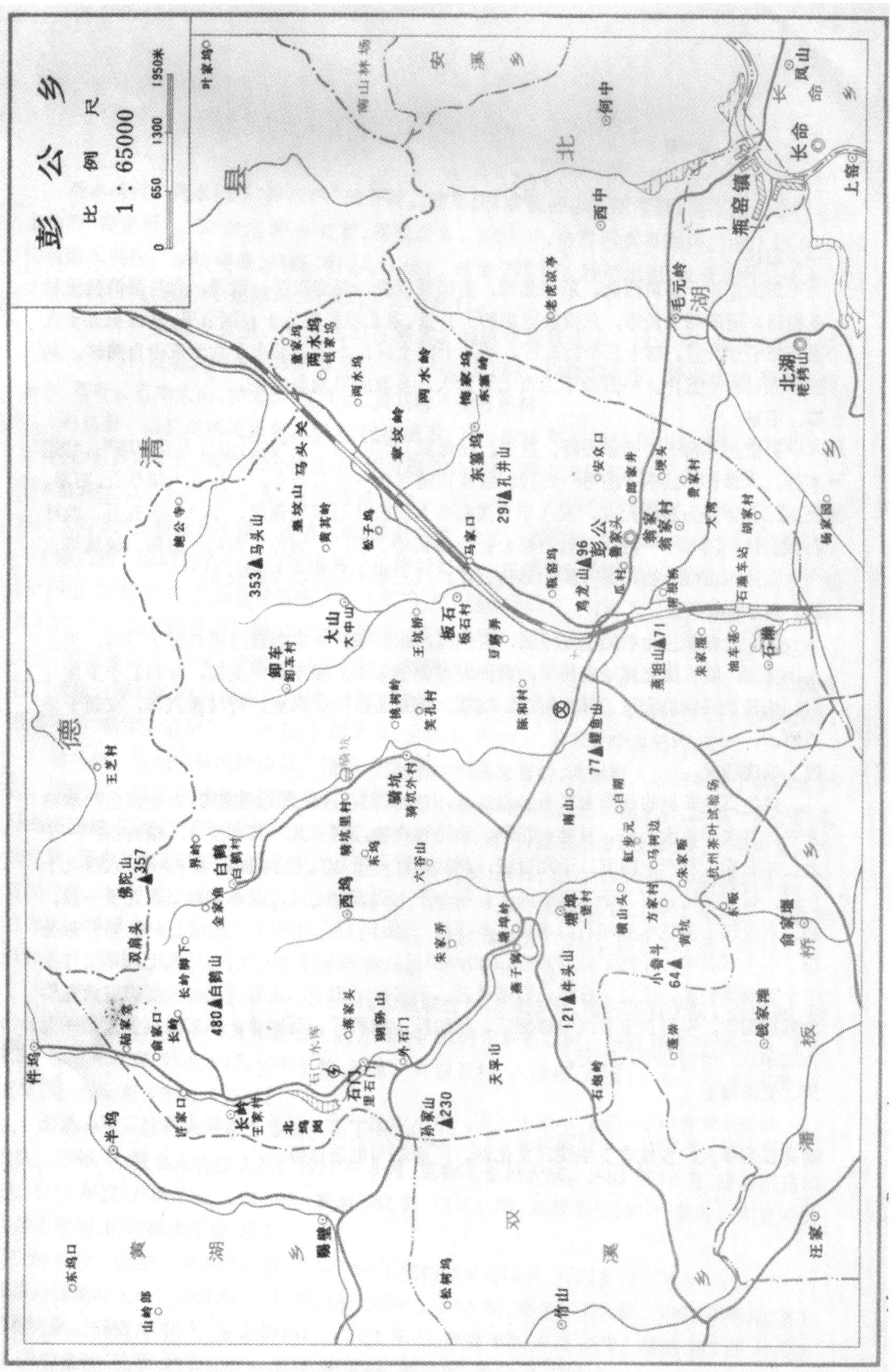

彭公乡平面图(1985年)

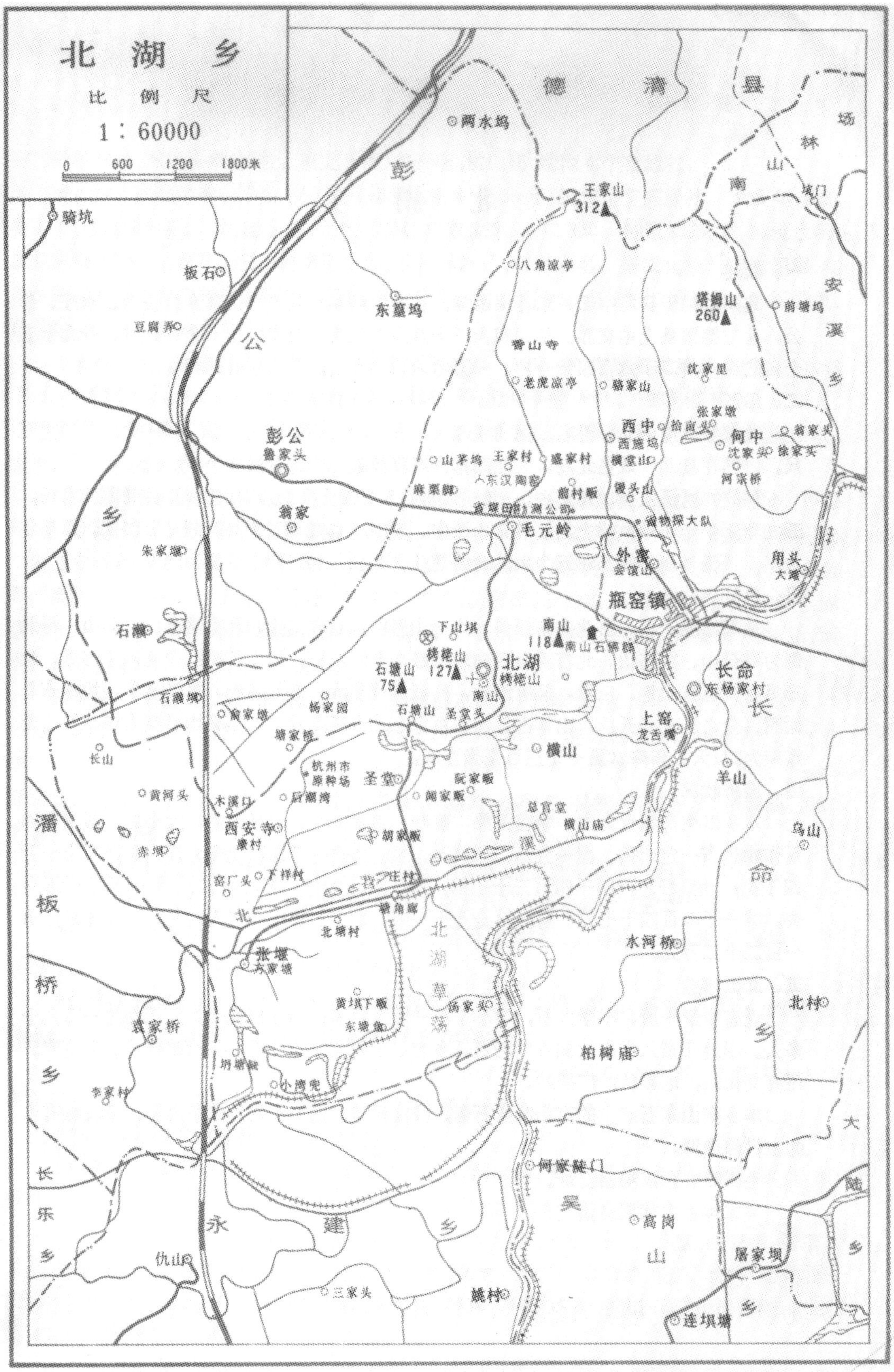

北湖乡平面图(1985年)

两水坞村　两水坞系“冷水坞”的音转。清嘉庆《余杭县志·图考篇》苕溪图与孝行乡图上均有“冷水桥”。20世纪50年代初，属联合乡。1958年，命名两水坞大队。1983年10月，定名两水坞村。1985年底，户数167，人口681。耕地398亩。种植水稻，兼营毛竹。杂木、茶叶。有钱家坞、童家坞、姚郎坞、两水坞，4个自然村。

大山村　以境内有里、中、外大山村得名。解放初属联合乡。1958年，命名大山大队。1983年10月，定名大山村。1985年底，户数232，人口891，耕地534亩。种植水稻、兼营毛竹、杂木、茶叶。有中大山、外大山、里大山、黄其岭4个自然村。

西坞村　以驻地西坞得名。50年代初属石门乡，1958年—1961年白鹤大队和西坞大队合并，命名西坞大队，属双溪公社，1961年改属彭公公社，两个大队又分设，名称不变。1966年更名红坞大队。1981年8月，复称西坞大队。1983年10月，定名西坞村。1985年底，户数241，人口828。耕地514亩。种植水稻，兼营毛竹、杂木。有西坞、东坞、六谷山3个自然村。

石门村　以境内有一石门而得名。相传村口有一丘田，状如船，船头朝外，村民以为“船田”撑出，于村不利，于是在村口建了一座石门，把“船田”关住。后来人口逐渐增多，石门外称外石门，石门里称里石门。民国时属三贤乡，20世纪50年代初属石门乡。1958年，命名石门大队，属双溪公社。1961年改属彭公公社，名称不变。1966年更名东风大队，1981年8月复称石门大队，1983年10月定名石门村。1985年底，户数210，人口708。耕地478亩。种植水稻，兼营毛竹、杂木。有里石门、外石门、蒋家头、吴家头、许家头、孙家6个自然村。

骑坑村　以境内骑坑桥得名。据传，明朝前骑坑溪没有桥，两岸行人过往均需下溪蹚水而过。明朝有一位将军过溪时适逢大水，策马而过不幸人马落水。将军起来后，感觉一条小溪战马尚不能过，百姓过溪则更难。于是召见族长和乡绅、富户，要求迅速建好此桥，一年后在百姓和乡绅、富户的支助下骑坑桥建成。20世纪50年代初，属石门乡。1958年，命名骑坑大队，属双溪公社。1961年，划归彭公公社，名称不变。1966年，更名胜利大队。1981年8月，复称骑坑大队。1983年10月，定名骑坑村。1985年底，户数184，人口761。耕地481亩。种植水稻，兼营毛竹、杂木。有骑坑外村、骑坑里村、桃树岭、笑孔村4个自然村。

板石村　以驻地板石村得名。50年代初属联合乡。1958年，命名板石大队。1966年，更名红民大队。1981年8月复称板石大队，1983年10月定名板石村。1985年底，户数178，人口648。耕地438亩，种植水稻，盛产毛竹、茶叶。有板石村、王坑桥、马家口、松子坞、陈和村、风坑坞、豆腐弄、周家畈8个自然村。

东篁坞村　以驻地东篁坞得名。50年代初属联合乡，乡政府驻此。1958年，命名东篁坞大队。1966年，更名东方红大队。1981年8月，复称东篁坞大队。1983年10月，定名东篁坞村。1985年底，户数232，人口889。耕地562亩，种植水稻，兼营毛竹、林木、茶叶。东篁坞处孔井山东侧，旧时林木茂盛，故名。

塘埠村　以位于塘埠岭之麓，故名。50年代初分属塘埠乡、石门乡与石濑乡。1958年，为双溪公社塘埠大队。1961年9月，划归彭公公社。1966年，更名红卫大队。1981年8月，复称塘埠大队。1983年10月，定名塘埠村。1985年底，户数392，人口1322。耕地885亩，种植水稻，兼营茶叶、毛竹、杂木。有一堡村、朱家弄、塘埠岭、燕子窝、横山头、树山庙、方家村、朱家畈、马树边、缸步元(园)、白湖11个自然村。

石濑村　以驻地石濑村得名。村东南有一池，俗呼“池湖”，池中有一块形似癞蛤蟆的孤石，称“石癞”，大旱之年，此石周围不会断水，后转讹为“石濑”。村以此石得名。清张思齐纂修《康熙余杭县志》卷之三规制志：石濑市在县治东北三十五里，自许墩上桥，至云福禅院止。聚山货，通商贾、舟楫。清嘉庆《余杭县志》市镇篇载有石濑镇。至清始取消。又山水篇载有濑河，下注曰：“在县北石濑镇。相传下有穴通海，遇旱祷雨辄应，今为放生河，禁捕捉。”50年代初属石濑乡，1958年命名石濑大队，1983年10月定名石濑村。1985年底，户数439，人口1553。耕地1585亩，种植水稻，兼营茶叶等。有石濑、油车基、朱家堰3个自然村。

北湖乡 位于县境之中偏北，东苕溪西侧，杭长铁路贯其西。东为长命乡，南为永建乡，北为德清县上柏乡，西北为潘板桥乡和彭公乡，总面积为38.49平方公里。驻地栲栳山东麓，东距县治临平镇40公里。乡以境内北湖得名。《唐书·地理志》云，“北湖亦唐令归珧所开。旧志云，湖在县北五里，周六十里，引苕溪诸水以灌民田。”宋《咸淳志》云：“其源出诸山，塘高一丈，广二丈五尺，以其在县北，故名北湖。”宋成无玷《五亩塍铭》：“汤汤苕水，发于天目。两湖灌溉，渐湮为陆。”北湖草荡，已改造成田。解放初分属民主乡、甪窦乡。1956年，此二乡分别并入石濑乡和长命乡。1958年，建浙江省北湖种畜场。1959年下半年，长命乡的上窑、外窑、西中、何中、甪窦等5个大队划给瓶窑镇。1962年上半年该场与瓶窑镇上述5个大队合并建立北湖公社。1983年10月，建立北湖乡。1985年，辖10个村，计87个村民小组，分布于95个自然村，2845户，1.06万人。驻地栲栳山。

南山村　以境内南山得名南山村。50年代初属民主乡，1956年组建石濑第五高级社，1958年命名南山大队，1983年10月定名南山村。1985年底，户数214，人口969。耕地846亩。种植水稻，兼营茶叶、水果、蚕桑。有罗涨、下山、南山、李王堂、杨府庙、里湾6个自然村。

西中村　取名西中，意为西施坞之中。50年代初，属甪窦乡。1956年，组建甪窦高级社。1958年，命名西中大队。1983年10月，定名西中村。1985年底，户数185，人口669。耕地831亩。种植水稻，兼营茶叶。有西施坞、香山寺、梅园畈、前村畈、王家园、馒头山、横堂山7个自然村。

何中村　境内有一座石桥，因邻近宗氏家祠，称河宗桥。“河”、“何”，“宗”、“中”方音皆相同，大队遂转以“何中”为名。50年代初，属甪窦乡。1956年，组建甪窦高级社。1958年，命名何中大队。1966年，更名红武大队。1981年，复称何中大队。1983年10月定今名。1985年底，户数235，人口977。耕地1209亩，种植水稻，兼营茶叶。有沈家头、甪窦湾、翁家头、徐家头、张家墩、长庆湖、拾亩头、毛儿塘、秀才弄、桥头10个自然村。

毛元岭村　以驻地毛元岭得名。50年代初属民主乡，1956年组建石濑第五高级社。1958年，命名毛元岭大队。1966年，更名红旗大队。1981年，复称毛元岭大队。1983年10月，定名毛元岭村。1985年底，户数237，人口914。耕地1132亩。种植水稻。兼营茶叶。有毛元岭、山茅坞、姚家畈、麻粟脚、上毛元、盛家村、湖坝河、北山口、王家村、下毛元10自然村。

甪窦村　以境内甪窦湾得名。相传，原甪家山之水经一窦流入苕溪水湾，故名甪窦湾。50年代初，属甪头乡。1956年，组建甪窦高级社。1958年，属长命人民公社甪窦管理区。1961年，命名甪窦大队。1983年10月，定名甪窦村。1985年底，户数154，人口550。耕地823亩。种植水稻，兼营蚕桑、畜牧等。有大滩、杨家头、西山头、袁家湾4个自然村。

上窑村　以辖区邻接瓶窑镇的上窑得名。50年代初属民主乡，1956年，组建上窑高级社。1958年，命名上窑大队。1983年10月，定名上窑村。1985年底，户数237，人口873，耕地816

亩。种植水稻,兼营蚕桑、畜牧。有龙舌嘴、关帝庙、横山庙、塘湾4个自然村。

横山村 以驻地横山得名。50年代初属民主乡,1956年,组建圣堂高级社。1958年,命名横山大队。1983年10月,定今名。1985年底,户数255,人口830。耕地1129亩,种植水稻,兼营蚕桑、竹笋、茉莉花。横山村南有小山,俗名“横山”,村以山名。据成化杭州府志记载,在原余杭县治同一方位和相近处有3座山,曰栲栳山、毛山和黄山。有横山、观音堂、斗头弄里、总管堂、东山、刘家6个自然村。

圣堂村 以境内圣堂庙得名。50年代初属民主乡。1956年,组建石濑第四高级社。1958年,命名圣堂大队。1966年,更名圣塘大队。1981年,复称圣堂大队。1983年10月,定今名。1985年底,户数256,人口983。耕地1481亩,种植水稻为主,兼营蚕桑、淡水鱼。有低田畈、庄村、阮家畈、刘家畈、圣堂头、后潮湾、闻家畈7个自然村。

西安寺村 以境内西安寺得名。50年代初属石濑乡,1956年组建石濑第三高级社,1958年,命名西安寺大队。1966年,更名东升大队。1981年8月,复称西安寺大队。1983年10月,定名西安寺村。1985年底,户数591,人口2082。耕地3466亩,种植水稻,兼营茶叶、淡水鱼等。有康村、石濑坝、西黄头、俞家墩、木溪口、竹家、杨家园、石塘山、吴家畈、姚家、下祥村、赤坝、黄河头、长山、窑厂头、梧桐弄、官山脚、白象山脚、钱家、塘湖口、山头墩、野猫山、郎家山、河南厂24个自然村。

张堰村 以境内张堰村得名。明嘉靖《余杭县志》载:“张家堰,在县北二十九里吴山界。”50年代初属中溪乡。1958年,命名张堰大队。1983年10月,定名张堰村。1985年底,户数481,人口1744。耕地2905亩,种植水稻、兼营蚕桑、淡水鱼。有方家塘、高家头、三角塘、张堰、郎家畈、湾里、徐家头、沈家头、北塘村、塘角廊、东塘角、小湾兜、吴家头、汤家头、坍塘缺、黄琪下畈16个自然村。

1983年8月,北湖公社外窑大队划归瓶窑镇。10月,外窑大队改名外窑村。

是月,长命公社改建长命乡,北湖公社改建北湖乡,12月彭公公社改建彭公乡。

1987年末,瓶窑镇辖6个居民区:西溪街、外窑街、里窑街、上窑街、杨梅坞、何家埠;1个村:外窑。计8个村民小组,共2552户,8969人。

1988年3月北湖乡(辖南山、西中、何中、毛元岭、甪头、上窑、横山、圣堂、西安寺、张堰10个村)并入瓶窑镇。计86个村民小组,共3112户,10869人。

1992年5月长命乡(辖凤山、雉山、长命、胡林、羊山、乌山、城隍山、水河桥、北村、柏树庙、高俞塘11个村)并入瓶窑镇。计98个村民小组,共3831户,14769人。

1999年8月城隍山村更名为城皇山村。

2001年8月,彭公乡(辖翁家、长岭、白鹤、卸车、两水坞、大山、西坞、石门、骑坑、板石、东篁坞、塘埠、石濑13个村)并入瓶窑镇。计86个村民小组,共4322户,14660人。

自此,瓶窑镇下辖:外窑、南山、西中、何中、毛元岭、甪窦、上窑、横山、圣堂、西安寺、张堰、凤山、雉山、长命、胡林、羊山、乌山、城皇山、水河桥、北村、柏树庙、高俞塘、翁家、长岭、白鹤、卸车、两水坞、大山、西坞、石门、骑坑、板石、东篁坞、塘埠、石濑35个村和西溪街、里窑街、杨梅坞、物探、何家埠、新窑、强立、华兴街8个居民区。

2003年6月建立华兴、新窑、里窑、杨梅坞4个社区。同年9月,根据区委、区政府统一部署,将原35个建制村调整为14个,即合并长命村、胡林村,新建长命村;合并城皇山村、北村村,新建凤都村;合并雉山村、凤山村,新建大观山村;合并水河桥村、柏树庙村、高俞塘村,新建崇化村;合并羊山村、乌山村,新建瓶窑村;合并西中村、河中村、角窦村、毛元岭村,新建窑北村;合并南山村、横山村、上窑村,新建南山村;合并圣堂村、西安寺村,新建西安寺村;合并大山村、卸车村、板石村、东篁坞村、两水坞村,新建彭公村;合并长岭村、石门村、塘埠村、西坞村,新建塘埠村;合并白鹤村、骑坑村,新建奇鹤村;合并翁家村、石濑村,新建石濑村;张堰村、外窑村不作调整。

第二节 村(社区)

2009 年 10 月,瓶窑村撤村建居,成立瓶窑社区。2013 年 5 月,新建溪东社区。2013 年 5 月,瓶窑镇下辖华兴、新窑、里窑、杨梅坞、瓶窑、溪东 6 个社区,外窑、大观山、长命、凤都、崇化、南山、张堰、西安寺、窑北、彭公、塘埠、奇鹤、石濑 13 个建制村。总户数为 17118 户,人口 56884 人(其中城镇 6798 户,人口 26481 人;农村 10320 户,30403 人)。

一、华兴社区

位于镇政府驻地北 2.5 公里。东连大观山村、长命村,西接新窑社区,南临瓶窑社区,北界西险大塘。社区居委会驻地东兴路 158 号。1997 年 4 月建立华兴街居民区。2003 年 6 月撤销华兴街居民区,重组建立华兴社区。“华兴”社区之名沿用华兴街居民区名称,寓意“振兴中华”。2010 年,社区面积约 0.53 平方公里。设有 25 个居民小组,共 3300 户,7020 人。辖区内主要居民住宅区(地)有楼道 193 个,自建房 213 幢;主要街路有新窑路、凤溪路、华兴路、东兴路;辖区内主要单位有中国人寿保险有限公司、瓶窑工商所、区第三人民医院、区就业管理三所、瓶窑大厦、中国银行瓶窑支行、建设银行瓶窑支行、工商银行瓶窑支行、德商村镇银行瓶窑支行、华兴集团、兴龙房产、振兴房产、华兴交通设施、名师文化传播有限公司、瓶窑烟草、恒德广场、电信分局、邮政分局、移动公司、华数公司等。主要住宅小区有凤城花苑、瑞达城市花园、凤溪花苑、兴和苑、华兴公寓、华兴桃源公寓、凤晶花苑、凤华别墅、凤山小区、北湖卫生院和教师宿舍、新窑路 86 号小区等,104 国道祥彭线穿境而过。2015 年,设 26 个居民小组,共 1830 户,4986 人。

图 1-1 华兴社区办公楼(2015 年)

二、新窑社区

位于镇政府驻地北 3 公里。东连东兴路(华兴社区),西濒苕溪(西险大塘),南邻瓶窑社区,北接 104 国道(祥彭线)。社区驻新窑路 302 号。1989 年 3 月,建立桥南居民区,后改称新窑居民区。1998 年 7 月,建立强立(家属)居民区。2003 年 6 月,撤销新窑、强立(家属)2 个居民区,重组建立新窑社区。“新窑”社区之名,是沿用原新窑居民区名称。随着瓶窑镇经济发展,境域向大桥南延伸,成为新的居民住宅区。2010 年,社区面积 0.51 平方公里,设有 35 个居民小组,共 1847 户,4684 人。辖区内主要居民分居在新窑路、凤溪路、大桥南路、新兴路、教学路、翠园路等两侧;主要单位有镇一小、镇中心幼儿园、凯达电力安装公司、500 千伏保线站、瓶窑供销社、瓶窑自来水厂、瓶窑水文站、农业银行瓶窑支行等;主要街道有新窑路、大桥南路、凤溪路、教学路。2015 年,设 35 个居民小组,共 1397 户,3552 人。

图 1-2 新窑社区办公楼(2015 年)

三、里窑社区

位于镇政府驻地北 3.5 公里。东连窑北村,西接南山村,南临西险大塘,北界杨梅坞社区。社区居委会驻里窑街 52 号。1958 年,建立里窑居民区、上窑居民区、西溪居民区、外窑居民区。2000 年,上窑居民区并入西溪居民区,外窑居民区并入里窑居民区。2003 年 6 月,撤销里窑、西溪 2 个居民区,重组建立里窑社区。"里窑"社区之名,以瓶窑镇北部窑山得名。窑山古称亭市山,唐高宗时南麓开始建窑烧制陶器,宋时窑越建越多。宋咸淳《临安府志》载:"亭市山,即窑山,多陶户,为瓮。"明万历《杭州府志》载:"瓶罂缶今出钱塘瓶窑。"山上有清钱塘名医仲学辂墓、太平庵和太平泉。据苕溪水的流向从上而下分上窑、西溪、里窑、外窑。2010 年,社区面积约 0.4 平方公里,下设 40 个居民小组,共 1660 户,3476 人。辖区内主要居民分居在西溪街、外窑街、上窑街和里窑街等街路两侧;主要单位有瓶窑高中、瓶窑房管所、瓶窑卫生监督所、浙江省瓶窑公路段等。老 104 国道穿越社区,杭州市公交车 313 路、513 路起止点设置本社区与杨梅坞社区之间。2015 年,设 20 个居民小组,共 1136 户,3058 人。

图 1-3 里窑社区办公楼(2016 年)

四、杨梅坞社区

位于镇政府驻地北 4 公里。东连窑北村,西接南山村,南临里窑社区,北界窑北村。社区居委会驻大桥北路 218 号。1981 年,建立杨梅坞居民区。1985 年 3 月,建立何家埠居民区。1994 年,建立物探(家属)居民区。2000 年,何家埠居民区改称何家埠家属居民区。2003 年 6 月撤销杨梅坞、物探(家属)、何家埠(家属)3 个居民区,重组建立杨梅坞社区。"杨梅坞"社区之名,是以境内原多种杨梅得名。2010 年,社区面积约 2.5 平方公里,设 30 个居民小组,共 2693 户,5806 人(含石濑茶叶试验场)。辖区内主要居民分居在大桥北路两侧及窑山花园、兴泰花苑等住宅区;主要街路有大桥北路、樟树路等;主要单位有瓶窑昌兴饲料公司、瓶窑镇农贸市场、浙江煤炭地质局综合物探测量队、浙江省地球物理地球化学勘查院等,并有良渚文化何家埠遗址、汇观山遗址、祭坛遗址。老104国道穿越社区,杭州市公交车313路、513路起止点站设于本社区与里窑社区之间,交通便捷。2015年,设30个居民小组(含石濑茶叶试验场),共1713户,4332人。

图1-4 杨梅坞社区办公楼(2015年)

五、瓶窑社区

位于镇政府驻地北1公里。东连凤都村,西接西险大塘,南邻崇化村、凤都村,北界华兴社区。社区驻地羊城路25号。1983年10月,羊山、乌山2个大队分别改建羊山村、乌山村。2003年9月,村规模调整时羊山、乌山2个村合并命名瓶窑村。2009年10月,撤村建居,成立瓶窑社区。"瓶窑"之名,以位于瓶窑镇中得名。2010年,有耕地面积1010亩,种植水稻,兼营水果、水产养殖等。社区辖9个自然村,共465户,1570人。区域内主要单位和企业有:瓶窑长途汽车站、余杭苕溪堤防管理所、瓶窑供电所、瓶窑中心派出所、瓶窑交警中队、瓶窑消防中队、瓶窑法庭、瓶窑市民之家、瓶窑国家和地方税务分局、余杭农村商业银行瓶窑支行、瓶窑国土所、瓶窑路政中队、瓶窑镇一中、瓶窑镇第二中心幼儿园、瓶窑车辆管理服务站、瓶窑车辆检测所、瓶窑交通大楼、鼎胜实业、嘉凯城、佳利制冷、杭州科皇饲料有限公司、杭州康冶公司、杭州博士工具厂、瓶窑商贸城等,以饲料、铸铁、压滤机、服装等行业为主,产品销往全国各地及美国。主要住宅小区有北湖绿洲、屏惠家园、羊山公寓。2015年,社区设12个居民小组,共672户,2345人。

图1-5 瓶窑社区办公楼(2015年)

羊山塘自然村,人口194人,村以坐落东苕溪西险大塘(羊山塘)得名。

仲家村自然村,人口139人,原仲家村、铜勺兜、郑家村房屋连成一片后,仲姓财主名声较大,故以仲氏名村。

横塘村自然村,人口149人,村以横塘得名。

陈家村自然村,人口165人,村民大多姓陈,故名。

山湾里自然村,人口151人,村坐落乌山脚转弯处,故名。

乌山头自然村,人口243人,村坐落乌山上,故名。

桥东自然村,人口152人,村以坐落居安桥东得名。

下金村自然村,人口241人,村坐落在上泗村西面称下金村。

山后头自然村,人口136人,村以坐落乌山之后得名。

1999 年农村门(楼)牌编制时废止沈家村(并入仲家村)自然村;新增陈家村自然村。

六、溪东社区

2013 年 5 月成立。位于镇政府西北 1 公里,因在苕溪东面而得名。辖区东临瓶仓大道,南接前程路,北邻羊城西路,西倚西险大塘,区域面积 0.44 平方公里,社区驻西溪东路 2 号。辖区内有柳郡、南北乐章、桂花溪园、祥盛家园、良景学府等小区,有房屋 6225 套。2015 年,入住 1552 户。

图 1-6 溪东社区办公楼(2016 年)

七、外窑村

位于镇政府驻地西北 3 公里。东连大观山村,西接南山村,南邻大观山村,北界窑北村。村委会驻地大桥路 138 号。1966 年,称立新大队。1981 年,复称外窑大队。1983 年 10 月,外窑大队改建外窑村至今。“外窑”村之名,以瓶窑镇北部窑山得名。原瓶窑镇呈三角形,有外窑街、里窑街、西溪街和上窑街,外窑街南麓称外窑村。有耕地面积 269 亩,种植蔬菜,兼营淡水鱼等。2015 年,全村辖 9 个村民小组,共 230 户,549 人。企业有杭州昌兴饲料厂等 5 家,以饲料制品行业为主。

图 1-7 外窑村委办公楼(2014 年)

会馆山自然村,人口 45 人,村坐落在会馆山下,故名。旧时宁波、绍兴商人在此设有会馆,供同乡、同行聚会寄寓之所,山乃以此得名。此处曾发掘出良渚文化重要遗址,当时听山名,知音未知文字,讹为汇观山遗址。

杨梅坞自然村,人口 50 人,村以种植杨梅树得名。

外窑村自然村,人口 101 人,村位于窑山东面称外窑村。

里窑村自然村,人口 195 人,村位于窑山西面称里窑村。

沙地上自然村,人口 20 人,村位于苕溪边上的沙地上,故名。(1995 年余杭市交通局建造码头,整体迁到桥南教育路与新窑路之间。)

绿元坝自然村,人口 133 人,此地原为回龙寺和尚种菜的菜园,故名。讹为绿元坝。

八、大观山村

位于镇政府驻地北 2 公里。东连大观山果园,西接外窑村,南临瓶窑社区,北界苕溪。村委会驻地大观山村葡萄畈 131 号。1983 年 10 月,凤山、雉山 2 个大队分别改建凤山村、雉山村。2003 年 9 月,村规模调整,凤山、雉山 2 个村合并命名大观山村。“大观山”村之名,以村中有个规模较大的土堆而得。此山系良渚文化时期人工堆筑的大土台,有反山、莫角山等重点遗址。1958 年杭州市民政局开垦荒墩,种植果树,办起大观山果园,其水蜜桃和水蜜梨、葡萄盛名。2010年,有耕地面积2560亩,种植水稻,兼营竹笋、瓜果等。全村辖19个自然村,共740户,2478人。企业有杭州制动材料厂、杭州利富豪空调设备有限公司(1993年—2001年)、杭州华尔美服饰有限公司(2005年—2012年)等64家,以汽车配件、纺织、服装等行业为主,产品销往全国各地。2014年因良渚文化遗址保护,全村有376户,1329人迁止南山农居点。2015年,全村辖16个村民小组,共736户,2979人。

图1-8 大观山村委办公楼(2013年)

葡萄畈自然村,人口257人,原名芦荡畈,后音近转为葡萄畈。(因良渚文化遗址保护,2014年该自然村有75%的农户迁入南山农居点。

东杨家村自然村,人口45人,村以杨姓村民居多得名,后分东杨家、西杨家二村。(因良渚文化遗址保护,2014年该自然村整体迁入南山农居点。)

西杨家村自然村,人口35人,村以杨姓村民居多。

双池头自然村,人口148人,村中有两个相似的池塘,故名。(因良渚文化遗址保护,2014年该自然村整体迁入南山农居点。)

宋村自然村,人口96人,村以境内宋山得名。今村民无宋姓。

张家墩自然村,人口98人,以张姓村民居多得名。(因城市建设,2014年该自然村整体迁入葡萄畈农居点。)

闻家村自然村,人口121人,村以闻姓村民居多得名。

庙桥头自然村,人口98人,村以庙桥得名。(因良渚文化遗址保护,2014年该自然村整体迁入南山农居点。)

圣堂湾自然村,人口31人,村位于河的转弯处,故名。(因良渚文化遗址保护,2014年该自然村整体迁入南山农居点。)

雉山下自然村,人口204人,村坐落雉山下,故名,此处山丘多以鸟兽命名。“雉”即雉鸡。

西庄自然村,人口51人,村原以村庄地处方位得名。

周村自然村,人口248人,村以邹姓村民居多得名邹村。“邹”、“周”方音相近,讹为周村。

马金口自然村,人口141人,原当地曾养过马,后称马金口。(因良渚文化遗址保护,2014年该自然村约50%迁入南山农居点。)

陈家弄自然村,人口87人,村以陈姓村民居多得名。(因良渚文化遗址保护,2014年该自然村整体迁入南山农居点。)

费家头自然村,人口90人,村以费姓村民居多得名。(因良渚文化遗址保护,2014年该自然村整体迁入南山农居点。)

河池头自然村,人口94人,村前有池塘,故名。(因良渚文化遗址保护,2014年该自然村整体迁入南山农居点。)

金家头自然村,人口56人,村以金姓村民居多得名。

黄泥口自然村,人口358人,此地土地多黄泥,为良渚文化省重点保护区。

沈家头自然村,人口116人,村以沈姓人家居多得名。(因良渚文化遗址保护,2014年该自然村整体迁入南山农居点。)

九、长命村

位于镇政府驻地东北4公里。东连良渚街道荀山村,西接大观山村,南邻凤都村,北界良渚街道杜城村、港南村。大部分区块位于良渚遗址核心保护区内。村委会驻地长命村长命桥自然村16号。1983年10月,长命、胡林2个大队分别改建长命村、胡林村。2003年9月,村规模调整时长命、胡林2个村合并命名长命村。"长命"村之名,以境内长命桥自然村得名。2010年,有耕地面积3768亩,种植水稻,兼营蔬菜、茶叶。全村辖25个自然村,共1050户,3687人。企业有杭州华通绒毛服装制品厂(2015年因良渚文化遗址保护土地征用搬出村)、杭州西湖台钻厂等57家,服装加工、生产台钻、生产雨伞等行业,主要产品有羊绒衣服、西湖台钻、天堂雨伞。2015年,全村辖28个村民小组,共1032户,4342人。

图1-9 长命村委办公楼(2013年)

长命桥自然村,人口273人。"长命"村之名,以境内长命桥得名。原桥名为"万善桥"。据传宋康王南渡被金兵追杀,避伏桥下才得以保住性命。后小康王在杭州登基遂敕封此桥为"藏命桥"。村也随之称"藏命村",后传讹为"长命桥"。

卞家塘自然村,人口218人,村以卞姓人家居多得名。

何村自然村,人口172人,村以姓何的大户人家先来此定居得名。现村民仍何姓居多。因良渚文化遗址保护,2014年自然村迁入长命嘉苑。

小陡门自然村,人口96人,以前此村有排涝小陡门,故名。

上泗村自然村,人口248人,以前,此地有上泗庵,村以庵得名。因良渚文化文化遗址保护,2014年自然村迁入长命嘉园。

金家弄自然村,人口118人,以金姓人家房屋边的一弄堂而得名。

钟家村自然村,人口139人,原有钟姓人家居住此地.故名。现为良渚文化省重点保护区。因良渚文化遗址保护,2014年自然村迁入长命嘉苑。

环桥自然村,人口104人,此地有座古老的圆洞桥,故名。

郑村自然村,人口110人,此地郑姓村民居多,故名。

港东村自然村,人口87人,村位于良渚港以东,故名。

高村自然村,人口136人,村以原高姓人家来此居住得名。

高西自然村,人口116人,此村位于高村之西,故名。

石山下自然村,人口219人,此村在石头山下,故名。

朱村自然村,人口179人,村以原朱姓人家来此居住得名,现无朱姓。

胡林自然村,人口 60 人,别名塘外。村以原胡林庙得名。

俞家角自然村,人口 107 人,原有俞姓人家先来河湾处居住,故名。现已无俞姓。

龙腰塘自然村,人口 138 人,此地有个较大的塘,形似腰子,传说有龙船在此停留。故为龙腰塘。

翁家头自然村,人口 141 人,有姓翁家族来此居住,故名。

和尚斗自然村,人口 178 人,传说有位和尚曾居住村后的斗边,故名。

青狮斗自然村,人口 57 人,村东北面有较大的河斗,河斗边原有一头约一米高的青石头狮子,故名。现青狮子已被移至一户村民住宅旁。

秧田门自然村,人口 165 人,因村民在此开垦一块荒地,专门培育秧苗之用。

闻家塘自然村,人口 137 人,传说旧时当地有位闻年山力大无穷,颇有名气,村中闻家塘是以他姓氏得名。

吴家塘自然村,人口 262 人,又名鱼家塘,原有一池塘,形如一条鲫鱼,故名。村民吴姓居多,改称吴家塘。

费家头自然村,人口 155 人,村民均是从浙东上八府迁来的费姓农户,故名。

樟地上自然村,人口 72 人,村以此地原有一株大樟树而得名。

十、凤都村

图 1－10　凤都村委办公楼(2013 年)

位于镇政府驻地东 2 公里。东连良渚文化村,西接崇化村,南邻良渚街道东莲村,北界长命村。村委会驻地凤都村岭上自然村 1 号。1983 年 10 月,城隍山、北村 2 个大队分别改建城隍山村、北村村。1996 年 7 月,城隍山村更名城皇山村。2003 年 9 月,村规模调整时城皇山、北村 2 个村合并命名凤都村。“凤都”村之名,因近邻“杭州凤都工业城”得名。为保护良渚文化遗址,瓶窑镇调整发展规划新的工业园区选址移至新 104 国道以南的 8 平方公里土地处,取名为杭州凤都工业城。原北村和城皇山村位于凤都工业城附近。2010 年,有耕地面积 1958 亩,种植水稻,兼营茶叶、瓜果等。全村辖 10 个自然村,共 606 户,2204 人。企业有杭州利康酒业有限公司、杭州长青塑料包装厂、瓶窑北村砖瓦厂等 41 家,以酿酒、纺织、塑料制品、红砖烧制等行业为主。2015 年,全村辖 14 个村民小组,10 个自然村,共 611 户,2533 人。

岭上自然村,人口 123 人。村以坐落在一座小山上得名。

华家自然村,人口 107 人。村以华姓村民居多得名。

马山下自然村,人口 146 人。相传有沈姓人家养马 99 匹,一天马到村前山边池塘洗澡,收马时变为 100 匹,从此人们称山为马山。村以坐落马山下得名。

闻家自然村,人口 103 人。村民多闻姓,故名。

蒋家头自然村,人口 178 人。原有蒋、陆、倪 3 个自然村,农业学大寨造田时,整体规划将陆、倪两个自然村迁移到蒋家头。

南村自然村,人口 377 人,旧时称湖墅三村。此地位于中村南,故名。村以盛产竹笋闻名。

中村自然村,人口 280 人,旧时称湖墅三村。此地位于南村、北村之间,故名。村以盛产竹笋闻名。

北村自然村,人口 383 人,旧时称湖墅三村。此地位于中村北,故名。村以盛产竹笋闻名。

丁家自然村,人口 254 人,北村、中村和南村。旧时称湖墅三村,为南北走向,此村为东西向,正好成"丁"字形,故名。

大夫里自然村,人口 253 人。村前有馒头山,村后有后头山,两山俗称夫妻山,村位于两山之间,故名。

十一、崇化村

位于镇政府驻地西 0.5 公里。东连凤都村,西濒苕溪,南界仓前镇连填塘村,北邻溪东社区。村委会驻地崇化村水河桥自然村 84 号。1983 年 10 月,水河桥、柏树庙、高俞塘 3 个大队分别改建水河桥村、柏树庙村、高俞塘村。2003 年 9 月,村规模调整时水河桥、柏树庙、高俞塘 3 个村合并命名崇化村。"崇化"村之名,沿用原崇化乡名。乡名由境内的"崇福寺"和"化湾陡门"名称中各抽一字组成。崇福寺是佛教圣地,而"化湾陡门" 既是良渚港重要的水利枢纽. 又是苕溪与杭州的水运咽喉。民国期间,崇福寺沿山一带(北至安溪,南至官井头,西至西险大塘)为崇化乡。2010 年,有耕地面积 4516 亩,种植水稻,兼营西瓜等。全村辖 29 个自然村,共 1076 户,3760 人。企业有杭州鼎盛轻合金材料有限公司、杭州山科智能科技股份有限公司等,产品销往世界各地。在境内还有瓶窑镇小学教育集团崇化校区。2015 年,辖 29 个村民小组,27 个自然村,1091 户,4420 人。

图 1-11 崇化村委办公楼(2016 年)

水河桥自然村,人口 310 人,村边有桥,俗称水河桥,以桥名村。

戴家头自然村,人口 114 人,村以戴姓人家居多得名。

小木桥自然村,人口 124 人,村以境内小木桥得名。

施家𡋀自然村,人口 73 人,原有施姓人家先居住河𡋀旁,故名。

陈家头自然村,人口 80 人,村以陈姓人家来此居住而得名。

烂泥湾自然村,人口 166 人,村旁有烂泥湾潭,村以潭名。

许家村自然村,人口 110 人,村原以许姓人家居住此地得名。

化湾陡门自然村,人口 104 人,村位于西险大塘化湾陡门边,故名。

蒿山头北自然村,人口 99 人,村坐落在蒿山脚下北边,故名。

蒿山头南自然村,人口 126 人,村坐落在蒿山脚下南边,故名。

崇化新村自然村,人口 317 人,此地为崇化村搬迁户新建的农居点,故名。

何家塘自然村,人口 43 人,村坐落何家塘东侧,故名。

宋家头自然村,人口220人,别名柏树庙。原有宋姓村民在此居住,村以姓氏得名。

磨盘滩自然村,人口224人,此村为苕溪水所抱,发大水时,水流如磨盘,故名。2014年镇政府已将所有住户安置到各农居点。

屠家头自然村,人口132人,村以原多屠姓村民得名。

金家埠自然村,人口159人,原金姓大户人家在此建有河埠,故名。

下房自然村,人口192人,系徐姓财主娶两房,多子多孙得权为上房,在径山镇小古城村,下房迁于此地,故名。

李家头自然村,人口88人,原系李姓人家发展成村,故名。

上李家自然村,人口76人,原系李姓大户人家分户,此地为西南称上李家。

朱家桥自然村,人口93人,村以境内朱家桥得名。现村民无朱姓。

庄山头自然村,人口144人,村以坐落庄山脚下得名。

北棋盘自然村,人口152人,四周环河,由三块地组成,形如棋盘,此村为北面一块,故名。

中棋盘自然村,人口140人,四周环河,由三块地组成,形如棋盘,此村为中间一块.故名。

邱家坝自然村,人口159人,别名南棋盘。因村边有邱家坝,村以坝名。

陆家场自然村,人口319人,原系陆姓大户人家居住地,故名。

高俞塘自然村,人口149人,村坐落塘边,村民高姓与俞姓居多,故名。

柘塘桥自然村,人口195人,村民居住柘塘桥周围,故名。

1999年农村门(楼)牌编制时废止蒿山头(更名为蒿山头南)、孙坝头和莫洛坝(并人高俞塘。)3个自然村;新增崇化新村、上李家、蒿山头北3个自然村。

十二、南山村

位于镇政府驻地西北3公里。东连瓶窑社区,西接西安寺村,南濒北苕溪,北界窑北村。村委会驻地南山村横山自然村1号。1983年10月,南山、上窑、横山3个大队分别改建南山村、上窑村、横山村。2003年9月,村规模调整时南山、上窑、横山3个村合并命名南山村。“南山”村之名,以境内南山得名。南山后有普宁寺,毁于抗战时期。南山上有十三尊摩崖石刻,石像躯体高大,造型端庄。1986年,公布为余杭县文物保护单位;1997年8月29日,公布为浙江省文物保护单位;2015年,公布为国家级文物保护单位。市级文保单位盛度墓亦在村内。2010年,有耕地面积2937亩,种植水稻,兼营蔬菜、瓜果等。全村辖22个村民小组,22个自然村,共719户,2283人。企业有杭州瓶窑合金钢铸造厂,主要产品锰钢双金属销往全国各地(包括台湾地区)及意大利、日本。境内还有瓶窑小学教育集团北湖校区和瓶窑中心幼儿园北湖分院,杭州市第一医院集团公司瓶窑院区(余杭区第三人民医院)在建。杭州市余杭区粮食收储责任有限公司良渚分公司粮库等单位。2015年,村辖22个村民小组,22个自然村,共712户,2522人。

图1-12 南山村委办公楼(2015年)

横山自然村,人口 130 人,村南有小山,俗称“横山”,村以山名。据《成化杭州府志》记载,在同一方位和相近处有 3 座山,曰栲栳山、毛山和黄山。横山应即黄山。方音“横”、“黄”不分。明景星《黄山记》:“杭之属邑曰余杭,山曰天目。天目背兑面震,其支三分,钱唐南北诸山映带左右,而中一支或起或伏,发为三山:西曰舟枕,东曰阳山,其中一山,峰峦秀拔,云气弥漫。草木丛茂,苕溪之水萦抱于前,诚佳境也……众山环绕,而兹山特处其间,如土之在中央,遂命名为黄山。”

南山自然村,人口 135 人,村坐落南山北侧,故名。

罗涨自然村,人口 99 人,村以罗涨陡门得名。清嘉庆《余杭县志》:“罗涨陡门,县东北三十里山前界。”

下山渠自然村,人口 106 人,村坐落栲栳山麓,地势较低水顺山壁而下称下山渠。

李王堂自然村,人口 113 人,村以原李、王二姓人家居住此地得名。

杨府庙自然村,人口 93 人村有杨府庙,村以庙名。

里湾自然村,人口 96 人,村坐落栲栳山下东面转弯处,地势较高,故名。“弯”、“湾”音同,讹为里湾。

龙舌嘴自然村,人口 75 人,上公村沿东苕溪弯弯曲曲,上游为龙头,下游为龙尾,此村位于龙头处,形如张开的龙舌嘴,故名。2014 年,因青水入湖工程建设,整个村搬迁至南山农居点。

横山庙自然村,人口 95 人村以横山庙得名。

上塘湾自然村,人口 66 人,原名塘湾。村地处西险大塘之澄清大塘转弯处,随着村民增多分南为上塘湾,北为下塘湾。2014 年,因青水入湖工程建设,整个村搬迁至南山农居点。

下塘湾自然村,人口 105 人,原名塘湾。村地处西险大塘之澄清大塘转弯处,随着村民增多分南为上塘湾,北为下塘湾。2014 年,因青水入湖工程建设,整个自然村搬迁至南山农居点。

桥上桥自然村,人口 65 人,原此地有坡度,上下两条路均建有桥,俗称之桥上桥,现下面桥已毁,村名沿用。2014 年,因青水入湖工程建设,整个自然村搬迁至南山农居点。

羊山湾自然村,人口 55 人,村位于苕溪羊山湾附近,故名。2014 年,因青水入湖工程建设,整个自然村搬迁至南山农居点。

柴上渡自然村,人口 129 人,原村民在渡口做木柴生意,故名。2014 年因青水入湖工程建设,整个自然村搬迁至南山农居点。

周家桥自然村,人口 79 人,此地有周家桥,村以桥名。2014 年,因青水入湖工程建设,整个自然村搬迁至南山农居点。

相公庙自然村,人口 84 人,此地原有相公庙,村以庙名。2014 年,因青水入湖工程建设,整个自然村搬迁至南山农居点。

观音堂自然村,人口 148 人,村以原观音庙堂得名。

斗头弄里自然村,人,182 人,村位于棋盘山下,村中多浜斗、弄,故名。

总管堂自然村,人口 140 人,此地原有位做大官的盛姓者,家丁兴旺,后称此地为总管堂。

东山自然村,人口 74 人,村以南侧东山得名。

刘家自然村,人口 104 人,村以刘姓人家居住此地得名。

上窑街自然村,人口 110 人,此地为上窑街村民出入口,北侧与瓶窑镇交界,两边是商店营业街，故名。2014 年因青水入湖工程建设，整个自然村搬迁至南山农居点。

1999 年，农村门（楼）牌编制时废止栲栳山（并入下山渠）、下山其（更名下山渠）、关帝庙（划归瓶窑集镇）、塘湾（分上塘湾、下塘湾）4 个自然村。新增桥上桥、羊山湾、柴上渡、周家桥、相公庙 5 个自然村。2004 年，新增上窑街自然村。

十三、张堰村

位于镇政府驻地西 7 公里，杭长高速公路穿村而过。东连北湖草荡，西到宣杭铁路，南接北湖草荡，北邻西安寺村。村委会驻地张堰村高家头自然村 59 号。1983 年 10 月，张堰大队改建张堰村至今。“张堰”村之名以境内张堰自然村得名。2010 年，有耕地面积 3247 亩，种植水稻，兼营淡水鱼、茭白等。全村辖 15 个自然村，共 534 户，1673 人。2012 年，因杭长高速公路建设的 18 户拆迁户，北塘退堤工程 40 户拆迁及另有 2 户搬迁户安置，新建高家头农居点。2015 年，全村辖 13 个村民小组，15 个自然村，共 521 户，1735 人。

图 1－13 张堰村委办公楼（2016 年）

高家头自然村，人口 241 人，村以地势高于其它自然村得名。

张堰自然村，人口 66 人，溪中有一堰，称张堰。清嘉庆《余杭县志》载：“张家堰，在县北二十九里吴山界。”

方家塘自然村，人口 201 人，村以方姓人家居住塘边得名。

三角塘自然村，人口 82 人，村地势高于张堰北塘与余杭镇中家塘之间，呈三角形，故名。

郎家畈自然村，人口 99 人，村以郎姓人家居住此地得名。

湾里自然村，人口 60 人，村坐落堰塘转弯处，故名。

徐家头自然村，人口 49 人，村以徐姓人家居住此地得名。

沈家头自然村，人口 2 人，村以沈姓人家居住此地得名。

北塘村自然村，人口 131 人，张堰之北有塘，村坐落两者之中，故名。

塘角廊自然村，人口 128 人，村坐落东塘和北塘夹角处，故名。

东塘角自然村，人口 146 人，村位于东塘边，故名。

小湾兜自然村，人口 199 人，村坐落张堰大塘南边水湾处，故名。

吴家头自然村，人口 53 人，村以吴姓人家居住此地得名。

汤家头自然村，人口 72 人，村以汤姓人家居住此地得名。

坍塘缺自然村，人口 144 人，历史上北塘坍堤时在此地缺一个口，故名。

1999 年，农村门（楼）牌编制时废止黄坝下畈自然村。

十四、西安寺村

村位于镇政府驻地西 5 公里。东连南山村，西接径山镇求是村，南濒北苕溪，北邻石濑村。村委会驻地西安寺村木溪口自然村 1－1 号。1983 年 10 月，西安寺、圣堂 2 个大队分别改建西安寺村、圣堂村。2003 年 9 月,村规模调整时西安寺、圣堂 2 个村合并命名西安寺村。“西安寺”村之名以境内原西安寺得名。相传村中有建筑风格独特、规模很大的西安寺,原名万年正续院,后改名,属径山古刹下院现寺已废。良渚文化水坝遗址坐落村内。2010 年,有耕地面积 5283 亩,种植水稻,兼营淡水鱼养殖等。村内有满元、华飞现代农业蔬菜种植园,红豆杉基地,另有 1250 亩市级粮食功能区块。全村辖 23 个自然村,共 932 户,3202 人。企业有杭州力源塑业包装有限公司、杭州余杭区瓶窑镇恒通预制构件厂、杭州原种场、石濑火车站、浙江省农资农业科技有限公司等单位,以水泥预制构件、彩印包装材料等行业为主。2015 年,全村 25 个村民小组,23 个自然村,共 932 户,3368 人。

图 1 – 14 西安寺村委办楼(2016 年)

木溪口自然村,人口 139 人,原有一条小溪,俗称木溪,村以位于溪旁得名。

康村自然村,人口 203 人,旧时此地坑、潭较多,故名。方音“坑”、“康”相同传讹为康村。或许村民希望身体健康而改成康村。

石濑渠自然村,人口 192 人,原与彭公乡石濑村同名,石濑渠是石濑的一个圩子。

西黄头自然村,人口 92 人,村位于石濑渠西面,“西黄头”方言为西面之意。

俞家墩自然村,人口 76 人,村以俞姓人家先来此墩上居住得名。

竹家兜自然村,人口 133 人,村以原竺家的一个圩子得名。现村民无竺姓。“竺”、“竹”音同,讹为竹家兜。

杨家园自然村,人口 85 人,村以杨家有块很大的田畈称杨家园. 现村民无杨姓。

石塘山自然村,人口 146 人,村坐落石塘山脚,故名。

梧桐弄自然村,人口 139 人,村民进出必须经过两边种植梧桐树的小路,如同走进一条弄堂,故名。

姚家自然村,人口 130 人,村以姚姓人家居住此地得名。

阮家畈自然村,人口 94 人,村以阮姓人家居住此地得名。

刘家畈自然村,人口 94 人,村以刘姓人家居住此地得名。

圣堂头自然村,人口 217 人,抗战前村有一座圣堂庙,村以庙名。

候潮湾自然村,人口 143 人,此地有座鲤鱼山延伸至官山湾里,与竹家接壤,鲤鱼山又与潮水可能有关。

闻家畈自然村,人口 79 人,村以闻姓人家居住此地得名。

下祥村自然村,人口 202 人,原沿溪有上杨村、中杨村、下杨村,溪边种满杨树。村民希望生活美满、吉祥如意,故改称下祥村。

赤渠自然村,人口 171 人,村中整条渠道(坝)用红土(黄泥)筑成称赤渠。

黄河头自然村,人口 80 人,村后有黄河池,以池名村。

长山自然村,人口94人,此地有座小而长的山,俗称长山,村以山名。

胡家畈自然村,人口175人,村以胡姓人家居住此地得名。

郎家山自然村,人口136人,原是郎姓大户人家的山,称郎家山。

低田畈自然村,人口188人,村以地势低洼得名。

庄村自然村,人口194人,村以邻近北湖大桥的一个村庄得名。

1999年,农村门(楼)牌编制时废止石濑坝(更名石濑琪)、吴家畈(更名胡家畈)、赤坝(更名赤琪)3个自然村;废止窑厂头、官山脚、白象山脚、山头墩、野猫山、河南厂、钱家(并入胡家畈)、塘湖口(并入姚家)8个自然村。2004年,农村门(楼)牌插编时废止石濑琪(更名为石濑渠)、赤土其(更名赤渠)2个自然村。

十五、窑北村

图1-15 窑北村委办公楼(2013年)

位于镇政府驻地西北4.5公里。东连良渚镇安溪村,西接石濑村,南临南山村、外窑村、杨梅坞社区,北与德清县上柏镇和彭公村接壤。村委会驻地窑北村原西中村路口。1983年10月,西中、何中、毛元岭、角窦4个大队分别改建西中村、何中村、毛元岭村、角头村。2003年9月村规模调整时西中、何中、毛元岭、角头4个村合并命名窑北村。"窑北"村之名,以位于瓶窑集镇北面得名。2010年,有耕地面积4745亩,种植水稻,兼营水果、竹笋等。全村辖29个自然村,共938户,3412人。企业有杭州瓶窑角头石矿、杭州余杭瓶窑昌顺石矿等22家,以石料开采、小五金加工、服装等行业为主。2015年,全村辖33个村民小组,29个自然村,共935户,3391人。

西施坞自然村,人口223人,相传早年有一女子美如西施,后遂以坞名。

骆家山自然村,人口48人,曾名香山寺。村以原骆姓人家的山得名。

梅园畈自然村,人口58人,村以明代柴王盖的梅花园得名。

前村畈自然村,人口298人,此地原为孙姓家族居住地,以塘山为界,塘山南为前村畈,塘山北为后村畈。

王家园自然村,人口38人,村以原王姓家族居住地得名。

横堂山自然村,人口26人,村中的土城墙称塘山。现土城墙已毁。"塘"、"堂"音同,讹为横堂山。

秀才弄自然村,人口136人,原名沈家头。此地旧时出过秀才,故名。

角窦湾自然村,人口38人,又称湾里。村以坐落角窦转弯处得名。

翁家头自然村,人口149人,村以翁姓家族居住此地得名。

徐家头自然村,人口88人,村以徐姓家族居住此地得名。

桥头自然村,人口104人,村以位于桥边得名。

张家墩自然村,人口131人,村以张姓家族居住此地得名。

长庆湖自然村，人口104人，相传村内有长庆湖，村以湖名。

拾亩头自然村，人口218人，旧时有户人家有10亩田，故名。

上毛元自然村，人口173人，村位于毛元岭之北，故名。山上茅草众生，俗称茅园岭。“茅”、“毛”方音相同，“园”、“元”方音相同混用。

下毛元自然村，人口147人，村位于毛元岭之南，故名。

山茅坞自然村，人口180人，村以位于山上多茅草的山脚下得名。

姚家畈自然村，人口101人，村以姚姓家族居住此地得名。

麻栗脚自然村，人口136人，村以山脚种植麻栗较多得名。

盛家村自然村，人口58人，以盛姓家族居住此地得名。

湖坝河自然村，人口15人，在盛家村与北山口之间建有湖坝河水库，村以水库得名。

北山自然村，人口73人，村位于北山口，故名。

王家村自然村，人口132人，村以原王姓家族较多得名。

大滩自然村，人口204人，村坐落角头坝之东，苕溪滩之西，村以此得名。

杨家头自然村，人口85人，村原杨姓家族较多，故名。

西山头自然村，人口84人，村位于原角头村最西边的小山头，故名。

袁家湾自然村，人口37人，村以袁姓家族较多得名。

三仙角自然村，人口128人，有三条线路在此相交，故名。“三线”、“三仙”方音相近。

馒头山自然村，人口200人，村边有山，形似馒头，故名。

1999年农村门(楼)牌编制时废止香山寺(更名骆家山)、馒头山、沈家头(更名秀才弄)、沈家里和里湖头(2个自然村并入张家墩)、毛元岭6个自然村。新增三仙角自然村。

十六、彭公村

位于镇政府驻地西北9公里。东连窑北村，西接奇鹤村，南临石濑村，北界德清县武康镇双燕村。村委会驻地板石村自然村1-1号。杭长铁路、104国道、021、015省道穿村而过。1983年10月卸车、两水坞、大山、板石、东篁坞5个大队分别改建卸车村、两水坞村、大山村、板石村、东篁坞村。2003年9月村规模调整时卸车、两水坞、大山、板石、东篁坞5个村合并命名彭公村。“彭公”村之名系沿用乡名，乡名得之于附近之彭公岭。村内有良渚文化时期的老虎岭水利遗址。2010年，有耕地面积3123亩，种植水稻，兼营茶叶、早竹笋，早竹已形成全国最大的竹制品市场。2008年，新建彭公竹制品市场，占地265亩，属全国最大，年销售5亿多元。企业有杭州恒康专用车辆制造有限公司、杭州祥生砂带有限公司、杭州彭公涂料有限公司等，瓶窑小学教育集团彭公校区，杭州余杭康宁医院驻落本村。2015年，全村辖27个村民小组，18个自然村，共1130户，4273人。

图1-16　彭公村委办公楼(2010年)

板石村自然村，人口153人，相传此地的道路、门墙、天井、饭堂皆以石板建成，故名石板村，后改称板石村。

卸车上村自然村，人口229人，清嘉庆《余杭县志山水篇》载有“卸车岭”：“县北，相传宋高宗南渡至此岭，路隘，车不得过，卸所载而行，故名。”清陆顺豪《登东天柱岭》诗：“世间俗士驾应回，踏蹬扪萝独我来。”又曰：“山名鄙俗凭僧撰。”此意甚是。盖此岭石蹬藤萝，行至此，必须舍驾，不必仓皇南渡之宋高宗。村庄扩大后，分卸车上村、卸车下村。

卸车下村自然村，人口658人。

两水坞自然村，人口215人，两水坞系“冷水坞”的音转。

钱家坞自然村，人口127人，村民钱姓较多，村中有钱家坞，故名。

童家坞自然村，人口143人。村民童姓较多，村中有童家坞，故名。

姚郎坞自然村，人口183人。村坐落山坞，村民姚、郎二姓较多，故名。

中大山自然村，人口349人。村旁有座较高大的山，村以坐落方位分东为外大山，西为中大山，北为里大山。

外大山自然村，人口208人。

里大山自然村，人口183人。

黄旗岭自然村，人口112人，村以岭高而得名。山岭上曾插有黄旗，称黄旗岭。

王坑桥自然村，人口87人，村旁溪上横架一桥，俗称横坑桥。“王”、“横”方音相同. 讹为王坑桥。

马家口自然村，人口118人，村以马姓人家居住此地得名。

松子坞自然村，人口62人，旧时此地松树成林，或说松子多，或说松鼠多，得名。

陈和村自然村，人口51人。

周家畈自然村，人口201人，村以周姓人家田畈得名。

岗公岭自然村，人口115人，此地岗公岭与彭公岭相连，故名。

东篁坞自然村，人口943人，此村处孔井山东侧，旧时竹林茂盛，故名。

1999年，农村门(楼)牌编制时废止卸车(分卸车上村、卸车下村)、风坑坞、豆腐弄3个自然村；新增岗公岭自然村。

十七、塘埠村

图1-17 塘埠村委办公楼(2015年)

东连奇鹤村，西接黄湖镇赐璧村和径山镇双溪村，南邻杭州茶叶试验场，北与德清县武康镇双燕村接壤。S201(原04)省道穿村而过。村委会驻地塘埠村一堡村自然村48号。距镇政府10公里。1983年10月，塘埠、长岭、西坞、石门4个大队分别改建塘埠村、长岭村、西坞村、石门村。2003年9月，村规模调整时塘埠、长岭、西坞、石门4个村合并命名塘埠村。“塘埠”村之名，以境内塘埠岭得名。相传彭公、石门、塘埠一带有很多水利堤塘。2010 年,有耕地面积 2913 亩,种植水稻,兼营茶叶、毛竹、杂木等。全村辖 25 个自然村,共 1145 户,4060 人。企业有石门竹制品工艺厂、润祥油脂厂、隆达电缆厂、典图实业有限公司、思达包装有限公司等,余杭纸伞传承基地于 2007 年 9 月被命名为浙江省非物质文化遗产。塘埠樱花基地 630 亩,属浙江省最大。以竹、润油、电缆行业为主,产品销往韩国及国内。2015 年,全村辖 27 个村民小组,25 个自然村,共 1129 户,4059 人。

一堡村自然村,人口 535 人,相传最早有人来此地集中建房居住称为第一堡。

塘埠岭自然村,人口 65 人,此村在塘埠岭上,是瓶窑、黄湖、双溪的交汇口。岭上曾设有肉、米、茶、住宿、理发等店,岭下有两口池塘,故名“塘埠”。

朱家弄自然村,人口 203 人,原有朱姓人家居住山垄内,故名。

燕子窝自然村,人口 61 人,旧时村四面皆淡竹山,形如燕子窝,故名。

树山庙自然村,人口 46 人,村有两棵古老的大枫树,树旁有条溪,沿溪皆淡竹山,山边有树山庙,村以庙名。

方家村自然村,人口 66 人,村以原有方姓大户人家居住此得名。

朱家畈自然村,人口 41 人,从前此地朱姓大户人家门前有块很大的田畈,称朱家畈。

马树边自然村,人口 62 人,村中有匹石马,相传此马是外地跑来,停在一棵大树下,变成了一匹石马。村以此得名。

缸步园自然村,人口 32 人,相传有户人家以缸种花成园,村以此得名。

白湖自然村,人口 88 人,村前有水库,横在山腰,水满时从溢洪道流出,下泻作瀑布状,名瀑湖;后讹为白湖。

西坞自然村,人口 397 人,村有座南北走向的小山,山之东的凹地称东坞,山之西的凹地称西坞。

东坞自然村,人口 253 人。

六谷山自然村,人口 179 人,村以山上种植六谷(玉米)得名。

里石门自然村,人口 185 人,相传村口有一丘田,状如船,船头朝外,村民以为“船田”撑出,与村不利,于是在村口建了一座石门把“船田”关住。后来人逐渐增多,分南为外石门,北为里石门。

外石门自然村,人口 255 人。

蒋家头自然村,人口 128 人,村以蒋姓人家居住此地得名。

吴家头自然村,人口 102 人,村以吴姓人家居住此地得名。

许家头自然村,人口 74 人,村以许姓人家居住此地得名。

孙家自然村,人口 69 人,村以孙姓人家居住此地得名。

长岭自然村,人口 571 人,此地有条长岭,原有 18 弯。

王家村自然村,人口 189 人,村以原先有姓王人家居住此地得名。

许家自然村,人口 127 人,村以许姓人家长期居住此地得名。

俞家口自然村,人口 125 人,村以多俞姓人家得名。

陆家堂自然村,人口 72 人,村以原姓陆人家居住此地得名。

横山头自然村,人口 135 人,原村两旁有黄泥堆成的土墩. 俗称黄山头。

1999 年农村门(楼)牌编制时废止黄坑自然村。

十八、奇鹤村

位于镇政府驻地西北8公里，S201（原04）省道穿村而过。东连彭公村，西接塘埠村，南邻杭州茶叶试验场，北与德清县武康镇山民村接壤。村委会驻地奇鹤村骑坑外村自然村43号。1983年10月白鹤、骑坑2个大队分别改建白鹤村、骑坑村。2003年9月村规模调整时白鹤、骑坑2个村合并命名奇鹤村。“奇鹤”村之名，是以奇坑、白鹤两村合并时各抽一字组成的。2010年，有耕地面积958亩，种植水稻，兼营小竹、毛竹。全村辖8个自然村，共402户，1636人。企业有杭州金碧涂料有限公司、杭州金盈服装有限公司、杭州天豪塑业有限公司、杭州鲁班建筑防水有限公司、杭州恒科国际科技有限公司、杭州绿野生态农业科技开发有限公司、杭州威康物业有限公司等，以涂料、机电、农业、生态为主。2015年，全村辖12个村民小组，8个自然村，共404户，1619人。

图1－18 奇鹤村委办公楼（2017年）

骑坑外村自然村，人口425人，村坐落骑坑桥南称骑坑外村。

骑坑里村自然村，人口283人，村坐落骑坑桥北称骑坑里村。

白鹤自然村，人口338人，村以坐落白鹤山麓得名。

金家角自然村，人口77人，村以原金姓家族集中居住地得名。

长岭脚下自然村，人口185人，村以位于白鹤山长岭脚下得名。

界岭自然村，人口112人，此地是余杭区与武康县的分界岭。传说：清朝初期余杭与德清的县官为两县划界亲自勘界。德清县官认为两县界碑应置于岭头。余杭县官认为：岭头难分地界，如按岭脚水沟分界为好，经过争论，最后双方达成一致。故名。

桃树岭自然村，人口117人，原山岭上种植成片桃树，村坐落岭脚下，故名。

笑孔村（孝公村）自然村，人口99人，传说有位名人笑迎孔夫子。

十九、石濑村

位于镇政府驻地西北7公里。东连窑北村，西界杭州茶叶试验场，南接西安寺村，北邻彭公村。村委会驻地石濑村鲁家头自然村20号。杭长铁路、104国道穿村而过。1983年10月石濑大队改建石濑村。同年12月翁家村大队改建翁家村。2003年9月村规模调整时石濑、翁家2个村合并命名石濑村。“石濑”村之名，以境内石濑自然村得名。2010年，有耕地面积3758亩，种植水稻，兼营茶叶

图1－19 石濑村委办公楼（2012年）

等。全村辖20村民小组,14个自然村,共869户,2942人。企业有:凤都工业园第二区块、杭州益利素勒精线有限公司、杭州彭公玻璃灯具厂、杭州彭公铝合金电化厂、浙江华铭改性沥青有限公司、杭州彭公包装有限公司等,主要产品销往世界各地。2008年石濑花灯被浙江省命名为非物质文化遗产。2015年,全村辖20村民小组,14个自然村,共855户,2771人。

瓜村自然村,人口191人。相传,此地原有18个金西瓜,故名。

石濑自然村,人口1331人,村东南有一池,俗呼“池湖”,池中有块形似癞蛤蟆的孤石,称“石癞”,大旱之年,此石周围不会断水,后转讹为“石濑”。清嘉庆《余杭县志》市镇篇载有石濑镇,下注曰:“在县东北三十五里。宋时有酒库,并设巡司,明因之,今裁。”石濑之为市镇甚久远,至清始取消。又山水篇载有濑河,下注曰:“在县北石濑镇。相传下有穴通海,遇旱祷雨辄应,今为放生河。禁捕捉。”

油车基自然村,人口86人,旧时此地开过油车.现仍留有基地。

朱家堰自然村,人口154人,旧时此地有水堰坝,称朱家堰,村以堰名。

翁家村自然村,人口130人,此地原是翁姓人家居住地,故名。

树根桥自然村,人口156人,此地原有座古桥,桥旁大树成荫,树根盘连桥的两端,村以此得名。

鲁家头自然村,人口33人,村以原有鲁姓人家居住此地得名。

安众口自然村,人口96人,村位于安众庙边,故名,庙已拆。

费家头自然村,人口259人,此地原住有费姓家族.故名。

大湾自然村,人口94人,村民以转盘形建房居住,故名。

胡家村自然村,人口123人,村以原胡姓人家居住此地得名。

郎家井自然村,人口36人,相传郎姓人家在此挖了一口井称郎家井。

小岭头自然村,人口96人,村以村边有座小山岭得名。

埂头自然村,人口158人原有一条较高的田埂,村民称之埂头。

1999年,农村门(楼)牌编制时废止费家(更名费家头)自然村;新增小岭头自然村。

第三节 驻瓶窑省、市属单位

一、省属单位

浙江煤炭地质局综合物探测量队 瓶窑煤炭地质局综合物探测量队是浙江煤炭地质局的下属的基地,驻地杨梅坞社区何家埠。成立于1985年11月,由当时浙江省煤炭地质系统的综合研究队、物探队、测量队组合而成,原名浙江省煤田地质勘探公司综合物探测量队。2000年,更名为浙江煤炭地质局综合物探测量队,是为国家建设提供综合物探测量服务的国家事业单位。承担着浙江省煤炭地质资源以及非煤矿产资源的勘探和相关科研任务。同时开展地球物理勘查,工程地质勘察,测绘及印刷,高低应变测桩等服务。

浙江省地球物理地球化学勘查院 成立于1958年8月,时称“浙江省地质局地球物理探矿大队”,属省重工业局,驻地杭州武林门。1971年,由物探、地质三、七队合并成“浙江省第三地质大队”,驻地金华后城里。1973年1月,恢复“浙江省地球物理地球化学勘查大队”。1974

年底，迁移至瓶窑镇大桥北路236号。1990年4月，改现名“浙江省地球物理地球化学勘查院”。总部驻杭州市湖墅南路220号。

勘查院拥有重力、磁法、电法、地震、综合测井、化探、实验测试、钻探、遥感及地理信息处理等多学科综合勘查技术，从事矿产资源、基础、水文、工程、环境等地质的勘查。50年来完成全省1∶5万航滋测量，1∶50～100万、1∶50万区域重力调查，1∶20万化探扫面基础性项目；勘查发现60年代“江南第一矿”——遂昌治岭头金矿和三门洪桥铅锌矿等30余处矿产地和矿异常，编写《浙江省矿床物化探发现史》；开展浙江省地层岩石地球物理地球化学参数、杭嘉湖地区农业地球化学、浙闽粤东部火山岩基底沉积岩油气地质条件、浙江省黑色岩系矿产资源找矿潜力研究，参与“六五”国家科技攻关——油气普查勘探技术方法研究20－1－6课题，编写完成《浙江省地球物理地球化学勘查志》。

1984年起，并轨市场经济，开辟物化探地质工程市场，把勘查技术从单一服务于找矿，扩大到为民用建筑、交通、地质、水利水电、市政等领域提供技术服务。多目标的物化探资料服务于环境评价和农业地质规划，应用于社会经济建设。获“六五”科技攻关国家级奖励；2002年，获省地质勘查局“文明单位”称号；2007年，获杭州市“文明单位”称号。

浙江省良渚强制隔离戒毒所　所址在余杭区瓶窑镇观山路1号，属省司法厅的机关行政单位，始建于2003年10月，时称“浙江省少年教养管理所”。一期项目工程占地370.6亩，建筑面积57415平方米，二期工程新建筑面积26878平方米。

2005年2月更名为“浙江省未成年劳动教养管理所”，同年4月增挂“浙江省良渚劳教所”，并于7月正式开始收容。2008年9月又增挂“浙江省良渚强制隔离戒毒所”。2014年启用现名“浙江省良渚强制隔离戒毒所”。担负着杭州市、嘉兴市公安机关（除南湖区、秀洲区、经济技术开发区、乍浦港区外）决定的男性戒毒人员，及全省男性未成年戒毒人员收治工作，全所民警编制200名。

浙江省良渚强制隔离戒毒所，自推行“四四五”戒毒模式以来，在实现四区分离、运行《戒毒工作纲要》的基础上，凸显戒毒工作的文化性、人文性、专业性和开放性。先后被浙江省司法厅评为2014年度全省司法行政系统依法行政工作先进集体；浙江省委政法委、浙江省人力社保厅评2015－2016年度全省政法系统先进集体和被浙江省戒毒管理局评为浙江省司法行政强制隔离戒毒所“四区分离”达标单位及司法部戒毒管理局评为2016年度“安全管理‘六无’强制隔离戒毒所称号”等荣誉。

历任政委王新朝、潘金林 、吴新忠、何军佳。历任所长李孟春、周晓虹、吕素兰、赵建功。

二、市属单位

杭州市第一社会福利院　是杭州市民政局直属社会福利事业单位。成立于1990年3月，院址位于瓶窑镇凤山山麓，院区占地面积103亩（6.87公顷），建筑面积15000多平方米，绿化覆盖率达65%以上，院内依山傍水、草木茂盛、环境雅静、空气清新，是浙江省规模最大的福利院之一。主要承担杭州市区孤老人员的收养以及接受社会各界老人的自费寄养服务。院内有10幢休养楼，床位500多个，以标准房布局，分二人间、三人间，内设空调、电风扇、彩电及呼叫系统，洗手间配有淋浴等卫生设施。院内设有门诊部、理疗室、按摩室、阅览室、棋牌室、茶室、健身房等，全方位地为老人提供医疗、康复、健身、娱乐等服务。历任负责人王钟琪、相国荣、石正东、楼建德、吕超、钟道元、徐正联、胡瑞元、金佰仁、邵斌、陈国民、沈忠祥、王荣富、吕一鑫。

杭州市儿童福利院 杭州市儿童福利院是市民政局直属的公益性事业单位。前身是法国人1869年创办的“仁慈堂育婴院”。1959年10月，杭州市儿童福利院在杭州挂牌成立，院址位于杭州瓶窑镇大观山，主要开展收容孤、弃儿、残疾儿和保健、领养服务，院区占地面积123余亩，建筑面积18750平方米，设置床位500张。院内共有养护中心、生活中心、助康中心、教育中心、膳食中心等12幢儿童用房，还配备多功能风雨操场、标准塑胶跑道，是一家集儿童养护保健、康复训练、文化教育、娱乐休闲于一体的综合性儿童福利机构，是浙江省内规模最大、设施最完善的孤残儿童收容机构。2013年迁往杭州西湖区西溪路850号。

杭州市流浪儿童互助保护中心 1997年，杭州市流浪儿童互助保护中心成立，地址位于大观山果园里场。是杭州市地区唯一一所主要对所有年龄在18周岁以下，脱离监护人有效监护，在街头依靠乞讨、捡拾等方式维持生活的未成年人提供救助、保护、教育的庇护场所和专门机构。

杭州市种猪试验场 1958年1月，浙江省粮食厅与杭县人民政府商定，以大观山高级农业社为基础，成立浙江省粮食厅饲料试验场，场址在大观山、城隍山、鸽宝山间，属当时的长命乡和大陆乡行政区域内。主要生产牲畜高级饲料和开展种猪试验，占地面积2565亩(171公顷)。1960年，饲料试验场与北湖种畜场合并，改名杭州市种猪试验场，经营品种除种猪试验外，还养殖奶牛、羊、鸡、鸭、鹅和果木等。1966年，更名为“浙江省大观山农场”，同时建有39幢共计3万平方米的猪舍、5万吨饲料车间和实验室、种猪性能测定站及配套设施。成为农业部确定的首批重点种畜禽场，浙江省种猪原种基地。嗣后，与杭州蛋鸡试验场，杭州茶叶试验场合并，建立彭公种猪试验分场。2004年，杭州茶叶试验场重新分立。2000年被杭州市教育局与杭州市农业局命名杭州种猪试验场为“杭州市素质教育基地”。建场以来培育的“大观山牌”长白猪先后获全国第三届农业博览会“名牌产品”，中国国际农业博览会“名牌产品”称号。“大观山”商标被认定为“浙江省著名商标”。

2007年，杭州种猪试验场移交余杭区属地管理。

杭州市原种场 驻地位于瓶窑镇北湖，占地873亩。前身为1958年1月成立的浙江省粮食厅饲养试验场。1959年4月更名浙江省大观山畜牧饲养试验场。1959年，经省委批准并报请中央农业部备案，成立浙江省北湖种畜场。1961年7月，浙江省北湖种畜场和浙江省大观山畜牧饲养实验场合并，更名浙江省北湖农牧场，划入农垦系统，属省农业厅领导。嗣后多次拆并和更名。

1981年4月，为适应现代化专业生产的需要，杭州市农业局根据浙江省计划委员会文件要求，北湖分场从杭州市种猪试验场划出单独建场，作为杭州地区的粮油作物优良良种基地，属杭州市农业局领导的农业事业单位，更名杭州市原种场至今。

杭州市原种场主要承担杭州地区粮油作物原种提纯复壮、杂交亲本种子，新品种引进、试验、示范及种植业技术研究、推广、应用等为主，因地制宜，多种经营。与中国水稻研究所、浙江大学、杭州市农科院、杭州市畜牧兽医局、杭州市种子总站、杭州市植保土肥总站长期合作发展种业示范，设施农业开发科技示范，杭州市有害生物预测预报等。依托自身的技术优势，大力发展良种产业，积极探索农业发展领域的科技创新和科技应用，加强农业科技示范和种养殖技术培训推广工作，向社会提供优质原良种，带动杭州地区的农业发展。

2010年12月，确定杭州市原种场为从事公益服务的事业单位(公益二类)。2005年获浙

江省文明单位

历任场负责人王赓华、史广涛、栋良山、韩玉智、张书琴、蒋云生、杜猛军、李长华、黄长江、应忠岳、蒋根水、戚志良、房明华

杭州茶叶试验场 试验场创建于1955年1月，时称浙江省农业厅特产局茶叶试验场，1957年改称浙江省余杭茶叶试验场，属省农业厅主管的事业单位。1962年改制为企业，1964年原西湖石濑农场、潘板桥农场并入茶叶试验场，场部由八缸迁至妙济寺。1970年10月茶叶试验场下放到杭州市，归市农业局主管，1972更名为杭州茶叶试验场。全场总人口2200余名，职工1400余人，土地面积10592亩，以茶园为主，兼有水田、旱地等。分设茶叶、粮食、畜牧3个基地，主营茶叶，兼营粮、畜、果、蔬。

1959年开始发展茶叶生产，有茶园6200余亩，设3个茶厂23个队，并成立科研室（今杭州茶科所），培育的新品种“迎霜”“翠峰”“劲峰”先后获省、市重大科技成果奖，被认定为全省、全国茶树“优良品种”。生产的精制茶“珍眉二级”获全国畜产茶茧局的优质产品奖；“银峰”茶被评定为省一类优质产品、与省有关单位合作生产的“‘天坛牌’特级珍眉”绿茶获25届世界优质食品金奖。茶场也多次被全国和省农垦（业）系统评为“先进单位”。

1969年，成立茶场“五七”学校。（1979年改名为茶场子弟学校），有小学、中学和高中部。1983年经杭州市卫生局批准成立茶场卫生院。解决了职工就医及职工子女就学问题。

1975年场办直流电机厂（后为杭州控制电器厂），嗣后逐步兴办彩印厂、溶解乙炔厂、拉丝厂和蛋鸡场。组建贸、工、农供销公司、生活服务公司等。的建1979年成为全省农垦系统第一个利润过百万的农场。1986年以杭州茶叶试验场、浙江省茶叶公司、日本三明茶业株式会社合股成立浙江三明茶业有限公司，主要生产煎茶，产品销往日本。煎茶生产带动周边乡镇茶产业发展，提高当地茶农的经营收入。

1998年，杭州茶叶试验场并入杭州种猪试验场。2004年从杭州种猪试验场析出，重建杭州茶叶试验场。

2007年，杭州茶叶试验场移交余杭区属地管理，隶属余杭区农林集团。

历任行政负责人王东绥、葛敬应、周昌平、胡树丹、王文成、张家治、邓阿根、李寿林、徐贵法、朱晓初、周汉忠、赵大川、卢伟法、朱滋添、覃永萍

杭州市大观山果园 1958年创办杭州市大观山果园，为杭州市民政局直属从事公益服务的事业单位的安置性农场，驻地：瓶窑镇大观山，占地面积1499.802亩。其中外场810.555亩，里场689.247亩。建园初期主要负责收容改造游民、安置国民党特释人员；后接受生产自救人员和城迁人员等。从事果树种植、牲畜养殖和经营。因安置性质杭州市财政每年给予一定的政策性补助。

2016年5月，大观山果园成建制移交余杭属地管理，隶属于杭州良渚遗址管理区管理委员会管理。主要任务：管理大观山果园的国有资产，确保国有资产的保值增值；协助做好良渚古城遗址内各遗址点的日常巡查、物业管理、环境整治等工作。

历任负责人：钱启清、刘季青、潘金宝、相国荣、李胜发、张友明、周加福、马全坤、许金荣、章显明、贾俊成、刘国峰、王智刚。

第二章　自然环境

瓶窑地貌大体可分为西部山地丘陵区和东部平原区。地势由西向东倾斜。大致以东苕溪为界，西部山地丘陵河谷，东部水网平原。从公元前5世纪起，随文明进步而逐步开拓，形成如今地貌。镇境西北属天目山东麓山脉之余脉，层峦叠嶂、茂林修竹，因苕溪而成的河谷平原分布在南、中、北3条苕溪谷口至东苕溪一带，东部为水网平原，平畴一片，塘漾棋布，是闻名的杭嘉湖平原。

瓶窑地处北亚热带南缘季风气候区，温暖湿润，四季分明，光照充足，雨量充沛。年平均气温15.8℃—16.2℃，年平均降雨量1392毫米，年降水日130天—145天。因境内地形不同，各区域间小气候有差异。春、冬、夏季风交替，冷暖空气活动频繁，春雨连绵，风向多变，天气变化较大。气候特征为气温适中，适宜双、三熟制；雨热同季，有利于叶茎类作物、瓜果和多种经济作物的生长。

境内多种地貌类型分布，加之亚热带季风性气候调节，为各种植物生长和动物孳生繁衍，提供了良好的自然环境。森林覆盖率稳定在65%，较高的森林覆盖率、良好的植被，维系着生态环境的良好发展。由于大范围的开发建设，生态环境也受到严重影响。瓶窑镇境内东苕溪由南苕溪、中苕溪、北苕溪汇合而成，溪道坡陡流急，流经区多暴雨中心，每逢雨季，洪水暴涨而不能急泄，往往堤决闸崩，造成灾害。又常遭台风侵袭，易洪涝成灾，治水防洪历来为之要务。

第一节　地貌　土壤

瓶窑地貌特征大致可分西部山地丘陵地和东部平原区，山地丘陵即原彭公乡一带，平原即原长命及瓶窑镇等处。土壤类型较多，分布复杂，利于农业和林业。

一、地质

地层　瓶窑镇一带属扬子江南过渡区地层特征。发育地层有侏罗系、白垩系、第四系等地层单元，以第四系分布面积为最广，约占区内陆地面积的2/3以上。由于第四系松散沉积物的掩盖，断裂和岩浆的破坏，多数地层单位出露不全，分布零星。

侏罗系　广泛分布于径山镇长乐，瓶窑镇彭公、长命，余杭镇舟枕、永建，良渚等地，为一套陆相火山岩、火山喷发沉积和红层沉积。出露地层包括渔山尖组、劳村组和黄尖组，其中渔山尖组分布于瓶窑镇大观山果园南侧，主要由棕红色砾岩和泥质粉砂岩组成。劳村组主要分布于余杭区西部，由凝灰岩、沉凝灰岩、页岩、砂岩互层组成。黄尖组分布于瓶窑镇白鹤山至良渚一带和百丈至黄湖一带，主要由凝灰岩、熔结凝灰岩组成，夹少量砂岩夹层。

第四系　广泛分布于东部平原和西部山地丘陵，占境内陆地面积2/3以上。成因类型多，东部平原表层为全新统冲积—海积、湖积和河积—冲积层，三者无截然界线，岩性渐变过渡。

分布在独山至超山一线以南。西部山地丘陵属下中更新统,见于瓶窑镇西中、安中口及径山镇化城等地。全新统见于南、中、北苕溪下游河段,有冲积层、洪积层、残积层,组成洪积扇、坡积裙、洪积阶地地貌形态,见于瓶窑镇石濑等地的低丘顶部古剥夷面上。第四系最厚处于平原地区可达50米。

岩石 瓶窑濒临太平洋中生代岩浆活动带,自元古代震旦纪以来,历经神功、晋宁、加里东、印支、燕山、喜马拉雅等6个岩浆活动期。火山喷发和岩浆侵入主要发生在神功、晋宁和燕山期,尤以晚侏罗世燕山运动火山喷发最为强烈。

火山岩集中分布在瓶窑镇彭公石门至良渚镇一带。火山岩形成于神功、晋宁和燕山喷发3个岩浆活动期,发育于中生界。分布层位以上统侏罗系黄尖组为主,其次为白垩系朝川组。岩性有熔岩、凝灰熔岩、凝灰岩及层凝灰岩等。化学成分以酸性为主。非金属矿产最为突出,主要有萤石、高岭土、瓷石、膨润土、伊利石—蒙脱黏土等。

地质构造 区域地质构造位于新华夏系第二隆起带的钱塘台拗区东北端,其基底构造总体呈北东向展布。印支期造成以古生界地层褶皱为主,同时伴随一系列的北东、北西向断层,奠定区内构造基础。燕山期以断块构造活动占主导地位,且伴有火山活动,区域构造线仍呈北东或北北东向走向。宏观构造特征大体可分为西部山地丘陵区—天目山相对隆起区和东部平原区—中、新生代平湖凹陷区,两者构造面貌迥然有异。

断裂的展布方向有北东向、北北东向、北西向和东西向4组,其中以北东向和北北东向断裂最为发育。北东向断裂有40条,形成时间最早,瓶窑属之。断裂走向在北东40°—70°之间,以高角度正断层多见,次之逆冲断层,顺断裂带常有岩脉充填,是境内主要控矿构造。

在漫长的地质年代中,余杭大地经历海的消亡、陆的沉陷、山崩地裂、火山爆发,从出露地层保存着各地质时期古生物遗体、地质构造痕迹、良渚文化遗址,都是沧海桑田的见证。距今6500万年—180万年前的第三纪以后,境内处于相对缓慢间歇性抬升之中,形成多级阶梯地形,河流下切,起伏加大,地面日趋破碎,山地丘陵臻成,新构造运动极为明显。与此有关的地震活动,频数不高,强度不大。据查实资料,自859年—1918年间,境内发生有感地震47次。近百年内,由于新构造运动趋缓,地震活动微弱,震级一般都小于3级。

二、地貌

余杭区跨越钱塘江和浙北杭嘉湖平原两个地层分区,宏观构造特征大体可分为西部山地丘陵区和东部平原区。地势由西北向东南倾斜。大致以东苕溪为界,西部山地丘陵河谷,东部水网平原几经沧桑,从公元前5世纪起,随文明进步而逐步开拓,形成如今地貌。瓶窑等镇地貌分丘陵、平原2个类型,有高丘、低丘、谷地、河谷平原等单元。

图1-20 青山环抱的彭公村(2016年)

丘陵 境内丘陵与山地紧密相

连，难以明确区分。山体展布同山地一样，集中分布境内西南、西北不同两翼，包括瓶窑等镇乡。2005年，面积4.03万公顷，占全区土地面积的32.89%。按其高程不同，可分为高丘、低丘、孤丘。

海拔350米—500米、切割深度大于200米的高丘山体，主要分布在瓶窑、彭公。山体多呈枝杈状及等轴状分布，山坡以齐斜坡居多，坡度15°—20°，坡面有20厘米—30厘米岩屑坡积物覆盖，光热条件比低丘优。土壤属黄壤类型，地带性植被原为常绿阔叶林，今已少见，常见的是竹林和针叶林。主要山峰有白鹤山（428米）、马头山（353米），均为块状断块山体，由火山喷出岩组成。

海拔低于350米、切割深度在50米以下的低丘山体，地形破碎，除少数条状褶皱山外，多数山脊线不明显，山顶圆滑，坡度15°—28°，坡脚线不明显，沟谷多呈枝杈状分布，谷底浅宽，有较厚的冲积物堆积，坡麓有较厚的碎屑物覆盖。气候条件与平原近似，土壤属黄壤类型，农林皆宜。主要山峰有孔井山（291.5米）等，残坡积层较发育，局部基岩秃露，由火山岩组成。

图1－21 西安寺村良田（2016年）

海拔27米—361米孤丘，距今约7000年时为海湾岛屿。由钱塘江和外海潮流所携泥沙，在全新世堆积成陆中形成孤丘。零星分布于苕溪南面的平原上，瓶窑镇有窑山等。

瓶窑镇山名及海拔：雉山32米，窑山69米，乌山58米，蒿山33米，朱家山60米，雄鸡山（冷山）69米，孙家山230米，天平山284米，鲍公山276米，高山160米，佛陀山357米，白鹤山428米，牛头山121米，马头山353米，鸡笼山96米，烟堆山（燕担山）72米，南山30米，婆湾山407米，猢狲山312米，姜家山242米，长坞顶322米，狗头顶321米，鲤鱼山77米，桐子山164米，郎榜山110米，孔井山291米，丰孝岭91米，石炮岭172米，两水岭143米，石岭63米，大岭43米，小岭267米，相金岭164米，报生岭100米，缸公岭40米，东篁岭228米，章坟岭143米，北坞岗289米，小畚斗64米，高山脚100米，二肩头354米，马头关122米，梅家坞322米，烂泥坞50米，瓶窑坞193米，梅来坞100米，杨家坞90米，栲栳山127.8米，骆家山45米，南山118米，雪高山163米，塔姆山259米，石塘坞130米，拾塘坞60米，东畈横山100米，另有羊山、凤山、朱家山等，均在50米以下。

平原 境内平原属杭嘉湖平原，约6000年前相继成陆。成因为河谷平原，由苕溪自山地下注平原的夹带物发生淤积而成。主要分布在南、中、北3条苕溪谷口至东苕溪一带。地势稍高而微倾，比较平坦，海拔3.5米—5米。北接低山丘陵，南连水网平原，三者呈渐变过渡。成土母质以新、老河流冲积物为主。土壤为泥质田为主的水稻土和以沙泥土为主的旱地土，质地较匀细，夹有粗沙砾石，耕性较好。由于这里正处苕溪由陡转缓地段，水资源丰富，但调蓄能力差，洪水经常泛滥。

三、土壤

境内土壤类型多，分布复杂，性质特征各异。多数土壤土层深厚，土质肥沃，多宜利用。山地丘陵河谷土，属第四纪全新世，距今约1.5万年。在亚热带季风气候影响下，土壤风化较彻底，氧化作用强烈，有机物分解、淋溶、淀积明显。东部平原水稻土，属第四纪全新世泥沙沉积物，成土年代以公元前5世纪至公元前16世纪不等。丰富的土壤资源，利于农用和林业种植。

土壤的组合受气候、地形、母质、时间和人为等因素影响，其中母质是土壤的物质基础，成土的母质除岩石直接就地风化的残积物外，通常是经过搬运。境内土壤母质成因复杂，来源多样，形成繁多的土壤种类，其母质可分残积物、坡积物、冲积物等类。成土母质为新、老浅海沉积物。由于成陆时间迟早和人为耕种利用程度的深浅，在分布上具有明显规律性。黄斑田主要分布在瓶窑、仓前、良渚和南湖农场等地。

河谷平原土壤组合苕溪河滩的河谷平原，地势低平，河谷土壤分布规律由河谷冲积物的沉积规律决定，土壤母质为河流冲积物，贴近河道两岸为最新冲积物，其冲积物较疏松。相反离河床愈远，沉积颗粒愈细，形成与河流平行的条带分布状态，这是形成河谷土壤分布规律的基础。从境内苕溪向两侧依次分布着清水沙→培泥沙田→泥质田，其中泥质田（土）为最好。由于畈内排水不良，畈心低洼处常分布着小面积的潜育性水稻土。河流从上游到下游，由于沉积物类型不同，质地不同，土壤组合也不同，土壤的保水供肥性能也有差别。泥质田主要分布在瓶窑镇彭公等地。

低山丘陵土壤组合，包括瓶窑镇西南部的中、低山丘陵和谷垄，山脉走向有两组，其中狭谷泥沙田、谷口泥沙田和泥沙田，主要分布在瓶窑镇彭公等地；另一种是山地土壤，从山脚到山顶的500米以下分布着红泥土和黄泥土。土壤类型是根据作物根系活动范围，以50厘米土体内母质类型为主定名。

根据地形、母质和附加成土过程不同，分为红壤、黄红壤、侵蚀性红壤3个亚类。红壤亚类主要分布在苕溪河谷两侧的丘陵山地和中、东部平原的残丘上，海拔高度多数在200米以下。母质以中性岩浆岩、石灰岩风化体为主，部分酸性岩浆岩风化体。土层深厚、质地黏、层次发育较好，土色棕红色，酸性反应，粉粒含量高，干燥时疏松多孔，通气通透性好。红壤亚类土壤分，利用植被多为茶叶、松、杉、果木等。红壤亚类的主要土属有黄筋泥和红泥土。黄筋泥土在余杭镇石鸽和瓶窑镇北湖有小块分布，面积约7619亩（507.95公顷）。红泥土主要分布在瓶窑镇北湖、长命、彭公等丘陵地，面积约48397亩（3226.47公顷）。黄红壤亚类是区内分布面积最大的山地土壤，土层较薄，约50厘米—60厘米，岩石碎屑多，常呈浅棕橙色。抗水蚀性能比黄筋泥等红壤弱。植被多为薪炭林和用材林，中低丘多数为毛竹和茶叶。黄红壤亚类分为亚黄筋泥、黄泥土、黄红泥土和沙黏质红土4个土属。亚黄筋泥分布在瓶窑镇彭公等低丘上。黄红泥土壤瓶窑、黄湖、长乐等地。侵蚀型红壤亚类主要有石沙土土属，分布在岩性较为坚硬的山丘陡坡和山头部分，临平、塘栖、瓶窑、径山、黄湖、鸬鸟等地均有分布，面积约17216亩（1147.73公顷），成土母质为各种岩石的富铝化或硅铝性风化残积体。土体厚度不足30厘米，母质为流纹斑岩、石英沙等风化残积体，土层浅薄，土色浅淡。

第二节 气 候

瓶窑地处北亚热带南缘，区域气候温暖湿润，四季分明，雨量充沛，日照充足，无露期长。气温适中，雨热同季，具有发展粮食生产和经济作物的区位优势。季节变化较明显，气象要素的异变易造成灾难性天气。

一、气候特征

一年四季以候（5 天为 1 候）平均气温而定，大于 22℃为夏季，小于 10℃为冬季，10℃—22℃为春秋季。气候特征为四季分明，冬夏两季较长，春秋两季较短。春季温凉多雨，夏季炎热湿润，秋季先湿后干，冬季多晴冷燥。全年日照较足，雨量充沛，温暖湿润。光、温、水配合良好，春夏季雨热同步，秋冬季光温相补。光、温、水地域差异明显。水量时空分布不均及地形不同，小气候差异明显，西部易旱，中部易涝，东部常缺水。灾害性天气较多，以洪涝、干旱为最。

春季，常年始于 3 月 31 日，终于 6 月 10 日，历时 72 天，平均温度 14.2℃。太阳辐射量逐渐增加，地温转暖，气温呈波浪式回升，变幅较大。间有倒春寒（连续 3 天以上日平均气温≤11℃的阴雨少日照天气）天气出现，南北方的冷暖气流交汇频繁，风向多变，降水较多，占常年降水量的 20%。夏季，常年始于 6 月 11 日，终于 9 月 12 日，历时 99 天，平均温度 26.70℃。夏季可分为梅雨期和干热期，6 月中旬至 7 月中旬为梅雨期，冷暖气流再次频繁交替，连阴雨、大雨或暴雨增多，时有洪涝发生。温湿同步增长，气候变化剧烈，常有冰雹与大风出现。7 月中旬至 8 月上旬为干热期，常受亚热带高压控制，盛行下沉气流，以晴热天为主，午后到傍晚有雷雨，造成洪涝灾害。秋季，常年始于 9 月 13 日，终于 11 月 18 日，历时 62 天，平均温度为 17.2℃。8 月下旬至 9 月下旬为秋雨期。副热带高压减弱，北方小股冷空气南侵，冷暖空气再次交替，连阴雨、暴雨时有发生。10 月，受长江中下游小高压的影响，天气比较稳定，常呈现天高云淡、爽气宜人的天气，也常受台风影响。日夜温差较大。冬季，常年始于 11 月 19 日，终于次年 3 月 30 日，历时 132 天，平均温度 4.62℃。太阳辐射量减少，受极地干冷气团的影响，以多晴、寒冷、干燥、西北风为主的天气。如北方冷空气势力强，就出现寒潮，带来严重的霜冻、冰冻和风雪。

二、气温

年平均气温　20 世纪 20 年代至 40 年代，气候逐渐变暖，气温升高。年平均气温 15.8℃—16.2℃。其中 1951 年—1990 年，年平均气温为 16℃—16.5℃，1991 年—2000 年为 16.8℃，2001 年—2005 年为 17.68℃。1950 年—2000 年，年平均高温（35℃以上）天气 22.5 天，2001 年—2005 年年平均高温天气为 43.5 天。受地形、海拔影响，河谷平原为 15.8℃；山区则低于 15.5℃。在山区年平均气温的垂直递减率为 0.41℃/100 米，递减率各月不同，以 8 月为最大，为 0.56℃/100 米；11 月为最小，为 0.26℃/100 米，且有随气温升高而递减率增大的趋势。山区气温除海拔影响外，还与坡向、开阔度等地形条件有关。

极端气温　年极端最高温度 40.7℃左右，年平均值为 38℃—38.7℃；极端最低温度 -9.6℃—-14.9℃，年平均值为 -7.4℃—-8.9℃，一般出现在 12 月至翌年 2 月。各地高温以 37℃、38℃为多数，39℃以上较少。38℃以上高温，境内东部约 2 年一遇，西部每年都有。

三、降水

境内平均年降水量在1391.8毫米,年降水130—145天,基本能满足农业生产的需要。降水空间分布与地形地貌相吻合,西北部、西南部山丘区是雨量高值区,东部是低值区。变化趋势由东向西递增。东苕溪区1474.5毫米。

降水特点　根据降水相对集中的特点,全年可分为3个雨期和2个旱期。春雨期,3月至4月是环流调整的季节,常常春雨连绵,雨日平均有31天,大雨或暴雨开始出现,降水量230毫米左右,约占全年降水量20%,对早稻育秧和正处拔节抽穗的大、小麦影响较大。梅雨期,5月至6月是春、夏过渡时期,冷暖空气常交汇于江淮流域一带,大雨、暴雨频繁,大气变化剧烈,冰雹、大风多出现在此时期。常年6月15日左右入梅,7月7日左右出梅,历时23天左右,雨量特别集中,高温高湿,是江南著名的梅雨期,平均梅雨量2390毫米,但年际变化很大。入梅最早5月18日,最晚6月28日;出梅最早6月15日,最晚7月20日。1954年,出现二段"梅",俗称"重梅",历时77天,降水量1136.5毫米;1978年仅5天,降水量29.7毫米;2005年梅季短,降水量8毫米,俗称"空梅"。秋雨期,处暑至秋分(8月下旬至9月下旬),副热带高压减弱,台风活动增多,冷空气开始南侵,出现连阴雨,形成秋雨期。连阴雨率7—8天为40.6%,9—10天为31.3%,11天以上为18.8%。降水强度也较大。历史上的大雨、暴雨主要出现在这个时期。干旱期,7月至8月盛夏和10月至翌年2月为两个相对干旱期。盛夏高温,少雨,蒸发量大,降水量常年平均111毫米—212毫米,易有伏旱;10月秋旱次之,冬旱较少,降水量常年44—96毫米。

雪、霜、雾　20世纪中叶,气温逐渐转暖。据1985年—2004年气象记录分析,余杭境内初雪期在12月下旬,终雪期在3月中旬,年平均降雪日数为2天—3天。积雪期在1月—2月,2月为最多,积雪日数平均3.1天。

平原地区无霜期为243天左右。常年11月15日初霜,3月17日终霜。但随着年际冷空气出现早迟,初霜期迟早相差39天,无霜期长短相差52天。在海拔200米以下的半山区,无霜期为231天左右;海拔200米以上地区,初霜较平原早7天左右,无霜期缩短12天左右。雾在一年四季均有出现,以秋冬季节较为多见,约35天左右。山区和半山区在秋冬季常有大雾弥漫,形成一定范围的小气候。平原地区年有雾日在15—30天左右,日变化规律显见,一般生成于下半夜至清晨日出之前,日出升温2—3小时后消散。

四、台风

盛行风向明显反映季风气候的特色,随冬夏季风的交替而变化。台风是夏秋季影响余杭的重要灾害性气候,影响较小时带来的降水和4—6级阵风,能缓解盛夏干旱和酷暑。对余杭有影响的台风集中在7月下旬至9月中旬。其时,发生在太平洋热带洋面上的台风,沿西太平洋副热带高压南侧东风气流西行,影响沿海地区。凡台风中心进入北纬25°—30°、东经115°—125°区间的台风,对余杭地区均有不同程度影响。影响余杭的台风最早出现在5月下旬(1964年第6402号台风),最迟出现在10月上旬(1994年9430号台风)。台风从形成到消失一般在10天左右,对余杭影响期一般为3—5天。

第三节　水　　文

第四纪古地理研究表明，境内水文可上溯至距今10万年前。因境内地形背山濒江，暴雨及洪水强度大，宣泄不畅，水害严重。进入历史时期，方视水利为命脉，苦心经营，水系逐渐理顺。年平均降水量1429.6毫米。民国13年（1924年），设瓶窑水位站，17年，设瓶窑雨量站。2003年，改名为杭州市余杭区水文水资源监测站。2005年，投资4.42万元，对瓶窑雨量观测站进行标准化站网建设。2001年2月，投资118.40万元，对瓶窑缆道房进行改造；2015年人均水资源量约1126立方米，为全省人均水资源量的51%。

一、水系

东苕溪为流经余杭区境的主要水系。系为天然河流，以东苕溪为主干，支流众多，呈羽状形。苕溪为浙江八大水系之一，有东、西两源，分别称东苕溪、西苕溪。《大清一统志》载："苕溪有二溪。一曰东苕，出天目山之阳，东流经杭州府临安、余杭、钱塘县又东北经湖州府德清县为余不溪，北至湖州府城中，谓之言溪。一曰西苕，出天目山之阴，东北流经孝丰县又北经安吉州，又东经长兴县至湖州府城中。两溪合流由小梅、大钱两湖口入太湖。"（《辞海》，上海辞书出版社，2009年版）"苕溪"条注："在浙江省北部。有东西两源：东苕溪（龙溪）出天目山南，长165公里，流域面积2830平方公里；西苕溪出天目山北，长145公里，流域面积3310平方公里；在湖州附近汇合注入太湖。天目山是浙江省暴雨中心之一，故苕溪流域水量丰富，是太湖主要补给水源。"

图1-22　苕溪畔南山路（2016年）

据吴维棠《杭州的几个地理变迁问题》等专著，东苕溪流出山地后，其最早的古河道是从余杭镇附近东下流经平原，经杭州市北郊，在杭州市东郊附近注入杭州湾的，与现在往北流入太湖的流向完全不同。从地形大势看，在杭州的余杭、安溪之间，三面环山，只有东南部是平原，河流可以直达杭州湾。在钱塘江涌潮出现以前和出现的初期，平原上原先的地面高程也是向东降低，则古苕溪流出天目山之后，必然顺势向东汇入杭州湾。考古发掘也可证明，仓前以西无苕溪古道。结合《水经注》等古籍的记载，东苕溪现在的河道，是古苕溪经过两次改道后形成的，第一次改道是由钱塘江潮汐作用和苕溪自身冲积作用的所致。余杭镇以东，发育于海积平原之上的东苕溪，随着海积平原的不断淤长，河道逐渐延伸。在喇叭形的杭州湾形成过程中，潮波变形日趋加剧，潮差增大，潮流变急，含沙浓度增高。随潮而来的海域来沙在高潮位时所发育的新潮坪，以及由此而演变成的海积平原地面，日积月累，逐渐高于北侧原来的海积平原。在古苕溪入海口（杭州附近）处，当上游洪峰下泄，而又适遇钱塘江高潮顶托，东苕溪的径流不仅宣泄困难，甚至可能倒灌，而北侧平原的地势又较低，必然导致河水向北分流。上述河流演变过程反复进行，分流的河床断面日益扩大，分流比越来越大，最终导致分流河道对古苕溪的劫夺，苕溪上游来水经分流河床转折北上而注入太湖。分流改道后的东苕溪河床位置，应在半山与大观山之间的低洼地带。东苕溪的第二次改道，是由于人工修建西险大塘而造成的。从实地考察可以明显地看出，现在的东苕溪在余杭镇附近突然北折，经瓶窑、安溪至獐山流向太湖，显然是由于修建了西险大塘的结果。时间应在东汉熹平二年（173 年）陈浑筑大塘后。陈浑筑西险大塘后，又在其南开凿上、下南湖以蓄苕溪洪水，苕溪因此改道东北流向太湖。

齐召南《水道提纲》曰："苕溪，源出孝丰县南境之天目山，最高处曰金石山。其南叠嶂，即於潜北境之柳渔源、白鹅溪所出，东南流。入浙者北流，折而东北，俗曰龙溪河，七十余里，合南来一水，水出东天目山，其南阳岭即临安县西北之北溪，为东苕水，称余不溪之上源也。至余杭、钱塘，为安溪。至德清，合武康前、后二溪，为余不溪，亦曰霅溪，至府治与苕溪会。临安南溪，出临安县西，与於潜界之化龙镇，东南流，合西南一水，东流经临安县城内，又东流折东北，与北溪会，经青山镇南，又东北经余杭县城内，稍东分为二派。一北流经城东，又东北至安溪镇东，又北会东南来支津，又北有一水，自西来会，水出武康县西南境山，东南流数十里，经余杭北境之双溪镇北，又东经（平）［瓶］窑镇南，又东北流入安溪南溪。又北而小山河，东南自钱塘北界，西北流来会，即安溪。一派东流者也，自余杭城南南，一派东流稍北，七十余里，至杭州府治钱塘县北境之武林驿，西与运河通，折而北流，经北新关而西北流，曰小山河，凡七十里，与安溪会。"

"耆老相传，夹岸多苕花，每秋风飘散水上，如飞雪，故名。"（清嘉庆《余杭县志·水利》）其干流南苕溪源于临安市东天目山的马尖岗，从中泰乡入境，贯穿余杭镇，经仓前镇吴山，在瓶窑镇汤湾渡、龙舌嘴与中苕溪、北苕溪汇合，经良渚镇安溪、仁和镇獐山入德清县境，最后注入太湖。《祥符志》云："阔七十六步（居民填塞，今阔六十步。秋天深五尺，春夏深九尺）"，"在於潜、临安两县界东流百五十里，经本县又东流二十七里而至钱塘界，又东流六十二里二百步步入安吉州德清县。"（宋咸淳《临安志》卷三十六《山川》）东苕溪全长 165 公里。①

中苕溪发源于东天目山的穆公山，由径山镇绿景村入境，在长乐村接纳径山的斜坑溪，经仇山北侧至汤湾渡汇入东苕溪，全长 50 公里，境内长 18 公里，集雨面积 236 平方公里。

北苕溪由鸬鸟溪、百丈溪、太平溪组成。北苕溪主流鸬鸟溪发源于安吉县山川乡石门山，至仙佰坑村入境，在河溪头与百丈溪汇合，经黄湖镇、径山镇双溪村与太平溪汇合后，称之北苕溪，至瓶窑镇龙舌嘴汇入东苕溪。北苕溪主流长 47 公里（《余杭县志》为 45 公里），集雨面积 317 平方公里。东苕溪在余杭镇以上，穿行于山地丘陵之间，河床比降大，滩多流急，流经区多暴雨中心，每逢雨季，洪峰势高量大，水位暴涨暴落。

运河水系涉及瓶窑的主要有良渚港、前山港等，长 200 米、宽 5 米的河共 78 条，主要有长命港、闻家港、凤山港、朱村港、卞家港、丁家港等。

良渚港以良渚得名。自瓶窑镇长命桥起，流经良渚的荀山、良港、良渚等村至宦塘边。全

---

① 2010 年 10 月，浙江省测绘与地理信息局公布浙江省主要河流长度等最新数据，其中苕溪河长 160.68 公里（以东苕溪为干流），余杭境内长 48（《余杭县志》为 45）公里，瓶窑镇以上集雨面积 1420 平方公里。

长8.40公里，水面宽40米，正常水深3米，水面面积0.34平方公里，正常蓄水量108.30万立方米。

前山港以前山得名。自瓶窑镇长命桥起，经良渚镇之杜城村，至西险大塘安溪陡门止。全长3公里，水面宽10米，正常水深1.5米，水面面积0.05平方公里，正常蓄水量58万立方米。

地下水是赋存于饱水带岩土空隙中的重力水。境内地下水主要类型及含水岩组有孔隙承压水、基岩裂隙水。浅层承压水区埋深15米—25米，含水层厚度为5米—10米。据1997年《余杭市地下水资源调查报告》，开采量为49.57/3(104立方米/处)，山区地下水富水性不均一，属难利用的资源。

单井涌水量小于100立方米/日，山区地下水富水性不均一，属难利用的资源。

二、水文特征

经水文观测分析，水文特征主要表现为降水受季风和地形影响，年间不均，因降水量不均而造成的河流水位变幅大，流量和径流量差距大等特征。

降水量　余杭年平均降雨量1391.8毫米，1956年—1979年多年平均降水量1358.7毫米，1971年—2000年多年平均降水量为1399.2毫米，1980年—2000年多年平均降水量为1429.6毫米。年降雨日130天—145天。年降水总量19.59亿立方米。降水年际变化较大，余杭区降水的年际变化最大值与最小值之比值在2.1—2.4之间。据1950年—2005年各水文站资料显示，瓶窑站最大年降水量为1954年1953.4毫米，最小年降水量是2003年920.9毫米。年内分配不匀，3月—6月冷暖气流交替频繁，形成春雨绵绵和初夏梅雨，以6月降水量最多，平均211.3毫米，占全年平均降水量1391.8毫米的15.2%；7月—8月盛夏，高温少雨；8月—9月台风活动增多，冷空气开始南侵，出现台风暴雨或连续阴雨；10月至翌年2月北方冷空气控制，降水较少；10月、11月、12月甚至出现降水量为零。4月—10月汛期降水量为1031毫米，约占全年平均降水量74.1%，其中6月、7月、8月3个月占全年降水量40%左右。降水量地域差异明显，山区降雨量多于平原，随地形增高而由东向西递增。

水位流量　春秋季降水丰沛，河流流量大，水位上升；夏冬季降水少，河流水量减少，水位下降。降水的季节变化大，河流流量季节变化也大。据1950年—2005年水文站资料记录：1999年6月23日—7月2日，受台风影响，普降大到暴雨，河道水位猛涨；7月1日，东苕溪瓶窑站最高水位达9.18米，为有记载以来最高水位。瓶窑站流量达649立方米/秒(历年最大流量为1984年6月14日，达795立方米/秒)。而1964年9月17日，因长期干旱，下游太湖水逆流倒灌，瓶窑站流量为-10立方米/秒。

径流量　河川径流的补给源主要是降水，故年径流量空间分布、年际变化、年内分配与降水量情况相似。据瓶窑水文站实测，全区年平均径流深695.3毫米，其中西苕溪区为985.4毫米、东苕溪区786.0毫米。径流量年内分配每年最大月为6月，占全年径流量的15.4%；4月—10月汛期，占全年径流总量78.7%。干旱期7月—8月，径流量为24.4%，非汛期11月—3月径流量为全年的21.3%。境内河流流量与降水量年际变化、季节变化相一致。年径流量年际变化很大，平均年河川径流量为84933万立方米。东苕溪年平均降水1474.5毫米，径流量为9.85亿立方米；多水年(1954年)年径流量20.76亿立方米，少水年(1978年)年径流量仅4.24亿立方米。

汛期　4月—10月为汛期，其中又以6—7月的梅汛为主，9月—10月的台汛次之。汛期与降水量季节分配集中与否，以及降水期的长短有关，梅雨、台风期因雨量大，延续时间长，西部山区、半山区常形成山洪，东部平原地区易涝。

第四节 动植物

境内多种地貌类型分布，加上亚热带季风性气候调节，为各种植物的生长和动物滋生繁衍，提供了良好的自然环境。据对地层、土壤、孢粉、古气候等资料分析，距今5000年的良渚文化时期，余杭良渚遗址区域生态环境适度，森林广阔，草莽萋萋，植被茂盛。有常绿阔叶林、常绿阔叶落叶混交林；有枫香、青冈栎、甜槠、樟、栗、柳、松、柏、桦等木本植物和茂盛的草本植物及微生物等。从良渚遗址出土动物遗骸和遗物，以及出土遗物上的鸟纹、兽纹相印证，彼时有象、虎、豹、熊、牛、猪等多种兽类和水禽、候鸟及蝉等昆虫，还有众多的鱼、龟等水生动物。

随着自然环境剧烈变迁，人类活动面扩展，动植物种类变动甚巨。哺乳类野生动物种类数量剧减。《余杭县志》载："余杭境内野生动物主要有哺乳类，鸟类，两栖爬行类，鱼虾类和昆虫类，其中昆虫有855种。野生植物有竹类、树种、中草药等，共有树种77科495种，野生中草药80多种。"据2000年—2005年余杭境内生物资源不完全调查资料，境内约有野生动植物2462种，其中植物约1146种；昆虫1000余种，其中林业有害昆虫97科、545种。瓶窑地处山地平原之间，上述野生动植物大部分均有，其中植物中属国家一级保护的有水杉、南方红豆杉，二级保护的有华东黄杉、银杏、榉树、榧树、浙江楠、樟树、金钱松、鹅掌楸、香果树、杜仲、夏蜡梅、金荞麦12种，三级保护的有长序榆、凹叶厚朴、天目木兰、野大豆、紫茎5种。动物中属国家二级保护的有大灵猫、水獭、金猫、大鲵、穿山甲、鹗、鸢、苍鹰、赤腹鹰、雀鹰、红隼、草鸮、红角鸮、长耳鸮、虎纹蛙15种；省级保护的动物有豪猪、食蟹獴、四声杜鹃、大杜鹃、戴胜、喜鹊、黑枕绿啄木鸟、白鹭、红嘴相思鸟、棕背伯劳、眼镜蛇、蝰蛇12种。森林野生动植物主要分布在西北部山区。

一、野生动物

境内野生动物资源丰富，种类甚多。脊椎动物中以哺乳类、鸟类和鱼类种类为多，无脊椎动物中多昆虫类。哺乳类、鸟类以西部山区为多，鱼类多分布在平原江河湖中。

脊椎动物

哺乳纲

犬科　狼、豺、狐、貉

鹿科　獐"明洪武、永乐、成化年间，余杭岁贡獐二。"（清《光绪县志稿·物产补遗》）、毛冠鹿、小（黄）麂、"余邑山中此兽最多，善食苟山乡种竹者，颇厌苦之。嘉庆元年新正，大雪连日，鹿饥争出求食。人循其迹而获之，是年山中之鹿几绝，其皮染色可为裙袴"（嘉庆《余杭县志》卷三十八《物产》）。"钱塘岁贡鹿一只，余杭岁贡鹿五只。"（民国《杭州府志》卷八十《物产三》）黑鹿

猫科　虎"弘治初，钱塘安溪多虎患，县令猎人捕之，一日而获三虎。"（清康熙《钱塘县志》）、豹猫（山猫）

猬科　刺猬

鼬科　青鼬、黄鼬（黄鼠狼）、黄腹鼬、狗獾、猪獾、水獭

灵猫科　小灵猫、花面狸、食蟹獴

猪科　野猪

刺猬科　刺猬

穿山甲科　穿山甲

豪猪科　豪猪

兔科　华南兔“明洪武至成化年间，余杭岁贡兔五只。”（清《光绪余杭县志稿·物产补遗》）

蝙蝠科　伏翼

松鼠科　赤腹松鼠、淡腹松鼠

鸟纲

鹭科　白鹭

鹰科　鸢（老鹰）、苍鹰、赤腹鹰、雀鹰、白尾鹞

雉科　灰胸竹鸡“竹鸡，生余杭苦竹岗，引雏成群。呼曰‘泥滑滑’，则天降雨。”（清《光绪余杭县志稿·物产补遗》）、环颈雉（山鸡）、白鹇、环颈雉、鹌鹑、鸠

鸽科　山斑鸠“仁和土贡斑鸠二十四只，钱塘土贡斑鸠七只”（民国《杭州府志》卷八十《物产三》）、珠颈斑鸠

杜鹃科　四声杜鹃、大杜鹃

翠鸟科　普通翠鸟

戴胜科　戴胜

须瘾科　大拟啄木鸟

啄木鸟科　黑枕绿啄木鸟

燕科　家燕、金腰燕

绣眼鸟科　暗绿绣眼鸟

鹡鸰科　山鹡鸰、白鹡鸰、树鹨

鹎科　白头鹎、黑鹎

伯劳科　棕背伯劳

椋鸟科　八哥

卷尾科　黑卷尾

鸦科　松鸡、红嘴蓝鹊、喜鹊、大嘴乌鸦

鹟科　画鹛、相思鸟“余杭南湖诸山多有之，赤啄缘羽大如麻雀，取雌雄置一笼，比翼而栖，乍望之如一鸟。或放其一，则少焉自归。若俱放之，则径去。”（民国《杭州府志》引《余杭县志》）

山雀科　大山雀

文鸟科　麻雀、山麻雀

两栖纲

蟾蜍科　大蟾蜍

蛙科　黑斑蛙、棘胸蛙、虎纹蛙

爬行纲

龟科　乌龟

鳖科　鳖

壁虎科　壁虎

蜥蜴科　北草蜥

游蛇科　王锦蛇、黑眉锦蛇、灰鼠蛇、滑鼠蛇、乌梢蛇

蝰科　蝰蛇、蝮蛇、烙铁头、竹叶青

鱼纲

鲤科　鲢鱼(白鲢)、鳙鱼(包头鱼)、草鱼、青鱼(螺蛳青)、团头鲂(鳊鱼)、鲤鱼(鲤花鱼)、鲫鱼、翘嘴红鲌(翘嘴白条鱼)、赤眼鳟、银鲴"白如银条,一名玉筋,味极鲜美"(清嘉庆《余杭县志》卷三十八《物产》)。"俗名面条鱼,似银鱼而稍大,无骨。初春时,余杭苕溪所产。"(民国《杭州府志》卷八十《物产三》引《余杭县志》)、鳡鱼(黄鲇)、逆鱼(土鱼、筊刀鲚)"五月溪水暴涨,太湖鱼逆流而上,至临安界,即随水东还。大不逾二三寸,鳞文细白,名曰逆鱼。其味亦异于凡鱼。居人投罟设网不分昼夜。至夏至日即止。"(清嘉庆《余杭县志》卷三十八《物产》)"一名溪鱼,四月间产苕溪中,长不过寸许,怀子满腹,过时则不见,唯余杭有之。"(民国《杭州府志》卷八十《物产三》引《余杭县志》)

鳢科　乌鳢(黑鳢头)

鮨科　鳜鱼(桂鱼、季花鱼)

塘鳢科　沙塘鳢(土步鱼)

鲶科　鲶鱼

胡子鲶科　胡子鲶

鮠科　黄颡鱼(黄刺鱼)、鲻鱼

鳗鲡科　鳗鲡(鳗)

合鳃科　黄鳝(鳝鱼)

鳅科　泥鳅、刺鳅

(二)软体动物

蚌科　圆顶珠蚌、背角无齿蚌(水菜河蚌)、褶纹冠蚌(鸡冠蚌)

蚬科　河蚬(蚬子、黄蚬)、刻纹蚬

田螺科　中国圆田螺(田螺)、中华圆田螺、梨形环棱螺(螺蛳)

(三)昆虫

鼻白蚁科(犀白蚁科)　黄胸散白蚁、花胸散白蚁、家白蚁

白蚁科　黄翅大白蚁(大水蚁)、黑翅土白蚁(土栖白蚁)

蝗科　黄脊竹蝗(蝗虫、竹蜢)、蚱蜢

蝼蛄科　非洲蝼蛄

田鳖科　负子蝽

蝽科　麻皮蝽(臭屁虫)、卵圆蝽(军配虫)

网蝽科　梨冠网蝽

缘蝽科　稻棘缘蝽

猎蝽科 黄足猎蝽

蝉科 蚱蝉(知了)

叶蝉科 黑尾叶蝉、大青叶蝉(菜蚱蜢)

象蝉科 象蜡蝉

蚜总科 红腹缢管蚜、竹梢凸唇斑蚜

绵蚧科 草履蚧(桑虱)、吹绵蚧(白条蚧、棉籽蚧)

粉蚧科 皱绒粉蚧

绒蚧科 紫薇绒蚧

蚧科 龟蜡蚧、白蜡蚧(白蜡虫)

盾蚧科 苏铁圆蚧、日本长白蚧、桑白蚧(桑盾蚧)、梨圆蚧

凤蝶科 碧凤蝶、丝带凤蝶、金凤蝶、樟青凤蝶、达摩麝凤蝶

蛱蝶科 斐豹蛱蝶、小红蛱蝶、翠蓝眼蛱蝶

眼蝶科 蒙链荫眼蝶、曲纹黛眼蝶

环蝶科 箭环蝶

粉蝶科 宽边黄粉蝶、菜粉蝶(菜青虫)

弄蝶科 斑星弄蝶、薰衣琉璃灰蝶

大蚕蛾科 樟蚕蛾(樟蚕、枫蚕)、樗蚕蛾

箩纹蛾科 紫光箩纹蛾

枯叶蛾科 马尾松毛虫、李枯叶蛾

天蛾科 缺角天蛾、盾天蛾、白薯天蛾、豆天蛾、雀纹天蛾(爬山虎蛾)、霜天蛾

夜蛾科 肖毛翅夜蛾、斜纹夜蛾、桑白毛虫(桑夜蛾)、土光腹粘虫、竹笋夜蛾

尺蛾科 丝棉木金星尺蛾、木尺蛾、枯叶尺蛾、女贞尺蛾、桑尺蛾舟蛾科、竹镂舟蛾(竹青虫)、皮舟蛾

毒蛾科 芦毒蛾、乌桕毒蛾、豆盗毒蛾、华竹毒蛾

斑蛾科 野茶带锦斑蛾、竹小斑蛾(竹斑蛾)

波纹蛾科 波纹蛾

蚕蛾科 桑螟蚕蛾、野蚕蛾(野蚕)、家蚕蛾“邑妇女尤善御蚕,遇蚕月,邻里水火不相借,至蚕熟茧成,始相慰问。故白珽《余杭四月》诗云:‘几家蚕事动,寂寞昼门关。’”(明嘉靖《余杭县志·物产》)

刺蛾科 扁刺蛾、丽绿刺蛾(绿刺蛾)、两色绿刺蛾

金龟总科 独角犀、大绿丽金龟、斑喙丽金龟、白星花金龟

叶甲科 竹叶守瓜、竹去跗萤叶甲

龟叶甲科 甜菜龟叶甲

芫菁科 大斑虎芫、红头豆芫菁

叩头甲科 竹笋金针虫(铁丝虫)

虎甲科 中华虎甲(拦路虎)

步甲科 皱鞘步甲

象甲科 一字竹象甲、竹小象

广肩小蜂科 竹广肩小蜂、竹瘿长尾小蜂

花蝇科 江苏泉蝇、毛笋泉蝇

二、野生植物

瓶窑地处湿热的中亚热带常绿阔、针叶林植被带，属钱塘江下游、太湖平原植物片。野生植物种类繁多，资源丰富，分为蕨类植物、裸子植物、被子植物3大类。

蕨类植物

石杉科 蛇足石杉

石松科 石松

卷柏科 江南卷柏（石柏）、卷柏（还魂草、长生草）

木贼科 笔管草、节节草（笔杆草）

阴地蕨科 蕨萁、阴地蕨

瓶尔小草科 瓶尔小草

紫萁科 紫萁

瘤足蕨科 镰叶瘤足蕨（斗鸡草）

里白科 芒萁、里白

海金沙科 海金沙（铁蜈蚣）

膜蕨科 长柄假脉蕨、团扇蕨

碗蕨科 细毛碗蕨、边缘鳞盖蕨

鳞始蕨科 乌蕨、蕨科蕨（狼萁、蕨菜）“蕨，山县有之，捣其根漉粉可以疗饥。”（民国《杭州府志》卷七十八《物产一》）

凤尾蕨科 刺齿凤尾蕨、井口边草、蜈蚣草（小贯仲）

中国蕨科 野雉尾、毛轴碎米蕨（凤丫草）

裸子蕨科 凤丫蕨

蹄盖蕨科 小叶短肠蕨、假蹄盖蕨、绿叶介蕨

金星蕨科 渐尖毛蕨、针毛蕨、延羽卵果蕨、金果蕨

铁角蕨科 铁角蕨

乌毛蕨科 狗脊蕨

鳞毛蕨科 方复叶耳蕨、阔鳞鳞毛蕨、多翼耳蕨

水龙骨科 抱石莲、瓦韦、江南星蕨、金鸡脚、水龙骨（石豇豆）、石韦（石兰）

蘋科 蘋

槐叶科 槐叶

满江红科 满江红

裸子植物

银杏科 银杏（白果）

松科 金钱松、华东黄杉、湿地松、马尾松（松树）、黄山松

杉科 柳杉、杉木、水杉

柏科 柏木、刺柏（扁柏）侧柏

三尖杉科 三尖杉

红豆杉科　南方红豆杉、榧 树(香榧)

被子植物

三白草科　蕺菜(鱼腥草)、三白草

金粟兰科　宽叶金粟兰、丝穗金粟兰

杨柳科　响叶杨、垂柳、银叶柳、南川柳

杨梅科　杨梅

胡桃科　枫杨(元宝树、溪沟树)

桦木科　亮叶桦、短柄榛、雷公鹅耳枥

壳斗科　茅栗、板栗(栗子树)、苦槠、青冈栎、青栲、石栎、麻栎、短柄榛

榆科　糙叶树、紫弹朴、山油麻、长序榆、榔榆、榉树

桑科　藤构树、蓖芝、柘树、薜荔(木莲果、凉粉藤)、爬藤榕、桑“桑数种,曰青桑、白桑、拳桑,又有大小梅红、鸡爪等”(吴自牧《梦粱录》)。“有女桑、山桑,出富阳者最佳,余县接种者亦名富阳桑,仁和守公塘所产。”(清乾隆《杭州府志》引旧志)、鸡桑

荨麻科　苎麻、糯米团、毛花点草、华东冷水花

铁青树科　青皮木

檀香科　百蕊草

马兜铃科　细辛、杜衡、马兜铃(青木香、天仙藤)

蓼科　金钱草、金荞麦、酸模(野菠菜)、羊蹄(土大黄)扛板归、何首乌(夜交藤)、扁蓄、水蓼(辣蓼)、虎杖(活血龙)

藜科　土荆芥、藜

苋科　青葙、刺苋、牛膝、喜旱莲子草(革命草、野花生)

紫茉莉科　紫茉莉(夜来香、夜娇娇)

商陆科　商陆(胭脂)

粟米草科　粟米草

马齿苋科　马齿苋(酱板草)

石竹科　孩儿参、漆姑草、牛繁缕、球序卷耳、雀舌草、中国繁缕、野蚊子草瞿麦

毛茛科　乌头、还亮草、天葵、毛茛(狗脚迹、老虎脚迹)、芍药(白芍)

木通科　木通(八月札)、鹰爪枫、短药野木瓜、那藤

大血藤科　大血藤

小檗科　六角莲、箭叶淫羊藿、南天竹(天竹)

防已科　金线吊乌龟、石蟾蜍、木防已、汉防已、蝙蝠葛

木兰科　鹅掌楸(马褂木)、玉兰(木兰、望春花)、凹叶厚朴、天目木兰、南五味子

蜡梅科　夏蜡梅

樟　科　樟树(香樟)、山鸡椒(山苍子)、豹皮樟、山胡椒、红脉钓樟、绿叶甘橿、乌药、紫楠

罂粟科　博落迴、黄堇、紫堇、延胡索

十字花科　荠菜“荠,上巳日,杭士女皆戴荠花,一名扩生。查慎行《食荠诗》:‘朝来食指无端动,走觅邻园又一奇。薄雪乍消青冒土,满来香荠未花时。”(民国《杭州府志》卷七十八《物产一》)、独行菜

茅膏菜科　光萼茅膏菜

景天科　瓦松(晚红瓦松)、紫花八宝、大叶火焰草、垂盆草(狗牙齿、狗牙半莲)、凹叶景天(石板菜)

虎耳草科　虎耳草、草绣球(人心药)、钻地风、冠盖藤

海桐花科　海金子

金缕梅科　枫香(枫树)、蜡瓣花、牛鼻栓、檵木

杜仲科　杜仲

悬铃木科　二球悬铃木(法国梧桐)

蔷薇科　中华绣线菊、野珠兰、野山楂、石楠、湖北海棠(野海棠、甜梨、秋子梨、豆梨、金樱子、小果蔷薇、野蔷薇、龙芽草(仙鹤草)棣棠、掌叶覆盆子、木莓、山莓、茅莓、蛇莓、枇杷、杏、梅、桃、樱桃、山樱花、迎春樱、刺樱、稠李

芍药科　牡丹

豆科　合欢(绒花树、马缨花)、云实、香槐、苦参、野大豆、天蓝苜蓿、鹿藿、毛野扁豆、葛藤、野豇豆、救荒野豌豆、马棘、紫藤、锦鸡儿、香花崖豆藤、黄檀(檀树)、小槐花绿叶胡枝子、铁马鞭、长萼鸡眼草

酢浆草科　酢浆草

龙牛儿苗科　野老鹳草、东亚老鹳草

芸香科　臭辣树、吴茱萸、樗叶花椒、竹叶椒

苦木科　苦木、臭椿(樗树)

楝科　苦楝(楝树)、香椿(椿菜头)

远志科　瓜子金、狭叶香港远志

大戟科　算盘子、青灰叶下珠、石岩枫、野桐、铁苋菜、白乳木

交让木科　交让木

水马齿科　沼生水马齿

黄杨科　顶花板凳果、黄杨

漆树科　黄连木、盐肤木、木蜡树、野漆树

冬青科　冬青、大叶冬青、构骨冬青

卫矛科　扶芳藤、卫矛(鬼箭羽)、南蛇藤

省沽油科　省沽油、野鸦椿

槭树科　青榨槭、苦茶槭、大叶槭、毛鸡爪槭

清风藤科　清风藤、垂枝泡花树、异色泡花树

凤仙花科　凤仙花(指甲花)

鼠李科　山鼠李、冻绿、南枳椇、牯岭勾儿茶

葡萄科　白蔹、蛇葡萄、乌蔹莓、爬山虎、刺葡萄

椴树科　南京椴、田麻、扁担木

锦葵科　苘麻(木麻皮)、蜀葵、木槿(紫槿花、白槿花、槿漆)

山茶科　浙江红山茶、茶、毛花连蕊茶、油茶、木荷

藤黄科(金丝桃科)　黄海棠、地耳草、元宝草、小连翘

堇菜科　堇菜、紫花地丁

大风子科　柞木

旌节花科　宽叶旌节花

秋海棠科　秋海棠

仙人掌科　仙人掌(观音掌)

瑞香科　光叶荛花、芫花、毛瑞香

胡颓子科　胡颓子

千屈菜科　节节菜、紫薇

紫树科　紫树

八角枫科　八角枫、瓜木

桃金娘科　赤楠

柳叶菜科　长籽柳叶菜、丁香蓼

小二仙草科　小二仙草

五加科　常春藤、刺楸、吴茱萸五加、楤木

伞形科　天胡荽、积雪草、峨参、北柴胡、紫花前胡、白花前胡、蛇床(蛇珠)野胡萝卜、水芹

山茱萸科　灯台树、梾木、四照花、青荚叶

鹿蹄草科　鹿蹄草

杜鹃花科　满江红、羊踯躅(闹羊花、黄杜鹃)、映山红(满山红、杜鹃花)、马银花、乌饭树"境内有立夏吃乌米饭习俗,称能延年。乌米饭之色即用乌饭树叶之汁液。"、米饭花、黄背越橘

紫金牛科　紫金牛(老勿大、平地木、矮地茶)、朱沙根

报春花科　点地梅、过路黄、星宿菜、珍珠菜

柿树科　野柿、浙江柿"有方顶、练心、牛奶、火珠数种,多出钱塘瓶窑。"(明成化《杭州府志》之《物产二》)

山矾科　白檀、老鼠矢、山矾

野茉莉科　赤杨叶、芬芳安息香、赛山梅、垂珠花、小叶白辛树

木樨科　苦枥木、金钟花、小蜡、蜡子树、木樨(桂花)

马钱科　蓬莱葛、醉鱼草

龙胆科　龙胆、华双蝴蝶、獐牙菜

夹竹桃科　络石

萝摩科　牛皮消、毛白前、萝摩

旋花科　菟丝子(无根草、豆寄生)、金灯藤、旋花、打碗花、马蹄金

紫草科　梓木草、附地草

马鞭草科　马鞭草、牡荆、臭牡丹、大青

唇形科　金疮小草、紫背金盘、半枝莲、京黄芩、连钱草、夏枯草、野芝麻、益母草、水苏、南丹参、鼠尾草、荔枝草、风轮菜、薄荷、紫苏(白苏)、香茶菜、溪香草

茄科　辣椒(辣茄)、番茄(西红柿)烟草、龙葵(野辣椒)、白英、马铃薯(土豆、洋芋艿)、龙珠

玄参科 泡桐、阴行草、鹿茸草、母草、陌上菜、水苦荬、蚊母草、

苦苣苔科 半蒴苣苔、苦苣苔

狸藻科 挖耳草

爵床科 白接骨、杜根藤、水蓑衣

车前科 车前

茜草科 细叶水团花、香果树、金毛耳草、白马骨、羊角藤、栀子、茜草(拉拉藤)、鸡矢藤、四叶葎、猪殃殃

忍冬科 忍冬(金银花)、金银木、接骨木、荚、水马桑

败浆科 白花败酱

葫芦科 盒子草、葫芦(匏)、绞股蓝、南赤爬、王瓜“王瓜,土名胡瓜。”(民国《杭州府志》卷七十八《物产一》)、栝楼(药瓜)

桔梗科 沙参、羊乳(四叶参)、半边莲(细米草)、桔梗、蓝花参

菊科 下田菊、杏香兔耳风、铁灯兔耳风、香青、马兰(马兰头)、青蒿、奇蒿(六月霜)、野艾蒿、牛蒡、三脉紫菀、鬼针草、金盏银盘、石胡荽、野蓟、野菊“野菊,土人冬至日,采以煎汤浴身,又用以囊枕,能清目。”(明万历《钱塘县志·纪物》)“有五月开者为五月菊。近土人善接花之小者,能使之大。以各菊相杂互接,则黄者间白,白者间红,参错可爱。”(民国《杭州府志》引《仁和县志》)、甘菊、东风菜、鳢肠、泽兰、睫毛牛膝菊、鼠曲草、泥胡菜、旋覆花、苦荬菜、千里光(千里明)、一枝黄花、苦苣菜、兔儿伞、山牛蒡、蒲公英、款冬、苍耳

禾本科 看麦娘、野古草、荩草、野燕麦、雀麦、狗牙根、牛筋草、白茅(茅草苕)“苕,溪水夹岸多苕。”(清嘉庆《余杭县志》)“苕溪发源天目,涉於潜、临安二县,夹岸多苕花,每秋风飘散水上如雪飞,故名。”(宋《天目山图经》)箬竹“青箬,出本县诸山中,似竹叶而长大尺许。平之裹茶耐久,作船篷隔雨极堪用。”(清嘉庆《余杭县志》卷三十八《物产》)、千金子、淡竹叶、粟草、五节芒、芒、求米草、雀稗、狼尾草、毛竹“余杭出冬笋”,“以盐煮晒干作脯曰玉版,玉极甘美,青笋为最”(民国《杭州府志》卷三十八《物产一》)、花哺鸡竹、水竹、石竹、旱竹、雷竹、早园竹、乌哺鸡竹、苦竹“笔管,以苦竹为之,其节疏其体劲直,虽久不裂,故制以为文房之用,亦土贡也。”(清嘉庆《余杭县志》卷三十八《物产》)、斑苦竹、早熟禾、狗尾草、光高粱、鼠尾粟、黄背草

莎草科 中华苔草、莎草、牛毛毡、两歧飘拂草、水蜈蚣、砖子苗、球穗扁莎

棕榈科 棕榈

天南星科 石菖蒲、华东魔芋、滴水珠、半夏、天南星、灯台莲、一把伞天南星

浮萍科 浮 萍、紫萍

谷精草科 谷精草

鸭跖草科 杜若、鸭跖草、疣草、水竹叶

灯心草科 多花地杨梅、羽毛地杨梅、野灯心草

百部科 百部

百合科 薤白、天门冬、紫萼、萱草、百合、山麦冬、玉竹、长梗黄精“黄精,余杭、於潜两县出。”(清嘉庆《余杭县志》引《大清一统志》)、绵枣儿、菝葜、土茯苓“茯苓,生大松之根。近有择其小者,以大松根披破而系于中,紧束之,使脂液渗于内,然后择地之沃者,坎而瘗之,三年乃取,则成大苓矣。洞霄山最宜茯苓,往往民多盗种,密识之而去,数年后取焉。”(周密《癸辛杂

识》)、牛尾菜、油点草、老鸦瓣、牯岭藜芦

石蒜科　石蒜、仙茅

薯蓣科　黄独(黄药子)、纤细薯蓣、穿龙薯蓣、薯蓣(山药)

鸢属科　蝴蝶花、小鸢尾、射干

姜科　襄荷

兰科　细葶无柱兰、白芨、虾脊兰、春兰(草兰)、蕙兰、斑叶兰、独蒜半、绶草

第五节　自然灾害

瓶窑镇地处杭嘉湖平原与浙西山区的过渡地带,西部山区及上游天目山脉系浙江省暴雨中心之一。境内东苕溪由南苕溪、中苕溪、北苕溪汇合而成,溪道坡陡流急,流经区多暴雨中心,每逢雨季,洪水暴涨而不能急泄,往往堤决闸崩,造成灾害。又常遭台风侵袭,易洪涝成灾。部分山区地势高、水源缺,常发生干旱。自然灾害中,台风暴雨、洪涝灾害造成损失最大,干旱、冰雹等灾害仅在小范围局部地区发生,治水防洪历来为之要务。根据民国《浙江通志》、《浙江省气候史料》、乾隆《杭州府志》、万历《钱塘县志》、民国《杭县志稿》及1949年后的有关档案记载,境内主要的水、旱、风雪等灾害分门别类予以辑录。

一、水灾

境内梅汛期暴雨和台汛期暴雨引起的自然灾害,一般1.4年遇上一次,多在5月—9月。春、夏、秋三季均易出现连阴雨天气,造成涝害。一年中常有日降水量50毫米以上暴雨发生,暴雨往往由台风侵袭而成,5月—9月的暴雨次数占年暴雨总数的80%—90%。瓶窑以西之彭公,年平均暴雨1.7次以上。东部长命相对较少,全年平均出现2.2次—2.5次。暴雨强度在50毫米—99毫米这一级,占暴雨总数的78.9%—97.3%;日降水量100毫米—149毫米的,占暴雨总数的2.4%—14.9%;日降水量150毫米以上的不到5%;日降水量300毫米以上的特大暴雨较为少见。大暴雨和长期阴雨常造成洪涝灾害。据史料不完全记载,从公元278年—2005年的1727年中,发生洪涝灾害有198年,其中1987年—2005年中有水灾11年,约2年一遇。从明成化六年(1470年)至1969年记载较完整的500年中,涝年有41年,概率为8.5%,约12年一遇;偏涝年64年,概率为13.3%,约8年一遇;合计105年,概率为21.7%,4年—5年一遇。以汛期总降水量大于或等于900毫米,总雨日大于或等于75天,月降水量大于或等于300毫米为洪涝指标,3项都出现的为大涝;一段时间内集中降水,或有较长时间阴雨但强度不大的为小涝;介乎二者之间为中涝。据相关档案资料统计测算,1951年—2005年的55年中,大涝10年一遇,中涝8年一遇,小涝6年一遇。南、北湖滞洪区分洪27次。

南北朝·宋元嘉七年(430年),钱唐县大水。

南北朝·宋元嘉十二年(435年),钱唐大水。

南北朝·宋元嘉十三年(436年)六月,余杭大水,高堤崩溃。

南北朝·宋元嘉十六年(439年),钱唐大水,斗米300钱。

唐永徽四年(653年),钱塘大水。

宋淳熙三年(1176)五月,积雨伤禾麦。八月癸未,行都大雨,坏德胜、江涨、业新三桥及钱

塘、仁和县田。

宋淳熙十一年(1184 年),余杭水灾,漂流在万数。

宋绍熙五年(1194 年)八月辛巳,钱塘、临安、新城、富阳、於潜县大雨水,余杭县尤甚,漂没田庐,死者无算。

宋嘉泰元年(1201 年),钱塘夏五月大水。

宋嘉定三年(1210 年)春,阴雨 60 余日。夏五月淫雨至于六月,首种多败,蚕麦不登。余杭大雨,水溺死者众,圮田庐市郭,首种皆腐。

宋嘉定六年(1213 年)六月,浙西雨至七月。戊子,钱塘、余杭诸县大水。

宋嘉定十六年(1223 年)五月,霖雨,浙西尤重。余杭、钱塘、仁和大水坏田稼。秋雨雹,八月大风雨害稼。

宋咸淳十年(1274 年),钱塘秋八月癸丑大霖雨,天目山崩水涌流。余杭民溺死者无算。

元至元二十五年(1288 年),钱塘大水。

元泰定元年(1324 年),钱塘大水,饥;冬十二月海溢。

元天历元年(1328 年),钱塘秋八月大水。

明洪武九年(1376 年)夏六月壬辰,钱塘、仁和、余杭三县大水,下田被浸者 95 顷。

明洪熙元年(1425 年),余杭霖雨伤稼,人民饥。

明宣德三年(1428 年),钱塘六月大水。

明景泰七年(1456 年),余杭夏五月霖雨,瓶窑塘圮。

明成化七年(1471 年)夏霖雨,余杭大水,决化湾塘,淹没禾田,灾及旁邑,死亡无算。

明弘治十八年(1505 年),余杭七月骤雨,山水大涌,漂屋,人多死者。

明正德三年(1508 年),余杭夏五月大雨水。钱塘十二月大雨震电。

明万历十六年(1588 年)春,大雨水,自三月至五月中旬雨不止,蚕麦禾俱无,斗米二百钱,死者枕藉,鬻妻女者十家而八,骸骨满山谷间。

明万历三十六年(1608 年)四月至五月,大雨,数十日连夜不止,水骤涨。六月,余杭南湖塘北堤为居民盗决,水直灌钦贤寺等乡 20 余里,一夜水涨丈余,墙屋俱坍,余民居符尽,溺水者无算,得活者曦舟以居,一月水始退。浩荡若云海无算,稍露一二树杪盖,200 年来未见此灾,米价涌贵,一日斗米增百钱。

明万历三十七年(1609 年)秋八月,大雨水,初七至初十日骤雨昼夜不止,南湖诸堤坝俱决,苕溪暴涨,西溪、安溪复有水患,凤仪塘决,居民漂没。

明崇祯十三年(1640 年)正月初六日,震雷大雨,至闰正月始晴。六月大疫,十室而九,八月大饥。

清康熙十一年(1672 年),余杭八乡七八月间淫雨,忽生青黑虫。

清康熙三十八年(1699 年),钱塘闰七月大雨,西山洪水骤发。

清康熙四十七年(1708 年)夏大水,五月初四日淫雨及旬,四野汪洋,舟行于市。六月又大水。七月初八日,狂风暴雨,屋庐倾圮,田禾悉被灾,三种三沉,岁大饥。清康熙以来,凶荒此为最惨。

清康熙五十四年(1715 年),钱塘夏初水灾。

清乾隆二十六年(1761 年)夏多雨,七月十九日大风雨。山水骤至,下田被淹。

清乾隆二十七年(1762 年)七月,大风雨,山水骤至,仁和、钱塘、余杭及杭州卫民屯田地被淹,有甚于康熙四十七年七月初八日之灾。

清乾隆三十四年(1769 年)夏梅雨,淹没仁和、钱塘、杭州卫下田。

清乾隆三十九年(1774 年),钱塘、余杭等县冲坍堤。

清嘉庆六年(1801 年)七月,风雨大至钱塘、余杭、仁和、富阳等县山水并注,田地场灶多被淹没。

清道光三年(1823 年),仁和、钱塘、富阳、余杭水灾,秋霖雨。

清道光二十九年(1849 年)四月至五月,梅雨不休,大云寺湾塘、化湾塘、安溪陡门三处大崩。

清道光三十年(1850 年)八月十五日,洪水冲坍烂泥湾塘、化湾塘、羊山塘、龙岗塘、下林陵塘、安溪陡门、康家渡塘。仁和等县发生水灾,禾苗先被水淹,继又久旱成灾。

清同治四年(1865 年)五月廿四日起大雨,阅七昼夜不绝,杭府属低田被淹。

清光绪二年(1876 年),余杭蛟水大发。

清光绪八年(1882 年),五月二十三日大风雨,山洪暴发,平地陡高丈余,化湾塘、羊山塘、龙岗塘冲圮各数十丈,田庐淹没。

清光绪十五年(1889 年),余杭九月大水。

清宣统元年(1909 年),水灾。三年闰六月,两次大水,田禾被淹。当地民谣:宣统三年,水没屋檐。

民国 8 年(1919 年),杭县瓶窑乡河水暴涨,尽成泽国,市上各商店门首水深四五尺,彼此不能往来。

民国 11 年(1922 年)4 月,余杭淫雨时山洪发,飓风拔木。同年,中、北苕溪沿岸水淹屋顶,农民外出乞讨。

民国 35 年(1946 年)6 月底起,梅雨连绵达十余日之久,淹没田庐 2 万余公顷。此涝为 30 年来所未有,秋绝收。

民国 38 年(1949)7 月,余杭、杭县水灾,杭县被淹农田 4501 公顷。

中华人民共和国成立后,1951 年 7 月 16 日始大雨 3 天,洪水暴发,18 日 3 时瓶窑水位 8.48 米,冲毁堤塘多处,受涝农田 3000 余公顷。

1953 年 6 月,两次大水,淹田无数。

1954 年 5 月 5 日起,连续降雨 46 天,降水量 900.8 毫米,6 月 29 日余杭水位 10.17 米,瓶窑水位 8.19 米。余杭县先后塌塘 40 余处,溢堤 14 处,24 个乡镇受灾。被淹春花、早稻、秧苗 5000 余公顷,损失粮食 315 余万公斤,冲塌房子 102 间。全县损失约 45 万元。

1956 年 8 月 1 日凌晨,台风暴雨袭击全县,风力 10 级以上,洪水泛滥。

1963 年 9 月 12 日,12 号台风袭击余杭县,3 天连续降雨量达 354.3 毫米。北湖公社和彭公一半以上生产队受淹。南湖分洪,水灾严重。

1977 年 6 月中旬连降大雨,河水猛涨,超过警戒水位。9 月下旬连续阴雨,24 日晚上,突然大雨滂沱,24 小时内降水超 100 毫米,苕溪水位急涨,上千公顷农田受涝。

1983 年 6 月 20 日—7 月 2 日连续降雨,早稻受涝严重。10 月 4 日—7 日连降大暴雨,晚稻受淹成灾。

1984年6月13日6时—14日8时，全县普降暴雨，县内三大水系水位迅猛上涨，接近或超过历史最高水位，造成严重洪涝灾害。6月30日，瓶窑镇王家村发生近2万方泥石流，4人死亡。

1987年9月9日—11日，台风夹暴雨。12日2时40分，瓶窑水位8.2米。冲毁堰坝座、山塘、桥梁多处。

1988年8月8日，第7号强台风袭余杭，最大风力12级以上，降大到暴雨，损毁房屋，冲毁堰坝山塘，受灾农作物1千余公顷。

1990年8月30日，第15号台风袭余杭，伴大到暴雨。9月1日，瓶窑水位达8.57米，北湖滞洪区开闸分洪。

1992年9月22日—24日，第19号台风袭余杭，普降暴雨，降雨量最大达160毫米。

1993年6月29日起连降暴雨，降雨量达200毫米—260毫米，7月4日北湖滞洪区闸前水位9.45米，开闸分洪。8月16日—19日又降暴

雨，山塘水库溢洪。

1995年6月21日—7月6日，连降大雨，造成内涝面积，直接经济损失上百万元。

1996年6月29日—7月2日，境内暴雨成灾，平均降雨量289毫米，最高达343毫米，瓶窑最高水位9.07米，超过警戒水位1.57米和2.58米，为历史最高。潘板桥、余杭、瓶窑等地堤塘决口33处，13个村1.2万人被洪水围困，水深1.5米以上。西险大塘乌龙涧段大滑坡长达50米。

1996年"6·30"洪水，瓶窑镇沿溪老街被淹山塘5座、桥涵13座，杭长铁路和部分公路中断，三线杆损坏3146根；倒塌房屋1477间，损坏房屋15413间；工业企业停产、半停产673家。

1997年7月7日—11日，余杭境内连降大到暴雨，瓶窑、余杭、上塘河均超过警戒水位，北湖滞洪区9米以上高水位持续15小时，南部堤段溃堤决口，农田受灾2.67万公顷，损坏各类水利设施194处，经济损失共6500余万元。8月18日，受第11号台风影响，大雨如注。

1999年6月23日—7月1日，连降暴雨。7月1日瓶窑最高水位9.18米，北湖南湖滞洪区相继分洪，水位仍居高不下。受灾严重。

2001年6月22日—26日，受第2号台风"飞燕"和梅雨带影响，持续大到暴雨。6月26日，北湖滞洪区开闸分洪，余杭区各地发生洪涝灾害，直接经济损失8900万元。7月6日19日—21时，彭公突发山洪，直接经济损失600多万元。

二、旱灾 虫灾

瓶窑所受旱灾以伏旱频率最高，秋旱次之，冬旱较低，发生干旱频率较高。山区溪径流量大，一般7天不降雨，旱情就露头，连晴半月，溪流则断流，常有干旱现象。历史上的干旱，据不完全记载，从公元372年至2005年的1634年中，发生旱灾有151年，约11年一遇。明成化六年(1470年)至1969年的500年中，旱年31年，约16年一遇；偏旱年40年，12年—13年一遇。1987年—2005年间有旱灾11年，约2年一遇。历史上记载的虫灾，主要为蝗灾，常与旱灾一起，故将虫灾附旱灾之后。除蝗灾外，造成灾害的虫类还有螟虫、蟊、松毛虫等。

旱灾

南北朝·宋元嘉二十七年(450年)八月至次年三月，钱唐久旱不雨。

南北朝·梁天监元年(502年)八月，钱唐大旱，人多饥死。

唐贞元六年(790年),钱塘夏大旱,井泉竭,疫死者甚众。

宋建隆二年(961年)五至七月,钱塘、钱江久旱不雨。

宋淳化二年(991年),余杭五月亢旱。

宋至道三年(997年),钱塘、仁和大旱。

宋熙宁六年(1073年)春,钱塘、仁和大旱,井水干涸。次年又旱。

宋绍兴七年(1137年)六月起,钱塘、仁和干旱70余日。次年冬旱。九年六月起又干旱60余日。

宋绍兴十二年(1142年)三月起,钱塘、仁和干旱60余日。

宋绍兴二十九年(1159年),钱塘、仁和春旱70余日。

宋乾道三年(1167年),钱塘、仁和九月不雨,麦种不入。

宋淳熙七年(1180年),钱塘秋七月不雨至九月。十一年冬,钱塘不雨至次年三月。

宋开禧三年(1207年),钱塘、仁和夏秋大旱,干枯绝种。

宋嘉定二年(1209年),钱塘、仁和四月旱至七月始雨。七年又夏旱。

宋嘉定十一年(1218年)秋,钱塘、仁和无雨至冬。

宋嘉熙三年(1239年)四月干旱。次年,钱塘、仁和、余杭饥荒。

明洪武元年(1368年),钱塘自四月至六月不雨。

明正统三年(1438年),钱塘等县自五月以后弥旬不雨,田禾槁死。

明嘉靖十八年(1539年),钱塘自春二月不雨至夏六月,井皆竭。

明嘉靖二十三年(1544年),钱塘大旱,无麦禾。

明万历十七年(1589年)旱疫,五月至六月大旱,瘟疫盛行,饿死者满道,白骨遍野,妇女掠贩过江几尽。

清顺治十二年(1655年)秋旱,钱塘、仁和、余杭等县免征赋税差役。

清康熙三十二年(1693年)五月,钱塘旱。

清康熙四十一年(1702年)秋,钱塘大旱。

清康熙五十二年(1713年)七月,钱塘、余杭等县旱。次年六七月又旱。

清康熙五十八年(1719年),钱塘、余杭等县旱,拨米赈济,免征赋税。

清乾隆十六年(1751年),钱塘五月初不雨,至闰五月二十八日始雨。七月,余杭旱。次年秋又旱。

清乾隆五十年(1785年),江浙秋旱成灾。余杭、钱塘等县五月至七月不雨,溪水干涸,禾苗枯死。

清嘉庆十九年(1814年),钱塘、余杭等县旱。

清咸丰六年(1856年)六月,余杭、钱塘等县旱,河水尽涸。

清同治六年(1867年),余杭等县旱。

清光绪二十四年(1898年),余杭大旱。

民国23年(1934年),伏旱两月,各区河道干涸见底,田土龟裂,禾苗枯萎,灾象惨重,为60年所未有。

民国33年(1944年),余杭县旱,杭县入夏以来,天久未雨,致田土龟裂,禾穗不秀。

民国34年(1945年)6月—8月,大旱60多天,田土龟裂,因旱未能下种。

1955年8月下旬，久旱无雨，受旱面积数千公顷。

1958年6月—8月，前后66天无雨，全年降雨量仅1060.9毫米。

1961年6月26日—8月3日干旱，水稻受灾。

1967年7月6日—10月31日，118天中，余杭降水量94毫米，全年降水量923.5毫米。

1971年1月—4月少雨，7月—9月又旱。

1978年5月—10月，降水量577毫米。

1978年大旱，全年降雨量939.9毫米。

1979年5月—10月，降水量551.8毫米。

1990年7月4日—8月4日，高温少雨，山区溪河断流，山塘干涸，河道水位降至最低。

1992年7月12日—8月14日，连续干旱少雨，降雨量仅41毫米，农田受旱严重。

1994年6月24日—8月18日，受副热带高压控制，干旱56天，高温（大于35摄氏度）46天。

2003年7月至8月，雨量偏少，水库蓄水锐减，余杭镇、瓶窑等地受旱面积达万余亩。

2004年7月—8月，连续干旱40天。

2005年6月，梅季短，雨量平均8毫米。小型水库在死水位以下，山塘干涸。饮用水困难。

虫灾

后唐天成三年（928年）六月，钱塘、仁和等地大旱，有蝗蔽天而飞，昼为之黑，庭户衣帐悉充塞之。

宋绍兴三十二年（1162年）六月，淮蝗飞入湖州境，自癸巳至七月丙申遍于几县，声如风雨，余杭、仁和、钱塘皆蝗。

宋隆兴元年（1163年），余杭六月大蝗。

宋淳熙十四年（1187年），钱塘夏六月旱，秋七月蝗。

宋嘉泰二年（1202年），钱塘大蝗。

宋嘉定二年（1209年），钱塘夏四月蝗，大疫，秋九月大饥。

明天顺元年（1457年），余杭秋七月蝗害稼，九月旱。

明嘉靖四年（1525年），钱塘秋九月蟊害稼。

明嘉靖二十五年（1546年），钱塘夏六月大蝗，余杭大蝗。

明崇祯十四年（1641年），钱塘大旱，飞蝗蔽天，六月大疫。

明崇祯十五年（1642年），钱塘冬旱，飞蝗集地数寸，草木呼吸皆尽，岁饥，民强半饿死。

清康熙四十八年（1709年），钱塘秋飞蝗蔽野，岁祲，五月海啸。

1985年，余杭晚稻褐稻虱爆发，危害面积45560公顷。

三、风灾 雪灾 雹灾

据1951年—2005年的台风资料，影响境内的台风有134次，其中成灾32次。台风影响时间较早在5月上旬出现，最迟10月上旬，而7月下旬至9月下旬最为集中，占86.7%。台风常伴有大雨或暴雨。在成灾的30次台风中，过程降水量在100毫米以上的12次，占40%；200毫米以上的5次，占16.7%；300毫米以上的13次，占43.3%。最为严重的是1963年12号台风和1988年7号台风，最大风力分别达12级和10级以上，并普降暴雨。台风入境降雨量大小与台风路径、强度、季节及天文因素等密切相关。台风若在浙江象山港以北登陆北上，余杭境内必受严重影响;若遇冷空气南下,可能产生大暴雨。在舟山群岛海面北上的台风,则影响平原地区,在广东或闽南登陆西行的台风,对余杭境内影响不大。台风伴随的降水在境内分布趋势是:西部多,东部少。台风往往伴随暴雨,引起洪涝灾害,其内容大多编入洪涝灾害。

风灾

宋淳化二年(991年),余杭夏五月亢旱,己卯忽雷雨震惊,大风拔树,瓦片恶飘。

明洪武五年(1372年),余杭八月乙酉大风,山谷水涌,没庐舍及人畜甚重。

明嘉靖二年(1523年),钱塘春三月大饥,秋七月大风潮。

清同治十年(1871年)二月二十九日戌刻,杭域雷电雨雹,大者如拳,暴风拔大木,余杭风暴尤烈。

清宣统三年(1911年),杭州三月、五月大风灾,拔树毁屋。

1956年7月12日下午3时15分,仁爱区遭狂风大雨袭击,漕桥、长乐、石濑等地受灾尤为严重,大量房屋倒塌,635.8公顷连作稻和981.33公顷间作稻均被吹倒,损失较大。

1962年9月5日,14号台风侵袭余杭县,瓶窑近千公顷水稻受淹。

1967年3月26日晚,狂风袭击余杭县,4月30日和7月27日,全县两度遭狂风袭击,农作物损失严重。

1983年4月11日晚至13日晚,全县大风暴雨。

雪灾

清道光二十一年(1841年),余杭十一月大雪,屋圮无算。

清道光二十七年(1847年),八月廿八日雪,十月大雪,深积八九尺,翌年二月始消。

清咸丰十一年(1861年)冬十二月,大雪兼旬,平地高五六尺,山中几数丈,居民避寇山中,无处觅食,饿死无算,大疫。

1969年,清明下雪,茶、菜等冻害严重。

1977年1月连降大雪,农作物普遭冻害,果树损失严重。

1984年大雪,压断电杆6300余支。

雹灾

境内冰雹大风(龙卷风)常有发生,尤以4月—7月出现概率较多,几乎每年都有。

1960年—2005年的45年间,冰雹出现22次,有时危及一两个镇乡,有时危及十几个镇乡。降雹来势猛,时间短,一般仅10分钟—20分钟,降雹常常伴有大风,大风可持续数小时。冰雹小的如黄豆,大的如鸡蛋。冰雹大风的路径有3条:一路是从天目山来的雹风,朝东袭击中泰、余杭一线;一路经窑头山,袭击鸬鸟、径山、瓶窑、仁和、塘栖一线;一路从莫干山由北向南袭击塘栖、临平、乔司一线。除冰雹大风外,局部地区大风也常有发生。

明嘉靖二十四年(1545年)秋七月丁卯,杭州大雨雹。钱塘大饥疫。

清康熙二十六年(1687年)六月十二日,雨雹大如斗,伤禾。

清光绪三十年(1904年),雹灾。

1983年4月16日上午,瓶窑和塘栖区部分公社,又遭冰雹袭击,全县1467公顷春粮倒伏,3733.33公顷油菜多数倒伏。4月28日凌晨2时,再遭风暴冰雹,大如鸡蛋,多数如山核桃大小。雹灾所及地区,麦子断秆,油菜折枝,桑叶铺地,蚕豆破荚,水果落地,旱稻秧田千疮百孔。

1990年7月11日3时30分、12日16时,冰雹袭长乐、舟枕、长命等地,形似山核桃大小,伴雷雨大风,受灾面积2907公顷,倒塌房屋64间,死1人。

四、地质灾害

境内虽少有地质灾害,然有隐患,大多受人类干预环境所致。据野外实际调查,2003年余杭区已发现地质灾害点48处,主要分布于西部及南东部12个镇乡、街道的中低山丘陵区,其中瓶窑镇等地在5处以上。中部苕溪平原未发现地质灾害。48处地质灾害点中,已发生25处,潜在23处。22其中现状地质灾害发生时间基本集中在1980年—2002年。地质灾害类型主要为崩塌(隐患)、滑坡(隐患)、泥石流和地面塌陷,均属突发性地质灾害,其中前两者占88%,后两者占12%。崩塌(隐患)是余杭区域主要地质灾害之一,共发现现状崩塌3处,崩塌隐患20处,规模均属小型。主要分布于公路沿线、矿山、建房等人工切坡形成的陡坡地段,以岩质崩塌为主,主要为人为采石、切坡造成。如临平街道邱山隧道南口崩塌隐患,由于人为切坡,使坡体失稳,形成卸荷裂缝,构成隐患。滑坡规模一般以小型为主,至2002年全区共发现滑坡和滑坡隐患19处。主要类型为残坡积层土质滑坡,次之为岩质滑坡,易发生于风化岩层发育强烈地区,人为作用和汛期强降水是滑坡发生的主要因素,强降水期是滑坡的高发期。泥石流是余杭区地质灾害中造成危害最大的灾种,主要发生在侏罗系火山碎屑岩分布区,且坡降较大的深切而狭窄沟谷的山区,全区共发生3处,其中两处在瓶窑镇:一处是1984年6月30日,瓶窑镇王家自然村发生近2万立方米泥石流,造成4人死亡;第二处在2001年6月瓶窑镇彭公村卸车自然村发生1000多立方米的泥石流。

2003年瓶窑地质灾害(隐患)点情况:

2001年5月,骑坑村1组韩跃先户土质滑坡,规模400立方米。诱发原因:降雨。现状:治理费用2万元;潜在:1户5人,资产15万元。稳定性:基本稳定。

两水坞村陈万裕家屋后土质崩塌隐患,规模75立方米。诱发原因:降雨。潜在:1户4人,资产3万元。稳定性:差。

两水坞村张政权家屋后土质滑坡隐患,规模250立方米。诱发原因:降雨、坡脚冲刷。

潜在:1户2人,资产2万元。稳定性:差。

1999年10月,东坞季玉松屋后岩质崩塌,规模1125立方米。诱发原因:降雨、开挖坡脚。潜在:1户3人,资产5万元。稳定性:差。

1984年6月30日,长岭村王家自然村山坡型泥石流。规模20000立方米。现状:死4人,全毁房3间,直接经济损失13万元;潜在:10人,资产15。万元。诱发原因:降雨。稳定性:较差。

2001年6月,卸车村山坡型泥石流,规模1000立方米。现状:全毁房1间,直接经济损失2万元。潜在:6人,资产20万元。诱发原因:降雨。稳定性:差。

东篁坞村凤坑坞采石场岩质崩塌隐患,规模1440立方米。诱发原因:降雨、风化、爆破震动。稳定性:差。

西中石矿岩质崩塌隐患,规模7500立方米。诱发原因:开挖坡脚、爆破震动。稳定性:较差。

何中石矿岩质崩塌隐患,规模2450立方米。诱发原因:降雨、开挖坡脚。稳定性:较差。

2016年度地质灾害点:

长命桥村杭州余杭振华日化玻璃有限公司后山边坡崩塌;

长命桥村杭州余杭长明金属管件有限公司后山边坡崩塌；
奇鹤村1组49—50号屋后滑坡；
奇鹤村白鹤片长岭脚下49号施明华民房后山崩塌；
杨梅坞社区窑山北路71—73号民房后山边坡崩塌；
里窑社区窑山北路14号屋边边坡崩塌；
塘埠村东坞56号刘如法屋后崩塌；
彭公村彭公路29号、30号崩塌；
塘埠村西坞里46—1,46—2屋后边坡崩塌；
塘埠村王家材自然村9—1号崩塌。

附:抗洪救灾

历代虽有救灾事宜,然皆因条件所限,难有成效。中华人民共和国成立后,中共地方党委和人民政府组织人民群众抗洪救灾,并取得成效。

一、1954年抗洪救灾

1954年春夏之交,长江流域发生特大洪水。余杭县、杭县从5月5日开始降雨,持续46天,多次出现大到暴雨。5月8日—7月7日,东苕溪出现9次洪峰。6月29日,瓶窑水位8.19米,南湖和西险大塘先后告急。瓶窑、三墩、仁爱、舟枕等低洼地区,成为一片汪洋。由于降雨范围大、时间长,加之下游水位顶托,水量无法及时下泄,造成河水浸顶决堤。

洪灾发生后,余杭县委召开两次区委书记会议,分析雨情涝情。县、区、乡干部全力以赴发动群众进行抗洪排涝,抢修堤塘。县委书记、县长等主要领导先后三次带领机关干部、工厂工人到灾区帮助和发动群众排涝,提出“车一圩、种一圩、保一圩”的口号,全县出动10万余人次,大小水车3万余部投入排涝。杭县县长胡广清坐镇瓶窑,并组织1500人日夜护塘和抢修出险地段。西险大塘原余杭地段投工2.12万工,修复险段71处。余杭县还组织非涝区1.14万人,携带水车200余部、抽水机16台支援涝区排涝和播种晚稻;农林部门抽调技术工人和50多台抽水机支援涝区排涝。政府有关部门及时对灾民作善后安排,供应水稻种子23万公斤、化肥179.94万公斤,下拨救济款2.9万元、大米1.98万公斤、玉米1.75万公斤,发放贷款3.6万元。中央人民政府内务部及省民政厅两次派员调查余杭灾情,并增拨救灾款1.5万元,增强灾区群众战胜灾害的信心。杭县发放救济粮21.5万公斤,贷款23.38万元,粮食预购款49.6万元,帮助灾民渡过难关。

二、1956年抗洪救灾

1956年8月1日凌晨,杭县、余杭县遭受台风暴雨袭击,风力达9—11级,瓶窑一带日降雨170毫米,苕溪水位猛涨。8月2日,瓶窑水位8.33米。中、北苕溪洪水同时暴发,致使彭公等镇乡变成泽国,交通、电信中断,群众被水围困。省人民政府动员杭州市有关食品商店将糕点立即运送灾区,并日夜赶制饼干、馒头和炒米,派飞机空投食品,进行救助。灾害发生前,两县县委、县人民委员会(简称县人委)根据省、地委指示,组织召开全县电话会议和县委扩大会议,作出“全党动手、全民动员、全力以赴,战胜台、洪灾害”的决议。党政领导分工负责,组织全县机关干部、学校教职员工、人民解放军、农民群众投入抗洪抢险。8月2日凌晨2时至6时,中共余杭县委召开全委会和两次县级机关负责人会议，组织机关干部340人、解放军600余人、学校师生200人、搬运工人279人，分别由县委委员带领到第一线抢险，其中县委委员7人到西险大塘，7人到南湖和丁桥塘，5人负责机关上下联络指挥。经过两天两夜抗洪抢险，抢救出包括彭公乡在内被洪水包围的群众3232人、稻谷189万公斤以及其他大量物资。8月1日上午，杭县县委书记、县长带领县级机关干部50人分赴瓶窑、上泗、临平等险地，组织群众抢险救灾。由于洪水来势迅猛，西险大塘出现8处滑坡、裂缝，省防汛防旱指挥部及时调运麻袋3万余只、木桩350根，组织2200余人上塘抢险，使西险大塘转危为安。

图1－23 苕溪大水

两县县委、县人委先后组织干部分赴灾区慰问。余杭县组成工作组和医疗队深入永建、潘板桥、长乐等重灾区，发放救济款和救济粮，调拨化肥、毛竹、木材、砖瓦等，对少数困难户发放棉衣、棉被等过冬物资。杭县发放救济款6.7万余元、大米10.5万公斤、防寒衣被1733套，发放贷款59.2万余元；余杭县发放救济款20余万元、救济贷款38万余元、寒衣2.05万件。因台风灾害造成次年春荒，余杭县发放救济款29万余元。同时，两县县委、县人委又及时组织群众抢修水利工程。在两县县委的统一领导下，民政部门及时发放救灾款13万元、银行贷款38万余元，供销社供应肥料40.5万公斤、晚秋作物种子1万公斤。

三、1963年抗洪救灾

1963年9月12日—14日，余杭县遭12号台风和特大暴雨侵袭，全县降雨达350毫米，其中9月12日降雨量达294毫米。苕溪北堤全线漫堤决口，北湖等5个公社的全部和安溪、彭公的部分地区被洪水淹没，平地水深2米—3米，最深处达4米以上，受灾面积64平方公里，被洪水围困群众4.12万余人，晚稻受涝严重，堤塘缺口多处。这次洪涝给人民的生命财产和水利设施带来严重损害，为害之广，损失之大，是中华人民共和国成立以来所未有的。台风警报发布后，县委立即召开紧急电话会议，抽调70余名干部组成8个工作组，由县委书记、县长和有关部门部长、局长率领，深入到重点地区发动群众作抗台准备。台风袭境时，县委又抽调200余名干部分赴抗灾第一线，领导和组织群众与台风、暴雨作斗争。洪水决堤泛滥期间，县委书记孔宪连、副书记孙兆隆、胡广清、赵庆恩等，通宵达旦地在抗洪最前线指挥战斗，当部分村庄被洪水包围时，他们不顾个人安危，顶风冒雨抢救被困群众。基层干部夜以继日地坚守在险要地段，与群众同生死、共患难。杭州市委副书记李元贞，副市长张世祥、余森文等亦深入灾区指挥抗洪抢险。与此同时，省、市、县直接调拨和组织大批抗洪排涝物资支援灾区抢险，计木材586立方米，毛竹5.24万支，麻袋1.08万只，草包14.09万只，簟皮440张，电动机、柴油机、水泵450台，粮食15万公斤，干粮6785公斤，另有马灯、高压线、棉花胎和各种运输工具等，并拨40万元抗洪抢险经费。在省、市、县的统一领导下，余杭人民团结一致，同洪涝灾害进行英勇顽强的搏斗。今瓶窑镇内累计有8万人次投入抗洪抢险和抗台排涝，经过10余昼夜的奋战，终于保住西险大塘，保住重灾区人民的生命安全，排放了80%以上受淹农田的积水。

在这次抗洪抢险斗争中，涌现出不少先进集体和个人，其中有临危不惧、沉着指挥的党支部书记、大队长等基层领导，有冲锋陷阵、冲在抢险最前列的人民解放军指战员，有不顾自家损失而冒险抢救人民生命财产的共产党员、共青团员，有与人民同生死共患难救死扶伤的医务人员，有昼夜奔忙为抗灾抢险赶运物资的运输工人。还有不少自觉献材献料帮助抗洪的普通百姓，有的卸门拆窗搬猪栅，有的献麻袋草包，有的将建新房的木材抗洪。北湖公社副主任盛德根，家在横山大队，但他在抗洪中一直坚持在塘上，领导群众抢修堤塘，家里的房子坍了也不回去；他的爱人党员许爱来，也不顾自家，积极带头抢救集体的种子和农具，在横山大队，他家损失最严重。

中国人民解放军驻杭部队先后派出1400余名官兵，奔赴洪涝最险要地段，抢修危险堤塘和抢救被困群众。他们的口号是："不管水有多深，只要有群众，一定要救起来。"在抢堵南湖燕子坝、北湖三里塘和保卫西险大塘的斗争中，6292部队、省军区教导大队和驻北湖某部炮兵连的指战员们，奋不顾身跳入急流，用身体堵住缺口，打桩堵漏。部队还从南京、湖州急调12只橡皮艇抢救灾民。杭州市政工程处抽调270余名建筑工人参加瓶窑抢险。省、市属工厂主动借用电动机、柴油机支援排涝，还派出20名技工抢修排涝机器；县属企事业单位派突击队员参加抢险，并主动让电给排涝第一线；供电部门夜以继日地抢修线路，以确保排涝用电。

这次特大洪涝灾害，苕溪和运河水位均超历史最高（苕溪瓶窑水位8.62米），县人委组织工作组，深入重灾区，组织灾区群众生产自救，重建家园。经全县人民抗灾救灾，灾年仍获得丰收。

四、1988年抗洪救灾

1988年8月8日，第7号台风袭击余杭，风力10级—11级，最大风力12级，伴有强旋风和大到暴雨。瓶窑、余杭等地降雨量达60毫米—100毫米，河道水位急剧上涨，余杭、瓶窑的最高水位分别达到7.15米、6.40米。然未达警戒水位。全县52个乡镇、578个村都遭到不同程度的灾害。全县丧生14人，重伤13人，轻伤87人。倒塌民房4733间，倒塌、损坏厂房、仓库1510间。吹倒和折断电线杆、广播线杆、电话线杆135万余根。损坏堤塘5200余米，120座机埠、56座堰坝受到严重损坏；冲毁桥梁4座、山塘4口、渠道3788米。受淹晚稻6000公顷，占晚稻总面积20%；约1333.33公顷早竹损失40%以上；吹倒折断毛竹73.5万株；有5754立方米的杉木和12万株平原绿化树木被吹倒折断。家畜死亡1100多头，家禽死亡1.4万余羽。台风、暴雨使大批企业厂房倒塌和进水；由于停电，企业被迫停产，仅乡镇企业停产达2200余家，全县直接经济损失达12046万元。在台风袭击余杭之前，县防汛指挥部，县委、县政府分别作出抗台防汛部署。8日凌晨4时，台风袭击余杭县，县防汛防旱指挥部保持与省、市防汛防旱指挥部及境内五区一镇电话联系，密切注意风情雨情，及时采取防范措施，作出抗灾救灾部署。瓶窑区所属镇、乡领导连夜赶到各自岗位，组织指挥抗台抢险。

8月8日清晨7时半，县领导带队，分赴五区一镇指挥救灾；各部门领导深入各自联系乡镇，协助抗灾；广播、供电、邮电、交通部门迅速组织干部职工抢修被损线路；民政、保险部门调查灾情，着手理赔。此外，由县计划委员会牵头，召集有关单位准备救灾物资；卫生系统紧急部署，抢救伤员，开展防疫工作。会后，县委、县人大、县政府、县政协、县纪委、县人武部领导带队，兵分6路，赶赴五区一镇，调查灾情，安置灾民，指挥抗灾。县级66个有联系点的部门，先后派出400余人次下乡，与乡村干部一起，深入灾区，了解灾情，协助基层干部群众抗灾。各区、镇、乡机关同时组织近2000名干部下乡下村下厂,组织指挥群众奋战抗灾第一线。

县委书记王国平、县长程德鑫等主要领导深入瓶窑等镇和重点农户,现场察看,上门慰问,与当地干部一起研究落实救灾措施,妥善安置好灾民生活,指示民政、保险部门及时调查核实损失情况,简化手续,从速兑现理赔金额,以增强受灾单位和受灾户生产、生活的自救能力。

8月9日下午4时,县委、县政府召开全县抗台救灾紧急电话会议,通报受灾情况,再一次部署全面救灾工作。县财政安排20万元用于救灾物资。县农业部门根据各种不同作物的特点,派出各级农技干部指导各地落实补救措施,恢复生产。

五、1996年抗洪救灾

1996年6月30日,余杭境内普降大到暴雨,至中午,降雨量普遍达100毫米以上,苕溪水位暴涨,部分堤塘受损,大面积农田被淹,不少厂矿、民房进水。余杭市政府建立防汛抗洪总值班室,要求全市人民立即投入防汛抗灾。市级领导分赴各地查看灾情、指导抗洪,市委书记徐志祥、市长洪吉根等主要领导在苕溪沿线镇乡坐镇指挥;市级机关各部门领导带领300多名机关干部赶往各镇乡帮助工作;瓶窑镇、彭公乡实行防汛24小时值班制;沿苕溪西险大塘实行分段包干责任制,组织巡塘抢险突击队日夜护塘。

下午4时15分,苕溪瓶窑水位7.97米,北湖闸前水位9.4米,为减轻洪水对西险大塘的压力,北湖滞洪区开闸蓄洪,5.3平方公里内466.67公顷粮田全部被淹没。省委常委、副省长刘锡荣及省水利厅厅长章猛进等到瓶窑察看水情,指导抗洪。省军区某部工化营组成的水上抢险分队赶赴瓶窑等镇乡解救群众,抢运物资。瓶窑镇、彭公乡发动近上万群众投入抗洪抢险。7月1日,暴雨不止,上游的青山水库下泄量高达400立方米/秒,使苕溪水不断暴涨。彭公、瓶窑等地出现多处决堤,受淹面积达2000余公顷,圩内村庄水深2米以上。在驻地部队、武警官兵的支援下,瓶窑镇乡迅速组织干部到沿塘低洼地段,将被洪水围困的群众及时转移到安全地带。市计划委员会等部门将紧急调配到的草包、桩木、毛竹、柴油等物资运到灾区;卫生部门组织大批医护人员深入灾区。晚,青山水库库容水位突破33米,入库量高达733立方米/秒,下泄量从晚11时起增至500立方米/秒,均超历史最高纪录,苕溪沿线镇乡遇到几十年一遇的特大洪水考验。市委、市政府主要领导汇集在瓶窑堤防管理所紧急商讨对策。

7月2日凌晨,中苕溪洪水经潘板桥镇袁家桥决堤处,冲过杭宣铁路,淹没瓶窑镇张堰村。省委书记李泽民在省防汛指挥部作统一部署:“要确保青山水库,确保西险大塘,确保杭城安全度汛。”8时,李泽民与省委常委、杭州市委书记李金明,省委常委、省委秘书长吕祖善等领导到余杭察看受灾情况,看望受灾群众,慰问抗洪抢险第一线的干部群众和部队指战员。李泽民说:“你们顾全大局,为保护西险大塘和杭州市区的安全分担了很大的压力,发扬了杭嘉湖团结治水精神,值得赞扬。”至晚10时,全市平均雨量达289毫米,个别地区高达343毫米。苕溪瓶窑水位最高时达9.07米(6月30日20时30分),达到50年一遇特大洪水标准。

7月4日,市领导分赴镇乡查看指导。市民政局干部深入重灾区。调查灾情,协助镇乡安置灾民生活,并开始进行家庭财产合作保险的理赔和救济工作。供电、水利、农业等部门,根据各自职能,全力开展各项抗灾服务工作。是日,市人大常委会主任程德鑫等带领财税、民政部门的领导到瓶窑等地。余杭市委、市政府召开抗灾救灾工作内线广播会议,徐志祥作题为“弘扬余杭精神,誓夺抗灾救灾的全面胜利”的报告。受国务院委托,农业部抗灾救灾工作组、国家防汛总指挥部工作组分别到余杭视察灾情,对余杭的抗灾救灾工作和作出的牺牲表示赞扬,对下一步工作提出具体意见。市委、市政府首批救灾物资同时送往瓶窑、彭公、潘板桥、长乐、余杭、中泰、南湖农场、湖羊场等重灾区。市红十字会到潘板桥、瓶窑两镇慰问,送去价值2万多元的救灾物资。卫生防疫部门9次组织人员到灾区送医送药。市农机总公司将一批水泵、电动机等送往灾区。市粮食局调拨大米4600公斤支援余抗等6镇乡灾民。市种子公司急调21万公斤晚稻种子,降价供应灾区、受灾各镇乡开始抓紧抢播短秧龄晚稻田,通过借田播种、集中育种等措施,确保种足晚稻。7月6日,东苕溪水位居高不下,潘板桥、彭公、中泰、长乐、瓶窑等镇乡的12个村、1.2万多名群众仍被洪水包围。全市已紧急调拨防洪抢险草包、编织袋30多万只,供应柴油350吨,木材110立方米,柴油机80台,混流泵、潜水泵160多台。18座国有排涝机埠和400多座集体机埠全部投入使用,3.33万公顷受淹农田已有2.67万公顷排除积水。林水局与有关镇乡抓紧对50多处堤塘决口进行抢修加固。余杭、瓶窑两考点的500名考生全部安全到达临平,准备参加7月7日开始的全国统一高考。据初步统计,全市用于抢险加固的资金已达1500多万元。

7月7日,市委、市政府抽调35名副局长以上的领导干部,组成6个抗灾救灾工作组,赴余杭、瓶窑等6个镇乡,帮助开展生产自救。市农委系统各单位,组成技术指导服务小分队赴灾区。团市委组成青年志愿服务队,到彭公等镇乡。7月8日,洪吉根等专程去省政府及省、杭州市有关部门汇报洪灾情况。市红十字会在临平举行接受社会各界捐助赈灾活动。徐志祥、程德鑫、洪吉根、李小花等带头捐款;市政协委员丁敏儿专程从香港赶来捐款8万元;杭州旺旺食品有限公司除出资11万元赈灾外,还提供价值30万元的食品;市级机关、各企事业单位、各界人士也都纷纷捐款。杭州市副市长、市红十字会会长徐兆骥率杭州市红十字会将价值2万元的饼干、矿泉水、药品送到市防疫救灾指挥部。根据市委书记办公会议决定,市抗洪救灾总值班室改为综合救灾办公室。

图1-24 军民抗击洪水(1996年)

7月9日,无国界医生组织驻中国代表魏力等2人到彭公、潘板桥、瓶窑等镇乡查看灾情、慰问灾民。民政部救灾司王克俭及省民政厅副厅长方泉尧一行到瓶窑、潘板桥、彭公等镇乡视察灾情,慰问灾民。省红十字会价值7万元的首批救灾物资运到瓶窑等地。市交通部门全力抢修水毁路段,至9日,余杭公路段所管辖的国道、省道、县乡道线路全部修复畅通。7月10日,王永明到潘板镇袁家桥村、瓶窑镇张堰村视察,鼓励灾民生产自救。余杭市政府就灾后农业生产和修复水利工程作出部署。

7月11日,徐志祥、洪吉根等带领有关部门负责人,分三批赴瓶窑、彭公、中泰、潘板桥、长乐等镇乡和南湖农场、湖羊场慰问,并送去赈灾款80万元及化肥等物资。市委常委、副市长唐维生在良渚召开有21个镇乡分管领导参加的农业生产自救工作紧急会议,对进一步抓好灾后农业生产作出安排。市红十字会累计收到单位、个人捐资182万余元和价值5.34万元的物资,各地各界的捐救活动仍在踊跃进行。重灾区695处水毁工程已抢修236处,其中37处已修复。市民政部门已理赔家财保险75万元,并救济部分困难户。

彭公乡自6月29日晚起,普降暴雨,至30早上八时止,雨量达100余毫米,遭受50年一遇的特大洪水,全乡有2个村10个组400户1200余人被洪水围困,倒塌民房70户,受淹耕地5500亩,堤塘决口47处,昭和塘冲毁,经济总损失2226.16万元。104国道和宣杭铁路中断运行10余小时。灾后,全乡群众性水利建设蓬勃发展,重点水利工程建设明显加快。昭和塘加高加宽,东坞水库彻石加固,十里渠清障加固,燕子窝堰坝修建等水利工程相继完成。全年乡财政下拨资金16.45万元,比上年增长350%,是联产承包以来乡财政投入最多的一年,也是冬修水利活动最好的一年。

六、1999年抗洪救灾

1999年6月23日至7月1日下午,普降大到暴雨,局部地区大暴雨,瓶窑、彭公均不同程度受灾。

灾情发生后,余杭市防汛防旱指挥部先后多次召开紧急会议,对抗洪抢险救灾工作作出部署。市委、市政府领导按照防汛工作预案要求,迅速奔赴第一线指挥抗洪抢险。洪水期间,余杭市政府领导先后发表2次广播电视讲话;市委、市政府先后发出4个紧急通知,动员全市各级干部和广大群众投入抗洪抢险;市防汛防旱指挥部先后发出18个汛情公报。瓶窑镇、彭公乡领导班子和广大机关干部日夜坚守岗位。省委、省政府和杭州市委、市政府张德江、柴松岳、王永明、仇保兴等领导多次亲临第一线,察看灾情,慰问灾民,指导抗灾。

民政部救灾救济司副司长王振耀到重灾区察看灾情。省民政厅副厅长方泉尧、杭州市民政局局长李秋清也赶赴灾区,指导抗洪救灾,慰问灾民。余杭市民政局先后到瓶窑等地,协助做好灾民的救济与安置工作,并将方便食品、衣被等物资分发灾区。余杭市慈善总会(筹)向全社会发出赈灾捐款倡议书,余杭市机关事业单位和干部职工及城镇群众纷纷响应,各界募捐款物210万元,募集的赈灾款物及时发放到灾区群众手中。对调查确定无力自救恢复家园的208户特困倒房户实行重点补助,采取救济到户,镇乡配套,村组织劳力和物资的办法,共拨出救灾补助款402万元,其中帮助重点倒房户恢复家园109万元,为他们建起人均30平方米的砖混结构新房,使特困倒房户安全过冬。

第三章　人　　口

北宋元年(1108 年)始以户编籍,有主客户丁数据。但历朝历代均因赋役繁重,或因统计口径不一,数据多不符实。民国时期,战乱频繁,民生不定,户籍多残缺。中华人民共和国成立后,进行六次人口普查,遂有较为完整、系统、准确的人口资料。随着生活条件和卫生医疗条件改善,余杭人口再生产虽处于自然生育状态,但迅速转为高出生率、低死亡率、高自然增长率。20 世纪 70 年代,各级政府加强计划生育工作,余杭人口向低出生率、低死亡率、低自然增长率过渡。至 2015 年,全镇总户数 17526 户,年末户籍人口 57864 人,其中城镇人口 28755 人,7208 户;外来人口 16249 人。

第一节　数量与分布

距今六七千年前的马家浜文化时期,瓶窑一带已聚集着人群。历史文献没有史前期人口数量的记载。南宋,钱塘、仁和升赤县,余杭为畿辅,3 县所辖,户数蕃盛,商贾辐辏。民国时,战乱频繁,民生不定,户籍记录残缺。中华人民共和国成立后,进行 6 次人口普查,遂有较准确、系统的人口资料。

一、数量

据民国《杭县志稿》卷五《人口》载:“元改行中书省,两县户籍未详。而至元二十七年,杭州口数,且较宋季多至六十万人。”明洪武初(约 1368 年)与宋咸淳年间(1265 年—1274 年)比较,钱塘县户减 23.77%,人口减 16.22%;余杭县大致相仿。“嘉靖而后,倭寇窜扰,市舶不通,加以连年水旱,民多饥疫,死者枕藉,户口凋落。迄于明亡,较明初钱塘口减 25%。清康熙五十一年(1712 年),以五十年丁册,定为常额,滋生人丁,永不加赋。乾、嘉后,户口遂臻极盛。咸、同被兵,户口又减城厢内外丁口约 80 万。”(1990 年《余杭县志》第十五编《社会》)“光绪初,浙抚杨昌浚疏云:‘杭省未失守以前,城厢内外丁口,约八十余万。自肃清以后,至今已逾十年,清查户口仅十三万余人,不过从前十分之二。’省城如此,外属可知。杭城兵燹之劫,未有甚于此者。故老相传,乱后城中住民原籍仁、钱者颇少”(民国《杭县志稿》卷五《人口》)。光绪中期,休养生息,人口稍稍繁昌。

抗日战争时期,由于日本侵略军烧杀掳掠,伤残、死亡较多,避难外地更多。战后人口逐渐复增。

中华人民共和国成立后,1949 年底杭县、余杭县共有 10.61 万户、43.99 万人。嗣后,由于行政区划不断变更,移民安置,省市企业落户,人口变动较多。20 世纪 50 年代和 60 年代初期,人口出现自然增长高峰,其间,1962 年人口自然增长率高达 32.88‰。20 世纪 70 年代后,随着医疗卫生保健水平提高和计划生育工作开展,人口再生产呈低出生、低死亡、低自然增长态势,进入稳定低增长时期。

1978年始,随着改革开放和经济社会发展,人口迁移频繁,暂住人口逐年增加。

1982年,时瓶窑为瓶窑镇、彭公乡、长命乡、北湖乡。瓶窑镇人口6396人,比1964年4453人,增加1943人,增长43.63%,平均每年增2.03%;彭公乡人口14376人,比1964年9631人增加4745人,增长49.27%,平均每年增长2.25%;长命乡人口14551人,比1964年11635增加2916人,增长25.06%,平均每年增长1.25%;北湖乡人口11551人,比1964年8793增加2758人,增长31.37%,平均每年增长1.53%。1985年,瓶窑镇辖6个居民区,1个建制村,79个村(居)民小组,2318户,人口8288人;彭公乡辖13个建制村,86个村民小组,65个自然村,4116户,人口14419人;长命乡辖11个建制村,9个村民小组,90个自然村,3641户,人口14564人;北湖乡辖10个建制村,87个村民小组,95个自然村,2845户,人口10591人。4乡镇总人口为47862人。

1992年5月,撤销长命乡的行政建制,地域并入瓶窑镇,辖22个建制村,196个村民小组,7个居民区,有10683户,其中农业户7381户;总人口36729人,其中农业人口25462人。彭公乡有9个建制村,53个村民小组,3368户,其中非农业户2户;总人口14989人,其中茶场人口2402人。1994年,瓶窑镇辖22个建制村,196个村民小组,7个居民区。总户数10776户(其中农业户7308户),总人口37258人(其中农业人口25567人);彭公乡辖13个建制村,86个村民小组,总户数3402户,总人口15095人(其中农业人口12741人)。1995年,瓶窑镇辖22个建制村,197个村民小组,7个居民区,总人口37101人;彭公乡辖13个建制村,86个村民小组,总人口15100人。1996年,瓶窑镇辖22个建制村,197个村民小组,7个居民区,总人口37300人;彭公乡辖13个建制村,86个村民小组,总人口15185人。1997年,瓶窑镇辖22个建制村,197个村民小组,8个居民区,总人口37800人;彭公乡辖13个建制村,86个村民小组,总人口15132人。1998年,瓶窑镇辖22个建制村,197个村民小组,8个居民区,总人口3.78万人;彭公乡辖13个建制村,86个村民小组,总人口1.51万人。

2000年,瓶窑镇12660户,40940人,其中男性20947人,女性19993人;彭公乡4462户,14708人,其中男性7617人,女性7091人。2001年8月,撤销彭公乡建制,并入瓶窑,时瓶窑镇人口为53308人,16026户;2002年,年末户籍人口53127人,其中非农人口16092人,16531户;2003年,年末户籍人口53300人,其中非农人口16177人,16561户;2004年,年末户籍人口53536人,其中非农人口16403人,16615户。

2005年,全镇下辖14个建制村,4个社区(居委会),人口53736人;2006年,年末户籍人口53736人,其中非农人口19165人;2007年,年末户籍人口54780人,其中非农业人口20896人;2008年,年末户籍人口55131人,其中非农人口21670人;2009年,年末户籍总人口55116人,其中非农人口22357人。人口自然增长率0.27‰;2010年,年末户籍总人口55303人,其中非农人口22825人,人口自然增长率0.2‰。2010年第六次全国人口普查,瓶窑镇常住人口为58496人(常住人口包括:居住在本乡镇街道、户口在本乡镇街道或户口待定的人;居住在本乡镇街道、离开户口所在的乡镇街道半年以上的人;户口在本乡镇街道、外出不满半年或在境外工作学习的人。)

2010年,瓶窑镇成立第六次全国人口普查办公室,落实工作小组成员111人,指导员96名,普查员331名,业务骨干18名;划分普查小区343个,虚拟小区6个,共349个,为户口整顿、清查摸底提供了准确的定位依据。10月30日20时至11月1日零时，全镇开展“零点行动”，对行政管辖区范围内居无定所的流动人口实地了解并登记尚未登记的外来流动人口。全镇普查员深入一线，在普查登记时间阶段内的10天时间内，按时保质完成8.9万余名普查对象的登记工作。据查，全镇户籍总人口55303人，其中非农人口23416人，外来流动人口16634人。

图1－25　大观山村新居（2017年）

2011年，年末户籍总人口55623人，其中非农人口23416人，人口自然增长率0.2‰；2012年，年末户籍总人口55918人，其中非农人口24289人，人口自然增长率0.5‰；2013年，年末户籍总人口56307人，其中非农人口25510人，人口自然增长率6.9‰；2014年，全镇年末总户数17118户，其中农业户口10320户；年末户籍人口56884人，其中农业人口30403人，外来人口12195人。人口自然增长率5.2‰。2015年，全镇年末总户数17526户，年末户籍人口57864人，其中城镇人口28755人，7208户。

二、分布

境内素为人口稠密地区。民国22年（1933年），杭县人口38.79万人，平均每平方公里145.55人；余杭县人口13.5万人，每平方公里109.57人。民国35年（1946年），杭县总人口350836人，每平方公里363人，其时浙江全省平均密度为200人。瓶调区（今瓶窑、良渚、三墩等地）每平方公里为370人。

中华人民共和国成立时的1949年，两县人口密度为每平方公里313人。后人口激增，密度逐年提高，1964年第二次人口普查时，每平方公里462人。1982年第三此人口普查时增至575人，1987年602人，1990年614人，1995年637人，2000年669人，至2005年每平方公里为665.8人。人口分布疏密不匀，据1982年统计，瓶窑区为西部山地丘陵地区，每平方公里268人。20世纪90年代末，瓶窑区地区为378人。

2000年第五次人口普查时，瓶窑镇4.09万人、彭公乡1.47万人。其中瓶窑镇面积69.68平方公里，人口密度为每平方公里586.97人；彭公乡59.13平方公里，人口密度为每平方公里248.60人。

三、流动人口

旧时，农村居民往往株守田园，安土重迁，移动之举较少。而在业人口，经常带有流动人口性质的，主要是外出谋生而不改变户口性质的工匠。“县境农民，往往株守田园，以最精密之方法，利用其土地；以最刻苦之方式，兼营其副业，安土重迁，仅谋自给。其余若学、若商、若工，惯性大抵相同。故人口移动之举，历年无甚大出入，与杭市人口增减不定者不同。”（民国《杭县志稿》卷五《人口》）清末，钱塘余杭之瓶窑乡，温台人与两湖人迁来较多。且经常发生械斗。“兹乃该难民等不尽皆两湖产，亦有河南。前年避荒来者，附于楚鄂人，与温台人不合。”（《申报》1881年9月25日第3018号第2版）“杭州瓶窑乡客民械斗，虽经许雪门太守调处，现已安然无事。然以仇敌而共处一方,将来弱肉强食,终难免挟忿寻仇。现悉省宪议定,俟两湖人秋收毕后,给发川资,尽数遣回。此项巨款,前经胡雪岩方伯慨然自任,每一人给银十六两,按名给发,另派邢司马守道,汤大令庆怀押解回籍,以免沿途逗遛生事。"(《申报》1881 年 10 月 10 日第 3033 号第 1 版)

抗日战争时期,县境人口始起变动。抗战胜利后,地方秩序渐次安定,人口流动趋少。民国 35 年(1946 年),杭县常住人口为 350836 人,外出者 1665 人,而外来者有 4145 人。

中华人民共和国成立后,人口国内迁移的数量与方向受迁移管理制度变动的支配,又受政治形势和经济体制变化的制约。1950 年—1957 年为自由流动时期,1958 年—1978 年为限制农村人口向城市流动时期。中共十一届三中全会后,农村实行联产承包责任制,农村多种经营和乡镇企业迅速发展,农村劳动力结构发生重大变化,国家在政策上亦鼓励一部分劳动力外出营生,大批农民从土地的束缚中被解放出来,农村进城务工、经商办企业的人数逐年增多。

2000 年,瓶窑镇外来人口共 5430 人,其中本县(市)其他镇乡的 2230 人,本省其他县市的 1593 人,省外 1607 人;彭公乡外来人口共 1673 人,其中本县(市)其他镇乡的 278 人,本省其他县市的 873 人,省外 552 人。是年,瓶窑镇外出人口共 2956 人,其中前往本县(市)其他乡镇 956 人(男 499 人,女 457 人),前往省内其他县市 1657 人(男 783 人,女 868 人),省外 349 人(男 184 人,女 165 人);彭公乡外出人口共 1958 人,其中前往本县(市)其他乡镇 892 人(男 406 人,女 486 人),前往本省其他县市 954 人(男 417 人,女 537 人),省外 112 人(男 49 人,女 63 人)。

2010 年,户籍住户 17079 户,户籍人口 55303 人,其中外来人口 16634 人;2015 年,户籍住户 17526 户,户籍人口 41615 人,其中外来人口 16249 人。

第二节 人口结构

境内历代以汉族人口为主,少数民族较少。

人口结构的性别结构,即在一定时期范围内人口总数中男女两性各自所占比例,受当时社会、经济、文化发展水平及思想、观念制约,性别比各有不同,而各个年龄组在全体人口中所占比重,亦与之有关,随着生活不断改善,人口老龄化趋快,人的素质也不断提高。

一、民族

据史载,商初境内就生活着越人,其时称"沤(瓯)越"。《春秋》:"於越入吴"。《左传》载,东周定王六年(前 601 年),楚与吴、越结盟。其时於越已建立政权,并成为春秋列国之一。秦时,一部分於越人成为会稽郡编户齐民,其中有的族众在秦始皇三十七年(前 210 年),被秦始皇强令迁往浙西山地。《越绝书》卷二《越绝外传吴地传》载:"乌程、余杭、黝、歙、无湖、石城县以南,皆大越徙民也。秦始皇刻石徙之。"该书卷八亦云:"徙大越民置余杭,伊攻、□故鄣。"於越与其他越族于中原民族杂居。东汉末,境内山区有山越人。"山越本亦越人,依阻山险,不纳王租,故曰'山越'。"(胡三省《资治通鉴》卷五十六注)其中亦有与之为伍的汉人。其时,钱唐有"大帅彭式等蚁聚为寇。"(《三国志》卷五十四《吴书·周瑜传》)汉武帝时,汉族大举南下,将越人迁至中原。境内汉族也是长期和许多民族融合而成的,并占据主要地位。同时,也有少量少数民族居住。元至元十三年(1276 年),元军南下占领临安,3 年后南宋灭亡。在此期间,曾有部分蒙古族人随元军进入境内。清初,各地驻扎旗兵,随带家属,圈地为营,从此永住。太平天国战争中,省际人口流动较多,亦有少量少数民族进入境内。民国时期,通令废除对少数民族不平等待遇,但少数民族仍未得到应有关注。民国间,历次编制和普查人口,均未对境内少数民族作过专项统计,仍以“户”、“口”、“丁”等传统概念为依据。据 1953 年人口普查,境内少数民族仅为回族、满族、畲族。20 世纪 80 年代后,随着经济发展,因婚嫁、务工而来的少数民族人口渐多。

1982 年第三次人口普查时,瓶窑镇总人口 6396 人,其中汉族 6374 人,占 99.66%;少数民族 22 人(蒙古族 3 人、回族 15 人、满族 4 人),占 0.34%。长命公社总人口 14551 人,其中汉族 145458 人,占 99.98%;少数民族 3 人(回族 2 人、布依族 1 人),占 0.02%。彭公公社总人口 14376 人,其中汉族 14367 人,占 99.94%;少数民族 9 人(回族 1 人、蒙古族 1 人、畲族 7 人),占 0.66%。北湖公社总人口 11551 人,其中汉族 11540 人,占 99.99%;少数民族 11 人(回族 2 人,畲族 9 人)占 0.01%。

2000 年第五次人口普查时,瓶窑镇总人口 40940 人,其中汉族人口为 40730 人,占总人口的 99.49%;少数民族 210 人(蒙古族 4 人、回族 9 人、满族 3、维族 1 人、苗族 32 人、壮族 28 人、布依族 25 人、彝族 1 人、侗族 17 人、瑶族 8 人、黎族 1 人、畲族 37 人、土族 3 人、仡佬族 3 人、白族 1 人、土家族 38 人)占总人口 0.51%。彭公乡总人口 14708 人,其中汉族 14610 人,占总人口的 99.33%;少数民族 98 人(回族 2 人、藏族 2 人、苗族 30 人、壮族 25 人、布依族 10 人、侗族 1 人、瑶族 5 人、白族 1 人、土家族 5 人、畲族 73 人、水族 1 人、毛南族 1 人、仡佬族 2 人)占总人口的 0.66%。

2005 年 5 月,结束的少数民族普查查明,余杭区常住人口中少数民族有 32 个、3015 人,其中女性 2655 人、男性 360 人。少数民族居住地人口超过 300 人的乡镇依次是塘栖镇 402 人、良渚镇 376 人、仁和镇 369 人、瓶窑镇 307 人。少数民族中半文盲占 1/3,大中专文化 300 余人。除通过人才引进和移民等形式到余杭定居者外,多数是通过婚嫁途径到余杭定居的。

2010 年第五次人口普查时,汉族人口为 55054 人,占总人口的 99.55%;少数民族人口占 0.45%。

二、性别

旧时重男轻女,男女性别比例失调。余杭的男女人口数未见记载。据邻县数据,男姓约占 60%。民国 22 年(1933 年),杭县人口性别比例为 123(女为 100),余杭县为 137。民国 36 年(1947 年),瓶窑镇分 10 保,110 甲,1421 户,5361 人(其中男性 2912 人,女性 2449 人);崇化乡分 8 保,92 甲,1136 户,4392 人(其中男性 2367 人,女性 2025 人);纤石乡分 15 保,200 甲,1421 户,10869 人(其中男性 5872 人,女性 4997 人)。中华人民共和国成立后,宣传男女平等,性别比例渐趋正常。

1953 年第一次人口普查,男性占总人口的 53.99%;女性占 46.01%。性别比为 117.36。1964 年第二次人口普查,男性占总人口的 54.04%;女性占 45.96%。性别比为 117.57。1982 年第三次人口普查,长命公社总人口 14551 人,其中男性 7598 人,占总人口数合计的 52.22%,女性占 47.78%,性别比为 109.2;彭公公社总人口 14376 人,其中男性 7380 人,占 51.34%,女性 6996 人,占 48.66%,性别比为 105.49;北湖公社总人口 11551 人,其中男性 5998 人,占

51.93%,女性5553人,占48.07%,性别比为108;瓶窑镇总人口6396人,其中男性3584人,占56.04%,女性2812人,占43.96%,性别比为127.45。1990年第四次人口普查,男性总人口的52.10%;女性占47.90%。性别比为108.79。2000年第五次人口普查,瓶窑镇男性20947人,占总人口的51.12%;女性19993人,占48.83%,性别比为104.77。彭公乡男性7617人,占总人口的51.77%;女性7091人,占48.21%,性别比107.42%。

2005年,瓶窑镇总人口53736人,其中男性26959人,女性26777人,性别比为101(以女为100)。

2015年,总人口57864人,其中男性为28471人,女性为29393人,性别比为96.8。

三、年龄

有关人口年龄,史无明载。民国36年(1947年),瓶窑镇人口中男性2912人,其中未满1岁的70人,1岁至未满5岁的205人,5岁至未满6岁的50人,6岁至未满10岁的221人,10岁至未满12岁的137人,12岁至未满15岁的228人,15岁至未满18岁的191人,18岁至未满20岁的85人,20岁至未满25岁的219人,25岁至未满30岁的262人,30岁至未满35岁的202人,35岁至未满40岁的264人,40岁至未满45岁的182人,45岁至未满50岁的243人,50岁至未满55岁的164人,55岁至未满60岁的87人,60岁至未满65岁的54人,65岁至未满70岁的25人,70岁及以上的23人;女性2449人,其中未满1岁的82人,1岁至未满5岁的179人,5岁至未满6岁的34人,6岁至未满10岁的124人,10岁至未满12岁的113人,12岁至未满15岁的171人,15岁至未满18岁的131人,18岁至未满20岁的103人,20岁至未满25岁的227人,25岁至未满30岁的205人,30岁至未满35岁的179人,35岁至未满40岁的189人,40岁至未满45岁的151人,45岁至未满50岁的144人,50岁至未满55岁的127人,55岁至未满60岁的100人,60岁至未满65岁的69人,65岁至未满70岁的58人,70岁及以上的57人。1953年和1964年人口普查时,余杭属于年轻型人口结构,1964年尤为典型,是年全县少年儿童人口(0—14岁)有256154人,占总人口39.52%。1982年时,少年儿童人口显著减少,为187514人,占总人口23.3%。与此同时,老年人口(65岁以上)增加较快,1964年2.49万人,占总人口的3.80%;1982年4.82万人,占总人口的5.99%。

瓶窑人口再生产,在20世纪50、60年代出现两次生育高峰。70年代起实施计划生育,出生率逐步下降。反映在人口结构形状上,由低龄组人口多,成年和老年人逐步减少的宝塔形向低高年龄组相对少、成年人多的葫芦形转变。人口结构类型由年轻型转为成年型,并逐步走向老年型。

1990年第四次人口普查,各组年龄人口构成:0—14岁少年儿童人口的比重为18.13%,15—64岁人口比重为74.55%,65岁及以上老年人口比重为7.32%。与第三次人口普查数据相比,8年间0—14岁人口比重下降5.16个百分点,15—64岁人口比重上升3.83个百分点,65岁及以上老年人口比重上升1.33个百分点。

1996年余杭市第一次农业普查,瓶窑镇农村住户7周岁以上人员按年龄段分组:7岁—15岁3405人,16岁—17岁377人,18岁—25岁2675人,26岁—35岁6314人,36岁—45岁4923人,46岁—50岁1877人,51岁—54岁943人,55岁—59岁1042人,60岁以上3552人。

彭公乡农村住户7周岁以上人员按年龄段分组:7岁—15岁1685人,16岁—17岁225人,18岁—25岁1440人,26岁—35岁2869人,36岁—45岁2245人,46岁—50岁827人,51

岁—54岁395人,55岁—59岁396人,60岁以上1630人。

2000年第五次人口普查,瓶窑总人口40940人,各组年龄构成:0岁391人,1岁—4岁1520人,5岁—9岁2124人,10岁—14岁2987人,15岁—19岁2536人,20岁—24岁1889人,25岁—29岁3523人,30岁—34岁4649人,35岁—39岁4563人,40岁—44岁3772人,45岁—49岁3316人,50岁—54岁2521人,55岁—59岁1647人,60岁—64岁1486人,65岁—69岁1610人,70岁—74岁1136人,75岁—79岁732人,80岁—84岁308人,85岁—89岁153人,90岁—94岁27人,95岁—99岁8人,100岁以上2人。彭公乡总人口14708人,各组年龄构成:0岁127人,1岁—4岁542人,5岁—9岁889人,10岁—14岁1174人,15岁—19岁567人,20岁—24岁645人,25岁—29岁1160人,30岁—34岁1623人,35岁—39岁1667人,40岁—44岁1324人,45岁—49岁1296人,50岁—54岁1029人,55岁—59岁660人,60岁—64岁532人,65岁—69岁541人,70岁—74岁427人,75岁—79岁287人,80岁—84岁152人,85岁—89岁55人,90岁—94岁8人,95岁—99岁2人。

四、残疾人

中华人民共和国成立以前,百姓受生活环境影响,加之战争频仍,残疾人数量较多,且遭受歧视,残疾人情况也少见记载。自1995年全国统一制发“残疾人证”以来,残疾人的合法权益得到有效保障。随着残疾人维权意识提高和城乡社会保障制度建立、完善与落实,第一代“残疾人证”核发。

21世纪初,启动和实施第二代“残疾人证”的核(换)发工作。第三人民医院和区中医院为鉴定医院,负责残疾类别和等级的评定。在集中换证期间,工作人员及鉴定医师组织好残疾鉴定工作,下乡为残疾人提供上门鉴定服务,切实负起责任,把好鉴定关。

2014年,瓶窑第二代“残疾人证”共发放2148本,其中视力残疾255人、听力残疾220人、肢体残疾1152人、智力残疾278人、精神残疾170人、多重残疾73人。

五、文化素质

民国36年(1947年),瓶窑镇受高等教育者2人(其中1人肄业);受中等教育者83人(其中高中毕业5人、肄业6人,初中毕业32人、肄业40人);受初等教育者(其中高小毕业59人、肄业54人,初小毕业104人、肄业706人);私塾念书者454人;不识字者3279人(其中男性1379人,女性1900人)。民国37年(1948年),瓶窑地区文盲约占人口的80%以上。中华人民共和国成立后,人民政府注重教育,着力扫除文盲,居民文化素质有一定提高。

1982年第三次人口普查,长命公社9923人中:大学毕业14人,大学肄业或在校1人,高中647人,初中2660人,小学6551人,12周岁及12岁以上识些字和不识字3707人;彭公公社10659人中:大学毕业35人,大学肄业或在校9人,高中990人,初中3087人,小学6544人,12周岁及12岁以上识些字和不识字2493人;北湖公社(10730人中:大学毕业7人,大学肄业或在校2人,高中755人,初中2179人,小学4801人,12周岁及12岁以上识些字和不识字2986人),瓶窑镇5928人中:大学毕业145人,大学肄业或在校8人,高中400人,初中1827人,小学1821人,12周岁及12岁以上识些字和不识字1227人。

1990年第四次人口普查,全部人口中,具有大学(包括专科)以上文化程度的占总人口的0.7%;具有高中文化程度的占总人口的6.59%;具有初中文化程度占总人口的22.3%;具有小学文化程度的占总人口的42%。

1996年,余杭市第一次农业普查,瓶窑镇农村住户7周岁以上人员按文化程度分组:不识字或识字很少4584人,小学10107人,初中8400人,高中1823人,中专137人,大专及大专以上57人;彭公乡农村住户7周岁以上人员按文化程度分组:不识字或识字很少1761人,小学5086人,初中3893人,高中895人,中专63人,大专及大专以上14人。

1997年,基本普及九年制义务教育、基本扫除青壮年文盲工作,经省政府验收合格。2007年,申报农民技术职称20人,完成农业实用人才入库250人。2010年与2000年相比,每万人中具有大学程度的上升7个百分点,城镇人口的比重上升近20个百分点。

2015年企业职工学历情况表

表1-3-1

序号	行　业	大学本科及以上	大专	中专及高中	初中及以下
1	农副食品加工制造业	52	90	152	704
2	纺织、服装业	9	45	252	501
3	造纸和纸制品业	31	128	145	383
4	印　刷　业	16	57	88	164
5	化工、橡塑业	35	78	295	211
6	非金属矿物制品业	41	297	388	352
7	金属冶炼和压延业	69	332	779	273
8	金属制品业	54	181	471	804
9	通用、专用设备、汽车制造	358	593	1050	1013
10	电气机械和器材制造业	160	285	480	784
11	其　他	9	66	189	78
	合　　计	834	2152	4289	5267

2015年企业技术人员分布情况表

表1-3-2

行　业	专业技术人员			技术工人				
	高级	中级	初级	高级技师	技师	高级工	中级工	初级工
农副食品加工制造业	-	2	6	3	17	27	7	12
纺织、服装业	-	7	20	-	2	-	4	165
造纸和纸制品业	4	3	9	-	-	3	1	19
印刷业	4	11	28	-	2	8	26	52
化工、橡塑业	4	19	24	2	3	5	17	77
非金属矿物制品业	2	2	24	30	92	53	53	95
金属冶炼和压延业	33	64	182	38	32	40	107	414
金属制品业	17	45	55	2	8	13	54	91
通用、专用设备、汽车制造	41	123	224	17	26	113	192	381
电气机械和器材制造业	75	113	264	1	4	17	44	162
其　　他	2	3	11	-	2	-	-	15
合　　计	182	392	847	93	188	279	505	1483

第三节 生 育

历来传统观念为“多子多福”,人口出生长期处于自然状态。早婚、多生现象普遍存在,尤以农村为甚。促使人口世代间隔期缩短,繁衍加速。此种自然生育状况一直延续至20世纪70年代初。20世纪70年代起,以计划生育为基本国策,控制人口数量增长,并把提高人口素质放在重要位置上。境内全面开展人口与计划生育工作,控制多胎生育,提倡“晚”(结婚晚一点)、“稀”(两孩子间隔长一点)、“少”(最好一孩,最多两孩)。1979年后,大力提倡晚婚、晚育,一对夫妇只生一个孩子。从紧、从严控制人口增长,人们的生育意识开始从传统型逐步转为现代型,由早生、多生向少生、优生转变。90年代,计划生育进入法制管理阶段,人口过快增长势头得到有效控制。

一、自然生育

距今四五千年前,境内已聚居人群,生息繁衍。置县以还,县域屡变,记载不齐。东晋咸和四年,钱唐县户数盈万。历史上除某些时期国家鼓励生育外,人口一直处于自然生育状况。在“多子多福”等思想意识支配下,普遍存在早婚、早育、多生现象,十四五岁开始生育、生产七八个的不在少数,促使人口世代间隔期缩短,繁衍加快。民国36年(1947年),瓶窑镇人口中男性2001人,其中未婚488人,有配偶1259人,丧偶239人,离婚15人;女性1746人,其中未婚144人,有配偶1116人,丧偶482人,离婚4人。

中华人民共和国成立后,随着生活条件和卫生医疗条件改善,余杭人口再生产虽处于自然生育状态,但迅速转为高出生率、低死亡率、高自然增长率。据人口统计,1950年出生率为34.56‰,死亡率为14.24‰,自然增长率为20.28‰。1953年1月,浙江省妇幼保健工作队在杭县3个试点乡调查,平均出生率为32.8‰。1959年—1961年,由于经济工作失误和遭受自然灾害,人民生活困苦,育龄妇女生育率则较低。据二次人口普查数据测算,这几年的一般生育率分别在130‰、115‰和85‰左右。1962年之后的四五年内出现补偿性生育,出生率18.83‰,自然增长率10.39‰;1963年人口出生率39.82‰,自然增长率32.13‰。

二、计划生育

1956年10月,杭县等县(市)被省卫生厅确定为开展避孕节育工作重点县(市),杭县开始宣传避孕知识,开设避孕门诊,销售避孕药具。1962年12月,中共余杭县委确定“加强领导,积极开展,保证质量,稳步前进”的计划生育工作指导思想,实施“先城镇,后农村”、“先试点,后推广”的工作步骤和“宣传开路,技术紧跟”的工作方法。随后在全县免费试行放环、人工流产和男子结扎等节育、绝育措施,计划生育渐显成效。进入20世纪70年代,各级政府加强计划生育工作,余杭人口向低出生率、低死亡率、低自然增长率过渡。1976年出生率、自然增长率分别为10.77‰、4.93‰,1979年分别为11.27‰、6.06‰。80年代虽受前两个生育高峰期影响,但一般生育率已降至较低水平,在50‰上下波动。随着计划生育工作的不断深入,人口出生率和自然增长率都稳中有降。

1991年,瓶窑人口出生率10.01‰,自然增长率3.44‰。1995年,人口出生率11.58‰,自然增长率3.25‰。2000年,人口出生率8.57‰,自然增长率1.71‰。2005年,人口出生率

7.81‰,自然增长率-0.15‰。2010年,人口出生率7.86‰,自然增长率-0.34‰。2015年,人口出生率8.24‰,自然增长率1.45‰。

20世纪90年代,人口出生率和自然增长率分别从1962年的40.28‰、30.5‰下降到14.29‰、7.72‰。

"十五"期间(2001年—2005年),瓶窑出生2025人,平均出生人数、出生率、自然增长率分别为405人、7.58‰、-0.54‰,与"九五"(1996年—2000年)相比,年均出生人口减少47人,年均出生率下降0.22个千分点,平均自然增长率下降0.09个千分点。至2005年,全镇各村建立计划生育服务站,并全面实行微机信息化管理。计划生育工作由单纯追求控制人口数量,逐步转到既重视人口数量又重视人口质量、从补救型转向孕前管理、服务型上去,通过开展新家庭计划、婚育新风进万家等活动,整体提高计划生育工作水平。2010年后,做好计划生育服务,稳定低生育水平在99.25%以上。奇鹤村成为全区唯一的全国人口计划生育基层群众自治示范村。

晚婚晚育 1962年起,对未婚青年进行晚婚、晚育教育,并推广大陆公社一对夫妇二胎间隔4年办法。1971年,制定人口控制规划,提倡晚婚,即男25周岁、女23周岁为最低结婚年龄;稀生,即两胎间隔4年;少生,每对夫妇不超过两胎,控制生育多胎。1981年1月,实施重新颁布的《中华人民共和国婚姻法》,规定结婚年龄,男不得早于22周岁,女不得早于20周岁,晚婚晚育应予鼓励。1982年,执行《浙江省计划生育条例(试行)》。规定按法定婚龄推迟3年以上,即男25周岁以上、女23周岁以上结婚者为晚婚,妇女24周岁以后生育为晚育。晚婚率列入当年人口规划。1985年,晚婚率男为42%、女为37%左右。1989年,执行《浙江省计划生育条例》规定:"提倡晚婚,推行晚育。已婚妇女24周岁以上生育或晚婚后怀孕生育第一个子女为晚育。"把晚婚、晚育正式纳入法制轨道。瓶窑严格坚持生育程序和婚姻登记制度,严肃生育政策和统计口径,实行凭证引产和凭证生育。合理调控人口出生,保持人口适度平稳增长。至2014年,全镇年末总户数17118户,其中农业户口10320户;年末户籍人口56884人,其中农业人口30403人,外来人口12195人。人口自然增长率5.2‰。

优胜优育 20世纪60年代,计划生育工作主要限制多胎生育,动员3个孩子以上的育龄夫妇做节育手术。70年代后期,以乡镇医院妇幼保健医生为主体,开展优生优育工作,传授孕妇孕前、孕期、产后保健和科学育儿保健知识,施行新法接生,严格把好产前、产中、产后三关。1977年开始,全面开展妇女病普查,对15周岁以下儿童进行健康检查,建立档案;对自愿只生一个孩子的夫妇,颁发"独生子女光荣证"和保健费。1982年,对孕妇实行围产期保健,建立围产期保健卡,定期进行产前检查。次年,专门为境内独生子女进行体格检查,对发病儿童进行治疗。20世纪80年代后期,计划生育工作日趋制度化、经常化。从调查人口素质入手,运用广播、电视、图片、宣传手册等形式向群众传授优生优育科学知识。同时,采取创办镇、村人口学校,举办新婚、孕妇、育儿等培训班,开展婚育新风进万家活动,加强流动人口计划生育管理等一系列举措,宣传优生优育,提高群众自我保健意识。计划生育技术指导站深入镇乡,开展门诊咨询,对不育夫妇及病残夫妇进行检查治疗,结合查孕、查环、查病,为孕龄妇女提供优生优育指导服务。卫生系统认真执行《中华人民共和国母婴保健法》,强化高危孕妇和婴幼儿健康管理,创办爱婴医院,推行妇女、儿童保健和母婴安全保偿制。2000年,瓶窑婴儿死亡1人,死亡率2.83‰;5岁以下儿童死亡1人,死亡率2.83‰。2005年,婴儿死亡1人,死亡率为

2.88‰;5岁以下儿童死亡1人,死亡率2.88‰。2015年,婴儿死亡1人,死亡率为1.88‰;5岁以下儿童死亡1人,死亡率1.88‰。2006年,生育文化村创建率88.33%。1992年,瓶窑镇计划生育出生率10.13‰,比计划下降4.58‰;晚婚率67%,比计划提高2.29%;一孩上环率85%,比计划提高5.33%,二孩结扎率90%,比计划提高0.22%,计划生育率99.4%,连续3年被县评为红旗单位。次年,瓶窑镇计划生育各指标均已达标,人口出生率11.18‰,计划生育率达到100%,晚婚率72.42%,一孩放环率83.98%,二孩结扎率92.16%。1994年,瓶窑镇计划生育率99.54%,人口出生率11.66‰,晚婚率72.24%,人口自然增长率2.62‰。1997年人口自然增长率2.35‰。2001年,瓶窑镇总人口5.33万人,人口自然增长率0.97‰。2007年,全镇计划生育率99.18%,人口出生率11‰。

避孕节育　1956年10月,浙江省卫生厅确定杭县等县(市)为开展避孕节育工作重点县(市)。杭县开始宣传避孕知识,妇幼保健所设避孕技术指导,县卫生院设避孕门诊,全县医药商店、农村供销社、百货公司均经销避孕药具。1957年,杭县开展节育宣传,举办避孕节育讲座,推行男子后尿道压阻避孕方法。1962年,在瓶窑镇开展计划生育宣传与技术指导,受教育群众有上千人次。1964年4月,组织计划生育手术队下乡免费做男子结扎。“文化大革命”期间,节制生育工作一度处于无政府状态。

1979年,配备计划生育联系员。计生联系员主要任务是动员育龄妇女避孕节育,把避孕药具送上门及手术后随访。1980年9月,《中共中央关于控制我国人口增长问题致全体共产党员、共青团员的公开信》发表后,瓶窑开展党员、干部“三包四带头”活动(党员干部包自己、包亲戚朋友、包子女;带头实行计划生育、带头晚婚晚育、带头一对夫妻只生育一个孩子、带头落实避孕节育措施),对独生子女家庭实行奖励。当年,领取“独生子女父母光荣证”领证率为60%以上。1982年,中共十二大确定计划生育是一项基本国策。是年12月,成立计划生育宣传月活动领导小组,次年1月,首次开展以落实节育措施为主要内容的宣传服务月活动,此后,每年都开展计划生育宣传月活动。1984年,在全县开展“五无”(无计划外出生、无三胎、无早婚早育、无党团员干部违反计划生育政策、无未落实避孕节育措施)单位评比活动;加强避孕药具管理,建立药具定期发放和查访制度,各镇乡建立使用药具人员花名册、药具分配账、药具进出账,村建立使用药具人员随访卡。年末,瓶窑计划生育率为98%,女性晚婚率为81%,育龄妇女节育率为98%,独生子女领证率为98%。2002年,坚持以人为本,开展个性化宣传教育、生育文化建设活动,深化优质服务,实施“三大工程”(计划生育优质服务工程、出生缺陷干预工程、生殖道感染干预工程),重点抓长效避孕措施落实工作,进行“三查”(查孕、查环、查病)、“三访”(孕期随访、产后随访、术后随访)。2000年晚婚率为60%左右,2005年,晚婚率为50%左右。2003年,区政府筹措250万元资金,设立计划生育公益金,用于独生子女意外伤残、死亡,以及计划生育贫困户中独生子女上大学、特困纯农独生户家庭生活、计划生育术后并发症家庭的补助等。2008年,完成农民健康体检21401人,妇女病普查12079人,计划生育率98.98%。2010年12月,社区卫生服务中心启用。该项目由原余杭区第三人民医院改建,投资2000多万,占地1.1公顷,承担着13个建置村、5个社区约10万名流动人口的医疗、预防、保健、康复、健康教育、计划生育技术服务六位一体功能。中心下设11个社区卫生服务站点,能提供基本医疗、健康咨询、计划免疫、预防保健、康复医疗、计划生育、慢性病随访等服务,免费为社区居民建立电子健康档案。

第四章　镇村建设

瓶窑地理位置优越,经济开发较早,随着各业发展,境内逐步形成一批集镇。宋代,石濑即为农副产品有名集散地。旧时镇区以小港溪为界,半属钱塘,半属余杭。

中华人民共和国成立后,随着社会、经济的发展而不断扩大,特别是1978年改革开放以后,瓶窑镇按自己特色编制总体发展规划以及相配套的工业、商贸、居住等专项规划,逐年加大资金投入,改造老城区、建设新城区、扩大建城区,一改昔日街小路窄、房屋低矮、设施简陋形象,逐步建成为布局比较合理、基础设施比较配套、且交通便捷、市场繁荣的新型城镇。

进入21世纪后,为融入杭州大都市,实施小城镇大战略的目标,在中心城镇(街道)建设快速发展的同时,也不断推进农村农民的住宅改造,一大批新农居点多(高)层公寓建筑如雨后春笋般的在广阔田野上崛起,使越来越多的农民变成了居民,村庄建成了社区。伴随撤村建居,促进了城乡建设的迅速发展,城乡面貌的巨大变化,从而逐步实现了生产生活生态的高度融合。

第一节　市政建设

1994年,以瓶窑综合改革试验区为契机,加快城镇建设。城镇面积由原来的0.8平方公里扩展到3平方公里。1997年,以省小城镇综合改革试点镇为契机。重点加快道路、供水、供电、通讯等基础设施建设。

在逐步完善各项基础设施建设的同时,充分发挥镇创卫办、城管中队、各社区居民委员会的职能作用,积极开展各类宣传教育活动,实行"门前三包"、垃圾袋装化、路段保洁招标承包等措施,保持市容整洁;整顿市容市貌,拆除违章建筑;主要道口安装红绿灯,规范停车,加强车辆管理,确保道路畅通。2003年,顺利通过省级卫生城镇的复查验收。2006年,瓶窑被国家建设部列为全国小城镇建设重点镇后,把规划作为小城镇建设突破口,加大集镇建设力度。街道、桥梁及防洪设施建设都大有成效。

一、规划实施

20世纪80年代初,瓶窑始有规划地进行集镇建设。1984年编制的瓶窑镇城镇总体规划,其城镇性质为瓶窑区政治、经济、文化的中心,是杭州市的卫星镇。规划城镇人口近期1.2万,远期2万,建成区面积近期为1.1平方公里,远期为1.8平方公里。镇北部的窑山和苕溪之间的开阔地带是镇区工业发展所在地。1992年,北湖乡和长命乡的并入,瓶窑镇行政区域从1.46平方公里扩大到69.68平方公里(其中城镇面积1.24平方公里),次年,镇人民政府与县城建局重新修订《瓶窑城镇总体规划》;1994年,该《规划》经余杭市政府常务会议讨论通过实施。当年用于城镇道路建设资金达130万元,完成27项工程,其中浇水泥路2400米。投资

130万元对镇自来水厂供水管网进行改造;投资4000多万元的瓶窑五彩商城已基本完成;商城内投资450万元,占地5000多平方米,有800个摊位的桥南农贸市场交付使用。同时,统一规划审批在104国道两侧新建营业用房4265平方米,发展第三产业。次年用于城镇道路建设资金51万元,完成主要工程项目11项,其中浇筑水泥道路面积2470平方米,铺设下水道380米,毛路延伸670米。桥南新区主干道新窑路、东大街、华兴路、南大街已拉出毛路并投入建设。投资357万元续建镇自来水工程,投资165万元,扩建了自来水净化设施,对自来水管网进行改造,供水管网延伸到长命桥。投资600万元新建手机接收塔1座,投资50万元新建129站1个。增设400千伏、50千伏变压器各1台,改造照明线路12公里。城镇实施道路建设项目4项,投资60万元,浇筑水泥路面1.2万平方米,对外窑街老路面、人行道进行了翻建。整改照明线路43公里,新增变压器容量575千伏,通讯线路投入1328万元,广播电视投入24万元,城镇配套功能日益完善。1999年,重点工程瓶窑大厦和华兴大厦相继开工,投入近600万元建造的文华幼儿园启动,新建的瓶窑镇卫生院竣工。总投资1400万元的华兴路竣工,并通过杭州市交通监理公司综合测试达到优良工程。重新翻建的瓶窑大桥已投入使用,华兴路、老104国道两侧人行道铺设彩色地砖,并配置路灯,增添绿化带。城镇配套设施得到完善,小城镇建设步伐加快。1998年后,由于受良渚文化遗址的制约,瓶窑镇城镇建设规划于2000年和2004年先后两次对总体规划进行调整,实施跨新104国道发展战略,寻求一个全新的城镇发展空间。规划以"农村城镇化、城镇城市化"为目标,形成"一心、两轴、四区、多带"空间布局结构。瓶窑新建设规划,涵盖工业、商业、休闲、行政、农业、交通诸多领域。2003年后,投资4350万元,基本完成了羊城大道、凤凰大道、闻溪路、东兴路延伸、新村路改造等工程。投资180余万元,实施"亮灯工程",安装了凤溪路西段和新104国道的路灯,以及人行道的铺设、改造和道路两侧绿化等。继续抓好旧城改造和维护工作,动工兴建桥北农贸市场。总投资1.8亿元的华兴路互通立交、瓶仓大道、行政中心等三大工程相继开工建设。新区道路、水、电、通讯等基础设施建设正在抓紧实施。同时,投入300余万元浇筑水泥村道1.57万米,总面积7万平方米;新建、维护桥梁22座,完成全镇农村的改水工作。

2006年,瓶窑被建设部列为全国小城镇建设重点镇后,该镇把规划作为小城镇建设突破口,先后委托同济大学、浙江大学编制《瓶窑镇城镇建设总体规划》,建立包括经济社会发展规划、新老城区控制性规划和各专项规划在内的一整套规划体系。在总规划基础上,进一步完善新104国道南侧新区10平方公里的控制性规划;为改变桥北老城区面貌,委托浙江省城乡规划设计研究院编制桥北新城区3.7平方公里控制性规划。为巩固创建国家级卫生城镇成果,还专门编制排水等专项规划。该镇领导在抓规划编制同时,狠抓规划管理和实施,坚持"规划一张图、审批一支笔、建设一盘棋、管理一张网"的原则,维护规划权威性和严肃性。为使规划便于实施,将总体规划目标按年度分解为阶段性目标,每年抓几个重点项目,分步实施,使每一个项目落到实处,保证规划实施连续性。

2010年,瓶窑镇政府、区规划分局委托中国联合工程公司编制《瓶窑新区控制性详细规划》,经区政府批复同意实施。其规划范围北起新104国道,南至杭长高速,东依大雄山,西临东苕溪,规划总用地面积约14.43平方公里。该《规划》结合瓶窑组团的发展定位与目标,将瓶窑新区建设成集居住生活、高新技术、旅游集散于一体的功能齐备、配套完善、交通便利、生态良好的城市建设示范区。规划总用地面积1442.69万平方米,其中建设用地总面积1250.27

万平方米，水域、林地等其他用地192.42万平方米。建设用地面积中含居住用地334.64万平方米，公共设施用地185.39万平方米，工业用地262.52万平方米，对外交通用地20.76万平方米，道路广场用地189.41万平方米，市政公用设施用地10.32万平方米，绿地222.68万平方米，特殊用地24.55万平方米。规划形成“一心、两轴、四区、多带”空间布局结构。“一心”为瓶窑生活服务中心；“两轴”是指瓶仓大道城市发展轴和观山路城市生活发展轴；“四片”为凤都工业区、创新创业功能区和东、西两个居住区；“多带”是由连具塘港、李家港等多条河道滨河绿地构成贯穿新区的多条生态休闲带。结合分区规划，瓶窑新区城市道路依托新104国道、杭长高速公路，形成方格网状道路系统。分为快速路、主干道、次干道和支路四个等级。其中快速路为东西大道；主干道规划形成“二横三纵”主干路网结构：“二横”为琮华路、嵩山路，“三纵”为瓶仓大道、凤都路和创业路；次干道为羊城路、崇化路、建业路、观山路。规划区内总户数3.98万户，人口12.19万人，其中农村安置人口0.84万人。

二、道路

104国道（亦称“杭宁公路”、“京杭国道”） 1925年兴建马头关至彭公段。1926年建成瓶窑至彭公段、瓶窑至荀山段，因东苕溪上无桥，来往车辆须在瓶窑摆渡。1929年，建成临时性木结构的瓶窑大桥，杭州至湖州全线通车。抗日战争期间，大桥遭破坏，道路严重失修。中华人民共和国成立后，道路归人民政府修、养，面貌有所改观。1959年，彭公至马头关段重点降坡并改弯5处。1971年，桥梁实现永久化。1975年，浇成柏油路，达到三级公路标准。1987年，按加宽的二级公路标准进行改建，1989年竣工。新路绕出瓶窑集镇，路基宽16米，水泥砼路面宽9米—12米，在对原瓶窑大桥进行维修的同时，又建一座高11.2米、宽12米、长137米的新桥。1998年，全线按一级公路标准改建并改道绕过良渚文化遗址，瓶窑段总长15.5公里，新建桥梁4座，其中苕溪大桥和彭公公铁立交桥工程较大，1999年建成通车。

04省道（彭公—安吉公路） 1926年兴建，抗日战争中遭到破坏，1948年建成通车。中华人民共和国成立后，收归国养。1971年，全线木桥改建为永久式桥。1977年，按三级平原公路标准拓宽改善。1978年起浇铺沥青路面。1992年，为配合安吉县天荒坪蓄能电站大型构件运输的需要，扩建路基和桥梁。1993年，全线按一级公路标准改建。2000年，竣工。

015省道（彭公—余杭公路） 1925年7月建成，抗日战争时期全线遭破坏，1946年复路，至1949年中华人民共和国成立前仅通车10公里。1957年按6级公路标准建成通车，1966年改建全线桥梁，1979年全线按三级公路标准改建，1989年全线铺成沥青路面。1977年起，全镇村与村、村与镇及与周边乡镇之间的机耕路开始改建或新建公路，瓶窑与周边乡镇连接的有长命至安溪下溪湾、西险大塘沿塘、水河桥至吴山、长命至良渚七贤桥等公路，镇境内尚有彭公至卸车、石门至长岭、瓶窑至西中、瓶窑至张堰、彭公至石濑等公路。

杭瓶路 1924年3月，由两县士绅张立、俞作润、王正渊、胡道三、翁少山、张纪根、高桂堂、骆芝坪、王肇周、沈永卿、徐尔康、陈菊人、江经楚、徐芳兰等10余人，在杭县瓶窑镇召开发起会议，集资22400股（每股5元），集资总额11.2万元。公司始名为“承筑余武省道瓶湖双支路汽车股份有限公司”，并请立案承筑瓶窑至黄湖公路，旋即改称为“承筑瓶湖双省道汽车股份有限公司”，修筑与经营路段为瓶窑至黄湖及塘埠至双溪两段公路，享有30年专营权。公路公司于1925年7月1日筑成通车。沿线设有瓶窑、柴亭、彭公、塘埠、石门、赐壁坞、黄湖、双溪等8个车站，公司有中型客车6辆、货车2辆（均为美国福特牌），另有英国水克斯牌小轿车1

辆。公司在瓶窑设修理车间，瓶窑、黄湖两站有停车间。该公司客货兼营，货运物资主要是承运沿途纸类、笋干、竹木、柴炭等。初通车客货两业兴旺，盈利颇丰。杭瓶公司在承筑瓶窑至良渚段之后，又承租杭州小河至良渚段公路，经营杭州至瓶窑全线客运业务，享有专营权20年。公司购置客车4辆、小包车3辆，员工67人，日始发点各往返班车8次。1928年11月，由省公路局勘测杭州至良渚段时，初拟至良渚再折北经安溪，穿过康门九洞岭至上柏达长兴，这样可缩短路线15公里。后因急需军运，改为利用商筑瓶窑至彭公和瓶窑至良渚两段，最后接通上柏至长兴，统称杭长线。1929年9月全线竣工在湖州举行通车典礼。因该线连接江苏，直达南京，它是浙江与邻省沟通往来的第一条公路。

县道　境内县道2条。

长连线：长命至连填塘，总长7.86公里，建设于1987年7月，总投资41.7万元，路基宽6.5米—8.5米，路面宽4.5米—7米，为三级水泥公路。

毛潘线：毛元岭—潘板，总长14.04公里，路基宽5米—7米，路面宽4米—5米，为四级水泥公路，建设于1979年，总投资7万元。

乡道　境内乡道主要有2条。

长命至下溪湾公路：在安溪镇（起点为瓶窑镇长命桥），长6.35公里。起自104国道K1434处，途经长命、杜城、桥南、安溪至下溪村。其中：从起点至杜城为二级公路，路基宽16米，计划水泥砼路面宽12米（1996年完工），其余为4级公路，路基宽7米—7.5米，路面宽5米（水泥砼路面3公里，砂石路面3.35公里）。此路初建于1977年9月，起自长命桥，至安溪镇街道止，长2.93公里，路基宽6.6米，路面宽3.8米，泥结碎石路面。

石长公路：境内石门至长岭，全长5.74公里。起自201省道彭安线6K+350处，终点与长岭村、黄湖镇件坞村乡道相连接。属山区重丘四级公路，路基宽5.5米，泥结碎石路面宽4米。初建于1971年10月，当地社队投工投料，县土特产公司投资6.88万元，1973年9月建成。全程有石拱涵3座、总跨17米。建成后，使彭公乡红坞、许家口、陆家塘3个自然村的2500余亩毛竹货畅其流。

此外，瓶窑境内有水泥和沥青村道112条，总长130余公里。

街道　民国期间，瓶窑的街道沿苕溪两侧由北向南呈狭长型，地形倾斜，长2.3公里，最宽处1.3公里，城区面积0.6平方公里。镇区外窑街、西溪街、里窑街为闹市区。上窑街为山货行一条街。里窑街有不少里弄，均为石板铺就。抗日战争时期日本侵略军破坏甚重，镇容凄凉，店铺、住宅多草棚茅屋，街道石板残缺不全，环境脏乱，城区居民仅3000余人。

图1-26　四川西部贫困村支书参观者在奇鹤村（2016年）

中华人民共和国成立后，人民政府在恢复和发展经济的同时，着手城镇建设，对老城区不断进行改造，20世纪70年代末，拆除西溪街、外窑街沿苕溪边的旧房，扩宽街道，浇筑柏油路面，将上窑街、里窑街及街内弄、巷的石板路改为混凝土路面。至1985年，小窑山路、绿园村路陆续改建为混凝土路面，主要街道有10条总长度达6.44公里。90年代，先后建成大桥北路、大桥南路、窑山北路、新窑路、沿塘路、德育路、新兴路、东兴路等，拓宽和新建华兴路、凤溪路、精工路、杭生路和华兴路环岛。至1999年镇区道路15条，总长13.96公里。1993年，投资178万元，进行城镇基础设施建设。完成主要工程项目7个：投资73万元，在大桥北路浇铺长1100米、宽8米的水泥路面；投资18.5万元，将新窑路向西延伸200米，拓宽至16米，向东延伸长300米，拓宽至22米；投资7万元，将东大街向南延伸长100米，拓宽至12米，浇铺水泥路面；投资4万元，整修瓶窑老大桥栏杆；投资65万元，对长连公路自104国道至杭州市种猪试验场路段铺浇长2000米、宽6米的水泥路面；投资7万元，将长210米、宽7米的幼儿园路改建成水泥路面；投资3.5万元，建街心公园小河绿化带和250米人行道。2000年，先后完成精工路、凤溪路、新窑路、华兴路延伸等工程建设，共计建设面积10万余平方米，投入城建资金180余万元。

2001年，凤凰大道、瓶仓大道、凤溪路西段、新兴路延伸、羊城大道、闻溪路等相继建成。至2002年，镇区道路增至19条，总长16.86公里。2004年，完成对大桥北路的路面改造和立面整治。至2005年底，镇区主要道路21条，总长近20公里，均为沥青或混凝土路面。

2005年瓶窑镇区街路情况

表1－4－1 单位：米

街路名称	起　讫	长	宽
里窑街	东起磨子心，西至瓶窑中学	560	4
外窑街	东起三仙角，西至磨子心、西溪街三叉口	600	6
磨子心街	北起里窑街，南至横街	100	5
西溪街	南起窑口桥，北至外窑街、里窑街、西溪街三叉口	600	7
横街	东起西溪街，西至磨子心街	125	7
上窑街	南起桥上桥，北至官口桥	244	5
窑山北路	南起窑山，北至皮革厂	500	4
新窑坝路	东起西溪街、西至磨子心街	200	3.5
北小港路	东起老窑坝头，西至供销社宿舍	200	3.5
南小港路	东起磨子心街，西至砖瓦厂	200	3.5
大桥南路	东起老104国道，西折北至瓶窑老大桥	600	8
大桥北路	南起瓶窑老大桥，北至老104国道	1500	200
小窑山北路	东起大桥北路，西至杭丰机械厂	500	3
华兴路	南起新104国道，北至祥彭线	2000	36
东兴路	南起凤溪路，北至老104国道	1500	20
新兴路	南起凤溪路，北至大桥南路	1100	5

续表 1-4-1

街路名称	起　讫	长	宽
教学路	南起凤溪路,北至西险大塘	500	6
新窑路	东起杭昱公路,西至西险大塘	1000	8
桃园路	南起凤溪路,北至新窑路	1000	6
翠园路	南起凤溪路,北至新窑路	300	3
凤溪路	东起杭昱公路,西至西险大塘	1000	8
绿园路	南起大桥北路,北至老 104 国道	500	3
彭兴路	东起加油站,西至医院	1200	8
彭安路	东起加油站,西至新 104 国道	1100	12
茶场路	杭州茶叶试验场内	800	7
樟树路	南起瓶窑二桥,北至向中村路口	1000	35

2006 年,新建国富路、凤城路,羊城大道通车。2007 年,全镇主要道路共有 28 条,总长度 28.02 公里。2008 年,完成广场路,新建沿山路等新区道路;2009 年,新建英雄路;2010 年,新城区内长连路、花园路等相继开工。至 2015 年底,全镇主要街道有 29 条总长 29.13 公里。

1987 年瓶窑镇弄巷情况表

表 1-4-2

长　度	弄 巷 名
200 米以上	横叉弄
100—200 米	汤家弄、小学弄、吴家弄、外窑弄、碗店弄
100 米以下	何昌弄、关帝弄、渡口弄、江家弄、宣阳弄、再兴弄、李家弄、丁家弄、祠堂弄、井头弄、万人弄、花家弄、商会弄、八房弄、方家弄、圣殿弄

弄巷　旧时,瓶窑弄巷众多,尤以里窑街为最,有“里窑十八弄”之称。弄巷房屋建筑随意多样,因弄巷走向而改变。东西走向弄堂,房子一般相对而建,南面一排坐南朝北,北面一排坐北朝南,房屋间留有天井。住宅房有正房、厢房之分,而且长幼有序,尊卑分明,各居其室。20 世纪 80 年代后,随着对老城区改造和新住宅小区建设,弄堂有的拆除,有的新建,至 1985 年,仅里窑街尚存有再兴弄、玉石弄、祠堂弄、才人弄等 15 条。1987 年,全镇弄巷有 22 条,大都短而窄,总长 2155 米。2005 年—2006 年,投资 175 万元,开始对里窑街、绿园路等背街小巷进行改造,并在路面浇筑柏油水泥,路旁栽上花草树木。

外窑街　窑山南麓,自八房弄向东称外窑街。外窑街,东起三仙角,西至八房弄。全长 600 米,平均宽 6 米。瓶窑百货商店、瓶窑物资供应站,瓶窑航运站、瓶窑食品商店等均在此街

里窑街　东接外窑街,自八房弄向西称里窑街。西至小兴池,长 560 米,平均宽 4 米。派出所、银行、卫生所、房管所、瓶窑中学均设此街。瓶窑镇主要商业街道之一。别名太平坊。

磨子心街　此街处老镇区中心,如磨子的圆心,故名。北起里窑街小学,南至木桥头,长 100 米,均宽 5 米。电影院、服装商店、新华书店、小菜场等均在此街。为老镇区闹市所在。别名通济坊。

西溪街 此街处苕溪西岸，故名。北起横街，南至官口桥。全长600米，平均宽7米，石子路面。镇人民政府驻此，还有瓶窑供销社、西溪小学、瓶窑农机厂等。多为居民住宅。

横街 由西溪街至木桥，长125米，均宽7米，镇商业中心。抗战前称荣乐坊，胜利后改今名。

上窑街 自官口桥至桥上桥（双庆桥），南北走向，长244米均宽5米。曾名尚书街（有江姓者自杭州闸口江尚书街迁来定居，即以原地名之）。

窑山北路 以处于窑山北沿，故名。北起公路，南至西山，长500米，均宽4米。标牌厂、皮革厂设此。该路原是沿山小道，初名西山路。

绿苑路 由杭宁公路西侧，13路车站附近至杨梅坞，长240米，均宽4米。1973年建。

新窑坝路 由窑坝头至木桥，靠近苕溪，东西走向，长90米，均宽4米。

北小港路 由木桥头至井头弄，东西走向，长90米，均宽3.5米。以位于小港之北得名。

南小港路 由木桥至老窑坝，长100米，均宽3.5米，以位于小港之南得名。

吴家弄 外窑街至卸衣池，长120米，均宽2.5米，东西走向。

圣殿弄 外窑街起至原瓶窑邮电局，长80米，均宽2米。南北走向。原以壬田庙得名，后传讹为今名。

外窑弄 外窑街起至窑山脚，长120米，均宽2米，位于窑山脚。

方家弄 外窑街起至窑山脚，南北走向，长80米，均宽2米。瓶窑区区公所驻此。

汤家弄 外窑街起到窑山脚，南北走向，长160米，均宽2米。

八房弄 外窑至里窑交界。民国时居民多姓骆，故又名骆家弄。传骆家八房居此，得今名。

商会弄 里窑街至窑山脚，长90米，均宽3米，南北走向。曾名商弯弄。民国时是商业点，弄的上段有一处转弯，故弄名商弯。

小学弄 里窑街（药店门口）至窑山脚，长160米，均宽3米，南北走向。以弄内瓶窑小学得名。曾名义烈弄，以弄内曾有义烈寺。

花家弄 里窑街至窑山，长80米，均宽3米，南北走向。抗战时，此处曾是工商业主聚集场所。每年九月初七，设台拜斗，相会聚餐，故又曾名斗台弄。弄内居民多姓花，故又称花家弄。

才人弄 里窑街至窑山，长50米，均宽2.5米，南北走向。弄内原有一座财神庙，故名财神弄。为破除迷信改名。

井头弄 里窑街至窑山脚，长90米，均宽3米，南北走向。抗战前，此地为种花、观花之处，曾名花仪弄，中段有水井一口，故称井头弄。

祠堂弄 里窑街至窑山脚，长90米，均宽3米，南北走向。

丁家弄 里窑街至窑山脚，长80米，均宽3米，南北走向。旧时此弄是丁家、陆家的交界线。故又称陆家弄。

李家弄 里窑街至窑山脚，长80米，均宽3米。

再兴弄 里窑街至窑山脚，南北走向，长80米，均宽3.1米，以弄内再兴庙得名。

横叉弄 东起横街西至老窑坝，长250米，宽5.1米。1966年起，曾改名反修弄，恢复原名。

碗店弄 西溪街至草荡，东西走向，长40米，均宽3米。

宣扬弄 西溪街至草荡，以抗战前一家宣扬公司发电厂得名。

江家弄 上窑街至澄清塘，东西走向，长90米，均宽3米。

关帝弄 上窑街至澄清塘，东西走向，长50米，均宽5米。

河昌弄 上窑街至澄清塘，东西走向，长70米，均宽2米。

瓶窑的弄堂大部分分布在桥北，从瓶窑中学沿里窑街一直通到瓶窑大桥是曾经一度为“里窑十八弄”，完好保留下来的尚有15条，由西往东依次为：再兴弄、李家弄、玉石弄、祠堂弄、井头弄、才人弄、花家弄、小学弄、商会弄、八房弄、汤家弄、方家弄、吴家弄、外窑弄、圣殿弄。一部分老式弄坐落在西溪，有江家弄、碗店弄、横叉弄。有按人名姓氏，如李家弄、方家弄、花家弄；有按方位，如外窑弄；有按行业，如碗店弄、玉石弄、商会弄；有以环境，如祠堂弄、八房弄、井头弄、横叉弄、再兴弄。

宣杭铁路彭公段 宣杭铁路始建于1959年，时称杭（州）长（兴）线。1970年长兴至湖州段通车；1972年2月杭（州）至湖（州）段通车，并与长（兴）牛（头山）铁路接通，称之为宣杭铁路杭牛线。1973年杭牛线并入国家铁路干线。余杭境内线路始于彭公隧道中点，终于运河铁路桥中点，大致范围K184+500—K223，长39公里。沿线经勾庄、仓前、余杭、潘板桥、瓶窑、彭公等地。1992年，杭牛线延伸至安徽宣城，宣（城）杭（州）铁路全线建成通车。2010年，宣杭铁路余杭段共有车站6座，其中勾庄站、仓前站和石濑站3站办理货运业务。宣杭铁路从彭公隧道入口穿石濑、张堰至仓前。

图1－27 宣杭铁路彭公段（2000年）

境内经过总长13公里，石濑设火车站，经营客货运行，建站初期，双溪、黄湖、鸬鸟等山区农民就到石濑车站乘火车到杭州。2000年前石濑火车站客、货两用。客车从杭州开往牛头山的上行列车为761次，从牛头山开往杭州的下行列车为762次，均在石濑火车站停靠。货车在繁忙的时候日吞吐量一个车皮，货源主要是毛料、煤、水泥、沥青。2000年客车停运，货运的业务也逐步减少。石濑火车站设立有人看守道口。

三、桥梁

旧时，瓶窑镇区桥梁不多，且均为石砌拱桥或石板桥。1988年，在瓶窑老桥下游200米处建新桥1座，长100米，宽12米。2002年，新建和维修桥梁12座；2003年，新建和维修桥梁22座；2004年，新建和维修桥梁31座，总投资1.8亿元。其中华兴路互通立交桥竣工，该桥位于104国道与瓶窑华兴路南端交叉口，桥梁全长850米，设计标准为一级公路通行桥，投资2699万元。2005年在建瓶仓大道（瓶窑段）时，新建公路桥梁3座；2006年，改造危桥33座；2008年投入150万元，改造危桥6座。至2012年底，累计建新桥或改造危桥共154座（次）。

京杭国道瓶窑大桥 瓶窑大桥初建于民国18年（1929年）6月，为木结构便桥，长69米，8

孔,为当时瓶窑跨苕溪唯一大桥。抗日战争时期,桥被破坏。抗战胜利后,于民国36年(1947年)3月重建,次年3月完工。时为上承式钢架木面桥,3孔,全长69.65米。解放后,1969年再次修建。修建后桥长70.1米,3孔,为钢筋混凝土T梁桥,跨径67.1米。桥宽7米,两边人行道各0.75米。设计荷载汽-15,挂-80,航道五级。此桥仍完整保存,已成穿镇街道桥。1998年11月瓶窑大桥因桥墩破损,又进行了大修建。

图1-28 关口桥(2013年)

祥彭线苕溪大桥　1987年8月,按加宽的二级公路标准改建祥彭线路段时新建此桥,1989年6月竣工。位于104国道(杭宁公路)1421K+622处,瓶窑镇东隅。跨东苕溪,全长136.3米。6孔,其中4孔跨径各25米、2孔跨径各4米。上部系钢筋混凝土T梁结构,下部为灌注桩。桥面净宽12米,二侧安全带各1.5米。桥高11.2米,航道6级。荷载设计汽-20,挂-100。2015年11月因路面破损而进行大修。

新104国道苕溪大桥　苕溪大桥起点顺接104国道马头关至勾庄段K10+100,跨苕溪和瓶仓大道,终点顺接104国道马头关K12+400,全长2.3公里。苕溪大桥长527米,宽23.6米,1998年建造。采用六车道一级公路标准设计,设计速度100公里/小时。苕溪大桥拼宽部分上部结构基本与老桥一致,仅在右幅跨西险大塘堤顶位置设置(8+16+8米)采用预应力砼空心板梁,其余采用与老桥一致的16米、25米桥面连续预应力砼空心板梁。华兴分离立交桥长466.04米,建造于2004年,跨越华兴路位置主桥采用28.5+43+28.5米连续钢箱梁结构,其余桥梁上部结构与老桥一致,采用20米桥面连续预应力砼空心板梁进行拼宽。

瓶窑南山大桥　余杭区瓶窑镇南山大桥呈东西走向,2015年12月建造,工期18个月。道路西起规划里洋路,东至东兴路,与精工路相接,跨越东苕溪。包括两端引桥及连接线道路全长845.336米,7孔,中心孔经70米,两侧跨径各46.5米。其中南山大桥总长290米,宽28米。主桥为3孔,中孔跨径为70米,两侧跨径各46.5米,预应力混凝土变截面连续箱梁,采用挂篮悬臂浇筑施工,引桥为4孔,跨径各30米,预应力混凝土等截面连续箱梁,采用满堂支架浇筑施工。建设标准为城市次干路,双向4车道,道路标准红线宽28米。设计车速:30km/h;单车道宽:3.25~3.50米(交叉口进口道3.0米);设计标准轴载:BZZ-100型标准轴载;通航等级:Ⅵ级,22*4.5米。最高通航水位3.12米。设计水位:百年一遇洪水位8.34米。该项目由区交通运输项目管理有限公司代建,浙江交工集团股份有限公司承建。

张堰中桥　位于北湖乡张堰村,跨北苕溪,1971年建成。4孔,每孔跨径16米,长64米,砼梁结构

北湖大桥　位于北湖乡塘角廊,跨北苕溪。1972年建,钢筋混凝土3孔双曲拱桥,长95.2米,宽4.95米,荷载汽-10吨、挂50吨。

四、余杭区公路管理处瓶窑路政中队(公路段)

前身为杭州市运输段瓶窑工区。1958年底余杭县撤销并入临安县,更名为临安运输段余杭工区,仍为杭州市直属。1971年杭州市公路段下放余杭县,业务受省地区公路段领导。1995年末余杭市设有市公路段和县乡公路段两个公路建设、管理机构,市公路段地址:瓶窑镇大桥北路42号,辖彭公、黄湖、长乐、余杭4个公路管理站,负责112.38公里国道、省道的养护管理。辖长命等32个农工养护道班,负责县乡道路的养护管理。1993年3月,余杭区公路路政管理大队瓶窑路政中队成立,管辖区域为瓶窑镇、良渚街道。负责辖区内公路沿线的单位和个人进行公路路政管理法律、法规的宣传和爱路护路教育;实施公路巡查,保护公路路产,及时发现、制止、查处各类违反路政管理法律、法规的案件;对辖区内公路交通标志、标线管理工作和公路两侧建筑控制区的管理;负责踏勘各类路政许可项目现场,据实写出勘察报告,并对许可项目实施过程进行全程监管等。

瓶窑路政中队历任负责人平小强、张进岗、罗金松、宓衡夫、夏天翔、董军明、沈如宝、蒋建寿、王国建、朱超。

第二节　公用事业

旧时,瓶窑茅棚连片,石板小街破败,3000余人集中于窑山南麓、苕溪北岸狭长地带。1978年改革开放以来,老城区改造力度加大,拆旧屋建新居,拓宽街道,更新水电、卫生等公用设施。随着经济发展,各项公用事业已基本满足居民需要。一个现代化的中心城镇崛起在余杭,境内各集镇亦然。

一、交通运输

公路运输　民国22年(1933年),浙江省汽车运输公司在瓶窑设站,有客车6辆、货车1辆。1968年,杭州武林门至瓶窑的13路公交车开通。1985年,有客车17辆、680个座位,货车6辆、运载量33吨。是年,客运量为154万人次。2000年,瓶窑汽车站车辆32辆,每天26个班次。1987年8月,又相继开通杭州武林门至瓶窑的343、513路公交车。2005年,瓶窑镇至杭州的公交专线车有3路。2005年12月,瓶窑镇内第一条公交线路开通,起自老城区西中路口,途经12个站点,终点站为瓶窑镇政府。2007年,称495路,起点在沙塘畈,终点为凤都工业园区。有6辆21座中型客车。2007年始,余杭区公交一体化工作启动,瓶窑镇新增公共交通线路有:K348路,瓶窑南站至武林门北线;K313路,瓶窑至和睦线;

图1－29　瓶窑长途汽车站(20世纪70年代)

343 路，瓶窑至茶厂线；497 路，瓶窑至鸬鸟太平线；K494 路，瓶窑汽车南站至径山线；K498 路，瓶窑至双溪线；499 路，瓶窑至百丈线；K838 路，瓶窑至上柏线；493 路，瓶窑至石濑线；K463 路，瓶窑至老余杭线；K787 路，瓶窑至临平线；K496 路，瓶窑至奇鹤村线；K451 路，瓶窑汽车南站至西安寺线；K489 路，瓶窑经安溪至良渚线等。

水路运输　瓶窑水上交通素称便捷。据考古发现，早在良渚文化时期已有独木舟用木桨划船。其中南苕溪、中苕溪、北苕溪 3 条溪在镇境内合流为东苕溪，河宽水深，上溯经余杭至临安青山，下流经德清、湖州，过太湖进入江苏水系。境内河港纵横密布，民以舟代步、运物，船是农家必备之物。从瓶窑夹塘经内河支港定班航船可达杭州、余杭、塘栖、临平、三墩等地。瓶窑历来是商贾荟萃、百货云集的水陆商埠，是安吉、孝丰、临安和余杭山区的山货集散地，也是城市商品进入山区的大门。

竹筏、木排运输俗称撑舵作业，是山区溪流和苕溪水域上游的运输方式，古已有之。民国以来，由于商品经济的发展，位于余杭镇上游的临安、昌化、於潜等县盛产之竹木柴炭，顺南苕溪之水而下，甚为便利。至明清，余杭至瓶窑，“帆樯出没，无碍舟行”。民国时期，上游竹筏、木排仍源源不绝。竹筏分白筏和翘头筏两种，制作时选长粗直大毛竹，削去篾青，用火烘熏后，10 余支排平以藤木穿连漂浮在河面，筏头上翘以挡水波。它可载木柴等货物 1 吨左右，也有相叠两筏载干山货或兼而乘客。竹排，主要在苕溪航道，旧时，南苕溪上游山区的毛竹、小竹，趁每年雨季溪水猛涨时，顺流而下至余杭镇，再到达瓶窑水域。在瓶窑将散开的毛竹、小竹扎成排。人在排上，手执撑篙，顺流而下，直至目的地。做撑运的一直是民间闲散的劳力。至 1929 年始有以此谋生的撑运专业户。生意依赖竹木、山货兴衰，兴则多运，衰则停篙。又因筏排下行，迅疾如飞，稍有疏失，筏碎人亡；逆水上行，不进则退，故经营此业艰辛。

民国时期，瓶窑镇为运输竹木柴炭、山货必经之地，当时镇上的山货商行也有近百家，其中天南、大成、骆大昌、隆兴等生意兴隆。以毛竹为大宗，包括小竹、木料、柴炭、土纸等山货，由撑运工编扎成排，经东苕溪出运至各地。为往来船只服务的饭店、旅栈、茶馆以及销售纤藤、篙竿、竹棚、挠子、结绳等船（筏、排）上用具的店铺亦达数十家。

余杭船筏运输工会组织，旧已有之。民国 32 年杭县瓶窑镇组织筏业职业工会，共有会员 30 余人。

1948 年为瓶窑山货集散高峰年，上游山区来的竹排、木排漂泊在该镇水域南北河面颇多。仅毛竹出运量就有 146000 余帖（约 36500 余吨），多数运往杭、嘉、沪各地。竹排放运与木排放运大致相仿，每帖大竹约 600 公斤，小竹约 400 公斤。由南苕溪、中苕溪与北苕溪下来的竹排在瓶窑镇汇集。买卖成交后，大部分运至杭嘉湖和上海、江苏等地。民国时期，虽有撑舵运价规定，但淡季、旺季的价格也随时变化，一向以与货主面议为主。计价单位或是货币，或以大米折价。据 1933 年《中国实业志》记载：南苕溪自临安运抵余杭镇的木柴炭，运价每担二角，北苕溪由横畈至瓶窑，每担水脚费一角三分。竹排启程前，要用竹绳、钢丝将毛竹扎捆成方帖（排）再联成一列，最长的有 32 帖，头尾相连足有 1 华里，毛竹总数可达 6.4 万支。撑大型竹排需配 7—9 人，备足粮草，在排上搭一处草棚，供撑工食宿、休息。运输中，水浅航段靠轮番用长篙撑运；深水处则上岸背纤行走，劳动条件异常艰苦。有浅滩、弯道处，排工下水用撑篙将排顶开，故此航速甚慢，一般人工撑运到达上海起码地要一个月。

小划船（俗称渔船），自重 300 公斤，可载重 1 吨左右。船上有 2 人，一前一后，开船时前者用力划桨推动，后者主要是用桨把正方向，使船直线运行。因船底狭窄、受水阻力小，故船速很快。这种小船大都用于农（渔）民生产劳动。民国时期，还有一批小划船改作为客船。船舱内设有被席，可供2人坐卧或载少量货物，沿埠停靠，随时雇用驶往各地，堪称方便。除专业货运外，有以载客为主，兼载商货的木帆船（又称风篷船）。此船分前、中、后3舱，中舱前装有持帆桅杆，可竖起挂帆，借用风力，航速很快。木帆船一般作为货运，驶向苏南、上海等地，也有改为客货混装的航班船只。当年航船航线有瓶窑至万安桥、小河等线路，来往船只频繁。此外，还有塘栖至瓶窑等航线。

航船多为"绍兴式"，船型狭长，首平尾翘，船板较薄。上舱有半圆型箬篷，可前后推动启闭，让乘客坐卧，夏供茶、冬租被。下舱载货以山货、土产、布匹、日用品及油盐杂货为大宗物资。各船主代客批货、送货到栈，服务周到，深受货主青睐。航船的载重量：小船2.5吨、大船可载7.5—15吨左右。船员配备要视船之大小而定，小的2—3人、大的多为7人。此类船业全靠人工划桨、摇船作业，快班航船配5支摇橹，4艘船对开，定期定时开船，风雨无阻，时速在12公里以上。

随着社会的发展，出现轮船、机帆船等。民国初，小轮航运业首先从上海、苏南涌入杭嘉湖地区。至20世纪30年代，杭嘉湖地区的小轮船已开始逐渐取代传统民船，成为内河航运中的主要交通工具。民国《杭县志稿》记载："轮船肇兴，其初有招商内河轮船局，及戴生昌轮船局，往来苏州、上海、吴兴、湖州一带，载运客货。后则营业者众，汽船亦踵行焉。于是杭州至苏州，至上海，至吴兴，沿途之所经过。而县属之市镇亦继起设局，轮船、汽船之行驶且通至邻境，若德清、新市、崇德、长安、硖石等处。近又有机器快班船，即以快班船装置汽机，亦载客货，洵便利哉。"

1966年10月，成立余杭县瓶窑航运公司，开通瓶窑至德清客轮，1981年延伸至塘栖，全长43.5公里，沿途共设16个码头。20世纪80年代始，瓶窑境内苕溪段出现百吨以上的铁驳船只，几十艘连成船队。1995年，据镇航运公司统计，全镇有驳船62艘5260吨；拖轮7艘，动力862千瓦（其他企业和非企业水运工具尚未统计在内）。1995年，年吞吐量60万吨的瓶窑码头建成并投入使用，码头全长250米，宽60米，设有8个泊位和1个杂货码头，建有进港公路长360米，堆场8000平方米。吞吐货物，以粮食、煤炭、钢材、砖瓦、黄沙、石子等为主。

瓶窑航运公司占地面积6675平方米，其中住房面积3636平方米，职工374人。自1966年10月起，瓶窑至德清客轮，正式开航，1981年7月延伸至塘栖，全长43.5公里，早出晚归，沿途停靠。共16个码头，年运量12.4167万人次。此线于1984年6月停开。货运航线有3条：杭州—上海线，235公里，瓶窑—平湖线，160公里，瓶窑—苏南线，200公里。公司下设6个航队，9条拖轮，76只驳子。1985年总运量31.6万吨，营业收入170.6万元。

此外，1958年，国家铁道部开始修筑南京至杭州铁路，途经瓶窑境内。1959年，杭州至马头关段由解放军铁道兵8508部队和钱塘联社、余杭两县民工施工。1972年1月30日在杭州火车站举行通车典礼。杭宣铁路在瓶窑境内共建有4座桥梁，分别是彭公大山桥、跨线桥、石濑桥、张堰桥，张堰桥最长，约64米。境内的石濑站，客货兼营。站房建筑面积1450平方米，设旅客站台3道，货物站台2道，到发线和货物线各1条。镇西北的彭公隧道，全长1236米。2005年9月宣杭复线建成后，该站已取消客运业务。

二、供、排水

图1－30 瓶窑自来水厂(2005年)

供水 瓶窑居民的饮用和洗涤,一直依赖苕溪水和井水。旧时,窑山脚下18条弄,每条弄都有一口井,居民取水饮用。1975年,筹建自来水厂,水厂占地10亩,在窑山顶设1200吨储水池3口,敷设供水管道8公里。采用直径100毫米的铸铁管,在苕溪的新窑坝头筑井取水,送上窑山顶,经过加矾、澄清、过滤、消毒后利用地势送入企业、单位和居民家中。日产水4200吨。1981年随着城镇建设的发展,在原有基础上新建600立方米清水池,使供水能力达到7500吨/日。1990年,考虑到水质等方面因素,水厂取水口移到西溪街60号,其取水能力达到每日1.2万吨/日。1995年6月经有关部门批准,再次在窑山顶进行扩建,新建每小时320吨澄清池及配套滤池一组,1400立方米清水池一口,从而使水厂的净水能力达到1.5万吨/日。1996年,共投资458万元扩建瓶窑水厂。其中投入250万元进行净水设施改造,扩建1600立方米的清水池,使净水能力从原有的7500吨/日扩大到1.5万吨/日,日供水能力达到1万吨。投入208万元进行长命片总管延伸工程,增设管径200—400毫米供水管5.7公里,接通沿线部分村、组及企业,扩大农村片供水范围,全镇有2万多人用上了自来水。至2001年底,增铺供水管道30327米,城区供水普及率100%,农村供水普及率50%,出厂水合格率99.9%,管网水合格率99.4%。2001年,瓶窑自来水厂总供水191万吨,产值237万元,供水区内有单位总表1850只,居民总表1340只,分表9380只;农村总表560只,分表11200只,供水面积近30平方公里,用户0.7万户,饮用水人口达2万多人。2002年初,为了满足不断增加的供水要求,羊山自来水厂破土动工建设,于2002年底建成投入生产,日供水5万吨,供水采用三级控制(自控、中控、远控)建有3500立方清水池两口及配套滤池8组,工艺流程源水由东苕溪取水口经加矾加氯后进入沉淀池,经沉淀后进入滤池,滤出水经过第二道加氯后进入清水池,最后经第三道加氯后由增压泵送入管网。2003年3月,瓶窑供水工程一期建成通水,该工程是余杭区继临平、塘栖和余杭、闲林供水工程后实施的又一区域性供水工程,被区政府列为2002年余杭区加快基础设施建设重点项目和政府实事工程。工程供水总规模为5万吨/日,分两期建设,一期工程供水规模为2.5万吨/日,净水厂投资3000万元,水源取自东苕溪,供水范围为瓶窑、良渚两镇,受益人口13万人,工程自2001年11月开工建设,2003年1月建成通水。瓶窑镇总户数13354户用上了自来水,总水管长度达到12万多米,供水量2.5万吨/日,自来水受益人口13万人,受益率达到97.1%。2005年,继续实施自来水通村工程,有1521户农户用上自来水,平原村入村率100%,入户率85%。2007年,开展山区农民饮用水工程建设,至2008年,塘埠、彭公片农民饮用水工程完工,新增自来水用户1300余户;2009年,新增自来水农户1420户;2012年,实施塘埠、彭公等山区片农民饮用水提升工程,12个水源点全面施工,至2013年,山区农民饮用水工程完成,自来水受益率达100%。自来水厂历任负责人胡金生、楼福祥、庄培玉、任正义。

排水　旧时,镇区雨水、生活污水就近排入苕溪及小河。20 世纪 80 年代中期,随着城镇道路的新建和改建,排水设施日趋完善。1987 年,敷设下水道 22 条,总长 763 米,窨井 99 只。至 2005 年,镇区有 25 条道路埋设雨水管道,总长度 21.6 公里。新建小区埋设下水管道 4 公里,生活污水经纳管至良渚污水处理厂。2006 年,开展城区污水截流改造工程。至 2008 年,3 座污水泵站投入运行。2009 年,窑北、长命污水泵站开工建设,污水管网改造工程及五彩商城等小区截污纳管工程相继完成。2010 年,长命片污水纳管工程和泵站建设、凤华别墅、凤山小区的污水纳管工作全面完工,全镇 42.075 公里污水管网形成较为完善的区域化污水收集系统。新建 12 座生活污水处理池。2013 年,做好羊山湾整治工程建设,大力实施截污纳管、雨污分流和管网建设,完善农村生活污水收集处理。

三、供电

图 1－31　瓶窑供电所(2006 年)

民国 12 年(1923 年),瓶窑商会会长骆泰集资 2 万银圆开办宣阳电气股份有限公司,自任董事长。以 21.3 千瓦柴油机配 55 千瓦发电机发电,商家富户始用电灯,年发电量 2.1 万千瓦时。民国 21 年(1932 年),有用户 85 户,供电线路架设到安溪。民国 26 年(1937 年)冬,日军入侵,发电设备在战乱中被毁。1949 年,江苏人杨耀庭等 9 人筹建利民电厂,以 1 台 75 马力美制大万国汽车发动机,配带 18.75 瓦美制鼠笼式交流发电机,以木炭为原料,于当年 12 月 27 日建成,翌年 1 月正式开业。厂址在上窑官沟桥原电厂东厂房。因技术力量薄弱,发电时断时续。1952 年,余杭县工业部派毕贤林协助解困。1953 年,杨耀庭以 2500 元转让给吴志春(小毛)。仍以 51.5 千瓦汽车发动机配 18.75 千瓦发电机发电。1956 年 2 月,电厂公私合营,陈福根为公方代表,任厂长。稍后增添煤气发生炉 1 台,德制 10 马力双缸柴油机 1 台及过桥运行设备,年发电量 1.46 万千瓦小时。1958 年 2 月,利民电厂更名为瓶窑电厂,设备略有改善。1961 年,杭州电网 35 千伏良渚变电所建成,10 千伏线路延伸至瓶窑镇。纳入杭州电网后,瓶窑电厂停止发电。1981 年 2 月,成立余杭电力公司瓶窑小组,管辖潘板桥、双溪、黄湖、百丈、鸬鸟、太平 6 个人民公社的供电,管理 10 千伏线路 3 条。1982 年 7 月,更名为瓶窑电力工段,接管长命、瓶窑、北湖、彭公的供电和管理。1984 年 12 月,35 千伏的瓶窑变电所建成投运。其设备均为室内装置,主变压容量 8000 千伏安,出 10 千伏线路 4 条,有 35 千伏输电线 2 条,电源分别接良渚、余杭两变电所,瓶窑线长 8.42 公里,栲栳线(瓶余)长 17.79 公里。1986 年 6 月,建成石门水库水电站,安装 75 千瓦与 40 千瓦水轮发电机各 1 台,并网发电。1987 年 1 月再次更名为余杭县供电局瓶窑供电所,下设良渚、潘板桥、黄湖供电营业所,管理 10 千伏线路 34 条,计 680.7 公里,总容量 169490 千伏安。是年 6 月,位于境内南山村的 500 千伏瓶窑变电站投入运行,系省内第一座 500 千伏变电站。2001 年,供电量 22499.77 千瓦时。2002 年,为缓解日益增长的电力需求,投资 2376 万元,建造110千伏的凤山变电所,4月投入运行。主变压器容量为4万千伏安,新增110千伏输电线路2条,9.78公里,新出10千伏线路6条,共13.04公里。2005年,供电量为42865万千瓦时。2012年6月,瓶窑供电所完成"三集五大"新模式导入,是年12月,区内首座110千伏用户变电站在凤都工业区投入使用。2012年,最高用电负荷增至15.6万千瓦。2013年,瓶窑供电所被评为省级"群众满意基层站所";2014年为省电力公司五星级标准化供电所,2015年为队伍建设标杆供电所,次年成为"中国最美供电所"之一。

瓶窑供电所历任所长为郑金福、王瑞康、曹继国、金有才、刘为民、綦勇、金旺章、陈建新、谢祝平、周炳华。

由于地区负荷的增长,瓶窑变电站经历了多次改造,系统规模不断扩大。1992年6月19日,增容扩建500千伏2号主变,该主变为国产第一台容量为750千伏安变压器。1998年12月14日,500千伏3号主变投产。1999年上半年历时半年进行了220千伏配电装置改造,更换了大量设备。2008年,为保证电网安全运行,对变电站进行全面技术改造,历时434天,完成了500千伏设备的改造工作,500千伏电气设备遮断容量改造成63千安,同时,改造后的瓶窑变实现了计算机监控。2002年5月16日,窑武5915线投产,瓶窑变电站完成了各期扩建工程。2003年5月20日,1号主变改造增容至750千伏安,使变电站主变总容量达2250千伏安。2012年6月,"三集五大"后,国网浙江省电力公司检修分公司成立,瓶窑变电站与当时已投运的乔司变电站、涌潮变电站、富阳变电站、仁和变电站合并升级为瓶窑运维站。2015年6月,瓶窑运维站完成了杭州首个500千伏智能变电站昇光变的投运。至此,瓶窑运维站全面负责杭州地区六座500千伏变电站运行维护、现场倒闸操作、事故异常处理、C\D级检修等工作。2015年末,瓶窑变电站已从最初仅一回500千伏线路、一组容量为500兆伏安主变压器升级扩建至今,瓶窑变电站已拥有十回500千伏线路,13回220千伏线路,3台主变压器,合计容量为2250兆伏安。

图1-32 瓶窑南山500千伏变电所(1998年)

瓶窑变历任所长钱建华、穆国良、吴金祥、章建欢。

四、邮电

清末民初,瓶窑的邮件由民信局递送。光绪三十年(1904年)七月,始建瓶窑邮政代办分局,局址在市街磨子心。民国21年(1932年)4月,定为三等乙级局,除收寄信件外,还办理限额的国内汇兑和保价包裹业务。局址迁太平坊窑山弄3号,何忠骥、汤永禹、斯时、江德鸿、徐子良先后任局长。抗日战争时,降为代办机构。民国34年,附属湖墅邮政支局。37年,瓶窑邮政业务达到四等局的设局标准。是年5月,省邮政管理局任命陈炳初为局长,发给公斤称一台、日戳一枚、邮政招牌一块,不发钤记(公章)。当年,把原属余杭局管辖的安溪、塘埠、黄湖邮政代办所改属瓶窑局管辖。

37 年（1948 年）11 月 1 日，上窑街开设邮票代售处。次年元旦，瓶窑邮局由横街迁至西溪街。上窑邮票代售处撤销，另设磨子心邮票代售处。中华人民共和国成立后，该局隶属省局，址在西溪街 43 号。1950 年，升为三等一级局，配局长、投递员各一人。是年 11 月 3 日，在外窑新局址开业。另在张堰开邮政代办所。1954 年 12 月，改为瓶窑邮电支局，隶属杭县邮电局。1961 年 7 月，属余杭县邮电局，吴治沂、王百忍等先后任局长（负责人）。1977 年 7 月，瓶窑邮电支局管辖潘板桥、双溪、彭公、杭州茶场 4 个邮政代办所，顾其江、徐长根、陈金才、朱新华、张翼、罗如明等先后任支局长（分局长）。1998 年 4 月，邮电分营，新成立余杭市邮政局瓶窑分局、余杭市电信局瓶窑分局。2001 年撤市设区后，改称杭州市余杭区邮政局瓶窑分局、杭州市余杭区电信局瓶窑分局，王维庆、唐丽凤、沈建飞、胡志波、何亦平、余佳先后任支局长。

图 1－33　中国邮政瓶窑分公司（2010 年）

民国时，邮件投递由汽车公司委办，农村赖车船或商贩捎带。中华人民共和国成立初，开办乡村邮路，由邮递员（邮差）分送。1957 年起，各乡都配备邮递员，信报送到农业合作社，村村通邮。1977 年，瓶窑支局投递员贾祖华以每年自行车邮路 28800 公里，投递邮件 36000 份无差错业绩，被评为全省先进生产工作者，受到全省第二次邮电部门“学大庆”会议表彰，1987 年又被杭州市人民政府授予杭州市劳动模范。1976 年，叶宝珍当过瓶窑镇本街投递员，当年是余杭县唯一的女投递员，时年 28 岁。

1983 年 6 月 29 日，苕溪特大洪水，瓶窑支局组成线路抢修小分队，开通迂回电路，配备无线通讯设备，做到地方党政领导到哪里，电话就通到哪里。话务员曹曼静一个晚上准确接转 100 多只电话和 100 多份电报，使领导机关顺利指挥抗洪、人畜疏流、北湖草荡分洪方案实施，受到省邮电管理局对瓶窑邮电支局通报表扬。1989 年后，瓶窑支局设投递、营业、话务、报务、机线等 5 个班组，有自办或委办乡邮线 10 条，单程 425 公里，平均行程 458 公里。

民国 25 年（1936）年，瓶窑邮政分局内设有电话机，可与杭州通话，开放电话业务。1950 年杭州电信局在瓶窑设交换点，装备 25 门交换机一台。1973 年起，铺设地下电缆，开通载波电路，发报效率大为提高。至 1989 年，配有磁石交换机 5 台 500 门，开通电话机 248 部。1990 年，C3 级本地电话网建成，126、127、128、129 无线通信联网台和移动电话模拟 A、B 网及数字 GSM 网建立，一个拥有多种通信手段和传输方式、网络结构完整、交换设备先进的现代化通讯网基本形成。2000 年，引进 EWSD 西门子交换机 8 万端口、6 万用户线，瓶窑的话机容量激增到 18832 门，全镇拥有固定电话用户 12800 户。至 2001 年底，全镇拥有固定电话用户 12800 户，还不包括手机、“小灵通”、BP 机等现代通信工具。

1986 年起，开办邮政储蓄业务。1995 年 8 月，临平、余杭、瓶窑、塘栖等邮政储蓄实现联网，开办邮政储蓄通存通兑业务。1999 年，开通绿卡工程，邮政储蓄实现全国通存通兑。2001

年底,瓶窑邮政分局的储蓄余额3894万元。

1990年时,农户个人装电话机还是少数,初装一只电话机需3600元,外加每公里收取建设费500元,若安装全国直拨电话还需加5600元,通常装一只电话机就得花费1万元。1996年,普及电话村(家家户户装电话),初装费开始逐年下降。1978年后,境内先后有网通、联通、铁通、移动、电信5家单位,2015年时,只剩下联通、移动、电信3家。手机超过固定电话,城镇农村固定电话普及率达到95%。

图1-34 中国电信瓶窑分公司(2009年)

50年代末60年代初,瓶窑邮电局通向辖区九乡一镇及其他县属场所,直到各总机(代办所)为止,凡架线施工都有施工队。开始用毛竹立杆架线,通常是一杆双线(电话线、广播线),后改为立水泥方杆、水泥圆杆、单独立杆,90年代后发展成光缆、电缆。60年代只有王玉泉1名外线工,人称救火兵。70年代,邮电事业有了新发展,成立何阿茂等3人线务班,负责杆线路有瓶窑—太平(近安吉)、瓶窑—百丈、瓶窑—双溪、瓶窑—北湖、瓶窑—长命、瓶窑—安溪、瓶窑—杭州市蚕种场、瓶窑—杭州市种猪试验场、瓶窑—大观山果园、瓶窑湖羊场、瓶窑—余杭镇(一半线路)、瓶窑—省物探大队、瓶窑—省地质大队、瓶窑—泮板总机,全线累计杆公里125公里。线务班人员凭步行、自行车维护总线、急修障碍、维修12只总机、包修磁石电话机,到1981年才配备一辆摩托车。

此外,长命、北湖成立人民公社后,相继也设立电话总机,供政府领导上情下达、抗灾防险、指挥生产之用,曾与公社广播站合并操作,常常是总机1人、广播站2人(一人外线工)、内勤2人轮流值班开机。由于广播电话同杆架线,窜音干扰声极强,一般是广播一响,电话就只能停打。据载:民国20年(1931年)12月1日,彭公岭就成立邮政代办所。

1962年,彭公公社所在地为石濑村,于1972年搬迁到鲁家头。彭公邮电代办所其时经营(长话、农话)电报等业务,所内职工为3人,1名外线工、2名内勤人员日夜24小时值班。1979年下半年,成立了彭公邮电联营站,地点在原彭公汽车站旁边。设50门总机,服务对象为彭公行政区域13个村、政府机关部门、石濑茶场等48家企事业单位,日转发电报10份—20份(用密码报瓶窑邮局,再转发)。瓶窑邮电局对公社(乡)总机(代办所)只返回业务酬金、人事工资管理都归属公社(乡)政府负责。

移动电话 移动瓶窑分局是余杭移动下辖5个分局之一,成立于2002年,有36名骨干员工,平均年龄28岁,均具有大专以上学历。致力于辖区内所有移动个人用户和集团用户的业务服务工作,根据"点轴状布局圈层式开发、产城人融合钱地人统筹"的发展思路,重点推进4G精品网络与骨干传输建设,圆满完成-4G-LTE一期、二期以及汇聚交换机房、传输管线等重点工程。辖区内4G网络覆盖率大于95%,已全部实现VOLTE高清语音功能,覆盖规模与质量达到领先,新增光纤入户5万余户,宽带全面提速至20M以上。

报刊发行　瓶窑邮政支局从20世纪50年代始，就专门配有发行员、投递员、营业员等相关业务人员。发行员处理内部事务，营业员、投递员负责收订、投递工作。在1950年代开始专门划分了长命线、北湖线、彭公线邮路，镇街设步邮投递。彭公茶场、泮板、双溪等设邮政代办所，增加了三条投递邮路。1970年代初，大队有三级党报:《人民日报》、《浙江日报》、《杭州日报》、《红旗杂志》，小队有二级党报:《浙江日报》、《杭州日报》。80年代，余杭县增办了余杭报（县委机关报）。到了1990年代，报刊量大量增长，最多年份报刊目录上有一千多种报刊种类，除了党报，新闻类、娱乐类、健康类的报刊也大量出版，最受读者欢迎的报刊要算《钱江晚报》、《都市快报》、《参考消息》、《上海译报》、《文摘周报》、《报刊文摘》、《读者文摘》等一大批报纸杂志。

瓶窑邮政支局从最初的圣殿弄到华兴路新邮局，从1950年代几万元业务量到2015年增长到200多万元。1994年之前基本是手工操作，效率很低，自1994年报刊发行内部处理全部实行计算机电脑化，连机连线要数、记账都通过电脑操作，从报刊窗口收订到投递用户，全程实行机械化作业，农村邮路也从自行车逐步由摩托化代替。生产作业从繁琐的手工作业到机械化、自动化、电子化逐步电脑化。

20世纪90年代中期，“杭报”集团公司成立，自上而下开设了自办报刊发行点，但大量报刊杂志发行主渠道仍旧是邮政部门。

2015年瓶窑镇邮电机构基本情况表

表1－4－3

名　　称	负责人	地　　址	2015年	
			职工人数	面积（m^2）
瓶窑邮政分局	罗如明	瓶窑镇华兴路332号	48	826
瓶窑电信中心支局	余　佳	瓶窑镇东兴路65号	56	929
瓶窑东新路邮政储蓄所	盛菲菲	瓶窑镇东兴路63号	7	136
瓶窑华兴路邮政储蓄所	罗晨艳	瓶窑镇华兴路332号	6	110

瓶窑邮电部分年份电话交换机容量、电话装机情况表

表1－4－4

年份	交换机网点（个）	容量（万门）	电话装机（台）	公用电话（台）	小灵通（只）
2000年	20	2	6928	176	1240
2002年	25	2.9	12800	217	2063
2004年	30	3.2	13500	2502	3230
2006年	36	4.1	21900	2819	5120
2008年	45	4.3	25600	3410	8344
2010年	48	4.3	29100	3206	4232
2012年	56	4.32	30700	1116	786
2014年	60	4.4	32300	432	
2015年	68	4.5	32000	72	

2009 年—2015 年瓶窑镇宽带用户数

表 1－4－5

年份	2009 年	2010 年	2011 年	2012 年	2013 年	2014 年	2015 年
宽带(户)	12136	14961	16825	18017	19219	20393	22795

2015 年瓶窑镇境内邮政线路

表 1－4－6

邮路投递线	单程（公里）	地段范围
瓶窑—黄湖(汽车)	133	黄湖、百丈、鸬鸟
瓶窑—彭公(汽车)	86	张堰、西安寺、南山、彭公、塘埠、奇鹤、石濑
瓶窑—长命(汽车)	65	凤都、崇化、长命、大观山、桥南
瓶窑—径山(汽车)	118	潘板、双溪、长乐
瓶窑本街一段(电瓶车)	26	里窑街、上窑街、外窑街、大桥北路
瓶窑本街二段(电瓶车)	23	东兴路、凤溪路、新窑路
瓶窑本街三段(电瓶车)	25	华兴路、新窑路、凤溪路、大观山
瓶窑本街四段(电瓶车)	25	樟树路、大桥路、大桥南路、桥南新村
长命 7 段(摩托车)	73	凤都、凤都工业区、崇化、瓶窑社区
彭公 9 段(摩托车)	75	南山、西安寺、张堰、塘埠、窑北、石濑、彭公、奇鹤

2010 年—2015 年瓶窑邮政部分年份函件业务量

表 1－4－7　　单位:件

年 份	平常函		给据函	
	出 口	进 口	出 口	进 口
2010	659222	1448718	11880	57680
2011	759660	2187136	17926	132666
2012	952700	2155085	18779	127968
2013	1005200	2476148	20067	115780
2014	799560	862977	15927	79961
2015	666196	660123	16256	78892

2010 年—2015 年瓶窑邮政包裹、特快业务量

表 1－4－8

年 份	包裹(件)		特快(件)	
	出口	进 口	出 口	进 口
2010	5757	10515	4320	9987
2011	3666	9951	3988	11145
2012	3901	12802	4887	9084
2013	4955	12852	3970	7456
2014	5822	6801	5050	5974
2015	5672	2867	4820	6333

部分年份瓶窑支局邮政储蓄营业情况邮政包裹、特快业务量

表1-4-9

年 份	集 邮	汇 兑		储 蓄
	(万元)	开发(张)	兑付(张)	余额(万元)
2004年	-	-	-	4200
2005年	-	-	-	6038
2006年	-	-	-	7568
2007年	-	-	-	8704
2008年	-	-	-	10411
2009年	-	8960	319	11332
2010年	-	27569	860	15830
2011年	180.1	26736	873	16313
2012年	190	23001	810	15589
2013年	52.5	19607	811	18309
2014年	42.65	15067	781	22696
2015年	15	8425	797	24611

五、供气

1993年1月,瓶窑煤气有限公司建立,公司位于何中村。主营瓶装液化气,开始向瓶窑居民及周边群众供应石油液化气。至2000年,供气3000余吨,2005年供气4280吨。2011年开始由杭州大华燃气公司供应管道天然气,镇区有2000余户使用。至2013年底,已形成以天然气为主的燃气系统,新住宅小区管道燃气入户率达65%。

第三节 建 筑

1949年,全镇公共建筑不足3000平方米,包括政府办公房、邮政电力营业房及1所中心国民学校、17所国民学校(初小)。民居简陋,居民茅棚连片,石板小街,3000余人集中居住在窑山南麓、苕溪北岸狭长地带。中华人民共和国成立后,尤其是改革开放以后,开始修建规模较大公共建筑,主要为商贸用房、文化娱乐用房。90年代后,兴泰花苑、凤华别墅、华兴公寓、凤溪花苑、凤城花苑、兴和苑、凤城花苑、南北乐章、柳郡、桂花溪园、北湖绿洲等楼盘和生活小区相继建成,集镇区域面积增至6.6平方公里。

一、公共建筑

1949年中华人民共和国成立后,新建一批商贸、办公用房。20世纪70年代,随着经济发展,开始修建规模较大公共建筑,主要有:

瓶窑电影院:位于磨子心,1970年建成,建筑面积630平方米,设907座位。

瓶窑医院:1961年,建成。1982年,新建住院部,建筑面积1962平方米;1987年,经扩建,建筑面积增至5596平方米。1991年,易名为余杭县第三人民医院后,迁址大桥北路88号,占地面积2.9万平方米，建筑面积增至2.02万平方米，内设3个病区，14个临床科室，5个医技科室；2005年1月，又迁新址，占地面积扩大，建筑面积3.5万平方米。

瓶窑镇工人俱乐部：位于碗店弄，1983年建成，建筑面积860平方米，有灯光球场、溜冰场等设施。

综合小商品市场：位于大桥南路，1986年建成，占地6667平方米，建筑面积6200平方米，拥有179个摊位。

人民旅馆：1978年建成，高四层，建筑面积400余平方米，为70年代最高建筑。

瓶安大楼：1987年建成，高6层，建筑面积3067平方米。附属建筑971平方米，集住宿、餐饮、娱乐、商贸于一体综合性宾馆。瓶窑大厦：2001年5月建成，总投资3400万元。主楼高45米，共12层，建筑面积1.08万平方米。集住宿、餐饮、商务、健身、娱乐于一体，是瓶窑标志性建筑。

瓶窑邮电大楼：1981年建成，建筑面积1100平方米。瓶窑文化中心：1994年建成，位于桥南新区，建筑面积2000余平方米，内设影剧院、桌球馆、游戏厅等娱乐设施。

五彩商城：1995年建成，占地1.5万平方米，建筑面积2.2万平方米，有固定营业房54间。

农行余杭支行瓶窑分理处：1998年建成，高5层，建筑面积1500平方米。

工行余杭支行瓶窑分理处：1988年建成，高5层，建筑面积1000余平方米。

瓶窑综合文化楼：1991年建成，建筑面积600平方米，瓶窑区文化站、新华书店迁入。

瓶窑老年活动中心：1991年建成，占地3474平方米，建筑面积1200平方米，设乒乓室、棋牌室、文化教室等。

瓶窑大观山农贸市场：2009年建成，投资600万元，占地9000平方米，建筑面积近1万平方米，其中农贸市场5346平方米。

瓶窑垃圾中转站：2004年建成，位于瓶窑新区羊城大道南侧，占地1万平方米，建筑面积2900平方米。

瓶窑镇政府新办公大楼：2005年建成，总投资4450万元，占地7300平方米，建筑面积12250平方米。

瓶窑镇社区卫生服务中心：2011年启用，由原区第三人民医院旧址改建，占地9000平方米，建筑面积7461平方米。

瓶窑长途汽车站：2006年新建，投资1800万元，占地16700平方米，建筑面积3742平方米。

瓶窑行政服务中心（市民之家）：2012年3月启用，建筑面积12434平方米。

瓶窑镇第一小学：原址位于镇北窑山南麓，创办于1906年，现校舍迁址新窑路345号，占地8004平方米，建筑面积3000余平方米，有49个教学班。

瓶窑镇第二小学：位于新窑路和教学路交叉口，1996年8月新建，占地14667平方米，建筑面积4320平方米，绿化面积5000平方米，有18个教学班。

瓶窑镇第三小学：位于长命桥，占地7803平方米，建筑面积2194.8平方米，有14个教学班。

文华幼儿园：位于教学路南端，2000年创建，2001年2月开园。占地1.3万平方米，建筑面积5670平方米，绿化面积3650平方米，设有音乐舞蹈厅、多功能活动室等。

瓶窑中学:1956 年创办,位于瓶窑镇西端窑山脚下,占地 6.17 万平方米,建筑面积 3 万多平方米,拥有 29 个班级。

瓶窑一中:2008 年新建,占地 6.56 万平方米,建筑面积 4 万平方米,拥有 54 个班,由原长命、彭公、北湖、瓶窑中学初中部 4 校合并而成。

瓶窑镇成人文化技术学校:位于长命桥,1992 年 4 月创办,占地 1.33 万平方米,建筑面积 4200 平方米。

二、住宅建筑

中华人民共和国成立后的 50 年代初,3000 余居民集中居住在窑山南麓、苕溪北岸狭长地带。每至汛期,洪水淹没街道、住屋,居民深受其害。20 世纪 60 年代,开始建造简易住房,同时兴建多层居民住宅楼。80 年代,加大老城区改造力度,拓宽街道、建房造楼,更新水、电、卫生等基础设施,绿化、美化窑山,桥北老区面貌焕然一新。住宅建筑向结构合理、设施配套发展,先后建成瓶窑、精工、杨梅坞、何家埠等新住宅小区。1985 年,瓶窑镇房地产开发公司开始经营商品房,在横街建标准住房 10 套,建筑面积 475 平方米;在桥南住宅区建商品房 4 幢,各 4 层计 200 间,建筑面积 7900 平方米。至年底,全镇房屋建筑面积共 269438 平方米,其中住宅建筑面积 137972 平方米,人均居住面积 8.08 平方米。1986 年后,由于镇区境内的反山、大观山、莫角山、吴家埠等地相继发现今 5000 年—4700 年前的良渚文化遗址,出土大批陶器、玉器、稻谷、丝绸等先民的遗物,为确保良渚遗址,瓶窑镇政府作出重大调整,集镇建设跨过南苕溪,向桥南发展。1987 年,镇房管部门在新区新建住宅建筑 1.45 万平方米,至年底全镇建筑面积达 20.72 万平方米,其中住房面积 88104 平方米,人均 9.78 平方米。1988 年,镇桥南小区,建住宅房 80 幢,面积 3.2 万平方米,搬入居民 155 户;1989 年,桥南小区又建住宅房 110 幢,面积 4.7 万平方米,搬入居民 205 户。90 年代加快城市化建设步伐,翠园小区、桃园路小区、五彩小区、精工小区等先后建成。1994 年,城区面积已由 0.8 平方公里扩展至 3 平方公里。1999 年,新建住宅楼 55 幢,住房面积 180 万平方米。

图 1－35　农居(2015 年)

2000 年,新建住宅楼 68 幢,建筑面积 190 余万平方米,人均居住面积 35 平方米;城区面积扩大至 3.7 平方公里,人口增至 1.6 万人。2002 年,兴泰花苑、凤华别墅、华兴公寓、凤溪花苑、凤城花苑、兴和苑等住宅小区先后建成,建筑面积近 20 万平方米。其中凤城花园有 40 栋多层住宅楼,占地近 6 万平方米,建筑面积 9 万平方米。2004 年,受良渚文化遗址保护区的制约,瓶窑城镇建设再次做出重大调整,确定“跨过新国道、建设新瓶窑”的发展思路,在处理好建设与环境保护、文化遗址保护关系同时,积极推进城市化进程。嗣后,相继建成瑞达城市花苑、方惠家园、东方广场等多个住宅小区,建筑面积 8.37 万平方米至 2005 年新增住宅建筑面积 280 万平方米。2006 年,华源住宅小区建成。是年,启动羊山农居点建设。项目用地面积 11.73 万平方米,一期建筑面积 2.5 万平方米,安置拆迁农户 218 户;

至2011年,羊山一期竣工,建成8幢6层公寓房。2008年,启动经济适用房建设工程,同时水河桥农居点建设工程开工,占地面积4.66万平方米。

2010年,凤华别墅建成。2012年,瓶窑荣获"杭州市十大新型中心镇"称号。2013年,瓶窑镇以"三改一拆"、"四边三化"为抓手,提高城镇综合配套功能和创新功能,加快构筑区域互动、镇村联动、错位发展、优势互补的新型城镇体系。截至年底,又有凤城花苑、南北乐章、柳群、桂花溪园、北湖绿洲等楼盘和生活小区相继建成,集镇区域面积增至6.6平方公里。

三、古建筑

余杭区第三次全国文物普查成果中,涉及瓶窑(不含良渚文化)有瓶窑窑山窑址、鸡笼山窑址等14处。(参见第五编第一章之文物一节)

四、古村落

石濑 石濑为区内著名古村落,位于瓶窑以西5公里处。村西、南与杭州茶叶试验场相接,北靠04省道,东依宣杭铁路。石濑,汉唐时就成市,兴盛于宋时,称为石濑镇或石濑市。民国时期,石濑属安平乡。中华人民共和国成立后设立石濑乡,1956年后并入彭公公社,今属瓶窑镇。2015年,村民小组20个,居民858户,2777人。石濑村村域面积10.8平方公里,耕地面积4203亩。石濑即石潭,所谓"石濑同看千顷碧,磵窗闲写数峰青","石濑平旷,清流轻浅"。

图1-36 塘埠王家村古民宅(2006年)

唐宋以来,石濑早就是旧余杭县的一个重要市镇,明万历《杭州府志》载:"余杭县,为石濑镇,去县东北三十五里,在山后界。"清《康熙余杭县志》卷之三规制志:"石濑市在县治东北三十五里,自许墩上桥,至云福禅院止。聚山货,通商贾、舟楫。"嘉庆《大清一统志》卷二百八十四:"石濑镇,在余杭县东北三十五里。宋时有酒库,并设巡司,明因之,本朝初裁。"宋时设巡检司衙门,明清时更加繁华,时石濑建有"城坊",并设东西南北四门;城内有布庄、染坊、茶行、酒肆、山货行等商铺,人称"小南京",是当时一个很繁华的地方。清代中期,石濑与闲林、双溪并为"余杭县三镇"(《乾隆府厅州县图志》卷二七)巡检司、税课局、东西酒库、预备仓、书院、寺观一应俱全。石濑税课局,"洪武初开设,弘治间裁革。"(清《嘉庆余杭县志》)据《大明会典》:"正德二年,革余杭县石濑税课局。"税课局设抵课巡拦八名,"每年额征课钞一万九千八百六十一锭一贯九百六十文,折银一百九十九两六钱一分三厘九毫二丝。有闰加钞一千九百六十五锭一贯二百九十四文。该银一十九两六钱五分二厘五毫八丝八忽。均徭内编巡拦八名,抵课银一百九十两五钱一分三厘九毫二二丝。有闰加银一十五两一钱六分二厘五毫八丝八忽,门摊办纳钞银八两一钱,俱解府转解"。

石濑又是旧余杭县三处"预备仓"之一,"年岁丰稔,劝民出谷收贮,以备赈济。"古时,石濑有道明书院,光绪三十三年(1907年)开办石濑"思恕初等小学堂"。石濑市中,有擢科、旌节、进士三坊—"擢科坊,在石濑市。为知县翁永年立,今圮"。"旌节坊在石濑市。为翁隆妻沈氏立。进士坊在石濑。为方坤立。"(《嘉庆余杭县志》)田艺蘅《石濑山中遇姚子元兼赠方士元应元昆季》:"读书不得意,学剑复何为。此夜一樽酒,翻悲畴昔时。姚子美冠玉,长髯清风吹。四十困青袍,授徒荒山陲。方叔本逸足,云霄蚤驱驰。一官嫩折腰,归来慰严慈。元修难为兄,元矩诚白眉。辞翰夸两绝,待聘幸勿疑。出处异乡县,羁栖同乱離。壮心嗟已负,素手握岂迟。寸草未经秋,零零白露滋。幽人不能寐,君起欲何之。东南且烽火,去去祇遐思。"(《香宇续集》卷十二)

旧时,石濑寺院有径山下院接待寺,为径山寺第三十四代住持无准师范(1177—1249)所建。《万历县志》有载:"接待寺,在石濑镇。"另有道明寺、重阳庵;道观有清真庵,"至元庚午,本宫知宫事袁青一建";祠庙有土地堂和摇相公庙、重阳庵,《万历县志》记载:"摇相公庙,祈祷有应,自宋迄今,居民奉之本境土神。洪武三年重建。""重阳庵,俗名圣堂,里人翁氏舍基建。万历四十四年重建。"石濑村戚家桥在池河上,历史悠久。据记载,此桥建于唐宝历年间,宋开庆初年当地人戚氏重建,故名。桥基上能见"大元元统二年重建"的字样。《康熙余杭县志》卷之一《舆地·山川》:"濑河,县北石濑镇。相传下有穴通海。遇旱,祷雨辄应。今为放生河,禁捕捉。"成化《杭州府志》记石濑有:"许墩上桥,寺兴桥,盛家桥。"村中现存的古桥还有等郎(墩上)桥、三步桥、太平桥、上马桥、下马桥、聚奎桥等等,其他古迹和遗址有天官府、太公堂、三官堂、仁后祠等。

石濑有宋大理寺丞虞杭孙墓,墓主为南宋雍国忠肃公虞允文的第三子。虞允文为南宋名相,毛泽东在读《宋史·虞允文传》时评价说:"伟哉虞公,千古一人。"虞杭孙是虞允文官丞相时所生,宋孝宗皇帝赐之名为杭孙。历官奉议郎、余杭县丞、大理寺丞等。逝世后葬于石濑。明代,著名诗人田艺蘅曾寓居石濑。石濑历史上出现过好几位进士,甚至还有武林高手藏身于此。民国18年,上海《申报》就刊登了一篇叫做《纪庄长林之点穴功》的报道,记载石濑奇人庄长林。石濑翁家影响较大,石濑曾经有"擢科坊"、"旌节坊"和"进士坊"等坊表,前者是替知县翁永年立,次为翁隆妻沈氏立,后者是为方坤立。坊表今无存,连遗址都无从考。翁家尚余老宅基,在大池后。

石濑亦为军事要地。明嘉靖三十四年(1555)正月初七,倭寇入侵,数万海盗掠塘栖镇。田艺蘅从巡抚阮鹗守杭州武林门。四月,知县吴应征分拨乡义兵2000名,又调石濑、双溪兵并力防守瓶窑镇,悉听田艺蘅操练调遣,督练乡兵,抗击倭寇。田艺蘅《调石濑双溪兵驻扎瓶窑镇简张少府》诗,云:"谩信天时远,还居地利偏。山溪原设险,挺刃可乘坚。敌忾千人合,兵衡四镇连。君家多秘术,莫惜圮桥编。"抗日战争时,日军在石濑驻军,建有碉堡,前有铁丝网,并有重机枪及炮兵掩体,公路沿线有竹篱,高约1丈。

石濑一带,至今还流传一种独特的民间表演艺术——石濑花灯。它产生于清朝年间,曲调和念白、腔调由江苏民间传入。这种产生于蚕娘口中的"哼哼调",被融入到在庙会或过年过节时的跳花灯之中,就演变成了"石濑花灯"。石濑花灯被列为杭州市级非物质文化保护遗产名录。

境内知名企业有杭州益利素勒精线有限公司、杭州彭公玻璃灯具有限公司、杭州三星化妆品包装有限公司、杭州铝制品有限公司等。

黄山村 位于瓶窑镇西二里,新104国道穿村而过,2015年,村民小组22个,居民712户,2535人。村域面积5.5平方公里,耕地面积2301亩。

明代《成化杭州府志》称:“黄山,在(余杭)县东北三十余里,山前界。”村因山而得名。黄山系天目山余脉,由东山、蚂蟥山、赵坞山、馒头山、二亩山、棋盘山6座小山丘组成。黄山前临苕溪源流,后倚天目余脉,藏风聚水,是宜居之地。

据《余邑盛氏宗谱》记载:唐大中年间,河南人盛玿任余杭令,爱瓶窑黄山之秀,遂举家从河南商丘虞城迁至瓶窑黄山居住,成为江南盛氏始祖。现村里尚有盛姓村民50余户、200余人。盛姓家族在当地已居住生活1100余年,繁衍后裔已传至37代。唐代大书法家柳公权与盛家是姻亲,盛玿的孙女嫁给柳公权之孙,两家成了儿女亲家。柳公权受请特书“黄山”二大字。盛玿命工匠将“黄山”两字刻石于黄山之巅。瓶窑黄山因有了唐代大家柳公权的书写而蜚声江南。明代景星在其《黄山记》中这样写道:“杭之属邑曰余杭,山曰天目。天目背兑面震,其支三分钱唐南北诸山,映带左右,而中一支,或起或伏,发为三山:西曰舟枕,东曰阳山,其中一山,峰峦秀拔,云气弥漫,草木丛茂,苕溪之水萦抱于前,诚佳境也。邑之大姓盛氏祖太乙府君,仕唐开成间,为显官,乃自临安缠下,以众山环绕,而兹山特处其间,如土之在中央,遂命名为黄山。于时雅善侍书学士柳公权,为书‘黄山’二大字,刻石其巅。岁月既久,荐罹兵燹,石刻之仆者有年。十世孙讳先,尝为之树立。迨元初,又仆焉。至十二世孙钦,仕元江淮财赋赋府总管,暨其从子临安儒学教谕伯珙、子定安县尉仲深,志在重立,皆未遂而卒。今彦道公兴举废坠,以成前人之志,而黄山之胜,克复旧观。间来请文为记,乃勉为文以贻公之子孙,使知石刻之倾植有如此。公名仁,彦道其字也,以材能仕为山东左布政使,其视太乙府君为十四世祖。至若黄山之胜,公尝厘为八景,属之善鸣者矣。”

瓶窑黄山盛氏望族,簪缨世家。唐末宋初以来,出过不少做官人。其中,有辅弼国君的重臣盛度。明《万历余杭县志》:“太子太傅盛度墓,在县东北三十里黄山。”瓶窑人俗称“宰相坟”。

盛氏家族历代聚居在棋盘山脚一个月亮弯形状叫黄山廊的缓坡坡上。曾经的盛氏宅第均依山沿缓坡分层而建,古村建筑群加上牌坊、池水映照,千年古樟及花园假山相衬,显得气势恢弘而又别致。众多古建筑中数盛氏宗祠、太师第、天官府、黄山书屋、盛家花园、进士牌楼、旌节牌坊、十八口古井等最为有名。据嘉庆《余杭县志》记载:进士坊为明代成化二十年进士盛云立,旌节坊为盛治妻丁氏立,距今都已有500多年历史。

黄山书屋是历史上盛氏家族重要遗迹,明王洪有《黄山书屋记》:“黄山距余杭二十里,而东面苕溪,望之拳然蔚然,盖山之小而秀者,盛氏公行居之。自其先世雅尚儒术,筑馆于是山之阳,蓄古书,延名师,以训其子姓,匾曰黄山书屋。”

除黄山书屋外,尚有盛氏宗祠。黄山盛氏为江南盛姓始祖,堂号为垂裕堂。祠堂建在村东北首,坐西朝东、背山面水。盛氏祠堂为北方四合院式建筑,带有浓重的中原文化气息。门边两方硕大雕刻精美的太湖石抱鼓门当,旁边置有上马石、下马石。祠堂大门左右各立一太湖石碑,一为“盛氏祠堂记碑”,另一为“余杭黄山盛氏祭田记碑”,落款为大明成化元年。碑亭旁置有旗杆族人得过功名。祠堂正中为两层大殿(称寝殿),大殿供供奉盛氏祖先神位。二层设阁楼用于珍藏历代皇帝赐予盛家的诰命、诏书等。大殿两侧各设三开间侧殿。为族人议事、聚会之用。整个祠堂建筑规模大、雕刻精,加上周边民居簇拥、牌坊映照。1938年,被日本军队放火烧成一片废墟。祠堂门口三楞品字排列的千年古樟，现存两棵。

石门村　位于瓶窑以西15公里的白鹤山麓，04省道（杭州—天荒坪）沿村而过。发源于白鹤山的石门溪由北向南贯穿全村，全村分为里石门、中石门、外石门3个自然村。

据说，旧时的石门是一个有三千烟灶的大市镇。中华人民共和国成立后，石门曾为石门乡在地，管辖过包括塘埠在内的十几个庄。1958年，属仁爱人民公社，后属彭公乡，现属瓶窑镇，是瓶窑镇的西大门。

石门村境内群峦起伏，郁郁葱葱，全村拥有有260余公顷淡竹，60余公顷早竹，63.3公顷耕地，家家户户就地取材烘制笋干，已成为浙北最大的笋干加工基地。每年加工笋干50多万公斤，产量达1000多万公斤，其中"梦春"、"天平山"、"笋干王"等品牌的笋干成为畅销全国的绿色产品。

村中有多处名胜古迹，坛石寺是一座千年古寺，寺门前有古枫古樟各1株，古枫树龄龄在300年以上，古樟也有100余年树龄。寺东的龙潭和寺后的仙水潭，为长年不涸、甘冽清澈的活泉。清咸丰七年（1857年），胡万成起兵反清失败，就在此寺被害连院被一同烧毁。村东北的相见岭山口是古吴越间道的隘口，竹海夹道，巨石挡路，大有"一夫当关万夫莫开"之险要。还有馒头山、皇坟和村北白鹤山麓的石门水库。均是风景秀美的好去处。2002年，石门村即被区政府确定为"生态村"。

第四节　园林　绿化

旧时，瓶窑街道狭窄，房屋低矮密集，无行道树或其他专用绿化，居民庭院绿化也罕见。20世纪70年代后期起，瓶窑的绿化工作逐渐加强，至2015年，建成区绿化面积已近500万平方米。窑山公园、樱花园等成了百姓喜欢的园林。

一、绿化

瓶窑镇自然条件优越，山清水秀。镇西南南山摩崖造像为省级文物保护单位，镇内窑山为主要绿地。旧时，镇内较少绿化。20世纪70年代后期，开展群众义务植树活动，先后在西溪街、外窑街、磨子心等街道两旁植行道树。镇内的机关、学校、工厂等单位也纷纷植树铺草，开辟绿地。以后每年都种植和补种一些行道树。80年代起，扩大城镇绿化规模并加强管理，新建道路均置有绿化带，各种场所也开辟专用绿地，仁和港边、苕溪沿岸等均进行绿化。1986年，占地115332平方米窑山公园建成，设有花圃、亭、台、茶室等。2000年，全镇建成区内共有绿化面积293万平方米，其中公共绿地60万平方米，人均绿地面积9.20平方米。至2001年，建成区绿化面积增至306万平方米，其中公共绿地68万平方米，人均绿地面积10.5平方米，被浙江省绿化委员会授予全省小城镇绿化达标先进单位。2003年，投资180余万元，实施"亮灯工程"，安装凤溪路西段和新104国道路灯，以及两侧绿化工作。2004年，新增绿化面积1.5万平方米，其中对华兴路桥南新村、凤华别墅区、外窑街等区域绿化缺株进行补植，新增绿化面积5000平方米。2006年，绿化造林19.6万平方米，窑山公园森林覆盖率达95%。新增瓶仓大道绿化面积3万平方米。2007年，新增绿化面积17.4万平方米；2008年，新增绿化面积36.52万平方米；2009年，新增绿化面积10.32万平方米；2012年，完成祥彭公路绿化面积11

万平方米，建成区绿化面积403万平方米，人均绿化面积增至16.6平方米。

二、景观

南山公园 南山摩崖石佛造像位于瓶窑镇西南，南山造像是元代僧徒利用采石壁面，使工匠凿出浅龛，浮雕而成，延绵数百米，共有造像30余尊。“文化大革命”中，因村民炸山取石，被毁过半，仅存12尊，除1尊为道教造像外，其余尽是佛教造像。在历史上比较罕见，为江南石窟与摩崖石刻艺术的瑰宝，具有很高的历史和艺术价值。1983年被公布为余杭县首批文物保护单位，1997年被列为浙江省文物保护单位。2013年3月5日，国务院核定并公布第七批全国重点文物保护单位，名列其中。

2006年底，余杭区启动南山摩崖石佛造像修缮整治工程，次年造像修缮工作完工。2008年启动南山景区建设，该景区规划和控制面积达到3500亩，并逐步扩建。南山景区以石刻和石窟造像群为主体，包括整个南山和山前平原、湿地、构建以天然山岩风光为背景，摩崖石佛造像为主要的文化型特色景观。

窑山公园 窑山古称亭市山。宋时，东麓开始建窑烧制陶器，窑越建越多，传说通往山上的18条弄每条弄有1座窑，1口井，亭市山因此改名为窑山。宋咸淳《临安府志》载：“亭寺山，即窑山，多陶户，为瓮。”明万历《杭州府志》载：“瓶罂缶今出钱塘瓶窑。”中华人民共和国成立后，人民政府对窑山多次进行整治，包括绿化、修筑上山道路和建造楼台亭榭等，窑山成为瓶窑人晨练、休闲和观光的好去处。山上有清钱塘名医仲学辂墓，太平庵和太平泉。

北湖 古称天荒荡，“天荒荡亦名黄山草荡，在县东北二十里，山前界。广八千余亩。北湖县北五里。其源出诸山。唐县令归珧所开，溉田千余顷。塘高一丈，上广一丈五尺，下广二丈五尺。”（康熙《余杭县志》卷之一《舆地·山川》）又名北湖草荡，位于瓶窑镇。自唐代开辟至今已有1100多年历史，其地界与瓶窑、余杭、径山3个镇9个村相邻。北湖草荡是西险大塘的滞洪区，在北苕溪与中苕溪入干流处，水域面积约4平方公里。北湖是杭州地区仅存的原生态湿地，湿地动植物丰富，以芦苇丛生、野鸟纷飞而闻名。水陆交错的湿地环境吸引许多的野生鸟类在此栖息繁殖，构成北湖独特的生态系统。其中有国家一级重点保护野生动物朱鹮、天鹅、鸳鸯、褐林鸮（俗称棕林鸮）、草鸮（俗称猴面鹰）、斑嘴鹈鹕、白头鹞等，浙江省重点保护野生鸟类杜鹃、啄木鸟、白鹭、相思鸟、喜鹊、画眉等。

图1－37 北湖草荡（2016年）

“瓶窑十景” 瓶窑旧有“瓶窑十景”，分别是南山石佛、窑山晨钟、羊山夕照、真寂闻经、溪西步月、远帆乘风、渔舟列阵、西塘古松、田野缀金、山后花海。南山石佛，在南山的崖壁上因鬼斧神工地刻着十几尊大佛，由此显得庄严肃穆、佛意缭绕。这里有开门塘和闭门塘、有“火烧红莲寺”传说。窑山晨钟，在窑山上原有一座范福庵，庵内和尚在每天早晨定时击钟，声闻全镇。

钟声悠扬悦耳,仿佛来自另一世界。羊山夕照,在上窑羊山湾对面有羊山(精工磨具厂所处),因不断采石,山形渐变,成为宝塔状。夕阳西下,羊山倒映溪中,赤山绿水相映成趣。真寂闻经,清时有建在真寂寺旧址上的回龙寺,入寺听经,使人有超尘脱俗之感。溪西步月,月夜漫步溪西,可仰观明月,俯览苕溪,可畅论世事,畅诉衷肠。别有一番风味。远帆乘风,旧时货运船只多张风帆。若登高远望时见帆船在苕溪中破浪前进,或因船身被景物遮蔽,仅见白色风帆在树林或村舍上空徐徐移动,令人神往。渔舟列阵,黄梅时光苕溪水涨,渔民驾一叶小舟,列队布阵捕鱼,常引得人们沿岸围观。西塘古松,出镇东过卸衣桥有一堤塘,名三里塘(今"鱼佬大"农庄处)。塘上有参天古松,隔数步一株,自溪畔直至山下,苍劲挺拔,为平野增添无限景色。田野缀金,镇外农家多种油菜,每当油菜花盛开时节,田野一片金黄,也成一景。山后花海,窑山后桃李成群,在春季,呈现花海一片,使观望者赏心悦目流连忘。

杭州樱花园(浪漫樱花谷) 樱花园址在瓶窑镇塘埠村西坞路边仪门岭,占地600亩。2015年由临平紫罗兰公司负责人邵贤祥开发,总投资3000余万元。樱花园有30余个品种、近6万株樱花,其中又以松月、吉野两种日本樱花为主,占到了樱花总数的一半以上。另有阳光樱、牡丹樱、染井井野樱、红粉佳人樱、白马王子樱、台湾阿里山绯寒樱、杭州早樱、四明樱、江户彼岸樱、蝴蝶樱、松月樱、普贤象樱等品种。赏花期在每年的2月初至4月中旬,"昨日雪如花,今日花如雪。"花色以白色为主,红、绿、紫、蓝、黄适度点缀,可沿着10来里盘旋于6个山头的樱花大道,尽情欣赏。年接待游客30余万人。

图1-38 观樱(2018年)

第五章　环境保护

瓶窑山青水秀，自然环境良好。旧时，经济以农业耕作为主，生产力低下，人类生活和生产活动所排放的污染物足以被自然环境所净化，环境质量良好。

20世纪80年代初，开始向工业化转化的进程中，城市规模扩大，人口密度加大，经济增长靠高投入、高消耗的传统方式，资源消耗、能源消耗不断上升，对自然资源开发的强度不断加大，污染物排放量不断增加，环境污染不断加重，环境负荷日益加大，环境自然净化能力也逐渐减弱。

面对生态与环境保护问题，干部群众认识不断深化、关注面不断扩大，通过努力，经济社会、人与自然协调发展的机制已初步形成。瓶窑党委政府把生态建设工作摆上重要工作日程，成立主要领导任组长的领导小组，研究贯彻措施，抓工作落实。以改善环境质量为目标导向，加快构建与瓶窑实际情况相适应的生态环境保护体系、全面高效的污染防治体系、全民参与的社会行动体系。瓶窑镇于2007年成功创建省级生态镇后，又确立争创国家级生态镇的目标。截至2010年，全镇共创建12个区级生态村、4个绿色社区、8个省级卫生村、6个市级卫生村。

环境保护既处于任务繁重、压力空前的艰难时期，也处于有所作为、解决新老问题的关键时期。

第一节　环境质量

自良渚文化时期以来，瓶窑即以农耕为主，生态环境优越。随着手工业发展、人口聚集和城镇建设，环境问题逐渐产生，但因生产力低下，局部环境质量可忽略不计。20世纪80年代起，环境质量日趋下降，环境质量也引起重视。1985年起，瓶窑环境质量的监测和评价主要是由水体环境、大气环境和声环境三块及土壤环境组成。影响环境质量的因素是多方面的，主要是工业发展和城市化进程加快，排入环境的污染物质明显增加而引起的。

一、水体环境质量

根据境内地理、气候、地形、地貌和水资源开发利用条件，瓶窑水环境主要指苕溪。东苕溪（瓶窑段）水环境容量较大，补给水源多，径流量充沛，丰水期自净能力较强。

20世纪80年代，因上游临安县化工、造纸等行业未经处理的污水排入苕溪，境内余杭、瓶窑镇年排入苕溪污水约452.6万吨，苕溪水质受到污染。若遇枯水期，流经境内的苕溪水体呈棕色，含高浓度污染物质。据1985年对东苕溪瓶窑段调查，化学需氧量6.22毫克/升、氨氮0.38毫克/升，还检出氰化物、汞、铬、铜等有毒物质。

1986—1990年，苕溪干流下游瓶窑大桥等3个断面水质污染较严重，除悬浮物、硬度、亚硝酸盐氮未超标外，其他污染指标均超过Ⅲ级标准。同期干流 pH[①] 超标率 16.70%—83.30%，范围值 6.18—9.92；溶解氧超标率 16.70%—33.30%，最劣值 2.24 毫克/升；化学需氧量超标率 16.70%—50%，最大值 18.80 毫克/升；挥发酚超标率 16.70%—66.70%，最大值 0.333 毫克/升；氨氮最大值 16.52 毫克/升；汞超标率 16.70%，最大值 0.0054 毫克/升；砷超标率33.30%，最大值0.355 毫克/升。各污染物最大值、溶解氧最小值和重金属污染指标最大值都出现在下游。1991 年—1995 年，东苕溪瓶窑和奉口断面水质较差，挥发酚均值达 V 类，最大值劣于 V 类水质。1996 年—2000 年，对苕溪沿岸工业污染进行整治，加上上游临安青山地区较多污染企业进行治理或搬近，苕溪水质虽有好转，然总磷仍偏高，未达到水功能区水质Ⅲ类标准，为Ⅳ类。主要污染物为总磷、高锰酸盐指数、非离子氨、亚硝酸盐氮、五日生化需氧量、石油类，该 6 项指标累计污染分担率为 96.61%。综合污染指数为 15.56—23.40，污染平均指数为 2.22—3.34，五日生化需氧量呈下降趋势。2000 年，苕溪水质为Ⅳ类。除总磷偏高外，其他各项指标年均值达Ⅲ类或优于Ⅲ类。2001 年以后，境内水环境污染类型是以氮、磷、耗氧有机物及微生物为主的复合型污染。

图 1－39　美丽田野上的村居（2013 年）

2001 年—2005 年，苕溪流域开展水环境综合整治及禁止养鸭，苕溪水质开始好转，通过对苕溪余杭段瓶窑大桥等 3 个点位主要污染指标监测，综合污染指数为 4.75—7.75，污染平均指数为 0.79—1.29。2005 年，苕溪水质略有恶化，饮用水源水质达标率 93%。为Ⅳ类—V 类水质，主要污染物为石油类、高锰酸盐指数、氨氮、粪大肠菌群、总磷。

2006 年—2010 年，苕溪水质保持良好，石油类、粪大肠菌群浓度有较大幅度下降。2010 年，苕溪水质总体良好，各项指标年均值达到Ⅲ类或优于Ⅲ类水质，且达到功能区要求，断面达标率 100%。苕溪上下游水质变化不大，出境断面水质与入境断面水质基本持平。

2011 年，瓶窑大桥断面均达到Ⅲ类水环境功能区要求。2012 年，苕溪水质总体较好，常规监测断面瓶窑大桥达到Ⅲ类水功能区要求。2012 年，东苕溪地表水属Ⅲ类水质。2015 年，常规监测断面水质均达到 III 类水功能区要求，断面达标率为 100%；出境断面与入境断面相比，水质无明显变化。与上年相比，苕溪水质保持稳定。苕溪支流水质较干流好。

2010 年以来历年监测表明，瓶窑地下水尚未受到明显污染，水质级别在良好以上。

二、大气环境质量

瓶窑地处亚热带，季风显著，湿润多雨，镇境内又多为农村，大气环境质量较好。

---

① pH 系水溶液中酸碱度的一种表示形式。pH 值的应用范围在 0—14 之间，当 pH 值等于 7 时，水溶液呈中性；pH 值 >7 时呈碱性，pH 值愈大，碱性愈大。

20 世纪 80 年代后,工业经济发展较快,能源结构以煤为主,工业废气排放逐年增加,大气污染趋重。经过不断大气环境治理,排放废气处理达标率由 2001 年的 52.6% 上升到 2005 年的 80%。大气处于轻污染水平,大气污染以煤烟型污染为主,并逐步呈现煤烟一机动车废气混合型污染的特征。

2005 年,境内环境空气优良天数达 295 天,然而酸雨值逐年上升,为重度酸雨区。2007 年以后,环境空气优良天气均在 300 天以上,2011 年达到 324 天。二氧化硫、一氧化氮、可吸入颗粒物年均达到国家空气质量二级标准。2012 年,境内环境空气质量优良率为 88.25%,优良天数达 323 天(评价体系中未列入 PM2.5、一氧化碳、臭氧 3 项)。

2011 年,瓶窑镇的环境空气污染指数为 1.72,瓶窑镇环境空气质量为良。2015 年,环境空气质量达标率为 70%,较上年提高 13.6 个百分点,主要污染因子为 $PM_{2.5}$ 和 PM_{10}。

大气污染的变化受气象和气候等自然因素制约现象较明显,各项污染物浓度变化规律基本一致。镇境内环境空气质量总体呈改善趋势,但是受扩散条件、外来输入、本地污染物堆积等因素的影响,大气环境灰霾现象依然严重,大气污染防治工作任务依然任重而道远。

三、声环境质量

瓶窑镇除城区外,皆为农村,声环境质量较好。20 世纪 80 代后,随着工业发展、城镇建设规模扩大和社会生活、文化娱乐形式多样化,工业噪声、交通噪声和社会生活噪声等渐趋严重。

1997 年,开展噪声达标建设,对工业噪声和社会生活噪声源进行治理,实施机动车禁鸣喇叭和禁止拖拉机进城及施工噪声监管等措施,使各类环境噪声控制在一定的范围内,声环境质量有明显改善。2005 年,区域环境噪声、城市道路交通噪声等效声级范围在 61.1 分贝—75.0 分贝间,道路加权等效声级 67.5 分贝,标准适用区的平均等效声级为 65.2 分贝,均达到有关规定的标准。

噪声主要来源是生活噪声,其次为交通噪声,然仍达到国家推荐控制要求和环境噪声国家标准要求。2010 年,区域环境噪声及交通噪声均呈下降趋势,各功能区噪声达标率为 75%。随汽车保有量增加,交通噪声对声环境质量贡献增加。

四、土壤环境质量

土壤环境由矿物质、动植物残体腐料分解产生的有机物质以及水分、空气等固、液、气三相组成。固相(包括原生矿物、次生矿物、有机质和微生物)占土壤总量的 90%—95%;液相(包括水及其溶物)称为土壤溶液。自然因素和人为因素不同,形成各种不同类型的土壤环境。瓶窑镇土壤环境存在问题主要有农田土壤肥力减退、土壤严重流失、局部地区土壤环境被污染破坏等。土壤环境污染的成因主要是工矿业的“三废”排放、农业面源污染及垃圾污染,土壤环境污染以轻度敏感和中度敏感为主。土壤环境污染具有隐蔽性、长期性和不易修复等特点,一旦被污染,危害极为严重。2008 年,余杭区环境监测站对瓶窑镇农业生产基地的土壤进行调查性监察,主要监测项目为土壤中重金属元素镉、汞、砷、铅、铬等,达标率为 82%。

第二节 环境管理

1949 年中华人民共和国成立后,环境保护工作由镇爱国卫生运动委员会、卫生院兼管。

2008年,建立瓶窑环境保护所,开展环境监测评价。瓶窑镇重视环境保护工作,对生态区建设投入逐年加大,引导催生环保产业,限制淘汰落后产能,倒退经济转型。同时,推动各村、街道努力做好环境保护工作。

一、机构

余杭区(县、市)环境保护局是区(县、市)人民政府环境保护行政主管部门,对余杭区内的环境保护工作实施统一监督管理。2008年4月,建立余杭区瓶窑环境保护所,为余杭区环保局下属事业单位。2009年12月,更名为环境保护监察所。环境保护监察所受委托,负责辖区内环境保护的综合监察;受理辖区内环境保护违法行为的举报、投诉并进行核实、查处;依法实施环境保护违法行为的行政处罚;负责辖区内排污许可证的发放及排污费的稽征等工作;完成局交办的其他俺务。历任负责人为陈海峰、裘望、郭水忠、曹国海、孙林江。同时,瓶窑镇参与环境保护、生态建设,通力协作,形成合力,推进环境保护、生态区建设工作。

瓶窑镇党委、政府加强环境保护、生态建设目标责任和政绩考核制度建设,并将加强对干部队伍的建设和考察作为促进余杭环境保护、生态区工作的重要保障。把生态建设工作摆上重要工作日程,成立主要领导任组长的领导小组,研究贯彻措施,抓工作落实。

二、管理

环境卫生　民国期间,街道一般由各商店自行打扫,居民粪便由各家自行处理,或倒入苕溪,或归农民挑去作肥料。1954年建立镇清卫组,负责打扫街道,清理厕所及居民粪便。1956年,全镇开展除"四害"(苍蝇、蚊子、老鼠、麻雀),讲卫生运动,取消露天茅坑,开始建造公共厕所。1962年开展灭鼠工作,瓶窑鼠类密度从12%下降至5.7%。1982年,实行门前"三包"(包卫生、绿化、秩序)责任制,聘请卫生监督员,检查"三包"执行情况。1986年,成立瓶窑镇爱国卫生运动委员会,开展卫生城镇创建活动。1997年被评为余杭市卫生城镇,1998年被评为杭州市卫生城镇。1999年,瓶窑环卫站清运班有职工8人,负责全镇87只公共垃圾箱、120只楼道垃圾箱及36座公共厕所清扫工作。

2000年,全镇已创建省级卫生单位1家,杭州市级卫生先进单位12家,余杭区级卫生先进单位32家、卫生村2个。是年12月,成为浙江省卫生城镇。嗣后,以创建国家卫生城镇为载体,开展卫生宣传和环境整治,改革环卫机构,实行垃圾袋装化、路段保洁招标承包等措施,保持市容整洁,整顿市容市貌,拆除违章建筑,采取有效的环卫管理,群众对卫生状况的满意度达98%。2004年,瓶窑镇获国家卫生镇称号。

2005年,位于新区羊城大道南侧,占地1万平方米、建筑面积2900平方米,投资400万元的瓶窑压缩式垃圾中转站建成。2006年,新建和改建公共厕所10座。购洒水车1辆,更新垃圾箱、果壳箱349只,购置垃圾清运车1辆。2007年,又购8吨垃圾压缩车2辆,洒水车1辆。是年,开展"清洁·绿化余杭行动",清除存量垃圾1805吨,完成庭院整治3156户,清洁河道68.5公里,河道清淤28公里。2008年,开展"清洁瓶窑"行动,7个重点整治村清除存量垃圾1896吨,完成庭院整治4409户,河道清淤28.09公里,拆除露天粪坑和棚厕1949座,新建改建三格式无害化卫生厕所1182座。2009年,完成14个村"清洁绿化余杭"整治工作,清除垃圾7798吨,拆除露天粪坑和棚厕4211座,改建三格式无害化卫生厕所3084座,建公共厕所38座。2011年11月,垃圾分类收集、直运正式启动。投入120余万元,购置大型垃圾分类直运车辆及分类垃圾收集容器,首先在华兴社区试点,然后在镇政府、瓶窑法庭、第三人民医院等11

家单位实行。2012 年,瓶窑镇成功创建为国家级生态镇。

防止新污染 为防止建设项目产生新的污染、破坏生态环境,瓶窑镇在建设项目管理上,严格"三同时"制度,即"一切新建、扩建和改建的企业防治污染的项目必须和主体工程同时设计、同时施工、同时投产。否则不准建设。"实行建设项目环境影响评价制度。同时结合实际,创新建设项目管理,尤提高环评质量和服务效益的做法,使环保软环境持续优化。

20 世纪 70 年代后期,瓶窑镇逐步把建设项目防治污染的管理纳入工作议程,对新建项目实行"三同时",主要对基本建设项目选址及对周围环境的影响,对建设项目产生的污染物及其浓度、数量、治理措施、回收利用方案或其他处置措施进行审查。同时,在施工、试运行过程中,对环保措施实施情况进行检查,并参加项目竣工验收工作。

1981 年始,境内县属、乡镇企业建设项目逐步实行环保"三同时"管理,执行率为 50% 左右。1991 年—1995 年,建设项目应执行"三同时"项目执行率为 48%。1996 年—2000 年,应执行"三同时"建设项目实际执行率 80%。2001 年—2005 年,开展"三同时"建设项目跟踪检查。

1992 年,执行余杭县政府决定对总投资在 50 万元以上的重污染行业生产项目,总投资在 100 万元以上的生产性项目,在饮用水源保护区、居民稠密区等环境敏感区域的建设项目,4 吨/时以上燃煤的非生产性项目,均须编报环境影响报告书(表),否则一概不予审批。至 2015 年,大中型建设项目环境影响评价执行率达 95%。

1989 年,余杭县人民政府试行环境保护目标责任制,次年起正式实行。瓶窑镇、彭公乡、长命乡政府镇、乡长分别制订环境保护目标责任制。1995 年起,瓶窑镇、彭公乡镇、乡长分别与余杭市政府签订环境保护责任目标书。1999 年开展"一控双达标"工作,不断加强污染源管理,取得一定成效。

此外,1982 年 7 月,根据规定,从 7 月 1 日起向超标排污收费企业、事业单位征收排污费,并将原排污费缴入余杭县环保局办公室改为直接缴人余杭县财税局金库。境内一切企事业和其他单位排放污染物(废气、废水、废渣)超过国家、省规定标准,均要征收排污费;缴纳排污费后仍未达到排放标准单位,从开征第 3 年起,提高征收标准 5%。征收标准根据各种污染物危害大小,超过排放标准的倍数或数量分类分级确定。排污费数额确定、调整、停缴、免缴等事项由县环保部门执行。1986 年 1 月,征收的排污费,由环保部门按季汇入建设银行"环保专户",集中管理,其中 80% 为"三废"治理补助资金。1992 年,对排污费收费标准作全面调整,县境内所有向水体排放污水企事业单位和个体工商户,均开征污水排放费。

三、应急预案编制与实施

瓶窑镇高度重视环境应急工作,根据国家和省、市的统一部署和规范要求,2005 年起系统性地编制了一系列突发环境应急预案编制工作。2012 年起,实施镇街级突发环境事故应急演练作为加分项列入年度生态环保目标责任制考核,主动开展镇街级突发环境事故应急演练。

杭州瓶窑和顺化工厂氨水泄事故 2010 年 3 月 12 日下午 31 时 20 分,杭州瓶窑和顺化工试剂厂由于操作工操作不当,导致一只装有 0.5 吨 20% 浓度的氨水槽连接管破裂脱落发生泄漏。消防即对泄露氨水冲洗的废水流入厂东面沟渠,对沟渠 150 米、300 米处筑挡坝围堰进行堵截,在下游增设 3 道挡水坝,并紧急调用酸液中和氨水,污染得到妥善控制和消除。

瓶窑崇化村河道死鱼事故 2010 年 5 月 18 日下午,2 名民工在瓶窑崇化村河道投入微量农药赛丹抓鱼,导致河道少量死鱼。乡镇组织人员打捞漂浮的死鱼,告知下游沿线各村庄和单位注意人用水安全;区环境监测站布点监测,监测水质基本正常,未对环境造成影响。

杭州恒升化工有限公司厂区起火事件 2011 年 6 月 17 日 11 时 25 分,杭州恒升化工有限公司在粉碎、搅拌过程中因机器发生意外起火。消防现场灭火,消防冲洗废水经厂区应急沟汇集到厂区应急池内;企业对应急池内污水输送至污水处理站处理;区环境监测站布点进行跟踪监测,监测结果河道水质正常,未对周边水体造成污染。

瓶窑镇窑北村倾倒不明固废事件 2011 年 8 月 17 日下午 3 时,东苕溪良渚镇安溪村 12 组与瓶窑镇窑北村交界处,承包运输业主受利益驱动动,用船只运送化工废弃染料倒入东苕溪岸边,威胁饮用水源地安全。对环境违法行为严肃查处;委托杭州立佳环境服务有限公司进行安全处置,将化工废弃染料全部清理;属地镇乡专门建立苕溪饮用水源保护巡查队伍,加强巡查,确保饮用水安全。

第三节 环境治理

20 世纪 50 年代,瓶窑对环境治理侧重于治理生活污染,开展爱国卫生运动,植树造林,回收废旧物资等,经济建设与环境比较协调。1958 年起的“大跃进”,造成一定程度的环境污染和生态破坏。70 年代起,随着乡镇企业快速发展,环境污染趋重。80 年代后,瓶窑始将环境治理摆上议事日程,实行环境综合治理。

一、水环境防治

80 年代后,余杭高度重视水环境治理工作,主要为加强工业废水、生活废水和农业面源废水的处理,从源头上减少废水产生;加强环境基础设施建设,完善环境引配水项目,扩大截污纳管范围,推进排污建设工程;实施河道整治工程,加强河道保洁管理;不断提高水资源循环利用水平和用水效率等 70 年代初,县办钢铁厂、水泥厂、农药厂、化肥厂、小煤窑等“五小工业”兴起,农村社队则大多以农机厂为基础,利用本地资源开发产品,兴办丝绸纺织和为工业配套加工工厂。其时,境内河水遭污染程度仍然不大,居民用水大多依赖之。1994 年初,县政府颁布《加强苕溪水域污染防治管理办法》,制定 12 项措施,在苕溪、运河流域安排造纸、印染、电镀等 54 个废水治理项目,共投资 2381 万元,新增处理工业废水 7866 吨/日。2001 年,制定《苕溪流域水环境保护实施意见》明确对工业污染源治理规定。要求原有的污染企业则实行污染物总量的削减,苕溪流域稳定在饮用水源地标准要求。2001 年—2005 年,通过调整产业结构、淘汰落后工艺和设备,关停治理无望的污染企业,采取污染源限期治理、控制新污染源等措施,加强环境保护统一监督,巩固提高工业污染治理成果,工业点源污染防治取得实效。在加强工业污染源头控制同时,规范环境保护准入制度,严格把好项目审批关,否决不符合产业导向目录的项目,并推行清洁生产和开展 ISO 环境管理体系认证,实行污染物源头控制。2006 年—2010 年,瓶窑严格执行余杭区政府产业发展导向政策,加强污染源头控制,制定有利于全镇可持续发展的区域产业发展政策,按区域产业发展定位和流域水环境功能区目标,根据环境承载能力和水资源保证能力,分别提出禁止发展、限制发展目录和控制性产业规划,加大力度调整优化工业产业结构,避免新的结构性污染源产生,提高环保准入门按照西部地区保护优先、控制为原则,从源头控制污染,实行“环保一票否决农业农村面源污染,主要是指农业生产中施用的化肥、农药,畜禽养殖业、水产养殖业造成的污染以及农用塑料薄膜,农作物秸秆、人粪尿,农村生活污水、生活垃圾等农业农村废弃物污染。2001 年,对建成区生猪实行全面禁养。嗣后,强化对苕溪流域鸭子散养管理。2010 年,为配合水务集团做好截污纳管工作,新建泵站 2 座,新建管网 16 公里。新建泵站为窑山泵站及长命泵站,窑山泵站位于瓶窑镇苕溪以北的窑北村,主要收集瓶窑镇老镇区污水。长命泵站位于长命桥祥彭线安溪路口处,主要收集长命桥区块及马山下区块的污水。污水主干管建设,共计 16 公里。

二、农业面源污染控制

2005 年起,在推进农业面源污染控制方面,加强生态农业建设,加大“沃土工程”和农业园区化建设实施力度,推广平衡施肥、秸秆还田、病虫草综合防治措施及养殖业畜禽粪便的无害化处理,科学控制化肥农药用量,提高化肥农药利用效率,使农业面源得到有效控制。在防治农村农业面源污染中,建设无公害、绿色、有机食品生产基地,达到减少农药化肥使用量目的。主要措施有:建立和完善相应的组织管理机构,强化生态农业主管部门的职能;实行领导目标责任制,把各项生态建设任务指标分解落实到镇街,作为考核干部的重点内容,要求各地真正把生态农业建设作为农村和农业可持续发展的一项战略措施抓紧抓实抓出成效;依靠科技投入,深入开展生态农业试点示范工作。各基层农业部门开展“科教兴农”,推进农产品标准化生产,引进和推广新品种、新技术,组织专家对当地的农业生态环境状况进行深入的调查研究,探索适合当地不同类型区域的农业面源污染控制的模式和配套技术。

2005 年,区苕溪流域养鸭污染综合整治工作动员会议召开,明确“苕溪禁养区内的养鸭户 7 月底前必须清栏”,并划定苕溪流域养鸭污染整治范围。整个苕溪流域范围内禁养鸭 260 万羽,年削减废水排放量约 30 万吨、化学需氧量约 5640 吨、氨氮约 1620 吨。

2006 年,完成瓶窑镇崇化村等省、市、区三级农村生活污水治理项目 13 个,建设农村生活污水处理设施 3055 立方米。2008 年,7 个重点整治村清理存量垃圾 1896 吨,完成庭院整治 4409 户,河道清淤 28.09 公里,绿化 62450 平方米;拆除露天粪坑和棚厕 1949 个,新建改建三格式无害化卫生厕所 1182 个;整治不良建筑 12 处,拆除面积 1360 平方米。2009 年,瓶窑镇全面完成 14 个村的“清洁绿化余杭”整治工作,落实奖励补助资金 450 万元。14 个村清除垃圾 7798 吨,投入资金 134.65 万元,其中 4 个村实行物业化保洁。全镇拆除露天粪坑和棚厕 4211 个,改建三格式无害化卫生厕所 3084 座,建立公共厕所 38 座。投入 661.34 万元,清淤河道 109.55 公里;投入 194.02 万元,整治内塘 94.13 公顷;投入 236.25 万元,完成绿化 103206 平方米;投入 1056.37 万元,新建硬化道路 194335 平方米;投入 380 万元,搬迁村内坟 4168 座。是年 5 月,由区农业局牵头,联合区财政局、环保局三家单位对瓶窑镇昌兴养殖场禁养工作进行验收。截至 2009 年 4 月底,瓶窑昌兴养殖场共完成生猪禁养 8294 头,全面完成区政府下达的禁养任务。

开展以水环境治理为核心的村农村环境连片整治工作,重点实施农村生活污水治理、池塘生态化改造及垃圾无害化处理。2011 年,增设瓶窑镇奇鹤村等部分禁养区。

三、河道和小流域治理

2005 年,投入 900 多万元,对湖北坞水库实施保安达标,同时完成陈和村、秋湖、石坞等 7 座小水库的除险加固和长命港、良渚港(瓶窑段)的河道整治工程。2007 年,开展张堰土地整理、十里渠小流域治理，山区农民饮用水工程等水利建设。2008 年 5 月，瓶窑镇十里渠小流域治理工程完工。十里渠是镇西北部山区的水利命脉。工程被列为国家级农业综合开发项目，总投资 1670 万元，治理面积 36.5 平方公里，惠及彭公、奇鹤、石濑、窑北、西安寺、南山等 6 个村，3100 余家农户、1 万余人口。

2009 年，瓶窑镇“清洁余杭”河道清淤工作告一段落，三年来共对全镇 37 条河道，149.03 公里的重点河床淤泥堆积物进行清淤。2006 年，完成第一批长命村、凤都村、彭公村的清淤工作，长度 58.05 公里、方量 9.09 万平方米，投入资金 110 万元；2007 年完成第二批大观山村、窑北村、石濑村，清淤长度 22.39 公里、方量 21.62 万平方米，投入资金 277.5 万元；2008 年完成第三批塘埠村、西安寺村、张堰村、南山村、崇化村，清淤长度 38.72 公里、方量 29.13 万平方米，投入资金 426.26 万元；其中城区河道清淤长度 4.64 公里、方量 4.64 万平方米，投入资金 177.97 万元。累计全镇完成清淤总里程 123.8 公里，清淤方量 64.48 万平方米，总投入资金 991.73 万元，以上清淤河道已全部通过验收合格。

2010 年，完成北塘一期加固、胡林闸站改造和六头十字渠整治工程，实施湖北坞下游水渠整治、塘埠溪小流域整治工程。

2011 年，完成张堰塘、澄清塘（二期）防渗加固 2056 米。完成塘埠小流域整治工程和湖北坞下游河道整治工程。

2013 年，张堰港、三仙角、石塘坞等水利基础设施建设完成，长命港、下山渠、塘家畈等整治及加固工程继续推进。2014 年，建立落实河长制、“一河一策”、长效保洁等治水机制，完成河道整治、截污纳管、生活污水治理、企业规范排污、水利工程建设、农业面源污染治理等 22 个治水项目，全年投入治水资金 5700 余万元。完成良渚港（瓶窑段）黑臭河整治任务。

四、大气环境治理

1997 年—1998 年，在创建国家卫生城市工作中，瓶窑镇等大气环境质量稳定在国家二级标准。2001 年—2005 年，在建成区内建立“禁烟区”，在“禁烟区”内不得新上各类燃煤设备，淘汰在“禁烟区”内原有各类燃煤设备，巩固瓶窑烟控区创建成果。防治固体污染坚持“减量化、资源化、无害化”的原则。主要控制其产生量，如逐步改革城市燃料结构（包括民有与工业用），控制工厂原材料的消耗定额，提高产品的使用寿命，提高废品的回收率等；其次是开展综合利用，把固体废物作为资源和能源对待；实在不能利用的则通常进行最终处置，如焚烧和安全填埋。

五、固体废物处置

1994 年，开展固体废物申报登记工作规定：产生工业固体废物（特别是危险废物）的单位（或个人），应当建立工业固体废物种类、产生量、流向、贮存、处置等资料档案，按年度向环保部门申报登记，并对产生的危险工业固体废物执行危险废物转移联单管理制度产生工业固体废物的单位（或个人）应当根据经济、技术条件对其产生的工业固体废物加以利用；对暂时不利用或者不能利用的，必须按照规定建设贮存设施、场所，分类安全存放，或者采取无害化处理措施生活垃圾无害化处置。

2005 年，据余杭区政府制定《关于解决垃圾污染问题的意见》，瓶窑生活垃圾处理从城镇延伸至农村，建成以村为主的垃圾收集系统和以镇为主的垃圾中转站运输系统。各建制村建立农村垃圾收集、清运责任制度和考核制度，继续完善“户集、村收、镇运、区处理”的农村生活垃圾集中收集煌理体系，杜绝农村垃圾向河面抛散、在河岸堆置等现象。至年底，压缩式垃圾中转站的生产车间、附属工程和办公楼已全部完工并投入使用。垃圾中转站位于瓶窑镇新区羊城大道南侧、乌山北面，占地面积1公顷，建筑面积2900平方米，其中生产车间300平方米，办公楼及车库2600平方米，总投资400万元。生产设备主要采用上海同济远征环卫机械工程有限公司生产的TCY160型压缩式生活垃圾中转设备，最大生产能力每小时压缩垃圾200余立方米。是年，还购置垃圾箱、改造三格式化粪池、建造健身场所、进行路灯亮化和河道砌石，改善村庄的人居环境。2009年，瓶窑镇全面完成14个村的“清洁绿化余杭”整治工作，落实奖励补助资金450万元。14个村清除垃圾7798吨，投入资金134.65万元，其中4个村实行物业化保洁。全镇拆除露天粪坑和棚厕4211个，改建三格式无害化卫生厕所3084座，建立公共厕所38座。投入661.34万元，清淤河道109.55公里；投入194.02万元，整治内塘94.13公顷；投入236.25万元，完成绿化103206平方米，投入1056.37万元，新建硬化道路194335平方米；投入380万元，搬迁村内坟4168座。

2011年11月，瓶窑镇垃圾分类收集、直运正式启动。先后投入120余万元，购置大型垃圾分类直运车辆及分类垃圾收集容器，发放垃圾分类调查问卷、宣传手册、宣传彩页。首先在华兴社区试点，取得经验后在镇政府、瓶窑法庭、余杭区第三人民医院等11家单位实行，逐步实现垃圾处理资源化、产业化，推进生活垃圾的减量化、无害化。2015年12月，瓶窑首个智能垃圾分类投放系统在凤惠家园小区投入试用。该系统二维码智能垃圾分类项目集合互联网、二维码等技术手段，实现垃圾投放有源可溯。

第四节 生态建设

2005年后，瓶窑执行区政府对各镇乡、街道生态建设暨环境保护目标责任制进行考核，实施《余杭区生态建设规划》，加大自然生态系统和环境保护力度，全面促进资源节约，加强创建国家环境保护模范城市生态镇（街道）建设。

2003年后，瓶窑又开展“五水共治”工作。2012年，启动“四边三化”行动。

一、生态镇建设

2001年，为贯彻落实杭州市“生态立市”精神，生态镇建设开始启动。年初通过政策宣传，培训发动。2004年，瓶窑镇奇鹤村等10个村成功创建为区级生态村。2005年4月，瓶窑镇生态建设规划通过评审；7月，瓶窑镇乡开展全国环境优美镇乡创建。2006年，镇党委、政

图1－40 长命港（2015年）

府把规划作为小城镇建设的突破口,委托著名高校和设计院编制规划,建立包括经济社会发展规划、城镇建设总体规划、新老城区控制性规划和各专项规划在内的一整套规划体系,以道路建设带动整个小城镇建设,不断优化和完善城镇基础设施,积极实施通村联网工程,全面完成“康庄工程”任务。同时,投入大量人力、物力、财力进行城区河道整治,设置路牌、环卫、消防等公用设施,增加农村改水力度,加大城镇绿化面积、提高绿化水平,城区绿化面积达到300公顷。开展城区污水截流工程改造,新增瓶仓大道绿化面积3万平方米。12月,瓶窑镇通过杭州市级生态镇验收,石濑、张堰、塘埠等村通过区级生态村验收。是年,瓶窑镇被命名为省级生态镇乡。2008年,瓶窑等5个镇同时申报争创全国环境优美乡镇。2010年,长命片污水纳管工程和泵站建设、凤华别墅、凤山小区的污水纳管工作全面完成,全镇42.075公里污水管网形成较为完善的区域化污水收集系统。完成7家规模养殖场污染治理工程,新建12座生活污水处理池,新增用户579户。12月,环境保护部、省环境保护厅领导和专家到瓶窑进行国家级生态镇预验收。瓶窑镇于2007年成功创建省级生态镇后,2015年瓶窑镇创建国家卫生城镇通过省级验收。全镇共创建12个区级生态村、4个绿色社区、8个省级卫生村、6个市级卫生村。

2011年,瓶窑镇长命村等13个村认定为区级生态村。2012年,推进张堰港、三仙角、石塘坞等工程建设,共发放涉农资金231万元。完成祥彭线11万平方米绿化任务,奇鹤村通过区二轮重点提升村验收,塘埠村成为市“清洁乡村”创建单位。是年5月,省爱国卫生运动委员会办公室对瓶窑镇进行为期两天的国家卫生镇复查,通过听取汇报、查阅台账资料、现场实地查看、调查问卷等形式,分组对瓶窑镇爱国卫生组织管理工作、卫生监督、社区卫生与镇辖村卫生、环境卫生与环境保护、疾病预防与控制、病媒生物防制、健康教育等情况进行了解和检查,并对检查情况进行反馈,同意瓶窑镇通过省级复查。此外,11月,经网络投票,专家评审和投票,通过生态建设、产业发展、民生保障、人居环境、历史文化、风土人情等经济、社会和人文元素等方面的考量,瓶窑镇成为2012年杭州市十大新型中心镇,也是余杭区唯一入选的城镇。2012年,实施塘埠、彭公等山区片农民饮用水提升工程,12个水源点全部进入施工阶段。

2013年8月,美丽中国·浙江新型城市化之路高峰论坛在杭州举行。会前,通过自荐、网上展示、实地走访、网友投票、评审团审议等方式,评出10个综合指标靠前的浙江“强镇榜样”。瓶窑镇成为余杭区唯一入选“强镇榜样”的镇(街道),也是瓶窑镇自2012年被评为杭州市十大新型中心镇后取得的又一项荣誉。

2013年,彭公、南山、长命三大区块的截污纳管完成,31家雨污分流单位日新增水量600吨,杭州志诚油墨有限公司、杭州诚欣化工有限责任公司等8家污染企业如期关停。开展工业危险废物和工业污泥专项治理,启动“清水治污”和苕溪流域环境综合整治,完成4个村810户农户的生活污水治理,断面水质有所好转。全面实行畜禽禁养,奇鹤、西安寺开展“精品村”创建,352户养殖户禁养畜禽94万余头(羽)。垃圾分类收集范围扩大,增加直运小区与单位。是年11月,瓶窑镇公共自行车投入试运营,22个服务点共投入500辆自行车。22个服务点分布在瓶仓大道、凤凰大道、羊城大道、华兴路、凤溪路、闻溪路、沿山路、东兴路、大桥南路、大桥北路等区域。试运营期间租车时间为早上6时至晚上9时,还车时间顺延半小时至晚上9时30分。2014年,完成沿山路西段道路景观绿化工程。开展良渚港(瓶窑段)黑臭河整治。完成良渚遗址申遗区块333.33公顷土地流转。完成矿山整治5处、地质灾害治理3处,全年垦造耕地22公顷。举办义务植树活动。窑北村启动美丽乡村创建,规划开辟一条集“行、娱、购、食、住”一体的花果观光线路。

二、“多绿”工程建设

2000年始，境内城镇相继启动绿色学校、绿色社区、绿色医院、绿色工地等“多绿”创建工程。用科学发展观指导城镇建设，以改善民主民生为根本目的，建设绿色、低碳、环保、健康人居环境民生工程。各学校、社区、医院、建筑工地结合自身特色，通过形式多样，内容丰富创建活动，形成全社会关心，人人参与生态建设良好氛围。在创建城镇“多绿”工程中，环保部门推动创建单位向市级、省级和国家级递升，不断扩大绿色创建覆盖面，进一步引导全社会的资源和力量参与环境保护工作。

图1-41 生态家园(2010年)

创建绿色学校 2000年起，余杭启动绿色学校创建活动。学校在实现其基本教育功能上，以可持续发展思想为指导，在学校全面日常管理工作中纳入有利于环境的措施，充分利用校内外的一切机会和资源全面提升师生环境素养。2005年，瓶窑第二小学成为区级绿色学校。主要经验为建立学校环境教育领导小组，结合实际落实环境教育各项措施，划分环境保护区并责任到人，构建环境教育的课程体系。2007年，瓶窑第三小学成为区级绿色学校。此外，瓶窑镇创建成为省级健康教育示范镇和全国亿万农民健康促进示范镇。镇第二中学成为省级“健康促进”学校。2012年，瓶窑第一小学成为省级绿色学校。

创建绿色社区 创建绿色社区是余杭城市管理的一项重要内容，各社区纷纷参与，使所在社区具备一定的符合环保要求的“软”、“硬”设施，建立较完善的环境管理体系和公众参与机制的文明社区。2004年，认定瓶窑镇新窑社区为第三批区级绿色社区。2006年，瓶窑镇华兴社区递进为杭州市级绿色社区；2008年，经空考核验收瓶窑镇新窑社区递进为市级社区。2012年，瓶窑镇华兴社区成为国家级绿色社。

创建绿色医院 2003年7月始，余杭区医疗系统开展绿色医院创建活动，有6家医院提出申报。至12月，区“创模”办与区卫生局对首批4家创建医院进行指导检查。2005年，全区有6家医院开展创建工作，其中第三人民医院等4家经验收检查，认定为第二批区级绿色医院；2009年，区第三人民医院递进为市级绿色医院。

三、生态经济建设

生态农业区建设 是以发展都市型效益农业为主线，通过调整优化农业结构和协调农业空间布局，推进农业产业化经营，实施生态兴农战略。瓶窑生态农业区建设工作，主要是加强农业龙头企业和现代化农业园区、生态农业示范区建设；促进现代农业和生态农业有机结合。逐年减少使用化肥数量，积极推广应用有机肥、复合肥和作物专用肥，开发无公害蔬菜、有机茶叶和绿色食品生产。从而达到农业产业结构合理，区域优势明显，资源合理高效利用，生态环境良性循环，农村经济繁荣，农业可持续发展的目的。1992 年，为发展“一优两高”农业，通过调查摸底，提出“高田走旱路、低田走水路、平原大田新三熟”的农业产业结构调整思路，对产业结构作了调整，全镇灌溉主要靠翻水解决的 2000 多亩易旱农田，发展旱竹、水果等旱地作物；对 3000 多亩低涝易涝农田，退耕还塘用来养鱼、养牛蛙、种菱、种藕等；平原大田是大头，也是调整的重点和难点，在保持和提高农作物复种指数的前提下，积极引进良种，改善大米品质、发展春玉米等其他粮食作物和西瓜、甘蔗、蔬菜等经济作物。

80 年代，开始调整农业产业结构，在确保粮食稳产、高产同时，因地制宜发展种植、养殖、加工业相结合的多种经营，至逐渐形成水产、畜禽、蔬菜、茶果、粮食等五大区域特色产业。90 年代，生态农业开始兴起发展特色农业以余杭生态区建设规划为目标，结合各功能区农业资源优势，大力发展特色农业，提高产品经营层次。为发展“一优两高”农业，通过调查摸底，提出了“高田走旱路、低田走水路、平原大田新三熟”的农业产业结构调整思路，对产业结构作了调整，全镇灌溉主要靠翻水解决的 2000 多亩易旱农田，发展旱竹、水果等旱地作物；对 3000 多亩低涝易涝农田，退耕还塘用来养鱼、养牛蛙、种菱、种藕等；平原大田是大头，也是调整的重点和难点，在保持和提高农作物复种指数的前提下，积极引进良种，改善大米品质、发展春玉米等其他粮食作物和西瓜、甘蔗、蔬菜等经济作物。1999 年，镇积极鼓励和引导农民调整优化农业结构，推进农业产业化进程，在大灾之年仍然取得农业增效、农民增收的成绩。昌兴万头养猪场、金城娃娃鱼养殖场等农业龙头企业继续发展，农产品名牌效应逐渐发挥，青虾、日本南瓜、桃子等农业块状特色正在形成，生猪、家禽、青虾、大棚蔬菜、水果等产业化“亮点”越来越多，乌龟、河蟹、肯德鸡、关棚鸭等养殖业发展较快。

2000 年，利用资源优势，因地制宜发展特色农业。彭公乡奇坑村、白鹤村建立优高苗木基年，瓶窑镇上窑蔬菜专业合作社蔬菜基地和余杭镇溪塔村经济联合社蔬菜基地、毛元岭桃果专业合作社桃子地等 5 个农产品基地被省农业厅认定为浙江省无公害产品基地。2001 年，从“都市农业”的要求和瓶窑镇农业主导产业的发展需要出发，规划通过 3 年时间，建成四大农业特色园区：规划面积 56.67 公顷，总投资 1122 万元的“放心菜”特色园区；规划面积 77 公顷，总投资 158.95 万元的毛元岭优质桃特色园区；规划面积 68 公顷，总投资 225 万元的早竹笋持续高产园区；规划面积 57.33 公顷，总投资 430 万元的青虾高产示范园区。其中，“放心菜”园区主干道、机耕路、桥梁、机埠等设施已进入施工阶段，引进防虫网加盖大棚，注册“放心菜”商标，制订“放心菜”标准。引进的日本南瓜、红茄子等新特品种已开始种植；青虾高产示范园区先期 33.33 公顷虾塘已开挖完毕，放置网片，立体养殖。次年，青虾养殖园区已投入建设资金 308 万元，占计划总投资的 77%，养殖面积 51.67 公顷，占总计划面积的 90%；“放心菜”特色园区已投入建设资金 380 万元，占总投资的 40%，新建了排灌渠、水闸、桥梁、有机粪池等相关设施，已有设施栽培面积 23.3 公顷，露天栽培面积 4.7 公顷，完成园区栽培面积的 49%；骑坑种苗繁育园区完成建设面积 32 公顷，达到计划面积的 39%，共投入建设资金 360 万元，占总投资额的 35%，主要栽培品种有桂花、香樟、红枫、银杏等，在该园区的示范带动下，全镇涌现出了许多苗木种植户；海深特种鱼繁育园区已投入资金 460 万元，占总投资额的 36%，已完成一期工程，占该园区总工程量的 39%，并在杭州农都市场设立特种鱼销售窗口，2002 年特种鱼苗产值 8200 万元；早竹笋园区已投入资金 320 万元，占总投资额的 44%，完成竹园面积 100%，全年加工笋干 70 余吨，产值 156 万元，净利 18 万元，为早竹笋经营开辟了一条新路，实现了农户增收。2003 年,瓶窑镇凭借“高田走旱路,低田走水路,杂田走林路,经济效益走奇路”的思路,先后建起青虾、蔬菜、竹笋、特种鱼等特色农业园区,实现了农业增效、农民增收的目标。青虾养殖园区位于原外窑、角窦、西中村,面积 57.33 公顷,总投资 288 万元,从太湖流域引进青虾苗种,2002 年,养殖青虾 1.33 公顷以上的 58 户,最多的养殖户面积有 5 公顷余。“放心菜”园区以上窑村为主,规划面积 56.67 公顷,其中设施栽培 26.67 公顷,大棚 1200 套,总投资 900 多万元,年总产量 1200 多吨。该园区与省农科院签订技术合作协议,多次组织菜农举办“无公害”技术栽培知识培训。海深特种鱼苗繁育区,位于塘埠村,面积 53.33 公顷,总投资 1000 多万元,主要鱼种来自山东、湖北、四川等省,有金丝鲶等 25 个品种。至 2003 年底,已在全区范围内联结 50 户特种鱼养殖大户,联结面积 233.33 公顷。10 月,园区经杭州市都市农业示范园区验收专家小组对国民经济、社会效益、基础设施、产业化水平等 10 个方面进行考核,以 98.8 的高分获得杭州市都市农业园区称号。早竹笋特色园区,位于彭公村(原东篁坞、两水坞村),规划面积 80 公顷,总投资 1000 余万元,采取农户 + 基地 + 工厂的生产经营模式,重点抓无药害、无虫害的优质春笋,并创立了“梦春”牌笋干品牌。经过 1 年努力,青虾养殖示范园区、林木引种繁育园区、早竹笋园区、上窑蔬菜园区、特种鱼繁育园区等 5 个特色园区均已建成并通过杭州市都市农业园区的验收;同时,特种水产饲料技改项目、梦春牌笋干加工基地扩建项目、浙江实验兔基地建设项目、张堰茭白冷藏库建设项目和麦地尔食品基地建设项目等 5 个产业化项目均通过区级验收。

2005 年 11 月,产自塘埠村野山笋、毛竹笋基地的“彭公”牌鲜笋、“梦春”牌笋干和产自彭公村两水坞三、四组早竹笋基地的“彭公”牌早竹笋通过了有机食品的认证。“有机食品”是国际上通用的最高农产品认证级别,产品在生产过程中不使用农药、化肥、激素等物质。塘埠村野山笋、毛竹笋基地和彭公村两水坞三、四组早竹笋基占地 600 多公顷。2007 年,新成立张堰茭白、苕溪特鱼、七彩湖家禽、彭公笋制品、东苕溪稻米、植物保护等 6 家农民专业合作社;发展佳美旅游食品、石门笋干、深海特种鱼等 6 家农业龙头企业;建设昌兴饲料、茗乐茶业、特种鱼温室改造等 3 个农业产业化项目;新增七彩湖家禽、北湖绿洲笋干、秋晶稻米、泌馨谷茶叶等特色农业品牌;渔老大生态农庄列入省级农业休闲观光园区。推广应用优良晚稻品种,推进“统防统治”和“代防代治”的新种植管理体制,减少农业面源污染。2008 年,全年申报农业产业化项目 2 个,新组建农业专业合作社 2 家,创建市级示范农民专业合作社 2 家,省级示范农民专业合作社 1 家,帮助种植养殖大户、农业龙头企业通过有机认证 6 项,注册商标 2 件。完成 10 家专业合作社的规范化建设,带动农户 3820 户。完成十里渠小流域治理工程、北塘 1 公里防渗处理和各村田间三面光渠道建设 1 万米,改进机埠 20 座,维修山塘水库 5 座。完成 2 个重点整治村和 1 个省级全面建设小康村创建工作。

2009 年,实施规模化畜禽养殖场污染治理项目设施建设,运用“沼气、氧化塘、综合利用”农业生态模式,建沼气池。2010 年,继续运用“沼气、氧化塘、综合利用”。农业生态模式,全年完成 4 家规模化畜禽养殖场污染治理项目设施建设。完成奇鹤村土地股份合作制改革。做好农产品“三品认证”工作,共申报有机农产品 2 个、无公害农产品 5 个、农业龙头企业 1 家。完成西安寺市级粮食功能区、宇航梦园和梦春蔬菜两个叶菜功能建设,抓好特种水产、桃果、畜禽养殖等功能建设。推广“三新”品种,完成 5 个产业化农业项目、1 家龙头企业、1 家省级标准猪场改建,通过市级动物防疫规范化示范乡镇创建。2011 年,完成西安寺村粮食功能区、杭州宇

图 1－42 彭公岭(2015 年)

航梦园科技园、梦春蔬菜 2 个叶菜功能区和毛元岭桃果、深海特种鱼、月旺肉羊、科联兔业畜禽功能区建设。通过无公害农产品、绿色食品、有机食品认证 21 个。2012 年,开工建设西安寺省级粮食功能区,省级现代农业发展项目完成主体工程建设,区级粮食生产功能区通过验收,新增各类农业龙头企业 2 家。2013 年,抓好“绿化余杭”建设,完成祥彭线、乌山等地 11.9 万平方米绿化任务,做好 9.75 公里村级林道及 57.6 公顷森林抚育项目建设。完成省级农业公共服务中心创建,并获“杭州市级农产品质量安全标准乡镇”称号,杭州碧鲜、满园农业等 10 个农产品通过“三品”(无公害农产品、绿色食品、有机食品)认证。完成塘埠加油站选址和凤都村标准厂房招投标。2014 年,创建区级现代农业园区 3 个,完成中低产田改造 86.67 公顷。次年 11 月,瓶窑镇省级现代农业综合区通过省级验收。该项目涉及瓶窑 6 个村,规划布局“一心三区八园”(现代粮食、蔬菜种苗育苗中心,奇鹤花卉苗木示范区、大观山种猪示范区、粮食功能示范区,毛元岭桃果、塘埠水果、海深特种水产、西安寿早竹、满元蔬菜、凯西爱红豆杉、龙华铁皮石斛、鱼老大休闲农业精品园),累计投资 199881 万元,建成面积 2200 公顷,实现农业总产值 23324 万元。

生态工业区建设　瓶窑镇生态工业区建设,以科技进步为支撑,以提升传统产业和培育新兴产业为重点,大力推进工业结构调整,促使产业层次、产品质量、企业素质上档次、上水平,实现工业经济从总量优势、集聚优势和效益优势转变,从而为“工业兴区”和“环境立区”奠定良好基础。

工业园区建设,20 世纪 80 年代,瓶窑工业发展上了新台阶,彭公汽车修理厂、杭生冰箱厂、医药化工厂、气门弹簧等小企业相继诞生,开始向广阔的大工业领域进军。1998 年以后,集体企业开展经营机制转换工作,企业生产经营驶上快车道,涌现出了华达企业、长命印刷、文教用品、华通羊绒等一大批规模型大企业,初步形成了纺织服装、文教印刷、医疗化工、机械电子、农产品加工等多元化行业格局。

为保护良渚文化遗址,瓶窑镇调整工业发粘规划,启动工业园区建设,1998 年,提出“跨过新国道,建设新瓶窑”的战略,开发建设“凤都工业园”。凤都工业园先后有全国民营企业 500 强的鼎胜实业、杭州知味观食品企业等一批知名企业落户园区,进驻企业 112 家。瓶窑工业从传统的手工业,发展到现在已经形成“纺织服装、文教印刷、机械五金、食品加工”的块状经济以及三大品牌,即“最细的益利素勒的精线、最薄的鼎胜集团的铝箔、最硬的双金机械的双金属复合颚板”的格局。2013 年,凤都工业园区提升改造方案获得批准,拆除和整治旧厂区面积 13 万多平方米;华炫科创园完成前期建设,已有杭州精诚光电子有限公司、杭州博瑞电气有限公司等多家中小微企业入驻。崇化高新区块完成项目征迁,鼎盛轻合金等 32 个工业项目累计投入 6.36 亿元,完成年度目标的 127%;强立机械、格邦科技等项目整体竣工。39 家企业实现专利零突破,6家申报国家级或省级高新企业。2015年,工业总产值164.59亿元,规模工业产值115.03亿元。

1994年,调整产业结构,按照扬长避短,突出优势,培育特色,淘汰落后原则,国有工业企业适时调整产品结构,通过科技合作,项目引进,开发生产铝发展绿色环保产业。以1996年始,在工业系统的丝绸、化工、轻工、冶金等行业推行清洁生产工艺。开始培育新兴行业,改造传统工艺,从源头和生产全过程控制污染。有销售收入超500万元的规模企业82家,比上年增加19家,产值超亿元的企业5家,6家企业进入余杭区百强企业行列。53家企业参与全区百家示范企业的创建活动,其中6个项目,4家企业列入全区百家示范企业。全年投入技改资金2.99亿元,开发新产品12个,获专利产品2个,建立科研所2家,获得市级著名商标3个,获余杭区公众最喜爱的十大商标1个,佳美旅游食品有限公司的"溢佳香食品"成为余杭区首个省级著名商号,其生产的2个产品获得省、市博览会金奖产品称号。1999年,全镇运用积极的财政金融政策,引导企业加快技术进步,加大工业投入力度,优化产品结构。通过招商引资,调整产业产品结构,引进兴源环保设备公司12个项目,投资3000多万元;通过技术改造,日通管道附件厂投入2000多万元,扩大企业生产规模;长命印刷厂、照相制版厂、利富豪空调设备厂共投入3140多万元,分别从德国、美国、日本等引进新设备、新技术,提高企业科技含量;天元药业公司通过新产品开发,提高企业自身竞争力。同时,个私企业规模不断壮大,管理逐步规范,结构逐步优化。2000年,工业投入项目41个,投入资金1.22亿元,其中技改项目16个,新建项目19个,扩建项目13个,接转项目4个,引进国外项目3个。合金钢厂、瓶窑文教用品有限公司、伊泰尼洁具公司、兴源环保设备公司4家企业开发的新产品通过省级部门鉴定。是年,彭公乡以104国道改道为契机,及时调整工业规划,占地33.4公顷的工业园区项目正式启动,首期完成了"三通一平"工程。引进企业8家,已征用土地近6.67公顷。2002年,工业园区开发采取滚动积累和负债经营相结合,从征地至企业投产实行一条龙服务,开发利用土地133.3公顷,基础设施投入累计达1500万元,新建工业区道路,便利工业园区的交通。排污管道和自来水管道全线开通,供电、通讯等配套设施到位。至年底园区已进驻工业项目60余个,计划投资9.6亿元,有力地推动了工业园区的开发和工业结构的调整。同时,第三产业已成为全镇经济的重要组成部分,依托城镇建设的全面铺开,带动商品贸易、旅游餐饮、金融保险、交通运输、文化娱乐等行业的快速发展。2002年,第三产业增加值为2.44亿元,比上年增长18.26%。

此外,开展南山文化休闲旅游区建设。2009年底,南山摩崖造像保护性维修及景区主干道建设全面完工,管理用房、南山摩崖造像门楼、山门、茶舍等完成设计。南山文化旅游区位于瓶窑镇南山,占地240公顷。其中核心地块南山摩崖造像周围规划面积约4平方公里。摩崖造像有元代佛教、道教摩崖单身像13尊,现为省级文物保护单位。

四、"五水共治"

2013年,瓶窑镇成立以镇党委书记钟湘君为组长、镇长沈建立为总指挥的"五水共治"领导小组和工作指挥部,抽调31位干部组成了"一办八组",专门负责"五水共治"工作。全镇长200米、宽5米的78条河道是"五水共治"对象,都由镇领导班子成员、村主要领导担任"河长";分门别类实施"一河一策",并重点落实了河道长效保洁机制;企业自觉参与专项捐款,共募集企业捐款300多万元,全部用于治水工程。78条河道分三年完成整治,其中,中小河流治理长命港项目涉及长命港、闻家港、仁和港、凤山港、朱村港、卞家港、下金港、丁家港、邱家坝港9条港。总长度18.21公里,已经完成90%的工程量。仁和港是施工难度较大的一条,是条穿过集镇300多米长的暗河道,在4月完成疏浚工程。发源白鹤山的十里渠完成上游段清淤。瓶窑镇农村生活污水治理,第一批的奇鹤村在2007年已经开始截污纳管;2014年南山村、石濑村、西安寺村三个村已完成农村生活污水截污纳管治理任务。第二批塘埠、窑北、彭公、长命、大观山、张堰等6个村开工建设,各村完成工程量在30%—50%左右。66家企业事业单位雨污分流改造工程,已有40家完成施工。家禽禁养已完成370多户养殖户的家禽禁养,共禁养鸭子93万多羽、生猪1.9万多头,拆除猪、鸭棚15万多平方米,拆除100多户养殖户棚舍。2015年,继续推进"五水共治"、"三改一拆"、美丽乡村等重点工作。建立落实河长制、"一河一策"、长效保洁等治水机制,完成长命、彭公集镇污水管网建设,完成河道整治、截污纳管、生活污水治理、企业规范排污、水利工程建设、农业面源污染治理等41项治水项目,全年投入治水资金5700余万元。完成良渚港(瓶窑段)黑臭河整治。

五、"四边三化"

2012年年初,启动"四边三化"活动,全面开展公路边、铁路边、河边、山边等区域的绿化、美化、洁化工作,着重解决生态文明建设的薄弱环节。按照"政府主导、全民参与,因地制宜、城乡统筹,综合整治、长效管理"的要求,积极行动、精心部署、克难攻坚,全面整治"四边区域"环境问题,建立健全长效管理机制,扎实推进生态文明建设。瓶窑镇建立相应工作班子,落实条块责任。在充分调研区域现状基础上,制订符合余杭实际的"四边三化"行动实施方案,明确以公路边"三化"整治为重点,同时抓好河边、山边、铁路边相关整治工作,全面提升"四边"区域环境质量,其中公路边"三化"整治以路边绿化、序化、洁化为重点,并建立长效管理机制。把"四边三化"行动作为重要民生工程和当前环境整治工作重点来抓,有机结合国家级生态区创建、"三改一拆"、"双清"行动、"清水治污"、美丽乡村建设、"清洁绿化余杭"等中心工作,以"四边三化"行动带规划、带保护、带改造、带建设、带开发、带管理、带调整,着力解决"四边区域"突出问题,做好生态景观保护与建设统筹文章。同时,创新机制抓实效。采取以"计划代替立项,以联合审查代替审批"方式简化项目手续,确保各项工程及早开工建设。建立每月工作例会、信息报送、督查通报等工作制度,并将"四边三化"行动纳入生态文明建设目标责任制考核。

图1－43　公路绿化(2016年)

104国道瓶窑至马头关段整治工程,瓶窑至彭公段绿化因"菲特"影响遭水毁,绿化补植完成并通过预验收;彭公至马头关段完成形象进度65%。彭公竹器品市场建筑拆除完成100吨,总拆除面积6.4万平方米;彭公互通至马头关段完成无房屋路段借地,有房路段借地推进艰难,总借地完成30%;杭长高速瓶窑、径山互通区工程进展相对滞后,完成形象进度的45%;在

"四边三化"过程中,充分结合区域特点,全面开展以种植绿化,清理垃圾、清理违法建筑、清理违法和无序广告为重点的"三化"工作,并与交通治堵、"三改一拆"等工作有机结合,改善出行体验。累计完成绿化面积 85.9 万平方米,拆除违法建筑超过 9.2 万平方米。

第二编

良渚文化

Liangzhu Culture

良渚文化是中国新石器时代长江流域最重要的考古学文化，中国和世界文明多元发生最重要的实证之一。良渚文化距今5300年—4000年，分布于中国长江下游环太湖流域约3.65万平方公里的广大区域，中心遗址位于境内。良渚文化是中国文明的前奏或雏形，集中体现中国式智慧的特征，是中国夏、商、周文明的主要构成因素，在中国学术界有“文明曙光”之称。良渚文化的祭祀礼仪、宗教文化、造型艺术、农耕渔猎、手工业技术等独特发明和天文学、数学等科学性思想的缘起，及其所反映的以原创、首创、独创和进取为特征的“良渚精神”，对当今人类仍有启示。良渚文化遗址以境内遗址群最为集中，且文化规格和价值最高，为良渚文化中心遗址，是实证中国5000年文明史发生最具规模和水平的地区之一，也实证杭州是一座名副其实的历史文化名城，良渚文化是杭州这座城市的“根”和“魂”，在人类文明史上具有唯一性和特别重要性。良渚遗址为全国重点文物保护单位。瓶窑镇境内的反山显贵者墓地、汇观山祭坛遗址、良渚文化古城遗址等5处遗址先后被评为全国十大考古新发现。2013年5月，良渚古城遗址入选第一届“世界考古上海论坛”的“世界考古重大发现奖”。2015年度全国十大考古新发现在北京揭晓，位于境内的浙江余杭良渚古城外围大型水利工程的调查与发掘项目成功入选。

世界著名考古学家、英国科学院院士科林·伦福儒在题为《两个图符的故事：史前社会复杂化的不同途径》的学术报告，将良渚文化与希腊基克拉迪文化做了比较研究，认为良渚遗址的发现的历史贡献是：从考古学证据上证明了早在五千多年前，中国的良渚就已经进入了早期国家文明阶段了。

瓶窑镇党委、政府将保护良渚遗址，弘扬良渚文化，作为时代赋予的神圣使命，当好文化薪火传人，贯彻习近平总书记“推进文物合理适度利用，使文物保护成果惠及民众”等一系列关于文物工作的重要指示精神，配合余杭区政府采取多种措施，加强对良渚遗址的保护和管理。对建设规划作出重大的调整，提出“跨过新国道，建设新瓶窑”的新思路，妥善处理好遗址保护与民生发展、经济发展之间的关系，为遗址保护事业尽职履责，为历史文化传承作出的贡献。

第一章　考　　古

良渚文化考古工作始于民国25年(1936年),然而因战乱进展不快。中华人民共和国成立以来,启动良渚遗址的系统调查与考古工作,分类整理已发掘的文物和文献资料,对新发现遗址和文物作规范性的文字和图片记录,并公开发表。1976年,余杭县文物保护管理小组改名为余杭县文物管理委员会,加强遗址的地方性管理,对遗址作系统调查登记。1995年,设立浙江省文物考古研究所良渚工作站,常设研究机构对良渚遗址和出土文物进行系统的考古调查、分类、整理、修复、登记等工作,科学研究层次有所提高。考古调查和研究采用电视摄像、近景摄影测量、绘图、文字等方式,准确记录遗址原状和变化情况。1994年,浙江省测绘局对良渚遗址进行航空拍摄和全面测绘,绘制《良渚遗址地形图》。2000年开展实地普查,对余杭境内130余处遗址进行详细的图文描述。随着考古工作的深入,社会各界关注程度亦不断提高。

第一节　述　　略

民国25年(1936年),浙江省立西湖博物馆(今浙江省博物馆)工作人员施昕更在杭县良渚镇(今杭州市余杭区良渚镇)附近发现并发掘以黑陶和磨光石器为代表的新石器时代遗址;民国27年(1938年),整理出版《良渚——杭县第二区黑陶文化遗址初步报告》。民国26年(1937年),在上海的吴越史地研究会学者卫聚贤、何天行等人对良渚出土的黑陶,尤对黑陶上的刻划符号进行研究,认为是中国最古的文字。由于当时考古资料匮乏、传统史观影响以及考古科学技术落后,直到20世纪50年代,考古学界仍将这类遗存笼统地归属于龙山文化之中。

中华人民共和国成立后,考古事业开始复苏。一系列同时期文化遗址的发掘,从地层学上将以黑陶为代表的良渚文化层和以包含几何印陶为代表的另一种文化层的先后关系区别开来,并显示出这一地区考古学文化的个性。1959年12月,中国社会科学院考古研究所所长夏鼐在长江流域规划办公室文物考古队队长会议上所作《长江流域考古问题》的讲话中,正式提出"良渚文化"的命名。翌年,他又在《考古学文化的命名》一文中,阐述命名的原则。

至20世纪60年代中期,考古工作者先后发掘浙江湖州邱城、嘉兴马家浜,江苏苏州越城、吴江梅堰,上海青浦崧泽、金山马桥、松江广富林等一系列重要遗址。由于"文化大革命"的干扰,考古发掘工作再次陷于停顿,影响了良渚文化的研究。70年代,江苏吴县草鞋山和张陵山、常州圩墩、武进寺墩,浙江桐乡罗家角,上海青浦崧泽等重点遗址的发掘,证明良渚文化是长江下游太湖地区文化序列中的一个阶段,从而确认其经由马家浜文化—崧泽文化—良渚文化的发展序列。良渚文化分布范围大抵以太湖流域为中心,主要遗址有杭州市余杭区良渚、吴家埠、反山、瑶山、庙前、汇观山、莫角山,湖州钱山漾,海宁千金角、徐步桥、达泽庙,平湖平丘墩,嘉兴雀幕桥,江苏吴县草鞋山、张陵山、越城,武进寺墩,吴江龙南,上海市松江广富林,青浦福泉山,金山马桥等。

1981年,浙江省文物考古研究所对余杭瓶窑镇吴家埠遗址进行发掘。1986年,浙江省文物考古研究所在瓶窑镇反山配合基建进行考古发掘,共清理出11座良渚文化大墓。首次发现良渚文化部族"显贵者"专用墓地。同时出土一件重达6.5公斤的神人兽面纹大玉琮。反山良渚文化遗址以其重要的古文化价值,被评为"七五"期间全国十大考古新发现之一。

1991年余杭瓶窑汇观山祭坛遗址发掘,成果颇丰,被评为当年全国十大考古新发现之一。1993年,浙江省文物考古研究所局部发掘瓶窑镇莫角山遗址,发现面积超过30万平方米的人工堆筑的超巨型礼制性建筑基址,由此奠定良渚遗址在良渚文化范围内的中心地位。莫角山遗址的发掘被评为当年全国十大考古新发现之一。此后,汇观山遗址和莫角山遗址又被评为"八五"期间全国十大考古新发现之一。

1996年11月,国务院将余杭市良渚遗址群列入第四批全国重点文物保护单位。中国考古学会理事长苏秉琦在《良渚文化的历史地位——纪念良渚遗址发现60年》一文中说,"这可以说是实现21世纪中国考古的古与今接轨、世界与中国接轨目标的一个前奏曲。"并指出,这是"良渚文化在中国文明起源、中华民族和中华文化传统形成过程中所起的重要作用所决定的"。2007年11月,浙江省文物局宣布,在良渚文化核心区域的瓶窑镇,有一周长约6600米、总面积达290多万平方米的古城遗址,并称系目前发现的同时代中国最大城址。2015年,发现余杭良渚古城外围大型水利工程。2013年首届世界考古论坛期间,英国科林·伦福儒说,"中国新石器时代是被远远低估的时代。良渚遗址出土的玉琮、玉璧带有明显的象征意义,表现出一种文化的交流和联合,是具有共同观念的文化联合体形成的标志,很大程度反映了当时社会的复杂程度和阶段制度,已经达到了'国家'的标准,这就是中国文明的起源。"

第二节 特 征

良渚文化的年代,据上海马桥遗址的地下文化层的叠压顺序,上层为春秋战国时代的几何印纹陶,中层是夏商时代的马桥文化,下层是良渚文化;在江苏吴县张陵山遗址,早期良渚文化的地层和墓葬压在晚期崧泽文化的地层和墓葬之上。由此确定,良渚文化的相对年代早于夏商、晚于新石器时代的崧泽文化。

上海博物馆对遗址陶片作热释光测定得出:良渚文化的绝对年代当为距今5300年—4000年。良渚文化上下延续1300年,依各主要遗址出土器物考察,可分早、中、晚三期。早期以钱山漾、赵陵山、张陵山、龙南遗址为代表,中期以反山、瑶山、莫角山遗址为代表,晚期以福泉山大墓、草鞋山M198、寺墩墓地和嘉兴雀幕桥遗址为代表。

一、政治

世袭。良渚文化系一支繁荣的父系氏族社会的古文化,处于军事民主制与家长奴隶制之中,由一定家庭的成员担任氏族公职,确立这些家庭担任公职的无可争辩的权利,开始在自己的氏族之外联合成特权阶级。寺墩良渚文化墓地的M3,墓主人是一个约20岁的青年,随葬有大量的玉琮、玉璧等,表明死者继承大量财富,且与其M1、M2同一墓地、同一墓制,墓主可能已被认定为军事首长的当然继承人。"军事首长已变为世袭制"的推论,也为该墓中玉琮类型学的

图2-1　良渚玉器

研究进一步证明。根据地层学与类型学的结合研究，M3之43玉琮应属良渚文化中期遗物，同出土的其他31件玉琮均属良渚文化晚期遗物。而且只有前者放置在死者的头部，应是具有特殊意义的器物，可为"军事首长已变为世袭制"论点的佐证。军事首长世袭制一旦确立，军事首长就转变为帝王，氏族制度转化为对立物：其从一个自由处理内部事务的部落组织转变为掠夺和压迫邻人的组织，而其各机关也相应地从人民意志的工具转变为旨在反对人民的一个独立统治和压迫机关。

、强权。反山墓地系人工堆筑而成的高土墩，营造规模相当可观。墓穴置于土墩上，布局三座一组，略呈品字形。排列有序说明墓地并非随意堆筑，而是事先设计规划。墓主人所属的群体，实际上是社会财富的占有者及筑墓劳动大军的组织者和指挥者。从某种角度上讲，这些"高台土冢"反映统治者强权政治的思想意识。福泉山墓地堆土体积约1.3万立方米。根据地层堆积分析，皆从附近挖掘并搬运堆筑而成，在当时条件下，所需劳动量要超出现在所需的若干倍，只有组织庞大队伍才能完成。说明统治者已建立能强迫人们从事这一工程并维持这支队伍正常运行的社会控制机构。次于陵墓的大型墓，坑大而深，一般长约3米，宽约2米，深1米左右，有一重或两重的棺椁葬具。大墓排列有序，挖筑宽大较深的土坑，内埋木棺。陵墓、大型墓构成良渚先民墓葬世界的第一等级，以大型的土台祭祀址为选地，随葬大量精美玉器。墓主们通常是良渚文化社会的显贵人物，构成凌驾于部落一般成员之上的特殊阶层，反映社会上层生活状况，其随葬品以精美玉器为主，有琮、璧、钺等象征权力与高贵身份的玉礼器。已发掘的11座墓葬中出土的随葬器物达1200组，若以单件计，约3220件。在反山遗址M12中还发现刻有精美绝伦"神徽"的"琮王"和"钺王"，表明墓主人是一位执掌军政和宗教大权的显赫人物。浙江省文物考古研究所的专家们将墓分成特大型墓（即陵墓）与大型墓、中型墓、小型墓，并认为中型墓属第二等级，主要埋葬在人工堆筑的专门墓地或小型祭祀土台上。较大的中型墓有宽大的葬具，但随葬玉器的数量远小于大型墓，玉礼器组合不完备，并且随葬石犁等生产工具，表明墓主不同于第一等级的祭司统领集团，在做首领和巫师的同时，仍是氏族的一员，从事生产劳动。普通小型墓属第三等级，多葬于居址附近。墓坑一般浅而小，长度一般在2米左右，宽在1米以内。个别有木棺葬具。随葬品主要有鼎、豆、罐、壶等陶器，以及石钺、石镰、石耘田器、石锛等生产工具。约半数墓葬随葬有管、珠、坠等小件玉器。这些墓葬应是良渚文化社会的大众阶层。除上述大、中、小型墓外，还存在乱葬墓，指一些既无墓坑又无随葬品，葬式或头向不一，墓葬者甚至身首异处或被捆绑。考古专家认为，可能是战争中掠夺而来的人口，也有可能是平民因贫困而沦为奴隶，其生前地位低下，是社会的最底层。

尚武。下家舍遗址出土了人骨制作的器物，将人的头颅制作成器物是史前社会暴力活动的证据。从古代文献记载的类似现象来看，多为将敌方的酋长或战士的头砍下来，制成饮具或其他器物，作为可供纪念的战利品。从良渚文化遗址考古推断，强悍的良渚先民凭借其雄厚的实力与周围的部族进行一场场争夺生存空间的战争。江苏昆山赵陵山一处良渚文化遗址中，尸骨遍野，有的身首异处，有的被砍去手臂，有的则失去下肢，这是战败者被集体殉葬的场所。著名考古学家严文明根据江苏新沂花厅遗址出土的大量良渚文化器具推断：一支良渚文化武装力量北上远征，打败原住在花厅村的大汶口文化先民，并实行占领。作战中自己一方阵亡的战士不可能被运回老家，只有就地安葬。为缅怀这些在异乡战死的英雄，特地给他们随葬最能反映本族特色的玉器和陶器等物品。许多学者推断，残酷的战争使良渚先民的财力、物力、人力受到极大消耗与摧残，最后在逐鹿中原的战斗中，被彻底打败。对此，有学者就以黄帝战蚩尤的上古神话传说为佐证。黄帝是当时中原部族的首领，而蚩尤则是东南方蛮夷部族的首领。在中原，支部族历经几番惊天动地的厮杀，以蚩尤被杀而告终。蚩尤部族的地域与良渚文化的地域大致相符，而且这一场传说中的战争发生的时间也与良渚文化消失的时期大致吻合。因此有学者指出，古良渚人的部族就是蚩尤部族，是蚩尤统帅的九黎部族中被称为“羽人”或“羽民”的一支。相传蚩尤麾下有一个九黎族，九黎族中的一支把鸟、兽当做祖先，崇拜鸟兽图腾，被称为羽人国。在良渚玉器上，有很多鸟兽图案，因此良渚古国很可能就是属于蚩尤集团的羽人国。

社会阶层 贵族，良渚文化时期社会生产力长足发展，私有制出现。原先父系社会中的酋长、军事首领和宗教祭司（巫师）凭借着职权与人们对他的崇拜，逐渐侵占公共财产，成为最早的贵族。手工业与商品交换活动的兴盛，对外掠夺战争的频繁，族团内部弱肉强食的倾轧火并，既是发财致富的道路，也是跻身贵族之列的途径。余杭反山、瑶山、汇观山、文家山和横山遗址墓地，以及武进寺墩遗址 M3、昆山赵陵山遗址 M77 和上海福泉山遗址 M139 等良渚文化大墓及其葬制，正是良渚文化时期上层社会贵族阶层的杰出代表。贵族阶层掌握着各种大权，拥有妻妾，奴役着劳苦大众，靠压迫剥削和掠夺聚敛了大量的社会财富，其核心是上层建筑中的统治集团。

巫师。巫师或称巫觋和祭司。最早的巫师是祭祀活动的主持者，主要由酋长或族团首领担任。随着原始宗教的发展，宗教活动频繁，仪式增多而巫术庞杂，社会日益需要有专人来负责此事，尽管在无数次巫术活动中大多无济于事，但总会有人在施巫中偶然地巧合应验，取得预想结果，久而久之，便被奉为巫师。巫师自称能够同各方神灵对话，上达民意，下传神旨，预知吉凶、祸福，为人治病驱邪，祈求神灵保佑，逢凶化吉，是人与神互相沟通的媒介和神灵的代言人。由于巫师是原始宗教的解释者、宣传者和执行者，在宗教盛行、祭坛遍布的良渚文化社会，自然享有较高的特殊地位。在巫政合一的良渚文化社会，巫师以神的意志为幌子，凭借着特权，披着神圣的宗教外衣进行剥削，积累私产，聚敛财富，上升为贵族阶层中的一员，演变成统治者的吹鼓手和代言人，是奴隶主贵族对平民与奴隶阶层实行精神文化统治的工具。

农民，农民或可称农人、农夫，是借用后世对从事农业及其副产品生产者的称呼，是由史前时期发明农业后的氏族成员演变而来。他们以农业为主，兼及渔猎、采集等其他生产活动，是社会财富的主要创造者。在良渚文化社会，农民大多属平民阶层，肩负着农业生产的使命。良渚文化时期犁耕稻作农业发达，每当春季到来，居住在太湖平原的农民便到自家的农田上翻地耕田，小块农田可能直接用石耜、石铲、石耨刀和骨耜、木耜进行，而大片平整的农田则采用石犁耕作方式操作。在农闲及冬季之时，良渚农民还得从事采集和渔猎活动，以补充粮食的不足。至于钓鱼、捕鱼、网鱼及捞蚌抓虾的方法则有多种多样，捕鱼工具“倒梢”便是良渚先民的发明。良渚文化社会的农民阶层是以独立的家庭为单位，数量相当巨大，有一定数量的土地、农具和多寡不一的家庭财富，这可从墓葬中的随葬品情况得到证实，但总体上仍属于平民阶层。农民阶层是良渚文化社会的主体，既是农业生产的主力军和社会财富的创造者，又是战士和猎人，同时也是被剥削的对象之一，这些正是良渚文化时期农民阶层的特点所在。

工匠。工匠即手工业者，也是被统治者集团剥削的对象之一。在良渚文化社会，由于农业生产的高度发展，手工业已成为独立的生产部门，并已出现昌盛发达局面。工匠需要有专业技能，尽管其数量在社会中所占比例不大，但已形成特殊的阶层。良渚工匠阶层技术较高，而且专业分工明确，既有专门从事磨制石器和治玉的作坊，又有烧造陶器和纺织、髹漆、竹编、酿酒、木作等行业，其中尤以制陶、治玉和漆器制作最为发达，而玉工和陶工是良渚文化社会工匠阶层的主体。手工业的发达，工匠阶层人数的增加和产品的扩大，促进以物易物等商品交换活动频繁发生，为商业的萌芽和商人阶层的形成奠定了基石。

奴隶。奴隶是良渚文化社会的最低阶层。考古专家认为，大都是战争中被掠夺而来的人口与战俘，也有部分是族团内部的平民因贫困而沦为奴隶。奴隶没有人身自由，没有自己的财产，是被压迫剥削最为严重的对象，被奴役、驱使去从事最为繁重的体力劳动。反映在考古发掘的墓葬材料中，这些奴隶既没有墓坑又大多无随葬品，葬式和头向也完全不一，甚至是身首异处，或被捆绑作殉葬或祭祀的人牲。1990 年—1991 年发掘的昆山赵陵山遗址大型土筑高台南面的红烧土层下，所覆盖的一批良渚墓葬之外，发现有一堆堆被殉葬的散乱的奴隶遗骨，有的两腿间还见有婴儿遗骸。在高台的西北角外围也有 19 座既无墓坑又无随葬品的乱葬墓群，死者多为青少年，其中有半数下肢被砍掉，有的双腿呈捆绑状，也有的身首异处，显然是被集体殉葬作牺牲的奴隶。

二、礼制和宗教

良渚文化礼制。从田野考古资料看，良渚文化的聚落及其规模的多层次、级差式特征，显示出良渚文化时期已经确立了一个等级分明的“金字塔”形的社会分层系统；良渚文化墓葬规模的级差式分化现象，表明良渚文化社会已是一个多等级社会，社会各阶层之间尊卑有序、贵贱有等，这是礼或礼制存在于良渚文化时代的又一表征；良渚文化的祭坛，在浙江、江苏等地良渚文化分布区发现多处，这些相距遥远的祭坛，从形制、结构上均显示出惊人的一致性，这是礼或礼制存在于良渚文化社会的又一表征。祭祀、婚礼等有着不同的用玉制度，表明已有相当成熟的礼制。从总体上看，良渚先民获得食物是比较容易的，但这种过分依赖自然的生产方式具有不稳定性，有时会遭到自然灾害的无情摧残。人们对这种无法抗拒的自然力量，产生恐怖、神秘等情感，而原始宗教则以一定的方式将这种力量予以解释或转化，故而人们对原始宗教的执着与狂热也顺理成章，这也正是良渚文化原始宗教发达的内在原因。优越的自然条件使先民们不必为得到必需的生活资料而耗费过多的时间和力气，有足够的闲暇和精力去思考探究“形而上”的问题，这无疑又为原始宗教的发达提供了基础。良渚先民发挥出极其丰富的想象力，创造了神的形象，并投入相当大的人力、物力，通过玉器将其表现出来，还修筑起崇高的祭坛，举行一些仪式来祭祀祈祷。但原始宗教的发达与世俗政治的发展、崇拜神权与现实社会世俗的权威往往存在着千丝万缕的关系。在原始宗教中，自然属性是其主要属性，表现为对自然现象了解之愚昧和控制之无能，把不能理解、征服的自然力量人格化，奉若神明加以崇拜，这种自发形成的信仰，作为传统、习俗被固定下来，成为人们思想和行动的准则，社会秩序的维护和人们活动的规范就这样在良渚人群的“集体无意识”中形成。

宗教。宗教活动有一定的仪礼规矩，操持仪礼规矩的女人称为“巫”，男人称为“觋”。巫觋不仅懂得仪礼规矩，还掌握一套熟练的巫术。巫觋在早期并非专职，在一个大家族里，人人都会祭祀，家家都有巫觋。至颛顼时期，巫觋成为专职宗教活动家。巫觋借助神的力量，成为有权有势的特殊人物。良渚文化时期已经出现专职巫觋。从发掘的墓葬中可以看出，反山遗址墓葬共发掘11座，整个墓地的排列布局较为整齐有序，似有一定的总体格局。墓葬有棺木葬具，有的除棺之外还有椁，棺木涂有朱红色。随葬品布满棺床，少者数十件，多者数百件，各墓放置位置基本相同。头骨上方为冠帽上的玉饰件，胸部放置玉琮。瑶山墓葬中出土的玉琮和冠饰均雕刻有“神徽”。从墓葬整体来看，这里也是一处专葬巫觋的墓地。反山与瑶山两处巫觋墓地，由于人骨多已腐朽，无法区分男女，也就无法区分巫和觋。从瑶山女巫男觋墓的随葬品内容及数量来分析，男觋的地位在女巫之上。反山与瑶山只相距5公里，两地的巫觋墓葬分别集中埋葬在大土墩上，当时巫觋已形成一个特殊阶层，或者说已出现巫觋集团。巫觋集团活动的所在地便是一个原始宗教中心。

良渚文化时期出现专职巫觋和各种礼器，说明人们把信奉鬼神和举行祭祀仪式，看做是社会生活中一件大事。“万物本乎天，人本乎祖”，良渚先民认为有天神、地神、山神、海神、河神，日月星辰风雨雷电也是神。此外，还有人神，即祖先神。这种神多观念是从图腾信仰发展而来，人们把自己的图腾祖先作为神一样敬奉。良渚文化遗址中发现大量玉器，其中不少是兽形图像，有的是人兽复合图像，有的是龙形图像。人兽复合图像，不仅是兽被神化，而且神又人格化。人兽复合图像是良渚先民的祖先神，也是良渚先民的族徽。良渚先民头上戴的各种冠饰和绝大部分玉琮上，多雕刻有象征祖先神的图像，甚至玉钺、玉璜、锥形饰、玉牌、玉三叉形饰等，也雕刻有这类图像。很清楚，良渚先民是为让祖先神能够认清自己的子孙，并保佑他们。巫师在举行祭祀活动时所使用的礼器和法器，玉璧是祭天的礼器，玉琮是祭地的礼器。在祭祀天地和祖先神灵时，盛置祭品的礼器一般有陶、陶盉、嵌玉髹漆木质高柄杯、彩绘蟠螭纹陶壶、涂画朱红彩的陶豆。特别是黑色陶衣镂孔蟠螭纹陶鼎，显然是为祭祀特意制作的礼器。涂朱彩的石钺、精心镶嵌的玉钺和权杖，显然是巫觋进行祭祀活动时拿在手中的法器。

祭坛是巫师举行祭祀活动的舞台。瑶山祭坛建筑在山顶上，工程规模较小，借用山势建筑在山顶上，减少了大量的人工劳动。福泉山祭坛建在一个人工堆筑的大土墩上，墩高6米，南北宽84米，东西长94米，若以土方计算即有4万多立方米，共用工数有上万个。

从反山遗址M12玉钺上雕琢的神徽来判断，良渚文化时期的神权应凌驾于世俗权力之上。大量不同层次的祭坛以及玉质礼器的使用，表明良渚先民对神的崇拜已到痴迷的程度。这种对神灵崇拜的过度依赖，一度使以良渚遗址群为中心的方国具有强大的凝聚力和战斗力。但是长期的盲目依赖，也导致统治阶层的僵化和迂腐，在外敌入侵、政治冲突和自然环境的灾变面前逐渐丧失应对能力。

第三节　地　　位

良渚文化系一支繁荣的父系氏族社会的古文化。由于地处古代的湖沼地带，因此其居住遗址面积较小，每一处往往仅数千平方米。但分布较密集，有的只间隔数百米甚至紧密相连，如余杭区良渚遗址群在42.84平方公里范围内密布着良渚文化遗址达130余处。良渚先民以稻米为主食。水稻的种植在太湖地区具有悠久的历史。

一、稻作农业

从马家浜文化经崧泽文化的漫长发展,到良渚文化时期,稻作农业已有了长足的进步。据不完全统计,良渚文化出土过稻谷的遗址已有30多处,且已有籼稻与粳稻之分,种植技术亦已相当进步。从出土的农具来看,三角形斜把破土器主要用于水田开沟或沼泽地垦荒,其外形呈三角形,斜边中部内侧有一孔,用来系绳供人背拽用的,也有无孔而顶端有短柄供结扎在木质架上的,仍是两人合力使用。石犁是耕田的农具,使用时,把石犁平放在木质犁床上,用绳子固定在孔上,前面由人或家畜牵引,后面一人掌握方向。良渚文化是最早普遍使用石犁耕田的农业文化之一,犁的普遍使用,提高了耕种效率,使农业经济得到迅速发展。尚有耘田器、石镰的使用,说明已有专门用于收割的工具。

二、手工业

良渚文化的手工业也有很高成就,石玉制作、制陶、木作、竹器编织、丝麻纺织等都达到较高的技术水平。轮制陶器、琢制玉器此类需要熟练技术的生产,已不再是附属于农业的家庭手工业,而成为独立的手工业。

图2-2 良渚博物院(2010年)

在制陶技术方面,除使用高超的轮旋成形方法外,一些精制陶器,器表还经打磨。黑陶的出现是陶窑改进的结果,陶器在密封的陶窑中至烧制将成的阶段,用“焖”的手段,使窑中的燃料产生的碳分子渗入陶器,形成薄薄一层黑衣,证明在良渚文化时期烧制陶器已从氧化焰发展到还原焰。良渚文化陶器造型多样,陶质细腻,一些陶器的器壁厚仅12毫米,与龙山文化“蛋壳陶”相比毫不逊色。有的器物上还刻有繁缛纤细的纹饰,线条流畅,图案对称,充满神秘感。

良渚文化盛行造玉器。良渚玉器出土数量之多、品种之丰富、雕琢之精美,均达到史前玉器的高峰。良渚文化玉器的材料,主要为透闪石、阳起石系列的软玉,系就地取材,同时也用玛瑙、石英和蛇纹石做材料。软玉质地坚韧,须以水、砂(硬度大于软玉的石英粒)做介质进行琢磨。玉器上精致繁缛、细如发丝的各种纹饰,是用琢磨、镌刻两种方法做成。至于玉料切割、镌刻及管钻工具,至今未有定论。从治玉工艺耗工情况看,必须有较多掌握熟练技术的玉工。

良渚文化的木作技术有进一步的发展。在余杭区良渚庙前遗址的F1,由26个柱坑组成一座10米×8米的长方形房子,柱坑长50厘米×190厘米、宽30厘米×85厘米、深20厘米×60厘米,坑底铺垫23块平整的木板,起到“柱础”的作用。莫角山遗址的柱坑则更为壮观。庙前遗址还发现一座木构窖藏,系全部用木料架构,平面框成“井”字形,残高150厘米,每边长130厘米,用宽15厘米×23厘米、厚7厘米×10厘米的长方形木料,近两端处凿鑿凹形卡榫,然后相互上下紧密套叠,围成内框边长约80厘米的方形窖穴。窖藏内出土58件陶、木器。如此加工考究的良渚文化木构窖藏极为罕见,其用材、加工、构筑,均体现良渚文化木作技术的高超水平。良渚文化时期,一些显贵者的墓葬常常使用木质棺椁做葬具,这在反山、瑶山、福泉山、汇观山等良渚大墓都有发现。棺的制作往往是用粗大的树干,独木加工而成,棺底略凹弧,两端用木板卡住,棺板或椁板较平整。反山、瑶山的棺椁上还残留漆皮,柱形器在棺椁上做附件。虽然棺椁腐朽不能复原,但从其精细制作可见木作技术已非同一般。

良渚文化其他重要的发现,还有巨大的木井、精细的丝麻织品和漆器制作等。其时,不少水井已经使用大木做井圈,井壁用两块凹弧形大木合围而成,其结构是将一段大树对剖为两半,挖空后拼合,并用长榫固定。根据有些井木的凹面有烧烤和锛挖的痕迹分析,是先将挖面用火烧烤,再将炭化层用石锛锛去,经多次层层烤、锛才完成制作。一块井木的制作,反映出良渚先民的智慧。丝麻织品在钱山漾遗址的一个良渚文化时期竹筐里发现多件,其中有残麻布、绸片、丝带等。残麻布的质料为苎麻,纺织密度每对40根—78根。绸片有平纹织品,用家蚕丝织成,经纬密度为经密每寸134根,纬密每寸122根。圆形丝带用10股合成,每股单丝3根,共计单丝30根编成。

余杭反山遗址的良渚文化大墓随葬品中,还出土有髹漆器物。其他如象牙和镶嵌等手工业,也得到一定程度发展。水稻栽培、黑陶制作、琢玉、纺织和髹漆,构成良渚文化的鲜明特色,亦是良渚文化社会生产力发展的具体体现。

三、文饰

良渚先民在日常生活中,进行各种祭祀和宗教活动。在发掘的遗址和墓葬中,祭祀遗迹与宗教器物屡有发现。良渚文化中还出现了古人共同崇拜的神像模式,这就是在各种良渚玉器中发现的纹饰主题——神人兽面纹。神像的形态,虽因雕琢的年代和器物的不同,而有所不同,但都源于同一形象。最完整的是余杭反山遗址出土的一件大琮和钺上的图像:戴冠、倒梯形脸、圆睛阔嘴,两臂弯曲而五指伸张,下连兽面兽腿兽爪。神像的全身除脸部以外,填刻横直线和卷云纹。这组神像的冠、神面和兽面,采用浅浮雕的方法凸出,其余都在底面上线刻,具有一种若隐若现的效果。而其他玉器上雕琢的神像,都是四肢隐去不见,有的单刻神面,有的只雕琢兽面,或神面与兽面成组雕刻。神像主要刻在原始宗教使用的器物上。对于这一图像的解释,众说纷纭。有学者认为,这是良渚先民顶礼膜拜的"人形化太阳神"。也有学者认为其上部的神人代表天神,即主要是太阳崇拜,也包括月亮崇拜,由此看到日月、雌雄、阴阳对立统一的宇宙观念;下部的神兽代表地祇。玉琮上的神兽以虎为形象,两侧是鸟纹。人、兽、鸟三者合一,正是天神、地祇、祖先三位一体,是良渚先民"天人合一"观念的神圣体现及崇高信仰,并逐步成为中国传统文化的核心。

良渚文化墓地出土的玉器中,玉琮是体积最大的一种。它的外形为内圆外方的柱形体,象征中国古代天圆地方的思想。因此,有的学者认为琮是把天地贯穿起来的一种法器,代表着神权。①

---

① 故宫博物院原副院长杨伯达认为:"玉琮的形状为内圆外方,大家的解释说是因为天圆地方,但我研究了中国最早的巫教,觉得玉琮是教主的法器,玉琮的形状和图徽蕴涵着很深的文化。研究好良渚文化,可以了解中国古代文明的许多细节,了解为什么如今浙江等东南沿海一带经济会那么发达——在过去已经有迹可寻。这么了不起的玉文化,意义还没有完全被开发出来。"

玉璧是良渚文化的又一种玉质重器，出土数量较多，个体面积较大，形状为扁平圆形，中部有一圆孔。有学者据柕周礼枠所载认为是祭天的礼器，更多的学者认为它可能和某种财富观念有关。钺是一种武器，玉钺则是把实用的武器转化为礼器，其性质、功能也随之发生变化。按现有的资料，玉钺并非每墓皆有，且同墓仅有一件。因此，一般认为玉钺是军事统帅权的象征。琮、璧、钺等成组玉礼器的出现，是礼仪制度出现的重要标志，表明当时统治者内部已有严格的礼仪等级制度，并对后世的用玉礼制产生了深刻影响。在良渚文化的一些玉器和陶器上，还出现了为数不少的刻划符号，这些符号在形体上已接近商周时期的文字。有些学者认为玉器上的刻琢符号有"炅"、"鸟"、"山"、"封"、"燕"、冠形符号、"珏"、"目"、"石"、菱形符号等。其数量超过大汶口文化的陶器符号，有些符号与大汶口文化的陶器符号相一致，如"炅"、"封"、"山"等。陶器上的刻划符号，最早于1936年施昕更发掘良渚遗址时发现5个，当时被认为是"记录文字"；1937年，何天行在柕杭县良渚镇之石器与黑陶枠一文中收录了8个"原始图像文字"。嗣后，又相继在良渚、马桥、亭林、澄湖、太史淀、寺墩等遗址中发现的陶器上有刻划符号。有的在一件器物上有几个刻划符号，表达一个完整的意思。如江苏吴县澄湖遗址中发现的一件贯耳黑陶罐上刻有4个符号，有学者把它释为"巫戌五俞"。"戌"为钺，"俞"读"偶"，其意义是"神巫所用的五对钺"。余杭南湖发现的一件黑陶罐上有8个刻划符号，有学者把它释为"朱戋石，网虎石封"八个字，意思是"朱到石地，在石的境界网捕老虎"。另外，现藏于美国哈佛大学赛克勒博物馆的一件贯耳黑陶壶圈足内壁上的刻划符号，笔画清晰的约9个字，有学者考释为"孓孑人土宅昏(厥)肱……育"，并认为"良渚此陶文乃有关古代奇肱民之记载"。这些刻划符号的表现方式，大体上可分为象形和指示两大类，可能与纳西族东巴文有相似之处。李学勤曾提出，"在所有已发现的史前陶器刻划符号之间，良渚陶器的这些例子最符合严格的文字标准"。

四、文化交流

在良渚文化的发展历程中，与其他文化进行广泛而深入的交流。山西襄汾陶寺遗址的墓葬中发现的玉琮等遗物，有良渚文化的浓厚因素。延安芦山峁发现的一批玉器中，玉琮形制、纹饰，明显带有良渚文化的风格。长江中游石家河文化的玉器，在雕琢艺术及某些形制特征上，都深受良渚文化的影响。在宁镇地区的北阴阳营遗址发现的细长颈的陶，是良渚文化或相当于良渚文化时期江南地区常见的器形。

图2-3 李瑞环观赏良渚文化纪念品

淮北和山东地区的大汶口文化遗址新沂花厅遗址发现的大量玉器中有琮、钺、管形琮、冠状饰、锥形器、环、镯等；石器有钺、有段锛等；陶器有T字形足鼎、贯耳壶、宽把杯等。这些遗物都与良渚文化有关。邳县大墩子、邹县野店、泰安大汶口、诸城呈子等大汶口文化的遗址内，也有贯耳壶、有段石锛等良渚文化因素的遗物。说明良渚文化与大汶口文化的关系密切。辽东半岛郭家村遗址上层发现的有段石锛和辽西地区的凌源、建平和喀左三县交界处的牛河梁发现的以坛庙为轴心,大型的积石冢环绕其周围的礼制建筑的布局与良渚文化以中心地点为核心,土筑高台墓地的大型墓葬环绕其周围的礼制建筑的构局相类同,彼此之间互有影响。广东的曲江石硖文化墓葬以及沿海的海丰等地,也出现与良渚文化相似的琮、璧、镯等玉器。另一方面,其他地区的诸考古学文化也对良渚文化产生影响。如福泉山良渚文化墓地发现的彩陶背壶,余杭南湖发现的篮纹陶鼎,都是受大汶口文化影响的产物。南湖遗址 k 发现的盘形陶鼎,有石硖文化的因素。福泉山发现的多孔石刀,有薛家岗文化的因素。良渚文化对后世也产生影响。良渚文化的琮、璧、钺等玉器以及云雷纹等,都为商周文化所继承和发展,鼎、豆、壶的陶器组合后来成为战国随葬品的主要组合。

第二章　遗　　址

良渚文化中心遗址——遗址群坐落在余杭区良渚、瓶窑两镇地域内，保护范围面积为42.04平方公里。保护区内聚集着以莫角山遗址为核心的遗址130余处，包括宫殿、祭坛、墓葬、工场、农耕区、土垣、城址、村落等，内涵丰富、范围广阔、遗址密集，是良渚文化时期的政治、经济、宗教、文化中心，是中国新石器时代完整而庞大的考古遗址之一。据地质学家分析，杭州最早的地望即在余杭、钱唐，现在的杭州市中心直到距今2000年左右才逐渐形成。良渚、瓶窑一带为最早的苕溪冲积平原。

第一节　发　　现

民国25年（1936年），良渚施昕更在家乡发现石器、陶器，后撰写《良渚——杭县第二区黑陶文化遗址的发掘报告》。同时，何天行在瓶窑长命桥等地进行调查研究。

一、施昕更与《良渚》

施昕更（1912—1939），原名兴根，曾更名为鑫赓，杭县（今杭州市余杭区）良渚镇人。1927年杭州第一中学毕业，考入浙江省高级工业学校艺徒班，以半工半读学完绘图专业，业余又兼习国画和西洋画。其时，敦煌艺术专家常书鸿在该校授课。1929年，西湖博览会在杭州开幕，施昕更经老师介绍到博览会担任讲解员，在工作中识别各种历史文物和矿物标本。博览会结束后，浙江成立西湖博物馆，施昕更被聘为该馆自然科学部地质矿产组绘图员，后给该组主任盛莘夫当助手。平时潜心研究地质学，注重实地调查。1936年5月，施昕更参加杭州古荡遗址发掘，因出土的有孔石斧曾在良渚见过，乃于7月间回良渚调查，于枯涸池底捡得石器数件，并在地面上发现许多陶器碎片，其中有陶鼎足。11月3日，在西湖博物馆馆长董聿茂等的指导下，施再赴良渚。在棋盘坟发现许多"黑色有光的陶片"，通过与山东龙山城子崖龙山文化黑陶对比，认为"似同一类型，而又有很大不同"，便认定这就是"江南远古文化"亦即新石器时代之遗存，遗址就在良渚一带。随后在12月至次年3月间，由施昕更主持在良渚一带进行3次短期、小规模发掘，范围由良渚扩及安溪、瓶窑等地，包括棋盘坟、横圩里、茅庵前、朱村、荀山、许家、近山、横村塘、大雄寺、钟家村、金家弄、宋村、后河村等10余处，获得石器和陶器两大筐。其间，博物馆馆长董聿茂和历史文化部主任胡行之参与现场观察。1937年4月，南京中央研究院语言历史研究所董作宾、梁思永到西湖博物馆，由施昕更陪同赴良渚考察，两人均感满意。梁思永1939年发表的论文《龙山文化——中国文明的史前期之一》中说："西湖博物馆在浙江杭州良渚附近试掘了6处龙山文化遗址，它们的文化'相'与河南山东的有显著的区别，是很容易分辨的。"他把龙山文化分为三区，其中一区即为杭州湾区，其主要依据即为施昕更的发掘资料。发掘结束后，施昕更在馆长董聿茂及同事钟国仪等人的指导协助下，对良渚遗址的发掘资料进行整理、分析,撰写《良渚——杭县第二区黑陶文化遗址初步报告》(以下简称《良渚》报告),并制成图片100余张。这是第一部良渚文化遗址的发掘报告,被认为是中国考古学史上具有代表性的考古报告之一。

《良渚》报告分绪言、遗址、地层、遗物和结论5个部分。《绪言》中明确提出,要弄清中国史前文化的渊源及其传播发展的情形,就必须"作扩大的田野考古工作,由不同区域的遗址、不同文化的遗物,及其相互的连锁关系,来建立正确的史观,这是考古学上最大的目的"。同样,要了解浙江史前文化并打破那种关于浙江自古以来即蛮夷之地的偏见,也必须通过田野考古才能办到。良渚遗址的发现,"在江南考古是开了一个新的境地,为一般墨守成规旧式史观的人所梦想不到的"。"报告"第二部分叙述遗址的情况,主要介绍遗址的发现经过、遗址周围的自然地理环境及风土,并附地形与遗址分布图,还说明每次发掘的地点、发掘起讫日期、方法及经过等。第三部分主要是地层介绍,解释和推测遗址地层及文化层的成因。第四部分重点介绍黑陶和石器等遗物。结论部分着重强调了良渚遗址发现的意义。

二、何天行与《杭县良渚镇之石器与黑陶》

何天行(1913—1986),字摩什,浙江省杭州市人。中国公学大学部预科毕业后,在大学部本科肄业,后转入复旦大学中文系毕业。曾任西湖博物馆历史文化部主任、上海市文化局干部、东北人民大学图书馆研究员等职,后因健康原因离开学术界在家休养。1935年,何天行在大学求学时,得知余杭良渚一带有玉、石、陶器流落于民间,且少有人注意,便利用暑假,前往长命桥、荀山等地调查。毕业后,更是继续不断地进行调查工作,把采集到的石器、陶器进行分析研究,并在考古学界董作宾、卫聚贤等的鼓励支持下,编著《杭县良渚镇之石器与黑陶》一书,由著名学者蔡元培题写书名,系"吴越史地研究会丛书"第一种,于1937年出版发行。

《杭县良渚镇之石器与黑陶》一书,除卷头语由吴越史地研究会撰写外,全书分为:一、绪言,二、遗址的发现,三、地层的大概,四、遗物的种类(分石器、黑陶两部分阐述),五、结语。还附有卫聚贤《中国最古的文字已发现》一文。绪言中说:"浙江在春秋战国以前,绝少历史上真确的史料,文化不彰,向以纹身断发的蛮荒境界,现在发现了这样优秀的文化遗址,可见浙江远古文化本极悠久……不独借此补充文献上所欠缺的材料,且从中国文化的起源与发展而论,这次的发现,亦不啻为东南古文化奠一新的基础与途径。"结语部分提出:"由此不但可见远古时吴越一带的文化,几与中原并驾齐驱,而且可见历朝因中原一带政治关系所目为栖止边陬的吴越民族,在远古时,已有超过黄河流域文化的倾向。"该书详细地介绍良渚出土的石器和陶器,尤其对良渚遗址发现的一件椭圆形器口黑陶豆盘上刻划有"原始形的图像文字"的判断,被认为是考古学上的创见。书中附录的卫聚贤枟中国最古的文字已发现枠一文称:"黑陶上有刻文的文字,系何天行在杭县良渚发现的,其文字在甲骨文以前",文字虽不多,又不能认识,"但为中国最古的文字,可以断言的"。何天行因此被视为提出良渚文化文字的第一人。

施昕更和何天行在当时以有限的考古资料,从不同的角度,对良渚遗址发现的黑陶和石器的文化发展水平进行深入的分析,都认为它可与中原地区史前文化并驾齐驱。还认为远古时期吴越一带地区是孕育中华文化的重要源流,应成为中国文化史上的重要一页。

第二节 发 掘

1936 年施昕更第一次在良渚棋盘坟发掘。其后,由于抗日战争爆发,考古事业被迫中断。

一、田野发现

20 世纪 50 年代至 80 年代初,对良渚遗址未有更多的田野工作。其间,当地农民在生产建设中发现一些文物,如 1971 年瓶窑长命桑树头出土两件大玉璧,1973 年瓶窑吴家埠山顶出土玉琮、玉璧、石钺等一批玉石器,1978 年瓶窑黄泥口出土 100 多颗玉珠管等。文物部门对上述地点曾作过现场踏勘调查,但限于主客观条件,未能进一步发掘。1988 年 10 月,长命乡柏树庙村一村民采挖黄沙时,发现春秋战国时青铜器 10 件。1989 年 5 月,瓶窑北湖村一村民采挖黄沙时,发现一柄商代石戈,通长 41.6 厘米,双刃。

二、考古发现

1981 年,浙江省文物考古研究所为配合瓶窑北湖建材厂基建,于 3 月—6 月、10 月—12 月两次对吴家埠遗址进行发掘。发掘总面积 1300 余平方米。吴家埠遗址的发掘,首次在良渚遗址内发现了马家浜、崧泽、良渚 3 个文化层的叠压,从而把良渚一带以至整个杭州地区新石器时代遗址的年代上溯到 6000 年以前。发掘共清理出墓葬 28 座,其中 20 座属良渚文化。良渚文化层所出土的器物,石器有石斧、锛、凿、镞、破土器、耕田器、砺石、纺轮、球等,陶器有鼎、豆、壶、罐、盆、盘、钵、杯、簋、过滤器、瓮、臼、器盖、网坠和纺轮等,另有少量骨器及璧、璜、冠形器、锥形器、珠、管等玉器。

1986 年春,瓶窑长命筹建制动材料厂,厂址选在反山。反山位于瓶窑长命雉山村,东西长 90 米(西端已被挖去近 10 米),南北宽 30 米,总面积约 2700 平方米,堆土厚达 7 米。浙江省文物考古研究所于 5 月—7 月 5 日、9 月—10 月在反山西部进行第一期发掘,实际发掘面积 660 余平方米。上部表土层厚 20 厘米—30 厘米,其下为“封土层”,厚 130 厘米—150 厘米,在此层清理出 11 座汉代单穴券顶砖墓。再下为堆土层,在此层发掘出良渚文化大墓 11 座,自西而东以较均等的间距分列成南、北两排。整个墓地排列布局规整有序,似有一定的总体格局。墓葬头向南略偏西,个别为正南,大多为长方形竖穴式土坑墓。墓穴长约 3 米、宽约 2 米,多数墓深 1.30 米。墓底筑有低土台的凹弧形棺床,围以深 10 厘米左右的浅沟。在“棺床”之上布满随葬品,少者数十件,多者数百件。11 座墓葬有陶、石、玉、象牙、涂朱嵌玉漆器等随葬器物共 1226 件(组)。其中,陶器有鼎、豆、罐、缸等;石器全为石钺;玉器占全部随葬品的 90% 以上,品种有琮、璧、钺、三叉形器、冠形器、璜、锥形器、镯、环、带钩、柱形器、杖端饰、半圆形冠饰、圆牌形饰,以及由鸟、鱼、龟、蝉和各种瓣状饰组成的穿缀饰,由管、珠、坠组成的串挂饰,各类玉粒组成的镶嵌件等 20 余种。反山遗址出土完整的神人兽面图像,是良渚文化玉器的重大发现。反山墓地人工堆筑的“高台土冢”,显示出墓主人已成为凌驾于部族一般成员之上的特殊阶层。

1987 年 11 月,104 国道大观山果园内的路段取直拓宽。浙江省文物考古研究所派员在果园东南部布 5 米 ×5 米探方 13 个。在清理一批汉墓后,发现一处“燎祭”遗迹。该遗迹以草木灰和红烧土间隔层形成,呈锅底状,最厚处达 1.1 米,直径 20 余米。后又在隔梁上发现一座随葬鼎、豆、罐的良渚文化中期墓叠压在该遗迹之上,由此证明这个遗迹是良渚文化的产物。为保护该遗址，大观山果园内公路未予拓宽。经试掘，莫角山这处东西长670米、南北宽450米、面积30多万平方米的超巨型中心遗址得到初步确认。

图2－4 考古现场(2007年)

汇观山位于杭州西北约28公里处，地属瓶窑镇，是一座独立的自然山丘，海拔约18米。1990年，当地居民在山顶建房时出土玉璧、石钺等良渚文化遗物，经踏勘确证为良渚文化墓葬所出。1991年2月—6月，浙江省文物考古研究所、余杭市文物管理委员会对其进行发掘，发掘面积1600余平方米。发现一座较为完整的良渚文化祭坛，出土琮、璧、钺、三叉形器、冠状器等玉礼器及陶石器共计250余件组。其中，4号墓葬坑约4.75米×2.6米，棺椁齐备，棺内除玉石器外，在椁室北端还发现一组陶器。该墓随葬品丰富，仅石钺即48件，是目前所见良渚文化墓葬中墓坑规模最大的一座。汇观山祭坛的格局形式与瑶山祭坛十分相似。整个祭坛利用自然山势修凿，为东西长、南北窄的长方形，基本呈正南北方向。在中部偏西部位，以挖沟填筑的灰色土框将祭坛平土色分割成内外三重。灰色土框宽约2米，其围成的方框约8米×10米，用别处的灰色黏土填成，灰色土框内外，主要为红色风化土。在祭坛的东西两边低于现存坛顶1米—1.5米许的平面上，多凿有南北向的30余厘米宽深的沟槽，推测作排水之用。在该平面之外，是经过修凿的向外延伸的平展地面，从而构成了两级祭坛形式。汇观山的发掘，再次证明祭祀与祭祀址在良渚文化及良渚聚落群的重要地位，为总体考察以莫角山为中心的良渚遗址群的聚落形态，提供重要资料。

1992年2月，位于莫角山遗址内的浙江省文联长命印刷厂决定在厂区西南的空地建造新厂房，考古部门试掘后发现一层厚20厘米—30厘米的沙土。为考察这层沙土的性质，进而局部探知遗址的地下面貌，同年9月—1993年7月，省文物考古研究所在遗址中部进行正式发掘，实际揭露面积近1400平方米。发掘首先确认沙土为良渚文化时期遗存。同时还发现良渚文化大片夯土层与夯窝等建筑基址遗迹。从层位关系观察，建筑基址压在良渚文化早期偏晚阶段的地层和灰坑之上，又被晚期偏早阶段的地层、灰坑等叠压或打破，从而基本确定建筑基址的年代范围。该基址的夯层由沙层和泥层间隔构成，总厚度在50厘米左右，层数在9层至13层之间。在每层纯净的青灰泥上都发现夯窝，形状如蜂窝，窝径6厘米—10厘米，深3厘米—6厘米。从规整的夯窝看，系使用圆头工具夯成。其间，在其西北100米外的另一处百余平方米的发掘范围内，发现基址面上有一些近圆形或椭圆形的大型柱洞，从南到北分3排呈东西向排列，各排间距1.5米左右，柱坑口径0.44米—1.35米，深0.21米—0.72米。坑内有近圆形的浅灰色遗迹，松软纯细，当为木立柱灰，其直径一般在0.5米左右，大者达0.9米，柱灰与柱坑之间为黄褐色沙填土，大部分柱坑内留有台面。据初步调查钻探表明，整个夯筑遗存总面积不少于3万平方米。如此大规模的夯筑基址及其大型柱洞遗迹，显然与礼制性建筑有关。莫角山大型建筑基址的发现，是半个多世纪以来良渚文化考古学研良渚文化究的一个重大突破,为良渚文化的聚落形态及其社会性质的研究和中华文明起源的探索提供了重要的资料。

塘山遗址位于整个良渚遗址的西北地段,从瓶窑镇毛元岭起始,经西中村、河中村和安溪镇石岭村、上溪村至罗村,全长约5公里,呈直线东西走向。遗址现存地表部分,宽20—50米,高3—7米。1987年发现。1995年,该遗址罗村附近地段挖开一条供拖拉机运输的道路缺口,断面上发现良渚文化碎小陶片。经国家文物局批准,浙江省文物考古研究所于1996年12月—1998年1月,前后3次进行小规模的考古发掘。塘山遗址考古发掘地两处:一处位于石岭村毛儿弄,一处位于罗村附近,两处共计发掘面积250平方米左右。发掘结果表明,在表土和汉代堆积层之下,为良渚文化时期的文化层,内含少量陶片、残石器等器物,在毛儿弄探沟的近底层发现有人工铺成的石块层,似为堤基。在良渚文化地层露头(深度为50厘米—60厘米)时发现大量玉、石料,共100余件,玉料占1/3左右,余为石料,均有加工痕迹。在一处发掘地发现如此大量玉石料,在良渚文化考古中尚属首次发现。在深度为1.6米处发现良渚文化墓葬两座,均为南北向长方形土坑墓,其中一座随葬玉钺、玉璧、冠形器、锥形器和陶器等50余件;另一座随葬石钺、玉镯、冠形器和陶器等20件。从随葬品分析,两座墓的主人应属良渚文化贵族阶层。通过发掘确认,塘山遗址是良渚先民堆筑营建的巨大工程,其土方量超过任何一处良渚文化人工遗迹。有学者结合良渚文化时期洪水泛滥的诸多迹象分析,认为塘山是一处良渚先民人工修筑的防洪堤,这是良渚文化考古中的又一重大发现。

1996年—1998年,浙江省文物考古研究所连续3次对该遗址进行清理、发掘,共揭露面积3000余平方米,发现良渚文化时期墓葬1座及多道与祭坛遗址相关的石坎遗迹。3次发掘均为保护性发掘,即主要通过平面揭露以判断祭坛遗址的范围、平面布局,结合少量的探沟发掘以了解其营筑结构。发掘结果表明,瑶山祭坛遗址为东西长约100米、南北宽约50米的大型人工堆筑土台(1987年发掘的祭坛位于该土台的东北侧),土台依靠东侧自然山坡而筑。台面东侧较为平整,往西逐渐倾斜至台脚。南、北两侧为约40°的斜坡,北侧斜坡上发现用堆土加工成大波浪状台阶,土台台面与坡脚高差近9米。土台台面的南、西、北三侧均发现有石坎。其中南侧的石坎保存较好,现存东西长20余米,高约0.8米—1.0米,甚为壮观。石坎顶层砾石暴露在土台台面处,坎身均被良渚文化时期堆土所覆盖。据此,石坎的用途主要是营筑土台。该次发现的一座良渚文化时期墓葬,位于1986年发掘的祭坛中心区,位置介于5号墓与11号墓之间,其埋葬风格与随葬品均与已清理的12座良渚文化时期墓葬相近。

2003年3月,对位于良渚遗址群南侧的卞家舍遗址进行发掘,发掘面积855平方米,出土陶、石、玉、木、骨、漆、编制品等各类器物近300件,并采集到大量动物骨骼和有机质残骸。2005年4月—7月、9月—12月,浙江省文物考古研究所对卞家舍遗址进行再次考古发掘,发掘面积2000平方米,清理良渚文化墓葬61座,出土大量良渚文化时期的玉、石、陶器和漆木器。清理的墓葬中,少数墓葬葬具尚存木质纤维,以上下两块弧形木板相扣而成。个别墓葬人骨架保存较好。出土随葬品400多件,以鼎、豆、罐、盆为基本组合,石器以石钺为主,玉器有梳背、镯、璜、锥形饰、泡、珠、管等,个别墓随葬觚形漆器。清理灰沟2条,皆角尺形,自东向西再向南汇入南部水域。灰沟G1宽10多米,G2宽20多米,长度均超过40米。两条灰沟的岸边都残存竹篱笆和木桩,有的地段有3层竹篱笆。灰沟内出土大量陶器残片,以黑皮陶居多,光泽鲜亮,有的有精美纹饰或符号。漆木器是第三次和第四次发掘的重大收获,共出土木器30多件,器形有觚形器、盘、豆、勺、筒形器、陀螺等,许多木器仍保存着鲜红的漆皮。灰沟内还出土一批动物牙骸和骨骼,以猪较常见。另出土大量螺蛳、蛏子、蚌壳等水生贝类。经淘洗,还采集到一些炭化米、葫芦子、甜瓜子、酸枣核、桃核、梅核、芡实等植物种子和果实。获取的大量遗物显示出良渚文化晚期仍然具有较高的物质文化水平。首次发现的觚形漆器出自灰沟,也有的出自墓葬,其造型和风格与商周青铜觚十分相似。

此外,在良渚文化核心区域的瓶窑镇,有一周长约6600米、总面积达290多万平方米的古城遗址。

第三节 分 布

良渚遗址群的基本分布范围北抵天目山余脉大遮山丘陵南麓,南达大雄山、大观山丘陵,西起瓶窑毛元岭,东至良渚近山。其范围划定,以良渚师姑坟遗址至安溪羊尾巴山遗址的连线为东界,小运河(良渚港—庙桥港)为南界,瓶窑吴家埠遗址为西界。地理坐标为北纬30°22′36″—30°26′17″、东经119°56′41″—120°03′28″,实际跨度约东西11.50公里,南北7公里。《良渚遗址保护总体规划》划定的保护范围,几乎囊括已知的所有遗址。在这一范围内,良渚镇所辖的遗址区约占总面积的2/3,瓶窑镇约占1/3。保护区划分为保护范围(42.04平方公里)、建设控制地带(23.90平方公里)和景观协调地带(45.25平方公里)3个层次,总规划面积为111.19平方公里。良渚遗址重点保护区面积13.47平方公里,一类建设控制地带8.48平方公里。

考古表明,多数遗址是在较长时期内由连续或间断的文化活动累积形成的,也有少数遗址如莫角山大型基址、反山显贵墓地是经过规划,在相对较短的时期内堆筑完成的。而每个遗址的布局、结构、功能、更替和遗址间均存在着相互关系以及与聚落群体配套的社会组织、生产系统等。良渚遗址群以面大点多、内涵丰富、遗存分布密集且有规律著称。保护区内135处遗址点,占太湖流域良渚文化遗址总数的1/3,它包括城墙、宫殿、墓地、祭坛、村落、大型防护工程、手工工场、农耕区、大型礼制性建筑基址等各类遗存。各遗址点以莫角山为中心向外围辐射,中心聚落、次中心聚落和普通聚落呈现各自相对集中分布的级差式格局。1996年,国务院公布良渚遗址群为全国第四批重点文物保护单位。2006年,国家文物局通过重新设定申报35项《中国世界文化遗产预备名单》,良渚遗址名列其中。

良渚遗址群内各类遗址的现存地貌大致可分七种:土丘、山坡地、水田、方形土台、山头、滩涂地和长垣。考古专家将兀立于农田中的遗址统称为台地形遗址,包括土丘、方形台地和长垣,它们约占遗址总数的85%。当地对台地形遗址,以“山”、“墩”、“坟”称呼。坡地形遗址占遗址总数的10%。台地形遗址和坡地形遗址的广泛分布,反映出良渚先民应对湿地环境择高而居、崇尚高爽生活空间的社会风气和生存理念。

良渚遗址群是良渚文化遗存分布最集中、规模最大、等级最高的中心片区。在良渚遗址群内,各遗址分布的空间位置,可划分为六大片区和若干个点。六大片区即莫角山遗址片区、荀山遗址片区、瑶山遗址片区、姚家墩遗址片区、塘山土垣遗址片区和汇观山遗址片区。

一、瓶窑境内遗址片区

莫角山遗址片区　莫角山遗址是良渚遗址群的核心,为大型礼仪建筑基址。在莫角山遗址周围分布着莫角山、朱村坟、高北山、和尚地、后头山、雉山垄、周村、龙里、马金口、小马山、石安畈、钟家村、金家弄、美人地、前山、里山、郑村头、张家墩、仲家山、文家山、杜山、凤山脚、南墩、沈家山、桑树头、洪家山、张家山、矩形山、沈塘山、皇坟山、花园里、野猫山、西头山、公家山、卞家舍、盛家村、黄泥口、金地、扁担山、阿太坟、黄泥山、馒头墩、湖池地、西边山、费家头、白元畈、大地、张墩山、反山、庙家山、沈家头、毛竹山、师姑山、庄地上、山垅地、张家地、长山、胡林庙、和尚地、后杨村、地田里、云香庵、沈家场、西山坟等60余处遗址，它们如众星拱月，共同构筑成良渚遗址最高一级聚落。

塘山遗址片区　塘山遗址为良渚文化时期大型的防洪水利设施，位于良渚遗址的西北部，西起瓶窑镇毛元岭，经西中村、河中村和良渚镇石岭村、上溪村，至罗村止，全长6.5公里，系最大的良渚文化营建工程。片区周围的多处遗址，共同组成塘山土垣遗址群落。已知遗址有朱家兜、王家墩、东黄头、黄路头、角窦湾、子母墩、河中桥、塘山、前头山9处。

汇观山遗址片区　汇观山遗址与瑶山遗址一样，是良渚遗址群内又一处祭坛墓葬复合遗址，片区内有遗址点吴家埠、汇观山2处。

除上述六大片区外，良渚遗址群内还分布有其他各类文物遗存本体，是良渚遗址群重要的有机组成部分。主要有苏家村、巅子坟、石前圩、干家桥、后湖村、茅草地、观音塘、百兽坟、北山车、念亩圩、塘东村、半吊山、张娥地、马山等遗址。

图2－5　挖掘现场(2011年)

二、良渚文化遗址点

除上述遗址群外，瓶窑尚有下述良渚文化遗址点遗址。

瓶窑张堰遗址　位于瓶窑镇西南张堰村，东距北湖草荡1公里。遗址中出土有马家浜文化、良渚文化遗物，面积达8000平方米，表土层厚约50厘米—100厘米，文化层厚约50厘米—150厘米。器物有夹砂陶釜残片、红陶盆残片、鱼鳍形鼎足及石锛、石斧等。

瓶窑西安寺遗址　位于瓶窑镇西南西安寺村。南1000米为张堰遗址。遗址面积3000平方米，表土厚约50厘米—100厘米，文化层厚约50厘米—100厘米，80年代曾出土过石锛、石钺、石镞、半月形石刀、斜把石刀等遗物。

瓶窑圣堂遗址　位于瓶窑镇西南圣堂村，南距北湖草荡1公里左右。1990年当地村民挖砂时曾出土舌形石斧、有段锛、石凿、石犁、黑陶瓦足盘等器物，遗址面积约2000平方米，表土厚30厘米，文化层厚约30厘米。遗址西侧即为原北湖知青农场(现杭州原种场)。

瓶窑柏树庙遗　位于瓶窑镇南部原长命乡柏树庙村，西距北湖草荡1公里左右。20世纪80年代，当地村民在附近挖砂时曾有许多良渚文化时期的黑陶鼎、豆、罐及石锛、石斧、石凿等器物出土上交。遗存面积约2000平方米，表土厚约30—50厘米。遗物均出自砂层，砂层厚约50厘米。

第四节 类 型

良渚遗址的文化单元共分6类:宫殿群遗址、祭坛墓葬复合遗址、墓葬遗址、村落遗址、城市防卫工程遗址、原始农耕区遗址。

一、宫殿群遗址

莫角山宫殿群遗址位于良渚、安溪、瓶窑3个镇的交界地、整个良渚遗址的中心,为人工堆积基址,东西长670米,南北宽450米,面积30万平方米,现存相对高度8米以上。其间,发现不少于3万平方米的泥、沙间隔夯筑层和大量夯窝、柱洞等建筑遗留物,考古推断为大型“皇室”行政宫殿群建筑基址。遗址上还有3个高土墩:南部的乌龟山面积约300平方米、高5米;西北部的小莫角山面积约500平方米、高4.5米;东北部的大莫角山面积1200平方米、高4米,可能是大型礼仪或宗庙性建筑基址。小莫角山南侧小范围内清理出的数排大型柱坑,最大直径达90厘米,可初步看出夯土台基上礼制性建筑的规模。1987年在遗址东南部清理出的大面积坑状烧土堆积,以及1993年揭示的排列规整的沟埂遗迹、堆积大量石块的积石坑和填埋纯净土的灰坑等遗迹,可能是举行大型政治性或宗教性活动后留下的遗存。2007年,发现围绕莫角山一带四周的古城墙。众多迹象显示:莫角山是良渚文化时期金字塔型社会结构中最高权力的物化形态,是研究良渚文化社会文明程度的核心标志。良渚文化最高等级的墓葬群反山墓葬遗址位于其西北角。莫角山遗址不仅体量超大、地势开阔,而且高出地面9米—14米,可明显体验天(太阳)人感应关系。据推断,原先它的周围当有护卫构筑物,现今发现的次一等级的遗址与之形成拱卫型分布结构。再次一级的遗址也以它为中心向四周扩散。

二、祭坛墓葬复合遗址

汇观山祭坛墓葬复合遗址位于瓶窑镇内,高约18米,发掘面积约1600平方米,实际面积约2.2公顷。祭坛利用自然山势加高修筑,呈东西长、南北窄的长方形。中部偏西部位有挖沟填筑的灰土框,将台面分割成内外三重。灰土框内边约8米×10米。祭坛东西两边凿有南北向、0.3米深宽的排水沟。祭坛面分布墓葬4座,出土器物250余件(组)。其中,4号墓发现双重外椁的木质葬具。汇观山祭坛墓葬复合遗址被评为1991年度中国十大考古新发现之一。

三、墓葬遗址

反山“王者”墓葬遗址,相当于后代的王陵。位于瓶窑镇费家村南面、莫角山宫殿群遗址西北,西进100米即为东苕溪,面积约2700平方米,已发掘面积660平方米。发掘墓葬11座,出土器物1226件(组)。其中,有完整的神人兽面纹玉琮、玉钺。

文家山显贵者墓葬遗址,位于瓶窑镇南缘文家山,已发掘面积约600平方米。发掘墓葬16座,出土器物近400件(组),以石钺居多。发现玉芯较多,附近可能分布玉器加工场。文家山显贵者墓葬遗址时间跨良渚文化早、中、晚3期,是良渚文化历史分期的重要研究资料。

四、城市和防卫工程遗址

塘山土垣 城市防卫工程遗址位于良渚遗址的西北部,外侧与天目山余脉大遮山南麓坡底平行,相距约200米。其西端向南折西延伸700米。瓶窑镇毛元岭始,经西中村、河中村和安溪镇石岭村、上溪村,至罗村止,微弧线东西走向,全长4.3公里,地面宽度20米—50米,高

3—7 米,依托自然低丘,人工连接营建而成,或分层夯筑,或以沙砾土堆积。是最大的良渚文化营建工程,也是全世界同期最大的城市防卫工程。其功用有城墙和防洪两说,前说论据较充分。经两地 3 次局部考古发掘,其基础部位发现两座大墓。一座出土玉钺、玉璧、冠状形器、锥形器和陶器 50 余件,另一座 20 余件。另发现玉料、石料 100 余件,均有加工痕迹。其中,玉料占 1/3,是良渚文化遗址出土玉料最多的一处。

良渚古城遗址　2006 年 6 月,余杭瓶窑镇的葡萄畈村建农民安置房时良渚发现五千年古都城遗址,在位于莫角山遗址西侧约 200 米处的一片稻田下发现一条南北向沟渠,宽 40 多米,沟里有不少碎陶片,属于良渚晚期。经浙江省文物考古研究所局部解剖,发现是一条良渚文化时期的南北向古河道,河东岸的高地完全由人工堆筑而成,厚度近4 米,而且在最底部整体铺垫有棱角分明的石块。从 2007 年 3 月开始,开展了全面的考古调查,以葡萄畈遗址的发现为基点,向南北做延伸钻探调查和试掘,至 4 月中旬初步确立了以底部铺筑石块为主要特征的遗迹在莫角山遗址西侧的分布范围:南连凤山,北接东苕溪,总长度约 1000 余米,宽约 40 米—60 米。经过对莫角山的南、北两侧的钻探调查,在凤山东南部钻探到了一段铺垫石头的遗迹。9 月中旬在莫角山北侧的河池头村发现了东西向分布的底部铺垫石头的类似遗迹,其东段与雉山相接。10 月下旬,在莫角山东侧找到了南北向分布的相关遗迹。11 月,找到了莫角山南侧的东西向分布的相关遗迹,从而最终确认了围绕在莫角山四周的良渚文化时期古城墙的分布范围、堆积状况以及年代下限。发掘面积约 2700 平方米。

图 2－6　良渚莫角山遗址处(远处为大观山村沈家村)

良渚古城南北长 1800 米—1900 米,东西宽 1500 米—1700 米,总面积约 290 多万平方米。布局略呈圆角长方形,正南北方向。城墙底部普遍铺垫石块作为基础,在石头基础以上用较纯净的黄色粘土夯筑而成,城墙底部宽 40 米—60 米,现存较好地段高约 4 米。四面城墙的堆筑方式基本一致,从堆筑技术上反映了城墙的整体性。城墙内外均有壕沟(护城河),壕沟边缘有叠压着城墙堆土的良渚文化晚期堆积。西城墙全长约 1000 米,其他三面城墙相对更考究:铺垫的石头尖锐很多,明显是人工开凿;城墙外侧石头相对大点,越往里越小;堆筑的黄土层中,有时会掺加一层黑色的黏土层,增加了城墙防水能力。西墙白原畈段还发现了一个良渚文化晚期的灰坑打破城墙。反映了这座古城使用或废弃的下限不会晚于渚文化晚期,其始筑年代还有待于进一步的考古工作。但从整个良渚遗址和良渚文明的年代推算,古城应该是建于具今 5000 年前左右的新石器时代。

良渚古城外围大型水利工程　2015 年 7 月—2016 年 1 月,浙江省文物考古研究所主持发掘,在良渚古城北面和西面共发现 11 条水坝,这是迄今已知的世界上最早、规模最大的水利系统,超过此前在埃及发现的一处有 4000 年历史的水坝遗迹。这一发现也证实了良渚古城从内到外依次由宫城、王城、外郭城和外围水利系统组成完整的都城结构,是全世界迄今已知的距今

图 2－7 老虎岭水坝遗址(2017 年)

5000 年前后的功能系统保存最完整的都城之一。地处浙西山地丘陵与杭嘉湖平原接壤地带,地势西高东低,极易受到山洪的冲击,直至当代,东苕溪仍是杭州抗洪排险的重点区域。良渚人首先在外围兴建防洪设施,使整个遗址能趋利避害,兼得山泽之利而无水患之虞,从而使区域经济得到极大发展,最终出现良渚古城这种文明因素,同时水利系统的设计和建设过程,也为日后良渚古国的管理机构建设提供了经验和借鉴。这个水利系统和良渚古城这一最早的都邑紧密结合,除了水利科学的意义,将中国水利史由现知最早的春秋和战国时期往前提升了 1000 年。还在工程营造、人居环境、交通运输等方面具有重大意义,在城市建设史和规划史上具有极高价值,也为良渚古城遗址申遗提供了更加有利的价值佐证。

良渚古城外围大型水利工程的调查与发掘项目入选 2015 年度全国十大考古新发现。

第三章　文　　物

良渚遗址文物春秋战国时即已出土流传，至明清和近代甚烈，且大量流失海外。良渚玉器也因此蜚声海内外。但由于认识上的局限，仅归之为周汉之器。1936年，浙江省西湖博物馆工作人员施昕更首度在良渚进行考古发掘，发现大量陶器、石器。因良渚文化陶器与山东龙山文化陶器十分接近，施昕更将这一地区的文化归为龙山文化序列，称之为龙山文化杭州湾区。其后又经20余年考古发掘，文化形态开始凸现并渐被认识，始知其为发源早于龙山文化的新石器时代晚期的考古学文化，主要由马家浜文化、崧泽文化延续而来。1959年，中国社会科学院考古研究所研究员夏鼐定名为"良渚文化"。1961年，良渚遗址被列为浙江省重点文物保护单位。

良渚遗址出土大量的石器，如石斧、石钺、有段锛，还有犁、镰、耘田器等，这些石器棱角分明、器形规整、通体精磨、抛光有致，表明良渚文化发达的稻作农业，已从耜耕进入犁耕。与此同时，社会分工也愈加专业化，在良渚出土种类繁多的陶器和玉器就是实证。彼时的制陶技术有很大提高，最有代表的是造型美观、表面光亮、胎壁匀薄的黑陶，如鼎、豆、壶、罐等。令人惊奇的是，在这些陶器上发现"记号文字"的符号。良渚文化的玉器，有装饰用的冠形器、玉璜、玉镯、玉带及玉鸟、玉龟、玉蝉等动物饰件，更有象征财富的史前钱币重宝玉璧，象征军权在握的玉钺。尤其是象征神权的玉琮，它里圆外方，含"天"圆"地"方之意，其中孔上下相通，以显示"通"天地神灵。良渚文化的玉器，造型奇巧、线条流畅、形象庄重、质地晶莹，达到新石器晚期手工业发展的顶峰。此外，尚有髹漆器具。

第一节　种　　类

与崧泽文化相比，良渚文化时期的石器制作水平有进一步的发展。良渚先民主要以主页岩与岩浆岩做石料，打制成坯或切割成坯，后磨制抛光。良渚文化的石器不仅器形规整，许多石器还铮亮似镜，如同玉器。良渚石器，形制已较规范，各有专用。除做生产工具外，还用于礼器。能够根据不同的需要，采用不同的加工方法，生产出各种各样的石器。尤其是呈等腰三角形的石犁，刃部在两腰，其夹角在40°—50°之间，多用片状页岩制作，背面平直，保留着页岩的自然劈裂面，未见磨光和使用摩擦的痕迹，正面稍稍隆起，正中平坦如背面，两侧磨出光滑的刃部，仅在两腰侧留有磨损之痕迹，中心有孔，孔数1个—3个，常在中线直向排列，有的作三角形平均分布，前锋尖锐，后端稍厚。有段石锛器体大，器身较薄，器物成形之后，只是在刃部精磨加工，器身中部钻孔，而安装在犁床上的部分，背面不加工，保留原来的岩面，这样既能生产出适用的产品，又能减少加工的时间和劳力。钻孔则普遍采用管钻法。

一、石器种类

钺生产工具、武器、礼器，长方梯形，与斧近似，刃的两端微微翘出宽于钺身，有的顶部带肩,都有单孔。礼器钺器表抛光,孔的上部往往有左、中、右3道朱红色彩绘,象征缚柄的状况。

刀 生产工具、武器。良渚文化遗址出土的大小石刀数量很多,形制和大小不一。

主要有菱形石刀、单孔石刀、双孔石刀、三孔石刀、双肩石刀等。

斧 生产工具、武器,扁平、长方形或略呈梯形,刃部比较平直,上部都有单孔,曾被称为铲,考古发掘中所见,其装置都是横柄,才把名称纠正过来。

锛 木材加工等多用途工具,大部分有段,特点是锛体比较平直,分段偏高,上节较短,段脊呈阶级形。

犁 翻土农具,一般呈现扁平三角形,对称的双边都作单面刃,底边有的中间凹入,有的凸出,器身中间有品字形排列的三孔。

凿、镰 收割农具,凿与镰均为常型。庄桥坟遗址出土1件石镰,长18.4厘米、宽5.3厘米、厚1厘米,石质黑色间有白色细条状纹理,平面呈长条形,尾端平直,弧刃,钝口。专家推测,镰是受龙山文化影响的产物。

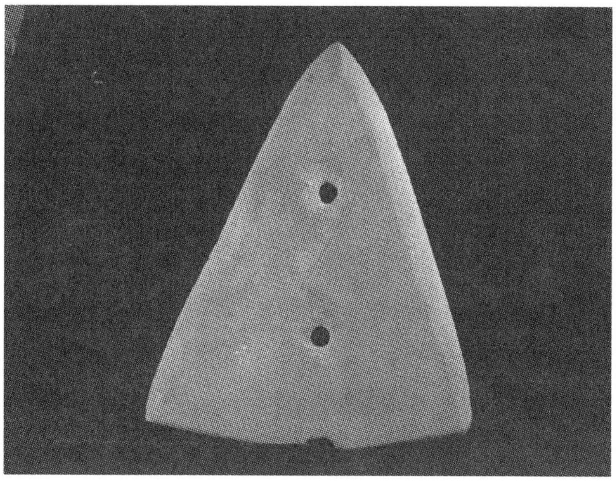
图2-8 石犁

耘田器 翻土农具,扁平翼形,两翼外侧为双面刃,内侧转角处可装柄。这类器为良渚文化所独有。

镞 打猎用的箭头,以柳叶形的为主,一般翼与铤无明显分界,个别两翼已微露倒刺。

楔 石楔是纵裂剖裁原木、制作板材的古代木作工具。使用时是沿拟断线并列加楔,即在原木上顺纵向木质纤维的劈裂线上,每隔一定距离打入一楔,使原木出现通缝,经不断地打深石楔和改用更厚的楔具,直至原木完全裂开。

球 良渚文化的石球至今发现不多,其器呈圆球状,周身有一道用于捆绑绳索的凹槽。石球是用来抛甩以捆住奔跑中的猎物的工具。

网坠 一般有石质和陶质两种,器身多作椭圆形,中部周身有一道凹槽;也有的陶网坠近似圆柱状,两端各有一道凹槽以便于绳索捆绑。

二、木器 竹器

木器 良渚文化时期,太湖流域已经形成悠久的木作传统。木作制品用于生活的各个方面,包括建筑、水井、窖藏、葬具、舟楫和各种工具与用器。从一些建筑遗迹及水井与窖藏的结构推断,良渚文化时期已具有高超的木作技术。良渚文化有大型房屋木构、水井木构,也有犁架、祭祀用器等小型木构。这些木构工艺极为精湛。杭州水田畈和湖州钱山漾遗址发现有木制品盆、杵、桨、槽,良渚庙前遗址出土的木陀螺、榔头、船形盘、豆和木胎漆盘;而在近年发掘的卞家舍遗址中,木质遗存占相当比重,不但发现了大批排列有序的木桩,还出土了木屐、木插、木桨、木柄、木器盖、木球、木陀螺等。良渚遗址群庙前、茅庵里、半吊山、卞家舍等遗址出土的木桩,有松树、樟树、栎树、桃树、山核桃树、胡杨树等多种质地。

考察良渚文化时期木构件的加工痕迹,大致有砍伐、裁截、开板、劈削、挖凿榫卯等工序,所用工具主要为石斧、石锛、石凿、石锤等。相对来说，木器的加工方法比较精细，大抵有砍、劈、削、剜、刨、凿、钻、刮、磨、刻、烧、烤等工序。木作过程可能还使用骨锥、木锤、砺石片、兽皮等。利用火的烧烤也是木器加工的一种方法。方柱、木板的板面，都可见明显的楔裂、劈削或刨刮的斧、锛之痕。柱子等构件两端和榫头断面有砍斫工具的痕迹，榫卯连接处则有凿孔工具的痕迹。良渚文化时期的手工业制品中已有成熟的有段石锛、石凿和石楔等工具。石凿是加工木器和挖凿木构件卯孔的工具，良渚文化遗址发现的石凿器身较厚，平面呈长条形，出土物有长条形单面刃、长方柱体双面刃和上大下小方柱体双面刃三式。石楔是纵裂剖裁原木、制作板材的工具。器身大多厚重，刃部对称而呈“楔”形。良渚遗址群庙前遗址曾发现木构窖藏一座，系全部用木料架构，平面框成“井”字形，残高 150 厘米，每边长 130 厘米，用宽 15 厘米—23 厘米、厚 7—10 厘米的长方形木料，近两端处凿成凹形之榫，相互上下紧密套叠，围成内框边长约 80 厘米的方形窖穴。窖藏内出土 58 件陶、木器。

良渚文化时期，先民们还生产农用的木制千篰。千篰这种独特的器具形态很像放大的餐匙。水稻栽培的基本要求之一就是田面必须平整，这类作业，唯有勺形的千篰之类方能奏效。钱山漾遗址曾出土 1 件仅存残半的、以独木剜制而成的勺匙形带长柄器具，许多专家认为，这就是良渚木耜(铲)或良渚千篰。

良渚文化时期，由于阶级或阶层的分化、等级的高低，所以显贵者的墓葬使用优质木材的棺椁葬具，反山、瑶山、福泉山、汇观山遗址等良渚文化大墓中都有发现。棺的制作一般是粗大的树干独木加工而成，棺底略凹弧，两端用木板卡住，棺盖或椁板较平整。反山、瑶山的棺椁腐朽后还残留漆皮，柱形玉器作棺椁附件。虽然棺椁腐朽不能复原，但这样的精细制作，可见木作技术非同一般。

竹器　良渚文化时期，先民生活栖息的太湖流域与宁绍平原，属气候温和湿润的地区。河边芦苇、杂草丛生，山间谷地竹林成片。先民利用天然资源，将竹打碎之后，发现它的韧性、耐用等特征，逐步加以利用。考古发掘出土的竹编器具有捕鱼的“倒梢”，坐卧或建筑上用的竹席，及农业或日常生活的各种用具。复杂多样的编织方法反映出良渚文化时期竹编业的发达。以规整的篾条编织成竹席及苇席，既可用作卧具或晒粮食席子，又可作为房屋建筑椽木上承托茅屋屋面的席箔；还可用于分隔房间等，用途相当广泛。在钱山漾遗址出土的 200 多件竹器，种类丰富，有谷箩、篮、篓、箪子、篰、箕、渔具、席、绳、门等，编织方法有一经一纬、二经二纬和多经多纬等。已经能编织出人字纹、十字纹、菱形格、梅花格等比较复杂的饰纹。竹器的门沿边沿采用辫子纹收口，篾条光滑，细薄均匀。在其他遗址中还发现利用芦苇篾编织成的席。

除竹编外，先民还使用藤编、草编，遗存包括稻草、蒲草等，先民将其扎捆或编织后用作建材或室内、窖穴内的铺垫。

三、陶器

形制　良渚文化陶器以夹沙灰陶和泥质灰胎黑皮陶为主。黑皮陶是在陶器的器表施黑色陶衣，打磨光亮，呈现漆黑色或铅黑色的光泽。也有一种表、胎皆黑色的陶器。还有一种橙色的红陶器。良渚文化的陶器制作除手制外，已普遍采用轮制。轮制分慢轮和快轮，有的先手制成型，再用慢轮或快轮修整陶器造型匀称。良渚陶器造型种类很多，有陶鼎、陶、陶盉、陶盘、陶豆、陶簋、陶杯、陶壶、陶尊、陶缸、陶罐、陶觯、陶、陶甗等。同一类陶器的造型制作也有诸多不同的变化，如鼎的足或塑成鱼鳍形，或塑为侧三角形，或捏成断面 T 字形，后又发现镂孔 T 字形鼎足;陶亦有细长颈高档瘦袋足及短颈矮裆肥袋足等不同造型;陶豆则有矮座、高座或竹节状细把的造型;圈足盘也有深腹、浅腹的不同,其镂孔有圆形、方形、长方形和矩形等多彩多姿的形式;其他还有折沿或三鼻式陶簋、宽把带流大杯、长颈鼓腹圈足壶、凹弧颈斜圈足贯耳壶、双鼻壶、高领广肩罐或敞口束颈罐、双鼻罐、喇叭口圈足尊、鼓腹圈足瓮、大口尖圜底缸等。良渚陶器装饰技法主要有刻画、压印、戳印、拍印、镂孔和针刻等。陶器器表装饰,有3种形式:一种是素面无纹,即以本色取胜,或橙红色、或全黑色,皆具一种和谐统一的美;另一种是涂施单色,或施黑色陶衣,打磨光亮,或涂画朱红彩,色泽艳丽;还有一种是彩绘,一般是施红、黄色的简单条带。彩绘陶还发现彩色漆绘陶器,如吴江团结和梅埝两处遗址,分别发现漆绘陶器。梅埝遗址出土的一件黑陶束腰小壶,先涂一层稀薄的棕色漆,再用金黄、棕红两色厚漆加绘两组绞丝纹图案。化学试验对比,它与汉代漆器反应相同,而与仰韶文化彩陶、吴江红衣陶的试验结果则完全不同。良渚文化的漆绘陶器是中国美术史上最早出现的漆绘陶器。

图2－9 刻符高

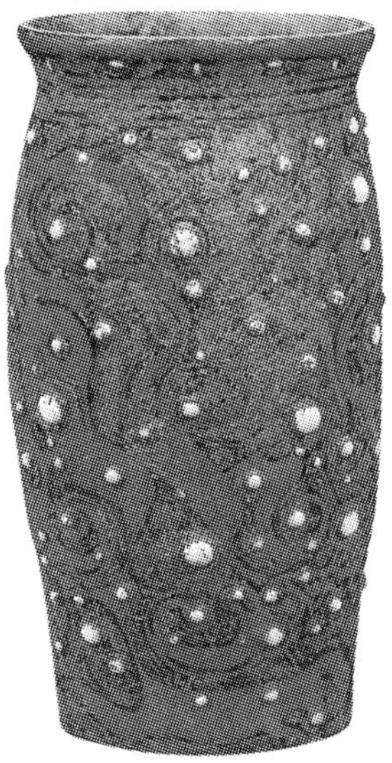

嵌玉陶茶杯

除上述几种装饰形式外,良渚陶器还有凹凸弦纹、竹节纹、镂孔纹、锥刺纹和刻画纹等纹刻画纹的纹样纤细多变,有连点、折线、网状、卷云、螺旋、圆圈、弧边三角等构成的复杂图案,也偶见鸟纹、蚕纹及简化鱼纹等动物图画纹饰。

陶器种类

豆　盛放食物的盘子。豆盘有盆形和盘形两种,豆把也有细高和粗矮两种。典型器是椭圆形盘竹节形高把豆,为其他古文化所罕见。豆把最常见的纹饰是:多条凸弦纹中间,间夹锥刺纹和圆形或半月形小镂孔,亦与其他古文化不同。

壶　又称贯耳壶,盛水的器皿。有鱼篓形贯耳壶、高颈扁圆腹圈足双鼻壶和翘流直筒腹阔把壶3种,一般都带盖。过去仅把双鼻壶作为典型器,现知另两器在良渚文化中亦为代表性器物。

图2－10 刻符单把杯

鼎　日常生活中的炊具,功能如后来的锅。有罐形鼎和盆形鼎两种。前者下安3只鱼鳍形足,后者多为扁方形或T字形足,足上都有直条刻纹,成为良渚陶鼎的独特器形。

甗 是一种利用加热产生蒸汽煮熟食物的炊具。这种蒸食方式与西方的烤食方式不同，成为中国烹饪方式的主流，对中国饮食文化产生重大影响。

罐 有折唇矮颈弧肩的大罐和直口高颈折肩折腹或弧腹的小罐等多种，前者如亭林遗所出1件，泥质黄陶，上抹一层红褐色陶衣，唇与肩部锥刺弧线形图案，最具特征。

鬶 温酒器皿。3只足是空心的，可直接把酒倒入足内，受热面积大，酒也就能迅速升温。

钵 早期以弧敛口，斜腹平底为多见。良渚文化早期吴江龙南出土的钵，口径16.6厘米、高6.4厘米。中期的钵式口微敛，斜腹而平底。

盉 多以夹沙陶制成，造型如鸭形，它的前端设外侈的口部，背部安扁圆形把手，底部附三矮足。

杯 形式多样，较有特色的如黑陶带流宽把杯、宽把陶杯等，体现良渚先民多姿多彩生活。

簋 流行于良渚文化中晚期，器作大口浅弧腹，底设圈足，形如圈足盘。

缸 良渚陶器常见的典型器之一，造型从良渚文化早期到晚期变化不大。一般为夹沙陶制成，器作大口微侈，深弧腹内收成较尖的圜底，外口沿下习见有菱格形装饰，其器身特大，故也有称作瓮或缸形器及酒缸。

其他如簋在口沿上多附三鼻；盘的唇沿内卷，且圈足上有凸弦纹和小镂孔装饰；盉为蛋圆形口，矮颈、蛋形腹，背上附环把，下有三柱足，特征极为显著。鱼鳍形或T字形足鼎、竹节把豆、双鼻壶和翘流阔把壶、折唇矮颈弧腹罐、三鼻簋、内卷唇圈足盘及实足，组成良渚文化的典型陶器群。

四、玉器

良渚玉器大多是以质细、色艳，古代称真玉，现代矿物学称软玉的阳起石或透闪石加工制作而成，都属于钙镁硅酸盐类。良渚玉器品种多样，用途不一。大致可分为礼器、装饰器、组装件、杂器四大类，有琮、璧、钺、璜、镯、环、牌饰、三叉形饰、冠形器、锥形器、砭针、带钩，以及管、珠、坠饰、项饰与各种以鸟、龟、鱼、蝉为造型的饰件。尤以玉琮、玉璧、玉钺及砭针最引人注目。琮、璧、钺为三大重型礼器，在中国传统文化中影响深远。

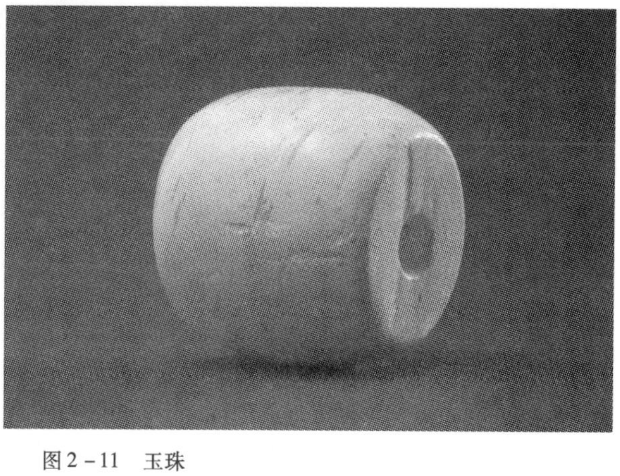

图2-11 玉珠

玉琮 在所有良渚玉器中，玉琮是工艺最精、造诣最高的礼仪用玉，一般可分为扁圆筒形和方柱形两大类，虽然形状大小不一，器身高低不等，但所刻纹饰却惊人的相似，且都出自大墓。良渚文化遗址普遍出土玉琮，造型上除多见内圆外方者外，亦有内外皆圆的造型。在高矮、大小、形状与纹样雕刻等方面都有多种表现和不同的变化。有高达33.5厘米的长柱形琮，也有矮扁如玉镯、玉环者，其他如形状大小、方圆、厚薄，纹样繁简等方面更是表现得多彩多姿。在琮外表图案花纹的表现上，有浮雕、有线刻，或者浮雕与线刻相结合。纹饰有兽面纹、几何形纹、鸟纹、“神人”形象等，也有这几种纹样相互配合、衬托或共同施用的。反山遗址12号墓出土的一件号称“琮王”的特大玉琮，与其他众多薄壁大孔玉琮不同，中孔较小，孔径仅4.9厘米，但射径达 17.1 厘米—17.6 厘米，重达 6.5 公斤。装饰纹样极有特色，分两个纹饰区，其一区是 4 个正面的直槽，每面槽上下各有一个“神人”与兽面相结合的图像，四面共 8 个“神人”兽面的复合图像。每个图像均相同，其像上“神人”的头部及兽面的眼、鼻、嘴均为浅浮雕，细部刻绘细密纹样；“神人”的肢、体均是阴刻的图形。“神人”头戴宽大高耸的羽毛冠，圆眼、宽鼻、阔嘴、龇牙，面目狰狞，上肢作双手叉腰状，下身为蹲踞状，脚为三爪鸟足。人像的全身和四肢均刻绘细密的云雷纹，胸腹部雕一圆眼、阔鼻、大嘴的兽面形象，威严而狞怖。琮体的另一纹饰区是以琮四角为 4 个中轴，有向两边对称展开的浮雕兽面纹，形象与“神人”像胸腹部的兽面浮雕大体类同，每个兽面浮雕上部各有一简化的兽面纹。每个兽面纹的两侧又各雕刻一鸟形纹，鸟的头、翼、身都略有变形，刻满卷云纹、弧纹，全琮共有 16 个相同的鸟纹。良渚玉琮还常见各式各样、或繁或简兽面形纹饰图案，有的还有张大的嘴及露出的獠牙。

图 2－12 玉龟

玉璧 《尔雅·释器》称：“肉倍好，谓之璧。”“肉”指的是一种扁平器体，外缘呈正圆，中心对钻小圆孔（即“好”），且器体宽度倍于孔径的特殊玉制品。外径一般为 10 厘米—26 厘米，最大可达 30 多厘米。因古文献中有“璧圆象天”之记载，故多数学者主张璧是仿照天体之因而作，是祭祀天地的礼器。

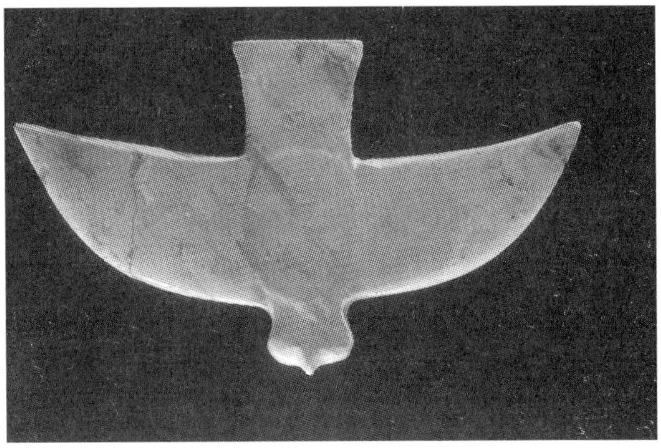
图 2－13 玉鸟

玉璧象征财富，具有货币功能。1997 年，在杭州举办的中国良渚文化玉璧专题学术研讨会上，钱币学者屠燕治等提出“良渚玉璧是中国原始货币之祖”，良渚玉璧货币功能的文化内涵贯穿中国 5000 年的货币文化史。考古学者纪德生则认为，玉璧是女阴的象征物，上升到宗教意义，琮和璧分别是男女神的性器象征物并代表男女神本身。琮和璧是祭礼天地的礼器，琮代表天父神，礼地；璧代表地母神，礼天。作为神的两性生殖器的象征物，琮和璧都是深入良渚先民生活的，有助于人丁兴旺、作物丰产并能避邪降福，被称为“瑞玉”。著名学者林华东在总结玉璧的功能时撰文说：“良渚文化玉璧既是媚神的礼器，又是防腐敛尸的法器。同时还是部落古国间交易的货宝或馈赠礼聘的贵重礼器。由于拥有玉璧的墓主人大都是显贵阶层，故良渚文化玉璧还是死者生前的财富、身份和地位的标志。”

另外，与璧类同的瑗，其形制及功能与玉璧基本相同，只是中孔（好）有大小之分。按《尔雅·释器》云“好倍肉，谓之瑗”，即中孔直径大于边宽者名为“瑗”。“而边孔适等若一者谓之环”,中孔直径与边宽的比例,便是璧与瑗和环的区别所在。

玉钺 一种弧形刃,器身扁薄如“风”字外形的斧形器,少数柄端两侧稍下凹,近似双肩状(即如同商代铜钺的“内”),中部偏上处大多两面对钻一圆孔(少数孔上还有2小孔),以便用绳索或藤条捆绑固定在木柄上。钺是砍伐树木或打仗用的武器,玉钺最早出现于马家浜文化,系由穿孔石斧发展演变而来,至良渚文化时期十分盛行,是良渚文化的典型器之一。质料有石和玉两种,大凡石多玉少而质精,且刃部都不见使用痕迹者,显非实用器无疑。又大多出自人工堆筑的大型高台基地,更显示其鲜见的身世。凡拥有玉钺者,都应属氏族显贵。结合先秦文献可知,钺不仅是庆典或出行时的威仪及武器与刑具的象征,还是墓主人生前地位、权力的指示器。有学者提出玉钺即权杖的观点。

其他玉器

冠状器,一种直接表现神灵形象的玉礼器。良渚文化早、中期,玉冠状器的形态丰富多样,并常有施纹的现象。反山和瑶山遗址出土相当多的玉冠状器。玉冠状器造型多种多样,有凸形、钺形、十字形、半圆形等。玉质优良,塑型别致,刻纹十分工丽,其中的镂孔透雕冠状器是透雕、浮雕和线刻相结合的精品。主纹造型虽多以神人形象和兽面鸟纹为主,但表现形式多样:头戴羽冠的“神人”像或在中央,或相对侧居于两端,或有身无首,或兽首有獠牙,变化多端,刻纹细腻。

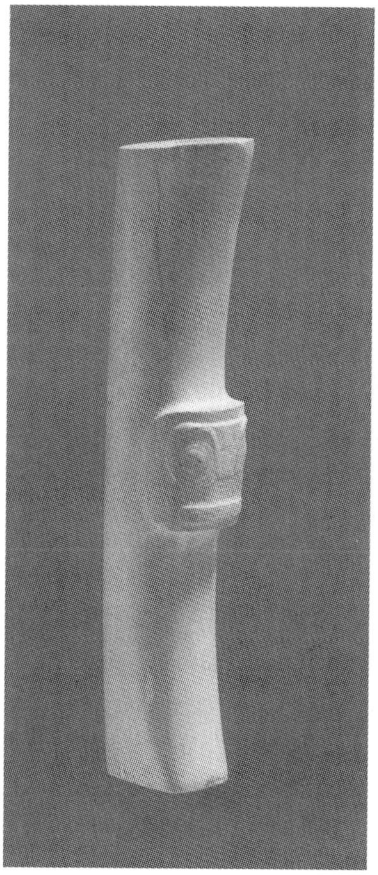
图2-14 玉手柄

三叉形器,头上的装饰品,得名于器物形状有3个突出部分,像“山”字。良渚文化墓葬玉三叉形器,均位于墓主头骨上方,中部短叉上方紧连一根长的玉管,短叉的中部均钻有贯通的直孔,与玉管的直孔是相连接的。有些玉三叉形器背面琢出4块方突,亦钻有紧孔,或在两侧的长叉上钻有小孔,便于加固。此器应是墓主冠帽上的饰件,比较符合出土位置的情况,小孔插饰羽毛类的装饰。三叉形器制作精巧,半数雕琢纤细的神徽,与墓主显赫的神圣地位极为相称。反山和瑶山遗址发掘证实,玉三叉形器是有玉钺随葬的男性贵族大墓中才能共出的器种,一墓只有1件。反山与瑶山遗址两处墓地各出土五六件玉三叉形器件。这些三叉形器件在造型设计和花纹装饰方面皆为不可多得的佳作。

玦 据《白虎通·德论》《广韵》、《酉阳杂俎》等载,形如环不连作一缺口的玉器,称为玦。良渚文化遗址出土不少。玉玦的主要用途是耳饰和佩饰。另有考古学家研究认为:玦作信器,见玦时表示有关者与之断绝关系;寓意佩戴者凡事果断,有君子或大丈夫的气质;用于刑罚的标志,犯法者待于境或一定的地方,见玦则不许还;用于做箭,使用时,将玦套戴在右拇指上以做钩弦。玉玦的直径一般2厘米—5厘米,最大径见有7厘米者。皆作圆环形或近似圆环形,剖断面有正圆、橄榄、椭圆、长方、三角形等。通常早期形小体厚,制作较粗,孔眼不正;晚期体大扁薄，琢磨精致。

牌　良渚瑶山遗址墓葬出土3件玉牌器。其中一件形为半圆近三角形，全件是用透雕和阴刻手法琢成一兽面图案，图案较怪异，眼以透雕圆孔表现，眼眶及眼睑亦以弧边三角形镂孔来琢造，鼻纹则用阴线刻成，嘴镂成十字形孔，周边雕有蛙爪形图纹。反过来看，整器又似变形的伏蛙。另一件亦为倒三角形，装饰图案则表现出"神人"与兽面的组合像，图案为浮雕和线刻相结合的精美之作，图案塑形别具一格。反山遗址墓葬出土13件圆形玉牌饰，有两种形式：一种素面无纹，仅中央有一"十"字形孔；另一种牌饰有纹饰，一端边缘饰一对浅浮雕龙首形象，龙首高角，圆眼阔嘴，鼻作复线菱形，两侧刻卷云纹。瑶山遗址墓葬出土类似的圆牌31件，内有式圆牌、璧式圆牌和蛙纹圆牌3种造型。其中，蛙纹圆牌全器图案表现3只变形青蛙的形象，纹样造型生动活泼。

璜　《说文》云："璜，半璧也，从玉，黄声。"玉璜为良渚文化遗址中常见之物，尤以反山和瑶山两地遗址最精美。反山遗址墓葬出土的玉璜皆为半璧形，主要有两种装饰风格：一种是在璜的正面当中阴纹刻绘一"神人"兽面复合形象，刻纹极纤细繁密；另一种当中琢一浅浮雕兽面纹，在两角各雕刻变形鸟纹。瑶山遗址墓葬出土玉璜9件，可分3种艺术表现形式：一种是在璜上刻绘圆目獠牙的兽画图案；另一种用镂孔透雕及阴线刻画相结合的手法在器物上雕琢出极复杂的怪诞变形兽面纹样；还有一种是璜的边缘浮雕4个动物头部，其形象若龙似蛙。这些作为佩挂装饰艺术品的良渚玉璜，刻纹雕琢相当精巧美观。

串饰　即项链。形式多样，制作精良，除用管、珠、坠外，还有冠状佩、琮形管、小环、锥形坠等组成串饰。个别饰件上有纹饰。瑶山遗址墓葬发现成串刻以繁缛兽面纹的玉管46组。瑶山遗址4号墓出土一件由16节首尾相接的玉管与玉璜串成的项链。

镯　反山、瑶山遗址出土的玉镯、玉臂环类，有两种基本样式：一种是光滑无纹的或有简单凸棱纹的圆柱环形、宽带环形的玉镯；另一种是浮雕着变形动物纹的宽带镯，其动物纹样怪异，像龙首纹，又像是一种近似蛙纹的变形兽面纹。

动物形饰品　良渚文化遗址墓葬常出土雕刻成动物形象的玉饰品。常见的有鸟、龟、鱼、蝉等，背面均有隧孔。鸟均雕琢成平展的鸟形，尖嘴、短尾，两翼外张，作振翅奋飞状。鱼为头部微凸，平唇，单圈圆眼，拱背收腹，尾鳍分叉，刻有斜向细线，造型栩栩如生。龟为头颈前伸，四爪作爬行状。蝉以凹凸的弧线刻画出眼、翼，线条流畅，对称和谐。大多被塑成动物形象的穿缀玉饰件，也有与牌饰相结合的雕形。

砭针　一种横断面呈方或圆形，器身修长，且多自上而下逐渐收缩成尖银针状的玉器，有的上端柄部骤收成短榫状，无孔。由于其形制与锥形饰（器）的差别主要在于短榫上钻孔的有无，所以往往被笼统地称之为"锥形器"。反山和瑶山以集束状放在死者头上方以象征羽毛的锥形器都有钻孔。

带钩　玉带钩始于良渚文化，盛行于汉代，当时是用于钩束腰间革带之物，类似于现在的皮带扣，或是辟邪物。此时，人们已将玉带钩的功能与形式结合起来，兼具有美、权力。良渚文化时期，玉带钩出土的位置均在人之腰腹部，似为腰间饰物，与汉代带钩的功能类似。玉带钩正面呈扁长方形，从侧面看，前端穿孔，后端呈钩状。犹如一只栩栩如生的动物，作臣服状。玉带钩在良渚文化的墓葬中出土并不多，迄今为止在考古发掘报告所见的共9件。

此外，良渚玉器还有玉匕、玉匙等珍品及玉管、玉坠、玉珠等串挂饰品和各类榫杖端饰品、镶插端饰品等小件艺术品。还有一些像项链一般的串挂艺术品,造型丰富,有球形、半球形、瓣状、管状、竹节状、鼓形、琮形、螺丝形、蘑菇形、三角形及半月形、月牙形等。串挂装饰件常由各种管、珠、坠等数十颗或上百颗组串成,并与串饰上各色玉饰件的不同色泽相映成趣。在瑶山遗址出土3件玉手柄(暂名),造型为长圆柱体,上下两端内凹,宜于抓握,中间为一凸雕,用云雷等纹样表现一兽面形象,造型别致。

五、漆器

漆器是中国重要发明之一,它的特点是防腐性强、体质轻、经久耐用、外表美观。漆的原料是从漆树中提取的。

髹漆器具在河姆渡文化中已见,良渚文化时期更有新创,且得到广泛使用,成为显贵者贵重的生活用品,并在礼仪中扮演重要角色。良渚遗址出土的漆器遗存主要有黑红两色,或单涂黑色,或单涂红色,或黑、红相配,其中黑、红相配的方法,尤得后世的青睐,终成中国漆器的主流配色。当时,不仅在木胎或木器上髹漆,如棺木葬具用朱红等色漆绘,而且亦能在陶质礼器上漆绘。髹漆制品在良渚文化墓中多有发现。1955年冬,浙江省文物管理委员会在良渚镇荀山西北长坟东边的一个水塘中发掘时,曾发现一件良渚黑陶圈足器有用朱红色漆绘几何形纹饰,显得恬静美观。1959年,在江苏吴江县梅堰遗址的良渚文化遗存中发现用漆绘的陶器,陶器表面可以看出漆绘线条比较浓重,漆液凝结于器物表面,显然与一般彩陶有别,漆被用于彩绘陶器的实物例证。在杭州水田畈良渚文化墓葬发掘中,"M3底发现有棺板,棺板断面稍呈现弧形,为整段大木挖凿而成,……在棺板上还发现有红色漆皮"。这些器物的木胎虽已腐朽,但漆皮和器形的痕迹仍然保存下来,漆器的制作手法以及涂漆技术已相当精美,可能是中国最原始的漆器。在良渚庙前遗址曾出土一件木胎双色残漆盘。2004年,瓶窑下家舍遗址还出土一件彩色漆器,绘有变形鸟纹,色彩艳丽,相当精美。瑶山墓葬有不少漆木器具,可惜大多已朽坏难辨,只有7号墓和9号墓各有一件可勉强复原。9号墓之朱漆嵌玉高柄杯,杯身和圈足的结合部及圈足的近底部,都镶嵌玉粒,为中国迄今已知的最早嵌玉漆器。高柄杯壁厚2毫米—3毫米,敞口圆筒形,下附细而略弧的喇叭形圈足,出土时胎体已朽,但仍可看出其通体内外挖面先用火烧烤,后再用石锛刮去炭化面,经过多次层层烤、锛而制成。部分陶器表面遗留的漆绘图案及墓葬中的残留漆痕,这些至今无法精确分析出其分子结构的天然漆,良渚文化时期被用于点缀生活和显示尊贵。1986年,反山墓地14号墓出土一件被涂漆的玉钺,柄部镶嵌玉粒96颗,使玉钺更显豪华、神圣。在漆器上进行镶嵌,是良渚先民的首创。

第二节 研究和保护

随着良渚文化的发现和良渚文化遗址的一系列考古发现,良渚文化的研究逐渐深入。进入20世纪80年代,尤其是余杭反山显贵者墓地的发现,在学术界掀起一股研究良渚文化热潮。1985年6月,余杭成立良渚文化学会,从事良渚文化的宣传、研究和保护工作。1995年5月,浙江省良渚遗址群保护领导小组成立。2001年3月,浙江省良渚遗址申报《世界遗产名录》专家咨询委员会成立。浙江省、杭州市和余杭地方政府采取多种措施,从法律、组织、环境等多方面加强对遗址群的保护。同时,良渚文化资源被日益重视,成为人们纪念、教育、观光的中华民族和东方文明圣地。

一、良渚文化研究

研究概况 20世纪初，随着田野考古学传入中国，一些学者开始注意良渚一带的古文化遗址，并进行最初的发掘与研究，施昕更是良渚文化探索先驱的杰出代表。1938年，施昕更出版发掘报告《良渚——杭县第二区黑陶文化遗址初步报告》，认为良渚黑陶属新石器时代遗物，其文化性质为山东龙山文化向南发展的一支。1937年，吴越史地研究会会员何天行出版杭县良渚镇之石器与黑陶枠一书，提出良渚出土黑陶上的文字是中国最古的文字1939年，著名学者梁思永发表《龙山文化——中国文明的史前时期之一》，指出良渚遗址“显示出不可忽视的确定的地域差异”。直至20世纪50年代，进一步讨论良渚黑陶文化遗存时，仍将良渚文化作为龙山文化杭州湾区。

20世纪50年代中期开始至60年代前期，苏、浙、沪三地许多良渚文化遗址点被发掘，杭州古荡老和山、水田畈，良渚朱村兜、长坟，无锡仙蠡墩，湖州邱城、钱山漾等。这些遗址的发掘，丰富了太湖流域史前黑陶文化资料，也使研究者日益意识到这一地区史前文化黑陶区别于龙山文化黑陶的土著性和独特性，并归纳出其以鱼鳍形—T字形足夹沙陶鼎、发达的圈足器、表面易脱落的细泥质灰胎黑皮陶、三角形石犁状器、穿孔石斧、有段石锛、石耘田器等为典型特征的文化面貌。特别是钱山漾遗址良渚文化地层中发现较多的农业生产工具及水稻、丝麻织物。1956年，南京博物院考古部主任赵青芳发现草鞋山遗址，并判断草鞋山遗址与青莲岗遗址年代相当。

1957年12月，浙江博物馆和浙江省文物管理委员会合编成《浙江新石器时代文物图录》一书，其中写道：“良渚新石器时代文化遗址分布范围相当广阔，东起良渚镇，西至黄泥坳，纵横绵延达六公里，特别是良渚镇西北荀山周围遗物最丰富。”夏鼐在为《浙江新石器时代文物图录》写“序”时，则详细辨明两者的异同，指出：“浙江的黑陶容易干后褪色，没有山东龙山文化的那种标准的蛋壳黑陶。器形除圈足外，也有大量圜底的。山东龙山文化中盛行的平底器却较少。陶发现不多，也不是标准的龙山文化形式。有段的石锛和石凿，表示和东南沿海如福建、台湾等处的关系。特别的三角形石刀，在这区好几处发现过，却为他处所未的，是值得特别注意的。此外，如鱼鳍形的鼎足，沿刀背一列凹孔的石刀，也是他处所未见的。”鉴于良渚与龙山存在着明显的考古学文化个性，北京大学历史系考古教研室师生在1958年8月编写教材《中国考古学》“新石器时代考古”初稿时，把环太湖流域出土的上述文化内涵从龙山文化中划分出来，单独命名为“良渚文化”。1959年12月，夏鼐在长江流域办公室文物考古队队长会议的报告中，正式提出“良渚文化”的考古学命名。

20世纪60年代中期以后约十余年时间中，良渚文化遗址的发掘与研究，几乎处于停顿状态。有两件事仍值得记载，其一，1972年春，江苏省吴县文物部门征集到一批来自草鞋山的玉器，其中一件刻有简化神人面纹的五节玉琮引起考古学家特别关注，后被确定为良渚玉器，从而结束了“周汉玉器”与“良渚玉器”之争论；其二，1973年春夏，嘉兴双桥遗址出土一座良渚文化墓葬，发现良渚文化叠压在崧泽文化之上的地层关系。1977年7月，夏鼐《碳十四测定年代和中国史前考古学》一文运用考古学理论与碳十四年代数据相结合，系统论述中国史前考古文化的编年，指出：“良渚文化的延续时间达1000年左右，即公元前3300年—前2250年。”

同年10月，在南京召开的长江下游新石器时代文化学术讨论会上，与会专家对太湖流域新石器时代考古文化的命名和文化序列进行热烈讨论,良渚文化已引起重视。

河姆渡遗址的两次发掘和“河姆渡文化”的确立,使长江流域的新石器时代考古在中国考古学研究中处于前所未有的重要位置。与此同时,良渚文化的发掘研究进一步展开,苏、浙、沪三省市自20世纪70年代后期开始相继发掘一系列良渚文化遗址。1978年春,发掘海宁千金角遗址、徐步桥遗址和盛家埭遗址,共发现良渚文化墓葬26座。此前,关于良渚文化墓葬,大多认为是平地掩埋而无墓坑。而上述3个遗址的发掘,首先确认良渚文化墓葬存在土坑墓穴,并以此为突破口,获取大量有明确单元组合的良渚文化遗存。这是良渚文化考古发掘与研究的一次重要突破。

1979年,良渚遗址发掘与良渚文化研究工作得到加强。1980年底至1981年初发掘平湖县平邱墩遗址时,发现的28座良渚文化墓葬仍以随葬陶器为主,还发现有成对排列的墓葬。1981年两次发掘余杭吴家埠遗址,共发现20座良渚文化墓葬,其中有些墓葬中出土冠状器、璧、璜和成组的锥形器等重要的良渚玉器。1983年底至1984年初,再次发掘嘉兴雀幕桥遗址,其中段发现良渚文化墓葬5座。1986年初,德清县辉山发掘2座带木质葬具的良渚文化墓葬,其碳十四测定为公元前2100年左右。上述墓葬大多清理出土坑墓穴,墓葬单元明确,随葬器物组合完整,丰富了良渚文化的内涵,有利于建立良渚文化的年代序列。1986年,省文物考古研究所集中整理千金角、徐步桥、盛家埭、平邱墩、雀幕桥、辉山6处遗址发掘的60余座良渚文化墓葬,并在此基础上作综合性的分期研究,提出良渚文化小墓3期4段的分期观点,年代跨度基本涵盖整个良渚文化时期。

1985年6月,余杭县成立良渚文化学会。每年召开学术研讨会,探讨良渚文化的研究、保护、宣传与管理。1996年3月,学会出版了第一部专著《文明的曙光——良渚文化》(浙江人民出版社版)一书。学会从事研究良渚文化专业人员有数十人。

20世纪90年代以来,考古工作者在浙江、江苏和上海等地又发掘出一批新的良渚文化遗址,包括余杭横山遗址和卞家舍遗址、桐乡普安桥遗址和新地里遗址、海盐仙坛庙遗址、平湖庄桥坟遗址、江阴高淳墩遗址等,并对武进寺墩遗址、昆山少卿山遗址、昆山绰墩遗址、上海马桥遗址和广富林遗址等进行新一轮发掘。通过深入发掘与研究,深化人们对良渚聚落形态及良渚文化晚期社会生活的理解,为探讨良渚文化的去向提供重要的新资料。1986年—1995年,多项考古发掘入选当年全国十大考古新发现和“七五”、“八五”期间全国十大考古新发现,良渚遗址群声名鹊起,址群的特殊地位和文化价值迅速显现并得到学术界认可。特别是中心遗址——余杭的反山、汇观山、莫角山、瑶山、文家山、庙前、姚家墩、塘山土垣等重要遗址陆续被发现,出土器物种类、数量、工艺水平及内涵超乎寻常,加之遗址区的原始地形、地貌渐为人识,良渚遗址露出环太湖流域良渚文化分布中心的信息,引起考古学界的极大关注。夏鼐、苏秉琦、张忠培、严文明、俞伟超等均给良渚文化遗址以极高估价,做了大量研究工作,使良渚文化遗址在考古学上确立极其重要的地位。与此同时,各级政府对良渚文化研究日趋重视,良渚文化遗址的系统调查随之启动,考古界对已发掘的文物和文献资料进行分类整理,对新发现遗址和文物作了规范性的文字和图片记录并公开发表。1976年,余杭县文物保护管理小组改名为余杭县文物管理委员会,加强对良渚遗址的地方性管理,并对遗址区进行系统调查登记。1994年,浙江省测绘局对良渚遗址进行航空拍摄和全面测绘,绘制《良渚遗址地形图》。1995年,浙江省文物考古研究所良渚工作站设立,对良渚遗址及其出土文物加强管理,进行系统的考古调查、分类、整理、修复、登记等工作。考古调查和研究采用电视摄像、近景摄影测量、绘图、文字等记录手段，遗址原状和变化情况有了较准确记录，科学研究层次有所提高。2000 年，杭州良渚遗址管理区管委会进行实地普查，对 119 处遗址进行详细的图文描述。

随着良渚文化遗址一系列考古新发现及对相关发掘文物和文献资料的修复、分类与整理，良渚文化研究步步深入，学术界相继召开各种形式的良渚文化研讨会。1993 年 3 月，由江泽民题写馆名的良渚文化博物馆在良渚镇对世人开放。1994 年，由白寿彝主编、上海人民出版社出版的《中国通史》，其史前卷系统介绍良渚遗址和良渚文化。20 世纪 90 年代后，良渚遗址和良渚文化还被编入大、中、小学教材。1997 年，杭州南宋钱币博物馆、浙江省博物馆、良渚文化博物馆在杭州举办中国良渚文化玉璧专题学术研讨会，全国 30 多位考古、金融、钱币研究专家参加。1998 年 1 月 5 日—7 日，国家文物局在余杭临平召开柸良渚遗址群保护区总体规划枠评审会，国家、浙江省、杭州市、余杭市文物考古、城建规划等部门的领导、专家学者 40 余人出席。专家们对良渚遗址群进行实地考察，经过评议、论证，原则通过《良渚遗址群保护区总体规划》。

21 世纪以来，良渚文化研究进入新阶段，进一步编制良渚遗址保护总体规划，申报世界遗产名录，进行考古发掘与研究，编辑出版《良渚遗址群》等专著，良渚博物院建造及文物陈列与展示等。

2001 年 2 月 21 日—23 日，良渚遗址保护专家咨询会在杭州召开。2004 年 1 月 11 日，杭州市人民政府和浙江省文物局在临平联合举行《良渚遗址保护总体规划》评审会。2005 年 3 月 9 日—10 日，杭州良渚遗址管理区管委会在杭州花家山庄召开良渚文化博物馆新馆陈列学术座谈会，邀请浙江、江苏两省良渚文化考古、研究方面的 10 余名专家学者，共同探讨新馆陈列展示的学术问题。

良渚文化在海外也有较大影响，不少学者对其进行多方面研究，其中以哈佛大学教授张光直、原香港中文大学教授饶宗颐等人较有成就。日本学者林巳奈夫、中村慎一等人有独到的研究。中村慎一等对良渚遗址和浙江嘉兴的几个良渚文化重要遗址作了较深入的考古调查。

从 20 世纪 30 年代至 20 世纪末，已发表施昕更、何天行等撰写的各类报告、论文 1000 余篇，出版专著数十部。2001 年，《良渚学文集》（1949 年—2001 年，共 7 卷约 300 万字）由国际良渚学中心编印。2003 年、2005 年、2006 年，浙江省文物考古研究所、文物出版社先后出版《良渚遗址群》（共 5 卷）。2005 年，浙江人民出版社出版《浙江通史・史前卷》（林华东著）。

二、保护

历史上，良渚文化遗址得不到有效保护。据史料载，自汉代起就有良渚文化遗物出土，南宋以来就有人盗挖良渚文化遗址玉器、陶器等。自南宋至民国时期，仅良渚玉器流失海外就达万余件。中华人民共和国成立后，良渚遗址保护逐步得到重视。1956 年，浙江省人民委员会公布良渚遗址为第一批一等文物保护单位。1961 年，浙江省人民委员会公布良渚遗址为省级文物保护单位。但当时，盗掘良渚文化遗址文物之风仍烈。20 世纪 80 年代，瑶山遗址的发掘，亦是因盗掘而引发。1988 年，杭州市人民法院对 6 名盗挖瑶山遗址的犯罪分子进行公开审判。此后打击力度不断加大，1994 年 4 月，余杭司法部门共查处盗挖、走私良渚文物违法人员 58 名，其中有的被判刑，震慑了盗挖者和文物贩子。20 余年间，各级政府及文物管理部门与司法部门共同努力，尤其是杭州良渚遗址管理区的建立，使良渚遗址群进一步得到有效管理。

影响世界遗产申报的因素　20 世纪 80 年代以后，良渚遗址区的城市化水平空前提高，镇、村建设规模不断扩大。民居总占地面积 84.1 公顷（良渚镇 18.6 公顷、安溪镇 33.8 公顷、瓶窑镇 31.7 公顷），总建筑面积 163.4 公顷（良渚镇 104.8 公顷、瓶窑镇 58.6 公顷）。企业 173 家，职工约 8000 名（良渚镇约 2200 名、瓶窑镇约 5800 名），总占地面积 106.8 公顷（良渚镇 96.6 公顷、瓶窑镇 10.2 公顷），总建筑面积 59.6 公顷（良渚镇 14.4 公顷、瓶窑镇 45.2 公顷）。农村实行土地联产承包责任制后，土地经营小规模化，农村居民点不仅每年大量增加，还日趋分散。良渚镇（含安溪）建成区中心位于遗址区内，瓶窑镇原中心区也在遗址区内，既成基本建设规模均已较大。良渚镇中心的基本建设规模持续扩大，工业化要求不断增强。1993 年，瓶窑镇被确定为浙江省综合改革试验区，一度曾规划向遗址区东移，纠正后才改变发展走向西移。遗址区城市化和滥建设施的势头很难扼制，管理稍有松懈就回弹。

环境压力　良渚遗址区历史上一直是著名的粮产区和水产区。这里的农田经几千年无节制开垦，土壤退化，河网变少，水体污染变质，植被退化，动植物种群越来越少。良渚遗址周边山体近代即已发生大体量石矿开采，由于近几十年基本建设需求剧增，导致遗址区产业进一步向采矿单向集中，致使遗址赖以护佑的环境屏障遭到严重破坏。尽管山体复绿，但已造成大量水土流失，遗址区的生物循环系统遭到大规模人为破坏，使最有价值的原始地貌日渐变形，景观逐年递减。

良渚遗址还面临日益加剧的自然侵蚀。良渚遗址区为典型的北亚热带南缘季风气候，年均气温 16℃，年均降水量 1258.8 毫米，对缺乏植被的土壤冲刷力极大。东苕溪自西南向东北穿过遗址，遗址区内河网密布，地貌主要是水网平原兼河谷平原，成土为以青紫泥为主的水稻土和以堆叠土为主的旱地土，质地轻黏，母质多为古湖泊、海相沉积物，海拔 2.1 米—3.8 米（吴淞标高，下同），在季节和昼夜温差等条件变化较大的情况下，地质极易变形，土遗址极易湮废。

自然灾害和防灾情况　良渚遗址区季节性降水集中，由于东苕溪贯穿遗址区，加之河网密布，历史上多次发生直接威胁良渚遗址的大洪水。虽经长期治理，建成 20 年一遇标准的防洪堤，但由于河道不断变窄、河床抬高，仍对遗址构成严重威胁。浙江省、杭州市和余杭市（区）人民政府每年都投资加固建设东苕溪西险大塘。对遗址境内的其他河道，如良渚港也加大治理力度。

旅游压力　良渚国家遗址公园未建以前，由于遗址可看性较差，游客仅参观良渚文化博物馆，在遗址区活动的主要是当地居民和专业研究人员，旅游方面的压力不大。良渚国家遗址公园建成后，游客增多，土遗址不能踏勘，各参观点建成固定步行道路，保证遗址安全。

保护区和缓冲区内的居民数量　良渚遗所在的良渚、瓶窑 2 镇共有 65 个建制村，总人口 9 万余人。遗址区 25 个村，面积占 2 镇总面积的 37.8%，人口约 3.2 万，其中良渚镇 1.9 万、瓶窑镇 1.3 万。2001 年以来，实行少量安排农户建房、杜绝新建其他基本建设项目、拆迁所有与遗址环境矛盾的建筑物的政策措施，农户建房规定风格、体量、位置，遗址环境有所改善。

此外，据文献记载，良渚文化遗物早在春秋战国时期即出土流传，至明清和近代甚烈。20 世纪二三十年代，欧美人大量收购带出。30 年代施昕更首度发掘时，即遇当地人哄抢盗挖。80 年代达到顶峰，多次发生上百人参与的大规模盗挖活动，先后有 58 人被绳之以法。流至海外的文物总量已达数千件之多。

良渚文化遗址保护　1992年7月6日，国家文物局局长张德勤在视察良渚遗址后，要求对当时尚属省级文物保护单位的良渚遗址“按国家文物保护单位对待”。1993年，中共中央总书记、国家主席江泽民为建设中的良渚文化博物馆题写馆名，朱镕基、李瑞环、李铁映、姜春云等中央领导先后视察良渚文化博物馆，听取地方政府关于遗址保护和利用工作的汇报。1994年1月，国家文物局将良渚遗址列入中国申报《世界遗产名录》预备清单，并向国务院推荐将“良渚遗址群保护、开发的交流研究”列入《中国21世纪议程》优先项目计划。2月6日，国务委员李铁映在中央政策研究室664号简报《良渚文化遗址遭到严重破坏》上批示，要求国家文物局会同浙江省进行调查，具体解决保护问题，“要贯彻文物法，抢救第一的原则”。按照批示要求，国家文物局副局长张柏随即率领有关专家赴浙江实地踏看良渚遗址保护情况，与浙江省有关领导就保护工作交换意见。考察期间，国家文物局专家组成员张忠培、严文明分别题词：“良渚文明是中华文明的一个源头”、“中国文明的曙光是从良渚升起的”。1996年，国务院公布良渚遗址群为第四批全国重点文物保护单位。1999年3月，国家文物局致函浙江省人民政府《关于将良渚遗址群抢救性保护工作列入国家和浙江省的经济和社会发展重大项目的建议》，指出：“良渚遗址群是我国和人类的罕见的珍贵历史遗产，具有突出的重要性。”并就加强保护工作提出扩大保护范围和建设控制地带、建立考古遗址景观及生态保护区或国家遗址公园、加强组织领导和投入、另辟新区发展现代化的城镇和工业、抓紧申报世界文化遗产前期准备、组织多学科的力量投入工作等建议。11月，国家文物局向国家发展计划委员会报送《关于拟将我国大遗址保护展示体系建设规划列为十五规划专项的请示》（文物保函〔1999〕706号），将良渚遗址保护展示项目列为“文明起源标志性地区的保护展示”重点项目。2001年，国家文物局在《中国“十五”期间大遗址保护展示专项计划》中，将良渚遗址列为全国大遗址保护展示第一类第一号项目。

浙江省人民政府在20世纪五六十年代两次公布良渚遗址为省级文物保护单位的基础上，1986年，以反山遗址发掘为契机，加强遗址保护工作。1995年，浙江省人民政府批准公布《良渚遗址群保护规划》，并成立浙江省良渚遗址群保护领导小组。2000年6月，省政协八届十二次常委会会议通过《关于切实加强良渚文化遗址保护的再次建议案》，提出加大宣传教力度、加强领导、关闭石矿、建立遗址公安派出所、将良渚遗址保护与利用列为国家和浙江经济社会发展重大项目、安排专项文保经费并设立专项保护资金6条建议，并于次日报送省委、省政府。7月31日，副省长、浙江省良渚遗址群保护领导小组组长鲁松庭主持召开保护领导小组扩大会议，针对省政协常委会讨论通过的6条建议，就加强良渚遗址群保护工作提出要下决心关闭石矿以切实整治良渚遗址群环境风貌，建立良渚遗址群公安派出机构，加强良渚遗址群整体保护和开发利用。9月13日，中共浙江省委、浙江省人民政府《关于答复省政协常委会关于切实加强良渚文化遗址保护再次建议案的函》，将省良渚遗址群保护领导小组确定的意见正式反馈省政协。12月，省委讨论通过《浙江省建设文化大省纲要》，要求加强良渚遗址群保护力度。2003年7月，浙江省和杭州市人大常委会联合召开良渚遗址群保护情况反馈会议。省人大常委会副主任徐志纯在会上强调，要提高对保护工作的认识和依法行政的自觉性，尽快完成保护规划编制，进一步明确管理机构的职责，增加财政投入并不断完善保护资金筹措机制。副省长盛昌黎、杭州市副市长盛继芳等分别就加强保护工作提出具体意见。16日，省委书记习近平在视察良渚文化博物馆时强调，良渚遗址是不可多得的宝贵财富，必须把它保护好，只有实施有效保护,才能促进开发,要让良渚文化成为创建浙江文化大省的一张“金名片”。新版的《浙江省地图》上,标有一个面积达242平方公里的杭州良渚遗址管理区。

2004年6月17日,习近平在听取良渚遗址管理区管委会工作汇报后指出:“良渚文化作为长江下游史前时期最为重要的考古学文化,在中国文明进程中具有极其重要的地位。保护好良渚遗址,对于继承和弘扬文化传统、建设文化大省具有十分重要的意义。”

杭州市把良渚遗址、西湖、浙江大学并称为城市3张“金名片”,作为文化名城建设的重要内容,对良渚文化博物馆建设、反山遗址土地征用、遗址区周边石矿关停等良渚遗址保护与利用工作,均给予专项资金支持,自2002年起,杭州市与浙江省及余杭区三级财政每年共安排1300万元专项资金,用于支持良渚遗址保护与利用工作。2004年,杭州市人大常委会多次召开专题会议,研究良渚遗址文物行政执法问题,明确良渚遗址保护区属于杭州市城市规划区,可以适用《中华人民共和国城市规划法》,为多部门参与遗址保护的联合执法找到了法律依据。经余杭区政府协调,行使规划处罚权的城市管理综合执法从规划管理角度延伸到遗址保护工作中,加上国土管理及此前建立的瑶山派出所,在良渚遗址保护中逐渐形成文物管理、城管执法、国土管理、公安等部门共同参与,各司其职的联合执法机制,使基层文物保护管理力量不足的问题初步得到解决。2005年11月,中共杭州市委第137次常委会专题研究良渚遗址保护规划和“申遗”、莫角山遗址保护等问题,进一步明确相关部门工作职责。

20世纪80年代起,余杭县实行业余文保员制度,聘请业余文保员50名,后发展到近百名。杭州良渚遗址管理区管委会成立后,继续坚持业余文保员队伍建设,遗址区内每个村和重点单位均落实业余文物保护通讯员。2000年11月,余杭市成立良渚遗址申报《世界遗产名录》领导小组办公室,开展“申遗”前期准备工作。提出良渚、瓶窑两镇“跳出遗址区求发展”的思路,成为推进良渚遗址保护的战略性决策,为缓解文物保护与经济发展之矛盾开辟新路;至2002年10月31日,遗址区周围30家石矿全部被关停。2001年9月,省政府批复同意设立杭州良渚遗址管理区,并成立管理委员会。近年来,良渚遗址区内各村、社区、企事业单位和广大干部群众按照国家“保护为主、抢救第一、合理利用、加强管理”的文物工作方针,切实树立主动保护意识,积极支持、参与良渚遗址保护事业,努力配合杭州良渚遗址管理区管委会做好遗址日常管理、违章防控、环境整治等工作。

中心遗址环境整治,良渚文化中心遗址在工业化、城市化进程中,经历环境不断恶化的过程。自杭州市莫干山路延伸而出的104国道横贯遗址区,其繁忙的交通对莫角山中心遗址形成综合性污染;活动于遗址区内的3.6万名农民和170余家企事业单位的环境整治成为良渚遗址保护工作的迫切任务。自1995年后,余杭不再在良渚遗址区内安排工矿企业项目和大型基建项目,要求瓶窑、良渚两镇“跳出遗址区求发展”。瓶窑镇提出“跨过新国道,建设新瓶窑”,在新国道以南设立工业发展区块和行政区块,逐步实现重心南移,良渚镇将建设重心向东侧的遗址区外转移。在遗址区环境整治中,石矿关停、104国道南移、重点遗址区整治等成为各个时期的工作重点。

良渚遗址区周边石矿的关停与整治,良渚遗址区北侧的天目山余脉蕴藏着丰富的优质石材,20世纪90年代前后,石矿开采业在当地兴盛,至90年代中后期达到极致,遗址区附近分布的石矿达30家,固定资产2000多万元,单个石矿的年产量从几十万吨至数百万吨不等。石矿开采的噪声、粉尘污染以及对自然山体的破坏成为遗址环境的最大危害,离矿区最近的瑶山遗址被周围6家石矿包围。石矿开采造成的水土流失和对环境景观的破坏,引起各级政府及文物界重视。至2000年10月,瑶山遗址附近的6家石矿首先被关停;2002年10月底,良渚遗址区附近最大的石矿——安溪石料一厂被关停。余杭区做好矿主和就业人员的思想工作,为石矿关停投入的补偿经费和安置经费达1亿余元,避免由此引发的不稳定事件。此后,杭州良渚遗址管理区管委会投入150余万元逐步实施对矿区的绿化整治,经过数年努力,裸露岩面达1万余平方米宕口复绿取得预期效果。

104国道自杭州城区的莫干山路,向北穿越良渚文化核心遗址——莫角山遗址,过境交通对良渚遗址环境和保护造成很大影响。1997年9月,浙江省交通厅公路局对104国道彭公至祥符桥段改道工程可行性进行会审,决定将国道南移,绕开良渚文化中心遗址区。10月15日工程正式开始施工,至1999年2月23日,全长16公里的改建工程竣工通车,整个工程投入2畅4亿元。根据测算,绕道改建工程比原路拓宽工程多投入1亿余元。中央电视台《新闻联播》栏目对此作专题报道。

立足良渚遗址面大点多、区内既成建筑和人口密集的现状,余杭区和杭州良渚遗址管理区管委会确立"面上确保安全,重点遗址区着重推进"的环境治理思路,围绕莫角山、塘山等重点遗址开展整治工作。

2006年4月,杭州良渚遗址管理区管委会与大观山果园签订协议,对果园外场散落的职工简易住房、水塔等共计1250余平方米的建筑物和构筑物实施搬迁、拆除,拆除工作至6月基本完成。同年6月,原104国道良渚段沿线环境整治按照打造良渚遗址区专用路的要求,采取路面白改黑、杆线上改下、沿线设绿化带等措施,对路面进行综合整治,并决定瓶窑镇境内的路段也逐步开展整治。经过近半年整治,停产、搬迁莫角山遗址老104国道沿线两侧的煤堆场、石灰销售点、轮胎废品收购站等7家小型加工企业;投入100多万元,收购、拆除莫角山遗址上的房屋、水塔、水池等建筑物、构筑物及大观山果园外场的地下自来水管,动迁农户19户,拆除建筑面积1600平方米。

依法保护和管理 1949年中华人民共和国成立后,主要由中央和地方各级人民政府制定文物保护措施和进行保护性投资建设,并成立专门机构实施保护管理。现行关于文物保护的法律有:《中华人民共和国宪法》、《中华人民共和国刑法》、《中华人民共和国文物保护法》、《中华人民共和国环境保护法》、《中华人民共和国城市规划法》;有关法规和规范性文件:《中华人民共和国文物保护法实施细则》、《浙江省文物保护管理条例》、《浙江省历史文化名城保护条例》、《杭州市历史文化名城保护条例》《杭州市文物保护管理若干规定》以及《浙江省人民政府关于良渚遗址保护规划的批复》、《浙江省良渚遗址保护条例》。

《浙江省良渚遗址保护条例》立法保护的基本原则为:(1)重点保护区禁止建设一切与遗址保护及合理利用无关的项目。已建项目有计划地拆除或移建,完整保存农田、林地、水面等自然状态;(2)保护范围内除严格禁止工业和大体量建筑外,特别注意减少人口集聚点。镇、村建设项目只拆不建。(3)缓冲区除少量民居外,禁止建设工业和办公等其他设施,农村居民点相对集中到特定的区域,建筑物与环境相协调。不得随意改变农田、河道、土丘和山体等自然因素,已经破坏的地表和植被立即控制并减少破坏程度,尽可能完整地保存原有自然生态环境,有计划地复原古地貌。

行政管理主要有政府议事协调管理、政府专职机构职能管理和镇政府责任管理。

浙江省良渚遗址群保护领导小组、浙江省良渚遗址申报《世界遗产名录》领导小组对良渚事务。浙江省良渚遗址群保护领导小组成立于1995年,浙江省良渚遗址申报《世界遗产名录》领导小组成立于2001年,均由浙江省副省长任组长。2001年,同时设立浙江省良渚遗址保护专家咨询委员会。

1950年,余杭县文化馆设立,负责文物管理工作。1957年,成立余杭县文物保护领导小组,1976年改为余杭县文物管理委员会。其下设办公室原隶属余杭县文化馆,1986年单独建制。1987年,余杭市文物管理委员会设立良遗址管理所。1995年,浙江省文物考古研究所设立良渚工作站。2001年,设立良渚遗址管理局。良渚遗址管理局集良渚遗址行政管理按照《浙江省良渚遗址保护条例》和《良渚遗址保护区总体规划》实施管理,并实施申报《世界遗产名录》、建设与管理良渚国家遗址公园。

1997年,成立余杭市文物监察中队,负责日常巡查和遗址区项目审批跟踪监察、案件举报、信访接待、文物违法案件查处等工作。2001年,设立良渚遗址专职警署余杭市公安局瑶山派出所,编制15名。1996年,遗址地镇政府参加良渚遗址保护领导小组,并将保护工作纳入镇政府工作计划和议事日程,依法制止和打击盗挖、贩卖、走私文物的活动。同时,聘请业余文物保护通讯员。依法管理工作还有公布文物保护单位和划定保护范围,进行科学考古和环境整治等。

杭州良渚遗址管理区管理委员会(浙江省杭州良渚遗址管理局) 2001年8月,杭州市机构编制委员会批准建立杭州良渚文化保护开发区管理委员会并挂"杭州良渚遗址管理局"牌子,为相当于副厅级的全民事业单位,负责杭州良渚文化保护开发区内的文物保护、城乡规划、经济开发、社会管理及其他相关的协调监督事务。核定编制30名,人员经费实行财政补助。9月,省政府批准设立杭州良渚遗址管理区,管理区的范围为良渚、瓶窑两镇,即原良渚镇、瓶窑镇、安溪镇、勾庄镇、彭公乡,区域面积242平方公里,人口13.8万。管理区设管理委员会,并挂"浙江省杭州良渚遗址管理局"牌子。其管理职能是负责管理区范围的文物保护、城乡规划、经济开发、社会管理及其他工作协调与监督等,并受余杭区委、区政府委托,对良渚、瓶窑镇实施管理。12月,余杭区委印发《杭州良渚遗址管理区管理委员会(浙江省杭州良渚遗址管理局)"三定"方案(试行)》。

杭州良渚遗址管理区管理委员会(浙江省杭州良渚遗址管理局)内设办公室、文物管理局、国土与规划建设处、综合发展处4个正处级处室和杭州良渚经济园发展有限公司(正处级),下属单位有杭州良渚遗址管理所等。管委会按照"以保护为目的,以开发为手段,以适度开发实现真正保护"的工作思路,进行滚动开发,自求平衡。

杭州良渚遗址管理区管理委员会建立前,尚建有下述机构。

杭州良渚遗址管理所 1987年5月,余杭县成立良渚文化遗址管理所,后更名为杭州良渚遗址管理所,编制4名,负责良渚遗址保护区内各类违章建设查控、建设项目踏看与初审、遗址保护巡查与宣传等有关工作。

杭州市园林文物监察支队良渚遗址文物行政执法大队 2005年9月成立,与杭州良渚遗址管理所实行"一套班子、两块牌子"。其职责是受市园林文物监察支队委托,执行由市级文物保护管理部门担负的良渚遗址有关文物行政执法工作。

杭州市公安局余杭区分局瑶山派出所 2002年9月成立,编制15名。瑶山派出所受杭州良渚遗址管理区管理委员会和余杭区公安分局双重领导,其主要职责是对良渚遗址保护区实行监控、管理和保护,预防、打击文物犯罪活动。

此外,1993 年还设立良渚遗址业余文物保护通讯员,规模大时曾达近百人。杭州良渚遗址管理区管理委员会成立后,根据良渚遗址分布情况对业余文保员进行调整。调整后的人员构成为:遗址区内每个建制村和杭州市属单位大观山果园、安康医院、戒毒所各设 1 名,各村业余文保员由村干部兼任;瓶窑、良渚两镇文化站和村镇建设办公室也指定有关人员为良渚遗址业余文物保护通讯员。业余文物保护通讯员的职责主要是宣传文物保护,负责本村(单位)境内的良渚遗址保护与管理,对各类破坏遗址和文物的行为及时制止、及时上报,并配合文物管理部门做好制止、查处工作。

第三编

经　　济

Economic

瓶窑自然条件优越,经济开发较早。稻米、麦类、蔬果和蚕丝生产及制陶,都有着悠久的历史。《隋书·地理志》载:余杭等郡"川泽沃衍,有海陆之饶,珍异所聚,故商贾并辏"。南宋时,钱塘、余杭属京畿之地,为发展农业,兴办不少水利工程。耕地面积逐渐扩大,围田造地,连山区也种植水稻。农业生产工具不断改革,种植讲究精耕细作。各业兴旺,市场繁荣。明代,社会经济继宋、元时代繁荣之后,在封建生产方式下仍有一定发展。农业仍是重要的生产部门,商品性农业有显著发展。

清康乾盛世,商品经济进一步发展,境内有"丝绸之府,鱼米之乡,花果之地"之称。清自甲午而后,朝野上下皆以欲策富强,非振兴实业不为功。建场舍、购机器,树浙西模范,经济有一定发展,但由于列强侵凌,战争频仍,发展滞缓。日军侵占期间,破坏惨重,直到余杭解放,尚未恢复元气。

中华人民共和国成立后,经济发展虽屡经曲折,但总体呈上升趋势。20世纪50年代进行农业、手工业和私营工商业社会主义改造,将千家万户的农民、手工业者组织起来,建立社会主义集体经济组织,纳入计划经济轨道,促进了生产发展。1958年"大跃进"、人民公社化运动,破坏了生产力,经过国民经济3年调整,才走上健康发展道路。但接着到来的"文化大革命"运动,极"左"思潮进一步抬头,经济发展趋于缓慢。1978年中共十一届三中全会后,农村和城镇先后实行经济体制改革,生产力得到新的解放,经济总量大幅增长,尤其是第二产业快速发展。1996年完成工农业总产值9.75亿元,比上年增长72.57%;财政收入822.64万元(不包括上交中央增值税75%部分),增长1.84%;农民人均收入3321元,增长15.31%。

2000年实现工业产值20.25亿元,比上年增长24.1%,销售收入13.71亿元,比上年增长45.5%,工业利润6578万元,比上年增长65.5%,外贸出口交货值2.81亿元,比上年增长27%。2006年,在国家统计局公布的2005年全国小城镇综合发展水平千强镇中,瓶窑镇名列其间。2010年,全镇实现生产总值(GDP)37.49亿元,增长14.1%;农村经济总收入155亿元,增长10.47%;工农业总产值129亿元,增长31%;第三产业增加值完成9.17亿元,增长14.09%;农村人员人均收入14625元,增长16.09%;财政总收入5.9亿元,占年初预算的130%。2015年,实现生产总值55.60亿元,增长6.2%;农村经济总收入234.31亿元,增长14.56%;农民人均收入28543元,增长11.55%;财政收入5.60亿元,增长15.60%。

但就总体而言,经济实力与全国小城镇综合发展水平千强镇相比还有较大差距,经济发展中结构性、素质性、体制性矛盾尚未根本解决,要素制约问题还较突出。

第一章　农　　业

境内平原属杭嘉湖平原,约6000年前相继成陆,成为河谷平原,系由苕溪自山地下注平原的夹带物发生淤积而成。主要分布在南、中、北三条苕溪谷口至东苕溪一带,地势稍高而微倾,比较平坦,北接低山丘陵,南连水网平原,三者是渐变过渡。土壤为泥质田为主的水稻土,以沙泥土为主的旱地土,质地较匀细,夹有粗沙砾石,少量青紫土,耕性较好。据载,1962年境内瓶窑、长命、北湖、彭公的总面积为142545亩(9503公顷);1970年,全镇耕地面积42506亩(2833.73公顷),非耕地面积3554亩(236.93公顷),鱼塘面积981亩(65.4公顷),水库134亩(8.93公顷),山林6380亩(425.33公顷)。20世纪90年代后,因二、三产业快速发展和产业结构调整,耕地和非耕地面积增减变动较大,至2015年,耕地面积比1962年减少1576.6亩,非耕地面积增加28291.5亩(1962年以后鼓励开荒,发展茶园、旱竹、果园等)。

境内气候属中亚热带向北亚热带南缘过渡的季风气候区。土地肥沃、四季分明、雨热同步、光照丰富,适宜多种作物生长。境内河流、湖泊、水库形成天然水网,水利条件逐年变好。但夏秋季节太平洋热带气旋频繁来袭,灾害性天气多有发生,尤其是南中北三苕溪汇合于境内东苕溪,洪水泛滥,格外显多,对农业生产影响严重。

中华人民共和国成立后,瓶窑镇开展大规模农田基本建设,至2015年累计改造低产田1.2万亩(800公顷),建设标准农田2.45万亩(1633.33公顷),综合开发农田2.9万余亩(1933.33公顷)。2015年开始,先后建成农业示范园区4个,市区级粮食功能区2个。耕地、园地、林地共流转土地面积48094亩(3206.27公顷),使耕地成为“园田方块化,道路网格化,沟渠配套化,土地肥沃,旱涝不怕,收种现代化”的高产良田。

据反山考古所知,早在距今4000多年前,瓶窑先民就栽种水稻。境内作物品种繁多,除水稻外,尚有杂粮、油菜籽、桑、茶叶、竹笋、蔬菜、水果等,林业、畜牧业、渔业、农副产品加工等众多产业。瓶窑的农业生产,经原始农业发展到传统农业,走过了一个近5000年的漫长时期,而传统农业发展到现代农业,只花了短短的几十年时间,就实现了历史性跨越。其得益于收、插、管、耕等机械化运用,劳动手段改变,生产效率提高,农业生产的社会化分工和专业化逐步得到实现,农民的知识化程度提高,掌握应用现代化农业生产技术知识。

2015年,全镇农业总产值达到6.67亿元,农副产品加工值4.26亿元,农村经济总收入2343064万元,村级集体可分配收入2523.49万元,农民人均净收入28543元。

第一节　土　　地

土地是人类赖以生存和发展的根本。早在四五千年前,良渚先民就在这块富饶的土地上繁衍生息,从事稻作农业和制陶、治玉等手工业生产,创造辉煌业绩。南宋时,境内为畿辅之地，民间尤重土地经营，农业生产全面发展。由于北方人口大规模南迁，渐显人多地少，以至北湖蓄洪区土地被垦殖。至明清，朝廷鼓励开垦，引发外省贫民开发山地草荡。

中华人民共和国成立后，瓶窑人民在治山治水同时更着力于土地开发利用，开垦、复垦生熟荒地，围垦草荡，造田造地扩大耕地面积；平整土地，进行园田化建设，改良土壤，培育地力，提高土地产出率和利用程度。改革开放以来，贯彻十分珍惜、合理利用土地和切实保护耕地的基本国策，组织开展土地资源保护、开发、利用和综合整治，保障农业生产和各项建设用地需要，促进国民经济全面发展。20 世纪 90 年代，改革土地使用制度，将城镇国有土地使用由无偿、无限期、无流动，变为有偿、有限期、可流动；农村集体所有土地，由集体统一经营变成农户家庭或个人承包。在贯彻执行《中华人民共和国土地管理法》、开展土地资源调查、制定土地利用总体规划、划定基本农田保护区、加快标准农田建设和搞好土地开发、实行计划用地和有偿使用城镇国有土地、强化土地执法监察等方面获得成效。随着经济快速发展，土地资源需求进一步加大，各类建设用地矛盾集中，成为制约余杭粮食生产稳定增长和国民经济持续快速、健康发展的主要因素。为此，余杭在实施社会经济和资源环境可持续发展战略中，将土地资源作为资源环境主体，实施土地资源可持续利用战略，改革土地使用制度，严格依法加强土地管理。

一、土地资源

1962 年统计数据表明，全镇耕地面积为 42506 亩（2833.73 公顷，1 公顷等于 15 亩），其中水田 41070 亩，旱地 1436 亩；非耕地 3554 亩，其中桑地 2418 亩，茶园 363 亩，果地 94 亩，旱竹地 679 亩；鱼塘、水库 1115 亩；山林 6380 亩，总山林中毛竹山 4161 亩。

1962 年瓶窑境内土地资源情况表

表 3－1－1　　单位：亩

公社	耕地			非耕地					鱼塘				自留地	毛竹
	合计	水田	旱地	合计	桑地	茶地	竹地	果园	合计	内塘	外塘	水库		
瓶窑镇	4519	4473	46	428	252	170	–	6	163	35	4	124	440	–
长　命	17267	16512	755	2474	1777	–	653	44	792	368	414	10	2039	5
北　湖	11272	11057	215	309	136	107	26	40	140	140	–	–	849	463
彭　公	9448	9028	420	343	253	86		4	20	10	10	–	1958	5912
合　计	42506	41070	1436	3554	2418	363	679	94	1115	553	428	134	5286	6380

1984 年瓶窑境内土地资源情况表

表 3－1－2　　单位：亩

公　社	耕地			非耕地					鱼塘				自留地
	合计	水田	旱地	合计	茶地	桑地	果园	竹地	合计	内塘	外塘	水库	
瓶窑镇	981	720	261	52	–	52	–	–	122	40	82	–	42
长　命	17278	16536	742	3738	604	1559	34	1541	1108	791	305	12	1054
北　湖	15584	14387	1197	3092	1345	436	1089	222	1732	1248	330	154	1114
彭　公	10266	9139	1127	1789	1587	–	52	150	471	370	–	101	1019
合　计	44109	40782	3327	8671	3536	2047	175	1913	3443	2449	727	267	3229

1983年实行家庭联产承包责任制后,境内二、三产业发展快速,因产业结构调整和城镇建设需要,致使耕地和非耕地面积减少,少数村已无耕地。2015年统计,全镇耕地面积40929.4亩,比1962年减少1576.6亩,其中水田减少7012亩,旱地增加5434.38亩;非耕地面积31745.5亩,比1962年增加28191.5亩,其中桑地减少2408亩,茶地增加3986.7亩,果地增加6021.8亩,旱竹地增加20521亩,鱼塘5057.7亩,增加3942.7亩。《余杭县志》1990年版载:1987年统计,北湖乡人均耕地1.47亩,名列余杭县首位。

2015年底瓶窑镇土地资源情况表

表3-1-3 单位:亩

项目 村名	耕地面积			非耕地面积					鱼塘	毛竹、杂竹
	合计	其中		合计	其中					
		水田	旱地		桑地	茶地	竹地	果地		
合 计	40929.4	34059.02	6870.38	31745.5	10	4419.7	21200	6115.8	5057.7	34422
长 命	3479.3	3327.3	152	363	–	69	234	60	66	61
凤 都	1764.8	1560.8	204	1366	–	70	1095	201	64	344
大观山	2550.5	2350.5	200	343	–	40	283	20	207	–
瓶 窑	–	–	–	155	–	–	155	–	–	4
崇 化	3886.4	3716.4	170	608	10	–	421	177	791	–
外 窑	269	253	16	49	–	–	49	–	147	–
窑 北	5007.6	4424.6	583	4678	–	245	2151	2282	451	3310
南 山	2081.6	1333.1	748.5	1890	–	38	1565	287	781	75
西安寺	5094.3	4496	598.3	2273	–	210	1758	305	704.7	94
张 堰	3207.9	3097.9	110	65	–	–	65	–	1233	5
石 濑	4203	2862	1341	2861	–	100	2508	253	95	260
彭 公	3090	2230	860	5500	–	20	5267	213	50	9362
奇 鹤	1106.58	842	264.58	1076.7	–	9.7	944	123	148	5803
塘 埠	3244.8	2200.8	1044	5759	–	475	4458	826	113	15007
单 位	1943.62	1364.62	579	4788.8	–	3143	277	1368.8	207	52

说明:单位含镇内大观山果园、镇林场、杭州原种场、石濑茶场

二、耕地保护

根据国务院《基本农田保护条例》规定,瓶窑镇生态保护红线2491.32公顷,主要分布在张堰、西安寺、窑北、奇鹤等村。禁止新建、改建、扩建与供水设施和保护水源无关的建设项目,划入禁止建设区。四固定,这是60年代初国家重要的农业政策之一。以土地改革确权和农业合作化为基础,根据实际情况对农村集体所有的土地(山林、水面、草原)、牲畜、家具、劳动力进行统一调整和固定,本着属地原则,兼顾有利生产、方便管理,将土地等生产资料划归就近的生产队集体所有(《农村人民公社工作条例修正草案》第二十条)。四固定的基本精神是总结人民公社化运动的"左"倾教训,稳定人民公社三级所有、队为基础的体制,发展农业生产。但由于产生了一些土地山林的所有权变动,因而成为中国农村集体土地山林所有权权属确定的基本依据之一。在一般情况下,凡经四固定确定权属的以四固定确定的权属为准,未经四固定确定权属的,参照土地改革和合作化时期的权属以及现管范围确定。

坚守耕地红线:至2020年末耕地保有量不少于4100公顷;规划期内,瓶窑镇建设用地整理项目总面积为795.04公顷,新增耕地面积795.04公顷。

基本农田保护规划:按照“好中选优、由近及远、从小到大”的原则,严格落实基本农田保护任务:基本农田保护任务为3423.67公顷,规划落实保护任务3428.78公顷;

基本农田保护区:基本农田保护区是指对耕地进行特殊保护和管理规定的区域。据杭州市余杭区瓶窑镇土地利用总体规划(2006年—2020年)2014年调整完善版,瓶窑镇调整后基本农田保护区面积2534.83公顷,占全镇土地面积的19.82%,主要分布在崇化村、石濑村等村。区内土地主要用做基本农田以及直接为基本农田服务的水利等农业设施;严禁占用区内基本农田进行非农建设,禁止在基本农田上建房、建窑、采矿、取土等破坏基本农田的活动;规划期内已安排预留建设占用耕地规模的重点基础设施项目及其他独立建设项目,如需占用基本农田保护区内耕地,在不突破保护区内预留耕地数量的前提下,视为符合规划;规定城镇用地区、独立工矿区以及城镇扩展边界时,原则上要避让本用途区。

强化公众参与制:加强舆论引导。加大对土地管理法律法规的宣传力度,不断提高全社会依法用地、依规用地、科学用地、节约用地意识。充分发挥舆论宣传、监督、引导作用,大力宣传下面示范,公开曝光违法违规的典型案件,营造“珍惜土地、保护土地、合理用地、集约用地”的良好氛围。

提高公众参与。增强规划修编的公开性和透明度,充分听取社会各阶层的意见,发挥专家的咨询作用,提高规划的科学性和可行性,在划定基本农田、确立土地整理区域等方面充分体现民众意愿。加强公众监督,本规划修改调整都必须经过街道(镇)、村的充分论证和国土部门组织的听证程序。

建立健全规划公示。《规划》方案经依法批准后,规划编制机关应在30日内向社会公布,接受公众查询和监督。公布内容应包括规划目标、期限、范围、用途、批准机关、批准日期,以及规划确定或调整的耕地保有量、基本农田保护面积、城乡建设用地规模等主要事项。但法律、行政法规规定不得公开的内容除外。

建设阳光国土。阳光规划部分包括批前、批后两大模块。规划成果按照区、镇(街道)、村三级公开。实施土地利用规划“阳光工程”,规范权力“阳光”公开运行,规划成果由“公示到村”转变为“直达到户”。广泛听取各阶层群众和各方代表意见建议,以维护群众合法权益、落实政府信息公开、提升行政办事效率为重点,发挥市场在资源配置中的基础作用,着力推进阳光审批、阳光交易、阳光执法和阳光政务服务。

境内土地管理工作开始是乡镇脱产干部兼职分管。1989年8月,瓶窑国土所成立,各乡镇均配备了一名土地专管员。国土所工作职能主要有:宣传《中华人民共和国土地管理法》,《中华人民共和国矿产资源法》以及党和国家有关国土资源管理的方针和政策;参与有关部门制定乡镇、村镇建设规划,协调做好有关工作;负责本行政区域内国土资源执法巡查,建立巡查责任制,定期巡查,及时制止违法行为,对重大违法行为及时报上级国土资源管理部门查处;负责农村居民住宅和乡镇村公共设施、公益事业建设用地的审核呈报,做好服务工作;协助上级国土资源部门编制土地利用总体规划和土地利用专项规划,负责监督规划的实施,严格按土地用途管制制度确定的土地利用分区使用土地,对基本农田实行重点保护等十四项工作管理职能。历任所长董希统、沈建宁、杨晓艳、姚强、施月茂。

第二节 体制改革

延续2000余年的封建土地制度,经过20世纪50年代初的土地改革,实现耕者有其田。后经互助合作、人民公社,建立农村集体经济制度。1978年以后,稳步推进农村经济体制改革,陆续建立家庭联产承包、适度规模经营、土地使用权流转、股份合作等多种生产经营制度。

境内农村经济组织形成、发展和演变,与全县各地一样,大体分为三个阶段:第一阶段是对个体农业的社会主义改造,从1951年春到1958年秋,历时8年,主要从发展农业生产互助组到初级农业生产合作社和高级农业生产合作社;第二阶段是建立政、社合一的人民公社,从1958年秋到1983年下半年撤销人民公社体制,历时25年;第三阶段是政、社分设,人民公社解体,村一级建立经济联合社。随着农村商品生产发展,出现专业合作经济组织,并产生股份合作制经济组织。1991年,恢复或重建村经济联合社组织,村民小组恢复生产队职能,村经济联合社作为村级集体资产主体地位得以确立。次年,实施《浙江省村经济合作社组织条例》,村经济联合社成为村级集体资产法定主体。

一、土地租佃关系

旧时,境内土地、山林多为地主所有,并由农民花高额地租佃耕。隋唐时期,颁布均田令,规定农民可拥有自己土地,死后其永业田可传子孙,露田则要归还官府。以后境内私有土地不断增加,至明成化八年(1472年),据统计余杭县私有土地已占土地总面积91.27%,官田仅占8.73% 。清代和民国时期,私有土地逐步集中到中小地主手中。

地主占有大量土地,靠出租土地不劳而获。农民占地很少,有的甚至“上无片瓦,下无寸土”,或向地(业)主租种,或出卖劳力,然缴租后所得不多,不能温饱。这种封建生产关系,严重地阻碍农村生产力发展。土地私有制社会里,地主阶级剥削农民主要靠地租、雇工、放高利贷。地租地租形态有实物地租和货币地租两种。大部分为实物地租,即佃农按契约规定,每年向地(业)主缴纳一定数量稻谷。

地主利用所得土地对农民的剥削,主要有以下几种形式:田租、高利贷、雇工。长租又称死租也称定租、铁板租,地主租给佃农后,一般不抽回土地。每亩田租,一般是收成的60%—70%,不论年成好坏,租不能少。遇到歉收年份佃农辛苦一年还不够交租。活租又称借田,地主随时可以收回土地,转租给愿缴纳更多租额的佃农。活租土地,往往以小租大,俗称“空头租”。分租 每年按田亩实收分成,地主得6—7成,农民得3—4成,工本全由农民负担。转租又称小租,二地主将其永佃权土地转租给佃农,佃农需向地主和二地主双重纳租,自己仅能得2成,且无田权生空头租地主租地给农民,一亩土地实际只有7—8分的面积,却按一亩交租。且无永佃权。押租又称预租,先交相当于一年租额,佃农始得租种,多见山林出租。如不纳押金,为地主代管山林,称“管租”。田租主要交稻谷,也有交米和现金的。此外,佃农还有一些契约以外的实物负担,如年节送猪肉、鸡鸭、鱼鳖、年糕等。

雇工形式有长工、短工、童工、包工等。雇工多为无地少地农民,被逼出卖劳力,到外地谋生,或不离家为人打短工,工资菲薄。长工又称长年,其雇佣时间以年计算,由主、雇双方面议,协定劳动内容、时间和报酬。余杭县长年年工资一般为大米600公斤。短工包括月工,又称忙工、零工,一般是农忙季节雇佣,按天计酬。杭县短工每天工资米2公斤—2.5公斤,或现金0.5元—0.8元。童工多指牧童,为雇主牧牛,头一年只供膳食不给钱,第二年起逐年加工资,年工资米225公斤。包工又称估工,根据某一农活,估算几工完成来支付报酬,如开荒、手插秧、除草、掘地等农活。抵债工,农民借了地主的债还不起,给地主做工抵债,男的种田,砍柴、舂米,女工烧饭、洗衣、看孩子,只管饭,白做工。

高利剥削,亦称印子钱、折(摺)子钱,放债人以高利放出贷款,限借债人分期偿还,都在预立的折子上加盖一个印。1937年抗日战争前,借印子钱10元,放债人先扣鞋袜费1元,实借9元。分60天还清。卖青苗农民在收获前不得已告贷者,一般限时一个月,借米1石,还米1.1石,又称为"卖白吊米"。借夏米青黄不接时借米糊口。一般借米1石,当年还不出,即连本加息,故又称"利滚利"。保钱农民向放债人借钱,请人做中间人作保,月息1—4成。地主多趁农民急需钱用时,以高利率借钱给农民,并以土地抵押,不能按时归还债务时,则利上滚利,有的农户无力偿还债务,最终以土地抵债,沦为赤贫户,农民无奈地说:"这叫口干喝盐卤。"春天青黄不接时,农民向地主借粮,春借米1石,秋还1.8石。农村流传一首民谣:农民头上三把刀,租重、利高、税似毛;农民面前三条路:逃荒、上吊、坐监牢。

二、土地改革

1950年6月,中央人民政府颁布《中华人民共和国土地改革法》,境内土地改革(简称土改,下同)由点到面、逐步展开。1950年8月,临安地委在余杭县文闲乡,余杭县委在杨桥乡分别进行土改试点。试点工作大致经过放手发动群众、划分阶级成分、没收征收与合理分配土地、复查总结发放土地证4个阶段。在总结试点经验的基础上,举办土地改革训练班,组织干部学习土改文件,统一认识,端正态度,明确任务。1950年秋,中共余杭县委派出土改工作队进驻瓶窑镇乡。土改工作队采用各种形式宣传《中华人民共和国土地改革法》和政务院关《于划分农村阶级成份的决定》。组织和整顿农民协会、妇女会、青年会、民兵队和儿童团等。同时,访贫问苦、扎根串连、参加劳动,开展"谁养活谁"的教育,提高群众觉悟,揭发控诉地主的剥削和罪恶,使土改工作迅速开展。结合秋季征粮,查清农村各阶层农户、人口、土地占用和土地使用情况,随之划分阶级成分。根据《中华人民共和国土地改革法》没收地主的土地、农具、耕牛和多余的房屋,令其交出土地契约,登记造册,废除高利贷债务。对富农按政策征收其多余的土地,进行公平分配。以村为单位,召开群众大会,办理人口登记和土地登记,以中央《关于划分农村阶级成份的决定》为准则,结合本村实际情况由农会组织群众分组评议阶级成份。土地分配时,先选出分配委员,造好分配方案。村与村之间的土地适当调整,抽多补少。再按全乡人口平均数编造方案,交农民协会反复讨论,然后张榜公布。长命乡参加土地分配8243人,平均每人分得土地2.96亩。1951年4月,完成土地改革的任务。5月—6月份,县委又组织力量对土改进行复查,对漏划地主和错评成份及混入乡村政权的坏分子进行纠正清洗。土地改革后,由人民政府颁发土地房产所有权凭证。凡土地改革已经完成的地区,不论对农民新分得的和还是原有的土地,都发给土地房产所有证,对土地改革后分给地主的土地房屋,也发给所有证。证上开列各段土地的坐落、四周、亩数、房屋间数及持有者全家人的姓名等。

土改贯彻执行依靠贫农、雇农,团结中农,孤立富农,保护中小工商业者,打击地主的阶级路线。没收地主的土地、耕畜、农具、粮食和多余房屋,给地主留下同等数量土地,富农多余的土地、财产不予征收。其中长命乡、甪窦乡、崇化乡、羊山乡、瓶窑镇分得土地的农民约占农民总数的80%。分得房屋、耕牛、农具、粮食的农民3880余户。

三、农业互助合作

互助组 旧时,农民素有农忙换工习俗,换工形式有两种:一为伴工,相互换工;二为工帮,帮内换工,帮外卖工。1951年9月,按照"自愿结合、等价交换、民主管理"的原则,余杭县塘埠乡尉德顺互助组建立,是当时余杭县最早的互助组,并逐步由3户扩大到15户,该互助组具有小型、临时、季节性强的特点。

1952年10月瓶窑镇现辖区部分互助组情况表

表3-1-4

乡别	互助合作情况					备注
	长年互助组		临时互助组			
	集体	一般	集体	一般	挂名	
瓶窑镇		1		6	3	余杭区档案馆资料
羊山乡	2	2	2	10	5	
角窦乡	6	3	11	26	6	
崇化乡	3	2	18	20	10	
长命乡	7	1	4	9	2	
民主乡	2			3		
小计	20	9	35	78	26	
合计						共168个

初级农业生产合作社 1952年夏,余杭县试办土地入股的初级农业生产合作社(简称初级社,下同),实行"自愿入社、土地入股,收益按土地、劳力比例分红,评工记分、按劳取酬"的政策。上级政府要求从有办社骨干、农民有积极性的互助组中选择,组建初级社。具体政策是:土地入社,分等定级,统一使用;净收入的50%为土地分红,其余50%为劳力分红。实行评分记工,按劳取酬。农具、耕牛按质论价,折价入社,分期付款;小农具自带,房前屋后的果树、竹园自留,每户再留适当的自留地,以种植蔬菜等等。

初级社的成立,很快显示出它的优越性,因为劳动力、农具统一使用,大大增加了土地平整、水利灌溉的建设,增加了土肥、绿肥使用,重视土地改良,加上精耕细作,推广先进技术、引种高产良种,粮食产量和经济作物都得到丰收,粮食平均亩产比以前提高百分之15%—20%,年终分配结果,不仅社员普遍增加了收入,集体还增加了积累。1955年,发展中也出现有些社员退社,少数社自动散伙。县委根据毛泽东《关于农业合作化问题》的报告精神,重新部署,扩老社,建新社,并小社。至年底,境内入社农户占总户数的70%以上。

高级农业生产合作社 1956年11月,高级社入社农户占总农户数的90%。已基本实现农业社会主义改造。但存在不少问题:鉴于土改后才短短5年,就改变了土地私有制,其中相当一部分初级社尚立足未稳,急于升级,超越了农民接受程度,比如对原来多年生经济作物和山林特产较多的社员吃亏更明显,一些社员因此减少了收入。加上多数干部缺乏经验,管理不善,集体多积累,社员少分红,引起农民不满。1957年,夏季预分后,一部分高级社闹退社。以后尽管采取措施进行整顿巩固,终未能全面解决。1958年秋,高级社还来不及巩固,而人民公社化运动又席卷而来,矛盾被掩盖起来。

1956年瓶窑镇现辖区高级社基本情况表

表3－1－5

片区	高级社名称	范围分布	社长	书记
长命片	第一高级社	城隍山、蒋家头、上泗、何村、卞家塘、𡋾门头、高村、高西、石山下等	嵇永顺	汪宜良
	第二高级社	胡林、龙腰、长命等	李龙藻	楼水根
	第三高级社	雉山下、周村、黄泥口、马金口、沈家头、西庄、陈家弄、费家头、河池头、金家头等	邹金林	
	第四高级社	大滩、杨家头、西山头、袁家湾等		
	第五高级社	沈家头、角头湾、翁家头、徐家头、张家墩、长庆湖、拾亩头、沈家里、里湖头等	张志坤	
	第六高级社	西施坞、香山寺、梅园畈、前村畈、王家园、馒头山、横堂山等	鲍寿泉	章金灿
	第七高级社	葡萄畈、杨家村、双池头、宋村、张家墩、闻家村、庙桥头等	王掌云	
	第八高级社	仲家村、沈家村、羊山塘、横塘村、陈家村等	胡克仁	陈志高
	第九高级社	山湾里、乌山头、桥东、下金村等	吴泉根	
	第十高级社	何家塘、宋家头、磨盘滩、屠家头、金家埠、下房、李家头、朱家桥、斤线潭、汤湾渡等	罗小毛	
	第十一高级社	水河桥、戴家头、小木桥、施家𡋾、陈家头、烂泥湾、许家村、化湾𡋾门等	沈小来	
	第十二高级社	高俞塘、庄山头、北棋盘、中棋盘、邱家坝、蒿山头、孙坝头、陆家场、莫洛坝、柘塘桥等	徐金林	
	第十三高级社	中村、南村、北村、大夫里等	李洪奎	
	第十四高级社	丁家、山弄、山后等	陈全娥	
	第十五高级社	会馆山、杨梅坞、外窑村、里窑村、沙地上、绿元坝等	周良法	
	第十六高级社	龙舌嘴、关帝庙、横山庙、塘湾等	谢庆泉	
彭公片	石门高级社	里石门、外石门、蒋家头、吴家头、许家头、孙家	娄金良	
	塘埠高级社	一堡村、朱家弄、塘埠岭、燕子窝、横山头、树山庙、方家 村、朱家畈、马树边、缸步元(园)、白湖	孙水法 裘法忠	
	长岭高级社	王家村、长岭、许家口、俞家口、陆家堂、黄坑	徐振球	
	西坞高级社	西坞、东坞、六谷山	赵阿水	
	白鹤高级社	白鹤、金家角、长岭脚下、界岭	方金木	
	骑坑桥高级社	骑坑外村、骑坑里村、桃树岭、笑孔村	章金梅	
	石濑乡第一、第二高级社	翁家村、树根桥、鲁家头、瓜村、埂头、费家村、大湾、胡家村、郎家村	方寿章	
	石濑乡第三高级社		王元寿	
	石濑乡第四高级社	康村、石濑坝、西黄头、俞家墩、木溪口、竹家𡋾、杨家园、石塘山、吴家畈、姚家、下祥村、赤坝、黄河头、长山、窑厂头、梧桐弄、官山脚、白象山脚、钱家、塘湖口、山头墩、野猫山、郎家山、河南厂	陈钦木	
	石濑乡第五、第六高级社	王坑桥、马家口、松子坞、陈和村、风坑坞、豆腐弄、周家畈	曾阿水	
	石濑乡第七高级社	东皇坞、板石村等	史妙昌	

续表 3-1-5

片区	高级社名称	范围分布	社长	书记
北湖片	民主乡第一高级社			
	民主乡第二高级社	横山、观音堂、斗头弄里、总管堂、东山、刘家	高世章	
	民主乡第三高级社	低田畈、庄村、阮家畈、刘家畈、圣堂头、后潮湾、闻家畈	林岩弟	
	民主乡第四高级社	榜栳山、罗涨、下山琪、南山、李王堂、杨府庙、里湾	董希本	
	民主乡第五高级社	山茅坞、毛元岭、姚家畈、麻粟脚、上毛元、盛家村、湖坝河、北山口、王家村、下毛元	韩云泉	
	（张堰）解放高级社	方家塘、高家头、三角塘、张堰、郎家畈、湾里、徐家头、沈家头、北塘村、塘角廊、东塘角、小湾兜、吴家头、汤家头、坍塘缺、黄琪下畈	何阿奎	

四、农村人民公社

1958年8月，中共中央作出《关于在农村建立人民公社问题的决议》。9月，余杭县建立跃进（余杭）、仓前、石蛤（石鸽）、长命、仁爱（潘板桥）、双溪、黄湖7个人民公社，实现人民公社化。同月，余杭县撤销，并入临安县。

人民公社既是社员集体经济组织，又是工、农、商、学、兵五位一体、政社合一的政权组织，权力高度集中。原高级社集体所有的全部财产一律归公社所有，社员自留地、开荒地、零星鱼塘、果林、竹园、较大副业加工用具均归公有，当地手工业社（组）也全部入社，供销社成为公社供销部。伴随公社化出现“五风”（平调风、浮夸风、命令风、干部特殊化风、生产瞎指挥风），随意调用大队、生产队和社员的劳力、资金、土地、财产，取消社员自留地，取消集市贸易，实行以“吃饭不要钱”为内容的基本生活供给制，劳力实行军事化编制，造成干群关系紧张，社员生产积极性受到严重挫伤。1959年清理纠正时统计，实施平调生产队社员土地、房屋、农机具、劳动力、耕牛、粮食。根据中央有关规定，逐步纠正上述错误，退赔平调财物，并对若干政策予以调整。

1961年3月，原余杭县境域从临安县析出，划归钱塘联社；4月，钱塘联社改建为余杭县，设临平、塘栖、三墩、余杭、瓶窑5个区，并调整公社规模。瓶窑区调整为瓶窑镇和长乐、长命、双溪、黄湖、百丈、潘板桥、石濑、塘埠8个公社。长命、石濑、塘埠公社在今瓶窑镇辖区内。1961年9月，彭公公社成立；1962年5月，北湖公社成立。每个公社约2000户，基本核算单位生产大队，平均每个大队155户；生产大队大体以原高级社为基本核算单位，原初级社为生产队。

1962年，停办大食堂，社员口粮分到户。恢复自留地占集体耕地总数的8.5%，允许社员从事家庭副业。实行民主管理，改进评工计分，实行多劳多得。1963年，恢复供销社、手工业社建制和集市贸易。1968年，“文化大革命”中，农村再度出现献自留地和合并生产队的风潮，再次挫伤农民生产积极性。1971年春，纠正上述错误做法。但片面强调“以粮为纲”，影响农业全面发展；推行大寨式政治评工分，搞平均主义；生产上升了，集体提留过多，社员实际收入不多。人民公社建立后，在农村推行“一大二公”、“政社合一”体制，实行统一经营、统一核算、统一分配、统一派工，影响群众生产积极性。60年代和70年代虽作过不少改进，但效果并不显著。1983年3月后实行政社分设，恢复乡镇政权建制，取消人民公社，大队和生产队相应改为村民委员会和村民小组，设乡镇经济委员会和村经济联合社管理集体经济。

五、家庭联产承包

1978年12月，中共十一届三中全会作出《关于加快农业发展若干问题的决定》。从1979年开始，境内部分地区和部分作物试行包产到户、小段包干定额计酬、专业承包联产计酬、包产到组联产计酬、统一联产计酬等多种形式承包责任制。当时社队集体经济比较巩固，相当多的干部担心联产到组会导致“分小队”，动摇以生产队为基础的三级所有制，因而改革步子显得缓慢。1982年9月起，各村推行以土地承包为主要内容的家庭联产承包责任制。由此，由集体经营为主的联产承包责任制转变成家庭联产承包责任制。11月，县委召开四级干部大会，会后瓶窑、长命、北湖、彭公组织乡镇干部下生产队，全面推行家庭联产承包为基础、分散经营与统一经营相结合的双层经营体制。1983年底，生产队均实行家庭联产承包责任制。1984年重点处理好统一经营与分散经营的关系。95%以上的大田承包期，由原来的3年延长到15年以上，多年生经济作物承包期在20年以上。调动广大农民的生产积极性，农村由传统的农业自然经济逐步向商品经济发展。

六、适度规模经营

全面推行家庭联产承包责任制后，农村出现大量剩余劳动力。劳动力不断向多种经营和非农业生产部门转移，并涌现出一大批农业生产专业户和经济联合体。专业经营收入占全家收入大部，其中有粮食种植专业户、畜禽养殖专业户、经济特产专业户、商业经营专业户等。还出现承包经营、股份经营的经济联合体。以“技术靠退休，设备靠换旧”起家的乡镇企业异军突起，一批农村劳动力进入乡镇企业，农村经济走出了一条以工补农，以工带农的路子。1989年，构建农业“三制”（农业发展基金制、土地有偿承包制、劳动积累制），发展村级集体经济。1998年境内镇办企业61家，村办企业204家，就业职工人数9137人，工业产值15.75亿元，企业门类有电器、机械、建筑、制造、纺织、印刷、化工橡塑、食品加工、金属制品等11个。

1994年，按照“明确所有权，稳定承包权，搞活使用权”和“依法、自愿、有偿”原则，推行农业“双田制”（按人口分配口粮田，按劳动力划分责任田），实行土地使用权流转机制，推进土地适度规模经营。据《余杭报》2000年1月3日载：“瓶窑镇西中村中年妇女赵玉美承包108亩农田，4年累计上交国家农业税3.2万元，提供商品粮12.68万斤，1999年粮食总产52吨。”农业规模经营示范基地建设，本着“先易后难、分期分批、梯度推进”原则，开展土地延长承包期30年工作，核发“土地承包权证”。2005年，在第一轮承包基础上由承包户继续承包经营，延长责任山承包期50年。以村经济联合社为发包方，以农户为承包方，重新签订承包合同，换发《中华人民共和国林权证》。2010年后，镇内根据产业分布及园区特点总体上形成“一心三区八园”的空间布局，即“一心”：现代粮食、蔬菜种苗育苗中心（农业公共服务中心）；“三区”：奇鹤花卉苗木示范区、大观山种猪示范区、粮食功能区；“八园”：毛元岭桃果精品园、塘埠水果精品园、海深特种水产精品园、西安寺旱竹精品园、满元蔬菜精品园、凯西爱红豆杉精品园、龙华铁皮石斛精品园、鱼佬大休闲农业精品园。综合考虑各地块的自然条件、区位优势和原有基础条件等，因地制宜、合理安排示范区及精品园产业布局，功能定位明确。并以大观山种猪示范区建设为重点，注重综合区内形成“农牧结合、生态循环”的农业发展模式，综合区有面积33000亩（2200公顷）。

七、股份合作制

1983年3月，实行政社分设，恢复镇乡政府后，瓶窑、长命、北湖、彭公都建立经济合作社，成为经济实体。随后各村先后建立经济联合社,并确立村经济联合社是村级集体资产法定主体。股份经济合作社设股东(代表)大会、董事会、监事会。股东(代表)大会是股份经济合作社的最高权力机构,股东代表按村民小组(社区)为单位分配名额,协商推荐产生或选举产生。代表名额按不少于年满16周岁以上股东总数的3%—5%确定,但最少不得少于20人;董事会是股东(代表)大会的执行机构和日常工作机构,一般由3—5人组成,设董事长1名;监事会是常设的监督机构,一般由3人组成,设监事长(主任)1名。董事会和监事会成员由股东代表选举产生,先按差额1—2名的要求向镇乡(街道)提交初步候选人名单,经考察同意后提交股东代表大会选举。董事会、监事会成员不得相互交叉兼职。股份经济合作社组织机构按法律、法规和章程规定履行职责,建立议事决策制度,严格议事决策程序。20世纪90年代末,为适应农业产业化经营,境内出现农产品行业协会和农民专业协会。2006年9月18日,瓶窑首个股份制经济合作社,在瓶窑村成立。其优势为:一是改资产集体共同所有为社员股份所有;二是改资产收益“按劳分配”为“按股分配”;三是改资产不能继承为可以继承。

随着城市化、工业化推进,农村集体土地被大面积征用、使用。1999年,把产权“虚置”的集体资金、资产、土地等以股权形式明确到户、量化到人,实现社员账面量化资产独立化、价值化和明晰化。村集体资产折股量化基本对象,按在册农业人口计算。同时,农嫁女、大中专学生、义务兵等也是股权量化基本对象。2003年,随村规模扩大,村级集体资产也相应扩大。

第三节　种植业

瓶窑地处余杭西部,有山有田,盛产水稻、毛竹、茶叶、水果和多种蔬菜。20世纪50年代后,耕地面积增加,粮油生产得到发展,种植业内容随之丰富,有粮、油、茶、果、菜、等项。先民在农作物播植耕耘中,积累了丰富的种植经验,形成相应的农艺技术。当代种植业技术体系内容在境内的应用和推广,为种植业生产提供可靠保障。1978年改革开放后,瓶窑种植业取得突破性进展。

一、粮油作物

(一)水稻

水稻为境内主产粮食作物。1968年以后,各地在“农业学大寨”运动中大规模挑土填塘、平地造田,扩大了水稻种植面积。1993年后,实行农业产业结构调整,“一优两高”农业和多种经营得到快速发展,早稻面积逐年减少。

耕作制度　境内水稻种植有单季、双季、三熟制。

单季稻制。民国至中华人民共和国成立初期,境内水田耕作大多为春花——单季稻制。水稻以中籼稻为主(中稻),约占90%,或有少量糯稻,约占10%。春花作物为蚕豆、大小麦、油菜。水乡地区部分水田种植茭白、芋艿。1949年,全镇有水田2500公顷,总产约5288吨,亩产140.5公斤。1954年开始实行“三改”:即改晚籼为粳稻,改单季为双季,改间作为连作。至1965年“三改”完成,全镇种植早稻2200公顷,连作晚稻2500公顷,油菜、蚕豆等春花作物366.7公顷,复种指数达到203%,全镇总产量16687.5吨,亩产445公斤。

1983年后,单季晚稻逐步增多,早稻面积锐减,其主要原因是农业劳动力向第二、第三产业转移,单季稻生长期长,米质优良,产量不比二季稻少,省工省本。

双季制。1952年,崇化乡3个长年互助组率先试种双季稻获得成功。1956年,全面推广种植双季稻,双季稻分间作稻和连作稻两种。间作稻是在早稻田里提前复种的晚稻,俗称嵌稻。1951年—1958年间较多。连作稻即同坵田内先种早稻,收割后再种晚稻,一年两季,互不共生,比间作稻更具优越性,1963年水稻全部连作化。

三熟制。从1966年开始,扩大春粮种植,缩小绿肥面积,形成"春粮(大小麦或油菜)/早稻/连作晚稻"的三熟制模式。1967年,长命公社胡林大队试种"春粮—早稻—晚稻"新三熟制成功。进入80年代后,该村春粮亩产达到350公斤,早稻亩产402公斤,晚稻亩产225公斤,全年亩产1025公斤,春粮种植面积占40%。1986年柏树庙村姚来根的春粮(大麦)亩产407公斤,北村村葛文华的早稻亩产632公斤,从此新三熟制在境内得到全面推广。

水稻种类　境内水稻种植中稻、早稻、连作稻、晚粳稻和嵌稻等。

中稻。主要品种有青梗尖、红毛稻、紫卜头、广籼等。由农家自繁自留,有的隔年轮换种植。

早稻。主要品种有团头、尖头、半团头、半尖头,习惯上统称"天花落",生长期短,一般插种二个月后即可收获,故又称"六十日尖",产量很低,一般亩产不足150公斤。

1956年,推广种双季稻后,早稻品种有所改进。1956年—1961年,主要品种有矮脚团头、莲塘早、陆财号,还有青小金早、圭陆矮6号、二九矮、广马占、矮南早1号等,每亩产量提高到200—250公斤。1962年后,推行良种矮脚南特,矮脚南特株高仅80厘米,人称"热水壶种",耐肥,发棵力强,不易倒伏,产量高,且一年可翻种早晚两季,使水稻生产实现了跨跃式发展。1962年至1973年,早稻其他品种还有二九青、原丰早、青杆黄等。1973年后,引进种植广陆矮4号,平均亩产达427.5公斤左右。使早稻一季产量超纲要,故替代了矮脚南特,一时成为境内早稻当家品种。1980年起,新品种浙辐802成为当时搭配季杂交稻的优选品种。

嵌稻。称间作晚稻,1951年—1958年间较多。品种有纯系稻、晚籼9号、嵌花秋等。秧苗须提前培养,种谷一般比早稻秧苗迟播20天左右,使长成大壮苗。在早稻孕穗前嵌插。收割早稻时割去早稻,留下嵌稻。然后对嵌稻进行扶苗、除草、施追肥等田间管理。嵌稻生长期为120天左右,10月底收获,一般亩产约130公斤。1963年后,随着连作稻普遍推行,嵌稻逐渐淘汰。

连作稻。品种有"早翻早"、杂交稻、晚粳稻和糯稻。"早翻早",即用早籼品种作晚季栽培。主要品种有矮脚南、广陆矮4号。1972年—1977年,境内"早翻早"面积约占连作晚稻的20%—30%,平均亩产200—250公斤。后因杂交稻面积扩大,"早翻早"逐年减少。

杂交稻。主要品种为籼优6号和威优系列等。据《城乡导报》2006年11月27日载:瓶窑镇西安寺村邹宝琴夫妇种植260亩杂交晚稻,平均亩产超过500公斤,创下其6年来最高纪录。1977年—1978年,境内各乡镇派员赴海南岛学习杂交水稻制种繁育经验,回来后成为杭州市推广杂交水稻试点乡镇。杂交水稻用种量少,每亩大田0.75公斤,秧田与大田比例为1:8。5月20日前后播种,落谷较稀,秧龄期40天—45天,7月20日—25日移栽。1979年,境内杂交稻面积占连作稻总面积的40%左右,平均亩产400公斤以上。杂交稻的收获期比"早翻早"略迟,比晚粳品种早,适宜播种大麦。一度曾替代"早翻早"成为连作晚稻主要品种之一。后因制种困难,逐年减少。

图 3 - 1 张堰村水稻(2015 年)

晚粳稻。品种较多，有“10509”和杭农一号。两品种亩产均在 250 公斤上下。1957 年后，引进新品种金谷黄、太湖青、老来青、猪毛簇及松萝卜头等，逐渐代替“10509”和杭农一号。

“农垦 58”稻杆较矮，梢叶较长，稻穗裹在叶间，称为“叶里藏金”。成熟时，米粒胀破谷壳，出米率高，煮成饭柔糯可口，人称“世界稻”、“三八稻”(800 斤产量、800 斤稻草、8 折出米率)。此外，先后引进新品种还有台北 8 号、桂花黄、农虎 6 号。1972 年后，又逐步引进晚 3 - 2，桐青晚、加农 14、嘉湖 4 号、矮粳 23、嘉四辐、南粳 32。1981 年后，又引进秀水 48、浙粳 66、秀水 04、农桂早等。境内连作晚稻中，晚粳优良品种更迭频繁，故没有树立长期当家品种。

糯稻。民国时期至中华人民共和国成立初期，境内糯稻品种有鸡脚糯、红壳糯、白壳糯、桂花糯。彭公山区还种植一种野猪糯，穗带芒刺，可防兽害。

1960 年，引进种植台中糯。1966 年，引进中糯京引 15。1972 年，引进矮杆糯。1979 年，引进双糯 4 号。1982 年，引时紫金糯。1983 年，引进祥湖 47 等，其中中糯京引 15 生育期短，群众欢迎。后为双糯 4 号所代替。同于双糯 4 号糯性不够，不久普遍改种紫金糯。1983 年后，紫金糯与祥湖 47 两个品种，因成熟期适中，抗病力较强，产量较高，糯性又好，深受农户喜欢。

单季晚稻。以中熟晚粳为主，约占 90%，品种有浙粳 22、浙粳 40、秀水 123、秀水 128、秀水 09、嘉 991、加花 1 号；以杂交晚稻为辅，品种有嘉乐优 2 号、浙优 12、春优 172、中优 1 号、钱优 1 号等。还有少数糯稻，品种有绍糯 9714 等。

水稻栽培 传统的水稻生产过程育秧、移栽、管理等几个重要环节。

育秧。早稻育秧须在清明前 10 天做好秧板田。清明前三后四天下种。种谷播种前用盐水选种，净谷用清水加掺 401 农药浸 36 小时，沥起后放入催芽床(用砖块砌成)或箩筐内，用 50℃—60℃的热水淋三次，出芽后取出摊凉，拌入预防虫害的农药后下田。出苗后，逐渐养水保苗，秧龄 30 天(5 月 4 日前后)移栽。后又采用地膜育秧，种谷播下压入泥后，盖上一层稀薄干燥麦草，将地膜覆盖其上，地膜比塑料膜更轻，秧苗会顶起。待秧苗长出变青，提起地膜将麦草除去，覆盖地上膜。秧苗长到 2 叶 1 芯后，除去地膜，让其自然生长，秧龄期 25 天左右。

1978 年开始推广无土育秧。在室内建一坑道，上摊芦帘，铺一层塑料薄膜，将芽谷摊在上面。墙外建坑道灶门，用柴焚烧，使热量流入坑道，喷几次水，促使快速长苗，一星期后移栽。

1980 年，开始推广小苗带土，即在旱地上做一地床，上铺淤泥，将芽谷密撒其上，并用塑料薄膜保湿，15 天后秧苗长到 5—6 公分，用铁锹将小苗连土铲起，连泥分棵移种大田。以上育秧优点，秧龄期短，可岔开时间提前播种，避免冲突，亦能提前收割，有利于晚季栽培。晚粳和糯稻育秧选种浸种过程基本与早稻相同，下种时间为 6 月 23 日—25 号。秧龄期 40 天—45 天。“早翻早”育秧种谷用现收早稻谷。因天气热、出苗快，秧龄期 20 天。

移栽。秧苗育成后，须及时移栽到大田，俗称插秧。20世纪50年代初期，插秧都为大株稀植，一般株行相距8寸—9寸（1寸≈3.33厘米），有的更稀，每亩大田不到万丛。

试行"小株密植"，株行相距6寸×6寸，每亩大田秧苗达到1.67万丛，亩产比大株稀植增加30%，1953年，小株密植在境内得到普遍推广。1958年大跃进年代，有些干部盲目学习外地种万斤田，搞移苗併丘密集移栽，把秧苗插成2寸×2寸，有的更密。致使田内空气不畅，病虫害猛发，结果颗粒无收。后来播种早稻株行相距一般4寸×4寸，每丛苗4根—6根，播种连作晚稻的"早翻早"和粳稻品种密度与早稻基本相同，杂交晚稻因发棵力强，采用单本插种，株行相距6寸×6寸。

管理。包括田水灌溉，清除杂草，合理施肥，防病治虫等，是水稻生产的重要环节；民间有"落株三分熟，管理得七分"之说。田水灌溉，应在稻苗生长的不同阶段，分为浅水播种、深水护苗、薄水发棵、放水搁田、放水回田，燥田待收等，并按照天气和农活需要，因时因地制宜。长命农民就搁田标准还编写了顺口溜："时到不等苗，苗到不等时，田边开裂，新根扎出，苗叶笃直，踏上田块不污脚，风吹稻叶沙沙响，上面一片平，下面根根清。"清除杂草，旧时田间除草，都靠人工。因为大株稀植、杂草丛生，在秧苗移栽后15天左右，便开始除草。第一次把田水放浅，用锄头在稻苗株行间将杂草连根削断，称"斩头草"。过10天后，把水灌满，用锄头在稻苗行间边削边掏，把草连根掏起，称"掏二草"。再过10天左右，在满水田里用钉齿耥耙把稻苗行间剩余的杂草连根耥起浮在水面，称"耥三草"。最后一次名耘田。先把田水放干，人在田中颈上套一个"苗推"，双膝下跪，用双手把稻苗根部的杂草全部拔起揿入泥底，将田搪平，然后搁田。那时，由于在稻苗行间多次锄草，损伤了稻苗根须，使稻苗成长受到影响，产量不高。推行"小株密植"之后，传统锄草方法不能再用。随着拖拉机耕作的普及和化药除草剂的使用，清除杂草达到了既省力又高效的目的。合理施肥，大田施肥，首先是施足底肥，农民习惯于用河泥、猪羊栏肥或绿肥作底肥，在田土耖平之前施下。随着农田复种指数的提高和化肥供应量的增加，缺少农家肥的农户采用氨水或碳氨作底肥，在秧苗插种前施下。秧苗插种成活之后，适当增施追肥。1970年前，追肥大多用人粪、油饼、草木灰或猪羊肥掏水浇施。1971年后，大多用尿素、氯化铵或用氨水掺水施用。每次用量适度，应根据稻苗生长情况，看苗施肥，合理施肥，防止过肥倒伏和畸形生长。防病治虫。境内害虫，原以蝗虫和螟虫为主。随着小株密植和"双熟制"、"三熟制"的推行，新的病虫害不断发生。特别是纹枯病、稻瘟病、褐稻虱、稻飞虱的出现，发展迅猛，危害性大，稍不留神会使水稻生产前功尽弃，各村组建立相应的植保组织，配有专职人员从事植保工作。

水稻免耕直播。产业结构调整后，早稻和连作晚稻渐被淘汰，普遍改种单季晚稻。1995年开始推行直播栽培技术，2003年已被广泛应用。"免耕直播法"大田不用翻耕，秧苗不需培养，不用移栽，将种谷直接撒播大田即可。冬天，依照大小将田划分若干板块，整理平整，任其干冻。春节后，清理水沟，施上家肥，灌水保养。4月下旬，把水放干，用除草剂除草，以草甘膦、百草枯、甲磺隆等农药按适当剂量加水喷施。5月10日左右，依前法再次喷施。然后灌水，用泥沙拌农药苄丁均匀撒在水田内。播种时间为6月10日—15日，播种前3天需把水放干。晚粳稻和糯稻种谷每亩用4公斤，杂交稻1.25公斤。播种前，先将种谷略晒，后用清水加浸种灵浸种，以传统方法催芽。见芽后取出摊凉播入田里。播后3天—4天，秧苗长到1叶1芯，喷施农药"直播净"一次。7天—10天后，秧苗长到2叶1芯，施追肥每亩尿素5公斤—6

公斤。再过10天,施第二次追肥,每亩尿素12.5公斤加钾肥7.5公斤,再过15天,施第三次追肥,每亩尿素10公斤左右。免耕直播法,具有省工、省肥、不败苗、生长快、抽穗整齐、产量高等优点。境内农民评价免耕直播法:药水打打、化肥飘飘、种谷抛抛,人么惬意煞,产量还蛮高。

稻米合作社 瓶窑苕溪稻米合作社,成立于2006年,镇高级农技师戴水高担任社长,有58位种粮大户入社。柏树庙村民罗天子在长岗农场及蒿山一带承包700亩农田,西安寺村林孝松远往黄湖、安徽等地承包种田1000余亩,张堰村王明福承包本村农田500多亩。据2015年统计,该合作社共承包农田7200多亩,粮食总产达到468万斤。苕溪稻米合作社于2012年,远赴黑龙江省通河县清河镇合作种稻。与当地建立万亩水稻优质米基地。

若干年份瓶窑镇粮食面积产量情况表

表3-1-6 单位:亩(面积)、担(产量)

年份	合计		瓶窑		长命		北湖		彭公	
	面积	产量	面积	产量	面积	产量	面积	产量	面积	产量
1962	74519	239155	8120	23971	31721	105826	17787	49334	16891	60024
1965	76954	340001	-	-	31613	150238	28212	104616	17129	85147
1968	78723	336659	-	-	32184	142220	29055	109300	17484	85139
1971	82936	385900	-	-	34411	162343	30838	134947	17687	88610
1974	92982	452621	-	-	38025	189458	34286	156118	20671	107045
1977	91217	447692	-	-	36835	184330	34184	157628	20198	105734
1980	90942	485544	-	-	37236	197460	33203	172657	20503	115427
1983	90815	565258	2163	11253	36422	237405	31787	188351	20443	128249
1986	79019	571180	1273	9630	33514	246180	26375	190265	17857	125105
1989	79900	579782	27904	201568	34685	249928	-	-	17311	128286
1992	81738	628640	63596	492760	-	-	-	-	18142	135880

若干年份瓶窑镇早稻面积产量情况表

表3-1-7 单位:亩(面积)、担(产量)

年份	合计		瓶窑		长命		北湖		彭公	
	面积	产量	面积	产量	面积	产量	面积	产量	面积	产量
1962	24290	104118	2768	10711	10459	48564	5170	17725	5893	27118
1965	34488	204223	-	-	14530	105243	12398	50714	7560	48266
1968	35767	212683	-	-	14729	93839	13309	69034	7729	49810
1971	36869	221638	-	-	14931	90253	13918	80231	8020	51154
1974	36909	256278	-	-	14967	101877	14074	94544	7868	59857
1977	36925	247348	-	-	14922	97274	14124	92147	7879	57927
1980	36224	264671	-	-	14796	111641	13506	95509	7922	57521
1983	35871	219787	715	3694	14700	92973	12614	74913	7842	48207
1986	33221	268690	569	4529	14003	115957	11649	90806	7000	57398
1989	33235	239604	12103	84318	14100	102026	-	-	7032	53260
1992	32961	266680	25861	213920	-	-	-	-	7100	52760

若干年份瓶窑镇晚稻面积产量情况表

表3－1－8 单位:亩(面积)、担(产量)

年份	合计		瓶窑		长命		北湖		彭公	
	面积	产量	面积	产量	面积	产量	面积	产量	面积	产量
1962	40882	119242	4478	12237	16341	50992	11070	29904	8993	26109
1965	39345	110157	–	–	16434	41922	14258	37154	8653	31081
1968	40188	111707	–	–	16476	44638	14870	35622	8842	31447
1971	40003	147083	–	–	16493	63215	15258	51469	8252	32399
1974	40880	161132	–	–	16472	71945	15509	53618	8899	35569
1977	41265	177593	–	–	16497	77739	15610	59818	9158	40036
1980	41243	165650	–	–	16480	62540	15553	60624	9210	42486
1983	41033	296914	835	5101	16500	123263	14486	98060	9212	70490
1986	39232	283964	692	5059	15930	119357	13800	96608	8810	62940
1989	39282	315674	14523	113228	15956	131728	–	–	8803	70718
1992	38885	319100	29996	243900	–	–	–	–	8889	75240

2001年－2015年瓶窑镇粮食面积产量情况

表3－1－9 单位:亩(面积)、吨(产量)

年份	2001		2002		2003		2004		2005		2006		2007		2008	
	面积	产量	面积	产量	面积	产量	面积	产量	面积	产量	面积	产量	面积	产量	面积	产量
粮食总产	36987	17453	33397	16260	29469	14620	28907	14562	30653	11743	30042	15224	30837	13993	35154	16341
春粮	2636	446	1097	142	339	53	528	74	488	86	435	69	345	54	924	177
早稻	252	87	10	5											670	269
晚稻	31538	15997	30286	15351	27157	13869	26705	13950	27644	10848	26862	14251	28061	13009	30641	14898
杂粮	2561	923	2004	762	1973	698	1674	538	2521	809	2745	904	2431	930	2919	997

年份	2009		2010		2011		2012		2013		2014		2015	
	面积	产量	面积	产量	面积	产量	面积	产量	面积	产量	面积	产量	面积	产量
粮食总产	36721	17777	35130	17303	34901	17320	34949	17313	37288	18871	34565	17695	36699	18288
春粮	1403	252	1244	199	2196	355	3205	584	3641	818	2516	709	2450	739
早稻	769	285	930	347	400	150	530	211	1274	556	1020	467	1328	593
晚稻	30637	15734	29038	15342	27616	15191	27101	14875	27789	15566	25115	14095	25828	14084
杂粮	3912	1506	3918	1416	4689	1624	4113	1643	4584	1932	5914	2425	7093	2872

(二)春花

春花作物包括春粮(小麦、大麦、蚕豆)和油菜籽。

小麦 民国时,种植小麦以旱地为主,数量有限,品种均系农家自繁自育。常以麦穗开状、色泽、成熟迟早等特点命名。如白蒲麦、蜈蚣麦、光头麦、红须麦等。浙农9号小麦种子在长命等乡镇推广试种,结果比本地品种增产一成左右,随后又引进浙农17号等品种。

1950年后,小麦从旱地逐步发展到田里种植,面积亦有所增加。品种先后有浙农939、南大2419、中农28、矮杆红等。1974年后,小麦主要品种先后为杨麦1号、杨麦2号、浙麦1号、武麦1号、苏麦2号等。

大麦 1958年后开始少量种植。1975年后种植面积逐渐增加。主要品种先后有扁箕大麦、红茎二棱大麦、四棱大麦、六棱大麦、无芒六棱大麦、光芒二棱大麦、矮白洋、早熟3号、浙农12、沪麦4号、浙皮1号、沪麦6号、浙农大2号等。

20世纪60年代前,种植大小麦,先在田内掘成3尺—4尺(1尺≈33.33厘米)宽的麦埨。平整后,在上面实行横形条播,盖上松泥或有机肥。沟内不能积水,清水沟时把沟泥掘起铺在埨上。春节后,用锄头带削带敲将麦根捂实。1970年后,学习江苏龙桥经验,实行宽畦深沟,四沟(直沟、腰沟、边沟、总沟)配套。先开沟,把沟泥挖起,后掘田,做到薄片深翻,精细平整。然后把麦种撒播埨上,播后斩泥,并用人畜粪或汤河泥、堆肥等有机肥盖籽。力求避免深籽、丛籽、露籽,达到早苗、全苗、齐苗、匀苗、壮苗。

亦有采用稻板麦。晚稻收割后,田不翻耕,将种子直播其地,然后施足有机肥,并按四沟配套要求开挖深沟,将沟泥均匀地盖在麦板上。

若干年份瓶窑镇春粮面积产量情况表

表3-1-10 单位:亩(面积)、担(产量)

年份	合计		瓶窑		长命		北湖		彭公	
	面积	产量	面积	产量	面积	产量	面积	产量	面积	产量
1962	7090	7135	700	534	3679	3677	1336	940	1375	1984
1965	766	1241	-	-	209	233	285	421	272	587
1968	817	1821	-	-	137	144	198	476	482	1201
1971	4622	9905	-	-	2296	5454	1292	1996	1034	2455
1974	13926	28401	-	-	6137	13677	4306	6881	3483	7843
1977	11741	15578	-	-	4938	7197	4054	4273	2749	4108
1980	12677	51307	-	-	5708	22675	3910	15815	3059	12817
1983	13041	44941	178	650	5000	20622	4603	15132	3260	8537
1986	5516	14594	12	42	3210	9905	785	2165	1509	2482
1989	6660	21812	1120	3498	4510	15760	-	-	1030	2554

种植技术 种麦施肥要求"施足基肥、早施苗肥、巧施穗肥"。三叶一芯后的越冬阶段,进行压麦,用木槌、滚筒、脚踩等方法将麦压实,以控上促下,促使分蘖,防止冻害,增强抗倒能力,孕穗前看苗施肥,控制苗数,防止倒伏 1978年—1992年,长命公社(乡)胡林大队(村)种植春

粮(主要是大麦)700亩,连年获得高产,亩产超过350公斤。并总结出“统一三熟制布局、统一供应优良品种、统一开龙桥深沟、统一化学除草、统一栽培技术、统一机械收割”等一整套丰产经验。据《余杭报》1995年11月载:彭公乡大搞春粮连片方种植,共有连片方20个,面积2200余亩。

蚕豆 种植历史悠久。每年初冬,农户在零散杂地及屋边有少量种植,亦有在农田播种。品种有青皮小粒、白扁大粒、踏扁青等。立夏时节可食青豆作蔬菜,夏至时节收获老豆抵粮食,一般亩产老豆150公斤左右。

油菜 境内生产油菜籽,历史悠久。是杭州地区重点产区之一。

旧时,油菜品种均为白菜型土油菜和油白菜。产量较低,一般亩产在30公斤左右。农业合作化运动后,逐步引进甘蓝型油菜,主要品种先后有:川油2号、480、宁油7号、沪油3号、浙油7号、九二—13系列等,农民俗称胜利油菜。油菜品种和栽培技术引进后,产量成倍提高。

若干年份瓶窑镇油菜籽面积产量情况表

表3-1-11 单位:亩(面积)、担(产量)

年份	合计		瓶窑		长命		北湖		彭公	
	面积	产量	面积	产量	面积	产量	面积	产量	面积	产量
1962	3896	2417	494	255	1836	1334	620	171	946	657
1965	3707	2386	-	-	1748	1396	1053	405	906	585
1968	3350	2706	-	-	1683	1744	964	562	703	400
1971	4758	6657	-	-	1977	3368	1750	1928	1031	1361
1974	4959	5632	-	-	2677	3729	708	601	1574	1302
1977	5233	5158	-	-	2669	3303	1706	1282	858	573
1980	7186	10038	-	-	3292	5166	2633	3225	1261	1647
1983	6647	9891	141	153	3000	5188	2191	2990	1315	1560
1986	9166	15669	115	190	5115	9225	2599	4324	1337	1930
1989	8792	16248	2317	4648	4945	8962			1530	2638

(三)杂粮

甘薯 俗称番薯,旱地作物。块根红皮白芯,质脆味甘,煮熟烂软,亦可生食。1958年后,引起推广胜利百号等品种,藤粗叶茂,块根有红皮白芯、红皮黄芯、白皮红芯多种,产量较高,煮熟糯甜可口。山地品种个头圆形光洁、质量尤佳,三年自然灾害期间,境内农民以此充当主粮,度过饥荒难关。改革开放以来,又引起红皮紫芯番薯,营养丰富,售价较高。

种植番薯用芽藤扦插方法。头苗每株6寸—7寸,茎苗第档2叶2芽,无须有根,直接插种即可。20世纪60—70年代,不少农户专门育苗在市场出售,成为一宗事业收入。

若干年份瓶窑镇番薯面积产量情况表

表3－1－12

单位:亩(面积)、担(产量)

年份	合计		瓶窑		长命		北湖		彭公	
	面积	产量	面积	产量	面积	产量	面积	产量	面积	产量
1962	1362	7442	139	471	573	1799	164	724	486	4448
1965	952	6262	–	–	386	1730	275	1802	291	2730
1968	1397	7664	–	–	781	3405	330	2447	286	1812
1971	1357	7002	–	–	625	3202	370	1251	362	2549
1974	1219	6633	–	–	434	1878	397	1075	388	3680
1977	1271	7132	–	–	478	2120	396	1390	397	3622
1980	793	3908	–	–	252	604	234	709	307	2595
1983	435	1808	–	–	222	547	84	246	129	1015
1986	1050	3932	–	–	371	961	141	686	538	2285
1989	723	2692	158	524	119	414	–	–	446	1754

玉米 俗称六谷。旱地作物,可栽早晚两季。过去多为农家自繁自育土种,山区种植较多。有一种名薏黍,株杆高,一株能生多棒,人称其为“十姐妹”,有糯性,各地均有少量种植。

1978年,逐渐引进杂交玉米,土种渐次消失。1993年后,发展“一优两高”农业,实行多种经营。玉米种植面积增多,品种多为甜糯玉米系列,主要品种有甜玉2号、科糯986、超甜3号、都市丽人等,均以收获嫩棒出售为主。2004年,崇化村农民王树德种植5亩新品种玉米,亩产达650公斤。王树德种植的玉米新品种有“9810”、“9522”、“R991”,他将5亩农田采取二季玉米一季油菜的生产模式,经济效益较高。

若干年份瓶窑镇夏秋杂粮面积产量情况表

表3－1－13

单位:亩(面积)、担(产量)

年份	合计		瓶窑		长命		北湖		彭公	
	面积	产量	面积	产量	面积	产量	面积	产量	面积	产量
1962	1493	7854	139	471	670	2066	164	724	520	4593
1965	1317	8087	–	–	440	1224	599	5254	278	1609
1968	1435	7766	–	–	819	3507	330	2447	286	1812
1971	1442	7274	–	–	691	3421	370	1251	381	2602
1974	1267	6810	–	–	449	1959	397	1075	421	3776
1977	1286	7173	–	–	478	2120	396	1390	412	3663
1980	796	3916	–	–	252	604	234	709	310	2603
1983	435	1808	–	–	222	547	84	246	129	1015
1986	1050	3932	–	–	371	961	141	686	538	2285
1989	723	2692	158	524	119	414	–	–	446	1754

大豆 俗称黄豆,素有种植。有早熟、中熟、晚熟之分。早熟有四月拔、五月拔,中熟有六

月拔、七月拔,晚熟俗称迟黄豆,在农历5月播种,10月收获,豆粒比早、中熟稍粗,质量亦佳。

黄豆大多开白花,嫩豆青色,老豆黄色,晚熟中有一品种开紫花,豆粒粗大,老豆一端呈紫色,煮熟有香味,谷称香子黄豆,质量更佳。1981年前,生产队在杂地边或桑树插花地上种植黄豆,均属晚熟品种,以收老豆为主。社员自留地上种植黄豆,品种较多,除老品种外,还引进中粗上海青毛豆、矮脚早毛豆、77-4-13毛豆等。20世纪以来,农户中制作烘青豆极为普遍,数量大增,少则十几斤,多则几十斤,甚至上百斤,平常相互串门吃烘青豆茶。

若干年份瓶窑镇夏秋黄豆面积产量情况表

表3-1-14 单位:亩(面积)、担(产量)

年份	合计		瓶窑		长命		北湖		彭公	
	面积	产量	面积	产量	面积	产量	面积	产量	面积	产量
1962	764	806	35	18	572	527	47	41	110	220
1965	327	324	-	-	121	127	147	121	59	76
1968	487	724	-	-	289	476	99	120	99	128
1971	675	1073	-	-	372	685	187	208	116	180
1974	404	528	-	-	191	245	87	64	126	219
1977	470	907	-	-	230	554	77	89	163	264
1980	482	674	-	-	234	266	73	85	175	323
1983	177	248	-	-	154	196	10	13	13	39
1986	571	870	-	-	359	442	37	45	175	383
1989	215	446	20	40	58	104	-	-	137	302

赤豆 又名红小豆,种子暗红色;黑豆,俗称乌豇豆,种子黑色;绿豆,种子暗绿色。均为旱地作物。境内种植历史悠久,常在山边、地边、岸边、路边少量种植,农历6月播种,秋季收获,可同米煮食或作焰用。

二、经济作物

(一)蚕桑生产

瓶窑境内长命、北湖蚕桑生产历史悠久,农业格局历来以稻桑并重。秦汉时期,就有种桑养蚕的记载,晋以后更盛。五代钱武肃王倡导的采藻捻泥种桑办法,沿用至今,明代"桑树蔽野,户户皆蚕"。《张氏农书》载:当时蚕桑收入三倍于种粮食,时农民咸称"四月为蚕月",育蚕之家,不轻易外出,学校还放"蚕忙假"。北湖草荡自古以来就有来自于河南等地的拓荒者,在此地开荒种桑,以种桑养蚕为生机。俗称北湖草荡十八个墩,指的种桑养蚕的大门户,清末民初时,北湖草荡有名有姓的就是57个土墩,居住450多人,大片的土地开垦出来种上桑树或水田,大户人家还养蚕,多数的人家种桑卖桑叶为生。1949年解放初期,北湖草荡只剩下25户,其余搬迁至附近的永建、麻车头沙塘、圣堂、角窦等地。

中华人民共和国成立后,蚕桑生产开始逐年恢复,种桑养蚕慢慢地多起来,当初养蚕只养春蚕,极少养二蚕、养秋蚕。1962年,国家对蚕桑生产有奖励办法,1963年,在北湖草荡开荒种桑、种田，时是有长命的水河桥、烂泥湾、柏树庙、高泥塘、北湖的上窑、横山、圣堂的部分4个生产队、张堰村在北湖草荡开垦荒地2800余亩(186.67公顷)，全部种上桑树，仅张堰村就种桑树850亩(包括培育小桑苗基地)，1964年—1979年间，长命、北湖的蚕桑称之谓盛期，尤其是1971年—1977年蚕茧产量翻番。80年代后期分田到户后，农药、化肥使用，工业、大气污染，桑叶受到严重污染，大量桑树被迫毁掉，茧站收不到茧而关门。

植桑 早期境内多数旱地均种植桑树，有的还在田畈地埂种植桑树，培育桑树的传统方法有育苗、种植、嫁接、修剪，管理上有掘冬地、捻河塘泥、除草施冬肥、防病治虫等。

育苗，域内桑苗培育历史较年轻，大多桑农均从外地购买已嫁好的家桑苗种植。桑苗育好后称为野桑，必须通过嫁接后便成为家桑。家桑与野桑区别在于采摘桑叶的质量与产量区别，野桑叶薄、产量低，家桑叶厚实，叶质各种营养丰富、叶产量高，养蚕必须用嫁接过的家桑来饲养。

图3-2 捻河泥作肥料(20世纪60年代)

1964年，紧邻北湖草荡的长命、北湖、永建公社部分村在北湖草荡开荒种桑2800亩(186.67公顷)，并且采用桐乡、九堡等地的先进种植桑树理念，时值张堰村还办起了初级蚕桑农校，招收53位知青和当地青年学习栽桑养蚕新技术，摆脱传统方法养蚕或栽桑。同时像上窑、横山、高俞塘、圣塘、张堰相继组织成立桑苗队，专业培育桑树，供生产队采桑叶养蚕，张堰桑苗队专门划出一片土地供由学生专向学习培育桑苗、嫁接桑苗新技术的实践基地，尤其新法嫁接技术带动周边村效仿、取经和推广。桑果采来经过浸泡破芽，秋天撒播，次年春出芽，待苗长至5厘米时进行疏苗，删除密株，长到10厘米时，移到开好沟渠的大地种植，株距15厘米。成活后为实生桑(即野桑)，经过嫁接即成家桑，待苗长至2尺高时便可出售栽植，当时张堰桑苗队培育的家桑苗除了满足本村栽种外，还远销桐乡、湖州等地。长命、北湖的栽桑新技术全面破开，采用新法栽桑，彻底消除陈旧的“三丫六拳”高杆桑，灵活地运用了低杆无拳桑，极大地提高桑叶产量。嫁接方法也改变了老式的“抱娘接”，运用“杀头接”新方法，成活率高，出苗率快，嫁接过的桑苗栽种下去，第二年便可产叶，两年后便成林。

养蚕 养蚕过程：境内养蚕同样经历了各户散养过渡到生产队集体饲养的过程。养蚕必备一整套的养蚕工具，工具只能是专用：有切叶墩、切叶刀、鹅毛、桑剪、叶箩、大匾、蚕具、三脚架、蚕网、蚊帐、蚕凳、龙壳竹、淌线、芦帘、棚荐、享火缸等，并且配备养蚕用品：防干纸、石灰、白炭、乌砻糠、柴头、漂白粉、干湿温度计、喷雾机。

养蚕自始至终有“掸蚁、采桑、饲养、出孵、眠蚕、敦叶、除沙、落网、分匾、上山、采茧”等一系列蚕饲养措施与规律。按照季节分为：春蚕、二蚕(夏蚕)、中秋、晚秋。以春蚕为主，其余三次规模小、数量少、质量也较次些。春蚕饲养过程约为35天—36天，一般在4月30日—5月1

日蚕种到,先将蚕子摊放于小蚕匾中的白色油光纸上,周围用煨过的乌砻糠撒一个圈,并用电炉式大支光电灯加温,保持20℃的温度,湿度保持在16°。一昼时后,“乌娘头”都从蛾子壳里蜕出,用鹅毛掸下上覆一张小蚕网,始喂细嫩桑叶丝,稚蚕第1—3龄养在小匾里,蚕匾、蚕宝里放火缸加温,当叶喂上十八铺约三昼时,蚕开始“头眠”,蚕宝宝每眠一次,蜕一层皮。蜕皮完毕才可以放叶饲养,三眠以后移到大蚕匾里,置于蚕架上,一般以自然湿度养蚕,只在气温较低时才加烘缸升温。每昼夜给桑次数小蚕较多,大蚕有时为“硬三餐”,方法简便。蚕三眠后已长大,再吃五昼时的桑叶进入大眠。蚕大眠后,需分匾稀养,再吃上八至九天桑叶后,蚕已成熟,成熟了的蚕通身透亮,人们称之为“节娘”。第一批“节娘”出来后,一昼时内蚕就可完全“上山”,小蚕头眠至上山期间要做到勤除蚕沙,每天消毒一次。特别是大眠放叶后,要及时分匾稀养,大眠后人们就要及时做好蚕上山做茧准备工作,首先是搭好“山子”,即用粗毛竹挡横径搁好,称为“龙插竹”,再在横径上搁上用早竹做成的直径,称为“淌线竹”,搭成一个离地平台,摊上芦苇杆编成的簾子(山箩簾),“山箩簾”上插用糯稻草做成了蜈蚣蚕簇为上山的蚕作茧子用。蚕上山后,山子头要用棚荐拦好,底下做烘缸加温,夜晚值班看完,直到蚕“入龙”(即开始吐丝做成薄茧)为止,待蚕上山后6天—7天,就可把雪白的茧子从簇上摘下来售卖。

养蚕技术改进:改良蚕种,境内蚕种不断进行改良,新蚕品种不断引时、更新和推广,尤其是余杭办起了蚕种场,如向阳蚕种场、南湖蚕种场、老虎墩蚕种场,大力推广新蚕品种,极大地提升养蚕出茧率,推动蚕农养蚕积极性,提高蚕农的经济效益。

尤其是养蚕技术的改进,生产队养蚕作为小蚕共育室,科学调节蚕宝温度和湿度,采用地火龙加热,防止用炭加温可产生的二氧化碳或一氧化碳中毒的危险性,同时又改进了大蚕条桑育,省力化养蚕,还采用大棚育蚕,称为“尾外育”,多层活动蚕台饲养,科学合理喂养蚕,实现了“千斤桑叶百斤茧”的高产纪录,如张堰村1971年养蚕,各生产队单产均超90多斤(45公斤)。其中8队还试养4条蚕种,取得95.5斤/张的高产记录。

1971年张堰村养蚕情况表

表3-1-15

	1队	2队	3队	4队	5队	6队	7队	8队	9队	合计
蚕茧张数(张)	21	34	13	33	29	11	20	13	36	210
单产(斤)	91.1	96.7	92.7	94.39	79.24	95.82	93.8	95.8	65.68	-
总产(斤)	1911.3	3294.7	1206	3114.9	2290.8	1047	1875.5	1245	2364	18349.2

科学地进行蚕病防治:境内养蚕主要还是蚕病防治,主要蚕病有僵蚕、白肚(脓病)、亮头(也称空头病)、卒倒病等,常交替发生,前三种病为主,养蚕也要破除迷信,对养蚕人员严格地科学消毒,把好消毒关,能有效地预防或控制蚕病的蔓延或发生。两个环节,一是蚕室、蚕具消毒、湿度控制,严防外来人员未经过消毒乱闯共育室,严防狗猫进入育室;二是蚕体、蚕座消毒。

若干年份瓶窑镇桑园情况表

表 3－1－16　　　　单位：亩（面积）、张（饲养量）、担（产量）

年份	合计			瓶窑			长命			北湖			彭公		
	面积	饲养	产量	面积	饲养	产量	面积	饲养	产量	面积	饲养	产量	面积	饲养	产量
1962	2428	3098	1162	252	243	82	1777	2469	893	136	153	82	263	233	105
1965	3745	3600	1783	–	–	–	2576	3050	1497	912	362	184	257	188	102
1968	4123	4213	2380	–	–	–	2449	3311	1887	1420	739	399	254	163	94
1971	3927	4525	2571	–	–	–	2522	3321	1842	1131	1025	628	274	179	101
1974	3937	5167	2823	–	–	–	2505	4020	2232	1177	953	491	255	194	100
1977	3583	4295	2622	–	–	–	2435	3490	2145	829	692	410	319	113	67
1980	3146	4160	2814	–	–	–	2259	3366	2264	887	794	550	–	–	–
1983	2998	2611	1851	52	–	–	2244	2138	1476	702	473	375	–	–	–
1986	1241	1168	732	52	–	–	862	971	588	327	197	144	–	–	–
1989	537	421	313	50	116	82	487	305	231	–	–	–	–	–	–

投售　历来，蚕农以自缫丝为主。清末民初现代缫丝工业兴起，土丝生产日趋衰微，改由农民直接出售鲜茧给茧行。

旧时，勾庄、良渚、安溪、大陆、瓶窑、长命、吴家陡门、连具塘盛产土丝，因质量好、产量高素负盛名，为苏杭等地的丝绸厂商看好，民国 7 年—19 年（1918 年—1930 年），生白丝每百两为 96 元银圆，即 10 市斤鲜茧可以出丝 16 两，其时白米为 8 包半一石，一石为 10 斗计 150 斤，相当于白米 11 石 3 斗。域内养蚕大户不在少数，多数蚕农卖鲜茧给缫丝大户，当时全部用银洋交易。瓶窑有瓶窑仲家村大同茧行，收购时间一般 5 月中下旬至 10 月上旬结束，地址设在长命羊山仲家村（老公社所在地），年收购量 400 余担，当时负责人是楼家生负责鲜茧收购工作，供应给杭州裕纶丝厂，后由县蚕丝公司组织收购至 1953 年。

1954 年，杭县合作社联合社在与茧业指导所联合成立收茧办公室。由于年收购量逐年增加，茧站搬至瓶窑镇外窑街。瓶窑茧站是全县 19 个收茧站之一。1972 年开始，办茧站自烘鲜茧，规模有 70 多人参加，1973 年张堰也办起烘茧站，1 年后并入瓶窑茧站，春茧一期收鲜茧 1700 担，茧的产地有长命、北湖为主，北湖以张堰为主，还有何中、上窑、横山、圣堂一部分。1971 年—1976 年瓶窑地区产茧最盛时期。至 1975 年，全县茧站由原来的 19 个发展到 32 个，其中瓶窑区 3 个，有瓶窑、潘板、黄湖。瓶窑茧站的年收购量达到 1700 余担。

1950—1987 年蚕茧收购价格情况表

表 3－1－17

年份	收购价格等级规格	每市担收购价(元)
1950	鲜光茧茧质率 16%,上茧率 100%	84
1951—1952	同上	80
1953	同上	70
1954	同上	73
1955	同上	75
1956—1957	同上	83
1958—1965	同上	100
1966—1967	同上	110
1972—1978	鲜茧干壳量 7 公分,上茧率 100%	111
1979—1985	同上	140
1987	鲜茧 11 级	174

1961 年—1987 年蚕茧奖售标准情况

表 3－1－18

年度	计量单位	奖售标准				备注
		粮票(市斤)	布票(市尺)	化肥票(市斤)	煤油票(市斤)	
1961	市担	20	10	100	4	1961 年超计划投售,每市担加奖售布票 1 市尺
1962	市担	–	10	200	4	
1963	万元	175	–	20	–	
196—1965	万元	148	–	26	–	
1966	万元	–	–	120	–	
1967	万元	–	15	100	–	
1968	万元	–	3	100	–	
1972—1984	万元	–	–	80	–	
1985—1987	市担	–	–	100	–	

（二）茶叶

图 3-3　塘埠蜜蜂弄茶园（2016 年）

晚清及民国时期，境内尚无规模型茶园，村民只是在门前、田边、地堪、山地种上数株几行茶树墩，家庭式采摘，手工简单炒制。

1950 年—1961 年，山区茶叶发展较快，平原地区亦有种植。20 世纪 60 年代—70 年代，镇内长命、横山、西安寺、城皇山、凤山、乌山、毛元岭、西中、河中、北村等大队相继开垦荒山，种茶建场。彭公西坞大队向绍兴上旺取经学习，开垦荒山，发展茶地 230 亩（15.33 公顷），实现户均一亩茶的指标。2015 年，全镇拥有茶园 122.6 公顷，茶叶品种以鸠坑茶为主，也有少量福鼎茶，春茶以龙井、旗枪、烘青为主，夏秋共为炒青为主。茶叶总产 942 吨，其中龙井 2 吨、旗枪 2 吨、蒸青 865 吨、炒青 15 吨、径山毛峰 58 吨，部分产品出口国外。

种植方法　茶叶种植方法均采用条栽法，行距 4.5 尺，丛距 1 尺左右，每亩达到 1000 丛以上。同时引进优良品种“鸠坑种”、福鼎大白茶、乌牛早等。茶苗培育分两类。用茶籽育苗称有性繁殖，用枝芽扦插育苗谓之无性繁殖。无性繁殖的茶树很少开花结果，茶叶产量比有性繁殖更高。

茶园管理分耕作、锄草、施肥、除虫、修剪五项，有“根基牢、肥吃饱、不长草、虫不咬、树不老”之说。

耕作，习惯掘冬地，后来推行春耕、浅耕技术，深度在 10 厘米左右，以不损害茶树根须为宜。锄草，原先茶蓬稀，易长杂草，一年中春、夏、秋锄草 3 次。改条栽法后，茶蓬紧密，杂草稀少，施用除草剂，效果较好。施肥，50 年代，一般农户茶地不施肥，有的在春天割嫩柴（俗称草叶）铺在茶地，既当肥料又防长草。1960 年后，开始在茶地施化肥。北湖西安寺、彭公西坞、长命城皇山茶场在春茶、夏茶、秋茶采摘前以沟施方法各施一次追肥，秋茶后施一次基肥。除虫，茶叶病害虫主要有茶尺蠖、茶毛虫、蓑蛾类、刺蛾类、蚜虫类、小绿叶蝉、长白蚧、黑刺粉虱、黑毒娥、螨虫类、甲壳虫、茶丽纹象甲等。1960 年前无农药可治。1960 年后，逐步推行有机磷农药，以敌敌畏、敌百虫、马拉硫磷、亚胺硫磷、辛硫磷、乐果等为主。1980 年后，改用菊酯类农药为主。修剪，分定型修剪、轻修剪、深修剪、重修剪、台刈五种，前一种是幼龄茶树扩大树冠的措施，后四种是更新复壮的重要手段。

采摘　1960 年前，习惯于重采春茶、小采夏茶、细采秋茶。春茶在谷雨前后始采。谷雨前所采茶叶色泽嫩绿，滋味清香，列为精品，待客专用，采得很少。多数在谷雨后等叶芽齐大才采摘，至立夏前后采完。夏茶汁浓味涩，一般人不爱喝，故只采嫩茶。秋茶汁清味甘，以细茶为佳，亦适当采摘。1983 年后，原生产队的集体茶地落实到户经营，普遍偏早嫩采细茶，夏秋茶亦多采细茶，少采大茶。1991 年—1992 年，村办茶场陆续转制，实行个人承包，茶叶销售走向市场化，不再由收购站统一收购，茶农将春茶采摘时间提前。1993 年以来，每年 3 月 20 日前后就开始采摘，至谷雨基本采完。

若干年份瓶窑镇茶叶生产情况表

表 3-1-19 单位:亩(面积)、担(产量)

年份	合计		瓶窑		长命		北湖		彭公	
	面积	产量	面积	产量	面积	产量	面积	产量	面积	产量
1962	433	305	170	118	70	15	107	107	86	65
1965	518	282	–	–	135	18	293	200	90	64
1968	690	294	–	–	66	17	427	189	197	88
1971	758	538	–	–	147	89	415	226	196	223
1974	860	760	–	–	150	142	435	287	275	331
1977	1216	976	–	–	169	181	545	356	502	439
1980	2916	1727	–	–	339	304	1085	488	1492	935
1983	3783	3486	–	–	604	726	1417	1196	1762	1564
1986	3151	3698	–	–	604	1047	1134	1010	1413	1641
1989	3210	4826	1180	1898	602	1380	–	–	1428	1548

(三)早笋

境内竹子分布广、生长快、用途多、生态和经济价值高,早在民国初,长命湖墅三村的黄泥春笋以"早、嫩、鲜、壮"享有盛名,远销上海十六铺。

中华人民共和国成立后,早笋作为农民的一项主要经济作物,家居周边、河港沿岸、山塘坡地都种上早竹。1970 年代起,北湖横山等地,尤其是彭公半山区,开垦荒山平坡数千亩,兴起种竹热潮,黄泥土深厚,泥松肥沃,竹笋刚露头(也叫黄泥拱),就是粗壮鲜嫩,产量高,销路好。

1980 年全镇早竹面积仅为 70.4 公顷,联产承包后,早竹发展迅猛。1992 年推广早竹春笋冬出覆盖技术,得到省、市农业科技部门的重视,是年 3 月,浙江省科委组织全省 10 个地区的 40 个县科协主任一行 58 人到彭公实地考察科技种早竹、管理、销售一条龙服务。当年彭公种早竹 3300 亩,投产 2050 亩,平均亩产 522 公斤,总产 107.1 万公斤,总收入 239.9 万元。早笋收入占农业总收入的 17%,户均达到 715 元,成为彭公经济发展的主要支柱之一。其中"笋干皇"在国家科委举办的"八五农业科技攻关成果博览会"上被评为优秀项目。板石村的省级科技示范户沈要刚,承包的早竹面积 6.62 亩,由于他引入"窄叶"新竹种,实行"七改"技术,采用宽行、密枝等技术,1995 年,早竹笋收入达 6.8045 万元,平均每亩收益 1.0278 万元,成为远近闻名的科技致富大户。彭公乡科学发展早笋,成果一年更比一年高,所产早笋壳薄肉厚,质嫩味鲜,销往杭州、萧山、嘉兴、宜兴,80% 运销上海市。1995 年彭公重视农业科技运用和推广,推行早稻抛秧直播轻型栽培技术,亩产达 400 公斤;早竹笋生产推行覆盖技术,达 802 万元;笋干生产由于采用了新工艺,产值达 330 万元;由于竹农采用"春笋冬出"技术,使彭公竹笋销售收入达 1431 万元,占竹笋总收入的 84%。购销分会把 48 户竹笋贩销大户组织起来,在巩固原来的上海、杭州、嘉兴等市场外,又开辟了宁波、常州等新市场,1997 年贩销竹笋 2000 多吨,占全乡总量的 75%。加工分会则引导竹农开展竹笋深度加工,创利 105 万元,既丰富了市场,又增加了竹农收入。1998 年推广毛竹笋材两用林技术,至 2001 年底已推广 36.66 公顷。2015 年,全镇拥有早竹面积 1127.9 公顷,毛竹面积 1820 公顷,杂竹面积 458.5 公顷。

若干年份瓶窑镇旱竹生产情况

表 3－1－20 单位:亩(面积)、担(产量)

年份	合计		瓶窑		长命		北湖		彭公	
	面积	产量	面积	产量	面积	产量	面积	产量	面积	产量
1962	–	–	–	–	779	8980	–	–	–	–
1965	–	–	–	–	708	7789	–	–	–	–
1968	–	–	–	–	661	8187	–	–	–	–
1971	652	8608	–	–	652	8608	–	–	–	–
1974	666	8570	–	–	666	8570	–	–	–	–
1977	686	8507	–	–	673	8475	13	32	–	–
1980	887	8006	–	–	826	7669	32	303	29	34
1983	1115	9465	–	–	933	8902	131	480	51	83
1986	3891	21207	–	–	2085	15824	752	1913	1054	3470
1989	4293	26716	836	2566	2081	14270	–	–	1376	9880

(四)蔬菜

1983 年前,瓶窑的蔬菜生产以自留地种植,农户自给为主。1984 年后,蔬菜生产逐年增加,特别是水网地区的茭白生产发展较快,出现蔬菜生产并采用大棚种植,全镇常年性蔬菜种植面积迅速增加,1984 年 1076 亩(71.73 公顷),2015 年增至 5535 亩(369 公顷)。上窑一半土地 400 亩,作为蔬菜基地,外窑大队归属瓶窑镇后,136 亩田地作为蔬菜基地。

图 3－4 上窑蔬菜大棚(2010 年)

1999 年 1 月 5 日,据《余杭报》载:上窑“大菜园”四季常青,日上市蔬菜 8000 公斤。全村 8 个村民小组,多数从事蔬菜种植,面积 200 多亩,大棚 1200 多套,总投资 1000 万元,被誉为无公害的“放心菜”基地。据《人民日报》2010 年 12 月 1 日载:余杭区瓶窑镇外窑村菜农龚玉玲夫妇将自种的“微利菜”运往杭州叶青兜市场销售。

蔬菜种类包括根菜类、茎菜类、叶菜类、花菜类、果菜类、豆菜类、瓠果类、薯芋类、葱蒜类、食用菌类。

根菜类 萝卜、胡萝卜(又名丁香萝卜)、大头菜、菊芋(俗名洋姜)、藕、蕉藕、茭白。

茎菜类 慈姑(茨菰)、茭白、莴苣笋、芦笋。

1984 年长命乡种茭白 19 亩、北湖乡种茭白 31 亩、彭公乡种茭白 47 亩。张堰村种植茭白有传统历史,尤其在 1984 年后种植面积迅猛增加,2002 年时已达到 1300 亩(86.67 公顷)。

2007年村里成立了茭白专业合作社，25户村民入社，每亩年种两季，亩产800公斤。为了跟上市场调节，调剂时间差，拉长销售链，陆续建冷库6座，每只储藏量50吨，茭白75%进入物流销售，25%村民自销于瓶窑、杭州等地，年销量达到32万公斤。

叶菜类 青菜、白菜、小白菜、毛毛菜、胶菜、芥菜、黄芽菜、苋菜、菠菜、蒿菜、芹菜、包心菜（有平头、尖头两种）、生菜、落葵（俗称木耳菜）、雍菜（俗称空心菜）、芫荽（俗称香菜）。

花菜类 花椰菜（俗称花菜）。

果菜类 茄子、番茄、辣椒（有朝天椒、细辣椒、羊角椒等）、菱（分葵菱、四角菱）、鸡头（芡）。

豆菜类 豇豆、芸豆（俗称四季豆）、扁豆。

瓠果类 南瓜、冬瓜、丝瓜、葫芦（俗称蒲瓜）、瓠瓜（俗称长葫芦）、黄瓜、菜瓜、苦瓜、西葫芦等。

薯芋类 芋艿（有紫梗、青梗、白梗等）、马铃薯（别名土豆，俗称洋芋艿）。

葱蒜类 小葱、大蒜、韭菜、韭黄（俗称韭芽）、洋葱。

食用菌类 有平菇、草菇、香菇、金针菇等，为近年发展品种。2008年食用菌栽培面积达到400亩（26.67公顷）。

若干年份瓶窑镇蔬菜面积情况表

表3-1-21 单位：亩

年份	合计		瓶窑		长命		北湖		彭公	
	常年性基地	季节性	常年性基地	季节性	常年性基地	季节性	常年性基地	季节性	常年性基地	季节性
1962	–	29936	–	2730	–	15178	–	5659	–	6369
1965	–	29329	–	–	–	13853		8699	–	6777
1968	–	27938	–	–	–	11688	–	8630	–	7620
1971	–	27561	–	–	–	11530	–	8605	–	7426
1974	–	27251	–	–	–	11388	–	8692	–	7171
1977	–	26710	–	–	–	11648	–	8283	–	6779
1980	154	24669	–	–	18	10610	136	8381	–	5678
1983	190	10478	36		18	6026	136	2370		2082
1986	500	9681	114	305	18	3904	368	2837		2635
1989	560	9259	482	2891	78	3697	–	–	–	2671

（五）水果

镇内种植水果历史悠久。传统品种有桃、梨、李、杏、梅、樱桃、白蒲枣、石榴、葡萄、枇杷、柑橘、无花果及西瓜、黄香瓜、密同瓜、雪瓜、甜瓜等。境内的大观山果园水蜜桃、青肖梨、黄壮梨等水果盛名远播省内外，2015年瓶窑镇大力引种大观山特优名果品种，全镇水果基地达到6115亩（407.67公顷），其中毛元岭水蜜桃与“大观山”品牌齐名，建立毛元岭桃果专业合作社，有水果基地2282亩。

柿子 有火柿、方柿两种。北湖片和长命片以火柿为主，彭公片为方柿为主。柿子树一般都种在河港、池塘岸边、房边屋后也有少量种植。长命片崇化村河港纵多，棋盘水网地段，柿子树种的特别多，1968 年，境内共柿子 817 担（1 担为 50 公斤）。

桃、梨　为古老的传统水果，据史料记载，桃、梨种植可追溯到 4000 多年前。20 世纪 50 年代末，境内桃树品种有一点红、三时桃、油光桃、透花桃、小暑桃、秋毛桃等，以小暑桃最佳。梨树品种有：青肖梨、黄壮梨等，但都零星种植，没有形成规模。据 2003 年 6 月 21 日《余杭日报》载：毛元岭千亩水蜜桃销售喜人，全村有桃林面积 1050 亩，其中 300 亩桃林是引进的日本新品种“仓方水蜜桃”，其色泽好、果形大，最大的达到 400 多克，是老品种的 2 倍，是年全村水蜜桃总产量为 1000 余吨。

图 3－5　毛元岭水蜜桃

杨梅　彭公山区、北湖何中一带都种植杨梅，山上有天然自生的，也有后来经过嫁接自己栽培的。杨梅浸酒，境内村民都爱好这一口。2010 年 6 月 20 日，境内塘埠村的“梅林山庄”首届杨梅采摘节启动，总面积 1200 亩（80 公顷），利用 300 亩已有 30 多年树龄的杨梅林进行改造提高，还到余姚等地引进粒大汁鲜味美的优质杨梅品种，其中 2015 年，年产杨梅 150 吨。

农业产业结构调整后，境内出现水果专业户和果树园艺场，桃、梨、葡萄和大棚西瓜、草莓大面积发展，有的村由外来人员承包种植。

若干年份瓶窑果园情况表

表 3－1－22　　单位：亩（面积）、担（产量）

年份	合计		瓶窑		长命		北湖		彭公	
	面积	产量	面积	产量	面积	产量	面积	产量	面积	产量
1962	97	1312	6	132	44	444	42	639	5	97
1965	64	1744	–	–	39	773	25	971	–	–
1968	46	1367	–	–	32	817	14	550	–	–
1971	43	964	–	–	29	566	14	398	–	–
1974	65	897	–	–	26	410	39	487	–	–
1977	98	299	–	–	41	154	9	145	48	–
1980	401	1129	–	–	36	548	16	581	349	–
1983	595	1387	–	–	31	421	38	713	526	253
1986	3638	1788	–	–	175	183	1840	830	1623	775
1989	2105	2218	576	596	107	274	–	–	1422	1348

此外，尚有紫云英、绿萍。

紫云英　又称红花草子、花草。一年生或越年生草本。早在明、清时代就已在境内大面积种植,除用作绿翁外,还能作饲料。1965 年—1970 年,境内紫云英种植面积约占水田总面积的 60%—80%,后因春粮面积增加而减少。1985 年后,有的农户恢复种植,但种植面积很少。2001 年,全镇 2017 亩(134.47 公顷),占水田总面积 3.4%,2006 年,1082 亩(72.13 公顷),仅占 2.4%。

绿萍　放养绿萍,主要是用作绿肥。1968 年后在境内推广,1976 年—1980 年,长命、北湖、瓶窑、彭公镇(公社)年平均放着绿萍达 5766 亩(384.4 公顷),后因倒萍、越冬等技术问题未解决,且放萍后水温降低,影响早稻分蘖等,1981 年停止放养。

第四节　养殖业

一、畜禽

境内养殖主要种类有猪、羊、兔、牛、鸡、鸭、鹅、鹌鹑等。

猪　旧时,农村中只有少数富裕农民家中养猪,绝大多数农民养不起猪。随着农民生活的改善,家庭养猪逐年增多,养猪的品种大多数为“金华两头乌”和“太湖黑猪”。

1958 年“大跃进”时,境内曾经一度办起集体牧场,先是在潘板公社,后又转为省种畜场,再又转为北湖公社,由于连续自然灾害对畜牧业发展的制约,不久停办。

1962 年后,彭公、北湖、长命的养殖业慢慢开始走向正规,农户开始养猪多起来,由于国家实行奖励政策,调动了农户养猪积极性,1964 年后,各大队先后办起了大队牧场,稍后,生产队也办起了小队牧场,养猪业慢慢形成规模。社员农户养猪积极性较高,称“猪多肥多粮多”,每年投售给国家的生猪也逐年上升。1975 年,除了农户普遍养猪外,队队办牧场,如张堰村 13 个生产队,个个小队办百头猪场,大队办起千头猪场。

1984 年,农村实行家庭联产承包责任制,集体牧场全部解体,存栏生猪分养到户。1985 年,经济政策全面放开,多种经营得到发展,在零星养殖户减少的同时,出现一批专业养猪大户,猪饲料改以配合饲料为主。彭公乡韩士华 1984 年开始规模经营养殖,每年投售给国家高品猪 150 多只,同时还饲养肉鸡几千只。在他带领下,全乡养殖大户有 30 多户。北湖乡宋月樵,身残志不残,1987 年开始养猪,专门饲养供应香港市民食用瘦肉猪,为国家创收外汇每年出售数量 360 头。彭公村民何少文在马头山饲养野猪,培育野猪苗猪,全国 500 家野猪苗猪 70% 由他供应,年投售杂交野猪 700 多头,年销售超百万元。

图 3-6　生猪养殖场(2013 年)

2009 年,全年镇内养猪 15878 只,2012 年 20947 头,2015 年 21651 头。

若干年份瓶窑生猪情况表

表3-1-23　　单位:头

年份	合计		瓶窑		长命		北湖		彭公	
	饲养量	出栏数	饲养量	出栏数	饲养量	出栏数	饲养量	出栏数	饲养量	出栏数
1962	7137	3753	793	359	2925	1683	1184	677	2235	1034
1965	24714	10922	184	125	9983	4555	6371	2800	8176	3442
1968	27523	14014	126	51	12920	6892	7641	3698	6836	3373
1971	39099	18981	127	84	17121	8277	11006	5267	10845	5353
1974	41145	19705	19	10	16778	8024	12793	6205	11555	5466
1977	33362	14251	13	7	12519	5334	10844	4321	9986	4589
1980	45260	23607	13	5	18510	9720	13302	6798	13435	7084
1983	40169	19060	724	325	15848	7745	11729	5166	11868	5824
1986	37855	19470	545	364	14784	7760	9511	4267	13015	7079
1989	38811	20384	11022	6163	14943	7698	-	-	12846	6523

羊　羊为境内传统家畜,历史上农家饲养山羊为主,平原地区北湖、横山、圣塘、张堰、西安寺、半山区彭公,山羊为多数,长命多数饲养湖羊或少数山羊,湖洋以其羔皮著称于世,商人收购湖羊羔皮出口换外汇,并已被国际市场誉为“软宝石”,为世界四大名羔皮之一,故老百姓很喜欢饲养湖羊。除了羊羔皮外,湖羊毛也很畅销,国家收购羊毛并有奖励,极大鼓舞农户饲养湖羊,也作为家庭经济收入来源之一。山羊主要用来食用,肉质鲜美、味道可口,深受人们喜爱,婚嫁家宴少不了一道羊肉佳肴。

1978年改革开放后,境内涌现出大批养羊专业大户,北湖章顺根每年饲养山羊80多只,山羊出售年收入可观。秦老虎在北湖草荡钩鱼湾饲养山羊近百只,年年出售,成为远近闻名的羊倌。外窑村宋月樵夫妇俩从2007年又开始饲养羊,租荒地25亩建造羊舍,培育奶山羊,从配种到生育小山羊一条龙,同时圈养湖羊共计湖羊1700多头、山羊500头,多次受到省、市、县表彰。

兔　境内农户饲养长毛兔历史较长,从1964年起,农村几乎各家都养几只,少则四五只,多者10多只。出售兔毛国家还有奖励布票、针织票。70年代末至80年代初,境内农民开始大批量饲养,涌现出许多养兔专业户,长命北村周友金最早饲养长毛兔,雉山村唐洪连、高俞塘村沈茂初、北湖南山村谢炳林等饲养量均在300只—600只。据《余杭日报》载,2001年,阮建荣养獭

图3-7　塘埠村兔子养殖场(2013年)

兔讲究科学，存栏数达到5000只以上，还饲养医药用兔。

1975年后，部分大队办起兔场，养兔业再次在民间兴起。1999年，瓶窑养兔大户周敏民注重科学养兔，以产毛型、肉食型、医药实验型的多类型饲养取胜市场，年收入超3万元。他订阅各种养兔专业书籍杂志，采用科学养兔技术，大胆地搞起长毛兔家庭人工授精实验室，经过多次试验和艰辛的努力，这项属于医药领域高难度的技术竟获得成功，培育出长毛兔个体大、长毛快、毛质优、产毛多的优良兔种，极大提高经济效益，饲养高产兔毛兔子270多只，每只平均年产毛量达1公斤以上，全年产毛达300多公斤。

2004年8月，成立余杭科联兔业合作社，谢一民任社长。2006年3月，经国家工商总局批准注册“瓶窑”牌商标，现有社员104户，科联兔业主要进行实验兔的生产和使用，基地位于瓶窑塘埠村横山组后山，占地50亩，建有标准化实验兔舍5幢，育成兔标准化房10栋，新型兔笼1800只，年出栏数在10万只以上。该合作社是杭州规模最大、设备最完整、标准最严格的实验兔养殖基地，同时与浙江省医学科学院、英国AHCOM公司、浙江大学、浙江中医药大学、温州医科大学等进行深度合作，实现“企业(院校)+基地+养殖户”的发展模式，1984年境内养兔10280只，2015年医药用兔饲养量达到103500只。

若干年份瓶窑家兔情况表

表3-1-24 单位:只

年份	合计		瓶窑		长命		北湖		彭公	
	存栏数	其中:长毛兔	存栏数	其中:长毛兔	存栏数	其中:长毛兔	存栏数	其中:长毛兔	存栏数	其中:长毛兔
1962	-	-	-	-	-	-	-	-	-	-
1965	15200	-	447	447	8096	8096	3185	3185	3472	3472
1968	12983	-	167	167	7923	7923	1858	1858	3035	3035
1971	9611	-	166	166	5766	5766	1556	1556	2123	2123
1974	6213	6087	-	-	3772	3772	1339	1232	1102	1083
1977	6045	5954	-	-	4933	4933	826	735	286	286
1980	16111	16086			12315	12315	2702	2702	1094	1069
1983	9867	9867	370	370	7035	7035	1397	1397	1065	1065
1986	14443	14443	150	150	9974	9974	3540	3540	779	779
1989	6745	6745	1458	1458	5023	5023	-	-	264	264

牛　境内饲养牛多为耕田，故名为水牛，以前是各自家养，进入合作社公社化以后，耕牛归集体饲养，各生产队都饲养2头—3头牛，作为耕田的主要代劳动力，1955年—1985年延续30年集体饲养。1985年后，分田到户，牛也分散到各户饲养至今，由于耕作制度的改变，牛的需求量逐渐变小，原先生产队的耕田、耙田、平田都要依靠牛来完成，后来耕作基本上由拖拉机代替，省时省力。

改革开放后，出现了养牛专业户，养牛不是用来耕田而是用来杀牛肉作菜牛。2009年镇内窑北村养牛大户柯富照投资10多万元，从外地买来了30多头菜牛，采取科学养牛，自己加工饲料,年产值达30多万元。

鸡 “鸡鸭成群,六畜兴旺,五谷丰登”。农村几乎每家都饲养几只鸡鸭,多者10多只,少者也有三五只,而且每家都留有一只红毛大公鸡做种,自家母鸡生蛋自己孵小鸡,一年之中孵二次,春季一次,秋季一次,秋季孵出的小鸡称之谓八月桂花鸡,待桂花鸡养到年边有1斤到1.5斤左右,可作为补品,将中草药黄芪等和桂花鸡一起用砂锅炖煮为最上等佳肴补品,这一习俗延续至今。俗称“斤鸡四两鳖”,桂花鸡最好。

2005年,地处山区的彭公村刘国平用10年的拼搏,从原来上千只三黄鸡发展到年产7万多只各类家禽的养殖场,带领当地10多家农户走养殖道路,投入5万多元,造起三大间鸡棚,开始养殖市场坚强的紧缺的七彩山鸡(雉鸡)、土鸡、三黄鸡、珍珠鸡、鹧鸪,年销售各类家禽、特种禽5万多只,小平山鸡养殖场声名鹊起,客户纷纷登门求购,七彩山鸡行情更好,热销杭州、梅家坞和温州等地的旅游景点。2003年,刘国平的“毛腌鸡”5亩多地养殖场,开始制作“毛腌鸡”,深受人们喜爱,到年边4000多只“毛腌鸡”倾销一空。

鸭 养鸭,主要用来生蛋,农户很喜欢春天(即谷雨前)腌灰鸭蛋或做皮蛋(彩蛋),因为谷雨前的鸭蛋腌盐鸭蛋或做皮蛋空头少、味道鲜美,咸鸭蛋的蛋黄流油,味道最佳。而三年以上的老鸭又是农家孝敬长辈、馈赠亲友的上品,老鸭有开胃滋补强身的作用,深受人们喜爱,一般农户饲养鸭量很少,只有四五只,在1983年前的人民公社时期,农民用省下的口粮来养鸭,鸭要吃稻谷或小麦,受到限制不能多养。

1984年,粮食流通了,配合饲料的问世,境内农村出现了一大批养鸡专业户和养鸭专业户。养鸡一年可养三到四批,55天可出售,名叫关棚鸡,鸭一年可养两到三批,60天可出售,名叫“刚条”(肉鸭)。

2013年,畜禽大户115户,饲养肉鸭407300只,生蛋鸭51900只,另有鹅5850只,鹌鹑2800只。

2008年—2015年瓶窑镇家禽饲养情况表

表3-1-25

年份 内容	2008	2009	2010	2011	2012	2013	2014	2015
生猪年饲养量(头)	92978	98091	880	87168	87554	84485	700	20970
羊年饲养量(只)	3382	12530	1050	8161	9146	8138	1195	1303
家禽(鸡鸭鹅) 年饲养量(万羽)	259.5	291.5	123.2	338.66	351.29	305.9	37560	18100

二、水产

境内北湖、长命属水乡平原,湖泊、河流、池塘、水库众多,水资源丰富,旧时养鱼不成规模。1958年起,所有塘湖归集体所有,春天各村普遍放养鱼苗,入冬后鱼起塘分售给村民过年。张堰大队鱼种场,创办于1956年春天,属余杭地区最早的鱼种场之一。当时还是余杭县中溪乡张堰农业高级合作社(也称解放社),社长兼书记何阿奎请来凌湖养鱼专家菇长荣,5个人办起了鱼种场,起先鱼苗籽到长江边(武口)捞卵化的幼苗空运到上海,再转到张堰培育火片。后来自己开始养种鱼,培养种鱼,雌雄搭配,注射激素后鱼种开始交配自由繁殖而孵化幼鱼苗。每年5月下旬种鱼开始产卵,人工孵出鱼苗。每年能出产各种鱼苗200多万尾,火片鱼苗除供应本地，还远销绍兴、慈溪、杭嘉湖地区。

1984年，实行家庭联产承包责任制后，鼓励农民搞多种经营，其间许多农民开始挖塘养鱼、养青虾，出现了不少养鱼大户和养青虾专业户。张堰村民章昌富承包260亩新开鱼塘，放养各种鱼苗，开展规模化养鱼，每年投放市场商品鱼25万公斤，同时还自己人工孵育鱼苗每年1.3亿尾，远销宁波、余姚、慈溪、上虞、绍兴、杭嘉湖地区，规模远超张堰大队鱼种场。

图3-8 海深特种鱼养殖场（2016年）

境内张堰村民养鱼、育鱼苗一直是该地域的佼佼者。每当冬季，张堰鱼种场的捕捞队远到四岭水库或长命高俞塘及附近村捕鱼，也为集体创造可观收益。境内还有许多农户养殖青虾，北湖有300多户村民经营各类水产养殖，有200多户养殖青虾，总面积3000亩，其中养虾女能手王水良，向村里承包100亩草荡田，开始大面积饲养青虾，一年养两季，净赚20多万元，1997年全村发展到1000多亩，到1999年全村发展到3000亩虾塘，带动了全村致富。

2008年—2015年瓶窑镇渔业生产情况表

表3-1-26

内容 \ 年份	2008	2009	2010	2011	2012	2013	2014	2015
鱼塘面积（亩）	5962	5962	5962	5962	5057.7	5057.7	5057.7	5057.7
鲜鱼起水（吨）	3296	3296	3261	3332	3388	3401	3402	3461

若干年份瓶窑镇淡水鱼生产情况

表3-1-27 单位：亩（面积）、担（产量）

年份	合计		瓶窑		长命		北湖		彭公	
	面积	产量	面积	产量	面积	产量	面积	产量	面积	产量
1962	1115	1252	163	111	792	668	140	407	20	66
1965	1142	1109	-	-	736	695	364	347	42	67
1968	1167	1188	-	-	818	786	343	393	6	9
1971	1359	1736	-	-	846	976	407	673	106	87
1974	1281	1807	-	-	827	865	421	853	33	89
1977	1447	1925	-	-	770	887	420	828	257	210
1980	1467	2535	-	-	752	1121	486	1193	229	221
1983	3128	4481	122	34	1125	1773	1512	2283	369	391
1986	4063	10803	234	257	1264	3037	1907	6870	658	639
1989	3833	15230	2156	8028	1011	3602	-	-	666	3600

2002年特种鱼苗王——王官法,是杭州海深特种鱼开发有限公司创始人,他从最初培育鲶鱼苗起家,把公司发展成为全省规模最大、技术先进的特种鱼苗繁殖、育苗基地,产品远销深圳、哈尔滨、兰州、乌鲁木齐等30多个省市。他选择了塘埠村靠溪边的200亩土地,采用反租倒包的形式,开始建造鱼苗繁育用房,共投入150多万元,建起特种鱼苗繁殖区。国内外800多个鱼类品种中筛选特种珍稀鱼苗进行驯化、养殖、繁殖。引进的品种有中华光倒刺鲃、俄罗斯鲟、巴西鲟鲷、南美白虾、美国红鳟等40多个,都是水中的"贵族",销售各类鱼苗1亿多尾,产值突破700万元。

第五节 农产品加工

一、粮食加工

1954年,境内无粮食加工企业。民间所产大米全用木砻、石臼、风箱、米筛等原始工具,人力加工而成。1964年后,各村陆续通电,先后办起小型稻谷加工场。1971年,3个公社共有小型加工场35家,但都不成规模,只能为村内农户服务。20世纪90年代中期,出现利用手扶拖拉机改装成的碾米机,走村入户为农户加工大米。2015年,境内有蒿山头赵水金米厂、瓶窑米厂。

豆制品加工场 瓶窑、长命、北湖、彭公等集市贸易地区,历来都有小型豆制品手工业作坊,用黄豆作原料,生产豆腐、千张、豆腐干、油豆腐等产品。

2015年,上市交易的豆制品摊位共有26家,其中瓶窑集镇7家,彭公集镇7家,长命桥集镇4家,石濑街市2家、大观山农贸市场2家、瓶窑农贸市场4家。

瓶窑镇西溪街由食品社开设一家面粉加工场,从事面粉和面条加工,为镇乡居民服务。

二、笋干加工

笋干加工制作是境内村民的传统杰作。据《余杭日报》2003年4月13日载:浙北最大的笋干村在瓶窑镇石门村。"竹里编茅倚石门,竹茎疏处见前村。"

石门村凭借丰富的竹林资源,悠久传统的制作秘方,把石门笋干这一产业越做越大。这个仅203户人家的小山村,家家有笋灶,户户做笋干,年计全村笋干总产量可达400吨,产值达1000万元。环视浙北,石门村已成为最大的笋干加工村,成为名副其实的"笋干村"。

石门村竹林面积6000多亩(400余公顷),淡竹林为浙江省最集中的地方,淡竹不仅是制作各种工艺品的上等材料,所产竹笋也是制作野山笋干的上佳原料,因此,石门村做笋干的历史相当长。进入80年代,随着另一优质食用竹种——早竹笋面积的扩大,村民们把加工野山笋干的技术移植到加工早竹笋干上去,并一举成功,从此石门笋干伴随着早竹笋面积的迅速扩大,产量急剧增长。

笋干生产季节性很强,每年3月20日以后,便开始烘制。4月上旬,是烘制笋干的旺季,每天消化鲜笋达十几万公斤,生产笋干1万余公斤。将剥白笋洗净后,开始上灶煮熟压榨,到了傍晚,放入烘干机加旺火烘制,直到天亮烘干为止。24小时连轴转,人工十分辛苦,但为了保证石门笋干的地道,村民对每道工序都一丝不苟。石门笋干10公斤鲜笋烘制1公斤笋干,色泽醇黄,味道芬芳,存放6个月不变质。

2000年7月，村里成立了杭州石门笋制品有限公司，吸取传统工艺精华，开发“梦春牌”笋制品，并与石门村加工大户签订销售合同。公司通过对笋干的分类、检验，加工成礼品型、旅游型、大众型、超市型四类笋制品，成品全部放冷库保鲜，销往上海、北京、沈阳等地，年销售200吨各类笋干，提升了石门笋干村的知名度。

图3－9 石门村村民烘制笋干(2003年)

三、茶叶加工

20世纪50年代前，瓶窑农民茶叶加工都自备锅灶，手工炒制。其方法：先用旺火将青茶叶倒入锅内，用双手边抖边翻炒，这也叫杀青，待鲜茶叶有所干软，起锅将茶叶放在桌子上用双手揉捻，直至有点茶汁出来，再将茶叶抖散在锅里，用温火翻炒，10分钟后再起锅，双手第二次揉捻，达到茶叶潮湿模样，第三次抖散下锅用微火慢慢烘干，这是民间家庭传统炒制法。

1970年代后，西安寺、横山、南山、板石、大山、西坞、何中、西中、毛元岭.、长命、城皇山、乌山、北村等几个茶地较多的大队都有自己的茶叶加工厂，购买来先进的杀青机、揉捻机、炒干机、烘干机等对茶叶进行粗加工，炒制“杭炒青”。90年代后，除炒制传统茶“杭炒青”外，还炒制“旗枪”等，机器设备改良，炒制茶叶手艺提高。

第六节 农机 植保

传统农业的精耕细作，是以与之配套的农器具为条件的。秦汉始用铁制器具，并利用畜力、水力。民国时有少量抽水机械出现，然直至20世纪50年代，农具改进不大，几乎没有农业机械。1958年，逐步推广与发展植保机械、脱粒机、插秧机、收割机和手扶拖拉机等各种小型农业机械。

瓶窑农业技术推广站配有专职植保干部，指导乡村开展病虫防治工作。撤销区建制后，区农技推广站改为余杭县农业推广中心所属服务站。村都配备不脱产农民植保员。贯彻执行“预防为主，综合防治”的方针，防治方法从以单纯人工为主防治发展为物理防治、化学防治、生物防治、农业防治及植物检疫，逐步形成较为完整的综合防治体系。

一、农具

传统农具　瓶窑农村沿用至今的传统农具，大致有下述6类。

耕作栽培用具。大铁耙、小铁耙、尖齿铁耙、两齿铁耙、塘爪、锄头、山锄、刮子、犁、耙、耖、秧稍、种刀、豆拐、菜拐(木制)、箩头、罱夹、水抢、浮套、罱泥船、千步、铁锹、踏锹、龙桥锹、藕锹、稻根锹、田箍、稍耙、苗推、粪桶、料勺。牛车盘：驱使牛绕着圈子走动，拉动车盘转动，带动水车引水，1956年张堰村使用过此种农具。根据地区和农艺要求不同，锄头分为阔板锄、狭板锄、四指锄、开山锄等。犁分为畜力牵引犁和人力犁。另外，耙水田还使用畜力牵引的木杷、木耖。旱地中耕时，根据作物种植密度，选用不同尺寸阔板锄（俗称“刮子”）、狭板锄。水田中耕时多用田耙、田籁，田耙为铁制齿形，田籁为铁制圆形。

加工农具一般多用碌碡（石滚）、杵臼脱壳和石磨磨碎粮食和饲料。山区农户多利用落差水力，冲转大木轮、带动杵臼臼米或石磨磨粉。平原农村多用畜力和人力，城镇用木砻砻谷，机器碾米。

收获农具收割均用镰刀、茅刀。镰刀形似月牙，刃口为排列整齐斜尖齿，由砂轮磨削而成，俗称“发齿”。茅刀形似半月，刃口锋利，无齿，也能割草。脱粒通用木制稻桶（俗称谷箱）、长把连枷或木棒打击。稻桶为四方形，用于稻麦脱粒。连枷形似田耙，木制，叉头可旋转，用于豆麦脱粒，通常是将割下豆麦挑到晒场晒干而击之。清选谷物大都使用风车，手摇风扇吹送不同比重谷物、秕谷。晾摊用具有篾垫、竹匾，翻晒有木耙、推谷板等。另有畚箕、脚箩（谷箩）、草篰、菜篮、晒笭、筛谷笪、耪谷耙、笣撂、风箱、圈笭、木砻（稻谷脱壳用）、木勺、米筛、石臼、舂米榔头（臼杵）、石磨、糠筛。

运输农具扁担、柴枪、踩柱、土箕（俗称土笪）、独轮车（俗称羊角车）、双轮车（即钢丝车）、农船，木制或水泥制，大船 3 吨—5 吨摇橹，小船 1 吨—2 吨划桨，用于罱泥、运输。平原水乡的北湖、长命在 20 世纪 60—70 年代，每个生产队都有二三条。水路运输传统使用木排、竹排等。

排灌农具以木制水桶、水戽、水车为主要工具。水戽两边穿绳，2 人拉绳戽水浇田。龙骨水车：木制，分手摇、脚踏两种。手摇式，长 1 丈 3 尺左右，一人使用。脚踏式，长约 1 丈 8 尺至 2 丈 6 尺不等，使用时 3 人一组合。煤炭机：用柴炭燃烧锅炉，产生热量变为动力，带动抽水机抽水，1957 年西安寺、张堰村使用过。

其他农具尚有罱河泥的泥夹，盛粪的粪桶，浇肥水的粪杓；养蚕用的蚕匾和蚕架及桑剪等。改良农具有华东水田犁、手拉胶轮车、水泥船等。新式农具有双轮双铧犁、人力喷雾器、人力插秧机、脚踏打稻机等。

林业工具还有柴刀、钩梢刀（毛竹钩梢专用）、笋枪、小山锄、笋夹担、炭篰、柴锯、三脚马、刀架等。

此外，渔业。鱼网有打网、甩网、丝网、圈网、拖网、夹网、扳网（亦称扳罾）、捞兜网等多种。

鱼钓有滚钓、弹钓、垂钓、鳗钓、鳝钓等。鱼笼有虾笼、鳝笼、狩笼、盘兜。鱼罩、大鱼篓、打鱼船，此外还有鱼叉、蚌扒、螺蛳耥等。

畜牧用具。猪食盆、猪食桶、七石缸、猪（羊）栏栅兔笼、鸡笼（也称鸡箱）、蜂桶、铡刀、泥灶、大铁锅、大铁铲、尖刀、杀猪缸、开爿刀、扎钩。

农业机械　1958 年，余杭始有农机制造工业，逐步推广与发展植保机械、脱粒机、插秧机、收割机和手扶拖拉机等各种小型农业机械。1983 年以后，开始实施家庭承包责任制，单家独户的生产一度使农业机械的应用受到限制，发展较为缓慢。

耕作机械。主要是各种拖拉机及其配套的犁、耙等。1955 年—1958 年，推广使用双人双铧犁，1959 年试用电耕犁。1969 年，北湖公社成立拖拉机站，拥有苏联产尤特斯拖拉机 1 台、上海丰收 27 型拖拉机 1 台、上海丰收 35 型 1 台，配以被动耙和四铧犁。1972 年，增置东方红拖拉机 1 台、上海丰收 35 型 1 台。1969 年北湖公社西安寺大队、张堰大队首先引进杭州五丰机械厂生产的东风 12 型手扶拖拉机 2 台，配以旋耕机、华式犁进行耕耙作业，操作方便，还可一机多用。1984 年,境内有手扶拖拉机 255 台 3060 马力,其中北湖 78 台 936 马力,长命 86 台 1032 马力,彭公 91 台 1092 马力。船型拖拉机,又称机耕船。1979 年始用,以 12 马力柴油机作为动力,配以铧式犁、旋耕机等,人坐船内,操作方便,每小时可耕作 3 亩—5 亩,适宜烂田作业。1980 年,境内有机耕船 25 台 300 马力,其中北湖 12 台 144 马力、长命 11 台 132 马力、彭公 2 台 24 马力。20 世纪 70 年代发展小型拖拉机为主。

1972 年,大面积推广三熟制,耕作机械发展很快,手扶拖拉机增加迅速。1981 年,机耕面积占粮食种植面积的 80%。1979 年,浙江省在张堰大队搞农机化试点,推广人力插秧机,实践中由于秧苗长根须长、效果差,停止普及。2008 年,境内推广机动插秧机插种水稻,引进久保田插秧机 2 台,第一年机插杂交水稻 470 亩,亩产获收 550 公斤。1999 年后,农业结构调整,春粮种植面积逐年下降,开沟机应用随之减少。种植机械有插秧机、抛秧机。后由于水稻种植以手插散播为主,没有继续推广应用。1983 年,实施家庭承包责任制,机耕率一度连年下降,20 世纪 90 年代后又逐步恢复。耕作机械以小型手扶拖拉机为主。2000 年后,由于农业产业结构调整,小型耕作机械应用受到一定限制,中型拖拉机进一步发展。配套有锋铧犁、旋耕机、小耙等工作机具,能进行耕、耙、平田等作业,是一种性能优越的耕作机械。此外,60 年代末,电动打稻机逐步代替脚踏打稻机,后随农用电网的扩大,脱粒机械动力增加,机脱面积扩大。

图 3－10 收割晚稻(2015 年)

收获机械 脚踏打稻机:1954 年始用,分单人与双人两种,人工脚踏为动力,带动齿轮钉滚筒使稻麦脱粒。电动打稻机:1960 年,长命大队使用。在脚踏打稻机基础上改进,配以 1.5 千瓦至 1.7 千瓦电动机,省时少力。境内迅速普及使用。1984 年,境内共有电动打稻机 1060 台 2076.2 千瓦,其中北湖 362 台 754 千瓦、长命 406 台 812.2 千瓦、彭公 292 台 510 千瓦。稻麦割晒机:1998 年至 2001 年,镇内各村先后引进割晒机 10 台。1980 年,彭公农场引进割晒机 6 台 GL－120A 型,"久保田"半喂入联合收割机问世后,割晒机淘汰。2006 年—2007 年,西安寺村引进第一台"久保田"半喂入联合收割机 PRO488 型 1 台。2007 年至 2015 年,全镇引进"久保田"全喂入联合收割机 3 台、湖州星光全喂入稻麦联合收割机 5 台。1979 年,省级农机化示范项目在张堰大队搞点,试验引进江苏清江 504 型拖拉机配桂林 4 号全喂入联合收割机,并在次年 7 月召开了全省农机化现场会。随着联合收割机的推广应用,收割机逐步被农户所接受,电动打稻机也慢慢开始冷落。2009 年,全镇有电动打稻机 3644 台。稻谷烘干机:2015 年全镇共有 8 台,其中镇农业服务中心 3 台、张堰村 3 台、窑北村 2 台。

排灌机械 随着电力设施不断改善,电力排灌发展较快。至 1982 年,机电排灌面积占耕地总面积的 90%,基本上实现排灌机械化。20 世纪 50 年代,使用的水泵都是仿制美国卡佛式离心泵,扬程 6 米以上。60 年代,使用通过省级鉴定的浙农系列水泵,配以 7 千瓦—10 千瓦动力,效率达70%以上。1980年后,使用180瓦—750瓦系列水泵。柴油机为抽水机作动力,1951年开始试用。船机,1952年—1953年,境内各村先后建成抗旱、排涝机埠,用于抗旱排涝,亦用于稻谷脱粒、农产品加工。农用水泵俗称抽水机,有离心泵、混流泵、轮流泵、深井泵(潜水泵)等,须与动力机械配套用。喷灌机,利用压力喷水,用于大田、菜地、桑地、果园、茶山等抗旱灌溉。

植保机械　20世纪60年代中期,开始使用双肩背负人力杠杆式喷雾机,一人操作,简单方便。1965年,开始使用机动式喷雾(粉)机,用于果园、桑园和大田作物病虫害防治。1958年,始用喷粉机,人工手摇喷施六六粉等农药。喷雾器有单肩背包式、双肩背负式,型号有工农—12型和工农—16型等。人力杠杆施压,用于稻、麦、油菜、瓜地、菜地农药水剂喷施。1980年,境内有1008只,其中北湖400只、长命333只、彭公275只。机动高压喷雾器有工农36型、东方红18型等,嘉兴产背负式机动喷雾机境内有57台、其中北湖13台、长命11台、彭公33台,用于花园、果树、林地和大田作业。

运输机械　挂桨机动船:有3吨、5吨之分,多数为水泥船,1973年始用。手扶拖拉机:以12马力柴油机为动力,耕作完毕,配以拖斗作运输工具,能在机耕路上和农村道路上行驶。1980年,境内有手扶拖拉机182台,其中北湖58台、长命38台、彭公86台。四轮拖拉机21台,其中北湖10台、长命6台、彭公5台。2009年,全镇有农用运输拖拉机497台,其中北湖128台、长命168台、彭公189台、瓶窑社区12台。1980年,全镇共有农用木船138只,其中长命103只、北湖35只;有农用水泥船111只,其中长命62只、北湖49只;有农用机动船29只,其中长命19只、北湖10只。手推胶轮车:1980年,全镇共有手推胶轮车4574辆,其中长命1357辆、北湖1134辆、彭公2083辆。

粮油加工机械　1960年后,农副产品加工机械开始有专用动力。此后,随着农用电网扩大,专用动力有很大增长。20世纪70年代,乡村都建有粮食加工厂,为当地农民提供碾米、磨粉等服务。至1985年,粮食加工实现机械化。饲料加工机械有饲料粉碎机、青饲料打浆机等,1958年后有较大发展。饲料加工业兴起和配合饲料发展,农村原有的小型加工机械减少。1980年境内长命、北湖、彭公有年糕机19台、405型饲料机39台、青饲料打浆机37台、碾米机36台等。

农户制作笋干多用木炭土炉烘制。20世纪90年代后,笋干加工专业户开始向附近农民收购鲜笋烘制笋干,制造土制烘箱,多用木材作为燃料,内有20层—30层栅架,一次可烘制200公斤左右,成为笋干烘制主要设备。20世纪90年代末,境内形成名优茶和蒸青茶加工为特色茶叶生产格局,蒸青茶流水线机械大规模投入使用。茶叶揉捻机、理条机、杀青机等加工机械增加。

农机服务组织(瓶窑镇农业公共服务中心)　地处西安寺村,占地20亩(1.33公顷),内设“二个中心、四个合作社”。烘干中心:总投资138.7万元,建成烘干房417.9平方米,购置12吨级烘干机2台、6吨级烘干机1台、烘干流水线1套、12吨干谷仓1套、风选机1台、输送装置2套,年烘干能力2000吨。育秧中心:总投资256.2万元,建成育秧玻璃温室300平方米,育秧播种车间108平方米、练秧连栋大棚5830平方米,购置种子发芽器2台、育秧流水线8套、育秧盘10万只、插秧机18台,年育秧能力9万盘,年早晚稻机插能力5600亩。四个合作社:浙江浙农植保专业合作社联合社、杭州浙农稻米专业合作社、杭州浙农果蔬专业合作社、余杭区华农农机专业合作社,对种粮大户提供育秧、机耕、机插、植保、机收、烘干等全程服务。2011年,创建省级现代农业水稻提升项目考核合格。

二、植物保护

作物病虫害 常见的水稻病害较多。病虫害种群类型、发生程度,流行频率等,与耕作制度变革、作物品种、栽培管理、天气变化相关,地区间有差异。

螟虫。俗称蛀心虫,历来为灾害性害虫。70年代前,余杭县以三化螟、二化螟为主,70年代后发生量剧降。推广杂交水稻后,二化螟和大螟又有所增加,而第一代螟虫重于第二、三代。2000年—2004年第一代螟虫大面积发生,二单、双混栽地区重于纯单季稻地区。以二化螟为主,大螟、三化螟较少。稻纵卷叶螟。一种偶发性害虫,60年代中期开始危害加重。70年代起,即为水稻常发性主要害虫。2002年—2004年连续两年再度发生,以第二、三、四代危害最重。黑尾叶蝉(蚰虫)。历年都有发生,并传播病毒,引起矮缩病、黄矮病等病害。80年代后逐渐降为次要害虫。褐稻虱。水稻主要害虫之一,一年可发生6代,以第五代发生量最大。1997年以来发生量较重,因防治及时未出现大面积危害。稻瘟病。常发性水稻病害。山区比平原水网地带重,晚稻比早稻重。低温冷害年份和氮肥偏高田块最易发生。80年代后危害加重。90年代中期以来,由于选用抗病良种,此病在区内已成为次要病害。纹枯病。推广矮秆密植后,发生较普遍、危害较重。赤霉病。麦类主要病害,此病属气候型病害受气候影响大。

病虫害防治 清至民国,境内屡发虫灾,以蝗虫和螟虫(俗称蛀秆虫)危害为大。以土法治虫为主。

图3-11 无人飞机治虫(2016年)

20世纪50年代初期,植保工作实行"防重于治,以人工防治为主,药剂防治为辅"和"治早、治少、治了"方针。其时,稻螟虫危害严重,推行在秧苗上捉卵块,把害虫附在苗叶上的卵块摘除,并用火烧掉。1953年—1954年,推行挖稻根(稻篰头)治虫法。晚稻收割后,用特制的稻根铲把田里的稻蒲头全部挖起,使其干冻,晒燥后用火烧掉。来年可减少螟虫繁殖。20世纪50年代,还推行点灯引螟蛾扑火治虫法。用大盆盛水,支于稻田间,水面洒些菜油。上置一灯具,每到夜间将灯点亮。螟蛾见到灯光,自会飞来扑火,跌入盆内沾油至死。用菜油或柴油治虫,三伏天,稻田灌水,把油装入一漏器中,稀疏滴入稻苗行间,每亩用油约二两半,待油散开后,用扫帚或竹棒将附在稻叶上的叶蝉、稻飞虱等害虫赶入水中,沾油窒息而死。手工捉虫,蔬菜上的青虫、萤火虫等较大的虫害,用手直接捉杀。稻苞虫出现时,用一根竹叉对准稻苞虫叉掉。自制土农药治虫,山区农民从山上掘来黄柴根,切碎后用米泔水浸泡一昼夜,入锅煎成汁,可治菜虫。山萝卜(药名百部),切碎后煎成汁,亦可治菜虫。

60年代,实施"防治结合"、"防治并举"方针。60年代开始,供销部门开始供应农药"六六六”粉。农民将“六六六”粉拌泥沙撒于大田,对防治螟虫起到良好作用,对于卷叶虫等采用撒干粉方法消灭。新农药“二二三”(DDT,也叫滴滴涕)开始供应。治虫时,按一定比例加水用料匀泼于稻苗上。1957年,出现了手摇式喷粉机,为用“六六六”粉治虫提供了方便。1960年,出现了背包式喷雾器,为用水剂治虫提供了先进器具。

1975年起,贯彻执行“预防为主,综合防治”的方针,防治方法从以单纯人工为主防治发展为物理防治、化学防治、生物防治、农业防治及植物检疫,逐步形成较为完整的综合防治体系。90年代后期,随着无公害农产品推广,利用灯光诱杀趋光性害虫和性诱剂捕杀害虫逐步推行。2002年,推广灌水杀蛹技术,解决越冬代二化螟蛹。2004年,推广使用诱捕器捕杀蔬菜害虫。化学防治主要是指采用各类药剂防治病虫害。

1953年起开始推广化学农药“滴滴涕”(二二三)、“六六六”等有机氯农药治虫。1955年推广有机汞杀菌剂“西力生”,用于种子消毒。20世纪60年代开始,推广应用有机磷农药乐果、马拉松、敌百虫、敌敌畏等。种子消毒的抗生素有“402”、使百克、浸种灵、线菌清,防病用的代森铵、稻瘟净、托布津、井冈霉素等。70年代,有机氯农药用量逐年减少。至1979年,使用的农药为有机磷农药所取代。1987年4月,县农业局、县供销社按每亩2公斤杀螟粉,1两敌敌畏和西力生下拨各公社。7月,又下拨井岗霉素、敌百虫、乐果、马拉粉、甲胺磷等。1980年后,合理运用化学防治、生物防治、物理防治等措施相协调的综合防治,综合防治措施全面推广。水稻复种面积增加和稻苗长势的日趋茂密。使新的病虫害不断发生,“二化螟”、“三化螟”、“稻飞虱”、纹枯病、稻瘟病等轮番出现,危害严重,植保工作显得十分重要。1973年起,各公社均设农技站,各站配农业技术员和植保员,各生产大队和生产队都配有植保员,从事植保工作。当时施用的农药有乐果、敌百虫、敌敌畏、西力生、杀螟粉等。还有治蚂蟥药五氯粉萘。

1978年后,农药品种不断创新,供应数量日见充足,当时除一般农药外,还有甲胺磷、甲拌磷、1605、氧化乐果、呋喃丹5种剧毒农药。这5种农药杀虫力极强,但在农作物中残留量高,对人体有害。2001年,被杭州市人民政府发文明令禁止使用。境内长命村石山下的杭州丰收农药有限公司,成立于1989年,有技术员工53人,主要生产水剂草甘磷农药,用于果园、竹地、山林等旱地作物,产品80%为外贸出口,年产值3700万元。

1983年,国家禁止使用有机氯农药后,使用的主要农药为有机磷类的敌百虫、杀螟松、乐果、甲胺磷、马拉硫磷,氨基甲酸酯类的速灭威、叶蝉散、峡哺丹,有机氯类的杀虫脉、杀虫双及拟除虫菊酯类的杀灭菊酯等。2001年5月,对高毒、高残留农药禁止销售和使用,推广使用BT、杀虫素、吡虫啉、抑太保、乐斯本等生物农药和高效、低毒、低残留化学农药。综合防治综合防治是以农业防治为基础,合理运用化学、生物防治,互相配合协调,达到安全、有效、经济、简便之目的。1998年—2000年实施“两无工程”(即无草害、无螟害工程),2001年—2005年,全面实施农作物重大病虫无害化治理工程。

1992年前,区农业技术推广站配有专职植保干部,指导乡村开展病虫防治工作。撤销区建制后,区农技推广站改为余杭县农业推广中心所属服务站。公社、大队和生产队都配备不脱产农民植保员。1983年以后,农村全面实施家庭承包责任制,植保公司承包防治面积逐年减少。乡村植保组织形式改以服务站、配药站为主。一般以村设站,为农户提供农药拆零供应和技术咨询,以方便农户。1990年—2008年,除部分老农药继续使用外,出现了许多新农药。市场农资部门供应的治虫农药有:敌敌畏、杀虫双、乐果乳剂、杀灭菊酯、氰戊菊酯、甲维盐、阿维菌素、阿维辛硫磷、阿维炔螨特、扑虱灵、吡虫啉、毒死蜱、啶虫咪、速克灵、百虫硫磷、杀螟松、三唑酮等。水稻和蔬菜瓜果防病抗菌农药有:赛力散、退菌特、井岗霉素、402、爱苗、多菌灵、百菌清、代森锰锌、霜脲锰锌、噁霜锰锌、敌磺福、克锈宁、炭疽福美、异国福美双、戊唑醇、嘧霉胺、菌毒烷醇、根病专用、防腐包心剂、黄秧死苗复活剂。除草农药有:草甘膦、农达、百草枯、盖草能、甲磺隆、丁草胺、苄丁、直播净、大豆除草剂、玉米除草剂等。

用肥 农家肥为人粪、猪粪、羊垃圾、兔屎、牛屎、鸡鸭鹅屎、草木灰、蚕沙、油饼、豆饼等。平时积囤堆放,年分春耕、夏种、冬播三季出栏使用。用于农田底肥,少量作追肥,含氮、钾、磷基因,为最佳的有机肥料。古时没有化肥,农作物全靠此肥促苗生长。

绿肥为花草(紫云英)、绿萍、嫩柴草叶、鲜稻草(早稻草)。是农作物的辅助肥,用于田畈松土增氧,不能做主肥,除花草人为播种,绿萍人为放养外,割嫩草、鲜稻草还田,都视农活紧闲程度而定。

土杂肥为河泥、塘泥、堆肥、焦泥灰、稻秆泥等,除河泥在水田施用,堆肥作盖大小麦田之用外,其余一般使用在桑地、旱竹地上,用于培土、松土的常年性有机肥料,当年使用效果微弱,在冬季农活空闲时而为。

化肥主要是商品氮肥,1966 年,良渚化肥厂建成投产,生产氨水,惠及境内各生产队按分配数购买,用于大田底肥,水掺淡后亦可追肥。其时,各队均建氨水窖,将购回的氨水入窖储存。自 1961 年起,40 余年来,施用过的化肥品种有氨水、碳酸氢氨、尿素、氯化铵、硝酸铵、硝酸铵、钙镁磷肥、过磷酸钙、氯化钾、复合肥、钙镁磷钾肥、硝酸铵钙肥、氮磷钾复合肥、磷铵钾复合肥、磷铵硼肥、富利硼、水稻专用复合肥、玉米专用肥、大豆专用肥、蔬菜专用肥、果树专用肥及微量元素肥料等。

附:农业战线的红旗——张堰大队

张堰大队位于瓶窑镇西部,由张堰埠头、方家塘、三角塘、汤家头、坍塘缺、小湾斗、东塘角、郎家畈、徐家头、弯里、北塘、塘角廊 12 个自然村组成,大队委会驻地方家塘。大队西北从苕溪引进一条小溪,建堰坝,名叫张堰,是元明以来余杭境内重要水利设施之一,至今犹存,大队名从堰而来。2015 年,全大队设 13 个组,521 户,1735 人,有粮田 3097 亩,鱼塘 1233 亩,年提供商品粮 162 万公斤,鲜鱼 382 吨,张堰大队是余杭区重点鱼米产区之一。

苦难多磨不低头,锅子底中求发展

张堰大队地处北湖草荡(唐代归珧所辟北湖原址,宋元以后淤积而成草荡),北临北苕溪,南濒中苕溪,地势低洼,大部分田地几乎与北苕溪河床相平,四周筑有 7 公里长的塘堤护围,形如一口锅形。历史上的张堰虽粮田成片,土地肥沃,但易洪易涝,灾害频发,广种薄收,不时撂荒,低洼田常年积水不干,当地流传民谣:“张堰张堰十年九淹,小灾年年有,大灾三六九,好女不嫁张堰郎,姑娘纷纷嫁他乡”。张堰还是北湖吸血虫病流行疫区,解放前是糠菜半年粮,年年闹饥荒。1963 年,12 号强台风来袭,带来暴雨,东、中、北苕溪出现百年未遇特大洪水,13.6 华里的塘堤多处被洪水没过塘面,全大队 19 处决口、23 处塌方,田地房屋全被洪水淹没,水深 2 米多,时逾半月。不仅粮食颗粒无收,全大队 336 户中有 254 户茅屋倒坍,灾后吃住全靠政府救济。

多灾多难的张堰人没有被灾害压倒，在中国共产党的领导下，大队党支部一代一代传递苦干巧干接力棒，带领村民用自己的双手，经过半个多世纪的艰苦奋斗，特别是改革开放后的三十年发展，终于把这个历史上的“苦命大队”、“救济大队”变成远近闻名的“稻香大队”、“贡献大队”。

图3－12 张堰村道(2015年)

大灾过后，张堰人清醒认识到要改变面貌，首先是兴修水利，根治水害，加固塘堤。每年农事闲隙，尤其是冬季，全大队人们集中力量兴修水利。自1963年以来的三四十年中，累计用工100余万工，挑土250万方，把7公里长的塘堤从原来塘高8米、堤面宽1—3米、底宽只有10余米的“险塘”改造成平均高10米以上，堤面宽5—10米、底宽20—30米的“万年塘”。同时，还向圣塘、西安寺大队买下两个石矿开采权，放石炮取石头，用10多台拖拉机搬运石块用来砌塘脚、四周，塘堤全用块石浆砌，总共用了4.5万吨石块，与此同时购置水利机械，修建电力抽水机埠18座，装机172.5千瓦，大型排涝机埠1座，装机220千瓦，使全大队天晴百日不怕旱，天雨一月不怕涝，为旱涝保收打下坚实基础。

张堰人知道修好“万年塘”还要种好粮，首先是挖掉高阜地，填平低洼田，大搞平整土地，修道路，开挖沟渠，建设标准化粮田，30多年来，投放190余万工，搬土300余万方，把全大队95%以上的粮田建成方整的“格子田”，全大队修筑成井字形的机耕公路兼用村道。田成方，路成网，沟渠相通连，每一方田、每一块田畈都自立门户，能灌能排，26条机耕路纵横相交，通到每畈田，全长15.5公里，路旁种树，建成绿化带，美化环境。

穷则思变办场厂，水乡巨变惊州县

贫困不是我们的出路，路在哪里？路在脚下。在一手抓农业的同时，又一手抓多种经营。1964年起在北湖草荡开荒种桑，用五年时间发展成为十里桑园，办起了蚕桑场(分三个点、23人)，主要负责桑园管理，同时培育桑树苗圃，桑叶供生产队养蚕，1969年—1979年十年间共饲蚕6570张蚕种，投售给国家鲜茧625000斤。同时，大力发展畜牧业生产，生产队办起了百头猪牧场，大队牧场规模更大，千头猪场，饲养母猪50多头，年养鸭5000多只、鹅500多只和2500只生蛋种鸭，种鸭专供杭州食品公司小河孵坊，1969年—1979年总共饲养肉猪22442只，投售生猪15644只。大队鱼种场创办于1956年春，25亩塘水专业鱼苗塘，每年出售鱼苗45万尾，三十余年出售鱼苗135000余万尾，远销绍兴、慈溪、上虞等地。

1968年—1984年，张堰大队先后办起电镀厂、焊铝厂、铸钢厂、砖瓦厂、酒厂、柳编厂、农机修理厂、磷肥厂、车床精加工、水泥预制场、大队畜牧场、鱼种场、桑苗场、树苗场、大队黄沙专业队，为壮大集体经济，彻底改变张堰贫穷面貌打下坚实基础，进入企业、农场就业的劳动力320余人，占全大队总劳力的38.7%，实现工业产值439万元，创利润48.6万元，工业产值占全大队总产值808.9万元的54%,1976年《浙江日报》头版头条报道了张堰大队新农村建设事迹。

富裕起来张堰人,把作贡献当己任

1984年实行联产承包责任制后,进一步提高生产力,人力物力得到充分发挥,生产结构作了调整,除了种粮,富余劳力用来发展副业,全大队出现养禽大户,养鸭、养猪、养羊、养鱼专业户,百业兴旺,各显神通。1963年全大队鱼塘65亩,年出售鲜鱼20吨,2015年发展到1233亩鱼塘,鲜鱼起水量382吨,2013年张堰养鸭专业户49户,年产肉鸭180400只,生蛋鸭700只,养猪专业户13户,出售260头肉猪,饲养母猪23头。全大队130户种茭白,每年二季,大队里办起了六只冰库,每只冰库储存50吨鲜茭白,全年出产鲜茭白680吨,投放杭州物流公司和零售附近市场。

生产发展,集体经济壮大,村民由穷变富,对社会贡献也不断增加,1964年全大队集体累积仅1.2万元,1992年已有196万元,人均收入1964年76元,1992年1528元,2015年人均26911元,村级可分配收入48.06万元。提供商品粮,1964年48万公斤,1980年83万公斤,1985年以后,年均100万公斤以上,1990年以后年均150万公斤以上,人均提供商品粮近一吨,50多年的发展,不仅改变了张堰的自然面貌,而且使张堰形成一种新的风格,即以贡献社会为己任,并以此为荣。1976年春节的前几天,县城临平镇猪肉供应告缺,余杭县委领导来张堰求援,全大队社员纷纷把准备留下过节的猪肉让出来,在一天时间内就收购毛猪150余头送去。1983年8月,临平镇粮食一时调运不及,张堰大队闻讯全大队动员边收割、边翻晒、边装运,三天内就送去50万斤稻谷,解决了燃眉之急。

随着经济发展,村民的生活有了极大改善,1950年代的茅草屋已成历史,换来第三代建房(别墅式)高潮,2015年张堰大队道路硬化,水泥路直通到各家各户,住进宽敞明净小洋楼,舒适整齐。全大队521户已造好480户,占92%,有132户在瓶窑集镇买房,开商店、旅馆、办饭店、经商、跑运输、从事第三产业,全大队2015年拥有推土机、挖掘机、收割机、插秧机45台,轿车、面包车400辆,张堰大队经济发展,既富了自己,又为社会奉献之事迹,在周边乡村传为美谈。

第二章 工 业

据境内反山、汇观山出土良渚文物考证，早在良渚文化时期，瓶窑先民就能手工制作精美玉器、陶器、石器、耕作农具和生活用具。北宋时期已成为制陶的专业村。《太平寰宇记》云："杭州亭市村人悉作大瓮，今谓之浙瓮。"烧窑制甏业十分繁荣，清末民初，石濑街市开设了铁匠店、元钉厂。民国12年(1923年)，瓶窑建小型电厂，在日侵华时期，电厂被毁。民国19年(1930年)，境内东皇坞村施阿苗办起一家剿丝厂，有工人20多名，丝产品销往上海。中华人民共和国成立初，瓶窑仅有几家铁、竹、木手工业小作坊，主要生产农具。1953年进行手工业改造，组建铁、竹、木3个手工业生产合作社，引进锯板、劈篾等简易机械设备。1958年，瓶窑办起机械厂、草包厂、砖瓦厂和米厂等小型工厂，购置了车床、台钻、草包机、轧米机等设备。是年，省物资局在长命石山下办起了火药厂，省交通局来凤山创办了火柴厂。

1970年，乡镇企业(初称社队企业)兴起，尤其实行"厂队挂钩"，在杭州国营大厂扶植下，办起长命电讯器材厂、彭公拖拉机汽车修配厂、张堰电镀厂等。据1979年瓶窑区各公社社队办工业企业报表记载，境内共有乡镇企业45家，其中长命15家、北湖14家、彭公16家，职工1461人。20世纪80年代，先后办起杭州杭生电扇厂、杭州杭生冰箱厂、瓶窑文教用品厂、彭公汽车改装厂等多家企业，经过10余年的努力，已初步形成纺织服装、文教印刷、医药化工、机械电子、农产品加工等行业格局，有大小企业700余家，资产总额13.7亿元，其中固定资产6.39亿元，流动资产7.31亿元。1983年，改革开放政策向纵深发展，个体或合资办企业大量涌现，工业经济实现了新发展。初步形成了以有色金属产业、家用电器产业、包装印刷产业、五金钣材产业、装备制造产业、食品产业和建材塑化等产业群，境内工业呈现出多成份、多层次、多行业、多形式发展态势。

90年代后，为保护良渚文化遗址，实施"跨过新国道，发展新瓶窑"，兴办瓶窑镇凤都工业园区(凤都区块、石濑区块)，工业经济再次加速发展。1997年以来，工业采取以外引外的招商引资模式，累计引进外来投资项目100多项，引进资金5亿多元，并及时调整产业结构，实施科技兴厂，引进新工艺、开发新产品。乡镇企业(村办企业)实行转制，改由私人经营，成为股份合作企业和个体企业。

进入21世纪，境内工业快速发展，引进和开发国内外具有最细的漆包线、最薄的双零铝箔、最硬的圆锥式破碎机三大品牌，涌现出以五星铝业、双金集团、益利素勒、恒立钣金为代表的亮点企业。2001年乡镇企业达到733家，其中集体54家，个体679家，产值23亿。

2015年，工业总产值164.58亿元，外贸出口21.47亿元，上交国家增值税2.89亿元，实发工资6.75亿元，职工12388人，是年工业总产值排名余杭区乡镇街道第一名。

第一节 经济成份

瓶窑工业源于20世纪50年代末,时建有小型农具修理厂、砖瓦厂、农机修配厂、粮油加工厂、竹木加工厂等。70年代,企业初具规模,均为社队集体所有。1979年起,随着改革开放的深入,乡镇工业异军突起,个体和私营工业迅速发展。逐步构成集体工业、乡镇集体工业、个体私营工业、外商投资工业并存的多元化经济结构。1998年后,企业大都成为多方参股的股份制企业或私营企业,民营企业成为经济主体。

一、乡镇集体工业企业

20世纪50年代后期,境内长命、北湖、彭公相继成立人民公社,集体企业出现萌芽,办起农具厂、造船厂、建筑队、砖瓦厂、农机修配厂、粮油加工厂、竹木加工厂等农业服务企业,实行"集体经营,自负盈亏"。同时,省市县驻瓶窑单位也陆续兴办企业有煤田地质机械厂、杭州柠檬酸厂、杭州茶叶试验场控制电器厂、杭丰机械厂、杭州气门厂、杭州茶叶试验场制茶厂等。70年代,企业已初具规模。由公社领导、主管,称社办企业,后称乡镇企业,大队办企业称队办企业,后为村办企业。此外县局下属企业称大集体企业。1972年,建杭丰机械厂,属县交通局集体企业。主产汽车轮毂。1979年,建杭州气门厂,隶属县林水局集体企业,主产内燃机气门,瓶窑医药化工试剂厂,隶属县二轻企业。70年代末,乡镇集体企业有杭生电扇厂、长命建筑队、瓶窑建筑工程队、瓶窑建材厂、彭公拖拉机汽车修配厂、长命电信器材厂、瓶窑振兴建筑队、瓶窑无线电元件厂、瓶窑印刷线路板厂、瓶窑标牌厂、瓶窑文教用品厂、瓶窑皮革厂等22家。其中大多厂家实行"做工在厂、分配在队、适当补贴"的方式,以长命建筑工程队为例,泥木工每人每天补助0.2元,根据施工人员的技术、出勤、表现评定工资级别,分为每月36元和每月34元,减去个人应得补贴每月6元,其余工资返还到职工所在生产队记工分,多数生产队根据分红值上升10%—20%给予核定工分,参加队里分配。

1983年,农村实行家庭联产承包责任制后,改变原来企业人员"劳动在厂、分配回队、厂队结算、适当补贴"分配方式,工厂成为独立核算单位,工人每月直接领取工资,极大地调动职工积极性。加上不少农村干部派往企业加强领导,大批剩余劳动力充实到工厂。乡镇工业总产值连续4年每年递增30%以上。其时境内乡(镇)企业有94家,职工4922人,产值5321万元(其中长命37家,职工1946人,产值1999万元;瓶窑集镇35家,职工1620人,产值1782万元;彭公22家,职工1356人,产值1540万元)。境内队办企业61家,职工1825人,产值926万元。

1998年境内工业企业情况表

表3-2-1　　单位:万元

乡镇	企业家数			职工人数			固定资产			工业产值			利润总额			税金		
	镇办	村办	合计	镇办	村办	合计	镇办	村办	合计	镇办	村办	合计	镇办	村办	合计	镇办	村办	合计
瓶窑	21	65	86	1931	871	2802	9909	1963	11872	39019	20143	59162	813	241	1054	667	191	858
长命	25	83	108	2744	1209	3953	15414	2725	18139	55325	29544	84869	1156	335	1491	1039	266	1305
彭公	15	56	71	1590	792	2382	1170	985	2155	9696	3756	13452	225	124	349	470	103	573
合计	61	204	265	6265	2872	9137	26493	5673	32166	104040	53443	157483	2194	700	2894	2176	560	2736

境内乡镇集体企业负责人(厂长、经理)起初担负经营职权,其工资奖金也只是职工的一、二倍,在推行承包责任制后,进一步调动积极性,自1980年起,实施承包经营,年度定产值、利润、上交税收、利润及企业留成。年终结算进行审计核实,按承包政策对承包者给予固定和超产奖励,厂与厂之间拉开了奖金分配距离。企业以法人代表为核心的承包群体,由于责权利挂钩,收效明显。开发新产品、技术改造一时风靡。当时的行话是"嘴里吃一块肉,筷子夹一块肉,眼睛盯着一块肉。"杭州杭生电扇厂,1985年销售收入1537万元,上交所得税31万元,净利润72万元。

部分年乡镇有关代表性企业的经营情况表

1991年长命乡有关代表性企业的经营情况

表3-2-2

企业名称	产值(万元)	税金(万元)	利润(万元)	法人代表
杭州高柏时装有限公司	415	1	-0.9	任洪才
杭州微型汽车空调厂	124	1.2	0.5	朱苗荣
杭州长命制动材料厂	1114	12.8	10.7	顾阿松
杭州杭生电扇厂	517	7.2	-	徐雪浩
杭州市分马力电机厂余杭县分厂	320	2.7	3.5	陈金梅
杭州市长命灭蚊药剂厂	39	1	2.4	沈先宝
余杭县管道附件厂	120	3.7	1.5	朱建平
余杭县长命模具塑料厂	69	5.2	3	黄　浦
余杭县长命纸箱厂	75	3.3	1	孙援朝
余杭县长命雉山石矿	20	1.1	0.3	王建华

2001年彭公乡有关代表性企业的经营情况

企业名称	产值(万元)	税金(万元)	利润(万元)	法人代表
杭州恒康车辆改装有限公司	3550	291	252	尉建明
杭州彭公树脂厂	328	15	6	王万良
杭州彭公纸箱厂	1201	45.7	10.5	周国华
杭州余杭彭公铝合金电化厂	566	33	3.1	沈雄军

1987 年北湖乡有关代表性企业的经营情况

企业名称	产值（万元）	税金（万元）	利润（万元）	法人代表
余杭县北湖建材厂	128	11.2	–	林海松
余杭县北湖照相制版厂	32	1.3	1	王荣昌
余杭县北湖潜水泵厂	106	6.2	0.8	魏才良
余杭县北湖建筑工程队	230	5.1	1.4	沈金虎
余杭县北湖张堰电镀电器厂	62	2.4	0.7	魏中南

1987 年瓶窑镇有关代表性企业的经营情况

企业名称	产值（万元）	税金（万元）	利润（万元）	法人代表
余杭县瓶窑镇皮革厂	368	3.6	1.1	刘方灿
余杭县瓶窑文教用品厂	443	12.2	46.3	沈初仁
余杭县瓶窑标牌厂	103	4.1	16.2	陈玉明
余杭县瓶窑无线电元件厂	106	5.2	4.9	陈继国

1996 年后，随着产权制度改革的不断推进，个体、私营工业发展加快，集体工业的比重逐年下降。至 2000 年底，镇村办集体工业企业完成转制工作，成为股份制企业和私营企业。

1997 年，瓶窑镇按照余杭市政府关于进一步加快乡镇企业改革的意见精神，全镇（含彭公乡）集体所有制的镇办、村办企业全面启动产权改革工作，用两年时间，全面完成集体企业转制任务。镇办集体转制企业有 50 家（不含挂靠企业），实际收缴转制款 3776.98 万元。村办转制企业为 44 家。镇办有土地的转制企业 25 家，分别是长命印刷厂、瓶窑文教用品厂、瓶窑房地产公司（含华兴集团）、高栢时装公司、科达连接器厂、长命铝合金厂、长命制动材料厂、长命汽车配件厂、余杭毛纺厂、瓶窑自控设备厂、瓶窑皮革厂、长命建筑队、长命灭蚊厂、瓶窑曙光厂、瓶窑煤气站、瓶窑电力安装队、红达饲料厂、华达铜材、余杭四达机械厂、西子饲料厂、瓶窑通济商店、瓶窑副食品门市部（手工业加工场）、恒康车辆改装厂、彭公树脂厂。镇办无土地的转制企业有瓶窑空调配件厂、瓶窑文体用品厂、北湖照相制版厂、瓶窑镇工业总公司等。

20 世纪 70 年代开始，境内除了兴办公社社办企业外，35 个大队也都创办工业和农业企业。1979 年，彭公公社西坞大队为改变“高产穷队”走上脱贫致富之路，采取多渠道、多花样创办队办企业。西坞大队创办第一个企业是大队茶厂，学习绍兴上旺经验，种茶致富，地址在石湖荡，利用废弃的养猪场 30 亩杂地开垦种茶，并和彭公供销社合作，建立速生茶园。大队办起茶厂，带动各生产队开荒种茶，积极性甚高，达到每户一亩茶地，全大队共开荒种茶 230 亩。1979 年，利用小学多余旧校舍为厂房，建西坞沙发厂，聘请上海师傅，研制出二人沙发、三人及两用沙发等系列品种。为避免运输销售过程中整装沙发破损率高的弊病，在南京市的南昌路租用了门面房，采取部件散运、终点组装方法，这样正品率就大幅上升，是年销售收入就达 30 多万元。由于产品款式新颖、实用美观、价廉多样，南京梅山钢铁公司、南京晨光机器厂、南京华东电子公司等单位,都相继购买西坞系列沙发。在发展沙发的同时,大队又根据当地实际,创办制香厂、床垫厂、门毡厂、蜡烛厂、西坞涂料厂、西坞麦芽厂等小型企业近10家,基本实现每户有一人务工,有一亩茶地(当年全大队830人、200户村民)。西坞大队从创办企业到企业转制,只有短短四年时间,村民发放工资189000元,固定资产60万元,在原瓶窑地区130个大队中名列前二。1983年,队(村)办企业都实行转制。

二、个体私营工业企业

1949年前,境内手工业都为个体和私营,手工业依托"水陆码头"这一特殊环境应运而生,主要是竹、木、铁器的加工制作。民国12年(1923年),瓶窑宣阳电气公司开业,以21.3千瓦柴油机配22千瓦发电机发电,商家和富户使用上电灯,年发电量2.1万千瓦/时。民国21年(1932年)用电户达85家,供电线路架设到安溪,民国16年(1927年)徽商金纯织开办民生棉织厂。另有修缸补甏、牵砻剃头、裁缝鞋匠、家庭缫丝等手工业。

其时,个体和私营主要以手工业为主,经营门类为:

木作坊 1950年,外窑街韩昌创办竹木行,陆仁祥开设柴竹篙行共有5家、彭公2家,主要生产水车、风箱、稻桶、木砻等木制农用器具,同时还生产了桌子、板凳、柜、橱等生活用具。

酱作坊 民国年间,西溪街营业有大有酱园,外窑街、磨子心、木桥头开设酱作坊有9家,冯源顺酱酒店、汪益兴酱园最为出名,石濑、长命桥都开设数家酱作坊。

水作坊 水作坊主产淀粉,用其制作粉皮、粉丝、豆制品等。20世纪70年代,境内长命乌子陡门水作坊用蕉藕、蕃薯为原料,加工淀粉、制作粉丝,上窑街陈记豆腐作坊,生产豆腐、小干、千张、油豆腐、素鸡、豆腐皮等。旧时,境内有豆腐店10家(瓶窑街5家、长命桥街3家、石濑街2家)。

箍桶店 民国35年(1946年)上窑街澄友山开办箍桶店,俗称小木师傅(园木店),里窑石新富、城皇山沈阿毛箍桶匠,忙时坐店,空时下乡,加工木桶品种多样,生产用具有粪桶、料勺等。生活用具有脚盆、锅盖、水桶、饭桶、马桶、梯盘、脚盆等,箍桶店工场与店面连在一起,箍桶木料通常用杉木、长短宽狭都能派上用场,长则箍木桶、短则做托盘、梳妆盒。

打铁银匠店 民国35年(1946年),李元祥在磨子心开设银匠店,主打宝宝银手镯、儿童银饰、银戒指、银项链、银耳环、银脚铃等。民国37年,个体打铁铺有张德培(里窑横街),1953年有(磨子心)开设银匠店。清末民初,石濑有阿兴铁匠店,主要铸打铁耙家什、锄头、刮子、柴刀、羊草刀、菜刀、剪刀、弯钩刀、铁钉、铁链条、铁箍等其他小型铁器。

弹花店 旧时,境内村民有种棉织土布的传统,采摘来棉花,经家庭简易木制剥籽机去除棉籽,方可纺线织布,弹花匠背后绑插一根大弯弓,左手扶弓、右手拿一个木榔头,有节奏地敲打弓上的羊肠弦。旧棉花胎即刻蓬松,由此可做棉花胎。民国32年(1943年),西溪街齐树兴开设棉花胎店,1952年,彭公韩士奉开设弹花店,附带棕梆、蓑衣制作。新中国成立后,长命张金淼、王有良、陆雪林、陆雪龙置买了铁器轧籽机办起弹花店。

染坊 瓶窑镇上万炳章师傅和其女万玉凤开设染坊,20世纪五六十年代,生意凭坐店与下乡相结合,后迁居长命乌山。在境内长命、北湖一带,挑担走村串户,收取农家白色土布,染成蓝色、藏青、黑色等颜色,土布经染色后,再做各种衣裤、被面夹里等,既实惠耐用,又色彩宜人,也有农妇将褪色的、穿旧的衣料,重新染色,起到了旧衣变新的效果。

篾匠铺 清末民初,石濑就有了何记板刷店、石濑竹器社。瓶窑街市上有多处篾匠铺,手工业人员多数来自东阳、义乌、绍兴等地。羊山横塘村胡志洪，14岁学篾匠手艺，1943年独立单干，走村串户，吃"百家饭"，主要生产竹器农用工具和生活用具，生产类有羊草箉、蚕匾、鱼篓、谷筛、捻夹，生活类有饭篮、淘箩、笆斗、畚箕、竹榻床、篾席、谷箩等。

图3-13 扎洗帚(1998年)

图3-14 做竹椅(2000年)

中华人民共和国成立后，手工业者组成合作社，个体私营工业几乎消失。1961年，调整国民经济，市场开始活跃，开始有从事个体手工业者。"文化大革命"期间(1966年—1976年)，个体工商户被取缔。1980年开始，发展个体私营工业，随后出现合伙经营的联户企业。1992年起，个体、私营工业企业发展快，1992年末，共有个体私营企业48家，总产值3834万元(含村办)，利润221万元，上交税金234万元，拥有固定资产881万元，就业人员1644人。1994年3月，县委、县政府召开第一次个体私营经济工作会议，提出把个体私营经济发展作为新的经济增长点。瓶窑镇广泛开展招商引资，扩大规模，更新产品，并涌现一批个私经济发展迅猛、较有特色的村。1998全镇有镇、村私营企业265家，职工9137人，拥有固定资产32166万元。全年实现工业产值15亿元，销售收入8亿元，利润738万元。主要工业品有纺织、塑料、化工机电、水泥、五金、制药、毛竹加工等上百个品种。随着集体企业产权制度改革的推进，个体、私营工业大量增加。不少私营企业通过收购、兼并、参股等方式参与集体企业改革，兼并濒临破产的集体企业，吸纳集体企业的下岗职工。一些不适应市场激烈竞争的集体企业，通过转制成为私营企业。1999年，杭州市委、市政府发布加快发展个体私营等非公有制经济的八大优惠政策，包括减免税收、放宽信贷、鼓励投资、依法维护合法权益等。是年，全镇共有私营企业262家，其中规模企业58家；职工9320人，拥有固定资产34307万元。2000年，全镇共有私营企业314家，其中规模企业55家；职工10826人，固定资产41028万元。主要工业有纺织、塑料、化工、机电、五金、制药、毛竹加工等。全年实现工业产值21亿元，销售收入15亿元，出口交货值2.8亿元，工业利润6965万元，上交税款6894万元。2001年，全镇工业主要以化工、机电、五金、服装、竹木加工为主。2005年，全年实现工业产值82亿元，完成工业投入52991万元，外贸出口交货值63553万元，比上年增长33.61%。

2010年，全镇工业主要以金属压延、铸造、化工、机电、五金、、服装加工、竹木加工为主。由于企业的发展，将企业工业产值的规模基准调整到2000万元。共有企业1251家，其中规模以上企业146家，规模以下企业1105家。职工2448人，其中规模以上企业13643人，规模以下企业 10805 人。固定资产投资 184660 万元，其中规模以上企业 109806 万元，规模以下企业 74854 万元。全年实现工业产值 125 亿元，其中规模以上企业 93 亿，规模以下企业 32 亿元。完成工业投入 40100 万元，外贸出口交货值 147454 万元，比上年增长 77.83%。

2015 年，全镇工业主要以金属压延、铸造、化工、机电、五金、、服装加工、竹木加工为主。共有企业 818 家，其中规模以上企业 90 家，规模以下企业 728 家。职工 22708 人，其中规模以上企业 12388 人，规下企业 10320 人。固定资产投资 329795 万元，其中规模以上企业 253447 万元，规模以下企业 53640 万元。全年实现工业产值 164 亿元，其中规模以上企业 115 亿，规模以下企业 49 亿元。完成工业投入 66400 万元，外贸出口交货值 214649 万元，比上年增长 0.57%。

2015 年瓶窑镇销售产值亿元企业情况表

表 3－2－3

企 业 名 称	销售产值（万元）	税金（万元）	利润（万元）	负责人
杭州鼎胜实业有限公司	454993	4858	51128	周贤海
杭州益利素勒精线有限公司	75288	4638	6312	BERNT GRAMANN
杭州恒立钣金有限公司	40042	1657	2232	葛关浩
杭州燃油锅炉有限公司	39526	1492	4625	周海能
浙江双金机械集团股份有限公司	34131	1584	635	胡祖尧
杭州豪悦实业有限公司	27812	496	751	李志彪
杭州明云混凝土有限公司	26566	1452	2255	杨马云
杭州万瑞达塑化有限公司	23481	1071	1281	刘锦贤
浙江华路改性沥青有限公司	19436	151	1276	杜建民
杭州鸿光浪花豆业食品有限公司	18966	666	1046	杨林其
杭州利富豪机电设备有限公司	18769	556	450	高忠华
杭州余杭振华日化玻璃有限公司	17594	90	666	夏雄峰
杭州彭公包装有限公司	16253	126	761	周国华
杭州知味观食品有限公司	16049	1602	827	孟亚波
杭州新霓虹制冷设备有限公司	14075	167	－311	俞新源
杭州正威建材有限公司	12495	943	1355	陈银中
杭州华兴交通设施工程有限公司	11836	85	1093	孟建华
杭州澳羊制衣有限公司	10170	212	220	陈忠良

三、外资及港澳台资企业

20 世纪 90 年代起，镇内企业除在注重改造提高传统产业同时，积极招商引资。1992 年，引进台商合资企业杭州威晋汽车材料有限公司；1993 年，引进香港合资企业杭州利富豪空调设备有限公司；1994 年引进瑞典合资企业杭州恒升化工有限公司；1996 年后，引进日本独资企业杭州谷口精工模具有限公司、德国独资企业杭州益利素勒精线有限公司。至 2015 年瓶窑境外投资企业已达14家。

2015年瓶窑境外投资企业情况表

表3-2-4

单位名称	法人代表	创办时间	地点	职工人数	主要经营范围	投资外方	企业性质	总投资（万美元）
杭州高柏时装有限公司	任洪才	1990年	大观山村	198	丝绸、棉麻、化纤	中国香港	合资	36
杭州高亨利制衣有限公司	徐福平	1993年	大观山村	118	丝绸服装	中国香港	合资	34.5
杭州威晋汽车材料有限公司	顾阿松	1992年	大观山村	60	汽车离合器总成	中国台湾	合资	65
杭州华榕制衣有限公司	金粹章	1992年	大桥南路	90	服装制造	中国香港	合资	50
杭州恒德新型材料有限公司	喻凤祥	1992年	桥南	10	玻纤板风管	中国香港	合资	27.2
杭州东华食品设备有限公司	郎介明	1992年	瓶窑镇	61	食品工业设备	中国台湾	合资	40
杭州恒升化工有限公司	章筱江	1993年	彭公村	135	染料、化学助剂	瑞典	合资	40
杭州永亨通塑料五金有限公司	张美金	1992年	钟家村	30	塑料五金	中国台湾	合资	30
杭州利富豪空调设备有限公司	徐雪浩	1993年	大观山村	450	中央空调设备	中国香港	合资	200
杭州华瑞塑化有限公司	汤国华	1998年	大观山村	118	塑料化工	中国香港	合资	50
杭州长命摩擦材料有限公司	任健	1996年	大观山村	175	摩托车摩擦片	日本	合资	60
杭州谷口精工模具有限公司	谷口正男	1997年	羊山村	31	模具	日本	独资	50
杭州益利素勒精线有限公司	BERNT GRAMANN	2003年	小岭头	607	精细漆包线	德国	独资	4700
杭州瑞桦纺织品有限公司	徐盛英	1994年	石濑村	8	纺织品	中国台湾	独资	30

第二节 工业门类

旧时，瓶窑仅有为数不多的铁、竹、木小作坊。20世纪60年代起，工业门类渐增至2015年，境内共有工业企业837家，其中上规模企业（年产值2000万元以上）93家分11类。分别为制造业（通用、专用、汽车制造）25家、电器业8家、纺织服装业8家、印刷纸制品业10家、化工橡塑业12家、食品加工业4家、金属制品业14家、非金属矿物制品业5家、金属冶炼和压延业5家、其他2家。

一、金属制品业

民国时期，境内铁器手工业开始兴旺，瓶窑、长命、石濑街市都有铁匠铺。里窑街还开设银匠店。20世纪50年代初，手工业者联合相继成立铁木竹生产合作社。1958年，长命、北湖、瓶窑镇上都办起了农具（机）厂，主要维修打稻机、手扶拖拉机、抽水机，还铸造生产锄头、铁耙等铁器农具。到了80年代后，瓶窑合金钢铸造厂（双金机械）、彭公拖拉机汽车修配厂（恒康车辆厂）、长命制动材料厂、祥生砂光机厂、杭州燃油锅炉厂、杭州正翔起重机械制造厂等都相继创办。截至2015年，境内有金属制品规模企业14家，即天允洁具、杭州博邦金属、杭州华兴交通设施、杭州大满制罐、杭州恒立钣金、杭州松泉五金机械、杭州四达机械电子、杭州彭公铝制品、杭州铭大铝幕墙制造、杭州旭翔实业、杭州盈铭气体设备工程、杭州双邦建设、浙江苏华电器、杭州余杭长明金属管件有限公司。

长命农机厂　创办于1958年，地址在羊山大队仲家村，下设铁器、竹器、木器、机械4个车间，有职工80人，为社队企业发展形成了胚胎雏形。铁器车间设备有弹簧榔头2台、烧煤的炉子2台。打造产品有锄头、铁钯、农用刀具（镰刀、铡刀、草刀）、船钉、耙钉、打稻机用的齿钉及其他铁器农用具。竹器车间主要制造和修理竹制品农用具，如蚕匾、囤皮、畚箕及脚箩、草篰等。木器车间分为船木、方木、元木3个组。船木组主要对农船和运输船进行维修，也能新造小型的农船。方木组制造项目有制造和修理打稻机、犁、耙等农具及养蚕用的蚕具。为供销社按计划订制桌子（三斗桌）、学生用的课桌、櫈子、箱子，也为农户所需订制各种木器家具。元木组制造和修理元木用具，如粪桶、水桶、锅盖、脚盆等。机械车间设备有616车床1台、台钻1台，配有电焊、风焊等设备。1977年开始生产能力有所提高，能自行研制电动打稻机、稻麦脱粒机、青饲料粉碎机、电动筛谷机、电动排风扇，极大地支援了农业生产。产品除供应本公社、每个生产队、畜牧场之外，还外销其他公社大队，除此，另有配套和修理用的各种轴、销、各种皮带盘等。1978年，农机厂主要生产设备有车、刨、冲床11台、锯板机、剪板机、电焊机各1台、自控高温炉6台、真空泵空气压缩机4台、锻、锤、台钻等13台、汽车1辆；生产品种有稻麦脱粒机107台、羊草刀718把、木犁66部、羊草篰1767只、铁钯641把等。长命农机厂被誉为社队企业的“航母”，1979年底办长命电扇厂，1985年9月办长命制动材料厂。

此外，1959年，境内北湖公社在横山村观音堂办起农机站，主要是农机服务，职工7人。1961年改名为农机厂，下设锻工、精工、农机服务3个车间。锻工车间设备有锻压机、炉台等，主要是手工铸打铁钉、铁耙、刀具、稻麦脱粒机等农用铁器具。精工车间设备比较齐全，电焊机、氧气、刨床、车床、钻床等。

长命制动材料厂　长命制动材料厂是原长命农机厂的孵化企业。1985年9月与杭州制动材料厂达成横向联营协议，1986年5月，正式投产。是年7月，长命农机厂更名为长命制动材料厂。

位于大观山村反山，厂区占地面积29.5亩（约2公顷），房屋建筑面积4000平方米，主要产品是各种离合器面片和制动刹车片，年产量800余万片。1988年，又与杭州汽车制造厂进行了生产联营，主要产品是专为杭汽厂T型客车配套的前制动偏芯轴、后制动直轴、前、后钢钣销、滚轮等。

1989年，受国家宏观经济控制，长命制动材料厂仍取得较好的成绩，完成总产值609万元，比计划的504万元增加21%。企业被评为“杭州市乡镇骨干企业”，1990年，入选余杭县100家重点企业之一。从1989年10月开始，企业自行研制离合器钢片总成，1990年4月投产，当年生产汽车、拖拉机钢片总成4.2万套，质量符合设计要求，产品销往全国27个省市的500家用户单位。1995年，拥有固定资产221万元，职工245人，厂房面积7002平方米，年总产值达1200万元。1997年8月，转制承包给个人经营。2014年，为保护良渚文化遗址，厂房设备迁出。

杭州华兴交通设施工程有限公司　成立于1995年10月，位于瓶窑镇大桥路，占地11000多平方米，企业固定职工162人，临时工130余人，其中具有高级专业技术职称的人员13名，专业技术职称的人员87名，具有专业技术职称人员占固定职工的53.7%，公司拥有国内外先进的生产、施工设备160余台(套)。具有建设部公路交通工程交通安全设施专业承包一级资质,中国安全技术防范行业协会安防工程二级资质,浙江省安全技术防范行业协会二级资质。并率先通过ISO9001质量管理体系认证及交通运输部安全生产标准化一级资质。公司主要生产和承建高速公路隔离栅、波形梁防撞钢护栏、交通标志、道路标线、防眩设施、交通信号灯、电子警察、电子监控、太阳能智能化交通系列等产品和项目工程。

图3-15 杭州华兴交通设施工程有限公司(2015年)

公司先后参加沪杭甬高速公路、金丽温高速公路、杭宁高速公路、乍嘉苏高速公路(获"鲁班奖")、安徽省黄山至昱岭关(皖浙省界)高速公路、河北大广公路固安至深州段高速公路、内蒙古赛白高速公路、宁波象山港大桥、合徐高速公路淮南连接线等国内多个省份高速公路及其他一级公路的建设,合格率达到100%。连续10年被"杭州资信评估公司"评定为AAA级信用企业。固定资产近745万元,企业资产总额1.8亿元,2015年企业产值1.2亿元。

杭州恒立钣金有限公司 成立于2002年,位于凤都工业园,总面积75亩(5公顷)。注册资金5000万元人民币,总投资超过2亿元人民币。是集原材料采购、金属切割下料、精密钣金件制造、结构件焊接、机加工、金属表面处理、仓储、配送为一体的新型现代化加工型企业。公司拥有大批世界先进的激光切割机、等离子切割机、数控火焰切割机、数控冲床、数控折弯机、加工中心、焊接机器人和自动化流水喷漆线等设备,实现机械加工自动化,提高了产品加工精度。客户遍及五大洲,与美国、加拿大、德国、英国、法国、瑞典、挪威、奥地利、澳大利亚、马来西亚、南非等国家和地区的客户建立了长期的合作。合作范围主要包括工程机械、农用机械、电梯部件、纺织机械、包装机械、能源、市政工程等领域,年产值4.2亿元。获"浙江省诚信企业"、"杭州市模范集体"等称号。产品获得瑞典奥乐颁发的"战略合作"奖。

图3-16 杭州恒立钣金有限公司(2015年)

2015 年瓶窑镇金属制品业规模企业情况表

表 3 - 2 - 5

企业名称	法人代表	创办时间	地点	职工人数	年产值（万元）	主要产品
天允洁具(杭州)有限公司	洪秀慧	2003 年	凤都工业区	82	2952	水暖管道
杭州博邦金属材料有限公司	赵　平	2007 年	凤都路 13 号	83	2024	钣金结构件
杭州华兴交通设施工程有限公司	孟建华	1995 年	大桥路 32 号	142	12775	路标路牌
杭州大满制罐有限公司	周　斌	2007 年	瓶窑社区	62	6192	铁罐
杭州恒立钣金有限公司	葛关浩	2002 年	凤都村	554	42041	金属结构件
杭州松泉五金机械有限公司	陆松泉	1980 年	长命村	210	2522	金属紧固件
杭州四达机械电子有限公司	摇雪良	1992 年	凤都工业区	82	2217	葫芦吊杆
杭州彭公铝制品有限公司	沈雄军	1986 年	朱家堰 47 号	67	2170	金属表面加工
杭州铭大铝幕墙制造有限公司	陈林华	2005 年	石濑村	130	4486	氟碳纯铝板
杭州旭翔实业有限公司	周　峰	2013 年	国辅路 9 号	30	4669	钢结构件
杭州盈铭气体设备工程有限公司	闻建芳	2012 年	凤都村	168	7334	金属压力容器
杭州双邦建设有限公司	翁海鸥	2012 年	羊城路	25	2175	钢结构件
浙江苏华电器有限公司	高冠敏	2011 年	富豪路 3 号	103	2578	金属厨房用器
杭州余杭长明金属管件有限公司	朱建平	2001 年	长命环桥 31 号	58	2318	锻件

二、印刷、纸制品业

镇内印刷、纸制品业，起步于 50 年代，多数采用铅字排版、活字印刷、手工机械操作，从业人员大多是个体户。印刷品种主要是一些收据发票、账册票据等零星小型文化办公用品。

1980 年后，境内印刷、纸制品业兴起，2015 年已有印刷、纸制品企业 56 家，具有规模的有 10 家。即杭州长命印刷有限公司、杭州彭公包装有限公司、杭州凤都纸业有限公司、杭州豪悦实业有限公司、杭州神彩包装印业有限公司、杭州瓶窑彩色印刷有限公司、杭州名师文化传播有限公司、杭州恩利纸制品有限公司、杭州达美包装工贸有限公司、杭州嘉杰实业有限公司。

杭州长命印刷有限公司　创办于 1985 年 1 月，是长命乡与浙江省文联联营企业，原址在大观山果园莫角山旁。为了保护良渚文化遗址，1996 年，易地搬迁至长命村卞家塘。1998 年转制，2006 年再次扩建至 104 国道旁。企业拥有面积 97.5 亩（6.5 公顷），厂房 30000 余平方米，总资产 1.2 亿元，是浙江省出版物印刷定点企业，书刊印刷全省排列第二位（平均每天印刷纸张 50 余吨，图书 20 余万册）。企业引进德国 KBA 高宝四色平版胶印机，日本三菱和小森八色商业轮转机，德国沃伦贝格胶订生产线等先进配套设备；2000 年，通过 ISO 9000 质量管理体系。2006 年通过 ISO 14000 环境保护体系及 6S 现场管理，2012 年通过绿色印刷日环环境体系认证，历年来产品获部优 359 种，省优 265 种，中华印制大赛银奖 2 个、铜奖 1 个，上海印制大奖铜奖 1 个、提名奖 3 个等奖项。全省中小学课本印制质量名列前 3 位。企业先后被国家农业部命名为中型二档企业，浙江省“行业最大、经济效益最佳企业之一。企业信用 AAA 级，诚信纳税 AAA 级，金融 AAA 级，全国诚信印刷企业等。

杭州豪悦实业有限公司 成立于2008年3月,位于在凤都工业园区,主要生产婴儿纸尿裤、婴儿拉拉裤、成人纸尿裤、成人拉拉裤、护理垫等一次性卫生用品。2014年,该公司参与国家标准《纸尿裤规格与尺寸》的制定,先后获得2项发明创造专利、6项实用新型专利、4项外观设计专利和4项软件著作权证书,是浙江省工商企业信用AA级守合同重信用单位、浙江省进出口质量诚信企业、出口工业分类管理一类企业、杭州市外贸出口百佳企业。2016年公司与中国航天基金会合作开发航天员专用纸尿裤,是卫生用品行业唯一一家中国航天事业合作伙伴。公司与多家世界500强企业如全球纸品龙头企业美国金佰利(Kin-Bery-Clark)、日本优妮佳公司、瑞典SCA(爱生雅)公司等跨国企业建立了业务合作关系。豪悦实业有限公司通过线上(网络销售)、线下(经销商代理销售)两种渠道进行推广产品,在淘宝商城、京东商城、亚马逊、1号店等知名大型网络购物平台开设专营店和旗舰店,在全国通过区域经销商代理的方式开发客户。“希望宝宝”婴儿纸尿裤产品、“白十字”成人纸尿裤产品等品牌,在2013年失禁用品行业中销售排名浙江第一、全国第四。

2015年,公司实施“新增年产1.8亿片婴儿纸尿裤、4000万片婴儿拉拉裤机器换人技改项目。选用日本独资瑞光(上海)电气设备有限公司生产的全自动生产线,配备日本三菱全伺服控制系统,采用高分子新材料原料和在线橡筋复合技术。改造后的全伺服自动生产线的产能从原先的每条线350片/分钟提高到550片/分钟,职工从每条线30人减至每条线8人,2015年产值为2.8亿元。

杭州名师文化传播有限公司 前身为杭州市瓶窑文教用品厂,创办于1983年5月,经营学生手工制作材料。1999年7月转制后,以教学具为基础,逐步形成以教育用品制造和绿色印刷为核心,兼营纸箱(彩盒)包装加工、塑料制品加工、制版发行和宾馆住宿服务的综合性企业。公司注册资金1000万元,占地面积30亩(2公顷),厂房建筑面积30000余平方米,职工250余人,年销售5000余万元,年利税500余万元,形成年产3000万套学具的自主研发能力,研发15大系列1000余个品种的学生用品,包括科学、数学、美术、自然、生活与劳动、品德与生活、艺术、劳技、科技、电子、物理、化学、模型、幼儿科学等。产品分别通过了教育部中小学教材审定委员会、教育部教学仪器研究所和有关省市教育厅(局)的审核、检测和鉴定。

图3-17 杭州名师文化传播有限公司(2010年)

公司系中国教育学会劳动与技术专业委员会会员单位,通过ISO 9001质量管理体系,中国环境标志产品(绿色印刷)认证单位,被认定为“浙江省教学仪器设备行业骨干企业”。

杭州长命彩色印刷有限公司 创办于1999年,位于凤都工业园区,是专业提供印前设计、印刷及印后处理为一体的综合性印刷企业,致力于医药、食品行业的包装印刷解决方法。占地面积20余亩(1.33公顷),2013年实现销售收入3000余万元。

公司拥有100余人的员工队伍,其中高级管理人员10余人,专业技术人员20余人。引进3台德国产海德堡五色胶印机、全新海德堡A106制版机、全电脑晒版机、冲版机、全自动模切机、全自动糊盒机、数字显示切纸机等一批先进的印前、印中及印后设备。

图3-18　杭州长命彩色印刷有限公司(2013年)

2015年纸制品、印刷、文体娱制品业企业情况表

表3-2-6

企业名称	法人代表	创办时间	地点	职工人数	年产值(万元)	主要产品
杭州彭公包装有限公司	周国华	1998年	彭公农场	188	16740	瓦楞纸板
杭州凤都纸业有限公司	陈建新	2011年	凤都工业区	34	3962	纸制品
杭州豪悦实业有限公司	李志彪	2008年	凤都路3号	443	28999	卫生用品
杭州恩利纸制品有限公司	宋彩珍	2011年	凤都村	55	2090	纸盘制造
杭州达美包装工贸有限公司	沈木根	2006年	彭安路28号	27	2484	纸板容器
杭州嘉杰实业有限公司	郑国生	2013年	凤城路7号	62	2910	纸尿裤
杭州长命印刷有限公司	陈国民	1985年	长命村高西1号	147	4461	课本杂志印刷
杭州神彩包装印业有限公司	权　俊	2006年	凤都路78号	104	3820	塑料袋外包装印刷
杭州瓶窑彩色印刷有限公司	吴旭万	1999年	凤都村	87	2837	包装装潢印刷
杭州名师文化传播有限公司	贾伟国	1999年	大桥路3号	203	4322	教学教具

三、电气器材业

镇内家电业、电气机械和器材制造业始20世纪50年代,发展于80年代。1979年,长命电扇厂创办,随后相继办起了瓶窑无线电元件厂、瓶窑印刷线路板厂、杭生空调设备厂、杭州华兴配电厂、瓶窑机电自控设备厂、杭州华日冰箱厂第一分厂、杭生空调配件厂。21世纪初,德国独资企业杭州益利素勒精线有限公司落户彭公小岭头,杭州西子光电网络、杭州中河电子器材落户凤都工业园区。另有,杭州京能电力设备、杭州力奥科技有限公司、杭州钮瑞材料有限公司、杭州荣达电器元件、杭州利富豪机电设备有限公司等8家规模企业。

杭州益利素勒精线有限公司　益利素勒(ELEKTRISOLA)由格尔·舒博于1948年创立,总部位于德国额肯哈根,是全球最大的超细漆包线制造商。益利素勒以电子和汽车制造业为主要服务对象,众多《财富》500强企业均为益利素勒的长期客户。

益利素勒在德国、美国、意大利、瑞士、墨西哥和马来西亚设立多家工厂。2003年,益利素勒落户中国,选址余杭区瓶窑镇小岭头,投资设立杭州益利素勒精线有限公司。公司于2005年建成投产,2015年完成厂房三期建设并投入使用,累计厂房面积达到5万平方米。拥有熟练的高技能员工500多人。公司主要生产0.03厘米—0.5厘米的超精细漆包线。年生产能力

图3－19 杭州益利素勒精线有限公司开业典礼(2005年)

达到17000吨,产品主要应用在汽车、家用电器、工业电子和消费电子等行业,已在国内精细和超精细线市场占有最大的份额。2015年公司销售额超7.6亿元。

公司建立完善高效的ISO 9001质量管理体系,通过生产过程管理标准化(SOP)来保障产品品质的一致性。公司还聘请国外评审公司对建立的环境管理体系进行严格的审核,并获得ISO 14000的认证。

杭生电扇厂 长命乡办企业。1978年长命农机厂试产电扇,1979年划出部分人员建立长命电扇厂。1980年投入批量生产,取名凤凰牌,1981年取名余杭县电扇厂,电扇定点生产后,改为杭生电扇厂。1981年下半年生产杭生牌电扇。建厂初就着重提高职工技术素质,每年利用淡季分批对职工进行技术培训;派人到上海、杭州、嘉兴等对口大厂和浙江大学、邮电五二二厂学习喷漆、压铸、铣、磨、热处理和线切割等技术;并与省、市科研部门进行技术协作。1982年起连续获得部颁标准、国家标准合格证书,产品扩大到20个品种。

仿日三菱四档遥控立扇,1984年北京全国引进样品消费品展览会上展出,受到中央领导赞赏。1985年,扩建5700平方米总装、测试两条流水线,扩大喷漆车间。全年生产各式电扇10万余台,被省、市科委评为"技术进步先进单位"。1985年,厂房面积10300平方米,固定资产135万元,职工591人,年销售收入1537万元,生产各种台、吊、立式电扇102430台。1986年下半年受国家宏观控制,电扇市场饱和,启动开发冰箱、中央空调、微型汽车空调、服装产品,停止电扇生产。

杭生空调设备厂 创办于1986年,位于在大观山果园古上墩西侧。1993年与香港合资,注册为杭州利富豪空调设备有限公司,厂房面积3万平方米,固定资产2500万元,企业职工400人。主要生产FP系列风机盘管、ZK系列金属组装式空调机组、BFP和BFPX系列变风量新风机组、DPS型卫生间通风器及空调配套用铝合金风口、消声器配件。生产过程中得到航天航空工业部第七研究设计院、浙江大学、同济大学、浙江省建筑设计研究院的技术合作,产值从1986年创办时的80万元,上升到1996年的6500万元。

杭生系列空调产品在"省优"基础上,1991年又荣获国家"部优"产品称号,建设部"名优产品"进步奖。产品销往全国20个省几十个大中城市,北京机场候机室、北京京信大厦、航空航天部502工程、杭州省彩电中心、香港力威利有限公司都采用杭生厂产品。

杭州空调分为明装立式、暗箱立式、暗箱卧式、壁挂式、顶蓬式、立挂式等系列,省电节能效果好深受用户欢迎。

2000年企业转资,2013年由于厂址位于"良渚古城"圈内,工厂整体拆迁停办。

杭州利富豪机电设备有限公司 创建于1989年,址在凤都工业园区。公司拥有总资产8000余万元,占地面积100亩(6.67公顷),职工500余人。拥有AMADA激光切割机、村田数

图 3-20 杭州利富豪机电设备有限公司(2014 年)

控冲床、数控折弯机、数控剪板机、拉毛机、车床、铣床、钻床、磨床、液压机等各种设备 180 余台(套),各种冲、压、剪、焊等设备齐全;同时还具有很强的模具设计、开发、制造能力。工厂通过了 ISO9001:2000 质量管理体系认证和 ISO14001:2004 环境管理体系认证。公司有技术人员 30 余人,获得国家软件著作权 6 项,专利 40 余项。

企业产品为三大系列:冲压件已成功为苏泊尔家电、九阳家电、伊莱克斯、华立集团、松下电器、德意电器等知名企业配套生产。以压力锅为例,整个压力锅的保温罩,包括锅盖、锅底以及手柄、钢圈的组装都由该公司一手制造完成。另外,像油烟机的重要组件油烟机风道、进风网板、集烟腔等都属于该公司的生产产品范围。钣金件:已成功为南都集团、奇尚标识等知名企业配套生产。在钣金件当中,另外像地铁灯箱、通讯机柜、控制柜、电源机柜、道闸壳体、数字播放器外壳等,也都属于该公司的生产产品范围。信报箱:公司自主设计、开发的产品获得国家知识产权局颁发的多项实用新型和外观专利。公司开发的信报箱有开口组合式、报奶分列式、封闭组合式、防雨组合式等。

被苏泊尔电器、松下电器等评为最佳供应商。压力锅组件的产量约 200 万件(套)/年,与苏泊尔、爱仕达的业务均保持稳固增长,2015 年产值 2.3 亿元。

2015 年瓶窑镇规模电气机械和器材制造业情况

表 3-2-7

企业名称	法人代表	创办时间	地点	职工人数	年产值(万元)	主要产品
杭州利富豪机电设备有限公司	高忠华	2002 年	凤都工业区	346	20457	电饭煲不锈钢锅盖
杭州荣达电器元件有限公司	韦达	2002 年	园西路	104	2555	电动机
杭州益利素勒精线有限公司	BERNT GRAMANN	2003 年	小岭头	589	72887	精细漆包线
杭州京能电力设备有限公司	翟晓峰	2006 年	彭安路 58 号	50	2922	起重机电控
杭州中河电子器材有限公司	蒋维乔	2000 年	凤城路 3 号	160	4633	调音台
杭州西子光电网络有限公司	缪路漫	1998 年	凤都村	110	2250	电视接收器
杭州力奥科技有限公司	赵光农	2009 年	羊城路 15 号	124	5545	锂电池
杭州纽瑞材料科技有限公司	李树荣	2013 年	羊城路 2 号	40	2036	散热器

四、化工橡塑业

境内的化工、橡塑业,源于 20 世纪 70 年代。据《余杭县志》记载:瓶窑医药化工试剂厂,二轻企业。前身为瓶窑塑料化工厂,建于 1970 年。1976 年,转产药用硫酸钡,改此名。1978 年,开发冰醋酸、乙二胺四乙酸、加收氯仿等 3 个新产品。1980 年,又试产薄膜粘合剂,硝基漆稀释剂成功。1987 年,有职工 210 人,年产各种试剂 413 吨,产值 301 万元。

21 世纪初,化工、橡塑业创办落户瓶窑有 118 家,其中有规模企业(年产值 2000 万元以上)12 家。即:杭州丰收农药有限公司、杭州得力科技有限公司、杭州天翔润滑油有限公司、杭州大地海洋环保有限公司、杭州爱力迈动物药业有限公司、杭州三星化妆品有限公司、杭州洁能塑料包装有限公司、杭州东林塑胶有限公司、杭州欧贝尔塑业有限公司、杭州中进包装制品有限公司、浙江华路改性沥青有限公司、杭州万瑞达塑化有限公司。

杭州三星化妆品包装有限公司　坐落在镇内凤都工业区石濑区块,是一家专业制造膏霜盖、香水盖、玻璃瓶喷泵等化妆品包装材料的企业。

2000 年创办,从一家生产化妆品塑料盖的小厂,已成为中国化妆品行业的优秀供应商,与珀莱雅、欧诗漫、等国内外知名品牌建立友好合作。公司拥有厂房 20000 平米,员工 300 人,其中新产品研发技术人员 60 人。80 台先进注塑机,自动印刷机,烫金机,真空镀膜 UV 线 4 条。年生产化妆品包装物 1.5 亿套,同时提供专业的模具设计、精密制造,试样到生产、丝印、烫金、涂装等一条龙服务。公司已通过 ISO9001 质量体系认证,并拥有自行出口权。产品销售全国各地及美国、法国、意大利、韩国等国。

杭州万瑞达塑化有限公司　创建于 2006 年,位于凤都工业园区凤都路 16 号,公司通过 IS9001 质量体系认证,浙江省高新技术企业,连续多年被杭州市评定为 AAA 诚信企业,是中国电器工业协会和浙江省电线电缆协会会员单位,是一家集功能性高分子材料及电线电缆专用绝缘和护层材料的研发、生产、销售于一体的高新技术企业。内设 3 个生产车间,其中 PVC 电缆料生产车间拥有 7 条挤出造粒全自动生产流水线,各种 PVC 电缆料年生产能力达 5 万吨;无卤低烟电缆料生产车间现拥有 2 条全自动生产线,年产 8000 千吨;硅烷交联生产车间现拥有一条一步法硅烷生产流水线,年产 1 万吨。2015 年,产值 3 亿元。各类电缆料产品有 60 余种,即:PVC 系列电缆料、PVC 环保型系列电缆料、TPE 系列电缆料、硅烷交联电缆料、黑色聚乙烯电缆料、低烟无卤阻燃聚烯烃电缆料等,拥有自主研发能力和知识产权。产品的应用覆盖低中高压电力电缆、电气装备用电线电缆、光通信电线电缆三大领域。

公司建有研发检测中心,负责研发产品,原材料分析检验,成品性能检测,试验检测,配有齐全的研发、检测设备,并与四川大学建立合作关系,形成产,学,研合作开发平台。公司大专以上职工占比 37%,直接从事研发工作的技术人员 37 人,占公司总人数的 35%,2015 年完成销售收入 2.4 亿元。

2015 年瓶窑镇化工、橡塑业情况表

表 3-2-8

企业名称	法人代表	创办时间	地点	职工人数	年产值(万元)	主要产品
杭州丰收农药有限公司	张建东	2006 年	长命村	34	4303	草甘膦农药
杭州得力科技有限公司	沈　良	2002 年	羊城路 15 号	35	3822	建筑粘接剂
杭州天翔润滑油有限公司	陶家清	2014 年	南山里湾	23	2551	变压器油
杭州爱力迈动物药业有限公司	陈剑英	2002 年	凤都工业区	62	2258	兽药
杭州三星化妆品有限公司	叶富云	2000 年	石濑村	245	6784	塑料瓶盖

续表 3-2-8

企业名称	法人代表	创办时间	地点	职工人数	年产值(万元)	主要产品
杭州洁能塑料包装有限公司	王荣昌	2008 年	凤都村	15	2475	塑料薄膜
杭州东林塑胶有限公司	王 飚	2000 年	国辅路 10 号	98	8563	塑料配件
杭州欧贝尔塑业有限公司	张小荣	2006 年	观山路 22 号	56	2789	塑料片材
杭州中进包装制品有限公司	牛 奔	2005 年	石濑村	90	5541	塑制品
浙江华路改性沥青有限公司	杜建民	2007 年	石濑村 1 号	23	19436	改性沥青
杭州万瑞达塑化有限公司	刘锦贤	2004 年	凤都工业区	106	24188	塑料粒子
杭州大地海洋环保有限公司	唐伟忠	2006 年	长命村	116	4639	润滑油脂

五、非金属矿物制品业

镇内非金属矿物制品业,始于中华人民共和国成立初期的 50 年代,发展于 20 世纪 80 年代,兴旺在 21 世纪初,余杭管道件厂始创于 1984 年,生产法兰制造等产品。2015 年已有 36 家,其中规模企业 5 家,即杭州余杭振华日化玻璃有限公司、杭州正威建材有限公司、杭州正裕建材有限公司、杭州顺宁矿业有限公司、杭州明云混凝土有限公司。

杭州明云混凝土有限公司　是一家具有国家三级资质从事商品混凝土生产、销售的企业。位于凤都工业区内,注册资金 3030 万元,固定资产 4600 万元,并拥有 ISO 9001: 2008 质量管理体系认证。主要生产普通、高强、特种系列商品混凝土,年生产商品砼能力 120 万立方米。公司有职员 128 人,各类专业技术人员 38 名,其中高、中级专业工程技术人员和经济管理人员 15 人。拥有"珠海仕高玛机械制造生产的 MAO3000/2000G 型强制式搅拌机及相应的电脑控制系统"等多套一流设备。先后配备了性能优越的搅拌运输车 45 辆、37M 汽车泵 4 台、固定泵 3 台、47M 长泵及车载泵各 1 台,还配用 GPS 导航装置,构建了现代化运输管理模式。加上检验、检测设施的齐全,有效控制了原料和产品质量。公司是余杭区唯一被建设局授予"优秀商品混凝土企业",先后获得"余杭名牌"、"节能降耗先进单位"等荣誉称号,多次被工商和金融部门授予"AAA 企业信用等级单位"称号。

"明云"与建筑商共创许多优质工程,有"金恒德汽配城"、"翡翠城"、"海派风景"、"牡丹面粉厂"、"银融实业商业用房"、"金地自在城"、"柳郡""南北乐章"等大项目。"明云"还被各级政府所信赖,携手共建几十个教育、住宅大项目,例如浙江省委党校、瓶窑中学、瓶窑经济适应房等。2015 年销售产值 2.6 亿元。

杭州振华日化包装科技有限公司　成立于 1997 年,位于长命石山下,是一家集日化护肤品、香水日化玻璃容器、塑胶装饰、瓶盖、喷泵、彩妆容器等为一体的科技型、规模型企业,产品的制造工艺已达到国际先进水平,实现了完善的玻璃瓶、盖、涂装一条龙生产。公司年产 1.5 亿个左右的化妆瓶,日化玻璃容器制造实力名列全国前 3 位。产品远销欧美、俄、中东等 20 余个国家和地区。2016 年,振华日化引进法国全氧燃烧化妆瓶生产线,生产线以天然气作为燃料,燃烧温度可达 2000 度,燃料得到充分燃烧。优点就是节能减排、保护环境。全氧燃烧技术项目可以使企业能耗降低 30% 以上,并可以每年为企业节约能耗资金 500 万元以上。采用紫外线辐射固化技术(UV 涂装),利用光引发剂(光敏剂)的感光性、在紫外线光照射下光引发形成激发态分子,分解成自由基或是离子,产生化学作用而重合,制造三次元架桥结构,使不饱和有机物进行聚合、交联等化学反应而达到固化的目的。整个生产过程还采用了静电除尘、真空镀膜等工艺。根据包装乳液、香水等日化类玻璃瓶的市场定位,还结合国际抛光机技术研发了一种以电化学技术为基础,通过液氧助燃,使火焰集中、温度升高,提升玻璃瓶身表面光洁度的火焰抛光机,无粉尘、零污染,加工成本相对减少1/3。企业生产的所有玻璃瓶均经过两道机械强度测试,一道是冷热急变,一道是消除内应力。其中,冷热急变就是相当于把玻璃瓶从100℃的沸水里取出后,马上放入0℃的冰水,玻璃瓶不会爆裂。在第五届上海国际奢侈品包装展上,振华日化一款绿色环保新品——火焰抛光玻璃香水瓶获绿色包装大奖。振华日化注册了杭州黛娜化妆品有限公司,总投入2000多万元,并以"兰黛娜"为产品商标。2015年销售产值超2亿元。

2015年瓶窑镇非金属矿物制品业情况

表3-2-9

企业名称	法人代表	创办时间	地点	职工人数	年产值(万元)	主要产品
杭州正威建材有限公司	陈银中	2007年	长命村庄地组	119	12495	水泥制品
杭州余杭振华日化玻璃有限公司	夏雄峰	1999年	长命村石山下	733	20003	玻璃瓶
杭州正裕建材有限公司	方立新	2012年	石濑村	42	5485	商品混凝土
杭州顺宁矿业有限公司	陈天龙	2011年	新窑路180号	37	3156	寸子生产
杭州明云混凝土有限公司	杨马云	2007年	羊城路	143	26566	商品混凝土

六、纺织服装业

清代,瓶窑农家就有种棉纺纱、织土布的传统,长命、北湖一带种桑养蚕甚多,经剥茧剿丝等工艺后,可用来编织纺绸衫等衣着面料及工艺品,用稠软轻盈保暖的丝棉胎做棉被更是受人所爱。60年代,长命、胡林、雉山、北村一带农村,还有土织布机、纺线车、家用剿丝机、剥棉籽机等保存。据《余杭县志》记载:"民国初年,瓶窑镇就有针织作坊,生产纱袜。"80年代初,具有一定规模的瓶窑羊毛衫厂、彭公春来丝织厂等先后创办,引进新型设备,注重款式花样,讲究产品质量,所产羊毛衫、兔羊毛衫盛销沪、杭。浙江华通绒毛制品曾风靡旺销。2015年,境内有编织、服装企业56家,其中规模企业有8家,即浙江日通实业集团股份有限公司(杭州佳通纺织印染有限公司)、杭州三羊制衣有限公司、杭州泰诺奇佳斯米鞋料有限公司、杭州华尔美制衣有限公司、杭州高盛制衣有限公司、杭州思美服饰有限公司、杭州美时年服饰有限公司、杭州锴越新材料有限公司。

浙江日通实业集团股份有限公司　位于镇内长命村,注册资金5000万元,职工500名。公司拥有多家联营或控股企业,即浙江华通绒毛制品有限责任公司、杭州佳通纺织印染有限公司、杭州美时年服饰有限公司、杭州瓶窑大厦有限公司及杭州市区和瓶窑多家房地产开发公司等。公司拥有一整套从原料加工、纺纱、织布、印染、成衣等一条龙生产的国内外先进设备。公司以羊绒为原料的纺织品为主要业务,发展房地产开发和证券经营业务等。企业于1999年通过ISO9000认证,主打"自然风"和"美时年"品牌。坚持以外销为主,重点发展和扩大日本和欧美市场,以"走出去"的方针,参加各大国际知名展销会及主要国外市场的考察活动,先后赴日本、德国、新西兰等国家考察及参展活动，逐步稳定和扩大客户群。

2015年，集团公司实现销售2亿元，主要产品有羊绒面料、羊绒大衣、羊绒披肩。其中，80%为自营出口，主要以日本、加拿大、美国为主。

杭州三羊时装有限公司　创办于2000年3月，址在瓶窑社区羊山村，公司注册资金80万元，专业生产经营各类梭织服装。2002年底，投资800多万元第一个在规划区内购置土地14.2亩(0.95公顷)，兴建厂房及配套设施，并初具年产80万件(套)服装的生产规模。经过多年的奋力拼搏，不断更新设备、工艺、完善企业管理，“三羊时装”已发展成为固定资产993.1万元、国际知名品牌高速电脑平缝机450多台，各式进口锁眼、钉扣及花色车等50余台，员工400余名，年生产能力260万件(套)、出口创汇近2000万美元的规上企业。产品远销美国、英国、俄罗斯、加拿大、德国、法国、以色列、日本等国家和地区，产品百分之百外销。2015年，销售产值超过1亿元。

杭州华尔美制衣有限公司　创建于2000年，位于凤都工业区。是一家以服装生产为主的中型民营企业，主要经营双面摇粒绒、单面摇粒绒、汗布、全棉等面料的外贸服装。企业占地面积10亩(0.67公顷)，拥有100多名专业人员和雄厚的技术力量，强大的设计能力以及高容量的中、低随意针织品。注册资本50万元，年营业额3000万元，年产量40万件/套。2015年，获得国家6项新型专利，分别用于服装裹边、制作裤子边条、制作服装圆领、制作裤子腰外圈等的辅助工具和带防结器的辅助工具。2016年，公司获得“杭州市高新技术企业”称号。产品远销美国和法国、意大利、比利时、瑞士、德国等。

2015年瓶窑镇纺织、服装企业情况

表3-2-10

企业名称	法人代表	创办时间	地点	职工人数	年产值(万元)	主要产品
杭州佳通纺织印染有限公司	唐玲霞	2006年	长命村	95	9121	羊绒制品
杭州泰诺奇佳斯米鞋料有限公司	MARCO	1994年	凤都村	34	2585	鞋子衬料
杭州澳羊制衣有限公司	陈忠良	2003年	凤都工业区	268	10170	纺织服装
杭州华尔美制衣有限公司	张来华	2000年	羊城路	57	2229	纺织服装
杭州高盛制衣有限公司	赵茂文	2002年	乌山村	162	3991	针织羊毛衫
杭州思美服饰有限公司	许美英	2002年	华兴路	142	3237	梭织服装
杭州美时年服饰有限公司	唐玲霞	2006年	长命村	95	3168	羊绒大衣
杭州锴越新材料有限公司	傅陆军	2003年	羊城路	56	2558	鞋类材料

七、金属冶炼和压延业

镇内的金属冶炼和压延业，始于1984年，余杭县北湖铸钢厂创办于南山村。行业兴起在21世纪初。冶炼是将铁矿石熔炼成生铁或将生铁熔炼成铸铁或钢的过程。压延加工实际上是指锻压(固体下成形)加工，只能对钢材进行锻压，铸铁不能进行锻压。2015年，企业已有21家，其中规模企业5家，分别为杭州紫英合金钢铸造有限公司、杭州泛利实业有限公司、杭州邓氏钢管制造有限公司、杭州五星铝业有限公司、杭州鼎福铝业有限公司。其中，杭州五星铝业、杭州鼎福铝业2015年产值分别达到23亿元和18亿元，经济效益届时为镇内企业之最。

杭州紫英合金钢铸造有限公司 是以生产合金钢铸件为主,集制造、经营、服务功能为一体的综合性企业,地址在南山北麓。公司始建于1987年,经过20余年的发展,造就了一批具有丰富经验和较高水平的技术人员。有员工近100名,占地105亩(7公顷),建筑面积2万平方米,拥有各种铸造、加工设备与测量仪器100余台(套)。形成铸造、热处理一条龙的生产规模。公司对铸件有着丰富的生产经验,尤其是在耐磨损、抗冲击的工况条件下的合金颚板铸件具有独创性,其耐磨性为传统高锰钢的3—5倍,处于行业领先地位。

杭州鼎胜实业集团有限公司 下属鼎成铝业有限公司、五星铝业有限公司、鼎福铝业有限公司坐落在风都工业园区,是一家专业从事生产各类铝及铝合金板、带、箔的高科技企业,总投资21.5亿元。公司连续多年被评为中国民营企业500强、杭州市外贸出口百强、连年被有关金融机构评为AAA级企业。企业坚持走规模化、自主研发、寻求高端品牌合作伙伴的发展道路,现拥有一大批国内外知名品牌客户。鼎胜实业集团是中国铝加工协会副理事长单位,主导产品为铝及铝合金双零箔、单零箔、板材、卷材、带材等,产品广泛应用于家电、电子通讯、交通运输、医药、仪器包装、印刷、化工、建材、装饰等行业。众多知名品牌企业如LG、松下、飞达仕、格兰仕、格力、海尔、美的等,均与该公司建立长期合作伙伴关系。

图3-21 杭州鼎胜实业有限公司(2015年)

公司生产、检测设备主要从德国、美国、意大利等国引进,拥有德国锐意测厚仪、西门子板形仪、美国霍尼韦尔测厚仪等国际最先进的生产设备,以及美国MA950光谱仪、日本万能试验机和晶相显微镜等理化检测设备。公司采用国内外先进的工艺、技术组织生产,以准确地符合客户的产品规格和技术要求。难能可贵的是,在设备自主研发上,公司也走出了自己的道路,通过不断对进口设备进行引进、吸收、再创新,使得公司产品不断在市场竞争中处于领先地位。公司已全面实施ERP管理,相继通过质量体系认证、环境体系认证、职业健康体系认证、食品安全管理体系认证。

集团下属杭州五星铝业有限公司成立于2007年,位于瓶窑镇风都工业园区,占地300亩(20公顷),注册资金1.72亿元,固定资产7亿元,拥有职工1000余人,其中各类专业技术人员460余人。拥有18条高精度宽幅薄型铝箔生产线,年产铝箔10万吨。2015年,产值为23亿元、鼎福铝业有限公司产值为18亿元、鼎成铝业有限公司产值为4.5亿元,镇内3家子公司总产值达到45.5亿元。

2015 年瓶窑镇金属冶炼和压延加工业情况

表 3 - 2 - 11

企业名称	法人代表	创办时间	地点	职工人数	年产值（万元）	主要产品
杭州五星铝业有限公司	周贤海	2007 年	凤都工业区	646	231041	宽幅铝箔制造
杭州鼎福铝业有限公司	周贤海	2006 年	瓶窑社区	424	180389	铝箔制造
杭州紫英合金钢铸造有限公司	胡祖尧	1984 年	南山村	230	6386	合金钢铸造
杭州泛利实业有限公司	张焕利	2002 年	羊城路 18 号	66	3226	有色金属压延加工
杭州邓氏钢管制造有限公司	邓祚林	2008 年	国辅路 9 号	40	2743	钢管加工

八、通用、专用设备、汽车制造业

80 年代，瓶窑双金机械厂创办于南山村。杭州强立机械有限公司，始创于 1965 年，为浙江省国防工业办公室管辖的省属三线企业，1988 年工厂整体从龙泉搬入长命乡羊山。继后，彭公拖拉机汽车修配厂（恒康专用车辆制造有限公司）创办，杭州松泉五金机械有限公司、长命摩擦材料有限公司等陆续入驻瓶窑。2015 年，镇内通用、专用设备、汽车制造业企业为 232 家，其中规模企业 25 家，总计产值 23.26 亿元，占全镇工业产值 20.47%，其中产值 1 亿元以上企业有 5 家、5000 万元以上有 8 家、3000 万元以上有 8 家。

浙江双金机械集团股份有限公司　创建于 1987 年，位于南山北麓。集矿山机械成套设备研发、生产、销售及工程项目施工为一体，是浙江省最大的矿山机械产品制造基地之一。集团下设 6 家控股公司，有 200 余项国家授权专利，其中发明专利 14 项。公司成套设备已进入国家核电工程项目，先后承接了山东石岛湾、湖南桃花江、海南核电石料厂项目。

企业开发一系列矿山机械产品，包括颚式破碎机、圆锥式破碎机、振动筛、制砂机、单缸液压破碎机等，全面向矿山机械成套设备转型升级。公司运用了“锥型滚碾式”工作原理制砂，由“打砂”到“碾砂”，实现制造者的观念转变，尤其是把高烙铸铁首次应用于破碎机的轧臼壁、破碎壁，在轧臼壁、破碎壁的铸造工艺中实行网状铸造结构设计，大大提高了设备使用效率和使用寿命。2010 年研发的 SJ1200 及 SJ1650 圆锥式破碎机及核岛建设专用 1400 圆锥机产品系列中，SJ1200 被立项为杭州市技术创新项目，SJ1650 被认定为省级新产品，核岛建设专用 1400 圆锥机被立项为杭州市适度发展重工业首台套项目，并同时进入三大核岛项目使用。SJ1000 圆锥式制砂机已被立项为浙江省装备制造业重点领域首台（套）产品。

企业通过了 ISO9001 质量体系认证、ISO14001 环境管理体系认证、ISO18001 职业健康安全体系认证、OHSMS18000 及 TS16949AA 标准化良好行为认证、AA 测量管理体系认证、CE 认证等多个权威认证。公司始终坚持以“金牌的技术、金牌的服务”为理念。在瓶窑总部基础上，分别在安徽芜湖及浙江湖州建立生产基地。目前公司销售网络已遍及国内 30 多个省、市、自治区，并在成都、福建、天津、安徽、西安、宁波等地成立了分公司，建立了快速、高效的营销网络体系及售后服务网络，产品出口到意大利、英国、美国、澳大利亚、日本、尼日利亚、埃塞俄比亚、巴西等。2011 年底完成股份制改革，2013 年销售收入超 3 亿元，并先后获得浙江名牌产品、浙江省著名商标称号。

杭州恒康专用车辆制造有限公司　坐落在瓶窑镇彭安路 20 号，前身为彭公拖拉机汽车修理厂(杭州汽车制造厂协办)创办于1975年6月。主要从事农机、拖拉机、汽车修理业务,是彭公乡创办最早的一家乡办企业。1993年6月,更名为余杭市汽车改装厂。1996年,与东方杭州汽车有限公司结为合作伙伴,成为其杭州汽车厂中试基地。由此原汽车修理转变为汽车改装及制造。1998年10月,企业转资更名为杭州恒康专用车辆制造有限公司,扩大与东风杭州汽车有限公司的配套装车业务。形成汽车改装、制造一体的生产规模。1999年销售额1328万元,创利133万元,纳税103万元。2000年,公司通过ISO 9001(2000)质量体系认证。

图3-22 杭州恒康车辆有限公司(2015年)

公司注册资金2000万元,主要经营环卫专用车辆;工程抢险专用车辆,制造、销售、技术开发服务、环卫设备(垃圾压缩设备)制造、汽车零部件出口、通信系统集成技术开发等。公司占地45亩(3公顷),建筑面积1.23万平方米,固定资产1680万元。现有职工130名,2015年销售6000多万元,出口创汇3500万元。

杭州祥生砂光机制造有限公司　在1992年自主研发了一整套砂光机转换设备,向用户直接供应产品。2000年初,迁至彭安路53号,开始自主研发新型的砂光机。企业有了一定的规模,当年工厂变更为杭州祥生砂光机制造有限公司,研发整机制造,有专利技术共计100多项,其中发明专利就有约20个,2000年,企业产值就达到1000万元。2015年,产值2800万元。经营场地19.5亩,重型标准厂房7000余平方米,大小设备上百台,拥有杭州地区最精密的动平衡仪及大型外园磨床,大型龙门铣床等设备,技术人才20多人,能够研造国内最先进的大型砂带磨床,制造各种用于精密抛光的复杂设备,并主持制定了6项国家级行业标准,除供应国内也有部分出口美国、比利时、加拿大及东南亚等地。

杭州燃油锅炉有限公司　创办于1994年,坐落于瓶窑镇羊城路1号,注册资金4512万元,占地面积180亩(12公顷),厂房面积70000平方米,员工人数560余人,其中专业技术人员70余人。是一家集研发、生产、销售、安装为一体的大型锅炉集团化高新技术企业,可生产410吨/时及以下锅炉和低、中压压力容器,具备年生产能力10000蒸吨。

公司拥有杭州聚能合同能源管理有限公司、浙江睿能压力容器有限公司、杭州聚能锅炉工程有限公司,拥有杭州东新路厂区、余杭瓶窑厂区和嘉兴桐乡厂区三个制造基地。公司从事煤无烟锅炉、燃油(气)锅炉等普通工业锅炉的设计与制造。企业转型升级后,主要从事高效节能环保型锅炉的设计与制造、洁净煤的研发与供应、生物质气化装置与固体废弃物焚烧处置设备的开发与生产、节能减排技术的研究与应用,是届时最大的水煤浆锅炉和煤粉锅炉专业制造厂家,核心产品有环保节能水煤浆锅炉、微排放高效煤粉工业锅炉、固体废弃物复合循环流化床焚烧锅炉以及循环流化床生物质气化设备等,产品借鉴国内外先进技术和工艺,拥有多项发明专利和实用新型专利。先后被国家发改委、工信部、环保部、国土资源部等列为节能减排推广名单和目录。产品主要用于供汽、供暖、电站发电等方面。企业拥有国家质量监督检验检疫总局颁发的 A 级锅炉制造许可证;D 级 I、II 类压力容器制造许可证;2 级特种设备安装改造维修许可证;美国 ASME 制造资质;ISO 90001、ISO 14001、ISO 18000 三体系证书;2013 年,被评为浙江省高新技术企业。2015 年,产值 3.8 亿元。

杭州诠世传动有限公司　成立于 2007 年,2010 年入驻凤都工业园区,意大利著名传动设备制造商 TRANSTECNO S. R. L 在中国的唯一生产基地,主要负责亚太地区市场,是动力传动的全球伙伴之一。公司主要设计生产各种减速机、电机等传动设备。以蜗轮蜗杆减速机 CM 产品为主导,还涵盖斜齿轮减速机 CMG、圆锥斜齿轮减速机 CMB、前置斜齿轮装置组合减速机 CMP、蜗轮蜗杆减速机组合 CMM、无级变速器 VAM、交流电机 MS－MY 及永磁直流电机 EC 等,向食品、皮革、纺织、玻璃、陶瓷、医疗、化工、轻工等行业提供专业、高效和人性化的整体传动解决方案。产品质量和性能达到并部分超过同行业知名国外企业。铸铁系列产品 ITB、ITS、ITH 上市,并荣获《MM 现代制造》创新产品奖。开发生产的蜗轮蜗杆减速机新系列,具有机械结构设计紧凑、小型高效,热交换性能好、散热快,安装简易、灵活轻捷、性能优越、易于维护检修,运行平稳、噪音小、经久耐用,性价比高,更具市场竞争力(效率有较大幅度的提高,甚至能超过 20%)。2015 年销售产值超 1 亿元。

2015 年瓶窑镇通用、专用设备、汽车制造业情况

表 3－2－12

企业名称	法人代表	创办时间	地点	职工人数	年产值（万元）	主要产品
杭州燃油锅炉有限公司	周海能	1994 年	羊城路 1 号	352	37919	锅炉
杭州诠世传动有限公司	楼克龙	2007 年	一号大街 26 号	98	10218	螺旋齿轮
杭州佳禾机械有限公司	摇雪良	2002 年	环桥 32 号	57	2467	汽轮机部件
杭州东巨机械制造有限公司	徐海燕	2012 年	凤都村	52	3419	卫生包装机械
浙江鼎瑞机械制造有限公司	周言胜	2008 年	瓶窑社区	125	5153	机械
杭州佳利制冷机有限公司	骆春华	2002 年	羊城路 19 号	62	4122	商用冷冻柜
杭州强邦精密机械电器有限公司	徐　战	2005 年	羊城路 13 号	116	9590	燃气调节阀
杭州良盛机械有限公司	王敢荣	2006 年	凤城路 9 号	50	3108	混合机械
杭州力程建筑五金有限公司	程政钧	2002 年	观山路 4 号	163	5680	紧固件
杭州新霓虹制冷设备有限公司	俞新源	2003 年	园西路 6 号	200	15656	制冷设备
杭州鼎成铝业有限公司	周贤海	2007 年	国辅路	130	45274	铝箔
杭州兴龙泵业有限公司	杨和生	1998 年	凤城路 1 号	136	6715	水泵
杭州合众输送机有限公司	龚超群	2003 年	瓶窑工业园区	63	2687	水泥机械
杭州普瑞除湿设备有限公司	吴建平	2004 年	凤城路西	56	4225	除湿机
杭州正翔超重机械制造有限公司	汤卫忠	2009 年	凤都村	59	6725	手拉、电动葫芦
杭州以勒自动售货机制造有限公司	朱灵军	2007 年	莫干山路 1984 号	76	3234	自动售货机
杭州川崎茶业机械有限公司	施建强	1990 年	羊城路 16 号	54	4235	茶叶机械
杭州双金机械集团股份有限公司	胡祖尧	1987 年	南山村	470	28494	矿山机械

续表 3－2－12

企业名称	法人代表	创办时间	地点	职工人数	年产值（万元）	主要产品
杭州优尼克消毒设备有限公司	朱 慧	2008 年	富豪路 7 号	55	3356	消毒器械
杭州新余宏机械有限公司	季儒茂	2003 年	凤都村	98	5172	卫生巾等系列机械
杭州宝丽泰塑胶机械有限公司	黄玉枝	2007 年	观山路 7 号	76	5647	挤塑机
杭州祥生砂光机制造有限公司	陈勇奇	2000 年	彭安路 53 号	75	2049	砂光机
杭州南华汽车配件有限公司	吴建华	2001 年	国辅路 4 号	86	3780	汽车零配件
杭州恒康专用车辆制造有限公司	尉建明	1998 年	彭安路 20 号	126	5799	专用汽车
杭州长命摩擦材料有限公司	任 建	1999 年	钟家村 48 号	146	4463	摩托车摩擦片

九、食品加工业

清末民初时，瓶窑老街上开设多家糕点、月饼、汤圆店、糖贴饼、鸡蛋糕、麻糊店等副食品商店。民国 6 年（1917 年），开设的朱一堂百货副食品店品种多、质量好、名声极佳。2009 年，杭州知味观食品有限公司入驻瓶窑凤都工业园区，知味观素有“知味停车、闻香下马”雅称的百年老店，主要经营生产各种月饼、粽子、香肠、腌制品等。西溪街有一条叫“食品弄”，以居住食品公司职工宿舍而得名。1958 年 3 月，创办瓶窑食品厂，又名瓶窑淀粉食品厂，生产品种有糕点、饴糖、机面、淀粉、酱菜、牛奶（奶粉），职工 200 余人（含临时工）。1982 年—1995 年新建饮料车间、糖果车间。新增汽水、饮料、糖浆和糖果产品，月饼糕点新添了西式、广式品种，除供应镇内城乡居民食用外，产品还销往杭州市区、德清、东阳、义乌等地。2015 年，镇内有农副食品加工企业 36 家，其中规模企业 4 家，分别是杭州知味观食品有限公司、杭州鸿光浪花豆业食品有限公司、杭州科皇饲料有限公司、杭州玖冠食品有限公司。

杭州知味观食品有限公司　始创于民国 2 年（1913 年），是一家百年老厂。2009 年，入驻镇内凤都工业园区，是一家从事食品生产加工和销售的综合性食品企业。占地面积 26 亩（1.73 公顷），建筑面积达 33766 平方米，包括四层综合厂房、五层办公楼、五层员工宿舍楼及附属用房。

图 3－23　杭州知味观食品有限公司（2015 年）

公司生产加工速冻食品，含速冻米面食品（生制品、熟制品）、速冻其他食品；糕点（烘烤类糕点、蒸煮类糕点、熟粉类糕点、月饼、馅料）；肉制品（腌腊肉制品、酱卤肉制品）；其他水产加工品（风味鱼制品）。批发兼零售预包装食品兼散装食品。一般经营项目：含研发速冻食品、糕点、肉制品、酱腌制品、米面制品、其他水产加工品（风味鱼制品）；收购本企业生产所需的原辅材料（限直接向第一产业的原始生产者收购）；含下属分支机构的经营范围。公司以生产和销售“知味观”月饼、真空包装食品、粽子、速冻食品及焙烤糕点等食品为主。拥有先进的焙烤糕点、速冻点心、粽子等产品的生产流水线。

2009年,公司被中国焙烤食品糖制品工业协会评为“中国焙烤食品糖制品行业百强企业”,并成为第四届中国焙烤食品糖制品工业协会理事单位。2015年,被浙江省政府认定为“省级骨干农业龙头企业”。在2011年第七届全国粽子文化节上,知味观“台式山珍大龙粽”荣获全国粽子产品“特等奖”,“蛋黄鲜肉粽”荣获“最佳风味奖”,“青团”荣获糕团类产品“一等奖”,知味观糕点类产品被评定为“杭州市余杭区名牌产品”。知味观“蜜豆枧水粽”荣获2013年中国粽子文化节全国粽子产品特等奖。2012年知味观糕点荣获杭州市名牌产品。2013年,知味观牌糕点荣获浙江省名牌产品。公司推出滇式云腿月饼和桃山皮月饼、杭帮月饼、蛋黄酥、法式月饼、改良金腿五仁和新研发木糖醇苏式月饼,坚持知味观月饼“口味独到、工艺创新、品种丰富”的特色。知味观月饼2009年—2014年连续六年荣获“中国名饼”称号,此外2013年还荣获“中国十大名饼”金鼎奖称号。

公司已通过ISO22000食品安全管理体系认证和ISO9001质量管理体系认证,出厂合格率达到100%,年销售额已突破亿元。

图3-24 杭州鸿光浪花豆业食品有限公司(2015年)

杭州鸿光浪花豆业食品有限公司 址于凤都工业园,是杭州豆制食品有限公司的全资子公司,是杭州市“菜篮子”重点商品保供稳价单位。公司始创于清咸丰年间,旗下的“鸿光浪花”品牌豆制品已有150多年历史,产品销售覆盖杭州市,辐射浙江省内和江苏、上海等区域市场。公司注册资本2000万元,占地面积60亩(4公顷),建筑面积3万多平方米,投资1亿多元,引入国内外30多条先进生产线,建有专业的产品研发与检测中心和10万级净化生产车间,建立并通过了HACCP、ISO9001要求的质量管理体系,运用信息化和全程、全区的网络管控等科技手段,开展生产经营管理。公司还投资2000多万元建设环境保护装备。

杭州鸿光浪花豆业食品有限公司坚持品牌和品质战略,公司是中国农业产业化综合开发项目建设单位、是中国豆制品行业协会副会长单位、中国豆制品行业质量安全示范单位和浙江省农业龙头企业、浙江省高等院校“十佳诚信”供应商、杭州市食品安全信用优秀单位,是《非发酵豆制品》、《植物蛋白饮料豆奶和豆奶饮料》国家标准,《纳豆》和《卤制豆腐干》等行业标准的制定单位。公司荣获了“浙江老字号”,浙江省著名商标、浙江省名牌产品;“鸿光浪花”内酯豆腐、豆腐干等产品被中国绿色食品发展中心认定为“绿色食品”。

公司每天生产并供应市场“鸿光浪花”品牌系列的新鲜餐桌豆制品、豆浆、豆奶、休闲豆制食品和蛋制品等九大类100多个产品,并率先在杭州推出箱豆腐、晶玉豆腐、中华豆腐、大中华豆腐、蛋玉豆腐等花色豆制品,以及豆奶、豆浆等大豆饮品。

2015 年瓶窑镇农副食品加工、制造公司情况表

表 3－2－13

企业名称	法人代表	创办时间	地点	厂房面积（平方米）	职工人数	年产值（万元）	主要产品
杭州鸿光浪花豆业食品有限公司	杨林其	2006 年	凤都路 18 号	30000	283	18965	农副食品加工
杭州科皇饲料有限公司	陈剑英	1996 年	瓶窑社区	－	57	3353	农副食品加工
杭州知味观食品有限公司	孟亚波	2006 年	凤都村	33766	552	16676	食品制造
杭州玖冠食品有限公司	吴幼丽	2012 年	凤都村	－	85	2730	食品制造

十、其他（竹、木、藤、棕、草、家具制造业）

境内山区平原地形起伏交错，山区修竹茂林，平原河湖杂地，藤、棕、草类丰盛，取之不尽。利用竹、木、藤棕草原料制造工具用品，各尽其材、各所其用，制品巧夺天工。据良渚文化遗址境内“反山、莫角山”出土文物考证，瓶窑先民早在良渚文化石器时代，就利用竹、木、藤、棕、草修房建屋，制作生产农具、猎物工具、生活用具，是最原始的生存依赖自然资源。家具制造从竹、木起步，发展到用金属、塑料等材料制造。浙江盛唐环保科技有限公司，2009 年创办于长命村，主要经营电子产品拆解，年产值3114 万元。杭州和丰木制品制造有限公司，2010 年创办于凤都北村，主产木制容器，年产值 2532 万元，为规模型企业。2015 年，镇内有竹、木、藤、棕、草、家具制造业 56 家。

2015 年瓶窑镇主要竹、木、藤、棕、草、家具制造公司情况表

表 3－2－14

企业名称	法人代表	创办时间	地点	经营项目
杭州启森装饰材料有限公司	汪志东	2011 年	石濑工业园区	板材加工
杭州洪记竹木制品有限公司	洪松苗	1998 年	彭公两水坞	凉席加工
杭州圣芭曼家居用品有限公司	刘　元	2012 年	岗公岭	竹制品制造
杭州余杭良茂竹制品有限公司	姚文良	2013 年	彭公两水坞	竹制品加工
杭州红云家具有限公司	张文满	2010 年	长命钟家村	木质家具制造
杭州森态皇祥展柜有限公司	林建正	2014 年	前程路 10 号	制造业、木质家具制造
杭州名瑞家具有限公司	黄志兵	2010 年	羊城路 12 号	办公家具制造
杭州凝智商业展具有限公司	刘建国	2012 年	长命钟家村	商场形象柜生产
杭州奥年展具有限公司	汪秋月	2010 年	观山路 37 号	木制品家具生产
杭州典图实业有限公司	韩　涛	2010 年	塘埠村白湖	金属家具制造
杭州广厦林业有限公司	李近远	2002 年	凤都村	钢制家具制造
杭州卡妮亚家居用品有限公司	李瑞丰	2014 年	羊城路 12 号	其他家具制造
杭州爱丽舍家具制造有限公司	冉光银	2015 年	富豪路 8 号	软体家具生产
杭州雅尔典家私制造有限公司	陈才志	2004 年	翁家头 52 号	沙发生产

十一、矿产业

黄沙　1954年,杭县人民政府在瓶窑镇建立黄沙管理站,对黄沙采挖、运输进行管理。1958年,境内长命公社成立25人的扒沙队。由于苕溪水沙齐下,河床淤积多滩,贮藏大量黄沙资源,当地乡村以挖沙作为一项副业收入,从柏树庙至上窑的苕溪中,长年有5吨木船10多艘。一些苏北人从苕溪扒沙队中购买黄沙,运往杭州、上海等地销售。1976年,境内北湖公社组建30人的黄沙队,从苕溪转向北湖草荡挖沙,还在南山开采挖过白泥。80年代,因保护西险大塘,政府规定苕溪禁挖黄沙,挖沙得以终止。

石矿　20世纪50年代初,境内长命凤山村与羊山村联合开采石矿,1971年后由长命公社接管,转为社办企业。羊山石矿天生优质青石,其饱水抗压强度、磨耗性指标,可与獐山石矿石质相媲美。大块青石都用于附近农村建房砌屋、西险大塘护塘砌坎。五六十年代,有不少苏北人南下谋生,在石矿附近搭棚居住,干起运输、敲石子活计,被破碎敲打好的大、中、小石子分类后,主要用于当地建筑。1980年冬,石矿购买400型轧石机1台,次年冬又增购750型1台,用于生产小规格石子,日轧石量120吨,形状分大、中、小运往杭州、上海建筑公司,深受欢迎,供不应求。1983年冬,上海宝山某部队军事基地施工,慕名来到羊山石矿求购,后通过余杭县矿冶公司直接下达任务,提供400吨块石,要求在4天内装好拖轮,当时没有传送机械设备,硬是组织矿工靠小车拉、肩膀抬,4天完成装运任务,从苕溪直送上海宝山部队。

经过30多年的开采,石料资源竭尽。1985年3月,浙江省精工模具厂从龙泉搬迁到羊山石矿矿址基地,启动了军工业生产的新历程。2015年,精工模具厂搬至凤都工业园区,羊山石矿矿址成为南山大桥南端连接精工路的引桥段。

瓶窑镇石矿基本情况表

表 3－2－15

单位名称	负责人	地点	主要产品	主要设备	年产量（万吨）	职工人数	开办时间（年）	关停时间（年）	投入金额（万元）	性质
羊山石矿	王正泉	羊山村	石子、石粉	600 轧石机二套	16	63	1952	1985	200	镇办企业
瓶窑轧石矿	陈南勇	角头袁家湾	石子、石粉	400 轧石机二套	10	25	1980	2003	120	转资企业
毛元岭石矿	董希伦	毛元岭	石子、石粉	400 轧石机一套	8	36	1998	2005	80	转资企业
彭公石矿	赵金柄	彭公村	石子、石粉	900 轧石机一套	12	30	1971	2002	120	转资企业
长命石东石矿	姚士松	长命村	石子、石粉	400 轧石机二套	10	42	1984	2002	80	合伙
六头石矿	陈达夫	角头永承山	石子、石粉	400 轧石机一套	8	20	1988	1993	80	合伙
高村石矿	陆金火	长命高村	石子、石粉	400 轧石机一套	8	20	1996	2000	80	合伙
西中石矿	徐国正	西中西施坞	石子、石粉	400 轧石机一套	8	20	1981	2000	80	合伙
外窑轧石矿	戴贤法	河中村	石子、石粉	400 轧石机一套	8	20	1984	2009	80	合伙
河中石料厂	姚建明	河中石塘坞	石子、石粉	600 轧石机一套	10	41	1998	2002	100	合伙
横山石矿	高兴发	横山村	石子、石粉	400 轧石机一套	8	20	1998	2002	80	合伙
长命村石矿	何玉明	长命石山下	石子、石粉	400 轧石机一套	8	20	1984	2000	80	合伙
长命雉山石矿	沈建国	雉山村	石子、石粉	400 轧石机一套	8	30	1998	2001	80	合伙
毛元岭第二轧石矿	缪建良	毛元岭野毛坞	石子、石粉	600 轧石机一套	10	25	1998	2002	120	合伙
丰坑坞石矿	汤国华	彭公丰坑坞	石子、石粉	900 轧石机一套	12	46	2002		300	合伙
毛元岭石矿	姚洪根	毛元岭山毛坞	石子、石粉	600 轧石机一套	10	23	1981	2003	80	合伙
毛元岭石矿	董文龙	毛元岭山毛坞	石子、石粉	400 轧石机一套	8	20	1981	2000	60	合伙
毛元岭石矿	吴松法	毛元岭山毛坞	石子、石粉	600 轧石机一套	10	23	1981	2001	80	合伙
长命凤山石矿	谢阿林	凤山村	石子、石粉	400 轧石机一套	6	6	1984	2000	40	合伙
角头石矿	杨国法	角头永承山	石子、石粉	900 轧石机一套	12	36	1996	2011	120	合伙
奇坑石矿	王桂芳	奇坑	石子、石粉	400 轧石机一套	8	20	1994	1999	50	合伙
石门石矿	许德胜	石门	石子、石粉	400 轧石机一套	8	20	1994	1999	50	合伙

第三节 工业园区

1999 年，瓶窑镇党委政府坚持以经济建设为中心，大力发展工业经济，为保护良渚文化核心区块，跳出制约区，谋求新发展，决定“跨过新国道，建设新瓶窑”的发展思路，兴建凤都工业园区。园区由凤都工业区块和石濑工业区块组成。2015 年，工业园区建成面积 3915 亩(261 公顷)，进驻企业 152 家，总产值 91.46 亿元，提供就业岗位 9800 余人，曾被杭州市政府授予优秀特色工业园区称号。

一、工业园区

凤都工业园区(凤都区块) 凤都工业园区坐落在凤都村、长命村和瓶窑社区的交汇处，东邻良渚文化村，南接前程路，西靠杭生路，北依 104 国道，建成面积 3565 亩(242.33 公顷)，入驻企业 117 家。1999 年启动兴建，区块内实行统一规划、统一设计、统一征地、统一招商、统一管理的建设模式，污水集中纳管收集处理，区内建有凤都路、羊城路、城皇路、国辅路、凤都南路等道路，硬化率、绿化率达到 100%，基础设施总投资 3.51 亿元。

凤都工业园区(石濑区块) 石濑区块坐落在石濑村，东邻 104 国道，南傍毛山港，西靠杭长铁路，北连彭公立交桥，建成面积 350 余亩(23.33 公顷)，入驻企业 35 家，其中规模企业 9 家，从 2002 年起，区内建成云华路、园东路、园西路。

二、科技企业

2015 年，工业园区拥有杭州兴龙泵业有限公司、浙江双金机械集团股份有限公司、杭州强立机械有限公司、杭州强邦精密机械电器有限公司、杭州得力科技有限公司、杭州豪悦实业有限公司、杭州燃油锅炉有限公司、杭州博大生物技术有限公司、杭州瓶窑彩色印刷有限公司、杭州南华汽车配件有限公司、杭州荣达电器元件有限公司、浙江川崎茶业机械有限公司、杭州优尼克消毒设备有限公司、杭州中进包装制品有限公司、杭州万瑞达塑化有限公司、杭州利富豪机电设备有限公司 16 家国家级高新技术企业，生产水煤浆泵、成人尿不湿裤机械、圆锥破碎机、节能电池、“希望宝宝”尿不湿、节能锅炉、阻燃电线、智能邮柜等产品，先后获得星火计划项目和发明专利技术。全镇累计有效专利 1509 个，其中发明专利 152 项、实用专利 1030 项、外观专利 327 项。2015 年，新产品产值达到 26.27 亿元，高新技术产值 27.65 亿元。另外，还拥 53 家浙江省科技型企业和 6 家余杭区中微小科技型企业。同年杭州祥生砂光机制造有限公司和浙江双金机械集团股份有限公司获省级专利示范企业、杭州燃油锅炉有限公司为市级专利示范企业。

三、品牌建设

2015 年，工业园区打造出省市级工业品牌产品 3 项，其中浙江双金机械集团有限公司的“圆锥式破碎机及配件”和杭州知味观食品有限公司的“糕点”省级品牌，杭州豪悦实业公司生产的“希望宝宝”尿不湿产品为市级品牌。杭州市种猪试验场和浙江双金机械集团有限公司为浙江省著名商标企业。同时有 8 家获得市级著名商标荣誉。

四、规模企业

20 世纪 90 年代，规模企业有：

杭州华兴实业集团有限公司 前身是组建于1993年4月的杭州华兴(集团)公司,属于镇办集体企业,是瓶窑镇第一个组建企业集团的单位。集团公司以瓶窑文教用品厂为核心企业,以余杭县瓶窑房地产开发公司、杭州华兴配电厂、杭州新力文体用品厂等5家企业组成,注册资本3000万元,性质属于镇办集体企业,是瓶窑镇第一个组建企业集团的单位。

1998年10月,根据余杭市政府镇办集体企业实行全面改制的要求,杭州华兴(集团)公司解体,下属各分公司分别实行企业转制,核心企业瓶窑文教用品厂的资产也剥离后单独转制。公司拥有下属企业10多家,涉及产业有投资、房地产、医药、机械、酒店等多个领域。华兴地产坚持致力于100个小城镇的开发,已在浙江、上海、江苏等地成功开发了数十个小城镇。

浙江高柏工贸集团 是一家省级工贸集团公司,创建于1993年,是瓶窑镇以服装行业为主的行业集团,注册资金5000万元。下属企业有中外合资杭州高柏时装有限公司、中外合资杭州高亨利制衣有限公司、杭州华榕制衣有限公司、杭州市余杭羊毛衫厂、瓶窑管道件厂、长命轧钢厂等六家企业组成。

生产产品有丝绸服装、羊毛衫、管道配件及生产罗纹钢等。产品远销美国、西欧、澳洲、日本、韩国、俄罗斯等30多个国家,是出口创汇大户,在桐乡、湖州设有合资分公司,有20多家服装定点加工厂,有8家为公司定点加工的服装面料生产企业。被省商检局评为服装出口免检企业,被银行评为AAA级企业,杭州市出口创汇重点企业、余杭市出口创汇先进企业、余杭市百强企业等荣誉。

2015年底,规模以上企业(标准:年产值2000万元以上)有93家,其中3000万元以上的有57家,5000万元以上的有34家,1亿以上的有18家,2亿以上的有9家,10亿以上的有2家,分别为杭州五星铝业有限公司、杭州鼎福铝业有限公司。

从产业分:金属制品业14家、印刷纸制品业10家、电气器材业8家、化工橡塑业12家、非金属矿物制品业5家、纺织服装业8家、金属冶炼和压延业5家、通用、专用设备、汽车制造业25家、农副食品加工业4家、其他产业2家。从区域分:凤都工业一区块有27家,二区(石濑区块)有4家。

规模企业中职工500人以上3家,300人—499人4家,100人—299人28家,99人以下58家。

杭州利人药业有限公司 创建于2001年,通过中华人民共和国药品GMP证书认证,主要生产重酒石酸胆碱、依地酸二钠等各种原料药。杭州华达塑料机械有限公司专业生产各种规格精密注塑成型机及相关塑料机械产品,规格有90T-800T等各种机型。整机配置日本、美国、意大利、法国的液压件及电器元件,具有增力比在、启闭模速度快、结构紧凑、低能耗、精密耐用之特点。近销长三角,远销东欧、中东、东南亚、非洲等发展中国家。

集团公司2001年被中华人民共和国农业部、中华人民共和国对外贸易经济合作部评为全国出口创汇“先进乡镇企业”,2003年被评为浙江省三优企业“优秀企业、优质企业、优秀经营者”,2006年被中共余杭区委、杭州余杭区人民政府评为销售收入“百强工业企业”等多项奖项荣誉。

杭州鼎胜实业集团有限公司 是一家专业从事生产各类铝及铝合金板、带、箔的高科技企业,在镇江京口、杭州瓶窑、洛阳伊川和内蒙古霍林郭勒分别建有生产基地,总占地约4000亩,总投资近80亿元,拥有镇江鼎胜铝业股份有限公司、座落在瓶窑凤都工业园区的杭州鼎成铝业有限公司、杭州五星铝业有限公司、杭州鼎福铝业有限公司、杭州鼎胜进出口公司等生产型及贸易型子公司，总投资21.5亿元，其中固定资产11.5亿元，配套流动资金近10亿元。其中，镇江公司是全球最大的空调箔生产基地，杭州公司是全国最大的双零箔生产基地，洛阳公司已成为集团稳固的原材料生产供应基地。

鼎胜实业集团是中国铝加工协会副理事长单位，连续多年被余杭区政府列为"强企大企"培育企业。主导产品为铝及铝合金双零箔、单零箔、板材、卷材、带材等，产品广泛应用于家电、电子通讯、交通运输、医药、仪器包装、印刷、化工、建材、装饰等行业。

鼎胜集团下属杭州五星铝业有限公司成立于2007年，位于余杭区瓶窑镇，公司占地300亩(20公顷)，注册资金1.72亿元，固定资产7亿元，2015年，产值23亿元，拥有职工1000余人，其中各类专业技术人员460余人。拥有18条高精度宽幅薄型铝箔生产线，年产铝箔10万吨。

杭州鼎胜实业集团有限公司连续多年被评为中国民营企业500强、杭州市外贸出口百强、杭州工业行业龙头骨干企业。

杭州名师集团有限公司 前身是余杭县瓶窑文教用品厂，创建于1983年5月，集印刷、设备工程、制塑、包装、装潢于一体，已成为全国最大的教育用品科研和生产基地之一。2003年12月，更名为"杭州名师集团有限公司"，"名师"产品遍布全国20多个省、市、自治区。主要产品有学具系列，包括小学自然实验室配套学具、小学数学学具、中小学科技活动套材、中小学美术学具、幼儿美工制作材料、小学劳动科技手工制作材料、中学劳动科技制作材料、青少年科技活动器材、初中物理实验学具、中学电子制作系列套材等。设备系列，包括中小学综合技能专用设备、物理实验室成套设备、生物实验室设备、计算机和陶艺教室设备等。其他系列，包括教学模型、教学挂图、新型雕塑泥等。2007年12月，更名为杭州名师文化传播有限公司。

曾获浙江省最佳经济效益工业企业、杭州市重点骨干企业、杭州市安全生产先进单位。

浙江双金机械集团股份有限公司 组建于2009年，拥有五家控股子公司，分别为杭州紫英合金钢铸造有限公司，湖州双金机械配件有限公司，芜湖双金机械配件有限公司，宁波市北仑双金机械配件有限公司，威海双金机械有限公司。

图3-25 浙江双金机械集团有限公司(2015年)

杭州紫英合金钢铸造有限公司主要生产2吨以下的高锰钢、高铬铸铁等产品，年产铸件量5000—8000万吨。湖州双金机械配件有限公司成立于2003年，公司主要生产矿山机械的易损、耐磨件。宁波市北仑双金机械配件有限公司成立于2004年，是一家销售公司，主要是考虑到宁波海陆运输的地理优势，拓展国内外市场。宁波公司的销售额始终位列双金集团的前三。威海双金机械有限公司处于建设阶段，主要是公司战略布局的考虑，2009年双金公司承建了山东石岛湾核电站中的石料生产线项目，以威海为中心，辐射胶东半岛，在东北地区，京津翼等地区打开了销售市场，并为出口朝鲜、韩国等国家做好准备。

芜湖双金机械配件有限公司成立于2007年。公司原有的两家铸造企业产能已不能满足双金母公司发展的需要,公司决定在安徽芜湖成立一家年产铸件10000吨的铸造分公司,主要生产破碎机的四大件,即机壳、上室、上架、动锥体,提升双金在中部地区的品牌知名度,也为更好的为客户提高售前售后的服务。

第三章 商 贸

境内商业随农业、林业、手工业发展而日渐兴起，主要集中于集镇，均为私人或合伙经营。瓶窑跨东苕溪两岸，商贸发达。镇区大部历来属钱塘县（杭县），关口桥以北属于余杭县。民国时，“商业地点以沿溪横街至山麓直街为最盛，有酱园、南货栈、电汽厂等。出口以竹、木、柴、炭、茶、笋为大宗。杭瓶公路今已直达横湖，山货输出与各货输入，当益畅通。抗战时全毁。”（民国《杭县志稿》卷十四）。据《杭县志稿》第十二卷记载：1946年时，瓶窑镇有买卖业141家。其中制造加工业8家、技术业7家、兑货金钱业3家、集客业9家、行纪业3家、运送业3家、居间业1家（房屋买卖租赁、交换等事务的代理或介绍活动的营业）。

1956年，完成对私营商业的社会主义改造，个体商业走上合作化道路，商品贸易纳入计划经济轨道。1958年—1976年，商品流通领域强调计划和集中统一，政策上多管少放，造成物资匮乏，凭票限量供应商品和按计划统购派购产品不断扩大。经营体制以国营、供销合作商业占主导地位，个体私营商店被取消，集市贸易萎缩。至1978年改革开放前夕，境内的社会商品零售总额为数十万元。1978年中共十一届三中全会以后，改革商业体制，传统商业经营模式发生变化，计划经济逐步向市场经济转变，商品流通由计划分配转为多渠道自由经营。此后，个体私营商业发展，市场交易活跃，集市贸易由单一农副产品交易市场向工业品市场和生产资料市场扩展。商业结构，既有综合性大型商场，又有大量小型综合商店、专业商店、专卖商店。2015年底，全镇有农贸交易市场4家，市场成交金额5.98亿元；个体私营商业户3878家，全年社会消费品零售总20.3亿元。

1976年6月，瓶窑工商所建立，1999年更名杭州市工商行政管理局余杭分局瓶窑工商所，2014年，更名余杭区市场监督管理局瓶窑市场管理所。曾获“浙江省四星级文明规划工商所”等荣誉称号。

第一节 流通体制

境内商业自东汉时粗具规模，东汉熹平二年（173年），余杭县令陈浑置县市。明代，瓶窑因窑业发展而成为集市。“自独松关而南，双溪镇为要路，过此，即达瓶窑，商家陆行，多经此，兵家所宜预防也。”（民国《杭县志稿》卷一）民国26年（1937年），余杭县1331户（浙江省《战前各县商业登记》），瓶窑约200余家，占1/4。均为个体工商户。经商形式主要为行商，以收购农副产品为主，商品少量供应本地，多数贩运外地销售；二为摊贩，即肩挑设摊的货郎、小贩。20世纪50年代，主要靠供销社经营。1953年开始利用、限制、改造私营商业，1956年完成对私营商业的社会主义改造，国有和供销合作商业渐占主导地位，至1958年境内已无个体私营商业。1961年起调整政策，出现国营为主、集体为辅、个体少量的商业格局。20世纪70年代中期建立国营商业为主体的商业体制,形成与社会主义计划经济相适应的商品流通体制。1979年以后,个体、集体商业发展较快。1992年,商业经济体制改革步伐加快,商业、供销、粮食、物资等部门开始由行政管理机构向经济实体转变。1994年开始,国有、供销合作商业企业在明晰产权、建立现代企业制度上迈出新步伐,推行经营承包制、合资制、合作制、股份制,呈现国有、集体、股份、个体多种体制并存,批发、零售、专卖、超市多种经营方式齐上的繁荣局面。1995年以后,随着股份制商业和个私商业的快速增长,国有商业、集体商业份额逐渐减少,不再承担商品流通领域主要角色。

一、个体私营商业

瓶窑古称亭市,亭市山南麓建窑烧制陶瓶,始称窑山,亭市村因此得名瓶窑。在北宋已成为制陶的专业村。《太平寰宇记》云:“杭州亭市村人悉作大瓮,今谓之浙瓮。”南宋咸淳《临安志》载:“亭市山多陶户为瓮。”宋代在瓶窑石濑设巡检司。明代,瓶窑仍以瓶罂生产为主。由于窑业发展,瓶窑也就由村发展为集市。清咸丰七年(1857年),全县最早的典当铺“保昌当”在瓶窑西溪街开业,内设账房、仓库、信房、首饰房、米房、更楼等,资金8万银圆,是当时全县资本最为雄厚的当铺。抗日战争期间,瓶窑、石濑等镇被日寇占领,电厂被毁,市场衰败。“瓶窑镇,房屋全毁,死百余人”。(民国《杭县志稿》卷十一)据战后统计,沦陷期间,瓶窑每年损失茶叶600担、丝绵100担、柿子1000担,竹14.6万帖,笋1.8万担。战后,经济逐渐恢复,民国35(1946年)瓶窑镇商家达到174家(不包括隶属余杭县的上窑街),其中买卖业141家,制造加工业8家、技术业7家、兑货金钱业3家、集客业9家、行纪业3家、运送业2家、居间业1家。后又成立山货、南北货、百货、酒酱、豆腐5个分会。手工业以木器社、竹器社、铁器社为代表。木器社竹器社的工匠主要是来自东阳、义乌、绍兴、嵊县的上八府人。行业有两个方面的功能,一是为当地百姓提供生活用具,二是制作农具,其他还有一些修修补补的服务。木器社在上窑官口桥,有锯板、方木、圆木、油漆4车间。除了做人们生活上用的眠床、桌子、板凳、锅盖、水桶等日用家具,还是生产农业上用的粪桶或犁耕打稻机等农具。竹器社在西溪街,主要制作饭篮菜罩,蒸锅架竹榻竹椅,也生产土箕、夹箩、蚕匾、领皮等。铁器社在横叉弄堂底,主要铸打锄头、铁耙、铁锹等农具。

瓶窑历来也是临安、昌化、於潜、安吉、孝丰和县内山货的集散地,民国初山货行仅9家,到民国23年(1934年)成立苕北竹业公会时已有40多家。较有名的山货行有“骆义昌”、“天南”、“大成”、“郑万顺”等。山货主要来自余杭黄湖、百丈、鸬鸟、双溪一带及临安、德清、安吉等周边地区,外县数量约占四成左右。销地除省内之外,运销江苏、上海、山东等地。山货的兴旺,推动了当地商业发展,瓶窑规模较大的商号有杭裕大绸布店、方瑞隆南货店、吴茂昌南货店、冯源顺酱酒店、汪益兴酱园,另外宏大绸布店、陈万兴米行、陈协兴米行、朱一堂杂货店、强盗婆茶店、新华楼茶店、大鹏馆、小有天菜馆等在当地也小有名气。瓶窑最热闹的街市是在磨子心到木桥头的直街上,这里商铺林立。横街和西溪街也有一些较大的商铺。

境内石濑街市位于瓶窑西十里的大觉山麓径山港两畔,是“双溪”合流交汇后的枢纽码头,500余户人家聚居,街巷交错,商贸兴旺。石濑村历史文化悠久,石濑文明自秦汉时已相当发达,先民开挖河流,发展农桑。三国两晋时是著名的产粮区和蚕桑地。唐时称市,商贾云集,是杭北有名的水路码头,通航苕溪。寺河港上(学名径山港)至今保留初建于唐代,重建于元代的戚家桥。宋时设巡司衙门,酒库。清末民初,开设阿兴铁匠店、何记板刷店、陈万兴豆腐店、石濑竹器社、陈记点心店，还有后来的元钉厂、针织厂、织带厂。

境内长命桥街市，民国期间已成规模，店铺沿河港南北两侧而开，有陈妙英老板经营的“老福昌”副食品店、“王兴元”百货店、“长生堂”药店、王荣宝茶店，另有布店、杂货店、豆腐店等10余家商店。除此，水河桥、石门、塘埠、板石、张堰等地也历来有市，交通枢纽彭公更是瓶窑西部的中心集镇。

民国及解放初瓶窑商店情况表

表3－3－1

作坊名称	店主	开设时间	地　址
百货店	李天标	1950年	磨子心
摆渡船	徐年福	1943年—1989年	宋家渡
茶店	张阿方	1948年	木桥头
茶店	毛阿方	1944年	磨子心
茶店	陆金章	1943年	横街
茶店	陈小囡	1951年	外窑街
茶店	黄金标	1946年	磨子心
柴、竹蒿行	陆仁祥	1950年	外窑街
疮毒疹所	闻阿希	1950年	外窑街
大鹏馆	臧寿鹏	1946年	横街
德宝豆腐店	阮德宝	1947年	磨子心
德大南货店	徐德大	1947年	磨子心
灯笼店	陈宝根	1946年	里窑头
豆腐店	沈永水	1949年	横叉弄
豆腐店	陈召兴	1944年	横街
豆腐店	陈万年	1951年	西溪街
豆腐店	付阿仁	1947年	里窑(现九间)
豆腐店	陈阿方	1947年	里窑街
豆腐作坊	陈朝鑑	1945年	上窑街
豆浆、粽子	李阿毛	1950年	磨子心
豆浆店	倪林福	1946年	磨子心
发电厂	葛绍庆	1950年	小学弄
饭店	祝仁六	1948年	磨子心
饭店(山东佬)	刘来生	1949年	外窑街
福龙丰南货店	朱张荣	1944年	磨子心
箍桶店	澄友山	1946年	上窑街
韩昌竹木行	梅锡培	1947年	里窑街
宏大布店	胡宏义	1950年	横街
怀仁堂药店	陈忠贤	1947年	木桥头

续表 3－3－1

作坊名称	店主	开设时间	地 址
酱油店	沈阿土	1949 年	里窑街
酱油店	何木姣	1950 年	里窑
酱油店	沈庆荣	1946 年	磨子心
酱油店	余永仙	1943 年	磨子心
酱油店	张作林	1948 年	外窑街
酱油店	余长江	1947 年	外窑街
酱油店	宣阿龙	1949 年	外窑街
酱油店	沈庆荣	1945 年	磨子心
金章茶店	陆金章	1949 年	磨子心
理发店	谢丁山	1948 年	磨子心
理发店	杜月生	1946 年	阿明店处
理发店	丁荣甫	1948 年	磨子心
毛元昌酒店	胡桃花	1948 年	木桥头
毛元昌酒店	毛阿海	1944 年	木桥头
米店	泮生林	1946 年	磨子心
米店	沈友堂	1949 年	西溪街
棉花、杂货	王齐心	1946 年	西溪街
棉花胎店	齐树兴	1943 年	西溪街
南货店	徐阿天	1946 年	磨子心
南货店	陈张民	1944 年	西溪街
南货店	谢復昌	1946 年	横街
南货店	徐阿仙	1946 年	磨子心
强盗婆茶店	陈阿秀	1948 年	横街
荣华理发店	胡金火	1949 年	外窑街
肉店	陈惠春	1948 年	磨子心
山货行	骆久香	1947 年	里窑街
山货行	骆来根	1946 年	里窑街
山货行	江维金	1947 年	里窑街
烧饼店	官正校	1948 年	
水果、藕粥店	沈雪成	1946 年	磨子心
汤圆店	倪林法	1947 年	磨子心
糖坊店	陈雪元	1947 年	磨子心
糖贴饼	金华道	1947 年	磨子心

续表 3 -3 -1

作坊名称	店主	开设时间	地 址
万松盛酿造厂	陈子美	1946 年	西溪街
文具、百货	朱一堂	1917 年	木桥头
咸鲞店	许如堂	1948 年	磨子心
咸鲞店	侯永水	1947 年	磨子心
咸鲞店	许如堂	1949 年	磨子心
咸鲞店	侯永水	1948 年	磨子心
香烟店	张阿堂	1946 年	磨子心
香烟店	陈关根	1946 年	磨子心
小友天饭店	丁阿华	1946 年	磨子心
小猪行	付小毛	1951 年	磨子心
鞋匠店	吴喜春	1947 年	磨子心
鞋楦店	吴希春	1949 年	磨子心
欣昌布店	陆金石	1948 年	横街
信诚竹行	江维金	1947 年	上窑
盐行	张启木	1942 年	西溪街
羊肉店	沈阿昌	1953 年	磨子心
银匠店	李元祥	1946 年	里窑街
裕昌布店	李炳生	1943 年	木桥头
元昌、元泰布店	何志庭	1950 年	横街
元昌布店	何耀庭	1947 年	横街
元昌米号	孙红堂	1947 年	西溪街
杂货、麻糊	俞明伟	1948 年	磨子心
杂货店	陈子堂	1947 年	磨子心
杂货店	朱天法	1947 年	磨子心
杂货店	张维荣	1943 年	横街
杂货店	陈义昌	1949 年	外窑街
杂货店	陈子堂	1947 年	磨子心
照相馆	张志明(阿三)	1951 年	西溪街
朱元堂杂货店	朱天法	1947 年	磨子心

20 世纪 50 年代,主要靠供销社经营。1980 年以后,市场放开搞活,工商行政管理部门陆续批准个体商户开业,从事零售业、饮食服务业。1983 年,有个体私营商户 6 户,至 1987 年增加到 29 户。其中,零售业 18 户,饮食业 3 户,服务业 5 户。1989 年贯彻整顿方针,对个体私营商户采取限制措施,商业饮食业降温,个私商户减少。1992 年,个体私营经济发展步伐加快。年底,全镇个体商户 73 户,次年增加到 85 户。1994 年,县委成立个私经济领导小组,制定政

策,鼓励个私商业发展,是年个私商业户134户。2005年,私营商业发展势头良好,当年新登记注册私营商业123家。2015年末,全镇登记在册个体商业户3384户。是年,个私商业完成社会消费品零售额占全镇社会消费品零售总额的80%。

二、国有商业

1950年5月,中国百货公司余杭县支公司与中国百货公司杭县支公司相继成立,负责县内日用商品供应。嗣后,又相继建立粮食公司、专卖公司、土产公司、盐业公司。国营商业建立后,即控制批发市场,掌握关系国计民生的重要生产、生活资料,打击投机倒把,平抑物价。同时,积极扶持供销合作社,委托开展粮、麻、茧等代购代销业务,采取多种形式组织城乡物资交流,疏通流通渠道,活跃城乡经济,发挥商品流通主渠道作用。1953年以后先后实行粮食、油料、棉花、棉布统购统销和烟酒专卖及生猪、黄红麻、蚕茧、茶叶、毛竹等农副产品派购政策。1956年后,国营商业批发、零售机构进一步扩大,统一组织分配货源,金属材料、机电设备、化工原料等生产资料及建筑材料,由国家统一分配,不进入商品流通领域。1979年以后,国有商业体制改革,内部机制搞活,业务得以发展。1991年,组建县国营商业总公司,瓶窑建有分公司。1996年底,余杭市商业局成建制转为经济实体,余杭市物资局也转变为物资总公司。2001年9月,撤销商业总公司和物资总公司,组建余杭市商业资产经营有限公司。2003年5月,商业资产经营有限公司整合于区投资控股有限公司,粮油总公司也转制为有限责任公司。至此,瓶窑原国有商业的物资、商业、粮食三大系统均退出商品经营主领域。由于原由国有商业计划供应的物资逐渐敞开供应,个体私营商业的快速发展和国有商业企业的先后转制,国有商业在全社会商品零售总额中所占份额锐减。2005年,国有商业的社会商品零售总额在整个社会商品零售总额中所占的比例仅为0.77%。

三、供销合作社

供销合作社系农村劳动人民自愿筹资入股、国家扶持组成的集体所有制商业组织。1950年5月,余杭县成立县供销合作社总社。1951年1月,瓶窑供销合作社成立,长命、彭公供销合作社也相继成立。1954年11月,石濑等乡供销社先后成立。供销合作社均设生产资料部、生活资料部、收购站三部门。收购的农副产品有竹笋、茶叶、毛竹、小竹、木材、柴薪、麦草、扫把等;畜产品有生猪、兔子、兔毛、羊毛、羊皮、羊肠、兽皮、禽蛋等。生活资料部销售大米、食油、食盐、酒酱、煤油、火柴等10余种商品。后供应棉布与各类生活用品,逐年增加品种。乡供销社合作社正式社员以每股4元入股为供销社社员。土地改革成分为地主、富农和受行政处罚被管制的人不得参加。供销合作社初创时,在乡政府动员下发动农户投股(现金与实物)入社,作为供销社之创办基金。初时并未普及,供销社资金十分薄弱,在开始时都借用与租用两至三间民房营业,开张初,供应商品仅限于油、盐、酱、醋等生活必需品,设备极其简陋,从业人员从农村挑选青年担任,大多一至两人。但因所供应的商品价格低于其他商家,并有社员价和非社员价两种价格,入股农民能享受经济上的优惠(当时凭社员证购买),于是大受群众欢迎,要求入股参社的农户十分踊跃。供销社资金亦逐渐增多,所售商品亦不断增加,由原先只售生活必需品逐渐扩大到人们的生活日用品乃至棉布百货等等,后来又增加了广大农户所急需的农业生产资料,特别是某些大型农具及化肥。供销社在集镇商业上基本一统天下。境内农户入股面达90%以上,长命公社3545股、北湖公社2595股、彭公公社3479股、瓶窑供销社职工、公社(乡)干部530股,共计10149股,股金40596元,自1997年始至1999年底,社员股金全部清退完毕。根据政务院关于国营商业同合作社商业城乡分工原则，供销社负责农副产品收购，农业生产资料和农村生活资料供应。

图3－26 老街上的小店（上世纪90年代） 骆创强、汤荣华/摄

1956年4月，私营商业社会主义改造完成，各私营经济均改变为公私合营，合作商店（综合商店）、合作小组等集体所有制商业和供销合作社企业，实行按行业归口领导。1958年9月，撤销区、乡建制，实现人民公社化。余杭县建立跃进（后改余杭）、仓前、石鸽、长命、仁爱（后改潘板桥）、双溪、黄湖7个公社。今瓶窑分属长命、仁爱公社。县供销合作社联合社与县商业局合并，基层供销社下放人民公社管理，改称人民公社供销部。10月，建立长命人民公社。1959年4月，称长命人民公社管理委员会，下辖瓶窑镇人委和长命、甪窦、崇化、羊山4个管理区管委会。是月，余杭县建制撤销，并入临安县（按：省人民委员会1958年9月13日第39次会议决议，并报经国务院1958年11月21日全体会议第82次会议通过撤销23个县建制，其中含余杭县）。1959年7月，瓶窑镇恢复县属镇建制，改建为镇党委。1960年6月，隶属长命人民公社党委。1961年4月，恢复区级建制，建立临平、塘栖、余杭、三墩、瓶窑5个区。同时调整公社规模，全县改建为5个镇，45个公社。从潘板桥公社分出建立石濑人民公社，9月由塘埠人民公社的部分大队划入，并改建为彭公人民公社。9月，供销社又划归各公社管辖。1961年11月恢复基层供销社。“文化大革命”期间，供销社与国营商业再度合并，过渡为全民所有制，1978年1月，再次恢复单独建制。1983年，基层供销社开始恢复合作商业性质。1958年—1978年20年间，供销合作社与国营商业（简称“国合”）曾三合三分。1984年4月，实行政社分设，恢复乡镇建制，为瓶窑镇、彭公乡、长命乡，各建有供销社。各乡供销社从恢复供销社组织上群众性、管理上民主性、经营上灵活性着手，开展增股扩股，召开社员代表大会，选举理事、监事。改革后的供销社加强化肥、农药、农用薄膜和中小农具供应。农资部门实行“四公开、八不准”：即供应办法、供应时间、供应数量、商品价

格公开;不准乱批条子,不准截留指标,不准缺斤少两,不准以次充好,不准掺假掺杂,不准变相涨价,不准优亲厚友,不准以权谋私。供销社积极发展专业合作社,推动农业产业化。供销社承担组织供应农业生产资料的任务,也把支援农业生产的一切活动作为供销社的一项原则与首要任务。故供销社准备各类商品,均需在各农时季节之前,不能让农民所需商品缺失。小到锄头、铁耙、镰刀、种田索,大到打稻机、水车、犁头供销社均做到进足货源,确保供应。

1985 年后,境内供销社面临新的挑战。作为有几十年历史的老企业,点多面广,设备简陋,人员多(离退休人员多),负担重,处于债务多、包袱重的境地,必须深化改革,要打破大锅饭,铁饭碗。1989 年,双轨制彻底取消,个体商业迅猛发展,严重地冲击着供销社,使供销社遇到前所未有的赤字。于是,境内供销社展开新一轮深化企业改革的动作。先是明晰产权,清退社员股权,盘活存量资产;其次减债;再次是减员,实行在职职工双置换(置换岗位、置换身份)离退休人员双剥离(剥离养老保险、剥离大病保险)。在甩掉包袱,轻装上阵同时,调整内部经营机制,将原来 2 个独立核算单位统统合并到 1 个供销社,为一个独立核算单位,精减行政人员到第一线工作,减轻行政负担。1992 年开始实行抽资承包,实行人资自由组合的经济承包责任制,扭转了亏损势头,但未解决根本问题。2009 年,区供销合作社联合社与区供销集团公司组成余杭供销控股集团有限公司,注册 1.05 亿元,共有杭州余杭农业生产资料有限公司等 16 家参股企业,以及临平、乔司、崇贤、塘栖、瓶窑、良渚、黄湖等 7 家基层社公司。瓶窑基层社公司下设 3 个分社,经营项目:农副产品(不含粮,棉,茧),农业生产资料(不含农药,化肥,农膜),五金交电,化工原料(除化学危险品及易制毒化学品),百货,日用杂品,纺织品,木材,建筑材料(上述经营范围不含国家法律法规规定禁止、限制和许可经营的项目。)瓶窑供销合作社(长命、彭公分社)历任负责人有:周亦保、陈生法、陈明、王金叠、姚寿松、陈继跃、林金木、阮耀福、汪观德、戴金生、周国春、马长根、姚阿福、曹辅庭、董吾成、曾庆良、王寿忠、冯波、范董燕、翁子龙、许相成、范兴洲、江孝德、陈祥坤、章玉良、朱跃山、冯金华、黄德飞、徐福堂、章松寿、鲁则良、凌云、卜迎迎、方寿章。

四、合作商店

合作商店是 1956 年私营商业社会主义改造后的一种集体所有制形式,其时境内各镇有合作商店(组)6 家。合作商业的形成,解决了分散经营资金不足和货源采购困难。1958 年 10 月受"左"倾思潮影响,合作商业遭遇撤并,直接过渡至供销系统,平调合作商业的资金、财产。1961 年 11 月起,对并入供销、国营系统的合作商贩重新调整和恢复,重建 5 个合作商店。"文化大革命"中,合作商业再次过渡为国营商业企业,因经营不善、费用上升而陷入困境。1983 年后,合作商店从供销社分出,成立 20 余家商店,均为综合商店,主要经营百杂货,开设早、晚门市部。

五、股份制商业

1992 年 3 月,经济体制改革步伐加快,商业、粮食、供销、物资等商业部门相继组建企业总公司,原有的行政管理职能开始向经济实体转变。2001 年,供销系统开始实行产权制度改革,先后组建商业股份制基层供销社。至 2015 年,全镇有股份制商业企业 8 家,职工 3424 人,营业收入 11744.8 万元,利润 3441.2 万元,成为瓶窑商品贸易重要力量。

第二节 商品供应

自古以来,境内商业大都由私人或合伙经营,经营活动皆由市场调节。1953 年起进入计划经济年代,实行计划分配、统一经营,农产品大多统购统销,重要商品凭证供应。1984 年,中共中央作出《关于经济体制改革的决定》,改革流通体制,打破封闭型、分配型体制,形成开放式、交易型新体制,全民、集体、个体同时发展,出现多种经济形式、多种经营方式并存新格局。经营业态开始发生变化,沿袭千余年柜台式购物方式向开放式自选购物和无店铺预订购物转变,超市、连锁商店涌现。烟草、食盐、烟花爆竹等特殊商品实行专卖。物流业从肩挑背驮发展到汽车运输,最终将运输、储存、装卸、包装、配送等基本功能有机结合,成为商业经营服务业重要部分。

一、供应方式

1949 年 5 月,余杭、杭县解放,两县人民政府恢复生产、整顿市场、平抑物价,商品供应逐步平稳。1953 年第一个五年计划开始,商品供应采取计划经济模式,粮食、食油、棉布开始实行凭票供应,1957 年凭票商品扩大到食糖、猪肉、煤油。1960 年国家困难时期,商品全面紧缺,凭票凭证供应商品范围进一步扩大,熟食品、豆制品、水产品、香烟、火柴、肥皂、煤球等基本生活资料严格以人定量,凭票供应,凭票证供应商品最多时达 21 种。1961 年,发放购货券,凭券选购指定商品,如手表、自行车、缝纫机、名牌收音机、绸缎等。1962 年,凭购货证供应的商品有热水瓶、雨伞、元钉等。病人有特需供应凭证明供应红糖、奶粉等营养品。1964 年春节起对元旦、春节、国庆等节日,除增发肉票、豆制品票、糖票外,还增加凭票证供应年糕、糯米、粉丝等食品。对钢材、水泥、木材、人造丝等生产资料实行国家分配。层层调拨批发,环节众多。一般按"工厂—省批发站—县批发站—国营公司或供销社—基层商店"环节运转。供应划定区域、固定对象、规定价格。1960 年,各供销社推行购销结合合同,实行农副产品交换工业品,供应商品采取以人定量、临时发票、奖售、特供、凭券选购、敞开、划区定点等 8 种办法组织供应。12 月 21 日起,供销社发放商品供应使用优待券和商品票,优待券券额分一厘、二厘、五厘、一分、二分、五分、十分、二十分、五十分、一百分 10 种,优待券和商品票均为无价证券,仅作购物凭证,不准买卖。20 世纪 70 年代,商品供求关系时紧时松,凭券凭证商品逐步减少。1978 年改革开放后,生产得到发展,商品逐年增加,供应实行"双轨制"政策,即生产、生活必需品仍按计划限量凭票平价供应,限量凭票外的实行按议价供应。一种商品执行两种价格,如早籼大米凭粮票每市斤 0.138 元,议价每市斤 0.28 元左右。

20 世纪 80 年代,随着生产发展、商品供应量增加,市场调节部分逐步扩大,计划供应部分日益缩小。1983 年 5 月棉布和针织品退出凭票供应范围,1984 年,猪肉、水产品敞开供应,1985 年卷烟供应取消票证。1988 年,食糖、食盐、火柴、肥皂、香烟供应全部放开。1993 年,取消粮票、油票、豆制品票,标志计划供应时代结束。1996 年,钢材、水泥取消计划供应。此后,商品供应完全进入市场化,彻底打破行业界限、地区界限、所有制界限。不管国营、集体、私营、个体商店均可自由采购、销售。工厂可直销,商业可自办加工场,价格全部放开,随行就市。

中华人民共和国成立后的 50 年代初,境内商业以专业公司下辖零售店、门市部和供销社农资、土产、日杂供销为主。粮食局有下设粮站。1978年改革开放以后，专业公司职能淡化，私营个体商店兴起。但大都单门独户，商品品种单一，都为柜台式封闭型商店。20世纪90年代，逐步形成商业街，超市、连锁商店异军突起，美容美发、棋牌茶楼等新兴行业涌现，新业态逐步形成。

二、生产资料供应

化肥　农村历来使用家肥和绿肥，仅使用饼肥等少量商品肥。20世纪60年代起，化肥使用量增大，出现供求矛盾，开始按计划供应，部分化肥按粮食作物面积分配，部分化肥用作收购农副产品奖售。以后，奖售比例逐年增大。1966年，良渚化肥厂建成，生产氨水，各公社由供销社经销。然化肥缺口仍大，每年从衢州化工厂、龙山化工厂等厂家组织计划外化肥供应。1997年，良渚化肥厂开始生产碳酸氢铵。此后化肥供应量增加，品种逐年增多。1985年，瓶窑、彭公、长命乡化肥供应门市部4个，20余个品种。主要按耕地面积计划分配。1996年开始，一部分化肥计划分配平价销售，一部分市场调节议价供应。2001年以后，化肥全部按市场价供应，年供应量120吨以上。

农药　旧时，防治农作物病虫害主要靠天敌、土法、土药。1949年中华人民共和国成立后，供销社除组织供应烟梗、茶饼等传统土农药外，开始陆续销售六六六、滴滴涕等治虫农药。20世纪70年代，增加克瘟散、托布津、多菌灵、福美双、克菌丹、井冈霉素等20余种防病农药。农药供应也按实际播种面积分配。如1962年下半年，按水稻面积分配供应六六六粉，每大队300斤—1000斤不等。1978年后开始供应除草剂及植物生长调节剂，并停止供应高毒高残留的西力生、“1605”等农药，马拉松、敌敌畏等控制使用。1981年，压缩有机氯农药，改用有机磷农药。1969年，供销社建立植保辅导员队伍，辅导社队防治病虫害和安全使用各种农药。1975年后改为农资辅导员，服务项目扩大到农业技术。1978年4月，县农业局、县供销社按每亩2斤杀螟粉下达，每亩1两下拨敌敌畏，另有西力生等。1983年起开展农技咨询活动，帮助解决生产难题。20世纪90年代初，瓶窑生产资料部开设“庄稼医院”，服务农户治虫防病。1994年，农资辅导员陈泉海获省抛秧项技术二等奖。2000年开始随着农业生产结构调整，农药用量逐年减少。

农机具　1953年，供销社经营中小农具，与手工业社签订产销合同，开始产销分开。1954年起，供销社推广供应新式农具。打稻机、喷雾器等颇受农户欢迎，销量激增。1978年加工竹木铁小农具。20世纪60年代后期，农机制造厂试制各种适合本地使用的改良农具，供销、物资部门采购外地农机供应，有拖拉机、农用水泵、脱粒机等。70年代以后，境内农村普遍建立粮食加工厂，碾米机、磨粉机、饲料粉碎机畅销。

建筑材料　主要为钢材、水泥、玻璃。原属计划分配物资，由物资局主渠道供应。1980年，由于乡镇企业迅速发展，钢材、水泥年销量增加。90年代以后，钢材、水泥、玻璃取消计划分配，改由各企业自行采购，有关专业公司以对外投资方式，建立物资资源基地，同时还开展地区间物资协作串换。

此外，配合抗洪、抗旱，供销社还备有草包袋、麻袋、松木桩、毛竹、铁丝、电筒、电池、蜡烛等抗洪物资，抗旱排涝的各类机械、燃料。

三、生活资料供应

日用百货　中华人民共和国成立后，百货批发由国营百货公司统一经营，计划分配。私营商业社会主义改造后,零售业务由供销社、公私合营百货商店和合作商店3条渠道经营。

1985年,县供销系统在境内设百货综合门市部,另有个体百货商贩。1986年后,流通领域实行国家计划分配和市场调节相结合,改变国营商业统一分配货源办法。1987年以后,专业公司职能逐步减退,进货以自行采购为主。1988年价格改革,一度出现商品抢购风,以后随着市场开放,商品供应逐步平稳。90年代,供销社的禹昌商厦在各乡镇开设连销店,经营日用百货。百货零售商店都向综合型超市发展,小百货则由个体户经营。

棉布绸缎 1954年,棉布实行统购统销,生活用布以人定量,发放布票,凭票供应。工农业生产所需和劳动用布实行计划供应。从1984年1月起,棉布及针织制品不再凭票,敞开供应。随着生活水平提高,人们对纺织品需求有明显变化:20世纪50年代至60年代初,以阴丹士林、北京蓝、直贡呢、府绸居多;针织品以线袜、毛巾、卫生衫裤为主。60年代中期,卡其、灯芯绒、金丝绒和毛线走俏。70年代,时兴涤卡、的确良等。进入80年代,衣着服饰多样化,涤纶织品、呢绒等畅销,棉布销量转疲。90年代后,人们穿着不再买布料自行加工,而购买现成服装。于是布店逐渐减少,服装厂、服装店大量出现。

家电 1956年6月,余杭县建立五金交电公司瓶窑相继成立,开始专业经营。主要品种有自行车、钢丝车、缝纫机、电表、收音机等。20世纪90年代起,彩电、冰箱、洗衣机三大件代替了原来的自行车、缝纫机、手表"老三件"。进入21世纪,空调机、摩托车、摄像机销量大增。

糖酒食品 1951年11月,黄白酒实行专卖,酒商按计划向国营专卖公司批发。1960年前后,食糖、糕点、酒类凭票供应。1973年,黄白酒从12月起实行凭购货证供应,每证每天限量黄酒2市斤或白酒1市斤或瓶装酒2瓶。1978年以后,取消票证,敞开供应。20世纪80年代起,啤酒大量上市,名酒和瓶装花色酒也销量骤增。食糖供应不再是白糖、红糖,麦乳精、奶粉、麦片和高级糖果销量大增。糕点食品逐步向高档发展,注重包装,讲究营养,月饼、蛋糕、饼干、蜜饯花样翻新,品位提高,为销量最多的品种。2000年以后,中外合资企业生产的膨化食品、高级饼干和生日蛋糕广受群众欢迎。

由于个体商业应运而生,生产资料、生活资料、工业用品、供大于求,市场呈现繁荣。

1958年—1965年彭公片下伸店分布情况表

表3-3-2

村　名	下伸店所在地	经营者
卸车村	卸车	屠国财
东皇坞村	东皇坞	郎建根　韩慧玲
大山村	大山	冯荣林　何金花
两水坞村	马头关	蒋　红　余根民
塘埠村	塘埠	陈吾良
西坞村	西坞	周满泉
石门村	石门	娄玲芬
长岭村	长岭	俞玉林
奇坑村	奇坑	蒋鹤林　侯寿娥

续表 3-3-2

村 名	下伸店所在地	经营者
白鹤村	白鹤	陈桂芳
石濑村	石濑	俞德兴 孟丽亚
翁家村	板石	施寿福
彭公、西中联营	何家埠	鲍雪华

1958 年—1965 年北湖片下伸店分布情况表

表 3-3-3

村 名	下伸店所在地	经营者
毛元岭村	毛元岭岭上	丁雪奎 陈小梅
西中村	西中	米顺富
何中村	河中	陆永根 徐月红
角窦村	角窦	夏素珍
南山村	观音堂	应芝根 徐伟婕
	南山	童如女
上窑村	上窑官口桥	徐小满 陈逸人
西安寺村	西安寺	陈雪元 范根生
	长山	陈法顺
	火车站	陈火木 陶掌法
圣堂村	圣堂	狄友林 舒玲玲
张堰村	张堰	方聚江 徐其兴 江春荣
外窑村	桥北	沈建瑶 范玉芳

瓶窑供销社社区农资经营网点及地点分布情况表

表 3-3-4

社内经营点	地点	开设时间	社外经营点	地点	开设时间
彭公生资部	彭公街道	1958 年	彭公农资点	彭公街道	1986 年
塘埠生资部	塘埠村	1958 年	三毛坞农资点	三毛坞岭	1986 年
北湖生资部	北湖观音堂	1958 年	圣堂农资点	圣堂村	1986 年
石濑生资部	石濑村	1958 年	西安寺农资点	西安寺村	1986 年
崇化生资部	水河桥村	1958 年	上窑农资点	瓶窑镇官口桥	1986 年
长命生资部	长命街道	1951 年	长命农资点	长命街道老 104 国道边	1986 年
瓶窑生资部	瓶窑镇西溪街	1951 年	西中口农资点	大桥北路西中口	1991 年
			瓶窑生资批发部	大桥北路	1986 年
			张堰生资代销店	张堰村	1982 年

供销社在 20 世纪 50 年代至 70 年代是一个计划经济下的统一经营,平均分配的企业。镇境内自然村基本上村村都有下伸店。最大限度的满足、方便当地农民对生活资料的需求,弥补

网店的不足，方便群众。

1958 年—1965 年长命片下伸店分部情况表

表 3－3－5

村名	下伸店所在地	经营者
长命村	长命桥	供销社商店
胡林村	胡林	胡福芝 沈阿虎
城皇山村	岭上	潘永方 夏寿珍
北村	中村	赵有甫 葛炳法 孙思尧
雉山村	雉山	盛源 盛如海
凤山村	凤山汽校	董定珍 金华通
	庙桥头	梁子浩 胡福芝
水河桥村	水河桥	分部所在地
高俞塘村	高俞塘	王水祥 黄连根
柏树庙村	柏树庙	宋志福 毛以文
羊山村	羊山湾	陈芝香 潘楚元
乌山村	乌山	侯永山 张阿有 沈文明

第三节 市 场

民国时，瓶窑、石濑等处集市多为露天，或沿街，或在空旷场所，每日均集。因居住分散，路途较远，一般是“半天集”。旧时称商贩交易场所为市，或称墟市，后又逐步发展为村镇。大部分地方每日有市，多为清晨，供需两旺。诸多卖者皆在路边、桥脚、屋檐下、店门口席地设摊，或沿街叫卖，市散摊收。倘逢庙会或茶叶、笋干等上市，市场更显热闹。1965 年，始有农贸市场。1978 年后，集市贸易重新兴旺，以集镇农贸市场为主。至 2015 年底，全镇有各类商场（店）上百家，集镇大型农贸市场有长命、大观山、桥北、彭公 4 家。

市场交易，有日常集市和聚会（庙会）集市两种形式。日常集市大都旺在早市，而乡村尤甚。交易时间也因地点不同而异。山区半山区，上市和落市都较平原地区迟，称为“半天集”。还有传统的庙会活动，届时聚市。另外，还有不少季节性的专业市场，如柴炭、竹木、耕牛市场。中华人民共和国成立后的 50 年代初，举办城乡物资交流大会，此后逐步建立棚屋，建造各式专业市场以避风雨，以供发展。但露天集市仍少量存在。

一、消费品市场

消费品市场早期经营多为农副产品，如茶、竹木、薪炭、山货、水果，皆有买卖。中华人民共和国成立后，市场由自发向集体发展，“文化大革命”期间，市场凋零。20 世纪 80 年代起，市场重新勃起、日趋繁荣，不但有农副产品市场，还有工业品市场及其他消费品市场。2015 年消费品市场主要分超市和农贸市场，形色多，货源足。

超级市场，是指以顾客自选方式经营食品、家庭日用品、食物为主的大型综合性零售商场。20 世纪 90 年代开始在境内流行。首先从食品店开始，将各类食品分门别类地标明货架上，任顾客自行挑选，然后出门一次付款。超级市场，又称自选商场，是瓶窑的主要商业零售组织形式。较大的有福万家、杰辉、嘉佰乐、迎客佳等超市，日营业额均超万元。

图 3－27 瓶窑社区商城（2015 年）

瓶窑镇综合贸易市场（俗称小商品市场） 始建于 1986 年 1 月，由余杭县工商局和瓶窑镇外窑村共同投资兴建，占地面积 10 亩（0.67 公顷），有摊位 150 个，主要经营服装、鞋帽和小商品。后该市场由外窑村独家管理。瓶窑镇综合贸易市场的建立，在改革开放初期，对瓶窑镇的市场繁荣起到了一定的带动作用。

杭州余杭区瓶窑镇客友自行商场（杭州九仟客连锁超市）2012 年 9 月设立，地址位于瓶窑镇长命桥方介组，面积 600 平方，投资 200 余万元，从业人员 5 人。经营特殊食品（各种奶制品）、食品、卷烟、日用百货、服装、床上用品、通讯器材、家用电器、五金、金银首饰、玉器、家具、水果、蔬菜等。每天经营额约 5000 元。在长命片是一家商品齐全、规模较大的超市。

福万家自选商场 位于瓶窑镇凤溪路 186 号，开业时间 2002 年，营业面积 500 平方米；总投资额 260 万元，2015 年有员工 10 人，经营范围为卷烟、雪茄烟零售，预包装食品、散装食品批发、零售，日用百货、床上用品、玩具、鞋帽、服装、水果零售。2015 年销售额约 300 万元。

杰辉超市（原小杰超市） 位于瓶窑镇大桥南路 89 号，开业时间 2013 年，营业面积约 1380 平方米；总投资额 150 万元，经营范围为卷烟、雪茄烟零售，预包装食品、散装食品批发、零售，日用百货、床上用品、玩具、鞋帽、服装、水果零售。2015 年销售额约 380 万元。

吴江大润发 位于瓶窑镇羊城路 77 号，开业时间为 2015 年 10 月，营业面积 2000 平方米，总投资额 50 万元，经营范围为卷烟、雪茄烟零售，预包装食品、散装食品批发、零售，日用百货、床上用品、玩具、鞋帽、服装零售。

杭州迎客佳超市有限公司 位于瓶窑镇大桥南路 126 号，开业时间为 2015 年 2 月，经营面积为 2000 平方米，总投资约 500 万元，有员工 22 人。经营范围为卷烟、雪茄烟零售，预包装食品、散装食品批发、零售，日用百货、床上用品、玩具、鞋帽、服装零售。

杭州余杭区小芳连锁商场瓶窑分店 位于瓶窑镇大桥南路 93—95 号，开业时间为 2010 年 7 月，经营面积为 230 平方米，总投资额 80 万元，年交易额 360 万元。经营范围为卷烟、雪茄烟零售，预包装食品、散装食品批发、零售，日用百货、床上用品、玩具、鞋帽、服装零售。目前有员工 5 人。

嘉佰乐购物广场（原上海华联超市） 位于瓶窑镇华兴路 3—7 号，开业时间 2002 年，营业面积 1457.6 平方米；总投资额 600 万元，有员工 13 人。经营范围为预包装食品兼散装食品（含冷藏冷冻食品），特殊食品（保健食品，婴幼儿配方乳粉）；零售卷烟，雪茄烟，鞋，服装，日用百货，五金交电，通讯器材；初级食用农产品（除食品，药品），水果；一类医疗器材等。2015 年销售额约 395 万元。

各镇、乡、村历来均有大小不一农贸市场。1958 年前后，集市贸易一度萎缩，1962 年后恢复，但大都为露天市场，如桥北农贸市场最早起源于横街、通济桥、一带的马路市场。20 世纪 80 年代起，开始建设以零售经营为主的固定场所室，用于销售蔬菜、瓜果、水产品、禽蛋、肉类及其制品、粮油及其制品、豆制品、熟食、调味品、土特产等各类农产品和食品。

长命农贸市场　由原先长命桥沿河港开设店面摊铺改造提升而来。位于长命村长命集镇中心，东邻老长连线，西邻新长连线，北邻祥彭线，交通便利，该市场由长命村经联社集体投资建造，总投资约 1200 万元，占地面积 8500 平方米，建筑面积 5600 平方米，绿化面积 500 平方米，于 2011 年 1 月正式营业，市场内设营业房 79 间，摊位 183 个，经营户 93 户，经营品种齐全，有鲜肉、杀白禽、卤制品、干货、水产、蔬菜，月交易额在 300 万元左右。2013 年创建二星级规范市场，2015 年通过复评验收。

图 3－28　长命农贸市场(2013 年)

桥北农贸市场　1986 年，在通济桥旁，余杭县工商局投资 7 万元，建造面积 1300 平方米，摊位 320 个，成为瓶窑镇第一个规范化的农贸市场，一直沿用到 21 世纪初。乔迁大桥北路，取名叫桥北农贸市场。2005 年开业，占地面积 6000 平方米，总投资 3000 多万元。2016 年，镇政府出资进行提升改造，摊位约 400 米，商铺 64 间，经营户 168 户。市场内主要有蔬菜、鲜肉、水产、豆制品、冷冻品、副食品等，月交易额约 850 万元。2012 年 5 月，瓶窑镇政府将瓶窑农贸市场委托杭州市瑞麒农业集团有限公司管理，在行业管理部门和镇政府的帮助指导下，市场管理有较大的改观，达到二星级文明规范市场。

彭公农贸市场　位于石濑村委，原彭公集镇临街路口，由彭公老街商铺两边开改建提升而来。于 2008 年 1 月开业，占地面积 1500 平方，总投资 80 余万元。鲜肉摊 10 个，蔬菜摊 6 个，水产摊 2 个，豆制品 1 个，干货摊 3 个，另有营业房 13 间，临时摊位 42 个。市场内主要有蔬菜、鲜肉、水产、豆制品、冷冻品、副食品等，月交易额约 164 万元。

大观山农贸市场　属于异地新建市场，位于瓶窑镇东兴路 130 号中心地段，开设年份 2008 年，占地面积 8780 平方米，总投资额 1700 万元，摊位数量 55 个，交易物产有肉类、蔬菜、水产、豆制品、冷冻品、副食品，月交易额约 500 万元。

另有余杭区瓶窑烟草批发部(专卖所)，1996 年 6 月建，位于华兴路 205 号，负责瓶窑、良渚、径山、黄湖、百丈、鸬鸟等镇(街道)的卷烟批发零售业务。2015 年，销售额 6.78 亿元，税利 0.99 亿元。

二、生产资料市场

生产资料市场是指为社会提供生产物资原料的专业市场。境内生产资料市场主要经营化纤、建材、五金家电、钢材、木材和仔猪、羊羔等。1978 年前，建材、钢材、木材等生产资料由物资局、供销社统一采购，并按计划分配给生产企业，仔猪、羊羔则在集市自由交易。80 年代后，

图 3－29 彭公竹制品市场(2008 年)

竹制品市场兴起。

彭公竹制品马路市场 80 年代初,一批外地竹匠在 104 国道彭公村边搭起了简易的竹棚户,开始经营竹梯、竹椅生意。多时从彭公至毛元岭地段绵延 10 余里。90 年代,马路市场经营户开始向钢棚户升级,经过 30 年的发展,马路市场经营户有 900 多家。建有 800 多间钢棚营业房,专业织造竹制品企业 5 家,织机 200 多台,从业人员 5000 余人,年交易额超过 4 亿元。市场兴旺的背后,存在着消防、交通、治安、税收管理等忧虑,曾一度整顿取缔,迁至东边 104 国道良渚段。良渚方再整顿取缔,又回到瓶窑地段。60% 经营户在市场经营 10 年以上。

浙江彭公竹制品市场 位于境内“中国竹子之乡”的安吉及德清、临安、余杭县区交界核心区域 104 国道彭公段,地理位置优越。2008 年,由浙江彭公竹制品有限公司投资建设。规划用地 1630 亩(108.67 公顷),总投资 70 亿元,总建筑面积 130 万平方米,内设市场交易区、仓储加工物流一区、二区、生活后勤区域。建成后年营业额逾 100 亿元,成为全国最大的竹产业园区。其中,普通竹制品区建成商铺 531 套,以经营竹凉席、竹窗帘、坐垫、竹家具等传统竹制品为主,有经营户 400 余户;精品区建筑面积 65357 平方米,有商户 100 余户,主营沉香檀香、根雕木雕、小件竹木工艺品、红木家具。2010 年,市场交易额 5.6 亿元,是年被省林业厅授予“省级林业重点龙头企业”称号。

苗猪苗禽市场 境内农村都有饲养家禽家畜的传统习惯,春节时节,农民都乐意写副对联贴在门上“五谷丰登千家乐,六畜兴旺万民福”。瓶窑苗猪苗禽市场,50 年代初期开设在镇上西溪街,60 年代迁移到大桥北路,隶属瓶窑食品公司下的一个部门,当地人习惯称它为“小猪行”。

苗猪来源:小猪大部分来自周边北湖、长命、彭公、安溪附近农村农民自养出售交易。小猪行负责提供场所,做好“三代一防”,即代收、代称、代付、注射好苗猪防疫疫苗。优良小母猪采购由小猪行到浦江选购两头乌品种,浦江两头乌具有母本产猪率高、性格温耐、奶水多好等优点,本地农民十分喜爱,一年采购量 400 余头,苗猪交易量一年 3 万余头。

苗禽采购:每年农历十二月,小猪行负责人和业务骨干必须去江苏高邮、兴化等地预购好鸡、鸭、鹅苗禽 10 万余只,签订好来年供货合同。途中运输十分小心,还须讲究科学,若是已出蛋壳的苗禽不能运输,经汽车颠簸,死亡率绝对高,因此,必须等到喜蛋在 20 天左右时,把即将破壳的喜蛋运输到瓶窑,第二天出壳刚好出售,环节紧扣,不得马虎。

苗禽交易:小猪行首先在室外墙上贴出告示,把即将采购到的苗禽品种、到货日期、数量、价格一一告之，饲养户根据自己所需，选择好扨养日期，付好定金，就算预约成交。苗禽交易有句行话：不怕脱销，只怕滞销。脱销（供不应求），下次数量可补，一旦滞销（卖不完）损失就大。对此，瓶窑苗猪苗禽市场采取两条退路，一是将剩余苗禽快速运到萧山江边码头市场交易，二是采取赊账（一口价）降价卖给苗禽贩子或饲养大户，尽量减少亏本。长期平均计算，还是不亏有盈。

1999 年，市场改行。

瓶窑转运站 是原瓶窑土特产批发站的前身，地址在瓶窑大桥南端（现为瓶窑大桥南路供销社商城这一块地段），占地 20 余亩（1.3 公顷）。瓶窑转运站成立于 1952 年，组织机构为经理负责制，下设财务组、毛竹组、毛料组、小竹组，职工 25 人—30 人。1957 年 7 月，改称为瓶窑土特产批发部。

瓶窑是个山货集散地，苕溪上游两岸群山重叠，修竹茂林，物产丰富。转运站就是转运四方。其主要工作是组织收购、辅导生产、调动物资、服务基层供销社。将百丈、黄湖、双溪等山区基层收购好的毛竹、毛料、小竹、土纸等竹类产品。运输集结在转运站。然后销售给杭州、舟山、温州地区，远的销往河北、河南、北京、天津、山东、江苏、辽宁、吉林、黑龙江、上海等省市，也可以从产地直接调拨运往外地。竹木山货主要用途是加工农具、生活生产用具，还有用于建筑材料、脚手架、鱼网用竹。运输上陆路以汽车为主，从瓶窑到外地以水运（排运）为主，火车、汽车运输为次。土特产批发部毛竹吞吐量，大年 240 万支，小年 160 万支，毛料约 1 万件，小竹 5000 担左右。资金周转数为 600 多万元。1978 年后，计划经济放宽政策，山农完成任务后，多余产品有权自行处理，1985 年，开始全面放开政策，实行多渠道经营，瓶窑土特产批发部业务量逐年下降，1994 年 11 月，土特产批发部并入瓶窑供销社。瓶窑转运站历任负责人有：黄树云、章松寿、孙春荣、吴亨岚、王寿忠、陈国强。

第四节 粮油购销

民国时，粮食自由买卖，市场为粮商、粮贩把持。1950 年建立国营粮食公司并委托供销社代购代销粮食，限制和打击私商违法活动。1953 年 11 月，实行粮食统购统销，农民生产的粮食除留足口粮、种子、饲料粮外，全部由国家统一收购。油料实行比例收购，25% 自留，75% 交售给国家。由粮油加工厂加工成大米、面粉、菜油，按计划供应。1955 年，对农村粮油购销实行定产、定购、定销；城乡居民实行“以人定量”，凭票供应；工商行业用粮用油实行计划供应。1979 年，开放粮食市场，议价粮油购销活跃，成为计划购销外的重要补充。1985 年 4 月，改粮食统购为合同定购，定购以外粮食可自由上市。1993 年放开粮食购销和价格，取消粮油凭票供应。1996 年起，为加速农村产业结构调整，保护农民种粮积极性，逐步调减粮食定购任务，同时按保护价敞开收购农民余粮。2001 年，浙江在全国率先实施粮油购销市场化，取消粮油定购任务；放开粮油购销价格，实行随行就市；放开粮食购销市场，实行经营主体多元化；建立和完善储备粮油制度，增加政府调控能力。

一、粮食购销

民国时期，瓶窑集镇上有米行、粮油店号、米摊等大小粮店，每逢春粮、秋粮登场，私商即大

图 3－30 彭公粮仓(2010 年)

量收购稻谷、大米、豆类、六谷、小麦等。其时,境内亦有政府收购粮食,形式分为收购、采购、抢购等多种,大部份采取现购现收现运方法,所付现金略低于市价。1955 年 8 月改为定产、定购、定销,使部分农民拥有少量机动粮。1993 年 1 月,放开粮食购销和价格,取消国家定购任务,改为指导性收购计划,由粮食企业与农民自愿协商签订合同。粮价放开加快农业产业结构的调整,出现多渠道经营粮油的局面。

粮食收购　粮食收购是粮食进入流通领域的最初市场。

旧时,田赋是国家所需粮食的主要来源,中国历朝对拥有土地的人所课征的土地税,称田赋,其起源于夏、商、周之"贡、助、彻"三法,而战国时鲁国的"初税亩"(前 594 年)和秦简公"初租禾"的实行(前 408 年)奠定了封建社会的田赋制度。田赋也是国家财政收入最基本、最主要的来源,受到历代政府的重视。民国以后,随着经济结构的变迁,田赋在财政收入中的地位呈逐渐下降之势。民国元年(1912 年),废除漕运,分地丁与抵补金;21 年,改为上、下田赋;30 年,改征实物。

中华人民共和国成立后,田赋改称为公粮,后又称为农业税,由粮食部门代征后统一将税款结算给财政部门。2002 年起,浙江省在欠发达地区停征农业税;2005 年起,在全省免征农业税;2006 年 1 月 1 日起,浙江与全国一样,全面取消农业税,在中国施行 2600 余年的"皇粮国税"从此被终止。

唐代,杭州已有米行。至南宋,境内专营谷、米的粮商增多,临安(杭州)"每日街市食米,除府第、官舍外,细民所食,每日城内外不下一二千余石,皆需之舖家"。(南宋吴自牧《梦粱录》卷 19《米铺》)官府收购粮食,古代称之"平籴"和"和籴",目的是丰年则籴,歉年则粜,以丰补歉,但其后逐渐演变为统治者向农民强征粮食的制度。民国时期,浙江粮食收购多以民营为主,国民政府除田赋征实外亦在农村以抢购、征借、派募等方式征购粮食。中华人民共和国成立后,人民政府高度重视粮油的收购工作,切实保护种粮农民利益、维护粮食收购市场秩序、确保国家各项粮食政策落实到位和粮食市场的稳定。

浙江省粮食收购的主要形式有自由收购、粮食统购、合同定购、订单收购、议价收购等。其间,1953 年开始实行的粮食统购制度,粮食由国家垄断收购,在特殊时期有效地掌握粮源,切实保障了城乡人民和各行业的粮食供应。彭公乡由于粮田少,只收公粮,不收余粮。公粮不足部分抵交现金。1965 年—1982 年,平原地区长命、北湖、彭公部分农村生产队早稻收割后 8 月份,农民车拉船运交售公余粮。北湖公社张堰大队田多粮多,每年卖给国家公余粮 100 多万斤,长命公社 1.6 万亩农田,一年售粮达到 1200 万斤,最高年份,1982 年出售 1600 万斤。1985 年取消统购改为合同定购,浙江苍南县率先采取农业生产资料与粮食合同定购挂钩的办法,同年 11 月 2 日《人民日报》在头版作肯定报道。嗣后,化肥、柴油、预购定金与粮食合同定购"三挂钩”政策在全国推广。1997 年,实施以保护价敞开收购农民余粮的政策。2001 年,浙江在全国率先进行粮食购销市场化改革,取消粮食定购任务改为订单收购,放开粮食购销和价格,实行经营主体多元化,粮食价格随行就市,为全国的粮食购销市场化改革开了先河。2005 年,全面放开粮食收购市场,实行多渠道经营和严格市场准入相结合的原则,对粮食收购进行资格管理。

粮食收购还包括植物油(料)收购,浙江的植物油(料)收购分食用油和非食用油两种,主要品种为油菜籽、茶籽、棉籽和桐籽、柏籽。民国及以前浙江食用植物油(料)收购以私商为主,多以油厂(坊)自行收购或委托农村米行代收;桐籽(油)以官办油脂企业统一收购为主,桐油当时是浙江的主要出口商品之一。中华人民共和国成立后,浙江省植物油(料)收购经历了由国有粮油企业统一收购到多渠道放开收购的过程,收购的主要形式为市场收购、统购、定购、议购等。2001 年后,随着粮食购销市场化改革的深入和农村产业结构的调整,市场化及大流通已成为浙江植物油(料)收购和消费的主体。

定购粮收购。系由政府确定价格并下达任务给农户必须保证完成的收购方式,是政府掌握粮源的主体。1953 年—1985 年称统购,1985 年—2000 年为合同定购。1949 年 5 月—1950 年 6 月,境内的粮食收购仍以私营粮商为主,人民政府对私商进行宣传,多数商家在收购粮食时能做到按质论价,守法经营。在政策上则是发挥国家牌价在市场的主导作用。1950 年 5 月—6 月,杭县供销社开始经营粮食业务。1953 年 11 月,中央人民政府政务院命令,粮食统一的粮食部门收购,并由国家直接控制粮油市场,严禁私商经营粮食。其时,境内各乡政府大张旗鼓下村宣传政策,各家各户分配统购任务,先按田定产,按级别计算亩产,再将全家总产,按全家人口分摊得出征购类别,核定每人平均产量的多少,按 200 斤差额为一个单位,分五类征购率进行统购。从 1953 年 11 月后,粮食商品购销完全纳入国家计划经济轨道,境内粮管所、粮站、仓库主要服务对象是农村生产队和城镇街道居民。收购环节为一年三季,即春季收购大、小麦、油菜籽;夏季收购早稻谷;秋季收购晚稻。收购对象以生产队集体单位,国家规定统一价格,公粮按实物征收(用稻谷抵农业税)。统购粮计价后,以信用社支票交易,分别转入各生产队账户。1953 年冬,余杭县开始实行粮食统购统销。农民生产的粮食除留存口粮、种子、饲料粮外全部由国家统一收购不准自由买卖。1955 年 8 月,农村粮食购销,实行定产、订购、定销。定产是以农户为单位,根据所有土地自然条件和种植面积,以 1953 年、1954 两年实际产量为依据,确定单位面积产量与总产,所定产量三年不变。订购是在定产基础上扣除应缴公粮、口粮、种子粮、饲料粮,仍有余粮数,按 85%—95% 计算为订购数量。定销就是供应,对农村口粮不足的农户,售给一定数量的粮食。1956 年,境内粮食统购以高级农业合作社为单位,以社定产,划分余缺。

1965 年,确定粮食征购基数一定几年不变。超基数收购的粮食(称超购粮)在统购价基础上实行加价。1954 年—1979 年,年均收统购粮 613.25 万公斤。20 世纪 80 年代起实行家庭联产承包责任制,调动农民生产积极性,农业连年丰收。由于连年丰收,粮食供求趋缓。1985 年 1 月,取消粮食统购,改为合同定购。由农民自报定购数量,与粮食部门签订合同,定购外粮食可自由上市,粮食购销开始出现“双轨制”。次年,取消农民自报做法,按照“大稳定,小调整,合理负担”原则,按农户承包田亩分摊,定购任务层层落实到乡、村、户。1988 年起,包干指标一定 3 年不变,实行定购粮与化肥、柴油、预购定金三挂钩。规定每百公斤定购粮奖售平价化肥10公斤、平价柴油2公斤。预购定金农户按投售粮食金额的20%、大户按50%实行春季预付秋季结算。1993年1月,放开粮食购销和价格,取消国家定购任务,改为指导性收购计划,由粮食企业与农民自愿协商签订合同。粮价放开加快农业产业结构的调整,出现多渠道经营粮油的局面。粮食连年丰收,供需矛盾趋缓,粮价稳中有降。1996年秋粮上市前,晚籼谷、晚粳谷的市场价每50公斤分别为68元、74元,大大低于国家定购价80元、85元的水平。为防止谷贱伤农,国家按保护价收购农民的议价粮。2000年底,按保护价收购农民余粮政策停止执行,改为最低保护价制度。2001年1月,加快推进粮食购销市场化改革,取消粮食定购任务,放手让农民调整产业结构;放开粮食购销市场,实行经营主体多元化;放开购销价格,实行随行就市。建立和完善储备粮制度,增强政府调控能力。2004年5月起对种粮农户免征农业税;种粮20亩以上大户,在省、市直接补贴基础上,区财政每亩再补贴10元;对种植优质水稻面积20亩以上大户,在省直接补贴基础上每亩再补贴5元,以进一步调动农民种粮积极性。1990年,粮食面积79889亩,总产29694吨;1995年,粮食总产量27113吨;2000年,粮食总产量18876吨;2005年粮食产量11743吨。

议价粮收购。1953年,实行粮食统购统销后,余杭议价粮收购数量极少,尤其是"文化大革命"的10年中基本停顿。十一届三中全会以后,农村恢复粮食市场,粮食征购基数又调低,议价粮收购开始活跃。按照"购得进、销得出、随行就市、薄利多销"原则,议价粮收购成为粮食统购以外的重要补充。1985年,国家改粮食统购为合同定购,定购以外粮食可自由入市,粮食收购实行平价、议价"双轨制"运行。2001年后除少数"订单"粮外,粮食收购全部放开,价格随行就市。

建造土园仓,主要解决农民口粮保管,粮管所派出技术人员直接帮助生产队建造土园仓,当时的口号是:"藏粮于民,备战备荒为人民。"1970年代后,土园仓普及率,每个生产队有一只,其结构为"稻草仓顶和粘土夯筑墙身,砖薄壳拱顶或盖小青瓦",一般每只储粮5000斤—5000公斤。西安寺大队建造了11只,为境内生产大队之最。

粮食供应 1953年12月—1992年12月,浙江省实行粮食统销也就是粮食计划供应制度,全省粮食消费计划包括数量、品种、时间、方式全部由粮食部门制订、调节。

中华人民共和国成立初期,浙江粮食库存薄弱,粮食实行自由贸易,投机活动猖獗,市场供应混乱,中共浙江省委、省政府于1953年11月取缔粮食自由市场,严格控制粮食交易,禁止粮食自由买卖。同年12月,省政府发布《浙江省农村粮食计划供应暂行实施办法》,开始实行粮食计划供应。

1954年度,浙江省城镇供应人口294万,供应粮食5.08亿公斤,人均月口粮供应水平14.4公斤。具体是:居民按照户口人数,核实用粮计划;集体伙食单位,按参加搭伙人数核定用粮计划。另,城市全年供应粮食复制品1.42亿公斤,占复制品供应总数的75.3%,以城市供应人口平均,每人年供应复制品原料48.3公斤。因计划供应数量系按需自报,加上城乡人口划分界限不严,同年12月,省政府出台《浙江省粮食计划供应暂行实施办法》,对城镇供应、行业供应、军粮供应、食油供应统一政策,按定人、定量、定工种等办法确定标准,实行计划销售,俗称"粮食统销"。

粮食统销把粮油销售数量严格纳入计划范畴,城镇户口的居民发给粮票、油票,供应粮油,农村户口即农民大都不发粮票、油票,所用粮油自产解决。商店及饮食摊点出售的粮食制品、糕点亦需支付粮票,才能购买。驻浙部队的粮食供应则制订有专门的办法。

图 3－31 粮食供应票证

统销政策对统销对象有严格规定,粮食定量各种职业、各年龄段又有不同,因此人们生老病死,求学读书,工作调动,户口迁移都必须到粮食部门办理手续,只有经粮食部门批准同意,才可以更改粮食定量,才可以纳入统销对象,领取粮票,成为吃商品粮人口即城镇居民。

瓶窑粮管所担负起居民口粮(含渔牧民),要核定人口、定粮标准、发放票证之责。一般居民口粮定粮标准为:出生时每人每月 7 斤,一周岁为 9 斤,2 周岁为 11 斤,3 周岁为 13 斤,4 周岁为 15 斤,5 周岁为 17 斤,6 周岁为 19 斤,7－8 周岁为 21 斤,9 周岁为 23 斤,10 周岁以上为 24 斤。

工作定粮:最低标准为每月每人 27 斤,一般工人为 30 斤,最高工人每月 45 斤(井下工人等),瓶窑最高定粮标准每月每人 36 斤。除此,每月要核定各类补贴数(如夜餐补粮每天为 2 两,出差补粮每天为 1 两),镇内吃供应粮人口近 1 万人。

粮食统销期间,粮食行政管理部门印制颁发的粮、油票证种类繁多,浙江省境内使用的先后有全国通用粮票、浙江省粮票、浙江省定额粮票、浙江省农村粮票、浙江省周转粮票、浙江省熟食品票、城乡居民购油证(票)、浙江省流动食油票(军用)等等,并为之制定实施票证管理制度和办法。各城镇、棉麻、渔、盐等粮食供应集中区域,均开设粮站(零售粮店),作为政府粮食供应的销售网点。

改革开放以后,粮食供求关系发生根本变化。1993 年 1 月起,浙江取消粮食统销制度,实行在需求总量指导下的市场销售,粮食统销政策完成使命,到 2010 年粮食销售完全市场化。

城镇居民是粮食统销的主要对象,这就要确定哪些人属于城镇居民,需要粮食部门供应粮食。在需供人口中,虽不分男女,但由于需供对象年龄、职业、工种不同,粮食消费量有多有少,所以还需确定供应数量,亦即要实行定量供应。统销时期,粮食总体短缺,为保持平衡,宏观上要控制需供总人口,不能让吃商品粮人口快速增长,需要进行粮户管理。微观上则要按照人们年龄、职业等的变化,随时调整定量。当全省粮食生产形势好转时,浙江及时放开粮食供应,取消了粮食统销。2010 年,粮食销售完全实行市场化。

城镇居民和农村统销人口用粮供应办法大致分凭票限量供应、“双轨制”供应及敞开供应 3 个阶段。1953 年 12 月,实行粮食统购统销,城镇居民发放购粮证,农村缺粮户和流动人口凭乡政府证明购粮。1955 年 10 月,城镇居民和农村非农业人口按照劳动差别、年龄大小,以人分级定量,以户为单位发给购粮证及定额粮票,凭证凭票供应。农村统销人口按照“三定”(定产、定购、定销）政策确定销量，由粮食部门发给购粮证和农村粮票凭票供应。1975年城镇吃商品粮人口建立“定量人口分户清册”，作为核发粮票依据。凡有变动，本着“户粮一致，粮随户走”原则，相应变动粮食关系。迁移户口同时迁移粮食供应关系，农村人口转为城镇户口要经公安、粮食部门审批。城镇居民粮食供应，按照国务院四类九等的定量规定，一直沿用到1992年底。

1985年中央发布1号文件，取消粮食统购政策，改为合同订购。强调“上限不下限”，在粮食消费上大力提倡粮食转化和平价转议价销售，造成购销逆差，库存短缺。1993年起，经国务院批准，全面放开粮食购销和价格，改粮食订购任务为指导性计划收购，改为市场行情调节和供应。

1987年4月，压缩统销粮，取消居民每人每月0.5公斤的熟食票，取消除工差粮外的其他各种补贴粮，食品、饮食、糕点、副食品供应继续实行平价凭票和议价不凭票的办法，并扩大议价供应范围。1988年国务院颁布《粮食收购条例》，决定全面部署粮食流通体制改革工作，对粮食的收储（国有）和经营（民营）分开。在此政策指导下，瓶窑粮食收储公司于1999年建立，成为承担政策性粮油收储业务的国有粮食收储企业，为粮食购销市场化奠定基础。

1991年5月和1992年4月，国家两次调整粮油统销价，基本实现粮食购销同价，解决长期存在的购销价格倒挂现象，同时给每人每月发放5元补贴以抵消居民经济负担增加。1993年1月1日起，放开粮食购销和价格，取消粮票，使延续40年之久的粮油票证成为历史。后粮价一度上涨，为保障居民生活，粮食供应临时凭证限量限价。1994年10月1日起，城镇居民发放“市镇居民粮食证”，每人每月供应早籼米和晚粳米各5公斤，价格每0.5公斤分别为0.82元、0.97元，其他品种由物委监控，实行最高限价。1995年后，粮食连年丰收，敞开供应得以顺利进行。支持和引导多渠道经营，鼓励城市超市、商场、便民店从事粮食零售业务，鼓励农民自产自销粮食。粮食销售市场化基本实现。2001年起，放开粮食购销市场、购销价格，粮食生产取消订购任务，改由通过订单形式向农户收购粮食。订单形式的收购政策由政府确定基准价，并给与价外补贴，对其中的种粮大户再给与一定额度的预购定金。支持和引导多渠道经营，鼓励城市超市、商场、便民店从事粮食零售业务，鼓励农民自产自销粮食。粮食销售市场化基本实现。

机构　1949年8月，杭县粮食局下设瓶窑、临乔、三墩等5个区粮库。50年代初，瓶窑回龙寺庙堂改造后，建立临时仓库，关帝庙设点供应粮食，在西溪街一块空地建立露天仓库。1958年4月，杭县三墩区粮管所所属瓶窑分仓、购销站、长命乡的粮油购销业务移交给余杭县粮食局管理。1959年8月，瓶窑粮站从仁爱粮管所划出，建立瓶窑粮管所。主管长命、北湖、彭公三个主粮区，管辖百丈、太平、鸬鸟、双溪、黄湖乡等镇。1961年5月，横湖、双溪、潘板、瓶窑4个粮管所合并为瓶窑粮管所。1978年7月，建立瓶窑饲料站，1984年5月设瓶窑粮油交易所。1984年，粮管所实行“双规制”，一块由国家经营收购粮食，另一块自主经营、外购外销，所内经营人员到江苏、安徽等地采购稻、麦、玉米、油料，然后卖到广东、山东等地，糯米卖到绍兴酒厂，每年创利润100多万元。1984年—1993年，投入所里1000多万元，相继建造起云峰大厦、瓶窑粮站营业宿舍楼、南山仓库、窑山办公楼。1999年，根据国家粮食流通体制改革精神，瓶窑粮管所实行“收储与经营分离”的“双规制”改革。分别成立杭州瓶窑粮食收储有限责任公司和杭州瓶窑粮食贸易有限公司。

彭公等山区有 19 个大队、150 个生产队、4500 户农民,需供应返销粮 200 多万公斤。

瓶窑粮管所在各公社设有 9 个专管员。主要是掌握粮食产、留、购、销的大局情况。粮食部门当时也以发展生产为第一要务,每年动员生产队保管好种子。所里派出专管、保管人员去生产队参与建造种子仓库,在原仓库内用砖块建造格子式样储藏箱,用沥青密封,可杀虫、防蛀、防鼠,杜绝种子"仓内得病,秧田送命",确保秧苗生长好、产量高。还经常去生产队仓库测量稻谷温度,防止发霉,工作量很大。对缺粮的公社村也设专管员,调查粮食生产多少、短缺多少,掌握精确数字,利于合理供应。

2006 年 10 月,瓶窑和良渚粮食收储公司合二为一,成立杭州余杭区粮食收储有限责任公司良渚分公司,所辖黄湖、潘板、彭公、南山、瓶窑、安溪、石桥、红星、大陆、五常等粮库,继续承担两地政策性粮食的收购储存业务,办公地合并至良渚镇。

2012 年 3 月,瓶窑万吨中心粮库建成后,良渚分公司办公地点迁至瓶窑镇南山村新建的办公楼。2015 年,良渚粮食收储公司有在职职工 43 名,所辖黄湖、彭公、瓶窑、大陆、云会等粮仓,共有粮食仓容规模 35000 吨,年均储存国家粮食 20959 吨,全年收购订单粮食 18104 吨,轮换调拨粮食 29946 吨。

另有瓶窑碾米厂,前身是大有米厂,开设于 1950 年。1956 年 6 月,该厂转为公私合营厂,同年在瓶窑镇上窑设临时加工点。1959 年 10 月,国营瓶窑碾米厂建立。1978—1979 年,先后在瓶窑、潘板桥设立毛糠油车间。1982 年 6 月,瓶窑车间大米设备进行全面更新,年大米生产能力达到 4500 万斤、饲料 600 万斤。1983 年 7 月,瓶窑碾米厂划归瓶窑粮管所,为该所工业企业。1985 年 1 月,重新设立国营瓶窑米厂。1999 年,粮食流通体制改革后划归瓶窑粮油贸易公司,数年后停业。

1985 年瓶窑粮食油料仓库类型、容量情况表

表 3-3-6　　单位:平方米　万斤

地区		合计			基建房式仓			苏式仓			拱型仓			民房仓			园仓		
		座数	面积	容量	座数	面积	容量	座数	面积	容量	座数	面积	容量	座数	面积	容量	座数	面积	容量
瓶窑	商业工业	58	11379	3249	38	7244	2161	7	3290	869	1	326	90	2	139	90	10	380	100

1959 年—2015 年,瓶窑粮食管理所历任负责人有:俞有木、沈邵根、汪柏铭、虞维忠、朱祥烈、汪祖烈、韩维新、张明山、沈启华、曹云跃、施洪建。

1986 年,长命乡粮食专管员陈关金被浙江省财贸工会、浙江省粮食局、《浙江日报》社评为"浙江省优秀服务竞赛优胜个人"。

1955 年 9 月,原瓶窑粮管所党支部书记、所长汪柏铭,被评为全国青年社会主义建设积极分子,受到毛泽东主席等中央领导同志接见。

二、油脂油料购销

境内食用油脂历来以油菜籽榨油为主,至 20 世纪 60 年代初,各农户均自种油菜籽后用船运至三墩油厂榨油,以甏储存备用,多余的卖给商家。

1949 年 5 月—1953 年 11 月,油料收购以供销合作社和私营商为主,粮油自由市场为主要的买卖场所。农户将多余的油料(多为菜籽油)到粮油市场出售,收购价格由供销社定价。

1953年11月起,境内食用油料实行国家统购。油料作物除留种子、食用外,其余均由国家统购,委托基层供销社代办。1956年起,油菜籽收购、销售、调运、储存统一由国家粮食部门经营。食油统购国家贯彻“生产油料较多的农户,应得油较多;不产油的农户,应得油较少”的方针。1961年,境内食用油料统购贯彻国家“多产多吃,少产少吃”的原则,实行“先留后购”,允许农民的余油进入自由市场。农民个人在自留地上种植的油料,国家不计征,不统购。并规定对农村食油做到只购不销。1984年,境内各生产队油料取消统购,除留口油外,油菜籽40%按收购价收购,60%按加价收购,1991年起按指导价收购。2001年起,放开市场自由运作。

油料实行统购前,油菜籽均有农户各自储存,粮油商和榨油厂坊都有自备仓库。油料实行统购后,由粮食管理所储存、调运油料油脂的任务。

民国及中华人民共和国成立初期,食油供应多为酒酱店兼营,也有零星挑卖的小贩。1950年境内各供销社开始食油供应。1954年6月起,城镇居民食油供应由国营油脂公司统一管理,委托基层供销社代销。1984年10月取消食油统销。1996年1月1日,浙江省宣布取消粮票、油票,境内粮油均开放市场。1993年—2008年的15年间,境内居民均从市场购油,农民将自种菜籽到小作坊加工成油后,自家食用。随后,境内居民和农民从超市上购灌装油,油的品种为菜油、豆油、花生油、茶油、葵花籽油、橄榄油等。

第五节 土特产购销

瓶窑土特产主要为茶叶、毛竹及畜产品,其进入市场历史较早。毛竹为境内西部特产,瓶窑镇是主要集散地,民国初有竹业商行9家,所购毛竹大都调往江苏、上海及省内沿海地区,用于渔业捕捞、农业生产和城乡民用建筑。土特产购销,历来由个体商户经营。中华人民共和国成立以后,供销社开始承担蚕茧、茶叶、毛竹、木材和畜产品的统购统派任务。统一收购后,按计划分配供应给生产企业和销售部门。20世纪70年代,土特产收购总额每年约30万元。从1985年开始,国家逐步取消对土特产的统购统派政策,产量较大的茶叶、毛竹等大宗产品国家统一的购销量逐年减少。1994年,供销社基本退出毛竹、茶叶收购业务。嗣后,农副产品购销完全实现市场化。

一、毛竹

瓶窑盛产毛竹,兼有各类杂竹。因交通闭塞,竹类砍伐后需用人力拖至溪涧边,编扎成筏(排),待天雨水涨之时出运。瓶窑镇为毛竹主要集散地,山客(货主)、水客(买主)云集于此。水运毛竹论帖计数,根据毛竹大小,每帖有10支、14支、16支、20支、30支、40支、50支、60支8种规格。上市量大年约数千帖。抗日战争时期(1937年—1945年),毛竹市场萧条。1945年抗战胜利以后,瓶窑竹行市况复苏。1954年,毛竹运输开始改用汽车装运。1957年,毛竹收购纳入国家计划,定为第三类农副产品,实行派购,由省定计划,供销社统一经营。基层供销社收购,县社公司调拨,供给农业生产、船运和渔业作业及城乡建筑与生活民用。并将原以帖计量的收购办法改用围量计价。1980年后,放宽毛竹收购办法,改为确定基数,按七三比例,分别按牌价、议价计算,超基数部分由生产队自行处理。1985年,取消计划派购和分配,实行市场化多渠道经营,供销社收购量逐年下降。

毛料 毛笋 毛竹有毛料、毛笋、笋壳、纸花篾等多种副产品,而以毛料、毛笋为大宗。副产品销售收入约相当于毛竹收入的80%。毛料主要销往东北、山东、苏北一带,大多用于农业生产和城市环境卫生,部分用于炼钢厂。1956年前,毛料由竹行兼营,销路不畅,大批竹枝用作燃料。以后随着山区交通发展,毛料销路由滞转畅,上市量增多。1964年—1977年实行计划收购,由省供销社平衡分配给销区。1978年后允许多渠道运销。

笋,主要销上海、杭州。少量毛笋制毛笋干、笋衣、络笋运销外地。小年未出土的毛笋即冬笋,大量运销上市。2005年,早竹笋产量8150吨,毛竹笋产量2550吨,笋干产量1480吨。2010年,早竹笋产量7580吨,毛笋产量1600吨,笋干产量1360吨。2015年,早竹笋产量7565吨,毛竹笋产量2800吨,笋干产量1650吨。

二、生猪收购及肉类销售

20世纪六七十年代,对生猪、家禽有收购任务。瓶窑食品公司前身是余杭县食品公司中心站,是一家国营商业,成立于1963年5月,1966年职工数为34人。负责瓶窑地区的猪、牛、羊、禽、蛋的收购、供应、调拨、储存等任务。境内每个集镇及固定地点按每月三、六、九、二、四、八日子周期轮转收购。经营组出纳于上一天向当地银行、信用社领取生猪收购资金,并将备用金放入专用保险箱,以便第二天收购所需。瓶窑食品中心站生猪收购区域覆盖瓶窑及周边乡镇,设有瓶窑集镇等网点,其中瓶窑专门长年设立收购屠宰销售点,就地收购、就地宰杀、就地销售,一般在密集地区农村为方便农民、缓解农村"吃肉难"问题,公司推行设"三就屠工",持有屠宰证属合法经营,水河桥村赵万根、南山村林阿庆、张堰村小元等屠工就是一例。各经营组均设专业生猪收购验收员,估计白肉、判定价格。这一口价的生猪收购验收员,有相当的专业评估技能。评估时为一看、二摸、三捏、四定级。综合各项标准最高为1级,最低为9级。9级猪每百斤为42元,每上一个级别,提价1.5元,最高1级为54元。判定各个级别,在生猪毛上剪出级别号码,然后验收员向会计报上级别,过磅员报上重量,开出小票,农户方可领取现金。

1963—1980年生猪级别与收购价格

表3-3-7

级别	价格(元)	百斤毛猪肉量(市斤)	级别	价格(元)	百斤毛猪肉量(市斤)
1	54	70—71.9	6	46.5	60—61.9
2	52.5	68—69.9	7	45	58—59.9
3	51	66—67.9	8	43.5	56—57.9
4	49.5	64—65.9	9	42	54—55.9
5	48	62—63.9			

凡收购好的生猪,一部份分片区屠杀销售,另一部份用汽车运送杭州肉类联合加工厂,正常年份,每年收购生猪有3.4万千头。1965年收购生猪旺年,连杭州也不能消化,就租用航运站货船航行两天一夜运到上海吴淞肉联厂。

20世纪60年代中期,农民养猪积极性高,产大于销,时有"猪尾巴通天,一多百多"之说。肉价从原来的每斤0.72元降价到每斤0.63元。20世纪70年代初,生猪饲养量减少,猪肉销售一度紧缺，政府采取计划派购派养任务，瓶窑食品公司下设支农组，在北湖横山长期定点调查，指导收购，调整政策，根据农户需求，组织资金，为鼓励农户多养猪，按派购任务，在部份乡村发放每头猪预购款 10 元—15 元。“养猪不赚钱，回头看看田”，每收购一头标准合格生猪（70 斤白肉以上），国家奖励化肥票 30 市斤，布票 2 尺，饲料票 50 斤，并按白肉份量奖 10% 的肉票。1985 年后，根据相关政策逐步放开市场，取消猪肉凭票供应。2001 年底，瓶窑食品公司资产评估后转资成立瓶窑食品股份有限公司。

三、其他

禽蛋购销　1964 年，瓶窑禽蛋经营部（仓库组）营业，地点在老街磨子心，两间门面，内设仓库。1963 年起，每户派购投售 1 只鸡，名曰“爱国鸡”，收购价格低于市场价，1980 年取消。瓶窑禽蛋部直接负责彭公、北湖、长命 3 个乡村的禽蛋收购，其余黄湖、百丈、双溪、太平、鸬鸟、潘板 6 个乡村由当地供销社收购、运送到禽蛋部，然后统一运送到杭州食品公司。

20 世纪六七十年代，“猪羊禽蛋鱼，购销经营一条线”：收购来的蛋，禽蛋部职工就要用灯火一个一个地照验，挑出“陷壳蛋”（蛋壳凹进）、“搭壳蛋”（变坏蛋前期）、“流青蛋”（破损流蛋青水），再分形体、大中小，分档次装筐。北湖草荡畈张堰村一带饲养大伙鸭较多（大批量饲养户），售蛋一次就是几百上千斤，得到饲料票补助就多。禽蛋部每月收购（瓶窑地区九乡一镇）禽蛋 5 万公斤，当时排名全县第一。除此，还常年性加工彩蛋，每年 3.5 万公斤，季节性加工咸蛋全年 3500 公斤，保障了市场供给。

水产购销　境内长命、北湖、彭公乡村、河港纵横交错，湖塘水库分布密多，淡水产资源丰富。1983 年，政府拨款 5 万元启动资金，从瓶窑食品公司抽调骨干职工 5 名成立瓶窑水产站。征地建房自支自收，独立核算。1990 年，改名为瓶窑水产公司，是余杭县水产供销公司下属的分公司，1985 年下半年开始经营，地点在镇上外窑街 25 号。80 年代中期，计划经济转型期，淡水产和海水产都是国家计划分配供应。塘栖设立中转站，一年中的鲢鱼、包头鱼、鲫鱼、鳊鱼、青鱼、草鱼、鲤鱼等淡水产计划分配数为 10 吨，咸鲞、带鱼、乌贼、海蜇头、青鲇鱼等海水产靠公司自己采购，价格随市场变化。

淡水产收购大部分定点定时下乡村上门收购，也有养殖户送货上门。80 年代末 90 年代初，县镇二级水产公司对养殖户鱼塘改造给予技术上辅导、经济上补助。根据鱼农挖塘改造的泥质坚硬松软，旧塘扩建，新塘开挖等施工简易繁难程度，每亩给予 500 元—800 元补助，提高了农户养殖水产的积极性，每年淡水产收购量都在 30 吨左右。春节期间，瓶窑水产公司门庭闹猛，彭公、泮板、太平、黄湖、双溪、良渚等地凡经营海水产项目的店家都涌到瓶窑水产公司来批发，销量每天超过 5 吨。淡水鱼除本地供应外，大部分放入冷库，冰冻后运送到北方销售。

除此之外，还兼营渔需物资（捕鱼用的网兜等工具），仅下水裤年销量就 500 余条，其他捕鱼工具数量更多。上海大江饲料公司提供的鸡壳、鸡爪尤其畅销，一年销量 200 吨，生意做的红火。最兴旺年份，淡水产、海水产加上其它副业收入每月约 200 万元，薄利多销，略有积余。1999 年，瓶窑水产公司转资给个人经营。

蚕茧收购　历史上，蚕桑生产为长命、北湖农民的主要经济收入，约占农民总收入的 50% 以上，民间有“蓬头赤脚一个月，舒舒服服过一年”之说。晚清时期，建有私人经营之鲜茧收购行，鲜茧收后烘干卖给丝厂。民国时期，瓶窑有仲家村大同茧行，收购时间一般为每年 9 月中旬至 10 月上旬结束，地址设在长命羊山仲家村（原长命公社所在地），年收购量 400 余担（每担

50公斤），老板楼家生负责鲜茧收购工作，供应给杭州裕纶丝厂，后由县蚕丝公司组织收购至1953年。

1954年，杭县合作社联合社与茧业指导所联合成立收茧办公室。由于年收购量逐年增加，茧站搬至瓶窑镇外窑街。瓶窑茧站是全县19个收茧站之一，当时的站长是钟高松，时隔二年后站长是卓维忠，直至蚕茧收购停止。1985年，茧站由原来的19个发展到全县32个，其中瓶窑区3个，有瓶窑、潘板、黄湖。瓶窑茧站的年收购量达到1700余担。1983年后，桑树地面积逐年减少，至1999年全部停止收购，2008年境内已无成片桑地，瓶窑茧站成为历史。

图3－32 瓶窑茧站（1990年）

第六节 旅游 服务业

瓶窑镇距离杭州市区18公里，有着优美的自然环境，古老的历史和灿烂的文化，丰富的物产和便利的交通。镇内旅游资源丰富，有被列为全国1991年十大考古新发现之一的良渚文化祭祀址、2007年发现的良渚古城遗址；镇内南山摩崖石佛造像是有明确纪年的元代造像群，至今存有13尊，绵延约360米，为江南石窟与摩崖石刻艺术的瑰宝。境内还有沼溪、北湖草荡等一大批优美的山水自然风光，休闲观光农业发展势头良好，金都生态园、樱花基地，吸引着越来越多的游客慕名而来。

中介服务公司21家、电脑服务商行16家、蛋糕西饼屋19家、衣服洗烫店14家、服装布衣店489家、音像制品店2家、寄售商铺1家、废品收购店70家、非机动车修理店8家、汽车美容店15家。

一、旅游业

90年代后，旅游业慢慢在镇内兴起，最先开始以国内游为主，长线以坐高铁飞机去北京看天安门、登长城的游客为多。经济实惠的短线游也独占一片天下，深受瓶窑人青睐。进入21世纪后，瓶窑旅游也正呈个性化发展，租车自驾、生态旅游、医疗旅游、养生度假、教育培训旅游、海外游等特色旅游也越来越受欢迎，外出旅游的对象也慢慢的向多阶层、多年龄段发展。

全镇有13家旅游公司，即杭州假日国际旅游有限公司凤山营业部、杭州北郊旅游开发有限公司、浙江万达旅游集团有限公司杭州余杭新窑路营业部、杭州龙华生态农业科技有限公司、杭州游歌旅行社有限公司、杭州畅游假期旅行社有限公司余杭瓶窑营业部、杭州彭湖园生态农业有限公司、杭州金都生态农业观光有限公司、杭州环艺农林科技有限公司、杭州琳怡生态农业科技有限公司、杭州奇鹤山谷文化创意有限公司、杭州沈园农林开发有限公司、杭州世际旅行社有限公司。

2011 年—2016 年瓶窑镇杭州世际旅行社有限公司旅游情况表

表 3－3－8

年 份	旅行人次	其 中		年营业额
		国内	国外	
2011 年	5000	4900	100	120 万元
2012 年	9000	8850	150	150 万元
2013 年	10000	9800	200	200 万元
2014 年	9500	9350	150	180 万元
2015 年	12000	11700	300	300 万元
2016 年	15000	14500	500	500 万元

二、服务业

餐饮业 民国时期，2015 年统计镇内饭店饮食店有 439 家，宾馆旅馆 58 家。茶店主要分布在瓶窑老街上，规模大且比较有名的有 3 家，其中最有名的叫“强盗婆”的茶店，有十几张桌子的规模，每年正月十五，茶店会为老顾客免费提供“元宝茶”和 2 颗橄榄。瓶窑北部乡镇远至百丈、黄湖、鸬鸟的农民赶集后，很多人会到茶店喝茶，有的直接会在茶店门口交易。当时，这三家店都有说书艺人在茶店说大书，吸引顾客。1954 年互助合作后，茶店业逐渐衰弱。1985 年后，茶店才开始慢慢在瓶窑街上出现，1998 年后，瓶窑镇再次开办茶楼，这类茶楼以经营中高档茶为主，主要有龙井、径山、铁观音、普洱等中高档茶水。茶楼环境优雅，内设精致优美的小包厢，服务对象以中青年为主，为客人提供休闲聊天、商务洽淡、工作交流、自助餐等服务。传统茶也依然存在，但服务对象基本上是以中老年顾客为主，服务内容增加了老年棋牌娱乐。稍后，瓶窑镇开设咖啡馆，其装修格调或古典或高雅，消费人群以高收入的中青年人为主，咖啡馆除经营咖啡类饮料外，也兼营茶水和其他饮料。至 2015 年底，境内有茶馆（楼）6 家，咖啡店 3 家。

图 3－33 鱼佬大生态农庄（2016 年）

2015 年瓶窑镇内餐饮/住宿业优质星级企业情况

表 3－3－9

企业名称	开设时间	开设地点	服务设施	质量级别
杭州瓶窑大厦有限公司	2001 年 7 月	华兴路	住宿、餐饮、KTV、棋牌、会务等	三星涉外宾馆
杭州鱼佬大生态农庄	2005 年 12 月	大桥北路	餐饮服务业、城镇绿化苗、垂钓、会展服务	浙江省农家乐特色点
杭州瓶窑镇羊城大酒店	2010 年 5 月	羊城路 23 号	餐饮	

续表表 3 - 3 - 9

企业名称	开设时间	开设地点	服务设施	质量级别
杭州余杭区瓶窑镇凤城宾馆	2015 年 9 月	凤城路 6 号	住宿、棋牌	
杭州窑江大酒店	2010 年 7 月	大桥南路 24 号	住宿、足浴、棋牌	
安庭快捷酒店	2010 年 5 月	大桥路 52 号	住宿、棋牌	
杭州沈园农林开发有限公司	2007 年 11 月	彭公村御车上村	户外拓展、餐饮	

美容业 旧时，镇上及乡村均有理发店铺，称剃头店。2015 年，镇内理发美容共有 73 家，上规模的有 2 家：杭州余杭区瓶窑镇慧萍美发店，位于瓶窑镇东兴路 8 号，建于 1996 年 4 月，发展到从业人员 25 人，面积达 400 平米。价格也从原来的每位 5 元到现在各种发型 20 元—200 元不等。杭州余杭区瓶窑镇燕子发屋，始建于 1986 年，地址位于瓶窑镇外窑街 8 号，面积约 60 平米，从业人员 4 人，主要经营美容服务，在瓶窑镇美容服务行业中小有名气。

民国时，瓶窑镇即有浴室存在，较有名的瓶窑浴室地点在里窑社区西侧，老板姓丁，那时的浴室，还没有淋浴设施，只有一个简易的可容纳 20 人左右同时洗浴的大池子。1995 年左右，瓶窑镇上开始出现规模大服务内容多的现代浴室，此后陆续增多，这类浴室，装修高档，服务内容也从单纯的洗浴逐渐增加到搓背、桑拿、修脚、按摩等，有些还提供自助餐服务。浴室有碧水云天、畅春园、桥南、清水湾、月池、隆泰等 13 家。20 世纪 90 年代中后期，瓶窑镇上开始出现足浴店，服务内容有药水泡脚、穴位按摩和修脚等，顾客在保健养身的同时，可以小憩养神，也可以进行商务洽谈，消费大致在每人 100 元以内。亦有从事色情者混杂其间。规模大的足浴店有佳怡、凯宾斯基、华府、康佳、豪园、聚友、好望角等 26 家。

快递业 2010 年瓶窑镇快递业发展较快，承运方通过铁路、公路、航空等交通方式，运用专用工具、设备和应用软件系统，对内地、国际及港澳台地区的快件揽收、分拣、封发、转运、投送、信息录入、查询、市场开发、疑难快件进行处理，以较快的速度将特定的物品运达指定地点或目标客户手中的物流活动，是物流的重要组成部分。能够在极短的时间内将物品运达到目标地点，但是运量相对较小，运费较高，同时由于要经过不同的站点，几经周折，易使物品流失或损坏，安全系数相对较低。除邮政分局、电信分局从事快递业务外，在黄湖镇、径山镇、鸬鸟镇设邮政支局，并在瓶窑镇设邮政处，亦办理快递业务。此外，民营快递与物流业在镇内发展迅速，至 2015 年底，境内物流快递业类企业有中通快递、圆通快递、佳吉快递、天天快递、阿闻物流、余杭天都汽车运输有限公司、佳吉快运、安能物流、顺丰速运等 14 家。德邦物流股份有限公司瓶窑分公司设在长命桥，职工 14 人，日吞吐量 12 吨年营业额 600 万元。杭州佳吉快运瓶窑分公司建于 2004 年 11 月，址在大观山村，年营业额 300 余万元。2015 年，境内物流快递业经营规模总额超 5000 万元。

文化创意产业 上世纪 90 年代后期提出来的一个经济概念，进入 21 世纪后，文化创意产业有了明确的归类统计，浙江省各级政府也成立了相应的管理机构。2015 年，境内归类为文化创意产业的企业共计有 203 家（其中规上文化创意产业企业 18 家），涵盖信息服务业、动漫游戏业、设计服务业、现代传媒业、艺术品业、教育培训业等文创产业 8 个门类。

2015 年瓶窑镇主要文化创意产业企业情况

表 3－3－10

企业名称	注册地址	主要业务范围	主要产品（成果）	2015 年销售额（万元）	2015 年纳税额（万元）
杭州名师文化传播有限公司	瓶窑镇华兴社区大桥路 3 号	教学教具生产，印刷	中小学配套学具 2016 年通过中国教育装备行业协会评审	3948	210
杭州中河电子器材有限公司	瓶窑镇凤都村凤城路 3 号	调音台制造		5514	270
杭州长命印刷有限公司	瓶窑镇长命村高西 1 号	课本杂志印刷	小学数学五上获 2016 年人教社优质产品奖；荣获 2015 年杭州市十佳印刷企业	4161	368
杭州西子光电网络有限公司	瓶窑镇凤都村	有线电视接收器制造	光设备获中国最具价值品牌，获专利产品 5 个	2010	342
杭州神彩包装印业有限公司	瓶窑镇凤都村凤都路 18 号	塑料袋外包装印刷	2015 年被评为浙江省科技企业，国家高新技术企业正在申报中	3858	210

电子商务　电子商务是以信息网络技术为手段，以商品交换为中心的商务活动，即在互联网、企业内部网和增值网上以电子交易方式进行交易活动和相关服务的活动，是传统商业活动各环节的电子化、网络化、信息化。瓶窑电子商务兴起在 21 世纪初，先后创办有杭州雅俗共赏文化艺术策划有限公司、杭州指间云科技有限公司、杭州豪悦实业有限公司等 17 家电子商务公司。杭州豪悦实业公司比电商业务年产值达 2. 8 亿元。

此外，80 年代前，瓶窑镇内只有一家照相馆，名阿三照相馆，位于横街苕溪边，限于当时的技术手段，只能拍摄黑白照片。1985 年，镇上开始出现彩照，但那时拍好照片都是到杭州冲洗，直到 1996 年，才可以就地冲洗。20 世纪 90 年代后期，便携式傻瓜相机风靡一时，相机开始走进寻常百姓家庭，2000 年后，随着数码相机的出现，业务减少，照相馆便增添婚庆服务等项目，2015 年全镇登记在册的照相、婚庆服务的照相店有 5 家。随着经济的发展特别是商品销售的迅猛发展，广告业发展，2015 年，镇内登记在册的广告公司有 31 家。

第七节　运输业

唐天授二年（691 年），则天皇帝诏令“钱塘、於潜、余杭、临安四县租税纲运皆取道于苕溪”，东苕溪是历代余杭县的重要航道。

南苕溪，在汤湾渡，接纳中苕溪，再在龙舌嘴接纳北苕溪，三水会合后称东苕溪，经瓶窑镇、安溪乡至獐山镇劳家陡门入德清县境。境内段曾通竹筏、木船及小轮船，80 年代后通航里程仅瓶窑至劳家陡门约 15 公里，河宽 70 米，最低水深 2. 31 米，通航能力已由解放初仅通 15—25 吨级船舶提高到 40—100 吨级轮队。

瓶窑近代的工商业，主要围绕水陆码头这一特殊地理环境展开，所谓“苕溪商贸”之称。这种环境使瓶窑先前的工商业形成以运输、手工业、饮食为主的商店商铺三业鼎立的特点。运输业主要包括排运、搬运、航运、转运、小车队。搞排运的都是本地上窑头和羊山湾的人，而于搬运、航运、小车队的大多是江北人。

一、航运

瓶窑航运站的前身是1953年组建的船民协会。1956年4月,成立瓶窑镇木帆船高级运输合作社。职工来自七省一市48个县。涉及到湖南省、山东、湖北、安徽、四川、江西、江苏、上海市近200名职工,60只木船。1958年,划给临安县管辖。木头船上装机器托桨,便成了木头机帆船。时下设4个大队,分别是搬运、航行、黄沙、撑运(排运),有500多名职工。

瓶窑港地处东苕溪上游,顺江而下过奉口闸(上纤埠船闸)在武林头入京杭过河,北距上海293.80公里,南距杭州41.50公里。陆路交通有杭宁路(104国道)过境,并有县内公路通往余杭、临平、三墩、塘栖等地。

民国初年,瓶窑港码头从外窑回龙寺起到上窑头止,可供船舶停靠装卸的泊船埠头有:回龙寺前山门、后山门、回龙渡南北、方家弄、商会、骆义昌、航船、当店、碗店、同德兴、太平桥、羊山湾、江家弄、关帝渡南北、郑万仁、洪仁行、盛隆茂、同泰行、柴场渡南北等30个埠头。其中一次性能同时进行4条船装卸作业的百吨以上大埠头有7个,即回龙寺前山门、回龙渡南北、当店、航船、柴场渡南北埠头。

中华人民共和国成立后,瓶窑船埠码头工作逐步完善。羊山石矿码头至甪窦湾石矿码头全程6300余米,分6个作业点。1956年码头进行修建,露天堆场可容500余吨石子,卸货采用桥式淌斗,码头水深3米,可停泊60吨级两船同时作业,日吞吐量在百吨左右。浦家滩码头,1971年在扭转北煤南运的夺煤大会战中,征用浦家滩杂粮地6亩,东起交管站,西至搬运站停车场,共4002平方米堆场,砌石180立方米,建有桥式淌斗3个,可同时停泊300艘百吨级驳船作业,是瓶窑港最大卸货码头。1958年,建沙地码头,西从大桥脚起,东至航运公司船厂,全长350米约3500平方米,砌石2500平方米,由原瓶窑排运、搬运两个单位合建,码头西端近百公尺配备桥式淌斗2个,半吨吊车1台,东端设12个档位,为毛竹出运作筏专用场地,日吞吐量800吨左右,可停泊百吨级驳船3艘同时作业,是瓶窑港重点作业码头。1958年原回龙寺前山门码头滩浅,农民售粮船无法停靠,由瓶窑航运、搬运、排运、黄沙4个单位联合改建;1967年又用水泥浇灌,装上半吨吊车。此码头全长80米,砌石240立方米。后经2次航道河床清理疏浚后,40吨级以上船舶、300吨位可同时进行装卸。此外,方家弄码头、当店码头都装有半吨吊车,都能停泊60吨级货驳作业。原有一些作用不大的埠头陆续废弃。

1966年10月,瓶窑航运站经营营运业务,开辟瓶窑到德清航线,全程27余里,票价0.50元,沿途停靠安溪、下溪湾、上纤埠、杨坟等地。有准载14吨级的木驳船改装的客轮一艘,无核定客位,满载开航。1981年,建成瓶窑一号客轮,主机功率80千瓦,核定客位173座。将营运航线从德清城关延伸至塘栖镇,全程43公里,票价0.78元。由于安全正点,服务优良,深受旅客赞扬。1982年12月,瓶窑航运站更名为瓶窑航运公司。时值瓶窑港货物运输繁忙时期。主要出港货物为境内百丈、太平、鸬鸟、双溪、黄湖、彭公及安吉县等地的竹类产品以及粮油、石料、黄沙、木炭、木香粉、土纸等货物;还有少量的窑山白泥等非金属材料。进港货物有煤、化肥、农药、水泥、钢材和建材及百杂货、烟糖酒类等。1983年后,逐步转运石料,为安溪一矿、二矿、下溪村、桥南、何中、北湖、石岭等地石矿出运石料。1984年7月,客运量锐减,收不抵支,停止客运。

1978年以后,乡、村石矿兴起,货物堆场向东移,在甪窦湾建造装运石料大码头。1980年,清理露天堆场近1公顷,建造桥式淌斗6座。码头能停靠800吨级轮驳船队,80吨上货驳6艘可同时作业,日吞吐量千吨以上。1991年11月由国家立项、投资300余万元,兴建瓶窑港新码头。工程由杭州市交通局设计处设计,市交通工程建设处施工,1995年春,竣工投产。新码头坐落在瓶窑新大桥东侧,甪窦湾村南,征用土地49.41亩,拆迁房屋1181.01平方米,水上水下挖泥7万立方米,驳坎工程长240米。整个码头全长250米,宽60米,设有8个泊位和1个货码头,码头配有进港公路1条,长360主,堆场8000平方米,供粮食、百杂货储运仓库面积266平方米,容量660吨。此外,还有办公用房等450平方米,码头年吞吐量为60万吨。

1995年,瓶窑港有码头10个,全长643米,最大泊靠能力100—150吨级船舶,结构均为浆砌块石重力式驳坎码头,有皮带输送机11台。1995年,全公司有职工414人,固定资产529.7万元;有拖轮7艘、862千瓦,驳船61艘、5260吨位,年货运量26.5万吨,完成总量计划的20%,船队在沪杭运输,回来放空船频繁。货物周转量6095.5万吨公里,营业收入543.9万元,经济效益不高。1998年8月,瓶窑航运公司转制。2000年3月,瓶窑航运公司倒闭。历任负责人为钮掌友、柳荣根、柏玉珍、单如有、王继山、王银水、杨沛宗。

二、瓶窑排运站

瓶窑镇位于南、中、北三苕溪的合流之处,也是古来山货集散之地,清末民初撑运业非常兴旺。1937年—1945年抗战时期,在上游王水庙一带形成山货交易。其时,瓶窑毛竹出运量有14.6万余帖(36500余吨),多数运往上海、苏南、嘉兴、湖州、德清、塘栖、杭州等地。1945年,抗战胜利后,为瓶窑山货集散的鼎盛时期,尤以民国37年(1948)为高峰年,从各地撑运来的竹筏、竹排停满上起横山庙,下至甪头湾的河面。时山货行有90余家,最多时108家。民国时,因采伐毛竹无定时,故终年都有毛竹可撑运。1953年后,毛竹出运量视毛竹大、小年砍伐量决定,大年旺,小年少,年内又有淡季与旺季之分。1955年,月平均3800吨,大多运往上海、嘉兴等地。1956年为旺年(即大年),1月—6月,瓶窑竹排放运量为25087吨,还开辟瓶窑至苏北泰州、南通唐家闸等航线。由于撑运业务繁忙,当年从杭州、上海等地调来200余名撑运工人,才完成毛竹放运任务。1962年,全年毛竹放运量有5.17万吨,444.33万吨公里,其中放运省外毛竹2.38万吨,433.9万吨公里,分别占总运量的50%以上和周转量的80%以上。1963年一季度,海宁、海盐、嘉善、平湖等县货主,将原由安吉发运的毛竹,改道瓶窑出运,约2000多吨。1970年后,瓶窑水运出口毛竹运量逐年减少。据《余杭交通志》载,1956年—1979年,瓶窑撑运运量情况,见下表:

年 份	万 吨	万吨公里
1956	4.21	364.75
1957	4.37	383.77
1958	3.96	362.38
1959	6.50	584.25
1960	5.06	290.53
1961	4.60	369.64
1962	5.17	444.33
1963	4.71	166.12
1964	4.63	244.09
1965	2.39	170.07
1966	2.68	202.86
1967	4.82	130.24

年 份	万 吨	万吨公里
1968	4.91	272.37
1969	2.80	37.46
1970	4.56	128.40
1971	1.40	88.59
1972	2.97	264.33
1973	3.17	188.11
1974	3.76	333.03
1975	2.69	222.05
1976	3.00	406.65
1977	2.82	259.39
1978	3.34	382.38
1979	2.10	221.01

20世纪40年代末，黄湖、双溪、百丈、鸬鸟、太平临安黄畈等地山货商将毛竹以9—12枝为一帖(捆)，然后顺溪水放流下来，经北苕溪直达东苕溪，在龙舌嘴至关帝庙一带苕溪形成集市。上窑村民沿溪而居，十有八九成了排运工人，扎排、撑排成了人们谋生的主要职业。每到苕溪里毛竹聚多，需要扎排时，有人就会敲锣为号，上窑居民闻声而出，下溪捆扎竹排，通常2人为一组，拿着一根篙钩，一圈篾索，把零星小捆头毛竹捆扎成规范化竹排，便于运输撑运。一块方排扎捆好后约3000支，10块方排为一拖(拕)，按平均8寸毛竹计算，每支33斤，一块方排约一万斤。

上窑地段基本以经营水放货为主的大户，将毛竹成批量通过水路放到瓶窑，然后扎成正规竹排。经营者均为资本实力较为雄厚的大户，有江主昌竹行、天南竹行、大成竹行、郑万顺山货行等。这些大户的共同特点之一，就是均非瓶窑当地人，普遍是自家拥有大批毛竹山的地主，不仅自身拥有产品作后盾，而且颇具经济实力，有一定的背景基础，因而其周围集聚着一批固定的“山客”(卖主)和“水客”(买主)。他们对瓶窑的山货业起着主导性的作用。这些大户普遍拥有300余担大米以上的资本，但店面和人员规模均不大，除大成竹行有七间门面外，大都仅两间店面左右。店内除帐桌、杠秤和供客户坐的板凳外，少有其他经营设备。仅在店门前竖数捆毛竹作为样品外，所有货源均排放在门前苕溪水面上。

瓶窑竹行的经营范围都是以毛竹为主，兼营苦竹、淡竹、杂竹、木柴、木炭、木粉、黄纸等山货。(注：木粉，亦称香粉，是山农将树木枝条锯切成小块，利用溪沟水舂的石臼，舂成粉末。这种粉末称为木粉。木粉主要是制香的原料，故亦称香粉，后来亦用于制作“电木纽扣”的原料。)

竹排从上窑头苕溪向北至德清绕到塘栖，进入京杭大运河后，到平湖砟浦装船，即时名叫海船，运往江苏、上海、舟山等地。

上窑居民靠一根笃子、一根索子，一根扁担，凭一身力气，撑排于江湖，收入颇丰，被称为瓶窑镇上排运站工人最富。50多户村民都造起了木结构二层楼房。由于公路运输的发展，水路撑排运输自然淘汰，80年代末，排运站并入搬运站。瓶窑排运站历任负责人为徐树庆、严国元、王银水、姚金堤。

三、搬运业

光绪二十六年(1900年)，杭县瓶窑镇开始有7人建立搬运组织，定名为“聚德堂”，余杭县苕北镇(瓶窑镇西溪街太平桥以西)有7人组建“永庆坊”。

瓶窑是百丈、黄湖、双溪、鸬鸟、太平等山区通往杭嘉湖的必经山门。大量山货均于此中转，各地商人来往如织，商贸繁荣，随即出现了搬运、撑(排)运等运输业务及其组织。

民国元年(1911年)，瓶窑镇13人成立“金结堂”，苕北镇有16人成立“三元坊”。民国16年(1927年)瓶湖双汽车公司开业，瓶窑骆定生等7人组成了装卸班(后有七、八家行家的扛柴业务划归他们，改名为“扛柴班”)。民国35年(1946年)由于山货大量砍伐，运输车辆增多，瓶窑有胡德光、李立木等16人组成了汽车装卸班。

1950年10月，成立杭县瓶窑镇码头搬运工会。1956年6月成立杭县瓶窑镇搬运服务站。搬运服务站归属地方国营临安县运输公司，瓶窑设立分公司，下设搬运大队、撑运大队、航行大队、黄沙大队，职工近500人。

1962年9月，体制由地方国营转为集体，成立地方国营余杭县交通运输公司瓶窑搬运业务站。1982 年 11 月，余杭县搬运站变更为余杭县瓶窑装卸运输公司。

旧时，搬运站没有任何机械设备，全凭工人用扁担、绳索、扛棒以挑、扛、撑及肩背的形式装卸、撑运货物，体力强度大，工作效率低。中华人民共和国成立后，生产方式逐步得到改善，用上了独轮车、双轮钢丝车，到了 20 世纪六七十年代，基本上实现了“下河栈桥车子化，上河吊杆机械化”。80 年代后达到汽车货运、机械作业，码头装卸的半现代化程度。

搬运作业在瓶窑街上算是一支有名的“脚班”的队伍。据 1950 年 10 月统计，搬运工人有 136 人，1985 年职工为 123 人，搬运量为 37 万吨，营业收入达到 67.6 万元，创历年之最。

1957 年前，搬运货源以竹木、柴炭，香粉和白泥为主。1958 年开始，黄沙运量逐年增加，初期用小船从张堰、陶村桥、袁家桥等地驳运到瓶窑上窑卸落河滩，再装船水运。1974 年，水运小驳船开始减少，陆路汽车、拖拉机运量增加，都于瓶窑中转装船运往上海、江苏和杭州等地。

瓶窑供销系统的生产资料部、调拨部搬运装卸，都是搬运工人的货源。瓶窑镇大小码头、河埠就有 30 多处，1958 年在瓶窑大桥东南面建起 4 个装卸码头，12 个做排档位，砌石坎 300 米，面积 12.024 亩，是当时唯一的大码头。1967 年建造了粮管所码头，1970 年在浦家滩征 6 亩多地，建成了瓶窑最大的装卸码头。1980 年—1990 年的 10 年期间，是瓶窑搬运站历史上最兴旺时期，每年搬运量在 40 万吨以上，营业收入逐年提升到 80 万元以上。瓶窑搬运站历任负责人为王阿炳、金顺泉、张掌荣、朱国林。

1985 年 2 月，瓶窑装卸运输公司与瓶窑排运站合并成立瓶窑汽车运输公司。

瓶窑小车队　成立于 1950 年，有职工 40 余人，其中女性占 1/3，人员大部分来自于江苏、山东、安徽、广西等省市自治区，少部分来自浙江安吉、浦江县。他们多数是逃难盲流人员，社会成份比较复杂。解放初期，瓶窑镇交通运输工具原始落后，小车队人员每人一辆手拉车（双轮钢丝车），主要拉运毛竹山货。从黄湖、石门、赐壁坞等山区将毛竹拉运到瓶窑大桥边苕溪扎排外运。小车队以搭帮结队拉运，平坦路上一人一车拉运，碰到上坡，互相帮忙，载重量 400 公斤—600 公斤不等，按劳力大小装车。一个单趟约 20 公里。除了运送山货，小车队还是供销社的长期运输队，小到油盐酱醋，大到缸甏、橱柜、副食品、百杂货拉运业务繁忙。

20 世纪 60 年代初期，瓶窑小车队职工增加到 100 多人，设有办公室队长、调度员、财务会计，组织机构齐全。凡经济收入，队里提成 40% 作为管理费，60% 作为职工多劳多得分配资金，职工每月工资一般在 28 元—30 元。

1971 年时，小车队并入航行站。

长命运输队　创办于 1964 年。1972 年后，拥有木驳船皮 300 吨。1973 年 11 月 26 日，到吴兴县运输公司购买机器，印号为“4110”，马力 32 匹船身自重 20 吨的小型旧轮船一艘。主要拖运 5 条货船，将黄沙、石子等运到江苏、上海销售。1986 年投入资金 3.5 万元，打造了一艘新轮船，能拖运 13 条货船，还与杭州发电厂联系到煤渣运倒业务，为期 3 年，经济效益较好。后因政策开放，各位货船主纷纷自买发动机挂浆，单独搞运输，拖轮业务减少，自动停业。

四、物资供应站

瓶窑物资供应站隶属余杭县物资局，1974 年组建营业，时为国营商业，地点在大桥北路外窑街 1 号。初时只有 3 人，1 位负责人，2 名员工，负责 6 间门面，上百种物资。服务对象面向瓶窑地区的太平、鸬鸟、百丈、黄湖、双溪、泮板、彭公、北湖、长命九乡一镇农村的生产大队、生产小队。届时是计划经济时期，经营服务直接到基层厂矿企业、生产小队。瓶窑物资供应站的拖拉机及配件、水泵、电动机、饲料机及主机、配件等物资来源都是由县物资局调拨，本单位属于报账制。

80年代中期，销售业务兴旺扩大，职工人员上升到16人，物资供应扩大到金属、钢筋、建材、化工原料、摩托车、汽车等，年销售额上升到2000万元，利润20多万元，改称瓶窑物资公司。

1984年，瓶窑物资公司迁移到大桥南路，县局拨款8万元，新建六间四层物资供应大楼，其中二至四层为职工宿舍房，令友邻单位羡慕。1997年9月转资为股份制公司，2007年3月注销公司，改为个体经营。

第八节　房地产

民国时，镇上房地产由税务部门管理，1952年，镇有管理人员，属县房地产管理组织。50年代初，瓶窑集镇上公共建筑不足3000平方米，包括旧政府办公房，邮政电力营业房及1所中心国民学校、几所国民学校（初小）。居民沿苕溪而住，茅棚连片，石板小街残缺不全，3000余人集中居住在窑山南麓、苕溪北岸狭长地带，面积约0.6平方公里。1961年，瓶窑设房管分会，1973年，改称房管所。1978年改革开放以来，开始修建规模较大公共建筑，兴泰花苑、凤华别墅、华兴公寓、凤溪花苑、凤城花苑、兴和苑、凤城花苑、南北乐章、柳郡、桂花溪园、北湖绿洲等房产楼盘和生活小区相继建成，集镇区域面积增至6.6平方公里。

一、住宅房产

旧时，瓶窑沿苕溪老街一带，多院落式楼房，抗战开始后大多遭日军焚毁。1949年中华人民共和国成立初，瓶窑茅棚连片，石板小街残缺不全，3000余人集中居住在窑山南麓、苕溪北岸狭长地带。每至汛期，洪水淹没街道、住屋，居民深受其害。20世纪60年代，开始建行简易住房，同时兴建多层居民住宅楼。80年代，加大老城区发放协和度，拓宽街道、建房造楼，更新水、电、卫生等基础设施，绿化、美化窑山，桥北老区面貌焕然一新。在住宅建筑方面向结构合理、设施配套发展，先后建成瓶窑、精工、杨梅坞、何家埠等新住宅小区。

1985年，瓶窑镇房地产开发公司开始经营商品房，在横街建标准住房10套，建筑面积475平方米；在桥南住宅区建商品房4幢，各4层计200间，建筑面积7900平方米。至年底，全镇房屋建筑面积共269438平方米，其中住宅建筑面积137972平方米，人均居住面积8.08平方米。

1986年后，由于镇区境内的反山、大观山、莫角山、吴家埠等地相继发现今5000年—4700年前的良渚文化遗址，出土了大批陶器、玉器、稻谷、丝绸等先民的遗物，为确保良渚遗址，瓶窑镇政府做出重大调整，集镇建设跨过苕溪，向桥南发展。1987年，镇房管部门在新区新建住宅建筑1.45万平方米，至年底全镇建筑面积达20.72万平方米，其中住房面积88104平方米，人均9.78平方米。1988年，镇桥南小区，建住宅房80幢，面积3.2万平方米，搬入居民155户；1989年，桥南小区又建住宅房110幢，面积4.7万平方数，搬入居民205户。90年代，加快城市化建设步伐，翠园小区、桃园路小区、五彩小区、精工小区等先后建成。1994年，城区面积扩展于3平方公里。1999年，新建住宅楼55幢，住房面积180万平方米。2000年，新建住宅楼68幢，建筑面积190余万平方米，人均居住面积35平方米；城区面积扩大至3.7平方公里，人口增至1.6万人。2002年,兴泰花苑、凤华别墅、华兴公寓、凤溪花苑、凤城花苑、兴和苑等住宅小区先后建成,建筑面积近20万平方米。共中凤城花苑有40栋多层住宅楼,占地近6万平方米,建筑面积9万平方米。2004年,受良渚文化制约,瓶窑城镇建设再次做出重大调整,确定"跨过新国道、建设新瓶窑"的发展思路,在处理好建设与环境保护、文化遗址保护关系同时,积极推进城市化进程。然后,相继建成瑞达城市花苑、方惠家园、东方广场等多个住宅小区,建筑面积8.37万平方米。至2005年,新增住宅建筑面积280万平方米。2006年,华源住宅小区建成。是年,启动羊山农居点建设。项目用地面积11.73万平方米,一期建筑面积2.5万平方米,安置拆迁农户218户;至2011年,羊山一期竣工,建成8幢6层公寓房。2008年,启动经济适用房建设工程,同时水河桥农居点建设工程开工,占地4.66万平方米。2010年,凤华别墅建成。2012年,瓶窑荣获"杭州市十大新型中心镇"称号。2013年底,又有凤城花苑、南北乐章、柳郡、桂花溪园、北湖绿洲等楼盘和生活小区相继建成,集镇区域面积增至6.6平方公里。

2015年底全镇房地产情况表

表3-3-11

楼盘名称	占地面积(亩)	套数	地　　址	开发时间	开发商名称(有限公司)
凤城花苑	61.5	503	瓶窑华兴路330号	2003年	杭州华源房地产有限公司
南北乐章	117	1600	瓶窑溪东路38号	2011年	杭州新南北控股有限公司
柳郡		1094	瓶窑瓶仓大道16号	2010年	杭州华建置业有限公司
桂花溪园	267	1212	瓶窑溪东路崇化街101	2012年	杭州美好日通房地产开发有限公司
北湖绿洲	218.39	1047	瓶窑瓶仓大道	2006年	杭州百达房地产开发有限公司
华源住宅小区					
兴泰华源	37.53	318	瓶窑大桥北路135号	2002年	杭州余杭兴龙房地产开发有限公司
凤华别墅					
华兴公寓	33.59	272	瓶窑凤溪路北侧	2001年	杭州华兴房地产开发有限公司
凤溪花苑	13	54	瓶窑东兴路东侧	2001	杭州华兴房地产开发有限公司
兴和苑	43.05	197	瓶窑凤溪路245号	2003年	杭州余杭兴龙房地产开发有限公司
翠园小区					
桃园路小区	10.3	129	瓶窑镇桥南新区	1995年	杭州华兴房地产开发有限公司
五彩小区	12.3	399	瓶窑新窑路北侧	1993年	杭州华兴房地产开发有限公司

二、瓶窑房管所

1961年,瓶窑设房管分会;1973年改称房管所,隶属县财政局,1981年隶县建设局。

瓶窑房管所受区住房和城乡建设局的委托,按照有关法律、法规,对瓶窑、良渚、径山、黄湖、鸬鸟、百丈等镇(街道)区域内国有土地上房屋产权,产籍管理,审批房屋新增、转让、拆除、灭失等产权初始、转移、变更、注销等办理登记手续,规范房产市场的秩序;对区域内房产转让、抵押、继承等交易行为进行审批,依法核发《房屋所有权证》,《商品房预售许可证》等;对区域内直管公房的经租、修缮及租金代收代缴和房产中介、物管企业、业主委员会进行业务指导及查处违法行为等。址在瓶窑镇北小港路6号。

历任负责人周玉贵、尉文才、董凡、张友明、诸侃飚、顾志良、何建刚。

三、瓶窑建筑队

杭州兴宇建设有限公司　前身是瓶窑建筑工程队。50年代初期，上八府东阳人多地少，泥木竹铁匠手业师傅众多而下三府瓶窑一带恰恰是个短缺，故引来不少东阳手业人员散居瓶窑，为了谋求生存求稳定，从开始七八人组成的泥工小组本着互帮互助、自负盈亏原则，逐步扩大到数十人。1953年春，正式成立瓶窑建筑木器生产合作社，职工近百人，东阳人占比80%，地址在西溪街关帝庙一带，靠租住农民房子，暂且栖身。1955年下半年，在上窑头建造6间二层木结构楼房，每位职工义务投工4天。经济收入上交20%，作为入股基金。二楼做宿舍，底楼半间做办公室，其余作为箍桶、竹木匠工场。是年，工种可分建筑、木器、油漆、箍桶、白铁、棺材铺等。1957年，在西溪街官口桥西南，征地10余亩，建起了10间工房，设有车床、锯板机、刨床等设备，重点是为农业服务。主要生产打稻机、插秧机等农用工具。1962年，分离为瓶窑建筑队和瓶窑木器社。瓶窑木器社孵化出瓶窑农机厂，铁、木、竹器都并入农机厂。1980年，改名为瓶窑建筑工程公司。20世纪60年代—70年代，建筑业务已经包揽瓶窑集镇上的集体、私人住宅公房，瓶窑中学、瓶窑供销社、省物探大队、车站、瓶窑粮站、瓶窑医院等。1976年后，建筑业务已向杭州市区拓展，标志性建筑有省工业设计院宿舍、省供销学校等。

1998年9月，转资更名为余杭市瓶窑建筑工程有限公司。2005年5月，更名为杭州兴宇建设有限公司。

2006年，为国家房屋建筑施工总承包一级资质企业，杭州市余杭区的建筑施工骨干企业，总资产达到4.4亿元，注册资本9150万元。2015年，公司拥有职工2300余人，各类有高、中级职称人员125人。公司下辖地基基础、钢结构、装饰装潢、市政安装以及宁波、衢州、青海、山东、长兴等九家分公司，拥有各类大中型施工机械和完善的设备配备，具备承建各类较复杂的工业与民用建筑能力。公司于2005年9月，通过技师管理、环境管理及职业健康安全管理三项体系认证。

兴宇建设依托完备的施工生产设备和先进科学的施工工艺，在“特、大、难、新”等施工领域积累了丰富的专业经验，在瓶窑地区承建过瓶窑剧院、瓶窑汽车站、余杭区第三人民医院门诊楼及住院部、瓶窑中学科技楼、瓶窑镇中教学楼及宿舍楼、瓶窑鼎胜实业大型厂房等项目，创建出临平星桥保障性住房西区块、江苏盱眙惠源居。获地市级优质品牌工程二十余项，省级安全文明施工标准化工地五项。

长命建筑工程队　1976年，境内长命公社根据“三就”方针（就地招工、就地记工、就近施工）组织各大队、生产队的闲散泥木工组建了长命建筑工程队。其特点是：本着亦工亦农，农忙务农，农闲做工的原则，记工报酬，在本公社范围内协调解决。初建时，将技巧娴熟的老木匠指定为木工组组长，带领5人—6人土木匠，将懂得会砌墙的“把作”师傅指定为泥工组组长，负责管理10多名泥水匠施工，招收一些略懂建筑技术的砖瓦工等人员充实建筑队施工技术力量。

泥木工只拿补贴，每人每天0.2元，不拿现金工资，建筑队根据施工人员的技术、出勤、表现评定工资级别，一级为每月36元，二级每月为34元，减去个人应得补贴每月6元，其余款返还到泥木工所在生产队，由队再给记工分，多数生产队根据分红值上升10%—20%，参加生产队分红（包括粮食、柴草、超产粮），此政策一直延伸到1982年取消工分制而终止。

长命建筑工程队组建后的1977年，建造长命公社在凤山的办公楼，共计三层10间，采用9×5红砖，钢筋水泥混合结构，当时是长命公社11个大队、92个生产队唯一的一幢红砖钢筋水泥楼房，农村极大部分住宅都是泥墙，少数是石墙。

1976年下半年，建筑业务扩大，每个大队选拔1名，其标准要求是：热爱建筑业，年纪轻，肯学肯干，人品好。这批招收进来的年轻人，通过请进来上课"钢筋工"技术、砌砖技巧（包括捏砖、避刀口灰、砌墙、粉刷），进行能者为师，现场上课，边干边学。对掏沙灰比例、混凝土配比都进行培训，队里土设计员通过进修学习，也变成了正规技术员，几年后都成了业务骨干。

1984年10月5日，长命乡办建筑队改为余杭县第二建筑工程公司直属队，先后承建杭生电扇厂、杭生空调厂、彭公中学、安溪安康医院、杭州鸿星电子有限公司、长命信用社等标志性建筑，业务收入从70年代建队时每年3万元上升到80年代年收入165万元，1995年转资，改名为杭州长命建筑工程有限公司。

杭州瓶窑振兴建筑工程有限公司　前身为北湖建筑队位于瓶窑镇大桥路178号，建于1989年11月，成立之初名为余杭县瓶窑建筑工程队，属于镇办集体企业，当时建筑工程资质为四级施工企业，1996年建筑施工资质升为三级。1999年12月转制为股份制企业，更名为杭州瓶窑振兴建筑工程有限公司。

转为股份制企业后得到了迅速发展，成立杭州余杭振兴房地产开发有限公司、长兴金茂房地产开发有限公司、无锡华夏投资有限公司、瓶窑五彩市场等企业。设立以项目为中心的人才劳务、机械设备、材料周转、材料配置四大要素市场。2010年，公司升格为国家房屋建筑施工总承包二级企业、钢结构工程专业承包二级、装饰装修工程专业二级、市政公用工程施工总承包三级、地基基础工程专业承包三级施工企业。2015年，公司有员工670人，具有高级职称人员6人，中级职称人员38人。先后承建了杭州瓶窑中学教学大楼、中国农业银行三墩支行综合楼、余杭区第一小学教学大楼、农行瓶窑支行营业大楼、余杭区财税局良渚分局综合大楼等工程。

第四章　林　　业

瓶窑境内山林资源主要分布于西北丘陵山地。据《禹贡》载，夏代越地"厥草惟夭，厥木惟乔"，"筱(小竹)、簜(毛竹)遍地"。境内林木以松、柏、杉、桧和竹为主。种苗，历来由农民零星采集培育，大部分为自采自育自用。然历经采伐，林木资源锐减。

中华人民共和国成立后，瓶窑党委和政府重视林业事业，发展林业，制定振兴林业措施，开展封山育林、采种育苗、植树造林、林木管护的群众运动。至1963年，彭公、北湖、长命山林面积44926.5亩(近3000公顷)，彭公、北湖、长命无林地面积分别为19425亩(疏林8871亩、荒山10554亩)、11331(疏林2370亩、荒山8961亩)、4132.50亩(疏林201亩、荒山3931.50亩)。20世纪70年代后重视植树造林，逐步营造一批用材林、经济林及两者兼具的竹林等，其生态和经济效益渐显。

随改革步伐，逐步放宽林业政策，调整林业产业结构，发展效益林业，消灭宜林荒山，实施林权制度改革，开展绿化瓶窑行动，改善生态环境，林业建设呈现新的生机和活力。2000年，省林业厅命名彭公乡(今属瓶窑镇)为"早竹之乡"。2001年，全镇山林5893.33公顷，全镇林业总产值4782万元。2006年，彭公村成为省级兴林富民示范村，涌现"省级兴林富民示范工程"科技示范户沈要刚、俞国富等6户。初步建成以木业、竹业、林特产业、花卉苗木业、森林旅游业为主的林业产业体系。2010年8月，响应区委、区政府提出余杭区创建省级森林城市目标号召，开始着手新一轮现代林业建设。

第一节　植树造林

瓶窑历来重视植树造林，然规模较小。清末民初，规模渐大，品种增多。1949年中华人民共和国成立后，陆续兴办林场、苗圃，各乡村亦有组织植树造林、加快生态公益林、商品林基地、绿色通道和平原绿化工程建设，推进了林业可持续发展，形成了具有瓶窑特色的林业产业。

一、育苗

山区历来有采种育苗习惯，但专业苗圃较少。清宣统二年(1910年)，杭北林牧股份有限公司于长乐开辟苗圃，在相邻各县设点收购马尾松种子，育马尾松数亩。民国3年(1914年)，省实业厅在钱江道属杭县设立省立第一苗圃，倡导育苗造林，开创浙江省政府国营育苗先例。民国13年(1924年)1月24日，《浙江公报·令钱塘道属各县知事据第一苗圃呈请通令各县来圃领取苗木由》载：省立第一苗圃有"乌柏(2)(注：括号内数学为苗龄，下同)，油桐(2)，黄金树(2)，白杨(1、2)，桑(3)，冬青(2)，楝(1、2)，赤松(1、2)，榆(2)，臭椿(3)，侧柏(3、5)，刺槐(1、2、3)，麻栎(2)，黄连木(2)，扁柏(4)，棕榈(2)，千年桐(2)，梓(2)，黄栌(2)，白檀(2)，石楠(2)"的苗木。民国17年(1928年)，余杭县在南湖塘设立县办苗圃，杭县在荆山湾亦设有苗圃。1937年抗日战争开始后,苗圃大多荒废,林木采种数量及范围减少。民国36年(1947年)恢复县立苗圃,采种事业曾有所恢复。两县农业推广所培育油茶、油桐、白杨、麻栎、乌柏、梧桐等苗木。其中杭县农业推广所征收油茶籽67.5公斤、油桐15公斤,以及数量不多的桑、马尾松、女贞等种子,因时局不稳,采种数量有限。

中华人民共和国成立后,开展有组织的林木种子采集工作。1951年,境内开始培育马尾松、金钱松苗。1952年借鉴山东省"发动群众自己采种、自己育苗、自己造林"的经验,然效果不佳。1958年,落实"人人采种"要求,采收量超纪录,然造成后续资源不足和种苗浪费。60年代后,公社陆续兴办林场和苗圃,1962年时共有圃地5公顷,主要培育杉木苗。70年代,苗圃以杉木为主培育苗种,苗木自给有余。1985年因苗木滞销,1987年苗圃减至数亩。80年代末,长乐林场引进水杉、池杉、落羽杉、川楝、华山松、悬铃木、苏铁、湿地松、雪松、日本扁柏等速生和可供观赏树种,经选育在境内推广。2003年,余杭区林木良种引种繁育示范区与省林业科学院合作,引种交让木、厚皮青、石笔木、马蹄木、红楠、红豆杉、披针叶茴香、细叶香桂等野生珍稀树种,在境内有少量引种。随着花卉苗木需求量增加,百合、六道木、熏衣草、红叶石楠、郁金香等也引种成功。

二、造林

民国时,造林多由单家独户进行,有荒山造林,亦有林地砍伐后扦插,大多为松,其次为杉。1963年,彭公、长命、北湖山林面积44926.50亩,其中用材林8391亩,经济林142.5亩,毛竹17867亩,杂竹11924.5亩。嗣后,绿化造林与山林破坏并存,毁林种粮与停垦还林交替。1972年推广株洲杉木基地林建设经验,成片开垦造林。

1989年,省委、省政府提出"五年消灭荒山,十年绿化浙江"的目标。余杭作出1991年—1995年限期绿化宜林荒山3150公顷的规划。至1994年,完成绿化宜林荒山3139公顷,次年经林业厅验收合格。其中瓶窑完成绿化宜林荒山210公顷。

此后,完善山林承包责任制,贯彻林地使用权和林木所有权有偿转让,并继续实行经济扶持政策。1995年—1999年共计人工造林250公顷,绿化覆盖率38.6%。

2000年后继续稳定承包责任制,充分发挥林业在生态建设中的主体作用,加快生态公益林、商品林基地、绿色通道和城镇平原绿化工程建设。2001年—2004年建成绿色通道16.5公里,绿化面积为12公顷;规划生态公益林2470公顷。

工程造林　境内居民素有房前屋后、村头路旁种树习惯。据1956年—1987年统计,"四旁"(村旁、路旁、河旁、屋旁)植树累计125万株,其中机耕路旁56万株,河渠旁25万株,县乡公路旁44万株。

90年代初,开展城镇绿化工程。1992年,城镇公共绿地40公顷,居民人均18平方米。瓶窑获"省级绿色小城镇"称号。与此同时,"绿化达标单位"活动亦在境内广泛开展。至2005年,瓶窑公共绿地105公顷,城镇居民人均35平方米。区内评选出"花园式单位"13家,"绿化达标单位"26家。彭公村被评为"杭州市园林绿化村"。2004年,根据国务院《关于坚决制止占用基本农田进行植树等行为的紧急通知》精神,通道绿化工程终止施工。

义务植树　民国17年(1928年),为纪念孙中山,确定每年3月12日为植树节,所植树木称"中山林"。次年,余杭县在南湖塘、杭县在白龙山组织民众义务植树。

中华人民共和国成立后,政府每年春季发动群众植树造林。1979年2月,全国人民代表大

图3－34　北湖草荡生态林(2013年)

会常务委员会决定3月12日为植树节。20世纪70年代后期,开展群众义务植树活动,瓶窑先后在西溪街、外窑街、磨子心等街道两旁植行道树。镇内的机关、学校、工厂等单位,也纷纷植树铺草开辟绿地。以后每年都种植和补种一些行道树。1982年,成立余杭县绿化委员会,负责全县义务植树活动。是年,瓶窑参加义务植树2000人次,植树8000株。自此,每年植树节期间,机关干部、学校师生、厂矿职工和部队指战员均参加义务植树活动。嗣后,采取收取干部职工植树绿化费、义务植树登记卡、认养绿地活动等措施推进义务植树。2003年,区绿化委员会、区妇联创建“妇字号”绿色工程,评出优质“妇字号”绿色工程15个。其中,瓶窑镇妇联彭公奇坑村苗圃基地获一等奖。2003年,瓶窑镇石濑村、被授予“杭州市园林绿化村”称号。2005年,瓶窑镇彭公村被授予“杭州市园林绿化村”称号。据统计,1995年—2005年,瓶窑参加义务植树2.2万人次,植树38万株。

2008年3月,区绿化委员会向全体市民发起“捐出一份爱,送上一束光,增添一片绿,共建绿色美好家园”倡议,开展捐资植绿活动。瓶窑镇超额完成区政府下达的2007年度至2008年度“绿化余杭”任务,完成绿化面积36.52万平方米,创建石濑村为义务植树示范点。2010年,落实区人大常委会“绿化余杭”专项评议整改工作,制定《关于进一步加强全区绿化长效管理工作的实施意见》和《“绿化余杭”养护管理考核办法(试行)》,巩固绿化成效,全镇完成绿化面积26万平方米。组织千余名中小学生参加“应对气候变化——千校万人同栽千万棵树”活动,发出倡议书,种植和认建认养树木1.2万棵。

2012年,围绕生态环境建设目标实施城乡绿化建设,改善生态环境。新增绿化面积67万平方米。农村以森林化为目标,以高标准平原绿化建设为抓手,结合村庄整治、河道整治和公路网建设工程,因地制宜,推进村庄绿化、公路“绿色通道”、河道“岸绿工程,恢复矿区生态功能,逐步消灭矿山的视觉污染,营造无视觉污染的生活环境。此外,2013年设北湖野生动物禁猎区、北湖野生动物禁猎区,区域面积为7353亩(490.2公顷,北湖围堤15.3公里范围内),范围以杭长高速为核心,东至西险大塘,南至余杭街道永安村,西至径山镇前溪村,北至瓶窑镇张堰村、西安寺村、南山村。在上述禁猎区内,禁止使用任何工具、方法猎捕野生动物。同时,设立南、北湖两个野生动物保护巡查队,对进入该区域的车辆、人员是否携带猎捕工具及是否执行野生动物保护的相关规定,实施监督检查。

20世纪90年代,瓶窑立足地理特点,因地制宜,强调绿地建设必须坚持以自然生态环境为本、人工环境与之相协调,注重结合城乡的性质、体现地方植物群落结构与景观形象的先进设计理念。2000年以来,以“清洁绿化健康文明”行动为抓手,按照“清洁、绿化、美化、亮化、序化、文化”要求,开展沿房建绿、沿街建绿、沿项目建绿、沿居住区建绿,提升城镇绿化水平,打造宜居、宜业城区,先后完成一批公园绿地建设。

三、封山育林

历来有封山育林习俗,即在有培育前途的疏林地块,利用天然针叶树、阔叶树及有萌芽、萌蘖力强的伐根,划定封禁范围,禁止采伐、放牧、割草和其他不利林木生长繁育之人为活动,封禁区道口订立封山牌,并由专职护林人员管护,连续5年以上封育成林。村前村后、房前屋后、祖坟丘地、祠林庙山及留存风水林、风景林,大多为历代农民封山育林成果。1949年12月1日,《浙江省奖励育苗造林及保护森林暂行办法》规定:"凡不遵守人民政府法令及封山造林公约,擅自砍伐窃取树木,或放纵牲畜损坏林木者,应令其赔偿损失,其故意破坏者,加重处罚。"此后,各级人民政府相继出台封山育林政策、办法。

1984年,实行封山育林合同制。县长代表县人民政府同杭州市林业水利局签订封山育林合同后,县政府委托县林水局与乡、村签订封山合同。每块封山育林面积200亩以上且连续封4年者,每亩每年由国家无偿补助0.25元。1984年至2000年,累计封山育林20万余亩次。2002年,根据森林分类区划界定成果,确定2002年—2005年封山育(护)林任务为150087亩(15亩为1公顷,下同),其中瓶窑镇12456亩。并按林业部《封山育林技术规程》,按1000亩设立一块封山牌,林水局和镇乡共同制定封山规划图,村订护林公约,落实护林人员,实行定面积、定责任、定奖惩管护责任制,村与护林人员签订护林责任状。

四、绿化树种

瓶窑为余杭西部丘陵区,山地绿化树种有:杉木、金钱松、南方红豆杉、银杏、乳源木莲、贞楠、杂交马褂木、马褂木、浙江楠、苦槠、檫树、光皮桦等。乡村绿化树种:有樟树、南方红豆杉、红花木莲、乐昌含笑、枇杷、桂花、银杏、杂交马褂木、紫玉兰、石榴、榉树等。河道绿化树种:湿地松、马褂木、秀丽槭、苦楝、大叶榉、枫香、枇杷、早竹等。绿色通道树种:有樟树、湿地松、黄山栾树、无患子、银杏、榉树、珊瑚朴、枫香、杜英等。农田林网绿化树种:有水杉、池杉、湿地松、黄山栾树、江南桤木等。

主要树种选录

马尾松　常绿乔木。高达40余米,胸径1米;树皮红褐色,下部灰褐色,裂成不规则鳞片状;大枝斜展,老树近平展;树冠幼时呈圆锥形,老则开张如伞状;针叶2针一束,质软,下垂,叶缘有细锯齿;球果卵圆形。淮河流域、大别山以南都有分布。喜光,喜温暖湿润气候,对土壤要求不严,耐干旱瘠薄,不耐涝不耐盐碱。为荒山造林先锋树种。花粉可作保健品。富含松脂,为重要化工原料。木材纤维长,为造纸和人造纤维板重要原材料,常用于建筑用材。

杉　常绿乔木。高30余米,胸径可达2.5一3米;幼时树冠尖塔形,大树树冠圆锥形;树皮灰褐色,长条状开裂;叶披针形螺旋状排成一列;球果近球形。秦岭以南大部分地区有分布。喜光喜湿,怕风怕旱,最适宜生长在温暖多雨、风小雾大、土壤疏松湿润、排水良好酸性土壤。我国特有速生商品材树种,生长快,材质好。木材纹理通直,结构均匀,不翘不裂,材质轻韧,强度适中,质量系数高。具香味,材中含有"杉脑",能抗虫耐腐,加工容易。广泛用于建筑、家具、器具、造船等。

水杉　落叶乔木。高达35米,胸径2.5米。树干基部常膨大。树皮灰褐色,裂成长条片。大枝斜展向上。叶线形,柔软,交叉对生,果近球形,梗长。国内特有珍贵树种,生于气候温和湿润平原沟谷地区。喜光,在深厚,肥沃、排水良好沙壤土或黄褐土生长良好。用作平原水网地带造林绿化。树姿优美挺拔,绿叶婆娑,秋叶经霜艳紫,是庭院、公园观赏树,对二氧化硫有一定抵抗能力，为工矿区绿化优良树种。

池杉　落叶乔木。原产地高达25米，树干基部膨大，常有屈膝状呼吸根，树皮褐色，纵裂成长条片。大枝向上伸展，树冠较窄，尖塔形。叶锥形，果球形。原产北美东南沼泽地区，低湿造林，生长良好。喜光，抗风力强。木材耐腐力强，不易翘裂，韧性较强，可供建筑装饰用材。为观赏价值很高园林树种，特适合水边湿地成片栽植，孤植或丛植为园景树。

落羽杉　落叶乔木。原产地高达50米，胸径2米。树干尖削度大，基部通常膨大，具膝状呼吸根，树皮棕色，裂成长条片，大枝近平展。叶条形，排成两列，羽状。果球形。原产北美东南部，生于亚热带排水不良沼泽地。木材重，结构粗，纹理直，硬度适中，耐腐力强，可作建筑、家具等用材。江南已普遍用于江河湖泊地造林。长势旺盛，耐水湿，可作固堤护岸树种。树形优美，亦可作庭园、公园观赏树。

湿地松　常绿乔木。原产地高达40米，胸径近1米。树皮灰褐色或暗红褐色，纵裂成鳞状大块片剥落。针叶3针一束，长、粗硬、深绿色。球果圆锥状卵形，梗短。喜温暖湿润气候，喜光。主根侧根均发达，抗风力强。能耐水湿，能在低洼沼泽地、湖泊、河流两侧生长。深厚肥沃土壤生长迅速。木材通直，饱满度好，可作工业原料。富含松脂，质量好，产量高，为最好采脂树种。树干端直，枝叶浓绿，树姿优美，可作庭园、公园观赏树。

金钱松　落叶乔木。高达40米，胸径达1.5米。树干通直。树皮粗糙，灰褐色，深裂成不规则鳞块片。大枝平展，树冠宽塔形。叶条形，柔软，长枝上螺旋状排列，散生，短枝上簇生。果卵形，成熟时淡红或褐色。喜温暖湿润气候和深厚、肥沃、排水良好酸性或中性土壤，不耐干旱瘠薄，不耐水湿、盐碱。喜光，深根性，抗风力强。为著名古老残遗植物。木材纹理直，是很好的建筑、家具用材。树姿优美，秋叶金黄，亦为名贵庭园、公园观赏树种。

樟树　常绿乔木。高达30米，胸径达5米。树皮灰黄褐色，纵裂。叶近革质，卵形或卵状椭圆形，离基三出脉，脉腋有腺点，叶柄细。果近球形或卵形，成熟时紫黑色，果托杯状。为亚热带常绿阔叶林中重要树种。喜温暖湿润气候和肥沃、深厚酸性或中性沙质壤土。不耐干旱瘠薄，－10℃易冻害。为优秀园林绿化林木。木材耐腐、防虫、致密、有香气，是家具、雕刻的良材。除用于行道树及园景树外，还可提炼樟脑。

杨树　落叶乔木。有顶芽，长短枝，萌枝髓心近五角形。叶互生，较宽大，叶柄长。先叶开花。杨树为杨属统称，杨属中又分五组：白杨组、大叶杨组、青杨组、黑杨组、胡杨组。境内以响叶杨、加杨、钻天杨为主。喜光、喜土壤深厚肥沃。生长以溪滩沟谷、平原等地。用于“四旁”绿化和行道树、防护林等。生长快，材质轻，广泛用于工业原料。

垂柳　落叶乔木。高达18米。树皮灰黑色，不规则开裂。小枝细长，下垂。叶窄披针形或条状披针形。雄花序为葇荑花序，种子有绵毛一丛（柳絮）。耐水湿，常在水池或溪流边生长。对空气污染及尘埃抵抗力强，根系发达。常用于都市庭园、河岸、堤坝等绿化。防风固沙，保持水土。

银杏　落叶乔木。高达40米，胸径4米。树皮灰褐色，深纵裂。树冠幼壮树圆形，老树广卵形，大枝斜上伸展。叶扇形，叶柄长，长枝互生，短枝簇生。雌雄异株，种子椭圆形，成熟时肉质外种皮黄色。我国特产，分布广，对气候要求不严，土壤适应性广，以深厚肥沃排水良好沙质壤土为好，过湿、盐分过重土壤生长不良。优质用材树种，可用于雕刻。秋叶多黄，为优美风景树种。银杏果仁营养丰富，药食两用；药物制品疗效特殊。材质经久耐用，抗菌、抗虫、抗寒，适应性强。

雪松 常绿乔木。高达75米,胸径达4.3米。树皮深灰色,大枝平展稍下垂,树冠塔形。叶针形,长枝上螺旋状排列,短枝上簇生。球果卵圆形,成熟时褐色。喜光,喜温和、凉润气候,抗寒性强,适应湿热气候能力差。对土壤要求不严,不耐水涝。根浅,不抗风,幼叶对二氧化硫敏感。树体高大,树形优美,为世界著名观赏树。

黄山栾树 落叶乔木。高达17米。回羽状复叶,互生,小叶全缘。树皮暗灰色有纵裂,小枝深褐色。花金黄色,大型圆锥花序。蒴果,三角状卵形,由膜状果皮结合而成灯笼状,秋季果皮呈红色。花期6月—7月,果期9月—10月。喜光,深根性。对土壤要求不严,耐干旱瘠薄。为优质观赏树种,亦可作石灰岩地区荒山造林先锋树种。

南方红豆杉 中国特有珍贵用材树种,白垩纪孑遗树种。适作丘陵山地混交造林,林下补植树种。树体高大,树干挺直,四季葱茏,入秋假种皮肉质鲜红色,格外雅艳,适作园林绿化。根皮、树皮、枝叶可提取抗癌药物紫杉醇。心边材区别甚明显,木材边材淡黄褐色,心材红褐色,后转深而带紫色。纹理直,结构细,具弹性,干缩性小,耐腐朽,强度、硬度、冲击韧性中,刨面花纹美丽,有光泽及香气,为高档家具、屏风、雕刻、细木工、管乐器、室内装修、建筑、铅笔杆、尺子、玩具、机模、高级地板及胶合板等优良用材。

五、竹类

余杭气候温暖湿润、四季分明、雨量充沛、日照充足、无霜期长、气温适中,适宜竹子生长,是散生竹生态分布中心区域。良渚文化遗址考古发掘出之竹器证实良渚文化时期竹制品在生活中占有重要位置,也证实史前境内山间谷地已有成片竹林。清余杭知县张吉安《登城楼远眺》诗有"有山皆种竹,无地不栽桑。"之句。清光绪三十三年(1907年),境内淡竹、黄古竹、哺鸡竹、乌芽竹等竹种已引入美国栽培。"种竹养鱼万倍利"成农家谚语。竹成为大宗农产品和农民重要经济来源。

全区分布并适生竹类植物为5个属40多种。主要经济竹种为毛竹、早竹、苦竹和淡竹。

毛竹,禾本科刚竹属,单轴散生型常绿乔木状竹类植物,竿高可达20多米,粗可达20多厘米,老竿无毛,并由绿色渐变为绿黄色;壁厚约1厘米;竿环不明显,末级小枝2叶—4叶;叶耳不明显,叶舌隆起;叶片较小较薄,披针形,下表面在沿中脉基部柔毛,花枝穗状,无叶耳,小穗仅有1朵小花;花丝长4厘米,柱头羽毛状。颖果长椭圆形,顶端有宿存的花柱基部。在竹资源中面积最大且用途最广。2009年,瓶窑镇毛竹面积28823亩(1921.55公顷),立竹量572.57万支。

早竹,为优质、高产、高效笋用竹种。除原栽培型竹外,还有分布于瓶窑等地之黄条早竹和雷竹等栽培型竹。余杭早竹笋生产历史悠久,农户广为种植于荒山荒地、围垦滩涂、房前屋后,大都分布于娘娘山—帽子顶—白鹤山一带以东。2010年,瓶窑镇早竹面积20966亩。早竹笋冠诸笋而先出,其味鲜美,营养丰富。具有柱粗壳薄、肉嫩、时鲜等特点,杭、沪、宁地区享有盛誉,深受城乡居民喜爱。20世纪80年代后期,彭公等乡镇利用低丘缓坡荒地种竹养笋。2000年,省林业厅授予彭公乡为"浙江省早竹之乡"。

其他竹类,有淡竹、刚竹和石竹等。

淡竹,淡竹笋肉鲜,可鲜食或加工笋干。竹材坚韧,可作农具柄、捻杆和竹编制品、工艺品及家居装饰等。常年亩产笋250公斤—750公斤,亩产竹材500公斤以上。为以材为主笋竹两用竹种,境内低山丘陵、溪滩均有分布,苕溪两岸有连片分布,瓶窑、径山、黄湖、百丈等镇分布最多,面积约9000余亩(600公顷)。

刚竹,笋可食,味不及淡竹笋,鲜食前多先用水煮,可加工笋干。竹杆较粗,竹材坚硬,可作捻杆、柄杆或编织用。海拔500米以下低山丘陵呈散生分布,以天然林为主。有散生、混交刚竹林百余亩亩,多已划入生态公益林管护。

石竹,石竹笋壳薄肉厚、质佳味鲜,是加工天目笋干上等原料。竹材坚韧,作捻杆、柄杆、凉杆、渔船撑蓬等,为优良笋、材两用竹种。境内有石竹千余亩。已列入省级生态公益林。

白哺鸡竹,笋体粗壮,肉质白嫩、味鲜,是优良笋用竹种,也是竹农传统培育竹种之一。

观赏竹类竹,境内观赏竹种可分为观杆、观叶、观笋和观竹整体4个类型。

观杆型竹,观杆型竹因竹竿色泽艳丽,或具花纹彩斑,或节间形态奇特而具有观赏性的竹种有紫竹、金镶玉竹、黄皮乌哺鸡竹、筠竹、黄皮刚竹、紫蒲头石竹、花杆早竹、花孝顺竹、黄槽毛竹、绿槽毛竹等。形状奇特竹种有人面竹(罗汉竹)、龟甲竹(龙鳞竹)、佛肚毛竹、紫斑竹等。

图3-35 砻糠覆盖早竹笋(2010年)

观叶形竹,叶具彩色条弦,或枝杆矮细、竹叶茂盛,或匍地伏枝等。主要竹种有菲白竹、菲黄竹、匍地竹、倭竹、翠竹、鹅毛竹、孝顺竹、凤尾竹、倭箬竹等。

观笋形竹,因笋色各异或形态特别而具观赏价值。主要竹种有红壳花哺鸡竹、白哺鸡竹、乌芽竹等。

观杆、枝、叶整体形竹,竹影摇曳,清雅秀丽。有凤尾竹、茶竿竹、长叶苦竹、垂枝苦竹、四季竹、笔杆竹、青皮竹、黄甜竹等。

部分笋业专业合作社和企业简介:

杭州石门笋制品有限公司 成立于2000年,主要从事竹笋深加工,研发生产笋干皇礼品系列、旅游休闲系列、大众超市系列三大类8个品种。用彭公万亩竹林春笋,经传统木炭烘制工艺,具色黄、味香、鲜嫩特点。主要产品有笋干丝、高山野笋干、凉拌笋干、休闲笋干。其中,“梦春”牌笋干皇曾获浙江省优质农产品金奖,杭州市优质农产品金奖,2001年中国长春国际食品博览会名牌产品。

杭州余杭联一竹笋专业合作社 2009年6月,由瓶窑供销社有限公司、瓶窑彭公笋制品专业合作社、杭州大马湾竹笋专业合作社等5家单位组成,共有113户农户。拥有瓶窑、黄湖、鸬鸟三大竹笋基地5000余亩。合作社社员以土地承包经营权作价出资,占出资总额42.7%,是杭州地区首家以土地承包经营权为出资方式专业合作社,以土地流转方式实行竹林集约化经营,提高农民组织化程度。2009年10月,被授予“浙江省示范性专业合作社”。2010年,被评为“浙江省百强农民专业合作社”。主要产品有“彭公”牌鲜笋和“天平山”笋干。

第二节　林业经营

瓶窑镇林地有5893.33公顷，大多山岭地带多薪炭林，或建筑林，平原地带则以经济林为多。历来林木由农户自行经营。中华人民共和国成立后，林业经营权属多有变化，经营内容主要有生态公益林、商品林等。

一、生态公益林

林业分类经营，就是按其主要功能分为生态公益林和商品林两类。政府设立森林生态效益补偿基金，用于提供生态效益之防护林和特种用途林的营造、抚育、保护和管理。

2001年10月—12月，按省林业厅统一部署，余杭区完成生态公益林区划界定工作，签订《公益林现场界定书》383份，界定生态公益林322845亩（21523公顷），占全区林业用地45%。2004年8月，根据《浙江省重点公益林区划界定操作细则》，东苕溪一级支流两岸第一层山脊线或平地1000米以内区域界定为省级重点生态公益林，面积120554亩，功能类型为水源涵养林。分布在百丈、黄湖、鸬鸟、径山、瓶窑、中泰、闲林7个镇乡28个村，其中瓶窑镇17427亩。2005年，区政府办公室印发《余杭区重点生态公益林管理实施细则（试行）》和《余杭区森林生态效益补偿基金管理实施细则（试行）》。2006年，区林水局印发《余杭区重点生态公益林护林员管理办法（试行）》、《余杭区重点生态公益林监管员管理办法（试行）》、《余杭区重点生态公益林建设档案信息管理制度（试行）》。

瓶窑组团公益林。2009年12月，区人民政府办公室印发《关于瓶窑组团生态保护机制公益林区划与管理的实施意见（试行）》。公益林区划目标和范围：区划目标为杭州市重要生态保护区和水源涵养区，实现生态保护全覆盖。保护范围分为三个层级：省级生态公益林经省政府2004年批准、区划确定之省级重点生态公益林范围和面积不变，并按《浙江省重点生态公益林管理办法》严格管理。区级重点保护林省级生态公益林外其他山林，原则上全部区划为重点保护林范围，维护生态平衡，促进生态恢复，严格控制开发利用实行瓶窑组团生态保护机制财政扶持政策。各类经济林地（指茶叶、水果、于果等）和开发利用的其他林地。包括已开发利用经济林地，矿山迹地和已改田改地的林地，及近年需预留开发低丘缓坡山林，此类林地不纳入重点保护林范围，不享受补偿政策。瓶窑组团共区划生态公益林28.32万亩，其中省级重点公益林9.74万亩，区级重点保护林18.58万亩。

公益林区划划分范围，以森林资源二类清查为依据，在余杭区森林资源1∶10000分布图上，勾绘省级生态公益林、区级重点保护林、其他各类经济林地三个层级的分布区域，并以村为单位对应区划四至范围，形成分类型森林资源林业小班清册，按实统计三个层级相关数据。建立农户清册和面积清册，以村为单位，由镇人民政府会同村委会核实三个层级林权证面积，同时以林权证面积为依据，建立拟补偿户和不补偿户的农户清册、面积清册。列入省级公益林补偿的农户单独建册。公示核实由村委会在村务公开栏公示补偿清册，并通知补偿对象进行核对，公示期不少于7天。公示无异议后，村民组长、村委会主任签名确认、加盖公章，报镇乡人民政府。镇乡核实汇总上报清册名单和面积，核实无误并加盖公章后，报区林水局备案。

镇乡编制“余杭区农民补贴网”，为受补偿农户基础信息。主管部门核查公益林区划作由区林水局予以业务指导和督查,不符合要求者,由镇乡调整核实并重新上报,瓶窑镇为 1.6 万亩。2016 年起,公益林补偿标准:省级生态公益林,按林权证面积计算,补偿标准为每亩 45 元。其中:损失性补偿费 30 元/亩、护林员劳务费 5 元/亩、公共管护费 2 元/亩、考核奖励 8 元/亩。区级重点保护林 2.1 万亩,按林权证面积计算,补偿标准为每亩 35 元。其中:损失性补偿费 30 元/亩、护林员劳务费 3 元/亩、考核奖励 2 元/亩。

二、商品林

商品林作为林业基础产业,实行森林、林木、林地使用权有偿流转,规模经营。

1991 年—1995 年,推广杉木丰产、毛竹笋材两用林及早竹春笋冬出等技术。嗣后,推广毛竹、杉木间作速丰和早竹笋高产栽培、经济林高产无公害栽培等技术,开展规模经营,提高商品林效益。据抽样调查,笋材两用毛竹林每公顷收入较常规经营毛竹林增加 16288 元。彭公乡(今属瓶窑镇)板石村省级科技示范户沈要刚引进早竹"窄叶"新品种,实行宽行密植等技术,平均每亩收益 10278 元。瓶窑镇毛元岭村开发疏林山 79 公顷,实行竹木间作,2000 年仅早竹笋、桃子收入就达 227 万元。

1993 年,建设农田防护林 200 亩(13.33 公顷),绿化植树 2.5 万株。1994 年,平原绿化植树 1 万株,蔬山造林 55 亩(3.67 公顷)。1997 年,绿化造林 324 亩(21.6 公顷),幼林扶育 1160 亩(77.33 公顷),封山育林 1530 亩(102 公顷)。1998 年,绿化造林 24 公顷,幼林扶育 67 公顷,封山育林 102 公顷。1999 年,绿化造林 24 公顷,幼林护育 466 公顷,封山育林 154 公顷,2003 年完成绿化造林 54.4 公顷,封山育林 907.2 公顷。

三、林业产业化

1998 年 12 月,余杭市政府制定《余杭市林业产业化发展规划》,至 2005 年建成省级林业示范基地 1 个、市级农业示范园区 6 个、省级林业龙头企业 2 个、省级林业特产之乡 7 个。涉及瓶窑镇的有:

余杭区林木种苗引种繁育特色园区 位于瓶窑镇奇鹤村,面积 82 公顷,园区业主为杭州绿亚绿化工程有限公司,主要种植桂花、合欢、香樟、红枫、红豆杉、鸡爪槭、黄杨等大苗,引种猴樟、乳源木莲等小苗。2003 年,与省林业科学院建立浙江省珍稀树种繁育试验示范园区,引进南方红豆杉等野生珍稀树种 66 个。2004 年,被国家林业局授予"全国特色种苗基地"称号。

早竹笋特色园区 位于瓶窑镇彭公村,面积 70 公顷,2003 年 11 月建成,业主为杭州石门笋制品有限公司。园区采取统一品牌、统一标准、分户种植方式,推广无公害竹笋栽培技术,生产绿色无公害竹笋制品。2004 年获"杭州市都市农业示范园区"称号。

浙江省林业特产之乡 2004 年,省林业厅授予彭公乡(今属瓶窑镇)"早竹之乡"称号。

进入 21 世纪以来,注重林业产业培育,开展千元高效商品林建设和兴林富民工程,成效明显。2008 年,开展瓶窑镇塘埠村淡竹特色基地建设。改造竹园基础设施,举办技术培训,建设无公害林产品基地采用先进适用技术、提高林产品生产率和市场竞争力。是年,塘埠村建成"浙江省兴林富民示范村。2010 年,瓶窑镇彭公村和石濑村、窑北村建成"浙江省兴林富民示范村"。

瓶窑镇塘埠村 土地总面积 2.7 万亩,其中林业用地 2.2 万亩,森林覆盖率 80.5%。总人口 4150 人,其中农业人口 4000 人,从事林业户 1120 户,人口 3838 人。高效竹笋基地 1.04 万亩,加工企业 1 个,合作社 1 个、1191 人。观光园区 1 个,年接待游客 6000 人。2007 年,人均收入 11450 元。

瓶窑镇彭公村　土地面积 2.77 万亩，其中林业用地 2.46 万亩，森林覆盖率 81.3%。27 个村民小组、1129 农户、4162 人。主导产业以竹笋和竹制品加工、销售为主。村内有“全国最大竹制品专业交易市场和杭州市万亩有机笋基地”。依托地理位置和周边旅游景点，形成梦春山庄、飞航会所等休闲观光旅游场所。实施村庄整治形成自然景观和人文景观相结合亮丽风景，带动三产快速发展。建成彭公竹制品新市场，年销售近 10 亿元。

图 3－36　美丽乡村——奇鹤村（2015 年）

瓶窑镇石濑村　土地面积 13172 亩，其中林业用地 5117 亩。20 个村民小组、863 农户，2760 人。建立专业护林队，重视经济林建设，加工、销售，实现标准化和无公害化，并拓展市场。2010 年，被命名为“浙江省兴林富民示范村”。

瓶窑镇窑北村　土地面积 15669 亩，山林 8786 亩，其中毛竹林 3155 亩、早竹林 2151 亩、水果 1701 亩。33 个村民小组 3226 人，主导产业以水果、竹笋、茶叶和水产养殖为主。村两个林场管理 3000 亩高效生态林业基地。毛元岭桃果专业合作社注册“毛元岭”牌水密桃，年产 1000 多吨，产值 300 万元。2005 年，通过省无公害桃树基地认证和国家无公害产品认证。2006 年，通过省有机桃果产品认证。2010 年，被命名为“浙江省兴林富民示范村”。

此外，2006 年余杭区“省级兴林富民示范工程”科技示范户中，瓶窑镇彭公村沈要刚（跃岗）、俞国富、沈汉玉、何少文，石濑村吴鑫勇，塘埠村袁忠旗名列其中。

四、竹产业活动

1992 年，彭公乡科学发展早笋，成果一年更比一年高，所产早笋壳薄肉厚，质嫩味鲜，销往杭州、萧山、嘉兴、宜兴，80% 运销上海市。是年 3 月，浙江省科委组织全省 10 个地区的 40 个县科协主任一行 58 人到彭公实地考察科技种早竹、管理、销售一条龙服务。全乡已种早竹 3300 亩，投产 2050 亩，平均亩产 522 公斤，总产 107.1 万公斤，总收入 239.9 万元，早笋总产比上年增长 21.1%，总收入比上年增长 33.27%。早笋收入占农业总收入的 17%，全乡每户平均 715 元。1996 年，彭公乡早竹笋专业协会成立 10 年以后，全乡的早竹笋面积从 1223 亩发展到 1997 年的 7115 亩，早竹产业已成为该乡的支柱产业。协会下设早竹笋栽培技术、鲜笋购销、笋干加工 3 个分会，发展会员 205 人。栽培技术分会对竹农进行新技术的引进、试验示范和推广。1997 年，由于竹农采用“春笋冬出”技术，使全乡竹笋销售收入达 1431 万元，占竹笋总收入的 84%。购销分会把全乡 48 户竹笋贩销大户组织起来，在巩固原有的上海、杭州、嘉兴等市场外，又开辟了宁波、常州等新市场。1997 年，贩销竹笋 2000 多吨，占全乡总量的 75%。加工分会则引导竹农开展竹笋深度加工，提高竹笋附加值。1997 年，彭公全乡仅加工笋干一项总产值就达 336 万元，创利 105 万元，既丰富了市场，又增加了竹农收入。1998 年，彭公全乡早竹笋面积达 666.67 公顷，产量 4581 吨，产值 1532 万元，早竹笋的丰产。促进笋干加工业逐步形成产业化经营格局,全年笋干加工量达465吨,产值744万元。早竹笋及笋干加工业已成为彭公农村经济的支柱产业。是年,位于104国道旁的彭公竹器市场投入使用。该竹器市场总投资500余万元,建筑面积1万余平方米,彭公乡依靠区位优势和资源优势吸纳经营户380余户,至年末,市场总交易额达5亿元以上,竹凉席批发已成为全国性集散中心。此外,彭公早竹被有关部门选为扶贫结对项目,对口支援四川阆中市。12月2日,3000余支苗竹运抵四川阆中市七里镇。市常务副市长张炳火带领技术人员赴七里镇进行考察和技术指导。该扶贫项目计划种植早竹100亩,首期50亩。这是上年为四川广安提供3000余支竹苗后又一次援助活动。1998年提供广安的竹苗已出竹笋。

2004年5月,瓶窑成立早竹笋专业合作社,注册资金5万元,经济性质为股份合作制,股东社员7人,一般社员64人,基地面积73.34公顷,年产825吨,产值20.9万元。是年,该合作社举办技术培训班3期,参加培训人员204人次。6月10日,举办早竹地农药残留降解技术培训班,邀请南京林学院教授和区林业站高级工程师前来讲课;9月15日,举办早竹笋栽培管理技术培训班;11月5日,举办笋干烘制技术培训班。通过技术培训,竹农技术水平提高了,早竹笋逐渐达到绿色无公害的要求,农民收入增加了。2004年,全镇早竹笋产量7846吨,产值1883万元。

2009年11月,由中国竹产业协会、杭州市政府和浙江省林业厅共同主办的第三届杭州竹笋节开幕式在瓶窑彭公竹制品市场举行,30名"中国竹子之乡"的代表和省内知名竹业企业代表出席开幕式。竹笋节期间举行了第三届杭州竹笋节经贸洽谈会、中国竹产业协会四届二次理事会、中国竹产业发展杭州论坛,以及名优竹产品展示展销、竹主题书画摄影展、竹乡生态游等系列活动。彭公竹制品市场是余杭区最大的竹制品商贸市场,也是中国最大的竹制品集散中心,该市场竹制品年销售量约占全区竹产值的70%。

2010年3月,由余杭区人民政府和杭州市农业和农村办公室联合主办,瓶窑镇人民政府和浙江彭公竹制品市场共同承办,余杭区林业水利局和农业局协办的中国浙江(彭公)竹制品交易博览会开幕。该会展主题是"发展低碳经济,宣传低碳生活",是杭州市第三届竹笋节系列活动之一,也是2009年杭州西湖博览会延续活动项目。除已入驻彭公竹制品市场的约200家经营商家外,还吸引350多家以品牌为主的参展商,参展产品以传统制品和现代高科技产品相结合,涵盖竹草藤制日用家居、家具、建材、工艺品、土特产等几十个系列数百个品种。

2011年3月,第二届中国彭公竹制品交易博览会开幕。博览会旨在宣传"发展低碳经济,宣传低碳生活"理念。活动内容主要包括:草藤棕系列产品展示展销、竹木工艺品展示和竹工艺、木工艺、茶道专业人士现场操作演绎、知名工艺美术大师现场指导等。整个博览会场馆共分普通产品展示展销区、新建竹木工艺品陈列馆及现场操作演示3个区块,推出250个普通展位和1200平方米的精品陈列馆,吸引100多家参展商参展。

2012年,彭公竹制品市场二期如期完成,举办第五届杭州竹笋节暨第三届竹木工艺品博览会。瓶窑新城综合市场实现对外整体租赁。

2013年4月,第六届中国杭州竹笋节暨第四届中国浙江彭公竹木工艺品博览会在瓶窑镇举行。浙江彭公竹制品市场是浙江省新农村建设招商引资项目,也是余杭区重点商贸项目、杭州市现代服务业集聚区候选单位。本届竹笋节暨竹博会的主题是"发展竹木工艺产业,打造杭州创意园区",活动内容有杭州国际竹木工艺品城开业庆典、竹木工艺品博览会、工艺美术研讨会、杭州市民体验日、第五届中国杭州竹笋节摄影赛颁奖等。

2014年11月,首届浙北竹乡早竹笋业发展学术研讨会在"早竹笋之乡"瓶窑镇召开。浙江农林大学、中国林业科学院亚热带林业研究所、浙江省林业科学研究所的教授、博士,余杭、德清、临安以及安徽广德的林业技术推广机构、行业组织的负责人参加会议,共同研讨如何应对竹笋业面临的竹地土壤酸化、地力退化等问题。

五、场园

据《余杭林业志》载,2010年境内有下述场园。

杭州茶叶试验场　位于彭公乡石濑,1955年创建。占地10635亩(709公顷),建筑面积8.9333万平方米,茶园总面积6271亩。职工834人。主要经营茶叶、粮食、畜牧。1985年茶叶总产量74.55万公斤,农业总产值2567万元。

杭州市大观山果园　果园位于长命乡,1958年创建。占地1500余亩(100公顷),果园总面积1204亩。1985年,水果总产量96.1万公斤,其中桃子45.7万公斤,梨子44.29万公斤,萄葡5.085万公斤。农业总产值380.1万元。2016年5月,大观山果园划归余杭属地管理。

余杭区林木种苗繁殖基地　位于瓶窑镇奇鹤村,面积1230亩,苗木产品已申请"奇鹤"牌商标。主要种植桂花、合欢、香樟、红枫、红豆杉、鸡爪槭、黄杨等大苗,并引种獅樟、乳源木莲等小苗。2003年,与浙江省林科院联合建立"浙江省珍稀树种繁育试验示范园区",承担"浙江省野生珍稀木本观赏植物开发利用技术研究"课题,引进南方红豆杉等野生珍稀树种66种。是年10月,被授予"杭州市都市农业示范园区";11月,被省林业厅授予"浙江省林业种苗骨干苗圃"。2004年,被国家林业局授予"全国特色种苗基地"称号。

瓶窑镇林场　原为彭公公社林场,经营面积369亩,负责人许国华。经营杉木、早竹、茶叶、水果、苗木。经营方式为镇管理140亩,租赁经营229亩。

瓶窑镇石濑村林场　原由彭公乡翁家村林场和石濑村林场合并而成。经营面积2890亩,固定职工3人,负责人方金海。经营杉木、早竹、茶叶、水果,由村委统一开发、经营、管理、采伐和分配,净利润村、组两级分成。2010年产值25万元。

瓶窑镇塘埠村林场　原为彭公乡塘埠村林场和石门村林场合并而成。经营面积1660亩,固定职工5人,负责人祝华君。茶叶占60%以上,其余为杉木、早竹、水果。租赁承包经营。2010年产值15万元。

瓶窑镇窑北村何中林场　经营面积2740亩,固定职工7人,负责人高财春。经营毛竹760亩,其余为早竹、茶叶、水果、杨梅、板栗,村委统一管理经营。2010年产值60万元。

瓶窑镇窑北村西中林场　经营面积2135亩,固定职工5人,负责人杜雪永。经营毛竹800亩,其余为早竹、茶叶、水果,由村委统一管理经营。2010年,产值40万元。

2016年瓶窑镇、村级林场情况表

表3-4-1

镇、村级林场现有名称	1992年12月刚公布时名称	经营面积（亩）	职工人数（人）	1992.12负责人姓名	批准单位（批准文号）	备注
瓶窑镇林场	彭公乡中心林场	550	15	蒋兴平	彭公乡政府文件批复	-
	瓶窑镇林场	500	3	王法根	瓶政（91）74号文件	现窑北村经营
瓶窑镇石濑村林场	翁家村林场	1840	25	沈茂松	彭公乡政府文件批复	-
	石濑村林场	1050	8	龚跃坤	彭公乡政府文件批复	-
瓶窑镇塘埠村林场	塘埠村林场	1660	20	赵如金	彭公乡政府文件批复	-
瓶窑镇何中村林场	何中村林场	2970	3	钱阿康	瓶政（91）74号文件	独立核算
瓶窑镇西中村林场	西中村林场	3000	3	丁永良	瓶政（91）74号文件	独立核算
合计	-	11570亩	77人	-	-	-

2016年瓶窑镇花卉苗木企业基本情况表

表3-4-2

名　称	法人代表或负责人	建立年份	地　址	面积（亩）	职工数量	主要树种
杭州绿野生态农业科技开发有限公司	陆玮	2000.11	奇鹤村奇坑	755	12	樟树、桂花、红豆杉、杜英、银杏
瓶窑镇晨睿园艺场	杨国忠	2001.5	长命村	26	2	桂花、樟树
杭州稚山苗木有限责任公司	金连永	2001.1	大观山村	315	5	桂花、红枫、银杏、鹅掌楸
杭州金都生态农业观光有限公司	吴忠泉	2001.3	大观山村	550	12	桂花、樟树
杭州余杭区瓶窑镇金梅苗木园艺场	陈金梅	2001.6	大观山村凤山四组	31	3	樟树、红豆杉
杭州余杭瓶窑镇石门苗圃	张建为	2002.6	塘埠村石门	26	2	杉木、国外松、樟树
杭州余杭瓶窑长命如海苗木场	童如海	2002.9	长命村	18	2	樟树、桂花
杭州城西园林花木公司	俞潮荣	2002.11	彭公村东王坞毛元岭	75	5	桂花、广玉兰、罗汉松、杜鹃
杭州超华市政园林工程有限公司	范文辉	2005.9	窑北村西中	80	6	樟树、银杏、桂花
浙江嘉泰园林有限公司	沈士华	2005.10	窑北村河中	310	12	鸢尾花、水杉、樟树、七叶树
杭州景怡苗木有限公司	方立强	2002.6	长命村	130	8	樟树、桂花
浙江普天园林发展有限公司	李树庭	2002.8	长命村胡林	128	5	樟树、桂花
浙江茂晟苗木有限公司	郭建忠	2002.10	长命村胡林	250	10	樟树、桂花、杜英
杭州余杭区瓶窑镇凤都农场	贾俊国	2005.10	大观山村	20	2	樟树、桂花

续表 3－4－2

名　　称	法人代表或负责人	建立年份	地　　址	面积（亩）	职工数量	主要树种
杭州久盛生态科技开发有限公司	赵松麟	2006.10	塘埠村西坞	450	7	樟树、桂花、红枫、红叶石楠
杭州沈园农林开发有限公司	沈炳财	2007.10	彭公村唐家畈	650	12	樟树、红豆杉、广玉兰、扑树、银杏、盆景
杭州飞翔农业开发有限公司	何建华	2008.6	塘埠村蜜蜂弄	283	6	樟树、杨梅、桃、蓝莓
杭州昌兴饲料有限公司渔老大生态农庄	俞忠明	2008.8	窑北村河中	275	12	樟树、桂花、葡萄
杭州恒科园林科技有限公司	鲁伟锋	2009.10	奇鹤村鲤鱼畈	350	6	桂花、樟树、海棠，杜鹃
瓶窑镇长命村葛正良	葛正良	2000.2	长命村	45	3	樟树、桂花
杭州守仁农业开发有限公司	何文明	2010.9	彭公村道门寺	210	5	樟树、桂花、茶花、扑树
杭州凯西爱生物科技有限公司	陈法根	2011.1	西安寺村	555	10	红豆杉、银杏、樟树、茶花
杭州琳怡花木种植有限公司	汪红冬	2011.6	崇化村榨塘桥	417	10	桂花、樟树
杭州龙华生态农业科技开发有限公司	吴水香	2011.7	西安寺村	300	5	葡萄、猕猴桃铁皮石斛、鹅掌楸
余杭瓶窑镇彭公村周建杭苗木场	周建杭	2011.8	彭公村周家畈	94	2	樟树、桂花、金钱松、鹅掌楸、杜英
杭州华达集团绿化公司	盛根潮	2011.8	南山村上窑	42	2	樟树、桂花
杭州飞翔油脂厂（苗圃）	郑胜飞	2011.8	南山村观音堂	92	3	桂花、樟树
瓶窑镇长命村陈文元苗木场	陈文元	2011.8	长命村	23	3	罗汉松、盆景
杭州三禾苗木有限公司	吴成威	2011.10	大观山村	32	3	樟树、桂花
杭州恒德园林有限公司	孙　健	2011.10	窑北村毛元岭	501	6	樟树、银杏、红叶石楠、杨梅
杭州余杭区瓶窑镇得胜苗圃	李德生	2012.3	大观山村里场	130	3	银杏、鹅掌楸、桂花
杭州余杭区瓶窑镇尚窑园艺场	梁盛龙	2012.3	南山村	82	2	桂花、樟树、银杏
杭州红粉佳人旅游开发有限公司	邵贤祥	2014.2	塘埠村石灰弄	600	8	樱花、樟树、海棠、柿子
浙江龙香御林业科技开发有限公司	杜美玉	2014.2	石濑村西头组	110	5	罗汉松、桂花
杭州新秋元生态农业开发有限公司	梁秋元	2014.3	凤都村丁家组	105	3	樟树、桂花、浙江樟、银杏
合计	-	-	-	8060	202	-

第三节 林地管理

20世纪80年代,县林水局林政股承担全县林地管理工作。1989年10月,林政股更名为资源林政保护管理站。1992年,林区17个镇乡设林业工作站,配备林政员17名和乡镇级林政员44名,形成林政管理网络。余杭县瓶窑区林业水利站1979年成立,蔡土根任站长。1981年3月,沈长法任副站长并主持工作。1982年12月,周德成任站长。1992年5月,撤区扩镇并乡,瓶窑区林水站撤销,人员分流到彭公竹木检站及瓶窑镇政府、彭公乡政府和水利流域站。1989年底建立彭公乡林业站,1990年5月更名为彭公乡林业工作站。

1993年8月,瓶窑镇政府制发《关于加强林地、林木保护和管理的通知》。1994年,执行《浙江省林地管理办法》。实行征占用林地审核、审批制度。1997年,实行林地使用许可证制度,建立林地审核台账。

一、森林资源

明清时,森林破坏以战争和不断农垦为最。历次战争,特别是太平天国期间战争对森林破坏前所未有。《曾国藩书牍》中有"兵燹所至,无树不伐"。"在浙江所剩余之森林,多为双方争战所未到之处","可见当时森林摧毁之状"(陈嵘《中国森林史料》)。清代后期,是余杭历史上天然林破坏较严重时期,据2003年《杭州农业志》载:清道光年间,余杭已有很多外籍移民,"棚居山中,开种苞谷"。嘉庆年间(1796—1820年),常有"闽奥蓬民"到余杭租山垦种。山中棚民,先将天然林滥伐贱售,次将所剩小树灌木及杂草放火烧成碎灰,后将树根刨起以便耕种。至咸丰元年(1851年),已有江苏淮安安徽安庆浙江温台众多客民群聚余杭,棚居山中,开种苞谷、番薯,山已十开六七。《嘉庆余杭县志》卷三十八记载,任教谕昌运诗云:"瘠土山氓井邑稠,谁知海贾也勾留,翻忧陵谷多开垦,遍种番薯山上头。"反映当时余杭山区农民稠密,可开垦处几乎全被垦殖种上番薯,深山僻壤,也难幸免。山区自然植被因此发生根本变化。滥伐林木和滥垦山地,使水土流失日益严重,造成"一雨未毕,砂石随下,奔流注壑,涧中皆填圩不可贮水,毕止窪田中乃止"的状况。以至溪河受淤、南湖淤塞、浸溢成灾,苕溪水由清变浊,暴涨暴落,每逢山洪暴发,冲毁大量农田。嘉庆六年(1801年),浙江巡抚阮元发布《禁棚户示》,禁止外来流民棚户乱垦山丘,以防水土流失,但成效甚微。道光三十年(1850年),御史汪元方奏请查禁外来农民开山垦种,然禁而不止。自咸丰元年至同治三年,清政府屡次告示严禁开山掘种,但屡禁屡种,禁而不绝。至清末,西部山区原生植被破坏殆尽,成次生林和荒山。

民国时期,政府虽公布不少保护与发展森林法规,提倡植树,然因林务活动费用维艰,缺少有力举措,缺乏监督检查,致森林面貌变化不大,成效甚微。民国26年(1937年),日军侵占瓶窑后,窑山林木基本被砍尽。30年(1941年)9月,西险大塘何家陡门至安溪段被日伪军砍伐古松686株,古称十二景色之松涛从此消失。日军侵占,使农民流离失所,果木荒弃、产量税减,经济林损失严重。

1950年2月,第一次全国林业业务会议,提出"普遍护林,重点造林,合理采伐和合理利用"林业工作方针和任务。县委、县政府制定"重点护林、普遍造林"的方针,派工作组深入山区帮助乡村建立护林联防组织,制订护林公约,实行"护林者奖,毁林者罚"。发布严禁挖掘冬笋布告，护笋成竹，注重毛竹林培育。划定封山区，树立护林封山牌，首期封山 5500 亩，并逐年扩大。嗣后，乡组织各村以互助组为单位，以公私合作、群众合作和个体营造方法，通过“三自”（自采种、自育苗、自造林）途径，贯彻“谁种谁有”政策，森林资源出现增长势头。然而在合作化运动中，由于林木入社政策处理不够完善，一度出现滥伐林木现象。1958 年—1959 年“大跃进”时期，为迎合经济建设对术材的大量需求，林业以木材生产为中心，重森工轻营林，重造林轻抚管十分普遍。尤其是“大办钢铁”、“大办食堂”及公社化时“一平二调”，森林受到严重破坏。

1962 年 9 月—1964 年 10 月，余杭县进行第一次森林资源普查。据查：全县林业用地 43090 公顷，其中林地 2.62 万公顷、疏林 4677 公顷、灌木 2667 公顷、无林地 9546 公顷，森林蓄积量 16.2 万立方米，毛竹立竹量 1428.84 万株，森林覆盖率 21.3%。彭公、北湖、长命山林近 3000 公顷。

1963 年彭公、北湖、长命山林面积情况表

表 3-4-3 单位：亩

名 称	合 计	用材林	经济林	毛 竹	杂 竹	灌 木
彭 公	43140	7728	132	16878	11800	6051
北 湖	1572	520.50	10.50	916.50	124.50	-
长 命	214.50	142.50	-	72.50	-	-
合 计	44926.50	8391	142.5	17867	11924.5	6051

1963 年彭公、北湖、长命山竹木蓄积情况表

表 3-4-4

名 称	总蓄积（立方米）	松（株）	杉（株）	杂木（株）	毛竹（支）	杂竹（支）
彭 公	5303.10	4292.20	720.80	290.10	1075167	8072965
北 湖	297.50	248.20	42.50	6.90	37670	66000
长 命	1.50	-	-	1.50	2270	-
合 计	5602.1	4540.4	763.3	298.5	1115107	8138965

此外，彭公、北湖、长命无林地面积分别为 19425 亩（疏林 8871 亩、荒山 10554 亩）、11331 亩（疏林 2370 亩、荒山 8961 亩）、4132.50（疏林 201 亩、荒山 3931.50 亩）。

2005 年 5 月，余杭区进行第七次森林资源二类调查。调查采用是年摄制的卫星遥感用图及地理信息系统技术自动求算面积。调查结果：全镇土地总面积 12507 公顷，林业用地 6118 公顷，其中林地 5736 公顷、灌木 151 公顷、疏林 63 公顷、未成林造林地 25 公顷、苗圃 51 公顷、宜林地 92 公顷。全镇活立木蓄积量 3.75 万立方米，毛竹立竹量 574 万株，森林覆盖率为 45.6%。

此外，零星国有山 10 块，计 114 亩。其中彭公白鹤一块 27 亩（东至白鹤 5 队毛竹山横路，南至长岭 3 队毛竹山，西至山岗至自留地，北至上：通白岳大路、下：长岭 3 队柴山）。

二、权属管理

1951年，土地制度改革，农民在分得山林、土地同时，领取山林、土地所有证。1956年，农业合作化期间，私有山林折价入社，农民私有山林过渡为集体所有。1958年人民公社化，山林全部归公社所有，权属一度混乱。“文化大革命”期间，山林权属再度混乱。1982年，全面开展山林定权发证工作，共确认国有山林9公顷，公社、大队、生产队集体山林1060公顷，农户私人所有林地1419公顷，颁发山林所有权证187份。次年，在各个大队开展划分自留山，承包山工作。1984年，全县356公顷零星国有山林中的30公顷继续实行托管，其余均承包给乡村林场、学校和农户。

自1982年开始实施的“明确山权林权，划定自留山和确定林业生产责任制”为内容的林业“三定”工作，初步建立起家庭承包经营为基础、统分结合的林业双层经营体制。此后，又于1990年、1994年和2000年对山林生产责任制作了完善。1994年起，逐步建立山地使用权流转机制，稳定和完善以家庭联产承包为主的林业生产责任制和统分结合的双层经营体制，并按规定收取林地、林木补偿费和森林植被恢复费及征占用林地资源保护费。2004年，进一步规范林地流转工作。至2006年，第一轮15—20年的山林承包已经到期或即将到期，需要延长承包期。同时，林业生产周期长，山林情况复杂，且随着经济社会发展，人口变化较大，权属纠纷增多，还出现山林使用权无序流转、承包款兑现困难、农户间利益分配不均等问题和矛盾。2006年1月，中共浙江省委办公厅，省人民政府办公厅发出《关于切实做好延长山林承包期工作的通知》，要求及时做好山林延包工作，以稳定和完善林业生产责任制，维护农民合法权益。2006年2月，余杭区召开山林延长承包期（简称山林延包，下同）工作专题会议，根据省、市委的文件精神，编印《余杭区山林延包和林权证发放工作指导手册》1500本。2006年3月，成立《余杭区山林延包和（林权证）发放工作领导小组》，组织指导全区山林延包工作。瓶窑镇相应成立领导小组负责山林延包和“林权证”发放工作。明确五项工作重点：延长山林承包期限，以林业“三定”工作为基础，承包到期农户责任山由原承包户继续承包经营，承包期自2006年起再延长50年；承包合同尚未到期的责任山，承包期一并延长——2055年12月31日止。农户自留山按原四至界线不变，并由农户长期无偿使用。责任山、自留山面积、四至，不因人口增减重新调整。自愿放弃承包权农户，自然消亡或政策性消亡农户，可由集体经济组织收回另行发包。是年11月底，完成农户延包与发证工作。瓶窑镇有13个延包村172个组3555户参与，其中自留山13251块13003.9亩，94个组3404户延包；责任山58561块10450.8亩，54个组2085户延包，签约率99.7%；统管山19025.1亩，村级9715.7亩，组级9172.9亩；集体所有权换证66069.7亩，其中乡级136.5亩，村级9589.7亩，组级56343.5亩。林地变更22块，征用面积838.75亩，其中注销10块、351亩。

三、采伐管理

农业合作化时期，因林木入社政策处理不善，曾出现滥伐现象。1955年2月1日—3月19日，瓶窑镇一山货店收购松、麻栎36.1万公斤，其他杂树29.7万公斤。1958年开始的“大跃进”和1966年—1976年的“文化大革命”期间，滥伐盗伐林木现象严重。此后，少量盗伐林木现象仍时有发生。除对滥伐盗伐者依法处置外，根据有关法规，余杭采取多项措施加强采伐管理。2008年，瓶窑镇林地面积6118.1公顷，2010年为6129.1公顷。

1961年9月，县人委印发《余杭县山林管理暂行办法》。规定木材和毛竹是国家计划收购、计划供应的二类物资，由林业部门(毛竹由商业部门)统一经营。商业部门收购木材、木炭及其他林产品时，必须按年分季提出计划，经林业部门研究，报请县人民委员会批准后，在划定地区内采伐、收购。不得收购胸径6公分以上树木劈成木柴。非本县机关、团体、工矿、企业、部队、学校及人民公社，未经县人委许可，不得任意在县内采购林木。大队、生产队、社员生产、生活用木材，应在保证完成国家收购计划后才可自产自用，亦可在社与社、队与队间等价交换互通有无。为确保《中华人民共和国森林法》实施，在交通要道设立彭公竹木检查站，建立木材运输巡查组，配备专职木材检查员。同时，规定木材、毛竹经营加工单位须经林业主管部门审核同意，核发木材、毛竹经营、加工许可证后，向工商行政管理部门申领营业执照，并多次开展木材经营加工单位清理整顿工作。

实施计划采伐　1981年5月，县政府印发《余杭县木材采伐试行规定》。明确：木、竹的林权所有单位，应根据森林采伐量低于生长量和合理经营森林的原则，合理制订年度木材、毛竹采伐计划，填报年度采伐申请表(年度采伐计划自9月1H起至次年8月31日止)。经申请批准，领取采伐证后，凭证采伐。要按照采伐证规定的数量、用途、面积、地点和方式，集体组织劳力采伐，不准个人采伐。无证采伐的，以破坏森林论处。采伐迹地须当年或次年更新造林，并接受林业部门和护林组织督促检查。木竹采伐应从严控制，完成国家派购任务后，因生产需要，要增砍木、竹的，增砍木材1立方米以上，毛竹200株以上的增砍计划需经区审核同意报县政府批准。

限额采伐“七五”(1986年—1990年)期间，省政府下达余杭县年木材采伐限额0.65万立方米，毛竹采伐300万根。“八五”(1991年—1995年)期间，省下达余杭市年木材采伐限额2.25万立方米，毛竹采伐限额300万根。1992年起，采伐年度为每年1月1日—12月31日止。为严格执行限额采伐规定，余杭林水局制定竹木采伐限额制度，竹木采伐许可证制度和伐前作业设计、伐后检查验收制度及林业行政处罚等规章制度，依法管理森林限额采伐。2006年，推行林木采伐公示制度。每年乡镇的林木采伐许可都在政务公开栏中公示。于是年6月20日开始实行林木采伐许可证电脑办证。“九五”(1996年—2000年)期间，省下达年木材采伐限额为3.44万立方米，毛竹采伐限额398.11万根；“十五”(2001年—2005年)期间，省下达年木材采伐限额为4.54万立方米，毛竹采伐限额494.68万根；“十一五”(2006年—2010)期间，省下达年木材采伐限额为3.50万立方米。1986年—2010年，余杭区未突破省下达的森林采伐限额及木材生产计划。

1993年9月，执行余杭县规定，胸径5厘米(含5厘米)以上立木，纳入年森林采伐限额。1999年，余杭市林水局转发《关于加强挖掘、移植非苗圃地树林管理工作的通知》，非苗圃地树木(包括四旁树木、树桩)，需挖掘移植出县(市)须经县级以上林业主管部门批准。名木名树，就地保护，不能采伐和挖掘移植，有此行为者属于毁林，按《森林法》和《浙江省森林管理条例》有关规定处理。盗伐、滥伐林木构成犯罪的，依法追究刑事责任。2003年，落实“依法治林”基本方针，开展严厉打击故意毁坏林木和盗、滥伐森林及破坏森林资源违法犯罪专项行动。2007年至2010年，每年开展打击乱砍滥伐、破坏森林资源专项行动。

随着林业法律法规的日臻完善并贯彻实施。2000年—2010年，实施“兴林富民”政策，推进新农村建设和城市化，划定生态公益林保护范围，延长山林承包期，稳定林业生产责任制。农村普遍用上了燃气灶具。个体乱砍滥伐和偷盗林木行为已不多见。

1950年—2015年瓶窑木材、毛竹采伐量情况表

表3－4－5

年　　份	木　　材（万根）	毛　　竹（万株）	总蓄积量（立方米）		批准采伐数（万根）	
			木材	毛竹	木材	毛竹
1950—1959	485	143	–	–	1000	220
1960—1969	1700	128	–	–	1200	300
1970—1979	4070	160	–	–	1800	330
1980—1986	3520	145	–	–	3000	360
1987	455	155	16300	–	650	40
1988	585	23	16300	–	650	40
1989	550	26	16300	–	650	40
1990	420	26	16300	350	650	40
1991	200	23	16300	380	650	40
1992	150	25	20400	380	800	50
1993	180	28	20400	380	800	50
1994	185	25	20400	380	800	50
1995	250	28	20400	380	800	50
1996	530	30	25500	430	1000	60
1997	580	35	25500	430	1000	60
1998	640	30	25500	430	1000	60
1999	640	35	25500	430	1000	60
2000	720	40	25500	430	1000	60
2001	820	60	31880	510	1300	80
2002	960	70	31880	510	1300	80
2003	1110	60	31880	510	1300	80
2004	950	70	31880	510	1300	80
2005	1050	60	31880	510	1300	80
2006	880	90	37500	510	1500	–
2007	900	80	37500	510	1500	–
2008	960	90	37500	510	1500	–
2009	1050	80	37500	510	1500	–
2010	1100	90	37500	510	1500	–
2011	1420	100	37500	510	1800	–
2012	980	110	37500	510	1800	–
2013	1160	100	37500	510	1800	–
2014	1350	110	37500	510	1800	–
2015	1452	100	37500	510	1800	–

说明:2006年起,毛竹采伐数取消限额。

第四节 森林保护

森林资源保护,历代均曾设置机构并制定和颁发保护森林法规。上古时代,《礼记》有森林职官记载,职掌森林之官为六府之内,为司土、司木。“司土,土匀也,司木,山虞也”。春秋战国时期,林政发达于周已极。《周礼》对森林管理有具体论述,其中有山林职官职责及惩处偷盗竹木等内容。以后,历代朝政多以立碑、发布告等形式强调保护森林。民国3年(1914年)11月3日,农商部颁布《森林法》,民国21年(1932年)再次颁布。民国17年(1928年)至民国37年(1948年)余杭县曾4次颁发布告,严禁盗砍竹木、盗掘冬笋。然历朝至民国对森林保护局限于防止林木、竹笋偷盗上,其他少有作为。中华人民共和国成立后,贯彻执行党中央、国务院和省、市政府关于加强森林保护的法规、条例,余杭县委、县政府分别于1950年、1961年、1973年颁发关于加强山林管理做好森林保护工作的通告。1979年,全国人大颁布《中华人民共和国森林法(试行)》,余杭大力宣传并贯彻实施。1981年,县人民政20世纪90年代起,贯彻实施“预防为主、科学防控、依法治理、促进健康”方针,预防和消除森林火灾及森林病虫害;制止乱砍滥伐;保护珍稀野生动植物资源和古树名木等。

一、有害生物防治

种类 1981年5月—1982年2月,余杭县开展第一次森林病虫普查,采集森林昆虫855种,鉴定昆虫540种,其中天敌昆虫67种、有害昆虫392种;森林病害27种,鉴定病害24种。1989年,组织专兼职森检员首次普查森林植物检疫对象,调查确定境内森林植物检疫对象有日本松干蚧、板栗疫病、枣疯病和泡桐丛枝病。1995年—1996年对森林植物检疫对象补充检疫对象和危险性病虫再次普查,发现检疫对象有毛竹枯梢病,补充检疫对象有松褐天牛、双条杉天牛、栗实象、松纵坑切梢小蠹、吹绵蚧、日本龟蜡蚧和紫绒蚧等7种,危险性病虫有大叶黄杨叶斑病和柿绒蚧2种。2004年9月—2005年2月,经外业普查资料标本作内业整理、归类及鉴定。并经咨询、访问、请教专家和查阅文献资料比对,所采集9目97科532种昆虫和170种病害中,初步鉴定有害昆虫8目53科226种,病害131种,有害植物16种。综合1981年余杭森林病虫害普查资料,对普查中未能采集之标本但实际有分布已知之余杭区林业害虫列为补充名录。共2纲11目74科319种。

危害 境内森林植被,以竹林、松杉和阔叶林为主,林业有害生物种类繁多,且人工林纯林有害生物发生种类和危害比天然林、混交林严重。

日本松干蚧是危害马尾松林主要枝干害虫。据1981年全县森林病虫害普查,日本松干蚧发生面积占全部松林83.82%。同期,还发生马尾松毛虫危害。全县死亡而减少松树400余万株,直接经济损失4000多万元(按每株松树10元折算),其产生的生态环境破坏及害虫防治和后期更新造林费用损失更为巨大。松材线虫病是国内外重要的植物检疫对象,是严重危害松林的一种病害。治理难度大,且极易传播蔓延。境内危害松林害虫还有松梢螟、松梢卷蛾、松毒蛾、思茅松毛虫、松树叶蜂等。

危害竹林的优势病虫主要有:毛竹林以竹卵圆蝽、竹螟、竹舟蛾、竹象甲、螨类和毛竹枯梢病、毛竹粘萎病为主,早竹以竹小蜂、竹蚜虫、竹象甲、竹笋夜蛾、竹螟、蚧虫类、竹杆锈病、竹丛枝病等为主,淡竹、红壳竹等以卵圆蝽、竹螟、淡竹基腐病等为主,苦竹以黑竹缘蝽、竹小蜂为主。

竹螟是危害竹子的螟蛾科害科虫的总称。境内,成灾性竹螟主要有竹织叶野螟、竹全黄绒野螟、竹大黄绒野螟和竹绒野螟四种。1973 年—1976 年,境内竹区有小面积发生。1983 年 9 月,彭公乡西坞村 30 亩毛竹林受竹舟蛾危害,竹叶贻尽。毛竹林竹卵圆蝽属半翅目蝽科,刺吸毛竹秆、枝汁液,常聚秆、枝节边危害。危害竹林虫害还有竹线盾蚧,发生面积曾超过万亩。竹瘿蜂俗称竹炮虫,主要危害毛竹、早竹,毛竹枯梢病和毛竹枯萎病均曾使境内毛竹林造成严重危害。

病虫防控 民国以前,仅有杭北林牧公司单一人工捕杀。中华人民共和国成立后,于 20 世纪 50 年代始试验推广化学防治。60 年代用飞机洒药防治,70 年代推广生物防治。80 年代后,实行植物检疫、监测测报和综合防控。“预防为主,科学防控”是实现森林资源安全健康的重要手段。

松毛虫防控。松毛虫属鳞翅目枯叶蛾科。20 世纪 20 年代至 70 年代,曾多次使境内松林资源造成严重危害。20 世纪 50 年代前,靠人工捕捉法防治松毛虫。50 年代初期,长乐林场用胶环阻隔法防治松毛虫,取 7 份松脂、1 份蓖麻油、2 份黄脂、熬制成胶,胶涂松树干,粘住幼虫。1956 年 7 月,用 6% 可湿性六六六地面喷洒。70 年代初期,化药农药成为防治松毛虫主要方法。大面积地面喷药、放烟雾剂或飞机喷药。此后,先后于 1965 年 8 月、1973 年始,改化学农药防治为主为生物防治为主,采用主要生物为松毛虫赤眼蜂和白僵菌。虫口密度大,而生物防治无法控制虫害时,采用生物防治和化学农药防治相配合方法防治。赤眼蜂防治松毛虫须在无雨无大风天进行,放蜂量依松毛虫卵块数量确定,一般亩放 7 万—10 万头蜂(约一张蜂卡)。适温条件下,用白僵菌防治松毛虫,湿度越大,杀虫效果越好。松毛虫幼虫期,将菌粉或粉液喷洒到林内即可,一般亩用量 1 公斤。

日本松干蚧属同翅目珠蚧科,是松树枝干重要害虫,对松林具一定毁灭性危害,主要寄主为马尾松、黑松、黄山松,主要危害马尾松。对中壮令松树危害尤重。80 年代,防治松干蚧,主要用氧化乐果打孔注射。用锤将铁钉于松树基部四周打 2 个—3 个深 2 厘米向上小孔,注满比例为 3∶1 原药防治。

20 世纪 70 年代以来,竹子病虫灾害频繁发生,竹林生产遭受严重损失。1989 至 1991 年,在百丈、瓶窑、等乡镇开展“竹子害虫综合防治工程”,综防面积 4. 5 万亩。经三年综合治理,竹螟、卵圆蝽等竹子主要病虫危害比综防前有明显降低。

马尾松为境内主要树种,马尾松毛虫对其危害最大,长乐(今属径山镇)一带虫群尤烈。民国 12 年(1923 年)甚至遍野皆虫,松针全无。民国 16 年(1927 年)又复发,彼时民众以竹梢击打之,效果甚微。20 世纪 50 年代—70 年代,马尾松毛虫危害时有发生,采取飞机喷洒 6111—A 烟雾剂、六六六药粉等治虫。1973 年后,采用赤眼蜂、白僵菌生物防治法。至 1982 年,马尾松毛虫逐年减少。

1998 年—2000 年,竹子病虫害工程治理一期项目实施,项目涉及彭公、瓶窑等 8 个镇乡项目以“预防为主,综合防治”为方针,确定竹螟、卵圆蝽、毛竹枯梢病、枯萎病、竹瘿蜂、竹线盾蚧、丛枝病和杆锈病为治理对象,协调运用营林技术措施和生物、物理、化学防治方法进行项目管理和综合防治。经两年的治理,累计监测调工程项目达到一期工程治理总体目标和预期效果,通过省林业局验收。二期工程治理区包括百丈、黄湖、鸬鸟、瓶窑、径山、良渚 6 个镇和长乐、南山2竹子病虫二期工程，治理主要对象是“四虫二病”即卵圆蝽、竹螟、竹象虫、蚜虫、竹丛枝病和煤污病，同时治理局部造成为害其他竹子病虫。2001年1月—2003年12月，二期工程治理坚持“预防为主、综合治理”方针，实施科教兴林战略，推广竹林病虫害综合防治技术，实施以营林技术，生物农药和其他非化学农药为主无公害防治技术，提高竹林抗逆性和自控能力，降低病虫为害发生，提高控灾减灾能力。2004年至2007年，余杭区实施竹子病虫害三期工程治理。三期工程治理区包括百丈、鸬鸟、黄湖、径山、瓶窑5镇。竹重点治理对象是卵圆蝽、竹螟，其次为竹象甲、蚜虫、竹丛枝病和竹杆锈病等。完成劈山、松土施肥等营林技术101.1万亩次。应用微生物降解菌剂和酸性土壤改性增肥剂对有机磷农药残留和呋喃丹农药残留进行降解试验，降解率达94%以上。推进无公害防治技术，推广白僵菌生物治虫和佳多频振式杀虫灯诱杀竹子害虫，白僵菌粉炮预防和除治竹子害虫1万亩。2008年1月—2011年12月，余杭区实施第四期竹林有害生物工程治理项目。四期工程治理区包括百丈、鸬鸟、黄湖、径山、瓶窑等四期工程治理主要对象是卵圆蝽和竹螟，其次是竹象虫，及趋于上升期其他竹子病虫，并对灾后可能出现新病虫害开展科学防治试验。

2003年，完成古树名木病虫调查及救护，完成省级竹子病虫调查及救护，完成省级竹子病虫害工程治理任务。2005年，完成全区林业有害生物普查，确定有害昆虫545种、病害131种、有害植物16种。是年，瓶窑镇据《余杭区突发性重大林业有害生物应急处置预案》，结合当地具体情况，落实具体应急处置预案。

二、森林防火

诸多森林灾害中，森林火灾对森林资源危害性最大。是突发性强、破坏性大，处置救助较为困难的自然灾害。

成因　历史上境内森林火灾大多为农民迫于生计，焚林垦种所致。此外，战争亦为引发森林火灾的原因。清代，太平天国战争中，战火引起森林火灾长达四个多月，境内多处森林惨遭毁灭。民国时期，民众放火烧山垦种，致山林火灾时有发生。中华人民共和国成立初期，因开垦烧荒、炼山整地、积肥烧灰等生产用火和燃放鞭炮、祭坟烧纸、乱丢烟蒂、野炊烤食、玩火烧山等非生产性用火酿成之山林火灾仍屡有发生。

图3-37　山林灭火（2014年）

预防　1952年，贯彻国务院《关于严防森林火灾的指示》，护林防火被列为中心工作之一，由镇、乡长负责布置、检查和督促，并实行分区分段负责制。至1955年，瓶窑有村级护林防火小组30余个，护林防火人员上百人。1963年，余杭县与临安、安吉、德清四县建立护林防火联防组织。彭公乡纳入四县联防。20世纪70年代，随着山区杉木林基地和毛竹丰产林基地的建设，护林防火更为重要，瓶窑各乡、村制定护林防火公约或山林管理制度。1990年，建立并完善区、乡(镇)、场和村四级森林防火组织,配以民兵、共青团员为骨干义务扑火队。1995年,落实《余杭市处理森林火灾事故预案》。继续推行森林防火行政领导责任制和目标管理责任制,余杭市政府与瓶窑镇、彭公乡签订森林防火责任状,镇乡与下辖各个村委及护林员签订责任状。1998年,镇乡和林场制订森林防火实施办法和野外火源管理办法,村制订森林防火村规民约,并上墙公布。签订责任状,印发森林防火综合治理告农户通知书。经1997年和1998年连续两年实施"立足基层、立足当地、乡自为战、村自为战、群防群治、自防自救"森林防火机制,取得两年无森林火灾佳绩。1999年—2000年,强化森林防火基层基础设施建设,森林防火期高火险天气时间段和冬至、春节、元宵、清明等关键节点,组织森林防火大检查,查防火责任、宣传教育、制度规章、防火措施,查三支队伍建设和值班制度。派出宣传车巡回宣传森林防火。南山林场、东明山森林公园扑火队负责本场和森林公园森林火灾扑救,并承担瓶窑等镇乡需要。2003年,建立瓶窑专业扑火队伍,并从科学布防、设备投入、培训演练、规范管理、应急反应等方面,加强队伍建设管理。2006年起,森林防火责任考核期调整为每年的1月1日至12月31日。2008年3月—12月10日,余杭区首届森林消防扑火技能竞赛在长乐林场西山林区东厂举行,12支专业森林消防队参加。瓶窑镇森林消防队获竞赛优胜。2009年,境内未发生森林火灾,并保持连续20年无重特大森林火灾发生。

瓶窑镇已建森林防火工程阻隔带36公里。瓶窑镇消防队伍有消防车1辆,灭火机30台,水枪8支,灭火弹10箱,铁锹、柴刀20把,防护服70套,油锯1台等装备。

扑救 1992年2月23日中午11时30分,彭公乡东皇坞村与瓶窑镇毛元岭村交界处山林突发森林火灾,县长和分管副县长赶赴现场指挥扑救,县委书记、人武部政委等在县人武部坐镇指挥,彭公乡、瓶窑镇干部群众200多人和杭州茶叶试验场、杭州鸡场70余人参加扑救,县防火办急调南山、长乐两场扑火队带7台风力灭火机救援。高火险天气,风速大,火势迅速蔓延。省武警10支队武警250人,杭州消防总队二支队50人,县人武部民兵应急小分队42人先后赶赴火场参与扑救。省林业厅长、杭州市公安局长、杭州军分区司令员赶赴现场指挥扑救。下午4时30分,山林火灾被扑灭,过火面积400亩,其中有林地150亩。

三、野生动植物保护

野生动物保护 余杭动物资源较为丰富。被列入国家重点保护野生动物名录之陆生野生动物21种,其中国家一级保护动物3种,二级保护动物18种。列入浙江省重点保护野生动物名录的陆生野生动物12种。

区森林资源保护管理站承担域内动植物资源保护管理职能,在区林业站、区森林病虫害防治检疫站、区林业公安派出所等相关单位配合下,依据国家《中华人民共和国森林法》、《中华人民共和国野生动物保护法》、《中华人民共和国陆生野生动物保护实施条例》等法规及《浙江省国家重点保护植物、动物名录》实施动植物资源保护管理。

狩猎管理。民国3年(1914年),农商部公布《中华民国狩猎法》。民国10年(1921年)9月14日,农商部发布《中华民国狩猎法实施细则》,要求各地方管厅应将该地保护鸟兽之种类分别列表,各按程序专报农商部备案,并在各该地发布禁捕之布告。民国20年(1931年),立法院重新制订《中华民国狩猎法》。《狩猎法》将鸟兽分为4类:(一)伤害人类之鸟兽。(二)有害牲畜禾稼林木之鸟兽。(三)有益禾稼林木之鸟兽。(四)其他可供食品或用品之鸟兽。并规定:"第一类之鸟兽,得随时狩猎,第三类之鸟兽,除供学术上之研究,经特许者外,不得狩猎;第二类及第四类之鸟兽,其开猎及闭猎日期,每年由该管市、县政府分别定之。”

中华人民共和国成立后,更为重视珍稀野生动植物资源保护。1980年后,国家相继制定颁布《中华人民共和国森林法》、《中华人民共和国野生动物保护法》、《中华人民共和国陆生野生动物保护实施条例》等法律法规。1981年,浙江省公布《浙江省国家重点保护的植物、动物名录》。1990年,余杭县政府明确林水局为保护陆生野生动物行政主管部门。1992年4月,实施陆生野生动物狩猎证制度。1997年,根据省政府《关于划定猎区问题的通知》,彭公等为猎区乡镇。彭公建立以乡领导为负责人的狩猎组织,并加强枪支管理。1998年,规定每年4月6日至10月5日为禁猎期。禁猎期间,全部枪支交辖区派出所统一保管;每年10月6日至次年4月5日为狩猎期,持有狩猎证和合法枪支及枪证猎民在狩猎期内依法开展“驱兽护园,为民除害”狩猎活动。是年11月,统一销毁收缴的自制土枪、火铳等不符合国家规定标准枪支。2000年,省林业厅、省公安厅发文批准瓶窑、潘板、獐山、仓前为第二批猎区乡镇。2004年起,区公安局、林水局每年开展民用猎枪、持枪证、狩猎证验审工作。2005年,经验审核发狩猎证179本。2月,重新规定余杭区禁猎期为每年4月30日—11月10日。2007年,禁猎期调整为每年4月10日—10月10日。禁猎期内,禁止一切狩猎活动,并统一集中保管猎枪(弹)。2010年,省政府下发《关于重新划定猎区乡镇的通知》,确认余杭区百丈、鸬鸟、黄湖、径山、中泰、余杭、闲林、瓶窑、良渚9个镇乡为狩猎镇乡。至2010年底,全区有狩猎队员132名,其中瓶窑15名。

经营管理。1991年,余杭县转发林业部《关于发布国家重点保护野生动物驯养繁殖许可证管理办法的通知》。1995年,实行野生动物经营许可证制度,严格野生动物驯养繁殖和经营利用许可证审批。2001年,核发许可证47家。2005年,批准驯养繁殖许可证6家、经营利用许可证25家。瓶窑有2家:余杭区瓶窑镇马头山野猪养场002号、余杭区瓶窑元良蛇类养殖杨004号。

为保护野生动物,区财政拨专项资金对相关单位和个人给予补助或奖励。

1990年,余杭县政府明确县林业水利局为境内陆生野生动物行政主管部门。2001年,拯救省级保护动物鼬獾1只,鹭鸟数百只。此后,在陆生野生动物保护执法检查中,拯救国家二级保护动物5起。

1996年4月起,参加余杭市林水局、教育委员会联合组织“爱鸟周”活动,活动于每年4月4日—10日进行。1998年起,结合科普教育开展保护野生动物宣传活动,并打击破坏陆生野生动物违法犯罪活动。

北湖是杭州地区仅存的原生态湿地,湿地动植物丰富,以芦苇丛生、野鸟纷飞而闻名。水陆交错的湿地环境吸引许多的野生鸟类在此栖息繁殖,构成北湖独特的生态系统。其中有国家一级重点保护野生动物天鹅、鸳鸯、褐林鸦(俗称猫头鹰)、草鸦(俗称猴面鹰)、斑嘴鹈鹕、白头鹞等,浙江省重点保护野生鸟类杜鹃、啄木鸟、白鹭、相思鸟、喜鹊、画眉等。为保护北湖野生动物,瓶窑镇政府制定了严格的管理制度,严厉打击非法捕猎、经营北湖野生动物的行为。自成立保护区以来,结合科普教育开展保护野生动物宣传活动5次,打击破坏野生动物违法犯罪活动3起。

古树名木保护 2002年7月,全区开展古树名木普查,查明古树名木560株,其中古树群6个计137株,散生古树423株,其中一级古树21株、二级81株、三级321株。查明树种40个,

有国家一级保护植物南方红豆杉，国家二级保护植物银杏、金钱松、香樟、榉树、榧树。树龄多在150年—300年，超过千年的有6株。古树名木均使用省森林资源监测中心古树名木普查软件进行处理，并一一建档、挂牌予以专门保护。其中瓶窑镇崇化村路边，编号为0125100006樟树一株，树龄550年，树高13米，胸围601厘米，平均冠幅28米。

图3－38 古树保护（2003年）

2007年，对瓶窑彭公村古香樟实施树体修复、支撑，对石濑村古银杏实施输营养液、换土、砌石。2008年5月，对瓶窑镇塘埠村长岭王家村古树群等52株古树实施保护救护。王家村古树群有榔榆、银杏、榉树等古树11株，所处生境山体坡度50度以上，局部边坡倒坡伞岩分布，稳定性差。古树分布稳定坡顶和临溪冲刷区，部分树基根部凌空。经采用坡下填土压坡、人工钢筋混凝土围堰工艺护坡、围堰内施有机肥后再回填客土及地表绿化等工程措施和林地清理、病虫防治等营林措施，实施保护。2009年4月，区林水局《关于开展2009年古树名木资源保护救护工作的通知》，决定对部份古树名木采取工程和生物措施相结合方法，分类救护。对瓶窑镇14株古树名木资源进行保护救护工作。2010年，又对瓶窑镇4株古树名木资源进行保护救护工作。

2015年瓶窑镇古树名木（国有树）情况表

表3－4－6

编号	中文名	树龄（年）	保护等级	树高（米）	胸围（厘米）	平均冠幅（米）	具体生长位置	管护单位（或个人）
0125100006	樟树	570	一级	14	610	28	崇化村、柏树庙大塘边	崇化村
0125200012	樟树	370	二级	12	540	14	窑北村、樟树路32号边	窑北村
0125200013	樟树	320	二级	17	550	16	石濑村朱家堰组	石濑村
0125200014	樟树	320	二级	15	540	15	石濑村湾里组	石濑村
0125200015	杭州榆	320	二级	9	270	6	奇鹤村白鹤凉亭	奇鹤村
0125300283	冬青	130	三级	9	165	8	塘埠村、王家村12－1号	塘埠村
0125300295	樟树	110	三级	9	240	7	石濑村西头组316号前	石濑村
0125300300	樟树	120	三级	15	330	10	奇鹤村白鹤5组5号	奇鹤村
0125300302	银杏	120	三级	15	180	5	石濑村石濑老街上	石濑村
0125300312	樟树	120	三级	13	280	11	窑北村下毛元32号前	窑北村
0125200067	樟树	330	二级	18	490	14	奇鹤村长岭脚下	奇鹤村
0125200071	樟树	330	二级	13	630	16	大观山村黄泥口大塘上	大观山村
0125300047	樟树	180	三级	15	510	13	崇化村嵩山头小学门口	崇化村

续表 3－4－6

编号	中文名	树龄（年）	保护等级	树高（米）	胸围（厘米）	平均冠幅（米）	具体生长位置	管护单位（或个人）
0125300048	樟树	180	三级	15	480	12	崇化村嵩山头小学门口	崇化村
0125300049	樟树	150	三级	13	420	12	窑北村张家墩 6 号前	窑北村
0125300050	朴树	140	三级	14	260	13	彭公村两水坞 17 号前	彭公村
0125300051	朴树	140	三级	15	240	12	彭公村两水坞 17 号前	彭公村
0125300052	麻栎	220	三级	20	360	10	彭公村东王坞 1 号前	彭公村
0125300053	三角槭	120	三级	14	260	12	塘埠村西坞口	塘埠村
0125300054	枫香	150	三级	19	260	8	塘埠村许家头	窑北村
0125300055	枫香	150	三级	20	240	8	塘埠村许家头	石濑村
0125300056	枫香	150	三级	21	200	8	塘埠村许家头	塘埠村
0125300057	枫香	150	三级	20	230	8	塘埠村许家头	塘埠村
0125300058	枫香	280	三级	23	340	9	塘埠村许家头	塘埠村
0125300059	榔榆	230	三级	9	210	8	塘埠王家村 12－1 号	塘埠村
0125300060	樟树	150	三级	19	290	12	塘埠村石门檀石寺	塘埠村
0125300061	枫香	260	三级	18	410	10	塘埠村石门檀石寺	塘埠村
0125300062	枫杨	120	三级	16	250	11	奇鹤村奇坑前村庙	奇鹤村
0125300063	樟树	180	三级	12	400	12	石濑村瓜村乌子垅	石濑村
0125300064	榔榆	200	三级	22	280	12	彭公村大山黄其岭	彭公村
0125300065	樟树	220	三级	13	460	15	彭公村大山黄其岭	彭公村
0125300066	樟树	170	三级	16	350	13	彭公村大山黄其岭	彭公村
0125300067	樟树	190	三级	15	430	14	彭公村卸车下 109 号前	彭公村
0125300068	樟树	170	三级	21	340	10	彭公村卸车下	彭公村
0125403001	榔榆	300	三级	12	150	9	古树名木群塘埠王家村	塘埠村
0125403002	榔榆	500	三级	12	260	10	古树名木群塘埠王家村	塘埠村
0125403003	榔榆	120	三级	13	162	6	古树名木群塘埠王家村	塘埠村
0125403004	榔榆	200	三级	10	180	8	古树名木群塘埠王家村	塘埠村
0125403005	榔榆	500	三级	8	280	8	古树名木群塘埠王家村	塘埠村
0125403006	榔榆	500	三级	10	255	8	古树名木群塘埠王家村	塘埠村
0125403007	榔榆	500	三级	14	265	12	古树名木群塘埠王家村	塘埠村
0125403008	榔榆	500	三级	5	230	5	古树名木群塘埠王家村	塘埠村
0125403009	榔榆	500	三级	10	190	4	古树名木群塘埠王家村	塘埠村
0125403010	榔榆	500	三级	14	260	7	古树名木群塘埠王家村	塘埠村
0125403011	大叶青冈	200	三级	8	80	5	古树名木群塘埠王家村	塘埠村
合计	45 枝	－	－	－	－	－	－	－

第五章　水　　利

瓶窑依山濒溪，对航运、灌溉、养殖、发电及生产生活用水都十分有利。然每逢雨季，西北东苕溪汇天目万山之水，建瓴而下。“无以蓄之易涸，无以泄之则易涨，涸与涨皆为民害。”（清嘉庆《余杭县志》卷十一《水利》）瓶窑因其特殊的地理位置，民间流传着“大灾三六九，小灾年年有”的说法。洪、涝、旱诸灾，史不绝书。中华人民共和国成立后，比较严重的水灾有1954年的西险大塘、苕溪北塘溃决，1956年、1963年的苕溪北塘及部分内河堤全线溃决，1989年、1996年北塘局部堤塘溃堤，损失较为惨重。故治水历来为当政者之要务。据明代陈善《南湖考》载：“大禹筑塘，名西海险塘。”东汉余杭县令陈浑发民10万修建上、下南湖，南阳太守摇泰所封查湖塘①，唐代县令归珧开北湖筑堤塘，都是为后人所敬仰的治水典范。此后，水利之兴，代有所成。经历代先贤擘画经营，百姓胼手胝足，渐成鱼米之乡。历代有识之士还将治水经验写成著述传之后世，如民国仲学辂所著《钱邑苕溪险塘杂记》。

中华人民共和国成立后，广泛发动群众兴修水利，每年冬春都掀起治水高潮。在农业合作化和“农业学大寨”运动中，依靠集体力量加固堤塘、兴建水库。1978年改革开放后，国家更是投入大量资金，把水利建设作为基础产业。开沟浚河，修塘筑堰、整渠建埠。尤其对苕溪进行综合治理，改建北湖滞洪区，拓宽束窄河段，按高标准重建西险大塘，使之达到百年一遇的防洪能力，成为余杭东部和杭州主城区的坚强屏障。经过常年整治，平原逐步形成河网蓄泄格局，山区基本达到旱能灌、涝能排的要求。通过封山育林、退耕还林、治坡清溪、矿山整治，水土保持工作取得显著成效。瓶窑人民大兴水利建设，至2001年底，全镇共兴建山塘水库139座，加高加固西险大塘9.4公里，加高加固北塘24公里，兴修排灌水渠10公里。同时，建有抗旱灌溉机埠149座，总装机容量1490千瓦，浇筑三面光渠道80.5公里。2015年，瓶窑镇4座10万立米以上水库、20多座山塘、十里渠小流域、张堰北塘等一大批水利工程得到加固除险，基本形成了一张行洪畅通、防汛巩固的网络体系。

但是由于历史原因和全球变暖等因素，防汛抗旱形势依旧严峻，水旱灾害仍然不断，水资源日益缺乏，水污染日趋严重，仍需进行大规模和高标准的整治。

---

①　注：南宋咸淳《临安志》卷之三十八载：“查湖塘，高一丈，广二丈，在县北三十五里。其源出诸山，即后汉南阳太守摇泰所封之湖，溉田甚广，湖侧亭址尚存。”《明一统志》、《大清一统志》“北湖”条下均有附记。另据杭州市档案馆编《杭州古旧地图集》之《余杭县图》中，瓶窑镇西北亦标有“查湖”一名。南阳太守摇泰未见记载，恐为余杭人而官南阳者。据当地学者张宏明考证：查湖，其范围大致为以渣河墩、大舍、苏家头为中心的一大片区域，总面积约600亩，略同于现在的北湖面积。摇泰系余杭石濑人，古闽越国国王无诸后裔。

第一节 东苕溪治理

东苕溪源出天目山马尖岗,自中泰乡入境(境内段称南苕溪),流经余杭、仓前,在瓶窑汤湾渡、龙舌嘴分别与中苕溪、北苕溪汇合,至獐山劳家陡门入德清县境,境内全长45公里。“耆老传云:夹岸多苕花,每秋风飘散水上如飞雪然,因名。”其右岸堤坝称西险大塘,“西险大塘旧以险名,当三苕汇合之冲,左多高山,右皆平壤。”(清嘉庆《余杭县志》卷十《山水》)该塘自余杭石门桥至劳家陡门,全长38.98公里,乃杭城之安全屏障。因东苕溪上游处山区,集雨面积大,一到雨季来水迅猛,暴涨不能急泄,往往堤决闸崩,造成灾害。筑南湖以蓄水分洪,修闸筑堰以节制水流,代有兴废。东汉沿塘设陡门塘堰数十处。宋分段筑塘间陡门,名“十塘五闸”。明清数次修复化湾塘、安溪陡门等险要地段,然屡建屡毁。据载,自明永乐元年(1403年)至清光绪八年(1882年),出现坍塘圮闸就有14次。民国时期,“山洪暴发、田园成泽国”、“堤塘决口、水淹屋顶”的有6次。据《余杭县水利志》记载,从1949年至2005年,发生20余次较大水灾。为确保安全,历代都十分重视东苕溪整治。“余邑诸山之水,皆汇于苕溪,而苕溪之水又分注于南湖,是以言余邑之水莫大乎苕溪南湖,言溪湖之水未有不兼及溪湖之利害,故叙湖溪不能不连及蓄泄之宜亟也。”(清嘉庆《余杭县志》卷十《山水》)

中华人民共和国成立后,中共地方党委和政府采取各种措施进行综合治理。建造水库以蓄洪,整修南、北湖以分洪,拓宽束窄河段以泄洪,以百年一遇的标准加高加固堤塘以防洪。

一、堤防整治

良渚古城外围水利系统 2015年7月—2016年1月,浙江省文物考古研究所主持发掘,在位于余杭区瓶窑镇良渚古城北面和西面共发现11条水坝,这是迄今已知的世界上最早、规模最大的水利系统,超过此前在埃及发现的一处有4000年历史的水坝遗迹。这一发现也证实了良渚古城从内到外依次由宫城、王城、外廓城和外围水利系统组成完整的都城结构,是全世界迄今已知的距今5000年前后的功能系统保存最完整的都城之一。

工程距今约5000年,由11条长堤和短坝组成,分为长堤和短坝两类,塘山遗址土垣就是一条长堤,短坝则包括建于山谷谷口的高坝、连接平原孤丘的低坝。长度约5公里的长堤、坝体厚度达100米左右的6条高坝。坝体提取样本进行碳14测定后,得出的12个测年数据在距今4700年—5100年之间,属于良渚文化早中期。根据低坝现存的坝高海拔10米来推测,可以形成面积8.5平方公里的蓄水库区。可抵御当地百年一遇洪水,能连通周边水运网良渚先民用芦荻、茅草把泥土包裹起来,将这种“草裹泥包”横竖堆砌。不同的“草裹泥包”形成了现在看到的一个个“方格子”。这种“草裹泥工艺”类似现代人抗洪时用草包或编织袋装土筑坝,不仅增加了坝体抗拉强度,让水坝不易崩塌,也加快了堆筑速度,在良渚时期已成为用于临水建筑的常用工艺。发掘显示,多条高坝和低坝在关键部位都用到了“草裹泥包”堆垒加固。一些地基松软的地方,还采取了挖槽填入淤泥等工艺。堆筑过程也相当精细。像老虎岭水坝,按考古人员推断,先是在谷底地面铺青膏泥、草裹淤泥做基础,再堆筑青粉土,然后在受力较大的迎水面堆一个草裹黄土的斜坡,上面覆盖黄褐散土作为护坡,坝体顶部则覆盖褐色土。专家初步判断,这些水坝主要的功能是防洪和蓄水运输。

2016年3月中旬，在杭州举行的良渚古城外围水利系统专家咨询会上，全国19家科研单位的考古学、水利史及水利工程研究专家实地勘察后认为，这个由11条水坝组成的水利系统，是中国乃至世界水利史的重要发现，开启了史前水利考古研究的新领域，在世界文明史研究上也将占有重要地位。这一发现也进一步证实，良渚社会已由“古国”阶段跨入“王国”阶段，其价值可与同时期的其他世界文明媲美。

西险大塘加固　西险大塘系东苕溪的右岸大堤，因位于杭州市西，堤塘险要，为杭城及杭嘉湖的西部屏障，东与钱塘江堤塘相对，故称西险大塘。自余杭镇石门桥起，经余杭、瓶窑、安溪、獐山至湖州德清大闸，全长44.94公里，其中境内长38.98公里。《杭县志稿》卷九《水利》“西险大塘”条载：“自余杭石门桥起，至化湾塘入县境，东至奉口陡门。沿西为武康县境，北至劳家陡门入德清县境之统称。”苕溪经天目山脉而流入杭嘉湖平原，为何有“险塘”之称呢？“余杭非临海地，胡为乎苕溪之塘而有险塘之名哉？”“是以苕溪之塘，险要厉害，并埒于海塘也。”（潘瑗《南湖水利论》）清嘉庆《余杭县志》多有记载：“西险大塘旧以险名，当三苕汇合之冲，左多高山，右皆平壤”，“汇万山之水于一溪，下关杭嘉湖三郡田庐性命”，“三水既合，势益奔涌，直流暴涨，不能遽泄则泛滥为害”，“流尸散入旁邑，多稼化为腐草”。如宋代余杭县丞成无玷《水利记》总结的那样：“苕水发源天目，经两郡六邑以入于具区者二。当天目之麓山地高，水经三邑，处其下流水势奔放不可为力。余杭县其间襟带山川，地势平彻。当苕水之冲横，流岁尝一再至，久雨或数至，倏忽弥漫，高处二丈许，然不三日辄平，其为患虽急除而难测以御也。故堤防之设比他为重。使是邑也，无堤防则野不可耕，邑不可居；横流大肆，为旁郡害。故余杭之人视水如寇盗，堤防如城郭。”

西险大塘是古代重要的水利工程，始建年代不详。苕溪自古建有堤塘，相传初为大禹所建，“大禹筑塘，名西海险塘”。（明陈善《南湖考》）有明确记载是在东汉熹平年间（172年—178年），余杭县令陈浑于东苕溪南岸筑塘，设陡门、塘堤、堰坝数十处，俾蓄泄以时，旱涝无患。“浙江东迳余杭故县，汉末陈浑移筑南城。县后溪南大塘即浑立以防水也。”（郦道元《水经注》）“后汉熹平二年，县令陈浑修堤防，开湖灌溉县境公私田一千余顷，所利七千余户”，“汉邑令陈公浑相形度势，于溪南浚南上、下湖，幅员数十里，筑高塘汇水。仍通一港，由石门桥引溪水入湖，暂潴以杀其怒，俾得徐就溪流不致泛滥。”（戴日强《南湖说》）

唐宝历年间（825年—827年），归珧出任余杭县令。时南湖年久失修，湮塞严重。归珧循陈浑所建旧迹，浚湖修堤，恢复蓄泄之利。宋崇宁五年（1106年），杨时为余杭县令，竭力阻止蔡京欲潴水增胜葬母于南湖之侧，保护了南湖的蓄洪功能。南宋绍兴二年（1132）三月，左从事郎、余杭县丞章籍建龙光陡门。淳熙六年（1179年），钱塘县分段筑塘闸与陡门，名为“十塘五闸”，十塘为黄鄱、烂泥湾、化湾、羊山、压沙、上林陵、中林陵、下林陵、唐家渡、大云寺湾塘；五闸为化湾、窦、安溪、乌麻、奉口陡门，今仍沿用其名。明代，朝廷重视水利事业，兴修的水利工程数量超过此前各朝。永乐元年（1403年），浙西大水，朝廷特差户部尚书夏元吉督治水患。次年又派通政使赵居宸至浙添设治农官置圩。永乐三年（1405年），苕溪洪水冲决化湾塘，闸圮，朝廷遣户部尚书夏元吉、通政使赵岳到浙，督修3年方成。正统十年（1445年）又坍，派遣工部侍郎周经到浙江主持修复，动支仓米3700石，南关厂木3000株，才修复如故。嘉靖三十六年（1557年），组织民工对黄鄱塘等加高培厚，使之坚固。万历三十六年（1608年）五月，化湾塘被冲毁，钱塘县令聂心汤主持，先筑备塘，后修水闸，以为水旱备。黄汝亨有碑记。万历三十九年(1611 年),西险大塘余杭险要地段 900 丈,堤脚用木桩、块石加固,并挑土培厚,历时一年。明代堤塘整治技术逐渐完善,堤塘基本改为石砌,塘面的斜直方法也更为科学。然限于条件,西险大塘仍常出现险情和坍塘圮闸,其中有明确记载的,自明永乐元年(1403 年)至清光绪八年(1882 年)就发生 16 次:"永乐间,化湾闸圮;正统十年,化湾塘闸圮;景泰七年,瓶窑塘圮;成化七年,化湾塘决;万历三十六年,化湾塘圮,南湖塘溢决;万历三十七年,南湖诸堤皆决。康熙五十五年,安溪闸圮;乾隆四十年,大云湾塘大溃;嘉庆十六年,羊山塘坍陷;道光三年,唐家塘冲塌;道光八年,压沙塘、大云湾塘坍溃;道光二十九年,大云湾塘、化湾塘、安溪陡门大崩;道光三十年,烂泥湾塘、化湾塘、羊山塘、龙岗塘、下陵林塘、唐家塘、安溪陡门冲坍;光绪八年,化湾塘、羊山塘、龙岗塘冲圮。"(清嘉庆《余杭县志》卷十一《水利》)屡毁又屡修,如清嘉庆《余杭县志》卷十一《水利》所载:"堤防之设,所以为旱潦之备,依时修理,则水旱不能为害。"清雍正三年(1725 年),西险大塘化湾陡门陷 1 丈 5 尺,崇化七里居民出资修筑,官府优免杂使差徭。雍正五年(1727 年),浙江巡抚李卫派员携资整修位于瓶窑镇北的压沙塘 58 丈。雍正七年(1729 年),巡抚程元章檄知县李惺查议化湾陡门。清康熙五十五年(1716 年),知县魏主持修复安溪陡门。道光十一年(1831 年),余杭大水,危及西险大塘,巡抚陈芝楣命仁和、钱塘等县兴修圩堤,官督民办,所修圩岸不下千万计。光绪二年(1876 年),余杭大水,田庐淹浸,招集民工整修大塘。光绪八年(1882 年),余杭苕溪水势陡涨,冲垮堤塘,各乡捐资修整。光绪十三年(1887 年)十一月,粮储道廖寿丰捐俸 5000 两开浚北湖,又命邑丁丙对西险大塘择要挑浚,分段清丈。其时,塘堤修筑由各乡有田者出资经办,每年推一人或数人为领队,称塘正、圩长,并由县丞加以督察。

民国时期,水旱灾害频繁。由于连年战争,政局不稳,能致力于建设的时间只有 10 年左右。民国 21 年(1932 年)杭县县长因第一区之西险大塘、奉口陡门及永泰乡之西险大塘,均亟待兴修,饬修杭县各区险塘"乞迅令会估拨款施工等情到厅。当查各该处工程,迭经令饬第一区水利议事会及省水利局会同勘估在案。……至修筑西险大塘,前经该会议决补助工费七千元,并准该县在二十年度建设经费收入超溢项下补助工款三千元,当即令县从速兴工。"(《浙江省建设月刊》1932 年第 6 卷第 3 期)民国 22 年(1933 年)3 月,因奉口陡门岁久失修,"汪澜约诸乡人士呈请杭县县政府,经县长叶风虎会同建设厅、水利工程局、浙西水利议事会,叠次查勘,测绘图案,审议工程分拨款项"。(民国《杭县志稿》卷九《水利》)拆建西险大塘的奉口陡门,新建陡门,闸孔宽 4 米,闸上为钢筋混凝土桥。民国 36 年(1947 年),杭县发动 11 个乡镇对东苕溪局部河道进行疏浚。同时,对西险大塘进行培修加固,抛石护岸,修补漏洞,由县政府派员监督实施。次年,杭县水利局《整理东苕溪第一期工程计划》提出:"一、培堤:查南苕溪南北堤,自余杭至瓶窑一段,及西险大塘,奉口至仁德斗门一段,苕溪水势缓慢,堤身较低,堤顶宽度用三公尺,边坡内外侧均用一比二;二、疏浚:自余杭以下,水势转缓,上游挟沙,至此沉淀,河床淤高凡会流及急弯之处,沙墩突出水面,阻止流水,增高水位,实为造成水灾原因之一,查吴家潭土桥湾、庙湾塘、草湾塘、浦家滩、三流涧等七处,淤沙情形,较为严重,应予疏浚之;三、护岸:查东苕溪古岸塘堤,为杭嘉湖三属之屏障,昔人以钱塘江海塘为东险大塘,以东苕溪右堤为西险大塘,相沿极久,惟年来因战事失修。险象环生,凡河流弯曲之处,凸岸积沙,水向凹岸冲激,堤坡多被浸坍,如土格湾九连池塘等处,情形极为严重,兹为就地取材,便于抢修计,拟于凹岸堤坝坍塌之处,抛填块石护岸,以资防御,并规定护岸顶宽六公寸,外坡一比一点五。四、修补漏洞:西险大塘,因塘身土质不佳,加以年来塘树被砍,树根腐烂,及蚁穴鼠巢等,以致漏洞甚多,每遇涨水渗透,堤身溃决堪虞,经查沿堤漏洞,计有一六〇余处,急须修理,其法拟先挖出漏洞所在,再以石灰粘土拌和填实之。五、修理涵洞:西险大塘灌溉用涵洞,业已损坏者,计有六座,须修理之。”(《浙江经济月刊》1948 年第 5 卷第 4 期)然因内战,效果甚微。民国时期,西险大塘等较大堤防堰坝由官府呈报批拨经费或粮食以工代赈,或向乡绅、商界募捐等方法筹措资金。”

中华人民共和国成立以后,对东苕溪治理采取防重于抗和流域综合治理的方针。上游建造水库拦蓄洪水,减轻苕溪压力;疏浚河道,截弯取直,使其泄水畅通,争取抢排时间;加固加高堤塘,提高防御能力,增加排水流量;整修南湖,修复北湖,改建进出水闸,可按需要人为控制调节分洪。沿溪两岸新建排涝机埠,提高排水能力。并建立岁修制度,每年冬春发动群众培土修理。从 1963 年开始,建立专门管理机构,常年进行维修管理工作。

1949 年 5 月下旬余杭县人民政府建立以后,是年 7 月就对西险大塘进行抛石、打桩、修补,完成土方 7022 立方米,抛石 790 立方米,打桩 100 余支。在经费极其困难的情况下,仍投资 4480 元。建立大塘岁修制度。1951 年发生洪水,瓶窑水位达到 8.48 米。是年冬和 1953 年春,全县发动 10473 人上塘,对全线 39 公里堤塘加宽加高,完成土方 64.40 万立方米,石方 1.15 万立方米,投工 74.15 万工,投资 27935 元。1953 年冬,进行修补,完成土方 15.10 万立方米,石方 1.10 万立方米,投工 8.56 万工,投资 25126 元。1954 年,发生特大洪水。当年冬至次年春组织 14348 人,对堤塘加固加高。尤其对瓦窑塘进行加固,用块石砌磋护塘堤。对凤仪塘增筑 1 米土堤。1955 年冬至翌年春,又发动 12289 人上塘,继续培厚加固,两年共完成土方 58.65 万立方米,石方 1560 立方米,投工 60.19 万工,投资 18.07 万元。1957 年 6 月 10 日,洪水造成瓦窑塘滑坡 100 米以上,余杭镇组织 500 多人连续抢修 4 天 5 夜,投入劳力 1.2 万余工,麻袋泥包 2500 余包,完成土石方 500 立方米。1963 年,遭到台风暴雨袭击,瓶窑水位达 8.62 米,超过历史最高水位,西险大塘安然无恙。为预防更大的洪水出现,浙江省水利电力厅提出大塘堤顶高程按最高洪水位超过 1 米建设,要求达到余杭镇 11.58 米、瓶窑 9.62 米、劳家陡门 7.82 米,堤顶宽 4 米,边坡 1:2—1:2.5,内坡平台宽 3 米—5 米,高于田面 1 米。是年冬次年春全县发动 2 万多人上塘,历来没有任务的临平区也发动 2600 人支援修理南湖堤塘。共完成土方 51.35 万立方米,投工 73.12 万工,投资 15.36 万元。

1963 年浙江省副省长王醒到西险大塘检查防汛工作时,要求西险大塘险工地段采用砌石护堤提高护脚。后经省水利电力厅批准,从 1964 年春开始,由国家投资在 9 个险工地段进行干砌石护坡,组织 13 个建筑单位及众多沿塘群众,一年内完成大方脚 3507 米,护坡 3.50 万平方米,使用经费 34.5 万元。第二年完成大方脚 5142 米,护坡 6.37 万平方米,投资 24.10 万元。1966 年又完成大方脚 1702 米,护坡 1.80 万平方米,投资 11.21 万元,是年组织 1.3 万人上塘挑土加堤,完成土方 20 万立方米,投工 22.13 万工。

1977 年根据省水利厅意见,对西险大塘进行标准塘建设,堤顶高度按 1963 年最高洪水位超高 2 米,顶宽 6 米,迎水坡 1:2、背水坡 1:2.5,部分地段继续砌石护坡,塘面建成简易公路。从 1977 年冬至 1979 年春,基本实现上述标准,共完成土石方 156 万立方米,投工 103 万)工,投资 74 万元。同时建成余杭镇至劳家陡门 34.48 公里简易路面。1983 年 6 月 23 日—7 月 10 日,连续降雨,洪水猛涨,瓶窑水位达 8.49 米,西险大塘发生滑坡 6 处、堤脚坍方 18 处、堤顶裂缝3处、渗漏18处、大小漏洞95个。为预防洪水和台风的再次来袭，县人民政府作出突击抢修的决定，省水利厅增拨抢险经费22万元。组织沿线乡村和个体拖拉机100余辆，运输沙石料抢修，并动员余杭、瓶窑、三墩区范围内凡有货车的厂矿、企事业单位支援运输，每一吨位抢运石料10吨。是年8月底，完成9715吨的支援运输任务。是年底，砌筑内坡平台3600米，堤脚砌石6308米，开挖导渗沟609米，土方46683立方米，石方6758立方米，石碴46010吨。修复堤塘并完成部分加固工程。1984年6月13、14日出现暴雨，瓶窑水位达到8.97米，超过历史最高水位，大涧、乌麻陡门出现险情，部分地段又发生滑坡、坍方、渗漏多处。为确保西险大塘的稳固和度汛安全，据省水利厅"根治隐患，提高标准"要求，对渗漏地段进行套井回填处理，并在堤内筑成黄土防渗墙。当年完成石碴6.35万立方米，浆砌块石1.27万立方米，土方10.61万立方米。12月，经省人民政府批准，列为全面加固工程，第一期工程从余杭土桥湾至瓶窑压沙塘填筑石碴14公里，渗漏地段继续套井回填，省市拨款311.04万元。至1985年，共投工2646.56万工，完成土方560.43万立方米，总投资840.83万元。

嗣后，按百年一遇标准实施第一期工程，在背水坡堤脚用石碴填筑宽7米镇压平台，高度为堤身的1/3左右，以干砌块石护脚。铺设碎石路面，作为防汛通道，临池塘地段堆抛块石，以保堤身稳定。堤身加强防渗处理采用"套井回填"（用冲抓钻在堤顶打10米深孔，井孔直径1.2米，两井间连环搭接，回填黏土夯实，形成一道10米深连续防渗黏土心墙）和"劈裂灌浆"（在堤顶中轴线每隔4米—5米用钻机钻孔8米—10米，用泥浆泵将黄泥浆压入堤身，使其产生一条纵向裂缝，堤内形成5厘米—8厘米的黏土防渗帷幕）方法。共完成截水防渗堤段4087.25米，其中套井段784.25米，灌浆段3303米。同时，清除堤上部分大树。一期工程至1994年底完成，共征用土地56公顷，拆迁民房39639平方米，累计投资2307万元。完成镇压平台36.50公里，临池塘抛石9.68万立方米，块石护脚3.39万立方米。1995年10月，开始第二期加固苕溪西险大塘工程，1996年被列为太湖流域综合治理十大骨干工程之一。工程按百年一遇防洪标准和国家二级堤防设计施工。堤顶高程为13.18米—9.06米（吴淞标高，下同），堤顶增设混凝土防浪墙，分别为20K以上段墙高0.3米—1.4米，20K以下段为0.3米，内外坡均达到1：2；迎水面全线筑成干砌块石护坡，局部为混凝土防渗面板，以防水流冲刷；背水坡撒布草籽或种植草皮，以保护堤坡，堤脚石碴镇压平台普遍拼宽至8米，弯道险段适当加宽到10米，外侧筑石砌挡墙，植树绿化。全线铺成泥结碎石路面，余杭、瓶窑集镇段为水泥路面，作为防汛公路。余杭、瓶窑、安溪3处拓宽，新筑退堤2.37公里，大塘基础及堤身防渗，以套井回填黏土防渗墙为主，局部堤段高压摆喷防渗，全线防渗处理共38.15公里，其中"套井回填"30.60公里。大堤防渗还重视防治白蚁危害，共挖除大小白蚁主巢1970穴。二期工程于2001年6月竣工，累计完成土方229.59万立方米，石方74.46万立方米，混凝土65239立方米，共征土地55.89公顷，拆迁房屋46514平方米，实际总投资26933万元。西险大塘全线经贴坡、拼宽、加高，达到百年一遇防洪标准。

二、北塘整修

苕溪北塘是与西险大塘相对的左岸堤塘和中、北苕溪左岸堤塘的习惯统称，有堤塘17条，共长82.94公里，圩区面积12.9万亩（0.86万公顷），其中农田67142亩（4476.13公顷），属重点产粮区和商品粮基地。堤塘维修加固质量各异，局部地段堤身低矮单薄、渗漏隐患不少。1995年10月起，实施苕溪北塘全面整修加固达标工程。按设计洪水位加1米安全超高的要求，堤塘高度分别达到12米上下，堤顶宽4米，内外坡1∶1.75—1∶2，少数堤段因有民房等无法加高加宽的，改用浇筑混凝土防浪墙。至1998年春，总共投资2934万元，完成土方143.10万立方米，堤脚砌石35760米，修建加固涵洞、涵管127处，征用土地493.65亩(32.91公顷)。至2000年4月，先后建成排涝站3座、翻水站10座、节制闸14座、灌溉堰坝1座，共投资732.34万元。

瓶窑镇面临北苕溪的防洪堤塘，主要分为外畈塘2.46公里、张堰北塘2.49公里、澄清塘7公里。1996年进行第一次北塘加固工程建设，全线进行堤顶加高，对堤塘有农户居住的地段采取防浪墙加高的措施，投入资金1200万元，历时三年得以提升改造，但由于投资困难，对全线的防渗处理不彻底，加之以这些堤防都是上百年老堤树木、竹等种植普遍，久而久之形成的蚁害严重，2008年以前的每次洪水期间，固蚁穴、蚁道而引起渗水通道，造成堤塘渗漏、滑坡，险象环生，为彻底提高苕溪北塘的防洪能力，2008年开始为期五期对北塘按20年一遇的标准进行加固建设。瓶窑2008年实施第一期北塘加固，对外畈塘2.46公里、澄清塘5.08公里进和全线“套井回填”防渗处理，堤顶普遍加高0.5米—1米，宽度加到6米，边坡1∶2，同时按堤身1/3设置4米—6米的石渣防汛通道，投入资金3600万元。2010年进行第二期张堰北塘2.49公里、澄清塘0.68公里的北塘加固建设，其中对张堰北塘退堤30米、长度1.49公里，拆迁农户46户，占用土地150亩，投入资金2450万元，澄清塘0.68公里进行截弯取直，投入资金245万元。2014年，又进行第五期的甪窦塘2.7公里的北塘加固工程建设。

1999年6月底7月初洪水后，为解除渗漏、滑坡等隐患，提高内在质量，实施堤塘防渗处理。至2005年，完成堤塘防渗处理15.53公里，其中“套井回填”14.89公里。苕溪北塘整修加固工程大都达到20年一遇防洪标准。2007年，完成张堰北塘、外畈塘、澄清塘、十里渠整治。

2014年9月，甪窦塘加固工程开工。该工程是北塘加固的一个子项目。按照20年一遇防洪标准加固堤塘1.79公里，总投资2329万元，主要建设内容为堤塘抛石固脚、防渗处理、拆建水闸等。

2015年6月，东苕溪羊山湾堤塘整治开工，该工程是苕溪清水入湖的子项目之一，按20年一遇的防洪标准加固。建成后堤顶高8.6米(黄海)，宽6米，整治河道长2.17公里，工程内容是堤塘加固、闸站拆建、截污纳管、防汛道路等。其中加高堤塘3.67公里，退建堤塘1.26公里，拓浚河道1.26公里，新建防汛道路2.55公里，改造防汛道路1.79公里，重建水闸一座，新建节制闸1座、闸站1座及交通桥工程，共拆迁房屋390户，工程总投资约5亿元。

三、中、北苕溪治理

中华人民共和国成立后，除多次整治南、北湖外，还治理中苕溪、北苕溪。

中苕溪为东苕溪主要支流，自临安黄公堰入境至汤湾渡入东苕溪，上游以水涛庄水库为控制调蓄水位，在瓶窑镇与余杭镇交界处，建北湖分洪闸，起调蓄西险大塘和中苕溪两岸堤防防洪时的行洪压力。1996年“6.30”洪水，径山镇区域内中苕溪的南塘溃堤，洪水漫过宣杭铁路水位高1.5米，造成张堰村受淹时间长达26天。

北苕溪由百丈溪、鸬鸟溪、太平溪至双溪汇合而成，流经潘板桥、北湖，至龙舌嘴注入东苕溪。清嘉庆《余杭县志》载：“双溪尽处凡至径山者停舟于此。”据清光绪十九年(1893年)《浙江全省舆图并水陆道里记》载：“独松关分水岭，北苕溪自此发源。西南流折而南过三里铺，又

图3－39 张堰:北塘退堤扩溪(2010年)

东南流至百丈坞口九里四分,有铜菱关水自东北来注入。浮溪桥东,自百丈坞口曲曲东南流过四溪、三溪、二溪、头溪各堰,至此十四里,有临安芝坞岭水自西来注入。大桥,自浮溪桥东首东南流过独山桥及黄湖镇东,至此十三里,有箬岭、石扶梯岭二水自北出铜口桥来注入。竹山桥口,自大桥南流至此七里,有临安下长溪自西出竹山桥来注入。陶村桥,自竹山桥口东南流过双溪镇,又过夹堰及潘板桥,至此十三里八分,水深一丈二尺,面阔二十丈,又东少南曲曲流十三里一分,过张堰渡至龙舌嘴入南苕溪。”民国时期为县境内南北联络之干河,通竹筏。中华人民共和国成立初,百丈、太平、鸬鸟、黄湖、双溪等乡的竹、木、柴、炭多以竹筏经北苕溪运至瓶窑。随着公路建成通车,水路年久未疏浚,河床逐渐淤高。

北苕溪中段自西向东贯穿径山镇潘板桥,因地势低洼,河道曲折,堤塘低矮,常遭洪涝灾害。为减轻洪水威胁,1975年,潘板桥公社(今属径山镇)进行溪流改道。经实地勘察,议定方案,将原来从吴山左右分叉的两条河道堵塞,从乌泥沙至老虎墩新开河道4.20公里,底宽26米,面宽70米,新筑堤顶宽3米—8米,进口堤顶高程12.7米,河底高程5米,出口堤顶高程11米,河底高程2.8米,使之上下游相衔接。其时,发动全社五六千人,奋战3个冬春,完成土方82.28万立方米。为加快工程进度,瓶窑区组织百丈、太平、鸬鸟、黄湖、双溪、彭公、长命7个公社,动员3390人前往支援,完成土方8.24万立方米。配套工程有:跨径75.16米的乌泥沙公路桥1座,大舍行人桥1座,14孔1.6米×2.2米的大舍活动坝1座,进水闸3座,泄水闸4座,排涝机埠4座,装机12台710千瓦。

1977年冬至1978年春,整治俞家堰小溪,将穿越田畈中的老溪填平改田,新劈沿山小溪,重新凿通彭公乡横坑至乌泥沙地段与新开溪相接,全长1080米。溪底宽2.5米—7米,堤顶宽2米—3米,完成土方3.77万立方米。1978年冬至1979年春,扩建从双溪郑堰至小五山的沿山渠道,全长6125米,其中新开5075米,至仇山脚汇入中苕溪,渠底宽2米—5.5米,流量13.6立方米/秒—53.8立方米/秒,实挖土方6.7万立方米,附属工程有公路桥2座,机耕桥8座,进水闸2座,节制闸2座,活动坝2座。该渠既能避山水漫入田间,又能引四岭水库之水抗旱。1979年冬至1980年春,拆建吴山畈堰,堰长61米,堰顶高程7.5米,顶上装有活动门20扇,并在南塘新建二孔1.5米×2.5米的分水闸1座。

至1980年,北苕溪潘板桥段的治理工程告一段落,总投资57.93万元,其中国家补助29.78万元,乡村自筹15万元。经过5年努力,初步达到洪能泄、涝能排、旱能引的目标,增加耕地数百亩。

1986年,余杭县实施四岭灌区配套工程建设,瓶窑镇实施张堰北塘2.5公里的北塘迎水坡砌石护岸工程,同时拆建三角塘、塘角郎2座灌排二用水闸,对澄清塘实施迎水坡部分险要地段的抛石护脚,背水坡进行10—20米的平台加固建设,并新建西安寺姚家排涝水闸,减轻了2条堤塘防洪时的滑坡压力。为期三年的四岭灌区配套工程建设,县级资金共下拨350万元,原北湖乡相应配套50万元。

1999年"6·30"洪水,张堰东南塘长度4.6公里,全线漫顶水位达0.8—1米,在北湖分洪闸的调蓄下,瓶窑镇发动镇村厂矿企业单位的人员群众不分昼夜轮番上堤抢筑子堤抢险二天一夜,硬是筑起了一条宽1.5米、高1.2米的白色拦水子堤,保住了张堰村5.5平方公里圩区免受洪涝灾害。同年12月,开始张堰东南塘加高加固工程建设,拆除房屋5户,加固土方25万立方,全线进行套井回填 防渗处理,拆建东塘排涝水闸1座,共计投入资金980万元,把原来的5年一遇防洪标准提高到10年一遇的标准,该工程于2000年12月全部完工。

北苕溪堤塘右岸从郑堰至北湖张堰桥,全长10.32公里。左岸从潘板桥乌泥沙至北湖相公庙,全长9.15公里,两岸堤塘保护农田1727公顷,人口2.08万人。堤顶高程:潘板桥12.70米,渣河墩11.20米,铁路桥10.50米。沿岸已砌石7450米,能防御10年一遇的洪水。

第二节　北湖整治

一、北湖滞洪区

北湖在今瓶窑镇张堰村南,因地处原余杭县城北故名。据载,北湖为唐宝历年间(825年—826年)余杭县令归珧所开。雍正《浙江通志》载:湖在县北五里,塘高一丈,上广一丈五,下广二丈,溉田千余亩。湖基原属荒荡。"归珧鉴于三条苕溪皆水流湍急,乃议辟北湖,引苕溪诸水以灌民田,分洪、灌溉两利,湖成而身卒,后人称归令誓死筑湖。"(清嘉庆《余杭县志·水利》)"又有北湖,在县北五里。唐归珧所开,分引苕溪诸水以灌民田,周六十里。"(清顾祖禹《读史方舆纪要》卷九十《浙江二》)据丁小帆《北湖图注》上湖界推算,约4.8万余亩。宋元以来,未加清理,淤塞情形较南湖为甚。余杭北湖,古称天荒荡,又名仇山草荡,位于瓶窑镇。北湖自古以来都为滞洪区,是东苕溪的主要分洪设施,历代都曾疏浚。另有查湖,亦系分洪设施。

民国时,"北湖之情形,则更非南湖可比,非特历年无人修治,且已大部成田,无复湖形。蓄泄之能力,仅在未垦之小部分,约一点七二平方公里之面积,于最大洪水位时,如民国十一年者,尚能容蓄二公尺之水量而已。至于低于民国十一年之洪水位,而足以为地方之灾者,仍不能灌入暂储,以为救急之用。两湖之效用,日趋荒废,无怪东苕溪之灾患日趋严重。换言之,即东苕溪潦旱之灾患,实系乎蓄泄之能运用与否也"。(《扬子江水利委员会季刊》1936年第1卷第2期章锡绶《浙西东苕溪防灾计划之商榷》)

至1950年,北湖草荡尚存8000亩(533.33公顷),荡内钉螺丛生,已成血吸虫病流行区。中华人民共和国成立后,北湖虽面积大为减少,但经多次修复,堤防坚固,水闸更新,对分泄洪水、减轻西险大塘压力发挥了重要作用。

二、治理北湖

宋元以来,未加清理,淤塞情形较南湖为甚。清光绪十一年(1885年),粮道廖寿丰派兵在相公庙一带疏浚3年。其时尚有湖基万亩,及西溪、南山草荡共数千亩。民国5年(1916年),浙江省第二测量队测量面积为5.326万亩(3550.67公顷),三倍于南湖,因年久失修,逐渐淤成平陆或沼泽。客民筑坝占垦,庐舍桑麻,俨成村落。民国23年(1934年),清理余杭北湖"查余杭北湖周围六十里为南、中、北三苕溪潴蓄之区,对于杭属六县救旱防潦均有极大关系,近因年久失治,淤成平陆,强豪侵占,填作垦地,桑竹成林,庐舍相望,湖身形迹,难资稽考,应急谋清理,以期恢复。据第一区水利议事会呈请组织清理余杭北湖界址委员会,并拟订办法前来,经建设厅详加修正,令饬杭县、余杭、临安、德清、吴兴、武康六县县长暨水利局议事会遵照办法组织委员会从事清理"。(《浙江省建设月刊》1934年第7卷第10期)次年章锡绶《浙西东苕溪防灾计划之商榷》提出"对于东苕溪之防灾计划,除在上游建设蓄水库,及整理各苕溪之堤埝,与设计南北两湖之泄水闸以为临时救急外,尚宜将各苕溪之河床,予以相当之疏浚,庶几瓶窑以上可以增大各溪之泄水量,瓶窑以下,兼可便利航运。此项工作,应责令地方民众以劳工服役完成之。"(《扬子江水利委员会季刊》1936年第1卷第2期)

1972年,组织13个公社1.20万余农民进荡,新围大堤10.09米,加固老堤4.60公里,堤顶高程9.20米—9.50米,总面积5.30平方公里。在汤湾渡、横山等处建进、泄水闸。共投资59.07万元,投工71.8万工。1974年、1977年、1983年、1984年曾分洪4次,减轻了洪水压力。因堤塘标准偏低,堤身单薄,1984年洪水时曾多次发生坍坡、决口。

1995年10月,经省水利厅批复,决定对北湖滞洪区进行全面治理,加固围堤,重建分洪闸,改建泄水闸,历时3年,至1998年10月工程完工。围堤高度从9.2米—9.5米提高到10.76米—10.87米。堤脚抛石固脚;堤顶宽度从2米—2.5米增加到4米—4.4米,铺设沙石路面,作为防汛通道。为提高分洪能力,重建北湖分洪闸。将原80米宽的立轴式活动闸门拆除封堵,重建净孔6米×6孔新闸,闸底高程6米,钢筋混凝土闸门,门高4.5米,安装15千瓦6台套、2×25吨上提式电动卷扬机启闭,分洪流量从315立方米/秒提高到525立方米/秒。建有机房操作室管理房653平方米。当湖内水位达到10.4米时,可蓄洪2052万立方米。位于汤湾渡的北湖泄水闸,原为两孔高3米、宽4米的水闸。1992年,改建闸门和启闭机房,以手动电动两用的启闭机启闭。1997年改建泄水闸4座、穿堤涵洞11座。北湖分洪工程累计投资1523.80万元,征用土地2.41公顷,拆迁房屋4040平方米,完成土石方31.75万立方米。

北湖庄村分洪闸 位于瓶窑镇张堰村北苕溪右岸北湖大桥下侧。2009年8月10日晚,苕溪流域因受"莫拉克"台风影响,突降暴雨致山洪暴发。为确保东苕溪堤塘安全,在8月11日1时启用北湖分洪闸开闸分洪的情况下,又于同日8时15分对北苕溪右岸40米庄村渡处堤塘(北湖滞洪区北侧围堤)实施人工爆破分洪。洪水过后,水利部门多次论证分析,拟新建分洪闸,可及时分泄北苕溪洪水。经杭州市余杭区发展和改革局批复立项,在原爆破地段新建庄村分洪闸。工程由杭州市水利水电勘测设计院设计,闸孔净宽6米×4孔,闸底高程4.0米(5.84),闸顶高程8.80米(10.64),闸门形式为平面滚动钢闸门。变压器1台100千伏安,采用11千瓦电动楠配QXQ2×150KN固定卷扬机启闭。设计最大分洪流量355米/秒。工程于2009年12月18日动工,2011年4月10日竣工,工程总投资2358.59万元,土方开挖2.60万立方米,回填土方5.18万立方米,浇筑混凝土0.89万立方米,抛石0.10万立方米,固结灌浆0.02万立方米,砌石0.14万立方米。

此外,2005年,投入900多万元,对湖北湖水库实施保安达标,完成陈和村、秋湖、石坞等7座小水库的除险加固和长命港、良渚港(瓶窑段)的河道整治工程。2008年,完成十里渠小流域治理工程、北塘1公里防渗处理和各村田间三面光渠道建设1万米,改进机埠20座,维修山塘水库5座。2009年完成北塘加固一期和3座山塘水库的除险加固工程。实施六家港河道整治工程,完成河道清淤41.76公里。2010年,完成北塘一期加固、胡林闸站改造和六头十字渠整治工程,实施湖北坞下游水渠整治、塘埠溪小流域整治工程。2011年,完成张堰塘、澄清塘(二期)防渗加固2056米。完成塘埠小流域整治工程和湖北坞下游河道整治工程。

余杭北湖界址第一段地形略图碑 位于瓶窑镇南山村上窑村关帝庙东北角。于1934年立,汉白玉质,碑身长方形,高1.13米,宽0.62米,厚0.115米。碑文包括碑名、北湖界址地形图、说明三部分。该碑是余杭区目前已知唯一一块地形图碑,保存完整、字迹清晰,图文并举、绘制科学,对于研究余杭北湖的历史变迁,乃至余杭区水利发展史都具有重要的科学研究价值。

三、退堤扩桥

东苕溪有多处束窄河段,影响来水畅通,主要集中在余杭、瓶窑、安溪3座大桥附近。大桥建于河道狭窄处,桥身小,桥孔窄,大凡成为水流障碍。整治措施是拓长桥身,扩大桥孔,堤塘退后,河道拓宽,以减轻阻水压力。

瓶窑大桥,位于瓶窑镇杭宁公路上,跨东苕溪,始建于民国18年(1929年)6月,8孔木桥,长69米。民国36年(1947年)3月,重建上承式钢架木梁面桥,改为3孔,长69.65米。

中华人民共和国成立后数度改建。1969年,改为钢筋混凝土T梁桥,长70.1米,3孔。改建后桥孔仍窄,上下游均有大片滩地。1998年10月,将大桥改建为长104米、宽9米的钢架大桥,桥下航道为6级标准。2001年6月,该段1830米堤塘向右退堤,清除上下游浅滩,提高行洪流量1倍多。

第三节 水利设施

《正韵》云:壅水为埭,曰堰坝,即堰亦谓之埭。埭者,以土堰水也。境内地势西南高于东北,所以河道中常置以堰坝,便于调节水流。谚语有“坍了长安坝,没了吴江港”。可见其重要。民国21年(1932年),《杭县闸坝堰洞管理规则》要求“各闸坝堰洞,均应设置管理员。各闸坝堰洞管理员,均由该管乡镇所遴请县政府令派,秉承县政府,管理冬该闸坝洞之水利交通事宜。各闸坝堰洞均应设立水位标准高度,以定启闭。管理员应随时巡视,以免有私自放水或其他损坏情事。各闸坝堰洞水位,在标准高度之内遇有放水或其他与水利交通有关系之情事时,应由管理员负责办理。其情节重大者,并应报请县政府核示。”“凡遇闸坝堰洞发生坍塌或渗漏时,应由管理员召集有关系之乡民合力修理或抢修之。倘因工程浩大,而为民力所不能修理或抢修者,得由管理员呈请县政府酌予补助。”(《浙江省建设月刊》1933年第7卷第1期)中华人民共和国成立后,修建了众多水利工程,并加大了管理力度。

一、水闸

水闸,俗称陡门,具有拦水防洪之功能,亦便于灌溉和通航。苕溪水闸最早见诸记载的是在东汉熹平年间(172年—178年),县令陈浑在县(余杭)东十里所建西涵陡门,高2.2丈,阔1.5丈。宋淳熙六年(1179年),东苕溪兴筑“十塘五闸”,其中五闸即角窦、安溪、乌麻、化湾、奉口5座陡门。均为八字形条石干砌闸门和方木闸板。中华人民共和国成立后多次改建,均

图 3－40　西险大塘化湾闸(2013 年)

用水泥浆砌或混凝土浇捣,有钢丝网闸门、钢筋混凝土闸门、钢板闸门等。启闭方法有人力关闭、螺杆启闭、电动卷扬、电钮开启。

2005 年,西险大塘共有水闸 5 座。其中化湾、安溪、奉口闸为古水闸,余杭、上牵埠闸为新建或改建水闸。乌麻闸、劳家闸、窦闸已改为涵洞。

化湾闸　位于瓶窑镇崇化村,大塘里程桩号 16K＋089 米处,系沟通东苕溪与内河的孔道,始建于宋淳熙六年(1179 年),屡遭冲毁,“淹没田禾、灾及旁邑、死亡无算”。明清时多次修筑。中华人民共和国成立后,1956 年 1 月拆除重建。1972 年再次加固,并改木闸板为启闭式混凝土闸门,但边墩与翼墙仍大量漏水。1990 年 9 月经省水利厅审批拆除重建,至 1991 年 4 月竣工。重建后闸孔净宽 4 米,闸底高程 1.1 米,闸顶高程 11.85 米,堤顶设工作桥。可从东苕溪引水补充长命、大陆、吴山一带河道水源。工程投资 52.27 万元,为优良工程。1994 年,西中水闸一期扩建工程完成。

西险大塘沿线旧有涵洞 16 处,虽早已封堵,为防止留有隐患,仍再作防渗处理或开挖重堵。尚有抗旱机埠涵管 25 处,从东苕溪取水灌溉。在加固工程中,除 5 处报废封堵外,其余均作防渗处理或重建加固。

二、堰坝

堰坝是筑于苕溪中的石坝、活动坝,用以拦住溪水、抬高水位,引水灌溉农田。初见于东汉熹平年间(172 年—178 年),县令陈浑在南渠河置东郭堰及在县城内筑有千秋堰。后历代在苕溪广筑堰坝,拦水灌溉。据统计,20 世纪 70 年代境内有大小堰坝 280 处,灌溉面积 4.12 万亩(2746.67 公顷)。灌溉 1000 亩以上的有 11 处,从上游到下游分别是黄公堰、青芝堰、麻车头堰、仇山活动堰、砻糠堰、郑堰、吴山畈堰、沙堰、蒋家堰、官堰、张堰。1987 年以后,新建重建堰坝 64 座,维修堰坝 146 座。至 2005 年共有大小堰坝 317 座,受益面积 8.2 万亩(5466.67 公顷),其中灌溉 100 亩以上的堰坝瓶窑镇 6 座。

张堰　位于北湖乡张堰村(今属瓶窑镇张堰村)的北苕溪上,始建于清咸丰六年(1856 年)。砌石堰,堰高 1.75 米,长 14 米,灌溉 2000 亩。据清嘉庆《余杭县志》载:“张堰在县治东北二十里。考此水由北溪之南过陶村及石砂两堰,每遇亢旱,里人于此堵筑,使水从旁流经小石桥入黄坝,前后二瀍,溉黄坝、姚坝、里外新坝、陈坝、插坝诸田。若从黄坝、东塘、陡门出水,可灌溉山前坝田二百余顷。咸丰六年及光绪二十四年大旱,皆里人按亩捐资堵筑。”

灌溉百亩以上堰坝情况:

大堰　建于 1955 年,位于塘埠,所在塘埠溪。堰高 1.20 米,堰长 18.00 米,灌溉 200 亩。

奇坑堰　建于民国,位于奇鹤,所在奇坑溪。堰高 2.00 米,堰长 8.20 米,灌溉 310 亩。

新堰　建于 1999 年,位于彭公,所在奇坑溪。堰高 1.20 米,堰长 5.00 米,灌溉 300 亩。

白燕堰 建于1955年,位于彭公,所在白燕溪。堰高1.00米,堰长5.50米,灌溉196亩。

仙女堰 建于1955年,位于彭公,所在板石溪。堰高1.50米,堰长14.00米,灌溉150亩。

方家堰 建于1999年,位于塘埠,所在塘埠溪。堰高2.00米,堰长18.00米,灌溉150亩。

三、水库

境内丘陵山地溪道源短流急,水位暴涨暴落,有水难于储存,极易发生旱灾。明洪武二十八年(1395年),在县北古城、塘坞等地开掘27处河塘储水。民国37年(1948年),彭公乡石湖水库、舟枕乡官塘水库动工兴建,分别于1951年、1952年完工。20世纪50年代农业合作化时期,依靠集体力量,利用冬春农闲季节,发动群众兴建山塘水库。1956年,建成蓄水60万立方米的七贤乡(今属良渚镇)大湖畈水库。1960年2月,建成蓄水100万立方米以上的康门水库。20世纪60年代以后,国家投入大量资金,选择有利地形,陆续建成多个水库以利灌溉和蓄洪。2003年开始,实施水库保安工程和标准化建设。到2005年,境内有中型水库(库容1000万立方米以上)1座;小(Ⅰ)型水库(库容100万立方米以上)5座,小(Ⅱ)型水库(库容10万立方米以上)21座;还有小水库121座、山塘687座,总蓄水量4761.86万立方米。水库坝型有土石混合坝、浆砌块石重力坝、双曲拱坝等多种形式。其作用亦由防洪、灌溉、水产养殖扩大至发电、旅游等综合利用。

小(Ⅰ)型水库

境内有库容100万立方米以上的小(Ⅰ)型水库5座,建于1960年—1993年。1997年起,投资162.62万元,对康门、石门、仙伯坑3座水库,进行除险加固和保坝处理。2003年起,投资1492.96万元,按规范要求,对5座水库实施“保安达标”工程。

奇坑水库 位于彭公乡奇坑村(今属瓶窑镇奇鹤村),东苕溪支流白鹤溪上。集雨面积3.41平方公里,总库容119.74万立方米,兴利库容96.92万立方米,以灌溉为主,灌溉面积1250亩。大坝为粘土心墙土石混合坝。1967年10月动工,至1973年冬,坝高达到19米时停工(可蓄水85万立方米)。1980年,按50年一遇设计,500年一遇校核,加高大坝,拓宽溢洪道,1980年6月竣工。坝顶高程80.49米,坝高25.00米,坝顶长98.00米,坝顶宽4.56米,迎水坡1:2.0—1:3.0,背水坡1:1.0—1:1.56。侧流式溢洪道位于大坝左侧,进口底高程77.75米,宽27.4米。放水涵管为圆形钢筋混凝土管,直径500毫米。移民12户,拆迁房屋30间。完成土方5.32万立方米、石方2.85万立方米、浆砌块石0.16万立方米、混凝土0.040万立方米,投工12.6万工,总投资12.68万元,其中政府补助10万元。

2003年11月至2004年4月,实施标准化建设:大坝迎水面干砌块石护坡;修建溢洪道,混凝土衬砌陡槽底和侧面,增建溢洪道消力池,新建跨溢洪道工作桥;重建管理房面积100平方米,维修启闭设施,完善水情测报设施等。开挖土石方0.30万立方米,回填土石方0.10万立方米,浇筑混凝土0.058万立方米,干砌块石护坡0.15万立方米,抛填块石混合料0.074万立方米,石渣垫层0.22万立方米。投资143.87万元。

石门水库 位于彭公乡石门村(今瓶窑镇塘埠村),1974年动工,1980年6月竣工。集雨面积4.95平方公里,总库容110.50万立方米,正常库容105.90万立方米,灌溉为主,兼备发电,灌溉面积2400亩。大坝为浆砌块石双曲拱坝,坝顶高程124.96米,坝高35米,坝顶弧长155米,坝顶弦长128.20米,坝底厚7米,顶厚2米,厚高比0.2,宽高比3.66,中心角坝顶120°,坝底63°,平均半径坝顶74米,坝底37.75米。溢洪道为坝顶曲面溢流,按50年一遇洪

水设计,300 年一遇洪水校核,溢流面 30×2 米,堰顶高程 123.49,最大溢流量 168.6 立方米每秒。输水涵管(兼发电涵管)为直径 500 毫米自应力钢丝网水泥管。完成工程量 1.48 万立方米,其中浆砌块石 0.26 万立方米,混凝土砌石 0.91 万立方米,混凝土 0.30 万立方米,投资 41.15 万元,其中政府补助 40.28 万元。

水库建坝后式电站 1 座,装机 75 千瓦和 40 千瓦各 1 台,由坝内输水涵管接 30 米预应力管至电站厂房。1998 年,除险加固,非溢流段坝面化学灌浆和喷钢纤维混凝土。拆建启闭房,更换启闭设施。1999 年,坝顶增设防浪墙。2003 年,设置水位遥测设施。2004 年 10 月至 2005 年 5 月,实施标准化建设:坝面渗水区采用新型材料 HK－SN 系列防水护面剂进行防渗处理;迎水面大坝基础帷幕灌浆;左、右岸坝高 95 米以上岩体固结灌浆,灌浆孔分 2 排,呈梅花型布置,间距 2 米;采用 C15 混凝土埋 30% 块石加固重力墩,上游侧顶宽加宽 1.5 米,与基岩接触处利用灌浆盖板,下游部分先清除表层土,采用砂浆打底,然后砌筑重力墩;更换引涵水管,用 Dg500 壁厚 10 毫米钢管,每 10 米设 C15 混凝土支墩,同时更换控水闸阀;进库区 145 米道路浇筑沥青路面,重建管理房 75 平方米,翻修坝顶启闭房。完成方 0.11 万立方米,石方 0.32 万立方米,混凝土 0.091 万立方米。工程总投资 148.70 万元

小(Ⅱ)型水库

湖北坞水库　位于北湖乡东皇坞(今属瓶窑镇彭公村)。集雨面积 2.34 平方公里,1958 年 12 月开工建设,1960 年建至坝高 12.6 米,总库容 17.0 万立方米,正常库容 12.14 万立方米,灌溉农田 800 亩。1963 年 8 月,因山洪暴发坝体决口,1964 年修复,后经逐年加高加固,至 1985 年,坝高达 18.8 米,总库容达到 28.78 万立方米,正常库容 23.50 万立方米。大坝为黏土心墙坝,坝顶高程 44.70 米,坝顶长 74.30 米、坝高 18.8 米,坝顶宽 3.8 米—4.3 米。大坝上游面部分干砌块石护坡,溢洪道为开敞式宽顶堰,位于大坝右岸,进口底宽 28 米。输水涵洞位于大坝右侧,管径 360 毫米素混凝土管,长度 97 米,螺杆启闭机启闭。

2005 年 10 月—2006 年 5 月,实施标准化建设:上游坝面做黄泥斜墙加土工膜防渗处理,在斜墙底部至基岩上游坝脚处浇筑 C20 混凝土截水墙,土工膜伸入截水墙和坝顶防浪墙内,坝体与基岩接触段灌浆;坝顶高程整平后达 44.70 米,坝顶宽为 6 米,坝上游面铺设 70 毫米厚六角形混凝土预制块,坡比 1∶2.0;下游坝面整坡至 1∶2.0,植草护坡,坝脚增设贴坡式排水棱体;坝顶设混凝土防浪墙,铺设彩色人行道板。溢洪道上新建 4 孔人行桥,进口段按 1∶2 坡度整坡后混凝土护面,溢洪道底部用 150 毫米厚 C15 混凝土衬砌,两侧导水墙浇筑 C15 混凝土面层。采取大开挖方法,输水涵管从右坝段移至左坝段,新涵管用 Dg300 壁厚 8 毫米钢管,外包 C20 混凝土管座,四周用黄泥回填。挖填土石方 2.07 万立方米、干砌块石 0.012 万立方米、浆砌块石 0.019 万立方米、混凝土 0.14 万立方米。工程总投资 191.40 万元。

西中水库　位于北湖乡西中村(今属瓶窑镇窑北村)。始建于 1966 年,1993 年,进行扩建,加高坝体,2000 年建成后正常蓄水。集雨面积 1.10 平方公里,总库容 28.12 万立方米,正常库容 24.09 万立方米,灌溉面积 300 余亩。大坝为粘土墙土坝,坝顶高程 61.13 米,坝高 24.5 米,坝顶长 178 米,坝顶宽 5 米。溢洪道位于大坝右岸,紧临山体,溢流堰为折线型实用堰,堰顶高程 58.37 米,溢流堰宽 22 米,靠坝体侧建有钢筋混凝土护壁式导水墙,最大过水深 1.1 米,最大下泄流量 48.48 立方米每秒。输水管位于右坝段为直径 300 毫米有筋排水管,进口处设铁插板门,2.5 吨手摇螺杆启闭机启闭。

2004年10月—2005年5月,实施标准化建设:采用PE管穿管技术,调换输入水涵管,管径直径200壁厚12毫米的PE管,最大过水流量0.43立方米每秒,坝基灌浆处理。新建跨溢洪道桥梁,开辟通往管理房的人行道路。上游迎水坡护坡接长,增设上下台阶。改建管理房,增设水文遥测设施。大坝下游面植草护坡。完成土方0.41万立方米、石方0.52万立方米、混凝土0.03万立方米,工程总投资107.63万元。

2015年瓶窑镇山塘水库情况表

表3-5-1

序号	所在村	名称	集雨面积平方公里	保护人口	受益村庄	坝型	最大坝高(米)	坝顶长度(米)	溢流宽度(米)	饮用水山塘	总库容
1	塘埠村	糊田山塘	0.05	40	1	土坝		80	2	否	1.71
2	窑北村	石塘坞山塘	0.35	500	1	土坝	7	86	8	是	3.82
3	彭公村	陈和村山塘	0.09	50	1	土坝	9.2	80	4	是	1.53
4	塘埠村	狮子岭山塘	0.6	60	1	土坝	7	70	4	否	2.32
5	塘埠村	乐了坞山塘	0.23	160	1	土坝	4	33	1	否	1
6	窑北村	里坞山塘	1	300	1	土坝	8	40	1	否	8.39
7	彭公村	记子坑山塘	0.19	10	1	土坝	7	43	1.5	是	1.01
8	石濑村	安中山塘	0.66	200	1	土坝	6.5	55	2.5	否	1.5
9	塘埠村	汤坞山塘	0.1	240	1	土坝	6.5	52	2	否	2.21
10	窑北村	坑西坞山塘	0.2	200	1	土坝	4.5	45	3	否	1
11	彭公村	瓶窑坞山塘	0.13	200	1	土坝	7	50	1	是	1.39
12	奇鹤村	草毛坞塘	0.17	200	1	土坝	7.4	50	1	否	5.01
13	凤都村	城隍山山塘	0.15	500	1	土坝	6	65	3	是	1.68
14	塘埠村	大柴坞山塘	0.13	100	1	土坝	6.5	47	1.2	否	1.31
15	彭公村	秋坞山塘	0.39	70	1	土坝	5.5	40	2.5	否	3
16	窑北村	锡塘坞山塘	0.3	200	1	土坝	4.5	50	1	否	1
17	奇鹤村	石湖塘	0.31	160	1	土坝	4	40	1	否	6.39
18	塘埠村	乌石坞山塘	0.31	60	1	土坝	6	40	2	否	1.6
19	彭公村	桃坞山塘	0.2	200	1	土坝	7	45	2.5	是	1.11
20	塘埠村	白坞山塘	0.5	80	1	土坝	8	45	1	否	1.49
21	彭公村	烂泥坞山塘	0.28	70	1	土坝	4	33	3	否	1.17
22	奇鹤村	甘坞塘	0.38	100	1	土坝	7	80	3	是	3.29
23	塘埠村	吴山坞山塘	0.36	500	1	土坝	7	30	1.5	是	2.33
24	塘埠村	塘埠村庙池山塘	0.05	20	1	土坝	5	42	1	否	1
25	彭公村	枫坑坞山塘	0.42	70	1	土坝	9	54	6	否	1.9
26	塘埠村	塘埠村东坞山塘	0.74	270	1	土坝	8	60	8	否	4.3
27	塘埠村	西坞山塘	1.72	400	1	土坝	11.8	66	12	否	7.39

续表 3-5-1

序号	所在行政村	名 称	集雨面积平方公里	保护人口	受益村庄	坝型	最大坝高（米）	坝顶长度（米）	溢流宽度（米）	饮用水山塘	总库容
28	彭公村	四新山塘	0.3	50	1	土坝	9.4	66	4	是	1.77
29	塘埠村	白湖山塘	0.24	400	1	土坝	9	97	3	否	8.41
30	彭公村	河池山塘	0.15	120	1	土坝	5.3	54	2.5	否	3.71
31	彭公村	松子坞山塘	0.24	150	1	土坝	8	78.5	4	是	2.6
32	彭公村	钱家坞山塘	0.44	150	1	土坝	10	62	5	是	1.75
33	彭公村	唐家畈	0.6273	50	1	土坝	3.5	84	5.2	是	2.07

第四节 农田水利

旧时，境内农田除山区有少量借助溪水筑堰自流灌溉外，大部分依赖人工畜力，工具有水车、戽斗、拗担等。民国 25 年(1936 年)，杭州电气公司在永建乡章王村建机埠，开始电力灌溉，但囿于条件，难以推广。1949 年 5 月余杭解放后，尤其是农业合作化时期，机械灌溉有较大发展。1965 年后，农田机电排灌渐趋普及，至 20 世纪 70 年代初已建立大小排灌机埠 2000 多座，电力灌溉面积 3.57 万公顷，约占机电灌溉面积的 90%。20 世纪 80 年代后期，为从根本上解决旱涝灾害，分期分批开展圩区整治，进行圩塘加固、泵站更新、渠道衬砌、危闸改建。1994 年起，农田水利建设推广薄露灌溉、喷滴灌溉以及用水泥预制构件衬砌 U 形渠道。1997 年，用于水利建设投入 153 万元，完成土石方 12.5 万立方米，砌防浪墙 1000 米，浇筑三面光渠道 2500 米，新建张堰东塘水闸。21 世纪初，实施小流域综合治理。

一、机电排灌

排灌工具最早用人力木制勺戽水，或以绳索牵引木桶戽水。唐时始有木制水车，俗称龙骨车。使用电动抽水机始于民国 23 年(1934 年)，是年大旱，有富户以 8 匹马力小型抽水机抽水。1949 年 5 月余杭解放时，两县仅有柴油机 4 台、抽水泵 2 台。

1951 年，国家贷款给瓶窑等 6 个乡供销社购置柴油抽水机 6 台。1954 年冬，建立国营长命抽水机站，有柴油机 5 台，计 90 马力。1979 年 9 月，建立国营余杭县机电排灌总站后，农村社队也建立排灌机埠，配置机械设备加工粮食、饲料以及茶叶初制。至 1987 年，今瓶窑境内共有固定机电排灌机埠 15 座，排灌机械 26 台，其中大部分为电动机。

1990 年，开展农村小型泵站更新改造工作，选择一批使用年限长、机泵严重老化、受益面积较大的泵站先行改造。经更新改造后，机泵平均装置效率从原来的 24.07% 提高到 52.15%，水泵出水率普遍提高 30% 左右，每亩可节电 5.2 千瓦时。至 1993 年 10 月，全面完成泵站改造工作。1992 年，为配合农村小型泵站改造，原属县机电排灌总站的良渚、长命(今属瓶窑镇)、双桥(今属西湖区三墩镇)抗旱机埠共 89 座 116 台 1526 千瓦，全部划归乡镇管理，统一纳入农村泵站改造项目。

1995 年始，在农村小型泵站改造基础上，实施国有排灌泵站更新改造。1998 年 12 月，更新瓶窑镇澄清、三仙阁泵站，增设低压配电屏。1999 年 11 月，瓶窑镇罗庄泵站列入改造范围，更新机泵，新建配电房，改建节制闸，修建渠道、围墙、道路。2001 年 2 月起，完成瓶窑镇窑山泵站、瓶窑镇窑坝头水闸更新改造。更新改造后，排涝能力从五年一遇提高到十年一遇标准。总投资 300 余万元。

2005 年末，全镇共有排灌泵站 15 座，装机 2992 千瓦；排涝面积 2600 公顷；灌溉面积 2600 公顷。

2005 年瓶窑国有农村排涝泵站情况表

表 3－5－2

名 称	集雨面积（平方公里）	受益农田（公顷）	装机容量（千瓦×台数）	配闸	改扩建时间	财政投资（万元）
汤湾渡	3.95	166.67	55×3＝165		2002 年 1 月	
三仙阁	3.55	134.73	55×4＝220		1999 年 6 月	57.0
罗 庄	5.93	189.40	80×5＝400	3 座	2000 年 6 月	113.7
窑 山	2.1	36.59	55×2＝110	2 座	2001 年 6 月	39.37
澄 清	5.0	260.67	80×4＝320		1999 年 6 月	115.26
长 安	1.8	100	22×3＝66	1 孔	198 年	31.00
胡 林	1.4	90.47	28×2＝56			
窑坝头		307	30×2＝60	1 座	2002 年 6 月	73.00

二、圩区整治

境内农田主要集中在苕溪两岸，地势低平，河网纵横，地下水位高，易受洪涝危害。历来农民为阻水保田，纷纷围堤筑埂，埂上种桑（俗称桑埂），形成圩区。据民国《杭县志稿》记载，北宋政和元年（1111 年），“钱塘、仁和两县有圩区 1111 个”。

20 世纪 50 年代初，境内有大小不等围圩上百个，因不能统一排灌，常遭水旱灾害。1958 年后，发动群众挑埂搬墩、平整土地，开沟挖渠。在 20 世纪 70 年代“农业学大寨运动”中，开展山、水、田、林、路综合治理，平整土地，改建田块，以渠划方，按方平整，建成“田成方、路成线、林成行、沟渠相连”的新田畈。1985 年，挑去地埂 350 条、土墩 560 个，新做机耕路 420 条，平整土地 600 公顷。至 1990 年，利用冬春季节开展低产田改造，通过改善排灌设施、疏理河道沟渠，使 200 公顷低产农田成为旱涝保收田。

1990 年起，按照防洪 20 年一遇、排涝 10 年一遇标准，因地制宜、分期分批实施低洼圩区整治。主要进行圩堤加固、泵站改造、渠道衬砌、危闸改建，做到治水与建设“吨粮田”及农业综合开发相结合。1991 年，确定瓶窑镇长命圩区为农业综合开发区。通过近两年的努力，工程建设已全部完成，并于 1993 年 12 月通过省综合开发办验收。该工程总投资 293.81 万元，其中省投资 190 万元，县配套资金 58.6 万元，镇自筹资金 45.21 万元。工程项目建设有：改造中低产田 16000 亩；新建机耕路 21 公里；建设良种基地 200 亩、晒场 300 平方米、仓库 200 平方米；砌“三面光”渠道 20.88 公里；新建长命桥、陆家场、火溪、卞家塘、乌子陡门单闸 5 座；新建长命桥、陆家场、火溪排涝站 3 座，装机 750 千瓦；建设农用防护林 200 亩，绿化植树 2.5 万株；举办科技培训、增添仪器设备等。工程建成后，长命圩区的排涝能力从过去的 3 年一遇提高到 10 年一遇，防涝能力从过去的 5 年一遇提高到 20 年一遇标准，使长命圩区的农业生产真正做到旱涝保收，具有较高的经济效益、社会效益和生态效益。

2005年，圩区整治基本完成。

三、渠道

彭北十里渠 自原彭公鲁家头至北湖罗涨陡门，即今瓶窑镇石濑村鲁家头至南山村罗涨陡门。建于1971年，全长约7公里，当地称“十里沿山渠”。沿渠建有桁架桥五座，双曲拱桥两座，渡槽一座，陡门三处，泄水闸一座。纳水面积32平方公里，宽7—20米，设计流量每秒240立方米。彭北十里渠是－余杭区较大的干渠，也是全区“文化大革命”期间（1966年—1976年）所建的重要水利工程之一。2008年5月完成国家级小流域治理的投资1670万元。

图3－41 十里渠（2008年）

“U”形渠道 渠道为机埠与水库配套工程。1987年，境内建成各类渠道240公里，其中排灌两用渠道238公里。农田灌溉渠道历来为泥土垒筑的土渠，渗漏较多。1989年起，在低产田改造和圩区整治中推广块石衬砌，俗称“三面光”渠道。后改成预制水泥板衬砌。20世纪90年代后期改为“U”形混凝土构件渠道，既省工省本，又解决漏水损失问题，达到节水节电、水流畅通、灌溉k及时的要求。1994年，全年农业总投入206.5万元，主要用于农业基础设施建设，西中水闸一期扩建工程完成，新砌三面光渠道4500米，北湖大桥西段标准塘的建设共完成土石方1.14万立方。

至1995年，境内衬砌渠道50公里，2000年达到80公里。2005年末，累计建成衬砌渠道140公里。

四、灌溉新技术

薄露灌溉 是水稻田间管理的一项新技术。即在水稻插种返青后，用薄层水灌溉，让其自然落干露田，至田面将裂或微裂时再灌。1994年，浙江省水利厅确定余杭为全省20个水稻薄露灌溉技术推广示范县之一。是年9月，选定在彭公乡石濑村6处实施。在同等条件下，实施薄露灌溉的稻田亩均增产39.45公斤，增产幅度达8.62%；每亩节水68.3立方米，节水率24.7%。1996年，在瓶窑、彭公等镇乡普遍推广。

喷灌滴灌 通过铺设管道分段安装喷头，经喷头对空喷射后散成雨状，洒于作物的一项灌溉新技术，具有节水省工、喷洒均匀及调节田间小气候等优点。1978年开始推广应用，曾在杭州市属茶叶试验场、种猪场、大观山果园等处试点，同等条件下喷灌技术的茶园比常规茶园每亩增产26.6%。嗣后，该项技术逐步推广。1986年，大观山果园建成喷灌系统，灌溉果园100公顷，被列为全国示范工程之一。

第五节　水利用和管理

历代政府对水利管理十分重视,机构也较健全。唐天宝八年(749 年)在太湖区域设都水营田使,掌管浙西水利。宋代在地方设置提举常平司,管理河渡和水利事宜。"宋景祐四年,工部侍郎张夏复置捍江兵士五指挥。专采石修塘,随损随治,每指挥以四百人为额。"(民国《杭县志稿》卷九《水利》)明朝由地方按察使副司掌管。清代由地方同知、守备专管,有重大灾情或工程时由朝廷派重臣督办。清初,设管理仁和、海宁二州县海塘。清光绪年间(1875 年—1908 年),钱塘县设险塘公所,"凡西险大塘一带修理,陡门塘堤开浚河流,均归公所承办。"(民国《杭县志稿》卷九《水利》)民国 19 年(1930 年),杭县成立水利委员会。1949 年中华人民共和国成立后,先后由县政府实业科、农林科、农林水利局、林业水利局管理水利,同时相应建立水政水资源管理站、水政监察大队、水土保持监督站、水利水电工程质量监督站等机构,依法治水。1991 年 7 月任命水政监察员 37 名;1999 年 11 月在东苕溪等设置 5 个水政监察中队,水政监察员增加到 59 名,同时建立苕溪水上派出所。至 2005 年,共查处水事违法案件 349 起,调处水事纠纷 76 起。为充分利用水力,20 世纪 60 年代起,境内利用水库发电 6 处,90 年代后利用苕溪供应城乡居民饮用水,确保水源清洁。此外,石门水库建坝后式电站 1 座,装机 75 千瓦和 40 千瓦各 1 台,由坝内输水涵管接 30 米预应力管至电站厂。

一、水上运输

瓶窑水路交通素称便捷,据考古发现,早在良渚文化时期已有独木舟用木桨划船。春秋时期,吴越间道经过瓶窑境。三国时,孙氏兴吴筑独松、幽岭、百丈、马头等关隘,马头关为瓶窑北部边境重关,吴越间道从关下过。南苕溪、中苕溪、北苕溪 3 条溪在镇境内合流为东苕溪,河宽水深,上溯经余杭至临安青山,下流经德清、湖州、过太湖进入江苏水系。境内河港纵横密布,民以舟代步、运物,船是农家必备之物。从瓶窑夹塘经内河支港定班航船可达杭州、余杭、塘栖、临平、三墩等地。瓶窑历来是商贾荟萃、百货云集的水陆商埠,是安吉、孝丰、临安和余杭山区的山货集散地,也是城市商品进入山区的大门。苕溪上下船舶众多,也有竹筏撑运。随着社会的发展,出现了轮船、机动车等。1978 年改革开放后,苕溪中出现了百吨以上的铁驳,几十艘连成船队。1995 年,据镇航运公司统计,全镇有驳船 62 艘 5260 吨,拖轮 7 艘,动力 862 千瓦(其他企业和非企业水运工具尚未统计在内)。1995 年,年吞吐量 60 万吨的瓶窑码头建成并投入使用,码头全长 250 米,宽 60 米,设有 8 个泊位和 1 个杂货码头,建有进港公路长 360 米,堆场 8000 平方米,仓库 266 平方米,容量 660 吨。

二、渡口

苕溪上原多渡口,后随桥梁架设,渡口逐渐减少。至 2016 年,仅存汤湾渡渡口一处。该渡口位于崇化村柏树庙苕溪上,宽约 80 米。清代时即启用,渡船系木质小船。2003 年改作铁壳船,客位 20 座,日渡约百余人,系迄今余杭区内唯一人工摆渡船,由镇政府管理,区海事部门监管。

三、城乡供水

中华人民共和国成立以前,城乡居民的饮用水都来自天然地表水(河、塘、池水)和浅井水。中华人民共和国成立后,自 20 世纪 50 年代起,城镇逐渐推行自来水工程。70 年代初,农村广泛开展饮用水改良工程。1999年利用苕溪水实行城乡供水一体化,并划分为4个供水区域,由水利部门和余杭市自来水总公司协同实施。为确保饮用水源清洁度,采取苕溪禁养群鸭、控制工业建设项目、进行小流域治理等措施。

居民用水 历来取用苕溪水,少数饮用井水。1975年,筹建水厂,占地10亩,1978年6月建成供水,取用苕溪水。至1989年,先后在窑山顶设清水池3只,日供水能力2000吨,累计铺设供水管道11.2公里,当年供水量62.62万吨,供水普及率90%。1993年水厂扩建,日供水能力增至1.2万吨。2001年,在瓶窑羊山苕溪边新建水厂,一期工程于2001年1月开工,2003年6月竣工通水,日供水2.5万吨。第二期工程2004年4月开工,12月竣工,日供水5万吨。

境内农村居民历来饮用天然地表水和浅井水。20世纪50年代初,开展爱国卫生运动时,农村开展饮用水改良工作,提倡分塘、分段用水,划定专用水塘或河段作为饮用水源,设立饮用水标志,有的还订有饮用水公约。同时,通过挖新井、改旧井,建设"卫生井",开展饮水消毒,改良饮水条件。60年代和70年代,推广河边沙滤井、大口井、灶边井、插管井及手压机井。1981年起,开展农村"水改"工作,是年,浙江省政府首次拨给余杭县农村改水经费4万元,县政府配套4万元,由县卫生防疫站技术指导农村水改。

1999年,根据杭州市爱国运动委员会关于"建设完善的水处理消毒系统,确保水质,实行区域集中供水的农村水改目标"要求,余杭推行第二次农村水改工作,以东苕溪水为主水源,将全市划分4个供水区域,实施城乡一体化供水工程,至2007年9月,建成供水。第二供水区域为瓶窑、良渚、仁和3个镇,由瓶窑水厂、獐山水厂供水为主,日供水8万吨。第四供水区域为山区村镇供水区,包括瓶窑等乡镇的部分山区村,按地形条件和水源状况,分别建设小型水厂和其他取水设施。2007年5月,依照浙江省政府办公厅下发的《关于加快实施"千万农民饮用水工程"通知》精神,余杭区政府印发《余杭区山区农村饮用水工程建设管理实施意见》,要求至2009年底,通过建堰坝、打深井、山塘水库引水、建地埋式蓄水池等办法,解决因地形等客观条件限制,而未纳入大管网供水系统。2009年6月,为加强山区饮用水工程管理,余杭区政府办公室印发《余杭区山区农民饮用水工程运行管理实施意见》,规定水源工程、净水工程和输水设备管理,由所在镇乡人民政府负责管理,实行"定额管理、计量供水、有偿使用"的原则,用水户安装水表,按一般不高于城镇居民用水水价,计量收费所收取水费用于饮水工程运行管理、维修、更新改造、购买消毒药剂、水质检验及管理人员工资等。

瓶窑3个村饮用水工程水源点及受益人口情况表(见水利志345—346页)。

四、水政管理

苕溪等水利设施历代有专门机构管理。自明代起由县管理,遇重大工程朝廷派员督办。有关治水的政策法令历代都有明确规定。民国21年(1932年),杭县县政府公布修筑圩堤办法20余条,闸坝堰管理规则11条。"或派兵士,或设专员,或官督民办,要皆防水之害,而筹其利。至近,则基层合作,更设测量测候之所。为根本研究,企图利用水之利而利之"。(民国《杭县志稿》卷九《水利》)

中华人民共和国成立后,瓶窑遵守杭县及余杭县政府发布堤塘及水库管理公告、规则,包括规范堤塘水库保护、排灌设施保护、河道清障、制止违章建筑、不准在堤塘附近及泄洪区种植作物等内容。

20世纪90年代起,对取水、涉河建设、河道挖沙和水土保持项目实行审批制度。

图 3－42 汤湾渡渡船(2016 年)

管理机构 宋代设捍江兵五指挥,每个指挥以 400 人为额,后减为 300 人。绍兴二十二年(1152 年),置修江司,“询故老究利病脉络,而后兴工。”(民国《杭县志稿》卷九《水利》)清雍正八年(1730 年),杭州捕盗同知、管粮通判两名分管东西两塘,再设千把总 2 名、兵 2000 名常驻做工。光绪年间(1875 年—1908 年),设立钱邑险塘公所,凡西险大塘一带修理陡门塘堤,开浚河流,均归公所录办。民国 6 年(1917 年),专设浙西水利议事会,办理包括苕溪在内的浙西重要河道修浚事宜。稍后,改称市一区水利议事会。16 年(1927 年),设大塘岁修专款保管委员会,并规定“凡西险大塘岁修工作,由地方合力主持”。21 年(1932 年)杭县制定修筑圩堤办法。“步骤如下:一、各区调查应修筑之圩堤,报告县政府。二、县政府派员分往各区复查,其复查要点如左:甲、复查各区调查报告,有无脱漏,脱漏者补足之。乙、复查各区调查报告有无冒滥,冒滥者别除之。丙、复查各区调查报告所列工程计划,是否适当,工料估价,是否核实。三、县政府核算全县圩堤所需工料,分别确定津贴限度。四、成立各区修筑圩堤事务所。五、各区事务所,筹集款项,并进行修筑工程。六、县政府派员验收,并呈请建设厅派员查,随发津贴。七、结束各区事务所。”“每一乡镇区域内之圩堤,或数乡镇有连带关系之圩堤,其修筑事宜,或责由各乡镇长负责办理,或指定相当人员共同负责,纯由各区事务所就当地情形,妥为分别处理。”“各圩堤修筑之料价,(泥土不计)统由县政府拨款供给。各圩堤一律征工修筑,仅给相当之伙食费。该项伙食费,除由县政府津贴之款开支外,余由各圩堤范围内田地业主按田亩数平均分摊。”“修筑圩堤之征工办法,以在该圩堤范围内耕种田亩之农民为限。如在工程必需之石工水木工,当地农民确无此项人选,得另行招雇。每户农民征工数之多寡,以其耕种田亩之多寡为比例。被征工之农民,如有特别事故,不能亲到应征,须自行雇人代理。”“各圩堤工程结束,各区事务所须随时分别呈请县政府,派员验收。并由县政府呈请建设厅派员抽查,验收合格,随发津贴。各区事务所于工程结束后,应将每乡镇或每圩堤经收经付之工料各款,造册呈报县政府,并就地分别公布。”(《浙江省建设月刊》1932 年第 5 卷第 9 期)35 年(1946 年),设东苕溪南北湖水利参事会。

中华人民共和国成立后,水利管理机构数次调整,先后建有苕溪堤防管理所、机电排灌总站等,归属区(县、市)林业水利局。苕溪堤防管理所设在瓶窑。1984 年,瓶窑、彭公、长命、北湖建立水利管理站,设水利专管员,归属镇乡农业办公室。负责涉水法律和方针政策的贯彻实施,实行依法治水、依法管水;协助制定该镇范围的水利建设中长期规划、年度实施计划,组织制定水资源开发、配置和保护以及农田水利基本建设、水土保持、防洪等相关专业规划,并监督实施;负责该镇农业、工业、生活用水的计划制定与节水、水环境保护、水污染防治等涉水事务管理;承担本街道防汛抗旱日常工作,做好防汛抗旱物资的筹集、调拨,组织指导范围内的水土保持等。此前,镇、乡设农机管理站,农机、农电、水利均由其负责管理。建立基层防汛体系和村(社区)防汛应急预案,成立镇防汛抗旱指挥部和镇抗洪抢险队伍;村(社区)也相应成立防汛抗旱领导小组和村(社区)和企业抗洪抢险队伍,确定自然村(组)防汛抗旱联系人。西险大塘护塘人员,由水利部门统一安排,有关村(社区)选派落实。2015 年,全镇西险大塘护塘人员共有 150 人。当苕溪水位上涨到 7.5 米(吴淞标准),护塘人员须立即上塘巡视,并在 100 米堤塘内实行 24 小时值班。

项目审批 取水 1993 年根据国务院发布的《取水许可制度实施办法》,凡直接从江河、湖泊或地下取水的单位和个人(除少量家庭用水、禽畜饮用水外),都应申请取水许可,按规定取水,以促进节约用水、合理用水,可持续利用水资源。瓶窑首次开展取水登记,共登记工矿企事业单位 3 家、农业灌溉取水 123 家,经核定年取水量,发放取水许可证。除农业用水外,都按规定缴纳水资源费。2015 年,境内工矿企事业单位登记取地表水的 5 家,年取水量 2460.3 万立方米。

涉河建设 法律规定河道水域属国家所有,但历来与水争地、临河建房、蚕食河道、设障阻水、损坏堤防等现象屡有发生。1991 年,水政执法机构建立后,凡涉及河道、水域、堤防等建设项目,必须经水行政主管部门审批同意,否则按违法建筑查处。确需少量占用的应缴纳水域补偿费。1991 年—2005 年,共审批各类涉河建设项目 517 件,有效遏止侵占河道、水域、损坏堤防等违章建设。

河道采沙 1988 年 9 月,鉴于苕溪河道及南、北湖滞洪区内乱采滥挖黄沙现象不断发生,据县政府《余杭县苕溪河道黄沙采挖管理暂行规定》,凡在苕溪范围采挖经营黄沙者,须经申请批准,领取"采矿许可证"和"工商营业执照",在不乱用土地、不影响河道流势、不妨碍堤塘安全的前提下开采经营;按销售额的 10% 缴纳管理费,对违反规定者按情节轻重给予不同处罚。1992 年 8 月,县林业水利局、财税局、物价委员会联合下发《关于加强河道采沙收费管理的通知》,再次强调审批手续,为禁止乱采滥挖,还实行河道采沙权出让,规定采挖时间、作业方式、可采数量及水土保持等要求,采取招投标公开拍卖,出让金的 30% 缴财政,70% 返回镇乡用于河道整治。

另外,凡生产建设项目可能造成水土流失的,按规定编报水土保持方案,经批准方可进行。

投资管理 水利建设为公共事业,须有足够的财力、物力、人力才能进行。历代对兴修水利的劳力征调和经费筹措都有不同的规定。

劳力投资 余杭建县后,兴修水利主要靠强徭役征。宋代采用雇募方式,范仲淹所称"日食五升,召民为役而赈济"是最早的"以工代赈"。在重要水利工程出险时也有动用兵士抢修的,宋景祐四年(1037 年)曾派兵修钱塘江海塘。明代水利施行工役征派,根据里甲所编户民按当地当年工程所需劳力,轮流出工。清代实行"按田出夫",以田亩多少派定工役。民国沿用清代之法,修西险大塘都按田亩和壮丁派工,为义务工。遇灾年,政府拨出少量米面补助,为以工代赈。

中华人民共和国成立后的 50 年代初期,采用按土方工程量由政府少量补助办法,鼓励农民兴修水利。农业合作化后按受益田亩负担劳力,也采用按土方工程量政府补助经费给社队,遇大灾动员军队或组织城镇职工居民进行义务劳动参加抢险。1990 年 10 月,为规范劳力投入,执行余杭县政府农村劳动积累工制度,规定每个农村劳动力每年投入劳动积累工 10 工—20 工,按劳力或土地承包面积分摊。受益的企事业单位和城镇居民也应承担相应义务,可直接出工,也可以资代劳,出资抵工。

经费筹措 历代水利经费有政府出资、私人募捐、大户出钱、按田摊派等办法。宋代以前,凡大的水利工程均由中央和地方政府动用国库出资。宋代以后大部分农田为地主所有,除大型工程仍由国家出资外,一般工程都由土地所有者出资、国家适当补助。元、明、清时期,还用奖励手段,动员富民捐募经费兴修水利,以为善举。清代水利经费有“动帑开支”、“动帑借支”、“自行集资”三种渠道,官府直接投资为动帑开支;官府先行贷款或借支,以后按受益者田亩收取归还,称动帑借支;按田亩摊派收取工程款项称自行集资。民国时期基本沿袭清代办法筹集资金。还增加一项“置田法”,当时西险大塘岁修专款委员会就“置有基本金田201.36亩(13.42公顷)、地18.60亩(1.24公顷)、荡0.64亩(0.04公顷),共计220.6亩(14.7公顷),收取租米作为岁修支用”。

中华人民共和国成立后,采取国家举办和农民自办相结合的方针兴修水利工程。如堤塘砌石由国家补助石料、水泥和运输费用,由农民负担砌筑。小型排灌机埠以农民集资为主国家适当资助,中型以上机埠由国家兴建。西险大塘基本上由国家拨款建设。

1996年,当年用于农业水利建设资金231.8万元,完成土石方18.95立方米,完成工程投工29.85万工,加固加高苕溪北塘6710米,抢修“6·30”洪灾堤塘决口7处,滑坡地段424米,堤塘漏洞100处。新建西安寺和卞家排涝机埠2座,维修机埠8座,浇筑三面光渠道3500米,清沟理渠5500米,铺设涵管90米,实施西中水库续建工程。1998年,用于水利投入资金518.23万元,完成土石方13.19万立方米,砌防浪墙5069米,浇筑三面光渠道4500米,重建投资81万元,澄清塘机埠一座,投资164万元的西中水库已竣工交付使用。1999年“6·30”洪灾之后,总投资511万元,一次性规划,分年实施的加高、加固张堰塘工程进行施工。2000年,水利投入490万元,投入劳力32万工,其中:投资223万元,完成张堰南塘一期工程扫尾和二期加固工程610米;完成澄清斗门改造、北塘工程砌石,西中溢洪道工程;新建灌溉机埠8座;浇筑三面光渠道18000米。2001年,水利建设共计投入资金664.72万元,投入劳力71.5万工,完成年初制订的15个工程项目,其中包括:张堰东塘二期、三期续建工程,张堰北塘斗门改建工程,西安寺排涝机埠改建工程等。2003年,投资197万元,完成大小水利工程设施28处。

附:驻瓶窑余杭区水利单位

余杭区苕溪堤防河道管理所 原址在瓶窑镇浦家滩9号,2013年迁入新办公楼——瓶窑镇羊城路566号。堤防河道管理所成立于1962年5月,时名为余杭县堤防工务所,配备水利干部职工4人。1969年3月与瓶窑水文站合并,建立余杭县西险大塘水文站革命领导小组。1981年1月,水文站由杭州市水文总站管辖,又恢复堤防工务所名称。1984年7月,更名余杭县苕溪堤防管理所。1986年复称余杭县苕溪堤防河道管理所。1990年6月,经批准建立余杭县公安局苕溪水上派出所,所领导与工作人员由苕溪堤防河道管理所在职人员兼任,后因建立水政监察中队而撤销。

苕溪堤防河道管理所是东苕溪(杭州段)防洪工程的专管机构,负责东苕溪西险大塘防洪工程和南、北湖滞洪区分洪工程的日常管理;负责汛期重点险工、险段的巡塘查险工作;为东苕溪防洪工程抢险提供技术方案和技术资料的支持;负责防洪抢险物资的储备及发放工作。管理所下设行政管理科、财务科、西险大塘管理科、南湖管理科、北湖管理科、防汛科六个科室。

随着水利事业的不断发展,管理所不但管理硬件不断完善,科技含量不断增加,特别是在利用信息化手段的基础上,实现了由"人管"向"技管"的转变,提高了水利工程管理工作的效率和水平。

历任负责人陆炳南、汤永桂、张鸿恩、沈燮荣、刘永水、章樟浦、沈祝其、胡洛敏、曹金鑫、沈宇翔、张文松。

余杭区水文水资源监测站　位于瓶窑镇外窑街东苕溪左岸,站址:瓶窑镇苕溪北路3号。始建于民国13年(1924年),时称外窑水位站。17年(1928年)6月,设立瓶窑雨量站,同时观测水位和雨量。18年(1929年)升格为瓶窑水文站,并开展流量测验。1937年后,因抗日战争爆发而停测。1950年5月,恢复水文观测活动,并明确为三等水文站。1956年4月体制上收升格为二等水文站。1969年3月至2004年12月期间先后与堤防工务所、苕溪流域站合并后又分出。水文站自建站以来体制几经上收下放。1995年体制再次下放余杭市,称余杭市水文站。2003年10月与苕溪流域水利站实行"二块牌子、一套班子",通称余杭区瓶窑水文水资源监测站,2005年4月与苕溪流域水利站分开恢复独立法人单位。

主要职能:负责余杭区内水文站网管理及水文水资源监测工作;承担本区水位、雨量、流量、水温、气温、水文情报、洪水预报等水文预报、水文信息管理、水文研究、水资源调查评价等服务工作;负责区内各水文代办人员的技术培训,业务指导,水雨情遥测设施设备维护养护及更新等工作。建站以来多次获国家水利部和省、市水利系统水文资料质量优秀测站、文明单位等称号。

历任负责人陆鹏飞、孙维梅、茹民德、周小苏、钱鸿年、陈雪钦、汤永桂、张鸿恩、沈雪荣、陆鉴亭、沈海高、沈如堂、马晓萍。

余杭区苕溪流域水利站　原站址在瓶窑镇大桥北路6号。后迁至瓶窑镇风溪路351号。

1979年建立,时称余杭县瓶窑林业水利站。1992年5月撤区扩镇并乡后,改设为余杭市苕溪流域水利站。2001年3月余杭撤市建区,称余杭区苕溪流域水利站。主要负责苕溪流域的排、配水泵、闸、站工程规划、审核和施工的监督;为苕溪流域防洪工程提供技术方案和技术资料的支持。

历任负责人龚再林、陈德茂、蔡土根、周德成、朱仲安、沈海高、周燕明、胡洛敏。

第六章　财税　金融　保险

1978 年以前，不设乡镇一级财政，乡镇为县财政的报账单位。收入全部上缴，支出定期报销。改革开放初期，曾实行收支分线，目标考核，但仍属于统收统支。1986 年全面实行乡镇财政。1990 年，改革乡镇财政体制，实行划分收支、核定基数、总额递增、收支挂钩、增收分成的财政体制。至 1994 年实行分税制前，余杭县其实施三轮乡镇包干财政体制。

1994 年—1997 年，余杭市对乡镇实行分税制财政管理体制。主要内容是“划分范围、核定基数、收支挂钩、超收分成、超支不补、节余留用、一定三年”，实际运行 4 年。

1998 年—2000 年，实行第二轮乡镇分税制财政体制，在原有体制基础上，进行适度调整。并实行“两保两联”，即确保完成镇乡财政收入任务，确保实现当年财政收支平衡，余杭市对乡镇财政补助和奖励同其财政收入联系挂钩。

2001 年，实施第三轮乡镇分税制财政体制。进一步明确住房公积金、养老保险金、教师失业保险金、居委会和下放的环卫所支出为镇乡财政支出范围，并改进收入基数和分成办法。

2002 年—2004 年，实行新一轮乡镇财政体制，以适应撤市设区、撤并镇乡及经济大环境变化。

自古以来，财政收入都以田赋征额为主，而所征商税、酒税、茶税及明清后新增的黄烧纸税，其数额亦相当可观。以解省、部为主，财政支出中，地方留存为数不多。民国初期，当时收入都归中央，所有地方经费，都从中央赋税中拨留一部分使用，不足再由上级补助。财政支出以行政经费为主，少数用于经济建设、教育卫生等。

中华人民共和国成立初期，财政收入仍以农业税为主。1953 年开始进行经济建设，工商税收入逐年增加。80 年代企业利改税后，工商税收入占财政收入的 85% 以上。1994 年分税制改革后，中央税和地方税收入大幅度增加。财政支出也逐步由“吃饭财政”转向“建设财政”，21 世纪后又向“民生财政”转轨，财政支出更趋合理。

第一节　财　　政

乡镇财政是乡镇政府履行各项职能的财力基础，也是县级财政收支重要组成部分。乡镇财政基本任务是依据国家相关法律法规安排乡镇财政收支，实现资源的有效配置；对乡镇管辖范围内的行政、事业和企业单位实施财政管理和财政监督，为发展农业，农村经济和社会事业服务，为农村基层政权建设服务。

一、体制

民国年间，确定瓶窑为建制镇，仍一镇二治，以关口桥为界，桥北属余杭县，桥南属钱塘县，后为杭县。中华人民共和国成立后，涉及杭县、余杭县（市、区），镇域含原瓶窑、彭公、长命、北湖镇(乡)。

沿革 咸丰年间,钱塘境之瓶窑设立“清厘金”分卡。民国年间,各乡镇皆设公所,并于乡镇公所之上,增设区公所。其时,瓶窑镇及各乡自治经费有依法征收的赋课收入、乡镇公有财产收入(庙会、桥会、路会、堰会)、乡镇公有营业收入和临时收入。此项收入归县级地方财政收入。民国31年(1942年),县和乡镇财政收入划入自治财政系统,以自给自足为原则,财政部提出自治财政筹补办法,大多以增加正税正赋附加解决自治经费来源。民国36年(1947年),浙江省财政厅提出乡镇经费“筹措原则”,县预算不敷负担部分,可提经县参议会通过,报省核准后,在田赋和其他正课中统一另据酌征。是年,浙江省财政厅核准杭县征收乡镇自治教育经费:比照田赋赋额每元收稻谷一市斗,比照营业资本额征收5%;核准余杭县比照田赋每元收稻谷1斗5升,比照营业税征收20%。上述乡镇自治教育经费,分别由县田粮处和县税捐处代征。征起经费60%作乡镇自治经费,40%作教育经费由县专款存储,用于乡镇中心学校、保国民学校及乡镇社会教育经费。民国37年(1948年),因营业税调高,为减轻商民负担并利于新税率推行,停止征收比照营业税征收的乡镇自治经费。

中华人民共和国成立初期,瓶窑区设财政干事、粮政干事(1953年合并为财粮干事),负责征收农业税(俗称公粮),管理公产租金。1958年10月,实现人民公社化。随着整个体制下放,国家对人民公社财政体制实行“二放、三统、一包”(二放:即下放人员、下放资产;“三统”:即统一计划、统一政策、统一流动资产管理;一包即财政任务包干)政策。1959年3月,建立半山、拱墅两联社。4月,半山联社根据省委《关于整顿人民公社的十项规定(草案)》,改财政收支“定额包干”办法为“税收照征、利润分成,支出包干,按月下拨”过渡办法,待上级正式规定下达后,实行结算退补。人民公社财政收入范围为:各项税收及附加(工商统一税、农业税、盐税等)征收后全部上交国家。地方国营、公私合营企业按实现利润减除股息后的85%上交国家,15%留给公社与企业。公社与企业分成比例,由公社视各企业不同情况分别确定,公社留成平均不得低于10%。社办工业实现利润按30%征收所得税,全部上交国家。公社、供销社、公私合营商业按实行利润的90%上交国家,10%留给公社统一安排。剧院、电影队、新华书店等文教卫企业单位利润,暂不上交,全部留给公社。公社其他收入(规费、罚没收入、公产收入等)扣除公社支付的工本费、应提奖金和房屋修理费外,全部上交国家。人民公社支出范围为:原由国家开支的行政党团人员工资、公用经费和事业补助费按国家下放公社前的实有人数与1958年第四季包干支出情况由联社拨付。公社化前已转为民办小学和公社化后新增、扩大的文教卫事业及非由国家开支的行政人员所需经费,由公社自行解决。当时,公社未编制过公社财政年度预决算,公社不属于真正的一级财政。为加强对人民公社财政及财务的管理,是年11月,余杭县财税局制订《余杭县农村人民公社企业财务管理办法(修订)》,对社队企业的财务计划、财产物资、资金和成本费用的管理作出明确规定,并调整充实基层税务(或财政)所(组),专管国家财政收入,包括工商税、农业税、企业收入和其他收入。

中共十一届三中全会以后,农村开始进行全面经济体制改革。根据省、市人民政府关于加强对人民公社财务管理的规定,1983年4月,余杭县人民政府要求各公社建立公社财务管理小组,管理小组由1名公社领导任组长,公社文书、信用社主任、工办主任、会计、农业会计辅导员和财政员任组员,负责公社清账理财和健全财务制度的工作。10月,县政府印发《关于在政社分设中建立乡镇财政的通知》,要求各公社管委会(乡、镇人民政府)在政社分设过程中,抓住时机把财务整顿好，把乡财政建立好。是年，境内各乡（瓶窑镇除外）先后建立了乡人民政府财政管理小组（组长由乡长兼任）和乡经联委财务管理小组。业务上，乡财政管理小组受县财税部门指导。乡财政管理小组的职责：为支持（协助）财税干部做好农业税及其他各项工商税征管；管好乡范围内各项资金，编造乡政府财政预决算，并向乡人民代表大会提出报告；指导、监督乡经联委及所属企事业单位财务管理。乡人民政府财政管理小组和乡经联委财务管理小组分别建立财务和财务会计制度。是年，乡财政可用资金为：一是财政拨款，二是乡办企业上交利润中15%—20%，给乡政府用于社会福利、公益事业的资金。其余乡办企业上交利润的50%留给企业作为扩大再生产资金，另外30%—35%由乡经联委留作扶助企业扩大再生产和其他有关支出。上述措施的执行，改变了“政社合一时期，社队企业的利润往往由党政领导支配”和“另立名目向经济组织摊派款项”的现象。

1984年4月，确定财政管理体制暂定为“定收定支，收入上交，支出下拨，结余留用”办法。乡财政预算编制应本着“统筹兼顾，全面安排，突出重点，照顾一般，积极可靠，量入为出，不留缺口，留有后备”原则，以保证年度收支预算实现。乡财政年度收支预算应报经乡人民代表大会审查批准，作为县财政预算中的一个基层单位报送县财税局备案。1984年，经各长命、北湖、彭公乡推荐，瓶窑区公所组织考试和全面考核审定，县财税局招聘乡财政总会计3名。1985年，为适应县乡级政权建设和农村经济体制改革需要，县财税局组织各乡财务管理小组进行清账理财，摸清乡国拨资金和乡有资金来源、金额、收支和管理情况及乡有固定资产原值、净值和管理使用情况，并修订完善乡一级财务制度。是年，各乡开展“三代”（对农村集贸、个体户税收实行代征税款、代开发票、代为管理）工作。乡经营管理服务公司及下设服务站共同开展征管，弥补财税部门征管力量的不足，方便群众缴税，又实现群众护税，减少税源流失，为建立乡财政打下基础。长命、北湖、彭公乡（不含瓶窑镇）的乡财政分收大于支，收支相抵、支大于收三种情况进行测算，并拟定建立乡财政实施方案。是年12月，余杭县政府决定从1986年起，建立长命、北湖、彭公乡一级财政。

1987年2月，县政府决定从1987年起，建立瓶窑镇的镇一级财政。至此，今境内各乡镇均建立乡（镇）一级财政。乡镇财政成为余杭区（县、市）级财政的重要组成部分。但与县财政不同的是乡不设金库。此后，各乡镇财政经三轮包干财政体制和八轮分税制包干体制。

乡镇包干财政体制　第一轮乡镇包干财政体制（1986年—1987年）。1986年，建长命、北湖、彭公乡乡财政，实行“划分收支，核定基数，收支挂钩，增收分成”的财政体制，1986年1月1日起，一定两年不变，此为第一轮乡镇财政包干。其收支范围划分和体制分成比例分别为：乡财政收入中乡村企业、基层供销社（分社）、合作商店、家庭工业、联合体、个体工商业和集市贸易和乡村的农、林、牧、水产业的税收及乡级其他收入。乡财政收入划分为两块：一是上述单位和个人在当地交纳的工商三税，即产品税、增值税、营业税；二是上述单位和个人在当地交纳的所得税（含附加）、屠宰税、农业税（含附加）、农林特产税、城市维护建设税和乡级其他收入，统称为“固定收入”。乡财政支出：乡级正常开支的文化、教育、卫生、计划生育、广播、抚恤与社会救助事业和各项农业事业费、行政管理费等。属于县财政支出一次性补助和上级专项拨款有：自然灾害救济费、防汛抗旱和小型水利补助费、基本建设投资和房屋维修费。乡财政收支基数：乡财政固定收入以1984年和1985年两年平均数为基数，正常支出以1985年为基数。乡财政分成比例：工商三税用“环比”方法，比上年增长部分，乡财政分成5%，其中：集市贸易、家庭工业、联合体、个体户按全额分成15%,仍可并入总额计算增长分成数;固定收入大于支出基数的乡,超基数部分乡财政分成分别为15%、20%、25%、30%,由县财政局平衡核定;固定收入小于支出基数的乡,超基数部分乡财政分成40%;固定收入小于支出基数的差额,由县财政定额补助。执行结果完不成固定收入基数的乡,其少于基数部分按增长分成比例扣减,相应减少乡支出数或定额补助。

第二轮乡镇包干财政体制(1988年—1989年)。1988年—1989年,继续实行上一轮财政体制。乡镇财政固定收入以1986年和1987年两年的平均固定收入为基数。1988年新开征的粮食附加税、能源交通基金不作为乡财政收入。乡镇财政正常支出的基数以1985年支出数,加1986年、1987年两年教育系统按国家政策规定增加的三项支出(即民转公、落实政策、班主任津贴)和1986年、1987年两年全县乡镇财政体制执行结果收支比例可增加的支出数为核定的支出基数。乡镇财政体制分成比例仍按原规定执行。1988年,新开征的房产税、车船使用税作为乡、镇财政固定收入。耕地占用税属于农民建房征收部分由县财政返还给乡财政40%,1988年新开征的5种农林特产税由县财政返还给乡财政50%,对于乡镇企业建房征收的造地费,70%返还乡财政(以上3项资金返还部分均作为乡、镇财政农业发展基金)。瓶窑镇核定固定收入基数52.26万元,核定支出基数19.68万元;彭公乡核定固定收入基数32.26万元,核定支出基数19.03万元;长命乡核定固定收入基数52.49万元,核定支出基数20.42万元;北湖乡核定固定收入基数16.51万元,核定支出基数16.78万元。

第三轮乡镇包干财政体制(1990年—1993年)。1990年,县政府印发《关于调整乡镇财政体制的通知》,决定从1990年1月1日起,对乡镇财政体制作适当调整,改为实行"划分收支,核定基数,总额递增,收支挂钩,增收分成"财政体制,一定三年不变,为第三轮乡镇财政包干。其收支范围与原体制同。乡镇财政体制的收入基数是以1988年和1989年两年平均数为基数,支出基数以1989年可使用数为基数。乡镇财政体制结算收入每年递增3%后计算增收分成,增收分成比例为20%、25%、30%、40%。同时,适当照顾革命老区,收入全部留乡财政,用于各乡镇集镇建设。农林特产税以1986年收入为基数,增收部分乡镇财政分成40%。1991年,为鼓励乡镇村兴办外商投资企业,对外商投资企业缴纳的税收(包括工商统一税、企业所得税、个人收入调节税、城建税和外商投资企业代征代扣的税款),均纳入乡镇财政体制包干结算范围。1993年,根据余杭撤区、扩镇、并乡和乡镇经济发展的实际,在省财政对县财政预算管理体制未正式实行"分税制"情况下,1993年1月1日起,县对乡镇继续实行"划分收支,核定基数,总额递增,收支挂钩,增收分成"财政包干体制,包干期限三年(实际实行一年)。

乡镇分税制财政体制　第一轮乡镇分税制财政体制(1994年—1997年)。1994年,余杭撤县设市。余杭市对乡镇实施第一轮分税制财政管理体制,实施期限四年。其主要内容是:乡镇财政收入的范围为乡镇、村、街道办企业及乡镇以下的"三资"企业、私营企业、个体工商业户和农户在当地交纳的增值税(25%部分)、营业税、个人所得税、城市维护建设税、中外合资企业和外国企业所得税、屠宰税、工商税收滞纳金、农业税、农业特产税、集体和私营企业所得税。乡镇财政支出范围包括乡镇正常开支的各项农林水事业费和文化、教育、卫生、计划生育、公费医疗(超支部分)、忧恤与社救事业费、其他文教事业费、行政管理费、城市维护费和乡镇其他支出。超收分成:乡镇固定收入按基数每年递增5%,超过递增后的收入部分,分别按35%、40%、50%计算分成,减收部分按20%比例相应扣减乡镇财政支出基数。

第二轮乡镇分税制财政体制(1998年—2000年)。1998年,适度调整已连续实行4年分税制收支范围、基数、分成比例及有关配套政策。实行第二轮分税制体制,1998年1月1日起,三年不变。乡镇财政收入基数及分成:农业税以财政局每年下达任务为基数,超收留给镇乡,短收由镇乡赔补;农业税特产税以1996年—1997年两年平均收入为基数,超收留给镇乡,短收由镇乡赔补;地方税收入以1995年—1997年三年收入平均数为基数,第二年起,每年增长3%;地方税收入增收分成比例为50%,地方税比基数增收部分,镇乡分成50%;完不成基数,短收部分由镇乡赔补10%。

第三轮乡镇分税制财政体制(2001年)。2001年2月,余杭市人民政府决定对各乡镇继续实行期限为三年的第三轮分税制财政管理体制(实际实行1年)。适当调整乡镇财政的收支范围。首次将城镇土地使用税、房产税列入。第四轮乡镇分税制财政体制(2002年—2004年)。2002年起,由于所得税征管体制的改革(原定中央与地方5∶5分成,2003年调整为6∶4分成)、撤市设区、撤乡并镇和机构改革的深入以及经济大环境的变化,原定计划执行3年的2001年乡镇财政体制已无法继续执行,乡镇分税制财政管理体制再作适当调整:镇乡行政区域内各类企业(除省、市属企业,保险、银行、信用社、烟草、电力、邮政、电信企业、部分区属、开发区及延伸区块企业外)和个体工商户缴纳的增值税、营业税、城建税、所得税(2002年为50%)、个人所得税(2002年为50%)、房产税、城镇土地使用税和农业税列入收入范围;支出范围中,进一步强调住房公积金、社会保障和福利支出、城市维护费、下放的环卫所及社区支出列入镇乡财政支出。在保证2001年乡镇财政体制可用资金前提下,按事业人员按行政编制1∶1.1确定,每人每年1.5万元补助,每个行政缺编数按1万元和每个教师缺编数按0.6万元列入支出基数,人员经费不足的镇乡,补足实际人员正常经费,对新增支出继续参照上轮体制。

第五轮乡镇分税制财政体制(2005年—2007年)。2005年,区人民政府按照建设公共财政的要求和规范、稳定、公正、简明的原则,继续深化分税制财政体制改革,加大对西部困难乡镇的财政转移支付力度;对乡镇财政的收支范围、收支基数和分成办法作适当调整。实行新一轮(第五轮)乡镇分税制财政体制,实行期限三年。收入范围及划分增加涉外企业所得税40%部分。支出范围:进一步明确公费医疗经费(超支部分)、抚恤与社救事业费、住房公积金、养老保险等社会保障和福利支出、社区经费、城市维护费及下放的环卫所经费等,列入乡镇财政支出范围。支出基数主要包括行政及全额事业编制人员基本工资及奖金、按规定缴纳的各项保险;民政抚恤支出、低保经费;精减人员及遗属补助;基本工作经费等。收入基数:以2004年核定的各镇乡财政收入实绩为基数。体制增收分成办法:增值税(实际人库数)实行超收奖励。瓶窑镇按45%比例实行超收奖励;增值税出口退税基数部分由区本级承担。所得税实行分类确定基数递增率和增收分成比例,瓶窑镇所得税按45%比例实行增收分成,完不成基数的短收部分镇乡赔补10%。房地产销售不动产营业税按收入实绩30%比例实行总额分成,分成收入基本用于镇乡基础设施建设。地方税收人确定4档基数递增实行增收分成,完不成基数的短收部分镇乡赔补10%。瓶窑镇收入基数年递增率10%,地方税增收分成比例40%;各镇乡2005年收入基数以核定数为准,2006年起按核定的基数递增率递增。瓶窑镇给予当年所缴城建税10%作为城市建设专项资金,用于城镇建设;公路建设建筑业营业税按实际入库数由区财政给予乡镇20%补助。

第六轮乡镇分税制财政体制(2008年—2010年)。2008年,区政府对乡镇财政体制作适当调整,实行新一轮分税制镇乡财政体制。实行期限三年,再延长一年。收入范围与上一轮相同。支出范围:进一步强调确保镇乡正常运行的各项支出,包括一般公共服务、教育、科学、文化体育和传媒、社会保障、医疗卫生、环境保护、城乡社会事务、农林水事务、工业商业等事务及其他支出,均列入镇乡财政支出范围。收入基数:以2007年核定的各镇乡地方财政收入实绩的90%为基数。支出基数主要包括:行政及全额事业编制人员基本工资及奖金、按规定缴纳的社会保障支出;民政抚恤、低保、城乡居民合作医疗保险、老年人生活补助;精减人员、遗属补助;学校生均公用经费及义务教育改革经费和镇乡基本工作经费。2008年,瓶窑镇收入基数中增值税(25%)为2033.54万元,所得税(40%)1513.78万元,其他税收3238.58万元;增收分成比例增值税(25%)50%,所得税(40%)55%,其他税收55%,支出基数5161.00万元。

第七轮乡镇分税制财政体制(2012年—2014年)区人民政府决定从2012年起对乡镇财政体制作适当调整,收入范围:镇政府行政区域内的各类企业(不包括部份省、市属企业、保险公司、各类银行、烟草、电力、邮政、电信企业、部份政策兑现金额较大的企业)及个体工商户在当地缴纳的增值税(25%部分)、营业税、城建税、所得税(包括企业所得税和个人所得税的40%部分,但不包括房地产企业所得税)、房产税、城镇土地使用税纳入范围。支出范围,确保镇政府正常运行的支出,包括行政区域范围内的基础设施建设和一般公共服务、教育、科学、文化体育和传媒、社会保障、医疗卫生、环境保护、城乡社区事务、农林水事务、工业商业等事务及其他支出,均列入财政支出范围。2012年,瓶窑镇收入基数确定增值税(25%)4734.09万元,所得税(40%)4590.52万元,其他税收9231.47万元,支出基数12682.47万元。

第八轮乡镇分税制财政体制(2015年—2017年),区政府从2015年起对乡镇财政体制作适当调整,收入范围,镇政府行政区域内的各类企业(不包括部份省、市属企业、保险公司、各类银行、烟草、电力、邮政、电信企业、部份政策兑现金额较大的企业、杭州余杭经济技术开发区、杭州农副产品物流中心区块企业)及个体工商户在当地缴纳的增值税(25%部分)、改征增值税、营业税、城建税、所得税(包括企业所得税和个人所得税的40%部分,但不包括房地产企业所得税)、房产税、城镇土地使用税、印花税纳入范围。支出范围,镇街支出范围:确保镇政府或街道办事处正常运行的支出,包括行政区域范围内一般公共服务、教育、科学、文化体育和传媒、社会保障、医疗卫生、环境保护、城乡社区事务、农林水事务、工业商业等事务及其他支出和部分基础设施建设,均列入财政支出范围。2015年,瓶窑镇收入基数确定增值税(25%)6827.79万元,所得税(40%)4721.98万元,其他税收11971.43万元,支出基数15483.92万元。

二、收支情况

民国期间,乡主要是征收赋课收入,乡公有财产收入(庙会、桥会、路会),乡临时收入。支出则以行政、警察经费为主,少数是财务费、教育费和实业费。中华人民共和国成立后,财政收支分预算内和预算外两部分。境内预算内收入主要是农业税。1953年后,工商各税收入逐步增加。预算内支出,1952年前主要是行政经费,1952年行政费支出占总数的80%,文教卫生支出占16%。1953年后,文教卫生、工农业建设投资逐步增长,行政费支出比例相对下降。预算外收支:60年代以前为数甚少,嗣后,预算外收支渠道比较固定,并逐年有所增加。预算外收入主要是农业税附加、工商税附加、城市公用事业附加等。预算外支出以基本建设投资、工业、商业、交通、邮电支出、农业、林业、水利支出、文教、科学、卫生支出、行政管理费支出、市政建设支出等。1986 年,建立乡镇一级财政后,明晰了县(市区)与乡镇间的财政事权、财权责。1986 年,建立乡镇一级财政后,明晰了县(市、区)与乡镇间的事权、财权和责权分配,逐步理顺财政分配关系,调动了乡镇政府当家理财积极性,使乡镇政府更加关心、支持乡镇财政工作,促进乡镇财政收入增长。

1986 年—1990 年瓶窑镇(包括北湖、长命、彭公乡)财政收支情况表

表 3-6-1 单位:万元

年 份	预算内收入	预算内支出	预算外收入	预算外支出
1986	399.61	75.02	66.45	70.06
1987	453.61	103.68	41.63	70.82
1988	625.96	150.73	39.76	44.43
1989	641.36	170.67	44	75.40
1990	626.79	196.93	70.87	94.67

1991 年,瓶窑镇预算内收入 353.8 万元,支出 76.22 万元;预算外收入 56.89 万元,支出 112.59 万元。

长命乡预算内收入 137.92 万元,支出 46.83 万元;预算外收入 33.3 万元,支出 42.51 万元。

彭公乡预算内收入 183.70 万元,支出 75.89 万元;预算外收入 9.82 万元,支出 10.04 万元。

1992 年—2015 年瓶窑镇财政收支情况表

表 3-6-2 单位:万元

年 份	预算内收入	预算内支出	预算外收入	预算外支出
1992	638.88	176.03	154.22	139.41
1993	832.85	215.02	135.51	165.25
1994	679.29	396.61	230.63	160.04
1995	807.74	525.80	297.35	312.55
1996	822.64	51380	306.77	287.35
1997	1080.54	722.90	286.10	210.21
1998	1172.12	832.03	197.74	374.16
1999	1354.95	1027.91	786.04	817.58
2000	1755.59	1288.99	978.54	1029.70
2001	3479.98	2150.06	1715.05	2050.10
2002	3558.10	2966.37	2881.97	2940.68
2003	4885.90	4386.63	4515.74	4409.34
2004	5366.69	4538.84	7158.22	6818.30
2005	6327.54	4547.18	6717.91	6881.09
2006	6874.26	5191.49	9172.23	8302.57
2007	8168.48	7237.35	15332.24	13300.06

续表 3－6－2

年 份	预算内收入	预算内支出	预算外收入	预算外支出
2008	10767.03	7625.87	23082.46	22659.44
2009	1195.04	8285.82	14393.85	14253.95
2010	14489.21	11402.06	28303.45	2631.14
2011	21958.55	11989.25	52219.18	48302.87
2012	19392.94	14487.82	13393.41	18886.00
2013	23513.19	13995.39	22585.51	21931.45
2014	25107.12	14131.18	24846.39	25247.98
2015	27073.85	16235.94	17937.47	17847.08

说明:1992 年 5 月,长命乡撤销并入瓶窑镇;2001 年 8 月,彭公乡撤销并人瓶窑镇。

1992—2000 年彭公乡财政收支情况表

表 3－6－3　　单位:万元

年 份	预算内收入	预算内支出	预算外收入	预算外支出
1992	292.86	103.33	1.79	2.61
1993	390.40	144.15	19.16	19.33
1994	325.39	158.37	35.53	26.61
1995	334.74	206.17	20.58	36.82
1996	325.30	216.60	53.44	76.72
1997	315.51	190.69	37.69	67.53
1998	425.42	253.28	138.28	116.66
1999	432.85	299.52	137.88	163.05
2000	469.82	345.18	340.92	347.10

三、监管

机构　1951 年 1 月设杭县瓶窑财政所,管辖:(1)瓶窑镇:舟宝乡、崇化乡、羊山乡、长命乡。(2)良渚:荀山、沈桥、石桥、三合、七贤、大陆等乡。(3)安溪:贝石乡。1956 年 5 月前,乡镇不设财政机构,有关财政事务由县区干事管理,后始建乡一级财政。1977 年 11 月,公社始设专职财务机构,负责公社财务收支。1983 年 10 月,境内各乡先后建立乡人民政府财政管理小组和乡经联委财务管理小组,由乡长兼任组长,文书兼任出纳,民政助理员、农业会计辅导员与一名会计共 5 人组成。1984 年 9 月,招聘乡财政总会计。1985 年 12 月,乡建立由乡长兼任组长,乡总会计和其他人员参加的乡财政组。1958 年 4 月,杭县县府撤销,瓶窑财政所归临安县财政局,管辖瓶窑镇、长命、北湖乡。1961 年 3 月,余杭县划归钱塘联社,瓶窑财政所也先后并入钱塘联社。同年 4 月钱塘联社撤销、恢复余杭县,后改设余杭县财政局瓶窑财政所。瓶窑财政所管辖瓶窑、长命、北湖、彭公、泮板、长乐(后划余杭所)、双溪、黄湖、鸬鸟、太平、百丈 11 个乡镇。

1986年4月，划出瓶窑所管辖的双溪、黄湖、百丈、鸬鸟、太平5个乡镇，设黄湖税务所。1987年4月，乡设立财政办公室。1992年后镇长不再兼任财政办主任，财政办设专职主任。1994年9月30日建立余杭市瓶窑财政所、瓶窑国家税务所、瓶窑地方税务所。1997年9月，余杭国、地税机构进一步分设，成立了瓶窑财政地税所。管辖瓶窑、彭公、潘板、双溪、黄湖、鸬鸟、百丈七个乡镇范围内的地方税收及乡镇财政方面的工作。1999年9月，余杭市编制委员会印发通知，明确镇乡财政统计办公室增挂镇（乡）财政所牌子、实行两块牌子，一套班子；明确乡镇长不再兼任镇（乡）财政统计办公室主任（财政所长）；明确镇乡财政办公室主任（财政所长）、总会计必须由国家公务员担任并不得兼任；镇乡财政统计办公室主任（财政所长）、总会计任免、调动应事先征求市财政局意见。镇财政审计统计办公室贯彻执行国家有关财税法规和方针政策；负责抓好财源建设，编制本镇行政、事业单位财政预（决）算草案，管理本镇预算内外资金；负责管理镇机关、事业单位的资产和财务活动，依法做好统计、审计和各类大型普查工作；协助做好农村股份制改革工作等。是月，余杭市国税局撤销瓶窑中心税务所，设市征管分局瓶窑办税服务厅，所辖乡镇均设立税征组，负责市场、集市贸易、个体经营户的税收和社会性开支的收缴。2001年9月随着乡镇撤并工作的展开，瓶窑财政地税所负责管辖的地方税收及乡镇财政方面的工作范围由原来7个乡改为瓶窑、径山、黄湖、鸬鸟、百丈5个镇。同年12月，瓶窑财政地税所更名为余杭地税局瓶窑征管局。2002年5月，余杭国家税务局撤销瓶窑管理站，设管理股。2004年4月更名为杭州市余杭地方税务局瓶窑税务分局、余杭区财政局瓶窑财政所。至2008年12月，余杭地方税务局设瓶窑税务分局。

1951年—2016年瓶窑税务（所）分局历任负责人名录

杭县瓶窑财政所

所　长　孔庆忠（1951.1—1953.12）
　　　　刘祥琪（1953.12—1954.12）
　　　　韩正强（1954.12—1955.6）
　　　　刘本荣（1955.6—1961.10）

余杭县瓶窑财政所（钱塘联社财政局瓶窑财政所）

所　长　刘本荣（1961.10—1975.9）
　　　　林光汝（1975.9—1979.12）
　　　　俞　利（1979.12—1984.3）
　　　　赵有根（1984.3—1989.12）
书　记　陈惠炳（1965.5—1971.10）
　　　　林光汝（1971.11—1975.9）
　　　　俞　利（1976.10—1979.12）
　　　　方本余（1980.1—1989.12）

1994年9月30日建立余杭市瓶窑财政所、国家税务所、地方税务所。

余杭县财政局瓶窑财政所

所　长　刘新华（1989.12—1995.4）
书　记　方本余（1989.12—1995.4）

余杭市瓶窑财政、国税、地税所

所 长 刘新华(1995.4—1998.5)
朱建农(1998.5—2001.10)
丁宏华(2001.10—2006.5)
书 记 刘新华(1995.4—1995.12)

杭州市余杭地方税务局瓶窑税务分局2004年瓶窑征管局更名为瓶窑税务局

分局长 丁宏华(2006.5—2009.5)
姚望镇(2009.5—2016.5)
邵煜新(2016.5—)

管理 1986年,乡镇财政建立伊始,各乡镇建立乡镇财政组(基层财税人员不参加),建立预决算制度和定期向乡镇人民代表大会报告制度。此后,乡镇级财政作为国家财政的组成部分,在业务上受县财政税务部门指导和监督。是年,参加县财税局组织的51个乡镇财政和各财税所开展同工种竞赛。竞赛内容包括乡镇会计凭证、账册、财务报表的填报和乡镇财政管理工作。

1987年,瓶窑镇在建立镇财政同时,建立镇财政预决算制度和定期向镇人民代表大会报告制度。随着乡镇经济和各项事业发展,乡镇政府根据国家有关法规、规章,由所属各单位(工办、农办、三电办、沼办、土管办、电管站、林政站、文化站、广播站、联防队、法律服务站或司法办、成教办、电影队、计生办等)收取或提留的各项资金逐渐增加,形成乡镇财政的预算外资金和自筹资金,总额逐渐接近乡镇当年财政预算内可用资金,成为乡镇级财政重要组成部分。当时,乡镇财政预算外和自筹资金收入范围:乡村企业上交税前列支的10%社会性支出,教育事业费附加,乡办企业上交税后利润分成,乡办事业(农、林、水、农机、文化、广播电视)按规定上交的收入,税收代征手续费,电费差价收入、土地管理费收入、法律咨询服务收入、三扶基金收入、兵役统筹收入、联防消防统筹收入、老龄基金、乡规民约罚没收入及其他自筹资金。乡镇财政预算外资金和自筹资金支出的范围:乡(镇)支援农村合作组织生产(含扶持乡企业发展),农业发展专项基金,农、林、水、文教、卫、广播、交通等事业费,抚恤和社会福利救济及行政管理、公共设施维护等项支出。1989年底,乡镇收支平衡,略有结余。

从1990年起,乡镇财政工作统一由乡镇长直接管理,由乡镇长一支笔审批财政预算支出。9月,依照县财税局转发省财政厅《关于印发乡镇财政总会计科目的通知》精神,调整乡镇财政预算内、预算外和乡镇自筹三部分资金账户。是年,开展村级财务清理整顿。1991年,各乡镇对预算外和自筹资金开展财务检查,辅导和监督所属各行政事业单位预算内外的会计核算。1992年1月,帮助享受减免税优惠政策和乡镇企业局确定的重点企业促产增收。

1993年,进一步规范乡镇财政预算内、外和自筹资金收支管理。实行分税制后,各镇乡开展乡镇财政(包括预算内、外资金、自筹资金)收支和财政管理情况共9个方面检查,并以预算外收入和支出为重点。经为期2个多月自查和重点检查,纠正了部分乡镇出现的乱支财政资金、滥发奖金补贴、将全民所有制资金转为集体,或将预算内资金转为预算外资金及私设“小金库”等违反财经纪律的现象。

1997年9月,规定预算外资金、自筹资金(包括镇乡办企业上缴利润、事业单位上缴的管理费)、镇乡统筹资金(包括镇乡、村两级办学、计划生育、优忧、民兵训练、修建镇村道路等民办公助事业而向个人筹集的资金)均需实行“收支两条线”财政专户储存办法管理。规定只能在一家银行开设收入和支出两个账户,且开户前需经财政部门审批。"收入专户",只进不出;"支出专户"只出不进。

1999 年,乡镇财政所所长和总会计人选在征得市财政局书面意见后,由镇乡政府发文任命。是年底,参加市财政局先后举办镇乡财政所长、财政总会计及部门会计三期业务培训班。

2000 年 10 月,明确镇乡财政预算编制、执行和调整及决算等规定,进一步规范镇乡财政预算管理。

2003 年 6 月,瓶窑镇均建立会计核算中心,镇所属行政事业单位、镇属各学校全部纳入核算中心统一建账、统一开户,镇下属企业单位(经济开发公司、城建开发公司、资产经营公司等)也进入中心统一核算管理。2005 年,为控制镇公务活动费支出的快速增长,进一步规范公务活动费用的使用管理。

2008 年 8 月,进一步明确镇财政预算编制的原则,内容和方法,规范预算的审批程序和预算执行、预算调整、决算编制及乡镇财政的债务管理、预算监督管理。

监管制度 财政预决算编制。镇财政预算包括预算内和预算外的收支决算。财政预算编制按照政府实力量力而行、量入为出、达到收支平衡、略有节余的原则,实事求是地按规定需列入预算的收入,不隐瞒、不少列、不多报,不将上年的非正常收入作为编制收入的依据。不编制赤字预算。预算支出,贯彻厉行节约、勤俭办事业的方针,统筹兼顾,确保重点,专项资金专款专用,在保证政府公共支出合理需要的前提下,妥善安排其它各类预算支出。预算时政府将预算总额 3% 作为预备金,用于当年预算执行中难于预见的特殊开支。预算草案经镇人民代表大会批准后,财政所以批准之日起 15 日内向所属部门各单位下发预算方案。预算执行中因特殊情况需增支出或减少收入的即编制预算调整方案,提请人民代表大会主席团审查批准后执行,并报区财政局备案。

预算收入管理 按照有关法律、法规管理镇财政预算资金收入。职能部门按规定足额征收,全额上缴,支出由财政安排,实行收支两条线。预算支出管理镇各部门认真执行国家财政财务制度和财经纪律,按国家统一规定的开支范围和标准,控制、压缩人员经费开支,少花钱,多办事,办好事,提高资金使用效益。各项支出按预算指标履行,不随意扩大支出范围。镇机关人员的工资、福利、奖金等,由镇政府按规定发放。招待费包干到办(所),超不补,结余下年使用。

账务管理 镇财政办按国家统一的会计制度,设置使用会计科目,并根据实际情况自行增设、减设或合并某些会计科目所属的明细科目。按会计法规,制定会计凭证的填制、审核、传递,记账核算,报表填制,会计资料归档管理等账户管理以及资产登记管理等。

审批制度 镇财政实行"收支两条线"、审批"一支笔"的财务管理、审批制度。各部门当年预算内拨款,由财政所长签署,按月支付。项目经费,以每月 25 日前提出次月的用款计划,经财政所综合平衡,报经镇长审批后下拨。未纳入镇财政预算的各项拨款由财政所签署,报镇长审批后实施。临时购置设备及公用设施项目建设,按费用多少和工程量大小,提交相应会议讨论,由镇长审批。各办经费支出由主任审批。暂领款由镇长审批。镇建立审计监督领导小组,定期对本级政府收支情况进行审计。镇属部门、事业单位的财务检查由镇财政所负责。凡设置会计单位的,镇财政所每年履行 1—2 次的财务审计和检查。重点检查财经纪律、财务制度执行情况,违反财政纪律的人和事,给予督促、纠正、拒绝报销,情节严重的向领导汇报并追究责任。

农村财务管理和乡镇企业财务管理同样有监管制度。

第二节 税 务

农业税、农业(农林)特产税、契税和耕地占用税四类税种,均由财政部门征收管理。田赋为最古老农业赋税,俗称皇粮,为历代王朝直至民国取得财政收入主要来源。中华人民共和国成立后,废除田赋制度,将田赋、公粮合并,改称农业税。农业税的征收,国家实行增产不增税和公平合理稳定负担政策。1950 年,农业税占余杭县财政总收入 71.06%。1960 年开征农林特产税。60 年代后,余杭社会经济发展较快,工商税收增多,农业税收比例逐年下降。至 21 世纪初,其所占比重已微不足道。2004 年 1 月起,余杭在全省第一批免征农业税和农林特产税,实现农业零税赋。

契税是个比较古老税种,起源于东晋,当时买卖田宅、牛马双方均立文契纳税。此后历代相承。中华人民共和国成立后,契税税种仍保留。“文化大革命”期间(1966 年—1976 年),契税曾一度停止,1981 年恢复。进入 21 世纪后,随着余杭城乡房屋买卖活跃,契税税额骤升。耕地占用税是国家为保护耕地而征收新税种。征收使用原则是“取之于地,用之于地”。余杭县自 1987 年开征后,其征收标准作过多次调整,征收耕地占用税均用在扩大耕地面积、改良土地、改善水利设施、发展粮食生产上。

工商税是指对一切从事工商业经营的单位和个人,就其销售收入和经营业务收入征收的一种流转税。划分为增值税、产品税、营业税三种税。对一切从事工商业经营的单位和个人,就其销售收入和经营业务收入征收的一种流转税。余杭区国家税务局征收的工商税种有 4 个,即增值税、消费税、企业所得税、车辆购置税。余杭地方税务局征收的工商税种有 10 个,即营业税、企业所得税、个人所得税、资源税、城市维护建设税、房产税、印花税、城镇土地使用税、车船使用税、土地增值税。规费基金类有教育费附加、地方教育附加、文化事业建设费、水利建设专项资金、基本养老保险费、基本医疗保险费、失业保险费、工伤保险费、生育保险费、残疾人就业保障金等。

一、体制

中华人民共和国成立后,余杭税收征管工作随经济社会发展和税源结构调整有过几次较大变革。税收管理体制,从解放初高度集中管理,至 60 年代适当分权及逐年调整税收管理权限,再到 1978 年恢复整顿,实行分级审批;90 年代始进一步扩大减免审批权,运用税收优惠政策,扶持壮大企业,促进余杭经济发展。征管模式从一员到户、各税统管,集征管查一身专管员模式,过渡到征管查“三分离”,进而实行网络操作,实施科学高效现代化征管。围绕税收征管工作,余杭税务部门还先后建立起一整套税务登记制度、纳税申报制度、发票管理制度等,为依法纳税,将应税款项及时足额入库提供保证。为提高公民纳税意识,余杭税务部门采取多种形式开展税收宣传和税收政策培训,实行政务公开接受群众监督,评选纳税信誉大户等,为促进余杭财政收入不断增长发挥重要作用。

20 世纪 50 年代,农村税收采取“划片包干”,“巡回稽征”方法,加大税收宣传,依靠群众做好农村税收征管。60年代初，农村主要税源是屠宰税、家酿酒税、砖瓦税和社队直接销售的应税农产品。由于面广、户多、税源分散，征收管理着重是发动群众协税护税，抓好“三网四工”，即代征网、护税网、密报网和屠、酒、烟、窑工。基本上做到社社有护税组织，队队有代征员。“文化大革命”时期，税收征管秩序受到干扰，税务机构撤并，管理工作影响较大，税收征管被斥之为“管、卡、压”而处于混乱状态。1978年中共十一届三中全会以后，逐步整顿税收征管工作。1978年起，实行“一员进场，各税统管”，集征收、管理、检查为一体的税务专管员制度，各乡配专职税务员1名。1985年，县政府批转县财税局《关于加强对农村集贸、个体户税收管理和改进应税农产品征税办法的报告》的通知，由乡人民政府委托乡经营管理服务公司对农村集贸、个体户税收实行“代征税款、代开发票、代为管理”征管形式。3月，乡成立“税务征收管理组”，业务工作受财税所领导。1986年，全面整顿乡税收征收组，列为乡财政税收征管组织。1988年4月，开始推行税收征收管理和检查相分离“双轨制”改革，改变“一员进厂，各税统管”和集征、管、查于专管员一身的传统做法。建立对内相互制约，对外加强征管，促产增收新征管制度。1990年5月，以乡为单位设置乡税收征收管理组，协助财税部门代征税款、代填发票、代为管理。1991年，为扩大流通，支持搞活经济，停止批发代扣税制度，取消部分税务检查站。同时，各财税所建立管理小组，加强对乡镇“征管组”、协税员管理。1992年，进一步深化“双轨制”征管模式，征管、稽查完全分离，各司其职。1993年，成立余杭县税务稽查分局，实行“征管在所，稽查在局，管查分离，共同征收”分层次征管模式。1995年，取消专管员管户制度，在瓶窑建立征收服务大厅，配置电脑，实行申报、开票、缴款一条龙。同时开展税务代理服务，全面推广“办税员”制度。1996年，以全面推行纳税人自觉申报纳税为核心，改革税务机关机构设置，取消专管员制度，税收工作向基层、向征管转移。1997年11月，余杭国税、地税局与鸬鸟镇税征组签订委托代征税（费）款协议书，委托代征有关税费。代征范围主要有：协助当地国税、地税机关加强对本乡镇应纳地税个体工商户税务管理，负责日常征收管理；负责对未领（印）发票个体工商户代为填开“地税通用发票”。1999年1月，实行两级审理制度和三级选案制度。9月，建立以ZT97网络为依托的“集中征收”新模式，改变以前按地区征管传统管理，实行以市（余杭市）为单位集中征收。成立征管分局，下设瓶窑延伸办税服务厅，建立“大厅集中征收、信用社代征、乡镇征收组协助征收”个体税收征管模式，对定期定额个体户、个人承包企业和私营企业实行信用卡缴纳税收。2000年8月，推行“银税一体化”，工商银行、农业银行及信用联社被确定为国库经收处，个体、企事业单位均实行“税款预储账户”缴税办法。

余杭税务机关根据不同时期不同税种实际情况，采取不同征收方法，先后实施的主要有查账征收、查定征收、查验征收、民主评议征收、定期定额征收、定期定率征收、起运征收、自报自核自缴征收、委托征收、代扣代缴征收和分期核实征收等11种。纳税申报是纳税单位和个人按照税法规定，定期向税务机关报送经营业务收入和利润情况的制度。1950年全国统一税政后，一直实行纳税申报制度。

二、税务机构

1997年8月，税务机构进一步分设，设立余杭市国家税务局瓶窑中心税务所，地址瓶窑镇里窑街10号，林元祥。1999年9月撤销瓶窑中心税务所设立国税瓶窑办税服务厅，地址：瓶窑镇里窑街10号，主任罗国鑫。2001年5月以征管改革为龙头的征管、机构、人事制度等3项改革到位，设立国税瓶窑管理站，地址瓶窑镇凤溪路298号，主任罗国鑫。2002年5月，撤销管理站,设立管理四股(瓶窑),地址瓶窑镇凤溪路298号,主任罗国鑫。2005年5月设立瓶窑税务分局,地址瓶窑镇凤溪路298号,2005年5月—2008年临时负责人林惠民,2008年—2014年8月,分局长林元祥。2014年9月起,良渚街道单独设立良渚税务分局不属瓶窑税务分局管辖征收,地址瓶窑镇前程路18号,分局长陆华根。

图3-43 瓶窑税务分局办公楼(2016年)

瓶窑税务分局属杭州市余杭区国家税务局设立的派出机构,主要负责对所辖税源(瓶窑镇、径山镇、黄湖镇、鸬鸟镇、百丈镇5个乡镇9925户纳税人,其中:企业3852户、个体工商户6073户)的监控、管理工作,对辖区内纳税人实行分类管理和有效服务。具体负责所辖纳税户税务登记及纳税申报的调查核实、进行税收预测和分析、税收宣传、纳税辅导、税收调研、纳税服务、日常检查、户籍管理、政策送达、税源调查、催报催缴、数据采集分析等,承办上级局交办的其他工作。办税服务厅职责:负责纳税人到税务机关办理的各种涉税事项,具体包括税务登记、纳税申报、税款征收、税款解缴、欠税公告、发票购销、税法(宣传)公告、金税发售、发行、发票代开、报税稽核、咨询辅导和受理纳税人涉税项目审批申请等工作。内设综合股、纳税服务股、税源管理一股、税源管理二股、税源管理三股、税源管理四股

三、“四税”

农业税、农业(农林)特产税、契税和耕地占用税四类税种,均由财政部门征收管理。

田赋 是中国旧时历代政府对拥有土地的人所课征的土地税。中国田赋起源于夏、商、周之“贡、助、彻”三法,而战国时代鲁国的“初税亩”(公元前594年)和秦简公“初租禾”的实行(公元前408年)奠定了封建社会的田赋制度。“田”是指按田地征收的田租;“赋”是由军赋代金转变成的人头税,叫口赋。秦统一中国后,建立了一整套赋役制度,形成田有租、人有赋、力有役的局面。《汉书·食货志》记载,秦朝“田租、口赋、盐铁之利二十倍于古”。既说明当时的田赋叫田租,也反映秦王朝赋税负担的沉重。中国历史上对田亩征收的土地税(田赋),名称不尽相同,从秦汉到魏、晋、南北朝称田租,后来官田称租,私田称税。宋有“官田之赋”和“私田之赋”,这是不分官田、私田,统称田赋之始。元至明初,叫税粮。明推行“一条鞭法”以后,至中华人民共和国成立前,叫田赋。田赋是国家财政收入的重要来源,历代政府都十分重视田赋制度的改革,如唐初的“租庸调”和唐中期的“两税法”,明朝的“一条鞭法”和清朝的“摊丁入地”、“地丁合一”,对后代有重大影响。清代田赋包括地丁、升科、租课三个项目。地丁,是指地赋与丁赋。源于清朝雍正二年(1724年)以丁粮摊入地粮内合一征收,故称为地丁。升科,是指凡新购买土地或留置旗产地亩或开垦荒地及官、旗、黑地,初报完粮者。升科项内有旗产升科、官荒升科、旗地升科、旗租升科、黑地升科及官产升科之分。租课,是指官田或公有地租给农民耕种,由官府征收地租。地丁、升科、租课各项合称为粮额。道光年间(1821年—1850年),田赋以银折粮,又以粮折钱,人民负担加重。咸丰年间(1851年—1861年),加收亩

捐,每亩制钱100文。同治四年(1865年),准杭嘉湖三府减漕额26.67%,并制订“新地丁科则”,除地丁正税外,尚有加征、带征、附加等项目。又据《浙江便览》资料,光绪十七年(1891年),钱塘县征收地丁银3.04万两,漕粮0.21万石;余杭县征收地丁银2.68万两,漕粮0.62万石;合计地丁银11.26万两,漕粮4.07万石;耗羡随同正税征收,地丁每两加费200文;漕粮每石加耗二斗五升;南米每石收钱3600文。清末,田赋除地丁外,还有漕粮、屯租、租课三种:漕粮,或称漕粮南米,也有称漕南,有正兑、改兑之分,是地粮中运至中央部分用作皇宫百官之薪俸,及对外作战之储积。屯租,系屯戍军丁承种之田应交地粮,故亦称屯粮,用以补充军饷。光绪二十八年(1902年),屯租归人地丁项下征收。租课,即国家公地租给农民耕地所收租息和税课。有地租、沙租(沿江河沙地租息)、牧租(钱江南岸)、佃租、篷租之别。

据《重修浙江通志稿》记载,光绪三十三年(1907年),余杭县税收漕粮折色和地丁各款为:征额4698.905石,蠲辖1190.489石,减缓94.677石,实征2637.646石,带征1233.528石,折银3.303两,未完624.110石。钱塘县税收漕粮折色和地丁各款为:征额9270.197石,蠲辖1865.777石,减缓570.820石,实征5124.327石,带征4719.327石,折银6.526两,未完2257.072石。虽为两县税收漕粮折色和地丁各款,也可看出农民在田赋的实际负担。

辛亥革命后,又将漕粮、户课和各种官田租课统称四赋。到国民党政府统治时期才将按土地所征的各种税收统称四赋。田赋虽然以土地为课税对象,但封建地主所缴纳的是从农民身上榨取得来的地租,属于农民剩余劳动或必要劳动产品的转化形式,农民是田赋的实际负担者。民国元年(1912),农业税赋按清代额征银米合并正杂项目,折征银元,漕粮改称抵补金,连同地丁、屯粮、租课一概按银折征。6年,田赋改为地丁、抵补金两项。地丁按清末原额银两,折征银元。21年起,农业税赋正式称“田赋”,分上下两期收,上期即原地丁,下期即原抵补金。民国30年(1941),田赋收归中央。废除银元,改征实物及米折办法。但境内属沦陷地区,仍折币征收,每石稻谷折币30元。民国34年(1945),当年田赋、公粮全部豁免。民国35年(1946),域内田赋始征实,按原征正附税额5成征收,每元折征稻谷3市斗。民国16年(1927)以后,附加逐年增加,至民国末期,省附加有地丁项下的粮捐、水利费、军事善后特捐、建设附捐、保安附捐、省绥靖经费等;在抵补金项下有省税、军事善后特捐、建设附捐、建设特捐等。县附加的有特捐、附加捐、教育一成捐、建设一成捐、新附加捐、自治附捐、建设特捐、治虫费、水利费、地方特别附加、救济院经费、征收经费、区公所经费、农民飞机捐、农业服务基金及公益捐、保安捐、户捐、壮丁训练费、区自治捐、义务教育附加捐、粪捐、镇自治及教育经费捐等。

农业税　中华人民共和国成立后,根据合理负担原则,将原公粮、田赋、公柴及乡村经费等各项附加合并,称为农业税。1949年11月,浙江省人民政府公布《征收农业税暂行办法》和《征收农业税暂行简易办法》。暂行办法规定:“农业税之征收,以农业生产之土地为依据,以其收益者为对象,凡有农业收益之土地,不问其为自耕、出租、佃人,其收益人均须按办法规定交纳农业税”;“为求负担之相对公平,按土地质量之优劣,产量之多寡,分为甲、乙、丙、丁4等和16个级。每亩田全年产量在500斤以上者,为甲等田,在400斤以上不足500斤者为乙等田,300斤以上不足400斤者为丙等田,不足300斤者为丁等田。土地等级之确定,原则上以区为单位,由县以上政府估定之。”1950年9月,依据中央人民政府发布《新解放区农业税暂行条例》,境内以土地常年产量为计税标准,以征收实物为主。农业税实行40级全额累进税制,规定人均粮食75.5公斤为起征点,税率最低3%,最高42%。地方附加按正税15%计算,并串征收。1953年，改行24级全额累进税制，规定人均粮食151斤为起征点。税率最低7%，最高30%。1953年，实行"稳定负担，增产不增税收"政策。1954年起，农林特产税实行随售随征的办法，税率8%—14%。1955年，为适当解决地方建设事业需要，按农业人口计算，对每人全年平均常年应产量在450斤以上的农户，依其应纳税额带征，农业税地方附加5%，分别计算，随同正税合并征收。对常年产量450斤以下的免征附加。1958年6月，改累进税制为比例税制，境内平均税率确定为常年产量的17.54%，地方附加为12%。1959年起，农业税以生产队为单位，实行定产定率包干征收。社员自留地免征农业税。1961年，平均税率下降为8.89%，地方附加下降为1%。1964年起，地方附加调整为15%。因灾减免和优待是农业税的重要政策之一。境内凡水、旱灾害均有减免税收。

1949年5月后以现粮为主。分早稻、晚稻两季征收，全年统一结算。农业合作化时期，早稻预征逐步增多，纳粮也由农户转变为社队集体。20世纪80年代，境内有部分村集体全额上交农业税。1983年，推行家庭联产承包责任制后，由农户直接缴纳。1992年，在逐年放开粮食购销与价格的同时，农业税仍实行粮食实物征收，确定为早晚稻各半比例征收。1994年，由粮站和镇人民政府组织征收。征实物的由粮食部门统一代征，并执行"先征后购"的原则。征代金的，由镇政府负责包干征收。2001年，国家取消粮食定购任务，农业税全面实行代金征收，计税价格为每50公斤稻谷46元。2002年7月，余杭区进行农村税费改革，主要内容为"减调改稳、合理负担、转移支付、配套进行"，即：取消乡统筹费、农村教育集资等专门面向农民征收的政府性收费和集资，取消屠宰税，取消农村劳动积累工和义务工，调整农业特产税，稳定农业税，改革和规范村提留。2004年1月1日起，为减轻农民负担，按照对农民"多予、少取、放活"政策导向及农村产业结构调整，余杭区在全省首批免征农业税。2005年1月1日起，余杭全面取消农业税。

农业（农林）特产税　是农业税的组成部分，是对一些多年生农林特产品，如竹、木、茶叶、水果、水产等按比例税率征收的一种农业税收。1950年，余杭县对种植农林特产品土地，按平均收入折合主粮以1%税率计征农业税。1954年，开始对林木、毛竹等农林特产品，采取随售随征农业税，为农林特产品单独征收农业税之开端。1955年，对茶叶等采取随售随征农业税，茶叶7%。1956年，余杭县开征蚕茧副业税。1957年1月，林木税由10%调整为15%，茶叶按售价征收7%。1962年7月，根据省市有关规定，县财政局、税务局对农林特产税品种、税率作调整：竹、木按售价8%征收；竹木加工制品按售价适当扣除加工费用后，以8%税率征收；茶叶油菜籽按售价7%征收。1973年，余杭县将农林特产农业税正税和附税合并简化为一个税率。调整后正附税率分别是：茶叶、桐籽、油菜籽为8%；原竹、原木为9%。1984年3月，为鼓励茶农向国家多售优质春茶，适当控制夏秋茶生产，对5月底前出售给国家的春茶税率从8%改为6%征收；夏秋茶改按10%征收。1989年4月，余杭全面开征农林特产税，其征收范围九大类67个品种，税率从5%到15%不等。境内新开征产品主要有桃、梨、枣、枇杷、杨梅、葡萄、板栗、杂竹、毛料、鲜笋、笋干、食用菌类、林产品。实行"随购代征"和"源头控制征收"两种征收办法。1993年1月，茶叶实行"源头征收"。征收标准，每亩定额以不低于粮田的农业税负担为原则。1994年，部分应税农产品征收的产品税与农林特产税合并，统一征收农业特产税。2000年5月1日，财政部、国家税务总局对农业特产税税收调整征收环节。毛茶、水产品、原木、原竹、生漆、牲畜产品、食用菌、贵重食品只在生产环节征收农业特产税，收购环节不再征收农业特产税。调整农业特产品税率。毛茶、水果税率调整为8%—13%；原木、原竹、水产品、生漆、天然树脂、食用菌、花卉税率调整为8%—10%。2002年，在农业税计税土地上生产的农业特产品不再征收农业特产税，只保留对非计税土地上生产的农业特产品征收农业特产税。2003年4月1日起，余杭区全面停征农业特产税。

契税　源于东晋的“估税”。据《隋书·食货志》记载，晋时买卖奴婢、牛马、田宅均立有文契，买价一万，交估税四百。卖者交三百，买者交一百，税率为4%。此后，历代相承。中华人民共和国成立后，契税税种仍保留，但税率、征税办法作过新规定。“文化大革命”中，契税征收已无形停止。1981年，契税重新恢复，征收条例几经修订，日臻合理完备。1998年7月，余杭市人民政府《关于对契税具体政策规定的通知》明确规定：市境内出让、转让、买卖、赠与、交换等方式取得土地、房屋权属单位和个人应依法缴纳契税。契税计税依据按如下办法核定：国有土地使用权出让、土地使用权出售、房屋买卖，以其实际成交价格核定；土地使用权赠与、房屋赠与，由征收机关参照当时土地使用权出售、房屋买卖市场价格核定（市场价格分别由房产、地产评估事务所核定）；土地使用权交换、房屋交换，以其所交换土地使用权、房屋价格差额核定；以划拨方式取得土地使用权的，经批准转让房地产时，由房地产转让者补缴契税，其计税依据为补缴土地使用权出让费用或土地收益。契税税率为3%。以土地、房屋权属作价投资、入股、抵债及以无形资产、奖励方式或以预购方式和预付“集资”建房款方式承受土地、房屋权属的，也应缴纳契税。契税减征、免征：国家机关、事业单位、社会团体、军事单位承受土地、房屋用于办公、教学、医疗、科研等和军事设施免征契税；经市政府批准，在国家规定房改标准面积内购买公有住房免征契税；城镇职工购买公有住房享受免征契税；由于自然灾害、战争等不能预见，不可抗力而灭失住房，重新购买住房酌情减征、免征契税；土地、房屋被县级以上人民政府征用、占用后，重新承受土地、房屋权属，免征契税。

进入21世纪后，随着城乡房屋买卖活跃，契税额有较大幅度增长。2000年7月1日，个人购买自用普通住宅（包括房屋交换、赠与、私房交易、单位集资房、联建房，以及按房改98价换购的和超面积以市场价或商品价购买部分）按1.5%征收契税。个人购买经济适用房在规定面积内契税免征，超面积部分按1.5%征收契税。2003年，随着拆迁补偿和安置的方式方法变化，对城市房屋拆迁，无论其拆迁补偿方式实行产权调换还是货币补偿，均按3%税率征收契税。2004年8月，根据浙江省财政厅印发《关于契税征管若干政策的通知》，土地、房屋因拆迁后重新承受土地、房屋权属，其成交价格（面积）没有超出土地、房屋补偿和安置费的免征契税；超出土地、房屋补偿和安置补助费（或安置面积标准）的部分按1.5%税率征收契税。尚未办理纳税申报手续且分属不同时期契税税率的应税未税项目统一为土地3%，房屋3%（其中普通住宅1.5%）征收契税。2005年8月，区财政局《关于明确契税有关政策问题的通知》规定：购买安居房、经济适用住房者照章缴纳契税。银行系统和其他非银行金融机构为处置不良资产而承受土地、房屋权属的应照章缴纳契税。企业合并、兼并、并购行为的契税政策：凡被合并、兼并、并购企业债权债务由合并、兼并和并购方承继的，所涉房地产权属转移，经财政部门审核确认后，2005年12月31日前免征契税，其余按规定征收契税。2006年，契税征收数据并入金财工程统一管理，通过局域网与各征收点计算机联网，实现各征收点契税数据共享。2008年10月，随着全球金融风暴波及，根据财政部出台房地产暖市政策，从11月1日起，余杭区对首次购买90平方米及以下普通住房契税税率暂下调到10%。此后，普通住房契税税率又有3

次调整。

耕地占用税 是针对“人多地少”国情开征新税种，是国家对占用耕地建房或从事非农业建设单位和个人征收的一种税。它既有税收共同特征，又有与其他税种不同特点，是立足于“取之于地，用之于地”和“取之于农，用之于农”征收使用原则。自 1987 年 4 月 1 日起，境内开征耕地占用税。征税范围：凡是占用国家和集体所有的耕地，均须征收耕地占用税。耕地是指种植农作物或其他经济林木的土地和鱼塘。占用荒山、宅基地不属耕地占用税范围。农民自留地、承包地等均属集体所有，其占用耕地按征收标准纳税。征收标准：瓶窑等 14 个建制镇境内（包括省、市属企事业单位）征用每亩耕地按 5000 元计征；属于上述 14 个建制镇城镇规划范围外及其余各乡境内企事业单位征用或建用按每亩 4000 元计征；农业户口农民在农村建造自用住宅按每亩 4000 元标准减半计征。非农业户口城镇居民不论在城镇或农村建房，按所在地乡镇征收标准全额计征（即 14 个建制镇境内按 5000 元，其余各乡按 4000 元）。

1987 年，建立“农业发展专项基金”，并纳入国家财政预算，由财政部门管理，用于扩大耕地面积、改良土壤、改善水利设施、发展粮食生产。1988 年起，上缴中央和浙江省的耕地占用税款实行包干办法，超收留余杭县，不足由县财政补足。1989 年 1 月，调整耕地占用税分成比例：中央 30%，省 10%，县 60%。1992 年，省财政厅调整耕地占用税征收标准。余杭县属二类地区，7 月 1 日起，征收标准为每亩 6000 元，农村居民占用耕地建房按 6000 元标准减半计征，即每亩 3000 元，公路和航道建设占用耕地每亩征收 1333 元，即每平方米 2 元征收。1993 年 1 月，改进耕地占用税征收办法，耕地占用税按照“谁征地，谁纳税”和“先纳税，后用地”原则实行预征。1994 年 1 月，浙江省将耕地占用税收入全部下划给余杭县，中央和省不再参与分成。2008 年 1 月 1 日起施行重新修订《中华人民共和国耕地占用税暂行条例》。新条例提高税额标准，比原规定税额标准提高 4 倍左右，为保护基本农田，还在适用税额基础上再提高 50%；统一内、外资企业税负，即外商投资企业和外国企业也纳入征收范围；从严规定减免税项目，取消铁路线路、飞机场跑道、停机坪等占地免税规定。2008 年 1 月，对境域内占用耕地（含园地）税额标准每平方米调整为 50 元；对占用其他农用地（指林地、牧草地、农用水利用地、养殖水面及渔业水域滩涂等）税额每平方米同为 50 元；对占用基本农田税额每平方米为 75 元。1987 年 9 月，农村居民占用耕地新建住宅，耕地占用税按规定税额减半征收。此外，享受减税有：农村革命烈士家属、革命残废军人、鳏寡孤独及边远贫困山区生活困难农户，军队离休退休干部；民政部门办福利工厂属安置残疾人就业按残疾人占工厂比例，给予减税照顾；综合性枢纽工程按其为农业服务直接效益占工程总效益比重，给予减免照顾。2007 年，新制订《中华人民共和国耕地占用税暂行条例》对耕地占用税的减免作规定：军事设施占用耕地和学校、幼儿园、养老院、医院占用耕地可免征。铁路线路、公路线路、飞机场跑道、停机坪、港口、航道占用耕地，减按每平方米 2 元税额征收耕地占用税。农村居民占用耕地新建住宅，按当地适用税额减半征收。农村烈士家属、残疾军人、鳏寡孤独及革命老根据地、少数民族聚居区和边远贫困山区生活困难，经所在地乡（镇）人民政府审核，报县级人民政府批准，可免征或减征耕地占用税。条例自 2008 年 1 月 1 日起施行，并对 1987 年 4 月 1 日发布的《条例》同时废止。

四、工商税

税制、税种 民国初期，赋税沿袭清末旧制，各县税制不统一。民国 16 年（1927 年）后，划分国家与地方税收标准，陆续开征新税，初成工商税制。但税种既繁又杂，除国税、省税、县税外，县、区、乡均可设各种名目附捐、带征和筹集。各级政府可根据各自财政需要，开征各种杂捐，各级议会都有通过决议，发布规定的权力。所定捐率也经常“加码”。据《浙江省政府公报》刊载，民国30年(1941年)，杭县地方捐税多达35种，实际征收项目远非此数，故有“苛捐杂税多如牛毛”之说。

中华人民共和国成立后，工商税收制度随着各个历史时期政治经济形势发展，经历多次变革，1949年—1994年，大体可分六个阶段：1950年，新税制初建，杭县、余杭县开征工商税种8个；1953年，税制修正后，工商税种增至10个；1956年，简化税制，工商税种仅存5个；1978年，税制改革，工商税种恢复到9个；1984年，税制再次改革，建立多税种、多环节调节生产的税收体系，到1993年底，工商税种增至22个；1994年，税制全面改革，工商税制按“统一税法、公平税负、简化税制、合理分权”原则，国家和地方实行分税制，改革原有税种，为新中国成立后规模最大、范围最广、内容最多的一次改革。是年，余杭开征工商税种减少到14个。1994年，余杭国、地税分别设局。实行分税制后，税源集中、收入多、涉及面广，且需全国统一管理的税种，划为中央税，由国税局征收；同地方联系密切，税源比较零星分散，且需因地制宜处理的税种划为地方税，由地税局征收；既需兼顾中央和地方利益，又有利于调动中央、地方两个积极性的税种，划为中央和地方分享税，由国地税局分别征收。2008年，余杭区初步建立一套适应社会主义市场经济发展要求的以流转税和所得税为主体，其他税种和各类规费辅助配合，多税种、多层次、多环节的复合税制体系。工商税中，增值税、企业所得税、外商投资企业所得税和个人所得税等4个税种为中央和地方分享税。其中增值税自1994年起，按3∶1的比例进行分成，75%入中央国库，25%入地方国库。2002年起企业所得税、外商投资企业所得税、个人所得税，中央和地方各得50%；2003年起，调整为60%入中央国库，40%入地方国库。是年，余杭区国家税务局征收的工商税种有4个，即增值税、消费税、企业所得税、车辆购置税。余杭地方税务局征收的工商税种有10个，即营业税、企业所得税、个人所得税、资源税、城市维护建设税、房产税、印花税、城镇土地使用税、车船使用税、土地增值税。规费基金类有教育费附加、地方教育附加、文化事业建设费、水利建设专项资金、基本养老保险费、基本医疗保险费、失业保险费、工伤保险费、生育保险费、残疾人就业保障金等。另外，国家为发展经济、平衡扶持不同行业需要和保障人民切身利益，陆续开征过各项基金和规费。自1982年以来，余杭县(市、区)税务部门先后承担国家能源交通重点建设基金、国家预算调节基金、教育费附加、农村教育事业费附加、文化事业建设费、粮食补偿金、水利建设专项资金、基本养老保险费、基本医疗保险费、失业保险费、工伤保险费、生育保险费、残疾人就业保障金、排污费等多项基金和规费征收管理工作。

税收管理　历代，税捐统由地方经办，向中央解款。有官征和包缴两种税捐。官征由省、市设立局卡，按省定税率征收；包缴由商界承包认定，按行业承包捐额，负责向政府缴纳。民国时期，税捐制度庞杂，没有形成规范统一的征管制度，仅建有纳税登记、账证管理、货照同行等制度。

中华人民共和国成立后，国家建立规范统一的税收管理制度。境内税收管理制度包括税务登记、纳税鉴定(辅导)、纳税申报、纳税评估、发票管理和违章处理等项。1976年6月，建瓶窑工商所，时管辖范围为瓶窑区10个乡镇(1988年3月黄湖建工商所，黄湖镇、鸬鸟乡、百丈乡、太平乡和双溪乡划出)。1992年，办公地址由瓶窑镇外窑街迁至瓶窑镇新窑路268号。

1999 年 5 月,更名杭州市工商行政管理局余杭分局瓶窑工商所(2001 年 12 月径山建工商所,潘板桥镇受其管理)。瓶窑工商所辖区 128. 81 平方公里。2014 年,改名余杭区市场监督管理局瓶窑市场监督管理所。瓶窑市场监督管理所致力于营造良好的市场和消费环境,维护公平竞争秩序,促进实体经济发展;把政府重视、百姓关心、媒体关注的热点、焦点问题作为监管对象,特别在企业信用监管、食品安全监管、无照经营监管、消费维权监管等方面加大执法工作力度。先后获得浙江省四星级文明规范工商所、杭州市"百县万村放心店"工程先进单位。历任所长:徐子夏、郑开达、王金泉、严一军、童文哲、李法平、赵国卿、施连生、沈江林、郎黎强。

税务登记制度 税务登记为:开业注册登记。自领取营业执照之日起 30 日内向主管税务机关申报办理税务登记并注册。变更登记,纳税人发生名称、经济性质、经营范围、经营方式、经营地点、隶属关系等变化的,自变更登记之日起 30 日内,向当地税务机关申请办理变更税务登记。重新登记,纳税人因转业、改组、分设、合并、联营而变更新的纳税单位时,自批准之日起 30H 内持有关证件与批准文件向所在地税务机关办理重新登记。注销登记,纳税人因故停业、歇业、解散、破产、撤销以及其它情形,终止纳税义务的,应当持有关证件向原受理登记的税务机关申报办理注销税务登记。

1951 年,分别对私营工商企业重估财产、调整资本并登记发证。"文化大革命"时期,税务登记工作处于停滞状态。1982 年 9 月,根据财政部税务总局《关于全面办理税务登记的通告》精神,对境内纳税单位(户)进行全面税务登记。1988 年 7 月 1 日,始办理私营企业工商登记。1989 年 1 月 1 日起,对经工商行政部门批准开业的纳税人,核发税务登记证或个体工商户税务登记证。1998 年,国税系统与工商局建立工商登记信息传输、收集、抄告制度。纳税人如连续 3 个月不申报,失踪的纳税人,停止供应发票,取消税务登记。1999 年,境内办理税务登记的工商企业 200 余户,个体工商户 600 余家。验证换证,纳税人不按规定办理开业登记、注册登记、变更登记、重新登记的,及不按规定使用保管税务登记证件的,分别视情节轻重给予批评教育或罚款。为严肃税务登记制度,规定 1 年验证一次,3 年更换一次。税务登记证由省税务局制定,市、县、区核发。2008 年 9 月 1 日起,新办变更税务登记取消收费。

纳税申报制度 纳税人对本单位经营项目、产品销售、经营利润、收入或财产数额、应纳各税的品目或数额、申报计税金额、适用税率、应纳税款、已纳税款、实纳税款等向税务机关申报。税务机关接到纳税人的纳税申报后,进行审查,核实后,按应税数额填开缴款书或完税证。1984 年 2 月,规定所有交纳工商所得税的单位,按季(年)如实填报"工商所得税纳税申报表"送当地税务机关;反之酌情处以 100 元以下罚金。1992 年,规定企业的纳税申报及税收缴纳时间,以次月 7 日前申报并交纳。逾期每日加收千分之十至千分之五的滞纳金。确有困难,可申请税款延期,最长不得超过 1 个月。1998 年 11 月起,境内纳税人可采用上门申报、邮寄申报、电子申报、电话申报、委托申报等五种办法办理纳税申报。2003 年 8 月 1 日起,境内全面实施增值税一般纳税人新申请办法即一个窗口办理认证、报税、申报业务。2004 年 6 月,推进实行"银税联网、实时扣缴"征税办法,纳税人纳入"网络申报系统",实现税款(费、基准)申报缴库网络化。2007 年 3 月,地税局制定年所得 12 万元以上纳税人自行纳税申报工作,下半年,推广应用《个人所得税全员管理系统》。

发票管理制度 1992 年 1 月 1 日起,境内开始使用套印全国统一"发票监制章"的新版发票。开展票管人员业务培训,强化承印管理,确定境内的人民印刷厂为全县发票承印单位。

税务违章处理制度 税务违章包括违反税法、直接逃避纳税义务和违反税务管理规定的行为,包括漏税、欠税、偷税、逃税、抗税等。

中华人民共和国成立初期,境内政府指派干部组成催税小组,进行欠税催缴。建立清理欠税委员会,设委员若干人,由县财税局与政府及工商联合会地方民主人士共同担任。各行业设立"会员纳税督促小组",办理督促催缴税款等任务。农民、小商小贩及手工业者合作化前的欠税处理本着"从宽了结"的原则不予追缴,生活困难无力缴纳的,报请上级注销。1979 年 8 月,对拖欠、逾期不交的加收滞纳金,经多次催收无效由县财税局签发扣款通知书,银行、信用社据以从其存款中扣除。对偷漏税者,视情节轻重处以罚款。个别欠款单位因意外事故或企业停业、撤销等,确实无能力交纳的,经报上级批准,方可给予减免。1986 年 10 月,《浙江省税收征收管理实施办法》出台,对纳税人因违反税法规定,被税务机关查处的罚款、滞纳金,一律不得列入成本、费用或营业外支出。1992 年,浙江省税务局提出依法对欠税加收滞纳金,对缓交税款进行严格控制,对遭受特大自然灾害或意外事故,企业损失较大,无力缴纳欠税;企业已倒闭一年以上,并具资产已作处理的或根据法院的财产处理意见,确实无法返回欠税;企业亏损较大或已被兼并、资不抵债、欠税三年以上且确实无力缴清欠税的,可给予减免欠税照顾。

此外,税务机关根据税收法律、行政法规规定,在纳税人依法履行纳税义务和行使权利过程中,为纳税人提供各项服务措施,方便纳税人纳税。纳税服务始于 1993 年。2001 年,修订后的《税收征收管理法》首次在法律层面上将为纳税人服务、保护纳税人合法权益确定为税务机关和税务人员法定义务和职责。历年来,财税部门重视纳税服务工作,并把落实各项优惠政策、开展多样税收宣传、组织税收政策培训辅导、优化办税服务大厅建设、开展政务公开、评选纳税信誉大户活动等贯穿于纳税服务工作始终。同时,将税收宣传作为各级税务部门一项重要工作,宣传内容主要包括:税收的重要意义和性质;现行政策和相关法律法规;培养依法诚信纳税意识;各时期财税热点及相关办事流程等。

1986 年—2015 年瓶窑镇税收完成情况表

表 3-6-4 单位:万元

收入乡镇 年度	瓶窑镇	北湖乡	长命乡	彭公乡	合计
1986	144.93	45.34	137.81	71.53	399.61
1987	174.23	41.86	147.78	89.74	453.61
1988	318.16	并入瓶窑镇	193.53	114.27	625.96
1989	342.92		143.36	155.08	641.36
1990	319.91		144.93	161.95	626.79
1991	353.80		137.92	183.70	675.42
1992	638.88		并入瓶窑镇	292.86	931.74
1993	832.85			390.40	1223.25
1994	1191.03			519.28	1710.31
1995	1458.79			546.24	2005.03
1996	1727.47			515.13	2242.60
1997	1892.18			567.59	2459.77
1998	2115.29			694.73	2810.02

续表 3－6－4

单位：万元

收入乡镇 年度	瓶窑镇	北湖乡	长命乡	彭公乡	合计
1999	2722.43			705.28	3427.71
2000	3980.03			841.67	4821.70
2001	5727.52			并入瓶窑镇	5727.52
2002	6903.67				6903.67
2003	10160.53				10160.53
2004	10235.07				10235.07
2005	13129.79				13129.79
2006	14202.82				14202.82
2007	17690.57				17690.57
2008	23237.20				23237.20
2009	22818.49				22818.49
2010	29639.54				29639.54
2011	42959.83				42959.83
2012	39067.34				39067.34
2013	46380.58				46380.58
2014	50365.49				50365.49
2015	55975.42				55975.42

第三节 金融 保险

瓶窑金融业已有160年的历史。清咸丰七年（1857年），瓶窑西溪街设立保昌当，内设账房、仓库、信房、首饰房、米房、当传、更楼等，分记账、保管、传递、保卫等职责，资金8万银圆，抗日战争爆发后歇业。

民国17年（1928年），瓶窑横山村信用合作社筹建注册，会员12人，是钱塘、仁和两县第一批成立的农村信用合作社之一。后陆续有数个农村信用合作社建立，由中国农工银行杭州分行发放农贷资金给这些信用社。至1937年日寇入侵，金融机构瘫痪，信用社解散。1947年，瓶窑信用合作社成立，为扶植自耕农贷款，社内试办土地信用部，专门办理赎购田地抵押贷款，至1949年停业。

中华人民共和国成立后，瓶窑的金融事业得到迅速恢复和发展。各类金融机构先后在瓶窑开设营业网点。

一、金融业

中华人民共和国成立后，各类金融机构先后在瓶窑开设营业网点。至2015年，瓶窑设有中国工商银行余杭支行、中国农业银行余杭支行、中国建设银行余杭支行3家银行的分理处和瓶窑镇信用合作社等金融机构，服务网络齐全。2015年，全镇金融单位的存款余额62.19亿元，发放贷款约29.61亿元。其中工业贷款20.66亿元，个体私营工商户贷款4.62万元。

中国人民银行瓶窑办事处　1950年12月，中国人民银行杭县支行瓶窑营业所（甲型）成立,是瓶窑开设的第一家银行。1962年8月升级为办事处,1964年曾改称余杭县农业银行瓶窑办事处,1965年12月再次改称余杭县人民银行瓶窑办事处。

工商银行银行余杭支行瓶窑分理处 1985年11月,中国工商银行余杭县支行成立,中国人民银行余杭支行瓶窑分理处划归中国工商银行余杭支行,改称中国工商银行余杭支行瓶窑分理处。

1988年8月,中国工商银行余杭支行瓶窑分理处在余杭工商行政管理局注册设立,地址位于瓶窑镇大桥北,隶属于工商银行余杭支行。1992年,在瓶窑镇大桥南新建一个工商银行综合网点,原位于大桥北的网点调整为储蓄所,此时工商银行在瓶窑镇共有两个营业网点,员工人数为15人,多时达24人左右。1994年,大桥北的储蓄所搬迁至瓶窑农贸市场(老菜场)附近,2002年该网点迁至良渚勾庄。2004年,位于大桥南的工商银行网点迁至瓶窑镇凤溪路208号。2016年,工商银行瓶窑支行隶属于工商银行杭州科创支行,共有员工14人。

瓶窑分理处开通和经营工商银行应有的各种金融业务和产品,信贷业务除发放一般的流动资金贷款、项目贷款、中小企业贷款、个人经营性贷款外,还面向广大对公客户提供信用证、承兑汇票、国内保理和进出口保理等国内外贸易和票据融资业务,为企业提供了选择余地更大的各类金融产品;储蓄业务为定期、活期存款、汇款等,还开办本外币理财、灵通快线、基金宝等个人理财业务。自瓶窑分理处成立以来,网点就开通了企业和个人的电子银行业务,网上银行、ATM存款机、POS信用卡联机商务计算机处理系统、及自助银行、支付密码器、电话银行、手机银行等产品业务为客户提供便捷、方便、安全的汇划与结算平台;工商银行的牡丹信用卡,根据使用的不同分为牡丹白金卡、牡丹国际卡、牡丹运动卡、牡丹中油卡等,年发卡量达到10000张;为法人客户提供了法人理财、即时通、企业年金、机构第三方存款、账户信使、结算优惠套餐和电子商务等金融服务产品。为个人客户提供人民币理财业务、基金定投、代理国债、代理保险、代理基金及个人结售汇业务、黄金业务、商务伴侣等产品。

余杭农村商业银行瓶窑支行(信用社) 余杭农村商业银行瓶窑支行本部位于瓶窑镇华兴路410号,设有信贷业务部、会计管理部、综合管理部等行政部门。下辖支行营业部、新窑路、长命、桥北、崇化、彭公、大桥南路、凤都路、前程共9个网点,在职员工71人。

图3-44 余杭农村商业银行瓶窑支行(2016年)

1952年,浙江省范围内发动生产互助组入股活动,每股股金1元。互助组在农民群众自觉自愿的基础上,订有简单的信用互助公约,民主推举组长管理全组日常事宜。互助组作为信用合作的初级形式,初期主要靠入股的股金,以及吸收存款,作为储蓄来源,利用这些资金及时借贷,为农民解决农耕、短粮、疾病等问题。

1954年,各地的信用互助组扩并为信用社。当时的建制乡、长命、崇化、角头、羊山、民主、联合、石濑、石门、塘埠等普遍建立信用合作社。1956年,合并为长命、石濑、石门等乡信用合作社。

1958 年 10 月,随着“政社合一”的人民公社建立,银行营业所和信用合作社合并为人民公社的信用部。信用合作社也随之撤并为长命社。1983 年,北湖乡信用合作社并入瓶窑镇信用合作社;1992 年 5 月,长命乡信用社并入瓶窑镇信用合作社。至 2001 年底,瓶窑镇信用合作社下辖长命信用社、彭公信用社等 6 个分社,职工 61 人。全年全镇信用合作社存款余额达 2.76 亿元。各项贷款 1.47 亿元。

1958 年—1959 年,将信用社从人民公社信用部分出来,设立信用分部,下放给人民公社的管理区或生产大队管理。1961 年,恢复农村信用合作社,健全信用社的民主管理。全国的改革于 1962 年开始,重新明确了农村信用社组织的独立性,重新赋予信用社在业务方面的自主权。1969 年,信用社由贫下中农掌管,信用社职工走“亦工亦农”道路。导致此后的几年里,信用社业务停顿,亏损严重。

1978 年,明确信用社是国家银行在农村的基层组织。1979 年,中国农业银行浙江省分行恢复成立,崇化、长命、北湖、彭公 4 个信用社由人民银行管理转归农业银行管理。信用社逐步办成由农民、农村商户和各类经济组织入股,为农民、农业和农村经济发展服务的地方金融机构。

1982 年,中国农业银行确定农信社改革主要内容:独立经营,独立核算,自主经营业务,逐步做到自负盈亏;农信社以支持农业生产为主,支持双包户、专业户为主,解决流动资金需要为主,主要任务是为农村多层次的经济组织服务;信用社的贷款在用途、利率和做法上,可以与银行不同,用途可以比银行广泛,方式和手续可以比银行灵活。

随着行政区划的调整以及业务发展的需要,信用合作社经历了多次撤扩并。

1983 年,崇化信用社更名为长命信用社崇化分社。1990 年,瓶窑镇信用社成立,地址为瓶窑镇大桥北路,两年后新大楼建成,迁址到大桥南路 79 号。1992 年,北湖信用社更名为瓶窑信用社外窑街分社。1994 年,瓶窑信用社设立东大街分社,地址:瓶窑镇东兴路 39 号。1995 年,长命信用社并入瓶窑信用社,更名为瓶窑信用社长命分社。2001 年 9 月,彭公信用社并入瓶窑信用社,更名为瓶窑信用社彭公分社。2005 年 6 月,随着改革开放的不断深入,余杭区农村信用联社被确定为全省 20 家试点单位,在原有合作制基础上,引入股份制的机制,实行股份合作制的产权制度,并于 2005 年 6 月组建成立余杭农村合作银行,瓶窑农村信用社更名为余杭农村合作银行瓶窑支行。同时农合行瓶窑支行调整网点分布,适当调整多处营业网点。2008 年 4 月,新设桥北分理处,地址大桥北路 106 号。12 月,瓶窑支行本部由大桥南路迁址到瓶窑镇凤城花苑 36 号,原址更名为大桥南路分理处。2010 年 5 月,新设凤都路分理处,地址凤都路 3 号。2011 年 2 月,东大街分理处迁址至新窑路 212 号,并更名为新窑路分理处。2012 年 3 月,新设前程分理处,地址前程路 20 号——瓶窑市民之家。

至此,余杭农村合作银行瓶窑支行通过重大撤扩并,全辖分支机构优化调整为 9 个,即 1 个支行本部和新窑路、长命、桥北、崇化、彭公、大桥南路、凤都路、前程 8 个分理处。

2013 年 1 月,瓶窑支行新大楼落成营业,支行本部迁址至瓶窑镇华兴路 410 号。同年 11 月,瓶窑支行首个离行式自助银行——彭公竹制品市场自助银行投入使用。在省联信的指导下,11 月,余杭农村合作银行再次转制,余杭农村合作银行瓶窑支行更名为浙江杭州余杭农村商业银行股份有限公司瓶窑支行。

早期的信用社阶段，主要业务就是吸收储蓄存款，发放低息贷款，为农村生产服务，扶持农业、手工业生产互助合作的发展，与高利贷作斗争。后不断改革创新业务种类及范围。2006年开通"96596"电话银行服务，2007年全国支票影像系统上线，2007年"信付通"POS机为个体工商户提供货款结算新渠道，同年，"短信通"正式投入使用，首款人民币理财产品"丰收1号"发行成立，2008年开通"农信银"全国通存通兑业务，华东三省一市汇票业务上线，2009年丰收小额贷款卡发行，2010年正式开办个人外汇业务，2011年起全面代理余杭区市民卡业务等等。

瓶窑支行业务范围除存、贷款等传统业务外，主要包括：人民币基本结算业务、银行卡业务、银行卡ATM交易、中间代理业务、电子银行及其他业务等。

至2015年末，农商行瓶窑支行各项存款规模26.2亿元，各项贷款规模13.4亿元。

中国农业银行杭州瓶窑支行

中国农业银行余杭县支行于1980年6月1日恢复并对外营业，中国农业银行余杭县支行瓶窑营业所同年成立，营业地址位于瓶窑镇里窑街24号，戴金生任中国农业银行余杭县支行瓶窑营业所党支部书记、主任。

图3-45　中国农业银行瓶窑支行（2010年）

1988年5月，中国农业银行余杭县支行瓶窑营业所搬迁至瓶窑镇大桥南路6号，原址设瓶窑储蓄所。同年6月，设立中国农业银行余杭县支行瓶窑第二储蓄所成立，营业地址位于瓶窑镇大桥北路。

1994年，余杭县撤县建市，中国农业银行余杭县支行瓶窑营业所更名为中国农业银行余杭市支行瓶窑办事处。1998年6月，中国农业银行余杭市支行瓶窑办事处更名为中国农业银行余杭市支行瓶窑分理处。同年11月，瓶窑分理处搬迁至瓶窑镇东兴路50号的新大楼；瓶窑第二储蓄所搬迁至瓶窑大桥南路6号，更名为中国农业银行余杭市支行瓶窑南街储蓄所。

2004年1月，中国农业银行余杭市支行瓶窑分理处升格为中国农业银行杭州余杭瓶窑支行。2007年底，中国农业银行杭州余杭瓶窑储蓄所停止对外营业。

2009年，中国农业银行杭州余杭瓶窑支行更名为中国农业银行股份有限公司杭州瓶窑支行。中国农业银行杭州余杭瓶窑南街储蓄所更名为中国农业银行股份有限公司杭州南街支行。

2014年5月，中国农业银行股份有限公司杭州南街支行搬迁至杭州物流中心金恒德汽配城，更名为中国农业银行股份有限公司杭州金恒路支行。

农行在瓶窑镇共设立3处离行式自助银行：瓶窑镇东兴路自助银行，于2013年5月启用，位于余杭区瓶窑镇东兴路275号，营业用房面积17平方米，配有一台取款机；瓶窑镇大桥南路自助银行，由原农行南街支行原址改建为自助银行服务点，于2014年8月启用，地址位于余杭区瓶窑镇大桥南路6号，营业用房面积57.4平方米，配有一台取款机，一台存取款机，两台自助转账机;瓶窑镇余杭区第三人民医院自助银行,于2014年9月正式启用,位于余杭区瓶窑镇华兴路224号,营业用房面积12平方米,配有一台取款机,一台自助转账机。

业务范围:中国农业银行杭州瓶窑支行不断开拓各类金融服务业务,开设金融服务业种类有企业本、外币存、贷业务;个人本、外币储蓄业务;理财业务;电子银行业务;外币兑换,个人结售汇;代理发行和兑付政府债券;个人信贷业务;个人结算业务;代理收付款项及代理保险业务;代发工资;代理基金等各类业务。截至2015年底,瓶窑支行有职工19人,共开立对公账户599户,各项存款余额117017.7万元,各项贷款余额19783.39万元。

中国建设银行股份有限公司杭州瓶窑支行　中国人民建设银行余杭瓶窑办事处成立于1990年12月,位于大桥南路30号;1993年8月建设银行在西中口设立储蓄所,所址位于西中口馒头山34号,1994年7月,瓶窑办事处迁址新窑路230号新大楼,原址成立大桥储蓄所,后因机构改革和布局的需要,2003年7月大桥储蓄所迁往良渚成立良渚分理处,瓶窑只保留新窑路230号的一个网点,全称为中国建设银行股份有限公司杭州瓶窑支行。至2015年末各项存款余额9亿元,贷款余额3亿元,对当地经济建设和文化事业的发展给予了很大的支持。建设银行是国内唯一以"良渚文化"为背景发行信用卡的金融机构,发行的"余杭龙卡"是千年文化和现代文明的完美结合,是向全国和世界宣传良渚文化的金名片。

中国银行股份有限公司杭州市余杭瓶窑支行　中国银行瓶窑支行成立于2003年7月,成立初期位于华兴路1号,开业时为瓶窑分理处;2009年10月升格为中国银行瓶窑支行。2010年6月,因网点发展需要搬迁至瓶窑镇凤溪路255号。中国银行瓶窑支行业务种类齐全,基本的国内结算、国际结算业务全覆盖,其中信贷业务有企业流动资金贷款、项目贷款、小企业贷款、个人经营性贷款、个人消费贷款,同时向客户提供银行承兑汇票、进出口信用证、国内保理等国内外贸易和票据融资业务,储蓄业务为定期、活期存款、汇款等,还开办本外币理财业务、大额存单、国际个人收付汇业务等业务。

为了便利客户的结算需求,中国银行瓶窑支行开通企业和个人网上银行、手机银行、电话银行、ATM取款、POS信用卡联机等产品,为客户提供快捷方便、安全的计划与结算平台。中国银行的长城卡根据使用的不同分为中银私行卡、中银财富卡、中银贵宾卡、中银商贸通卡、中银薪享卡、中银常青树卡。中间业务:为法人提供法人理财企业年金、机构等第三方存款、企业咨询、结算优惠套餐等金融服务,为个人提供了人民币理财业务、基金定投、代理国债、代理保险、代理基金、黄金业务等业务。

余杭德商村镇银行瓶窑支行　余杭德商村镇银行瓶窑支行于2014年1月开业,地址位于余杭区瓶窑镇凤溪路213—219号。

瓶窑支行以"支农支小"为宗旨,服务中小微科技型企业的发展壮大,缓解"三农"经济和小微企业融资难问题,解决当地现有农村地区银行业金融机构覆盖率相对较低、金融有效供给相对不足、金融竞争相对不充分、金融服务相对缺位等问题。瓶窑支行提供种类多样、覆盖全面、治理灵活、服务高效的农村金融服务,支持当地经济升级发展。截至2016年5月,存款余额达3.8亿元,贷款余额达3.9亿,贷款户数690户,在职员工13人。

二、保险业

中国太平洋财产保险股份有限公司杭州市余杭支公司瓶窑营销服务部　2002年,中国太平洋财产保险股份有限公司杭州市余杭支公司在瓶窑镇设营销服务部,位于闻溪路,是专为瓶窑当地服务的机构。承保有企业财产保险、家庭财产保险、机动车辆保险、船舶保险、货物运输保险、建筑安装工程保险、出口信用保险、各种责任保险、意外险等几十个险种，并在2015年度实现车险销售收入1155万元、非车险销售收入515万元，保费收入名列前茅，并以“用心承诺，用爱负责”为服务理念，以“客户需求”为导向，开拓进取、锐意创新，积极为客户提供风险保障服务。

中国人民财产保险股份有限公司杭州市余杭支公司瓶窑营业部（简称人保财险余杭支公司瓶窑营业部）1986年1月，中国人民保险公司余杭支公司在瓶窑设立办事处；位于瓶窑镇凤溪路164号，职场面积300余平方米，现有员工22名，经营范围主要有：机动车辆险、财产险、船舶险、货运险、责任信用险、意外健康险、农业保险等，业务规模从成立时的200多万元到2015年的8000多万元，为当地的工农业生产的灾后重建及当地民众的意外事故提供保障。2003年5月改称为中国人民财产保险公司股份有限公司余杭支公司瓶窑营业部。在做好承保服务的同时，还积极为客户提供代办车辆年检、协助理赔等售后服务。

图3－46　中国人民保险公司瓶窑营业部（2015年）

2015年度，余杭支公司实现保费收入22958.49万元，业绩增速4.28%，其中车险保费收入19821.15万元，增速3.89%，非车险保费收入3137.34万元，增速6.84%，战绩卓著、市场份额稳居第二。

中国人寿保险股份有限公司杭州市余杭支公司瓶窑营业部　瓶窑营业部是中国人寿余杭支公司的下辖机构，1982年开始在瓶窑地区开展人身保险业务，机构地址位于瓶窑镇新窑路183号。以为广大的余杭老百姓及社会团体提供人寿、意外和健康保险产品，涵盖生存、养老、疾病、医疗、身故、残疾等多种保障范围，及为瓶窑地区客户提供承保、保全、理赔、咨询等服务。营业部秉承“成已为人、成人达已”的双成理念，用心经营，诚信服务，以不懈的追求给予越来越多的人们关爱与保护，为越来越多家庭遮风挡雨，为瓶窑和谐社会建设保驾护航。

公司坚持以“干好本行、服务全局”为已任，充分发挥保险功能，参与社会保障体系建设，开展建筑工伤代办、二次补偿医疗等政保项目，开办计划生育、女性安康、农村小额、老年人等保险业务，为基本医疗提供延伸服务，努力服务余杭经济社会发展；参与公益事业，开展“圆梦微心愿”、“生育关怀”等慈善活动，公司先后系统内外的和种表彰，市级“双文明”建设先进单位、省级“对标奋行先进”单位、“全国优秀基层单位”和浙江省第十届、杭州市第九届、余杭区第七届“消费者信得过单位”。

2015年余杭支公司共完成总保费收入3.72亿元，同比增长130.19%，年底公司市场份额为48.15%，领先主要竞争对手25个百分点，继续保持市场主导地位。

杭州市余杭区日通小额贷款股份有限公司　该公司经浙江省金融办批准，于2013年6月

6日在工商局注册登记设立，注册资本金为10000万元。由瓶窑大厦、美好资本、郡源燃料等当地知名民营企业共同发起设立。公司法人代表蔡国平，公司地址：余杭区瓶窑镇华兴路215号瓶窑大厦4楼。

公司于2013年6月8日开始正式经营，公司总经理陈坚，下设员工10人，公司“股权分散，三权分立，团队专业化，经营规范化，运作市场化”，以“让信用美好明天”为使命，秉承“共创共享共成长”的价值理念，为公司的持续稳健发展奠定了坚实基础。

公司严格执行国家金融方针政策，在法律，法规规定的范围内开展业务，不吸收公众存款，坚持小额分散，审慎经营，择优扶持；公司以安全性、流动性、效益性为经营原则；以服务“三农”、扶助中小企业为根本；采用信用、担保、抵押、质押等多种贷款方式，为余杭区范围内的农户、个体工商户和中小企业提供各项小额贷款及其他经批准的金融服务，并提供小企业发展、管理、财务等咨询服务。

第四编

政　　治

Political

民国30年(1941年),中共黄湖中心区委在黄湖、瓶窑等地开展活动,发动群众抗战。1949年7月,余杭县建立中共黄湖区委,境内塘埠、石门等乡的中共支部属之。杭县仁爱区委则辖境内石濑、民主等乡的中共支部。1950年6月,境内各乡均建立中共支部。自1949年5月余杭、杭县解放以来,在上级党委领导下,中共瓶窑镇党委、政府组织带领人民群众开展剿匪反霸、镇压反革命、抗美援朝及土地改革、民主建政等斗争,社会秩序得到稳定,使瓶窑较快进入恢复经济的轨道。有步骤地实现从新民主主义革命到社会主义建设的转变,迅速恢复经济并有计划地进行政治、经济、文化和社会建设。全面开展党的组织建设、宣传教育、纪律检查和统一战线等各项工作。境内党的组织日益健全,党员队伍逐步扩大,党的战斗力不断增强。其间,由于"左"倾错误思想指导,工作中出现失误,党内民主生活遭到严重损害,群众积极性受到挫伤。尤其在"文化大革命"期间(1966年—1976年),党的组织一度被迫停止活动。1978年改革开放后,瓶窑镇党委加强政治、思想和组织建设,认真贯彻中共十一届三中全会后的路线、方针、政策,坚持以经济建设为中心,坚持改革开放,推动科学发展,推进中国特色社会主义建设,正确处理改革、发展、稳定的关系,推进经济和政治体制改革,扩大社会主义民主,健全社会主义法制,为瓶窑发展创造良好的社会环境,在加快社会主义现代化建设、全面建设小康社会等方面成就卓著。

中华人民共和国成立以来,作为行政构的乡镇人民政府,在境内各级中共组织领导下,组织工农群众恢复和发展生产,改善人民生活,发展各项社会事业,取得较大成就。中共十一届三中全会以来,瓶窑镇(含原彭公、北湖、长命乡)人民政府,坚持执政为民、依法行政、改进作风、优化服务,努力克服经济社会发展中的困难,保持经济较快发展并处于全区前列;着力保障和改善民生,落实为民实事工程,人民生活不断提高,社会趋向公平正义。

此外,境内各群众团体根据中共不同时期的中心任务,发挥党和政府联系群众的桥梁作用。

第一章　中共地方组织

从1949年5月3日解放以后至1961年3月，余杭、杭县两县的建制和隶属关系，进行过多次调整变动，瓶窑镇随之。余杭县1949年5月19日隶属临安地委。1953年2月隶属中共嘉兴地委，1957年10月隶属中共建德地委，1958年10月余杭县建制撤销，并入临安县。杭县1949年5月15日隶属浙江省委萧（山）绍（兴）诸（暨）杭（州）临时工委，1949年6月至1957年8月隶属杭州，1957年9月，隶属杭州市。

1961年3月，余杭等7个人民公社党委（原余杭县境）从临安县析出，并入杭州市钱塘联社党委。4月，钱塘联社改为余杭县，境内中共组织属瓶窑区委。1965年3月，从有利生产、有利经营管理出发，境内原有3个人民公社党委调整为3个人民公社党的工作委员会和1个镇党委。同年9月各人民公社党的工作委员会改称人民公社党委。

"文化大革命"时期（1966年—1976年），党的组织被迫停止活动。1969年12月开始，相继在公社建立党的核心小组。1970年4月起，又陆续改为党委。1976年10月，党中央一举粉碎江青反革命集团后，全国进入了一个新的历史发展时期。特别是中共十一届三中全会以后，全党的工作重点转移到社会主义现代化建设上来。使余杭县各方面工作出现了新的局面，各级党组织的建设进一步得到加强。

1980年1月，公社、镇党委先后召开党代会，进行换届。根据中央有关农村人民公社实行政社分设的指示，1982年4月—1984年2月，各公社先后实行政社分设，恢复乡建制，公社党委随之改建为乡党委。1988年4月，北湖乡撤销，并入瓶窑镇，撤销北湖乡党委。1992年5月，为进一步加强乡镇基层政权和党的基层组织建设，适应和促进经济发展，根据省委、省府关于撤区扩镇并乡工作的指示，撤销了临平、塘栖、三墩、余杭、瓶窑5个区委。从有利于经济发展和社会稳定，有利于行政管理和方便群众，有利于发展农村小城镇建设出发，1992年5月21日在撤区的同时，又撤销了长命等23个乡镇党委。2001年8月，撤销彭公乡建制并入瓶窑镇，乡党委、纪委同时撤销。

第一节　乡镇（公社）党组织

2001年8月，乡镇区划调整时，建立新的中共瓶窑镇委员会和纪律检查委员会。

一、中共瓶窑镇组织及负责人

中华人民共和国成立前，瓶窑未建立中共的基层组织。民国30年（1941年），中共黄湖中心区委在黄湖、瓶窑、横畈等地开展活动。

1949年5月，余杭县、杭县相继解放。为了巩固新生的人民政权，打击匪特活动的嚣张气焰，尽快恢复和发展生产，在南下干部的带领下，广泛发动人民群众配合剿匪武工队和驻军，开展剿匪反霸、肃清反革命残余势力的斗争。同时,发展党员,建立基层党组织和基层政权,组织人民群众开展生产自救等工作。

1949年5月15日建立中共杭县委员会,隶属中共浙江省萧(山)绍(兴)诸(暨)杭(州)临时工作委员会,1949年6月至1957年8月分别隶属中共杭州市委和中共浙江省委,当时中共杭县瓶窑镇党支部随之。

中共杭县瓶窑镇党支部

书 记 刘延发(1949.7—1950.3)

中共杭县瓶窑镇党支部

书 记 于成海(1951.8—1952.6)

陈希乾(1952.6—1953.5)

惠庆章(1953.6—1955.1)

中共杭县瓶窑镇党总支部 1955年1月改建。

书 记 韩祯祥(1955.1—1956.4)

1955年,贯彻毛泽东主席《关于农业合作化问题》的指示,瓶窑进入农业合作化阶段,境内普遍建立高级农业合作社。1956年又完成对农业、手工业和资本主义工商业的社会主义改造,实现了由新民主主义革命到社会主义革命和社会主义建设的转变。在此期间,按照"积极慎重"的建党方针,在工农群众中发展党员,党的组织不断发展壮大。1956年4月,调整乡的规模,全区由17个乡(镇)并为5个乡(镇),均建立乡(镇)党总支部。

1957年7月恢复建立余杭镇、瓶窑镇2个县属镇党委。

中共杭县瓶窑镇党总支部

书 记 韩祯祥(1956.4—1958.4)

副书记 张徐来(1956.10—1958.4)

中共余杭县瓶窑镇委员会 1958年4月由杭县划入,隶属余杭县委。

书 记 韩祯祥(1958.4—1958.8)

副书记 张徐来(1958.4—1958.10)

中共临安县瓶窑镇委员会

1959年7月,瓶窑镇恢复县属镇建制。1959年又隶属于中共杭州市委,1960年1月,杭州市半山联社和拱墅联社合并,建立中共杭州市钱塘联社委员会。1960年6月,隶属钱塘联社长命人民公社委员会。

书 记 韩祯祥(1959.7—1960.7)

副书记 张徐来(1959.7—1961.3)

何永棠(1960.12—1961.3)

中共钱塘联社瓶窑镇委员会

1961年3月,从临安县析出余杭等7个人民公社(原余杭县境)并入钱塘联社,并从钱塘联社划出上泗人民公社归属杭州西湖区。同年4月,经中共浙江省委报请国务院批准,撤销钱塘联社,改为县建制,定名为余杭县,建立中共余杭县委员会,此后一直隶属中共杭州市委。

副书记 张徐来(1961.3—1961.4)

何永棠(1961.3—1961.4)

中共余杭县瓶窑镇委员会

书　记　韩祯祥(1961.4—1963.6)

雷传法(1963.6—1968.6)

副书记　陈达铨(1961.4—1963.6)

何永棠(1961.9—1964.1)

“文化大革命”期间瓶窑镇的党组织受到冲击,各项工作也遭到严重损失,党组织被革委会或党的核心小组所取代。

中共余杭县瓶窑镇核心小组

1970年4月10日建立党的核心小组。

组　长　雷传法(1970.4—1970.9)

朱明晓(1970.9—1970.9)

中共余杭县瓶窑镇委员会　1970年9月29日恢复党委。

书　记　朱明晓(1970.9—1973.1)

杜正平(1973.1—1976.10)

副书记　徐学成(1970.9—1970.10)

张徐来(1974.1—1976.10)

1976年10月,“文化大革命”结束,瓶窑镇和全国一样,进入了一个新的历史发展时期。特别是中共十一届三中全会以后,党的工作重点转移到社会主义现代化建设上来。党在思想、政治、组织上进行一系列拨乱反正,改革开放政策使瓶窑镇各项工作出现新的局面。“文化大革命”期间的一些组织被撤销,党组织的建设得到进一步加强。

中共余杭县瓶窑镇委员会

书　记　杜正平(1976.10—1977.5)

陈　明(1977.5—1981.5)

沈吾根(1981.5—1985.11)

王世贤(1985.11—1988.4)

傅阿惠(1988.4—1989.11)

副书记　张徐来(1976.10—1983.12)

吴耀槐(1977.7—1979.2)

沈梓财(1979.6—1984.12)

陈杏女(女.1981.2—1989.11)

董　平(1988.4—1989.11)

中共余杭县瓶窑镇第七次党的代表大会

1989年11月,中共瓶窑镇第七次代表大会,召开大会主要议程:听取和审议中共瓶窑镇第六届委员会工作报告:选举产生中共瓶窑镇第七届委员会。

书　记　傅阿惠(1989.11—1992.3)

孔祥华(1992.3—1992.5)

副书记　陈杏女(女.1989.11—1990.6)

沈海高(1989.11—1992.5)

许金达(1989.10—1991.4)

1992年5月21日,撤销长命乡并入瓶窑镇,同时建立新的中共瓶窑镇委员会。县委任命新的瓶窑镇党委、纪委领导班子成员。

中共余杭县瓶窑镇委员会

书 记 傅阿惠(1992.5—1993.12)

副书记 孔祥华(1992.5—1993.12)

王世贤(1992.5—1993.12)

郑柏林(1992.5—1993.12)

周文新(1993.12—1994.1)

委 员 何阿毛 付 勤 许金达 祝明良 李长春 何顺朝

中共余杭县瓶窑镇纪律检查委员会 1992年6月25日建立。

书 记 许金达(1992.6—1992.12)

何顺朝(1992.12—1994.1)

中共余杭县瓶窑镇第八次党代表大会

1992年12月,中共瓶窑镇第八次代表大会召开,大会主要议程:听取和审议中共瓶窑镇第七届委员会工作报告和镇纪律检查委员会工作报告;选举产生中共瓶窑镇第八届委员会委员和纪律检查委员会委员。至1995年12月届满。其间,县委对镇党委和镇纪委班子作了调整和充实。1995年2月任命副书记一人、10月任免书记各一人,任免纪委书记各一人。

书 记 傅阿惠(1994.1—1995.10)

陈祥荣(1995.10—1995.12)

副书记 孔祥华(1994.1—1995.2)

陈祥荣(1995.2—1995.10)

王世贤(1994.1—1995.10)

郑柏林(1994.1—1995.10)

周文新(1994.1—1995.12)

孙继良(1995.10—1995.12)

何顺朝(1995.10—1995.12)

委 员 何顺朝 何阿毛 付 勤 许金达 李长春 蒋树叶 梁 杰

中共余杭县瓶窑镇纪律检查委员会

书 记 何顺朝(1994.1—1995.10)

许金达(1995.10—1995.12)

中共余杭市瓶窑镇第九次代表大会

1995年12月18日,中共余杭市瓶窑镇第九次代表大会召开。大会是在全镇全面贯彻中共十四届四中全会精神,深入学习《中共中央关于加强党的建设几个重大问题的决定》,把党建设成为用建设有中国特色社会主义理论武装起来、全心全意为人民服务、思想上政治上组织上完全巩固、能够经受住各种风险、始终走在时代前列的马克思主义政党的时刻召开的。大会主要议程:听取和审议中共瓶窑镇第八届委员会工作报告和镇纪律检查委员会工作报告;选举产生中共瓶窑镇第九届委员会委员和纪律检查委员会委员。同日,中共余杭市瓶窑镇第九届委员会第一次全体会议召开，选举产生镇党委书记 1 人，副书记 3 人。同时，中共瓶窑镇纪律检查委员会举行第一次全体会议，选举产生镇纪委书记 1 人。其间市委对镇委班子作了调整和充实，于 1997 年 5 月任免书记各一人、1998 年 4 月免去副书记一人和 8 月任免副书记各一人。

书　记　陈祥荣（1995.12—1997.5）
　　　　姚建华（1997.5—1998.10）
副书记　孙继良（1995.12—1998.10）
　　　　何顺朝（1995.12—1998.8）
　　　　周文新（1995.12—1998.4）
　　　　沈国祥（1998.8—1998.10）
委　员　许金达　付　勤　蒋树叶　李长春　梁　杰
　　　　金国平　穆水花（女）　陈建民　王万新
　　　　龚国祥　杨士宏

中共余杭市瓶窑镇纪律检查委员会

书　记　许金达（1995.12—1998.10）

中共余杭市瓶窑镇第十次代表大会

1998 年 10 月 30 日，中共余杭市瓶窑镇第十次代表大会召开。大会是在中国跨世纪的现代化建设事业作出战略部署，调整和完善所有制结构，进一步解放和发展生产力；深化经济体制改革，全面认识公有制经济含义，公有制实现形式可以而且应当多样化的大背景下召开。

大会主要议程：听取和审议中共瓶窑镇第九届委员会工作报告和镇纪律检查委员会工作报告；选举产生中共瓶窑镇第十届委员会委员和纪律检查委员会委员。同日，中共余杭市瓶窑镇第十届委员会第一次全体会议召开，选举产生镇党委书记 1 人，副书记 2 人。同时，中共瓶窑镇纪律检查委员会举行第一次全体会议，选举产生镇纪委书记 1 人。

书　记　姚建华（1998.10—2001.8）
副书记　孙继良（1998.10—2001.8）
　　　　沈国祥（1998.10—2001.8）
委　员　许金达　蒋树叶　李长春　金国平　穆水花（女）
　　　　陈建民　王万新　龚国祥　杨士宏

中共余杭市瓶窑镇纪律检查委员会

书　记　许金达（1998.10—2001.8）

二、中共北湖乡组织及负责人

1962 年 4 月，浙江省农业厅北湖种畜场撤销，5 月其所属的张堰、西安寺、圣堂、横山、南山大队和长命人民公社的毛元岭、西中、何中、上窑、角窦、外窑大队合并建立北湖人民公社，同时建立中共北湖人民公社委员会。

中共余杭县北湖人民公社委员会

书　记　任金水（1962.5—1968.10）
副书记　吴亦法（1962.7—1968.10）
　　　　何永棠（1964.1—1968.10）

1970 年 2 月 17 日建立党的核心小组。

中共余杭县北湖人民公社党的核心小组

组　长　沈吾根（1970. 2—1970. 8）

副组长　凌长贵（1970. 7—1970. 8）

1970 年 8 月 12 日恢复党委。

中共余杭县北湖人民公社委员会

书　记　沈吾根（1970. 8—1970. 10）

副书记　凌长贵（1970. 8—1971. 5）

　　　　赵辅春（1972. 1—1976. 10）

　　　　潘阿才（1973. 1—1976,10）

　　　　刘阿金（1976. 8—1976. 10）

中共余杭县北湖人民公社委员会

书 记　沈吾根（1976. 10—1981. 5）

　　　郑柏林（1981. 5—1983. 10）

副书记　赵辅春（1976. 10—1979. 7）

　　　　潘阿才（1976. 10—1978. 11）

　　　　刘阿金（1976. 10—1977. 12）

　　　　方阿忠（1977. 7—1979. 6）

　　　　姚子连（1977. 12—1980. 1）

　　　　郑柏林（1979. 6—1981. 5）

　　　　尉吉明（1979. 7—1983. 2）

1983 年 10 月 12 日改建为乡党委

中共余杭县北湖乡委员会

书　记　郑柏林（1983. 10—1984. 5）

　　　　董希统（1984. 5—1987. 12）

副书记　方阿忠（1984. 2—1987. 2）

　　　　蒋树叶（1987. 2—1987. 12）

中共余杭县北湖乡委员会

书　记　董希统（1988. 1—1988. 4）

副书记　蒋树叶（1988. 1—1988. 4）

1988 年 4 月 2 日北湖乡撤销，并入瓶窑镇。

三、中共杭县长命乡组织及负责人

中华人民共和国成立初，杭县建有 5 个区、2 个县属镇党委、30 个乡（镇）的党支部。为了适应土地改革、农业合作化发展需要，县、区、乡建制进行多次调整变动。

中共杭县崇化乡党支部

书　记　林希森（1949. 7—1950. 5）

中共杭县崇化乡党支部

书　记　王阿林（1954. 7—1956. 4）

中共杭县羊山乡党支部

书　记　楼阿水(1953.6—1956.4)

中共杭县角窦乡党支部

书　记　刘金标(1954.7—1956.4)

中共杭县长命乡党支部

书　记　何永棠(1953.6—1956.4)

1956年4月,羊山、崇化2个乡和长命乡,角窦乡的一部分合并为长命乡,同时建立乡党总支部。

中共杭县长命乡党总支部

第一书记　王松炳(1957.1—1957.3)

潘阿才(1957.10—1958.4)

书　记　何永棠(1956.4—1956.12)

张子连(1957.1—1958.4)

副书记　楼阿水(1956.4—1958.4)

任金水(1956.4—1958.4)

何永棠(1957.1—1958.4)

中共临安县长命人民公社党委及所属管理区(镇)党组织

1958年4月,杭县建制撤销,划入杭州市郊区。同年10月,余杭县建制撤销,并入临安县,同时建立中共临安县长命人民公社委员会,下辖瓶窑镇党委和长命、角窦、崇化、羊山等4个管理区党总支部。

中共临安县长命人民公社委员会

书　记　潘阿才(1958.10—1961.3)

副书记　楼阿水(1958.10—1961.3.)

任金水(1958.10—1961.3)

何永棠(1959.12—1960.12)

嵇永顺(1960.2—1961.3)

陈志高(1960.2—1961.3)

长命管理区党总支部

书　记　嵇永顺(1959.4—1960.2)

副书记　梁阿农(1959.4—1960.6)

角窦管理区党总支部

书　记　晏海清(1959.4—1960.6)

崇化管理区党总支部

书　记　林德法(1959.4—1960.6)

副书记　陈有生(1959.4—1959.12)

羊山管理区党总支部

书记　陈志高(1959.4—1960.2)

中共钱塘联社长命人民公社委员会

1961 年 3 月,长命人民公社随余杭县从临安县析出,并入钱塘联社(驻地临平镇),下辖瓶窑镇党委。

书　记　潘阿才(1961.3—1961.4)

副书记　楼阿水(1961.3—1961.4)

任金水(1961.3—1961.4)

嵇永顺(1961.3—1961.4)

陈志高(1961.3—1961.4)

1961 年 4 月经浙江省委报请国务院批准,撤销杭州市钱塘联社,改为县建制,定名余杭县,建立中共余杭县委员会(驻地临平镇),此后一直隶属中共杭州市委。

中共余杭县长命人民公社委员会

书　记　潘阿才(1961.4—1966.6)

卞雪根(1966.6—1968.4)

副书记　何永棠(1961.4—1961.9)

楼阿水(1961.4—1966.6)

陈志高(1962.2—1966.6)

嵇永顺(1966.6—1968.4)

林锡开(1966.6—1968.4)

中共余杭县长命人民公社委员会

1970 年 2 月 17 日建立党的核心小组。

组　长　徐国贤(1970.2—1970.5)

1970 年 5 月 26 日恢复党委。

书　记　徐国贤(1971.4—1974.1)

卞雪根(1974.1—1976.10)

副书记　徐国贤(1970.5—1971.4)

嵇永顺(1970.5—1976.10)

陈文奎(1972.1—1975.9)

卞雪根(1973.1—1974.1)

中共余杭县长命人民公社委员会

书　记　卞雪根(1976.10—1981.9)

刘永水(1981.9—1983.3)

陈希根(1983.3—1983.10)

副书记　嵇永顺(1976.10—1981.11)

周水源(1977.7—1978.6)

姚子连(1980.1—1981,11)

沈海高(1980.8—1983.7)

1983 年 10 月 18 日改建为乡党委

中共余杭县长命乡委员会

书　记　陈希根(1983.10—1987.12)

副书记 孙继良(1987.2—1987.12)

1989年11月,中共长命乡第七次代表大会召开,选举产生中共长命乡第七届委员会。

书 记 陈希根(1988.1—1988.4)

董希统(1988.4—1989.10)

叶淼炎(1989.1—1992.5)

副书记 孙继良(1988.1—1992.5)

何阿毛(1988.4—1992.5)

四、中共彭公乡组织及负责人

解放初,原余杭县建有1个区委、17个乡(镇)的党支部,为了适应土地改革、农业合作化发展需要,县、区、乡建制进行多次调整变动。1949年7月建立中共原余杭县仁爱区委员会,先后下辖石濑、民主、联合、新民、新生、中溪、爱民、民建等8个乡党支部;中共原余杭县黄湖区委员会,先后下辖石门、塘埠、黄湖、独山、青山、双溪、鸬鸟、太平、溪口、百丈等10个乡党支部。1956年1月,原余杭县仁爱调整乡的规模,合并为石濑、漕桥、长乐等3个乡党总支部。原余杭县黄湖区调整乡的规模,1957年3月区委撤销后,至1958年4月建立仁爱区工作委员会前,所辖乡党组织隶属原余杭县委。

中共余杭县石门乡党支部(隶属原余杭县黄湖区)

书 记 郑银才(1955.4—1956.1)

中共余杭县塘埠乡党支部(隶属原余杭县黄湖区)

书 记 李建坎(1955.6—1956.1)

1956年1月,石门、塘埠2个乡合并为石门乡,同时建立乡党总支部。

中共余杭县石门乡党总支部(隶属原余杭县黄湖区)

书 记 李建坎(1956.1—1958.4)

章才根(1958.4—1958.10)

副书记 郑银才(1956.1—1957.11)

张法林(1957.11—1958.10)

中共余杭县石濑乡党支部(隶属余杭县仁爱区)

书 记 施尚德(1955.6—1956.1)

中共余杭县民主乡党支部(隶属余杭县仁爱区)

书 记 贾云龙(1955.3—1956.1)

中共余杭县联合乡党支部(隶属余杭县仁爱区)

书 记 施玉泉(1955.6—1956.1)

1956年1月,石濑、民主、联合3个乡合并为石濑乡,同时建立乡党总支部。

中共余杭县石濑乡党总支部(隶属余杭县仁爱区)

书 记 贾云龙(1956.1—1956.6)

张永茂(1957.2—1958.4)

潘秀林(1958.4—1958.10)

副书记 施玉泉(1956.1—1958.3)

施尚德(1956.1—1958.3)

贾云龙(1956. 6 —1958. 3)

朱文豪 (1958.4 任命,未到职)

张永茂 (1958.4—1958.7)

1958 年 10 月,余杭县建制撤销,并入临安县,时值“人民公社化”初期,余杭县境内的 18 个乡党总支部和 2 个县属镇党委改建为跃进、石蛤、仓前、长命、仁爱、双溪、黄湖 7 个人民公社党委,隶属临安县委。1959 年 4 月建立 25 个管理区党总支部。1960 年 6 月撤销管理区党总支部,2 个县属镇党委分别划归公社党委。1961 年 3 月,余杭等 7 个人民公社党委从临安县析出,并入杭州市钱塘联社党委。

1958 年 10 月,建立中共仁爱人民公社委员会,1959 年 3 月,改称中共潘板桥人民公社委员会,下辖石濑、长乐、漕桥等 3 个管理区党总支部。

中共临安县石濑管理区党总支部

书 记 李荣根 (1959.4—1959.12)

中共临安县塘埠人民公社党的工作委员会

书 记 郑连法(1961.4—1961.9)

副书记 郑凤庭(1961.4—1961.9)

1961 年 3 月,从临安县析出余杭等 7 个人民公社(原余杭县境)并入钱塘联社,1961 年 4 月从双溪人民公社分出建立,9 月撤销。其所辖大队党支部分别划归彭公、黄湖 2 个人民公社党委。1961 年 4 月石濑管理区从潘板桥人民公社分出建立石濑人民公社,9 月由塘埠人民公社的塘埠、石门、长岭、西坞、奇坑、白鹤大队划入,并改建为彭公人民公社,同时建立中共余杭县彭公人民公社委员会。

中共余杭县彭公人民公社委员会

书 记 潘秀林(1961.4—1961.9)

郑连法(1961.9—1966.6)

浦志洪(1966.6—1968.4)

副书记 楼渭昌(1961.4—1968.4)

傅友忠(1966.6—1968.4)

1970 年 2 月 17 日,建立中共余杭县彭公人民公社委员会党的核心小组。

组 长 浦志洪 (1970.2—1970.7)

1970 年 7 月 17 日恢复党委。

书 记 浦志洪(1970.7—1976.10)

副书记 姚增德(1970.7—1976.10)

陈春德(1973.1—1976.10)

中共余杭县彭公人民公社委员会

书 记 浦志洪(1976.10—1978.6)

周水源(1978.6—1981,12)

副书记 姚增德(1976.10—1977.4)

陈春德(1976.10—1980.1)

叶开梁 (1978.6—1983.12)

蒋树叶(1979.7—1983.12)

1983年12月8日前为人民公社党委,后改建为乡党委。

书　记　孙传礼(1983.12—1987.12)

副书记　叶开梁(1983.12—1985.11)

蒋树叶(1983.12—1987.2)

陈跃水(1987.5—1987.12)

中共余杭县彭公乡第五次党代表大会

1989年11月,中共余杭县彭公乡第五次代表大会召开,会议听取并审议中共彭公乡第四届委员会工作报告,选举产生中共彭公乡第五届委员会委员。1992年5月,根据省委、省政府关于撤区扩镇并乡工作的指示,全县乡镇规模作了较大的调整,彭公乡保留原建制,实行县委直接领导乡党委的体制。

书　记　孙传礼(1988.1—1989.10)

陈建方(1989.10—1993.12)

副书记　陈跃永 (1988.1—1992.12)

吴农山(1988.4—1992.12)

委　员　吴建军、施兆丰、潘玲芬(女)、曾庆钊 、夏启明、姚建山

1992年6月25日乡设立中共余杭县彭公乡纪律检查委员会。

书　记　吴农山(1992.6—1992.12)

来满高 (1993.12—1996.1)

副书记　朱立荣 (1992.12—1993.12,主持工作)

中共余杭县彭公乡第六次党代表大会

1992年12月,召开中共彭公乡第六次代表大会,选举产生中共彭公乡第六届委员会和纪律检查委员会,至1995年12月届满。市委于1995年10月对乡党委班子作了调整和充实。

书　记　陈建方(1994.1—1995.12)

副书记　孙继良(1992.12—1995.10)

来满高(1992.12—1993.12)

楼增产(1992.12—1995.10)

何阿毛(1995.10—1995.12)

委　员　楼增产、潘玲芬(女)、夏启明 、姚建山 、赵祖泉、宋祖建、王万新。

中共余杭县彭公乡纪律检查委员会

纪委书记　来满高(1994.1—1995.12)

中共余杭县彭公乡第七次代表大会

1995年12月20日,中共彭公乡第七次代表大会召开,选举产生中共彭公乡第七届委员会委员9人和纪律检查委员会。市委于1996年1月、1998年4月和8月,分别对乡党委班子作了调整和充实。1998年8月,纪委书记也作了调整。

书　记　胡梓林(1996.1—1998.4)

周文新(1998.4—1998.10)

副书记　何阿毛(1995.12—1998.8)

来满高(1995.12—1998.8)

俞卫强(1998.8—1998.10)

张齐达(1998.8—1998.10)

委 员 赵祖泉、楼增产、夏启明、宋祖建、姚建山、王万新、高文土、贺人杰、竺 英(女)。

中共余杭县彭公乡纪律检查委员会纪委

纪委书记 来满高(1995.12—1998.8)

张齐达(1998.8—1998.10)

中共余杭县彭公乡第八次代表大会

1998年10月30日,中共彭公乡第八次代表大会选举产生乡第八届委员会和纪律检查委员会。2001年8月8日,乡镇区划调整时,撤销彭公乡建制并入瓶窑镇,乡党委、纪委同时撤销。

书 记 周文新(1998.10—2001.8)

副书记 俞卫强(1998.10—2001.8)

张齐达(1998.10—2001.8)

委 员 楼增产(1998.10—2001.8)、宋祖建(1998.10—2001.8)、姚建山(1998.10—2001.8)、高文土(1998.10—2001.8)、贺人杰(1998.10—2001.8)、竺 英(女.1998.10—2001.8)。

中共余杭县彭公乡纪律检查委员会

书 记 张齐达(1998.10—2001.8)

第二节 中共瓶窑镇委员会(2001年8月后)

2001年3月9日,中共浙江省委决定撤销中共余杭市委、市纪委,建立中共杭州市余杭区委、区纪委。原任书记、副书记、常务委员、委员称谓随之改称。2001年8月,全区部分乡镇行政区划进行调整,撤销临平镇、星桥镇、亭趾镇、博陆镇、五杭镇、东塘镇、獐山镇、云会乡、勾庄镇、安溪镇、五常乡、长乐镇、彭公乡、潘板桥镇、双溪镇、良渚镇、闲林镇、瓶窑镇党的委员会和纪律检查委员会。建立运河镇、仁和镇、良渚镇、闲林镇、径山镇、瓶窑镇党的委员会和纪律检查委员会,以及临平街道、东湖街道、南苑街道、星桥街道党的工作委员会和纪律检查工作委员会。是年8月8日,乡镇区划调整时,建立新的中共瓶窑镇委员会和纪律检查委员会。17日,区委任命新的瓶窑镇党委、纪委领导班子成员。

中共余杭市瓶窑镇委员会

书 记 姚建华(2001.8—2001.12)

副书记 俞卫强(2001.8—2001.12)

洪乐勇(2001.8—2001.12)

张齐达(2001.8—2001.12)

委 员 许金达(2001.8—2001.12)

李长春(2001.8—2001.12)

金国平(2001.8—2001.12)
姚建山(2001.8—2001.12)
陈建民(2001.8—2001.12)

中共余杭市瓶窑镇纪律检查委员会

书　记　张齐达(2001.8—2001.12)
副书记　许金达(2001.8—2001.12)

一、中共余杭市瓶窑镇第十一次代表大会

2001年12月18日,中共余杭市瓶窑镇第十一次代表大会召开。出席会议的应到代表87名,实到85名,列席代表32名。大会设主席团17人,代表资格审查小组3人。主席团成员:朱阿道、许金达、李长春、吴金顺、张齐达、陆松根、陈建民、陈国民、金国平、郑连法、俞卫强、洪乐勇、姚建山、姚建华、尉建明、葛彩娟、赖炳权。大会是在世纪之交我国将进入全面建设小康社会,加快现代化,全镇人民认真学习贯彻党的十五届六中全会和江泽民总书记"七·一"讲话精神,以"撤市设区"为锲机,全面推进"十五"计划新的发展阶段召开。

大会主要议程:听取和审议姚建华代表中共瓶窑镇第十届委员会所作的题为《齐心融入大都市 合力建设新瓶窑》的工作报告和张齐达代表镇纪律检查委员会所作《加强党风廉政建设 深入开展反腐败斗争 为顺利推进"融入大都市 建设新瓶窑"而奋斗》的工作报告;选举产生中共瓶窑镇第十一届委员会和中共瓶窑镇纪律检查委员会;通过《中共瓶窑镇第十届委员会工作报告的决议》、《中共瓶窑镇纪律检查委员会工作报告的决议》。大会确立了"跨过新国道、建设新瓶窑"的发展思路。会议以无记名投票方式和差额选举办法,选举产生中共余杭市瓶窑镇第十一届委员会委员和镇纪律检查委员会委员。同日,中共余杭市瓶窑镇第十一届委员会第一次全体会议召开,选举产生镇党委书记1人,副书记3人。同时,中共瓶窑镇纪律检查委员会举行第一次全体会议,选举产生镇纪委书记1人、副书记1人。在任期内,区委对镇党委班子和镇纪委书记作了调整和充实。2004年10月,任免党委副书记各1人,任免党委委员各3人,任免镇纪委书记各1人。2006年9月,任免党委书记各1人,任命党委副书记1人,免去党委副书记2人,任命党委委员5人,免去党委委员3人,任免镇纪委书记各1人。

中共余杭市瓶窑镇委员会

书　记　姚建华(2001.12—2006.9)
　　　　钟湘君(女,2006.9—2006.9)
副书记　俞卫强(2001.12—2006.9)
　　　　洪乐勇(2001.12—2006.9)
　　　　张齐达(2001.12—2004.10)
　　　　柴顺良(2004.10—2006.9)
　　　　刘玉明(2006.9—)
委　员　许金达(2001.12—2004.10)
　　　　李长春(2001.12—2006.9)
　　　　金国平(2001.12—2004.10)
　　　　姚建山(2001.12—2004.10)
　　　　陈建民(2001.12—2006.9)

宋祖建（2004.10—2006.9）
唐红华（2004.10—2006.9）
赵林康（2004.10—2006.9）
高箭飞（2006.9—2006.9）
王志亮（2006.9—2006.9）
江伟峰（2006.9—2006.9）
童建明（2006.9—2006.9）
章如华（2006.9—2006.9）

中共余杭市瓶窑镇纪律检查委员会
书　记　张齐达（2001.12—2004.10）
　　　　柴顺良（2004.10—2006.9）
副书记　许金达（2001.12—2005.3）
委　员　高美琴（2001.12—2005.3）
　　　　朱贤国（2001.12—2004.10）
　　　　华玉水（2001.12—2006.9）
　　　　王文娟（2005.3—2006.9）
　　　　嵇掌虎（2005.3—2006.9）

二、中共余杭区瓶窑镇第十二次代表大会

2006年9月28日，中共余杭区瓶窑镇第十二次代表大会召开。出席会议的应到代表91名，实到84名，列席人员63名，代表全镇2549名共产党员。大会设主席团17人，代表资格审查小组3人。

大会是在全镇人民深入贯彻中共十六大和十六届四中、五中全会精神，全面落实科学发展观，加强党的执政能力建设和先进性建设，坚持发展这个党执政兴国的第一要务，加强和改善宏观调控，着力推进改革开放，加快调整经济结构和转变经济增长方式，正确处理改革发展稳定的关系，社会主义经济建设、政治建设、文化建设、社会建设和党的建设取得新进展历史时期召开。

大会主要议程：听取和审议并通过了钟湘君代表中共瓶窑镇第十一届委员会是所作的题为《锐意干事创业　致力强镇富民　努力开创瓶窑经济社会发展新局面》的工作报告和镇纪律检查委员会工作报告；选举产生中共瓶窑镇第十二届委员会和镇纪律检查委员会；通过《中共瓶窑镇第十一届委员会工作报告的决议》、《中共瓶窑镇纪律检查委员会工作报告的决议》。会议以无记名投票方式和差额选举办法，选举产生中共瓶窑镇第十二届委员会委员10人、中共瓶窑镇纪律检查委员会委员5人。同日，中共瓶窑镇第十二届委员会第一次全体会议召开，选举产生镇党委书记1人，副书记2人；中共瓶窑镇纪律检查委员会举行第一次全体会议，选举产生镇纪委书记1人，副书记1人。在任期内，区委对镇党委班子和镇纪委书记作了调整和充实。2010年10月，任免党委副书记各1人。

中共余杭区瓶窑镇委员会
书　记　钟湘君（女，2006.9—2011.9）
副书记　俞卫强（2006.9—2010.10）

刘玉明（2006.9—2011.9）
黄国连(2010.10 — 2011.9)
委　员　陈建民（2006.9—2011.9）
赵林康（2006.9—2011.9）
高箭飞（2006.9—2011.9）
王志亮(2006.9—2011.9)
江伟峰（2006.9—2009.2）
童建明(2006.9—2011.9)
章如华（2006.9—2011.9）
钟水泉(2008.3—2011.9)

中共余杭区瓶窑镇纪律检查委员会
书　记　刘玉明（2006.9—2011.9）
副书记　陈建民（2006.9—2011.9）
委　员　朱贤国(2006.9—2009.5)
华玉水(2006.9—2011.9)
王文娟(2006.9—2011.9)
厉彩芳(2009.5—2011.9)

三、中共余杭区瓶窑镇第十三次代表大会

2011 年 9 月 28 日，中共余杭区瓶窑镇第十三次代表大会召开。出席会议的应到代表 93 名，实到 93 名，列席人员 66 名，代表全镇 3052 名共产党员。大会设主席团 15 人组成。代表资格审查小组 3 人。这次代表大会，是在全镇人民深入贯彻落实中共十七大和十七届五中全会精神，深刻领会胡锦涛总书记在全会上的重要讲话和“十二五”规划建议，系统把握、突出重点、联系实际，全面准确深入宣讲全会精神，引导广大干部群众进一步把思想统一到全会精神上来，把力量凝聚到实现“十二五”宏伟目标的关键时刻召开的。

大会主要议程：听取和审查了钟湘君代表中国共产党杭州市余杭区瓶窑镇第十二届委员会所作的题为《建设西部重镇，打造北秀明珠，为实现瓶窑富民强镇的新目标而努力奋斗》和刘玉明代表中国共产党杭州市余杭区瓶窑镇纪律检查委员会所作的题为《惩防并举 统筹兼顾，为实现“勤廉瓶窑”的工作目标而不懈努力》的工作报告；选举中国共产党杭州市余杭区瓶窑镇第十三届委员会和瓶窑镇纪律检查委员会；通过《中共瓶窑镇第十二届委员会工作报告的决议》、《中共瓶窑镇纪律检查委员会工作报告的决议》；通过《中国共产党杭州市余杭区瓶窑镇镇第十三次代表大会代表活动制度》。会议以无记名投票方式和差额选举办法，选举产生中共余杭区瓶窑镇第十三届委员会委员和中共余杭区瓶窑镇纪律检查委员会委员。同日，中共瓶窑镇第十三届委员会第一次全体会议召开，选举产生镇党委书记 1 人，副书记 2 人；中共瓶窑镇纪律检查委员会举行第一次全体会议，选举产生镇纪委书记 1 人，副书记 1 人。在任期内，区委对镇党委班子和镇纪委书记作了调整和充实。2012 年 8 月，免去副书记各一人，任命副书记 2 人；2013 年 4 月任免副书记各一人；2014 年 10 月，任免党委书记各 1 人；2014 年 11 月免去副书记一人；2014 年 12 月任免副书记各一人，免去纪委副书记一人。

中共余杭区瓶窑镇委员会

书 记 钟湘君(女,2011.9—2014.10)
吕复春(2014.10—2016.10)
副书记 黄国连(2011.9—2013.4)
刘玉明(2011.9—2012.8)
陈 宏(2012.8—2014.12)
孙立英(女,2012.8—2014.11)
沈建立(2013.4—2016.5)
张 静(女,2014.12—2016.10)
吴建中(2016.7—2016.10)
委 员 高箭飞(2011.9—2016.7)
章如华(2011.9—2015.5)
钟水泉(2011.9—2013.5)
姚杭平(2011.9—2016.5)
张余成(2011.9—2014.12)
徐立红(2011.9—2014.12)
李召国(2011.9—2014.10)
胡立有(2014.12—2016.5)
王志亮(2014.12—2016.10)
周立峰(2014.10—2015.5)
陆建荣(2015.5—2016.10)
倪满芬(女,2015.5—2016.10)
陈建荣(2015.12—2016.10)

中共余杭区瓶窑镇纪律检查委员会 2015年1月,乡镇开始设立专职纪律检查委员会书记。

书 记 刘玉明(2011.9—2012.8)
孙立英(女,2012.8—2014.11)
王志亮(2015.1—2016.10)
副书记 徐立红(2011.9—2014.12)
王志亮(2014.12—2015.1)
沈 晶(2015.1—2016.10)
委 员 厉彩芳(2011.9—2016.10)
华玉水(2011.9—2012.12)
沈 晶(2012.5—2015.1)
王文娟(2011.9—2016.10)
缪建宏(2015.1—2016.10)

四、中共余杭区瓶窑镇第十四次代表大会

20016年10月29日,中共余杭区瓶窑镇第十四次代表大会召开。出席会议的应到代表95名,实到94名,列席人员66名,代表全镇3402名共产党员。大会设主席团15人组成。代表资格审查小组3人。这次代表大会,是在全镇人民深入贯彻落实中共十八大和十八届六中全会精神,深刻领会习近平总书记在全会上的重要讲话,突出宣传"核心"和全面从严治党这个主题,把我镇党员干部的思想和行动统一到党中央决策部署上来,为实现"十三五"宏伟目标的关键时刻召开的。

大会主要议程:听取和审查了吕复春代表中国共产党杭州市余杭区瓶窑镇第十三届委员会所作的题为《突出党建统领 凝聚发展合力 引领瓶窑为余杭争作全省榜样打头阵争先锋》和王志亮代表瓶窑镇纪律检查委员会所作的题为《聚焦主业 坚持从严治党 以务实的举措奋力开创反腐倡廉工作新局面》的工作报告;选举中国共产党杭州市余杭区瓶窑镇第十四届委员会,选举中国共产党杭州市余杭区瓶窑镇纪律检查委员会;通过《中共瓶窑镇第十三届委员会工作报告的决议》、《中共瓶窑镇纪律检查委员会工作报告的决议》。会议以无记名投票方式和差额选举办法,选举产生中共余杭区瓶窑镇第十四届委员会委员和中共余杭区瓶窑镇纪律检查委员会委员。同日,中共瓶窑镇第十四届委员会第一次全体会议召开,选举产生镇党委书记1人,副书记2人;中共瓶窑镇纪律检查委员会举行第一次全体会议,选举产生镇纪委书记1人,副书记1人。

中共余杭区瓶窑镇委员会

书　记　吕复春(2016.10—)

副书记　吴建中(2016.10—)

　　　　张　静(女,2016.10—)

委　员　王志亮(2016.10—)

　　　　陆建荣(2016.10—)

　　　　邵素萍(女,2016.10—)

　　　　楼红兵(2016.10—)

　　　　倪满芬(女,2016.10—)

　　　　陈建荣(2016.10—)

　　　　周冬梅(女,2016.10—)

中共余杭区瓶窑镇纪律检查委员会

书　记　王志亮(2016.10—)

副书记　沈　晶(2016.10—)

委　员　王文娟(2016.10—)

　　　　缪建宏(2016.10—)

　　　　丁小美(2016.10—)

五、2001年后瓶窑镇各届党代表大会代表名单

中共余杭区瓶窑镇第十一次代表大会(87名):丁志松、丁勇良、马金荣、王金莲、王建华、王根富、方中伟、方有良、平伟堂、厉力、叶建华、任慧芳、吴金顺、华玉水、刘加才、许金达、邵同庆、朱卫民、朱阿道、朱苗荣、朱贵尧、朱建平、阮祖荣、余尧政、孙汉文、孙国方、何妙水、李长春、李其华、李德洪、沈如新、沈觉伟、沈跃根、沈雪泉、张齐达、张法林、陆永芳、陆松根、陆金火、陈玉良、陈玉明、陈连梅、陈新强、陈国民、陈建民、陈继国、郑连法、金国平、徐云芳、徐水福、徐福平、徐雪浩、葛彩娟、郎荣华、查昌连、董希伦、费金娥、姚阿明、徐培根、闻小肖、姚建华、俞国富、周浙标、周建华、莫如法、姚建山、袁彩花、钱阿康、魏金泉、高老虎、施金龙、陶沃根、贾伟国、傅阿惠、尉建明、洪乐勇、赖炳权、童建华、范煜根、钟慧敏、梁法根、姚克萍、曾庆良、俞卫强、凌云、夏贤洪、高恩来(2004年10月张齐达、金国平调出本行政区域,代表资格终止)

中共余杭区瓶窑镇第十二次代表大会(91名):钟湘君、刘玉明、章如华、童建明、徐兴龙、江伟峰、杨国强、罗生祥、华玉水、郑连法、李晓琦、厉彩芳、俞卫强、莫如法、何良文、郑抗美、邹卫红、吴来法、吴阿祥、李芝莲、俞卫立、高箭飞、倪大成、杨如女、邱连永、姚阿明、莫正月、丁勇良、缪建英、李春、李国良、施金龙、袁彩花、孙国方、李月珍、徐水福、高老虎、陈建民、陈玉良、翁一鸣、林清勇、沈茂勤、沈跃根、俞国富、郎建潮、沈文渊、吴连奎、阮祖荣、王寿富、杨彩萍、王志亮、韩贵林、裘法庆、章丽君、李萍、高恩来、陈文娟、吴金顺、周宝阳、王伟民、蒋丽姣、王建祥、喻武英、王永高、裘庆来、顾鹤清、夏春明、莫 嘉、俞孟元、张文鸣、张爱珍、张敏、任慧芳、张建平、赵林康、沈建宁、叶建华、贾伟国、严卫星、周敏、曾庆良、任洪才、魏月潮、尉建明、朱华、陈国民、唐华强、厉力、傅阿惠、李德洪、朱伟刚

中共余杭区瓶窑镇第十三次代表大会(93名):陆建荣、章如华、夏春明、王月娣、孙玲红、汪建兰、陈国红、周华芳、杜红芬、唐寿娣、李春霞、陈文娟、王国琴、裘庆来、顾鹤清、章丽君、沈忠英、周国英、张静、林永法、丁勇良、杨亮亮、钟方州、缪剑英、万旭东、王梅永、沈卫国、莫增月、冯惠根、王乐丹、朱云堂、高箭飞、王志亮、吴连奎、杨彩萍、赵建刚、夏卫东、袁芳、王永明、赵忠琴、杨月平、孙新星、王鸿强、张青、徐洪芳、方有良、陈卫忠、吕复春、周立峰、钟湘君、王文娟、沈跃根、俞国富、许亚平、郎建潮、徐忠跃、翁一鸣、林清勇、韩月华、吴阿祥、俞卫立、李芝连、沈建立、姚杭平、胡立有、曹菊美、汤荣华、吴梅春、蒋丽姣、骆利勇、孙国平、倪满芬、罗生祥、潘茂忠、尉建明、沈敏华、李建明、沈桥、贾伟国、严卫星、沈跃良、季儒茂、章玉良、陈国民、胡祖尧、陆土生、陈魏新

中共余杭区瓶窑镇第十四次代表大会(93名):吴建中、章吕君、顾斌、周文新、姚卫东、顾云锋、杨飞、张小春、徐燕亚、沈来胜、吴阿祥、沈菲、金忠平、沈军红、陆伟芳、吕复春、王志亮、缪建宏、缪剑英、杨亮亮、董健、王春美、杨月平、陈明慧、杨波、徐忠跃、王永明、赵忠琴、徐如水、万旭东、汤仁良、张静、倪满芬、莫建杭、翁一鸣、王振超、杨子娟、沈跃根、许亚平、施琳杰、何玉虎、吴连奎、袁芳、袁忠旗、许云峰、方有良、韩国胜、陆建荣、周冬梅、王晓浦、周华芳、唐寿娣、蒋斌权、张敏、王月娣、夏丽佳、莫嘉、张惠春、王海瓶、赵天天、戴春祥、李春霞、沈国华、邵素萍、陈建荣、许满姣、华玉水、王林富、朱云堂、孟李萍、沈勇、戴浪花、李孟继、吴梅春、林惠萍、郭丽霞、陈国明、朱盛珍、楼红兵、罗平、陆立新、沈仁法、商钰晨、严卫星、陈国民、陈魏新、张维焕、丁春梅、高冠敏、李建明、尉建明、潘茂忠、徐小芹

六、出席中共余杭区党代表大会的瓶窑镇代表

中共余杭区十一届代表大会(2001.3)

汪宏儿(参选)、程德鑫(参选)、姚建华、俞卫强、洪乐勇、张齐达、陈月琴(女)、陈建民、赵林康、李德洪、陈国民、尉建民、莫如法、袁彩花(女)

中共余杭区十二届代表大会(2006.12)

丰章生(参选)、程德鑫(参选)、叶建华、刘玉明、吴连奎、俞卫强、沈 萍(女)、李德洪、倪大成、陈建民、陈国民、周宝阳、赵林康、钟湘君(女)、李月珍(女)

中共余杭区十三届代表大会(2011.12)

陈寿田(参选)、钟湘君(女)、王玉霞(女)、刘玉明、王文娟(女)、姚杭平、徐立红、李召国、姚卫东、王永明、吴连奎、李春霞(女)、陈国民、周宝阳、

中共余杭区十三届代表大会(2016.12)

潘法高(参选)、王志亮、吕复春、吴建中、沈高峰、陈国民、陈建荣、金国平、姚卫东、倪满芬(女)、翁一鸣、蒋 雪(女)、李春霞(女)、袁 芳(女)、丁春梅(女)

附:中共瓶窑区委

1949年5月—1950年5月,杭县在境内设立区、乡(镇)行政建制,建有临乔、五西、三墩、瓶窑、上泗5个区,同时建立5个区委、2个镇党委、36个乡(镇)党支部。中共瓶窑区委员会建于1949年5月,先后下辖瓶窑、崇化、良渚、大陆、严庄、纤石、永泰、东平、云会等9个乡(镇)党支部。

一、中共杭县瓶窑区委员会

书　记　孔宪连(兼,1949.7—1950.2)

　　　　刘延发(1950.3—1950.5)

第一副书记　林化祯(1949.5—1950.5)

第二副书记　马常荣(1949.5—1950.5)

1950年5月起,瓶窑区委先后下辖17个乡(镇),其中党组织建有瓶窑、崇化、羊山、甪窦、长命、良渚、绰石、安溪、荀山、石桥、大陆、七贤、三合、沈桥等14个乡(镇)党支部。1956年4月,调整乡的规模,合并为瓶窑、长命、良渚、安溪、七贤等5个乡(镇)党总支部。

书记　刘延发(1950.5—1951.4)

　　　林化祯(1951.4—1951.9)

　　　孟兆榊(1953.3—1954.6)

　　　李凤泰(1955.11—1956.6)

　　　陈连魁(1957.8—1958.4)

第一副书记　林化祯(1950.5—1951.4)

副书记　孟兆才(1951.8—1953.3.)

　　　　王又春(1953.12—1955.10)

　　　　徐培荣(1954.5—1958.4)

二、中共余杭县瓶窑区委员会

1961年4月,建立中共余杭县瓶窑区委员会,先后下辖瓶窑、长命、北湖、彭公、潘板桥、双溪、太平、黄湖、鸬鸟、百丈等10个人民公社(镇)党委。

书　记　董家年(1961.4—1962.5)

　　　　朱万成(1962.6—1966.11)

代书记　陈连魁(1965.3—1969.2)

副书记　章才根(1961.4—1969.2)

　　　　胡家美(1961.4—1962.8)

　　　　吴永发(1961.9—1969.2)

1970 年 4 月 10 日建立瓶窑区党的核心小组,1972 年 3 月恢复瓶窑区委,下辖瓶窑、长命、北湖、彭公、潘板桥、双溪、太平、黄湖、鸬鸟、百丈等 10 个人民公社(镇)党委(党的核心小组)。

1970 年 4 月 10 日,建立党的核心小组。

组　长　张志华(1970.4—1970.12)
　　　　朱镒明(1971.4—1972.3)

副组长　刘绪贤(1971.10—1972.3)

1972 年 3 月 18 日恢复区委。

书　记　刘绪贤(1972.3—1976.10)

副书记　郑连法(1972. 3—1976.10)

1976 年 10 月,瓶窑区委下辖瓶窑、黄湖、长命、北湖、彭公、潘板桥、双溪、太平、鸬鸟、百丈等 10 个乡(公社、镇)党委。

书　记　刘绪贤(1976.10—1977.5)
　　　　郑连法(1977.7—1984.3)
　　　　金阿根(1984.3—1986.6)
　　　　濮志同(1986.6—1986.12)
　　　　林永法(1986.12—1987.12)

副书记　郑连法(1976.10—1977.7)
　　　　林永法(1977.7—1986.12)
　　　　卞雪根(1981.9—1984.3;1986,12—1987.12)
　　　　周文新(1987.6—1987.12)

1988 年 1 月以来,全县各级党组织及领导班子均作了必要的调整、充实和加强。1992 年 5 月,按照省委的部署,进行撤区扩镇并乡工作,撤销了 5 个区委,并将全县 50 个乡镇党委撤扩并为 30 个乡镇党委,实行县委直接领导镇乡党委的体制。同年 6 月,县委根据中纪委的文件精神,全县扩镇并乡后的 30 个乡镇均建立了纪律检查委员会。同年 11 月,县级机关设党委部门的纪律检查组又分别改建为纪律检查委员会。1993 年底,全县有党委 74 个,党组 28 个,党总支部 80 个,党支部 1948 个,党员 34345 名。

中共瓶窑区委先后下辖瓶窑、黄湖、长命、北湖、彭公、潘板桥、双溪、太平、鸬鸟、百丈等 10 个乡镇党委。

书　记　林永法(1988.1—1992.3)
　　　　卞雪根(1992.3—1992.5)

副书记　卞雪根(1988.1—1992.3)
　　　　周文新(1988.1—1992.5)
　　　　王世贤(1988.4—1992.5)
　　　　傅阿惠(1992.3—1992.5)

委　员　喻楚英(女)　朱月影(女)　郑柏林　杜明祥　陈希根　来满高
　　　　付　勤

1992 年 5 月为进一步加强乡镇基层政权和党的基层组织建设,适应和促进余杭县经济发展,根据省委、省府关于撤区扩镇并乡工作的指示,撤销临平、塘栖、三墩、余杭、瓶窑 5 个区委。

1992 年 5 月 21 日在撤区的同时，又撤销大井、翁梅、乾元、小林、塘南、超山、宏磻、沾驾桥、双桥、蒋村、勾庄、运河、肇和、大陆、永建、舟枕、中桥、泰山、和睦、吴山、长命、鸬鸟、太平等 23 个乡镇党委，扩大临平、乔司、塘栖，崇贤、余杭、闲林、仓前、三墩、良渚、瓶窑等 10 个镇及新建勾庄、鸬鸟、中泰等 3 个乡镇的党委。撤区扩镇并乡后，原 50 个乡镇党委调整为 30 个乡镇党委。同年 6 月，各乡镇均建立纪律检查委员会。1993 年 12 月，全县有 23 个镇和 7 个乡党委、纪委。

第二章　政　　权

清末，始行地方自治制度。宣统二年(1910年)，划分自治区域，余杭县分县城和5个乡。民国初，袭清制，名义上乡镇分辖村庄，但自治并未实现。民国17年(1928年)，实行村里制，村、里各设委员会，以村、里长及闾长组成，为村里自治事业的议事机关。村户居民10户为邻，5邻为闾，设邻、闾长。对内执行事务，以村里长督同邻、闾长办理；对外则用委员会名称。村里委员会直属于县政府，并受当地公安分局的监督协助。民国23年(1934年)，推行保甲制，县以下设区公所，为县政府派出机构；区以下为乡，乡辖保，保辖甲。民国29年(1940年)，设乡镇设公所，为基层行政机构，设乡镇长；保甲为基层户口编制单位，设保、甲长，管理保、甲事务，直至民国38年(1949年)春。中华人民共和国成立后，余杭、杭县两县普选产生县、乡镇两级人民代表大会代表，并相继举行县、乡镇第一届人民代表大会第一次会议。后分别进行第二届、第三届人民代表大会代表选举。1961年后，进行第四、第五届人民代表大会代表(简称人大代表，下同)选举。1966年“文化大革命”开始，人民代表大会被中止，1980年恢复。至2015年底，乡镇人民代表大会历经16届。2016年12月23日—24日，瓶窑镇第十七届人民代表大会第一次会议召开。

作为行政机构的乡镇人民政府，在境内各级共产党组织的领导下，组织工农群众恢复和发展生产，改善人民生活，发展各项社会事业，社会主义革命和建设取得较大成就。1966年“文化大革命”开始后，政府无法正常工作。1980年12月，恢复乡人民政府。中共十一届三中全会后，乡镇人民政府坚持执政为民、依法行政，改进作风、优化服务；坚持解放思想、改革开放，从市场、法制、责任和服务等方面转变政府职能，推进政府机构改革，建立健全各项管理制度，增强公仆意识，不断提高办事效率和服务质量；抓好政府部门作风建设，加强督查监察和廉政建设。努力克服经济社会发展中的各种困难，保持经济平稳较快发展；着力保障和改善民生，减轻企业和农民负担，落实为民办实事工程，关心帮助下岗职工重新就业，努力增加城乡居民收入。人民生活不断提高，社会趋向公平正义。作为一级的地方国家行政机关，日益发挥其重要作用。

第一节　乡镇人民代表大会

1953年5月起，按《中华人民共和国选举法》规定开展第一次普选，选举乡镇人民代表大会代表(乡镇人民代表会议)，第一届人民代表大会第一次会议召开，选举产生乡镇人民政府组成人员。1958年实现人民公社化后，乡镇人民代表大会称为人民公社社员代表大会，代表大会会议选举产生公社管理委员会及监察委员会。1966年6月，产生公社社员代表大会后，因“文化大革命”开始而被迫中断。1980年11月，恢复并产生公社社员代表大会。1983年政社分设,撤销人民公社恢复乡镇建制,乡镇人民代表大会延续至今。

一、历次乡镇人民代表大会(乡镇人民代表会议)

1949 年 5 月,余杭、杭县两县解放后,两县委和县政府接管区、乡镇旧政权,并组织干部下村,发动群众组织农会和工会,摧毁地方保甲制度,成立村政委员会。村政委员会一般由村主任和副主任及民政委员、财粮委员、武装委员、生产委员等组成。1950 年 2 月,县人民政府进行民主建政试点,将以乡农民协会代表会议为主体的乡政权机构,改建为由人民选举代表和政府特邀代表参加的乡人民代表会议,代行乡人民代表大会职权。5 月—6 月,今瓶窑境内各乡先后召开人民代表会议,通过民主选举建立乡人民政府。

1952 年 2 月,杭县、余杭县在试点的基础上开展民主建政工作,建立以人民选举代表和政府邀请代表参加的镇(乡)人民代表会议,选举成立人民政府。1953 年 5 月,余杭县根据《中华人民共和国全国人民代表大会和地方各级人民代表大会选举法》规定,从试点人手,全面开展首次普选,通过宣传发动、划分选区、选民登记、公布选民名单、协商代表候选人、投票选举等阶段工作,选举产生乡镇人民代表大会代表。1954 年 3 月,境内各乡先后举行第一届人民代表大会第一次会议,报告普选情况,听取乡政府关于乡工农业生产、经济发展和社会工作情况的报告,选举产生乡人民政府乡长、副乡长和委员,同时选举产生县人民代表大会代表。乡人民代表大会是乡地方国家权力机关,由乡人民政府负责召集。1956 年 2 月 20 日,根据 1954 年颁布的《中华人民共和国宪法》和《中华人民共和国地方组织法》规定,乡镇人民委员会组成人员 7—13 名,其中乡镇长 1 名,副乡镇长 2 名,其他为委员;乡镇人民委员会,聘请文书 1 人;乡镇人民委员会设生产合作委员会并由 9 —15 人组成,财粮金融委员会由 7 —13 人组成,民政调解委员会由 9 — 15 人组成,治安保安委员会由 7 —11 人组成,交通建设委员会由 7 —11 人组成,文教卫生委员会由 9—15 人组成,人民武装委员会由 7—11 人组成。根据 1954 年 9 月第一届全国人大一次会议通过的《中华人民共和国地方各级人民代表大会和地方各级人民委员会组织法》(简称地方组织法),乡镇人民代表大会举行会议时,依法选举产生大会主席团主持会议,截至 1984 年,乡镇人民代表大会尽作为会议的主持机构。

1958 年实行人民公社化后,乡人民代表大会称为人民公社社员代表大会,代表大会选举产生公社管理委员会及监察委员会。镇仍为人民代表。1958 年 2 月,举行第三届基层选举,乡分别选举产生乡人大代表。10 月,余杭县 116 个农业合作社,组建成跃进(后改余杭)、仓前、黄湖、双溪、仁爱(改潘板桥)、石鸽、长命等 7 个人民公社。是月,余杭县撤销并入临安县。1959 年 5 月,各人民公社先后举行第三届人民公社社员代表大会(人民代表大会),选举产生公社管理委员会。1961 年 3 月,原余杭县境从临安县析出,归入钱塘联社(钱塘联社划出上泗公社全部、留下公社大部归属杭州市西湖区) 4 月,撤销联社改为县建制,定名为余杭县,设临平、塘栖、余杭、三墩、瓶窑 5 区,并调整为 45 个人民公社。

1966 年 5 月,“文化大革命”开始,人民代表大会制度遭到严重破坏,乡人民代表大会被迫中断。1968 年,人民公社先后成立革命委员会。公社革命委员会主任、副主任和委员由县革命委员会任命,取代人民公社管理委员会。1979 年,县革命委员会对各公社、镇革命委员会班子进行调整和充实。1980 年 11 月—12 月,境内各公社革命委员会相继召开第七届人民(社员)代表大会,选举产生人民公社管理委员会(下称管委会)和镇人民政府。是年,根据修正后的《中华人民共和国宪法》规定,恢复县、公社(镇)两级人民代表大会制度。1980 年 11 月—12

月,境内各公社革命委员会相继召开第七届人民(社员)代表大会,选举产生人民公社管理委员会(下称管委会)。1982年12月,第五届全国人民代表大会第五次会议通过《宪法》和《地方组织法》修正案,取消政社合一的人民公社恢复乡建制,恢复设立乡人民代表大会和乡镇人民政府。1983年4月—1984年1月,根据中共中央关于农村人民公社实行政社分设的指示,经过翁梅人民公社取消公社改乡的试点,人民公社管理委员会均改为乡人民政府。1986年12月,第六届全国人大第十八次会议对《地方组织法》的有关条款进行了修改,其中第十四条规定:"乡、民族乡、镇的人民代表大会举行会议的时候,选举主席团,由主席团主持会议,并负责下一次本级人民代表大会会议。"把原规定乡(人民公社)、镇的人民代表大会由乡人民政府(公社管理委员会)和镇人民政府召集,改由乡镇人民代表大会主席团负责召集。此后,全国人大常委会对《地方组织法》又作了几次修改。1989年12月,浙江省人大常委会制订《浙江省乡镇人民代表大会主席团组织条例》,对乡镇人民代表大会主席团的工作制订单项地方性法规,增加了乡镇人民代表大会主席团在闭会期间的6项工作职责。至1990年,先后经过第八届、第九届、第十届乡镇人民代表大会的换届选举,并从第十届开始,根据第二次修改的《地方组织法》规定,设立并选举产生乡镇人民代表大会主席团常务主席。1990年3月瓶窑镇举行第十届人民代表大会,首次选举产生镇人民代表大会主席团,主持大会闭会期间镇人大工作。1995年11月后,根据第三次修改的《地方组织法》规定,各乡镇第十二届人民代表大会将乡镇人民代表大会主席团常务主席的设置改设为乡镇人民代表大会主席、副主席(简称人大主席、副主席)。乡镇人民代表大会会议的主要议题为:听取和审查乡镇政府工作报告和财政预决算报告,听取和审查乡镇人大主席团工作报告,审查通过关于财政预决算或涉及村镇规划、集镇建设、土地管理、治保调解、计划生育、精神文明建设等重大事项的决议,选举乡镇长、副乡镇长和乡镇人大主席团常务主席或乡镇人大主席、副主席。至2015年底,乡镇人民代表大会历经16届。2016年12月23日—24日,瓶窑镇第十七届人民代表大会第一次会议召开。

1953年5月中旬起,杭县在肇和、东安两乡试点的基础上,开展第一次基层普选,各乡镇相继建立选举委员会。杭县瓶窑镇选举委员会主席葛曾身,委员安文建、张徐来、陈 明、徐树庆、章顺林、金钦泉、陈乾娥(女)、周雪玮;1963年3月,余杭县瓶窑镇五届选举委员会主任张徐来,1966年2月,余杭县瓶窑镇六届选举委员会主任徐学成。

嗣后,1980年7月为第七届,1984年3月为第八届,1986年12月为第九届,1989年11月为第十届,1992年7月为第十一届,1995年11月为第十二届,1998年10月为第十三届,2001年10月为第十四届,2006年10月为第十五届,2011年10月为第十六届,2016年12月为第十七届,选举委员会主任分别为陈明、沈吾根、傅阿惠(三届)、陈祥荣、姚建华(二届)、钟湘君(二届)、吕复春。

彭公乡人民代表大会　1990年3月8日,彭公乡第十届人民代表大会召开,选举产生乡人民代表大会主席团常务主席,乡人民政府乡长、副乡长。余杭县彭公乡人民代表大会主席团常务主席:吴农山(1990.3—1993.3)。

1993年3月,彭公乡第十一届人民代表大会第一次会议召开。会议进行换届选举。1995年10月,彭公乡第十一届人大第四会议依法同意辞去乡长1人、副乡长2人。余杭县彭公乡人民代表大会主席团 常务主席:陈建方(1993.3—1996.2)。

1996年2月5日,彭公乡第十二届人民代表大会第一次会议召开。会议选举产生乡人民代表大会副主席1人,乡人民政府乡长1人、副乡长4人。1997年2月24日,彭公乡第十二届人大二次会议补选乡人大主席1人。1998年5月20日,彭公乡第十二届人大四次会议同意辞去和补选乡人大主席各1人。同年8月25日,彭公乡第十二届人大五次会议同意辞去乡人大主席、副主席各1人、副乡长2人。余杭县彭公乡人民代表大会 主 席:胡梓林(1997.2—1998.5) 周文新(1998.5—1998.8) 副主席:潘玲芬(女,1996.2—1998.8)。

1999年1月25日,彭公乡第十三届人民代表大会第一次会议召开。会议选举产生乡人民代表大会主席1人、副主席2人,乡人民政府乡长1人、副乡长4人。余杭县彭公乡人民代表大会主席团主席:周文新(1999.1—2001.8) 副主席:何阿毛(1999.1—2001.8) 赵祖泉(1999.1—2001.8)

余杭县瓶窑镇第十届人民代表大会 1990年3月8日,瓶窑镇第十届人民代表大会第一次会议召开。会议听取和审议并批准了《镇人民政府工作报告》《镇人大主席团工作报告》《瓶窑镇1989年度财政预算执行情况和1990年度财政预算(草案)报告》。会议依法选举产生镇人民代表大会主席团常务主席、镇人民政府镇长、副镇长。从第十届人民代表大会开始,根据第二次修改的《地方组织法》规定,设立并选举产生乡镇人民代表大会主席团,主席团为镇人民代表大会闭会期间的常设机构,设常务主席。常务主席:傅阿惠(1990.3—1992.3)

1992年5月21日,撤销长命乡,并入瓶窑镇,同时公布瓶窑镇人大工作负责人:孙传礼;瓶窑镇政府工作领导小组组长:孔祥华、副组长:何阿毛、孙继良、蒋树叶、高茂荣、陈月琴(女)。同年7月,召开瓶窑镇十届人民代表大会第四次人代会,会议选举产生镇人大主席团常务主席1人、镇长1人、副镇长5人。

常务主席 孙传礼(1992.7—1994.1)

余杭县(市)瓶窑镇第十一届人民代表大会 1993年3月9日—10日瓶窑镇第十一届人民代表大会第一次会议召开,会议进行换届选举。大会设主席团11人,代表资格审查委员会3人,参加会议代表120人。会议听取和审议《镇人民政府工作报告》《镇人大主席团工作报告》《瓶窑镇1992年度财政预算执行情况和1993年度财政预算(草案)报告》。

会议回顾了十届人代会以来瓶窑镇在邓小平理论指导下,认真贯彻落实党的十四大精神,遵照"抓住机遇、深化改革、扩大开放、促进发展、保持稳定"的全党工作大局,坚持以经济建设为中心,注重一、二、三产业协调发展。会议认为:三年来,在发展"一优两高"农业,抓农业基础设施建设和配套服务工作;在改革中跳跃式快速发展工业经济,抓企业转换经营机制和内部管理、抓技改投入和工业小区建设、抓外向型经济和个体私营经济和推动三产服务业都有新突破。城镇建设步伐加快,城镇功能不断完善。科教文卫等社会各项事业有新的发展。坚持两个文明一起抓,民主法制意识进一步增强。会议要求:围绕奔小康的目标,紧紧团结和依靠全镇人民,艰苦创业、努力拼搏,实现经济实力增强,镇容镇貌改观,人民生活提高,社会各项事业上一个新的台阶。

会议收到代表的议案(意见、建议)105件。其中:工交方面的11件、农业方面的12件、城建方面的21件、文卫方面的27件、综治方面的10件、宣传方面的5件、财贸方面的9件、民政方面的8件、其他2件。

会议进行换届选举,依法选举产生镇人大主席团常务主席一人;镇长一人,副镇长5人。届内对政府班子作了调整:1995年3月11日,瓶窑镇第十一届人大三次会议依法同意辞去和补选镇长各1人。同年10月,瓶窑镇第十一届人大四次会议依法辞去镇长1人、副镇长3人。1995年11月后,根据第三次修改的《地方组织法》规定,各乡镇第十二届人民代表大会将乡镇人民代表大会主席团常务主席的设置改设为乡镇人民代表大会主席、副主席(简称人大主席、副主席)。

常务主席 孙传礼(1994.1—1995.11)

主 席 孙传礼(1995.11—1996.2)

主席团成员 王世贤、孔祥华、傅阿惠、汤云娣(女)、孙传礼、任洪才、李观松、陈继国、郑顺芳、郑柏林、盛正岗

余杭市瓶窑镇第十二届人民代表大会 1996年2月4日—5日,召开瓶窑镇第十二届人民代表大会第一次会议。会议正式代表65人,大会设主席团11人,代表资格审查委员会3人,议案审查委员会3人。会议听取和审议并批准了《镇人民政府工作报告》《镇人大主席团工作报告》《瓶窑镇1995年度财政预算执行情况和1996年度财政预算(草案)报告》。

会议认为:三年来,瓶窑镇以邓小平理论为指导,深入贯彻落实党的十四、十五大精神,牢牢把握经济建设这个中心,以省小城镇综合改革试点镇为契机,深化改革,抢抓机遇,艰苦创业,努力拼搏,各项工作都取得了显著成绩,完成了十一届人代会提出的各项工作任务与目标:一、综合经济实力显著增强:巩固农业基础地位、工业经济稳步增长、三产业发展步伐加快;基础设施建设进一步加大;精神文明建设得到加强;人民生活水平与质量逐步改善;政府自身建设得到加强。会议通过了《关于加强瓶窑镇城镇管理的规定》。

本次会议收到代表的议案(意见、建议)44件32个方面。其中:工业方面的5件、农业方面的7件、城建方面的6件、文卫方面的5件、综治方面的2件、宣传方面的2件、财贸方面的4件、人民武装方面的1件。

会议依法选举产生瓶窑镇人民代表大会主席团主席1人,镇人民政府镇长1人、副镇长4人。1998年4月16日,瓶窑镇第十二届人大四次会议同意辞去副镇长1人。同年8月25日,瓶窑镇第十二届人大五次会议同意辞去镇人大主席1人、副镇长1人。

主 席 孙传礼(1996.2 —1998.8)

主席团成员 刘新华、汤云娣(女)、孙传礼、孙继良、何顺潮、陈祥荣、陈继国、周文新、郑顺方、徐雪浩、傅阿惠

余杭市瓶窑镇第十三届人民代表大会 1999年1月5日至6日,瓶窑镇第十三届人民代表大会第一次会议在镇政府大楼四楼(旧)召开。会议正式代表65人,列席代表61人。大会设主席团13人,代表资格审查委员会3人,议案审查委员会3人。会议听取和审议并批准了《镇人民政府工作报告》、《镇人大主席团工作报告》、《瓶窑镇1998年度财政预算执行情况和1999年度财政预算(草案)报告》。

会议回顾三年来瓶窑镇围绕经济建设这个中心,按照稳农、强工、促三产的发展思路,发挥优势,挖掘潜力,培育新的经济增长点。1998年工农业总产值达14.815亿元,比1995年增长45%;财政收入达到1183万元,比1995年增长46.5%。农业以市场为导向,发展多种经营,农业园区建设示范效应显现,农业总产值达4150万元,比1995年增长14%,粮食稳定在20000吨;工业以转制为锲机,鼓励发展个私企业;以余杭瓶窑经济开发园区为平台,加大招商力度,三年引进境内外企业20余家,1998年工业总产值达14.4亿元,销售达7亿元,利润达2100万

元，分别比1995年增长40.8%、24.6%和40%；三产发展步伐加快，1998年三产总收入达3755万元，比95年增长35%。

会议收到代表的议案（意见、建议）97件。其中：工业电力方面的7件、农业水利方面的13件、城建交通方面的37件、文教广电方面的10件、综治方面的3件、环境、卫生方面的14件、财贸方面的9件、发展村级经济方面的6件、居民委员会建设方面2件、其他5件。

大会依法选举产生镇第十三届人民代表大会主席1人、副主席2人，镇人民政府镇长1人、副镇长5人。

主　席　沈金德（1999.1—2001.8）

副主席　何顺朝（1999.1—2001.8）

　　　　付　勤（1999.1—2001.8）

主席团成员　付　勤、朱贵尧（女）、任洪才、孙继良、杨卫联、吴金顺、何顺潮、沈国祥、沈金德、陈国民、郑连法、姚建华、倪大成

一次会议后孙继良调出，二次会议稽掌虎补选为主席团成员。

余杭区瓶窑镇第十四届人民代表大会　2001年8月，根据省、市政府关于乡镇区划调整的批复精神，区委决定，建立瓶窑镇人大工作领导小组和行政工作领导小组。姚建华为镇人大工作领导小组组长，孙继良、周文新、何阿毛为副组长；俞卫强为镇行政工作领导小组组长，金国平、陈月琴（女）、宋祖建、王万新、高箭飞为副组长。同时，区人大常委会决定，区划调整后的瓶窑镇人民代表大会的届次，可按原瓶窑镇人大届次顺延。

2002年1月18日，瓶窑镇第十四届人民代表大会第一次会议在镇政府大楼四楼（旧）召开。会议正式代表80人，列席代表52人。大会设主席团14人，代表资格审查委员会3人，议案审查委员会3人。会议听取和审议并批准了《镇人民政府工作报告》《镇人大主席团工作报告》《瓶窑镇2001年度财政预算执行情况和2002年度财政预算（草案）报告》。

大会依法选举产生镇第十四届人民代表大会主席团主席1名、副主席2名，镇人民政府镇长1名、副镇长5名。

会议根据中共瓶窑镇委员会确立的“跨过新国道、建设新瓶窑”的发展思路。牢牢把握经济建设这个中心，以农业为基础、工业为主体、城建为载体，抢抓机遇，突出加快发展的主题。

2004年11月8日，镇十四届人大四次会议同意辞去人大副主席2名、副镇长3名，补选副镇长3名。2005年1月12日，镇十四届人大五次会议同意辞去人大主席1名，补选人大主席1名、副主席2名。2006年9月13日，镇十四届人大七次会议同意辞去人大主席1名、副主席2名、副镇长4名，补选人大副主席1名、副镇长3名。

大会共收到代表提交的议案、建议、意见78件，经议案审查委员会审查分类，其中：属于工业经济的4件；属于农业三产的13件；属于城镇环保的31件；属于文卫计生的12件；属于社会综治的1件；政府办8件；宣传5件；其他4件。

主　席　姚建华（2002.1—2004.11）

　　　　祝明良（2004.11—2006.9）

　　　　罗生祥（2006.9—2007.1）

副主席　孙继良（2002.1—2004.11）

　　　　周文新（2002.1—2004.11）

许金达(2004.11—2006.9)
王万新(2004.11—2006.9)
洪乐勇(2006.9—2007.1)
汪增荣(2006.9—2007.1)

瓶窑镇第十四届人民代表大会应有代表名额81名,2001年12月依法选举产生代表80名,缺额一名。一届会议后因工作调动出本行政区域5名(张齐达、杨卫联、童文哲、朱小飞、金巧飞),病故一名:陆金女;2004年11月补选3名镇人大代表:祝明良、许金达、王万新。

主席团成员:朱贵尧(女)、孙继良、吴金顺、何阿毛、张齐达、周文新、郑连法、赵如金、洪乐勇、姚建华 、倪大成、尉建民、蔡国平

余杭区瓶窑镇第十五届人民代表大会 2007年1月15日—16日,瓶窑镇第十五届人民代表大会第一次会议在镇政府大楼中心会议室召开。会议正式代表81人,特邀代表26人,列席代表40人。大会设主席团14人,代表资格审查委员会3人,议案审查委员会3人,财经预决算委员会3人。会议听取和审议并批准了《镇人民政府工作报告》《镇人大主席团工作报告》《2006年财政预算执行情况和2007年财政预算(草案)报告》。

会议选举产生镇第十五届人民代表大会主席1名、副主席2名,镇人民政府镇长1名、副镇长4名。2009年2月镇第十四届人大第三次会议同意辞去副镇长一名,补选副镇长1名.2009年5月镇第十四届人大第四次会议同意辞去副镇长一名,补选副镇长1名。2010年10月镇第十四届人大第七次会议同意辞去镇长一名,补选镇长1名。

主 席 罗生祥(2007.1—2012.1)
副主席 洪乐勇(2007.1—2012.1)
汪增荣(2007.1—2012.1)

镇第十五届人民代表大会应有代表名额81名,2006年12月依法选举产生代表81名。一次会议后李亮亮因工作调出本行政区域,二次会议后任慧芳因工作调出本行政区域;陈新强病故;2008年5月,吴来法因刑事案件接受审判,根据《代表法》第40条、41条规定,其代表资格终止。2010年11月,俞卫强因工作调出本行政区域。主席团成员:刘玉明、吴来法、吴金顺、汪建兰、汪增荣、林惠民、罗生祥、郑连法、赵如金 、钟湘君、俞卫强、洪乐勇、尉建民、董文龙。二次会议后吴来法因刑事案件接受审判,其代表资格终止,主席团成员资格自然终止。三次会议上补选莫如法为主席团成员。2010年11月,俞卫强因工作调动出本行政区域。

余杭区瓶窑镇第十六届人民代表大会 2012年1月9日瓶窑镇第十六届人民代表大会第一次会议在镇政府大楼中心会议室召开。共有正式代表81名,特邀代表17人,列席代表57人。大会设主席团14人,代表资格审查委员会3人,议案审查委员会3人,财经预决算委员会3人。会议听取和审议并批准了《镇人民政府工作报告》、《镇人大主席团工作报告》、《瓶窑镇2011年财政预算执行情况和2012年财政预算(草案)报告》。大会选举产生镇第十六届人民代表大会主席1人、副主席2人,镇人民政府镇长1人、副镇长4人。

会议以邓小平理论和“三个代表”重要思想为指导,全面落实科学发展观,坚持围绕中心、服务大局、突出重点、讲求实效,按照区、镇党代会通过的决议,切实履行宪法和法律赋予的各项职权,深入推进民主法治建设,为实现“北秀明珠、西部重镇”的目标发挥积极作用。根据这个指导思想,今后五年要抓好以下四个方面的重点工作:围绕加快经济发展方式转变、推进科

学发展、促进社会和谐这个主题,依法行使好重大事项决定权;把握人大监督职能,拓宽监督领域,促进依法行政和公正司法;抓住代表工作主体,密切联系代表和群众,充分发挥人大代表的应有作用;强化人大自身建设,提升代表能力,努力适应新时期人大工作的新要求。

人大主席　罗生祥(2012.1—2013.9)
　　　　　俞卫强(2013.9—2016.12)
副 主 席　洪乐勇(2012.1—2015.7)
　　　　　汪增荣(2012.1—2016.7)
　　　　　马旭亮(2015.7—2016.12)
　　　　　邱国强(2016.7—2016.12)

镇第十六届人民代表大会应有代表名额81名,20011年12月依法选举产生代表81名。2012年　月刘玉明因工作需要调离本行政区域。六次会议以来,孙立英因工作需要调离本行政区域,根据《代表法》第41条有关规定,该代表代表资格终止。2014年12月经依法补选产生代表1名,九次会议以来,沈建立、姚望镇代表因工作需要调离本行政区域,2013年11月补选3名镇人大代表:沈建立、孙立英、陈　宏,2014年12月补选1名镇人大代表:吕复春;2015年6月补选1名镇人大代表:马旭亮。

主席团成员:刘玉明、孙国方、汪增荣、林永法、罗生祥、钟湘君(女)、洪乐勇、姚望镇、莫如法、高中华、唐国忠、韩义忠、戴浪花(女)。二次会议后刘玉明因工作调出本行政区域,不再担任主席团成员;五次会议上增补孙立英、陈　宏为主席团成员;五次会议后洪乐勇因到任职年龄,不再担任主席团成员;六次会议后钟湘君因到任职年龄,孙立英因工作调出本行政区域,不再担任主席团成员;七次会议上增补吕复春、沈建立、张　敏为主席团成员;七次会议后陈　宏因工作调出本行政区域,不再担任主席团成员;八次会议上增补马旭亮为主席团成员。

余杭区瓶窑镇第十七届人民代表大会　2016年12月23—24日瓶窑镇第十七届人民代表大会第一次会议在镇政府大楼中心会议室召开。共有正式代表80名。大会设主席团13人,代表资格审查委员会3人,议案审查委员会3人,财经预决算委员会3人。会议听取和审议并批准了《镇人民政府工作报告》《镇人大主席团工作报告》《瓶窑镇2016年财政预算执行情况和2017年财政预算(草案)报告》。大会选举产生镇第十七届人民代表大会主席1人、副主席2人,镇人民政府镇长1人、副镇长4人。

会议认真回顾五年来瓶窑镇面对改革发展的新情况、新矛盾,全面深入贯彻十八大和十八届全会精神,按照镇党代会决策部署,围绕"富民强镇"、"五镇建设"战略,凝心聚力,攻坚克难,基本完成十六届人代会确定的各项任务,为今后的发展打下坚实基础。提出今后五年要抓住瓶窑发展重要的战略机遇期、产业转型的攻坚期、高水平建成小康社会的决胜期。确保瓶窑经济、社会平稳健康发展。达到经济基础更扎实、城乡发展更协调、生态环境更优美、文保机制更完善、人民生活更幸福,治理体系更健全的奋斗目标。

大会共收到代表提交的议案、建议、意见29件,经议案审查委员会审查分类,其中:属于工业经济的3件;属于农业三产的5件;属于城镇环保的18件;属于文卫计生的2件;属于社会综治的1件。

人大主席　俞卫强(2016.12—)
副 主 席　马旭亮(2016.12—)

邱国强(2016.12—)

镇第十七届人民代表大会应有代表名额80名。

主席团成员:马旭亮、吕复春、孙国方、杜红芬(女)、吴宁建、邱国强、张静(女)、邵煜新、俞卫强、高冠敏、尉俊、费国芬(女)、韩义忠。

二、依法组织各项活动

瓶窑镇(彭公乡等)人民代表大会闭会期间,在区(县、市)人大常委会的指导和乡镇党委的领导下,乡镇人大主席团常务主席、副主席或乡镇人大主席、副主席依法组织人大的各项活动,建立工作制度,开展代表学习培训和视察检查,组织代表开展评议活动,督促代表议案、意见和建议的办理,做了大量的工作,有效地推进了乡镇人大工作的新发展。自1992年5月撤区扩镇并乡后,镇人大主席团围绕经济建设这一中心,以人大工作推动加快发展瓶窑镇经济建设;重视对有关法律法规、条例的宣传教育,推动基层的民主和法制建设,确保代表的民主权利和代表职能作用的发挥;依法实施了换届选举工作。

学习与培训 加强乡镇人大负责人的学习培训,组织乡镇人大代表的学习培训,是每一届乡镇人大换届后所做的第一项重要工作。1990年3月选举产生乡镇人大主席团常务主席后,是年8月,参加余杭县委召开人大工作会议,学习《宪法》、《地方组织法》和《浙江省乡镇人民代表大会主席团组织条例》,提高对乡镇人大主席团的性质、地位、作用的认识,增强做好人大工作的信心和决心。1993年和1994年,镇乡参加县人大常委会每年举办的人大主席团常务主席培训班,学习有关法律知识和人大工作知识,还先后4次外出参观,学习考察兄弟乡镇人大工作经验。1995年和1996年,在党校参加专职和兼职乡镇人大主席团常务主席学习培训,学习修改后的《中华人民共和国选举法》、《中华人民共和国地方组织法》、《中华人民共和国劳动法》、《中华人民共和国教师法》和《中华人民共和国行政处罚法》等法律法规,还参加省和杭州市人大举办的培训班学习。1999年,镇乡人大主席、副主席分赴山东、江苏、湖南、江西等地学习考察人大工作。2003年,两次参加区乡镇人大主席、副主席学习培训,还先后参加省和杭州市人大常委会组织的业务培训。

建章立制 1999年4月,参加市人大常委会在崇贤镇召开乡镇人大专职主席、副主席会议,总结交流乡镇人大工作经验,后经试点、总结完善,逐步形成乡镇人大的八项工作制度,这八项工作制度为:闭会期间主席团会议制度,联系人大代表制度,办理代表建议、批评和意见的制度,接待和处理来信来访制度,乡镇人大代表工作职责,乡镇人大代表联系选民制度,乡镇人大代表视察制度,乡镇人大代表活动制度。还总结归纳乡镇人大主席、副主席的八项工作职责。上述工作制度和工作职责,规范了乡镇人大闭会期间的工作和职责,推进了乡镇人大工作依法规范和不断完善。

议案办理 瓶窑 镇(彭公乡等)人民代表大会历次会议,均征集人大代表对政府工作的议案、建议和意见。处理代表议案、建议和意见并交乡镇政府及有关单位办理,是大会闭会后人大主席团常务主席或人大主席、副主席的重要工作。如瓶窑镇第十一届人民代表大会第一次会议收到代表的议案(意见、建议)105件,其中:工交方面的11件、农业方面的12件、城建方面的21件、文卫方面的27件、综治方面的10件、宣传方面的5件、财贸方面的9件、民政方面的8件、其他2件。十三届人民代表大会第一次会议大会共收到代表提交的议案、建议、意见78件,经议案审查委员会审查分类,其中:属于工业经济的4件;属于农业三产的13件;属于城镇环保的31件;属于文卫计生的12件;属于社会综治的1件;政府办8件;宣传5件;其他4件。会后均认真予以落实。

视察检查 人大代表的视察活动是代表依法履行职务的一项重要工作。围绕乡镇的重大事项和人民群众关心的热点难点问题,瓶窑 镇(彭公乡等)人大依法组织人大代表开展视察。1993年7月,就冬春水利建设等四个比较重大的问题,组织人大代表进行实地视察,视察提出的意见针对性强,对督促镇政府做好这四方面工作发挥了重要的推动作用。1996年,围绕乡镇企业改革转制、农村村务公开、创建卫生城镇和全县精神文明建设等重点,镇人大主席团组织乡镇人大代表开展调查视察,并听取和审议有关镇政府的汇报,发挥了重要的作用,同时也提高了镇人大的工作水平。对如何坚持 推进"五水共治"、"三改一拆"、美丽乡村等重点工作。镇人大亦多次组织乡镇人大代表开展调查视察。

评议活动 瓶窑镇(彭公乡等)人大主席团从1999年开始对乡镇干部进行述职评议。(补充具体内容)

工作交流 1999年以后,参加瓶窑片联席会议已经成为一项工作制度,并在每年工作的基础上不断深化和提高。通过每年5到7次的联席会议,总结交流乡镇人大工作经验,探讨乡镇人大工作的问题和难点,组织学习相关的法律法规和人大工作实务知识,并通报和安排区(县、市)人大常委会的有关工作。

出席杭县、余杭县(市、区)人民代表大会代表

届　别	代　表	届　别	代　表
杭县第1届 1954.4—	周雷璋、芩宏章、章顺林、王掌云、	余杭县第1届(前)	缺资料
杭县第2届 1956.8—	张梓全、顾阿水、周雷璋、芩宏章、陈柏良、王阿善、张徐来、金顺泉	余杭县第2届(前)	缺资料
杭县第3届	缺资料	余杭县第3届(前) 1958.5—	张徐来、王阿善、周良法、沈永椒、芩宏章、周雷璋、赵万如、陈月光、张梓全、李龙藻、顾阿水、陈金火、鲍寿泉、张小毛

届　别	代　表
余杭县第4届 1962.6	(瓶窑)张徐来、诸家骏、鲍寿泉、陈柏良、陈月光、周雷璋、胡宏义、沈永椒(女)、柏月珍(女)、吴生才(长命)稽永顺、陈家凤(女)、郑金水、张小毛、顾阿水、顾培春、陆金火、(彭公)×××、×××
余杭县第5届 1963.12	(瓶窑)张徐来、陈月光、鲍寿泉、陈柏良、周雷璋、吴生才、柏月珍(女)、沈永椒(女)、胡宏义、宋祖德(长命)稽永顺、曹有花(女)、莫阿毛、陈家凤(女)张秀生(彭公)×××、×××(北湖)×××、×××
余杭县第6届 1980.12	(瓶窑)方雪帆(女)、傅阿惠、仇柏年、郑春英(女)、沈文娟(女)、张立民、严国元、王继山、姚金堤、(长命)沈海高、陈尧根、费金娥(女)、陈如桂、董建国、华英(女)、董杏娟(女)、(北湖)郑云福、丁来仁、吴莲娣(女)、赵宏范(参选)、(彭公)沈文姣(女)、姚立山、蒋树叶、金少闲、
余杭县第7届 1984.9	(瓶窑)傅阿惠、朱阿道、华燕(女)、朱亚芳(女)、许小其、严国元、杜正平、王继山、姚阿福、张桂根、(长命)陈尧根、何阿毛、朱苗荣、王树德、(彭公)葛彩娟(女)、姚立山、蒋树叶、蒋阿凤(女)、金少闲、(北湖)章月娥(女)、赵宏范(参选)、曾庆钊、董文龙

续表

届　别	代　表
余杭县第 8 届 1987.4	(瓶窑)傅阿惠、王信、曹辅庭、沈子贵、李忠民、朱阿道、王松民、朱菊仙(女)、孔祥华、(长命)程世华、(参选)、余尧政、卞雪根、沈阿三、高梅根、何阿毛、盛正岗、(北湖)何文忠、赵宏范(参选)、蒋树叶、林树法、(彭公)王银兰(女)、郎广林、韩士华、俞美娟(女)、李寿林、
余杭县第 9 届 1990.3	(瓶窑)沈海高、沈子贵、罗跃章、姚金媞、何文忠、姜敏(女)、周其高、周绍仁、沈宝和、朱阿道、(长命)何阿毛、万才高、徐泉火、李芝莲(女、朱一高、程世华(参选)、(彭公)卞雪根、陈跃水、范福珍(女)、沈炳松、王银兰(女)、李寿林、
余杭县(市)第 10 届 1993.3	(瓶窑)孔祥华、何文忠、罗跃章、朱阿道、孙传礼、徐云芳、朱建平、高梅根、严水虎、李观松、董家年(参选)、陈柏泉、李荣华、任洪才、陈继国、李芝莲(女)、方雪帆(女)、姜敏(女)、李新界(女)、(彭公)孙继良、刘有泉、沈炳松、周汉忠、吴新芳、姚连娣(女)、沈顺芝(女)
余杭市第 11 届 1998.4	(瓶窑)孙传礼、李月珍(女)、施金龙、孙金平、黄秀菊(女)、梁荣仙(女)、徐冬秀(女)、董家年(参选)、孙继良、吴金顺、沈坤彪、丁惠敏(女,参选)、朱财良、季儒茂、任洪才、杨慧娟(女)、(彭公)何阿毛、葛彩娟(女)、何根土、魏金泉、方金泉、周汉忠
余杭区第 12 届 2003.3	孙继良、吴阿祥、丁志松、丁惠敏(女．参选)、沃美红(女)、姚建华、徐水福、徐晓华(女)、裘桂芳、蔡国平、颜桂凤(女)、俞卫强、钱阿康、汤国华、吴来法、汪宏儿(参选)、汪易芬(女)、施万华、袁忠旗、覃永萍(女)、蒋剑南、
余杭区第 13 届 2008.3	罗生祥、钟湘君(女)、裘桂芳、吴阿祥、丁勇良、沈茂勤、沈跃根、杨彩萍(女)、阮金良、许阿六、覃永萍(女)、严卫星、汤国华、仰健雄(参选)、沈祝其、俞卫强、蒋剑南、鲍黎宁(女)、蔡国平
余杭区第 14 届 2013.3	罗生祥、王荣昌、孙 勇(参选)、杨彩萍(女)、汪建兰(女)、沈树春、沈祝其、陆为众(参选)、郑红丽(女)、俞国富、施春香(女)、翁一鸣、高凤美、尉建明、覃永萍(女)、蔡国平、董文龙、俞卫立
余杭区第 15 届 2016.12	王永明、董文龙、费国芳、俞卫立、冯晓红(女)、廖华芳(女)、俞国富、陈娟(女)、赵建刚、汪建兰(女)、俞卫强、陈忠立、高凤美(女)、应杭军、俞小平、方建新、吕复春、陈如根(参选)

出席杭州市人民代表大会代表

届　别	代　表
一届至五届	缺资料
杭州市第六届 1980.12	林永法、郑云福、姚莲娣(女)
杭州市第七届 1987.5	傅阿惠、郎广林
杭州市第八届 1992.5	宋月樵、陈超群(女)、郎广林、姜　敏(女)、姚连娣(女)、蒋宝和
杭州市第九届 1997.3	孔月萍(女)、李新界(女)、沈要刚、陈超群(女)、姜　敏(女)、章福根
杭州市第十届 2002.3	李新界(女)、沈要刚、姜　敏(女)
杭州市第十一届 2007	金花玉(女)
杭州市第十二届 2012	覃永萍(女)

出席杭县、余杭县(市、区)政协委员

届　别	委　员	届　别	委　员
杭县第一届 1956.3—1958.4	缺资料	余杭县第一届 1962.6－1966.5	缺资料

届　别	委　员
余杭县第二届 1980.1—1984.9	张立民
余杭县第三届 1984.9—1987.4	赵莉莉(女)　张立民　范忠信　李意泉　凌抗胜　钟必忠(畲族)
余杭县第四届 1987.4—1990.3	王元俊　许高生　王根富　郎广林　高小荣　范忠信　李意泉　赵莉莉(女) 陈超群(女)　钟必忠(畲族)　凌抗胜
余杭县第五届 1990.3—1993.3	陈杏女(女)　陈其灿　郎广林　王元俊　陈超群(女)　钟必忠(畲族)　孙寿林 陆松根　陈希根
余杭县第六届 1993.3—1998.3	陈其灿　郎广林　沈要刚　董杏娟(女)　陈杏女(女)　张清元(女)　丁晓航 王元俊　陆松根　董　屹(女)　孙寿林　王争鸣(女)　陈超群(女)　雷如炎(畲族) 付　勤
余杭市第七届 1998.3—2003.3	陈其灿　严伟星　唐杏琴(女)　沈要刚　翟亦清　张清元(女)　郎广林　董杏娟(女) 董　屹(女)　王争鸣(女)　陈超群(女)　雷如炎(畲族)　陈连法　上官建荣 陈尧根　付　勤
余杭县第八届 2003.3—2007.3	王争鸣(女)　王祖祥　上官建荣　沈要刚　嵇掌虎　施仙林　吴新勇　雷如炎(畲族) 姚建山　柴顺良　刘国平　唐杏琴(女)　李　和
余杭县第九届 2007.3—2012.3	陈国民　董鹏飞　方海鹰　高箭飞　骆小平　郎　平　唐杏琴(女)　沈要刚　王　鹄 王争鸣(女)　吴国飞　俞忠明　俞国富　张惠娣(女)　杨马云　章月霞(女)　俞顺刚
余杭县第十届 2012.3—2016.3	丁胜国　王　鹄　方宏图　杨马云　林清勇　周贤海　唐杏琴(女)　骆小平　高冠敏 金国祥　张建群(女)　周占峰　李　卿　陈国民　章月霞(女)　张　静(女)　俞顺刚 谢一民　王志亮　施明俊　叶富云

出席杭州市历届政协委员中的瓶窑人

届　别	委　员
杭州市第五届	金少闲
杭州市第八届	王玉霞
杭州市第十届	王　鹄

第二节　乡镇人民政府

由于历史的原因,在中华人民共和国成立后的50年代瓶窑仍为一镇二治。以关口桥为界,桥南属钱塘(杭)县,称为瓶窑镇;桥北属余杭县,现瓶窑镇北湖、彭公区域的多为当时仁爱区和黄湖区所辖。

1949年5月3日,杭县、余杭两县解放后,两县县委和县政府、为了适应土地改革,巩固新生政权,稳定农村社会秩序,迅速贯彻执行上级“按照系统、整套接收、调查研究、逐渐改造”的接管方针,对旧政权进行军事管制与和平过渡。同年7月建立瓶窑镇公所,镇正、副镇长由县委委派。1950年2月,在组织干部下村进街道,发动群众组织农会和工会,摧毁地方保甲制度的基础上,开始民主建政,成立村政委员会和居民委员会,村政委员会一般由村主任和副主任及民政委员、财粮委员、武装委员、生产委员等组成。乡镇正、副乡镇长也改由乡镇人民代表会议民主选举产生。1950年6月21日,浙江省人民政府训令(府民字第4325号):同意将余杭县所属瓶窑镇西半个镇划归杭县管辖……自始瓶窑镇合二为一。4月,杭县调整为10个区、2个直属镇、131个乡。瓶窑区辖瓶窑镇和长命、崇化、良渚、纤石、安溪、三合、大陆、甪窦、羊山、荀山、沈桥、石桥、七贤13个乡。今瓶窑地为当时杭县瓶窑镇、长命乡、崇化乡及余杭县仁爱区石濑乡、民主乡。

1954年,实行普选后由乡镇人民代表会议选举产生乡镇人民政府,下设若干委员会,分管生产合作、文教卫生、治安保卫、人民武装、民政、财粮、调解等。1956年,乡镇人民政府改称乡镇人民委员会。1958年,人民公社化后,实行政社合一体制,公社成立管理委员会,设正、副社长,行使乡镇长职权,不久又改称(管理委员会)正、副主任,公社下设管理区。1959年7月,瓶窑镇恢复县属镇建制,同时建立镇人民委员会,1960年6月隶属长命人民公社管理委员会。1968年6月,公社和镇均成立革命委员会,取代公社管理委员会和镇人民委员会。设正、副主任和委员,由县革命委员会任命。1980年,恢复人民代表大会制度,恢复公社管理委员会和镇人民政府,并经人民代表大会选举产生公社管理委员会和镇人民政府组成人员。1983年3月后,政社分设,恢复乡镇建置,建立乡镇人民政府,设正、副乡镇长。1988年4月北湖乡撤销,并入瓶窑镇。1992年5月长命乡撤销,并入瓶窑镇。2001年8月彭公乡撤销,并入瓶窑镇。

一、瓶窑镇

杭县瓶窑镇公所 1949年7月,建立杭县瓶窑镇公所

镇 长 郁 云(1949.7—1950.4)

副镇长 陈耿卿(1949.7—1950.4)

杭县瓶窑镇人民政府 随着城乡社会秩序的日渐安定,1950年2月,浙江省民政厅在杭县永和乡(后改和睦乡,今属乔司镇)、杭县人民政府在花园乡(今属西湖区祥符桥镇)进行民主建政试点,将以乡农民协会代表会议为主体的乡政权机构,改建为由人民选举代表和政府特邀代表参加的乡人民代表会议,代行乡人民代表大会职权。在此基础上,同年5月通过民主选举建立瓶窑镇人民政府。

镇 长 孙世才(1950.5—1951.5)

于成海(1951.5—1952.6)

副镇长 陈胜凯(1951.5—1952.3)

张徐来(1951.12—1952.5)

1952年6月民主选举产生新一届瓶窑镇人民政府。

镇 长 陈希乾(1952.6—1953.5)

副镇长 张徐来(1952.6—1953.5)

1953年1月13日,中央人民政府委员会第二十次会议通过了《关于召开全国人民代表大会及地方各级人民代表大会的决议》,决定“于一九五三年召开由人民用普选方法产生的乡、

县、省(市)各级人民代表大会……”。5月,瓶窑镇根据杭县县委和县政府的统一部署,按《选举法》规定开展第一次普选,选举镇第一届镇人民政府代表,召开第一届人民代表大会并选举产生镇人民政府组成人员。

镇　长　惠庆章(1953.6—1955.1)

　　　　韩祯祥(1955.1—1956.4)

副镇长　张徐来(1953.5—1956.4)

　　　　陈　明(1953.10—1954.11)

　　　　施明辉(1954.11—1955.8)

　　　　张泉坤(1955.8—1956.4)

1956年4月,调整乡(镇)规模,全区由17个乡(镇)合并为5个乡(镇),同时建立乡(镇)人民委员会。瓶窑镇人民委员会1958年4月隶属余杭县人民委员会

镇　长　张徐来(1956.4—1958.4)

副镇长　浦志洪(1956.4—1958.4)

　　　　吴樟耕(1956.4—1958.4)

1958年实现人民公社后,镇(乡)人民代表大会称为人民公社社员代表大会,代表大会会议选举产生公社管理委员会及监察委员会。同年10月,根据中共中央《关于在农村建立人民公社问题的决议》,实现政社合一的人民公社化,瓶窑镇隶属于长命人民公社管理委员会。

1958年4月,杭县撤销,划入杭州市郊区。瓶窑镇、长命乡划入余杭县。

余杭县瓶窑镇人民委员会　1958年10月建立长命人民公社,同月余杭县撤销,并入临安县。1959年4月长命人民公社管理委员会辖瓶窑镇人委。

镇　长　韩祯祥(1958.4—1958.8)

　　　　张徐来(1958.9—1958.10)

副镇长　吴樟耕(1958.4—1958.10)

　　　　浦志洪(1958.4—1958.10)

1959年7月瓶窑镇恢复县属镇建制,同时建立镇人民委员会,1960年6月隶属长命人民公社管理委员会。

临安县瓶窑镇人民委员会

镇　长　张徐来(1959.7—1961.3)

副镇长　吴樟耕(1959.7—1959.11)

　　　　钟凤仙(女1959.7—1961.3)

　　　　浦志洪(1959.11—1961.2)

钱塘联社瓶窑镇人民委员会　1961年3月,原余杭县从临安析出,并入钱塘联社;4月,恢复县制,称余杭县。

镇　长　张徐来(1961.3—1961.4)

副镇长　钟凤仙(女,1961.3—1961.4)

余杭县瓶窑镇人民委员会

镇　长　张徐来(1961.4—1968.6)

副镇长　浦志洪(1961.4—1961.9;1964.1—1965.3)

钟凤仙(女,1961.4—1962.1)
陈阿凤(女,1962.1—1966.3)
张梓全(1963.5—1964.1)
徐学成(1965.3—1968.6)
朱爱娣(女,1966.3—1968.6)

余杭县瓶窑镇革命委员会　1966年6月,召开镇人民代表大会后,因“文化大革命”开始而被迫中断活动。1968年6月22日建立瓶窑镇革命委员会。

主　任　雷传法(1968.6—1970.9)
朱明晓(1970.9—1973.1)
杜正平(1973.1—1976.10)
副主任　何甫信(1968.6—1968.6)
徐学成(1968.6—1970.10)
张徐来(1971.4—1976.10)
吴耀槐(1971.4—1976.10)

余杭县瓶窑镇革命委员会

主　任　杜正平(1976.10—1977.5)
陈　明(1977.5—1980,11)
副主任　张徐来(1976,10—1980.11)
吴耀槐(1976.10—1979.2)
沈梓才(1979.6—1980.11)

余杭县瓶窑镇人民政府　1980年11月26日撤销革命委员会,恢复镇人民政府。1982年12月,第五届全国人民代表大会第五次会议通过《宪法》和《地方组织法》修正案,取消政社合一的人民公社恢复乡(镇)建制,恢复设立乡人民代表大会和乡(镇)人民政府。

镇　长　傅阿惠(1980.11—1988.4)
董　平(1988.4—1989.10)
沈海高(1989.10—1992.5)
副镇长　戚连荣(1980.11—1983.7)
赵莉莉(女,1980.11—1989.10)
陈杏女(女,1981.2—1984.8)
蔡桂林(1984.8—1987.4)
姜昌连(1987.4—1988.4)
蒋树叶(1988.5—1992.5)
陈月琴(女,1988.5—1992.5)
高茂荣(1989.10—1992.5)
梁法根(1990.3—1992.5)

余杭县(市)瓶窑镇人民政府

镇　长　孔祥华(1992.7—1995.3)
陈祥荣(1995.3—1995.10)

孙继良(1996.2—2001.8)

副镇长　何阿毛(1992.7—1995.10)

孙继良(1992.7—1992.12)

蒋树叶(1992.7—2001.8)

金国平 (1992.7—2001.8)

陈月琴(女,1992.7—1995.10)

许金达(1994.1—1995.10)

周文新(1996.2—1998.4)

黄木英(女,1996.2—1998.8)

穆水花(女,1999.1—2001.8)

龚国祥(1999.1—2001.8)

杨士宏(1999.1—2001.8)

2001年8月,根据省、市政府关于乡镇区划调整的批复精神,区委决定,建立瓶窑镇行政工作领导小组。俞卫强为领导小组组长,金国平、陈月琴(女)、宋祖建、王万新、高箭飞为副组长。

余杭区瓶窑镇人民政府

镇　长　俞卫强(2002.1—2010.11)

黄国连(2010.11—2013.7)

沈建立(2013.7—2016.7)

吴建中(2016.7—)

副镇长　金国平(2002.1—2004.11)

陈月琴(女,2002.1—2004.11)

宋祖建(2002.1—2006.9)

王万新(2002.1—2004.11)

高箭飞(2002.1—2006.9)

王志亮(2004.11—2006.9)

王　铮(女,2004.11—2006.9)

江伟峰(2004.11—2010.1)

童建明(2006.9—2011.9)

王美莲(女,2006.9—2009.7)

许国华(2006.9—2016.7)

邵素萍(女,2009.5—)

张余成(2010.1—2015.1)

姚杭平(2011.9—2016.7)

胡立有(2015.1—2016.7)

冯鹏飞(2016.7—2017.4)

陈源杰(2016.7—)

楼红兵(2016.7—)

二、长命乡(公社)(崇化、羊山、角窦乡)

杭县崇化乡公所

乡 长 江希德(1949.7—1950.3)

副乡长 徐 凌(1949.10—1950.5)

杭县崇化乡人民政府

乡 长 黄玉高(1950.8—1951.6)

龚万潮(1951.6—1953.10)

王阿林(1953.10—1956.4)

副乡长 顾锡根(1953.10—1956.4)

赵富生(1953.10—1956,4)

杭县羊山乡人民政府

1951年6月从瓶窑镇、崇化乡分出建立。

乡 长 汪楚堂(1951.6—1953.1)

陈生法(1953.1—1953.10)

楼阿水(1953.10—1956.4)

副乡长 王掌云(1953.10～1954.6)

郎阿根(1953.10—1956.4)

杭县角窦乡人民政府

1951年6月从瓶窑镇、安溪乡分出建立。

乡 长 朱祥年(1951.6—1953.10)

晏海清(1953.10—1956.4)

副乡长 张梓全(1953.10—1956.4)

李大清(1953.10—1956.4)

杭县长命乡人民政府

1950年5月从崇化乡、纤石乡、瓶窑镇分出建立。

乡 长 沈永林(1950.8—1952.7)

王永宝(1952.8—1952.12)

何永棠(1953.1—1956.4)

副乡长 王永宝(1952.12—1955.7)

沈寿根(1953.10—1956.4)

杭县长命乡人民委员会

1956年4月,羊山、崇化2个乡和长命、角窦乡的一部分合并为长命乡,同时建立乡人民委员会。1958年4月隶属原余杭县人民委员会。

乡 长 张梓全(1956.4—1958.4)

副乡长 晏海清(1956.4—1958.4)

王阿毛(女,1956.7—1958.4)

临安县长命人民公社管理委员会

1958年10月建立长命人民公社,同月余杭县撤销,长命、瓶窑并入临安县。1959年4月称长命人民公社管理委员会，下辖瓶窑镇人民委员会和长命、角窦、崇化、羊山4个管理区管委会。

主　任　楼阿水（1958.10—1961.3）
　　　　梁阿农（1959.4—1960.6）
副主任　嵇永顺（1958.10—1959.4）
　　　　王阿毛（女，1958.10—1959.4；
　　　　　　　　1959.12—1961.3）
　　　　罗小毛（1958.10—1959.4）
　　　　张梓全（1958.10—1961.3）
　　　　沈寿根（1959.12—1961.3）
　　　　徐金林（1959.12—1961.3）
　　　　浦志洪（1961.2—1961.3）
　　　　李龙藻（1959.4—1960.6）

临安县长命人民公社角窦管理区管委会

主　任　周良发（1959.4—1960.6）
副主任　沈金环（女，1959.4—1960.6.）

杭县长命人民公社崇化管理区管委会

副主任　徐金林（1959.4—1959.12）

杭县长命人民公社羊山管理区管委会

主　任　罗小毛（1959.4—1960.6）
副主任　王掌云（1959.4—1960.6）

余杭县长命人民公社管理委员会

1961年3月从临安县析出并入余杭县，下辖瓶窑镇人民委员会。

主　任　楼阿水（1961.3—1961.4）
副主任　王阿毛（女，1961.3—1961.4）
　　　　张梓全（1961.3—1961.4）
　　　　沈寿根（1961.3—1961.4）
　　　　徐命林（1961.3—1961.4）
　　　　浦志洪（1961.3—1961.4）

钱塘联社（余杭县）长命人民公社管理委员会

主　任　任金水（1961.4—1962.5）
　　　　陈长根（1962.5—1962.11）
　　　　楼阿水（1962.11—1966.6）
　　　　嵇永顺（1966.6—1968.4）
副主任　嵇永顺（1961.4—1966.6）
　　　　王阿毛（女，1961.4—1966.6）
　　　　卫有根（1965.3—1968.4）
　　　　洪大根（1966.6—1968.4）

诸桂芝（女,1966.6—1968.4）

余杭县长命人民公社革命委员会

1968年4月18日建立。

主 任 嵇永顺(1968.4—1969.7)

徐国贤(1969.7—1974.1)

卞雪根(1974.1—1976,10)

副主任 陈文奎(1968.4—1975.9)

沈永林(1968.4—1970.11)

嵇永顺(1969.7—1976.10)

卞雪根(1972.1 —1974.1)

余杭县长命乡人民政府

1980年11月24日前为长命人民公社革命委员会。

主 任 卞雪根（1976.10—1979.7）

嵇永顺（1979.7—1980.11）

副主任 嵇永顺（1976.10—1979.7）

周水源（1977.7—1978.6）

沈海高（1978.1—1980.11）

姚子连（1980.2—1980.11）

余杭县长命人民公社管理委员会

主 任 沈海高（1980.11—1983.7）

副主任 姚子连(1980.11—1981.11)

易友庆（1980.11—1983.10）

费爱萍(女,1980.11—1983.3)

何阿毛(1983.2—1983.10)

翁明珠(女,1983.3—1983.10)

余杭县长命乡人民政府

1983年10月10日复称为乡。

乡 长 何阿毛（1983.10—1992.5）

副乡长 林惠民（1983.10—1989.11）

翁明珠(女,1983.10—1987.3)

易友庆（1986.1—1986.6）

费爱萍（女,1987.3—1992.5）

李志鑫(1987.3—1992.5)

盛志炎(1988.8—1992.5)

陆松伟(1990.3—1991.3)

三、北湖乡(公社)

1962年4月,浙江省北湖种畜场和长命人民公社的部份大队合并建立北湖人民公社,同时建立管理委员会。

余杭县北湖人民公社管理委员会

主 任 盛德根(1962.5—1962.11)

陈长根(1962.11—1966.3)

沈吾根(1966.3—1968.10)

副主任 盛德根(1962.11—1968.10)

董彩凤(女,1963.5—1966.3)

张梓全(1964.1—1968.10)

章月娥(女,1966.3—1968.10)

余杭县北湖人民公社革命委员会

1968年10月4日建立。

主 任 沈吾根(1968.10—1979.7)

郑柏林(1979.7—1980.12)

副主任 任金永(1968.10—1969.12)

储虎皋(1968.10—1977.7)

赵辅春(1970.1—1979.7)

凌长贵(1970.7—1971.5)

潘阿才(1972.1—1978.11)

刘阿金(1976.8—1977.12)

方阿忠(1977.7—1979.6)

姚子连(1977.12—1980.2)

郑柏林(1979.6—1979.7)

尉吉明(1979.7—1980.12)

董希统(1980.7—1980.i2)

余杭县北湖人民公社管理委员会

1980年12月6日恢复北湖人民公社管理委员会。

主 任 郑柏林(1980.12—1981.5)

尉吉明(1981.5—1983.2)

董希统(1983.2—1983.10)

副主任 董希统(1980.12—1983.2)

沈应绍(1980.12—1983.10)

翁明珠(女,1980.12—1983.3)

盛乃林(1983.2—1983.10)

盛志炎(1983.2—1983.10)

费爱萍(女,1983.3—1983.10)

余杭县北湖乡人民政府

1983年10月11日,改建为北湖乡人民政府。

乡 长 董希统(1983.10—1984.5)

曾庆钊(1984.5—1987.4)

蒋树叶(1987.4—1988.4)

副乡长 盛志炎(1983.10—1984.9;1987.4—1988.4)

陈月琴(女,1983.10—1988.4)

汪道法 (1984.9—1988.4)

盛乃林(1986.1—1987.4)

四、彭公乡(石濑、民主、联合乡)

1949年5月至7月,余杭县区、乡、(镇)的行政建制设有1个区、21个乡(镇)公所。1949年7月建立仁爱区公所,下辖石濑、民主、联合、新民、新生、中溪、爱民、民建等8个乡人民政府,1956年1月后,调整乡的规模,合并为石濑、漕桥、长乐3个乡人民委员会。1957年3月区公所撤销后,所辖乡人民委员会隶属县人民委员会。

余杭县石濑乡人民政府

乡 长 李深海(1950.6—1951.5)

叶孝林(1951.5—1952.5)

施尚德(1952.6—1956.1)

副乡长 陈阿木(1950.6—1950.11)

李凤金(女,1950.12—1951.5)

施尚德(1951.5—1952.5)

鲁观林(1952.6—1953.11)

沈仁水(1953.11—1956.1)

余杭县民主乡人民政府

乡 长 李士槛(1950.7—1951.4)

钟贤培(1951.4—1954.4)

许海法(1954.4—1954.9)

贾云龙(1954.9—1956.1)

副乡长 施观生(1950.7—1951.5)

许海法(1951.8—1951.12)

盛德根(1952.1—1956.1)

余杭县联合乡人民政府

乡 长 王明法(1950.7—1951.5)

施连福 (1951.5—1951.9)

王根喜(1951.12—1952.5)

王学海 1952.6—1954.3)

施玉泉(1955.2—1956.1)

副乡长 郎有根(1950.7—1951.8)

许海法(1952.1—1954.2)

施如珍(女,1954.4—1956.1)

余杭县石濑乡人民委员会

1956年1月,石濑、民主、联合3个乡合并为石濑乡,同时建立石濑乡人民委员会。

乡　长　施玉泉(1956.1—1957.2)

张伟群（1957.2—1958.10)

副乡长　沈仁水(1956.1—1958.3)

盛德根(1956.8—1958.10)

施玉泉(1957.12—1958.2)

临安县石濑管理区委员会(属潘板桥人民公社管理委员会)

主　任　盛德根(1959.4—1960.6)

副主任　施尚德(1959.4—1959.10)

郎有根(1959.4—1959.12)

余杭县石门乡人民政府

乡　长　孙尚位(1950.6—1950.10)

朱炳生(1950.10—1951.4)

赵庆祥(1951.6—1956.1)

副乡长　陈妙花(女 1950.7—1950.10)

孙尚位(1950.10—1951.3)

虞维忠(1951.5—1951.9)

张水泉(1951.9—1953.12)

郑银才(1953.12—1956.1)

临安县石门管理区委员会(属双溪人民公社管理委员会)

主　任　陈阿毛(1959.4—1959.8)

副主任　陈爱堂(1959.4—1959.8)

余杭县彭公人民公社管理委员会

1961年4月从潘板桥人民公社分出建立石濑人民公社,9月由塘埠人民公社部份大队划入,并改建为彭公人民公社管理委员会。

主　任　张卿沂(1961.4—1961.11)

胡志云(1961.11—1962.6)

马有水(1963. 6—1965.3)

浦志洪（1965.3—1966.6)

傅友忠(1966. 6—1968.4)

副主任　胡志云（1961.4—1961.11)

王秀艳（女,1961.9—1961.11)

张法林(1961.11—1966,6)

金有弟（女,1961.11—1966.6)

王云龙(1966.6—1968.4)

林玉英(女,1966.6—1968.4)

余杭县彭公人民公社革命委员会

1968年4月13日建立。

主　任　浦志洪(1968.4—1978.6)

周水源(1978.6—1979.7)
叶开梁(1979.7—1980.11)
副主任 傅友忠(1968.4—1970.7)
姚立山(1968.4—1980.11)
姚增德(1970.7—1977.4)
陈春德(1972.1—1980.1)
叶开梁(1978.6—1979.7)

余杭县彭公人民公社管理委员会

彭公乡人民政府1980年11月22日前为彭公人民公社革命委员会。1980年11月22日,恢复彭公人民公社管理委员会。

主 任 蒋树叶(1980.11—1983.10),
副主任 楼渭昌(1980.11—1983.10)
潘玲芬(女,1980.11—1983.10)
施兆丰(1980.11—1983.10)

余杭县(市、区)彭公乡人民政府

1983年10月5日,改建为彭公乡人民政府。

乡 长 蒋树叶(1983.10—1987.2)
陈跃水(1987.4—1992.12)
孙继良(1992.12—1995.10)
何阿毛(1996.2—1999.1)
俞卫强(1999.1—2001.8)
副乡长 陈跃水(1983.10—1987.4)
潘玲芬(女,1983.10—1990.3)
施兆丰(1986.1—1995.10)
曾庆钊(1987.4—1992.12)
何金伟(1987.4—1990.3)
陈云水(女,1990.3—1995.10)
夏启明(1993.3—1998.8)
赵祖泉(1996.2—1999.1)
宋祖建(1996.2—2001.8)
陈月琴(女,1996.2—1998.8)
高文土(1999.1—2001.8)
贺人杰(1999.1—2001.8)
竺 英(女,1999.1—2001.8)

五、瓶窑镇内设机构及职责

2016年3月,镇政府内设机构有九办五中心:党政办公室、人大办公室、党群工作办公室、经济发展和市场监管办公室(安全生产监督管理办公室)、教育卫生计生办公室、社会事务管理办公室、城镇建设和环境保护办公室、财政统计审计办公室(村级三资管理办公室)、社会治安综合治理办公室(信访办公室)、农业公共服务中心、文化体育服务中心、城镇管理服务中心、农民多层公寓建设管理中心、现代服务业发展中心。

(一)党政办公室

综合协调镇机关日常工作;负责行政管理、政务公开、应急管理、法制建设等工作;建立健全各项规章制度和管理办法;组织编制年度计划和工作目标,草拟综合性报告、政策性文件;负责重大决策、涉法文件、通告、决定等政策措施的合法性审核;负责行政规范性文件的合法性审核、报送备案、评估清理工作;承办机关文电、重要会务、政务信息、机要、保密、档案、督查、后勤保障等日常工作;负责重大活动的组织协调;负责机关计算机网络建设和日常维护管理工作;承担政协相关工作;承担镇小额公共资源交易管理领导小组办公室的日常工作。

(二)人大办公室

协助镇人大领导做好日常工作;拟订并组织实施镇人大年度工作计划;组织辖区内人大代表开展学习、视察、检查、评议和走访选民活动;加强与辖区内人大代表联系,受理代表和人民群众的来信来访,反映代表和人民群众的意见、要求,做好代表建议、批评和意见的交办及督办工作;负责镇人大各类文字材料的起草、报送和归档工作,收集、撰写并报送工作信息。

(三)党群工作办公室

负责组织、人才、人事、机构编制、老干部等工作;按照干部管理权限,组织实施对干部的培训、教育、培养、考核、任免、监督、奖惩和后备干部的培养选拔以及党员发展教育、党务公开工作;负责机关效能建设;负责宣传、精神文明建设等工作;协助党委抓好纪检、监察、工会、妇联、共青团及统战、民族宗教、关心下一代等工作。

(四)经济发展和市场监管办公室(安全生产监督管理办公室)

组织编报并实施本镇经济发展计划和经济结构调整方案;组织推进辖区内信息经济、智慧应用产业发展和项目建设,指导运用信息经济、智慧应用改造提升传统产业,促进经济增长方式转变;指导、监督辖区内企业贯彻执行国家有关法律、法规和政策;负责辖区内重大经济建设项目开发的协调工作;协调解决经济发展中的突出问题;检查监督所属经济组织经营状况,保护各种经济组织的合法权益;指导帮助企业生产经营管理等工作;综合管理辖区内的科技创新及推广应用、企业人才培养等工作;负责辖区内招商引资工作,整合招商资源,参与有关项目洽谈推进;协助做好相关统计工作;负责本镇有关市场准入、主体提升发展、质量强镇、品牌培育、标准计量、食品药品、医疗器械、特种设备、市场合同广告等工作的指导、服务和日常管理;协助有关部门做好市场监管工作;承担镇食品安全委员会办公室的日常工作。

依法履行辖区内安全生产检查权、责令改正违法行为权、责令排除事故隐患权、重大事故采取应急措施权、行政处罚建议权等职权;配合和协助有关部门对事故的调查、处理和对违法行为的查处;负责辖区内安全生产的预防、宣传、教育和整治等工作。

(五)教育卫生计生办公室

负责教育、卫生和计划生育工作;承担辖区内义务教育、学前教育、成人教育办学的主要责任;组织实施卫生保健、爱国卫生、精神卫生等工作,开展全民爱国卫生宣传教育活动;负责计划生育政策宣传、信息统计、咨询服务等工作;负责辖区内流动人口计划生育管理服务及红十字会无偿献血工作;协助有关部门做好突发公共卫生事件、重大传染病疫情的调查处理;指导镇计划生育协会业务工作。

（六）社会事务管理办公室

负责劳动和社会保障工作；承担各项社会保险及被征地人员管理、失业人员管理和离退休人员社会化管理服务工作；负责劳动力资源登记管理、就业管理和职业技能培训等工作；协助做好劳动关系协调、劳动争议调解处理工作；负责民政优抚、社会救济、社区管理、残疾人保障工作；指导村委会和社区居委会依法自治；负责城乡居民最低生活保障、"五保"对象供养、双拥与优抚安置工作及其他社会福利事业；负责农村基层政权建设和村委会民主管理、村务公开、社区建设工作；负责殡葬管理、区划地名、移民、老龄、残联、慈善等工作。

（七）城镇建设和环境保护办公室

贯彻执行有关城市、村镇建设方面的法律法规和方针政策；负责土地综合规划和开发管理工作；协助有关部门对城镇规划、建设、土地和农民建房的管理工作；负责生态环保目标任务落实、生态镇村创建，协助有关部门对环境保护的日常监管和污染事故、涉访事项的处理等工作；负责交通桥梁等基础设施的建设与维护工作；协助有关部门加强对辖区内土地的管理与保护，及时发现和纠正违反规划和土地管理等违法行为，加大对违法占地、违章建筑的监督检查力度，处理防违控违引起的群众纠纷；负责做地工作；研究中心镇的培育与发展；按照中心镇建设标准及本镇经济社会发展规划、城镇总体规划和土地利用总体规划，推进基础设施等项目的建设与服务工作；承担辖区内建设项目的征迁工作；承担建设项目的基础资料（图纸、公文、征迁材料等）收集、整理、归档工作；承担本镇经营性土地的出让及经营性资产、预征土地资产的管理工作；承担对委托评估、动迁单位资质的审核及活动的监管。

（八）财政统计审计办公室（村级三资管理办公室）

贯彻执行有关财税法律法规和方针政策；管理镇财政，平衡收支预算；负责抓好财源建设，协助有关部门组织税收收入；编制本镇财政年度预（决）算草案，管理预算资金；落实各项惠农强农政策，发放各种财政补贴资金；建立健全本镇项目管理监督机制，对各级财政资金的使用实行全面监管；管理本镇机关、事业单位的国有资产和财务活动，强化债务管理，防范和控制债务风险；负责镇属学校、社区的会计核算管理；负责各类票据管理工作；承担统计、内审和各类大型普查工作。

负责农经统计和农村集体资产、资金、资源管理，以及村级财务审计、监督、管理等工作；承担村级财务代理核算、审核工作。

（九）社会治安综合治理办公室（信访办公室）

贯彻执行有关社会治安综合治理的法律法规和方针政策；负责辖区内社会治安综合治理，维护社会秩序稳定，加强和创新社会管理；拟订并实施社会治安综合治理工作计划、方案、措施；发挥联动工作机制，预防和减少重大矛盾纠纷和群体性事件的发生；负责矛盾纠纷调处工作，组织开展社区矫正、安置帮教、禁毒、扫"黄"打"非"、治安保卫等工作，对突出问题和治安混乱地区开展重点整治；开展基层创安活动，承担流动人口管理服务工作；组织落实辖区内单位社会治安综合治理目标管理责任制和考核验收等工作；协助有关部门做好辖区内的消防安全工作。

负责辖区内的信访工作；负责处理群众来信来访，维护村（居）民的合法权益；指导各办公室和村（社区）、企事业单位的信访工作；负责信访法律法规和政策的宣传解释，引导群众通过正常渠道依法信访；开展调查研究，掌握信访信息动态，及时报送信访信息和调处结果，承担信访档案的收集、整理等工作。

调整事业机构设置

(一)杭州市余杭区瓶窑镇农业公共服务中心

承担辖区内农业(含林业、水利、渔业、农机,下同)及城乡一体化、社会主义新农村建设等有关工作;承担农业新技术的引进、试验、示范和推广,动植物病虫害及灾情的监测、预报、防治和处置,农产品生产过程质量安全的监管与配套服务,农业资源管理,农业生态环境和农业投入品使用监测,农业公共信息服务,农民公共培训教育,各类农业项目的申报服务工作;指导、帮助农户和农业专业组织、企业开展农产品营销等活动;承担辖区内气象服务及防汛防台抗旱、农田水利建设等方面的组织协调和管理服务工作。

(二)杭州市余杭区瓶窑镇文化体育服务中心

承担辖区内文化、体育、广播电视等有关工作;承担群众性文化活动和全民健身等体育活动;搜集和整理民间文化艺术遗产、培养和发展民间文化队伍,保护民族民间文化艺术;承担文化体育场馆、设施的开放与管理工作;协助做好宣传、精神文明建设工作。

(三)杭州市余杭区瓶窑镇城镇管理服务中心

承担辖区内城镇管理服务相关工作;综合协调区级部门派驻机构在本镇开展的各项执法活动,加大执法力度,进一步推进标准化、网格化、规范化管理,提高和改进城镇综合管理水平;承担街面秩序、市容环卫、市政绿化、数字城管、综合整治管理等工作。

(四)杭州市余杭区瓶窑镇农民多层公寓建设管理中心

承担辖区内农民多(高)层公寓建设管理工作;承担项目的立项报批、初始"三证"申领、验收申请工作;承担农民多(高)层公寓建设的日常工作、建设过程中的监督管理及后续管理的有关工作;参与农民多(高)层公寓安置房分配工作。

(五)杭州市余杭区瓶窑镇现代服务业发展中心

承担辖区内现代服务、商贸、旅游、文化创意产业的规划与发展等工作;研究拟订并组织实施本镇现代服务业发展规划、年度计划和政策措施;组织实施现代服务业重大项目,做好项目建设的服务协调工作;承担对外宣传、推荐和项目引进的前期工作;协调解决现代服务业发展中的突出问题,指导现代服务业企业加强管理,监督检查企业依法经营,落实相关扶持政策;承担区政府对本镇现代服务业目标管理的考核工作,协助做好现代服务业统计工作。

六、瓶窑镇内设机构负责人

2001年8月彭公乡并入瓶窑镇,镇党委、政府根据中共余杭区委、余杭区人民政府《关于乡镇机构改革实施意见》的文件精神,于10月对镇机关各部门进行定职能、定机构、定编制和人员分流工作,并公布《瓶窑镇机构改革方案》(瓶委〔2001〕26号文件),在中层干部中开展竞争上岗活动。后每3年进行一次竞岗,中途人事变化,及时补充调整。

(一)党政办公室 (2006年12月改为党政人大办公室,内挂党务群团办公室;2010年01月分设人大办公室和党务群团办公室)

主 任		副 主 任	
姓 名	任职时间	姓 名	任职时间
沈雪刚	2001.10—2003.01	曹菊美(女)	2001.10—2006.12
廖洪星	2003.01—2004.10	江 旻(女)	2005.05—2009.05
朱贤国	2004.10—2009.05	吴 滨	2005.05—2006.12
李晓琦	2009.05—2010.01	王文娟(女)	2006.12—2010.01(兼党群办主任)
王文娟(女)	2010.01—2011.09	李亮亮	2006.12—2007.12
沈高祥	2011.09—2013.01	沈建忠	2008.12—2010.01
沈春良	2013.01—2014.12	李希良	2010.01—2016.03
冯鹏飞	2015.05—2016.06	汤锦泉	2010.01—2014.04
章吕君(女)	2016.06—	沈 晶(女)	2008.12—2010.01
		丁小美(女)	2014.04—2016.06
		王 波	2016.03—
		沈彩虹(女)	2016.06—

(二)人大办公室 (2010.01从党政人大办析出)

主 任		副 主 任	
姓 名	任职时间	姓 名	任职时间
江 旻(女)	2010.01—2012.12		
缪建宏(女)	2012.12—2014.04		
汪亚奇(女)	2014.04—		

(三)党群工作办公室 (2001.10—2006.12称党务群团办公室;2006.12—2010.01为党政人大办,内挂党务群团办牌子;2010.01—2016.03称党务群团办公室)

主 任		副 主 任	
姓 名	任职时间	姓 名	任职时间
李国强	2001.10—2003.03	张 青(女)	2001.10—2003.03
王文娟(女)	2003.03—2010.01	金巧飞(女)	2003.03—2003.05
李晓琦	2010.01—2010.09	李亮亮	2005.05—2007.12
沈 萍(女)	2010.09—2011.09	汪亚奇(女)	2010.01—2014.04
王文娟(女)	2011.09—2014.04	汤锦泉	2014.04—2016.03
缪建宏(女)	2014.04—	吴袁庆	2016.03—
		朱文琴(女)	2016.03— (正科级宣传干事)
		高鹤云	2015.05— (正科级组织员)
		王晓浦	2016.03— (副科级组织员)

(四)经济发展和市场监管办公室 (安全生产监督管理办公室)(2001.11—2006.12称经济发展办公室;2006.12—2016.03称经济发展和安全生产办公室)

主任		副主任	
姓名	任职时间	姓名	任职时间
徐兴龙	2001.10—2006.12	骆利勇	2001.10—2007.04
郑银火	2006.12—2012.12	蒋 明	2001.10—2005.05
肖 军	2013.04—2016.07	郑银火	2005.12—2006.12
		王红中	2005.05—2012.12
		张卫锋	2006.12—2010.01
		肖 军	2008.12—2013.04
		罗 平	2010.01—
		王和财	2012.12—
		周正荣	2014.03—
		姜 鹏	2016.03—

（五）教育卫生计生办公室 （2001.10—2006.12称计划生育办公室；2006.12—2007.12称教育卫生和计生办公室；2007.12—2016.03称人口计生办公室。）

主任		副主任	
姓名	任职时间	姓名	任职时间
高美琴（女）	2001.10—2003.03	许满姣（女）	2001.10—2010.01
张 青（女）	2003.03—2004.11	沈 萍（女）	2001.10—2004.11
沈 萍（女）	2004.11—2006.12	缪建宏（女）	2005.05—2007.12
唐 桥（女）	2006.12—2010.01	应雪芳（女）	2010.01—
许满姣（女）	2010.01—2016.03	夏 雷	2016.03—
蔡培源	2016.03—	沈红亚（女）	2016.03—

教育卫生办公室 （2007.07从教育卫生和计生办公室分出，2016.03起又并入）

主任		副主任	
姓名	任职时间	姓名	任职时间
李晓琦	2007.07—2009.05	缪建宏（女）	2007.12—2010.01
江 旻（女）	2009.05—2010.01	夏 雷	2012.12—2016.03
缪建宏（女）	2010.01—2012.12		
张卫锋	2012.12—2015.06		

（六）社会事务管理办公室 （2001.10—2006.12称社会事务办公室，内挂民政办公室；2006.12—2016.03称劳动保障和民政办公室）

主　任		副　主　任	
姓　名	任职时间	姓　名	任职时间
王文娟(女)	2001.10—2003.03	李晓琦	2001.10—2004.10
沈雪刚	2003.03—2004.10	廖洪星	2001.10—2003.01
李晓琦	2004.10—2006.12	莫建杭	2005.05—2006.12
沈　萍(女)	2006.12—2010.09	罗　平	2004.09—2006.12
章吕君(女)	2010.10—2012.12	杜斌良	2012.12—2013.04
江　旻(女)	2012.12—2013.07	沈建忠	2010.01—2016.03
骆利勇	2014.02—	曹菊美(女)	2006.12—2010.01
		沈　晶(女)	2010.01—2012.12
		李希良	2006.12—2010.01
		曹菊美(女)	2016.03—
		冯竞婧(女)	2015.06—

(七)城镇建设和环境保护办公室　(2001.11—2006.12 称村镇建设办公室)

主　任		副　主　任	
姓　名	任职时间	姓　名	任职时间
梁法根	2001.10—2003.01	马绍中	2001.10—2003.01
马绍中	2003.01—2004.10	孔金峰	2001.10—2010.01
沈雪刚	2004.10—2006.12	严兴德	2004.10—2006.12
杨国强	2006.12—2010.01	杨国强	2004.11—2006.12
厉彩芳	2010.01—2013.01	施德辉	2006.12—2010.01
徐洪芳	2013.01—2014.04	沈高祥	2006.12—2010.09
冯鹏飞	2014.04—2015.05	徐洪芳	2008.12—2011.06
顾　斌	2015.05—	张卫锋	2010.01—2012.12
		顾　斌	2010.01—2015.05
		李敏霞(女)	2012.12—2016.03
		黄奇凯	2012.12—
		章晨东	2016.03—

(八)财政统计审计办公室(村级三资管理办公室)　(2001.11—2006.12 称财政统计办公室)

主　任		副　主　任	
姓　名	任职时间	姓　名	任职时间
华玉水	2001.10—2012.12	卞子华	2001.10—2006.12
章吕君(女)	2012.12—2016.06	王月姣(女)	2001.10—2010.01
丁小美(女)	2016.06—	王和财	2010.01—2012.12
		冯竞婧(女)	2012.12—2015.06
		潘　萍(女)	2006.12—
		斯烨晴(女)	2016.03—
		解思远(女)	2016.03—

（九）社会治安综合治理办公室（信访办公室） （2001.10—2006.12 称社会治安综合治理办公室）

主 任		副 主 任	
姓 名	任职时间	姓 名	任职时间
朱贤国	2001.10—2004.10	厉彩芳	2001.10—2004.10
厉彩芳	2004.10—2010.01	郑银火	2004.10—2005.12
沈春良	2010.01—2013.01	罗 平	2006.12—2010.01
厉彩芳	2013.01—	施德辉	2010.01—2012.12
		冯鹏飞	2010.01—2012.12
		陆立新	2010.06—
		刘红军	2012.12—
		吴 滨	2012.12—
		沈 飚	2016.03—

（十）农业公共服务中心 （2001.10—2006.12 称农业办公室；2006.12—2016.03 称农业三产办公室）

主 任		副 主 任	
姓 名	任职时间	姓 名	任职时间
李国强	2003.03—2004.10	丁妨强	2001.10—2003.03 主持工作
阮景友	2004.10—2010.01	阮景友	2001.10—2004.10
韩 勇	2010.01—2016.03	韩 勇	2001.10—2006.12
莫建杭	2016.03—	董文林	2004.10—2007.10
		毛利丹（女）	2006.12—2010.01
		潘屹明	2010.12—2016.03
		陈 军	2006.12—
		李敏霞（女）	2016.03—

（十一）文化体育服务中心

主 任		副 主 任	
姓 名	任职时间	姓 名	任职时间
莫建杭	2006.12—2016.03	吴 滨	2006.12—2010.01
汤锦泉	2016.03—	毛利丹（女）	2010.01—2010.12

（十二）城镇管理服务中心

主 任		副 主 任	
姓 名	任职时间	姓 名	任职时间
李晓琦	2006.12—2009.05	杨玉女（女）	2006.12—2008.08
沈高祥	2010.09—2011.09	杜斌良	2010.01—2011.10
杜斌良	2011.10—2012.12	蔡培源	2012.12—2013.04
冯鹏飞	2012.12—2014.04	何寅鹏	2016.03—
徐洪芳	2014.04—		

（十三）农民多层公寓建设管理中心

主任		副主任	
姓名	任职时间	姓名	任职时间
徐洪芳	2011.06—2013.04	冯佳佳（女）	2012.05—2016.03
蔡培源	2013.04—2016.03	潘屹明	2016.03—
王红中	2016.03—		

（十四）现代服务业发展中心 （2001.10—2006.12 称农技服务中心；2006.12—2010.01 称农业服务中心（村级财务服务中心）；2010.01—2016.03 称农业服务中心）

主任		副主任	
姓名	任职时间	姓名	任职时间
阮景友	2001.10—2004.10	潘屹明	2006.12—2010.12
韩　勇	2006.12—2010.01	骆利勇	2007.04—2010.01
曹菊美（女）	2010.01—2016.03	吴　滨	2010.01—2012.12
韩　勇	2016.03—	朱文琴（女）	2012.12—2016.03

社区、村党政主要干部名单（2015 年前）

杨梅坞社区（2003 年 6 月）

书记		主任	
姓名	任职时间	姓名	任职时间
李晓琦	2003.12—2004.12	高恩来	2003.12—2010.6
高恩来	2004.12—2007.7	王银法	2013.11—
李春霞	2007.7—		

里窑社区（2003 年 12 月）

书记		主任	
姓名	任职时间	姓名	任职时间
裘法庆	2003.12—2007.7	裘法庆	2003.12—2007.7
章丽君	2007.7—2013.12	戴浪花	2007.9—2009.9
王海瓶	2013.12—	王海瓶	2010.12—2013.12
		周国英	2013.12—

新窑社区(2003 年 6 月)

书记		主任	
姓 名	任职时间	姓 名	任职时间
任慧芳	1998.6—2003.10	蒋剑南	1998.6—2003.10
夏春明	2004.4—2006.11	蒋剑南	2003.10—2006.11
夏春明	2006.11—2009.9	王海瓶	2006.11—2009.9
夏春明	2009.9—2010.6	王月娣	2009.9—2010.6
夏春明	2010.6—2013.11	张 敏	2010.6—2013.11
张 敏	2013.11—	陈国红	2013.12—

华兴社区(2003 年 12 月)

书记		主任	
姓 名	任职时间	姓 名	任职时间
任慧芳	2003.12—2007.4	任慧芳	2003.12—2007.4
周华芳	2007.4—2010.4	王月娣	2007.5—2010.5
周华芳	2010.7—2013.7	戴浪花	2010.9—2013.9
周华芳	2013.7—	杜红芬	2013.9—

溪东社区(2013 年 5 月)

书记		主任	
姓 名	任职时间	姓 名	任职时间
戴浪花	2013.12—	汪建兰	2013.12—

据查 1949 年 5 月解放后，大批从事土地改革的南下干部深入农村，一边带领群众进行土地改革，一边培养发展党员和建立基层党组织。在当初的长命乡、崇化乡、羊山乡、角窦乡、石濑乡、塘埠乡、石门乡的党员大多来自南下干部，本地的党员经过南下干部培养发展，最早入党在 51 年前后，入党后基本进入乡管理层，在村的党员比较少，不具备建立党组织的条件。1956 年后至 1958 年是党员发展的高峰，为之后村党组织建设提供保障。1958 年建立人民公社，随着党员人数增加，生产大队才逐步建立党的组织。

瓶窑社区(2003年9月由羊山村、乌山村合并建立瓶窑村。2009年10月撤村建居)

名称＼分类	书记		大队长(村民、社区主任)		备注
	姓名	任职时间	姓名	任职时间	
羊山大队	丁来法	1956.3—1966.12	沈连根	1956—1966.10	1958年公社化后,原高级社转变为生产大队,建立大队党支部,大队管委会。“文化大革命”期间有部分大队改用政治色彩较浓的名称。1983年10月撤队建村。
红卫大队	丁来法	1966.1—1978.12	沈连根	1966.10—1978.10	
	沈连根	1978.12—1981.3	何阿毛	1978.10—1979.10	
			徐德昌	1979.10—1981.12	
羊山大队	沈连根	1981.3—1982.12	徐德昌	1981.12—1983.12	
羊山村	吕国良	1983.1—1985.1	徐金根	1983.12—1992.12	
	沈雪泉	1985.1—2003.11	倪大成	1992.12—2003.11	
乌山大队	吴全根	1956—1966	沈高根	1956—1966	
东方红大队	吴全根	1966—1981.7	沈高根	1966—1968	
			章阿有	1968—1970	
			章洪法	1970.8—1977	
			王炳华	1977.8—1981.7	
乌山大队	金阿根	1981.8—1983.7	王炳华	1981.8—1983.7	
乌山村	金阿根	1983.7—1995.8	王炳华	1983.7—1992.8	
	陈连法	1995.8—1999.7	陈连法	1992.8—1995.8	
	金志坤	1999.8—2002.6	金志坤	1995.8—1999.7	
	孙国平	2002.7—2003.10	陶沃根	1999.8—2003.10	
瓶窑村	倪大成	2003.1—2009.10	陶沃根	2003.11—2009.10	2003年9月2村合并建立瓶窑村。2009年10月撤村建居组建瓶窑社区。
瓶窑社区	倪大成	2009.10—2011.4	陶沃根	2009.10—2011.4	
	骆利勇	2011.4—2012.12	沈军红	2011.4—2013.11	
	沈军红	2012.1—2013.11(副书记负责全面)	孙慧东	2013.11—	
	沈军红	2013.11—			

塘埠村（2003 年 9 月由塘埠村、石门村、长岭村、西坞四村合并建立）

名称＼分类	书记		大队长（村民主任）		备注
	姓名	任职时间	姓名	任职时间	
西坞大队	赵阿水	1958—1966	陈妙泉	1958—1966	1958 年公社化后，原高级社转变为生产大队，建立大队党支部，大队管委会。“文化大革命”期间有部分大队改用政治色彩较浓的名称。
红坞大队	赵阿水	1966—1975	陈妙泉	1966—1975	
	陈妙泉	1975—1981	陈祥生	1975—1981	
西坞大队	陈祥生	1981—1983	吴永年	1981—1982	
西坞村	汪妙松	1983—1987	季光初	1982—1983	
	陈祥法	1987—1993	吴小金	1983—1987	
	周浙标	1993—2003	周浙标	1987—1993	
			刘有泉	1993—1998	
			吴连奎	1998—2003	
塘埠大队	王元寿	1958—1966	裘法忠	1958—1966	
红卫大队	王元寿	1966—1981	裘法忠	1966—1981	
塘埠大队	王元寿	1981—1983	裘法忠	1981—1983	1983 年 10 月撤队建村。
塘埠村	裘立明	1983—1985	魏金泉	1983—1995	
	姚平丰	1985—1990	赵如金	1995—2003	
	裘立明	1990—1995			
	魏金泉	1995—2003			
石门大队	胡克玉	1958—1960	周阿光	1958—1964	
	娄金良	1960—1966	胡克玉	1964—1966	
东风大队	娄金良	1966—1973	胡克玉	1966—1978	
	许全金	1973—1981	吴志文	1978—1981	
石门大队	许全金	1981—1983	吴志文	1981—1983	
石门村	许全金	1983—1984	吴志文	1983—1984	
	吴志文	1984—1985	许全根	1984—1989	
	董炳林	1985—1987	张建伟	1989—1992	
	孙士平	1987—1992	丁柏松	1992—1998	
	娄建刚	1992—1998	袁忠旗	1998—2003	
	周建华	1998—2003			
长岭大队	徐柏全	1958—1960	周桂芳	1958—1965	
	徐振球	1960—1983	吴祥林	1965—1982	
			王世亮	1982—1983	
长岭村	徐振球	1983—1985	王世亮	1983—1986	
	徐思荣	1985—2000	俞玉高	1986—1998	
	阮祖荣	2000—2003	舒天文	1998—2003	2003 年 9 月 4 村合并建立塘埠村。
塘埠村	吴连奎	2003—2015	赵如金	2003—2008	
			祝华君	2008—2015	

奇鹤村(2003 年 9 月由骑坑村、白鹤村两村合并建立)

分类 名称	书记		大队长(村民主任)		备注
	姓名	任职时间	姓名	任职时间	
骑坑大队		1958—1960		1958—1960	1958 年公社化后,原高级社转变为生产大队,建立大队党支部,大队管委会。“文化大革命”期间有部分大队改用政治色彩较浓的名称。1983 年 10 月撤队建村。
	章金梅	1960—1965	杜百良	1960—1965	
	章金寿	1965—1966	周阿囡	1965—1966	
胜利大队	章金寿	1966—1974	周阿囡	1966—1974	
	章金梅	1974—1980	杜百良	1974—1977	
骑坑大队	韩士华	1980—1981	韩小干	1977—1981	
	韩士华	1981—1983	韩小干	1981—1983	
骑坑村	韩士华	1983—1992	韩小干	1983—1986	
	杜而田	1992—1994	沈炳松	1986—1998	
	王树兴	1994—1998	韩有法	1998—2003	
	查昌连	1998—2003			
白鹤大队		1958—1962		1958—1961	
	方专连	1962—1966	陈阿相	1961—1962	
			许金法	1962—1966	
光明大队	方专连	1966—1970	许金法	1966—1981	
	方金木	1970—1981			
白鹤大队	方金木	1981—1983	许金法	1981—1983	
	方金木	1983—1985	许金法	1983—1984	
	潘耀松	1985—1995	方克俭	1984—1989	
	方有良	1995—2003	陈晓妙	1989—2003	2003 年 9 月 2 村合并建立奇鹤村。
奇鹤村	方有良	2003—2015	韩有法	2003—2004	
			陈晓妙	2004—2011	
			韩义忠	2011—2015	

彭公村(2003 年 9 月由板石村、东篁坞村、两水坞村、大山村、卸车村五村合并建立)

分类 名称	书记		大队长(村民主任)		备注
	姓名	任职时间	姓名	任职时间	
板石大队	曾阿水	1958—1961	沈六毛	1958—1963	1958 年公社化后,原高级社转变为生产大队,建立大队党支部,大队管委会。“文化大革命”期间有部分大队改用政治色彩较浓的名称。
	俞天发	1961—1966	沈顺水	1963—1966	
红民大队	俞天发	1966—1976	沈顺水	1966—1967	
	马炳松	1976—1981	马炳松	1967—1976	
			孙连根	1976—1978	
			陈跃水	1978—1979	
			胡连根	1979—1981	
板石大队	马炳松	1981—1983	胡连根	1981—1983	
板石村	马炳松	1983—1985	沈新国	1983—1990	
	沈跃根	1985—2003	沈玉奎	1990—2003	

续表

分类 名称	书记		大队长(村民主任)		备注
	姓名	任职时间	姓名	任职时间	
东篁坞大队		1958—1961		1958—1961	
	郑德喜	1961—1966	施玉泉	1961.1—12	
			何金林	1962—1966	
东方红大队	施培生	1966—1968	何金林	1966—1968	
	郑德喜	1968—1979	施玉泉	1968—1978	
	姚立山	1979—1981	姚云春	1978—1981	
东篁坞大队	姚立山	1981—1983	姚云春	1981—1983	
东篁坞村	姚立山	1983—1992	姚顺龙	1983—1990	1983年10月撤队建村。
	沈仁芝	1992—1994	陈根寿	1990—1997	
	陈根寿	1994—2002	张中根	1997—1998	
	郎建潮	2002—2003	郎荣华	1998—2002	
			施月建	2002—2003	
两水坞大队		1958—1961		1958—1961	
	俞尚福	1961—1978	陈阿德	1961—1978	
	陈阿德	1978—1983	俞妙根	1978—1983	
两水坞村	陈万建	1983—1991	吕金火	1983—1991	
	吕金火	1991—1993	姚办根	1991—2002	
	姚兰芳	1993—1997	施万华	2002—2003	
	陈万建	1997—1999			
	俞国富	1999—2003			
大山大队		1958—1961			
	何庚生	1961—1975	何阿林	1961—1975	
	何阿林	1975—1983	何泉林	1975—1983	
大山村	何明庆	1983—1992	何雪良	1983—1989	
	何金伟	1992—1994	何一民	1989—1996	
	何正乾	1994—1996	沈火根	1996—2002	
	何维荣	1996—1999	何正有	2002—2003	
	何妙水	1999—2003			
卸车大队		1958—1961		1958—1961	
	许天寿	1961—1966	许阿寿	1961—1966	
新建大队	沈维斌	1966—1967	许阿寿	1966—1970	
	许天寿	1967—1981	沈月根	1970—1981	
卸车大队	许天寿	1981—1983	许才法	1981—1983	
卸车村	沈士春	1983—1985	许才法	1983—1984	
	沈建松	1985—1990	沈根松	1984—1990	
	沈根松	1990—1995	沈培玉	1990—1995	
	沈建松	1995—2000	沈顺水	1995—2003	2003年9月4村合并建立彭公村。
	丁志松	2000—2003			
彭公村	沈跃根	2003—2015	俞国富	2003—2015	

石濑村(2003 年 9 月由石濑村、翁家村两村合并建立)

名称＼分类	书记		大队长(村民主任)		备注
	姓名	任职时间	姓名	任职时间	
石濑大队		1958—1961	杨志庆	1958—1961	1958 年公社化后,原高级社转变为生产大队,建立大队党支部,大队管委会。
	杨志庆	1961—1983	马顺法	1961—1974	
石濑村	葛寿海	1983—1985	林水良	1974—1983	
	韩顺根	1985—1991	龚耀坤	1983—1998	
	葛彩娟	1991—2002	沈建华	1998—2003	
	林清勇	2002—2003			
翁家村大队	史妙昌	1958—1960			文化大革命期间有部分大队改用政治色彩较浓的名称。
		1960—1966	方寿章	1958—1962	
			沈金春	1962—1965	
红旗大队		1966—1970	曹跃庆	1965—1966	
	陈阿伍	1970—1974	郎攸寿	1966—1974	
	曹跃庆	1974—1981	王水法	1974—1981	
翁家村大队	曹跃庆	1981—1983			
翁家村	王水法	1983—1989	王水法	1981—1983	1983 年 10 月撤队建村。
	姚连娣	1989—1994	沈志坤	1983—1994	
	王玉林	1994—1996	马金荣	1994—2003	2003 年 9 月 2 村合并建立石濑村。
	马金荣	1996—2003			
石濑村	沈 萍	2003—2005	沈茂勤	2003—2008	
	翁一鸣	2005—2015	方金海	2008—2013	
			章祖华	2013—2015	

张堰村

名称＼分类	书记		大队长(村民主任)		备注
	姓名	任职时间	姓名	任职时间	
张堰大队	何阿奎	1958—1962	蔡全灿	1958—1977	1958 年公社化后,原高级社转变为生产大队,建立大队党支部,大队管委会。
	方阿忠	1962—1977	郑连松	1977—1979	
	郑柏林	1977—1979	郑云福	1979—1983	
张堰村	郑连松	1979—1983			
	郑连松	1983—1985	郑云福	1983—1985	
	郑云福	1985—1990	华桂荣	1985—1990	
	华桂荣	1990—1997	罗耀章	1990—1992	1983 年 10 月撤队建村。
	陈玉良	1997—2011	章国良	1992—1997	
	万旭东	2011—2015	汤根良	1997—2011	
			陈玉良	2011—2014	
			宋德宏	2014—2015	

窑北村(2003 年 9 月由毛元岭村、西中村、何中村、角头村四村合并建立)

分类 名称	书记		大队长(村民主任)		备注
	姓名	任职时间	姓名	任职时间	
毛元岭大队		1958—1962		1958—1960	1958 年公社化后,原高级社转变为生产大队,建立大队党支部,大队管委会。文化大革命期间有部分大队改用政治色彩较浓的名称。1983 年 10 月撤队建村。
	董希本	1962—1972	陈步开	1960—1961	
	董连山	1972—1974	王天法	1961—1966	
	董希统	1974—1979	董连山	1966—1967	
	钟必忠	1979—1983	韩富松	1967—1977	
			陈成根	1977—1983	
毛元岭村	钟必忠	1983—1984	董希伦	1983—1984	
	董希伦	1984—2002	黄阿毛	1984—1987	
	董文龙	2002—2003	董文龙	1987—2002	
			洪文新	2002—2003	
西中大队	章金灿	1958—1963	夏寿水	1958—1963	
	鲍寿泉	1963—1977	章金灿	1963—1966	
	杜子法	1977—1983	杜子法	1966—1977	
			沈培根	1977—1981	
			俞水根	1981—1983	
西中村	杜子法	1983—2098	俞水根	1983—1988	
	丁勇良	1998—2003	林法根	1988—1990	
			丁勇良	1990—1998	
			孙治泉	1998—2003	
何中大队	谢水根	1958—1959	高福荣	1958—1959	
	鲍寿泉	1959—1963	陈来友	1959—1962	
	缪有坤	1963—1983	高福荣	1962—1978	
			缪春松	1978—1983	
何中村	缪春松	1983—2093	钱阿康	1983—1996	
	钱阿康	1993—2003	姜有松	1996—1998	
			计永高	1998—2002	
			李国良	2002—2003	
角窦大队	吴永祥	1958—1961.3	郑天亮	1958—1961	
	刘金标	1961.3—1961.11	袁金华	1961—1962	
	王百岁	1961.11—1962.10	李鸿良	1962—1966	
	袁金华	1962.11—1971	陈海水	1966—1972	
	晏海清	1971—1973	郑天亮	1972—1977	
	袁金华	1973—1980	殷少富	1977—1981	
	陈海水	1980—1983	顾学余	1981—1983	
角窦村	陈海水	1983—1984	顾学余	1983—1993	
	沈茂根	1984—1998	徐云芳	1993—1998	
	徐云芳	1998—2003	吴根法	1998—2003	2003 年 9 月 4 村合并建立窑北村。
窑北村	丁勇良	2003—2013	董文龙	2003—2013	
	缪剑英	2013—2015	钟方洲	2013—2015	

南山村（2003 年 9 月由横山村、南山村、上窑村三村合并建立）

分类 名称	书记		大队长（村民主任）		备注
	姓名	任职时间	姓名	任职时间	
横山大队	潘阿根	1958—1959	王培金	1958—1959	1958 年公社化后，原高级社转变为生产大队，建立大队党支部，大队管委会。文化大革命期间有部分大队改用政治色彩较浓的名称。
	王培金	1959—1964	孔雪来	1959—1964	
	孔雪来	1964—1983	王培金	1964—1979	
			姚洪发	1979—1983	
横山村	孔雪来	1983—1985	陈长松	1983—1986	
	盛金国	1985—1986	高新法	1986—1990	
	姚洪发	1986—1990	王万春	1990—2002	
	陈长松	1990—1998			
	袁彩花	1998—2003			
	姚洪发	2002—2003			
南山大队	林岩弟	1958—1961	杨云泉	1958—1961	
	史银老	1962—1983	林岩成	1961—1983	1983 年 10 月撤队建村。
南山村	史银老	1983—1985	陈树兴	1983—2003	
	施金龙	1985—2003			
上窑大队	张泉坤	1958—1959.9	谢钦泉	1958—1962	
	柳水根	1958.—1959	诸水木	1962—1978	
	张志松	1959—1965	张志良	1978—1983	
	张泉坤	1965—1966.			
	丁来勇	1966—1972.1			
	丁来仁	1972.1—1983			
上窑村	丁来仁	1983—1998	张志良	1983—1991	
	孙国方	1998—2003	丁贵勇	1991—1995	
			孙国方	1995—1998	
			杨月平	1998—2003	2003 年 9 月 3 村合并建立南山村。
南山村	施金龙	2003—2008	袁彩花	2003—2004	
	袁彩花	2008—2011	孙国方	2004—2015	
	杨月平	2011—2015			

西安寺村（2003 年 9 月由圣堂村、西安寺村两村合并建立）

分类 名称	书记		大队长（村民主任）		备注
	姓名	任职时间	姓名	任职时间	
西安寺大队	陈钦木	1958—1966	雷天兴	1958—1964	1958 年公社化后，原高级社转变为生产大队，建立大队党支部，大队管委会。文化大革命期间有部分大队改用政治色彩较浓的名称。
			陈火根	1964—1966	
东升大队	陈钦木	1966—1981	陈火根	1966—1981	
西安寺大队	陈火根	1981—1982	何文忠	1981—1983	
	周培坤	1982—1983			
西安寺村	周培坤	1983—1985	何文忠	1983—1998	
	林炳才	1985—1998	朱贵尧	1998—2002	
	徐水福	1998—2003	鲁必年	2002—2003	

续表

分类 名称	书记		大队长(村民主任)		备注
	姓名	任职时间	姓名	任职时间	
圣堂大队		1958—1966	高世章	1958—1961	
圣塘大队	高世章	1966—1978	邵有水	1961—1966	
	刘根喜	1978—1981	刘根喜	1966—1969	1983 年 10 月撤
			王连根	1969—1971	队建村。
圣堂大队	刘根喜		刘根喜	1971—1978	
圣堂村	刘根喜	1981—1983	阮志洪	1978—1981	
	高老虎	1983—1992	阮志洪	1981—1983	
	阮景友	1992—1996	阮志洪	1983—1984	2003 年 9 月 2
	高老虎	1996—1998	杨自明	1984—1986	村合并建立西
西安寺村	徐水福	1998—2003	高老虎	1986—1993	安寺村。
	王永明	2003—2011	沈信用	1993—2003	
		2011—2015	沈信用	2003—2011	
			徐水福	2011—2013	
			鲁少华	2013—2015	

外窑村

分类 名称	书记		大队长(村民主任)		备注
	姓名	任职时间	姓名	任职时间	
外窑大队	周良法	1958—1960	盛福庆	1958—1961	1958 年公社化
	陈火根	1960—1961	陈火根	1961—1964	后,原高级社转
	周良法	1961—1980	付祥生	1964—1968	变为生产大队,
	盛维忠	1980—1983	盛维忠	1968—1980	建立大队党支
			朱阿道	1980—1983	部,大队管委
外窑村	朱阿道	1983—2005	盛维忠	1983—1998	会。
	李月珍	2005—2008	孟树芳	1998—2008	1983 年 10 月撤
	孟树芳	2008—2011	徐忠跃	2008—2011	队建村。
	徐忠跃	2011—2015	蔡章全	2011—2015	

崇化村(2003 年 9 月由水河桥村、高俞塘村、柏树庙村三村合并建立)

分类 名称	书记		大队长(村民主任)		备注
	姓名	任职时间	姓名	任职时间	
水河桥大队		1958—1964		1958—1963	1958 年公社化后,原高级社转变为生产大队,建立大队党支部,大队管委会。文化大革命期间有部分大队改用政治色彩较浓的名称。
	金阿水	1964—1966	张关生	1963—1966	
建设大队	鲁长法	1966—1981	孙洪桃	1966—1979	
			戚阿根	1979—1981	
	戚阿根	1981—1983	张金木	1981—1983	
水河桥大队	孙汉文	1983—2001	张金木	1983—1990	
水河桥村	李其华	2001—2003	朱亚虎	1990—1996	
			孙金虎	1996—2002	
			莫增月	2002—2003	
高俞塘大队	韩阿狗	1958—1966		1958—1964	
			高志林	1964—1966	
陆家塘大队	陆金火	1958—1966	陈凤根	1958—1966	
高俞塘大队	胡士连	1966—1968	高志林	1966—1968	
红旗大队	胡士连	1968—1978	高志林	1968—1969	
高俞塘大队	陈凤根	1978—1981	沈玉龙	1969—1975	
			顾刚耀	1975—1981	
高俞塘村	陈凤根	1981—1983	顾刚耀	1981—1983	1983 年 10 月撤队建村。
	邱连永	1983—2003	顾刚耀	1983—2003	
柏树庙大队	屠召周	1958—1962	王正荣	1958—1964	
红星大队	陈有生	1962—1966	罗小毛	1964—1966	
	陈有生	1966—1980	王正荣	1966—1968	
	陈士立	1980—1981	罗小毛	1968—1978	
			陆阿文	1978—1981	
柏树庙大队	陈士立	1981—1983	陆阿文	1981—1983	
柏树庙村	陈士立	1983—1984	陆阿文	1983—1987	
	姚阿明	1984—2003	宋水洪	1987—2002	
			李洪坤	2002—2003	2003 年 9 月 3 村合并建立崇化村
崇化村	邱连永	2003—2008	孙汉文	2003—2008	
	莫增月	2008—2013	冯卫根	2008—2011	
	王林富	2013—2015	王林富	2011—2013	
			莫恩剑	2013—2015	

长命村(2003 年 9 月长命、胡林两村合并建立)

分类 名称	书记		大队长(村民主任)		备注
	姓名	任职时间	姓名	任职时间	
卞家塘大队		1958—1960	周洪顺	1958—1960	1958 年公社化后,原高级社转变为生产大队,建立大队党支部,大队管委会。
长命大队	卞雪根	1960—1966	陈金贵	1960—1966	
		1958—1960	姚根生	1958—1966	
	张子才	1960—1962			
	李龙澡	1962—1966			
高村大队		1958—1960		1958—1960	
	徐水林	1960—1966	何阿根	1960—1966	文化大革命期间有部分大队改用政治色彩较浓的名称。
红峰大队	李龙澡	1966—1973	陈金贵	1966—1973	
	陈金贵	1973—1981	张子才	1973—1977	
			沈阿云	1977—1979	
			王其美	1979—1980	
			陈尧根	1980—1981	
长命大队	陈金贵	1981—1983	陈尧根	1981—1983	1983 年 10 月撤队建村。
长命村	陈尧根	1983—2002	郑顺方	1983—1998	
	莫如法	2002—2003	莫如法	1998—2002	
龙腰大队		1958—1961	郑抗美	2002—2003	
	陈如年	1961—1965		1958—1961	
胡林大队	金阿水	1965—1967	沈阿云	1961—1967	
		1958—1961		1958—1961	
	梁阿农	1961—1967	周子根	1961—1967	
东升大队	周子根	1967—1975	金阿水	1967—1975	
	金阿水	1975—1978	裘子茂	1975—1981	
胡林大队	陆松根	1978—1981	裘子茂	1981—1983	
胡林村	陆松根	1981—1983	裘子茂	1983—1985	
	陆松根	1983—2002	费志渭	1985—1995	
	翁顺洪	2002—2003	翁顺洪	1995—2002	
			裘桂芳	2002—2003	2003 年 9 月 2 村合并建长命村
长命村	莫如法	2003—2011	翁顺洪	2003—2004	
	姚卫东	2011—2015	裘桂芳	2004—2011	
			费国方	2011—2015	

大观山村(2003 年 9 月由雉山村、凤山村两村合并建立)

名称＼分类	书记		大队长(村民主任)		备注
	姓名	任职时间	姓名	任职时间	
雉山大队	邹金林	1958—1964	王炳跃	1958—1961	1958 年公社化后,原高级社转变为生产大队,建立大队党支部,大队管委会。
	邹志坤	1964—1966	邹志坤	1961—1964	
			徐金海	1964—1966	
井岗山大队	邹志坤	1966—1981	徐金海	1966—1977	
			阮志同	1977—1981	
雉山大队	邹志坤	1981—1983	阮志同	1981—1983	
雉山村	邹志坤	1983—1992	盛剑平	1983—2003	文化大革命期间有部分大队改用政治色彩较浓的名称。
	费金娥	1992—2003			
凤山大队	金阿华	1958—1966	杨荣庆	1958—1966	
红山大队	沈炳法	1966—1975	金阿华	1966—1973	
	金阿华	1975—1981	王掌云	1973—1978	
			曹水虎	1978—1981	
凤山大队	金阿华	1981—1983	曹水虎	1981—1983	1983 年 10 月撤队建村。
凤山村	曹水虎	1983—1991	闻小肖	1983—1991	
	闻小肖	1991—2002	陈大荣	1991—1996	
	吴阿祥	2002—2003	闻小肖	1996—1997	
			杨国强	1997—1998	
			吴阿祥	1998—2002	
			范寿贵	2002—2003	2003 年 9 月 2 村合并建大观山村。
大观山村	吴阿祥	2003—2015	费金娥	2003—2008	
			俞卫立	2008—2015	

凤都村(2003 年 9 月由城隍山、北村两村合并建立)

名称＼分类	书记		大队长(村民主任)		备注
	姓名	任职时间	姓名	任职时间	
城隍山大队		1958—1961	闻阿根	1958—1961	1958 年公社化后,原高级社转变为生产大队,建立大队党支部,大队管委会。
马山下大队		1958—1961		1958—1961	
城隍山大队	闻阿根	1961—1966	华阿虎	1961—1966	
延安大队	闻阿根	1966—1967	华阿虎	1966—1967	
	华阿虎	1967—1981	闻阿根	1967—1979	
			蒋金松	1979—1981	
城隍山大队	华阿虎	1981—983	蒋金松	1981—1983	文化大革命期间有部分大队改用政治色彩较浓的名称。
城隍山村	华阿虎	1983—1987	蒋金松	1983—1987	
	蒋金松	1987—1998	钱金水	1987—1992	
	余尧政	1998—2003	摇国良	1992—2003	
北村大队	徐金林	1958—1959	陈凤春	1958—1959	
	陈凤春	1959—1960	李阿鹏	1959—1965	

续表

名称＼分类	书记		大队长(村民主任)		备注
	姓名	任职时间	姓名	任职时间	
向阳大队	张小毛	1960—1966	李发春	1965—1966	
	李发春	1966—1967	张小毛	1966—1967	
	张小毛	1967—1981	李发春	1967—1981	
北村大队	张小毛	1981—1983	李发春	1981—1983	1983 年 10 月撤队建村。
	张小毛	1983—1985	李发春	1983—1987	
北村	陆永芳	1985—1993	葛文华	1987—1996	
	葛文华	1993—2002	吴来法	1996—1998	
	吴来法	2002—2003	陆永芳	1998—2003	
凤都村	蒋永才	2003—2004	吴来法	2003—2008	2003 年 9 月 2 村合并建凤都村
	摇国良	2004—2008.5	蒋××	2008.11—2013①	
	邹卫红	2008.5—2008	陈 欢	2013—2015	
	王梅永	2008.11—2015			

①因该人的文化程度不合选举规定的学历要求，据《浙江省村民委员会选举规程》第八章第七十九条所规定，当选无效。

附：瓶窑区公所（区人民政府）

1949 年 5 月，建立瓶窑区人民政府，先后下辖瓶窑、崇化、良渚、严庄、纡石等 9 个乡（镇）公所。

杭县瓶窑区人民政府

区　长　马常荣（1949.5—1950.3）

　　　　刘延发（1950.3—1950.5）

副区长　陈连魁（1949.5—1950.5）

　　　　孟兆才（1949.5—1949.8）

1950 年 5 月，瓶窑区人民政府改为瓶窑区公所，先后下辖瓶窑、崇化、羊山、甪窦、长命、良渚、纡石、安溪、荀山、石桥、大陆、七贤、三合、沈桥、獐山、永泰、云会等 17 个乡（镇）人民政府。1956 年 2 月至 4 月，撤区调整乡的规模，合并为瓶窑、长命、良渚、安溪、七贤等 5 个乡（镇）人民委员会。

杭县瓶窑区公所

区　长　刘延发（1950.5—1951.5）

　　　　于成海（1953.3—1954.8）

　　　　苏东根（1954.8—1957.2）

　　　　张和清（1957.8—1958.4）

副区长　谷克金（1950.5—1951.3）

　　　　孟兆才（1951.4—1953.3）

　　　　孔祥泰（1952.6—1952.12）

　　　　于成海（1952.11—1953.3）

马宝坤 (1953.5—1954.8)

1961 年 9 月,恢复建立瓶窑区公所,先后下辖瓶窑镇人民委员会和长命、北湖(1962 年 4 月建立)、彭公(1961 年 9 月建立)、潘板桥、双溪、太平、黄湖、鸬鸟、百丈等 9 个人民公社管理委员会。驻地:瓶窑镇 外窑街方家弄。

余杭县瓶窑区公所

区 长 吴永发(1961.9—1969.2)

副区长 范甦武(1961.9—1964.2)

张志华 (1963.6—1969.2)

1969 年 2 月 26 日,建立瓶窑区革命领导小组,下辖瓶窑、长命、北湖、彭公、潘板桥、双溪、太平、黄湖、鸬鸟、百丈等 10 个人民公社(镇)革命委员会。

余杭县瓶窑区革命领导小组

组 长 张志华 (1969.2—1970.12)

朱鑑明 (1971.4—1972.3)

刘绪贤 (1972.4—1976.10)

副组长 夏志新(1969.2—1976.10)

沈风淦 (1969.2—1976.10)

朱鑑明 (1970.4—1971.4)

刘绪贤 (1971.10—1972.4)

郑连法 (1972.9—1976.10)

余杭县瓶窑区公所革命领导小组

1978 年 12 月 19 日,取消区革命领导小组,恢复区公所,下辖瓶窑、黄湖、长命、北湖、彭公、潘板桥、双溪、太平、鸬鸟、百丈等 10 个乡(公社、镇)人民政府(革委会、管委会)。瓶窑区公所 1978 年 12 月 19 日前为革命领导小组。

组 长 刘绪贤(1976.10—1977.5)

郑连法(1977.7—1978.12)

副组长 夏志新(1976.10—1977.6)

沈风淦(1976.10—1977.6)

郑连法(1976.10—1977.7)

朱鑑明(1977.7—1978.12)

林永法(1977.7—1978.12)

余杭县瓶窑区公所

1978 年 12 月 19 日,恢复区公所。瓶窑区公所先后下辖瓶窑、黄湖、潘板桥、百丈、长命、彭公、双溪、太平、鸬鸟、北湖等 10 个乡镇人民政府。1992 年 5 月撤销。

区 长 郑连法(1978.12—1981.3)

林永法(1981.3—1986.12)

卞雪根(1986.12—1992.3)

傅阿惠(1992.3—1992.5)

副区长 朱鑑明(1978.12—1983.3)

林永法(1978. 12—1981. 3)
田树荆(1979. 4—1983. 3)
陈惠仁(1979. 4—1984. 3)
卞雪根(1981. 9—1984. 3)
喻楚英(女,1984. 3—1988. 11)
郑柏林(1984. 5—1992. 5)
董建国(1985. 3—1986. 6)
茅 昕(1986. 6—1988. 4)
周文新(1988. 4—1992. 5)
付 勤(1991. 5 —1992. 5)

第三节 施政述略

2001 年 8 月,撤销彭公乡建制,其行政区域并入瓶窑镇。全镇辖 35 个建制村,283 个村民小组,8 个居民区,3 个家属委员会,总面积 128. 81 平方公里,总人口 5. 33 万人。2011 年 9 月,中共瓶窑镇第十三次代表大会确立“建设西部重镇、打造北秀明珠”的奋斗目标,到 2015 年末综合实力位居余杭区前列,实现发展方式和领导方式的转变,达到新型工业化进程、开放型经济、统筹城乡发展 3 个突破,确保群众生活水平、幸福指数、文明程度和对政府的满意度 4 个提升。嗣后,瓶窑镇党委、政府不忘初心,牢固树立以人民为中心的发展思想,突出党建引领作用,围绕“富民强镇”、“五镇建设”(2015 年 1 月 16 日中共瓶窑镇第十三届代表大会第四次会议提出要将瓶窑建设成为西部重镇、经济强镇、文化名镇、优美城镇、宜居之镇。)战略,始终把发展作为第一要务,把改善民生作为工作的出发点和归宿,团结和带领全镇广大党员干部群众,同心同德、锐意进取、干在实处,走在前列,攻坚克难攀高峰,促使经济实力明显增强,城镇功能明显优化,城乡面貌明显改善,社会事业明显进步,平安基础明显夯实,自身建设明显加强。

一、经济建设

瓶窑镇始终围绕转变发展方式这一主线,积极应对外部不利因素,更加注重质量和效益,不断提高经济发展成效。

1998 年,提出“跨过新国道,建设新瓶窑”的战略,开发建设“凤都工业园”。经过十余年的建设与发展,先后有全国民营企业 500 强的鼎胜实业、杭州知味观食品企业等一批知名企业落户园区,进驻企业 100 余家,2009 年总产值已达到 80 亿元。2010 年底,全镇累计拥有工业企业 1000 余家,其中入围全国民营企业 500 强企业一家(杭州鼎胜实业有限公司,排名 334 位),全球细小漆包线领导先驱企业杭州益利素勒精线有限公司一家,规模以上企业 130 多家,自主创新注册专利 120 余件,省著名商标 1 件、省级名牌产品 1 个,杭州市著名商标 5 件、杭州市名牌产品 1 个。凤都工业区块被评为杭州市十佳工业功能区块。2011 年起,围绕转变发展方式主线,力推转型升级,大力开展“四换三名”、“双整治、双提升”等活动,做好“营改增”平稳过渡,提质增效作用显现,发展后劲逐步增强,财政收入稳步增长。2016 年,全年实现财政总收入

5.9亿元,地方财政收入3.5亿元,农民人均纯收入29970元,国内生产总值58.4亿元,工业销售产值168亿元,分别比2011年增长51.3%、47.5%、76.6%、31.6%、22.1%。2011年以来,累计实现固定资产投资57亿元、产业投资45亿元、工业投资35亿元、实到外资8700万美元。工业经济发展潜力进一步增强,启动未来科技城北部区块建设,山科电子、常升等工业项目顺利落户,浙江股交中心挂牌7家。现代服务业取得长足发展,瓶窑广场开业运营;以"都市田园、清静瓶窑"为主题,谷里等民宿项目基本完成。现代农业稳步发展,成功创建省级现代农业综合园区、省级农业公共服务中心,完成苕溪北片万亩低产田改造等项目。

图4-1 杭州市深化基层党建暨网格党建工作现场会在瓶窑召开(2016年12月)

农业 2001年从"都市农业"的要求和瓶窑镇农业主导产业的发展需要出发,通过3年时间,建成4大农业特色园区:规划面积56.67公顷,总投资1122万元的"放心菜"特色园区;规划面积77公顷,总投资158.95万元的毛元岭优质桃特色园区;规划面积68公顷,总投资225万元的早竹笋持续高产园区;规划面积57.33公顷,总投资430万元的青虾高产示范园区。其中"放心菜"园区主干道、机耕路、桥梁、机埠等设施已进入施工阶段,引进防虫网加盖大棚,注册"放心菜"商标,制订"放心菜"标准。引进的日本南瓜、红茄子等新特品种已开始种植;青虾高产示范园区先期33.33公顷虾塘已开挖完毕,放置网片,立体养殖。2001年,农村经济总收入24.1亿元,比上年增长18.4%;农民人均收入5315元,比上年增长8.4%。2001年,粮食种植面积2465.8公顷,比上年减少348.2公顷;粮食产量1.74万吨,比上年减少1423吨;平均亩产480公斤,比上年增加26公斤。全年肉类产量3178吨,比上年减少165吨,其中生猪出栏2.26万头,山羊出栏5439头,家禽出栏101.83万羽。全年禽蛋类产量632吨,水产品产量2192.8吨,早竹笋产量8532.5吨,水果产量7476吨。全年农业产值18824万元。2002年,瓶窑镇重点建设的五大农业特色园区,经过一年的努力已初具规模。青虾养殖园区已投入建设资金308万元,占计划总投资的77%,养殖面积51.67公顷,占总计划面积的90%;"放心菜"特色园区已投入建设资金380万元,占总投资的40%,新建排灌渠、水闸、桥梁、有机粪池等相关设施,已有设施栽培面积23.3公顷,露天栽培面积4.7公顷,完成园区栽培面积的49%;骑坑种苗繁育园区完成建设面积32公顷,达到计划面积的39%,共投入建设资金360万元,占总投资额的35%,主要栽培品种有桂花、香樟、红枫、银杏等,在该园区的示范带动下,全镇涌现出了许多苗木种植户;海深特种鱼繁育园区已投入资金460万元,占总投资额的36%,已完成一期工程,占该园区总工程量的39%,并在杭州农都市场设立特种鱼销售窗口,2002年特种鱼苗产值8200万元;早竹笋园区已投入资金320万元,占总投资额的44%,完成竹园面积100%,全年加工笋干70余吨,产值156万元,净利18万元,为早竹笋经营开辟了一条新路,实现了农户增收。2002 年全镇粮食作物种植面积 2226.5 公顷，比上年减少 9.7%；粮食总产量 16260 吨，比上年减少 6.8%。全年饲养生猪 58982 头，饲养家禽 145 万羽。全年茶叶产量 243 吨，水果产量 6006 吨，油菜产量 247 吨。全年实现农业总产值 20397 万元。农村经济总收入 33.6 亿元，比上年增长 39.4%；农民人均收入 5778 元，比上年增长 8.71%。2003 年，瓶窑镇凭借“高田走旱路，低田走水路，杂田走林路，经济效益走奇路”的思路，先后建起青虾、蔬菜、竹笋、特种鱼等特色农业园区，实现了农业增效、农民增收的目标。农业特色园区建设成效显著，经过 1 年多的努力，青虾、苗木、旱笋等园区建成并通过验收。青虾养殖园区位于原外窑、角头、西中村，面积 57.33 公顷，总投资 288 万元，从太湖流域引进青虾苗种，2002 年，养殖青虾 1.33 公顷以上的 58 户，最多的养殖户面积有 5 公顷余。“放心菜”园区以上窑村为主，规划面积 56.67 公顷，其中设施栽培 26.67 公顷，大棚 1200 套，总投资 900 多万元，年总产量 1200 多吨。该园区与省农科院签订技术合作协议，多次组织菜农举办“无公害”技术栽培知识培训。海深特种鱼苗繁育区，位于塘埠村，面积 53.33 公顷，总投资 1000 多万元，主要鱼种来自山东、湖北、四川等省，有天峡红□、金丝鲶等 25 个品种。至 2003 年底，已在全区范围内联结 50 户特种鱼养殖大户，联结面积 233.33 公顷。10 月，园区经杭州市都市农业示范园区验收专家小组对国民经济、社会效益、基础设施、产业化水平等 10 个方面进行考核，以 98.8 分的高分获得杭州市都市农业园区称号。旱竹笋特色园区，位于彭公村（原东篁坞、两水坞村），规划面积 80 公顷，总投资 1000 余万元，采取农户 + 基地 + 工厂的生产经营模式，重点抓无药害、无虫害的优质春笋，并创立“梦春”牌笋干品牌。在计划用地、合理用地和依法用地的同时，注重土地整理工作，基本保持了耕地总量的动态平衡。全年投资 197 万元，完成大小水利工程设施 28 处。是年全年实现农业总产值 2.41 亿元，增长 18.05%。农村经济总收入 44.05 亿元，增长 31.13%；农民人均收入 6395 元，增长 10.68%。2004 年，农业园区建设步伐加快，青虾养殖示范园区、林木引种繁育园区、旱竹笋园区、上窑蔬菜园区、特种鱼繁育园区等 5 个特色园区均已建成并通过杭州市都市农业园区的验收；同时，特种水产饲料技改项目、梦春牌笋干加工基地扩建项目、浙江实验兔基地建设项目、张堰茭白冷藏库建设项目和麦地尔食品基地建设项目等 5 个产业化项目均通过区级验收。全年完成绿化造林 9.8 公顷，封山育林 737.94 公顷；投入水利项目资金 598.24 万元，实施工程 11 处，有效改善了农业生产条件，提高了防灾抗灾能力。农村经济总收入 64.9 亿元，增长 31.1%；实现农业总产值 2.58 亿元，增长 7.4%。粮食种植面积 1927.14 公顷，下降 1.9%；粮食总产量 14562 吨，下降 0.4%；茶叶产量 275 吨，增长 5%；水果产量 6695 吨，增长 2%；油菜产量 69 吨，增长 12%。饲养生猪 7.3 万头、家禽 226 万羽。农民人均收入 7542 元，增长 10.68%。2005 年，农村经济总收入 90.08 亿元，增长 38.92%；农民人均收入 8319 元，增长 10.3%。全年实现农业产值 2.83 亿元，增长 8.87%。粮食复种面积 2043.53 公顷，增长 6.04%；粮食产量 11743 吨，下降 19.36%；茶叶产量 277 吨，增长 0.73%；水果产量 7257 吨，增长 8.39%；油菜籽产量 74 吨，增长 7.25%。饲养生猪 6.4297 万头、家禽 249.6 万羽。全年完成绿化造林 15 公顷，封山育林 1595 公顷。投入水利项目资金 570 万元，实施工程 10 处。全年申报产业化项目 5 项，农民专业合作社 4 项，休闲观光农业园区 2 个。土地整理项目改造治理土地 47 公顷。投入 900 多万元，对北湖水库实施保安达标，完成陈和村、秋湖、石坞等 7 座小水库的除险加固和长命港、良渚港（瓶窑段）的河道整治工程。11 月，产自塘埠村野山笋、毛竹笋基地的“彭公”牌鲜笋、“梦春”牌笋干和产自彭公村两水坞三、四组早竹笋基地的"彭公"牌早竹笋通过了有机食品的认证。"有机食品"是国际上通用的最高农产品认证级别，产品在生产过程中不使用农药、化肥、激素等物质。塘埠村野山笋、毛竹笋基地和彭公村两水坞三、四组早竹笋基占地600多公顷。2007年，新成立张堰茭白、苕溪特鱼、七彩湖家禽、彭公笋制品、东苕溪稻米、植物保护等6家农民专业合作社；发展佳美旅游食品、石门笋干、深海特种鱼等6家农业龙头企业；建设昌兴饲料、茗乐茶业、特种鱼温室改造等3个农业产业化项目；新增七彩湖家禽、北湖绿洲笋干、秋晶稻米、泌馨谷茶叶等特色农业品牌；渔老大生态农庄列入省级农业休闲观光园区。推广应用优良晚稻品种，推进"统防统治"和"代防代治"的新种植管理体制，减少农业面源污染。开展张堰土地整理、十里渠小流域治理，山区农民饮用水工程等水利建设。创建星级村3个，完成农村股份制改革5个村，完成重点整治村创建2个，一般整治村1个。对5个区级集体经济相对薄弱村开展"异地脱薄"，农民素质教育培训2500人。全年实现农村经济总收入125.87亿元，增长18.67%；农民人均收入9955元，增长10%。2008年，全年申报农业产业化项目2个，新组建农业专业合作社2家，创建市级示范农民专业合作社2家，省级示范农民专业合作社1家，帮助种植养殖大户、农业龙头企业通过有机认证6项，注册商标2件。完成10家专业合作社的规范化建设，带动农户3820户。完成十里渠小流域治理工程、北塘1公里防渗处理和各村田间三面光渠道建设1万米，改进机埠20座，维修山塘水库5座。完成2个重点整治村和1个省级全面建设小康村创建工作。帮助申报农民技术职称20人，完成农业实用人才入库250人。举办各类培训班35期，参训2472人。全镇实现农村经济总收入149.89亿元，增长19.09%；农业总产值4.17亿元，增长27.7%；农民人均收入10980元，增长10.1%。2009年，瓶窑镇实行委托村集体经济组织流转，签订书面委托流转协议书3189份，签订书面流转合同372份。全镇承包土地经营权流转总面积1143.13公顷，增长32.04%。农村土地承包经营流转规模经营面积691.13公顷，其中农业企业21家、经营面积326.4公顷；专业大户140户、经营面积179公顷；专业合作社8家、经营面积140公顷；其他经营面积45.67公顷。完成西安寺粮食功能区年度建设任务，申报农业龙头企业2家、农业品牌标准化建设项目1个、无公害农产品基地5家，完成农业产业化项目1个，新组建农民专业合作社1家。各村均建有土地流转服务站，全年土地流转面积1143.13公顷。完成北塘加固一期和3座山塘水库的除险加固工程。实施六家港河道整治工程，完成河道清淤41.76公里。发放农机购置补助70.41万元。实施农民素质教育，培训各类人员2571人。11月16日，由中国竹产业协会、杭州市政府和浙江省林业厅共同主办的第三届杭州竹笋节开幕式在瓶窑彭公竹制品市场举行，30名"中国竹子之乡"的代表和省内知名竹业企业代表出席开幕式。竹笋节期间举行了第三届杭州竹笋节经贸洽谈会、中国竹产业协会四届二次理事会、中国竹产业发展杭州论坛，以及名优竹产品展示展销、竹主题书画摄影展、竹乡生态游等系列活动。彭公竹制品市场是余杭区最大的竹制品商贸市场，也是中国最大的竹制品集散中心，该市场竹制品年销售量约占全区竹产值的70%。全年农村经济总收入141.19亿元，实现农业总产值4.48亿元，增长7.3%。农民人均纯收入12598元，增长14.8%。2010年，全镇农村经济总收入155亿元，增长10.47%；实现农业总产值4.82亿元，增长7.71%，农村人员人均收入14625元，增长16.09%。土地流转全年累计完成25229亩，其中新增7700亩，超额完成10%。完成奇鹤村土地股份合作制改革。完成北塘一期加固、胡林闸站改造和六头十字渠整治工程，实施湖北坞下游水渠整治、塘埠溪小流域整治工程。全面完成"三资"管理，实现账目及资金镇级双管理。做好农产品“三品认证”工作，共申报有机农产品2个、无公害农产品5个、农业龙头企业1家。完成西安寺市级粮食功能区、宇航梦园和梦春蔬菜两个叶菜功能建设，抓好特种水产、桃果、畜禽养殖等功能建设。推广“三新”品种，完成5个产业化农业项目、1家龙头企业、1家省级标准猪场改建，通过市级动物防疫规范化示范乡镇创建。3月5日，由余杭区人民政府和杭州市农业和农村办公室联合主办，瓶窑镇人民政府和浙江彭公竹制品市场共同承办，余杭区林业水利局和农业局协办的中国浙江（彭公）竹制品交易博览会开幕。该会展主题是“发展低碳经济，宣传低碳生活”，是杭州市第三届竹笋节系列活动之一，也是2009年杭州西湖博览会延续活动项目。除已入驻彭公竹制品市场的约200家经营商家外，还吸引了350多家以品牌为主的参展商，参展产品以传统制品和现代高科技产品相结合，涵盖竹草藤制日用家居、家具、建材、工艺品、土特产等几十个系列数百个品种。2010年，20亩以上种粮大户共有292户，总计面积1095亩，占全镇种粮面积的1/3。种粮大户平均种粮面积达到37.6亩，存栏百头以上养猪户28户，存栏千羽以上养禽户130户，5亩以上蔬菜，设施栽培专业户30户。全镇粮食、畜、禽、蛋、茶、果、鱼的产量远远超过传统生产的产量，且正在向生态化现代农业推进。2001年开始，瓶窑镇启动农业特色园区建设，大力发展都市效益农业，先后建成上窑蔬菜园区、青虾养殖、毛园岭水果、彭公竹笋、海深特种鱼、张堰茭白等农业特色园区。政府鼓励农户走农产品深加工路子，提升农产品附加值。杭州石门笋制品有限公司等一批农业企业快速成长，从而提高了农业经济效益。依托彭公竹制品市场的优势，打造全国最大竹制品市场，年市场交易额超40亿元。2010年，全镇实现农业总产值4.82亿元，增长7.71%。土地流转全年累计完成25229亩，其中新增7700亩，超额完成10%。

2011年，土地流转全年累计完成1933公顷，其中新增267公顷，超额完成全年任务。完成北塘二期加固工程，工程总长度2780米，工程总投入资金7035万元，其中加固堤塘1370米、退堤加固1410米；拆迁房屋69户，其中主房拆迁45户。完成张堰塘、澄清塘（二期）防渗加固2056米。完成塘埠小流域整治工程和湖北坞下游河道整治工程。实施奇鹤村村庄改造提升工程。完成西安寺村粮食功能区、杭州宇航梦园科技园、梦春蔬菜2个叶菜功能区和毛元岭桃果、深海特种鱼、月旺肉羊、科联兔业畜禽功能区建设。通过无公害农产品、绿色食品、有机食品认证21个。3月6日，第二届中国彭公竹制品交易博览会开幕。本届博览会旨在宣传“发展低碳经济，宣传低碳生活”理念。活动内容主要包括：草藤棕系列产品展示展销、竹木工艺品展示和竹工艺、木工艺、茶道专业人士现场操作演绎、知名工艺美术大师现场指导等。整个博览会场馆共分普通产品展示展销区、新建竹木工艺品陈列馆及现场操作演示3个区块，推出250个普通展位和1200平方米的精品陈列馆，吸引100多家参展商参展。全镇实现农业总产值5.72亿元，增长18.7%。农村经济总收入173亿元，增长11.22%；农村人员人均收入16971元，增长16.04%。2012年，土地流转全年累计完成246.67公顷，是区政府下达任务的137%。开工建设西安寺省级粮食功能区，省级现代农业发展项目完成主体工程建设，区级粮食生产功能区通过验收，新增各类农业龙头企业2家。推进张堰港、三仙角、石塘坞等工程建设，共发放涉农资金231万元。完成祥彭线11万平方米绿化任务，奇鹤村通过区二轮重点提升村验收，塘埠村成为市“清洁乡村”创建单位。村均集体收入在2011年的基础上递增15.3%，总量达到1695万元。农业总产值6.05亿元，增长5.8%。农村经济总收入187.91亿元，增长8.32%；农民人均收入19567元，增长15.3%；农村人员人均收入19638元，增长15.72%。2013

年,全镇实现农业总产值6.53亿元,增长8%。农民人均收入21995元,增长12%。在全面完成省级现代化农业水稻产业提升项目建设的同时,提前做好430.67公顷土地流转,推进西安寺86.6公顷粮食生产功能区基础设施和彭公白燕畈50.4公顷低产田改造,全年共完成18个市、区级农业园区建设。张堰港、三仙角、石塘坞等水利基础设施建设完成,长命港、下山渠、塘家畈等整治及加固工程继续推进。抓好"绿化余杭"建设,完成祥彭线、乌山等地11.9万平方米绿化任务,做好9.75公里村级林道及57.6公顷森林抚育项目建设。完成省级农业公共服务中心创建,并获"杭州市级农产品质量安全标准乡镇"称号,杭州碧鲜、满园农业等10个农产品通过"三品"(无公害农产品、绿色食品、有机食品)认证。2014年,全镇实现农业增加值4.23亿元,同比增长9.1%。农业总产值6.48亿元,同比增长3.3%;村级集体经济总收入11618万元,同比下降7.78%;农民人均纯收入25588元,同比增长12.3%。种植业收入25130万元,同比增长22.56%;渔业收入9052万元,同比增长14.93%;林业收入15052万元,同比增长5.49%;畜牧业收入6311万元,同比减少75.31%。创建区级现代农业园区3个,完成中低产田改造86.67公顷。完成沿山路西段道路景观绿化工程。开展良渚港(瓶窑段)黑臭河整治。完成良渚遗址申遗区块333.33公顷土地流转。完成矿山整治5处、地质灾害治理3处,全年垦造耕地22公顷。举办义务植树活动。窑北村启动美丽乡村创建,规划开辟一条集"行、娱、购、食、住"一体的花果观光线路。

图4-2 浙江省副省长黄旭明到瓶窑调研旱粮生产(2016年3月)

2015年,农村经济总收入234.31亿元,同比增长14.56%;村级集体经济总收入21094.84万元,同比增长81.57%;农民人均纯收入28543元,同比增长11.55%。2015年,全镇实现农业增加值4.26亿元,同比增长5.19%。种植业收入32239万元,同比增长28.29%,渔业收入10234万元,同比增长13.06%,林业收入16355万元,同比增长8.66%,畜牧业收入2381万元,同比减少62.27%。省级现代农业综合园区创建成功,苕溪北片万亩低产田改造完成。南山村、西安寺村、石濑村等完成美丽乡村创建,完成农村生活污水治理1247户。扶持农村基础设施建设,完成村级道路浇筑31条,完成大观山村路灯工程。盘活存量土地资源8.67公顷,完成土地开发整理16.67公顷。长命、彭公老集镇更新改造完成。11月,瓶窑镇省级现代农业综合区以91.42分通过浙江省农业园区办验收考核。该项目涉及瓶窑镇6个行政村,规划布局"一心三区八园"①。截至2015年底,综合区累计投入资金19981万元,完成计划投资的

① "一心三区八园"即现代粮食、蔬菜种苗育苗中心(农业公共服务中心);奇鹤花卉苗木示范区、大观山种猪示范区、粮食生产功能区,毛元岭桃果、塘埠水果、海深特种水产、西安寺早竹、满元蔬菜、凯西爱红豆杉、龙华铁皮石斛、鱼佬大休闲农业精品园。

106.6%,其中省级投入1155万元、市区投入6789万元、业主投入12037万元。建成面积2200公顷,完成规划面积的100%。实现农业总产值26670万元。“二区八园”(不含粮食功能区、中心基地)农业总产值23324万元,平均每公顷产值26.25万元。

工业 2001年,引进杭州高盛制衣公司、杭州科皇饲料公司、杭州华中空间结构公司、杭州赛迪通讯设备公司等9个1000万元以上投资项目,累计投资1.6亿元。同时注重工业园区配套建设,使工业园区的首期20公顷土地,全部被客商认购完毕。2002年工业园区开发采取滚动积累和负债经营相结合,从征地至企业投产实行一条龙服务,开发利用土地133.3公顷,基础设施投入累计达1500万元,新建工业区道路,便利工业园区的交通。排污管道和自来水管道全线开通,供电、通讯等配套设施到位。至年底,园区已进驻工业项目60余个,计划投资9.6亿元,有力地推动了工业园区的开发和工业结构的调整。是年,全镇实现工业产值23.5亿元,比上年增长2.18%;销售收入19.5亿元,比上年增长20.21%;工业利润9581万元,比上年增长31.52%;外贸出口交货值3.76亿元,比上年增长19.4%;工业投入1.54亿元,比上年增长85.8%。2002年实现工业产值30.1亿元,比上年增长27.83%;销售产值完成25.9亿元,比上年增长32.85%;工业投入2.33亿元,比去年增长51.2%。2003年9月,德国益利素勒公司总裁舒博先生与区长刘庆龙分别在项目总合同上签了字,益利素勒公司经过1年多的选址和商谈,最终决定将公司的第八家工厂设在瓶窑镇的小岭头。德国益利素勒公司是一家总部设在德国的跨国公司,专业生产直径0.01毫米的细微漆包线和0.02毫米的超细微精线,用于汽车、家电、电脑、航天等工业领域,公司先后在德国、意大利、瑞士、美国等设立了7家工厂,为开拓亚洲市场,2002年5月开始到余杭考察,最终决定将工厂设在瓶窑镇小岭头,首期投资2980万美元,未来10年总投资额将达8000万美元。是年,完成工业产值43.5亿元,增长44.41%;销售产值42.7亿元,增长45%;工业投入3.655亿元,增长56.36%。至2003年底,先后有65家科技含量高、经济效益佳、环境保护好的企业落户瓶窑镇。全年共引进项目16个,计划总投资5.7亿元,其中投资1000万元以上的项目14个。2004年,工业园区建设进程加快,先后有71家科技含量高、经济效益佳、环境保护好的企业落户瓶窑,全年引进项目11个,计划总投资2.29亿元。其中,德国益利素勒项目一期工程基本竣工,建筑面积2万余平方米,投资1.57亿元,次年5月进行试生产。全镇全年共投入技改资金1.25亿元,开发新产品5个,申报国家级中小企业科研项目1个,通过省级新产品鉴定1个,获得市级企业技术中心1家。全年完成工业产值60.72亿元,增长39.7%;销售产值59.08亿元,增长38.33%;工业投入4.93亿元,增长34.9%;外贸出口交货值4.75亿元;利润1.6亿元,增长22%。2005年,全年完成工业产值82.1亿元,增长35.22%;销售产值79.78亿元,增长35.03%;工业投入5.23亿元,增长6%;外贸出口交货值6.36亿元,增长33.89%;利润2.16亿元,增长32.01%。新征工业用地55.33公顷,有12个工业项目已经建成或正在施工中,占地38.4公顷;另有22个项目已完成土地平整等各项准备工作,占地33.22公顷。新引进项目11个,累计吸收投资1.19亿元,引进区外资金2.32亿元,引进到账外资870万美元。有销售收入超500万元的规模企业82家,比上年增加19家,产值超亿元的企业5家,6家企业进入余杭区百强企业行列。53家企业参与全区百家示范企业的创建活动,其中6个项目,4家企业被列入全区百家示范企业。全年投入技改资金2.99亿元,开发新产品12个,获专利产品2个,建立科研所2家,获得市级著名商标3个,获余杭区公众最喜爱的十大商标1个,佳美旅游食品有限公司的“溢佳香食品”成为余杭区首个省级著名商号,其生产的2个产品获得省、市博览会金奖产品称号。2005年10月,杭州益利素勒精线有限公司开业。该公司为舒博家族全资拥有,是该家族式跨国公司在全球设立的第八家工厂。益利素勒生产的精线和超细漆包线(范围在0.01毫米—0.5毫米)是一种在电器和电子行业广泛应用的材料。益利素勒的精线运用在几乎所有的电器和电子产品中,特别是小型电动机、变压器、继电器、石英手表和汽车用的线圈。益利素勒为了配合各种运用,生产超过3万余种不同组合的精线。公司占地10公顷,现有员工210名,其中外籍员工25名,2005年11月—12月产值近百万元。2007年,全年实现工业总产值76.57亿元,增长30.78%,其中规模以上企业实现58.21亿元,增长33.5%;工业销售收入73.32亿元,增长32.86%;工业增加值17.69亿元,增长34.55%;出口交货值7.55亿元,增长1.44%;生产性投入5.56亿元。新增规模企业18家,累计120家,其中亿元企业12家。全年申报专利技术26件,申报各类科技发展计划项目6个,申报市级专利技术示范企业2家,申报区级研发中心1家和信息化开发与利用项目3个。盘活存量土地28.67公顷,引进企业十余家。鼎胜铝业项目被列为全区六大联动项目、杭州市政府重点项目,计划投资8.9亿元,分三期实施,项目竣工后预计可实现年销售收入50亿元。至年底,已供地16.87公顷,累计投入1.65亿元,第一期土建厂房3.2万平方米已基本完成;第二期5.8万平方米厂房已办理建造审批手续。2008年26日,鼎胜铝业有限公司与瓶窑镇政府又签订“10万吨宽幅铝箔”项目。该项目被列为余杭区“六大百亿”项目、杭州市政府重点项目,计划投资8.9亿元。至年底,累计投入4.9亿元,其中2008年投入3.25亿元。新建两幢车间5万余平方米,完成生产设备安装,部分已投产。是年,全镇实现工业总产值93.1亿元,增长23%。其中,规模以上企业完成产值70.71亿元,增长21.3%;工业销售收入92.18亿元,增长25.72%;出口交货值9.84亿元,增长30.35%;生产性投入6.18亿元,工业利润2.6亿元。新增规模企业10家,累计130家。其中,2家企业被命名为省级专利示范企业,3家企业被认定为市级专利示范(试点)企业。瓶窑镇获杭州市2008年度“重化工业建设奖”。2009年,杭州鼎胜铝业集团有限公司项目投资0.9亿元,一、二期工程全面竣工并投入生产,实现工业产值7.2亿元。该企业在拥有9台套双零铝箔生产线基础上,再斥资1.5亿元引进先进生产设备,成为国内第二大有色金属双零铝箔生产企业,已连续3年被全国工商业联合会评为全国民营企业500强,连续4年列入余杭区“强企大企”培育企业。全年完成工业总产值94.5亿元,增长5.04%;工业销售产值92.61亿元,增长1.35%。新增规模以上企业8家,累计143家,亿元企业增加到19家。规模以上企业工业产值72.58亿元,增长7.4%,实现利润1.39亿元,增长33.69%。全年新增投产项目9个,实现工业产值3.71亿元。

2010年,实现工业总产值124亿元,增长33.49%,其中规模工业产值92.83亿元,增长29.67%;规模工业销售产值86亿元,占计划任务的106.2%;规模工业增加值20亿元;外贸出口交货值14.7亿元,增长73.94%;市场成交额4.5亿元,增长139.12%;新产品产值后劲投入3.9亿元,完成全年任务的122%。新增6家规模企业,全镇规模企业总数达到146家,亿元企业突破20家;完成新产品增加值15.5亿元;62个区镇两级重点项目有序推进,20个区级考核项目的开工率达100%,其中瑞升机械、益利素勒、团组织格局创新等5个项目已实现投产或竣工;42个镇级重点项目开工率达到98%,其中有13个项目完成。12月31日,杭州鼎胜实业集团车用轻合金项目在临平城区签约。该集团产业主要分布在江苏镇江、杭州(余杭)和河南洛阳,旗下五星铝业是瓶窑镇一家产值超20亿的大型企业,计划总投资超过12亿元,从欧美引进世界最先进的自动化生产线。项目选址于瓶窑镇风都工业园区拓展区块,一期用地26.67公顷,并预留13.33公顷作为二期空间。产品主要供应对象为高铁列车和家用轿车生产厂家。总部项目选址于余杭创新基地,占地约10公顷,其中研发中心用地2.67公顷。2月31日,鼎胜集团车用轻合金材料新项目在临平城区签约 。2011年,实现工业总产值134亿元,增长10.07%,其中规模工业产值完成95亿元,增长15.37%;规模工业销售产值完成93亿元;外贸出口交货值19亿元,增长27.63%;市场成交额4.0亿元,增长37.25%;全镇规模企业总数达到143家,亿元以上企业增加到26家,实现5年翻番目标;杭州兴龙泵业有限公司、杭州西子光电网络有限公司、杭州南华汽车配件有限公司等企业以科技创新为先导,加速转型升级步伐,提高自主研发能力,有11家企业分获省、市、区级专利。2012年,出台12项工业扶持政策。75家规模企业所占工业比重占全镇总产值的64%。13家亿元企业利税超千万元,其中鼎胜集团公司实现3.5亿元。盘活50000平方米厂房,引进杭州诠世传动有限公司等企业,风都工业区块再获杭州市政府授予的"特色城镇工业功能区先进单位"称号。21家企业完成属地纳税。18个区级重点考核项目开工率达100%,省级重点项目、省重大浙商回归项目——鼎盛轻合金项目开工建设。工业总产值143.94亿元,增长9.1%。其中:规模工业产值96亿元,增长9.3%;规模工业销售产值93亿元。完成市外内资4亿元、合同外资2800万美元、到账外资1500万美元、工业投资5.00亿元,分别占全年任务的166.7%、186.7%、150%和108.3%。2013年,实现工业总产值159亿元,增长6%,其中规模产值104亿元,增长8%;规模工业销售产值101亿元;市外内资3亿元。规模工业增幅平稳,74家规模企业工业产值104亿元,其中26家亿元骨干企业完成85.3亿元,占82.02%。"两园"(农民幸福生活家园、市民休闲旅游乐园)建设初显成效,风都工业园区提升改造方案获得批准,拆除和整治旧厂区面积13万多平方米;华炫科创园完成前期建设,已有杭州精诚光电子有限公司、杭州博瑞电气有限公司等多家中小微企业入驻。崇化高新区块完成项目征迁,鼎盛轻合金等32个工业项目累计投入6.36亿元,完成年度目标的127%;强立机械、格邦科技等项目整体竣工。39家企业实现专利零突破,6家申报国家级或省级高新企业。2014年,全镇实现规模以上工业增加值21.70亿元,同比增长10.4%;高新技术产业产值20.5亿元,同比增长17%。固定资产投资13.41亿元,同比增长52.1%,其中产业投资7.90亿元,同比增长3.2%。到账外资1797万美元,同比增长19.8%;市外内资3.63亿元,同比增长45%。自营出口42395万美元,同比增长21.7%。完成技改项目31个,盘活闲置土地5万平方米,整治关停落后产能企业17家,实施"机器换人"项目22个。聚能控股集团有限公司研发出废煤泥再利用的新型锅炉,开辟产业新的增长点。2015年,全镇实现规模以上工业增加值22.87亿元,同比增长7.4%;高新技术产业产值27.65亿元,同比增长1.13%;固定资产投资9.79亿元,同比下降27.0%,其中产业投资7.66亿元,同比下降3.1%。到账外资6119万美元,同比增长240.5%,市外内资1.53亿元,同比下降57.85%;外贸出口214649万元,同比增长0.57%。提升改造风都工业园区,投入1000万元新建岭山路、风都南路及部分管网工程。实施提升改造项目9个、"两化"深度融合项目4个、"机器换人"项目8个,新增厂房面积4.6万平方米。培育企业上市,浙江股权交易中心创业板挂牌4家、创新板挂牌1家。推进科技创新"523"计划,引进科技型中小微企业12家。9月,浙江省经信委、省统计局联合公布2014年度工业强镇综合评价结果,瓶窑镇排名第39位,是余杭区唯一入选的镇(街道)。

第三产业 2001年,有个体工商户1613家、民营企业299家,其中经营商贸的近200家,商业零售额达1.01亿元。出口商品有羊绒服装、羽绒制品、化工染料、竹制品、茶叶等。2002年,三产业已成为全镇经济的重要组成部分,依托城镇建设的全面铺开,带动了商品贸易、旅游餐饮、金融保险、交通运输、文化娱乐等行业的快速发展。2002年第三产业增加值为2.44亿元,比上年增长18.26%。第三产业已成为全镇经济的重要组成部分,2003年,镇第三产业总产值4.1亿元,增长6.11%。特别是依托城镇建设的全面铺开,带动了商品贸易、旅游餐饮、金融保险、交通运输、文化娱乐等行业的快速发展。第三产业的全面发展解决了大批农村剩余劳动力的就业问题,促进了商品流通,增加了农民收入,同时也促进镇财政收入的增加,加快了城市化进程。2004年,全镇第三产业总产值5.1亿元,增长25%。2005年,瓶窑镇第三产业增加值达4.62亿元,占全镇国内生产总值22.8%(2005年,完成第三产业产值8.5亿元,增长66.6%)。2006年第三产业增加值5.48亿元,增长26.26%。建成14家便民放心店。次年,全年出动230人次,展开市场专项管理。放心便利店实现全覆盖(村),商品配送率超过90%。成功举办"生态竹笋节",筹建彭公竹器市场,开发玉器加工等特色产业。2007年,实现第三产业增加值6.49亿元,增长18.4%;社会消费品零售总额8.35亿元,增长9.4%。2008年,实现第三产业增加值7.21亿元,增长11.1%;社会消费品零售总额10.1亿元,增长21%。2009年,全镇第三产业增加值8.04亿元,增长11.5%。2010年,第三产业增加值完成9.17亿元,增长14.09%。2011年,第三产业增加值11.23亿元,增长13.6%,全镇第三产业服务业的比重提升到16%,年均增长13%。2012年11月,通过生态建设、产业发展、民生保障、人居环境、历史文化、风土人情等经济、社会和人文元素等方面的考量,瓶窑镇成为2012年杭州市十大新型中心镇,也是余杭区唯一入选的城镇。新型城镇的崛起,促进第三产业快速发展。2012年,第三产业增加值完成12.86亿元,增长9.4%。2013年,全镇第三产业服务业实现销售收入15.05亿元,增长17%。围绕重点服务领域,推进铭品购物中心、瓶窑农贸市场等项目建设。竹木工艺城开业并承办杭州市第六届竹笋节。瓶窑股份经济合作社综合楼和兴宇大楼,被确认为全区首批重点商务楼宇;长命印刷厂的绿色印刷、杭州俊士铁路设备有限公司的创意火车纳入区文创产业扶持项目;花源山庄、梅林山庄获评浙江省旅游特色经营户(点)。开展文创产业存量空间排查,建立镇级重点文创产业项目库,1万多平方米闲置厂房纳入区创意产业招商名录,引进金融网络公司入驻,与新东方烹饪学校达成租赁意向。永昌商道、环境导视等纳入市级扶持项目。编制镇(街道)服务业发展思路研究永昌商道、环境导视等纳入市级扶持项目。编制镇(街道)服务业发展思路研究。2014年,全镇实现第三产业增加值15.57亿元,同比增长4.6%。社会消费品零售总额17.80亿元,同比增长13.0%。2015年,全镇实现第三产业增加值17.50亿元,同比增长11.45%。社会消费品零售总额20.30亿元,同比增长8.6%。瓶窑广场开业运营,嘉凯城城市客厅完成主体工程,继续推进瓶窑商贸城招商,完成杭亿商业办公楼项目建设。以"都市田园、清静瓶窑"为主题,推进现代民宿发展,风都水岸小筑项目与浙江宾馆达成合作意向,"东坞55号——油纸伞之家"启动。

2001—2015年瓶窑镇国民经济主要指标实绩情况

表4-2-1 单位:亿元

年份	工农业总产值(亿元)	农村经济总收入(亿元)	农业总产值(亿元)	工业总产值(亿元)	第三产业产值(亿元)	出口交货值(亿元)	财政总收入(万元)	社会消费品零售总额(亿元)	农民年均收入(元)
2001	25.43	24.10	1.88	23.55	2.11	3.76	7442	-	5315
2002	32.15	33.59	2.04	30.11	2.44	3.26	9786	-	5778
2003	45.88	44.05	2.41	43.48	4.1	3.94	14677	-	6395
2004	63.32	64.85	2.60	60.72	6.1	4.76	17393	-	7542
2005	84.94	90.08	2.83	82.10	8.5	6.36	19847	-	8319
2006	104.62	106.07	3.08	101.54	5.5	7.44	23375	-	9050
2007	78.95	125.87	3.27	75.69	6.5	7.55	33023	-	9955
2008	97.27	149.90	4.17	93.10	7.2	7.33	46319	10.10	10980
2009	98.98	141.19	4.48	94.50	8.0	7.18	37212	10.45	12598
2010	129.64	155.98	4.82	124.82	9.2	14.75	57942	12.18	14625
2011	145.32	173.48	5.72	139.60	11.2	18.65	95178	14.43	16971
2012	149.99	186.01	6.05	143.94	12.9	23.13	52460	15.45	19638
2013	162.41	201.19	6.27	156.14	15.1	22.50	68967	15.75	22791
2014	117.19	204.53	6.48	110.71	15.6	26.07	75211	17.80	25588
2015	171.26	234.31	6.67	164.59	17.5	21.46	73912	20.30	28543

二、城镇建设

自2001年以来,瓶窑以新型城镇化发展为导向,开展省小城镇试点创建工作,突出产城人融合发展,加强规划引导,城镇配套服务设施日益完善,发展空间进一步优化。良渚遗址申遗区块、清水入湖羊山湾工程、104国道改建等重点工程完成拆迁农户、居民、企事业单位1234户(家)、征地2160亩、土地流转5368亩。完成土地综合整治2200亩。农居点安置房基础和配套建设、羊山公寓、长命、彭公老集镇更新改造、华兴路改造、苕溪瓶窑段亮灯等项目全面完成。市民之家瓶窑分中心投入使用。以宜居之镇为目标,注重城乡同治,建管并重,努力提升人居环境。"三改一拆"重拳出击,累计拆除违法建筑95万平方米,彩钢瓦整治100余万平方米,旧住宅区改造40余万平方米,旧厂区改造31万平方米,城中村改造4万平方米。"五水共治"成效明显,建立落实了河长制、一河一策、长效保洁等治水机制,涉及河道整治、截污纳管、水利工程建设等100余个治水项目全部完成目标任务。城镇管理日益完善。城镇序化有力推进,完成桥北农贸市场、羊城路等重点地段整治。完成集镇亮灯全覆盖、路灯节能改造等工作。生活垃圾"三化四分"稳步推进。市政、绿化养护、保洁等工作更加专业化、规范化,完成凤溪路"城管精品示范街"创建。美丽乡村快速推进,完成10个村农村生活污水治理工作,修建村道15公里。"四边三化"成效显著,彭公马路竹器市场顺利拆除。通过"国卫"复评。获"美丽浙江·强镇榜样"综合实力十大强镇、浙江省"小城镇大文化"十大样板镇等荣誉称号。

生态环境保护 坚持"绿水青山就是金山银山"理念,加大财政投入,强化环境治理,美化城乡环境。2006年12月11日,瓶窑镇通过杭州市级生态镇验收,石濑、张堰、塘埠等村通过区级生态村验收。该镇根据实际情况,对照30项考核指标要求,采取抓村级自来水的安装和饮用水卫生,加强公共设施配置,强化城区街面铺设、绿化和拆除违章建筑,推广清洁能源,严格禁止乱砍乱伐林木,苕溪禁养鸭子,妥善处置相对边远地区的污水等一系列创建措施,12月顺利通过考核小组的验收。2007年12月,区委十二届四次全体(扩大)会议调整一副三组团的规划,确定由瓶窑、径山、黄湖、鸬鸟、百丈5个镇组成瓶窑组团,明确"生态瓶窑、休闲胜地、最具魅力的生态文明示范区"的组团功能定位,明确瓶窑镇的中心镇地位。是年,瓶窑镇成功创建省级生态镇。该镇围绕"跨过新国道,建设新瓶窑"的发展战略,科学编制生态建设规划,基础设施不断完善,建设垃圾和污水处理系统,村村开展创建活动,有7个村成功创建区级生态村。2010年,长命片污水纳管工程和泵站建设、凤华别墅、凤山小区的污水纳管工作全面完成,全镇42.075公里污水管网形成较为完善的区域化污水收集系统。完成7家规模养殖场污染治理工程,新建12座生活污水处理池,新增用户579户。2010年12月22日,国家环境保护部、省环境保护厅领导和专家到瓶窑进行国家级生态镇预验收。瓶窑镇于2007年成功创建省级生态镇后,又确立争创国家级生态镇的目标。截至2010年,全镇共创建12个区级生态村、4个绿色社区、8个省级卫生村、6个市级卫生村。2013年,结合全区"三改一拆"专项行动,加快推进104国道彭公段整治,共拆除各类违法建筑近17万平方米,整治卫片执法点380多个。加快推进桃园小区、桥南新村等旧城改造,共完成改造面积12.4万平方米,为全年目标任务的196.2%。推进多层公寓建设,羊山多层一期交付使用,二期完成主体工程建设,崇化多层公寓正在办理前期手续。集镇范围内所有雨水井全部加装防坠网,羊城马路市场"退路入市"。数字城管扩大监管区域,凤都工业区纳入采集范围,二期工程项目投入使用。新增土地垦造面积21.33公顷。彭公、南山、长命三大区块的截污纳管完成,31家雨污分流单位日新增水量600吨,杭州志诚油墨有限公司、杭州诚欣化工有限责任公司等8家污染企业如期关停。开展工业危险废物和工业污泥专项治理,启动"清水治污"和苕溪流域环境综合整治,完成4个村810户农户的生活污水治理,断面水质有所好转。全面实行畜禽禁养,奇鹤、西安寺开展"精品村"创建,352户养殖户禁养畜禽94万余头(羽)。垃圾分类收集范围扩大,增加直运小区与单位。完成南山、长命两大安置区块46.97公顷的土地征迁,精工大桥及瓶窑水厂取水口南移等配套工程开工建设。制定完善相关拆迁、安置、补偿政策,征迁区块内有575户搬迁户完成签约,并如期腾空交房;安置区块42户搬迁户完成价格评估;32家企业完成评估报告及实物量核对。

瓶窑镇将"五水共治"作为最重要、最迫切的工作来抓,多措并举促使"保护环境、保护生态"成为社会新风尚。截至2016年,涉及河道整治、截污纳管、水利工程建设等100余个治水项目全部完成目标任务,主要河道水质明显提升。推进治污水工作。完成西安寺、南山、石濑、奇鹤、塘埠村等农村生活污水治理任务,共完成2852户;新增道路管网工程4个;完成长命老集镇及彭公老集镇工程建设;完成近250家企事业单位雨污分流改造并通过验收;完成仁和港、长命港污水零直排项目建设;完成4家刷卡排污企业建设,投入运行调试并通过系统验收;因地制宜建立健全农村生活污水治理长效管理机制,配合做好智能化平台建设,落实专业化运维队伍,确保已建设施顺畅运行,管网无堵、漏现象,出水符合设计标准。着重抓好防洪水工程。强化闸站(水闸、堰坝)改造提升工程;基本完成苕溪清水入湖(羊山湾)整治工程征迁安置等前期配合工作;基本完成瓶窑镇彭公集镇防洪排涝一期工程建设、野猫山闸站新建工程年初目标任务;积极推进堤防加固工程,做好山塘水库除险加固工程,基本完成草毛坞山塘除险加固工程。

村镇整治 1997年初,被列为浙江省小城镇综合改革试点镇,2000年被确定为浙江省中心城镇。镇党委、政府把规划作为小城镇建设的突破口,委托著名高校和设计院编制规划,建立包括经济社会发展规划、城镇建设总体规划、新老城区控制性规划和各专项规划在内的一整套规划体系,以道路建设带动整个小城镇建设,不断优化和完善城镇基础设施,积极实施通村联网工程,全面完成"康庄工程"任务。同时,投入大量人力、物力、财力进行城区河道整治,设置路牌、环卫、消防等公用设施,增加农村改水力度,加大城镇绿化面积、提高绿化水平,城区绿化面积达到300公顷。进入21世纪后,为融入杭州大都市,实施小城镇大战略的目标,在中心城镇(街道)建设快速发展的同时,也不断推进农村农民的住宅改造,一大批新农居点多(高)层公寓建筑如雨后春笋般的在广阔田野上崛起,使越来越多的农民变成了居民,村庄建成了社区。伴随撤村建居,促进了城乡建设的迅速发展,城乡面貌的巨大变化,从而逐步实现了生产生活生态的高度融合。2006年7月19日,瓶窑镇入选建设部公布的第二批58个"全国小城镇建设示范镇"名单,为杭州八城区中唯一获此殊荣的乡镇。2007年,投入125万元,开展清洁绿化余杭行动,奇鹤、彭公、长命、凤都等4个首批推进村通过考核,清除垃圾1805吨,完成庭院整治3156户,完成绿化面积17.4万平方米,清洁河道68.5公里,河道清淤28公里,池塘整治4.41公顷。石濑、大观山、窑北3个村列为第二批推进村。2008年,完成垦造耕地项目5个,面积18.84公顷,完成宅基地和工矿建设用地复垦项目各1个,面积2.32公顷。拆除违章建筑39户、4312平方米。制止违章搭建行为23户、3583平方米。2008年,投入865万元,硬化村道18公里,累计105公里。投入150万元,改造危桥6座,累计154座。2002年—2008年,该镇平均每年投入800万元,累计5000余万元,村村都有便捷的交通网。2008年,7个重点整治村清理存量垃圾1896吨,完成庭院整治4409户,河道清淤28.09公里,绿化62450平方米;拆除露天粪坑和棚厕1949个,新建改建三格式无害化卫生厕所1182个;整治不良建筑12处,拆除面积1360平方米。2008年搬迁"村内坟"230座,制止乱葬乱埋现象9例。同时抓好规范公益性生态墓地的管理和建设。彭公村生态墓地被列为2008年杭州市示范生态墓地。2007年,实行第三次殡葬改革,平毁双空坟墓247座,"三沿五区"范围内搬迁坟墓49座,塘埠村生态墓地被列入杭州市示范墓地。2009年,完成村道硬化7.39公里,改造危桥2座。山区农民饮用水工程全面完工,新增入网农户1420户。申报三星级村7个、四星级村4个、五星级村2个。2009年,7月,瓶窑镇全面完成14个村的"清洁绿化余杭"整治工作,落实奖励补助资金450万元。14个村清除垃圾7798吨,投入资金134.65万元,其中4个村实行物业化保洁。全镇拆除露天粪坑和棚厕4211个,改建三格式无害化卫生厕所3084座,建立公共厕所38座。投入661.34万元,清淤河道109.55公里;投入194.02万元,整治内塘94.13公顷;投入236.25万元,完成绿化103206平方米;投入1056.37万元,新建硬化道路194335平方米;投入380万元,搬迁村内坟4168座。2010年6月,新招10名城建监察队员,拆违控违专职队伍由6人扩充至20人,形成"人人有事、事事有人"的巡查机制。自队伍组建以来,发出"责令停止违法建设行为通知书"140份,"强制拆除违法建筑通知书"72份。全年共拆除68户违建户,面积15448.1平方米,被控108户,面积24546.7平方米。2011年,共拆除违建户107户,面积20404余平方米,控制违建户86户,面积达25238平方米。坚持镇长巡查制度,严抓违建抢建填土现象,违建面积明显减少。开展违法建筑自查自纠承诺活动,镇机关、村、社区干部填报

"承诺表",自查率达到100%。2011年,共拆除违建户107户,面积20404余平方米,控制违建户86户,面积达25238平方米。坚持镇长巡查制度,严抓违建抢建填土现象,违建面积明显减少。开展违法建筑自查自纠承诺活动,镇机关、村、社区干部填报"承诺表",自查率达到100%。6月,瓶窑镇农民多层公寓建管中心组建。扎实推进农民多层公寓建设,羊山一期已竣工,建筑面积2.5万平方米,建成8幢6层的多层公寓,1幢3层的管理用房;二期总建筑面积4万平方米,已如期开工。2012年,瓶窑镇获评杭州市美丽庭院示范乡镇,塘埠村获评美丽庭院示范村。2011年11月,瓶窑镇垃圾分类收集、直运正式启动。先后投入120余万元,购置大型垃圾分类直运车辆及分类垃圾收集容器,发放垃圾分类调查问卷、宣传手册、宣传彩页。首先在华兴社区试点,取得经验后在镇政府、瓶窑法庭、余杭区第三人民医院等11家单位实行,逐步实现垃圾处理资源化、产业化,推进生活垃圾的减量化、无害化。2012年,实施塘埠、彭公等山区片农民饮用水提升工程,12个水源点全部进入施工阶段。完成西安寺村土地股份合作制改革。完成地质灾害点治理5个,实施垦造耕地18.67公顷,新建通村联网道路5条。2012年共拆除违建户85户,面积12667平方米;控制违建户67户,面积13412平方米。对2011年有涉嫌违法信息记录的63宗、共计23.71公顷土地,分门别类做好整改工作。2013年8月28日,美丽中国·浙江新型城市化之路高峰论坛在杭州举行。会前,通过自荐、网上展示、实地走访、网友投票、评审团审议等方式,评出10个综合指标靠前的浙江"强镇榜样"。瓶窑镇成为余杭区唯一入选"强镇榜样"的镇(街道),也是该镇自2012年被评为杭州市十大新型中心镇后取得的又一项荣誉。2014年,编制《瓶窑镇老镇区控制性详细规划(报批稿)》,修编《瓶窑镇总体规划》。审批农村建房66件,推动土地出让4宗。良渚遗址申遗项目完成企业搬迁44家、土地流转353.33公顷,安置区块建设完成总工程量的50%。104国道改建项目完成征地42公顷,拆迁53户。羊山湾工程完成拆迁250户,启动国有土地拆迁调查。完成溪东路建设,截至年底,崇北路、花园路建设完成过半。启动凤溪路"城管精品示范街"创建,推进集镇亮灯全覆盖工程。创新环卫站外包工作,推进垃圾分类。长命、彭公老集镇更新工程进场施工,完成华兴路、东兴路绿化提升。按目标推进安置区块建设、视频监控安装、老旧小区改造、重点河道整治、沿溪集镇段亮灯、羊山湾工程政策处理等8件政府实事工程。推进"五水共治"、"三改一拆"、美丽乡村等重点工作。建立落实河长制、"一河一策"、长效保洁等治水机制,完成河道整治、截污纳管、生活污水治理、企业规范排污、水利工程建设、农业面源污染治理等22个治水项目,全年投入治水资金5700余万元。完成良渚港(瓶窑段)黑臭河整治任务。累计拆除违法建筑25.9万平方米,占全年任务的273%;旧住宅区改造15.24万平方米,占全年任务的100%;旧厂区改造6.06万平方米,占全年任务的121%。农村生活污水治理第一批4个村全部完成,第二批6个村完成年度目标。落实畜禽禁养长效管理机制,完成保留场污染治理工作。完成崇化村村道硬化工程,硬化道路面积12355平方米。对窑山凉亭进行综合改造。

2015年,持续开展"五水共治",完成长命彭公老集镇污水管网建设等重点治水项目41个。"两路两侧"攻坚克难,完成整治省定点位4个、自查点位44个。推进"五气共治",淘汰"黄标车,'205辆。完善城镇管理,凤都工业区保洁及市政、路灯养护实现专业化、规范化。推进"三改一拆",完成全年任务的115.4%,控制新增违法建筑。

基础设施建设 2001年,以路网建设为龙头,带动城镇化建设。投入57.5万元,做好城镇

图4-3 省委常委、宣传部长葛慧君奇鹤村调研文化大礼堂工作(2013年)

图4-4 省“五水共治”和“三改一拆”督查组长毕书明到瓶窑奇鹤检查美丽乡村建设(2015年)

主干道华兴路、大桥南路、凤溪路等路道的维护修理;投入89.5万元,建设毛泮公路等城乡道路;规划建设瓶窑大道、凤凰大道,延伸凤溪、东兴等街道。逐渐完善瓶窑城乡道路网络。2002年以道路建设为骨架,加强新区拓展,提高老城区基础设施配套水平,构建完善的城镇交通体系。2002年,投资250余万元,浇筑长680多米、宽16米的凤溪路西段;投资100余万元,建设新兴路延伸段和闻溪路工程。村道建设中,投入600余万元浇筑水泥村道2.8万米,总浇筑面积11万平方米。新建、维修桥梁12座,方便人民群众的日常生活,极大地改善镇、村两级的投资环境,提升镇村服务功能。12月,瓶窑大厦被评定为三星级涉外旅游饭店。该大厦是瓶窑镇的标志性建筑,其周边有双溪竹海漂流、径山风景区、东明山森林公园、良渚文化博物馆等风景旅游景点,瓶窑大厦荣膺“三星”,对提升余杭区西部旅游服务的档次、拓展旅游市场具有积极意义。2003年,投资4350万元,基本完成了羊城大道、凤凰大道、闻溪路、东兴路延伸、新村路改造等工程。投资180余万元,实施“亮灯工程”,安装了凤溪路西段和新104国道的路灯,以及人行道的铺设、改造和道路两侧绿化等。继续抓好旧城改造和维护工作,动工兴建桥北农贸市场。总投资1.8亿元的华兴路互通立交、瓶仓大道、行政中心等三大工程相继开工建设。新区道路、水、电、通讯等基础设施建设正在抓紧实施。同时,投入300余万元浇筑水泥村道1.57万米,总面积7万平方米;新建、维护桥梁22座,基本完成了全镇农村的改水工作。在逐步完善各项基础设施建设的同时,充分发挥镇创卫办、城管中队、各社区居民委员会的职能作用,积极开展各类宣传教育活动,实行“门前三包”、垃圾袋装化、路段保洁招标承包等措施,保持市容整洁;整顿市容市貌,拆除违章建筑;主要道口安装红绿灯,规范停车,加强车辆管理,确保道路畅通。2003年,顺利通过省级卫生城镇的复查验收。3月6日,瓶窑供水工程正式通水典礼在瓶窑新水厂举行。该工程是余杭区继临平、塘栖和余杭、闲林供水工程后实施的又一区域性供水工程,被区政府列为2002年余杭区加快基础设施建设重点项目和政府实事工程。该工程供水总规模为5万吨/日,分两期建设,一期工程供水规模为2.5万吨/日,净水厂投资3000万元,水源取自东苕溪,供水范围为瓶窑、良渚两镇,受益人口13万人,工程自2001年11月开工建设,2003年1月建成通水。2004

年,11月18日,华兴立交桥建成通车。104国道与华兴路互通立交工程位于104国道与瓶窑镇华兴路南端交叉口,104国道上跨华兴路建分离立交桥,总投资约2699万元,桥梁全长约850米(包括引坡,其中桥长460米),设计标准同原104国道(一级公路标准)。该工程于2003年8月15日动工兴建,2004年11月18日建成通车,属质量目标优良工程。该工程的建成,有效消除了平面交叉带来的各种安全隐患,充分发挥104国道以及华兴路、瓶仓大道的整体效益和服务水平。2005年底,瓶仓大道(瓶窑段)竣工。瓶仓大道(瓶窑段)自瓶窑镇华兴立交与华兴路交叉点至瓶窑镇陆家场以南约350米处,南北向,总长3838米,宽52米,包括主车道、辅车道、分隔带、中央绿化带和人行道;主车道宽12.25米×2,辅车道3.5米×2,分隔带2.5米×2,人行道4米×2,中央绿化带7.5米。工程包括桥梁3座,箱涵1座,以及污水管道、雨水管道、路灯、路标等。12月28日,瓶窑镇第一条公交线路开通,起自老城区西中路口,途经12个站,终点站镇政府新办公楼。公交车采用21座空调车,共6辆车,每10分钟一班,该项目由镇政府协调筹建,区交通局承运。

2006年9月,瓶窑镇新长途汽车站启用。新汽车站位于新104国道南侧,总投资1800万元,占地1.67公顷,建筑面积3742平方米,停车泊位30个。包括站前旅客集散广场、候车大厅、办公管理用房、辅助用房及绿化用地等,集长途班车与通村公交车为一体,拥有20辆长途大巴和187辆区内公交车。2006年,全年审批建设用地项目35个,用地47.73公顷;工程项目41个,建筑面积29.26万平方米。投入260万元,实施羊城大道西延工程;投入110万元,完成里窑街、绿园路背街小巷改造工程。完成瓶仓大道扫尾,启动瓶窑南村—六财滨道路工程,启动羊山农居点建设,开展城区污水截流工程改造,新增瓶仓大道绿化面积3万平方米,硬化村级道路22公里,改造危桥33座,开通农村自来水用户1000余户,完成环卫站办公楼建设,拆除违章建筑24户、面积2045.9平方米。2008年,广场路、沿山路等几条新区道路相继完工,祥彭线整治完成。区内公交一体化工作如期完成并实现平稳过渡。3座污水泵站投入运行,新增农村自来水用户1300余户,塘埠、彭公片农民饮用水工程全面完工。超额完成区政府下达的2007年度至2008年度"绿化余杭"任务,完成绿化面积36.52万平方米,创建石濑村为义务植树示范点。2009年,长连路、花园路、杭生路等新区道路相继开工,杭长高速公路动迁工作如期推进,英雄路建成通车。新城行政办公服务区建设顺利推进,瓶窑中心派出所、瓶窑交警中队办公大楼建成启用,国税、地税、国土、法庭、供电大楼等项目在建。窑北、长命污水泵站开工建设。2010年,瓶窑城区综合办公大楼内部装修,法庭大楼、供电大楼投入使用。信达·柳郡、瓶窑新城综合市场等商贸项目开工。完成沿山路南、北两块商住用地的挂牌出让。花园路、杭生路、长连路等商贸新区道路动工并基本完成主体建设。

2011年,彭公竹制品市场建设(二期)开工,普通区90%主体完成,精品区建至二楼。新城综合市场完成总工程量的80%。杭州鼎胜实业有限公司新增哈慈雷特生产线,一期桩基进场施工,二期地块正在办理拆迁。彭公中心小学抗震设防设施及新建教学楼合并改造等项目开工。配合完成彭公片截污纳管工程、瓶窑片行政服务中心项目、省市环保水质自动站建设等区级重点建设项目。次年彭公竹制品市场二期如期完成,举办第五届杭州竹笋节暨第三届竹木工艺品博览会。瓶窑新城综合市场实现对外整体租赁。2015年,推进重大建设项目,做好羊山湾水利工程、104国道改建、良渚遗址申遗等项目土地征迁,南山大桥进场施工,协调配合绕城西复线建设工作。完善城镇道路设施,苕溪瓶窑段路灯实现全线亮灯,东兴路人行道完成改造，推进前程路西段、华兴路改造，完成南山区块8条道路地质勘查。

三、社会民生

瓶窑镇始终强化以人为本，努力做到民有所呼、我有所应，不断加强民生保障力度，让人民生活更加幸福安康。2001年以来，瓶窑镇各项社会事业取得长足发展，城乡面貌发生了较大变化，居民收入持续稳定增加，人民生活质量逐步提高，幸福指数不断提升。积极围绕民生导向，努力做到民有所呼、党委、政府有所应，民有所求、党委、政府有所为。培育和践行社会主义核心价值观，群众文化工作健康发展，自2011年以来举办瓶窑镇第七届人民运动会暨第四届老年人运动会，完成文化大礼堂建设3个，省级非遗项目——石濑花灯完成改编。完成19个村(社区)充分就业创建工作。各类养老保险参保率保持在97%以上，医疗保险参保工作全面完成。民生基建项目加快推进，北湖幼儿园、北湖小学、彭公小学新教学楼投入使用，新建镇第二幼儿园。瓶窑中学、区三院等项目开工建设。人口和计生工作稳步有序，计划内生育率稳定在99%以上。积极开展商会、工会、共青团、妇联、科协、老龄委、关工委、残联等群团组织工作，宣传、人武、爱国卫生、食品药品、红十字会等工作顺利推进。不断创新社会治理理念，建立和健全长效机制，狠抓源头治理，突出隐患整治，治理机制不断创新。深化“两网合一”运行机制，积极开展矛盾纠纷网格化排查和化解，全力消除不稳定因素。改进和加强社会管控，辖区内接处警和刑事、治安等案事件不断下降，治安形势更加平稳，管控更加有力。积极推进社会治理大联动试点工作，成立瓶窑镇大联动治理办公室，优化镇社会服务管理中心，建立社会治理联动大队，组团、“一长三员”、党员先锋队伍、志愿者队伍等配备到位并取得实效。

社会事业　2001年大力推进有线电视进村入户工程，全年新入村7个，新增用户750户；投入5万元专项资金，新建全民健身点1个；大力发展群众性文体活动，积极支持苕溪艺术团、女子舞龙队、石濑腰鼓队、西溪书画社等民间团体的活动，组织农民参加区第二届农民艺术节，获优秀组织奖、社区文艺调演优秀演出奖等奖项；组织业余体育爱好者参加区第七届人民运会，获镇乡组团体总分第七名、老年组团体总分第六名，被区政府命名为群众体育先进单位。2002年教育工作以教学为中心，全面推进素质教育为目标，狠抓教育质量，拓宽办学思路。投入400万元，用于各校基础设施的新建和改造，做到小学、中学每校都有电脑教室、多媒体教室。九年制义务教育的入学率、升学率达标。实现了浙江省社会科学进修学院在瓶窑镇境内的联合办学，完成了从幼园启蒙教育到高等学府完备的纵向教育体系建设。顺利通过“省级教育强镇”的复查验收工作。元宵节、“五一”节、重阳节组织开展大型庆典活动，营造浓厚的节日气氛；在十六大期间，举办“庆国庆，迎十六大”、“歌颂十六大，全面奔小康”等文艺演出。组织本镇文艺骨干开展“实践‘三个代表’”和《良渚遗址保护条例》文化下村文艺宣传演出，累计达22场；开展各类文体辅导，发现一批新的文艺骨干，充实原有的文化骨干队伍；添设窑山健身点等一批公益性体育设施，群众性文体活动更加丰富多彩。2003年，先后完成了镇三中教学楼、镇一小多媒体教室的模式更新、镇五小电脑教育及多媒体教室的配备等教育设施建设项目。成功举办了瓶窑镇第四届人民运动会暨第二届文化艺术节，新成立了“夕阳红”健身队、横山舞狮队和石濑舞龙队等3支文体队伍，新建全民健身苑等一批公益性体育设施。

2004年，各项社会事业协调发展。镇政府不断加大教育设施投入，改善办学条件，不断加强师资队伍建设，教育质量稳步提高。所有镇属中小学都配备了现代化教育设施。2004年，还先后完成了塘埠小学及附属工程、镇二小食堂改建及附属工程等。创建2所花园式校园，镇一中综合评价进入全区三强。元宵、国庆等节日期间,组织开展踩街、灯会、烟火、广场文艺演出和文艺专场演出等一系列大型庆典活动,同时新建了一批公益性体育设施。全面完成有线电视频道升级和村村通目标。全面实施新型农民合作医疗保险制度,参保率90.89%,完成无偿献血257人次,献血57900毫升。积极开展农村食品卫生放心店工程,确保农村食品安全。2004年,新余杭区第三人民医院建成,并于2005年1月15日投入使用。新院址地处瓶窑镇桥南新城区,医疗设施更加完备,住院大楼房间更多、房间档次更多,服务项目更加具体和多样化。新三院的投入使用,有效地改善了瓶窑附近就医难、就医条件差的状况。2004年底,新桥北农贸市场顺利竣工,并于2005年1月15日投入使用。新桥北农贸市场位于瓶窑镇大桥北路窑山东面。新建的农贸市场,极大地改善了瓶窑农贸市场的卫生状况和秩序,加快了旧城改造的进程,方便了群众的生活。2004年,全年投资40余万元,对镇区内所有破损道路进行修补,共修补路面5000余平方米,更换各类窨井盖200余只。对华兴路、桥南新村、凤华别墅区、外窑街等区域的绿化缺株进行补植,共补种绿化面积5000平方米,全镇绿化面积已达1.5万余平方米。桥北农贸市场建成并投入使用,极大地方便了市民的生活。华兴路与104国道互通立交工程建成通车;镇政府新办公大楼主体工程已完成,进入内外墙装潢阶段;瓶仓大道的路基、桥梁、排水等工程已基本完成。同时,积极做好村道建设,全年投入2350余万元,浇筑村道40公里,浇筑面积约16万平方米,新建和维修桥梁31座。加大农村改水和改厕力度,自来水总管已通入平原各村,全镇新建改建厕所2008座。

2005年,撤并1所村完小和2家幼教点。全年投入600多万元,其中260多万元为镇中、北湖中学、彭公中学铺设塑胶跑道,50多万元对镇一小实施地质灾害点治理。瓶窑新镇中已完成选址、立项、征地、方案设计。深入贯彻落实计划生育政策法规,出台优惠政策,鼓励和指导农村开展生育文化村创建活动,全镇生育文化村的创建率50%。全面应用流动人口信息管理系统,提高对流动人口的管理服务水平。成立"新博士"综艺乐团,投入资金,制作流动舞台,组织苕溪艺术团等群众性文体组织下乡巡演30余场,为农民群众播放电影100多场。在杨梅坞和新窑社区分别增设2处健身点;新型农村合作医疗参保率98.88%。新建社区卫生服务中心1家,社区卫生服务站8家,全部通过验收;创建市级卫生村2个,区级卫生村1个。至年底,压缩式垃圾中转站的生产车间、附属工程和办公楼已全部完工并投入使用。该站位于瓶窑镇新区羊城大道南侧、乌山北面,占地面积1公顷,建筑面积2900平方米,其中生产车间300平方米,办公楼及车库2600平方米,总投资400万元。生产设备主要采用上海同济远征环卫机械工程有限公司生产的TCY160型压缩式生活垃圾中转设备,最大生产能力每小时压缩垃圾200余立方米。

2006年12月,瓶窑镇被浙江省体育局命名为浙江省体育强镇。是年,镇投入资金10多万元,成立乒乓球俱乐部。投资25万建灯光球场,占地100平方米。投资5万元建老年门球场,占地400平方米。投入100多万元,改造文体艺术中心,配备图书1万多册,新增电子阅览室、国民体质监测站、书画社、活动室等设施。新建窑北、塘埠、南山等14个健身苑和彭公、塘埠、窑北等3个村级篮球场,改建塘埠、窑北、奇鹤等乒乓球室5个,成立乒乓球、太极拳、棋类等5个体育协会。4月28—10月30日,瓶窑镇举行第五届人民运动会。运动会设田径、球类、棋类、飞镖、拔河等14个大项21个小项,来自各村、社区、机关、学校、企事业单位的50个代表队,2000余名运动员参加了比赛,比赛产生金牌78枚,银牌77枚,铜牌74枚。5月28日,"日通杯”乒乓球世界冠军对抗赛在瓶窑镇政府会议中心举行。中国乒协主席徐寅生,省政协副主席李青及区有关领导到场观赛并颁奖。原中国乒乓球队总教练许绍发、乒乓球奥运会冠军吕林、郭跃华、陈新华等到现场观战,并为现场观众表演别开生面的“乒乓小品”。乒乓球世界冠军张怡宁对抗孔令辉。2006年,被评为浙江省健康教育示范镇,通过浙江省体育强镇验收。全年举办各类文化活动40次,文化下乡20次。改建文体中心,新建灯光篮球场、门球场;成立乒乓球、太极拳、棋类协会等5个体育组织;出版《窑山》杂志和首届“名师杯”书法绘画作品比赛获奖作品集;完成5700多户的有线电视模拟信号转数字信号。有3.5万余人参加新型农村合作医疗保险,参保率99.13%,体检参合农民1.83万人,被区政府评为农村新型合作医疗工作先进单位。生育文化村创建率88.33%。

2007年,瓶窑镇创建成为省级健康教育示范镇和全国亿万农民健康促进示范镇。镇第二中学成为省级“健康促进”学校,镇第三小学通过绿色学校验收。高标准、高质量建设新镇中,民办文华幼儿园转为公办。投入公共卫生事业经费416.7万元,新型农民合作医疗参保率99.5%,完成农民健康体检任务。合并14家社区服务站为11家。中、小学校“体育与健康”开课率100%。举办瓶窑镇第三届文化艺术节,获得“轻纺原料”杯全国秧歌舞大赛两个二等奖。开通图书“一证通”工程,实现瓶窑镇与杭州市内各图书馆书籍流通。出版《窑山》杂志第二期。塘埠村刘老泉制伞被列入浙江省第二批非物质文化遗产名录,并被区政府命名为非物质文化遗产传承基地。完成广播电视“村村通”工程建设,开展文化市场专项检查12次。新增生育文化村2个,新建企业计生协会7家,全镇计划生育率99.18%,人口出生率11‰。2008年6月26日,瓶窑镇通过国家卫生镇复评。该镇于2004年12月被全国爱国卫生运动委员会命名为国家卫生镇,是杭州市首个国家卫生镇。9月1日,瓶窑镇第一中学新校区启用,该校区投资1亿元,占地6.67公顷,建筑面积4万余平方米,可容纳54个班、2000余名学生。每个教室均配备多媒体教学系统,图书科技楼有20余个专用教室。2009年,11月22日,瓶窑镇举办第六届人民运动会暨第三届老年人运动会。运动会设田径、球类、棋类、拔河、飞镖等15个大项30余个小项。全镇13个村、5个社区及企事业单位,3000名运动员组成40支代表队参加比赛。2010年12月,社区卫生服务中心启用。该项目由原余杭区第三人民医院改建,投资2000多万元,占地1.1公顷,承担着13个建置村、5个社区约10万名流动人口的医疗、预防、保健、康复、健康教育、计划生育技术服务六位一体功能。中心下设11个社区卫生服务站点,能提供基本医疗、健康咨询、计划免疫、预防保健、康复医疗、计划生育、慢性病随访等服务,免费为社区居民建立电子健康档案。2011年,社会事业全面健康发展。社区卫生服务中心通过省级示范验收,建成标准化社区卫生服务站11个。举办建党90周年等重大庆典活动,“良渚鼓韵”于10月31日良渚论坛瓶窑分会场开幕式首次演出。青年服务中心建设项目完成筹备工作。做好计划生育技术服务,计划生育率为98.75%。全面完成一门式大厅新建、改建工作,做到所辖18个村、社区均设有一门式服务大厅,方便群众办事。2011年9月,瓶窑镇社区卫生服务通过验收,成功创建为浙江省级规范社区卫生服务中心。中心先后投入2610.78万元,占地面积0.92公顷,建筑面积达7461.42平方米,于2010年12月31日运行。该中心设置基本医疗区、预防保健区、行政办公区、医疗康复区、健康体检区;实施收支两条线和国家基本药物制度,并实行药品“零利润”销售。2012年,改造彭公中心小学,新建北湖幼儿园,维修中心幼儿园。做好计划生育服务,稳定低生育水平在99.25%以上。奇鹤村成为全区唯一的全国人口计划生育基层群众自治示范村。瓶窑成校成为杭州市首个“成人教育科研基地”，培育区级名校长、名教师各一名。巩固落实“清洁余杭”及国家卫生镇创建长效管理机制，开展病媒生物防制、妇幼保健和农民健康体检工作。承办全国小戏小品大赛、杭州市第二届传统戏剧曲艺巡回演出、区第五届艺术节。成立镇级文化交流平台——窑山学社，举办“风雅瓶窑”美术作品展，启动省级非遗项目——余杭纸伞展示馆建设，西溪书画学会获“浙江省视觉艺术优秀创作群体”称号。新增1个省级体育先进社区和5处健身场所。5月10日、11日，省爱国卫生运动委员会办公室对瓶窑镇进行为期两天的国家卫生镇复查，通过听取汇报、查阅台账资料、现场实地查看、调查问卷等形式，分组对瓶窑镇爱国卫生组织管理工作、卫生监督、社区卫生与镇辖村卫生、环境卫生与环境保护、疾病预防与控制、病媒生物防制、健康教育等情况进行了解和检查，并对检查情况进行反馈，同意瓶窑镇通过省级复查。2013年，南山摩崖石刻造像升格为国家级文物保护单位。瓶窑镇创建为省级体育特色乡镇。举办“相约周末”“送戏下乡”等群众文体活动，《窑山风情》获浙江电视台排舞邀请赛一等奖，《母亲的生日》获得区廉政小品一等奖、2013年杭州群众文化节金奖。举办各类竞技体育活动，并承办全区排舞选拔赛和围棋擂台赛。翁素萍获得“省百名群众文艺带头人”称号，房金泉成为余杭纸伞省级非物质文化遗产传承人。按照全省“4+X模式”，推进奇鹤、石濑文化礼堂建设，并通过区级验收。开展中共十八大、“传递正能量”等主题宣讲活动。结合文明素质工程，各创建单位开设“道德讲堂”，以身边人、典型事进行公民思想道德教育。更新塘埠、北湖、彭公等校舍及教学设备，并通过市级学前教育先进乡镇创建。启动与文澜中学二期办学合作，全镇中考录取率再创新高。通过国家卫生镇复评。全年共举办健康巡回知识讲座30场，学校卫生知识课普及率100%。承担国家“十二五”科技支撑计划——流动人口生育调查试点，建立慢病首席医生制。建成1000米健康慢步道，南山、奇鹤慢病管理示范村创建成效显现。开展集居儿童及农民健康体检活动，试行全科家庭医生签约服务，启动造血干细胞库建设。做好病媒生物防治，开展灭“四害”活动，通过区级“灭鼠先进镇”复评。开展各类清洁大行动，做好农村改水改厕工作，推进“美丽瓶窑”建设。10月10日，由区药品安全示范区（镇、街道）创建工作领导小组各成员单位联合组成的考核验收组，对瓶窑镇的杭州市级药品安全示范镇创建工作进行考核验收，瓶窑镇通过区级考核验收。考核过程中，验收组听取创建工作汇报、查阅创建相关资料，现场检查药店、药房并进行问卷调查。2014年，北湖小学改建、中心幼儿园塘埠分园扩建和瓶窑镇第一小学崇化校区教学楼等学校基础设施建设项目完工，初中、小学均成为省义务教育标准化学校。彭公中心学校40名“学生警察团”参加中央电视台“警营探秘”栏目实景拍摄。镇各中小学、幼儿园食堂接受量化等级评定和“阳光厨房”验收。举办瓶窑镇第五届文化艺术节。组队参加余杭区第十届人民运动会，获篮球赛镇（街道）组季军。新窑社区选送的舞蹈《中国美》在区人力社保局组织的文艺汇演中获第二名。举办瓶窑镇第五届职工飞镖比赛。举办以“文明出行、安全上路，交通文明宣传”为主题的文艺演出活动。开展“五好文明家庭”“平安家庭”评选申报工作。盛玉皎入围杭州市第十届道德模范候选人。丁春梅、刘彩凤获得区“三八红旗手”称号。瓶窑镇成人文化技术学校的竹产业培训基地获2014年全国“终身学习活动品牌”称号。举办为期27天的余杭纸伞培训，4名学徒成为省非物质文化传统手工艺新的传承人。举办成校竹制品编织培训活动。瓶窑镇获全省小城镇大文化示范十大样本镇称号。2014年4月18日—12月31日，瓶窑镇举办第五届文化艺术节。艺术节包括排舞比赛、声乐比赛、余杭纸伞培训、民间艺

图 4-5 浙江省副省长王建满、余杭区委书记徐文光调研彭公 104 国道整治成果(2014 年)

术及花卉展示、书画摄影比赛、征文活动、锣鼓比赛以及南山舞狮恢复、石濑花灯改编 9 项内容。2015 年,完成北湖小学教学楼和室外工程,瓶窑镇第二幼儿园、瓶窑镇第一小学崇化校区第二教学楼主体结顶,中考成绩名列全区第三。举办瓶窑镇第七届人民运动会暨第四届老年人运动会、瓶窑镇滚灯操大赛,完成文化大礼堂建设 2 个,开展文化下乡演出 12 次,《窑山风情》获中韩文化艺术交流活动金奖,改编省级非物质文化遗产项目——石濑花灯,南山彩狮完成抢救性保护复原。

社会治理 2003 年,加强治安队伍建设,建立外来人口管理办公室,加强外来人口管理,组织机关、部门和各有关单位党员干部进行夜间巡逻,有效地遏制了各类刑事案件的发生 2004 年,以开展"平安瓶窑"创建活动为载体,维护社会稳定为落脚点,推行"三级联创"机制,切实抓好综合治理的各项工作;加强治安队伍建设,加强外来人口管理工作;成立收旧拾荒管理服务站,规范收旧拾荒人员行为。次年,刑事案件发案率比上年下降 3.8%,破案率比上年上升 4%。完善出租屋及外来务工人员管理工作,与出租户签订治安责任书 1529 份。2006 年,受理纠纷 288 件,调解成功 284 件,成功率 98.6%;处理法律咨询 78 起。2007 年,开展法制宣传教育活动 28 场次,受教育 8 万余人次。刑事案件发案 558 起,破案 248 起,破案率 44.4%,接待来信来访来电(含交办)353 件。2009 年,全年共受理群众来信、来访、来电 852 人次,其中网上信访受理各类信访事项 236 件。2010 年,瓶窑镇成立第六次全国人口普查办公室,落实工作小组成员 111 人,指导员 96 名,普查员 331 名,业务骨干 18 名;划分普查小区 343 个,虚拟小区 6 个,共 349 个,为户口整顿、清查摸底提供了准确的定位依据。10 月 30 日 20 时至 11 月 1 日零时,全镇开展"零点行动",对行政管辖区范围内居无定所的流动人口实地了解并登记尚未登记的外来流动人口。全镇普查员深入一线,在普查登记时间阶段内的 10 天时间内,按时保质完成 8.9 万余名普查对象的登记工作。2011 年 10 月 28 日,瓶窑镇"数字城管"启动仪式举行,标志着瓶窑镇城镇管理工作向数字化、信息化、现代化迈进一步。整个系统共划分为 145 个单元网格,网格覆盖面积 2.3 平方公里,共测得 21384 个城市部件信息。建设内容包括地理信息、指挥大厅、视频监控、专用网络、综合业务。2011 年 10 月 17 日,"六五"普法暨民情联系网与综治网"两网合一"启动仪式举行,就"六五"普法、依法治理工作进行动员。"六五"普法主要是进一步提高领导干部依法执政能力,进一步增强公务员依法行政和公正司法能力,提高全镇法治化管理水平。同时,整合综合整治网和党员网格化管理,创新社会管理,发挥基层党员干部的积极性。2012 年 3 月 6 日,瓶窑行政服务中心暨市民之家启用,中心建筑面积 12434 平方米,整体进驻国土、环保、劳保等 6 个基层站所,集中工商、房产、林水、交通等 14 个行政审批部门,供电、水务、电信等 5 个公共服务部门,以及中介、银行等配套服务部门的办事窗口 56 个,集中办理 216 个审批和服务类事项。2013 年,拆违目标任务为 140168 平方米,实

际拆除479处,面积173896.53平方米。完成奇鹤村一个村共384户"无违建"工作,截至2013年年底共整治拆除"一户多宅"13户,按标准要求完成380户的创建工作。2013年重点整改部级卫片遥感发现的问题28处(面积4.01公顷),拆除违建9260平方米。"四边三化"方面,整治拆除广告牌23处,重点拆除104国道彭公段马路市场60334.9平方米,祥彭线废品收购整治拆违1000平方米,瓶仓大道整治拆违500平方米。2014年,推出流动人口服务管理新举措,提高流动人口登记率。开展食品安全百日严打行动。2014年,瓶窑镇人民政府被评为2013年度杭州市数字城管工作最佳配合单位。全年共解决问题10950件,月平均解决问题913件,问题解决率100%,及时解决率99.31%。2016年,始终坚持"大党建统领、大联动治理、大会战决胜",积极履行主体责任,发挥村社主体作用和党员主体意识,统筹协调,上下联动,全面落实服务保障职责。基层公共安全综合整治成效明显,"1+7"专项整治顺利推进,食品安全、瓶装燃气、出租房、电动自行车等管理日益规范。杭长高速入城口整治、瓶仓大道整治、祥彭线整治等工作全面完成。3100名平安志愿者参与巡逻、卡点值守等服务保障工作,辖区消防、重点人、事、物、场所等管控到位,平安意识深入人心,被评为浙江省服务保障G20杭州峰会先进集体。2015年,劳动监察投诉结案165起,开展居家养老、优抚安置、关爱残疾人等工作。配合良渚遗址管委会申遗工程,完成零星拆迁5户、征地17.77公顷,申遗农居点完成分房和水电管线等基础配套工程546户。推进社会治理大联动试点工作,按照"王"字治理结构新模式,成立瓶窑镇大联动治理办公室,优化镇社会服务管理中心,成立社会治理联动大队,下设直属机动中队和长命片、北湖片、彭公片、城区片4个综合管理中队。重新定义网格长、巡查员、参与员和指导员等"一长三员",147名机关干部担任指导员,1652名党员为巡查员,889名群众为参与员,19个组团开展联村工作并全部下沉到网格。成立"五水共治"、"三改一拆"、防洪抢险、森林防火、治安巡逻等党员先锋队伍86支,维权帮扶、技能推广、医疗服务、心理健康辅导等志愿者队伍103支。

社会保障　切实关心困难群众日常生活,不断完善社会保障制度,确保困难群众基本生活权益,以多渠道、多形式将送温暖活动深入开展。2002年,补助资金20余万元对镇内20户困难群众的危房进行改造,除文保区外,全部入住新房。岁末又在全镇范围内开展送温暖捐款活动,收到捐款25万元。在"春风行动"中,政府和各群众团体都行动起来,慰问贫困党员95名、困难群众567名,切实有效地帮助了困难群众,取得了良好的社会效益。2003年,全镇各单位共捐款40余万元,对困难群体给予帮助。2004年,全镇有535户、1288人纳入城镇和农村低保;有120余户得到助学资金,计20余万元;出资36万元,帮助37户困难户改造、改建危房;投资200多万元,新建敬老院。多渠道、多形式安置退伍军人28名。完成规模调整村村民委员会的选举工作。石濑村通过杭州市文明村复评,彭公村、石濑村通过整治村验收,窑北、瓶窑等5个村通过省级卫生村验收。新窑和杨梅坞社区成功创建区一级示范社区和绿色社区,里窑社区成功创建杭州市特色社区和余杭区文化社区,华兴社区办公大楼动工建设,有3个社区实施了老年星光计划。2005年,投入24万元,帮助27户困难户完成危房改造;有578户困难家庭享受最低生活保障;发放助学金26.82万元,受助贫困学生342人;五保户集中供养率89%。安置18名残疾人就业,成立4个社区残疾人协会。2006年投入15.93万元,完成危房改造16户;483户困难家庭享受最低生活保障;发放助学金5.16万元,65名贫困学生受助;五保户集中供养率100%;安置14名残疾人就业;建成生态墓地10座,搬迁坟墓1331座。2007年,开展充分就业社区创建活动,3个社区通过杭州市级考核。对509户低保户发放最低生活保障金145.85万元，对316户贫困家庭发放临时救济金24.08万元；慰问困难中共党员、困难家庭683户，捐赠慰问款34.65万元；对173名困难学生发放助学金31.02万元；对3253名老年人发放生活补助金；对150名水库移民进行每人每年600元直补。2008年，发放各类低保金135.28万元，发放困难群众物价补贴62.93万元，发放医疗补助金4.73万元。推荐“4050”人员就业356人次，121人实现再就业。完成8个村的农村新社区建设。2009年，全年发放各类低保金211万元，救助金80万元。城乡居民合作医疗参保率99.7%。完成农民健康体检21401人，妇女病普查12079人，计划生育率98.98%。2010年共实现844人就业，新窑社区达到省充分就业示范社区标准，石濑村被列为全省劳动保障基础信息平台建设试点单位，瓶窑镇成为全区首批扶残助残爱心乡镇之一。全年共发放各类救助资金近190万元，对13户农村困难户实施危房改建，17个村(社区)建立“一门式”服务大厅。全面实施工资支付保证金制度，74起投诉案件结案率100%。2011年，新建18个居家养老服务站和3个老年食堂。完善分层分类的救助管理体系，发放低保金800余万元，发放医疗救助金44万元。南山养生苑项目有序推进，完成测绘、评估及规划论证文本设计。加强城乡居民基本医疗保险参保工作，全镇共有27560人参保，参保率达99.47%。通过创建充分就业乡镇工作考核，完成城镇失业人员、土征农转非人员就业再就业任务和农村富余劳动力转移任务。继续落实退休人员社会化管理，组织退休人员参加体检，体检率达90%。举办企业劳动力招聘会，71家单位提供岗位1900余个，成功就业470余人。5月15日，余杭区第21次全国助残日活动在瓶窑镇初级中学体育馆内举行。这是余杭区首次将助残日活动的现场放在中心乡镇，也是瓶窑镇首次承办助残日活动。活动现场赠送轮椅、助听器、假肢等康复器材近百件；人力资源交流会上成功达成用工意向的残疾人有60多人。现场还设置电信、移动公司的爱心套餐办理点以及残疾人法律法规咨询点。2012年，建立瓶窑镇首个居家养老照料中心。城乡居民医疗保险参保率99.64%，连续两年获区城乡居民医疗保险工作先进单位。完成2012年度镇级助学金调查，实际发放助学金106000元，受助学生50人。对处于低保标准150%以下的245户低保对象及63户农村困难家庭进行临时性生活补助，为27户困难家庭实施危旧房改造。涉及393户居民的桃园小区完成立面整治。仁爱家园瓶窑工疗站投入使用，截至2013年年底站内共有工疗员28名。围绕“就业优先”，举办春风行动人力资源招聘会，430多人达成就业协议；实现农村富余劳动力就业转移450多人。农村及城镇职工医保参保率分别达88.08%和99.6%，退休职工体检率达87%。重新核定低保家庭情况，并做好困难救助与补助；建立60周岁以上农村退伍兵信息库，落实各项优抚政策及待遇。探索为老服务新模式，推进“96345”便民服务中心进社区，近400名老人享受到政府免费服务。完成12户困难家庭房屋改造，做好三峡移民补偿款发放；完成困难学

图4-6　瓶窑镇政府为70岁以上老年人发放生活补助仪式(2010年)

生情况调查,发放各类助学资金35万元。深化残疾人就业补助计划,开展残疾人实名制调查,建立残疾人志愿服务队,吴大德一家获区级“爱心家庭”称号。瓶窑公共自行车系统投入使用,羊山农民多层公寓二期完成主体建设,北湖小学改扩建和长命港片中小河道整治正在施工。多层公寓二期完成主体建设,北湖小学改扩建和长命港片中小河道整治正在施工。2013年12月,瓶窑镇通过杭州市扶残爱心乡镇的验收。2014年,19个村(社区)全部完成充分就业村(社区)创建。城镇失业人员再就业746人,转移农村劳动力150人,城乡居民基本医疗保险参保率99.8%。完成困难家庭房屋改造11户,发放助学金31.7万元,586名老人享受政府提供的免费服务,开展残疾人康复、培训、维权及工疗站建设等工作。举办2014年“春风行动”人才资源招聘会。完成冬季退役士兵报到接收工作,共接收冬季退役士兵27人。开展2015年度低保家庭调查工作。2015年,19个村(社区)全部完成充分就业建设工作,城镇失业人员实现再就业人数650人,转移农村劳动力156人。各类养老保险参保率达97%,医疗保险参保工作全面完成。发放各类补助、救助、慰问资金310余万元,新增低保家庭30户。

四、政务环境

2010年以来,加强镇村干部队伍建设,强化干部教育和培训,积极贯彻学习中共十七届四中、五中全会精神,区委十二届历次会议精神。扎实开展创先争优活动和三力提升活动,以虚促实,镇村干部综合素质进一步提高。完成机关大院改造,进一步改善干部工作环境。努力提高政府服务水平和行政效率,落实政府采购、项目招投标等制度,财政性建设项目、专项资金管理和审计工作得到加强。严格执行各项廉政规定,党风廉政责任制建设进一步增强。自觉接受镇人大及其主席团的监督,进一步密切与工会、共青团、妇联、老龄委、关工委等群众性组织的联系,发挥他们在四个文明建设中的桥梁纽带作用。

依法行政　2001年以来,深入推进依法行政,重大事项严格实行民主决策。深入开展“四五”普法、“五五”普法和“三五”依法治区宣传教育活动,全民法制观念全面提高。深化党风廉政建设,建立完善党风廉政建设责任制,从源头上预防和治理腐败。认真实行政务、村务公开,加强民主理财工作,确保镇、村干部权力在阳光下发挥,镇、村重大事项在阳光下运作。

2015年,落实重大行政决策程序,推行政府法律顾问制度,开展政府工作人员学法活动。主动向镇人大报告重点工作,自觉接受镇人大法律监督,高度重视人大代表建议办理。及时依规做好政务信息公开,政府工作透明度不断提升。

作风转变　2001年以来,扎实开展党政机关保持共产党员先进性教育活动,深入推进机关效能建设,切实转变机关工作作风,建立机关干部管理考核、联村、汇报等各项制度,机关工作效能明显提升。积极推进机关、部门的信息化建设,党政专网实现通村,进一步提高了工作效能。对内制定和完善各项财经制度,做到令行禁止,纪律严明,树立廉洁、高效、务实的政府形象。2005年,加快转变政府职能,政府服务水平和行政效率进一步提高。切实执行政务公开,落实政府采购、项目招投标等制度,财政性建设项目、专项资金管理和审计工作得到加强。扎实开展“作风建设年”活动,“解放思想大行动”“树新形象 创新业绩”主题实践活动,严格执行各项廉政规定,党风廉政责任制建设进一步增强。2013年,全力贯彻落实关于改进工作作风、密切联系群众的中央“八项规定”和省、市、区有关工作要求,将作风建设贯穿全年。深化机关干部联村联企联户“三个一”工作制度,落实“包村联户、住夜值班”制度,坚持领导干部每周进村入企访户调研,着力协调项目建设、“三改一拆”、社会保障等重点难点问题;大力整顿文风会风,节俭办会,取消了人民运动会开幕式和新春挂历、贺卡印制等开支,将节约资金用于扶贫帮困等民生事业;严格规范三公开支,落实部门办公经费包干制度、公务接待用餐制度等,“三公经费”下降了20%以上;集中组织镇村干部开展廉政教育活动,做到预防在先,警示在先。

2014年,实行“工作交办清单制、工作进程督查制、工作绩效亮分制”,强化督查、考评和问责导向,提高政府执行力。进一步完善公务接待、政府采购、财务管理等制度,确保资金使用合理规范。2014年,严格执行机关干部考核办法、村(社区)工作考核办法。严肃处理违反上班纪律、会议纪律的行为,对个别干部进行诫勉谈话。2014年,严格规范“三公”开支,全年“三公”经费同比下降17%。规范项目招投标、验收、审计等环节,推进小额公共资源交易平台建设。在项目公开招标中大力推行“明标抽签法”,确保公共资源阳光交易,共完成各类交易46宗,交易总额1978万元,节约预算资金349万元,节约率15%。深化固定资产(资源)信息化和条形码管理工作,全面清查盘活镇属存量土地、房屋,为有效开发利用打下基础。2014年,围绕“为民务实清廉”主题,深入开展党的群众路线教育实践活动,建立民意收集反馈机制和干部直接联系服务群众机制。不等不拖、立行立改,切实解决一批涉及经济发展、基础建设、社会民生等方面问题。严格执行联村、联企、联户“三个一”制度,并作为联系群众的长效机制。制定以议事制度、工作制度、财务制度、内部管理制度为主的制度汇编,下发至每位干部。2015年,扎实开展“三严三实”专题教育活动。定时间、定主题、定标准开展“组团联村(社)”工作,切实解决群众所需、推进重点工作。实行“工作交办清单制、工作进程督查制、工作绩效亮分制”,强化督查、考评和问责导向,提高政府执行力。进一步完善公务接待、政府采购、财务管理等制度,确保资金使用合理规范。

2011年9月28日,中共瓶窑镇第十三次代表大会确立今后5年“建设西部重镇、打造北秀明珠”的奋斗目标,力争到2015年末综合实力位居余杭区前列,实现发展方式和领导方式的转变,达到新型工业化进程、开放型经济、统筹城乡发展3个突破,确保群众生活水平、幸福指数、文明程度和对政府的满意度4个提升。

2016年11月,中共瓶窑镇第十四次代表大会厘清政府服务和群众自治界限,深化基层自治机制,提升村社自治能力,夯实基层稳定基础,努力实现“机制健全、党员带头、群众自治、和谐稳定”的社会治理新高度。一是深入实施社会治理大联动机制,围绕党建统领,坚持党建+治理,立足网格,充分发挥“一长三员”作用,持续探索“镇里牵头、条线执法、力量整合、工作联动”的属地化管理模式,不断完善长效机制。进一步完善综合执法联席会议、联动大队巡查处置、网格社会服务管理等管理制度,通过制度固化大联动工作内容、流程等,加大派单、处置等运行力度,切实发挥大联动作用,使之成为社会治理新常态。二是全力夯实平安基础,巩固G20服务保障成果,构建村社“群防群治、安全自治”新氛围,深入推进社会综合治理长效机制,构筑打防管控为一体的社会治安防控体系。强化重大事项社会稳定风险评估,提高网络舆情应对和公共应急管理水平。依法规范信访行为和维护信访秩序,深入排查化解矛盾纠纷,提高公众安全感和满意度。加强常态化管理,严防各类安全事故发生。

管理创新　2004年1月,瓶窑镇召开第十三届党代会二次会议,拉开全区镇党代表大会年会制的序幕。年会的基本内容,包括听取和审议镇党委、纪委工作报告;听取镇党委领导班子及其成员述职述廉,进行民主评议;听取代表提案、提议办理情况的报告。2016年,提出大党建统领:1. 党建责任落实到位。切实把党建工作摆到全局工作的中心位置。落实党建主体责任，履行基层党建工作“责任清单”，加强底线管理，发挥基层党组织领导核心作用。党的群众路线教育实践活动成果丰富，党员干部宗旨意识进一步增强，干群关系进一步密切，班子民主氛围进一步浓厚，“四风”整改长效机制进一步确立，累计走访家庭16876户，走访企业895家次。“三严三实”活动深入开展，镇领导班子深入查摆问题、剖析根源，认真开展批评和自我批评，明确改进方向和整改措施，积极向上、干事创业、风清气正的政治生态进一步形成。“两学一做”全面推进，围绕“突出引领示范，建立联络机制，助力中心工作”三个重点，各项工作成效显著，讲授各类党课100余堂，1600余名党员志愿者主动参与“五水共治”、“三改一拆”、峰会保障等工作当中。2.基层基础逐步夯实。积极做好“党建+”文章，始终贯穿党建这根红线。推动村级组织换届选举，不断增强基层组织的战斗力、凝聚力。全面推进“先锋指数、堡垒指数、服务指数”考核机制。加强网格支部建设，重构框架、统一思想、规范建设，103个网格支部阵地建设全面完成，“五个一”机制和“五上门”活动深入开展，党员主体意识普遍提高，1652名党员巡查员联系18000余户居民。深入开展“组团联村”活动，积极发挥组团在指导、协调、帮扶等方面作用。抓好软弱落后党组织整转，按时间节点加大整转力度。完善保障机制，党建经费纳入财政保障体系，减轻基层组织运行资金压力。对45个“两新”组织实行动态管理。每月召开基层党建工作分析研判例会。规范干部培养，实施育苗计划，出台《瓶窑镇后备干部选拔培养管理办法》。规范党员管理，深化在职党员“双报到”，把好党员“进出口关”，严格执行党员发展“十项制度”，发展党员256人，严格党员先锋指数考核办法，处置不合格党员18人，延长或取消预备党员转正4人。3.党风廉政建设持续加强。严格落实党风廉政两个责任和领导干部“一岗双责”，加强党员干部谈心谈话，深入开展廉政警示教育，切实增强廉政意识。严格执行中央“八项规定”，贯彻落实省委“28条细则”、“六个严禁”、“30条意见”，出台干部考核等制度性文件。认真做好村级廉情预警工作。加大反腐倡廉查处力度，办结信访举报133件，查处党员干部违纪违法案件30件，开除党籍9人。

发挥社会组织作用 2010年，瓶窑镇团委作为团中央关于乡镇街道团（工）委组织格局创新工作的试点，是全区唯一的团中央试点单位。通过“两推一面试一竞选”方式，成功增选4名行政编制外镇团委副书记，建立镇党委青年联系会议制度等5项工作运行机制，实施“八个一批”工作内容，完成5个子项目，分别是组建瓶窑镇机电类工业企业团组织联合会项目、瓶窑镇青年就业创业俱乐部项目、建立青少年法制教育基地和青少年心理健康咨询专家团项目、瓶窑中学与社区团组织联合会项目和“绿盾”青少年视力健康干预项目。2010年，石濑村作为余杭的试点单位，将创建工作与网格化管理、组团式服务、片组户联系活动有机结合。该村结合地理位置特点、人口数量、居住密度，把全村分为石濑与翁家村两个片（区块）。石濑片下辖6个工作小组，共有69名党员分别与463户村民结对联系；翁家村片下辖4个组，共有54名党员与365户农户结对联系，搭建成一张“横向到边、纵向到底”的覆盖全村的信息平台。2011年4月，瓶窑镇团委创建成为浙江省级“五四红旗团委”，为余杭区第一个。瓶窑镇团委于2009年12月增配4名行政编制外副书记，建立并实施镇党委青年联系会议制度等5项工作运行机制，找准镇团委功能定位，设计实施“八个一批”注工作内容，在团的自身建设、服务青年和项目管理工作上有新的突破。（“八个一批”：组建一批区域共建组织、明确一批重点工作项目、深化一批各专业类别的志愿者队伍、培育一批青年社团、培养一批青年人才、整合一批工作资源、完善一批规章制度、建立一批便于联系服务团员青年的网络平台。）

第三章　群团组织

20世纪20年代后，境内相继建立农民协会、共产主义青年团和妇女协会等人民团体，各政党为壮大自身力量，发展民众运动，支持各群众团体开展活动。1949年5月余杭县、杭县解放后，在中国共产党领导下，工会、共青团、妇女联合会（简称妇联，下同）等群众团体和其他社会团体相继成立。群众团体根据中国共产党在不同时期的中心任务，发动、组织、教育群众，投入社会主义革命和建设事业，发挥党和政府与群众联系的纽带和桥梁作用。“文化大革命”期间（1966年—1967年），各团体被迫停止活动。1978年中共十一届三中全会后，各团体以经济建设为中心，结合当实际及各自特点，团结群众开展各项工作，为社会主义三个文明建设做贡献。工会组织服从服务于改革、发展、稳定大局，维护职工合法权益，建立帮困保障机制，依法协调劳动关系，创建职工之家。共青团组织以塑造“有理想、有道德、有文化、有纪律”的“四有”新人为目标，以服务党的中心工作、有利于青年成长和时代发展需求为出发点，开展“学雷锋、树新风”、争做“新长征突击手”、岗位实践和社会实践教育活动，引导青少年树立正确的人生观和价值观。妇女组织开展“双学双比”（学文化、学技术、比成绩、比贡献）及“巾帼建功”等活动，提高妇女综合素质，努力培养跨世纪女性人才。发挥妇女民主参与和民主监督作用，维护妇女儿童合法权益。

第一节　工　　会

民国23年（1934年），余杭县苕北镇撑挖业工会成立，常务理事金阿良，理事蒋惠春、徐荣生。民国34年（1945年），组建杭县挑挽业工会，理事长为戴友发，理事陈慎言，秘书朱笔行。下设5个小组，136人。第一组又称拢货班，前身聚德堂。第二组又称么埧扛柴班，前身金结堂，建于民国元年（1912年）。第三组又称车路找柴班，前身是装卸班，建于民国16年（1927年）。第四组是装卸班，建于民国34年（1945年）。第五组是在上窑片，属余杭县苕北镇（解放后划归瓶窑镇），前身是永庆坊和三元坊二坊合成。小组间由于业务不同，工资分配和制度多不相同，1950年合并成立瓶窑镇码头搬运工会。

民国36年（1947年），余杭县苕北镇撑挖业工会改名余杭县苕北镇竹木撑挖业工会，理事长张掌林，理事蒋德鑫、张雨林、金妙泉。1949年5月3日，杭县、余杭县解放，同年9月苕北镇成立竹木撑挖业职业工会。会长陈阿金，付会长沈香林。有会员136人。

1952年成立并召开镇工会第一次代表大会，依法选举产生第一届工会委员会。“文化大革命”期间，镇工会日常工作由工人代表大会替代。至2012年6月共召开十三届工会代表大会。镇工会作为镇乡的群团组织，在镇乡党委和区总工会的双重领导下，独立自主地开展活动，还督促和指导各行业分散在镇上的系统基层工会，组织开展地区性活动。2000年9月，据余杭市编委发出《关于镇乡配备专(兼)职工会干部的通知》,镇配备1名工会干部。2004年9月,据区委《关于进一步加强镇乡(街道)工会工作的意见》,实行工会代表大会常任制,建立镇总工会,每年召开一次工会代表大会,并实行工会正副主席及委员均由代表大会直接选举产生。

一、组织机构

1950年6月,余杭县所属瓶窑西半个镇划归杭县管辖,余杭县苕北镇竹木撑挖业职业工会更改为杭县瓶窑镇搬运工会竹木撑挖业委员会;永庆坊、三元坊工会更改为杭县瓶窑镇码头搬运第五组。搬运工会成立,由5个组组成,有会员136人。11月,杭县瓶窑镇码头搬运工会开办工人业余夜校,全部工人报名入学。从此月起按工人所得工资提取15%作为生活福利费、添置工具费。是年底,镇工会筹组建立,由王涛、金爱民、凌庚申等人负责。1952年召开镇工会第一次代表大会,依法选举产生第一届工会委员会。主席杨志祥,副主席岑宏章,委员祝仁松、凌庚申、吴西三、杜恩德、吴樟根。所属基层工会有店员工会、撑挖业工会、码头搬运工会、掮车工会、手工业工会5个。

工会代表大会 1954年,工会代表大会召开,依法选举产生新一届工会委员会。主席叶永惠,付主席章顺林、岑宏章,委员胡永涛、张松涛、刘炳生、胡冬莲(女)。所属基层工会有供销社工会、排运工会、搬运工会、小车工会、农机厂工会、建筑工会、砖瓦社工会、竹壳厂工会、粮管所工会、食品站工会、航运站工会、瓶窑小学工会,共计12个。

1964年,余杭县瓶窑镇第三届工会代表大会召开,依法选举产生新一届工会委员会。主席张徐来,副主席徐锦镛、岑宏章,委员沈世文、尤志庆、胡观生、虞秋根、周阿有。

1973年10月,余杭县瓶窑镇第四届工会代表大会召开,依法选举产生新一届工会委员会。主席吴跃华,副主席何甫仪、程杭育,委员王银水、岑宏章、姜昌连、周阿有、赵莉莉(女)、任炳荣、吴建国。1970年4月29日—1975年12月,由于"文化大革命"的镇工会日常工作由工代会替代。工代会组成人员:何甫仪、王洪堂、夏志新、张金法、徐高德,组长何甫仪,副组长王洪堂、夏志新。

1979年11月,召开余杭县瓶窑镇第五届工会代表大会,依法选举产生新一届工会委员会。主席傅阿惠,副主席王银水,委员黄同庆、吴玲芬、洪净芳、任炳荣、岑宏章、陈粉宝、周阿有。

1982年12月17日,余杭县瓶窑镇第六届工会代表大会召开,依法选举产生新一届工会委员会。主席张徐来,副主席邬如产、黄国庆、朱跃山,委员吴玲芬、陈粉宝、赵如万、吴维姣、陈来兴、王银春、李望生、宋攸耿、周森林。

1986年5月,余杭县瓶窑镇第七届工会代表大会召开,依法选举产生新一届工会委员会。主席邬如产,副主席李望生,委员闻政洪、张明山、纽国兴、陈阿兴、徐国平。设经费审查委员会,主任宋士美。

1989年5月,余杭县瓶窑镇第八届工会代表大会召开,依法选举产生新一届工会委员会。主席邬如产,副主席阮文珍(女)、王文贤。委员:陈阿兴、纽国兴、骆旦、沈雪刚、周小妹(女)、叶宗文。经费审查委员会主任周小妹(女);女职工委员会主任阮文珍(女)。

1992年7月,余杭县瓶窑镇第九届工会代表大会召开,依法选举产生新一届工会委员会,由王龙英、周小妹(女)、嵇掌虎、王承志、阮文珍、高恩来、张志毅、孙国平、许 镛、柳惠敏(女)、王志林等十一位同志组成。主席嵇掌虎,副主席王承志阮文珍。经费审查委员会主任周小妹(女)。女职工委员会主任阮文珍(女)。

1997年9月5日,余杭市瓶窑镇第十届工会代表大会召开,依法选举产生新一届工会委员会,由王承志、孙国平、张明山、张树根、密群奎、柳惠敏(女)、费爱萍(女)、高恩来、嵇掌虎组成,嵇掌虎任主席,王承志任副主席。经费审查委员会由柳惠敏(女)任主任。

2002年4月18日,杭州市余杭区瓶窑镇第十一届工会代表大会召开,依法选举产生新一届工会委员会。由王承志、华玉水、张　青(女)、柳惠敏(女)、徐兴龙、黄金连、嵇掌虎组成,由嵇掌虎任主席,王承志、张　青(女)任副主席。经费审查委员会由黄金连任主任。

2006年12月20日,杭州市余杭区瓶窑镇第十二届工会代表大会召开,依法选举产生新一届总工会委员会。由嵇掌虎、张　青、高鹤云、王月娣(女)、张　敏(女)、丁建英(女)、王玉霞(女)、王永明、许李平、许雪平、陈文娟(女)、杜月春、吴国飞、李萍英(女)、高小炎组成,镇总工会主席嵇掌虎,镇总工会副主席张青、高鹤云,镇总工会常务委员会嵇掌虎、张青、高鹤云、王月娣(女)、张　敏(女),镇总工会经费审查委员会主任黄金连。

2012年6月,杭州市余杭区瓶窑镇第十三届工会代表大会召开,依法选举产生新一届总工会委员会。由嵇掌虎、吴袁庆、周正荣、丁小美(女)、孙国平、王文娟(女)、王和财、吴国飞、沈卫国、林清勇、郑银火组成,并由嵇掌虎为主席,吴袁庆、周正荣为副主席,丁小美(女)、孙国平为常委。瓶窑镇第十三届工会经费审查委员会由王和财为主任。瓶窑镇第十三届工会女职工委员会由丁小美(女)为主任。2013年9月,瓶窑镇第十三届四次工会代表大会选举王文娟为杭州市余杭区瓶窑镇总工会主席。同意免去嵇掌虎的余杭区瓶窑镇总工会主席职务。

基层工会　1954年—1963年,瓶窑镇建有供销社工会、排运工会、搬运工会、小车工会、农机厂工会、建筑工会、砖瓦社工会、竹壳厂工会、粮管所工会、食品站工会、航运站工会、瓶窑小学工会,共12个基层组织。1964年—1973年9月,建有供销社工会、排运工会、搬运工会、小车工会、农机厂工会、县交机厂工会、区食品站工会、环卫站工会、砧瓦社工会,共计9个基层工会。

1973年10月—1979年10月,瓶窑建有供销社工会、排运站工会、搬运站工会、瓶窑米厂工会、农机厂工会、县交机厂工会、区食品站工会、瓶建公司工会、区粮管所工会、航运站工会、医药化工厂工会、环卫站工会、印刷厂工会、瓶窑小学工会、县公路段工会,共15个基层组织。1970年4月—1975年12月期间,工会工作受到严重干扰,镇工会日常工作由工代会替代。

1979年11月—1982年12月16日,瓶窑建有县公路段工会、县瓶窑医院工会、县交机厂工会、区粮管所工会、区食品站工会、区卫生所工会、瓶建公司工会、镇元件厂工会、镇皮革厂工会、镇自来水厂工会、镇环卫站工会、排运站工会、航运站工会、搬运站工会、供销社工会、瓶窑饮食业工会、综合商店工会、瓶窑米厂工会、瓶窑土产站工会、瓶窑银行工会、瓶窑邮电局工会、瓶窑小学工会、瓶窑中学工会、瓶窑医药化工厂工会、瓶窑印刷厂工会、瓶窑服装厂工会、瓶窑砖瓦厂工会、瓶窑农机厂工会、黄湖中学工会、黄湖农机厂工会、泮板农机厂工会,共31个基层组织。

1982年12月17日—1986年4月,建有县瓶窑医院工会、县公路段工会、县交机厂工会、区粮管所工会、区食品站工会、区卫生所工会、瓶建公司工会、瓶窑汽运公司工会、瓶窑航运公司工会、镇皮革厂工会、镇元件厂工会、镇水厂联合工会、瓶窑米厂工会、镇环卫站工会、镇房管所工会,共15个基层组织。

1986年5月,有县瓶窑医院工会、县公路段工会、县交机厂公会、区粮管所工会、区食品站工会、区卫生所工会、瓶建公司工会、瓶窑汽运公司工会、瓶窑航运公司工会、镇皮革厂工会、镇元件厂工会、镇水厂联合工会、瓶窑米厂工会、镇环卫站工会、镇房管所工会、镇纺织机械厂工会,共16个基层组织。1989年所属单位、企业工会有县第三人民医院工会、县公路段工会、区粮管所工会、区食品站工会、区卫生所工会、区农技站工会、区水产站工会、瓶窑米厂工会、瓶建公司工会、瓶窑电杆厂工会、瓶窑房管所工会、瓶窑环卫站工会、瓶窑杭丰厂工会、瓶窑汽运公司工会、瓶窑航运公司工会、瓶窑镇皮革厂工会、瓶窑镇无线电元件厂工会、瓶窑镇线路板厂工会、瓶窑镇文教用品厂工会、瓶窑镇绸厂工会、瓶窑镇自来水厂工会、瓶窑镇卫生医院工会、瓶窑镇政府机关工会、县汽车修造厂工会24个。

1992年—1997年,基层单位、厂工会:杭州电杆联营厂工会、瓶窑建筑工程公司工会、瓶窑元件厂工会、瓶窑印刷线路板厂工会、瓶窑皮革厂工会、瓶窑杭丰机械厂工会、瓶窑文教用品厂工会、瓶窑自来水厂工会、瓶窑碾米厂工会、瓶窑汽车修改造厂工会、瓶窑绸厂工会、瓶窑毛纺厂工会、瓶窑粮管所工会、瓶窑食品分公司工会、瓶窑汽运公司工会、瓶窑航运公司工会、瓶窑房管所工会、瓶窑卫生所工会、瓶窑水产站工会、瓶窑卫生院工会、瓶窑镇政府机关工会、瓶窑镇工业公司工会、瓶窑区农技站工会、瓶窑镇农业公司工会,共计25个。

1997年—2002年,基层工会有:杭州电杆联营厂工会、瓶窑建筑工程公司工会、瓶窑印刷线路板厂工会、瓶窑杭丰机械厂工会、瓶窑汽车修改造厂工会、瓶窑粮管所工会、瓶窑食品分公司工会、瓶窑房管所工会、瓶窑水产站工会、瓶窑卫生院工会、瓶窑镇政府机关工会、瓶窑镇工业公司工会、瓶窑区农技站工会、瓶窑镇农业公司工会、浙江日通实业集团股份有限公司工会、杭州瓶窑镇环境卫生管理站工会、杭州长命摩擦材料有限公司工会、杭州强立机械有限公司工会、杭州名师文化传播有限公司工会、杭州瓶窑大厦有限公司工会、杭州余杭瓶窑煤气有限公司工会、杭州昌兴饲料有限公司工会、杭州东华食品设备有限公司工会、杭州余杭华星万强车桥有限公司工会、浙江双金机械集团股份有限公司工会、杭州祥生砂光机制造有限公司工会、杭州恒康专用车辆制造有限公司工会,共计27个。

2002年—2006年,瓶窑镇建有基层单位、厂工会:瓶窑汽车修改造厂工会、瓶窑粮管所工会、瓶窑食品分公司工会、瓶窑房管所工会、瓶窑卫生院工会、瓶窑镇政府机关工会、瓶窑镇私营企业联合工会、杭州松泉五金机械有限公司工会、杭州福瑞羽绒制品有限公司工会、杭州丰收农药有限公司工会、浙江新安江开关有限公司工会、杭州东新管件有限公司工会、杭州长命印刷有限公司工会、浙江日通实业集团股份有限公司工会、杭州利富豪机电设备有限公司工会、杭州澳羊制衣有限公司工会、杭州科皇饲料有限公司工会、杭州恒立钣金有限公司工会、杭州汇利电器有限公司工会、杭州瓶窑镇环境卫生管理站工会、杭州佳利制冷机有限公司工会、杭州余杭金利泰时装有限公司工会、杭州鼎胜实业集团有限公司工会、杭州兴宇建设有限公司工会、杭州普瑞除湿设备有限公司工会、杭州恒升化工有限公司工会、杭州余杭振华日化玻璃有限公司工会、杭州华尔美制衣有限公司工会、杭州兴龙泵业有限公司工会、杭州长青包装塑料制品厂工会、杭州南华汽车配件有限公司工会、杭州亚莱建筑结构有限公司工会、杭州新天地彩印包装有限公司工会、杭州宏达电力杆塔制造有限公司工会、杭州合众输送机械有限公司工会、杭州恒力机械厂工会、杭州高盛制衣有限公司工会、杭州力程建筑五金有限公司工会、杭州长命摩擦材料有限公司工会、杭州强立机械有限公司工会、杭州余杭兴龙房地产开发有限公司工会、杭州华兴交通设施工程有限公司工会、杭州华兴实业集团有限公司工会、杭州名师文化传播有限公司工会、杭州力天金碧化工技术有限公司工会、杭州瓶窑大厦有限公司工会、杭州余杭瓶窑煤气有限公司工会、杭州昌兴饲料有限公司工会、杭州东华食品设备有限公司工会、杭州神龙电脑制版有限公司工会、杭州余杭华星万强车桥有限公司工会、浙江双金机械集团股份有限公司工会、杭州龙跃冷拉钢丝厂工会、浙江飞翔油脂化工有限公司工会、杭州瑞桦纺织品有限公司工会、杭州益利素勒精线有限公司工会、浙江铭大铝幕墙制造有限公司工会、杭州动物药品厂工会、杭州荣达电器元件有限公司工会、杭州双安包装材料厂工会、杭州彭公铝制品有限公司工会、杭州五菱涂料有限公司工会、杭州余杭华康机械有限公司工会、杭州祥生砂光机制造有限公司工会、杭州恒康专用车辆制造有限公司工会里窑社区工会、新窑社区工会、杨梅坞社区工会、华兴社区工会,共计69个工会组织。

2006年12月—2012年6月,基层工会:杭州松泉五金机械有限公司、杭州余杭振华日化玻璃有限公司、杭州福瑞羽绒制品有限公司、杭州丰收农药有限公司、杭州长命乳胶海绵有限公司、浙江新安江开关有限公司、杭州余杭长明金属管件有限公司、杭州东新管件有限公司、杭州市气门有限公司、杭州长命印刷有限公司、浙江日通实业集团股份有限公司、杭州长命摩擦材料有限公司、杭州玖忆食品有限公司、杭州余杭华星万强车桥有限公司、杭州珂瑞特机械制造有限公司、杭州利富豪机电设备有限公司、杭州四达机械电子有限公司、杭州正威建材有限公司、长命村联合工会、杭州澳羊制衣有限公司、杭州科皇饲料有限公司、杭州华尔美制衣有限公司、杭州爱丽兰服装有限公司、杭州恒立钣金有限公司、杭州汇利电器有限公司、杭州瓶窑镇环境卫生管理站、杭州佳利制冷机有限公司、杭州新博士工具有限公司、杭州余杭金利泰时装有限公司、杭州瓶窑制版有限公司、瓶窑村联合工会、杭州兴龙泵业有限公司、杭州长青包装塑料制品厂、杭州南华汽车配件有限公司、杭州亚莱建筑结构有限公司、杭州鼎胜实业集团有限公司、杭州新天地彩印包装有限公司、杭州宏达电力杆塔制造有限公司、杭州合众输送机械有限公司、杭州恒力机械厂、杭州高盛制衣有限公司、杭州曙光电器有限公司、杭州西子光电网络有限公司、杭州普瑞除湿设备有限公司、凤都村联合工会、瓶窑镇华兴社区、杭州余杭汽车修造厂、杭州余杭兴龙房地产开发公司、杭州华兴交通设施工程有限公司、杭州华兴集团机关、杭州名师文化传播有限公司、瓶窑镇新窑社区、杭州强立机械有限公司、杭州瓶窑镇房地产管理所、杭州功臣制衣有限公司、杭州东兴房地产开发公司、瓶窑镇杨梅坞社区、杭州瓶窑粮油贸易有限公司、杭州华达实业集团有限公司、杭州瓶窑食品有限公司、杭州兴宇建设有限公司、杭州瓶窑建筑材料检测有限公司、杭州华兴气门有限公司、杭州力天金碧化工技术有限公司、奇鹤村联合工会、杭州金盈制衣有限公司、杭州瓶窑大厦、杭州余杭和丰塑化有限公司、大观山村联合工会、瓶窑镇里窑社区、杭州天地汽配有限公司、杭州余杭瓶窑煤气有限公司、杭州昌兴饲料有限公司、杭州东华食品设备有限公司、杭州神龙电脑制版有限公司、杭州广兴电力建材附件厂、窑北村联合工会、浙江双金机械集团有限公司、杭州明柯汽车零部件有限公司、杭州龙跃冷拉钢丝厂、杭州飞翔油脂化工有限公司、南山村联合工会、杭州彭公纸箱厂、杭州彭公砖瓦厂、杭州瑞桦纺织品有限公司、杭州益利素勒精线有限公司、杭州彭公卫生院、浙江铭大铝幕墙制造有限公司、杭州力程建筑五金有限公司、杭州动物药品厂、杭州荣达电器元件有限公司、杭州双安包装材料厂、杭州龙腾输送机械有限公司、杭州余杭彭公铝合金电化厂、杭州五菱涂料有限公司、石濑村联合工会、西安寺村联合工会、崇化村委、张堰村委、杭州余杭华康机械有限公司、杭州恒升化工有限公司、杭州祥生砂光机制造有限公司、杭州恒康专用车辆制造有限公司、杭州彭公树脂厂、杭州科联汽车槽罐制造有限公司、彭公村联合工会、外窑村委、塘埠村委、镇机关、镇事业、私营企业工会,共计 111 个工会组织。

2012 年 6 月—2016 年,基层工会有杭州松泉五金机械有限公司工会、杭州福瑞羽绒制品有限公司工会、杭州丰收农药有限公司工会、浙江新安江开关有限公司工会、杭州东新管件有限公司工会、杭州长命印刷有限公司工会、浙江日通实业集团股份有限公司工会、杭州利富豪机电设备有限公司工会、杭州四达机械电子有限公司工会、杭州正威建材有限公司工会、杭州拓福工贸有限公司工会、杭州优尼克消毒设备有限公司工会、杭州大容农机有限公司工会、杭州三龙门窗工程有限公司工会、杭州大地海洋环保有限公司工会、杭州佳禾机械有限公司工会、杭州澳羊制衣有限公司工会、杭州科皇饲料有限公司工会、杭州恒立钣金有限公司工会、杭州汇利电器有限公司工会、杭州瓶窑镇环境卫生管理站工会、杭州佳利制冷机有限公司工会、杭州道歌特工具有限公司工会委员会、杭州余杭金利泰时装有限公司工会委员会、杭州鼎胜实业集团有限公司工会、杭州兴宇建设有限公司工会、杭州宇振建设工程检测有限公司工会、杭州普瑞除湿设备有限公司工会、杭州宇薇服饰有限公司工会、杭州泰诺奇佳斯米鞋料有限公司工会、杭州大满制罐有限公司工会、杭州泛利实业有限公司工会、杭州力奥科技有限公司工会、杭州神彩包装印业有限公司工会、杭州恒升化工有限公司工会、杭州博途船用机电设备有限公司工会、杭州余杭振华日化玻璃有限公司工会、杭州万瑞达塑化有限公司工会、杭州华尔美制衣有限公司工会、杭州兴龙泵业有限公司工会、杭州长青包装塑料制品厂工会、杭州南华汽车配件有限公司工会、杭州亚莱建筑结构有限公司工会、杭州新天地彩印包装有限公司工会、杭州宏达电力杆塔制造有限公司工会、杭州合众输送机械有限公司工会、杭州恒力机械厂工会、杭州高盛制衣有限公司工会、杭州力程建筑五金有限公司工会、杭州玖冠食品有限公司工会、杭州明云混凝土有限公司工会、杭州宝航机械有限公司工会、杭州佳诺滤清器有限公司工会、杭州豪悦实业集团有限公司工会、杭州正翔起重机械制造有限公司工会、杭州博邦金属材料有限公司工会、杭州德祥塑胶模具有限公司工会、杭州中河电子器材有限公司工会、杭州晨博电器有限公司工会、杭州枫林纺织服装有限公司工会、浙江阿童木医药有限公司工会、杭州长命摩擦材料有限公司工会、杭州强立机械有限公司工会、杭州谷口精工模具有限公司工会、杭州新余宏机械有限公司工会、杭州燃油锅炉有限公司工会、杭州余杭兴龙房地产开发有限公司工会、杭州华兴交通设施工程有限公司工会、杭州华兴实业集团有限公司工会、杭州名师文化传播有限公司工会、瓶窑卫生服务中心工会、杭州力天金碧化工技术有限公司工会、杭州天豪塑业有限公司余杭分公司工会、杭州瓶窑大厦有限公司工会、杭州金都农业生态观光有限公司工会、余杭区瓶窑镇农村五保供养服务中心工会、杭州天地汽配有限公司工会、杭州余杭瓶窑煤气有限公司工会、杭州昌兴饲料有限公司工会、杭州东华食品设备有限公司工会、杭州神龙电脑制版有限公司工会委员会、杭州广兴电力附件厂工会委员会、杭州华兴气门制造有限公司工会委员会、杭州奥峰电器设备有限公司工会委员会、杭州余杭华星万强车桥有限公司工会、浙江双金机械集团股份有限公司工会、杭州龙跃冷拉钢丝厂工会、浙江飞翔油脂化工有限公司工会、杭州瓶窑内燃机配件有限公司工会、杭州彭公包装有限公司工会、杭州瑞桦纺织品有限公司工会、杭州益利素勒精线有限公司工会、浙江铭大铝幕墙制造有限公司工会、杭州动物药品厂工会、杭州荣达电器元件有限公司工会、杭州双安包装材料厂工会、杭州彭公铝制品有限公司工会、杭州五菱涂料有限公司工会、杭州得益金属制品有限公司工会、杭州丰泽文体用品有限公司工会、杭州新霓虹制冷设备有限公司工会、杭州溶解乙炔厂工会、杭州利人药业有限公司工会、杭州彭公玻璃灯具有限公司工会、杭州中进包装有限公司工会、杭州三星化妆品包装有限公司工会、杭州余杭华康机械有限公司工会、杭州祥生砂光机制造有限公司工会、杭州恒康专用车辆制造有限公司工会、杭州彭公涂料有限公司工会、浙江彭公竹制品市场工会、杭州京能电力设备有限公司工会、机关工会、杭州市余杭区瓶窑镇机关第二工会,共计 114 个工会组织。

据《中国工会章程》,镇工会基本任务是:执行会员大会或者会员代表大会的决议和上级工会的决定,主持工会的日常工作;代表和组织职工依照法律规定,通过职工代表和其他形式,参加本单位民主管理和民主监督;参与协调劳动关系和劳动争议,与企业、事业单位行政方面建立协商制度,协商解决涉及职工切身利益问题。帮助和指导职工与企业、事业单位行政方面签订劳动合同,代表职工与企业、事业单位行政方面签订集体合同或其他协议,并监督执行;组织职工开展劳动竞赛、合理化建议、技术革新和技术协作活动,总结推广先进经验。做好先进生产(工作)者和劳动模范的评比表彰、培养和管理工作;对职工进行思想政治教育,大力支持职工学习文化科学技术和管理知识,开展健康的文化体育活动。办好工会文化、教育、体育事业;监督有关法律、法规特别是劳动法律、法规的贯彻执行。协助和督促企事业单位做好劳动保险、劳动保护工作,办好职工集体福利事业,改善职工生活;维护女职工的特殊利益,同歧视、虐待、摧残、迫害女职工的现象作斗争;建立和发展工会积极分子队伍。做好新会员的接收、教育工作;收好、管好、用好工会经费,管理好工会财产。

外商投资企业和私营企业工会的主要工作是与企业行政方面建立协商谈判制度,实行民主参与,依法代表和维护职工的政治权利和物质利益,维护国家和社会利益,尊重投资者的合法权益,共谋企业发展。教育、文化、卫生等事业单位和机关的基层工会,积极了解和关心职工的的思想、工作和生活,组织职工搞好本单位的民主管理和民主监督,为发挥职工的聪明才智创造良好的条件。

2003 年撤居建社区,同时成立社区工会委员会。

村联合工会委员会　2008 年 5 月,根据《中国工会章程》及区总有关文件要求,以村委会换届选举的契机,在全镇各村、成立联合工会委员会,并通过直选的方式产生第一届工会联合委员会。村工会中都建有工会经审委和女职委,组织机构健全。其下属会员单位按照属地管理的原则,把本辖区内未单独建会的企业都纳入到各自的村工会。

在选举产生村(社区)联合工会班子的同时,选举产生村(社区)联合工会经审会和女职委班子,其中女职委班子由代表大会中的女性代表选举产生。2015 年,瓶窑镇村工会有长命村联合工会、瓶窑社区联合工会、彭公村联合工会、凤都村联合工会、崇化村联合工会、张堰村联合工会、外窑村联合工会、窑北村联合工会、南山村联合工会、石濑村联合工会、西安寺村联合工会、大观山村联合工会、奇鹤村联合工会、塘埠村联合工会等 18 个。

村联合工会委员会一般由 3 名委员组成,其中设主席 1 名。工会主席和委员均由村联合工会代表大会直接选举产生,任期与村党组织一致。主要职责:. 执行会员代表大会的决议和上级工会的决定;指导辖区涵盖企业及职工签订劳动合同。就劳动报酬、工作时间、劳动定额、休息休假、劳动安全卫生、保险福利等与企业平等协商、签订集体合同，并监督集体合同的履行，调解劳动争议；组织职工开展劳动竞赛、合理化建议、技术革新、技术攻关、技术协作、发明创造、岗位练兵、技术比赛等群众性经济技术创新活动；做好对职工进行思想政治教育，组织职工学习文化、科学和业务知识，开展健康的文化体育活动，提高职工综合素质；督促企业做好劳动报酬、劳动安全卫生和保险福利等方面的工作，监督有关法律法规的贯彻执行。参与劳动安全卫生事故的调查处理。协助企业办好职工集体福利事业，做好困难职工帮扶救助工作，为职工办实事、做好事、解难事；组织职工群众依法通过职工代表大会和其他形式，参加辖区涵盖企(事)业单位民主管理和民主监督，检查督促职工代表大会决议的执行；关心、爱护女职工，协助维护女职工的特殊利益等。各村工会按照镇工会的要求，在协调劳动关系、维护职工合法权益、发展会员、教育培训职工、组织职工参与工会活动等方面积极地开展了一些工作，发挥了一定的作用。

二、主要活动

做好基层工会组织建设，做到工会会员底子清。结合安全生产"安康杯"活动，成立劳动安全监督组织，在基层工会中开展安全生产竞赛、安全生产合理化建议活动。建立健全工会各项规章制度，各项工会进行归档，工会做到活动有场地，制度能上墙。工会做好"四送四助"活动(春送岗位助就业，夏送清凉助健康，秋送助学帮圆梦，冬送温暖助解困)。工会依法成立劳动争议调解组织，建立、完善关爱农民工助困维权新机制，村、社区联合工会积极为小企业农民工提供维权保障。建立"职工书屋"、"职工学校"、"职工俱乐部"三位一体的文体活动场地，开展"五进企业"活动(文明礼仪进企业、安全生产知识进企业、职工养生进企业、文体用品进企业、电影放映进企业)。建有杭州恒立钣金有限公司、杭州益利素勒精线有限公司两家单位为"三位一体"职工文化阵地；建有杭州恒立钣金有限公司新杭州人文化家园；组建石濑区域工建服务中心；成立职工舞蹈队、合唱队、舞龙队、滚灯队等多支文体队伍；成立电工、电焊工、叉车工等多支技能服务志愿队伍。瓶窑镇基层工会另有科皇、强立、新霓虹、荣达、三星化妆品、鼎胜、益利素勒、恒立钣金、长命印刷、利富豪、豪悦、窑北村联合工会、石濑村联合工会、华兴社区联合工会等14家职工书屋。

各项工作活动进行归档，并将各项制度上墙，成立劳动争议调解组和劳动安全监督组，使工会工作制度化，规范化。送"温暖"、抓"维权"发挥工会作用。完善和建立工会关爱农民工法律援助维护劳动者合法权益新机制。工会联合会积极协助为农民工提供法律援助，为困难职工提供法律咨询和法律援助服务，帮助他们因欠薪引发的劳动关系纠纷，充分发挥工会劳动争议调解和劳动安全监督的职能作用。广泛开展"送温暖"帮扶救助活动，使职工感受到工会就是他们的"娘家人"。建"阵地"抓"载体"增强工会活力。建立职工之家、职工书屋，开展各类文体活动，开展技能培训等。自2006年12月瓶窑镇工会委员会升级为总工会以来为贯彻加强党对工会的领导，政府对工会的支持，每年就工会工作中所召开政府联席会议解决。

2014年5月，为切实加强党对工会工作的领导，在推进全镇基层党建工作中更好地带领和带动工会基层组织建设，结合镇实际，就进一步深化镇党工共建工作机制，镇党委采取下列措施：建立日常工作联系机制。镇总工会完善向镇党委日常工作汇报制度，每半年一次。共同研究工作制度。镇党委针对工会工作中的难题，及时会同镇总工会共同研究处理办法，帮助解决工会工作中的具体问题。探索企业党工共建运作机制。在有党组织和工会组织的非公企业，推行党组织书记和工会主席“一肩挑”模式，党组织成员和工会班子成员提倡交叉任职。非公企业党建与工建制度要在组织建设、日常运作、作用发挥要求等方面，围绕党工共建目标，结合各自优势和特点，着力实现党建制度与工建制度的双向互补。党组织重视工会工作，支持工会开展活动，发挥其职能作用。对已建立党组织但尚未建立工会组织的企业，党组织要加强协调，尽快建立工会组织。同时企业工会组织要为建立党组织创造条件，做好在工会会员中培养入党积极分子和发展党员的工作。围绕经济转型升级、社会管理创新、美丽余杭建设等目标，企业党组织要共同推进和发展和谐劳动关系、企业社会责任建设、职工后勤保障、党员（职工）困难帮扶、职工素质提升、企业民主管理等工作。各村（社区）工会、企业基层工会要加强与本级党组织的联系沟通，积极做好没有党员企业优秀职工的推荐入党工作，为企业建立党组织、扩大覆盖面发挥作用。

嗣后，各村（社区）、企事业单位党组织把加强党建带工建、落实党工共建机制纳入党建工作责任制，听取本级工会工作汇报，研究党工共建工作，对工会建设的支持和帮助。各基层工会组织也按照党组织的工作部署和党工共建工作机制的要求，加强工作联动，抓好工作落实。工会组织围绕“创新型、服务型、实力型”工会建设，积极推进组织设置创新、运作模式创新、工作载体创新、活动方式创新。

图4－7　美丽瓶窑　工会助力

根据余总工办〔2015〕12号文件，瓶窑镇被确定为四个区域化工会建设试点单位之一。瓶窑镇总工会根据瓶窑镇实际，确定以石濑凤都工业二区为中心，涵盖石濑、彭公、奇鹤、塘埠四家联合工会下辖的企业，成立了石濑区域化工建服务中心。

瓶窑镇石濑区域化工建服务中心覆盖面积59平方公里，有企业151家，职工3472人，其中单独建会的企业有25家。瓶窑镇总工会将原彭公乡政府食堂的二层小楼改建成瓶窑镇石濑工建中心活动场地，面积300平方米。场所内设置了职工学校、职工书屋、职工健身室、团队阵地等活动场地和正能量展示、劳模风采、活动剪影、企业风采等宣传板块。通过近两年的探索和实践，形成了有石濑区域特色的联络员考核、季度例会、志愿服务队活动等制度。

石濑区域化工建服务中心的建立，更好地指导和帮助了区域内建会企业特别是小企业建立健全职代会、集体协商、困难帮扶、劳动保护等工作，更好地解决了小企业职工维权、帮扶、服务等方面的问题，满足了区域内企业职工多样化需求。工建中心拥有五支志愿服务队，分别是维权帮扶、技能提升、安全生产、文体活动、心理咨询。

第二节 共青团

境内共青团组织自建立时起就在中国共产党领导下团结带领广大团员和青年参加社会主义革命和建设,开展适合青年特点和富有时代特征的活动,成为中国共产党的得力助手。

1949年5月,杭县、余杭县解放后,两县的中国新民主主义青年团工作委员会分别于7月和11月成立。在基层发展团员基础上,1956年境内各镇、乡基层团组织建立。1957年5月,中国新民主主义青年团改名中国共产主义青年团(简称“共青团”)。中华人民共和国成立初,动员组织参军参干,参加土改、镇压反革命、“三反”、“五反”和社会主义改造运动及兴办冬学、民校,开展农村文化活动,团员积极带头,成为青年的榜样。此后,团组织根据各个时期形势和任务,组织团员、青年学习马克思列宁主义、毛泽东思想,进行爱国主义、社会主义、集体主义和共产主义理想、道德、纪律、法制等教育。1958年进入了团员发展的高峰期,1961年前后瓶窑镇、长命乡、北湖乡、彭公乡先后成立镇、乡团委。20世纪60年代,投入学雷锋、做好事,开展“比、学、赶、帮”竞赛活动。“文化大革命”期间,团组织及工作受到冲击,被迫处于停顿状态。70年代后期,开展“争做新长征突击手”活动。1981年,团组织开展讲文明、讲礼貌、讲卫生、讲秩序、讲道德,心灵美、语言美、行为美、环境美,热爱祖国、热爱社会主义、热爱中国共产党的“五讲四美三热爱”活动,共青团员上门为老弱病残者服务,为困难家庭排忧解难,弘扬见义勇为、助人为乐风气。开展“五讲四美三热爱”活动中涌现一批先进人物。1989年,团县委、县科学技术委员会、县乡镇企业管理局联合组织开展“青年星火带头人”活动,培养一批适应现代化农业所需的科技和发展农村规模经济的带头人。

1993年底,各镇、乡团委实施中国青年志愿者行动,致力于帮助有特殊困难的社会成员,推动社会保障体系的建立和完善;致力于消除贫困和落后,消灭公害和环境污染,普及科学文化知识,促进经济社会协调发展和全面进步;致力于建立互助友爱的人际关系和良好的社会公德,推动社会主义精神文明建设;立足于社会关注、党政关心、青年能为的社会公益事业。志愿者活动得到瓶窑青年的广泛响应和党政领导及社会各界的充分肯定,受到人民群众的普遍欢迎,产生了良好的社会影响。1995年,成立志愿者服务中心和志愿者工作站,志愿服务组织管理网络不断健全。1996年,瓶窑镇团委被共青团余杭市委授予1995年度优秀“青字号”水利工程一等奖。1994年起,以青年为主体,在生产、经营、管理和服务中开展创建青年文明号活动,组织和引导青年立足本岗位诚实劳动,文明从业,树立适应社会主义市场经济要求的敬业意识、创业精神和质量、效益、安全、竞争、服务等观念,塑造行业和企事业单位的良好形象,倡导职业道德和职业文明。2007年,瓶窑镇团委命名为杭州市五四红旗团委。

2009年12月,瓶窑镇作为浙江乡镇团组织格局创新试点单位之一,这次试点确定了从基层站所、学校医院、农村社区、非公企业和新社会组织4个领域,以“两推一面试一竞选”方式,增配4名行政编制外镇团委副书记。镇团委行政编制外副书记增配到位后,发挥了作用,全面促进团工作的活跃。

在1961年—1978年间,辖区内各镇、乡团委分别召开团代会5次,选举产生5届镇、乡团委。1979年5月,共青团瓶窑镇第五次代表大会召开;2015年7月,共青团瓶窑镇第十八次代表大会召开，其间选举产生13届镇团委。2015年末，瓶窑镇共有团员1358人、基层共青团组织38个。全镇累计已有5万多人次的青年向社会提供了志愿服务。

一、组织

代表大会及团委领导 在1961年—1978年间，辖区内各镇、乡团委分别召开团代会5次，选举产生5届镇、乡团委。1964年以前，程燮和为瓶窑镇团委书记。“文化大革命”期间，鲁观林为共青团瓶窑镇第四届委员会（1966年—1968年）书记，团组织工作处于停顿状态。

1979年5月22日，共青团瓶窑镇第五次代表大会召开，姜昌连代表共青团第四届委员会作题为《团结起来 为早日实现四个现代化而奋斗》的报告。大会回顾了十年来镇团委的工作情况，认真总结了粉碎“四人帮”以来镇团委工作经验和教训，联系实际，明确提出今后一个时期共青团的任务，切实把共青团的重心转移的社会主义现代化建设上来。到会代表审议并通过了这个报告。大会以无记名投票的方式选举产生新一届团委班子。书记姜昌连，副书记姚路石。

1981年12月，共青团瓶窑镇第六次代表大会召开，选举产生新一届团委班子。书记姜昌连，副书记姚路石。

1984年1月，共青团瓶窑镇第七次代表大会召开，选举产生新一届团委班子。书记姜昌连，副书记姚路石。

1986年12月，共青团瓶窑镇第八次代表大会召开，选举产生新一届团委班子。书记沈雪刚，副书记汤叶青。

1988年5月，共青团瓶窑镇第九次代表大会召开，选举产生新一届团委班子。书记金国平，副书记汤叶青、丁志明。

1990年12月，共青团瓶窑镇第十次代表大会召开，金国平代表共青团第九届委员会作题为《勇于进取 艰苦创业 为瓶窑的稳定和发展而奋斗》的报告。选举产生新一届团委班子。书记金国平，副书记程岚燕。

1993年5月，共青团瓶窑镇第十一次代表大会召开，选举产生新一届团委班子。书记马峰，副书记程争武。

1996年5月，共青团瓶窑镇第十二次代表大会召开，选举产生新一届团委班子。书记李国强，副书记姚克萍。

1999年5月25日，共青团瓶窑镇第十三次代表大会召开，李国强代表共青团第十二届委员会作题《高举邓小平理论伟大旗帜 开拓进取 拼搏奉献 团结带领瓶窑青年迈向新世纪》的报告。为依法选举产生新一届委员会。书记李国强，副书记金巧飞。

2001年8月28日，据镇乡区划调整的批复精神，新建共青团杭州市余杭区瓶窑镇委员会。

2002年12月28日，共青团瓶窑镇第十四次代表大会召开，依法选举产生新一届委员会。根据共青团余杭区委批复：共青团瓶窑镇新一届委员会由卞杭峰、孔令好、李国强、李晓琦、沈建设、张剑萍、陈建东、金巧飞、骆剑强9位同志组成，并由李国强任书记，金巧飞、李晓琦任副书记。

2005年9月19日，共青团瓶窑镇第十五次代表大会召开，依法选举产生新一届委员会。根据共青团余杭区委批复：共青团瓶窑镇第十五届委员会由毛利丹、朱海平、许华良、李春、李晓琦、吴滨、沈文渊、沈斌、骆剑强9位同志组成。并由李晓琦任书记，毛利丹、吴滨、骆剑强任副书记。

2008年12月6日，共青团瓶窑镇第十六次代表大会召开，大会听取了李晓琦代表共青团瓶窑镇第十五次代表大会向大会所作《解放思想、锐意进取，为将瓶窑建设成为最具魅力的“西部明珠”奉献青春》的工作报告，报告回顾了过去三年镇各级团组织在镇党委和团区委的正确领导下，全面贯彻落实科学发展观，牢牢把握时代发展机遇，充分发挥共青团的光荣传统，与时俱进，开拓创新，在服务大局、服务青年、服务社会的实践中谱写了新的青春篇章，开创了瓶窑共青团和青年工作的新局面。会议提出今后三年要认清形势，继承创新，紧紧围绕大局，使共青团的工作适应时代发展，紧扣青年特点，努力将共青团的工作提高到一个新的水平。会议审议并通过了这个报告，大会还依法选举产生新一届委员会。2008年12月31日，根据共青团余杭区委批复，共青团瓶窑镇第十六届委员会由毛利丹、冯鑫根、许华良、杜红芬、李春、李晓琦、吴滨、沈建强、骆剑强等9位同志组成，并由李晓琦同志担任书记，吴滨、毛利丹同志担任副书记。

2012年6月8日，共青团瓶窑镇第十七次代表大会召开，章吕君代表共青团瓶窑镇第十六届委员会向大会作《凝心聚力 锐意进取 为建设“西部重镇、北秀明珠”贡献青春力量》的工作报告，报告回顾十六委员会全面贯彻落实科学发展观，始终坚持“党建带团建”的工作思路，以创新求动力，以建设促发展，以团中央试点工作——组织格局创新为载体，扎实开展团的各项活动。以主题教育为载体，切实履行组织青年、引导青年、服务青年、代表和维护青少年合法权益的职能，围绕党政中心工作，服务经济转型、参与社会管理。提出新一届要深入实施“团青四大工程”，努力提高共青团工作的科学化水平，组织团员青年在社会管理创新中有所作为。会议审议并通过了这个报告。大会还依法选举产生新一届委员会。根据共青团余杭区委批复：共青团瓶窑镇第十七届委员会由冯佳佳、朱利良、何晓亮、沈建强、沈高峰、张泽南、陆伟芳、祝英华、顾俊、高冠敏、章吕君、赖晶、戴立平13位同志组成，由章吕君同志任书记，冯佳佳、沈建强、高冠敏任副书记。（其中沈建强、高冠敏同志为编制外副书记）。

2015年7月23日，共青团瓶窑镇第十八次代表大会召开，听取了章吕君代表共青团瓶窑镇第十七次委员会向大会作《凝聚青春力量 续写时代荣光》的工作报告，报告回顾了过去三年镇各级团组织围绕“团青领航、团青服务，团青作为，团青固本”，四大工程扎实推进团工作，坚持“党建带团建”，以创新求动力，以建设促发展，以团中央试点工作——组织格局创新为载体，先后获浙江省“五四”红旗团委，余杭区共青团工作先进团委，余杭区志愿者服务工作先进集体，余杭区学生暑假社会实践组织工作先进集体等荣誉。规划今后三年要动员全镇广大团员青年立足新起点，谋求新发展，在实现富民强镇“瓶窑梦”的征途中撰写想的篇章。根据共青团余杭区委批复，共青团杭州市余杭区瓶窑镇第十八届委员会由丁 达、冯佳佳、冯晓恩、沈高峰、张泽南、陈 晓、赵 金、祝英华、夏月晖、徐 升、斯烨晴等11名同志组成，并由冯佳佳同志担任书记，张泽南、丁达、祝英华同志担任副书记（其中丁达、祝英华同志为编制外副书记）。2015年末，瓶窑镇共有团员1358人、基层共青团组织38个

共青团乡委员会领导　共青团长命乡委员会书记：赵富生（1964—1969）、陈文奎（1969—1975）、易有庆（1975—1978.1）、李其华（1978.2—1982.2）、孙继良（1982.2—1984.1）；副书记陆松伟（1982.2—1983.9）。共青团长命乡第十届委员会书记：许金美（1984.1—1988.5），副书记：王志亮（1986.6—1988.5）、阮雪珍（女.1986.6—1988.5）：第十一届委员会书记：许金美

(1988.5—1990.12),副书记:马峰(1988.5—1990.12)阮雪珍(女,1988.5—1990.12);十二届委员会书记:许金美(1990.12—1992.5),副书记:马峰(1990.12—1992.5)、阮雪珍(女,199012—1992.5)

1992年5月,长命乡撤销,并入瓶窑镇,乡团委随之撤销。

共青团北湖乡第一届委员会书记:张梓全(1961年以来);共青团北湖乡第二届委员会书记:吴亦法(1964年任)副书记:林效森(1964年任);共青团北湖乡第三届委员会书记:徐春华(1978.9—1983.5),副书记:盛金国(1978.9—1983.5)、陈月琴(女,1978.9—1983.5);共青团北湖乡第四届委员会副书记:卞金龙(1983.5—1986.1);共青团北湖乡第五届委员会书记:金国平(1986.1—1988.4),副书记:王月姣(女,1986.1—1988.4)。

1988年4月,撤销北湖乡,并入瓶窑镇,乡团委随之撤销。

共青团彭公乡委员会书记:楼渭昌(1964年以前任),施兆丰(1970—1980)副书记:徐妙年;共青团彭公乡第六届委员会书记:高文土(1982.2—1984.6),副书记:陈小林(1982.2—1986.6);共青团彭公乡第七届委员会书记:俞雪华(1984.6—1988.5),副书记:葛立峰(1984.6—1988.5);共青团彭公乡第八届委员会书记:俞雪华(1988.5—1990.12),副书记:葛立峰(1988.5—1990.12)、胡晓淼(1988.5—1990.12);第九届委员会书记:董晓红(女,1990.12—1993),副书记:韩惠强(女,1990.12—1993);共青团彭公乡第十届委员会书记:王文娟(女.1993—1996),副书记:韩生祥(1993—1996);第十一届委员会书记:王文娟(女.1996—1999),副书记:张青(女,1996—1999)

2001年,撤销彭公乡,并入瓶窑镇,乡团委随之撤销。

基层团组织　2002年基层团支部有:凤山村团支部、雉山村团支部、长命村团支部、胡林村团支部、羊山村团支部、乌山村团支部、城隍山村团支部、水河桥村团支部、北村团支部、柏树庙村团支部、高俞塘村团支部、长岭村团支部,石门村团支部、塘埠村团支部、西坞村团支部、白鹤村团支部、骑坑村团支部、翁家村村团支部、卸车村村团支部、两水坞村团支部、大山村团支部、板石村团支部、东篁坞村团支部、石濑村团支部、外窑村团支部、上窑村团支部、西中村团支部、何中村团支部、角窦村团支部、张堰村团支部、南山村团支部、横山村团支部、西安寺村团支部、圣塘村团支部、毛元岭村团支部、瓶窑派出所团支部、瓶窑镇卫生院团支部、瓶窑镇第一中学团支部、瓶窑镇第一小学团支部、瓶窑镇第二小学团支部、长命中学团支部、第三(长命)小学团支部、北湖中学团支部、第四(北湖)小学团支部、彭公中学团支部、第五(彭公)小学团支部、瓶窑镇中心幼儿园团支部、瓶窑农村信用社团支部、鼎盛实业集团团支部、杭州名师文化传播有限公司团支部、杭州利富豪机电有限公司团支部、杭州神彩包装有限公司团支部、浙江日通实业集团股份有限公司团支部、杭州恒康专用车辆制造有限公司团支部、杭州强立机械有限公司团支部55个。

2003年6月撤并居民区,建立华兴社区团支部、新窑社区团支部、里窑社区团支部、杨梅坞4个社区团支部,同年9月村规模调整,村共青团组织也随之变化,为外窑村团支部、大观山村团支部、长命村团支部、瓶窑村团支部、凤都村团支部、崇化村团支部、南山村团支部、张堰村团支部、西安寺村团支部、窑北村团支部、彭公村团支部、塘埠村团支部、奇鹤村团支部、石濑村团支部14个。

2005年基层团组织有:外窑村团支部、大观山村团支部、长命村团支部、瓶窑村团支部、凤都村团支部、崇化村团支部、南山村团支部、张堰村团支部、西安寺村团支部、窑北村团支部、彭公村团支部、塘埠村团支部、奇鹤村团支部、石濑村团支部、新窑社区团支部、华兴社区团支部、里窑社区团支部、杨梅坞社区团支部、瓶窑派出所团支部、瓶窑镇卫生院团支部、瓶窑镇第一中学团支部、瓶窑镇第一小学团支部、瓶窑镇第二小学团支部、长命中学团支部、长命小学团支部、北湖中学团支部、北湖小学团支部、彭公中学团支部、彭公小学团支部、瓶窑镇中心幼儿园团支部、蒲公英学校团支部、瓶窑农村合作银行团支部、鼎盛实业集团团支部、杭州名师文化传播有限公司团支部、新东方烹饪学校团支部、杭州利富豪机电有限公司团支部、杭州神彩包装有限公司团支部、浙江日通实业集团股份有限公司团支部、杭州恒康专用车辆制造有限公司团支部、杭州强立机械有限公司团支部40个。

2008年基层团组织有:外窑村团支部、大观山村团支部、长命村团支部、瓶窑村团支部、凤都村团支部、崇化村团支部、南山村团支部、张堰村团支部、西安寺村团支部、窑北村团支部、彭公村团支部、塘埠村团支部、奇鹤村团支部、石濑村团支部,华兴社区团支部、新窑社区团支部、里窑社区团支部、杨梅坞社区团支部、瓶窑镇卫生服务中心团支部、瓶窑镇第一中学团支部、瓶窑派出所团支部、瓶窑镇第一小学集团团支部、北湖小学团支部、长命小学团支部、彭公小学团支部、瓶窑镇中心幼儿园团支部、蒲公英学校团支部、瓶窑农村合作银行团支部、鼎盛实业集团团支部、杭州名师文化传播有限公司团支部、杭州利富豪机电有限公司团支部、浙江日通实业集团股份有限公司团支部、杭州恒康专用车辆制造有限公司团支部、杭州强立机械有限公司团支部37个。2008年9月彭公中学撤销、2009年9月北湖中学撤销并入瓶窑镇第一中学。2009年10月瓶窑村撤村建居,瓶窑村团支部改为瓶窑社区团支部。

2012年基层团组织有:外窑村团支部、大观山村团支部、长命村团支部、凤都村团支部、崇化村团支部、南山村团支部、张堰村团支部、西安寺村团支部、窑北村团支部、彭公村团支部、塘埠村团支部、奇鹤村团支部、石濑村团支部13个村团组织,华兴社区团支部、新窑社区团支部、里窑社区团支部、杨梅坞社区团支部、瓶窑社区团支部、瓶窑镇卫生服务中心团支部、瓶窑镇第一中学团支部、彭公小学团支部、瓶窑派出所团支部、瓶窑镇第一小学集团团支部、北湖小学团支部、长命小学团支部、彭公小学团支部、瓶窑镇中心幼儿园团支部、蒲公英学校团支部、瓶窑农村合作银行团支部、鼎盛实业集团团支部、杭州名师文化传播有限公司团支部、杭州利富豪机电有限公司团支部、浙江日通实业集团股份有限公司团支部、杭州恒康专用车辆制造有限公司团支部、杭州强立机械有限公司团支部。2013年12月,筹备成立溪东社区团支部。

2015年基层团组织有:外窑村团支部、大观山村团支部、长命村团支部、凤都村团支部、崇化村团支部、南山村团支部、张堰村团支部、西安寺村团支部、窑北村团支部、彭公村团支部、塘埠村团支部、奇鹤村团支部、石濑村团支部、华兴社区团支部、新窑社区团支部、里窑社区团支部、杨梅坞社区团支部、瓶窑社区团支部、溪东社区团支部、瓶窑派出所团支部、瓶窑镇卫生服务中心团支部、瓶窑镇第一中学团支部、瓶窑镇第一小学集团团支部、长命小学团支部、北湖小学团支部、彭公小学团支部、瓶窑镇中心幼儿园团支部、蒲公英学校团支部、瓶窑农村合作银行团支部、鼎盛实业集团团支部、杭州名师文化传播有限公司团支部、新东方烹饪学校团总支部、瓶窑恒德广场团支部、杭州利富豪机电有限公司团支部、杭州神彩包装有限公司团支部、浙江日通实业集团股份有限公司团支部、杭州恒康专用车辆制造有限公司团支部、杭州强立机械有限公司团支部38个。

二、主要活动

图 4－8　志愿者为 G20 峰会安保服务(2016 年)

中华人民共和国成立初,各乡镇团组织在中共地方党委领导下,在参军参干,参加土改、镇压反革命、“三反”、“五反”和社会主义改造运动及兴办冬学、民校,开展农村文化活动,团员积极带头,成为青年的榜样。此后,团组织根据各个时期形势和任务,组织团员、青年学习马克思列宁主义、毛泽东思想,进行爱国主义、社会主义、集体主义和共产主义理想、道德、纪律、法制等教育。1958 年进入了团员发展的高峰期,1961 年前后瓶窑镇、长命乡、北湖乡、彭公乡先后成立镇、乡团委。20 世纪 60 年代,投入学雷锋、做好事,开展“比、学、赶、帮”竞赛活动。“文化大革命”期间,团组织及工作受到冲击,被迫处于停顿状态。70 年代后期,开展“争做新长征突击手”活动。1981 年,团组织开展讲文明、讲礼貌、讲卫生、讲秩序、讲道德,心灵美、语言美、行为美、环境美,热爱祖国、热爱社会主义、热爱中国共产党的“五讲四美三热爱”活动,共青团员上门为老弱病残者服务,为困难家庭排忧解难,弘扬见义勇为、助人为乐风气。开展“五讲四美三热爱”活动中涌现一批先进人物。1989 年,团县委、县科学技术委员会、县乡镇企业管理局联合组织开展“青年星火带头人”活动,培养一批适应现代化农业所需的科技和发展农村规模经济的带头人。

1994 年,以“志愿性、无偿性、公益性、组织性”为特征的志愿者活动得到瓶窑青年的广泛响应和党政领导及社会各界的充分肯定,受到人民群众的普遍欢迎,产生了良好的社会影响。1995 年,成立志愿者服务中心和志愿者工作站,志愿服务组织管理网络不断健全。1996 年瓶窑镇团委被共青团余杭市委授予 1995 年度优秀“青字号”水利工程一等奖。在学习雷锋日,“五四”青年节和其他重要节日、纪念日开展丰富多彩的活动。

1994 年起,以青年为主体,在生产、经营、管理和服务中创建青年文明号活动,旨在组织和引导青年立足本岗位诚实劳动,文明从业,树立适应社会主义市场经济要求的敬业意识、创业精神和质量、效益、安全、竞争、服务等观念,在全社会展现当代青年的精神风貌,塑造行业和企事业单位的良好形象,倡导职业道德和职业文明。青年志愿者行动不断发展,志愿服务的领域不断扩大,志愿者队伍日益壮大。据不完全统计,至 2015 年 12 月,全镇累计已有 5 万多人次的青年向社会提供了志愿服务。

2009 年 12 月,瓶窑镇作为浙江乡镇团组织格局创新试点单位之一,在中共余杭区委的直接关心和省、市团组织的具体指导下,按照团中央、团浙江省委的部署要求,迅速启动,扎实推进增配镇团委行政编制外副书记的创新试点工作。这次试点确定了从基层站所、学校医院、农村社区、非公企业和新社会组织四个领域,以“两推一面试一竞选”方式,增配 4 名行政编制外镇团委副书记。2009 年 12 月 9 日以中共瓶窑镇党委的名义,召开试点工作动员部署会,镇辖区内村社区、企业事业单位党团组织负责人参加会议,正式公告发布镇团委行政编制外副书记的选配工作,同时为了能选足、选优4名行政编制外镇团委副书记,镇团委还通过张贴海报等形式,广发“英雄贴”。6天时间来自镇辖区内基层站所、学校医院、农村社区、非公企业与新经济组织四个领域的62名团员青年报名参加选拔。12月15日晚上,镇党委、团区委联合成立三个面试小组,从综合分析与逻辑思维能力、反应和应变能力、言语表达能力、举止仪表四个方面,对62名报名青年进行逐个面试,综合确定了9名考察对象。12月16日,又分两组对9名考察对象进行逐个考察。在区委组织部指导下,镇党委和团区委将根据考察情况,研究确定正式候选人,于12月中下旬召开瓶窑镇团员代表大会,公开、公平、公正竟优选拔行政编制外团委副书记。镇团委行政编制外副书记增配到位后,为确保作用发挥,全面促进团工作的活跃,镇团委还将重点探索建立五项工作运行机制:即镇党委青年工作联席会议制度、团工作区域统筹共建机制、团工作项目化运行机制、基层团干部评价考核机制、团组织和广大团员青年的联系沟通机制;重点开展好“八个一批”的工作内容:即组建一批区域共建组织、明确一批重点工作项目、深化一批各专业类别的志愿者队伍、培育一批青年社团、培养一批青年人才、整合一批工作资源、完善一批规章制度、建立一批便于联系服务团员青年的网络平台。

2005年以来,镇团委坚持以理想信念教育为核心,以团干部和学生团员为重点,通过形式多样的思想教育和实践教育活动,分层次、有重点地组织青年学习党各个时期的方针政策以及团工作的重要文件。先后开展“树立社会主义荣辱观”演讲比赛、基层团组织团史团情教育、“重温入团誓词、共度一个周末”主题联谊、“新时代新风采”团员团干部形象大讨论、“新农村”知识讲座、和谐社会讲座、和谐社会征文、热爱瓶窑的N个理由征集、《爱护家园,从我做起》征文、纪念改革开放30周年征文等系列活动。

围绕党政中心工作发挥作用,为经济社会发展作贡献。围绕社会热点和党政中心工作,全力推进志愿者行动。构建了志愿者服务中心、志愿者基层工作站、志愿者服务分队的三级志愿者管理模式,建立了青年志愿者注册档案。至2015年共有在册志愿者5027名,成立25个志愿小分队,全镇性组织志愿服务活动共202次。开展“自行车环保宣传”、“清洁家园”宣传、城镇执法宣传、“绿色奥运,环保宣传”、“鲜花送雷锋,爱心驻空巢”、志愿者水质监测、清洁余杭行动启动仪式、生态环境满意度调查、墙体美化、“保护环境,从我做起”倡议、发放环保购物袋、城镇垃圾袋装化调查、卫生知识知晓率和卫生行为形成率调查等活动;为新农村建设宣传周、全民健身周活动、新农村信息服务周、镇第五届人民运动会、镇十佳卡拉OK歌手大奖赛、植树节绿化家园、唱响余杭、“清洁余杭”行动、社区失业人群调查登记等工作提供了志愿服务。

围绕新农村建设,组织开展了“新农村、新青年”主题系列活动;“活力农村,魅力瓶窑”新农村青年技能比武;围绕发展效益农业和农业产业化进程的推进,努力培养农村青年星火带头人,全镇共有区级星火带头人、市级星火带头人、省级星火带头人和杭州市十佳农村兴业带头人大部分系年轻人。

坚持以适应青年特点,提升青年的综合能力。适应青年求知需求,深化助学活动,服务青少年求学成才。在做好“手拉手”助学申报的同时,开展手拉手爱心助学派对、“情系学子、爱洒孤儿”捐助、爱心义卖活动,累计发放助学金162人次,金额10万余元;开展青少年安全自护知识与奥运知识讲座,全民健身和奥运知识竞赛。适应青年成长需求,开展教育培训工作。组织健康教育活动,邀请区“12355”心理健康热线专家来镇讲座和健康咨询;组织农村青年素质教育电焊工培训班两期;组织农村"青年星火带头人"基地参观活动和对全镇困难青少年的基本情况调查。适应青年文化需求,成立了青年中心;开辟了青少年室外活动场地;发起了团组织共建工作,充分发挥各团组织自身优势,发掘青少年活动场所;开展了外来创业青年文化需求调查和团员青年联谊、青春交友联谊活动;组织了球迷世界杯俱乐部、青少年器乐比赛、书画比赛和各类单项体育比赛。组建瓶窑足球队参加了余杭区足协杯和杭州市西湖杯足球赛。

以团的队伍建设为抓手,注重团组织整体素质的提高。镇团委坚持以"党建带团建",加强"推优荐才"和团干部选拔工作。每年向党组织推荐优秀青年入党和充实到相应基层党组织领导班子。牢固树立改革创新的理念,以团干部队伍建设为重点,不断完善团的自身建设。按期完成对村、社区、企事业单位和学校团组织的换届选举,并在华兴社区进行了社区团组织换届自荐直选试点工作。将一批年纪轻、素质好、能力强的团员青年充实到团的干部队伍中来。

加强团干部队伍建设,增强团组织活力。镇团委通过座谈交流、参加培训、开展活动等形式,注重对团干部的教育培训和业务练兵,有计划地对镇村两级团干部和新上岗团干部进行轮训。加强基层团组织建设,落实基层团建工作目标责任制,结合本镇团组织工作实际,制定出台《瓶窑镇团员规范化管理实施意见》,建立瓶窑镇团组织量化考评制度,促进各团组织活动的正常开展,实现支部工作的规范化、制度化和科学化,基层团组织自身建设和活动开展日趋正常。

附:共青团瓶窑区历任负责人

喻楚云(1973.5—1982.9)、嵇掌虎(1982.9—1984.10)、张坚强(1984.10—1986.6)、高国昭(1986.6—1992.5)。

第三节　妇女联合会

中华人民共和国成立初,县民主妇女联合会(简称"妇联")发动妇女参加民主改革各项社会活动。1950年"三八"节前后,县妇联宣传生产度荒。1951年,在乡村两级妇联会组织领导下,妇女走出家务圈子,参加到各种社会活动中来:组织秧歌队等宣传党和人民政府的政策方针,组织青年妇女参加民兵组织;配合农会斗地主,搞土改,分田地;在剿匪、肃反中,于每个路口站岗放哨查路条;组织妇女上民校、冬学,识字学文化,增长知识、提高觉悟。在抗美援朝运动中,组织妇女开展忆苦思甜教育,通过控诉日寇犯下的滔天罪行,反对美帝国主义走日本老路侵略朝鲜。号召妇女动员丈夫或儿子参军保卫祖国,出现了母亲送儿、妻子送丈夫参军的高潮,还做军鞋支援前线。1954年以后,随着互助合作化运动的开展,妇女彻底从家务中解放出来,成为与男子一样的劳动力,从家庭走向田野,与男子同工同酬,种田、施肥、开荒、养蚕,妇女组织成为互助合作运动中的生产生力军,进入妇女解放的一个新阶段。《中华人民共和国婚姻法》公布后,乡村两级妇女组织积极响应,立即掀起宣传热潮,在组织全体妇女揭露封建婚姻罪恶,废除童养媳、寡妇不能改嫁等恶习的同时,提倡婚姻自主。1957年11月,民主妇女联合会改名为妇女联合会,乡镇妇女组织随之改名。在农业学大寨运动中,各级妇女组织带领妇女们组织"妇女突击队"、"突击小组"等,兴修水利和道路。1961 年后,境内各公社均召开妇女代表大会,选举产生公社妇女联合会。1966 年起,"文化大革命"中,妇女组织被迫停止活动。

中共十一届三中全会后,农村妇女开始从单一田间生产转向以家庭种植业、养殖业、加工业、服务业为主的多种经营。1987 年,在妇女中进行"四自"(自尊、自信、自立、自强)和"四有"(有理想、有道德、有文化、有纪律)新女性教育。1989 年后,各级妇联发动妇女开展学文化、学技术、比成绩、比贡献的"双学双比"活动,采取因地制宜、因人施教办法进行多层次文化培训。

一、组织

中华人民共和国成立后,在建立乡政府的同时,境内各乡分别成立民主妇女联合会(简称妇联)。1950 年,经培养考察,各乡均在翻身贫雇农中选配一名妇女干部任乡妇联主任,各村选配一名妇女主任,协助农会主任开展各项工作。1957 年 11 月,民主妇联改称妇女联合会。

自建立乡妇联组织至 1956 年,乡各召开代表大会 3 次。1961 年—2010 年,召开代表大会 10 次。

1962 年 3 月,乡召开妇女代表会,建立妇代会组织。1962 年后,瓶窑镇妇女联合会历届主任为诸家骏(1962—1970)、盛云芳(女,1970—1978)、赵莉莉(女,1978—1989)、陈月琴(女,1989—1992)、费爱萍(女,1992—2001)。

"文化大革命"初期,妇联组织瘫痪。1971 年起逐步恢复。1973 年,重建余杭县妇女联合会。嗣后,各公社及下属大队相继重建妇联组织。

九届至十四届妇联女联合会 1991 年—2012 年,瓶窑镇第五届妇女代表大会召开,选举产生新一届镇妇女联合会执行委员会。

1991 年 10 月 29 日,余杭县瓶窑镇第九届妇女代表大会召开,应到代表 79 名,实到代表 76 名。大会依法选举产生新一届瓶窑镇妇女联合会执行委员会。主任陈月琴(1992 年 10 月费爱萍继任),副主任汤云娣、金亚平。

1994 年 10 月 20 日,余杭市瓶窑镇第十届妇联女联合会召开,代表 80 名。大会依法选举产生新一届瓶窑镇妇女联合会执行委员会。主任费爱萍,副主任汤云娣、金亚平。

2000 年 10 月 20 日,瓶窑镇第十一次妇女代表大会召开,应到代表 60 名,实到代表 60 名,列席、特邀代表 28 名。费爱萍代表镇妇联第十届执行委员会在大会作题为《全面贯彻"三个代表"重要思想 团结全镇妇女为瓶窑率先基本实现现代化而努力奋斗》的工作报告,报告回顾了瓶窑镇第十届妇联三年来在认真贯彻"三个代表"重要思想,全面开展"致富思源、富而思进"的教育活动,团结、带领全镇妇女解放思想、抢抓机遇、开拓创新、积极投身改革开放和社会主义现代化建设,厂房显示"半边天"的巾帼风采。同时,根据镇党代会、人代会确立的经济、社会发展目标,提出:今后三年妇联的工作任务:认真履行妇联职能,全面提高妇女素质,切实维护妇女权益,进一步团结、动员全镇妇女投身瓶窑的现代化建设为瓶窑美好家园充分发挥妇女"半边天"作用。会议审议并通过了这个报告,大会还依法选举产生新一届妇女联合会执委。2002 年 4 月召开十一届三次会议,辞去主席、副主席各一名;同时补选主席、副主席各一名。主席费爱平、张青(2002.4 继任)副主席王文娟、王月姣(女,2000.7—2003.11)、沈萍(女,2002.4—2003.11)。

2003年11月25日，召开瓶窑镇十二届妇女代表大会。应到代表65名，实到代表63名，列席7名。张青代表镇妇联十一届执行委员会作题为《全面贯彻“三个代表”重要思想　团结全镇妇女为瓶窑率先基本实现现代化而努力奋斗》的工作报告。大会的主要任务：以“三个代表”重要思想为指导，全面总结妇联第十一届会议以来妇女工作取得的成绩，确定新一届妇女工作的发展目标，发挥妇女“半边天”作用，积极参与经济建设和社会进步，为瓶窑的率先基本实现现代化而努力奋斗。大会审议并通过了这个报告。会议根据《中华全国妇女联合会章程》的规定，经到会代表充分酝酿讨论，并采取无记名投票和差额选举的办法，选举产生新一届妇女联合会执委7名。同日，召开执委第一次会议，选举产生主席一名；副主席2名。主席张青，副主席王月姣、沈萍。

图4－9　平安创建活动（2016年）

2006年11月29日，瓶窑镇十三届妇女代表大会召开。大会应到代表75名，实到73名。张青代表镇妇联十二届执行委员会作了题为《与时俱进　开拓创新　团结动员全镇妇女在构建和谐社会的伟大实践中创造新业绩、创造新生活》的工作报告，大会认为：镇妇联十二届执行委员会以邓小平理论为指导，认真贯彻“三个代表”重要思想，紧贴中心，服务大局，全面履行妇联职能，开拓进取，真抓实干，在团结组织全镇妇女投身“三个文明”建设，促进妇女进步发展、维护妇女合法权益、加强妇联自身建设等方面发挥了积极作用。会议还确立今后五年的工作任务，强调：创新妇女工作理念、创优妇女工作载体、全面提高妇女干部的工作能力，以改革的精神不断推进新时期妇女工作。会议审议并通过了这个报告；会议根据《中华全国妇女联合会章程》的规定，经到会代表充分酝酿讨论，并采取无记名投票和差额选举的办法，选举产生新一届妇女联合会执委7名。同日，执委第一次会议召开，选举产生主席一名；副主席2名。主席张青，副主席江旻、朱文琴。

2012年5月30日，瓶窑镇十三届妇女代表大会召开。大会应到代表75名，实到73名。列席、特邀代表12名。张青代表瓶窑镇第十三届执行委员会作题为《举全镇妇女之力，走创业创新之路，为建设西部重镇，打造北秀明珠而努力奋斗》的报告。大会的主要任务：高举中国特色社会主义伟大旗帜，以党的十七大精神为指导，深入贯彻落实科学发展观，全面总结我镇妇联第十三届代表大会以来取得的新成绩，谋划、确定今后五年妇女工作的发展目标和主要任务，团结、带领全镇妇女为建设“西部重镇”、打造“北秀明珠”而努力奋斗。大会根据《中华全国妇女联合会章程》的规定，经到会代表充分酝酿讨论，采取无记名投票和差额选举的办法，选举产生新一届妇女联合会执委7名。同日，执委第一次会议召开，选举产生主席一名；副主席2名。2016年3月组织调整，免去副主席2名，增补副主席1名。主席张青，副主席朱文琴、丁小美、沈彩虹。

乡妇女联合会

北湖、长命、彭公乡撤销并入瓶窑镇前妇女联合会负责人

余杭县北湖公社妇女联合会主任翁明珠(女,1962—1980)、费爱萍(女.1980—1988.4)。

1988年4月,北湖并入瓶窑镇,乡妇女联合会随之撤销。

余杭县长命公社(乡)妇女联合会主任程福芝(女,1962—1978)、费爱萍(女,1978—1980)、王美莲(女,1980—1992.5)。

1992年5月,长命乡并入瓶窑镇,乡妇女联合会随之撤销。

余杭县彭公公社第一届妇女联合会负责人顾宝泉(1962.5—1966.5),第二届至第九届乡妇女联合会主任潘玲芬(女,1966.5—1992.5),第十届妇女联合会主任陈云水(女,1992.5—1994.11)。1994年11月12日,彭公乡第十一次妇女代表大会召开,参加会议应到正式代表58人,实到50人,会议依法选举产生新一届妇女联合会执委。主任陈云水(女.1994.11—1996.1)、高美琴(女.1996.1—1997.10),副主任沈萍(女.1994.11—1997.10)。1997年10月30日,彭公乡第十二次妇女代表大会召开,会议依法选举产生新一届妇女联合会执委。主席高美琴(女,1997.10—2000.10.)副主席沈萍(女,1997.10—2000.10)。2000年10月27日,彭公乡第十三次妇女代表大会召开,参加会议正式代表50人,会议依法选举产生新一届妇女联合会执委。主席高美琴(女,2000.10—2001.5),副主席沈萍(女,2000.10—2001.5)。

2001年8月彭公乡并入瓶窑镇,乡妇女联合会随之撤销。

基层妇联组织 2000年,基层妇联组织有长命村妇代会、胡林村妇代会、城皇山村妇代会、雉山村妇代会、凤山村妇代会、羊山村妇代会、乌山村妇代会、水河桥村妇代会、高俞塘村妇代会、柏树庙村妇代会、北村村妇代会、张堰村妇代会、西安寺村妇代会、圣堂村妇代会、横山村妇代会、南山村妇代会、毛元岭村妇代会、西中村妇代会、河中村妇代会、角头村妇代会、上窑村妇代会、外窑村妇代会、西溪居委会妇代会、里窑居委会妇代会、杨梅坞居委会妇代会、新窑居委会妇代会、华兴居委会妇代会。

2003年,所属基层妇联组织有长命村妇代会、胡林村妇代会、城皇山村妇代会、雉山村妇代会、凤山村妇代会、羊山村妇代会、乌山村妇代会、水河桥村妇代会、高俞塘村妇代会、柏树庙村妇代会、北村村妇代会、张堰村妇代会、西安寺村妇代会、圣堂村妇代会、横山村妇代会、南山村妇代会、毛元岭村妇代会、西中村妇代会、河中村妇代会、冉头村妇代会、上窑村妇代会、外窑村妇代会、西溪居委会妇代会、里窑居委会妇代会、杨梅坞居委会妇代会、新窑居委会妇代会、华兴居委会妇代会。

2006年,所属基层妇联组织有长命村妇代会、大观山村妇代会、崇化村妇代会、凤都村妇代会、瓶窑村妇代会、南山村妇代会、窑北村妇代会、西安寺村妇代会、张堰村妇代会、外窑村妇代会、塘埠村妇代会、彭公村妇代会、石濑村妇代会、奇鹤村妇代会、新窑社区妇代会、里窑社区妇代会、华兴社区妇代会、杨梅坞社区妇代会。

2015年,所属基层妇联组织有长命村妇联、大观山村妇联、崇化村妇联、凤都村妇代会、瓶窑村妇联、南山村妇联、窑北村妇联、西安寺村妇联、张堰村妇联、外窑村妇代会、塘埠村妇联、彭公村妇联、石濑村妇联、奇鹤村妇代会、新窑社区妇联、里窑社区妇联、华兴社区妇联、杨梅坞社区妇联。

二、主要活动

20世纪50年代起,全国妇联在城乡开展家庭文明创建活动,初期活动的主要围绕“两勤”

方针:勤俭建国、勤俭持家。随着活动的深入和拓展,内容逐步丰富,形成在全社会倡导“尊老爱幼、男女平等、夫妻和睦、勤俭持家、邻里团结”的文明风气。“文化大革命”期间活动一度停止。新时期的“五好家庭”活动,经历70年代末的恢复试点,80年代的巩固充实,90年代的深化提高,已经成为一项内容特定,形式新颖、影响广泛和效果扎实的群众精神文明建设活动。随着改革开放和现代化建设进程,2000年后,妇联开始实施“家庭文明工程”,围绕绿化美化生活环境、活跃家庭文体生活、普及科学法律知识、破除封建迷信和落后习俗、和睦家庭邻里关系五方面内容,开展了家庭读书、家庭教育、家庭文化、家庭健身、家庭环保等活动,在城乡家庭中影响广泛。

中共十一届三中全会后,农村妇女开始从单一田间生产转向以家庭种植业、养殖业、加工业、服务业为主的多种经营。1989年起,组织开展“双学双比”。主要是在农村妇女中开展“学文化、学技术、比成绩、比贡献”竞赛活动。当时瓶窑镇、长命乡、彭公乡妇联积极引导各村妇代会参与活动,主要从三个方面进行开展:立足于科技兴农,对妇女进行文化科技培训;围绕提高农业综合生产能力,发展高产、优质、高效农业,组织开展适合妇女特点的生产竞赛;面向市场,推动改革,为参赛妇女提供社会化服务。同时,“巾帼扶贫行动”和“三八绿色工程”活动作为“双学双比”活动的重要内容贯穿始终,一年突出一个重点,不断赋予活动新的内容。

在机关、企事业单位的窗口行业推出了“巾帼建功”文明示范岗创建等活动。“巾帼建功”活动主要围绕三个重点开展工作:以提高城镇妇女素质、促进城市文明建设为重点,广泛开展妇女教育培训,激励广大妇女争先创优、岗位建功、岗位成才;以帮助下岗失业妇女创业与再就业,推动城市社区建设为重点,相继开展了“巾帼助困行动”、“巾帼创业行动”和“巾帼社区服务工程”等多项活动,有效促进了妇女创业就业;以树立行业新风,促进行业文明为重点,开展“巾帼文明岗”创建活动,不断丰富活动内容,拓展活动领域,促进“巾帼文明岗”进行业、进村(社),在构建社会主义和谐社会中发挥积极性的作用。在整个活动过程中,妇联在构建和谐社会中发挥了“半边天”和生力军作用,以代表妇女利益、促进男女平等为己任,一手抓发展,一手抓维权,切实履行妇联代表、参与、教育、服务和联谊的社会职能,探索奋进。围绕经济建设中心,服务大局,动员组织广大妇女积极参与经济发展,促进物质文明建设,投身“融入大都市、建设新余杭”率先基本实现现代化的建设中。结合社会主义市场经济体制和妇女工作的特点,在城乡妇女中广泛开展了“双学双比”、“巾帼建功”、“创建五好文明家庭”、“双合格”等系列活动,全镇广大妇女积极投身于各项活动中,以立足岗位建功立业为主题,在提高妇女素质、激发妇女活力、凝聚妇女力量、推动妇女发展方面取得了显著成效。

自1991年开展“巾帼建功”活动以来,全镇妇联组织围绕工作大局,以提高城镇妇女素质为目标,以岗位建功、岗位创优为重点,以“巾帼社区服务工程”和“巾帼文明示范岗”创建活动为主题,动员城镇各行业、各届妇女参与创造新岗位、创造新业绩、创造新生活的巾帼建功活动,促进妇女岗位建功,岗位成才,进一步关心关注下岗失业妇女及城市贫困妇女,发扬“四自”精神,在推动余杭经济社会发展和“三个文明”建设,充分发挥了妇女组织的作用。涌现出一批又一批体现高度职业文明、经济效益,在本地区、本行业,具有先进示范性的女性为主的集体、岗位和个人。

2010年以来,瓶窑镇妇联在活动中采取以下方法:

加强宣传,营造妇女发展良好氛围。利用“三八”节的有利时机,借助宣传媒体和宣传阵地,大张旗鼓地宣传基本国策、《妇女权益保障法》、新《婚姻法》、《人口与计划生育法》、《公民道德建设实施纲要》等政策、法律和法规。通过举行表彰会、报告会、座谈会等形式,大张旗鼓地表彰先进,树立全镇、乡各条战线的妇女先进典型,广泛宣传她们的感人事迹和时代风采。这些先进典型通过新闻单位的宣传,向社会展示新时期妇女的作为和贡献,促进全社会对妇女社会价值的认同和尊重,进一步激发了广大女职工争先创优意识和岗位成才、岗位建功的热情。同时,利用"三下乡"、"三八"妇女维权周、"6·26"国际禁毒日等时机开展宣传、咨询、便民利民的志愿者服务等活动,大力开展禁毒和预防艾滋病宣传教育。倡导"奉献、友爱、互助、进步"的志愿者精神,吸收有热情、有爱心、有社会责任感的人士加入"巾帼志愿者"队伍,开展服务社会的巾帼志愿者活动,还积极组织有关单位的志愿者开展"春雷计划"捐款救助失辍学女童活动,弘扬了奉献社会、团结友爱、互助进步的良好社会风尚。

提高素质,激发妇女创业创新活力。认真组织妇女学习、贯彻党的方针政策妇联工作会议精神,始终把政治理论学习,思想道德建设作为"巾帼建功"活动首要任务来抓。在学习中,注重提高妇联干部的自身素质和组织、服务能力。同时,结合各行业实际,采取多种形式,做出自己的亮点,创出自己的特色,树立自己的品牌,推动实现妇女与男性、与经济社会、与资源环境的协调发展,实现城乡妇女的共同发展。在学习教育中,注意把职业道德教育、家庭美德教育及"四有"、"四自"教育有机结合起来。在活动中注重妇女人力资源的开发和妇女人才的培养,注重发掘妇女的发展潜能,激发妇女的发展活力,通过岗位练兵、技能培训和"四有"、"四自"教育,使许多妇女提高了学历和职称,提高了技术水平和服务技能,使一大批优秀的女性脱颖而出。

抓住特点,搭建妇女发展成才平台。通过"巾帼建功"活动为广大妇女搭起一个提高自我、施展才华的舞台,增强了广大女职工的责任意识和争先创优的热情。这项活动已经从窗口行业拓展到女性集中的行业、从一般的服务业拓展到新经济组织,活动日益广泛深入。广大城镇妇女结合自身需要,学习新知识、掌握新技能,积极投身巾帼创建活动,增强了城镇职业妇女的业务技能和竞争能力。女职工将"女职工建功立业"与本职工作相结合,赋予活动新内涵;实现自我素质达标,提升女职工技术技能等级。此外,妇联在民营企业开展"爱岗位当能手、比创新、树形象"操作技能竞赛。这些丰富多彩的活动充分体现行业特色,吸引广大职业女性积极参加,发动广大女职工参与到"三个文明"建设中,产生了明显的效果。

优良服务,树立行业妇女新风尚。发挥妇女作用,树立行业新风。"巾帼建功"活动注重通过建立道德规范和行业规范,引导广大女职工内强素质,外树形象,优质服务,打造品牌。在开展"巾帼文明岗"和"巾帼建功"标兵的争创活动中,各单位强化服务理念、突出行业特点,组织广大女职工积极参加本行业、本单位的业务技能学习、专业竞赛活动。卫生系统把创建活动同加强医德医风教育,开展优质服务竞赛活动相结合;教育系统把创建活动与教育科研、教学竞赛活动相结合;把"巾帼文明岗"创建活动与作风建设相结合起来,为创建"平安"在各自的岗位发挥作用;其他系统也以争创"巾帼文明示范岗和标兵"为切入点,开展各具特色的优质服务竞赛活动。通过活动广泛的开展,提高了职工的素质,行业的服务质量、服务水平明显改善、达到提高经济和社会效益的目的。

进村入社区,推动"巾帼建功"创新发展。各妇女组织把妇女发展与经济社会发展紧密地结合起来,帮助下岗失业女性实现了再就业,培养一批巾帼创业带头人,使"巾帼建功"活动向纵深发展。加强与相关部门的联系,帮助下岗失业女性自主创业,落实税费减免、子女就学、就医等政策,为有创业愿望的下岗失业女性提供创业项目和申请小额贷款等服务。结合劳动保障部门重点开展了创业培训,努力造就一批小企业创办者和自谋职业者。积极开发就业岗位促进了下岗失业女性再就业。多渠道开发就业岗位,帮助多名下岗失业女性实现了再就业,女性占总安置数的%;开展了社会保险、职业介绍、再就业培训、就业岗位开发等服务工作,把党和政府的温暖送到失业人员的心坎上。

自2007年清洁余杭行动以来,瓶窑镇妇联组织全镇各基层妇联,发动城乡广大家庭、妇女群策群力开展庭院整治工作,掀起全民清洁庭院卫生的热潮,8年来共评选出美丽庭院示范户1636户,美丽庭院示范带14条;建立由全镇各条战线广大妇女群众组成的365名巾帼志愿者队伍,围绕全镇大局和妇联本职工作,渗透到各个领域积极开展各项志愿活动,在五水共治、三改一拆、环境整治、美丽乡村建设等工作中较出色的发挥了镇妇联组织的作用。

至2015年,紧密围绕党的中心工作,在城镇人口较集中的市、区实施“社区服务工程”,成立下岗女工再就业指导机构、“巾帼社区服务中心”、“小额信贷工作站”、“职业介绍所”等,形成各种服务网络,为下岗失业女性再就业提供了服务。为了深化“巾帼建功”活动,提高创建水平,促进“巾帼文明示范岗”、“巾帼建功标兵”创建工作科学化、规范化、制度化,各职能单位高度重视,将“巾帼文明岗”、“巾帼建功标兵”创建活动列入重要议事日程,采取联系实际、制定计划,精心组织、认真部署,督促检查、抓好落实等措施,在各系统开展特色各异的行业创建活动。

附:妇联瓶窑区负责人

朱月影(1973.5—1982.9)、喻楚云(1982.9—1984.12)、高宝娥(1984.12—1985.5)、胡杏奋(1985.5—1992.5)。

第四节 瓶窑商会

晚清以来,由于情势变迁,使得商人的地位大为改观,商人组织的性质亦相应有所变化。民国5年(1916年),余杭商务分会易名为余杭县商会。临平、塘栖、瓶窑、三墩相继成立镇商会。1945年抗战胜利后,商会经过整顿,恢复活动。民国17年9月,瓶窑镇山货业、酒酱业、豆腐业、南北货业、国药业、米业、面饭业、肉业、百货业等9个同业会公会联名呈报组建商会,随即成立了商会筹委会,公推朱茗生为筹备会主任,瓶窑镇商会复会。1949年中华人民共和国成立后旧商会被接管,新取名工商业联合会。商会以维护会员合法权益、促进瓶窑工商业繁荣为宗旨。商会是市场经济条件下实现资源优化配置不可或缺的重要环节,是实现政府与商人、商人与商人、商人与社会之间相互联系的重要纽带。

一、沿革

1949年,在杭县、余杭县第一届各界人民代表会议上,工商界代表建议在各主要镇成立工商业联合会(简称工商联),接管旧商会,整顿同业公会,以组织工商业者遵守《共同纲领》,恢复生产,繁荣经济,按章纳税,发展城乡物资交流。此后各镇工商联组织相继建立。

1950年—1953年间,杭县和余杭县先后在各镇建立手工业劳动者协会,1956年手工业实行合作化,劳协组织撤销。1951年,瓶窑成立摊贩联合会,1952年摊贩联合会以团体会员的名义参加工商联。是年,瓶窑成立船民协会。1956年,个体专业木帆运输户全部参加运输合作社。"文化大革命"期间,工商联停止活动。1982年瓶窑镇在全县首先建立个体劳动者协会,是各类个体工商业(包括:工业、手工业、商业、饮食业、运输业、建筑修缮业、修理业)自愿联合组成的群众组织。1994年11月,余杭市委统战部、市总商会根据《中华全国工商业联合会章程》的有关规定和《加强工商联的基层组织建设》的意见,开始组建镇乡商会工作。

二、商会负责人

1994年7月5日,瓶窑商会成立,何阿毛任会长,付勤、上官建荣、徐雪浩任副会长,何阿方任秘书长。2000年12月30日,瓶窑商会进行换届,徐雪浩作工作报告并被选任会长,王万新任秘书长。2001年8月,彭公乡撤销,并入瓶窑镇。2005年,瓶窑镇商会召开第一届会议,蔡国平作工作报告并被选任会长,汤国华、陈国民、周贤海、贾伟国、尉建明、傅阿惠任副会长,宋祖建任秘书长。2008年12月,瓶窑商会召开第二届会议,汤国华作工作报告并被选任会长,尉建明、周贤海、高忠华、陈国民为副会长,童建明任秘书长。2010年9月,尉建明代理会长。2011年5月,瓶窑商会第三届会议,尉建明作工作报告并被选任会长,高忠华、周贤海、陈国民为副会长,姚杭平任秘书长。

第五节 瓶窑镇老年协会

一、组织及活动

1986年瓶窑镇老年协会建立,1989年成立瓶窑镇老龄工作委员会、老年协会,长命、彭公乡老龄工作委员会和老年协会也相继建立。同时35个村和6个居民区设立老龄工作小组和老年协会。1992年5月和2001年3月长命、彭公乡并入瓶窑镇,老年组织随之,2003年9月村、居民区撤并,完善了14个村、4个社区老龄组织。2013年新成立溪东社区老龄同时建立。

2015年末有镇老龄工作委员会、镇老年协会;3个村、6个社区老龄组织健全。全镇有60周岁以上的老年人12973人,占全镇户籍总人口22.4%。

镇老龄会主要工作:宣传《中华人民共和国老年人权益保障法》,维护老年人的合法权益,解决日常生活中出现的歧视、侮辱、虐待老年人行为。通过二年一次的"双评双奖"活动,推动老年权益保护;通过各类文体活动,促进老年人身心健康,引导全社会关心老人、尊重老人,爱护老人,营造"老有所依、老有所养、老有所乐、老有所为"的良好氛围。

根据广大老年人需求,于1991年投资139万,建造占地4.9亩,建筑面积1050平方米的老年活动中心,内设图书室、阅览室、教室、球类室、棋牌室、聊天室、健身房、书画室等活动场所,室外建有篮球、羽毛球、门球等活动场所。配有管理人员,组建老年乒乓球队、红枫艺术团、太极协会、老年门球队、夕韵书画社和戏曲、音乐、美术等十一支老年文体队伍。各村也落实了老年活动场地。

二、组织负责人

瓶窑镇协会

会　长　黄阿善(1986.9—1998)
孙继良(2005.10—2014.9)
陈建民(2014.9—)
秘书长　张友增(1986.9—1998)
葛寿海(2005.10—2014.9)
胡玲娣(2014.9—)

瓶窑镇老龄委
主　任　沈吾根(1989—1998)
主任兼会长　孙传礼(1998—2005.10)
秘书长　万才高(1998—2005.10)
长命乡主任兼会长　嵇永顺(1989.9—1992.5)
彭公乡主任兼会长　叶开梁(1989.9—2001.3)

第六节　关心下一代工作委员会

一、组织及活动

瓶窑镇关心下一代工作委员会(简称关工委)成立于1992年。根据上级要求,主任一般由党群副书记或组织委员担任,专职副主任由老同志担任。而后,本级组织得到不断完善并向下延伸。相继成立讲师团、关爱团和科技团。

讲师团成员一般由老干部、老教师、老军人等担任。主要任务是向青少年宣讲共同理想、民族精神、社会主义核心价值观等,引导青少年树立正确的世界观、人生观、价值观。

关爱团成员一般由"五老"志愿者及司法部门人员担任。主要任务是对有不良行为的青少年进行法制教育,引导他们遵纪守法,改正不良行为,做合法公民。

科技团成员主要由科协和科技人员担任。主要任务是向青少年进行科普宣传,使青少年掌握现代科学技术和劳动技能,提高服务服务社会、报效祖国的本领。

相继成立村、社区及部分企业关工委。到2015年为止,所有村、社区都建立了关工委,且有3家企业建立了关工委组织。

关工委的主要围绕"爱祖国、爱学习、爱劳动"、"学党史知国史"、"社会主义核心价值观"等,每年在中、小学生在中开展一次主题教育活动;发挥"五老"志愿者作用,对有不良行为的青少年结对关爱帮教;举办假日学校,解除小候鸟、留守儿童后顾之忧;帮困助学、科普宣传、当地特色教育等。同时,要协调和发挥成员单位的作用,如:工、青、妇、学校等,共同做好关心下一代工作。总之,关工委要急党政所急、想青少年所思、尽关工委所能,拾遗补缺,尽心做好工作。

二、负责人

瓶窑镇历任关工委专职副主任郑连法、赵富生(1992—1999)穆水花、吴金顺(1999—2001)赵祖泉(2001—2005)陈月琴(2005—2012)陈建民(2012—)

彭公乡关工委专职副主任陈月琴(1996—2001)

第四章　军　　事

瓶窑西北有崇山峻岭，东南为一马平川，又有三苕沮洳，在军事上有比较重要的战略地位，历来是军队屯戍、兵家争战之地。清嘉庆《余杭县志》载："各地要隘湖州府属孝丰地方，接近钱塘、余杭，肩引课轮，价贱之区最易越界侵扰，私枭出没，多大余杭之黄湖镇、钱塘之瓶窑，横入孝邑，于余杭之瓶桥关，王岭石门村、瓜村，黄湖十五梯等处假道，向于孝、余交界之幽岭，设卡募捕，会同营风及县捕，常川驻守。"

相传原始社会末期，部落联盟军事首领禹巡狩到会稽（今绍兴），朝会四方诸侯，境内防风氏因迟去而被斩，后又发兵攻打防风氏。唐肃宗上元元年（760 年），宋州刺史刘展反叛，温晁凭借马头关之险要与其所部激战。明代，朝廷在瓶窑设北乡营。清顺治二年（1645 年）到顺治十八年（1661 年）的十多年间，瓶窑一带曾是南明鲁监国政权与清军之间攻守杭城的外围游击战场，唐彪与清兵在瓶窑、安溪激战。丁丙《三塘渔唱》留有"虎（唐）彪乡里捍艰难，伯锡崇仁驻虎山，螳臂双撑忠血碧，瓶窑千古泪潺潺"诗句。康熙元年（1662 年），杭州协副将王鼎新部驻瓶窑，剿唐起凡。咸丰十年（1860 年）至同治三年（1864 年），太平军与清军在境内反复攻防的激烈程度，在余杭历史上颇为罕见。清末，省巡警总局派副巡官驻瓶窑，整理浙西水巡。清宣统三年（1911 年），钱塘县统领陈阿浦领兵驻瓶窑，镇压稻草帮。抗日战争期间，余杭军民同仇敌忾，浴血奋战，多次进行一定规模战斗。

县境解放初期，驻县人民解放军和民兵开展大规模剿匪反霸斗争，巩固新生的人民政权。嗣后，基层人民武装部认真贯彻党的路线、方针、政策和中央军委关于国防建设指导思想实行战略性转移等重要指示，军民共建、民兵工作调整改革、预备役部队建设、征兵工作等取得丰硕成果，尤在瓶窑历次抗洪抢险斗争中发挥重大作用。1988 年，建立民兵应急小分队。民兵预备役部队经整顿，整体素质不断提高，更加适应经济建设和国防建设需要。

第一节　设施　驻军

瓶窑扼杭州门户，是军事重地。古时在边境的山径要隘等处筑关设卡，派民把守，民国间渐圮废。中华人民共和国成立后，因现代战争之需要，亦修建不少军事设施，防空工程为主要军事设施。

境内历代有驻军，民国时始设兵役机构。20 世纪 60 年代，各乡镇设人民武装部。

一、军事设施

马头关　位于瓶窑镇彭公马头山。马头山高 350 余米，马头关为余杭、德清分界，形势险要、岭高坡陡，车马难行，是历代江浙之间重要关隘。唐肃宗上元元年（760 年），宋州刺史刘展举兵反叛。次年春，刘展派部将张景超引兵攻杭州。温晁屯余杭，扼守马头关，据险击之，使刘展所部溃败，退回湖州。宋高宗南渡，过马头关抵杭州。相传高宗至此关时，因路窄车不能过卸所载而行，故马头山又名卸车岭。元代红巾军徐寿辉部进攻武康、吴兴，亦过此关。清咸丰十年（1860 年）二月，太平军李秀成部取道马头关破杭州。今之杭宣铁路及 104 国道均经马头关原址。

相见岭关隘　位于瓶窑镇石门村东北吴越古道。旧志载：相见岭在县北四十里东林西扇，其岭重叠相见，故名。

塘山土垣　为良渚文化时期所建。从瓶窑镇毛元岭起，经西中、河中和安溪（今属良渚镇）石岭、上溪至罗村，呈东西弧线走向，处于整个良渚遗址区的西北地段，长约 5 公里。遗址现存部分高约 3—7 米，宽约 20—50 米。后又发现 10 条，当年良渚先民用芦荻、茅草把泥土包裹起来，将这种“草裹泥包”横竖堆砌。类似现代人抗洪时用草包或编织袋装土筑坝，不仅增加了坝体抗拉强度，让水坝不易崩塌，也加快了堆筑速度，在良渚时期已成为用于临水建筑的常用工艺。据专家称，该土垣也是国内同期最大的城市防卫工程。

防空工程　人民防空工程包括为保障战时掩蔽、指挥、救护而单独修建的地下防护建筑，以及结合地面建筑修建的战时可用于防空的地下室。境内防空工程，主要有坑道和地下防空室两类。

1996 年后，新建住宅、办公楼、医院、教学楼等民用建筑，10 层以上、基础深度 3 米以上的工程项目，均按规定利用地下建筑空间建设地下室，作防空袭时所用。一般统建住宅也按总面积 2% 修建防空地下室。

坑道　大多建于 20 世纪 60 年代末，较大规模的坑道在白鹤山，系 1970 年修筑。1960 年—1969 年，经人民解放军多年施工，在境内各要道建坑道数 28 条，总长度数公里。1974 年起，坑道工程交由当地人民武装部管理至今。

附：日伪军据点工事

彭公　碉堡 2 座，铁丝网 3 道，至马家坝及沈吴山有竹篱，高丈余。

张堰　碉堡 1 座，四周围铁丝网，自堰口至杨府庙一带有竹篱，高 1 丈。

石濑　烟堆山碉堡前有铁丝网，并有重机枪及炮兵掩体，公路沿线有竹篱，高约 1 丈。

瓶窑　碉堡 6 座，沿窑山一带设铁丝网。

长命等地亦筑有碉堡。

二、驻军

宋，石濑设巡检司。明，曾在瓶窑设北乡营。清康熙元年（1662 年），杭州协副将王鼎新部驻瓶窑，剿唐起凡。清末，省巡警总局派副

图 4－10　日军在石濑村烟堆山修筑的碉堡残迹（2005 年）

巡官驻瓶窑,整理浙西水巡。清宣统三年(1911 年),钱塘县统领陈阿浦,领兵驻瓶窑,镇压稻草帮。

民国元年(1912 年),瓶窑设警察所。抗日战争时期,国民党浙江省保安第 3 团在瓶窑一带活动,杭州自卫队驻彭公等地。新四军临余支队、余杭县抗日民主政府警卫连等也曾在彭公一带活动。

1945 年抗日战争胜利后,国民党陆军第 108 师 325 团驻瓶窑,青年军 208 师递步哨驻瓶窑。1946 年,杭州自卫队改编为保安警察队,瓶窑驻一分队。

1949 年 5 月,解放军第三野战军文工团驻羊山仲家村仲家大屋,文工团员廖根粱、陶玉玲(在电影《柳堡的故事》中扮演四班长和二妹子)等为群众表演节目。

1949 年 5 月 2 日,中国人民解放军第二十一军第六十一师(师长胡炜、政治委员王静敏)、六十二师(师长周纯麟、政治委员周世忠)解放余杭县城。解放军一部与地下党领导的武装共同维护社会治安。次日,第六十一师、第六十二师率先进驻杭州,杭县同时解放,第二十三军同日进驻杭州。5 月 6 日,人民解放军第二十二军进驻杭县三墩(今属杭州市西湖区),16 日向浙东进军。

1960 年 10 月,中国人民解放军铁道兵第八师调驻余杭、瓶窑等镇,师长贾庆祥,下辖第三十六、三十七、三十八、三十九团。参与杭长铁路建设。1962 年 1 月,该师从余杭镇移驻境外。

1968 年,二十军某部驻瓶窑、彭公等地,修筑战备坑道。1970 年调离。

附:入侵余杭的日伪军

杭州沦陷后,日军大量增兵杭州。27 年(1938 年)9 月,杭余路驻一〇六师团士桥所部铃木、车福引野等部约 4000 余人;余杭至闲林一带驻福田等部,约 1 个联队 33 年—34 年(1944 年—1945 年)2 月,一三三师团和十七师团一部驻防。驻杭州市日军 2.5 万余人,其中一半以上日军盘踞在余杭、富阳县及留下、闲林、彭公、良渚、三墩、塘栖、临平等 20 余个据点。27 年(1938 年),日军二十二师团所属一个大队田中一郎部 1190 余人,驻余杭县城中心小学、南门汽车站及闲林、仇山、石濑、彭公等处。28 年(1939 年)3 月,第三大队 880 余人,分驻临平、塘栖、瓶窑、良渚、闲林、仇山、石濑、彭公及余杭县城。29 年(1940 年)3 月,二十二师团八五联队第一大队川治吉庆郎部千余人分驻塘栖、临平、三墩、良渚、瓶窑、小河、吴家等处。30 年(1941 年)4 月宁绍战役后,二十二师团八五联队第一大队所属 500 余人,分驻余杭县城及石濑、闲林、临平等处。31 年(1942 年)浙赣战役前,七〇师团四二联队第一大队 1013 人,分驻留下、安溪、瓶窑、闲林、石濑、马头关及余杭县城、余杭车站、宝塔山、仇山等处。该部武器装备有重机枪 23 挺、轻机枪 43 挺、步枪 560 余支、掷弹筒 11 具、野炮 2 门。是年 10 月该部第三大队 3 个中队 500 余人,分驻余杭县城及石濑、仇山、西山、山川台等处。32 年(1943 年)8 月,日军驻杭县 300 余人,驻余杭县 819 人,分驻良渚、临平、瓶窑、和睦联桥、凌家桥、闲林、马头关、石濑、余杭等 23 处。33 年(1944 年),七〇师团六一旅团一〇二大队第五中队(直江中队下有奥村、奥田小队)150 余人,配有钢炮 1 门、重机枪 1 挺、轻机枪 6 挺、掷弹筒 6 具、步枪百余支,驻余杭县城,分驻石濑、凤凰山。该大队机枪中队 150 人驻临平,分驻塘栖一个分队。

32 年(1943 年),日伪第一师二团、三团,共 13 个连 1250 余人,分驻良渚、长命、上纤埠、塘栖、余杭县城、仇山、闲林、瓶窑、彭公、马头关等处,配有轻机枪39挺、重机枪3挺、步枪940余支。33年(1944年)4月,日伪浙江省保安教导团第二大队张华夫部550余人,驻三墩、祥符桥、瓶窑、塘栖、留下,配有轻机枪18挺、步枪330支、手枪172支。

第二节 兵 役

一、兵役制

古代兵役制度,先后实行郡县征兵制、募兵制、府兵制和明朝、清朝初期的世兵制。清朝末期编练新军开始招募兵员,士兵在常备军中服现役3年后转为续备军和后备军。

民国初期,军阀混战,征兵制度难以实行,主要依靠募兵补充兵员,且多由各军队自行招募。民国17年(1928年)10月3日由中国国民党中央常务委员会通过《训政纲领》,军队募兵受到中央政府的钳制,军队招兵前须向国民政府三军总司令部呈报,批准后方可招募。22年(1933)6月,民国政府颁布《兵役法》,推行征兵制。抗日战争期间,杭县、余杭县属于沦陷区,按规定缓征。35年(1946),两县根据修改颁布的《兵役法》开始征兵,将适龄(21—25岁)的壮丁中按规定应征集中抽签,中签者入伍服兵役,俗称"抽壮丁"。由于应征者多数不愿当兵,出现逃丁、抗丁。乡长、保长为凑足名额,常以抓丁、买丁充数。

中华人民共和国成立后继续实行志愿兵役制,年满18~25岁青年,自愿报名,经批准入伍。1954年冬试行义务兵役制。1955年7月,第一届全国人大第二次会议通过并颁布中华人民共和国《兵役法》,正式实行义务兵役制,建立定期征兵和退伍制度,规定凡年满18岁的男性公民不分民族、种族、职业、社会出身、宗教信仰和教育程度,都有服兵役的义务;反革命分子和依法在一定时期内被剥夺政治权利的人,不得服兵役。同时确立了预备役制度和学生军事训练制度。嗣后,根据《兵役法》制定了各种军事条令、条例,初步形成了中国的《兵役法》规体系。1956年进行预备役军人登记。军士和士兵服役期满后转为一类预备役,18至40岁公民编为二类预备役。嗣后预备役登记规定有所变更。1984年5月31日经第六届全国人大第二次会议通过后,颁布修改后的《中华人民共和国兵役法》,规定实行义务兵役制为主体的义务兵与志愿兵相结合、民兵与预备役相结合的兵役制度。征集兵员的年龄为男为年满18—22周岁,同时,根据军队需要,可以按照前款规定征集女性公民服现役。规定依照法律被剥夺政治权利的人,不得服兵役。1998年12月29日第九届全国人大常委会第六次会议通过《中华人民共和国兵役法修正案(草案)》的议案,根据国内外形势的变化,对《兵役法》进行相应的完善。将预备役的登记年龄调整为18—35岁。

1955年—1976年间,自中华人民共和国第一部《兵役法》颁布实施,建立了定期征兵、退伍制度后。当时由于抗美援朝结束不久,加上国际反华势力围堵和国内蒋介石叫嚣反攻大陆,1962年的中印自卫反击战,文化大革命的影响和中苏关系紧张,以及1969年珍宝岛事件等因素,这一时期兵员征集比较多。

1977年—1998年,随着国际形势的缓和和我国改革开放的逐步深入,国民经济快速发展,部队的现代化程度不断提高。加上部队体制编制调整(裁军),兵员的文化、身体等要求逐步提高,这一时期兵员征集相对减少。

1999年至2015年,1998年12月《中华人民共和国兵役法》第二次修订,随着国力的增强,确立军队走高精尖之路,以科学的制度、先进的装备和强大的精神力量来支撑,所以这一时期对兵员在文化程度、身体素质、专业技术的要求进一步提高,征集的青年均为高中(含职业高中、中专、技校)毕业以上文化程度,大专可以放宽到23岁,本科可以放宽到24岁。

2013年起,全国征兵时间由冬季征兵调整为夏季征兵,即每年7、8月份开始征兵,9月1日批准入伍,9月30日征兵结束。

1955—1965年瓶窑境内为国防建设输送兵员442人,1966—1976年输送兵员448人,1977—1987年407人,1988~1998年390人,1999—2008年331人,2009—2015年219人,合计2237人。

二、兵役机构

1950年8月与1951年5月,杭县、余杭县先后建立人民武装部,为县人民政府的兵役机关。1954年8月改组为乡兵役局。嗣后各乡镇建立由9人~11人组成的武装兵役委员会。1958年恢复人民武装部。1960年1月,半山联社、拱墅联社人武部随联社合并,组成杭州市钱塘联社人武部。1961年3月,从临安县析出的原余杭县境内的7个人民公社并入钱塘联社。1961年4月,恢复县制后,人武部也随建制变更称为余杭县人武部。次年2月,瓶窑区、瓶窑镇和彭公、长命、北湖公社先后选配1名~2名专职武装干部。1985年底,瓶窑区、瓶窑镇、彭公乡、长命乡、北湖乡均设人武部,计有专职人武干部7人。1988年3月,北湖乡撤销并入瓶窑镇,1992年5月,长命乡撤销并入瓶窑镇,人武部随之。

2001年8月,镇乡区划调整,全区镇乡专职武装干部随之调整。彭公乡人武部随之撤销。其时,运河、乔司、塘栖、仁和、余杭、闲林、仓前、良渚、瓶窑、崇贤、径山、黄湖、鸬鸟、百丈14个镇、中泰1个乡及临平、南苑、东湖、星桥4个街道和五常经济开发区均设人武部。

2015年底,瓶窑镇人武部有专职人武干部3人。

瓶窑区人武装部部长

田树荆(1962.2—1980.9)

王世贤(1980.10—1986.1)

来满高(1986.2—1992.5)

瓶窑镇人武装部部长

沈梓才(1962.6—1970.8)

戚连荣(1970.8—1983.5)

蔡桂林(副1983.5—1988.3)

汪道法(1988.3—1992.5)

李长春(1992.5—2006.9)

章如华(2006.9—2015.5)

陆建荣(2015.5—)

北湖乡人武装部部长

沈祝泉(1962.4—1978.3)

汪道法(1978.3—1988.3)

长命乡人武装部部长

王跃乡（1962.4—1970.8）
沈梓才（1970.8—1978.5）
蒋永才（1978.5—1992.5）
彭公乡人武装部部长
尚青玉（1962.9—1979.11）
胡明山（1979.12—1984.7）
詹掌海（1985.1—1986.2）
吴建军（1986.2—1993.12）
楼增产（1993.12—2001.8）

第三节　民兵　预备役

民国时期，在中国共产党领导下，余杭县和杭县先后建立工人纠察队、农民自卫队等群众武装。抗日战争期间，余杭县抗日民主政府动员广大群众和民兵筹粮、参军，支援前线。余杭、杭县解放后，境内开始建立民兵组织，完成剿匪、反霸、减租、征粮、生产和组织群众六大任务。之后，民兵组织建设逐步加强。为落实新时期军事战略方针，民兵工作又进行一系列的调整改革，民兵组织也由单一步兵向多兵种发展，建立高炮、通信、防空、电子对抗、交通运输等专业分队。

1987年4月，组建浙江省预备役师，8月，预备役师5个直属分队在余杭组建。1992年，在临平、余杭、瓶窑等镇，分别设立浙江陆军预备役步兵第一师警卫连、炮指连、勤务连等。1999年8月，组建预备役双三七高射炮兵二营，即余杭预备役营。

一、组织

余杭、杭县两县解放初期，为消灭国民党残余势力，建立和巩固人民政权，大力发展民兵组织。1949年底，今境内瓶窑、石濑、联合、崇化等乡建有自卫队4个乡队、10余个村队。农村自卫队自1950年改称民兵。随着形势发展，逐步建立健全民兵组织领导体制，实行普遍民兵制。

1951年1月，华东军区发出《关于加强人民武装建设的通知》，规定："民兵组织包括两种基本形式，一种是能单独执行作战任务的基干民兵，年龄在18—28岁之间；另一种是能够执行支前、通信、站岗、放哨任务的普通民兵，年龄在18—40岁之间。"其间，两县对民兵组织进行普遍整顿。整顿以教育、团结、改造为主，同时也清除不纯分子。是年3月，浙江军区司令部和

图4－11　青年应征入伍（2013年）

政治部发出指示，提出当年发展人民武装的要求，做到"村村有民兵，普遍有组织"。其时，基干民兵发展到占两县总人口的2.5%，普通民兵发展到占总人口的3%。5月16日，中央军委下发《关于加强民兵建设的指示》，正式提出实现普遍的民兵制度，并明确民兵领导体制。为加强党管武装，由县委书记兼任县人民武装部政治委员，区委书记兼任区人民武装部政治教导员，村支书兼任村民兵队政治指导员。次年，两县进行民兵普训，试行普遍民兵制。

1953年，全面实现普遍民兵制，规定凡年满18—40周岁的男性公民，身无残疾和精神病者，均动员参加民兵组织。乡建立民兵乡队，村建立民兵中队。同时，建立基干民兵班、排组织，开展以基干民兵为主的政治、文化和军事训练。是年，瓶窑、联合、石濑、民主、塘埠（均在今瓶窑镇境内）各建立民兵乡队，下有中队12个。

1957年，将受过军事训练的第一类第二等预备役人员和未受过军事训练的第二类第一等预备役人员编为普通民兵；第二类第一等预备役人员受过军事训练后，升为基干民兵。并在农业生产合作社编中队，生产大队编分队，生产小队编小队，乡成立队部。分队长由半脱产的副乡长担任，中队、分队、小队干部则一般由复员军人担任。城镇民兵则分别以工矿企业、机关、医院、居民委员会为单位编组，并按人数多少编为大队、中队、分队和小队。

1958年夏，美国在台湾海峡制造紧张局势，进行军事挑衅和战争威胁。两县随即开展全民皆兵运动。次年春，瓶窑、石濑公社2个营、6个连，计有基干民兵700余人。

1959年开始，余杭开始按上级部署，对民兵组织进行全面整顿。1960年冬，对民兵组织再次进行整顿。1962年6月19日，毛泽东指示："民兵工作要做到组织落实、政治落实、军事落实"（简称"三落实"，下同）。按照"三落实"的要求，镇武装民兵连进行重点整顿。年底，组建武装民兵连。

自1966年开始的"文化大革命"，民兵建设受到严重破坏。初期，民兵组织即被迫停止活动，所配发的枪支弹药全部上交。1974年，推广所谓上海民兵建设"新鲜经验"，余杭县建立"民兵指挥部"，大搞"第二武装"，以所谓"造反派"和"反潮流战士"为主要成分来"重建民兵"，严重干扰人民武装部对民兵工作的领导。民兵指挥部打着"保卫'文化大革命'成果"的幌子，抽调民兵参加"阶级斗争"，造成严重不良后果。1969年，根据国务院、中央军委《关于县组建武装民兵独立团》的命令，建立余杭县武装民兵独立团，瓶窑、彭公、长命、北湖公社各成立1个武装民兵连，瓶窑区建1个武装民兵营。

1978年，贯彻执行中央有关恢复民兵工作"三落实"的重大措施，对民兵组织进行整顿。1981年，通过调整，简化民兵组织层次，只在公社和厂矿等企事业单位建立民兵组织。民兵组织取消武装基干民兵，保留基干民兵和普通民兵两种。

1984年底—1985年初，民兵组织再次进行调整。1988年，瓶窑、彭公、长命普遍建立民兵应急小分队，增强应对突发事件的能力。

1995年，围绕基层达标质量，从提高民兵素质入手，合理调整基干民兵布局，从以村为主编组改为以村、乡镇企业为主建设民兵。1996年，编组市属民兵应急连4个，440人，临平地区为机炮二连，塘栖镇为机炮一连，余杭镇为步兵一连，瓶窑镇为步兵二连。每个乡镇均建民兵应急排。1997年，开展基层单位"达标创先"活动。1999年，再次有效压缩民兵数量，提高高技术含量专业队伍比例。重点加强民兵应急分队、民兵防空分队、民兵高技术含量专业分队和民兵信息网"三队一网"建设。民兵应急分队进行重新编组，建立市属民兵应急摩步连和水上抢险救护连,240 人;22 个民兵独立排,920 人。

2004 年 4 月,为适应形势发展,浙江省 10 个民兵高炮团在杭州成立,余杭为高炮一团。至 10 月,各项制度、组织建设、军事训练、兵力部署、装备配备、防空作战预案及组织指挥等全部到位。

2015 年,瓶窑镇有基干民兵 313 名,普通民兵 2100 名,设基干民兵营和普通民兵营,营长由镇人民武装部部长担任,教导员由镇党委书记兼任。

二、军事训练

群众性练武活动 1950 年起,民兵利用农闲季节、生产空隙和业余时间,采取就地、分散、小型的方法,开展群众性练武活动。要求会步枪射击、投掷手榴弹和站岗放哨等。1951 年,对民兵进行较正规的军事训练。训练一般安排在冬季,以乡为单位,早出晚归,进行 7 天—10 天的集中军事训练。县人民武装部专门安排民兵干部训练班培养骨干,以骨干带动一般。1953 年起,各区集中民兵中队长和每村 2—3 名民兵骨干,脱产训练 7 天—10 天。训练内容为队列、步枪分解与组合、射击原理和要领等。用木制教练手榴弹练投掷,并进行一次步枪实弹射击。集训回村后,骨干再利用空闲对其他民兵进行训练。是年,余杭县训练基干民兵 610 人,杭县训练 2100 人,占两县基干民兵总数的 46%。1957 年起,民兵军事训练仍以不脱产为原则,在 4 年至 6 年时间内接受 400 个小时的正规训练,并根据不同地区、不同行业所担负的任务,有所侧重地进行一些专业技术训练。

1958 年,"大办民兵师"后,民兵训练由农村发展到城镇,掀起第一次群众性练武高潮,上万民兵参加军事训练。民兵训练中不切实际,甚至弄虚作假、形式主义偏向也一度出现。1960 年,实行劳武结合以劳为主的民兵军政训练。1961 年,余杭民兵训练因地制宜进行,训练内容少而精,方法以小型、就地、分散为主,主要加强抗登陆、反空降、防暴乱训练。1962 年,东南沿海形势紧张,为适应紧急战备需要,民兵训练不断加强,增加抗登陆、反空降等内容,并广泛开展神枪手活动。

1964 年,在民兵中推广郭兴福教学法,全县掀起大练兵活动。民兵干部分批分期集训 7 天—10 天,除将射击、投弹、刺杀、土工作业和利用地形地物五大技术作为共同课目外,还对民兵担负的具体任务开展不同的训练内容。如民兵防空。训练明确要求基干民兵达到会打炮、投弹、利用地形地物、站岗放哨、防空等"五会"。技术兵的训练也列入日程。全县民兵还广泛开展以军事训练为中心的军事野营活动,一般有射击、投弹、行军、战术演习。是年,长命公社北村大队民兵徐玉林因步兵 6 大科目全部优秀,赴北京参加全国民兵代表大会,获奖一支半自动步枪。

有计划重点训练 "文化大革命"期间,民兵军事训练一度中止。1969 年 3 月,中苏边境形势紧张,全县民兵训练开始恢复。按照民兵"五会"的要求,重点进行射击、投弹、利用地形地物 3 个课目的训练。1971 年,余杭县建立民兵独立团,进行组织调整。贯彻劳武结合的原则,组织民兵开展小型、就地、分散的军事训练,训练取得一定实效。

1973 年,民兵开始有计划的重点训练,实行三四年为一周期的训练制度。瓶窑、彭公等基层单位训练步兵分队和技术分队的民兵,负责完成规定的训练课目。1976 年,民兵军事训练内容除射击、投弹、刺杀外,增加打坦克、打空降、打飞机,防原子、防化学、防细菌的"三打三防"内容,加强通信联络等基础训练。训练采取小型、就地、分散的训练方法。时间一般为 15

天,按技术、战术、共同课目分别以55%、35%、10%的比例进行。1979年,瓶窑、彭公等公社武装基干民兵参加周期训练,经县人民武装部考核,成绩分别为:队列76分、刺杀77分、战术72.5分、打坦克理论66.6分,轻武器实弹射击完成70%。

1981年起,对民兵实行每两年为一个周期,训练时间为30天的周期训练。训练达到规定时间并取得及格以上成绩者,发训练合格证书。据1981年、1982年两年一个周期的训练统计,基干民兵合格率为91.6%。从1985年起,民兵军事训练恢复年度训练。中共十一届三中全会后,民兵军事训练进行调整和改革。相对减少组训点,由县、各区或乡镇集中训练。训练周期先改为两年后改为年度,精简训练内容,严格训练对象,并普遍实行考核、登记、发证制度,实行"一考"(考勤)、"二定"(定标准、定措施)、"三包"(包教、包学、包质量)。1984年后,实行规范化训练,坚持民兵训练基地集中施训,确保民兵训练效果。次年,包括瓶窑、彭公、长命、北湖等在内的1220名民兵在临平山民兵基地训练,合格率为99.3%。

1994年,包括瓶窑、彭公在内的886名民兵和80名预备役人员参加军事训练,参训合格率达100%,各课目均在良好以上。1996年,按规范化训练要求,根据不同专业特点,分批实施普通兵、八二迫击炮兵、一〇七火箭炮兵和有线通信兵的军事训练。此后,加强适用性科目的训练,增设水上抢险救护等,并多次在苕溪等地进行民兵应急分队抗洪抢险演练。1999年,民兵军事训练实行基地化、规范化,按照《民兵军事训练大纲》,统一领导编组、统一训练内容、统一教学施训、统一管理教育、统一考核验收。训练时间按规定执行,普通兵每期训练时间不少于15天,专业技术兵每期训练时间不少于22天。训练期间严格执行《中国人民解放军内务条令》有关规定,建立一日生活制度,保持良好的训练、学习、生活秩序。2000年,参加摩步连盾牌警棍术、拳术、摩托车特技驾驶,水上救护连的水上抢运伤员及救护,高技术分队的伪装和抢修光缆等课目训练。

2002年,民兵训练依据规范化、基地化要求,提升训练内容,压缩普通兵和科技含量低的共同课目,突出对空防御、应急防暴和对口专业分队的接口补差训练。同时,改进组训办法,实行统一计划,分类集中,按专业组训。2005年,参加民兵高炮营实弹射击演练、民兵应急分队水上演习和民兵防空导弹连轮训。

三、参战支前

余杭、杭县解放后,民兵积极投入剿匪、反霸、减租征粮、组织群众和带头生产等中心工作,积极参加镇压反革命、土地改革和抗美援朝三大运动。两县及杭州解放后,为乘胜消灭浙江境内的国民党残余势力,人民解放军第七兵团实行战略追击,迅速向浙东、浙南进军,过境部队所需的人粮马草,均由两县供给。两县人民政府为保证部队给养,采取向富裕人家征集粮草的办法,发动民兵参与催缴和运输粮草。同时,两县民兵还在减租减息中带头与地主斗争,迫使地主实行减租减息。

两县解放初,国民党残余势力不甘灭亡,纠集社会渣滓,组织反革命武装。尤其是1949年下半年,一时土匪四起,抢劫民财,杀害干部,严重威胁两县和杭州人民的生命财产安全。为此,两县建立剿匪委员会或剿匪指挥部,广泛发动民兵和群众,配合部队掀起大规模的清剿匪特的斗争。据1949年9月统计,杭县民兵协同中国人民解放军剿匪部队共捕获匪徒213人,缴获各种枪支119支、子弹4100发;余杭县直接参加剿匪的民兵有215人,配合部队消灭匪徒517人,其中有3名民兵立功受奖。在大规模军事清剿和政治瓦解匪特的同时,1949年9月—

10 月，余杭、杭县普遍开展民主反霸斗争，瓶窑等乡民兵深入群众、发动群众，揭发、控诉恶霸地主。

1950 年 6 月，朝鲜战争爆发，瓶窑民兵积极投入“抗美援朝，保家卫国”运动。广大民兵自觉接受反侵略正义战争教育，踊跃报名参加中国人民志愿军。除踊跃参军、捐献飞机大炮外，广大民兵还做好拥军优属工作。民兵和妇女组织一起，发动妇女做军鞋。8 月，杭县、余杭县分别进行土地改革试点，然后由点到面逐步展开。瓶窑民兵在土改的各个阶段发挥骨干作用，成为土地改革的主力军和保卫者。12 月开始，余杭、杭县开展镇压反革命运动。瓶窑民兵协助公安部门逮捕反革命分子归案，并担负押送犯人等任务。

四、战备执勤

1949 年 5 月，国民党残余势力组成的武装匪特，以一部分农村和山区为依托，以原有组织和地主恶霸等为社会基础，网罗集聚力量，对新生的人民政权进行猖狂反扑，威胁人民的生命安全和财产安全。两县先后有武装匪特 43 股，最多时达 2000 多人。瓶窑地区组建民兵组织，配合解放军驻军，开始实行军民联防。在民兵大力配合下，歼灭大小匪特 10 余股，千余名土匪被肃清。

图 4－12　基干民兵在战备值班（2015 年）

守卫重要目标和担任站岗放哨是民兵的重要任务。解放初期，瓶窑境内一些较大活动均由民兵维护治安，如反霸公审大会等。

1962 年，东南沿海紧急战备，瓶窑地区武装基干民兵与部队挂钩联防，担负守卫铁路、桥梁、水库、仓库等重要目标任务，日夜巡逻，确保重要目标的安全。

1976 年起，民兵先后守卫彭公隧道等重要场所。至 1986 年 5 月，常年担负值勤的民兵有 16 人，确保重要目标的安全。

1979 年，对越南自卫反击战，瓶窑民兵中有 40 余人应征入伍。

20 世纪 80 年代，民兵多次配合公安部门对刑事犯罪活动进行一定规模的集中打击。1983 年，瓶窑等镇乡民兵配合公安部门参与打击刑事犯罪分子活动，20 名民兵立功受奖。1988 年，彭公乡人民武装部部长吴建军，维护备战坑道成绩突出，被评为全军国防工程维护先进个人，受到总参谋部表彰。

1989 年发生在北京的政治风波期间，组建民兵纠察队，执行武器库等重要目标的安全警卫，还组织民兵维护铁路交通治安。次年，民兵配合公安部门开展“严打”斗争，在交通要道和不稳定地段设卡，协助破案。

1995 年，组建民兵治安巡逻队，配合公安部门破案，抓获各类违法犯罪分子多人。次年，成建制组织民兵配合公安部门开展夜间治安巡逻。

为树立新时期民兵队伍良好形象，每逢元旦、春节等重要节日期间，民兵均协助公安部门上街值勤巡逻,维护社会治安,确保一方平安。每逢暑期,瓶窑镇民兵应急分队,与公安、联防队一起,参与夏季百日整治活动,处置辖区突发事件。

五、抢险救灾

1956年8月1日,杭县、余杭两县紧急动员数千民兵参加抗洪抗台斗争,并协助接受发放省政府派飞机下投的食物。灾后,又组织以民兵为主的民工修复钱塘江海塘和西险大塘决口。

1963年9月12日,全县民兵投入抗洪抢险,民兵突击队抢修西险大塘险要地段,并日夜轮班守护。出动民兵数千人,转移被洪水围困群众,抢运粮食,加固房屋、桥梁。

1984年6月中旬,洪水冲毁堤塘、堰坝、桥梁等近200处(座),瓶窑、长命等22个乡镇一片汪洋。民兵组织护堤队、运输队、抢救队,加固堤坝、修堵缺口、转移群众和物资,将灾害减少至最低程度。1988年8月8日,余杭遭受台风袭击,造成灾害。出动民兵数百人次,成立突击小分队10个投入抢险救灾。

1988年,650余名民兵参加扑灭临平、瓶窑等处山林火灾。

1989年8月,瓶窑成立县属应急分队。

1996年6月,瓶窑建立浙江预备役师装备部直属仓库。装备冲锋舟4艘、橡皮艇6艘及其他救生设备,在历次抗洪抢险中发挥重大作用。1998年5月,组建预备役师水上抢险应急分队。

1996年6月30日起,境内暴雨不止,苕溪沿线乡镇遇到50年未遇特大洪水,在抗洪抢险中,民兵应急分队成建制出动,搬运物资,查漏堵缺,装填草包,加固加高堤坝,解救被困群众。7月1日,羊山段塌方,该村民兵以沙袋叠压法补堤,控制险情。

1999年6月底至7月1日,为抗洪救灾,出动民兵千余人次,及时转移被水围困群众,堵缺口管漏,抢修加固堤塘。瓶窑镇水上抢险分队荣立集体三等功,镇人武副部长陈祖强获二等功1次。10余名队员受嘉奖。

六、参加地方建设

民兵参战支前、战备执勤和抢险救灾,还参加地方经济建设和政治文明、精神文明建设。

1959年秋,瓶窑、彭公、北湖、长命人民公社,组织以民兵为主的民工团,担负杭长铁路(今杭宣铁路)杭州白田畈到三墩长桥头、仓前土桥至石濑段的施工任务。1961年8月工程因故暂停时,土石方工程完成82%。1970年11月,该路重新启动修建,仍以民兵为主。经过紧张施工,杭长铁路于1972年1月正式通车。

1979年冬,余杭县成立修建西险大塘指挥部,全县组织包括瓶窑、彭公、北湖、长命在内21个受益公社的2万多名民兵参加劳动,完成余杭镇至獐山40公里的修堤任务。

1995年,成建制组织包括瓶窑、彭公、北湖、长命在内的民兵参加冬修水利等活动10次,1万多名民兵参加农田水利建设,清挖水渠5万多米、挖土方10万多立方米,并在一些乡、单位组建民兵森林防火应急分队。1997年3月,100多名民兵开展“学雷锋,树新风”活动,参加冬修水利劳动,清挖水渠。1998年,民兵组织较大规模的“参建”活动。义务为民修理家用电器、自行车等,清运垃圾;在创建国家卫生镇活动中,参与城市清扫和整顿。

2001年,除继续持久开展“学雷锋,树新风”,为民服务和参加农田水利建设外,还在节假日组织民兵上街值勤巡逻,处置突发事件,稳定社会秩序。在2000年开始的“创建工程、平安工程、治水工程、扶贫工程、绿色工程”为载体的新一轮创建活动中,民兵根据实际,出动上千人次,投入苕溪治理、荒山绿化、捐款扶贫等工作。

第四节 战 事

“昔禹致群神于会稽之山,防风氏后至,禹杀而戮之,其骨节专车。”(《国语》卷五《鲁语下》)距今约4000年前,“禹伐防风氏”的战事,应为有记录的余杭历代重大战事之最先者。春秋战国时期,境地处于吴越边界,深受两国战事影响,自吴越战争之后,至西晋的800余年间,境内战事极少。东晋至元朝末期,战事增多。明嘉靖年间,余杭军民多次与倭寇拼搏。清初,农民抗清作战不断;清末,太平军多次在境内与清军作战。抗日战争期间,全民奋起抗战,有多次一定规模的战斗,给日本侵略军以沉重打击,并最后取得胜利。中华人民共和国成立初期,境内多股武装匪特猖狂破坏,中国人民解放军剿匪部队和民兵开展大规模剿匪反霸斗争,取得重大胜利。

一、历代战事

马头关之战 唐肃宗上元元年(760年),宋州刺史刘展反叛,用兵7000人占据广陵,江淮都统李山亘奔往宣城。刘展先攻陷润州,又进攻金陵(今江苏南京)。浙西节度使侯令仪弃城而逃。副使李藏收集余兵退守苏州,兵败后又奔往杭州,并委派其将温晁驻扎余杭,扼马头关之险。当刘展部将孙待封攻打马头关时,温晁凭借马头关之险要击败孙待封,孙部溃败退回浙江湖州。

田七抗金 宋绍兴年间,高宗南逃,经彭公、瓶窑等地,瓶窑人田七组织乡民在城隍山截战尾追金兵,终因寡不敌众,失败。

抗击倭寇 明嘉靖三十四年(1555年)正月,倭寇(日本海盗)经海宁进扰塘栖,转掠杭州,沿途放肆抢掠。三十五年(1556年)三月,倭寇万余人又攻乍浦,转掠塘栖、安溪至瓶窑,欲犯余杭县城。闽浙总督胡宗宪调临安兵驻石濑,调双溪兵驻瓶窑,自引兵守塘栖,与巡抚阮鹗形成掎角之势。使倭寇有所畏惧。四十一年(1562年)倭寇侵犯瓶窑时,余杭县令张应亮率兵千余名,钱塘名士田艺蘅亦参与其中,军民合力,击溃倭寇。倭寇只得自瓶窑转掠良渚、三墩,并企图骚扰杭州,但得知杭州有备,只得放弃。

唐彪抗清 清顺治二年(1645年)六月,清贝勒博洛攻占杭州,军至塘栖。闰六月,明臣迎鲁王监国于绍兴。当时各地亦起兵抗清,唐俊、姚志卓起兵于余杭、瓶窑间;仁和乡绅唐彪出安溪攻杭城。唐彪聚兵五六千人,皆以白布裹头,号白头军屯驻天目山一带,几次往安溪、瓶窑等处,与钱达的水军,形成犄角。在袭击昌化、余杭、瓶窑清军战斗中,死者过半,所杀清兵也为数不少,不久唐彪战死于安溪。

高承埏《自靖录》:“仁和县乡绅总兵虎彪字起凡,屯营天目往来安溪径山瓶窑,所统五六千人战死。崇仁伯王唐俊武举,乙酉闰六月与挂平原将军印、中军都督府左都督、仁武伯姚志卓各起兵于余杭瓶窑之间。俊驻虎山十余年,监国封崇仁伯,以秀水诸生金瓯监其军,俊于辛丑冬粮尽散其众,壬寅正月瓯被执死,俊挺身慷慨就死。”(按:虎彪疑为唐彪,清李天根著于1747年的《爝火录》称乙酉冬十月十六日甲午“鲁王总兵唐彪与大清兵战于瓶窑,杀伤相当”)而仁和人金堡(字卫公,1614—1681)在给南明鲁王朱以海的奏疏中提到了瓶窑副将姚志卓收复余杭后,清军对瓶窑的乘虚焚毁:"……不幸南畿再陷、武林失守,职避地禹航'潜结乡勇,与镇臣姚志卓协谋抗虏。复城之后,虏乘虚焚瓶窑、入石濑,职几死虏手。"(《岭海焚余,再上鲁藩启》)史称大量江南民众及手工业者因强烈反对清廷的剃发令而投身南明小朝廷的抗清斗争,加上连年战火必然造成窑户流离失所,这直接导致了窑山陶业的崩塌。

胡万成起义 清咸丰七年(1857 年)五月初四,西坞村木象畈人胡万成起义反清,攻占余杭县城,清杭嘉湖道叶堃领兵镇压,胡万成败,十一日退至石门天平山坛石寺,因内奸出卖而被俘遇害。

太平军余杭之战 清咸丰十年(1860 年)正月十七日,太平军忠王李秀成率兵 7000 余人攻杭州,由武康余杭交界处的梯子岭小路至瓶窑。与清按察使段光清部激战于瓶窑,清兵大败,四散溃走,太平军强渡苕溪抵良渚过夜。二十七日黎明破杭州。同治二年(1863 年),杭州至余杭百余里间,连日皆有混战。十二月十六日,左宗棠进驻安溪,再督诸军猛攻余杭。次年二月十六日,康国器再次进攻余杭太平军,不利而归。二十日,清军再次力攻余杭,仍不能取胜。二十四日,杭州失陷,汪海洋弃余杭北走,人心不稳。康国器、罗大春等乘机占领余杭县城。清同治三年(1864 年)三月,自余杭撤退至瓶窑的太平天国康王汪海洋部筑垒固守,与清总兵罗大春部大战,清帅左宗棠亲至安溪督战,经一天激战,争夺惨烈,太平军败,退走德清。

镇压稻草帮 清宣统三年(1911 年),安溪农民潘加雨等组织稻草帮(也作草索帮)暴动。钱塘县知事廖某派统领陈阿浦领兵驻瓶窑镇压稻草帮,潘加雨、卜阿正、费加生等 3 位农民首领,在镇东三圣角被杀害。

二、抗日战争

民国期间战事,主要集中在抗日战争时期。余杭、杭县沦陷后,民国 26 年(1937 年)12 月,国民党杭州市政府、余杭县政府、杭县县政府和两浙盐务处等先后迁址鸬鸟镇。民国 28 年(1939 年)3 月,共产党领导的省政工队第二大队第一中队进驻鸬鸟镇祝家湾,余杭成为敌后抗日根据地。国民革命军多个师在境内组织抗战,如木鱼岭伏击战、余杭争夺战。爱国军民多次进行敌后游击战,如寡山伏击、偷袭仓前、陶家桥之战。新四军苏浙军区与国民党顽固派也有小规模战斗。其间,瓶窑一带百姓中有不少投奔参军抗日,其中参加新四军的有 20 余人。

图 4-13 日军践踏瓶窑大地(赵大川提供)

余杭争夺战 民国 26 年(1937 年)12 月 13 日,南京沦陷后,日军分数路进攻杭州。其主力由黄湖出余杭,占领富阳;一路由孝丰经报福镇企图越天目山占余杭,下分水,截断国民革命军钱江北岸退路;沪杭铁路与京杭国道正面的日军亦同时进迫。12 月 23 日上午,日军冲锋队骑兵 27 名由澘桥至麻车头,沿余武公路进西门,占领余杭县城。次日,日军主力进城,另一小股由瓶窑乘橡皮艇走南苕溪水道进余杭城。民国 27 年(1938 年)1 月 2 日,国民革命军第三战区第十集团军司令刘建绪部与游击队配合进攻杭州。于2日晨渡过钱塘江，占领南星桥、六和塔一带。并在余杭城郊与日军激战，一度占领余杭县城。2月16日晨，大雾，七十九师陈宝安、六十二师陶柳等部由余临边境驻地出发，分数路进攻余杭日军，拟一举收复城区。

同年4月，日军三师团、六师团、台湾军团各两个联队共1.8万余人对长兴、吴兴、富阳、余杭进行“扫荡”。27日，驻余杭日军向余临两县地区分路进攻。一股由汪家埠进入九曲岭、洞霄宫，沿途焚烧村庄；一股由石蛤经八角亭攻由拳岭(即牛肩岭)，国民革命军一〇八师刘多荃部三二五团阵地受阻。另由富阳出发之敌久攻刘部金竹岭阵地不下，横穿至由拳岭下与余杭之敌会合，越石盂山小道至天井湾，仰攻菖蒲岭刘部阵地又不能得逞。其时犯洞霄宫之日军进至和岭，3股日军会集越和岭经斜阳村，猛攻芦家山刘部。此处谷深坡陡，于日军不利，乃窜至白纸槽，焚烧姜氏大院，退至斜阳村。午后又越董家岭，进攻东郊岭、梯子岭一带刘部主力阵地。激战至3时以后，日军伤亡重大，败退岩里村。沿途烧杀掳掠，随行民夫为其抬运伤亡兵员回余杭城。另一路日军以石濑为中心，调集马头关及仇山、瓶窑、良渚等据点之敌分成两股：一股由仇山经长乐、冷水桥向横畈方向进攻，在墅地村、下观村一带遭到七十四师所部阻击；另一股由石濑经双溪出仕村、里洪，进攻七十九师某团黑岭、直岭两处防地。激战良久，

双方伤亡多达1700余人。8月，刘建绪部再度收复余杭县城。

瓶窑击敌 民国27年(1938年)1月，报载：“二十五日晨，华军某部某营，袭击余杭之石濑、瓶窑日军据点，并以一部破坏京杭国道上之长命桥(瓶窑东)，并将余杭杭州间电话线路拆毁三十华里。同日上午八时，余杭日军百余，骑兵十余，企图截击华军袭击部队，在大路附近与华军遭遇，华某部即据瓶窑之线，另以一部扼守前门山高地，激战一小时，又由石濑瓶窑增援，并附小钢炮四门，用排炮向华军射击，同时余杭日军亦向华军射击三百余发，激战至晚，日军不支败退。是役击毙日军六十，及马十余匹，华军阵亡排长一员、士兵十余，伤二十二名。”4月，“杭州敌一千五百人，十九日向临平退去，沪沿线各地敌，现悬赏捉我便衣队，并派敌便衣队五百名，分布铁路沿线各地，防我便衣队之袭击。廿日，敌以汽车由杭运兵三百增援余杭，并由杭县之三郎庙向瓶窑增兵，现瓶窑、余杭、闲林埠一带之敌，共约二千，正加强工事，司令部及主力均在留下。”

王元贵巧设鸿门宴 抗日战争时期的浙西，先后兴起了七八十支游击武装，余杭洪宗扬、王元贵等部队，杭县王志忠“杭县自卫队”等即是。民国27年(1938年)2月，一股日寇闯入余杭县彭公王家村(今塘埠村)，该村富豪王元贵巧设鸿门宴，派其妻八跪出迎、酒肉“款待”。结果，这股日寇一个个被灌得酩酊大醉，摇摇幌幌向村外走去。这时，王元贵已组织壮丁勇士埋伏在村口“等候”，将鬼子全部击毙。此次灭寇，大快人心。但是，鬼子为了报复，驰来大队人马，将全村焚毁。被激愤的村民，纷纷投王元贵而来，一支抗日游击武装随即成立，后来发展到500余人枪。

古城激战 民国32年(1943年)8月21日晨，日军由石濑、瓶窑两处出发，分两路向双溪、黄湖进犯。一路经石门、赐璧坞犯黄湖，约1500余人，马48匹；一路经张堰、潘板桥犯双溪，约500余人，马20余匹。犯双溪一路，先与国民革命军七十九师一八五团四营发生激战，四营只数十人，与敌500余人周旋，自晨至午，战斗半天，卒因众寡悬殊，且因地形关系，乃转移阵地。不久，敌即窜至仕村，国民革命军乘敌立足未定时，即予密集射击，敌乃狼狈向黄湖方面窜退。次日，敌自黄湖出发，企图窜犯安吉孝丰，结果又被国民革命军在孙家门口一带迎头痛击，无法

通过。23 日晨,敌军在各据点抽调部队,再次向双溪、黄湖猛扑。国民军亦严阵以待。犯双溪敌军曾窜至元宝岭附近,国民革命军沉着应战,敌被击退。犯黄湖敌军,在古城一带与一八五团四营激战,炮火之烈,为浙西诸战役所少见。敌我激战一昼夜,后国民革命军主力开到,猛烈冲杀,敌无法支持,改向临安方面流窜。此役敌军死伤百余人、战马 10 余匹,而国民革命军死伤只 20 余人。

黄湖阻敌　民国 32 年(1943 年)8 月起,日军多次进犯黄湖一带。10 月 1 日拂晓,日军 500 余人由余杭石濑进犯黄湖地区,抵达双溪仕村、后房等地时,即遭余杭县自卫大队阻击。日军由沙塘、铜钱庙包抄自卫大队后路,自卫大队寡不敌众迅速转移至万石湾桥。当敌军经祝家湾至太公堂时,余杭县特务队在太公桥进行阻击,杭县自卫大队王志忠部也前来增援,日军不敌向后畈方向败走。

长命桥遭遇战　民国 33 年(1944 年)秋,杭州市特务总队改编为浙江保安特务三团,3 个营约计 600 余人。某日,自安溪出发,经长命桥附近宁杭公路时,与一队日伪军遭遇,旋即发生战斗,激战半小时后各自撤离,双方均有伤亡。保安特务三团营长宋擎风也被流弹击中头部,不幸阵亡。

围攻石濑　民国 33 年(1944 年)8 月 4 日深夜二时许,渝军六二师一八六团一、二、三、七连围攻石濑防地。第三连 140 余士兵,携重机枪一挺、轻机枪 4 挺,步枪如人数,另有枪榴弹、手榴弹等,集中火力由南门冲入,一、二、七连三面掩护,友军部队亦协同猛力激战。3 时 35 分,三连仍由南门退出。友军无一伤亡,渝军重伤一人,石濑中街被毁民房 9 幢,死平民一人。(*资料源于余杭县保安大队第三中队鲁润贤回忆*)。

另据一日兵士日记所载:“八月七日,晴,石濑停战中。呜呼,今日何以感谢上天,衷心感谢神佛加护我的生涯。是日凌晨两点半,半夜巡查并无异状。归寝之后突然听闻枪声二三十发,由于其声至近,众人皆起床,此为民兵二十人前后袭击沈吴山驻军,反击所致。直江中队命奥村小队也来援中。各部队到达后并无损失。正斟酌是否报告已将敌击退之时,西部下士哨方面突然传来巨响,迫击炮发炮,系精神紧张怀疑敌人再次来袭。其因同下士明发现前方有敌,不时就会散开,为不延误战机即时发炮所致。但见敌人狼狈不堪。此炮击对我有利,只留下一具敌人悲惨战死遗弃的尸体。”

图 4－14　(赵大川　供稿)

马头关击毙哨兵　民国 33 年(1944 年)9 月,杭州市特务总队两个中队驻大陆乡,第五中队驻在王家塘,第二中队驻在王家塘以南白塔桥。驻扎不久,日军 200 余人前来扫荡,他们从七贤桥出发,一部分走埠头庙桥、太婆桥、四郎桥进攻王家塘,另一部分走北新桥进攻白塔桥。

第二中队稍事抵抗后，终于不支，竟自撤走，致第五中队孤军作战。当时正是中午，两位班长用两挺机枪，沉着应战，阻敌近一小时后，也撤出战斗，转移他处。其时，杭州市特务总队侦知马头关碉堡内日军小队长喜欢到附近伪保长家中打麻将，并由一名日本兵放哨。于是教育伪保长进行配合。伪保长乃引诱日本小队长，但因外有日本哨兵，一时难以下手。某日天雨，哨兵躲雨，隐蔽在山上的我便衣即冲进室内，当场击毙哨兵，缴得步枪一支。小队长在枪响后仓惶逃回碉堡。

三、剿匪

1949 年，以何卓权为首的国民党国防部江南剿匪指挥部，是杭县及杭州市郊人数最多、分布最广、危害最大的一股武装匪特。整股武装匪特起初为 230 余人，后增至 593 人。以赵元冲（化名阿培）为首的国防部青年救国团浙东服务总队第三支队，共 54 人，活动在瓶窑区东平乡、三墩区双桥、山桥乡及余杭县仓前区灵东乡一带。根据浙江省委关于"剿匪反霸"一系列指示。7 月 18 日，杭县成立剿匪武装工作队，配合杭州市警备部队，进剿土匪。初期，匪徒仍有隙可乘，此剿彼窜，未受致命打击。随着 8 月初"军事扑灭、政治攻势和发动群众三者密切联系"剿匪方针的贯彻，剿匪斗争得到有力推动。浙江军区调入 1 个营组建中国人民解放军杭县支队，解放军 105 师派出一个侦察连支援。县委建立由县长王德生、县支队长负责人组成剿匪指挥机构。8 月 4 日，省委调派七兵团三一四、三一五团和兵团直属特务第四连共 300 余人具体负责杭县的剿匪作战。22 日，县支队配合杭州市警备部队在大观村一带，捕获匪瓶窑区署大队副王德裕等多名，同时在杭州市区捕获其组长以下 7 人，匪区长徐彬潜逃，该股匪被全部歼灭。杭县剿匪于 1949 年底基本结束。全县歼匪 748 名，缴获各类枪（炮）243 支（门）、子弹 7595 发、炸药 43 箱及其他物资。

余杭县境内较大的武装匪特组织有 16 股。1949 年 6 月，以潜伏军统特务叶锡镇（化名吴继兴）为首发起成立"浙江省救国纵队第十六支队"，凑匪 60 余人盘踞北湖草荡。武装匪特以蒋介石集团提出的"三争四反"（争地盘、争群众、争力量，反参军、反清算、反征粮、反变革）为纲领，以颠覆新生人民政权为根本目的，从政治上、经济上、军事上进行一系列有计划破坏活动。七八月间，武装匪特破坏活动日趋猖獗。6 月 17 日，余杭县成立剿匪委员会，由三十五军二二五团政治部主任孔繁彬为主任，临安军分区和县大队联合剿匪。8 月，余杭县以解放军二二五团为主力，九地委和九军分区还派出工作队、武工队到闲林、仓前、仁爱等区帮助发动群众开展清剿。根据省委决定，8 月下旬浙江干校学员约 100 人被派到余杭县，参加农村工作队，成为发动群众剿匪反霸、开展新区农村工作的骨干力量。同时，各区和一部分乡建立剿匪组、武工队等组织，区乡党政干部力量相应集中配合清剿。8 月、9 月两月，余杭县歼匪 390 多名。10 月，匪浙江省救国纵队 16 支队 40 余人在北湖草荡被解放军剿灭，匪大队长戚宝生潜逃至杭州被抓获。1950 年，余杭县按照临安地委和军分区的部署，结合镇压反革命、土地改革等工作，继续清剿零星散逃匪帮，次年初结束剿匪，总共剿匪 517 名，缴获各类枪支 173 支、弹药 1563 发。

第五章　政　　法

清光绪三十二年(1906年),瓶窑设巡警公所。宣统三年(1910年),瓶窑警察分所建立。民国元年(1912年),瓶窑镇设警察公驻所。15年,改建为公安分局。

中华人民共和国成立后的50年代初期,境内各乡镇均建有治安保卫委员会(小组)开展人口清查和户籍登记,配合人民解放军和区、乡政府开展剿匪反霸斗争,清查反动党、团、特人员,取缔反动会道门组织,搜捕刑事犯罪分子;检察署开展刑事、经济、法规案件检察;人民法院依法惩治反革命分子、恶霸和贪污分子、破坏统购统销分子和其他刑事犯罪分子。政法机关通过专政职能,维护社会秩序、巩固新生政权,保障余杭土地改革、抗美援朝、统购统销、合作化等运动顺利进行。在社会主义革命和社会主义建设时期,公安机关与日益突出的刑事犯罪作斗争;检察院开展侦查监督和审判监督,担任刑事起诉,查处经济犯罪;人民法院担负审理政治案件、刑事案件和经济案件,维护政治和经济秩序。"文化大革命"中,司法机关屡遭冲击陷于瘫痪。1978年中共十一届三中全会后,政法工作在"依法治国"作为中共领导人民治理国家基本方略的大背景下,民主法制和社会秩序得到恢复,法制建设渐臻完善,司法行政日趋规范。公安机关在惩治刑事犯罪,实施治安、户政、消防和道路交通管理,加强重点单位与农村治安,开展社会治安综合治理等工作中发挥重要的职能作用。司法行政机关在普及法律常识、指导和管理人民调解、提供法律服务、参与社会治安综合治理和推进民主法制建设及"平安余杭"建设中发挥重要作用。

第一节　公　　安

清光绪三十二年(1906年)6月,瓶窑始建警务,浙省警察总局在瓶窑设镇埠巡警公所。宣统元年(1909年),杭州府同知驻瓶窑,处理地方纠纷。二年(1910年),余杭县巡警局设黄湖镇警察分驻所,瓶窑地受其管辖。三年(1911年)冬,设警察瓶窑分所。民国元年(1912年),在瓶窑镇设警察分驻所,派警官1名、警士1棚(清末民初,陆军编制,兵士14人为一棚),未及1年,所址移至黄湖镇,称黄湖镇警察分所。4年,复设瓶窑镇警察分驻所,补足警士1棚。民国18年(1929年)2月,瓶窑警察分署改建为公安分局。21年(1923年),县公安局三分局设黄湖镇。民国25年(1936年),按中央政府各级警察机关编制纲要,改组余杭县政府警佐室。26年(1937年),余杭县警佐室随县政府由县城撤至西北山区安合乡(今属鸬鸟镇)太公堂。时杭县警察局也随县政府迁余杭县安合乡。31年(1942年),余杭县警佐室组编警察大队。33(1944年)年,余杭警佐室扩充为余杭县警察局,辖警察中队(设3个分队)。34年(1945年)春,新四军进军浙西,占领太公堂,余杭县警察机关转移至桐庐县一村埠。杭县警察机关移至临安县横畈。是年8月底,余杭县警察局返回县城。35年(1946年)瓶窑设警察所。

1950年4月,余杭县人民政府公安局在县城建立在城镇派出所,配干警6名。1952年,按乡分别建立治安保卫委员会或治保小组。1958年4月,县公安特派员分管各乡治安工作,延续至1966年"文化大革命"开始。1961年3月,瓶窑派出所从临安县公安局划入钱塘联社公安局。4月,余杭县公安局以区为单位设瓶窑等5个派出所,各配干警7—11名,每人分管两个公社。1969年12月,县人保组撤销瓶窑区派出所,改设区革命领导小组人民保卫组,区人保组(办事组)一律配干警5名。1971年1月,县人保组于瓶窑镇设镇派出所,单管城镇,区人保组各配非公安编制的专职干部1名,管各公社人保组。

一、警察机构

光绪三十二年(1906年)6月,杭州府仁和、钱塘两县开办巡警,瓶窑设镇埠巡警公所,隶属省城警察总局。宣统二年(1910年)10月,浙江仁钱警局瓶窑设巡警派出所。民国2年(1913年)3月,瓶窑警察分署划归省城警察厅直属。民国18年(1929年)2月,瓶窑警察分署改建为公安分局。民国35年(1946年)瓶窑设警察所。民国37年(1948年),瓶窑警察所所长李荫梧,另有警官2人,警员18人,步枪9支,枪弹1350发。

1958年10月,临安县公安局设瓶窑派出所,驻外窑。1961年3月划归钱塘联社公安局,4月称余杭县公安局瓶窑派出所,管瓶窑区9个公社(长命、北湖、彭公、潘板、双溪、黄湖、鸬鸟、百丈、太平)和瓶窑镇。1969年12月设区革领小组人保组,管瓶窑全区。1971年1月改镇派出所,管全镇。1973年3月,以区设所,管瓶窑全区。1979年9月,所址迁里窑街。瓶窑镇组建治安联防队(后为乡、镇联防队),协助公安机关侦破刑事案件及进行治安管理。1982年7月起,管区内潘板、彭公、北湖、长命公社和瓶窑镇。黄湖、双溪、百丈、鸬鸟、太平5个公社划出,设黄湖派出所。1989年8月,所址迁新窑街。1996年,设潘板派出所,管潘板、双溪。1997年调整为瓶窑中心派出所,下辖黄湖、潘板两个下属派出所。

2010年1月,瓶窑派出所迁至瓶窑镇华兴路552—18号。

2015年底,瓶窑派出所有民警18人协警2人,辅警24人,瓶窑镇平安巡防队员122人。

历任所长王士祥、李观松、张文根、赖炳权、赵林康、钟水泉、李召国、周立峰、陈建荣。

教导员王士祥、周传根、郎一舟、谢月龙、赵林康、於忠、应沙龙、苏旭光、盛志林。

1998年8月,瓶窑刑侦中队成立,主要负责瓶窑派出所的刑事案件侦破工作。辖区为13个行政村和6个社区,面积128.81平方公里。常住人口5.36万人,流动人口2.8万人。2015年,中队有民警11人,辅警15人。

中队配备车辆4辆,其中警车2辆,2辆为民用牌照。2010年,瓶窑刑侦中队随派出所一并搬迁至新址办公。拥有独立办公用房约3500平方米。

历任中队长高宜生、於忠、应沙龙、汪新建、许红立、王旻浩、夏云伟。

指导员汪新建、唐忠良。

二、惩治敌对势力

瓶窑镇作为杭州西北面重要门户,国民党统治时期,其党、政、军、宪、特等各类组织遍布城乡,社会基础较深。解放初,国民党残余势力以一部分偏僻农村和山区为依托,以地主恶霸、地痞流氓、惯匪和封建会道门为社会基础,网罗结聚力量,进行反革命破坏和反扑,对新生人民政权构成了重大威胁。为巩固人民政权,从1949年5月至1953年底,人民政府开展了剿匪反霸、镇压反革命势力等运动。

图 4－15 余杭公安分局瓶窑派出所办公楼(2014 年)

剿匪反霸 解放初,瓶窑周边股匪主要有 2 股,一股是杭县匪首何卓权部瓶窑区署股匪徐彬、王德义部。另一股是以潜伏军统特务叶锡镇、匪徒吴继兴、季跃庭为首。其于 1949 年 5 月组成的“浙江省救国纵队第十六支队”,有匪徒 40 余名,活动在北湖草荡周围。1949 年 7 月至 8 月间,瓶窑所辖地区武装匪特活动日益猖獗,阻碍了党和政府的各项工作。地方政府、公安机关配合中国人民解放军剿匪部队,采取“政治攻势与军事清剿相结合”的方针,依靠和发动群众开展剿匪斗争。1949 年 8 月 22 日,围剿瓶窑区署股匪徐彬、王德义部,捕获王德义等匪徒多名。10 月,剿灭匪浙江救国纵队 16 支队股匪,捕获副支队长季耀庭等多名匪徒。1949 年底至 1950 年初,瓶窑周边匪患基本肃清。在军事清剿和政治瓦解武装匪特的同时,1949 年 9 月至 10 月,开展民主反霸斗争。其时瓶窑各地一些地主恶霸暗中通匪、资费,成为武装匪特赖于生存的主要社会基础和新生人民政权开展各项工作的主要障碍。反霸斗争成为彻底肃清匪特的重要一部分。10 月,石濑乡恶霸地主翁少山成为余杭县首斗的对象,石门乡恶霸王延寿,塘埠乡恶霸王湧泉等都被斗争,并被人民法院判处死刑。

镇压反革命 1950 年 10 月,中共中央发布《关于镇压反革命活动的指示》,10 月 30 日,浙江省委发出《关于贯彻执行中央坚决镇压反革命分子的指示》。11 月,杭县、余杭县委遵照中央、省委的指示,把镇压反革命运动作为中心任务,与土地改革、抗美援朝运动相结合,境内各地建立机构,并向公安司法机关制订具体计划,动员多方力量,全力以赴开展镇压反革命运动,从 1950 年 11 月开始至 1953 年年底结束,历时 3 年。镇反运动打击的重点对象是匪首、惯匪、特务、恶霸地主、反动会道门头子和反动党团骨干分子。乡镇政府及县工作队从清理各类案件入手,并发动群众检举和揭发,登记俘降匪特和反动党团特人员,11 月初,配合土改,列出打击对象名单,呈报区、县政府和公安机关,首批集中逮捕在秋征、土改中进行现行破坏活动的反动党团骨干分子、地主恶霸等 26 人,石濑乡翁少山,石门乡吴忠孝等被逮捕,经判决被镇压。1951 年 2 月,中央人民政府颁布《中华人民共和国镇压反革命条例》,规定处理反革命案件的原则和方法,使镇反斗争有了法律武器和量刑标准。据此,各乡政府配合公安、司法机关整理反动党团特及反动会道门登记材料,余杭县对石门、塘埠等乡的镇反情况作典型调查。3 月起,各乡镇反运动形成高潮,塘埠乡恶霸王湧泉、石门乡土匪王阿元、特务王根乡等被判处死刑。4 月开始镇反运动重心从农村转向城镇,“五一”节前后,瓶窑逮捕一批反动党团骨干分子、特务、反动军官等。1951 年 11 月—1952 年 10 月,镇反运动进行到中期镇反阶段。这一阶段主要打击对象为反动党团骨干分子、反动会道门头子。1952 年 11 月—1953 年 12 月,为镇反运动深入开展到胜利结束,这一阶段重点是水上镇反和取缔反动会道门。1951 年 1 月始,瓶窑镇水上镇反运动结合水上民主改革相继展开。1 月,杭县水上民主改革工作委员会决定在瓶窑等码头集中开展打击封建把头、走私贩毒主犯等。整个运动经过准备、斗争、建设三个阶段,至6月中旬结束。运动中斗争、管制了一批反革命分子和封建把头,建立船民协会,摧垮了封建把头制度。同时,清除在乡村基层政权和农会组织中的反革命分子和其他坏人,建立和健全基层治安保卫组织和民兵组织,保卫土地改革和征粮运动。大规模镇反运动后,公安部门又陆续侦破捕获一批漏网、潜伏、潜逃、派遣和新生的反革命分子,交由司法机关依法惩处。对一般的反革命分子、地主、富农分别按政策予以戴帽、管制等处理。

监督改造"地、富、反、坏、右" 余杭县解放后,对地主分子、富农分子、反革命分子、坏分子实施改造。1952年,公安部门根据《管制反革命暂行办法》,对历史上有罪恶、解放后仍无悔改表现,但尚不够逮捕判刑的反革命分子,实行依法管制。土地改革后,对地主分子、富农分子和反革命分子实行监督劳动,不能加入农业合作社为社员。至1956年底,上述3种人经社员评审,被评为正式社员的、候补社员的为2/3,继续实行监督劳动的1/3。1979年1月,对多年来遵守政府法令,老实劳动,不做坏事的地主分子、富农分子、反革命分子、坏分子,经过评审,由县革委会批准,摘掉帽子,称作社员。1983年底,其余的地主分子、富农分子、反革命分子和坏分子全部摘帽。

三、打击刑事犯罪

瓶窑派出所将打击重大刑事犯罪作为重要任务,用刑罚同一切犯罪行为作斗争,以保卫国家安全,保卫人民民主专政的政权和社会主义制度,保护国有财产和劳动群众集体所有的财产,保护公民私人所有的财产,保护公民的人身权利、民主权利和其他权利,维护社会秩序、经济秩序,保障社会主义建设事业的顺利进行。

1954年起,刑事犯罪活动渐显突出,1955年,立为刑事案件的有凶杀、纵火、毒害、抢劫、抢夺、盗窃、诈骗、破坏交通、投机倒把、走私、制造贩运毒品、贩运军火、伪造图章、贩运金银假钞、强奸15种。

1956年起,执行公安部《关于刑事案件统计登记报告制度的几项规定》盗窃、诈骗案件立案标准,农村一般以损失财物折款15元为起点,其中重大案件以150元为起点。盗窃、诈骗粮票500斤、布票500尺的列为刑事案件。嗣后,立案标准多次调整。

1949年解放初,刑事侦察业务由县公安机关承担,依靠基层公安力量,发动群众破案件。1954年,根据第二次全国民警治安会议精神和刑事犯罪着重是盗窃活动增多的实际情况,贯彻"以防为主,以破为辅"的方针,加强与刑事犯罪作斗争。"文化大革命"初期,刑事侦察专门工作受到冲击破坏,破案能力削弱。1973年,县公安局恢复,瓶窑也以区设所,贯彻"抓住战机,积极侦察,依靠群众,及时破案"的方针,刑侦工作逐步恢复。1979年,贯彻第三次全省刑侦工作会议和第三次全省治安工作会议精神,在整顿治安秩序中加强刑事侦察工作,瓶窑派出所破案率在80%以上。1983年8月,"严打"战役开始,侦破案件作为深挖、打击严重刑事犯罪的重要手段,得到进一步重视和加强。1986年初,县局为提高侦破案能力,从改革、探索入手,对刑事案件(主要是盗窃案件)的侦察工作,试行派出所为单位划片包干的办法,规定各派出所负责辖区内大小盗窃案件的侦查,县局刑侦队负责特大盗窃案件、暴力性大案件和系列性案件的侦查。

20世纪90年代以来,主要有下述案例。

1993年4月,茶叶实验厂茶叶被哄抢事件。事件发生后,瓶窑派出所会同茶厂附近3个乡镇的领导和茶场派出所等有关部门努力做好调查取证，化解疏导，增加保卫巡逻力量，最终制止茶叶哄抢事件，化解部分偷采茶叶的村民和茶场职工的冲突。

1994 年 1 月 1 日，长命小学教师宿舍纵火案。犯罪分子乘教师宿舍无人之机，纵火烧毁宿舍一间以及大量衣裤、收录机等，直接经济损失近 4000 余元，接到报案后，瓶窑派出所迅速组织干警开展工作，经排查筛选发现外来棕棚匠张某有重大嫌疑，查清该人因恋爱不成纵火报复的犯罪事实。

1995 年 5 月 10 日，破获扒车盗窃团伙。瓶窑所在彭公乡政府的支持下，调查摸底，集中优势兵力，在较短时间内查清和突破以陈某为首的扒车盗窃团伙，缴获大量赃物。10 月 8 日，破获行凶抢劫案，抓获 4 名歹徒。10 月 8 日凌晨 1 时多，江苏省江宁县客运公司从温岭至南京的大客车，途经彭公乡马家口地段时，车上 4 名歹徒用手铐、尖刀对车上 14 名司乘人员进行行凶抢劫，被抢劫现金 65750 元，金手链、金戒子、手表各一条（只），总价值 7.8 万元。余杭市局接到报告后，局长率刑侦队技术人员赶到瓶窑，研究布置侦破方案，在嵊县警方配合下，于 10 月 26 日将案犯押解回局。

1997 年 1 月，瓶窑派出所协助余杭市局刑侦队破获“1・5”抢劫杀人案。1 月 5 日下午 3 时半，瓶窑派出所接报案彭公一茶山上发现一具无名男尸，经现场初步查看系他杀。后速与刑侦队联系，副所长与管区民警等协助刑侦队参与案件侦破工作，于 6 日查明死者为白某（男，68 岁，百丈镇坪里村 2 组），被人用钝器击中头部致死。案件调查展开后发现白的远房侄子李某有重大作案嫌疑，经审讯，李交代了犯罪事实。5 月 31 日，会同市局刑侦队破获“5・29”强奸案，抓获案犯邵某，该犯曾于 1987 年 9 月因强奸罪被判入狱 13 年，1996 年 9 月假释出狱。5 月 29 日上午 10 时半，其骑摩托车回家时，见一单身女子程某（18 岁）在瓶窑皮件厂西侧窑山边行走，四下无人，便尾随一段路后，故意将其撞倒在地，后拖至路边旱竹林，用手掐其脖子，将其打昏后实施强奸。

1998 年 7 月 16 日，成功营救被拐卖 17 岁少女，抓获 4 名犯罪嫌疑人。该少女叫马某，从老家出来准备到慈溪打工，被其堂哥和滕某等人以 1 万元的价格卖给安徽人胡某，民警在瓶窑交警中队的协助下，从大客车上救下马某，将 4 名参与拐卖的嫌疑人刑事拘留。11 月 4 日，根据线索，瓶窑派出所迅速出击，现行抓获以杭州人王某为首的 6 人诈骗团伙，该团伙在杭嘉湖等地诈骗数起。

2000 年 12 月—2001 年 10 月，瓶窑中心派出所在区局的统一部署下，开展“打黑除恶”专项斗争，共计查获黑恶势力团伙 3 个，抓获团伙成员 12 人。

2002 年 4 月 29 日，抓获 3 名盗窃嫌疑人，破获发生在瓶窑等地区的 7 起盗窃案，涉案金额达 8 万余元。

2003 年 9 月 28 日下午 4 时许，高俞塘村邱炳林报警称：其回到家中发现其女友王某（女，瓶窑奇坑村人）倒在二楼家里，胸口有刀伤，后送医院抢救无效死亡。接警后，瓶窑派出所迅速出警，快速反应，立即抽调人员成立专案组，在刑侦大队的指导下立即开展侦查工作，经现场勘查，认定此案为凶杀案件。通过大量的摸底排查，专案组发现死者的前男友许某（男，31 岁，瓶窑镇卸车村）有重大作案嫌疑。

2004 年 11 月 25 日下午，瓶窑镇凤都村马山下组余某报案称家中失少现金 4.7 万元，中队接警后，通过现场勘查，外围排查，排出一重大嫌疑人吴某，2004 年 11 月 30 日晚对吴刑事传唤,12 月 1 日该吴交代盗窃余某家现金的犯罪事实,起获赃款 4.46 万元。

2010 年 8 月 10 日 0 时 33 分许接市局转:报警人郑某称其妻在瓶窑振兴 1 号楼西单元 3 楼 302 室被人打劫。民警出警后,发现其妻子曹某和儿子郑某在家中被人打伤倒卧在地,后两人均抢救无效死亡。经查,案犯为许某。

2013 年 10 月 30 日 18 时 30 分,瓶窑派出所接 110 指令:瓶窑镇长命村港东组港东村 7 号发生一起入室盗窃转化为持刀抢劫致人死亡的案件。受害人计林某经医院抢救无效死亡。该案件于是年 11 月 5 日成功告破。

2013 年—2015 年刑事案件接案破案情况表

表 4-5-1

年份	2013	2014	2015
发生(件)	521	528	543
破案(件)	304	288	256
侦破率(%)	58.3	54.5	47.1

四、治安管理

民国 24 年(1935 年),国民政府颁布《中华民国刑法》,虽有处罚赌博条款,但禁民不禁官,赌风盛行。民国初,杭县、余杭县均设立禁烟分局,负责督查各镇乡肃毒事宜。民国 17 年(1928 年),两县先后建立戒烟所,颇有成效。后因吏治腐败,烟毒屡禁不绝。

公共秩序管理　1950 年 4 月余杭县人民政府公安局结合打击投机奸商和市场管理、整顿治安秩序全面调查审核、登记、核发“营业许可证”,派出所配备治安民警专门负责辖区内茶馆、剧院、会场、旅馆、浴室实名登记管理。1953 年 1 月,余杭县人民政府发布《关于召开群众大会几项规定》的通知,要求各地召开全乡性群众大会或演戏、放映电影时,均应从维护公共秩序保证群众安全着想,严密安全措施,严防发生意外伤亡和坏人捣乱。1961 年,派出所根据治安管理从严方针,整顿车站码头和影剧院等公共场所治安秩序,修订各项治安制度,开展安全检查、增设治安纠察。1978 年 11 月,派出所响应第三次全国治安工作会议精神,全面恢复、加强治安管理。采取突击整治和经常性管理相结合的方法,加强车站、码头、集贸市场、影剧院等公共场所的整顿与管理。1994 年 12 月 1 日,市内第一个区域性 110 电话报警设施瓶窑派出所 DBK-1 型程控电话传输报警系统开通。1988 年 2 月,针对文化市场出现利用台球、电子游戏机进行赌博,台球、电子游戏机市场纳入派出所治安管理范围。

1988 年—1989 年,结合“刹三风”(赌博、封建迷信、婚丧喜事大操大办)活动,开展禁赌专项斗争,对赌头赌棍和嗜赌分子按法律规定予以惩处。1997 年 4 月,全面开展以禁赌为重点的“双禁”斗争(禁赌、禁毒),成立“双禁”领导小组,对数名触犯刑法构成犯罪的人员依法追究刑事责任。

此外,镇公安机关还开展打击卖淫嫖娼、查禁淫秽物品等活动,维护瓶窑正常社会秩序。

特种行业管理　1950 年 4 月,结合户口清查,公安机关对镇开展特种营业登记管理。列管范围共计 19 类,主要有旅栈业、印铸刻字业、无线电器材业、戏院、茶店、饭馆、照相、浴室、钟表业、旧货业、修理业、医药业等。1957 年,调整特种营业管理范围,公安组织力量进行全面清理。规定旅店应严格执行登记制度,查验有关证件;机关、学校、企业团体刻公章或印制各种文件、信笺、表格、商标及其他有关文书和出版物,须经主管机关批准,出具证明或介绍信,经公安机关审查同意,发给“委托证明书”由指定厂(店)承印或刻制。1962 年 1 月,县公安局发出《关于加强特种行业管理工作的通知》,派出所对特种行业进行整顿,规定茶馆、会场及无线电修理业不再列入特种行业管理。经整顿后重新核发“特种行业许可证”。“文化大革命”期间,特种行业管理工作基本处于停顿,1972 年逐步恢复。1979 年 4 月,派出所会同工商所,分系统对全镇特种行业进行全面登记换证。列入特业管理的为:旅店业、旧货业、印铸业、修理业。规定特种行业原则上由国营(包括供销社)经营。1983 年下半年,根据上级公安机关指标,将列管的 4 大类特种行业缩小为旅馆业、刻字业、生产性废旧金属收购业 3 种,并放宽开业限制,改变个体不能经营特种行业的规定,简化审批手续,方便群众,使治安管理更好的适应搞活经济的需要。至 2015 年末,全镇特种行业单位有旅馆业 42 家、刻字业 6 家、印刷复印业 5 家,生产性废旧金属回收业 23 家。

爆炸物品管理 1952 年有关单位,在使用炸药、雷管、导火索等爆炸物品时,均由单位按其主管部门规定,制订储存与使用管理制度,爆炸物品“购买证”“运输证”由县公安机关签发。1957 年 12 月 9 日,公安部公布施行《爆炸物品管理规定》,浙江省公安厅发出《关于贯彻执行(爆炸物品管理规定)应掌握的几个问题的通知》,公安机关开始实施爆炸物品购买、运输、储存、使用等管理制度。1961 年 9 月,检查发现,瓶窑羊山石矿与社办石矿、水库等 8 各单位搞协作,擅自出售炸药 314 公斤、雷管 422 只,责令其全面清理、制定安全制度,追究失少的爆炸危险物品,查清原因,严肃处理。1979 年 6 月 20 日,执行县公安局和县矿冶公司制定印发《矿山安全生产管理制度》,采取具体措施,加强检查力度,为矿山安全生产提供了管理依据。

枪支管理 1949 年 7 月,根据杭州市军管会发布的命令,县公安局机关发出布告,明令收缴散藏的武器、弹药并对枪支弹药的使用实行严格管理。1961 年 9 月,县公安局协助武装部门检查民兵使用枪支,做好持枪人员的审查教育工作,防止发生意外,强调携带枪支人员做到人不离枪、枪不离人,严禁枪支随意乱放,严防丢失。1989 年,开展民用枪支验证,验审和重新发证工作,通过登记验证,建立枪支管理档案。

铁路治安 杭宣铁路穿经瓶窑,并在境内设石濑火车站。铁路公安机关把维护铁路沿线作为经常性重要任务,逢重大节日、专列保卫任务,组织民兵和治保力量加强巡逻守护。1977 年 4 月,开展整顿沿线治安秩序,建立和健全路社联防组织,加强经常性护路工作,坚决打击破坏铁路设备、盗窃铁路器材、挖掘路基、偷扒列车货物的犯罪分子。是年 6 月,在全县召开整顿铁路与城乡治安经验交流大会上彭公公社铁路隧道看守班、石濑火车站介绍加强铁路治安做好护路工作的经验。1980 年起乡镇把维护铁路治安纳入经常性工作。

山林治安 1950 年 7 月,余杭县人民政府组织工作队,帮助山区群众建立护林小组。公安部门及时查处破坏山林的违法犯罪活动。1961 年片面贯彻“以粮为纲”,出现毁林种粮现象,使山林受到破坏。1972 年,在“农业学大赛”运动中,出现砍树歪风。北湖公社有 5 个大队在少数人哄动下,砍树 540 余棵,毛竹 5000 余公斤。公安机关配合公社党委做群众工作,对煽动破坏山林的违法犯罪人员分别作出处理。1987 年 7 月县公安机关根据省公安厅、林业厅印发的《森林案件管辖范围及森林刑事案件立案标准暂行规定》,凡盗伐森林或者其他林区林木 2 立方米(杉木 1 立方米)、幼树 50 株,非林区 1 立方米(杉树 0.5 立方米)、幼树 25 株,或者相当于200元以上损失的；盗伐破坏防护林树木5株以上，破坏防护林带20米以上的；盗伐或破坏经济林直接损失200元以上的；盗窃苗圃苗木直接经济损失200元以上的；盗伐竹林或者其他竹子100棵以上或经济损失200元以上的等，均定为刑事案件侦查。

2013年—2015年瓶窑镇治安案件立案查处情况表

表4-5-2

年份	2013	2104	2015
发生(件)	863	980	895
查处(件)	615	664	679
查处率(%)	71.3	67.8	75.9

五、户籍管理

民国初期，境内沿袭清代保甲制，以保甲长为主清查、管理户口。民国35年(1946)4月，杭县曾开展户口总编查。中华人民共和国成立后，1949年下半年废除保甲制度，1951年，执行省公安厅《关于办理乡村户口异动手续办法》和“户口迁移证”制度，2月，境内各乡镇配合杭县公安机关进行户口登记。1950年4月，余杭县成立户籍工作队，派出所配备户籍警。次年进行户口登记，逐户普查，核对人口、成分、职业，填发户口簿，建立统一的户口管理制度。1952年，农村开始建立简易户口登记薄。1957年规定，农村户口不得迁入城镇。1958年2月，杭州市动员城镇居民落户长命、北湖、彭公等地参加农业生产劳动。1960年，建立公社、大队两级户口册，确定公社文书、大队会计为户口员。1970年6月，开展户口清查活动，严格限制农村户口迁往城镇或由生产队分配口粮改为国家供应商品粮。

1978年始，每年按非农业人口的1.5%比例控制农业户口转非农业户口(简称农转非，下同)人数。1984年8月起，允许农民自理口粮到城镇落户。瓶窑镇开始办理农村人口自带口粮进城落户，1985年，瓶窑镇开展居民身份证的发放工作，发放的居民身份证有10年期(16—25周岁)，20年期(26—45周岁)和长期(45周岁以上)三种。1997年，瓶窑镇作为小城镇改革试点镇，对外来的务工、经商、购房人员按照条件准入的原则，共办理小城镇户口1050人左右。1999年6月，户口统一登记为城镇常住户口和农村常住户口，并统一核发户口簿。2001年起，坚持“管理与服务并重”原则，肯定外来人口是余杭区劳动大军重要组成部分，一视同仁，积极鼓励、支持外来人口在余杭建功立业，为他们排忧解难。2002年起，实行由公安部门负责的农村户籍管理体制。

2005年，开始全镇范围内身份证换领工作。经过两年时间，完成一代身份证向二代身份证的过度。2013年9月，开始办理指纹身份证。2015年1月1日开始户政管理划入杭州市主城区，统一使用杭州市的户口迁移政策。

从2005年开始，瓶窑镇依照《关于进一步加强全区流动人口管理服务工作的实施意见》精神，配备专门的流动人口管理员，对全镇流动人口进行登记和发放暂住证，当年共走访和登记出租私房16546人，4565间，其间还专门配备外来来人口计划生育专管员，做卫生、生育知识的宣传和管理工作。2015年12月31日，瓶窑镇共有常住人口57864人，其中男性28471人，女性29393人；暂住人口36799人。

此外,1986年3月,始发“中华人民共和国居民身份证”。至1987年底,发证占应发人数95%。1996年初,首批换发新证。2005年6月,开始发放第二代中华人民共和国居民身份证》。

六、道路交通管理

1978年,瓶窑镇组织退休职工等社会力量,开展对自行车、机动车定点停放、寄存管理,维护路面交通秩序,减少盗车案件发生。1985年,交警开始纠正交通违章、清除路障。1987年10月,开展境内道路交通大整顿。1989年,对公路沿线交易市场整顿,对104国道彭公段藤竹器市场进行专项整顿,交通受堵得到缓解。1993年起,整治严重超速、超载、酒后驾驶、无证驾驶等易发交通事故行为。1995年,开展创建“交通安全村”和“交通安全文明乡镇活动”。嗣后,路面秩序与安全管理工作日常化、规范化。

瓶窑交警中队辖区有瓶窑、径山、黄湖、鸬鸟、百丈5个乡,43个村、10个社区、4个农林场;常住人口40668户,计131979人;辖区管辖面积476.9平方公里,占余杭区总面积的39.09%;国、省、县道里程218.387公里,乡、村道里程419.206公里。

50年代起,省交通厅所属杭嘉湖车辆监理所在县境内设瓶窑管理站,管理余杭、瓶窑等地公路交通。1969年,杭嘉湖监理所分杭州、嘉兴两个地区监理所,杭州地区车辆监理所在瓶窑、余杭两镇设管理站。1975年11月,成立杭州地区车辆监理所余杭县管理站。1978年,更名余杭县车辆监理站。1985年1月,县公安局设置交通民警队,负责维护城镇道路交通安全,公安局派驻1名交通民警,在派出所领导下,侧重于交通安全管理。是年5月县车辆监理站与县公路运输管理所合并,成立余杭县交通监理所,隶属县交通局,下设临平、塘栖、余杭、瓶窑、三墩5个交通监理站,实行监管合一。

2015年,瓶窑中队在编民警11人,在编辅警35人。主要承担交通事故处理、交通秩序管理、交通违法处理、交通安全宣传、交通隐患排查治理、车管及登记备案等业务工作。据统计,2015年辖区内共接警10567起,受理交通事故7113起,同比上升1.32%;财产损失事故5820起,同比上升2.25%;伤人事故1289起,同比下降4.57%。

1987年9月,县公安局接收县交通监理机构,建立公安交通警察队,瓶窑为分队。1991年5月县交通警察队更名交通警察大队,9月瓶窑分队改称中队。

2010年,交警中队迁至瓶窑镇华兴路552—18号。

交警中队历任中队长杨华然、李水潮、杨卫联、方成、陆建伟、汪广建、费华良、张学文、指导员房秀泉、范汉阳、沈慧平、许玉刚。

第二节 司 法

民国时期,境内未设司法行政机构。中华人民共和国成立后,由县人民法院兼管司法行政工作。1981年6月成立余杭县司法局,全面行使司法行政职能。瓶窑镇司法所是县级司法行政机关在镇的派出机构,负责指导管理和组织实施本辖区司法行政工作。司法所实行县级司法行政机关和镇人民政府双重领导。主要职责为管理公证、律师事务,开展法制宣传和调解活动,为经济建设和社会发展提供法律服务,保护公民合法权益。

一、宣传教育

1950年起，县政法机关和基层政权机关结合各个时期中心工作，宣传有关法律法规。20世纪50年代，主要宣传《中国土地法大纲》、《中央人民政府惩治反革命条例》、《中华人民共和国婚姻法》、《中华人民共和国兵役法》等，举办"反革命罪状展览"和"反革命与刑事犯罪展览"。1952年10月—1953年1月，结合司法改革，再次全面深入宣传"婚姻法"，农村受教育面89%。1960年，开展宣传贯彻"婚姻法"活动，境内成年男女均受到教育。1981年，县司法局成立后，加强法制宣传。次年，开展"法制宣传日"、"法制宣传周"等活动，宣传《中华人民共和国宪法》、《中华人民共和国刑法》和《关于严惩严重危害社会治安犯罪分子决定》，境内各乡配合分发资料1万余份。1984年下半年，着手准备公民基本普及法律常识教育（简称"普法教育"，下同）。镇乡选派人员参加县司法局举办培训班，培训"普法教育"师资骨干及宣讲员。1985年起，开展普及法律常识教育。1986年，镇乡组织实施《余杭县普及法律常识五年规划》，开展第一个五年普法教育。培训普法师资数十名，组织征订和编写普法读本千余册，以干部和青少年为重点，以点带面开展普及《中华人民共和国宪法》、《中华人民共和国刑法》、《中华人民共和国婚姻法》、《中华人民共和国继承法》、《中华人民共和国民法通则》、《中华人民共和国刑事诉讼法》、《中华人民共和国兵役法》、《中华人民共和国经济合同法》和《中华人民共和国治安管理处罚条例》等法律常识教育，上万人接受普法面授教育，占应普法人数的80%。机关干部、城镇职工、乡镇企业职工及居民、农民绝大部分参加普法学习、考试。初中学生普法教育列入学校教学大纲，并为两乡中小学生开设法制课。1991年起，实施第二个五年普法教育规划，开展以《中华人民共和国宪法》为核心、专业法为重点的30多个法律、法规宣传教育。村干部参加面授及考试占普法对象的92%；镇企业骨干参加面授及考试占普法对象86%。初中学生、小学高年级学生的普法教育均列入教学大纲。1996年起，第三个五年普法教育与依法治理相结合。1997年，把推进法治与"村务公开、民主管理"、"创建安全文明社区"等活动有机结合起来，各村普遍进行清账理财，建立村民会议制度和监督小组，设置永久性公开栏公开村级财务、村民建房审批、村干部报酬和村级非生产性开支。利用广播、黑板报向村民宣传法律知识。2001年起，实施第四个五年普法教育规划，制定领导干部学法制度和资格认证制度。镇班子成员坚持以《中华人民共和国宪法》为核心、基本法为重点学习法律知识，确定每月18日为干部学法日。同时，采取行政诉讼庭审旁听、案例分析点评、法庭建立法制教育基地等形式，有针对性地开展法制教育。2003年起，开展民主法治村（社区）创建活动。

2004年9—10月，开展流动人口法制宣传教育。镇中小学普遍推行聘任法制副校长制度，至2005年底，聘任3名法制副校长，定期不定期为学生上法制课。2010年后，围绕创建"平安瓶窑"目标，构建"打、防、控、疏"一体化机制，有效预防和化解社会各类矛盾。创新普法形式，完成中共十八届三中全会、纪念"枫桥经验"50周年活动、村（社区）组织换届选举等重大活动期间的维稳任务、"三改一拆""五水共治"等工作。

2010年来，瓶窑镇围绕"3·15"国际消费者权益保护日、"6·26"禁毒日、"12·4"全国法制宣传日等，开展系列普法宣传。镇及19个村（社区）均设有专门的法制宣传栏，在集镇设有3块大型广告牌，3块电子显示屏，在城镇主干道新窑路两侧设立20余个普法灯箱，围绕"五水共治"、"三改一拆"和"无违建"创建等重点工作开展法律法规学习活动。积极主动，并成功创建5个市级民主法治村。2011年10月17日，"六五"普法暨民情联系网与综治网"两网合一"

启动仪式举行，就“六五”普法、依法治理工作进行动员。“六五”普法主要是进一步提高领导干部依法执政能力，进一步增强公务员依法行政和公正司法能力，提高全镇法治化管理水平。同时，整合综合整治网和党员网格化管理，创新社会管理，发挥基层党员干部的积极性。

二、调解

图 4－16 瓶窑法庭(2016 年)

根据民国 35 年(1946 年)秋的杭县政情资料，当时的瓶窑镇已经成立了调解组织，中华人民共和国成立后，实行人民调解制度。1950 年，建立民政调解委员会。1954 年，调解委员会改为人民调解委员会。1951 年，贯彻《浙江省区乡调解民刑事案件暂行办法》，建立乡人民调解委员会，协助司法机关调解民间纠纷。1953 年—1960 年，调解处理民事纠纷和轻微刑事案件数十件，主要调处有关房产、山林、婚姻、债务等纠纷。1955 年 12 月，余杭县人民法院召开调解工作评模会议。会议上，石濑乡人民调解委员会介绍了为生产合作化服务而创造的“四要”、“四勤”、“六不”的调解工作经验。1966 年“文化大革命”开始后，调解组织陷入瘫痪。1973 年，恢复建立人民调解委员会。1981 年，人民调解工作由司法局负责管理指导。并逐步建成乡镇法律服务所、村调解委员会、乡村(企业)调解信息员的三级网络。1995 年开始“标准化调委会”建立。1988 年，为适应新的形式需要，对调解人员主体进行整改，调整一部分年龄大、文化程度偏低的调解人员，将年富力强有文化的中年人充实到调解组织。1996 年 6 月，镇建立司法所，次年 6 月与镇法律服务所合署。1999 年 6 月，司法所挂靠在综合治理办公室。2002 年，司法所从综治办划出，成为镇政府、街道办事处的直属科级机构，人员经费列入乡镇(街道)财政预算。

2004 年，完成镇调解委员会组建工作，选聘调委会人员，并开展“四有五无”(有组织调解、有人调解、有经费调解、有场所调解；无因民间纠纷引起群众集体性上访、无因民间纠纷引起群体性械斗、无因民间纠纷引起刑事案件、无因民间纠纷引起非正常死亡、无归正人员重新犯罪)创建活动。当年，全镇未发生一起因民间纠纷调处不当或不及时引起的群体性械斗或群体性上访事件。2005 年底，瓶窑镇建立了以镇调委会为主体，村(社区)、企业调委会为基础，区域性、行业性调委会为补充的调解工作网络，深化警调衔接机制。2015 年 9 月，在警民联调的基础上，建立“瓶窑镇人民调解委员会驻瓶窑派出所工作室”，并正式投入运行。2013 年，村(社区)、镇两级调委会排查纠纷 351 起，成功调解 351 起，调解成功率达到 100%。2014 年，村(社区)、镇两级调委会排查调处各类矛盾纠纷 327 起，其中镇调委会成功调处 22 起，引导司法确认 11 例。2015 年，村(社区)、镇两级调委会排查调处各类矛盾纠纷 352 起，其中镇调委会成功调处 13 起。镇、村两级调委会成功调处重大疑难纠纷 20 余起。

2015 年，瓶窑镇共建有 19 个村(社区)调委会，11 个企事业调委会，4 个行业专业性调委会(医疗、物业、劳动、彭公竹制品市场)、1 个警调衔接工作室。

三、诉讼(法庭)

1961 年 7 月余杭县人民法院成立,下设临平、塘栖、余杭、瓶窑、三墩 5 个人民法庭。1968 年文革期间公检法实行军管。1972 年 12 月,中共余杭县委决定,恢复余杭县人民法院和临平、塘栖、余杭、瓶窑、三墩 5 个人民法庭,于 1973 年 1 月开始办公。

瓶窑人民法庭辖瓶窑镇、径山镇、黄湖镇、鸬鸟镇、百丈镇,面积 453.66 平方公里。1987 年 11 月瓶窑法庭办公室、审判庭和干部宿舍竣工,建筑总面积 540 平方米。2009 年 8 月,瓶窑人民法庭宣判庭项目开工,同年 9 月 24 日验收,至 2010 年 12 月,新审判庭正式启用。法庭新大楼占地 12 亩(0.8 公顷),总建筑面积 2900 平方米。审判法庭 5 个,其中一个标准化数字法庭,4 个简易数字法庭,建成了以庭审速录系统、证据展示系统,数字化影像采录、储存、播放及控制一体化的管理系统,实现人民法院对审判工作信息化的全面管理。2015 年有干警 14 名。行政事业编制 8 人。

2011 年 12 月,瓶窑法庭庭长等应邀为石濑村"12345"进社区服务活动提供法律指导。

随着经济的发展,商事类案件比重逐渐增大。2006 年至 2015 年期间,瓶窑人民法庭共办结各类案件 10751 件。其中调解结案 4306 件,撤诉 1856 件,调撤率为 54.8%。

历年瓶窑人民法庭办结案件情况表

表 4-5-3

年份	2006	2007	2008	2009	2010	2011	2012	2013	2014	2015
民事	597	788	512	765	389	361	289	315	338	614
商事	117	166	407	609	627	577	764	747	773	889
合计	716	955	919	1380	1078	944	1056	1071	1126	1506

瓶窑人民法庭还积极参与辖区社会治安综合治理工作,撰写《走进法庭》、《法庭工作季刊》、发放宣传册、开展"法庭开放日"、法律咨询等服务,积极开展法制宣传,较好地维护辖区人民群众及企业的合法权利,维护社会稳定。

历任庭长单雯、戚连荣、陈建荣、方中伟、陈自勇、洪培华、李国华。

四、法律服务

瓶窑镇法律援助工作站　2003 年,瓶窑镇正式设立法律援助工作站,为弱势群体提供法律服务。职责为贯彻执行法律援助法规、规章及政策,研究、制定本辖区法律援助工作计划;负责指导本辖区法律援助联络点的工作;对公民提交的法律援助申请进行初审,对镇工作站参与初审的法律援助案件进行跟踪回访;接待群众来电来访,代拟法律文书;组织开展辖区内的法律援助宣传活动;负责组织辖区法律援助联络员的管理和培训;协助区法律援助中心查证申请人经济状况;接受法律援助中心指派,承办法律援助事项;负责收集并上报本辖区法律援助基本信息;完成法律援助中心交办的其他法律援助任务。

工作　2015 年,瓶窑镇联合镇劳保民政办,通过法律援助的途径,全力帮助杭州某家具公司职工追讨欠薪。杭州某家具公司拖欠工人工资,58 名工人集体向镇政府反映后,司法所与劳保民政办对接,经协调,该公司支付 11 月近 20 万人民币的职工工资,但剩余部分及 12 月全额工资,拖欠未付。再次与劳保民政办共同努力,最终帮助工人申请法律援助,引导职工以合法有效方式维护自身权益。同时,瓶窑镇充分发挥法律顾问的作用,根据各村(社区)矛盾纠纷发生的特点和实际工作需求,对征地拆迁、招商引资、集体资产管理、土地征收款分配等涉及政策、法律、法规等事项,有针对性地对村(社区)两委、党员、村民小组长等进行授课,将普法工作融入村级事务管理中,以提升村(社区)干部法治意识和依法办事的能力,促进基层民主法治建设。

图 4-17 瓶窑镇人民政府镇长吴建中等在综合指挥室指挥工作(2017年)

五、社区矫正

2005 年,瓶窑镇建立社区矫正工作领导小组及其办公室,由主要领导或分管领导任组长,成员由综治办、派出所、司法所及相关部门负责人组成,办公室设在司法所,作为日常办事机构,负责具体落实社区矫正的各项措施。将符合社区矫正的罪犯置于社区内,由专门国家机关在相关社会团体和民间组织以及社会志愿者协助下,在判决、裁定或决定确定的期限内,矫正其犯罪心理和行为恶习,并促使其顺利回归社会的非监禁刑罚执行活动。社区矫正的适用对象为:被判处管制、宣告缓刑、裁定假释、暂予监外执行以及被剥夺政治权利在社会服刑的五种罪犯。其中,司法所承担前四种对象的日常社区矫正工作,对单处剥权的罪犯由公安机关执行。司法所对矫正对象建立 5 项制度:(1)每月 8 日为学习日、15 日为电话报到日、25 日为书面思想汇报日和个别谈话日;(2)安排矫正人员去敬老院公益活动,也可在所在村进行公益劳动,每人每月不少于 2 个工作日。由村治保主任考核,司法所每季度集中组织一次公益劳动;(3)通过安排讲座、参观、观看教育片等形式,使矫正对象接受每月不少于 2 个小时的集中思想教育;(4)每月对矫正对象进行走访,在节假日、敏感时期、重要活动期间重点走访,了解矫正对象的各项表现、生活状况;(5)矫正对象原则上不得离开杭州八城区,如确需请假外出,3 天以下的由司法所和派出所批准,3 天以上的,由区公安局分局审批,返回后立即到司法所办理销假手续。司法所对入矫前的矫正对象做到"犯罪原因清、思想情况清、有关材料清、交接时间清"。由司法所工作人员、责任区民警、治保主任、志愿者及矫正对象监护人共同组成监督考察小组,形成"五对一"监管体系,共同抓好帮教工作。对矫正对象建立一人一档,对其行为一事一记,做到日记载、月评论、月公布,使矫正对象无脱管、漏管现象。

2013 年底,瓶窑镇在册社区矫正人员 35 人,男性 30 人,女性 5 人。其中,缓刑 23 人,假释 12 人。新入社区矫正人员 23 人,解矫 17 人。2014 年底,瓶窑镇在册社区矫正人员 32 人,其中缓刑 28 人,假释 4 人,男性 30 人,女性 2 人。是年,共接收社区矫正 23 人,解除社区矫正 30 人。2015 年底,瓶窑镇在册社区矫正人员 27 人,其中缓刑 22 人,假释 5 人,男性 25 人,女性 2 人。2016 年,共接收矫正人员 32 人,累计接收社区矫正 290 人,解除社区矫正 41 人,累计解除社区矫正 263 人。同时,对于解除矫正及刑满释放人员,及时开展安置帮教工作。

第三节 社会治安综合治理

瓶窑镇社会治安综合治理在党委、政府统一领导下，在充分发挥政法部门特别社会治安综合治理是公安机关骨干作用的同时，组织和依靠各部门、各单位和人民群众的力量，综合运用政治的、经济的、行政的、法律的、文化的、教育的等多种手段，通过加强打击、防范、教育、管理、建设、改造等方面的工作，实现从根本上预防和治理违法犯罪，化解不安定因素，维护社会治安持续稳定的一项系统工程。

一、综合治理

自1979年起，县境内各公社陆续建立治安联防队，受公社行政领导和公安机关业务指导。1982年8月，贯彻执行中共中央批转全国政法工作会议纪要精神，将严厉打击严重刑事犯罪是社会治安综合治理的首要环节；加强对青少年的教育作为社会治安综合治理的重点。瓶窑与各地一样，加强社会治安综合治理力度，采取各种综合治理的手段，有专政的手段，有行政的手段，也有教育的、感化的手段。运用专政手段，依法严惩严重刑事犯罪分子，是综合治理中的首要手段，同时，再辅之以其他手段，以达到综合治理的目的。

1985年10月，根据中共中央关于进一步加强青少年教育、预防青少年违法犯罪的通知精神，明确将关心和教育青少年、预防青少年违法犯罪作为一项综合治理的系统工程。是年，招聘乡民警，设立民警值班室；1986年开始，实行治安承包责任制，并设立法律服务所负责司法、调解工作。嗣后，社会治安综合治理坚持打击和防范并举，治标和治本兼顾，重在治本的方针。打击各种危害社会的违法犯罪活动，依法严惩严重危害社会治安的刑事犯罪分子，采取各种措施，严密管理制度，加强治安防范工作，压缩违法犯罪活动的空间。同时从解决根本问题人手，加强对群众特别是青少年的思想政治教育和法制教育，提高文化、道德素质，增强法制观念，鼓励群众自觉维护社会秩序，同违法犯罪行为作斗争；积极调解、疏导民间纠纷，缓解社会矛盾，消除不安定因素；加强对违法犯罪人员的教育、挽救、改造工作，妥善安置刑满释放和解除劳教人员，减少重新违法犯罪。1991年，设立政法办公室，负责综合治理的治安、信访及调解工作。

1988年—2001年，镇内原瓶窑、长命、北湖、彭公等乡镇政法办先后合并至瓶窑镇社会治安综合治理办公室。2004年6月，瓶窑镇社会治安综合治理工作中心成立，分别设置社会治安综合治理、司法（人民调解委员会、归正人员矫正）、信访等办公室。辅之以巡防大队、流动人口管理服务工作站、道路交通安全工作站等组织。

2013年，拆违目标任务为140168平方米，实际拆除479处，面积173896.53平方米。完成奇鹤村一个村共384户“无违建”工作，至2013年底共整治拆除“一户多宅”13户，按标准要求完成380户的创建工作。2013年，重点整改部级卫片遥感发现的问题28处（面积4.01公顷），拆除违建9260平方米。“四边三化”（在公路边、铁路边、河边、山边等区域开展洁化、绿化、美化行动）方面，整治拆除广告牌23处，重点拆除104国道彭公段马路市场60334.9平方米，祥彭线废品收购整治拆违1000平方米，瓶仓大道整治拆违500平方米。2014年，推出流动人口服务管理新举措，提高流动人口登记率。开展食品安全百日严打行动。2014年，瓶窑镇人民政府被评为2013年度杭州市数字城管工作最佳配合单位。全年共解决问题10950件，月平均解决问题913件,问题解决率100%,及时解决率99.31%。

2015年,劳动监察投诉结案165起,开展居家养老、优抚安置、关爱残疾人等工作。配合良渚遗址管委会申遗工程,完成零星拆迁5户、征地17.77公顷,申遗农居点完成分房和水电管线等基础配套工程546户。推进社会治理大联动试点工作,成立瓶窑镇大联动治理办公室,优化镇社会服务管理中心,成立社会治理联动大队,下设直属机动中队和长命片、北湖片、彭公片、城区片4个综合管理中队。成立"五水共治"、"三改一拆"、防洪抢险、森林防火、治安巡逻等党员先锋队伍86支,维权帮扶、技能推广、医疗服务、心理健康辅导等志愿者队伍103支。

2016年,始终坚持"大党建统领、大联动治理、大会战决胜",积极履行主体责任,发挥村社主体作用和党员主体意识,统筹协调,上下联动,全面落实服务保障职责。基层公共安全综合整治成效明显,"1+7"专项整治顺利推进,食品安全、瓶装燃气、出租房、电动自行车等管理日益规范。杭长高速入城口整治、瓶仓大道整治、祥彭线整治等工作全面完成。3100名平安志愿者参与巡逻、卡点值守等服务保障工作,辖区消防、重点人、事、物、场所等管控到位,平安意识深入人心,被评为浙江省服务保障G20杭州峰会先进集体。

此外,从2009年开始,辖区的禁毒工作以宣传教育为基础,以打击毒品犯罪为根本,全面开展各项禁毒工作。针对毒情形势日益严峻,吸毒人员不断增多的情况,至2016年,镇禁毒办联合妇联、团委、民政、卫生、公安等其他部门力量,通过各类活动宣传教育,显著提高了居民群众的识毒、防毒、拒毒意识能力,推进了"无毒乡镇、平安瓶窑"的创建工作。

2005年,根据区《关于全区开展农村反邪教警示教育活动的意见》精神,成立由镇党委书记兼任组长的反邪教警示教育活动领导小组,在全镇范围开展警示宣传教育活动。从2010年至2014年的"无邪教乡镇创建"工作到2015年"无邪教乡镇命名"工作,镇综治办把反邪教警示教育活动与抓农村精神文明建设、宗教工作相结合的方式,形成反邪教的长效教育机制。

二、信访工作

中华人民共和国成立以来,信访体制逐步建立,上到中央下到基层乡镇(公社)稳步推进,人民群众来信来访,由乡镇(公社)机关文书受理后转交相关部门办理。中共十一届三中全会后,乡镇(公社)根据《县政府关于归口接待处理群众来信来访试行办法》,乡镇(公社)开始确定专职信访工作人员。1976年以来,乡镇(公社)来信来访归类处理,涉及党内干部问题,交付党委纪委部门处理。1995年国务院出台了《信访条例》,将信访制度上升到行政法规的高度进行规范,经过多次修改,信访制度逐步完善。

2002年开始,瓶窑镇设立镇长公开电话,落实镇机关干部1年365天每天轮流值班,接听群众来电,接待群众来访,并每天记录在案,针对突出问题,及时汇报领导,及时处理,做到事事有回音,件件有着落。在"三改一拆"、"五水共治"、羊山湾工程、104国道拓宽工程、大联动、大会战等重点工作中,一方面提前介入,积极落实预防措施,加大排查力度,及时发现隐患和苗头,及时处理。另一方面,积极配合各牵头部门做好政策解释、思想劝导和动态关注等工作,确保各项重点工作的顺利推进。

案例如下:

精密工模具厂破产案 浙江精密工模具厂原系国有军工企业,在军转民过程中,于1988年从浙江龙泉搬迁到瓶窑镇,后转为地方国营企业,归属当时的余杭市国营工业总公司管理,由于精密工模具厂经营不善,资不抵债,余杭市人民法院于1998年5月14日宣告其破产还债

(1986年破产法)。企业破产时,退休职工245名,遗属14名,在册职工270名。1998年11月10日,经余杭市拍卖商行对资产进行拍卖,最终由强立公司以590万元竞拍成交。

精密工模具厂以王某为代表的在职职工,自2012年开始多次上访,认为原精密工模具厂破产程序不合法,导致国有资产流失,并反映职工安置费未发放,持股协会退股解散不合法等事项。经企业与职工协调,企业(强立公司)根据劳动合同法,以解除劳动合同形式发放补偿金,职工表示同意。2014年,涉及的81名在职职工均签字同意领取补偿金,补偿金也已全部发放到位。

崇化村滩上组拆迁补偿案　崇化村滩上组、王家组、屠家组共65户居住在西险大塘外苕溪中间的外滩地上,每遇洪水,大部分农户的住房都被淹没,对他们的生命和财产造成极大的危害。该区块已有21户搬迁至西险大塘内,还有44户农户未搬迁。为此,44户农户多次上访,要求政府安排建房指标或给予拆迁。

2007年—2010年,区领导多次接待,区建设、国土部门多次解释,瓶窑镇政府、崇化村委多次协调。后经镇党委、政府研究,考虑到实际情况及该区块住户的要求,给予拆迁安置,安置为多高层。同时,镇政府免费为农户提供50平方米/户的生产管理用房,土地由村、组负责落实,产权归镇政府所有。具体拆迁补偿政策按区拆迁有关文件规定执行。双方于2011年签订拆迁补偿安置协议,安置地点在瓶窑镇羊山多层公寓(二期)区块,现已顺利交付。

羊山三组营业房补偿　2005年瓶窑村(现瓶窑社区)征地时,考虑到农户今后的出路,镇政府同意在瓶窑新城为失地农民安排每人落地面积12平方米,二层共计24平方米的营业用房。营业用房由开发商统一建造,农户支付有关费用,标准为每平方米500元。

瓶窑社区羊山三组征地后安置的"24平方米"营业房,与瓶窑镇政府签订的协议安置在一期的石桥板区块。但是镇政府与开发商百达房产签订的回购协议需往南几十米区块,一期工程完工后,羊山三组农户要求政府按协议在石桥板区块安置"24平方米"营业房。2008年—2014年期间,农户多次上访反映。经瓶窑社区与瓶窑镇政府多次沟通协商,最终对羊山三组"24平方米"营业房位置调换后补偿问题按原定的补偿标准不变,羊山三组居民对该方案表示同意并签订协议,相关处置情况已到位。

农嫁居人员补偿金案　土地征用后,补偿金分配纠纷日益突出,部分农嫁居人员均未能享受到补偿金,多次上访。

镇、村多次会同农业局进行协调,决定通过两个方案进行解决:1. 通过协调解决;2. 协调未能解决的,建议通过司法途径解决。

特殊群体稳控工作　瓶窑镇特殊群体人员分为"五八城迁"、"六〇"政治清理人员、"十六户"生产自救、农婚知青、民办老师、军转干部、"两参"(参战、参核)人员、电影放映员。对于"五八城迁"、"六〇"政治清理、"十六户"生产自救、农婚知青人员,按上级有关政策,及时办理了城镇职工医疗保险,以及城镇职工养老保险,保障了该群体的养老问题,使得人员情况相对稳定。对于军转干部、电影放映员,不定期到村、社区进行走访,及时了解他们的思想动态,及时进行稳控。目前情况也相对稳定。对于民办老师,以前有个别在串联上访,经瓶窑镇大量工作,对于生活特别困难的,给予适当补助,对于个人的困难,及时提供帮助。针对个别人员,及时进行谈话,及时稳控。对于"两参"(参战、参核)人员,落实相关村、社区关注动态,情况相对稳定。

镇信访办2013年受理信访1287件,2014年受理信访1318件,2015年受理信访1341件。

2015年,镇信访办工作人员共3人,办公室硬件配备齐全,信访制度上墙。除19个村、社区设有的专职治保主任外,镇各部门明确一名信访联络人员,进一步提高了工作质量和效率。

2013年—2015年瓶窑镇信访处理情况表

表4-5-4

分类＼时间	2013年	2014年	2015年
市12345	458	543	614
区12345	351	329	299
网上信访	312	266	307
来信	69	80	49
来访	97批907人	100批1190人	74批427人
合计	1287	1318	1341

20世纪90年代,镇内工业企业及房地产迅猛发展,外来务工人员增加,劳动纠纷发生较多,劳动关系协调工作加重,劳动管理站积极做好疏导工作,依法调解。截至2015年受理案件171件,涉及300多人,群众性事件5件,涉及160余人,工资总额140万元。工伤事故处理8件,工伤赔偿金额203万元。贯彻《中华人民共和国劳动法》,规范劳动用工行为,建立保障守法信用档案,维护劳动者和用人单位的合法权益。

三、交通整治网络

镇社会治安综合治理中心道路交通安全工作站,由镇长兼任组长,党委副书记兼任副组长。2015年,全站有道路交通安全管理员20名,配合对全镇道路安全进行整治。建立交通安全工作网络,布建信息员、联络员,为全镇交通安全服务。以"五进"(社区、乡村、企业、学校、家庭)开展宣传交通安全法律、法规的活动。2015年,受宣传教育者5万余人次。

四、城管执法

2004年4月,瓶窑镇城管执法中队建立,中队驻瓶窑镇大桥路72号。中队共有人员32名,其中在编执法队员10人,协管员22人,是一支年轻富有活力队伍。中队城镇化管理区域面积约6平方公里,辖瓶窑社区、溪东社区、华兴社区、新窑社区和杨梅坞社区。根据辖区实际,中队下设南片、北片和机动3个执法分队。

图4-18 瓶窑城管执法中队(2016年)

中队的职能职责是负责辖区内城市管理,行使"7+X"行政处罚权(市容环卫、城市规划、城市绿化、市政公用、环境保护、工商行政管理和公安交通管理等)。自成立以后,中队秉着“城管为公、执法为民”的宗旨,倡导队员在执法中立公心、凭良心、以德帅法、德法结合,既要保障行政相对人合法权益更要严格执法。城镇治理“三分靠建、七分靠管”,自2008年11月开始,中队对查处案件全部进行网上登记,截至2016年7月底,共查办市容环卫、市政公用、城市规划等7个方面的违法案件5299件,其中一般程序案件974件,简易案件1740件,违停案件2585件,处理信访投诉1615件,办结率100%,满意率达99%以上。

2004年,中队助力瓶窑镇成功创建杭州地区首个“国家卫生镇”。2013年4月城市管理重心下移后,中队与瓶窑镇政府无缝对接,更是积极履行“双向负责”责任制,围绕属地镇街中心工作出亮点,先后荣获二星级规范化中队、“先进中队”、“执法六进”先进中队、城市管理工作先进集体、人民满意基层站所、区级青年文明号、“数字城管”优胜单位等荣誉称号。

城市管理重心下移后,中队在城镇管理上紧密结合属地实际,因地制宜创造“高峰岗”、“路长制”、“定人、定岗、定责任”等多种有效举措和管用办法,勇挑属地环境整治重担,有效治理凤都工业区马路市场及桥北农贸市场自产自销点两块“顽疾”。为改善集镇容貌,中队组织开展各类整治150余次,教育劝离流动摊贩3000多人次,取缔瓶窑镇境内废旧物品收购点116家,整治建成区范围内餐饮服务业油烟污染190家,清除04省道、015省道、104国道、祥彭线等道路户外广告2580平方米,拆除、整改影响集镇市容的破旧灯箱、广告牌等200余处,查处违法运输渣土车辆134辆。

第五编

文　　化

Culture

余杭瓶窑镇，山川钟灵毓秀文化遗产丰富，早在四五千年前的新石器时代，先民就创造了璀璨的良渚文化。嗣后，以诗文著称于世者代有传人，留下众多传世之作。民间音乐舞蹈亦丰富多彩，花灯尤以彭公为最。

中华人民共和国成立后，文化事业全面发展。20世纪50年代初，区和乡镇设文化站，配合党的中心工作和历次政治运动，以组织歌舞演出（唱），编办墙报、黑板报，放映幻灯片，举办展览等形式开展宣传。"文化大革命"期间（1966年—1976年），大量优秀传统戏曲、音乐、舞蹈被禁锢，许多民间艺术被视为"四旧"，文艺宣传队兴起排"样板戏"、唱"语录歌"、跳"忠"字舞。中共十一届三中全会后，文化事业迅速走上正常发展的轨道，出现空前繁荣局面。80年代，镇乡财政投入资金，先后建起（重建、改造）剧院、电影院和县工人文化宫等文化活动场馆，公社文化站逐步发展为集文化、广播、教育、科普为一体的农村文化中心。歌舞厅、茶室电子游戏机房、网吧等社会娱乐业相继问世。娱乐、音像、图书、演出等个私经营户相继出现，文化市场日趋繁荣。群众文化生活日趋多样，境内每年举办各类文化活动50次以上，1990年起，各具特色的农民艺术节在各地纷纷举办；广场文化活动蓬勃开展，形成农村文化、社区文化、企业文化的大文化格局。2006年，被评为省级"东海文化明珠"，境内尚有全国重点文物保护单位2处、省级文物保护单位1处、市级文物保护单位2处。在历次的非物质文化普查中，瓶窑镇被列入各级非物质文化遗产名录项目有：余杭纸伞制作技艺（省级）、大陆（石濑）花灯舞（市级）、根雕（区级）、笋干制作技艺（区级）、风筝制作技艺（区级）。

教育，砥砺民心，开化民众，在瓶窑由来已久。出土的良渚文化文物，已有有关教育的端倪。有文字记载的教育历史也早于汉。清光绪年间，瓶窑镇上就设有"骆家馆"等7家私塾。清末新政，学制改革，瓶窑出现了近代官办小学堂，创建于光绪三十二年（1906年）的苕西两等小学堂（瓶窑镇第一小学前身）是瓶窑镇最早的近代新式学校。中华人民共和国成立后，人民政府接管学校，镇内教育事业发展迅速。1956年，创办杭县第三初级中学，镇内出现中等教育。1986年起全镇实施普及九年制义务教育，成为全县首批实施九年制义务教育的6个乡镇之一。1995年瓶窑镇被评为杭州市农村教育先进乡镇。1999年底，经评估验收，瓶窑镇光荣跻身于省教育强镇行列。进入21世纪后，镇政府和各级学校积极推进素质教育，不断提高中小学的办学水平和教育质量。2016年，全镇有各级各类学校12所，包括高中1所，初中1所，成人文化技术学校1所，民办九年制一贯学校1所，中心小学4所，中心幼儿园1所，民办幼儿园3所。

除文化、教育外，卫生、广电、体育等均取得成绩，为广大群众所称颂。

第一章　文　　化

瓶窑是良渚文化主要发祥地之一，呈现出瓶窑悠久的历史、深厚的文化底蕴。

瓶窑群众文化活动历来活跃。旧时，有农历正月十五闹元宵，农历二月初八桑秧会、农历四月廿日朱天会、农历五月十三关帝会、农历六月十九观音会、农历七月十一组香会、农历七月十五盂兰盆会等，庙会虽然带有迷信色彩，但龙灯、马灯、花灯、舞狮、高跷、民乐和戏班坐唱班搭台演出等民间文艺活动五彩缤纷，丰富了群众生活。

中华人民共和国成立后，文化事业得到发展。1950 年冬，瓶窑镇文化站（民办）成立，翌年即升级为瓶窑区文化馆（公办）。配合党的中心工作和历次政治运动，以组织歌舞演出，编办墙报、黑板报，放映幻灯片，举办展览等形式开展宣传。1963 年，瓶窑镇建立了工人俱乐部，办起了职工业余学校，成立了工人业余文工团、职工业余文艺创作组和篮球、乒乓、棋类的队伍，积极组织开展各类文化体育活动。

“文化大革命”期间（1966 年—1976 年），大量优秀传统戏曲、音乐、舞蹈被禁锢，许多民间艺术被视为“四旧”，文艺宣传队兴起排“样板戏”、唱“语录歌”、跳“忠”字舞。20 世纪 80 年代初，兴办青年民兵俱乐部，农村俱乐部活动又一次普及，现瓶窑镇范围的三社一镇，队队办俱乐部。1984 年后，民间艺术活动恢复，群众文化十分活跃，社区文化、校园文化、企业文化蓬勃开展。1996 年，瓶窑镇群众文艺活动和文艺队伍建设获一等奖，被命名为杭州市首批“东海文化明珠”集镇。2000 年，通过“浙江省东海明珠工程”验收。

镇村及社区文化建设取得丰硕成果。1997 年，瓶窑镇被评为余杭市先进文化乡镇，彭公乡被市政府命名为“钱塘文化明星”。2000 年以来，瓶窑镇河中、石濑、西中、翁家村等 4 个建制村被命名为“余杭区文化示范村”。2003 年，瓶窑镇被评为杭州市基层文化建设特色文化乡镇。次年，里窑社区成功创建杭州市特色社区和余杭区文化社区。2006 年，瓶窑镇被命名为“浙江省东海文化明珠”。2008 年，瓶窑镇新窑社区创建为杭州市文化信息资源共享工程基层服务点。2010 年，新窑社区被评为市级文化示范社区。2011 年，瓶窑镇里窑社区创建成为杭州市文化示范村（社区）。2012 年，瓶窑镇杨梅坞社区创建成为杭州市文化示范村（社区）。2013 年，按照全省“4 + X 模式”，推进奇鹤、石濑文化礼堂建设，并通过区级验收。瓶窑镇创建为杭州市文化示范综合文化站。瓶窑镇奇鹤村等创建成为杭州市文化示范村（社区）。

第一节　文化艺术

一、文学

清康乾年间，钱塘名医魏之琇（1722—1772）早年就业于瓶窑镇质肆（当铺），他嗜好诗书，白天工作，夜则刻苦学习，勤练诗书。除悬壶行医外，好读文史，其诗才在医家中实不多观。有

《岭云集》、《落花》诗等文献传世。逝世后其好友胡沧来、鲍以文、项金门等复刻其《岭云后集》,名曰《柳洲遗稿》、《西泠五布衣遗著》。

中华人民共和国成立初,文学作品多为业余文艺团体所编的演唱资料。60 年代,“三史”(家史、村史、厂史)写作成为报告文学的一个热点。文学创作经过“文化大革命”十年的沉寂后,从 80 年开始“百花齐放”,以乡镇文化站和学校文学社团为主,开展一些文学创作活动。瓶窑中学、瓶窑一中、瓶窑一小等学校均有文学社团活动。如瓶窑中学的南山文学社,创立于 1985 年,曾邀请赵焕明、碧涛等作家、诗人来校讲学。社员作品在《中学语文报》、《中学作文选》、《杭州日报》等报刊发表百余篇。

2006 年,瓶窑镇文学刊物《窑山》杂志创刊。2006 年,楼科敏创作出版散文小说集《苕溪遗韵》,由中国文联出版社出版。他的报告文学集《风景这边独好》由人民日报出版社出版。2010 年,楼科敏写的《走进南山》一书由大众文联出版社出版。2016 年 12 月,文汇出版社出版其《余杭当代著作概览》一书。楼科敏三次被评为“杭州市优秀作家”称号。

2012 年,成立镇级文化交流平台——窑山学社。

瓶窑镇还有一支故事创作队伍,蒋剑南、孙红梅、楼科敏等均在省市故事创作大赛中获奖。

二、书画(摄影)

中华人民共和国成立初,宣传画成为美术工作者的主要作品。美术工作者配合政治运动,绘制宣传画、壁画、漫画。“文化大革命”期间,绘画艺术受摧残,以大批判为内容的宣传画和漫画充斥城乡。20 世纪 80 年代起,群众性美术活动得到蓬勃发展。

1988 年,瓶窑西溪书画学会成立,1999 年设立溪林分会。会员代表性作品有:国画《南山石潭》、《南湖草荡》、《收获》、《清风》、《香雪海》、《梅花绽放为东风》、《淡泊》,油画《小镇》、《山村》、《瓶窑古陶》等。(《窑山》)

瓶窑业余作者的作品多次在国内外获奖。瓶窑一小教师翁燕平是中国书法家协会会员、中国硬笔书法协会会员、中国青少年书画家协会理事,他《美术报》、《书法报》、《书法导报》、《书法》、《中国书画报》等报刊杂志发表文章和书画作品百余篇(幅),多件作品入展并获奖,曾获全国第十届书学研讨会最高奖、中国书协教育委员会等主办“龙乡墨韵”全国第四届教师书法论坛二等奖、中国书法家协会教育委员会主办的“翰墨薪传”全国教师书法大赛三等奖、浙江省书法家协会 2014 年度奖、浙江省“沙孟海奖”全浙书法大展铜奖等。

2002 年,胡兴国美术作品获全国首届“东方杯”诗书画印精品大奖赛二等奖。2008 年,由杭州市文联、杭州市建设健康城市

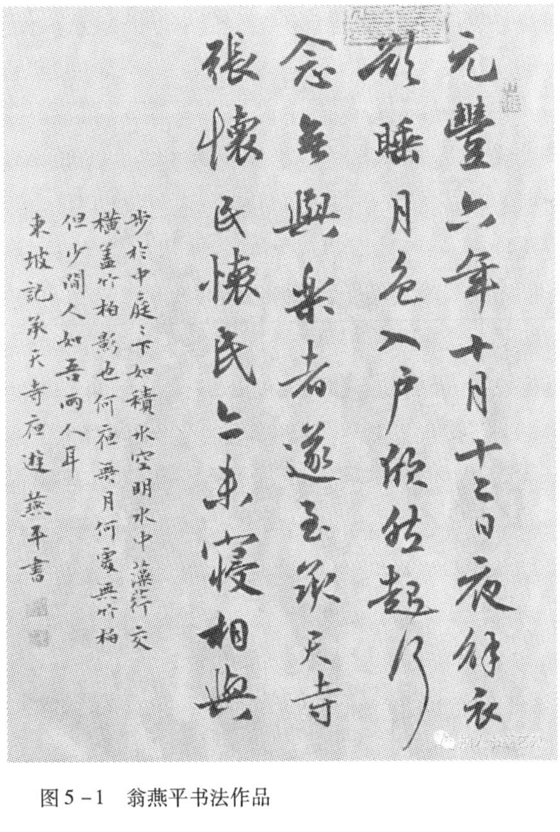

图 5-1 翁燕平书法作品

办公室主办,杭州市书法家协会承办的全国“健康城市杯”书法大奖赛中,陈培忠获三等奖。陈培忠作品还入展第三节全浙书法展、第五届浙江省中青年书法展、西泠印社国际书画篆刻展。

2006 年,镇政府举办首届“名师杯”书法绘画作品比赛,并出版获奖作品集。

2007 年 7 月,瓶窑镇文体中心和关工委共同举办了瓶窑镇百人书画比赛,以“清洁余杭,美化家园”为主题,分设书法、绘画两个大项。9 月,瓶窑镇举行第二届“名师杯”书画作品比赛(展),共收到由各社区、村、学校等单位选送的书画作品近 200 件,经筛选展出作品 146 件,是瓶窑镇历年规模最大的一次书画艺术活动。

优秀奖,并入选入展“人文浙江”书画作品展览。同年,举办“中国·瓶窑生态竹笋节”摄影赛,历时半年,吸引了大批摄影爱好者参与。

2010 年,瓶窑西溪书画学会有 11 位女画家参与浙江省第九届女花鸟画家作品创作活动,共有 10 件作品入选,其中一件获优秀奖。

2011 年 6 月,在余杭区庆祝建党 90 周年美术、书法、摄影赛(展)中,瓶窑镇选送 18 幅书画和摄影作品参加比赛,共有 10 幅作品获奖,其中书法作品一人获大赛一等奖,书法、美术、摄影各有一人获大赛二等奖,美术一人、摄影两人获大赛三等奖。瓶窑镇还被大赛组委会评为优秀组织奖。

2012 年,在江南水乡博物馆举办“这方水土·风雅瓶窑”美术作品展,展示内容包括文化遗产、山水景象、花卉兽禽、现代面貌、特色人物类五类共 78 件美术作品。12 月,在台州市椒江举行的浙江省第二届视觉艺术创作群体优秀作品展中,代表余杭参展瓶窑西溪书画社获“浙江省视觉艺术优秀创作群体”称号,有一件作品获得金奖,一件获得铜奖。瓶窑镇西溪书画学会获评市级群众文化一星级示范团队。

2014 年 7 月 9 日,瓶窑镇工人文化宫举办“职工摄影知识讲座”,来自瓶窑镇各社区、企业的 30 多位摄影爱好者前来聆听了讲座。7 月 29 日,由余杭区文广新局与瓶窑镇人民政府共同主办的“中国梦·群文美”群众美术、书法、摄影大赛颁奖仪式在瓶窑工人文化宫举行,此次共收到全区艺术爱好者的参赛作品 1000 余件。经省、市专家评审,最终 87 件书法、美术、摄影作品入围。其中,瓶窑镇陈玉林《径山印象》获得美术类一等奖,瓶窑镇王静飞的《传承》组照获得摄影类一等获奖。

2015 年春节期间,瓶窑西溪书画学会的多位书画家,走进瓶窑镇杨梅坞社区、石濑村、西安村,手写春联和“福”字,免费送进村和社区。12 月,区文联组织书协、美协到瓶窑镇西安寺村举行“文化下乡”活动,为该村文化礼堂增添书画艺术氛围创作了 30 余幅书画作品。

2016 年 7 月,瓶窑西溪书画学会走进南山村文化礼堂,开展喜迎 G20、喜庆建党 95 周年书画创作。12 名来自西溪书画学会的文艺骨干创作出一批饱蘸情感和技艺的书画佳作。创作之余,书画骨干和书画爱好者还就现场创作作品进行点评,还到黄湖进行跨镇街文艺作品创作。2016 年,“西溪书画社”被评为“余杭区示范学习型社团”。

三、音乐舞蹈戏曲(表演艺术)

境内民间音乐和歌舞活动历史悠久。如宋代以后,有彭公花灯见之史载并流传至今。

瓶窑镇的文艺创作向来活跃,颇有成果。1958 年 10 月,临安县(1958 年 10 月 1 日,余杭县建制撤销,并入临安县)举行农村文艺汇演,原余杭县的余杭、长命 2 个业余文工团参加,剧目是《跃进花朵》和《假吵架》。1958年冬,瓶窑镇和长命人民公社相继建立半脱产文工团,编演结合中心工作的现代戏。

1958年,瓶窑镇业余文工团编演剧本6个,演出300余场,观众达17万人(次)。另据1959年10月长命文工团的年度工作总结记载,一年来长命文工团共排演了节(剧)目65个,其中现代剧(节)目53个,古装剧目12个,正式演出142场,观众84000多人次,文艺宣传500多场次。创作中小剧本9个,创作小演唱、快板、小调、相声、三句半等宣传作品156篇。

1959年11月,临安县举行文艺汇演,长命、瓶窑2个业余文工团参加,剧目是《东风曲》和《过年》。尔后,《东风曲》一剧在全县巡回演出,并参加地(嘉兴地区)、省现代戏观摩演出,获创作奖。1959年11月,长命文工团被评为省群众文化先进单位。

1960年,瓶窑镇和长命公社文工团合并后,两家合一,阵营强大,首演剧目是大型现代越剧《智取威虎山》,这个戏由县、镇领导带队,为修建杭长铁路的解放军慰问演出。还有大型现代戏《党员登记表》《收租院》等,《收》剧应邀在全县各地演出十多场,观众轰动。剧团团长尤子清曾被评为县文教系统先进工作者。

1964年10月,余杭县举行第一次职工文艺汇演,瓶窑镇工人业余剧团以创作剧目《永向朝阳》获双优(创作、演出)奖。在余杭县第二次职工文艺汇演上,瓶窑工人业余剧团创作的剧目《新箍桶姑娘》获双优(创作、演出)奖。瓶窑镇的锡剧、余杭航运站的曲艺成为家喻户晓的节目。金耘创作的小戏《三只大梨》在《俱乐部》杂志发表。

1974年9月,在"余杭县暨临平镇庆祝国庆25周年大会"上,瓶窑镇砖瓦厂创作演出的小话剧《窑火正红》,被选调到县演出,被评为优秀创作和演出奖。

进入改革开放以后,新一代艺术表演人才脱颖而出,音乐、戏剧作品频频获奖。1990年,瓶窑业余歌手陈方平在杭州三江歌手大奖赛中摘得一等奖,1995年获全国农民歌手大奖赛银奖。瓶窑镇职工张俊红在大运河沿线农民歌手大奖赛中获一等奖,陈立梅荣获全国越剧票友大赛金奖和浙江省"十大京剧名票"之一的称号,张天如、陈浩在省少儿戏曲大赛中获银奖和铜奖。

2000年9月,由浙江省群艺馆、余杭市文化局、瓶窑镇政府主办的浙江省"东海文化明珠"乡镇歌手大赛在瓶窑镇文化中心举行。瓶窑镇专门为"东海文化明珠"乡镇举办了全省声乐大赛,来自全省11个地区的"东海文化明珠"镇的49名歌手参赛。瓶窑镇参赛歌手陈方平、徐利民、张郑芳及其他县(市)的8名歌手获得金奖。2002年,陈立梅参加"利群杯"全国越剧票友获得成年组一等奖。2005年,陈方平获省中老年演唱大赛中年组银奖。2008年,张俊红获得杭州市"放歌天堂"通俗组铜奖。

业余文艺社团不断涌现。1996年,瓶窑镇建立以17名小学生为骨干的少儿京剧兴趣小组。1999年,瓶窑苕溪艺术团创建,经过10多年培育和锻炼,艺术团发展成为集舞蹈、小品、戏剧、表演唱等多种文艺形式的综合性文艺团队,被评为余杭区农村文体先进业余团队、杭州市一级群众文化团队。2004年,创立金秋艺术团,以器乐为主要表演形式,代表节目有《黄河源头》、《踏青》、《高山青》等。2005年,瓶窑镇成立"新博士"综艺乐团,这是一支以器乐、声乐为主的综合性民间艺术团队,全团25人,主要由音乐老师和镇内音乐爱好者组成。该乐团采用与企业、社区挂勾的运作方式,以新博士工具有限公司与华兴社区为后盾,2005年开展各类文艺活动65次,并在区第三届艺术节的声乐大赛中获得一等奖,器乐大赛中分获合奏、独奏三等奖,“第三届余杭艺术节群众舞蹈大赛二等奖”。万年青越唱团也成立于2005年,以越剧折子戏为主要表演形式,代表节目有《梁祝》、《红楼梦》、《碧玉簪》等越剧选段。老年红枫艺术团成立于2007年,以舞蹈、小品为主要表演形式,代表节目有广场舞《梁祝》、小品《哑背疯》等。

2007年10月14日,举办了镇第三届文化艺术节专场舞蹈比赛,来自农村组的6个村级代表队、城镇组的9个单位歌舞队参加了比赛,奇鹤村、苕溪艺术团获得一等奖。同年,秧歌舞《迎春花开》获得全国“轻纺原料市场杯”健身秧歌大赛规定套路和自编动作二项银奖。

2011年,举办建党90周年等重大庆典活动,“良渚鼓韵”于10月31日良渚论坛瓶窑分会场开幕式首次演出。

2012年6月,瓶窑镇张俊红荣获第五届余杭艺术节“颂歌献给党”声乐比赛一等奖。8月,第五届余杭区艺术节“戏苑集锦”文艺团队演唱决赛在临平剧院举行,代表瓶窑镇参加演唱大赛的万年青越唱团与其他四支队伍荣获二等奖,瓶窑镇的吴青名列区第二届“十佳戏曲之星”。9月,在余杭街道宝林广场举行了余杭区第五届艺术节区级文化示范村(社区)文艺调演暨余杭街道五运会闭幕式上,代表瓶窑镇新窑社区参加演出的陈方平为与会的观众们演唱了一首“把最美的歌献给妈妈”,并获二等奖。

2014年4月30日,瓶窑镇第五届文化艺术节声乐决赛在石濑村文化大礼堂进行,十五位选手依次登台亮相,通过评委现场打分,最终沈文勇、江溢民、杨景、胡金根、胡佳、楼雅楠、祁全标、张永政、盛秋梅、许建美十位歌手获得瓶窑镇十佳歌手称号。8月,“梅芳戏曲艺术团”代表瓶窑镇去塘栖参加余杭区“中国梦·群文美”第三届“十佳戏曲之星”演唱大赛,盛秋梅荣获余杭区“十佳戏曲之星”的称号。是年,新窑社区选送的舞蹈《中国美》在区人力社保局组织的文艺汇演中获第二名。

第二节　群众文化

一、群众文化活动

1949年,杭县所属的瓶窑镇成立俱乐部,成为群众文化活动基地,当时还成立了业余剧团。1951年,余杭县的石濑、民主、联合3乡(现属瓶窑镇),就有农村业余剧团12个,演职员417人;秧歌队20支,302人;腰鼓队3支,54人;读报组20个,560人。瓶窑镇业余剧团,演出大型越剧《信陵公子》等传统剧,秧歌队、腰鼓队、龙灯、狮子等经常上街表演。同时,农村俱乐部普遍建立,开展“家史、村史、社史”调查,编演忆苦思甜文艺节目,镇、社还经常举行俱乐部文艺会演,石濑俱乐部曾被评为县社会主义教育先进单位。

“文化大革命”期间,文化工作一度停止,不少民间艺术被视为“四旧”而遭禁锢。农村生产大队文宣队兴起,排“样板戏”,唱“语录歌”,跳“忠”字舞。

1976年4月,为加强对电影放映事业的管理,建立瓶窑电影管理站。1978年5月,将瓶窑镇工人俱乐部改建为瓶窑电影院,35毫米放映机落户瓶窑,有座位800个。

20世纪末,社区文化随着社区的形成而出现。其形式有灯会、歌咏、游戏、戏曲演唱、跳交谊舞、健身秧歌、书画展览、电影放映、健康科普教育等多种。

1993年2月,瓶窑镇组织举办了春节元宵灯会。参展单位37个,展出风格各异的花灯37

只,镇政府组织进行了评选。灯会展出期间,还举行舞龙、舞狮子灯表演。高柏时装公司等3家企业赞助燃放烟花爆竹,并邀请杭州市歌舞团作了3场歌舞表演。群众纷纷上街观看,参观者达1万多人。

1994年,瓶窑文化中心建成。当时镇上还有歌舞厅、健身厅、保龄球馆、棋牌室、网吧、卡拉OK厅等文化娱乐经营场所30家。

随着经济的发展,群众文化体育活动也日益高涨,业余艺术团、女子舞龙队、腰鼓队、书画社、少儿戏曲小组、体育协会等业余文体队伍活跃在瓶窑城乡。文化下村、歌舞戏曲比赛、书画摄影比赛(展)、文艺晚会等活动每年不少于6次。连年举办的元宵灯会已成为瓶窑镇的文化名片。2000年,承办了"瓶窑镇第三届人民运动会暨首届文化艺术节"和"浙江省东海明珠乡镇歌手大赛"等大型活动。

发展群众性文体活动,镇政府支持苕溪艺术团、女子舞龙队、石濑腰鼓队、西溪书画社等民间团体的活动。2001年,组织农民参加区第二届农民艺术节,获优秀组织奖、社区文艺调演优秀演出奖等奖项。10月,组织参加余杭区首届社区文艺调演,瓶窑镇荣获优秀演出奖。11月,在区委宣传部、区文体局、区妇联联合举办余杭区"我爱我家"家庭演唱会上,瓶窑镇陈方平家庭获二等奖。

2002年元宵节、"五一"节、重阳节期间,组织开展大型庆典活动。举办"庆国庆,迎十六大"、"歌颂十六大,全面奔小康"等文艺演出。组织本镇文艺骨干开展"实践'三个代表'重要思想"和《良渚遗址保护条例》文化下村文艺宣传演出,累计达22场;开展各类文体辅导,发现一批新的文艺骨干,并充实了原有的文化骨干队伍。

2003年,举办了瓶窑镇第四届人民运动会暨第二届文化艺术节,新成立了"夕阳红"健身队、横山舞狮队和石濑舞龙队等3支文体队伍,新建全民健身苑等一批公益性体育设施。11月,在乔司镇举行的"我爱我家"全区群众文艺创作节目汇演中,瓶窑镇的表演唱《六老太夸瓶窑》获创作、表演一等奖。

2004年元宵、国庆等节日期间,组织开展踩街、灯会、烟火、广场文艺演出和文艺专场演出等一系列大型庆典活动,同时新建了一批公益性体育设施。

2006年,镇政府获得中共余杭区宣传部、中共余杭区委政法委员会、余杭区文化广播新闻出版局颁发的"全区'法治余杭'文艺汇演优秀组织奖"奖牌。同年,在余杭区首次业余文体团队等级评定中,瓶窑苕溪艺术团等14支业余文体团队被评为一级团队。

2007年4月—12月,举办瓶窑镇第三届文化艺术节。艺术节设书画作品赛、民间工艺美术作品赛、服装设计制作及时装模特表演赛、声乐比赛、戏曲比赛、器乐比赛、锣鼓比赛、舞蹈比赛、石濑花灯研讨会、征文比赛等10项内容。有1000余人参加比赛,年龄最小的9岁、最大的70多岁。7月16日—18日,瓶窑镇文体中心组织苕溪艺术团和业余文艺骨干30余人,先后到彭公村、长命村、凤都村进行巡回演出。演出以"清洁余杭,美化家园"为主题,通过百姓喜闻乐见的说、唱、跳等形式,宣传"清洁余杭"行动。

2008年9月,瓶窑镇"苕溪艺术团"与"星光艺术团"合并,"苕溪艺术团"成立于1998年,"星光艺术团"成立于2005年,合并后称为苕溪艺术团。

2009年12月,瓶窑镇苕溪艺术团举行了成立十周年的庆典活动。

2010年,举办瓶窑镇第四届文化艺术节。自3月开始,12月底结束,历经9个月。该艺术节项目主要有排舞比赛、外来创业者声乐比赛、器乐比赛、民间锣鼓比赛、曲艺比赛、时装模特比赛、南山石刻牌坊征联、书画摄影比赛、闭幕式等九大类，参与人数近1000人，观众人数近3万，创下历届之最。

2011年3月，瓶窑镇举行“瓶窑鼓韵”百人锣鼓培训班培训活动，中国音乐家协会会员、原区文化馆陈乃铨、赵子岳、冯根华老师担任培训的主讲。“瓶窑鼓韵”的锣鼓就是以蕴含良渚文化的玉琮为造型制作而成的，通过“瓶窑鼓韵”表演，再现了瓶窑先民养蚕、耕作等劳动和生活的场景。经过8个月的精心准备，“瓶窑鼓韵”于10月31日正式亮相。“瓶窑鼓韵”共分3个篇章，由80名瓶窑当地的文艺积极分子组成，按大红鼓、小红鼓、锣、钹、竹锣等分成8个方阵。

2012年，承办全国小戏小品大赛、杭州市第二届传统戏剧曲艺巡回演出、区第五届艺术节。同年，瓶窑镇苕溪艺术团获评市级群众文化二星级示范团队称号。

2013年1月，瓶窑苕溪艺术团代表杭州市参赛，在浙江省首届排舞大赛中演绎印度舞《蓝色婚礼》和《我爱祖国的蓝天》2只排舞，夺得一等奖。11月，在首届杭州群众文化节“群星璀璨”比赛项目中，瓶窑镇陈立梅和张福娣主演的小品“母亲的生日”荣获大赛的金奖。是年，举办“相约周末”、“送戏下乡”等群众文体活动，《窑山风情》获浙江电视台排舞邀请赛一等奖，《母亲的生日》获区廉政小品一等奖、2013年杭州群众文化节金奖。翁素萍获得“省百名群众文艺带头人”称号。

图5-2 “母亲的生日”演出剧照

2014年4月18日—12月31日，瓶窑镇举办第五届文化艺术节。艺术节包括排舞比赛、声乐比赛、余杭纸伞培训、民间艺术及花卉展示、书画摄影比赛、征文活动、锣鼓比赛以及南山舞狮恢复、石濑花灯改编9项内容。8月19日，余杭区“中国梦·群文美”民间故事演讲大赛在径山镇举办，共有来自全区20多位讲故事选手参加了比赛，瓶窑镇农村信用合作联社的孙红梅荣获大赛三等奖。

2015年3月8日，瓶窑镇良渚鼓韵表演队40人，应邀参加了杭州“乙未元宵杭州钱王祭”活动，以雄壮的鼓声和优美的舞蹈展示了良渚先人的生活、生产场景。5月29日，“美丽洲大舞台”的瓶窑镇专场在余杭区临平人民广场的露天舞台隆重上演。演出现场，瓶窑镇的文艺爱好者为临平的观众献上了舞蹈、越剧表演唱、独唱、摇滚快板、笛子独奏、滑稽戏、排舞等10余支节目。

2015年5月，由余杭区体育局主办，余杭区各街道、乡镇承办的“余杭区百村（社区）千场滚灯操比赛”正式拉开序幕。6月1日晚，在瓶窑镇人民政府广场上举行了瓶窑镇滚灯操大赛。经过13轮的比试，最后新窑社区代表队、瓶窑社区代表队分获比赛第一、第二，并荣获大赛的一等奖，新窑社区也获得代表瓶窑镇参加余杭区滚灯大赛的名额。

2016年10月，瓶窑镇在里窑社区和杨梅坞社区开启2016年相约周末文化演出，活动共计安排11场，以综合节目的形式全面展示近年来瓶窑文化活动发展的成果。

图5-3 瓶窑镇滚灯操大赛(2015年)

二、文化场馆

瓶窑工人文化宫 瓶窑工人文化宫始建于1983年，座落于瓶窑西溪街碗店弄8号，由当时县瓶窑医院工会、县公路段工会、县交机厂工会、区粮管所工会、区食品站工会、区卫生所工会、瓶建公司工会、瓶窑汽运公司工会、瓶窑航运公司工会、镇皮革厂工会、镇元件厂工会、镇水厂联合工会、瓶窑米厂工会、镇环卫站工会、镇房管所工会等15家基层工会会员捐资8万余元和县总工会补助建造。占地2000平方米，建筑面积800余平方米。设活动室、图书室、办公室和灯光球场。1993年筹资45万购置了瓶窑东兴路7号(浙江精工模具厂的招待所)，作为瓶窑工人文化宫办公室和第二活动场地，占地150平方米，建筑五层，面积约750平方米，设录像放映，歌舞，电子游戏机等活动场地。2011年，余杭区总工会投资新建瓶窑工人文化宫，位于在瓶窑镇前程路30号。2013年9月，新瓶窑工人文化宫正式投入使用。新址位于在瓶窑镇前程路30号，经过三年多的建设，投资3000余万元，占地0.67公顷，建筑面积3000余平方米。内设图书室、电子阅览室、创作室、培训教室、瑜伽房、舞蹈室、健身房、乒乓台球室、多功能厅等。

瓶窑电影院 前身是瓶窑露天大广场改建而来，此广场地处镇街磨子心，坐东朝西设有一座木结构戏台，地势东低西高，面积约4亩多(0.27公顷)，是民国期间至中华人民共和国成立后的六七十年代中期居民集会、观戏看电影等文娱活动的主要场所。1976年，由瓶窑镇政府建成工人俱乐部，1978年余杭电影公司出资2万多元购买后改名瓶窑电影院。内设硬坐翻板座位1080只，用35毫米双机放映，片子由杭州市电影公司供片，每晚固定放映两场，遇上好片子，一天放三场(下午增放一场)，票价起初大人1角、儿童5分，后来逐年递增，观众高峰期一天达3000人次。操作35毫米放映机要求懂电、懂无线电、懂机械，一般毛病自己修理。双机放映每8分钟就要换片，连贯性强，机器功能多，比16毫米小放映机复杂得多。瓶窑电影院还担负起区域内公社(乡)电影队的人员管理、业务指导职责。整个电影院运作需10余人:放映员3人、售票员2人、管理场地治安、卫生等7人。1989年后，随着电视机普及、录像室增多、有线电视入户，电影行业冲击很大，影院内座位从1000个减到800个，后只剩下200个，1999年，转资给个人作其他经营。

瓶窑镇文体中心 其前身为瓶窑文化站。1978年，彭公、北湖、长命相继成立文化站，配备专职文化干部，建立图书室和文艺骨干队伍。1988年，北湖乡并入瓶窑镇，改北湖乡文化站为瓶窑镇文化站，后长命、彭公两个站先后并入瓶窑镇文化站。1994年，坐落在桥南新区的2000

余平方米的瓶窑文化中心建成，内有850座的影剧院、桌球馆、游戏厅和文化商店。1996年，原瓶窑区文化站撤销，馆舍财产设施和人员均纳入瓶窑镇文化站。1997年，瓶窑镇文化站被评为余杭市特级文化站。2010年，瓶窑镇文化站被评为省特级文化站。2003年，乡镇区划再次调整时，文化站与广播电视站合并，改称文化广电中心或文化广电体育中心。2005年10月，统称文化体育中心。

图5-4　瓶窑镇文化中心（1991年）

瓶窑镇老年活动中心　1991年，位于新窑路的瓶窑镇老年活动中心建成，占地3474平方米，建筑面积1200余平方米。设有乒乓室、棋牌室、文化教室和室外球场、健身场。老年活动中心建立后，成为镇老龄工作开展和老年人文体活动的场所。2016年，投资38万元对老年活动中心进行改造。

第三节　非物质文化

余杭历史悠久，物华天宝，人杰地灵。在长期的历史发展进程中，人们创造了丰富多彩、弥足珍贵的文化遗产，既有以物质形态为主的“有形”文化遗产，又有主要通过“口传手授”的方式传承下来，以非物质形态存在的非物质文化遗产。其表现形式有民间舞蹈、传统手工技艺、杂技与竞技、民俗等。

2005年11月，余杭区政府公布第一批余杭区非物质文化遗产代表作名录，石濑花灯和良渚玉雕入选名录。良渚镇和瓶窑镇的良渚玉雕产业基地被列为区第一批民间艺术重点产业基地。

2007年，塘埠村刘老泉制伞被列入浙江省第二批非物质文化遗产名录，并被区政府命名为非物质文化遗产传承基地。同年，余杭纸伞制作技艺被列入浙江省第二批非物质文化遗产名录。

2008年，瓶窑镇进行了一次非物质文化遗产的全面普查工作，历史8个月，走访村和社区18个，访问老艺人60余位，召开座谈会20余个，从中发现了一批濒临消失的非物质文化遗产，同事也发现了一些新非遗项目。

2011年，瓶窑镇余杭纸伞制作技艺入选第四批杭州市非物质文化遗产名录。

2012年，启动省级非遗项目——余杭纸伞展示馆建设，展示馆坐落于瓶窑镇塘埠村西坞自然村，保持原作坊面貌为特色，是集传统工艺、制伞工艺、纸伞成品于一体的综合性展馆。2013年，房金泉成为余杭纸伞省级非物质文化遗产传承人。2014年，举办为期27天的余杭纸伞培训，4名学徒成为省非物质文化传统手工艺新的传承人。

在历次的非物质文化普查中,瓶窑镇列入各级非物质文化遗产名录项目有:余杭纸伞制作技艺(省级)、大陆(石濑)花灯舞(省级)、风筝制作技艺(市级)、良渚玉雕(区级)、根雕(区级)、笋干制作技艺(区级)、传统米酒酿制技术(区级)、灯彩扎制(区级)。

一、纸伞制作

余杭纸伞制作技艺历史悠久,工艺独特,具有鲜明的江南地域文化特色。选用当地毛竹、苦竹、柿漆等天然原材料,手工制作而成的纸伞,精巧耐用,在南方地区有较大影响。

余杭位于杭州近郊,典型的江南水乡,潮湿多雨,盛产竹子和纸,制伞业历来十分兴盛。据载:清乾隆三十四年(1769 年),余杭有董文远九房开设伞店,久负盛名,是传统的手工业之一。当时,除董文远九房伞店(地址在余杭镇新生街 47 号)外,还有吴上德的董文逵元记、吴阿九的董文逵九记、王甫明的董文逵正记、张庸鑫的董文逵九号等伞店。伞店一般只有六七人(4 人糊伞,2 人上油,其他做杂工),一个月产量近千把。

旧时,余杭纸伞主要在杭嘉湖一带及南京、安徽等地销售,以零售为主。每年蚕季,蚕农到外地销售蚕种,若带几把伞去,当地人如获至宝,招待特别客气。香客去临安天目山途经余杭,半夜叩门购伞者甚多。

1951 年,浙江省选择余杭传统产业"余杭纸伞"为手工业合作化试点,在余杭镇组建雨伞生产合作小组,1952 年底,建立雨伞手工业合作社,为全省第一个手工业生产合作社,当时《人民日报》、《工人日报》等媒体纷纷报道,"余杭雨伞"在全国出名。1954 年,余杭纸伞在嘉兴地区产品评比会上获评第一。1956 年,到温州参加全省同类产品评比获第三名。1965 年,再次赴温州参加全省同类产品评比,经过撑、浸、压、烘等破坏性试验,证明质地优良,名列全省第一。20 世纪 70 年代后,纸伞逐渐被尼龙折伞替代。

2006 年 12 月,余杭区委副书记、代区长姜军在瓶窑塘埠村驻村入户时,制伞老师傅刘有泉向姜军表示想恢复余杭纸伞,为当地山民开发旅游商品致富,迎合近年农家乐旅游的潮流。《城乡导报》于 12 月 7 日头版头条报道《寻找制伞师傅恢复"余杭纸伞"》,引起当地人高度关注。至 12 月 19 日,四位老师傅房金泉、陈月祥、沈丽华、孙水根于瓶窑镇塘埠村聚首,商议恢复余杭纸伞。2007 年 1 月,四位老人凭着灵巧之手,成功恢复制作油纸伞。又在瓶窑塘埠村传授技艺,带动山区一大批竹农致富。余杭区把纸伞作为民间手工技艺项目进行重点保护,浙江省文化厅也把余杭油纸伞列入浙江非物质文化遗余杭历史——余杭纸伞产名录。同年 6 月,余杭纸伞于杭州市首届非物质文化遗产保护成果展中展出。2007 年,被列入浙江省第二批非物质文化遗产名录。余杭区瓶窑镇塘埠村成立制伞作坊,主要生产鱼船伞、文明伞等多个品种。

余杭纸伞纯手工制作,主要为制伞骨和糊伞两大工艺,工序极为复杂,至少要经过 70 多道,主要工序如下:

锯竹　毛竹先要锯成长短竹筒,长的 45 厘米,短的 18 厘米("小文明"伞尺寸,其他种类伞按比例伸缩),用专用尺量定,毛竹节要在适当位置,锯竹时不可一锯到底,要翻转着锯,否则容易毛边,不能做伞骨。

刮青　用刮刀刮去毛竹青皮,把握分寸,下刀不能重。

平头、圆头　用大刀把竹筒两边削平,再用刨刀刨平。

划线　用专用尺绕竹筒划腰线,以确定锯槽距离。竹筒上以螺旋式划打号线,以作记号,以便排伞骨。

劈骨 将竹筒劈开,劈成50根左右伞骨,一个竹筒一捆,不能混淆。

锯槽 在专用车床上进行,技术要求很高,以脚踩带动槽盘、槽片旋转,手拿劈好的伞骨在有齿轮的槽片上锯一道长4厘米左右的槽。需要相当娴熟的技术,否则很容易割伤手指。

削骨 伞骨一头削成方形,另一头削成扁形。

图5-5 塘埠村:余杭纸伞传承基地(2015年)

排伞骨 打开一捆伞骨并按打号线排列以还原毛竹节位置。"小文明"伞需伞骨28根。

打洞 用专用工具在排好的伞骨头上打洞并用线穿起来,再在中间骨槽位置打洞。

穿伞 用线将伞骨穿起,插在用实木做的"伞斗"齿中,长骨插在"上斗",短骨插在"下斗"。

倒骨 穿好的伞骨表面用倒骨刀刮圆平,以防糊纸时戳破纸。

成型 短骨一头穿在长骨槽里并用线穿起来,伞架基本成型。

定样 用纱线在伞骨架上绕4道线,把伞撑开,形成雨伞基本架子。

裁纸 将糊伞用的桃花纸裁成斜三角形。

上漆 将桃花纸用柿子漆刷透(柿子漆是把青油柿捣糊榨出的汁,黏性很强),上好柿漆的伞纸在室内吊起阴干,干透后再刷上桐油漆。

糊伞 上好漆的纸糊在伞骨架上,再钉上铆头。

装柄 装上用苦竹加工制成的伞柄,一般长约65厘米。

画伞 在纸伞上画上图案。

纸伞主要原料 竹(一把伞要用1.5公斤左右的毛竹)、桃花纸、柿漆、桐油、发线、木等。

制伞主要工具 劈篾刀、弧形双柄刮刀、削刀、刨刀、锯槽车床、打洞器等,铁具需要请铁匠师傅专门打制。

纸伞种类 大似帐篷的鱼船伞,小似斗笠的儿童小文明伞。一般分为平头绿阳伞、尖头绿阳伞、文明绿阳伞等。除尖头只有大、中规格外,其余均为大、中、小规格。还有拔秧伞、放鸭伞。拔秧伞是姑娘出嫁必备之物。

余杭纸伞沿用传统技艺,全手工制作,制伞手工技能要求高,制伞人要以自己的技巧经验来完成,技艺以师徒相承,靠师徒之间言传身教及个人的悟性、长期实践体会掌握,学徒须三年方可出师。

余杭纸伞文化内涵丰富,造型简洁,美观大方,伞面典雅清秀,常绘有花鸟、山水等传统图案,具有较强的观赏性和艺术审美价值。为此,瓶窑镇建立生产作坊和传承基地,加强对这项传统技艺的保护。

二、石濑花灯

石濑花灯是流传在瓶窑镇石濑村的一种民间表演艺术,它的形成与兴起,同石濑独特的地理环境有关。石濑古称石濑市,是当地农村比较繁华的集贸市场。种桑养蚕,是石濑的传统产业,当时在石濑周围遍地桑园,花灯调的雏形就产生于蚕娘口中哼出来的小调。后来经过一些民间文艺爱好者在庙会、过年过节跳花灯时有机地结合,就演变成了"石濑花灯"。

石濑花灯舞姿变化多样,有"外元宝"、"里元宝"、"剪刀阵"、"鸳鸯阵"、"单偏把"、"双偏把"等。石濑花灯一般由12—18名女子组成,一人一灯,手舞花扇、手绢,走元宝阵、扁担阵、剪刀阵、鸳鸯阵、梅花阵等阵式表演。表演时,有一旦一生(丑)领唱民间小调,在较大活动场面,另加4人打莲湘,以烘托气氛。

石濑花灯可以在舞台上跳,也可以边走边跳。表演的人手上拿些如扇子、手帕、莲湘、花鼓之类的小道具。花灯是用梅、兰、竹、菊花纹糊起来的,里面点小腊烛。表演者穿的服装,多是自家做的蓝底子、白的花的士林布衫。

石濑花灯除了以舞蹈为主的"夹缠儿"外,还有载歌载舞的"小放牛"、"扑蝴蝶"、"卖花线"、"看相"、"补缸";带情节串连的"摇拉船";说唱性质的"李金甫卖布"等等,内容非常丰富。曲调为常见的江南民间小调"四季歌"、"花灯会"、"对花"等。表演时用梅花锣鼓、二胡、笛子等伴奏。

图5-6 石濑花灯展示(2018年)

石濑花灯作为一种民间文化遗产,曾经在这块土地上流行了数百年,花灯小巧玲珑、表演活泼风趣、载歌载舞,较受乡村群众的欢迎,然能表演石濑花灯的人越来越少。文化部门一直比较关注与重视石濑花灯。1977年,余杭"小东风"(越剧团前身)的胡志雄在普查"余杭花灯"时,专门到石濑村蹲点、收集调研"石濑花灯"的曲调。原杭州歌舞团艺术总监鲜于开先在余杭越剧团当导演时,排演过"石濑花灯",并将它当作余杭县的宝贵"文化遗产"选拔到杭州会演,获得过二等奖。1988年,石濑花灯作为瓶窑区彭公乡庆祝改革开放10周年到临平进行献礼表演;后来瓶窑的彭公小学、苕溪艺术团都根据"石濑花灯"这一当地的文化遗产,推陈出新地表演过。2007年10月,瓶窑镇举行了"石濑花灯"专题研讨会。

三、良渚玉雕

良渚玉雕 以琮、璧、钺最多,造型宏大雄浑,风格严谨深刻,纹饰以神秘莫测的神人兽面引人入胜,阴线雕刻和浮雕完美组合,成为当时南方玉雕水平的最高代表。

玉雕传承人蒋家洪,从1986年开始从事玉雕制作艺术,2011年,蒋家洪成为余杭区非物质文化遗产代表性传承人。2000年,作品《玉琮》获得第二届西湖博览会铜奖。2012年,瓶窑被列入余杭区非物质文化(良渚玉雕)传承基地。一件玉雕,从原材料到成品,要经过切割、取坯、打孔、雕刻、打磨、刻纹、抛光等7道步骤,作品中往往倾注了匠人大量的心血。50岁的蒋家洪除了对玉雕技艺的钻研,还会每星期在瓶窑镇第一小学向孩子们传承玉雕技艺。

四、笋干制作技艺

瓶窑彭公石门村制作笋干已有几百年历史。笋干以鲜笋为原料,通过去壳、蒸煮、压片、烘干等工艺制成。2000年7月,彭公村村民俞国富创办杭州石门笋制品有限公司,系一家以竹笋栽培,加工和销售为主的农业龙头企业。公司以"彭公"牌早竹笋和"梦春"牌笋干为经营品牌。

石门笋制品有限公司在制作笋干过程中,传承着传统工艺的精华。一般过程如下:将鲜竹笋清洗、剥壳、再清洗,然后挑选大小均匀的竹笋放入锅里蒸煮。第一次蒸煮的时间是60分钟,第二次再蒸煮45分钟,冷却后出锅压榨,分类挑选上箱烘煮,前期高温120℃,约2小时。冷却后出箱,用手工把笋搓圆搓扁,再上烘箱用100度的温度烘2小时。为保色泽,具有香味,烘箱时间不能少于8小时。烘干拆箱冷却后,包装入袋。对制作笋干的要求是当天挖的笋当天烘干,不能放到第二天。"石门笋干"已被余杭区人民政府认定为区级著名商标和名牌产品,并且荣获杭州市农博会金奖,浙江省农博会优质奖,长春国际农业食品博览会名牌产品奖。

2009年6月,瓶窑笋干制作技艺被列入第三批余杭区非物质文化遗产名录。

五、根雕

楼福祥是瓶窑根雕制作的民间艺人。1983年,楼福祥开始根雕创作,作品丰富多彩,形式各异。如"十二生肖"惟妙惟肖地再现了动物的活泼动态原貌,"吉祥如意"曾获奥运圣火参展奖和省根雕研究会"天工"大奖,"龟兔赛跑"入选省根艺美术家协会编印的《浙江根艺精品集》。1996年,楼福祥被选为浙江省根艺美术家协会理事,他还根据自己在根雕方面的经验,撰写《选材制作过程和防炷上光工艺》等论文。2008年7月,瓶窑根雕被列入第二批余杭区非物质文化遗产名录。

六、风筝制作技艺

瓶窑民间自古就有制作、放飞风筝的传统。1993年,瓶窑镇境内的杭州市种猪场风筝队代表杭州参加全国第三届风筝赛,取得3枚金牌、1枚银牌和3枚铜牌的好成绩。1996年,以杭州市种猪试验场为主组建的省风筝队参加全国第三届农运会。

瓶窑人程迪申是杭州非物质文化遗产继承人、风筝工艺大师,被称为"风筝王"。他从小喜爱扎放风筝,练就了一双巧手,经过近三十年的刻苦钻研,广泛吸取全国各地的风筝特点,虚心向专家学习请教,切磋技艺,搏众之彩,潜心探索,独树一帜。不管是软翅类、硬翅类、板子类、立体类及各种串类的风筝,在制作工艺和放飞技术上都有独特的造诣。尤其擅长制作龙,从单龙到双龙,从只有3米长的微型龙到近百米的超大型龙,制作工艺精致,放飞惟妙惟肖。做风筝,讲究扎、糊、绘、放"四艺",程迪申制作的风筝"2级微风就能放,6级大风也能抗",30年间他做过千余只风筝,并多次获得全国金奖。1994年,参加第四届全国风筝比赛,获龙类超大型第一名;1995年,参加杭州市第二届西湖水上国际风筝节,获硬翅超型尖特等奖;1998年,参加第八届全国风筝比赛,获最大风筝第一名;2001年,参加第十一届全国风筝比赛,获龙类表演第一名;2002年,参加中国秦皇岛第一届全国风筝精英赛,获板串中型第二名,最佳放飞第三名;2003年,参加广东阳江"全球通杯"全国风筝锦标赛,获龙类大型风筝第一名。

2009年6月,瓶窑风筝制作技艺被列为第三批余杭区非物质文化遗产名录。

第四节 文物古迹

瓶窑文化的渊源最早可以追溯到距今六七千年前的新石器时代马家浜文化时期,瓶窑吴家埠等地就已经有先民在此繁衍生息。他们种植水稻,饲养家畜,进行采集和渔猎,已经产生制陶业、石、骨、玉、木漆器加工制作等手工业。到了四五千年年的良渚文化时期,瓶窑范围内密集分布着以莫角山遗址为核心的几十处良渚文化遗址,有村落、墓地、祭坛、大型建筑基址、水利设施等各种遗存,出土大批的陶器、玉器、稻谷、丝绸等良渚先民的遗物。2007 年,在瓶窑发现了良渚古城,宽阔的城垣围绕莫角山遗址构筑,总面积达 290 万平方米,被称为"中华第一城"。古城外围大型水利工程阻挡着天目山洪水。整个遗址群浓缩了良渚文化最高的文明成就,成为见证良渚文明的圣地。两汉和西晋、东晋时期,瓶窑境内出现了陶器和瓷器的制作遗址,其制陶业一直延伸到唐宋,成为小镇的主要手工业。境内寺院众多,其中元代的南山普宁寺是是江南白云宗的中心,并镌刻了普宁藏《大藏经》,为中国佛教文化的传播做出了重大贡献。普宁寺刻凿的南山造像被誉为"第二飞来峰"。瓶窑历来是交通要道,风景秀丽,历代名人墓葬云集,并留下了众多的古建筑和古代水利设施。现有全国重点文物保护单位 2 处、浙江省重点文物保护单位 1 处、杭州市文物保护单位 4 处、杭州市文物保护点 2 处。

一、古遗址

瓶窑境内的古遗址包括史前遗址、古窑址、寺庙遗址、宫殿衙署遗址等多种类型,本章按历史、艺术、科学价值选列一部分进行介绍。

史前遗址 瓶窑是良渚文化的核心区域,分布着众多的史前遗址,如莫角山遗址、反山遗址、汇观山遗址、何家埠遗址、塘山土垣遗址、良渚古城遗址、良渚古城外围水利遗址等,详见卷二"良渚文化"的介绍。

古窑址

瓶窑马金口窑址

位于瓶窑镇长命马金口村南高约 2.5 米的土墩上,西北断面裸露陶片堆积层,厚约 40 厘米,范围约有 500 平方米。陶片器形有壶、罐等,纹饰有席纹、篦纹、斜方格纹、水波纹等。此窑为西汉中晚期到东汉的陶窑。

瓶窑鸡笼山窑址

位于瓶窑镇窑北湖村毛园岭西北的山茅坞村,杭宁公路北的鸡笼山。山高约 20 余米,形似圆顶鸡笼而名。早年开荒植茶时遭破坏,山南及东北山坡小路边,地面散布的陶片甚为丰富,堆积厚约 60 厘米,范围近 10000 平方米。据现场陶片分析,可辨器形,有壶、罐、钵等,并有束腰长鼓形支座窑具。此窑年代当为西汉晚期至东汉。

瓶窑鸽宝山窑址

位于瓶窑镇长命大观山杭州种猪试验场西南、鸽宝山南麓。小水库东坡见有堆积厚约 50 厘米,杂有红烧土块,范围约 500 平方米。纹饰与马金口窑相同,并见有羽毛纹耳系上贴饰横"S"纹样。器物主要有敞口壶、盘口壶、弦纹罐、泡菜罐等。时代为汉代中期。

瓶窑天福山窑址

位于瓶窑镇长命村石山下自然村天福山北坡。未见堆积层和散布的遗物。据《余杭县志》(1990年)记载:“西晋青瓷窑址,在今长命乡石山下山坡。器物有洗、碗、钵、壶、罐、水注等。纹饰有网纹、联珠花纹、铺首等。”

瓶窑窑山窑址

位于瓶窑镇里窑社区窑山南坡,窑址堆积层达3米—5米,面积约有1万平方米。窑场向西延伸,至南山南坡、南山里横塘,再向西至横山东,陶穴栉比,尽是烧制束口直筒形陶质韩瓶,另有少量碗、盘、盆、盏等。为宋代一大型窑场。

二、古墓葬

瓶窑境内的古墓葬从年代上,涵盖汉代至晚清各个历史时期。从墓主人身份,多为普通墓葬,也有部分名人或贵族墓葬。

瓶窑大观山汉墓群 位于瓶窑镇大观山果园东南端。1987年10月7日—11月27日,浙江省文物考古研究所在104国道改建工程的抢救性考古发掘中在该地发掘汉代土墩墓4个,共清理汉墓13座。其中西汉晚期土坑木椁墓4座,墓坑平面均呈东西走向,四壁垂直,地面平整,营建方式与外观与先秦土墩墓十分相似。清理东汉中期券顶砖室墓7座,墓坑东西走向,墓室采用平铺错缝形式,地面铺砖,出土文物共计30件(组),以罐、罍为基本组合,质地为酱釉瓷为主,并有一定数量硬陶。

瓶窑姜介山西汉墓 位于瓶窑镇大观山果园西坡。1990年,良渚遗址管理所对其进行抢救性考古清理。墓葬为长方形深竖穴土坑木椁墓,墓向97度,头向东。墓坑底面残留有葬具板灰和漆皮。随葬品除铜镜、带钩、钱币及铁剑随身入棺,其余陶器均放置于木椁的边厢内,种类有盘口壶、罐、盆、香薰及麟趾金等。

瓶窑莫角山汉墓 位于瓶窑镇莫角山。自2010年以来,浙江省文物考古研究所在莫角山发现并清理数座西汉墓葬。其中M37系长方形竖穴土坑木椁墓,墓内残留有木质葬具的板灰痕迹。随葬品共16件,器物以盘口壶为主,另有瓿、罐、罍、灶、井、耳杯、薰、钵、铁釜、铜矛等。2010年,发掘清理4做东汉砖椁墓。墓葬分为前后两排,东西走向,砖砌椁室,随葬品以盘口壶、罐、罍、碗等日用器为基本组合。莫角山与大观山、姜介山、石马兜等汉代墓地的发现,反映了汉代这一地区人口的相对集中,有助于了解汉代余杭的城镇布局与位置。

盛度墓 位于瓶窑镇南山村总管堂自然村,蚂蝗山与东山之间的小山西坡的山岙处。该墓所在的山丘为人工堆筑而成,呈馒头状,高约25米,长约200米,宽约80米,现种植翠竹,墓旁尚有盛氏家庙遗迹。2004年公布为杭州市文物保护点。

盛度(968—1041),字公量,余杭人。宋端拱初登进士,绘《西域图》《河西陇右图》,上称其博,赠翰林院学士加史馆修撰,参与修编《文苑英华》,官至参知政事,知枢密院,以太子少傅致仕,著有《愚谷集》等。殁后归葬故里横山。《嘉庆余杭县志》记载:“太子太傅盛度墓在县东北三十里黄山。《万历县志》。”

骆家山墓地 位于瓶窑镇窑北村骆家山自然村骆家山1号东北侧,骆家山南坡及南侧农田。坐北朝南,墓前原有石狮2只、石旗杆2个、石马2只、石赑屃2只。现仅存石马2只、赑屃1只,均为明代风格。一般认为骆家山墓地为明兵部尚书柴车墓。《杭县志稿》记载:“兵部尚书柴车墓在大遮山之西原。《成化府志》。”(2017年,柴车墓为新增杭州市级文化保护点)

无准师范墓 无准师范墓位于瓶窑镇西安寺村。无准师范(1179—1249),名师范,号无准,

图 5－7 柴车墓遗址

俗姓雍氏，四川梓潼（绵州梓潼县治）人。年九岁就阴平道钦出家。绍定五年（1232 年），奉敕住径山，为径山寺第三十四代住持，次年入慈明殿说法，宋理宗赐“佛鉴禅师”之号，且赐银绢，作为径山寺的修缮之资。淳佑九年（1249 年）三月十五日，书遗表十余种，三天后示寂。有《无准师范禅师语录》五卷、《无准和尚奏对语录》一卷行世。传道中、日、韩，弟子高僧辈出，其法嗣法孙被称为“佛鉴派”。南宋端平二年（1235 年），圆尔辨圆登上径山，拜谒无准师范为师。无准师范不仅传授圆尔辨圆佛法，还传授了中国的茶叶种植、茶叶炒制、茶叶烹煮、品茶问禅、纺织、制药、打麦面、做豆腐等中国文化。生前曾建“万年正续院”于今瓶窑张堰村。卒后葬于正续院之侧（今称西安寺），宋理宗赐塔名“圆照”。今塔不存，其地俗称大坟墩。

许孚远墓 《嘉庆余杭县志》记载：许孚远“赠工部尚书，谥恭简，墓在平窑。”

许孚远（1535—1604），字孟中，德清人。嘉靖壬戌进士，授南京工部主事，督龙江关瓜仪河道，皆著廉仁声。迁广东佥事，值倭警，发十策，以水陆夹攻为要领，擒降甚众，建善后十二议。提学陕西，以身校士，考核肃然。擢右佥都御史、巡抚福建，安辑海外，抚定饥民。又募民垦沿海地，筑城建营舍，聚兵以守，皆报可。入为南京大理卿，晋兵部右侍郎，调北部左侍郎，乞休，卒于家。平生倡明正学，立言根极理要，笃信良知，而恶夫援良知以入佛者。所著《学庸述》等，皆足翼经范世，学者称敬庵先生。赠南京工部尚书，谥恭简，墓在平窑。（《嘉庆余杭县志》）

三、古建筑

瓶窑境内的古建筑以宅第民居、桥涵码头和堤坝等水利设施为主。

骑坑村祠堂 位于瓶窑镇奇鹤村骑坑村村口，东临骑白公路。初为祠堂，后改为庙宇，俗称后村庙，建于晚清，坐西朝东，由门厅、正房、偏房围合成四合院式建筑，通面宽 17 米，通进深 26 米。门厅三间二层，明间三柱七檩抬梁式，与次间一部分构成一个戏台，宽 10 米，深 8 米，正中设一隆起的八角形覆斗顶，前有单步卷棚廊，后有退堂，檐部有一粗壮宽厚雕花梁，中间雕戏剧人物，两边雕凤穿牡丹，两侧有楹联一对。正厅五开间，明间四柱七檩抬梁式，用材装饰考究，雕花冬瓜梁精美完好。左右各三间偏房，二柱五檩抬梁式。2013 年，公布为杭州市文保单位。

桥上桥 位于瓶窑镇南山村桥上桥 1 号、2 号民宅门前，东临东苕溪。清代双孔石梁平桥。长 10.05 米，宽 1.25 米，高约 1.2 米，跨径 5.03 米。桥面分两段，每段均由两块长条石并排组成；南北桥台及桥墩由条石垒砌而成；两头各设七级踏步；无栏板、望柱。该地原有小河流入苕溪，为便于通行，在河上建了一座桥，即为底桥；后来小河枯竭，变为平地，由于地势低，洪水一来即被淹没，于是又在底桥上方建造了一座石桥，故名“桥上桥”。时至今日，该桥仍在苕溪水涨时发挥着重要作用。桥上桥结构独特，是余杭区目前已知唯一一座双孔石梁桥。

图5－8　瓶窑镇南山村桥上桥(2000年)

官口桥　官口桥，在西溪街与关帝庙北面交接处。是古代横山、圣堂一带的百姓到瓶窑集市的必经之桥。“官口桥”在民间流传着一个“当官为民”的故事。相传的后裔盛天官(官职)为官清廉公正，关心民间疾苦。以前南面与北面的百姓往来，因为没桥，要淌河涉水，极为不便。盛天官为了方便百姓，于是出资建造了这座单孔石板桥。因是从天官口中说出了建桥决策，后人就称这座桥为“官口桥”。官口桥原形结构特殊，整体为单孔凳板桥，三块长石板间各空隙一米，长石板分别搁在两岸石砌桥墩上。中间两条空缝间用粗大耐腐的酸栋树铺垫直跨两岸，再用中型石板横铺在大木头上，横石板巧妙地镶卡在长石板的中部石槽内，保证了桥面平整牢固。

长命桥　长命桥是在老街中心原供销社生产资料部对面，由3块小石板桥构成。

卸衣桥　卸衣桥位于瓶窑新大桥西边，东西贯穿，是座极为普通的单孔石板桥，桥上二旁用木头栏杆保护，开发建设后，原来的小河变成通水沟渠，桥面被公路桥代替。

万年桥　万年桥，又名排儿桥，位于崇化村中棋盘与凤都村组的交界河道上。古代的中棋盘人要到湖墅南村一带过河，起先用竹排搭了座简易桥，故称为排儿桥。后来中棋盘人将它改建成三孔凳板石桥，也就是万年桥。抗日战争时期，为了防御日军烧杀抢，当地人就撬掉了石桥，1986年又重新建了新的水泥公路桥，取名还是“万年桥”。

报恩桥　报恩桥又名孙家桥，位于崇化村水河桥自然村与许家村自然村的河港上，建于清代乾隆年间。报恩桥整体结构为三孔凳板石桥。河中两个桥墩均有大长石板直立而成。桥面用6块长4米，厚25公分的石板铺垫，桥面石板为二块一组并列，共分三组，由引桥桥墩搁在河中桥墩上横跨两岸。桥中间的石板上刻写着繁体字“報恩橋”三个字。

陈家村河埠头　位于瓶窑镇瓶窑村陈家村46号北。清末民初河埠头，南北走向，红砂石材质。长约12.55米，宽1.7米，正中平台长2.65米，两侧各有九级、七级踏步。石壁上有两个椭圆形船鼻子，台阶上有一个圆洞形船鼻子。驳岸长约20米，南侧岸壁有两个船鼻子。

南山寺水井　位于瓶窑镇南山村，南山37号西侧。凿于明代，为原南山寺内井。井身圆形，井壁由青砖横向叠砌而成，井身直径1.4米。井壁以上、井圈以下有一圈石板，呈圆形，内径0.5米。井圈圆形，内径0.61米，外径0.75米，高0.2米。

井头弄水井　位于瓶窑镇里窑街井头弄。石井栏上尚有“大明天启××××”的字样依稀可辨，这是一口建于明代天启年间的古井，距今已有400余年。

西险大塘　起自余杭街道的石门桥，经余杭街道、瓶窑镇、良渚街道、仁和街道劳家陡门至湖州德清大闸止，全长44.94公里，其中余杭区境内长38.98公里。东汉熙平年间（172年—178年），余杭县令陈浑沿塘一带增设塘堰数十余处。南宋淳熙六年（1179年），钱塘县分段筑塘间以陡门，名为“十塘五闸”。明陈善《南湖考》载：“大禹筑塘，名西海险塘”。至清光绪十三年（1887年），出现“西险大塘”之名。历朝历代均有苕溪洪水成灾的记录，亦有不断修筑西险大塘的工程。新中国成立后，成立了西险大塘的专门管理机构——苕溪堤防河道管理所，对西险大塘沿线的堤塘、堰闸、陡门等不断维修、加固、改建。西险大塘是古代至今水利工程的重要实证，至今仍发挥重要作用，是保护杭嘉湖人民生命财产的屏障。

图5-9 井头弄水井

化湾塘　化湾塘，瓶窑镇西南四里。明永乐间，苕溪横决，化湾塘闸圮，淹没人民。朝遣户部尚书夏原吉、通政使赵岳来浙勘督修筑，三年而后告成。迨正统十年复圮，遣工部侍郎周经来浙，动支仓米三千七百石，南关厂木三千株，筑始如故。万历戊申五月，化湾塘决，钱邑令聂心汤先筑备塘，继乃修闸。己酉大水，冲坏，仍修之。以上三塘为北湖险塘。

羊山塘　羊山塘回龙渡南，近瓶窑镇。防三苕冲决之水，与化湾塘并称险要。

压沙塘　压沙塘瓶窑镇北。清雍正五年，总督李卫委员动帑修筑五十八丈。

黄其岭何财宝民居　位于瓶窑镇彭公村黄其岭62号。晚清民居，坐北朝南，一进三间两厢二层单檐木结构，通面宽12米，通进深10.55米。石库院门朝南，块石墙基，夯土院墙，南院墙两端筑封火墙。正厅明间梁架四柱七檩抬梁式，圆木柱粗大，石鼓形柱础，柱础下用方形石头；两厢单坡顶。正楼、两厢一楼前檐柱均饰楼阁人物纹牛腿；二楼挑出，置木板壁，开镂空几何纹、钱币纹花窗。

四、摩崖石刻

南山造像　位于瓶窑镇南山东南石壁上。系元代浅龛、浮雕凝灰岩石质造像，自西向东绵延360余米，现存十三尊半，分布在中西部。除最西一尊真武帝造像为道教造像外，其余皆为佛教造像，反映了元代浙江释、道两教共存的历史，对于研究元代佛教、道教文化有重要价值，同时也是研究元代政治、经济、社会历史的重要实物资料。造像造型端庄，比例匀称，表情生动，线条流畅，雕刻的花纹和石刻纪年等字迹至今清晰可见，是研究元代石窟艺术的宝贵资料。1997年，公布为浙江省文物保护单位。2009年，加紧南山文化休闲旅游区建设，至年底，南山摩崖造像保护性维修及景区主干道建设全面完工，管理用房、南山摩崖造像门楼、山门、茶舍等完成设计。南山文化旅游区位于瓶窑镇南山，占地240公顷。其中核心地块南山摩崖造像周围规划面积约4平方公里。2013年，公布为全国重点文物保护单位。

窑山造像　位于瓶窑镇里窑社区窑山南坡，今太平庵内。凿刻年代不详。浅龛石造像，自西向东依次为观音、孔夫子、元始天尊、如来佛祖，均坐北朝南。观音像宽约 0.6 米，高约 1.2 米。孔夫子像宽约0.7 米，高约1.4 米。元始天尊像宽约0.7 米，高约1.3 米。如来佛祖像宽约 0.8 米，高约 1.4 米。2000 年为 4 尊造像开光，身施金粉。窑山造像造型优美，保存好。儒、佛、道三教造像共存，反映了三教合一、兼收并蓄的宗教历史。

图 5－10 南山造像保护碑（2012 年）

五、近现代重要史迹及代表性建筑

燕堆山碉堡　位于瓶窑镇石濑村燕堆山山顶。1940 年建造。残高 3 米，内径 3 米，墙体厚 0.7 米。通道外宽 2.1 米。入口朝南，青砖、水泥砌成堡体。原为二层，一层分布多个打枪口，呈外放喇叭形。二层是炮台。碉堡占据燕堆山至高点，视线开阔，军事地位重要，为日军侵略余杭的重要实物证据。

黄其岭何洪高民居　位于瓶窑镇彭公村黄其岭 49 号。民国建筑，坐北朝南，一进五间二厢二层单檐木结构，通面宽 19.2 米，通进深 12.75 米。石库院门朝南，石门槛，双扇木板门，门楣上有黑色大字“鸣凤朝阳”，门两边墙上写有红色大字标语。块石墙基，夯土墙体，南墙两端封火墙。正厅明间抬梁式，落三柱，梁枋上雕盆花、仙鹤等吉祥图案；一、二层开几何纹镂空花窗，花纹各不相同；院内门楼及两侧的墙上绘有宝剑、花篮、各种花卉、变形云纹等纹样。整体格局完整、用材考究、雕饰精美。

瓶窑茧站旧址　位于瓶窑镇里窑社区外窑街，南临东苕溪。由七栋单体建筑组成，占地约 2500 平方米。青砖砌墙，外施水泥，两坡硬山顶，采用洋瓦。最南面两栋茧房，共 13 间，建于 20 世纪 60 年代；其余五栋建于 50 年代，作烘灶、仓库、食堂等。

余杭北湖界址第一段地形略图碑　位于瓶窑镇南山村上窑村关帝庙东北角。于民国 23 年（1934 年）立，汉白玉质，碑身长方形，高 1.13 米，宽 0.62 米，厚 0.115 米。碑文包括碑名、北湖界址地形图、说明三部分。该碑是余杭区目前已知唯一一块地形图碑，保存完整、字迹清晰，图文并举、绘制科学，对于研究余杭北湖的历史变迁，乃至余杭区水利发展史都具有重要的科学研究价值。

图 5－11 《瓶窑镇志》编纂研讨（2016 年）

图 5－12 瓶窑镇志编纂人员上门征集资料（2016 年）

瓶窑镇各级文物保护单位情况表

表 5－1－1

级别	名称	时代	地址	类别	公布时间
全国重点文物保护单位	良渚遗址	新石器时代	良渚街道、瓶窑镇	古遗址	1996 年
	南山造像	元	瓶窑镇南山东南石壁上	石窟寺及石刻	2013 年
浙江省重点文物保护单位	良渚古城外围水利工程遗址	新石器时代	瓶窑镇	古代水利工程	2017
杭州市文物保护单位	瓶窑窑山窑址	宋	瓶窑镇里窑社区窑山南坡	古遗址	2013 年
	骑坑村祠堂	晚清	瓶窑镇奇鹤村骑坑自然村村口，东临骑白公路	古建筑	2013 年
杭州市文物保护点	盛度墓	宋	瓶窑镇西约三公里处的横山	古墓葬	2015 年
杭州市文物保护点	燕担山碉堡	二十世纪三四十年代	瓶窑镇石濑村燕担山山顶	近现代重要史迹及代表性建筑	2015 年

第二章　教　　育

重视耕读是瓶窑的优良历史传统，自古人才辈出，跟教育的发达有关。清光绪年间，瓶窑镇上就设有“骆家馆”等7家私塾。清末新政，学制改革，创建于光绪三十二年（1906年）的苕西两等小学堂（瓶窑镇第一小学前身）是瓶窑镇最早的近代新式学校。

中华人民共和国成立后，人民政府接管学校，境内教育事业发展迅速。1956年，创办杭县第三初级中学，始有中等教育。“文化大革命”期间，教育事业造成严重损失，教育质量严重下降。中共十一届三中全会后，随着经济的发展，瓶窑的教育事业发展迅速，1986年起全镇实施普及九年制义务教育，成为全县首批实施九年制义务教育的6个乡镇之一。1990年9月，彭公乡人民政府被评为“浙江省扫除文盲工作先进单位”。1991年3月，长命、彭公乡被市政府授予“杭州市基础教育先进乡镇”称号。1995年，瓶窑镇被评为杭州市农村教育先进乡镇，并通过省政府“两基”（基本普及九年制义务教育、基本扫除青壮年文盲）验收，此后，从“两基”向“两高”（高标准、高质量）发展，积极争创“教育强镇”。1998年1月，彭公乡、瓶窑镇被杭州市教委命名为杭州市实施“燎原计划”示范乡镇。1999年底，经评估验收，瓶窑镇跻身于省教育强镇行列。

进入21世纪后，镇政府和各级学校积极推进素质教育，不断提高中小学的办学水平和教育质量。镇政府出台《瓶窑镇加强中小学素质教育的若干意见》，各中小学积极实施以德育为核心，以培养创新精神和实践能力为重点的素质教育，广泛开展教育科学研究，全面改革评价机制，提升了办学水平和教育质量，呈现出丰富多彩的办学特色。

2001年底，全镇有各级各类学校21所。镇内中小学、幼儿园布局调整力度加大，办学条件得到大幅改善。2002年，实现浙江省社会科学进修学院在瓶窑镇境内的联合办学，完成了从幼园启蒙教育到高等学府完备的纵向教育体系建设。2008年，布局调整步伐进一步加快，撤并彭公中学、瓶窑镇第一小学和第二小学。推进标准化学校建设，新建瓶窑镇第一中学投入使用。2013年，通过市级学前教育先进乡镇创建。2015年，全镇有各级各类学校12所，包括高中1所，初中1所，成人文化技术学校1所，民办九年制一贯学校1所，中心小学4所，中心幼儿园1所，民办幼儿园3所。

第一节　旧时教育

境内旧时教育，晚清以前，主要是蒙馆与私塾教育为主，一般规模较小，只有少数富裕之家的子女才能进私塾。也有宗族兴办的“义塾”，以教授族内子弟为主。明代文学家田子艺曾在瓶窑附近的黄山筑“黄山书屋”，“蓄古书，延名师，以训其子姓”（《嘉庆余杭县志》）。清光绪年间，瓶窑镇设有“骆家馆”等7家私塾。

清末新政，清政府实施新式教育体制，1903年，颁布“癸卯学制”并在全国推行，1905年，科举制度废止，各地相继出现了一批新式小学堂。光绪三十二年（1906年）余杭县教育会成立。同年，钱塘与余杭两县在瓶窑联办“苕西两等小学堂”（现瓶窑镇第一小学前身）。光绪三十三年（1907年），石濑办起“忠恕初等小学堂”。民国初，学堂改称学校。后瓶窑中心小学、孝女乡小学（瓶窑）、长明（命）初级小学，雉山初级小学、萧王殿普及小学（崇化）等相继开办。当时余杭小学教育还较为落后，“查余杭教育，全邑二十余所，欲求完善者，如凤毛麟角，绝无仅见。有平话教员，有裱画教员，甚至羊棚二三间，村童六、七人，亦袭学校名称。”（《教育周报》1915年第83期）

民国4年（1915年），规定初等小学校为义务教育，改初等小学校为国民学校。民国6年（1917年），浙江省教育厅推动城乡办学，普及初小4年义务教育。

当时杭县将“全县学校划分城区、东区、南区、西区、北区五区共八十一所，公立完全小学四所，外人设立初级小学一所，教职员二百零五人，学生二千九百九十四人。”（《余杭县教育状况报告书》，载《浙江教育》1926年第2期）瓶窑镇所载学校划入西区。16年（1927）11月，瓶窑、良渚等地相继在小学内开设民众夜校。民国18年—20年（1929年—1931年），余杭县、杭县设立民众教育馆，均由原通俗图书馆、通俗讲演所和运动场等机构合并改组而成，一般设识字教育、辅导、图书、体育、讲演、民众茶园等部门。民众教育馆是实施民众教育的主要场所。镇辖范围内各小学均附设了民众学校。

18年（1929年），建县立、区立、乡立中心小学和保国民学校，建立学区辅导制度。当时小学教师待遇菲薄，生活困难。据《申报》报道：“余杭城区初级小学校长教员近因生活程度日高，叠向教育当局请求加薪，迄无效果。以致教员方面提议各校罢课，因校长方面多不赞同，故各教员遂向各校长辞职，即不到校上课。”（《余杭城区初小教员罢教》，《申报》1927年10月31日）“惟我国小学教师，其报酬之菲薄，实不堪问。即以余杭而论，各区小学教师每月薪给之最高为三十二元，最低额为八元，除少数小学每人月入达二十元以上外，其余所入均不能维持其适当生活，甚有穷一年之力，而所得不能糊一口者，比比皆是。”（《浙江党务·一旬间的本省党务》1931年第115期）瓶窑小学教师的待遇大致亦如此。

民国26年（1937）12月余杭县城沦陷后，教育事业一度中断，仅有省款设立之战小8所，收容男女学生224人。29年（1940年），开始实施国民教育，每乡设1所中心国民学校，两个保设1所国民学校，学校数增加。33年（1944年），根据教育部《强迫入学条例》，杭县、余杭两县及乡镇成立“强迫入学委员会”。虽由警察充任学警，强迫失学儿童入学，但由于连年战火，学校停课，学生大量流失，普及工作进展缓慢。

民国34年（1945），将原“中心小学”一律改称“中心国民学校”。据《杭县志稿》记载，1948年，瓶窑学区（第二学区）有国民学校15所，民众学校8所。

民国37年（1948年）杭县瓶窑学区国民学校、民众学校情况表

表5－2－1

学校名称	所在地	创办年月
县立瓶窑中心小学	瓶窑镇	民国17年2月
县立良渚中心小学	良渚镇	清光绪二年

续表 5－2－1

学校名称	所在地	创办年月
区立孝女乡小学	瓶窑镇	民国 16 年 7 月
区立七贤桥初级小学	大六乡	民国 2 年 2 月
区立上纤埠初级小学	上纤埠乡	民国 2 年 2 月
区立下确桥初级小学	下确桥乡	民国 2 年 1 月
区立安溪初级小学	安溪南镇	清光绪三年
区立长桥初级小学	长桥镇	民国 7 年 2 月
区立长明桥初级小学	黄湾乡	民国 4 年 1 月
区立雉山初级小学	同上	民国 21 年 2 月
区立勾庄初级小学	勾庄镇	民国 20 年 10 月
区立横村塘初级小学	横村塘乡	民国 19 年 8 月
区立方山初级小学	方山乡	民国 19 年 8 月
私立大雄初级小学	大六乡	民国 20 年 2 月
萧王殿普及小学	崇化湖墅乡	民国 19 年 9 月
良渚民众学校	良渚中心小学	民国 17 年 11 月
第十六民众学校	瓶窑中心小学	民国 17 年 11 月
第十八民众学校	安溪初小	民国 20 年 11 月
第十九民众学校	上纤埠初小	民国 17 年 11 月
第二十民众学校	七贤桥初小	民国 20 年 3 月
第二十一民众学校	下确桥初小	民国 21 年 11 月
第二十二民众学校	长桥初小	民国 20 年 11 月
第二十三民众学校	萧王殿初小	民国 20 年 11 月

说明:瓶窑学区时含今良渚街道学校。

民国时期,现瓶窑镇苕溪以北部分的彭公、北湖等地是当时余杭县安平乡辖地,据民国余杭县档案记载,当时安平乡有国民学校 10 所。

民国 37 年(1948 年)余杭县安平乡学校情况

表 5－2－2

学校名称	所在地	校长	教员人数
代用中心国民学校	石濑	翁少山	2
第五、六保国民学校	张堰	鲁云泉	1
第九保国民学校	瓶窑	江经楚	1
第十二保国民学校	俞家墩	陈颂	1
第十三、四保国民学校	翁家村	翁锦政	1
第十五保国民学校	东皇坞	施唐楷	1
第十六保国民学校	冷水坞	姚玉火	1
第十七保国民学校	大山村	何如晋	1
第十八保国民学校	卸车岭	沈锦秀	1

至中华人民共和国成立前夕,瓶窑镇辖地(包括瓶窑、长命、北湖、彭公)有中心国民学校1所,代用中心国民学校2所,国民学校(初小)13所。

民国时期,瓶窑镇创办最早的学校是1906年钱塘、余杭两县联办的苕西两等小学堂,学生100余人,只收男生。民国5年(1916),开始招女生。18年(1929),镇上女子小学并入。民国教育总长蔡元培先生曾于1929年来瓶窑镇苕溪小学视察。著名作家汪馥泉(1900—1959),童时曾就读于苕西两等小学堂。后来改称瓶窑中心小学。抗战以前,瓶窑中心小学是镇上设施最为完善的学校,教学质量也较高。《浙江教育》曾报道:"县立瓶窑中心小学环境整饬,校长黄顺章任事负责,儿童图书及运动器械,颇有相当设备,体育成绩,随时考查,劳作教学之实施,亦颇能注意改进。"(《浙江教育》1937年第2卷第9期)34年(1945年),改称瓶窑镇中心国民学校,有7个班,学生183人,教员13人。

第二节 学前教育

一、发展历程

中华人民共和国成立前,境内无学前教育机构。1953年2月,瓶窑镇中心小学(小学弄5号)内附设幼儿班,是境内最早的附设在中心小学的幼儿班。由于当时新中国成立不久,镇上的商业、工业发展较快,职工人数逐步增加。学校为了解决职工的困难,试办学前教育,决定创办一班小学附设的幼儿园。教养员由小学的方雪帆担任(三墩简师毕业),学校借了民房,招收30多名幼儿,组成一个混合班。1952年春,幼儿班教室搬入西溪小学,方雪帆调回小学任教,由余恭松担任教养员,该期没有统一教材,也缺乏教学设备。1954年幼儿园发展到两个班,70名幼儿,教养员增加了孙宝芬老师。

1955年,幼儿园发展到3个班,90多人,根据幼儿不同的年龄段,编成大班、中班、小班。学校加强对幼儿教育的领导,指定了附设幼儿园的负责人,1955年—1962年期间由姜梅娣(诸暨简师毕业),担任附设幼儿园的负责人。当时编写了幼儿教育参考教材,学制规定三年,学校添设了风琴等教学设备和幼儿玩具。

图5-13 杭县瓶窑镇小附设幼儿班(1956年)

1958年—1959年,由于合作化高潮的掀起,农村的幼儿教育事业盲目发展,大多是为解放妇女劳动力而办起来的"托儿所",属于非正式的教育机构。姜梅娣兼任了瓶窑学区幼儿教育辅导员,定期去本区农村辅导。瓶窑幼儿园发展到4个班,幼儿124名,教养员5人。上级教育部门陆续派来幼儿师范毕业生担任教养员,魏彩凤(1959年),徐建秋、陈兮凤(1962年)等老师先后到园工作。1961 年后有所调整,着重提高保教质量。幼儿园经常开展幼儿课堂教学研究,如计算、语言、唱歌、游戏等。“文化大革命”时期及其以后很长一段时间内,瓶窑镇并无独立的幼儿园,基本上都附设在中心小学内。1978 年后,幼教事业有所发展。

1982 年 8 月瓶窑镇小学党支部研究决定,将原西溪小学的 4 个小学班,搬入窑山新校舍,西溪小学校址改办镇幼儿园,由附设改为单独办园,园名为“余杭县瓶窑镇小学幼儿园”。为加强领导,县教育局任命原镇小副校长沈冰梅担任园主任。

1983 年,县教育局拨款 4.5 万元,新建了瓶窑镇第一幢 504 平方米的三层幼儿教学大楼,设立了 5 个班级,共有幼儿 189 人,教师 5 人。此外,还安装了自来水、日光灯、电扇,购置了学生课桌椅,教师办公椅、保险柜、保暖桶,铺设了 100 多平方米的水泥活动场地,使园容园貌、办学条件大为改观。为搞好幼儿园管理,幼儿园制定了园主任、教养员岗位责任制,幼儿保健档案制、放学护送制等规章制度。组织教养员学习《城市幼儿园试行草案》和《幼儿园教学纲要》,开设语言、常识、计算、音乐、体育、图画、游戏等课。

1985 年,学校行政任命金亚萍为园副主任。幼儿园的规模发展为 6 个班,幼儿 240 人,教职工人数增添为 9 人。全园分大、中、小和小小班,开设了计算、语言、音乐、体育、图画、游戏等课。园内购置了滑梯、活动船、综合活动器等大型玩具四大件增添了电子琴(一架)、风琴(五架)、收录机(二架)、打击乐器、挂图等教具。1985 年,只有瓶窑中心小学附设的幼儿园属于教育部门办,其余都属于企事业单位办和农村集体办。1989 年 7 月,瓶窑中心小学附设幼儿园与小学分设,整体搬迁至瓶窑镇西溪街单独建园,建立“瓶窑镇中心幼儿园”,隶属瓶窑镇人民政府管理。学校财务管理由镇财政直接管理,接受县教育主管部门的指导与监督,由金亚萍任园长。

1990 年起,全县幼儿教育工作明确由县教委管理。1992 年开始,对民办幼儿园和个体托儿所实行统一管理,由县妇联负责。1995 年,余杭市政府要求镇乡办好“三校一园”(初中、中心小学、承认文化技术学校、中心幼儿园)。瓶窑镇在创建教育强镇活动中,加大对幼儿园建设的投入,除中心幼儿园外,绝大多数行政村办起幼儿园。瓶窑镇中心幼儿园由余杭市教委确认为市一级幼儿园。1997 年 3 月,瓶窑镇中心幼儿园被杭州市教委确认为杭州市农村示范幼儿园。1999 年,瓶窑镇城区实现普及三年幼儿教育。

2000 年后,瓶窑镇贯彻“学前教育低零化、义务教育公平化、高中教育普及化、高等教育大众化和成人教育终身化”的精神,进一步巩固、推进和提升各类教育。全镇教育在高标准普及九年义务教育的同时,重视发展幼儿教育,鼓励社会力量参与办学。2000 年,投入近 600 万元的文华幼儿园正式建成,2001 年 2 月,瓶窑镇中心幼儿园更名为“瓶窑镇文华幼儿园”,成为民办幼儿园。

2001 年瓶窑镇幼儿园基本情况表

表 5－2－3

园名	班级(个)	幼儿(人)	教养员(人)
文华幼儿园	12	352	45
彭公幼儿园	12	240	19

续表 5－2－3

园名	班级(个)	幼儿(人)	教养员(人)
长命幼儿园	9	159	9
北湖幼儿园	9	157	9
外窑幼儿园	3	63	8
合计	45	971	90

2003 年起，教育局开始管理托教工作，逐步规范托儿所办学行为。至 2005 年，中心小学和村完小不再附设幼儿园。

2005 年瓶窑镇幼儿园情况表

表 5－2－4

幼儿园名称	性质	园址	园长	班数	幼儿数	教职工数	
						总计	其中：专任教师
瓶窑镇长命中心幼儿园	集体办	瓶窑镇长命	王建强(兼)	3	59	4	4
瓶窑镇南山幼儿园	集体办	瓶窑镇南山村	金永泉(兼)	5	95	5	5
瓶窑镇彭公五星幼儿园	集体办	瓶窑镇彭公村	施月梅	4	71	5	4
瓶窑镇华兴幼儿园	集体办	瓶窑镇华兴社区	杨新梅	12	396	47	29
瓶窑镇彭公五星塘埠幼儿园	集体办	瓶窑镇彭公塘埠村	吴满芳	4	80	4	4
瓶窑镇文华幼儿园	民办	瓶窑镇凤溪路	李文华	9	288	33	20
瓶窑镇彭公中心幼儿园	民办	瓶窑镇彭公翁家村	田红敏	6	158	12	6
瓶窑绿苑幼儿园	民办	瓶窑镇绿园路 43 号	李 鹃	4	121	13	8

2007 年 7 月，根据市、区、镇学前教育“十一五”规划要求，瓶窑镇政府在余杭区教育局的支持下决定恢复公办幼儿园体制，民办文华幼儿园转为公办，重新建立瓶窑镇中心幼儿园。9 月余杭区瓶窑镇中心幼儿园下设“西溪分园”，共有 15 班级 485 名学生，41 名教职工。10 月经瓶窑镇人民政府决定，余杭区瓶窑镇中心幼儿园下设 6 个分园。其中，“西溪分园”园址在瓶窑镇西溪街 49 号；“童心分园”园址在瓶窑镇长命村高村 35 号长命中心小学内；“长命分园”园址在瓶窑镇崇化村蒿山头；“北湖分园”园址在瓶窑镇南山村；“塘埠分园”园址在瓶窑镇塘埠村塘埠岭；“五星分园”园址在瓶窑镇彭公村板石组 24 号。

2010 年 8 月，瓶窑镇人民政府从长命中心小学搬迁幼儿园，兼并种猪试验场幼儿园、长命小宝贝幼儿园后成立“长命分园”，园址在瓶窑镇长命桥长命街，原崇化村蒿山头的“长命分园”更名为“崇化分园”。

2010 年 9 月，余杭区瓶窑镇中心幼儿园形成“一中心六分园”的规模，共有 40 个班级，1374 名学生，88 名教职工，其中专任教师 65 名。

2012 年，新建北湖幼儿园，维修中心幼儿园。镇中心幼儿园教师吴梅春被评为浙江省第二十四届“春蚕奖”。2013 年更新塘埠、北湖、彭公等校舍及教学设备，并通过市级学前教育先进乡镇创建。2014 年，中心幼儿园塘埠分园扩建。镇各幼儿园食堂接受量化等级评定和“阳光厨房”验收。

2015 年瓶窑镇幼儿园基本情况表

表 5－2－5

园 名	班级(个)	幼儿(人)	教职工数(人)	性质
瓶窑镇中心幼儿园	48	1443	147	公办
大观山幼儿园	6	220	18	民办
绿苑幼儿园	8	280	28	民办
彭公中心幼儿园	6	213	17	民办
合计	68	2156	210	

2014 年 10 月,在瓶窑镇花园路开工新建“瓶窑镇第二幼儿园”。该园园舍占地面积 8854 平方米,建筑面积 7002 平方米,主体建筑三层,局部四层,建成后可供 18 个班级幼儿使用。预计总投资 2088 万元。

获得省市级以上荣誉称号的教师情况表

表 5－2－6

年份	姓名	所在单位	荣誉称号
1994. 9	杨建华	瓶窑镇中心幼儿园	杭州市优秀教育工作者
2011. 12	吴梅春	瓶窑镇中心幼儿园	第十三届教坛新秀
2012. 9	吴梅春	瓶窑镇中心幼儿园	浙江省第二十四届春蚕奖
2014. 1	孙 颖	瓶窑镇中心幼儿园	杭州市第十四届教坛新秀
2014. 1	童红燕	瓶窑镇中心幼儿园	杭州市第十四届教坛新秀

2016 年 1 月,余杭区教育局发余教〔2016〕18 号文建立余杭区瓶窑镇中心幼儿教育集团,由瓶窑镇中心幼儿园总园、北湖分园、长命分园、西溪分园、塘埠分园、五星分园、崇化分园组成。幼教集团有 48 个班级,1443 名幼儿,147 名教职工,其中专任教师 107 名。8 月,余杭区机构编制委员会发文调整我园机构编制,更名为“瓶窑镇第一幼儿园”。

二、幼儿园简介

余杭区瓶窑镇第一幼儿园　杭州市余杭区瓶窑镇第一幼儿园位于瓶窑镇凤溪路 349 号,坐落在风景优美的苕溪南岸教学新区。创建于 1953 年 2 月,是余杭区较早建立的学前教育机构之一。原附设在瓶窑镇小学弄 5 号瓶窑镇小学内(即现瓶窑镇第一小学),1989 年 9 月搬迁至瓶窑镇西溪街单独建园,成立“瓶窑镇中心幼儿园”。2001 年 2 月,因体制改革成为民办幼儿园更名为“瓶窑镇文华幼儿园”,移址桥南凤溪路现址。2007 年 7 月,根据市、区、镇学前教育十一五规划要求,瓶窑镇政府在余杭区教育局的支持下决定恢复公办幼儿园体制,重新建立瓶窑镇中心幼儿园。2016 年 8 月,余杭区机构编制委员会发文调整机构编制,更名为“瓶窑镇第一幼儿园”。

幼儿园位于瓶窑镇凤溪路 349 号,坐落在风景优美的苕溪南岸教学新区。中心园下设“西溪分园”、“长命分园”、“崇化分园”、“北湖分园”、“五星分园”、“塘埠分园”6 个分园,形成了“一中心六分园”的新格局,占地面积共有 21757 平方米,其中绿化面积 6388 平方米,运动场地面积 6999 平方米,图书 14406 册,数字资源 556GB。2016 年有 50 个班级,1517 名幼儿,164 名教职工,其中专任教师115名(公办教师81名,非公办教师34名)。有小学高级职称26人,中级职称37人。杭州市教坛新秀3人,余杭区教坛新秀11人,余杭区骨干教师8人,余杭区级青年岗位能手6人,基础级青年教师岗位能人7位。

幼儿园环境优美、安静舒适,为孩子提供了一个多元化的学习和发展的空间。该园是“杭州市示范幼儿园”,先后获得“浙江省卫生先进单位”、“杭州市文明单位”、“杭州市巾帼文明示范岗”、“余杭区家长示范学校”、“余杭区绿色学校”、“余杭区档案工作目标管理单位”、“余杭区校务公开先进单位”、“余杭区优秀教研组”、“余杭区餐饮食品卫生A级食堂”、“余杭区语言文字规范化示范学校”、“余杭区读书活动先进集体”、“余杭区校本培训优秀项目”、“余杭区学校安全(综治)考核先进单位”、“余杭区规范师德示范岗”等多项荣誉。2012年7月被评为“余杭区甲级幼儿园”。

历任园长有沈冰梅、金亚萍、杨建华、吴梅春、王丰珍。

文华幼儿园 位于瓶窑教学路南端,2000年由李文华投资600万元创建,原瓶窑镇中心幼儿园并入,2001年2月开园。更名为“余杭市瓶窑镇文华幼儿园”。幼儿园从瓶窑镇西溪街移址桥南凤溪路349号新建,新园建筑占地面积为1292平方米,建筑面积4265平方米,绿化面积4388平方米。占地1.3万平方米,建筑面积5670平方米,绿化面积3650平方米。园内活动器材布置合理,设有音乐舞蹈厅、多功能活动室、接待室、保健室、图书室等专用活动室。配置放映机、摄像机、电脑等先进设备。每班均配有彩电(25吋)、钢琴和空调。全园12个班,352名幼儿,教职工45人,其中幼儿高级教师10人,市、区教坛新秀、骨干教师、十佳青年教师6人,大专以上学历6人。

2002年7月,与台湾大地协力幼教发展集团合作,引进“大地”的先进保教理念和幼儿园管理模式,推出以一般教育、辅助教育、才艺教育三大块课程为主的全新大地保教模式。2002年,有10名少儿参加全国少儿文学、书画大赛并获佳作集体奖。幼儿园还获得“杭州市(农村)示范幼儿园”、“杭州市卫生先进单位”等荣誉。2007年,文华幼儿园恢复公办幼儿园体制,改名为瓶窑镇中心幼儿园。董事长李文华,历任园长杨建华、聂忠秀、雷坤明、宋爱莲。

瓶窑镇第一幼儿园北湖分园 北湖分园是2012年由原北湖片的南山、毛元玲、河中、西安寺、张堰五个分散的教学点撤并后新建的。新园舍位于瓶窑镇南山村,园舍面积5541平方米,建筑占地面积1323.8平方米,建筑面积3318平方米。主体建筑三层,拥有活动室、午睡室、盥洗室、多功能室、晨间室、保健室、办公室和食堂餐厅等,可供9个班级的幼儿使用。2012年3月完成了图纸设计、土地征用、建筑单位的招标和施工的前期准备,4月破土动工。2013年8月竣工,11月底在通过环保评估,配备好教育教学设施设备后,正式投入使用。各级政府总计投入1188万元。

图5－14 北湖幼儿园(后为北湖小学教学楼)(2015年)

2013年12月6日,北湖分园幼儿入新园就读,来自南山、毛元玲、河中、西安寺、张堰五个教学点的115名幼儿进入现代化教学设施的北湖分园学习，让边缘农村的幼儿也享受到优质的学前教育。

瓶窑镇第一幼儿园塘埠分园　塘埠分园坐落在瓶窑镇塘埠村一堡，该园是2012年8月由集体办转为公办的。园舍占地面积938.5平方米，建筑面积864.9平方米。2013年8月，在原址上新建850平方米二层教学楼，2014年上半年竣工，2014年8月投入使用。各级政府共投入基建及设施设备200万元。

瓶窑镇第一幼儿园长命分园　长命分园位于瓶窑镇长命村长命街，该园是2010年8月搬迁长命中心小学幼儿园（公办），兼并种猪试验场幼儿园（集体办）和长命小宝贝幼儿园（民办）后建立的。园舍租用长命村委的办公大楼二楼和部分一楼场地。园舍占地面积906.2平方米，建筑面积800平方米。2010年7月、2014年7月，镇政府先后两次投入50多万元对园舍进行装修。

瓶窑镇第一幼儿园西溪分园　西溪分园位于瓶窑镇西溪街49号，是2007年8月瓶窑镇中心幼儿园转为公办后建立的第一个分园。该园是瓶窑镇中心幼儿园的老园舍，园舍占地面积2186.7平方米，建筑面积1340平方米。2013年7月，镇政府投入18万元对幼儿园食堂进行改造，2014年7月，镇政府投入28万元对老园舍进行了加固、装修。

瓶窑镇第一幼儿园崇化分园　崇化分园位于瓶窑社区羊山公寓，该园2012年8月由集体办转为公办，从崇化小学校园内搬迁至此，园舍租用羊山公寓。园舍占地面积1388平方米，建筑面积988平方米。2012年7月、2014年7月，镇政府先后投入30多万元二次对园舍进行装修改造。

瓶窑镇第一幼儿园五星分园　五星分园位于瓶窑镇彭公村板石组24号，该园2012年8月由集体办转为公办。园舍占地面积1739.35平方米，建筑面积718平方米。2012年7月杭州公益基金和瓶窑镇政府投入30多万元对园舍进行了改建，2014年7月镇政府又投入40多万元对园舍进行了装饰。

大观山幼儿园　大观山幼儿园创建于2008年，坐落于瓶窑镇华兴路口东，毗邻大观山村委、华联超市。幼儿园占地面积为1487平方米，其中绿化面积562平方米，运动场地面积458平方米，图书2470册，数字资源265GB。2016学年，有6个班级，在园幼儿202人，19名教职工，其中专任教师12名，其中本科学历4人，大专学历8人。所有专任教师均有教师资格证，持证率为100%。其中，具有幼儿园一级职称教师有1人，初级职称的教师有3人，优秀教师4人，优秀班主任2人。幼儿园的宗旨是“爱心给幼儿、放心给家长”。幼儿园先后被评为“示范家长学校”、“3A级单位”“余杭区无烟单位”“余杭区乙级幼儿园”“余杭区档案管理优秀单位”，并连续3年被评为余杭区优秀民办幼儿园。2016学年，又被评为“省二级幼儿园”“余杭区爱国卫生先进单位”“余杭区5A级平安校园”“A级餐饮单位”“阳光厨房”。

绿苑幼儿园　位于瓶窑镇绿园村63号，幼儿园占地面积为1599平方米，其中绿化面积176平方米，运动场地面积602平方米，图书1800册，数字资源560GB。2015学年有8个班级，在园幼儿280名，28名教职工，其中专任教师14名（本科1人，专科12人）。

彭公中心幼儿园　位于瓶窑镇石濑村郎家井20号，创建于1999年，幼儿园占地面积为1361平方米，其中绿化面积275平方米，运动场地面积455平方米，图书2060册，数字资源360GB。2014年创建了余杭区餐饮食品卫生A级食堂。2015学年有6个班级，在园幼儿213

名,17名教职工,其中专任教师10名(其中本科2人,专科8人)。余杭区优秀教师4人,余杭区优秀班主任4人。

美好晨星幼儿园　杭州市余杭区美好晨星幼儿园创办于2015年9月,地址位于瓶窑镇溪东路68号。幼儿园占地面积2988平方米,建筑面积1524平方米。2016学年,全园共开设6个班,其中托班2个、小班2个、中班1个、大班1个。幼儿总人数137名。全园教职工总人数23人,其中专任教师12人、行政、后勤人员11人。

北湖绿洲幼儿园　杭州市余杭区北湖绿洲幼儿园位于瓶窑镇北湖绿洲小区23幢1号,由杭州百达房产建造,园所占地面积2668平方米,建筑面积2014平方米,绿化活动场地面积1200平方米。幼儿园按照浙江省一级的标准装修,拥有多种户外活动场地,大型玩具,戏水池,玩沙池,秘密城堡等,每班设有幼儿园专用衣帽间,独立卫生间,配有钢琴,多媒体,电脑,消毒柜,中央空调等教学和生活设备,配备各种功能教室如:专用音体室,美工室,科探室,生活操作室,花房,国学馆,图书阅览等。

第三节　小学教育

一、发展历程

1949年5月余杭解放后,杭县、余杭县人民政府接管了境内的所有小学。下半年,遵照"维持原状,逐步改造"的方针,对中心国民学校维持原状,对部分国民学校部予以合并或裁减。

1950年,执行公、民办并举方针办学,民办学校有所增加。学校沿袭民国时期春、秋两季自主招生的做法,新生以7周岁为多。1953年起,取消春季招生。浙江省作出"大力整顿小学,提高教育质量"的决定后,学校网点和班级有所调整。1958年,小学教育发展迅猛。1961年,贯彻"调整、巩固、充实、提高"的方针,动员超龄生会农村参加劳动,部分公办小学转为人民公社办。

1964年起,兴办全日班、半日班、早晚班、识字班、包教包学等多种形式的简易小学(后称耕读小学),镇内亦出现多种形式办学的学校,村校数量大幅增加。1966年"文化大革命"开始后,小学一度停课,耕读小学亦陆续停办。1968年后学校教育活动逐步恢复,小学附设初中班后,小学力量削弱。是年实行春季招生,至1974年恢复秋季招生。1971年,采用五年制省编教材。1978年秋开始,小学逐步恢复六年制。"文化大革命"期间,境内学校收到较大冲击。学校由"毛泽东思想宣传队"管理,教育秩序混乱。原有课程被取消,教学内容以突出"政治"为主。

1978年中共十一届三中全会后,教育工作拨乱反正,学校走上健康发展的轨道。1986年9月,贯彻《中华人民共和国义务教育法》,由镇人民政府负责实施。政府和学校为此做了大量工作。运用多方力量制止流生,小学入学率、巩固率逐年提高。1984年,瓶窑镇学龄儿童入学率99.4%,在校学生年巩固率100%,毕业班学生毕业率100%,12—15周岁初等教育普及率98.4%;长命乡学龄儿童入学率98.7%,在校学生年巩固率98.8%,毕业班学生毕业率93.5%,12—15周岁初等教育普及率94.4%;北湖乡学龄儿童入学率98.4%,在校学生年巩固率 97.9%，毕业班学生毕业率 95.5%，12—15 周岁初等教育普及率 94.7%；彭公乡学龄儿童入学率 98.3%，在校学生年巩固率 98.7%，毕业班学生毕业率 96.7%，12—15 周岁初等教育普及率 94%。

1985 年瓶窑镇(含长命、北湖、彭公三乡)中心小学情况表

表 5－2－7

校名	校址	创办年月	班数	学生数	教工数	受辅导小学			
						校数	班数	教工数	学生数
瓶窑镇中心小学	里窑小学弄	1907 年 10 月	11	512	34				
长命乡中心小学	长命桥	1928 年	6	181	13	10	34	34	551
北湖乡中心小学	南山村里湾	1946 年	6	190	16	8	21	26	503
彭公乡中心小学	塘埠	1907 年	5	162	12	12	27	28	614

1985 年瓶窑各乡镇完小、初小情况表

表 5－2－8

乡镇名	校名	班级数		学生数	教工数
		计	其中复式班		
长命乡	凤山完小	5	1	124	8
	水河桥完小	6	1	151	10
	胡林小学	2	2	55	2
	雉山小学	2	1	36	2
	羊山小学	1	1	20	1
	乌山小学	1	1	25	1
	高俞塘小学	2	1	41	2
	柏树庙小学	2	2	46	2
	北村小学	2	1	44	2
	城皇山小学	1	－	9	1
北湖乡	张堰完小	5	－	110	6
	西安寺完小	6	－	171	9
	河中完小	5	－	132	6
	圣塘小学	1	1	23	1
	横山小学	1	1	16	1
	毛元岭小学	1	1	26	1
	西中小学	1	1	15	1
	角头小学	1	1	10	1

续表 5-2-8

乡镇名	校名	班级数		学生数	教工数
		计	其中复式班		
彭公乡	翁家村小学	3	2	61	3
	石濑完小	4	1	112	5
	板石完小	3	1	100	5
	东皇坞小学	3	2	45	3
	两水坞小学	2	1	29	2
	大山小学	2	2	46	2
	卸车小学	2	2	46	2
	奇坑小学	2	2	52	2
	白鹤小学	2	1	25	2
	西坞小学	1	1	25	1
	石门小学	1	1	17	1
	长岭小学	3	2	61	4

1991 年,瓶窑镇小学生入学率、毕业率均达 100%,巩固率达 99.7%,普及率 99%。彭公乡小学生入学率、毕业率均达 100%,巩固率达 99.7%,普及率 99%。"四率"均高于全县平均水平。

1995 年,余杭对各乡镇执行"两基"情况进行评估验收,彭公乡为优胜镇(乡),瓶窑镇为合格镇(乡)。

1999 年,在创建教育强镇过程中,瓶窑镇进一步调整农村小学网点布局。小学从 1998 年的 10 所调整为 7 所,2001 年调整为 5 所。

2001 年瓶窑镇小学基本情况表

表 5-2-9

校名	班级(个)	学生(人)	教师(人)
瓶窑镇第一小学	16	498	38
瓶窑镇第二小学	18	741	39
长命小学	27	872	57
北湖小学	24	681	50
彭公小学	30	997	66
合计	115	3789	250

1985—2005 年瓶窑镇小学变动情况表

表 5-2-10

乡(镇)名	校名	变动情况(含撤并、更名、新建)	乡(镇)名	校名	变动情况(含撤并、更名、新建)
瓶窑镇	中心小学	1991 年改名瓶窑镇一小		毛元岭小学	1998 年撤并
	瓶窑镇第二小学	1996 年新建		西中小学	1998 年撤并
长命乡	中心小学	1992 年称瓶窑镇长命中心小学		角窦小学	1986 年撤并
	凤山完小	1999 年撤并	彭公乡	中心小学	2001 年称瓶窑镇彭公中心小学
	水河桥完小	1989 年改名崇化小学		翁家村小学	1999 年撤并
	胡林小学	1999 年撤并		石濑完小	1999 年撤并
	雉山小学	1999 年撤并		板石完小	1995 年三校合并,2003 年撤
	羊山小学	1996 年撤并		塘埠小学	1992 年新建
	乌山小学	1997 年撤并		东皇坞小学	1998 年撤并
	高俞塘小学	1997 年撤并		两水坞小学	1998 年撤并
	柏树庙小学	1997 年撤并		大山小学	1995 年三校合并,2003 年撤
	北村小学	1998 年撤并		卸车小学	1995 年三校合并,2003 年撤
	城皇山小学	1990 年撤并		奇坑小学	1999 年撤并
北湖乡	中心小学	1988 年称瓶窑镇北湖中心小学		白鹤小学	1999 年撤并
	张堰完小	2005 年撤并		西坞小学	1998 年撤并
	西安寺完小			石门小学	1998 年撤并
	河中完小	1998 年撤并		长岭小学	2000 年撤并
	圣塘小学	1998 年撤并			
	横山小学	1986 年撤并			

学校管理进一步得到加强,1993 年,瓶窑镇一小、瓶窑镇长命中心小学等 9 所学校实施校长负责制。

1996 年 9 月,新建的瓶窑镇第二小学建成并正式招生。该校坐落在桥南新区,占地面积 20 亩(1.33 公顷),建筑面积 4023 平方米,教育大楼共 24 个教室,18 间办公室,还建有食堂、活动场所等附属设施,可招收学生 1200 名。学校按上等级学校标准建设,共投资 289.5 万元,经费采取镇政府投资、市教委补助、镇内集资和个人捐赠等渠道筹措解决。

2000 年 6 月,余杭市教委决定在瓶窑镇一小等三所小学开展小班化教学实验。2001 年 5 月,余杭区教委同意瓶窑镇二小等 8 所小学开展小班化教学。

2002 年 6 月,瓶窑镇二小等被区教育局命名为首批中小学科技教育示范学校。

2003 年,先后完成镇一小多媒体教室的模式更新、镇五小电脑教育及多媒体教室的配备等教育设施建设项目。

2004年，镇政府不断加大教育设施投入，改善办学条件，所有镇属中小学都配备了现代化教育设施。当年，还先后完成了塘埠小学及附属工程、镇二小食堂改建及附属工程等。

2005年，撤并1所村完小，投入50多万元对镇一小实施地质灾害点治理。瓶窑镇长命心中小学、瓶窑镇第一小学、瓶窑镇北湖中心小学、瓶窑镇彭公中心小学、瓶窑镇第二小学被评为“人民满意学校”。瓶窑镇长命中心小学少年警校被全国少工委、国家国防教育办公室、中国少年军校总校命名为全国少年军（警）校示范校。这是浙江省在本届评比中唯一获此殊荣的学校（全国共15所）。

2005年瓶窑镇中心小学、完小情况表

表5—2—11

类别	校名	校址	校长	班级数（个）	学生数（个）	教职工数（人）		创办年月
						总数	其中：专任教师	
中心小学	第一小学	瓶窑镇里窑街小学弄	蒋丽姣	18	615	40	36	1907.10
	第二小学	瓶窑镇教育路40号	徐志平	22	961	51	47	1995.3
	长命中心小学	瓶窑镇长命桥	王建祥	12	519	35	34	1928
	北湖中心小学	瓶窑镇南山村	阮荣生	13	416	30	28	1946
	彭公中心小学	瓶窑镇彭安路48号	张耀国	18	674	40	38	1907
完小	西安寺小学	瓶窑镇西安寺村		5	86	8	8	
	崇化小学	瓶窑镇长命蒿山头		7	163	15	15	
	塘埠小学	瓶窑镇彭公塘埠村		6	144	12	12	

2008年，为推进标准化学校建设，全面实施素质教育，瓶窑镇中小学布局调整步伐进一步加快，撤并瓶窑镇第一小学和第二小学。

2009年，瓶窑镇一小图书馆被评为省首批100个示范性图书馆。2010年9月，被评为全国中小学图书馆先进集体及第四批杭州市依法治校示范校。同年，瓶窑镇第一小学成立教育集团。

2011年，为加大乡村学校少年宫建设，丰富农村学生文体生活，瓶窑镇第一小学成功创建为浙江省首批乡村学校少年宫。10月，由省精神文明建设委员会办公室、省财政厅、省教育厅举办的中央彩票公益金专项扶持乡村学校少年宫项目浙江省启动仪式在瓶窑镇第一小学举行。浙江省首批乡村学校少年宫将建成使用43所，瓶窑镇第一小学位列其中。同年，瓶窑镇第一小学创建为杭州市小班化教育实验学校。

2012年，瓶窑镇第一小学被评为第四批杭州市语言文字规范化示范校，还被省环保厅、教育厅命名为省第五批省级绿色学校。同年，改造彭公中心小学。

2013年1月，瓶窑镇第一小学被授予“浙江省诗教先进单位”荣誉称号。4月，浙江省诗词与楹联学会在该校举行授牌仪式。

2014年，北湖小学改建和瓶窑镇第一小学崇化校区教学楼等学校基础设施建设项目完工，初中、小学均成为省义务教育标准化学校。彭公中心学校40名“学生警察团”参加中央电视台“警营探秘”栏目实景拍摄。镇各中小学、幼儿园食堂接受量化等级评定和“阳光厨房”验收。

2015 年瓶窑镇中心小学、完小情况表

表 5－2－12

类别	校　名	校　址	校长	班级数（个）	在校学生数（个）	教职工数（人）	
						总数	其中：专任教师
中心小学	瓶窑镇第一小学	瓶窑镇凤溪路 388 号	喻武英	54	1938	119	111
	瓶窑镇北湖中心小学	瓶窑镇南山村李王堂 36 号	黄益坤	18	659	40	38
	瓶窑镇长命中心小学	瓶窑镇长命村	包宝财	12	433	33	32
	瓶窑镇彭公中心小学	瓶窑镇彭公路 48 号	王建强	20	604	50	49
民办小学	蒲公英学校（小）	瓶窑镇长命村	赵　建	55	2400	227	124

获得省市级以上荣誉称号教师名录

表 5－2－13

年份	姓名	所在单位	荣誉称号
1990	沈顺芝	彭公乡中心小学	浙江省“春蚕奖”
1999	陈国芳	瓶窑镇一小	杭州市优秀教师
2003	吴金鹏	瓶窑镇二小	杭州市优秀教师
2004	张　敏	瓶窑镇第一小学	杭州市优秀教师
2004	张耀国	瓶窑镇彭公小学	杭州市“三育人”先进工作者
2008	吴金顺	瓶窑镇中心学校	浙江省“春蚕奖”

二、主要小学简介

瓶窑镇第一小学　前身是光绪三十二年（1906 年）钱塘、余杭两县联办的苕西两等小学堂，学生 100 余人，只收男生。民国 5 年（1916 年），开始招女生。18 年（1929 年），镇上女子小学并入。34 年（1945 年），改称瓶窑镇中心国民学校，有 7 个班，学生 183 人，教员 13 人。1949 年，改名瓶窑镇小学，1951 年设西溪分部，上窑小学并入。1987 年，有 11 个班，学生 528 人，教职员工 37 人。

图 5－15　瓶窑镇一小（2015 年）

2008 年以前，学校位于镇北窑山南麓，占地面积 8004 平方米。2008 年，撤并瓶窑镇第一小学和第二小学，瓶窑一小搬迁到原瓶窑镇中校址和瓶窑二小校址，建立新的瓶窑镇第一小学。新建后的瓶窑一小占地面积35321平方米,建筑面积14339.61平方米.崇化校区建地面积6785平方米,建筑面积3039.14平方米。拥有计算机专用教室、语音教室、多媒体综合教室、劳技室、舞蹈室及双向控制闭路电视系统和广播系统,音、体、美、图书均达国标或省标I类。2015学年,瓶窑一小有54个班级,在校学生数1938人,119名教职工,其中专任教师111名。有高级职称7人,中级职称77人。浙江省教坛新秀1人,杭州市教坛新秀5人,余杭区名教师1人,余杭区学科带头人2人,余杭区骨干教师31人,余杭区教坛新秀4人,余杭区青年岗位能手4人。

百年老校瓶窑镇第一小学获得国家、省市级荣誉多项。1998年12月,被浙江省教育厅授予浙江省示范小学称号,2011年1月,中央文明办、教育部、财政部认定瓶窑一小为全国乡村学校少年宫项目学校。2012年12月,被浙江省诗词与楹联学会授予浙江省诗教先进单位称号。2013年1月,被浙江省教育厅、省环保局授予浙江省绿色学校称号,被浙江省教育厅评为2012年浙江省义务教育标准化学校。

开展小班化教育改革,是余杭区小班教育的窗口学校、杭州市课题研究实验学校和省小班化实验学校。2011年1月,被杭州市教育局授予杭州市小班化教育实验学校称号。

此外,由杭州市教育局评定和授予的荣誉称号还有:杭州市第四批依法治校示范学校(2010年5月)、杭州市中小学德育工作先进集体(2010年9月)、杭州市城乡互助共同体先进单位(2011年11月)、杭州市示范平安校园(2012年2月)、杭州市语言文字规范化示范学校(2012年5月)、杭州市文明学校(2012年4月)、杭州市中小学德育工作先进集体(2012年9月)。

瓶窑一小重视图书馆建设与发展,将其列入学校工作目标之一,不断丰富图书资源,改善图书馆的办馆条件,提高办馆水平,增加图书的上架量,选派图书管理员参加省市一级的专业培训。学校的图书馆、阅览室全天开放,班班都设有小小图书管理员,形成"学校管理员—班级管理员—学生"的三级借阅机制,保障图书的顺畅流动。合理的图书分类,规范的业务管理,丰富的读书活动,推进学校整体办学水平的提高。2009年,瓶窑镇一小图书馆被评为省首批100个示范性图书馆。2010年9月,瓶窑镇第一小学被评为2008至2009学年全国中小学图书馆先进集体。

瓶窑一小还是体育(乒乓,棋类)传统项目学校,在全区小学生乒乓球比赛中多次夺冠。1997年—2001年,在全区小学生乒乓球赛中,连续5年获得团体冠军。校"三棋队"曾连续九届获得余杭区小学生"三棋"比赛团体第一;连续两届组队代表余杭区参加杭州市人民运动会青少年棋类比赛,均取得较好成绩;2014—2016年三年中,代表余杭区参加省、市级比赛9次,选派学生142人次,有近50%的学生获奖。学校被评为"浙江省体育传统项目(围棋)学校",被命名为"全国棋类教学课题研究实验基地"和棋类项目进课堂象棋共建学校。

历任校长:陈溶飞、丁竹坪、仲颖、黄顺章、沈炳魁、沈子良、骆仁松、段公博、姚载清、王端荣、郭春涛、王慕高、缪文蔚、沈永椒、沈鸿英、马小樵、洪启耕、吴琳芬、周士才、宋莲莲、王奎荣、蒋丽姣、徐志平、喻武英。

瓶窑镇第二小学 瓶窑镇第二小学创办于1995年3月,1996年8月招生。学校坐落在苕溪以南新窑路和教学路交叉口,占地面积14667平方米,建筑面积4320平方米。设普通教室18个,有阅览、实验、舞蹈等专业教室16个,并建有多媒体、电脑、语音等专用教室,双向闭路电视教学系统及校园智能广播系统。教学仪器、电化教学设备、图书、音、体、美、劳、卫等器材配备均达到国家一类配备标准。

2005年有教学班22个,学生962人,全校教职工51人,其中专任教师48人。大专以上学历占87.5%,专任教师中有小学高级教师30人,杭州市优秀教师2人、教坛新秀2人,余杭区学科带头人1人、骨干教师21人、教坛新秀10人。

学校形成了"以艺术教育为龙头,以科技教育和三棋活动为两翼"的办学特色,共有90多件作品在杭州市科技节获奖,其中一等奖5项、二等奖8项。学校拥有民乐队、铜管乐队和三棋(中国象棋、围棋、国际象棋)队。两支乐队均在区艺术节中获过奖,三棋队在1997年至2001年间,连续5年获区小学生三棋比赛团体第一名。该校学生表演的京剧《智取威虎山》选段曾获1998年浙江省小梅花戏曲大赛银奖,30多个兴趣小组最大限度地满足了学生个性发展的需要。

学校先后被命名为全国棋类教学实验基地、国家基础教育课程改革实验骨干学校、浙江省爱国卫生先进单位、浙江省农村示范小学、浙江省体育(围棋)传统项目学校、国防教育先进单位。

2008年,瓶窑镇第二小学和第一小学合并,第二小学建制撤销。历任校长丁掌宏、朱卫民、喻武英、徐志平。

瓶窑镇长命中心小学　位于杭州莫干山路长命桥。前身为私塾,1928年创办,几经易名,2002年5月改是名。学校曾下设凤山教学点和崇化完小。2015学年,长命中心小学有12个班级,在校学生数433人,33名教职工,其中专任教师32名。有小学高级职称26人、小学一级职称7人,本科学历21人、专科学历5人,中师学历7人,学科带头人1人,杭州市教坛新秀3人,余杭区骨干教师4人,学校获得全国少年警校示范校、浙江省义务教育标准化学校、浙江省课外阅读先进集体、杭州市德育工作先进集体、杭州市人民满意学校等40多项全国、省、市、区级荣誉。

学校占地面积7803.9平方米,建筑面积2194.8平方米。除14个常规教室外,还设有多媒体、电脑、实验、音乐、美术、图书、资料档案、体育器材、卫生等专用教室。常识教学仪器达到了省级一类标准,电教设备达到了省级二类标准,音、体、美教学仪器达到了省级一类标准。

1993年9月,学校创办少年警校,以五年级学生为少年警校正式学员,参加为期1个月的军事训练。至2001年,共举办少年警校九届,培训学员837人。

2005年,瓶窑镇长命中心小学少年警校被全国少工委、国家国防教育办公室、中国少年军校总校命名为全国少年军(警)校示范校。这是浙江省在本届评比中唯一获此殊荣的学校(全国共15所)。7月28日,在北京房山中国少年军校总校举行的颁奖授牌仪式上,中央军委副主席、国防部长曹刚川上将为长命中心小学少年警校授牌。该少年警校创办于1993年,在省武警总队驻杭某部教导大队的支持下,每年举办一期军事培训,一至四年级的学生为少年警校的预备学员,五年级的学生为正式学员,培训学员1100余人。通过参观军营、聆听军事讲座、参加军事训练,培养了学生爱国、爱军的热情。该校结合学校日常活动,先后成立警校升旗队、巡逻队、舞蹈队、服务站、电视台等团体,培养学生自我管理、自我约束的能力。

长命中心小学少年警校是全区首批5所军(警)校之一,多年来他们坚持与省武警总队联系,培养出2000多名小学员,成为学校德育的有效载体。

历任校长:曹瑛、沈鸿英、申屠基荣、谢世昌、周士才、徐尔藏、陶越、盛正岗、徐泉火、徐志平、王建祥、包宝财。

瓶窑镇北湖中心小学　北湖中心小学创办于1946年10月,原名北塘庙小学,只有一个班级。1956年8月,由中溪乡乡校一部分和北塘庙小学合并,建成张堰完小。后校址、校名几度变迁和更改。现在校址在瓶窑镇南山村李王堂18号。三面环山,环境幽静,风景迷人,空气清新,全校绿树成荫,是学生学习读书的好地方,是余杭区小班化教育试点学校。学校占地面积20000平方米,体育场地1785平方米,绿化面积15261平方米,拥有现代化的教学设施,建有200m塑胶环行跑道、多媒体教室、计算机教室、实验室、美术室、音乐舞蹈室等,所有教室都开通了闭路电视系统,设置了实物展示台,远途的学生上下学都有专车接送。同时,建成了Internet校园宽带网络。2015学年,北湖中心小学有18个班级,在校学生数659人,40名教职工,其中专任教师38名。大专、本科以上学历的教师25人,研究生1人。余杭区骨干教师4人,余杭区教坛新秀3人、区优秀大队辅导员1人。

2006年获"余杭区第十四届中小学艺术节小学组舞蹈比赛三等奖";2009、2010年获余杭区假日杯中小学写字团体赛三等奖;2007年度、2010年度获瓶窑镇先进党组织;2010学年获余杭区"双优"学校称号;学校先后被命名为"余杭区文明单位"、"余杭区体育传统项目学校";"余杭区行为规范教育达标学校";2011年2月,被评为"杭州市爱国卫生先进单位";"余杭区平安校园"、"杭州市人民满意学校";2011年5月,被评为余杭区第四批语言文字规范化学校";2011年12月,被评为"余杭区绿色学校"及工会的"团结合作领导岗"、"主动服务后勤岗"、"精益求精教育岗";2012年,荣获浙江省健康促进学校铜牌;2012年10月,被评为杭州市中小学合格教科室,"2012年度先进团支部";2014年3月,荣获余杭区第八批"群体师德创优示范岗";2014年1月,荣获2013年"等级平安校园"5A级学校称号和余杭区第五批行为规范学校;2015年2月,被评为2014学年5A平安校园;2015年7月被授予浙江省义务教育标准化学校;2016年1月,被授予余杭区A级食堂;2016年6月,被评为余杭区"阳关厨房";2016年7月,被评为2015学年AAAAA平安校园等。

历任校长:盛文金、何国良、沈以忠、申屠基荣、徐乃曾、丁掌宏、金永泉、张耀国、阮荣生、黄益坤。

瓶窑镇彭公中心小学　余杭区瓶窑镇彭公中心小学前身为创办于1907年的石濑"忠恕小学堂",距今已有100多年历史。1949年解放后改名为余杭县安平乡中心小学,1961年更名为余杭县石濑公社中心小学,1983年迁址彭公塘埠村改名为余杭县彭公中心小学,1991年又迁址到彭公集镇鲁家头更名为余杭市瓶窑镇彭公中心小学及余杭区瓶窑镇彭公中心小学,2008年搬迁到彭公村陈和村周家畈62号原彭公中学内。

瓶窑镇彭公中心小学地处杭州市余杭区北部山区,是一所农村小学,辖区面积为59.98平方公里,占瓶窑镇总面积的1/2,104国道、04及015省道,宣杭铁路均穿境而过。学区下辖彭公村、石濑村、塘埠村、骑鹤村四个行政村13个自然村,最远自然村长岭村距学校有10余公里。浙北竹器市场、石濑工业园区及茶叶试验场均在学校辖区内。2015学年,彭公中心小学有20个班级,在校学生数604人,教职工50名,其中专任教师49名。教师专科学历15人,本科学历29人,中学高级职称1人,中级职称45人。杭州市教坛新秀2人,余杭区学科带头人2人,余杭区骨干教师8人,余杭区教坛新秀7人,余杭区青年岗位能手5人。

学校占地面积为21545平方米，建筑面积为6312平方米，拥有两座教学楼及一座行政楼。学校设有普通教室26余个，专用教室齐全，教学设施设备和现代化教育技术装备均达浙江省标准。学校拥有校园网、闭路电视系统、计算机教室、多媒体教室、阶梯教室等，普通教室均安装电子白板和多媒体设备，校图书室拥有图书18000余册，教室办公设施及学生课桌椅均为2013年9月全新配置。

学校先后被评为“浙江省义务教育标准化学校”、“杭州市农村示范学校”、“杭州市平安示范单位”、“杭州市雏鹰红旗大队”、“杭州市学生接送车安全管理工作先进单位”、“杭州市少年交警手势操指挥比赛组织奖”、“余杭区首届少先队十大品牌项目学校”、“余杭区语言文字规范化示范校”、“余杭区2014年度考核优秀级学校”等20余项集体荣誉。

历任校长：骆宝妹、沈永椒、沈根木、李应白、陈志玉、周士强、丁志根、阮荣生、张耀国、王建祥。

蒲公英学校 蒲公英学校校址前身历经长命中学（1968年2月—1999年7月），瓶窑镇成人技术文化学校（1999年9月—2003年5月）和余杭区立人高级中学（2003年9月—2008年7月）。

蒲公英学校于2008年5月30日经余杭区教育局批准成立，由董事长赵建投资1000万元人民币打造的一所高起点、低收费的九年一贯制民办学校。学校坐落在境内长命村。蒲公英学校主要招收暂住在瓶窑镇及余杭区内的外来务工人员子女入学。2008年9月开办第一学期招收810位适龄儿童入学就读。2015年学生数已达3105人，共计69个教学班。教师179人，其中专科学历39人，本科学历135人，研究生学历5人，学历达标率100%。蒲公英学校每年解决近800位适龄儿童入学，每年向各级各类学校输送300多名学生进入高一级的学校继续学习。

校园占地面积52亩（3.47公顷），其中绿化面积1005平方米，建筑面积18000平方米。可开设78个教学班，同时多媒体、电脑室、实验室、图书室、音乐室、美术室、少先队活动室等功能室齐全，有标准塑胶体育场地；校车、食堂、餐厅、宿舍、洗浴设备、监控设备、教学活动、生活、交通安全设施等也一应俱全。蒲公英学校实行董事会领导下的校长负责制。下设安保处、政教处、教务处、总务处和共青团委员会组成校委会。2008年—2015年学校负责人有闫瑞华、龚延胜、康振龙。普及中学生健美操、排球、篮球是蒲公英学校的办学特色，2014年6月，筹建了“国学讲堂”用来弘扬国学精髓的专用教室。

2012年，颜冰冰参加杭州市中小学生作文竞赛荣获杭州市二等奖。2014年10月涂佳静参加余杭区中学生田径运动会荣获女子800米、1500米双第一名。2015年—2016年健美操队连续两年荣获杭州市中学生健美操竞赛第一名。蒲公英学校先后有邵士军、查海霞、纪丹丹、李洋、徐惠芳、刘晓倩、崔晓娜、周艳军等教师被评为余杭区优秀教师或优秀班主任。

学校董事长：赵建，历任负责人：闫瑞华、龚延胜、康振龙。

第四节 中学教育

一、发展历程

中华人民共和国成立前，瓶窑境内没有中学。1956年秋，杭县第三初级中学在瓶窑创办，开办之处,仅有教室一幢,招收2个班计112名学生。9月初开学,教室尚未完工,由镇政府在西溪街安排两民房暂作教室之用。当时两个班级教职工仅4人,有些科目则请瓶窑小学教师兼任。1957年,陈见山任首任校长,吴夷武为教导主任。1958年,张俊卿担任党支部书记、校长。当年扩建校舍,建成办公用房一幢、师生住房两幢,还建了厨房和一个毛竹草毡结构的礼堂。班级数已扩大到6个,教职工也增加到11人,初一到初三的课程均已开足。至此,学校已初具规模。

1958年5月,瓶窑从杭县划归余杭县,故校名易为余杭县第三初级中学。1959年1月并临安,又称临安县瓶窑初级中学。1960年4月重新归属余杭,校名又改为余杭县瓶窑初级中学。直到1970年学校首次招收高中学生后,定名为余杭县瓶窑中学。

1958年,中央发出《关于教育工作的指示》,提出"教育为无产阶级政治服务,教育与生产劳动相结合"的教育工作方针,各中小学开展勤工俭学,组织学生参加生产劳动与社会实践,掀起教育改革高潮。1958年春,瓶窑中学师生到外校馒头山垦荒20多亩,收获番薯1万多斤。三年困难时期,又在南山桥边草荡堤岸桑林中间种蔬菜,以渡难关。20世纪60年代初,实行统考制度,搞教学大比武,学校教学常规日趋正常,教育质量也不断提高,教师们纷纷钻研业务。1963年以后,贯彻上级指示抓中教五十条,抓教学秩序正常化,瓶窑中学形成了良好的教风和学风,教学质量不断提高,每年录取高一级学校的比例都很高。60年代初,学校藏书已达2000多册,还购置了中西乐器40余种,自制单杠、双杠、怕绳、爬竿等体育用具,此外,学校也非常重视学生的思想政治工作,如利用节日举行报告会,老红军赵兰曾来校作过报告,还开展参观访问、配合形势自编自演节目,上街宣传等活动。

1966年,"四清"工作组进驻瓶窑中学,发动学生搞"大鸣、大放、大字报"及"破四旧",接着成立了"红卫兵团",师生们苦心创立的教学秩序荡然一空,校容校产遭到严重破坏。副校长吴夷武被抄家,其本人被关进牛棚。校长、党支部书记张俊卿也被隔离审查,1967年8月被迫害致死。还有不少教师被游斗,甚至遭毒打。1967年冬,瓶窑镇工宣队进驻学校,开始"复课闹革命",但仍以运动代替教学活动。"师道尊严"的批判,又造成师生感情的对立。1968年,学校成立了"革命委员会"。1969年贯彻"五・七"指示,开展学工、学农、学军活动,学生仍学不到文化基础知识。

1968年开始,各公社完小、中心小学普遍附设初中班(俗称"戴帽初中"),在校初中生有所增加。1969年2月,彭公中学创建。1968年,长命中学创建。1976年,北湖中学创办。

1970年恢复高中招生后,提出了"高中不出公社"的口号,高中盲目发展。瓶窑中学首次招收2个高中班,学校更名为"余杭县瓶窑中学"。"文化大革命"后期,长命、北湖、彭公公社中学均招收高中班。

1972年4月瓶窑中学升格为县属中学。为改善办学条件,学校利用学农和课外时间,对校前湿地进行筑堤围垦,经过全校师生的共同努力,学校建成了一个占地面积达50多亩(3.3公顷)的学农基地。学生利用课余时间在堤内种田,堤坝上种菜,农产品用于改善学生伙食。

1976年10月后,教育战线开始拨乱反正,调整、整顿初中,控制、改革高中,医治学校在"文化大革命"中所遭受的严重创伤,优良的传统得以逐步恢复,各项工作从新回到正确轨道。1978年,对社办中学进行调整,社办中学停止招收高中生,建立初中、小学合一建制的中心学校。瓶窑中学恢复面向全瓶窑学区招收初中学生的政策,1978—1979每年向全瓶窑学区招生两个初中班，共招两届，大大改善了学校的初中生源质量。1981 年，境内有完全中学一所，初中 4 所，学校布局和规模趋于稳定。

20 世纪 80 年代起，瓶窑中学健全各项制度，狠抓教学质量，高中教育质量得到较快提升。1983 年高考，全县应届生上线 21 人，瓶窑中学占了 9 人，占全县应届生上线率的 42.8%，升学率超过当年临平中学。至 1985 年，学校已有教学班 18 个，其中高中 12 个班、初中 6 个班. 在校学生近千人，教职工 80 名，学校占地面积 48 亩（3.2 公顷），新建了教工宿舍、实验楼。

1986 年开始，余杭实施九年制义务教育，凡实施义务教育的乡镇初中招生取消入学考试，小学毕业生全部就近升入初中。瓶窑等六镇乡率先实施九年制义务教育。小学、初中学制从"文化大革命"期间开始实行的"五二制"改为"六三制"，改制从起始年级开始到 1993 年完成。

20 世纪 80 年代开始，政府加大对校舍建设的投入，群众捐资助学蔚然成风。学校校舍条件有较大改善，如北湖中学当时还是校舍条件改善的典型。学校内部也进行了管理体制的改革，把教育工作的着力点放在提高教育质量和办学效率上来。教师实行专业技术职务评审和聘任制度，逐步做到评、聘分离。

1992 年，全镇全面实施九年制义务教育。1993 年，学校管理进一步得到加强，瓶窑中学校内结构工资的改革经验在全县推广。1993 年，瓶窑中学向空军输送 2 名飞行学员，第三次被评为招飞工作先进集体，受到省高校招生委和南京军区空军司令部的嘉奖。该校在 5 年中共输送飞行学员 8 名。1994 年开始，学校应试教育向素质教育转轨，变单纯研究"教"为重视研究"学"，全面落实新课程计划。1994 年，全镇有中小学 20 所，在校学生 4013 人。彭公全乡有初中 1 所，小学 14 所，在校学生 1688 人，初中入学率 85.8%。集资 70 万元新建了教工宿舍大楼。1995 年，瓶窑中学新建了 400 米环形跑道的标准田径场。

1996 年，余杭迈入创建教育强市阶段。各校继续开展教学内容、方法等许多项目的改革试验，深入开展教学改革和教育科研。是年长命中学教育楼扩建工程完成。瓶窑中学班级数扩展到 25 个，在校学生近 1300 人，教职工 100 人。教育质量也不断攀升，省会考合格率达 98% 以上，高考上线率达 69%。

1998 年，投资 600 余万元的瓶窑镇第一初级中学落成。瓶窑中学不再办初中。1999 年，长命中学并入瓶窑一中。

1999 年，杭州市人民政府教育督导室对瓶窑中学进行了省级普通高（完）中办学水平的评估。评估组对该校的办学指导思想、办学条件、行政管理、师资水平、教育质量和教育科研等方面进行了逐项检查、综合分析和评估，认定已经达到浙江省 A 级普通高中的办学水平。

1999 年，瓶窑镇通过浙江省教育强镇验收，彭公乡通过杭州市教育强镇验收。

1985 年—2005 年瓶窑镇初中变动情况表

表 5－2－14

校　名	变动情况
瓶窑镇一中	1998 年新建
瓶窑中学	1998 年停办初中班
北湖乡中学	1998 年改名瓶窑镇北湖中学
长命乡中学	1999 年并入瓶窑镇第一中学

2001 年瓶窑镇初级中学基本情况表

表 5－2－15

校 名	班级(个)	学生(人)	教师(人)	专任教师(人)
瓶窑镇第一中学	26	1234	84	80
北湖中学	11	507	39	36
彭公中学	12	526	35	30
合计	49	2267	158	146

进入 21 世纪以后,镇政府不断加大教育设施投入,改善办学条件,不断加强师资队伍建设,教育质量稳步提高。所有镇属中小学都配备了现代化教育设施。2002 年投入 400 万元,用于各校基础设施的新建和改造,做到小学、中学每校都有电脑教室、多媒体教室。瓶窑中学建成古陶陈列室、地震科普陈列室。2003 年,完成镇三中教学楼更新等教育设施建设项目。瓶窑中学成为全省首座“花园式地震测报站”。2004 年,镇一中综合评价进入全区三强。瓶窑中学建成气象观测室、良渚文化研究室、校本课程研究中心。2005 年,投入 600 多万元,其中 260 多万元为镇中、北湖中学、彭公中学铺设塑胶跑道。

2003 年,依托瓶窑中学师资,创办了“立人高级中学”,当年招收高中五个班。

2005 年 1 月,瓶窑中学被省教育厅认定为省三级重点普通高中。

2006 年,北湖中学通过近两年的创建活动,通过省市健康教育专家的评审,成为余杭首家创建成功的健康促进学校。实施省标准化学校建设工程,加快破旧校舍和薄弱学校改造,瓶窑镇中新建项目开工。

2008 年,瓶窑一中新校区启用。该校区投资 1 亿元,占地 6.67 公顷,建筑面积 4 万余平方米,可容纳 54 个班、2000 余名学生。每个教室均配备多媒体教学系统,图书科技楼有 20 余个专用教室。当年,原瓶窑镇第一中学和镇第三中学顺利合并。

2010 年,瓶窑镇第一中学与杭州文澜中学签订教育教学合作协议,结成姊妹学校。两校开展全面教育教学合作,共同探索提高学校管理水平及教育质量的措施,定时向对方提供学校的教育教学信息、教育科研信息、教师专业发展等,建立网上信息互通渠道,以加强双方信息交流工作。文澜中学还将指导瓶窑镇第一中学的干部和教师队伍建设以及教科研工作。2013 年,瓶窑镇第一中学与上海嘉定迎园中学签署合作协议,双方协议商定在学校管理、课程改革、教育科研、质量提升、品牌建设、师资培训等方面开展交流合作,实现优势互补,资源共享。

瓶窑中学着力打造美术教育品牌,2012 年开始进行美术特长生提前批招生,学校有专门的美术楼,建成了美术教育基地,和中国美术学院出版社基础教育研究与推广中心联合办学,进行全国招生,成为中国美术学院的“基础教育推广示范学校”;学校确定每个年级成立 2—3 个美术特长班;加强与各美院教师和专家的联系、交流,聘请知名教授担任学校美术教育顾问。到 2016 年止,学校向高等院校输送美术类优秀毕业生 300 余人,有百余名美术考生考上中国美院、复旦大学、浙江大学、华东理工大学等重点名牌大学。在 2015 年和 2016 年的美术术科高考中,瓶窑中学美术考生上线率达 100%,第一批上线率达 90% 以上。

2015 年,瓶窑中学通过了省二级普通高中特色示范学校评估。

2016 年 12 月,瓶窑中学扩建项目开工建设,扩建项目位于杭州市余杭区瓶窑镇 104 国道北侧，东至规划港渠路，西至改道后的十里渠水坝，南至规划南洋东路，北至里窑街。基地北侧为老校区，西南侧为南山摩崖石刻文物古迹。基地周边和内部自然生态环境优美，山水环绕，景色宜人。

扩建项目总用地面积约6.5公顷，总建筑面积为70000平方米，其中地上建筑面积48000平方米，地下建筑面积22000平方米。建有普通教学楼3幢，综合实验楼1幢，行政和教师办公楼1幢，图书信息楼1幢，体育馆1幢(含25米室内游泳池1个)，可容纳888人的报告厅1幢，400米标准跑道及辅助体育设施的运动场地1个，位于运动场地下并有可容纳560个停车位兼人防设施的大型地下停车场1个。校园建筑容积率0.72，绿地率35%。

扩建项目于2016年开工，计划2019年7月竣工。建成后，学校招生规模为48班，约2400名学生，总投资4.5亿元。

获得省市级以上荣誉称号的教师名录

表5－2－16

年　份	姓　名	所在单位	荣誉称号
1989	沈宝和	瓶窑中学	浙江省优秀班主任
1989	王奎荣	长命乡初中	浙江省“春蚕奖”
1994	仰健雄	瓶窑中学	浙江省优秀教师
1994	陈卫跃	瓶窑中学	杭州市优秀青年教师
1995	严宏谋	彭公乡初中	浙江省“春蚕奖”
1998	徐晓芸	瓶窑中学	全国模范教师
1998	边培森	瓶窑中学	浙江省“春蚕奖”
1999	陈　杰	瓶窑中学	浙江省“春蚕奖”
2000	盛立忠	瓶窑中学	杭州市优秀教师
2001	蒋元根	瓶窑镇彭公中学	浙江省“春蚕奖”
2002	李彩娣	瓶窑中学	杭州市优秀教师
2003	罗丽华	瓶窑中学	杭州市优秀教师
2003	俞建中	瓶窑中学	杭州市“学生最喜欢的老师”
2003	何迪芳	瓶窑镇一中	浙江省“春蚕奖”
2004	陈云奎	瓶窑中学	浙江省优秀教师
2004	俞建中	瓶窑中学	浙江省“春蚕奖”
2005	王伟民	瓶窑镇彭公中学	杭州市优秀教育工作者
2006	祝根宝	北湖中学	浙江省“春蚕奖”
2007	施春湘	瓶窑镇第一中学	浙江省“春蚕奖”
2007	郎春燕	瓶窑中学	浙江省“春蚕奖”

二、初级中学简介

余杭区瓶窑镇第一初级中学　1998年，瓶窑中学初中部与高中部脱钩后，新建瓶窑镇第一初级中学。是年秋季招生，新教学楼投入使用。校址：瓶窑镇新窑路345号。1999年8月，长命中学并入该校。2001年8月，改用现名。2008年秋季，位于瓶仓大道的瓶窑一中新校区落成启用,瓶窑一中和彭公中学合并。2009 年秋季,学校与北湖中学合并,学校办学规模进一步扩大。

新学校的办学条件堪称全省一流。学校占地 100 多亩,建筑面积达 40023 平方米,绿地面积达 20000 平方米。有气势恢弘、能容纳 54 个班级的教学大楼;有功能齐全、设施先进的科技楼;有办公条件一流的行政楼;有 400 米标准塑胶跑道和体育馆;有优雅舒适的师生餐厅;还有可供 1500 名学生住宿的学生公寓。学校每个教室都装备了多媒体教学系统,每个年级都有一个多功能报告厅,拥有高标准配备的电脑教室、实验室、图书室、阅览室、美术教室、音乐教室、劳技教室。

2005 年,有教学班 24 个,学生 975 人,教职工 85 人。2015 年,学校有教学班 42 个,在校学生 1696 人,其中住校生 1214 人。教职工 144 人,其中专任教师 138 人。专任教师中,有研究生毕业 4 人,本科毕业 128 人。有中学高级教师 38 人,中学一级教师 75 人。2016 学年,有中学高级教师 51 人,中学一级教师 69 人。余杭区"优秀教师"8 人,余杭区学科带头人 6 人,区骨干教师 37 人,区级教坛新秀 40 人,杭州市级教坛新秀 13 人。近年来,校教科研成绩较为显著,2010—2015 年,有区级立项课题共 43 项,教师获奖论文 250 片,发表论文共 174 篇次。

学生参加各级各类竞赛获得多个奖项,在浙江省青少年电子制作锦标赛中团体获奖 4 次;杭州市中学生健美操比赛(第 6 届至第 11 届)连续六年均获奖;杭州市第二届中华经典诵读大赛集体组 2015 年二等奖、2016 年三等奖;余杭区中小学生田径运动会。

1999 年,学校被认定为"杭州市示范学校"。2000 年 12 月,被认定为杭州市农村示范初中;2003 年被认定为余杭区校本教研基地学校以及区教研先进集体、良渚文化青少年研究与宣传基地、区教师工作精益求精示范岗等。2009 年度、2010 年度,先后获得区、市平安校称号,2011 年获余杭区绿色学校、余杭区传统体育项目学校(田径)、区第九批小班化教育试点学校、余杭区中小学第五批行为规范教育示范学校称。2012 年,获浙江省课外阅读先进集体称号。2013 年获浙江省健康促进铜牌学校称号;2015 年,被确立为余杭区首批义务教育阶段深化课程改革学校、余杭区第二批规范化管理示范学校第六批余杭区语言文字规范化示范学校;2016 年,获浙江省首批全国学校体育示范校称号。

建校以来历任校长:汪连玉、陈文龙、周宝阳、沈金永、劳谊杰。

长命中学　长命中学最早创办于 1965 年下半年,共有学生 50 人。校址设杭州儿童福利院内,时任公社党委副书记陈文奎兼任校长。

1968 年 8 月,从长命公社长条形地域出发,为方便学生就近上学决定在长命、崇化两片创建两所初中,招收 1966 年—1968 年三届小学毕业生,各设一个初一班,两校学生各有六七十人,各校有 2 名专任老师,长命中学林长荣、许海玉,校址设在长命老街乡公所内。新生入学,学校规模扩大,长命中学搬迁至红峰大队(现长命村)徐家墩。1969 年,原雉山、凤山两所小学附设初中班全部并入长命中学,一所拥有 6 个教室,可容纳 300 多学生的初中已建成。随着高中教育的发展,两所中学从 1977 年开始办了二届高中班,高中毕业生有 200 人。

当时两所中学同属一个党支部领导,书记周士才,校长钟寿法。"文革"结束,全国恢复第一次高考,长命中学首届高中毕业生录取大学 3 人,他们是吴夏明、章申、周来顺。录取比例居全县农村中学第一,还有被浙大、同济大学等名校录取。初中教学质量在历年中考中录取中专和重点高中人数居全县前茅,是瓶窑地区老百姓赞美的农村中学。长命中学毕业的周康明是余杭县第一位上“中国科大”的学子。1985年,学校有12个初中班,601名学生,教职工48人。1989年8月建成一幢面积为1809平方的四层中学教学大楼,总投资43万元,其中单位捐资16.12万元,个人捐款2.18万元。学校拥有12个班级的教室、3个实验室、一个图书阅览室,图书藏量3000余册,学校占地面积16亩,拥有200米环形跑道的田径场,一个篮球场、一个排球场。当年九月两所中学合并成一所长命中学。1999年9月长命中学并入瓶窑镇第一初级中学。

勤工俭学、创收办学是20世纪七八十年代办学方针。70年代,学校就在长命朱家山开荒种茶10多亩,校办厂从车木加工、服装生产、小五金到生产电扇配件。长命中学79届高中毕业生高中华回校办厂,生产空调配件,1992年工厂年产值达到137万元,实现利润6.9万元,居为当时瓶窑地区校办工厂的佼佼者。

20世纪80年代末至90年代初,长命乡干部、群众捐款、企业出资对全乡中小学校的破旧房、危房进行改造,各村校都有五间二层的教学楼,新建中心小学、中学教学大楼。长命乡由此成了全县的教育模范乡,1990年乡长何阿毛获浙江省“绿叶奖”,校长王奎荣获浙江省首届“春蚕奖”。

1999年,长命中学并入瓶窑一中。历任长命中学领导有周士才、盛金元、钟寿法、徐乃曾、王奎荣、林长荣、王祖祥、高建平、王伟民。

北湖中学　北湖中学的前身是余杭县北湖公社张堰蚕桑农校,创办于1965年8月,1965年9月10正式开学,招收53名学生,一半是当地土生土长的青少年,一半是杭州知青(1965年5月1日张堰村分配到103名杭州知识青年)。瓶窑区第一批杭州知青,全部安排到张堰村,原因是田多地多,容纳性大。60年代,张堰有桑树地1105亩(包括北湖草荡开垦荒地种桑地),由于沿袭传统养蚕方法,新型技术严重缺乏,瓶窑区公所重点推广新型养蚕技术,决定创办一所培养蚕桑初等技术人员的农校。

张堰蚕桑农校设立栽桑养蚕技术课,由区农技站金掌福、丁天福担任,文化课由1965年高中毕业回乡知青万守祥担任。学制为两年,半农半读,一周三天半学习,四个晚上上课,到养蚕季节全部要参加生产队养蚕实习。桑树栽培上从传统的“一树三叉六拳头”形状,改造成矮株密植、高产叶桑园,桑树嫁接技术也从传统的“抱娘接”(也称袋接)改变成近地剪株成型,近地直插嫁接,使土地养分直接供给产叶枝条,桑叶产量倍增。在饲养蚕宝宝方法上,尤其在蚕宝宝上山做茧这一关键工序上进行了科学创新,防止了“双宫茧”、“乌茄茧”。张堰大队付书记陈瓦根担任校长,大队妇女干部章月娥担任付校长,班主任由万守祥担任,余杭县教育局农村教育股徐英花、张弘担任指导。蚕桑农校开办三届,培养150名初级蚕桑技术员,在北湖、长命乃至瓶窑地区全面推广了栽桑养蚕新技术,单张蚕茧从原来的60斤上下跃上了单张45公斤至50公斤,年产茧量占瓶窑地区的1/3左右。

1972年8月,更名为全日制北湖中学,其实质是大队小学戴上初中班帽子,具体分设为河中、西中、圣堂、横山、张堰五个初中班,由北湖中心学校管理。1976年9月,北湖公社撤掉小学戴帽初中班,合并为一所,校址迁到西安寺大队“九间头”石塘山,学校负责人有钟寿法、陈继承、张尧根、申屠基荣、徐乃贞。1985年,学校有7个初中班,369名学生,教职工23人。1987年9月,北湖中学校址迁入南山村里横塘,学校负责人有陈继承、高建平、祝根宝。2008年8月,北湖中学并入瓶窑镇第一初级中学。

北湖中学是体育(田径)传统项目学校,连获区田径运动会团体冠军、亚军,培育出一批“体育尖子”。

1978 年—1988 年期间,北湖中学曾获得过瓶窑地区的中小学田径运动会三连冠。

瓶窑区组队参加县中小学田径运动会比赛,北湖中学团体总分历年获前两名,成绩喜人。1999 年—2001 年,余杭市分城镇、农村组比赛,北湖中学在农村组比赛中连续三年获团体第一名。2002 年—2007 年,余杭区中小学田径运动会分甲、乙组(比赛采用升降制),北湖中学规模虽小,但在 6 年期间甲组比赛中从未降过级,成绩名列前茅。

1989—2007 年,向县、市、省上一级少体校输送 16 名运动员。

1998 年,北湖中学被余杭市教育局、体育局任命为“田径传统项目学校”。北湖中学历任校长有陈继承、沈誉忠、钟寿法、张尧根、高建平、祝根宝。

彭公中学 彭公中学创建于 1969 年 2 月,地处瓶窑镇西郊 104 国道与杭孝线交叉口的一座山坡上。1968 年,石濑中心小学和塘埠完小分别办起了两个初中班级,这是当时流行的小学戴帽形式。1970 年合并两所学校的初中班,新建丘河头彭公初级中学。1972 年初,学校迁至新校舍,1974 年,学校已有 3 个年级 12 个班,学生已达 600 多人,教职工近 35 人。1976 年,还办起了高中一年级三个班,这一年全校班级已达 16 个,学生数 970 余人,教职工近 50 人。

1980 年以后,彭公中学被调整为不设高中的彭公初级中学。1985 年,学校有 12 个初中班,610 名学生,教职工 21 人。(余杭县教育志)2003 年,学校被评为“花园式”单位。当时教师中获浙江省“春蚕奖”1 人,余杭区红烛奖 1 人,杭州市教坛新秀 3 人,余杭区教坛新秀 5 人,余杭区骨干教师 7 人,中学高级教师 5 人。

学校培养了初中毕业生 9200 余名,其中两届高中毕业生 300 余人,并为高一级各类学校输送新生 8000 余人。其中有黄连根、袁前敏、王翱宇、许云珍等四位同学以余杭区中考第一名的成绩考取杭州市第一高级中学。在规范办学的同时,学校努力发挥自身优势,积极开展特色活动,全面提高学生素质。坚持开展“以导促学,以导创新”的《中学生天地》的导读活动。为了使学生获得写作成功的体验,学校于 1997 年创办了“春笋”文学站,社刊《春笋》,社长由学生担任,刊物每学期一期,学生人手一册,同时寄往《中学生天地》《余杭报》等报刊编辑部和兄弟学校,学生在报刊发表或在各类征文竞赛中获得作品有 140 多篇。其中《父亲》《儿子真乖》、《春天到了我的家》等 15 篇发表在《余杭报》上,《女生也有自己的天空》《有眼不识宝》等 13 篇发表在《中学生天地》。另外还在《全国中学生作文大观》上发表了一篇,沈霞同学的《乡恋》著名文章,学校获省级征文三等奖以上的有 19 人次。1998 年,学校获浙江省爱国主义读书活动团体优胜奖。1997 年、2000 年、2003 年学校三次被评为浙江省导读先进集体,并且成为《浙江教育报》《中学生天地》的读书活动的联络点。2000 年—2003 年瓶窑镇辅导站、余杭市教育局分别在彭公中学召开了导读工作和现场经验交流会。

彭公中学历任负责人有骆宝妹、孙传礼、方明校、盛金元、严宏谋、林树法、雷如炎、李志明、韩军、汪震林、姚克萍、王伟民、沈永根。

2008 年秋季,并入瓶窑镇第一初级中学。

崇化中学 崇化中学创办于 1968 年 8 月,地址在长命公社高俞塘大队蒿山庙,是历史上的办学点,设一个班级 40 名学生,2 名教师,顾国良任负责人。校舍是借用崇化小学的两间破草棚,教师工资由 6 个大队筹集,教师再到生产队买工分。

1971年6月,崇化片6个大队贫下中农管理学校委员会决定将校址迁往烂泥湾蚕种场,两个班级,3名教师。1974年徐玉仙为负责人。1976年9月,中学生又增加,再将校址迁回至崇化小学(原崇化小学停办,将小学下放至各大队自办)。崇化中学由6个大队集资建造,规模相同于长命中学,设有六个班级,王奎荣任校长。1984年9月,任命王祖祥为校长,学生数最多时有300多人。1998年9月,长命、崇化两所中学合并,崇化中学不复存在。

崇化中学是白手起家的,在烂泥湾时,学校面临极大困难,两个班级的学生连厕所也没有,教师连床铺也没一张,只有几块破木板,为解决办学经费,开展勤工俭学。开垦了西险大塘外六亩多荒地,种植玉米、番薯、大小麦,用番薯换柴办食堂。用番薯藤养猪,艰苦筹集资金,设法改善办学条件。

1976年迁回崇化后,办起了校办厂,生产电扇网罩、阀杆、塑料配件及冲床业务,积累资金,改善办学条件。

学校最终根本是教书育人,蒿山脚下的崇化中学既土又穷,但教风学风令人叹服,经高一级学校培养,朱水祥、许世文、施立新被清华大学录取。

80年代时期,农村中学毕业生能考上中专(包迁户口、包分配),实为时髦“小状元”,是跳出“农门”的最佳途径,农村学生苦学、教师苦教、家长督学,时为社会风气。

据统计,1981年—1990年,长命中学、崇化中学毕业生考取各类中专技校的学生有137名,名例瓶窑地区前茅。1983年11月,校长王奎荣出席杭州市农村初中教育工作会议,介绍“艰苦办学”出成果经验。

三、高级中学

杭州市瓶窑中学　杭州市瓶窑中学前身是杭县第三初级中学,创建于1956年秋,校址在镇西窑山脚下。因区划调整,1958年改名“余杭县第三初级中学”,1959年1月改称“临安县瓶窑初级中学”,1961年5月改称“余杭县瓶窑初级中学”。1970年,开始招收高中学生,改称“余杭县瓶窑中学”,1972年4月升为县属学校,1994年更名为“余杭市瓶窑中学”。1998年秋初、高中分离,成为独立高级中学。2001年8月,改用现名。

2005年,有34个班,1755名学生,教职工130人,专任教师学历达标率为98.2%,中高级职称教师占专任教师60%。

2015学年,瓶窑中学有33个班,在校学生1436人,教职工150人,其中专任教师133人。专任教师中,研究生毕业22人,本科毕业111人,学历达标率为100%。中学高级职称44人,一级职称54人。全校教师中,有全国优秀教师1名,浙江省优秀教师2人,区名教师、区学科带头人、区骨干教师、区教坛新秀等共计79人。

学校占地61670平方米,建筑面积25727平方米。教学设施设备、仪器和现代教育技术装备达到国家1类标准或省一级重点普通中学配备标准,藏书76874册,数字资源1654GB。1996年,学校采用自筹资金和国拨相结合的渠道,填塘2万余平方米,建成400米环形跑道田径场。

学校坚持“科学、民主、创新、全面”的办学理念,以“立人”为校训,形成了“人文与科学并重,育人和育才并举”的办学特色。学校重视青年教师培养,重视校园文化建设,建有浙江省首家“花园式地震测报站”、良渚文化研究陈列室、瓶窑古陶研究陈列室和校本课程开发中心,有“南山”文学社等20余个学生社团。2004年底。跻身省三级重点普通中学行列。

学校以“多元培养、个性发展”的“成功教育”为指导,强化学校的特色建设,重视特色办学的开放性、创造性、人文性,尊重学生的个性选择和个性发展,全面推进“美术教育”、“心理健康教育”、“选修课程建设”、“学校文化建设”特色项目建设,目前校园文化建设、学校美术教育已成学校“亮点”。特别是美术特色已初步突显,8年来向高等院校输送美术类优秀毕业生300余人,有近百名美术考生考上中国美院、复旦大学、浙江大学、华东理工大学等重点名牌大学。2015年9月,学校被浙江省教育厅正式授予“浙江省二级普通高中特色示范学校”。

学校所获得的主要荣誉有:浙江省防震减灾科普基地浙江省体育达标先进单位、浙江省高校招飞先进单位、杭州市文明单位、杭州市治安先进单位、杭州市平安示范学校、杭州市新课程实验样本学校、杭州市第二课堂优秀示范学校、杭州市红十字示范学校、上海复旦大学视觉与艺术学院基地学校、余杭区AAAAA级平安校园、余杭区平安示范校园、余杭区首批行为规范教育示范学校、余杭区绿色学校、余杭区科技特色学校、余杭区青少年科技教育基地和余杭区特色品牌学校。

历任校长:缪文蔚、陈见山、张俊卿、李念德、刘仰山、吴定一、周志成、王信、凌中云、赵增耀、陈卫跃、俞建中、章志良、张少夫、俞小平。

余杭区立人高级中学　为解决高中入学困难,瓶窑地方和民间力量利用浙江社会专修学院的校舍和瓶窑中学的师资于2003年创办,校址位于瓶窑镇长命。学校负责人为瓶窑中学退休校长赵增耀。当年招收5个班,有教职工11人。2004年,扩大到11个班,教职工39人。2005年扩大到14个班,教职工42人,校长为薛丽明接任。2008年停止招生,学校停办。

第五节　成人教育

民国时期,在中心小学和保校设置的民众学校,进行了以识字教育为主的成人教育。中华人民共和国成立之初,各地举办冬学、民校、夜校,开展扫盲速成识字运动。1983年,经余杭县教育委员会批准,成立彭公乡成人教育中心学校。

1988年,贯彻国务院《扫除文盲工作条例》,此后农村成人教育的重点仍是扫除文盲。20世纪90年代起,成人教育以农民素质教育、技能培训和学历教育为主。1989年和1992年,彭公乡及瓶窑镇成人文化技术学校先后建立。学校主要开展农村扫盲、农村实用技术培训、成人业余学历教育及推广和全日制职业高中的教学。1995年,彭公乡农村扫盲工作通过上级验收,彭公乡完成扫盲工作。2001年8月,因余杭行政区域调整,彭公成校撤销,并入瓶窑成校。

一、职工教育(社区教育)

职工教育　职工教育一般以校企合作为载体,以就业竞争力为培养目标,实行“订单式”培训,推行“菜单式”教学,为所在乡镇的企业培养大批技术水平高、适应能力较强的工人。瓶窑成校成立了校企合作培训领导小组和培训工作小组,建立的企业职工培训制度,定期召开校企合作座谈会,与“浙江双金机械”、“杭州利富豪机电”等18家瓶窑镇规模企业建立合作关系,建立了“校企合作示范基地”,学校根据企业需求开设培训课程,按照企业特点制定培训方案,为企业职工开展职工企业上岗培训、安全生产、道德法制教育,专业技能提升和文化素质教育等各项培训工作。

1992年,瓶窑镇成校先后为36家厂矿企业进行了业务培训,参加人数5676人次。

2010年，瓶窑镇成校通过杭州市职工教育培训示范基地验收，成为杭州市第五批职工教育培训示范基地。2011年，瓶窑镇成校再次通过杭州市职工教育培训示范基地验收，成为杭州市第六批职工教育培训示范基地。2014年11月，瓶窑成校被省教育厅评为“浙江省企业职工培训示范基地”，被杭州市教育局授予“杭州市校企合作示范基地”，是杭州地区2014年评审通过的10家单位之一，也是余杭区的唯一通过的一所成校。

2016年与镇总工会联合举办企业职工培训班23期，1880余人次参加培训；成校单独办企业职工培训班4个，419人参加了培训，其中举办了“维修电工”、“汽修工”2个高级工培训班，102人取得了高级职业技术证书，成为企业的高级人才，享受余杭区政府的津贴。2013年—2016年，先后有1万余名职工参加了培训，其中五千余人取得了执业职工资格证书。

社区教育　社区教育是社会发展和时代变革的产物，进入21世纪以后，社区教育成为瓶窑成校的重要教学内容。

2011年7月，杭州市教育局副局长肖峰对瓶窑成校社区教育工作进行调研，同年，余杭区老年电视大学瓶窑分校在瓶窑成校成立。全年举办了3次居民素质教育大讲堂，内容有“食品安全知识讲座”、“高血压的一级预防和肿瘤的防治”、“老年人的自我保健”；承办了一次全镇范围内的“小手拉大手”森林防火活动，瓶窑镇一中、瓶窑一小、长命小学、北湖小学、彭公小学等学校参加了活动。

2012年，瓶窑成校举办少儿拉丁舞、跆拳道、书法等12个培训班，227人参加培训；举办了“会计从业资格”和“会计电算化”培训班各1个班，有74人和21人分别参加了这两个班的培训；举办了“隔代教育讲座”、和“中老年人常见病的预防和治疗”两次市民大讲堂活动。10月，瓶窑镇成校获“杭州市示范社区学校”称号。

2013年举办少儿拉丁舞、跆拳道、书法等15个培训班，209人参加培训；举办了“会计从业资格”培训班2期，有55人参加培训；举办了“隔代教育讲座”和“老年人礼仪”2次市民大讲堂活动。

2014年开展各类培训、讲座、活动等159期，参加总人数达13556人次。培训活动丰富多彩，有中小学生参加的“少儿拉丁舞”、“跆拳道”、“书法”等培训班，有企业从业人员参加的“会计从业资格”培训班，有0—3岁婴幼儿家长参加的科学幼儿知识培训班，有老年人参加的“老年保健”、“理财知识”、“电脑操作”等培训班，还有残疾人参加的“特殊群体”培训班。举行了6次市民大讲堂活动，2次大型公益活动记载，12次职工及其他教育培训活动，11次党员教育培训活动。

2014年12月，瓶窑成校社区教育活动项目“宣传良渚文化　传承古代文明”被中国成人教育协会农村成人教育专业委员会、社区教育专业委员会评为“全国农村成人（社区）教育优秀品牌项目评审二等奖”。

2015年11月，瓶窑成校主持的瓶窑镇“夕阳红”退休教师学共体项目获杭州市第五届“示范社区学习共同体”荣誉称号（杭州市成人教育研究室），12月，获杭州市“终身学习品牌项目”荣誉称号（杭州市成人教育协会）。该共同体自2012年成立以来，已形成以495名退休教师为核心，1000多名老年居民组成的综合学习性组织，截至2015年底，该共同体已陆续发展成“电脑”、“摄影”、“绘画”、“葫芦丝”、“花卉”、“舞蹈”等17个学习小组。2015年下半年，共同体成员退休老师孔祥昌获评为2015年杭州市“百姓学习”之星，胡兴国被评为余杭区“百姓学习”之星。

2015 年,瓶窑成校举办良渚文化知识系列讲座共 4 期,内容包括良渚文化的概况、良渚文物的鉴赏、遗址的分布与保护工作等,听讲座的涉及学生、村民、学员、居民及老年人等各个层次。11 月,学校推荐的“宣传良渚文化,传承古代文明”品牌项目被评为 2015 年度余杭区“社区教育特色品牌项目”二等奖。

2016 年社区教育开展各类培训、讲座、活动等 151 期,参加总人数达 16562 人次。内容有“书法”培训、“科学育儿知识”、“妇女保健知识”、消防安全知识、“G20”知识、“老年保健”、“理财知识”、“电脑操作”等培训班,还有残疾人参加的“特殊群体”培训班。举行了 5 次市民大讲堂活动,4 次大型公益活动记载,12 次职工及其他教育培训活动。

2016 年,瓶窑成校与新窑社区组建的“校社综合体学习圈”被评为“全国农村优秀学习型组织”;瓶窑成校开展的“‘建设美丽乡村,构建和谐社会’学习圈”被评为“余杭区社区教育优秀品牌项目”;2016 年,“西溪书画社”被评为“余杭区示范学习型社团”。

科普宣传 2012 年 8 月,余杭区瓶窑镇科学技术协会在瓶窑成校挂牌,“科普宣传与推广工作”成为瓶窑成校社区教育活动的又一亮点。学校精心组织“科普宣传周”和“全国科普日”活动,开展了“倡导低碳生活、促进创新创造、共创幸福和谐新瓶窑”为主题的 2012 年全国科普日暨余杭区瓶窑镇第 26 届科普宣传周活动,组织了“倡导低碳生活,共建美好家园”征文活动和“崇尚科学,畅想未来”科幻画大赛。每年都组织重大主题宣传活动 3 次左右。科普周活动被余杭区科协评为优秀项目一等奖。

二、农民教育

素质教育 1986 年,全县建立乡、镇成人教育中心,为农村和企事业单位举办思想政治、业务技术和文化补习等培训班。瓶窑彭公乡成人教育起步较早,彭公成校实行普教、成教、职教三结合,在完成正常教学的同时,举办各类农业实用技术培训。1991 年,学校举办培训班 42 期,1675 人次,占全乡 18—40 周岁劳动力的 30%。办学的经费,除上级拨款外,坚持自力更生,以场养校。4 月 14 日,杭州市副市长陈端带领市人大、政协、农委、教委等一行 15 人,到彭公成校考察。1992 年,彭公乡成人文化技术学校被评为市级先进集体。

1993 年,县成教中心举办县燎原广播电视学校,在彭公等五个乡建立分校。1995 年,彭公成校围绕发展“一优两高”农业,提高劳动者素质的目标,开展各类实用技术培训。该乡镇熟练掌握 1 门—2 门种养实用技术的农民已占劳动力总数的 65% 以上,其中成为专业能手的就有 128 人,这批人都是经过彭公乡成人文化技术学校培养的。同年,经省评估验收,彭公乡成人文化技术学校被评为省一级成人文化技术学校和杭州市级示范性乡镇成人文化技术学校。1996 年 9 月,彭公乡成人文化技术学校被国家教委授予首届“中华扫盲奖”。当年彭公乡的青壮年非盲率已达到 98%。

1999 年,瓶窑成校为村干部开办“农村经济管理”专业业余中专班,招生 30 人。2000 年,瓶窑成校为村干部开办成人高中班,招生 34 人。

2004 年,瓶窑成校被余杭区人民政府认定为“农民素质教育工程培训基地”。全年共举办了适用技术培训班 12 班,736 名农民培训后获得区农业局颁发的绿色证书;举办技能培训班 10 班,628 名农民和失业职工参加了培训,有 401 名农民和 203 名失业职工分别获得了电工、电焊工、缝纫工、营业员、家政服务、计算机操作员等岗位技能等级证书。

2005 年,瓶窑成校举办适用技术班 8 班,777 名农民参加了培训,638 名农民获得区农业局颁发的绿色证书;举办技能培训班 14 班,1213 名农民和失业职工参加了培训,有 1067 名农民和失业职工分别获得了电工、电焊工、行车工、营业员、家政服务、计算机操作员等岗位技能等级证书。

2006 年,瓶窑成校被杭州市农委、杭州市教育局认定为"杭州市农民素质培训示范基地"。2010 年,获杭州市农民素质培训先进基地称号。

2011 年 2 月,余杭区农民素质培训第一课在瓶窑成校举行。10 月编辑了学校第一本农民素质培训教材《早竹笋的栽培技术》。全年开办各类培训班 28 个,培训人员 2801 人,超额完成区 2011 年农民素质培训任务。4 月,浙江省农办副主任高启华在杭州市农办副主任张炳新、余杭区政协副主席孔祥华以及区农业局党委副书记王利群的陪同下,来瓶窑考察农民素质培训情况,并听取了成校负责人的汇报和到沈要刚竹子基地考察。2011 年,省市区多家媒体多次报道瓶窑成校农民素质教育情况。《教育信息报》11 月 8 日报道《瓶窑成校建设竹特色产业培训基地》,杭州市电视台在 11 月 3 日介绍瓶窑成校农民素质教育事迹。《城乡导报》9 次报道学校农民素质培训工作,余杭电视台 8 次报道学校农民素质培训工作。

2012 年 2 月,瓶窑成校举办"瓶窑镇种粮大户农机技术培训",5 月,编辑了学校第二本农民素质培训教材《早竹的病虫害防治,早竹笋干的加工技术及标准》,11 月编辑了学校第三本农民素质培训教材《竹(笋)制品营销策略》。全年开办各类培训班 36 个,培训人员 2318 人,超额完成区 2012 年农民素质培训任务。10 月 16 日,《浙江教育报》报道《瓶窑成校成"竹产业培训基地"》。

2013 年 3 月,瓶窑成校的"竹产业实用人才培训"、"维修电工培训"2 个项目被中共余杭区委人才工作领导小组办公室评为"余杭区人才培训优秀项目"。

瓶窑镇成校在开展农民素质教育培训工作中,以"服务三农"为宗旨,以农业增产、农民增收为目标,在农民转移就业技能培训、务工农民岗位培训和农业专业技能培训等方面创出了自身的培训特色。瓶窑成校的竹产业培训基地建立了"学、研、销一体化"的模式,组建了"三结合"的培训师资团队,开展竹子栽培、竹笋加工和竹制品加工与销售等方面的培训。2014 年 11 月,瓶窑成校竹产业培训基地"学习共同体"被评为 2014 年全国终身学习活动品牌(全民终身学习活动周工作小组、中国成人教育协会、中国教科院、中国教育电视台、中国教育报评)2016 年 10 月,学校特色品牌"依托学习共同体,推广竹产业培训"作为余杭区唯一推荐项目向省教育厅申报"浙江省成人教育品牌项目"。

2014 年举办各类农民素质教育培训班 31 期,培训 2614 人,录入市农业局龙网 2258 人,完成区农素领导小组下达指标的 105%。其中转移就业技能类培训 361 人,农村实用人才 375 人,"十个五十"电工、电焊工、商品营业员共 75 人。

2015 年瓶窑镇成校与区农业局、区林水局相关部门合作,进行新型职业农民培育试点工作,举办了余杭区首期新型职业农民(竹产业)培训班,此次培训班为期 15 天,结合学员的实际开设课程,邀请大学教授、林业部门专家和本地竹笋"土专家"等授课,通过组织学习竹笋栽培和营销的相关专业知识,进行竹笋栽培技能的实践操作,观摩先进的栽培示范基地。

2016 年,培养成举办各类农民素质教育培训班 26 个,完成培训 1676 人、取证 287 人,完成率 110.3%。其中参加农业专业技能培训 596 人;农民转移就业技能培训 267 人、取证 213 人;

农民文明素质培训435人;农村实用人才培训完成328人、取证74人;低收入农户培训50人。学校的“竹产业培训项目”二次在杭州地区推广介绍。

“双证”制教育 农民“双证制”教育培训是全面提高农民素质的一项重要举措,也是农村成人教育工作的重点。2011年3月,余杭区“双证制”文化课教学第一课在瓶窑成校举行。8月,举行区“双证制”文化课教学研究课。2011年,学校双证制培训毕业317人,超额100人完成区2011年双证制培训任务,被评为余杭区“双证制”教育培训先进。

2012年4月,瓶窑成校教师制作的“成人双证制教育”教学课件参加杭州市农村成人双证制教学课件的评比,数学课的《函数的概念》获得二等奖,公民道德与法律基础课的《家庭美德,继承践行》、语文课的《乡愁》、社会科学课的《农业生产及其影响因素》等,分别获三等奖。12月,学校双证制培训毕业219人,超额完成区2012年双证制培训任务,被评为余杭区“双证制”教育培训先进集体。

2015年“双证制”成人高中任务为200人,瓶窑成校招生人数为247人。207名学员通过文化技能考核符合毕业条件。

三、学历教育

高中职业教育 20世纪80年代后期,瓶窑中学探索特色办学之路,先后举办过化工、计算机、财会等职业班,向社会输送了一批有一技之长的人才。学校的职业教育曾获省、市有关部门的表彰。

1991年,经县政府批准,彭公乡成人文化技术学校开办二年制农技职业高中,为当地经济建设培养有文化、懂技术、能操作、会经营的人才。当年招收应届初中毕业生32名,有专任教师3名,9月初开学。农校与农场相结合,建立鱼塘基地200亩,水稻基地400亩,全年还建立了蔬菜基地(尼龙大棚)3600平方米,饲养场等,教文化课与教专业课相结合,实验基地与社会活动相结合,全校学生分批深入农户,为2000多户农户修剪桃树45亩,治疗猪病2500例。

1993年,彭公成校开设“农村经营”专业全日制职高班,招生52人。1995年,经余杭市人民政府批准,成立彭公职业技术学校。在领导和管理上是“两块牌子、一套班子”。学校增开“汽车维修”、“市场营销”专业普通职高班,招生97人。瓶窑中学举办职高班,开设计算机及应用、财会等专业。

1996年,彭公成校增开“计算机基础专”业普通职高班,招生31人。瓶窑成校开办“财务会计”专业普通职高班,招生44人。

1997年,瓶窑成校开办全日制成人高中班,招生55人。1997年,彭公成校增开“汽车驾驶与维修”专业普通职高班,招生49人,“市场营销”专业继招40人。

1998年,瓶窑成校增开宾馆服务专业普通职高班,招生45人,成人高中班继招56人。彭公成校校增开“汽车电器维修”专业普通职高班,招生40人,汽车驾驶与维修专业继招56人。

1999年,瓶窑成校增开旅游服务、计算机专业普通职高班,分别招生30、31人。彭公成校汽车驾驶与维修专业继招53人,同时增开“旅游服务”专业普通职高班,招生37人。

2000年,彭公成校“汽车驾驶与维修”专业继招53人,“旅游服务”专业继招31人。2001年,彭公成校“汽车驾驶与维修”专业继招31人。2002年起,全日制普通职高、中专和成人高中停止招生。

中等专业教育 1992年,彭公成校开设“市场营销”全日制自考中专助学班,招生103人。

1993 年,瓶窑成校与杭州广播电视中专合作,开办“会计专业”业余中专班,招生 45 人。

1994 年下半年,彭公成校还办了广播电视中专财会、市场营销等专业。

1999 年,瓶窑成校与中华会计函授学校合作,开办会计专业业余中专班,招生 125 人。2000 年继招 94 人。

1999 年,瓶窑成校增开通讯维修专业全日制中专班,招生 30 人。

2001 年 9 月,瓶窑成校杭州广播电视中专会计班继招 200 人。

2003 年,杭州广播电视中专会计班继招 129 人,2004 年杭州广播电视中专会计专业继招 98 人。2005 年杭州广播电视中专会计专业继招 112 人。

大专及本科教育 瓶窑成校开展成人业余学历教育,是浙江师范大学、浙江教育学院、杭州广播电视大学等高校的函授站,浙江省高等教育自学考试工作站。

1998 年,瓶窑成校与浙江社会科学院进修学院合作,开办“经济管理”、“工商管理”专业大专专业证书班,招生 82 人。

2000 年,瓶窑成校与杭州成人科技大学合作,开办“经济管理”专业业余大专班,招生 46 人。与杭州师范学院合作,开办汉语言文学(师范类)专业业余大专班,招生 55 人。

2001 年,瓶窑成校与浙江师范大学合作,开办文化艺术教育(师范类)专业业余大专班,招生 148 人。与浙江广播电视大学合作,分别开办“工商管理”、“行政管理”专业远程教育大专班,招生 83 人。

2002 年杭州广播电视中专会计班继招 97 人,杭州成人科技大学经济管理班继招 69 人,2003 年继招 30 人。

2004 年瓶窑成校与浙江师范大学合作,开办小学教育(师范类)专业业余本科班,招生 50 人。学校与武汉理工大学合作,开办“工商管理”、“会计”专业远程教育大专班,共招生 60 人。增开杭州成人科技大学“会计”专业业余大专班,招生 39 人,“经济管理”专业继招 63 人。

2005 年,浙江师范大学小学教育专业继招 13 人。杭州成人科技大学“经济管理”、“会计”、“计算机信息管理”专业共招生 153 人。瓶窑成校与长征职业技术学院合作,开办“公共事务管理”专业业余大专班,招生 15 人。

2011 年学校业余大专、本科招生录取 151 人。2011 年成人学历教育,本科毕业 50 人,大专毕业 147 人,超额完成学校目标要求。

2016 年上半年在读在册大专、本科生 258 人,7 月通过学习平台,有 108 名大专、本科生毕业。11 月有 53 人参加全国成人高考,已录取大专本科生 31 人。

四、科研工作

自 2010 学年以来,瓶窑成校连续 6 年获得余杭区教育科研先进集体称号。

学校每年申报各级研究课题,2011 年,申报了杭州市重点课题《竹产业培训基地的建设实验》,11 月通过市教育局专家会议评审,批准立项,争取到市区两级科研经费 10 万元。

2012 年 3 月,由市教育局成人教育研究室举办的“杭州市成人教育实验项目工作研讨会”在瓶窑成校举行。市、区教育局相关负责人,市教育局成人教育实验项目指导小组的专家,各区、县(市)成人教育实验项目负责人以及瓶窑镇政府的分管领导 60 余人参加了这次研讨活动。会议听取了瓶窑成校的杭州市重点实验项目《竹产业培训基地的建设实验》的实施方案介绍。学校被余杭区农村实用人才与农民素质教育工作领导小组办公室授予“余杭区竹产业培训基地”,成为余杭区唯一的竹产业培训基地。学校为该项目的培训制定了“旱竹栽培种植技术”、“竹笋加工技术”和“竹制品加工及营销”等三个系列的培训内容、目标和实施方案,编写了三本系列教材。4月,祝根宝校长撰写的第一阶段科研成果报告《“建设竹产业培训基地,促进竹经济发展”的研究与实践》获得了余杭区第十七届教育科研优秀成果评比一等奖。5月,祝根宝校长撰写的第二阶段科研成果报告《建设竹产业培训基地的实践与研究》获杭州市第十五届成人教育科研成果评比一等奖。

2012年,瓶窑成人学校成为杭州市首个“成人教育科研基地”,培育区级名校长、名教师各1名。

2013年,瓶窑成校《提高成人高中“双证制”教育有效性的策略研究》获得杭州市第十六届成人教育科研成果一等奖;《“主题式案例教学法”在成人双证制“公民道德与法律基础”课堂的实践与研究》获得杭州市第十六届成人教育科研成果二等奖;《竹产业培训基地:基于地方特色成人教育培训载体的设计与操作》获得杭州市第28届教育科研优秀成果三等奖。

瓶窑成校的《竹产业培训基地的建设实验》是杭州市成人教育重点实验项目,学校不断深化实验项目的研究,“竹产业培训基地学习共同体”被评为2014年全国100个“终身学习活动品牌”之一。《乡镇社区教育队伍建设的研究》、《提高农民素质教育有效性的策略研究》是杭州市成人教育专项课题,《乡镇社区教育队伍建设的研究》、《“因人”、“因地”、“因时”地开展扫盲教学——新时期农村地区多元化扫盲教学模式的研究》、《成人“双证制”公民道德与法律基础课程有效教学的研究与探索》是余杭区年度规划课题,学校是杭州市首个“成人教育教育科研基地”。

2014年,《乡镇成校社区教育队伍建设的研究》获杭州市第十七届成教科研成果一等奖;《建构主义下的成人“双证制”高中教学策略研究》获杭州市第十七届成教科研成果一等奖;《乡镇成人教育教学资源的多元化开发——以〈浙江扫盲读本〉为例尝试教师自主开发教学资源的探索》获杭州市第十七届成教科研成果二等奖;《基于乡镇成校的社区教育队伍建设研究》获余杭区第十九届科研成果一等奖。

2015年,瓶窑成校教科研获奖8项,其中省级4项、市级3项、区级1项;学校新立项课题共5项,其中杭州市立项4项(含年度规划课题1项)、余杭区立项1项。

2016年5月,教育教学成果《学·研·销一体化:农民培训模式的创新与实践》被杭州市人民教育基金会、杭州市教育局评为杭州市第五届职业教育教学成果奖二等奖。《依托一会联合七社:竹产业培训基地“学习共同体”的构建与运作》获得余杭区第21届科研成果一等奖。6月,瓶窑成校校的非遗传承研究项目《学习竹技能·弘扬竹文化·发展竹经济:竹编制作技艺的非遗项目传承研究》被浙江省成人教育与职业教育协会批准立项。该项目是余杭区社区学院的“十二五”国家级规划课题《百万市民传非遗:非物质文化遗产区域课程建设研究》的子课题。《基于区域特色农民培训基地的建设与运作》被列为杭州市年度规划课题,《竹产业培训基地“学习共同体”建设的研究与实践》、《探索中老年扫盲教育可持续发展的研究》、《基于学习圈的农民专业合作社社员培训模式初探》、《乡镇“学习型社区”建设的研究与实践》、《乡镇成校构建“一主多元”学习型社团群策略的研究》和《提高老年人电脑培训教学实效性的实践与研究》等6个课题被列为杭州市成人教育专项研究课题,《竹产业培训:建设特色农民培训基地的研究》是余杭区第二届“振兴余杭”重大研究课题。12月《乡镇成校构建“一主多元”

学习型社团群策略的研究》、《竹产业培训基地“学习共同体”建设的研究与实践》、《基于学习圈的农民专业合作社社员培训模式初探》3项成果分别获得杭州市第十九届成人教育科研成果一、二、三等奖。

五、学校简介

彭公乡成人文化技术学校 余杭县彭公乡成人文化技术学校前身为1983年建立的彭公乡成人教育中心，校址设在彭公乡彭兴路53号。1989年7月，经县人民政府批准，升格为彭公乡成人文化技术学校，属乡(镇)初级中学建制，金少闲任校长。1989年，校长金少闲被评为全国教育系统劳动模范。1990年10月，葛立峰任校长。1992年，学校荣获浙江省教育系统先进集体。1995年，经余杭市教育委员会批准，建立“彭公职业技术学校”。1996年，彭公成校荣获国家教委“中华扫盲奖”。经杭州市教育委员会考核，学校被评定为杭州市市级示范成校。1998年，经浙江省教育厅考核，学校被评定为省级示范成校。校长葛立峰被评为余杭市十佳青年。2000年10月，钟建根任校长。2001年8月，随着彭公乡并入瓶窑镇，彭公乡成校并入瓶窑镇成校。

学校把扫除文盲列为工作之首，13个行政村都办起扫盲班。在扫盲中采取“扫盲与脱盲巩固相结合，扫盲与堵盲相结合，扫盲与实用技术培训相结合”的方法，至1995年12月，全乡青壮年非文盲率从91.3%提高到98.9%，脱盲巩固率为100%。

从1996年—2000年，共举办农民实用技术培训班158期，参加培训的有13640人次，“低产桃林改造技术”、“特种动物养殖技术”、“早竹覆盖春笋冬出技术”被列为余杭市科委培训项目。

1993年起，学校开始举办职高班，至2001年，共举办职高班15个，招生665人，先后开设“农村经营”、“市场营销”、“汽车维修”、“旅游服务”、“计算机基础与应用”等8个专业。

历任校长：金少闲、葛立峰、钟建根。

原彭公乡成人文化技术学校校长金少闲，1933年2月出生，浙江临安人，中共党员，普师学历。全国教育系统劳动模范。

金少闲于1950年9月踏上教育工作岗位，整整39年一直在地处山区的彭公乡小学教书，曾任彭公乡中心小学教导副主任。白天在小学教书，晚上到夜校校辅导，开展扫盲工作，使彭公乡石濑村成为全乡第一个无盲村。1981年9月，从彭公乡中心小学调任彭公乡成人教育专职干部，并认真推广了石濑村的经验，由点到面地开展扫盲工作，到1984年，彭公乡实现了青壮年基本无盲乡。1983年，筹备和创建了彭公乡成人教育中心学校，并负责全面工作。1984年4月，任彭公乡中小学校党支部委员，并办起了乡农民业余技校。同时大力举办各种类型的实用技术培训班和初中文化班，为彭公乡的经济发展和农民的增收做出了可喜的成绩。先后多次被评为余杭县教育系统先进工作者、县两个文明建设先进工作者、县、市农民教育先进工作者、县优秀党员、省实用技术培训先进工作者、县劳动模范。曾当选为县六、七届人大代表、县七届党代会代表、市五届政府委员。1988年7月，经余杭县人民政府批准成立彭公乡成人文化技术学校，金少闲被余杭县教育委员会任命为校长。1989年9月，被评为全国教育系统劳动模范，1990年10月，工作调动至余杭电大负责燎原学校工作，1993年7月，在余杭电大退休。几十年中，一直探索农村成人教育的规律和特点，为山区的教育事业做出了贡献。《开展农村成人教育工作浅谈》一文被收入国家教育委员会人事司组织编写的《中国中小学校长群英集》,以《办学八年,稳步前进》为题,被教育部编入《开创农民教育新局面》一书中。

瓶窑镇成人文化技术学校　瓶窑镇成人文化技术学校的前身是1988年成立瓶窑镇成人教育中心学校,当时在镇政府内设立办公室,1989年7月,经余杭县教育委员会批准,成立瓶窑镇成人文化技术学校,办学点在镇老年活动中心,后来又搬到镇工人俱乐部。1998年,经杭州市教育局考核,学校被评定为杭州市市级示范成校。1999年,经浙江省教育厅考核,学校被评定为浙江省省级示范成校。2000年,学校被余杭市教育局认定为"区域性成校"。

2001年8月,因余杭行政区域调整,原彭公乡成人文化技术学校并入瓶窑镇成人文化技术学校。合并后,学校迁入瓶窑镇原长命中学旧址,当时有教职工27人,全日制在校学生203人,业余大、中专学历教育在册学员789人。学校分设计算机及应用、汽车驾驶与维修、旅游服务等3个专业,同时开展社会文化生活知识和岗位证书实用技术培训,年培训率为全镇劳动力的40%。

2010年6月,瓶窑镇成人文化技术学校迁入瓶窑镇新窑路334号。2016年,学校占地面积10005平方米,建筑面积3739平方米,有可容纳160人一起开会学习的现代化大教室1个,中型教室1个,小教室4个;有电脑、跆拳道、舞蹈、书法、电工操作实践、电焊工操作实践等专业教室6个;还有教师办公室5个,会议室1个。有在编教师14人,其中中学高级教师8人,中学一级教师6人。学校根据工作特点设立了"农民素质教育办公室"、"社区教育办公室"和"业余学历教育办公室"三个办公室,每个办公室落实相应的工作职责,负责制定各类培训计划,开展各类培训工作。

2002年,瓶窑成校自考工作站被评为"浙江省优秀自考工作站"。2004年,学校被余杭区人民政府认定为"农民素质教育工程培训基地"。2006年,瓶窑成校被杭州市农委、杭州市教育局认定为"杭州市农民素质培训示范基地";被杭州市教育局认定为"杭州市区域性成校";被余杭区教育局认定为"瓶窑社区教育中心"。2008年12月,瓶窑镇成校被杭州市教育局评为"2008年度农村成人教育先进集体"。2010年6月,瓶窑镇成校被杭州市教育局评为"杭州市职工培训示范基地"。8月,被杭州市教育局评为"校企合作示范学校"。11月,被杭州市教育局评为"杭州市农民素质培养先进基地"。2012年3月,瓶窑成校被杭州市教育局成人教育研究室授予杭州市首个"成人(社区)教育科研基地"。2014年11月,被杭州市教育局授予"杭州市校企合作示范基地",被省教育厅授予"浙江省企业职工培训示范基地"称号。

历任校长有刘顺喜、葛立峰、王伟民、祝根宝、吴宁建。

瓶窑镇中心学校(杭州市余杭区教育局教研室瓶窑辅导站):

瓶窑镇中心学校前身是瓶窑区文教办公室,成立于1971年9月。后变更为瓶窑学区中心辅导学校,1993年更名为杭州市余杭区教育局教研室瓶窑辅导站、瓶窑镇中心学校。历任负责人有刘顺鸿、陈璧、沈应来、徐炎淼、吴金顺、唐国忠、吴宁建。有教师8人,其中具有高级职称2人,中级职称6人。获得余杭区骨干教师2人。曾被评为区教育系统先进单位、教育信息工作先进集体等。

中心学校职能是负责瓶窑镇实施小学、初中义务教育,促进基础教育发展,学前教育、中小学教育及成人教育管理,做好上级部门布置的其它各项工作。

瓶窑辅导站主要负责瓶窑学区(原瓶窑区)各中小学、幼儿园的业务指导,做好教育局、教研室布置的其他各项工作。

第三章　科　　技

瓶窑境内科学技术活动历时悠久，早在新时期时代的良渚文化时期，境内的以良渚古城为代表众多遗址展现了当时制陶、治玉、纺织、竹器等手工技术的最高成就。两宋时期，瓶窑制陶业发达。13 世纪末，日本陶器的发祥地爱知县濑户的藤四郎渡海来到宋朝，在瓶窑苦学了六年制陶，回到濑户，制成了日本最早的施釉陶器。在研究水利技术方面，仲学辂对苕溪的治理研究，成绩卓著，著有《南北湖开浚记》、《钱邑苕溪险塘杂记》等，这些名著，至今仍有指导意义。

民国肇始后，境内出现近代工业萌芽。民国 12 年（1923 年），瓶窑镇开设宣阳电器公司，并建有火力发电厂。为治理苕溪的需要，17 年（1928 年）设瓶窑雨量站。18 年（1929 年），瓶窑建水标站。但民国时期，科学技术总体发展缓慢。

中华人民共和国成立后，人民政府着手新建科技机构和培养新一代科技人才。20 世纪 50 年代初，瓶窑开办科普夜校，以满足人民群众对学习文化、科学知识的愿望。60 年代初，科技工作的重点是在农业科技，在上级科技部门的领导下，推广"四改技术"，即单季稻改双季稻、品种改良、稀植改适度密植、春粮改春肥。"文化大革命"期间，科技事业遭受严重的挫折。1978 年后，全县"四级农科网"建设进一步完善。瓶窑镇建立农科站（后改为农技站），进一步推广农林先进技术和优良品种。1991 年，彭公乡石濑村经考核验收合格，成为全县第一个达标的科普村。1992 年，瓶窑镇科协、瓶窑镇何中科普村、彭公乡早竹笋专业技术协会被评为省科协先进集体。1996 年，瓶窑镇建立科委。2002 年瓶窑镇开展新一届科协组建或换届工作，制定今后三年科协工作目标和任务。

2005 年，瓶窑镇里窑社区通过市科协检查验收组的考核验收，获得杭州市科普文明社区称号。2013 年，瓶窑镇创建为杭州市全民科学素质工作先进乡镇。瓶窑镇先后有新窑、杨梅坞、里窑 3 个社区创建为市级科普文明示范单位，彭公村、华兴社区创建为区级科普示范单位，杭州市余杭区竹笋研究所、杭州余杭科联兔业专业合作社被评为区农村科普示范基地。

瓶窑镇在科技型企业培育、创新平台建设、科技项目实施等方面取得重大突破，2015 年，全镇累计拥有国家高新企业 20 家，省级科技型企业 58 家，区级中微小科技型企业 29 家。

第一节　科技机构

一、组织机构

瓶窑镇科技委员会　1995 年，瓶窑镇建立科学技术委员会。科委成员由镇乡领导和工办、农办、科教文卫办等领导组成，一般为 5 人—7 人。镇乡科委是镇乡主管科技工作的职能部门，主要职责是贯彻上级科技政策，做好本镇乡科技工作的宏观管理、规划部署、计划制订，综合协调镇乡科技工作,开展横向技术协作等,促进镇乡经济繁荣发展。2013 年 11 月,瓶窑镇科普馆在瓶窑成校内落成。瓶窑成校内设立了“瓶窑镇科普馆”和瓶窑镇科协办公室,由办公室负责镇科协的日常工作。开展青少年科普教育活动,2016 年有 2700 余人次参观了镇科普馆,全年展出科普画廊 12 期,成功举办全镇“科普周”、“科普日”、“喜迎 G20 绘画”、“科普惠农下乡”等宣传活动,全面提升全民科学素质成效显著,2016 年 10 月成功创建“浙江省科普示范乡镇”。

二、研究机构

浙江省地球物理技术应用研究所 浙江省地球物理技术应用研究所成立于 1985 年,是专业从事地基基础检测、工程结构检测、工程地球物理勘查、工程地质勘探的企业单位。现持有工程物探甲级资质证书、上海市工程桩动测资质证书、浙江省地基基础检测资质证书及浙江省技术质量监督局计量认证证书,是交通部《公路工程基桩动测技术规程》、浙江省《基桩低应变动力检测技术规程》主编单位。

研究所现有职工 90 余人,其中各类专业技术人员 80 多人,包括全国劳动模范,五一劳动奖章获得者 1 人,部劳动模范 1 人,注册岩土工程师 5 人,注册结构工程师 2 人,教授级高级工程师 4 人,高级工程师 15 人,工程师 38 人,助理工程师 30 人。

研究所在工程物探,工程检测等方面的技术装备在国内处于领先水平。通过多年的工作积累,已熟练掌握工程物探勘查,工程桩基检测,超声波测试,电磁波测试,基坑围护边坡稳定性测试等数十项技术方法,可提供包括大中型建设场地选址,地基基础检测,工程结构检测等在内八类三十余种项目的专业咨询与技术服务工作,领域涉及建筑、交通、地质、铁路、海洋、水利、人文、市政、军事、考古等多种行业。迄今为止,已完成国家、省、市级重点项目 300 多个,如:钱塘江六桥,东方大桥桥位选址勘查;萧山国际机场,温州机场工程物探勘查;杭州六和塔地基稳定性评价;钱塘江下沙段加固工程质量事故物探调查等;杭金衢高速公路、甬台温高速公路、杭千高速公路,申嘉湖高速公路,黄龙体育中心,华能国际电力股份有限公司玉环电厂及舟山国家石油储备项目等重点工程的工程桩基检测。多年来,已有 10 余项成果荣获部、省级科技二、三等奖及“钱江杯”奖。

瓶窑中学地震测报站 杭州市瓶窑中学地震测报站始建于 1976 年,原址位于现阶梯教室东南侧,1980 年迁入现址——探震园。探震园占地 3200 平方米,建筑面积 306 平方米。园内花木奇珍谱写自然旋律,粉墙黛瓦倾诉隽永黑白,先进仪器探测地震奥秘,自然、人文与科学于此浑然天成。

测报站地理坐标为北纬 36°25’35”,东经 119°57’23”,处于浙江省东向马金—乌镇和北西向孝丰—三门这两条第四纪重要活动断裂交叉部位的北侧,浙北历史上中小地震多发区中部。站址位于窑山西南坡,属窑山火山机体(活动于中兰代晚侏罗纪,距今约 1.4 亿年)之边缘。测报站地震物理观测条件佳,是杭州市重要的地震观测点之一。

建站以来,在省市地震局和余杭区科技局的关心支持下,测报站曾先后拥有土地电仪、磁偏角仪、磁倾角仪、流动测震仪、动物节律观测仪以及水井水位观测手段,为余杭区的地震资料收集、震情调查、地震知识宣传等“防震减灾”做了不少工作。1995 年后,通过测报环境和测报技术手段的改造,新上了 PBJ - Ⅲ型地震电磁辐射观测仪、HLF - Ⅲ型超低频地震电磁波观测仪各一台,可观测 38. 33KHz、5KHz 和超低频 5Hz3 种三个方向的地震电磁波讯息。1996 年,电磁波地震前兆观察数据，被江苏省地震部门选用。2001 年又新增了 YBY—Z 型压容式应变自动观测仪、YB—Z 型数采仪、GBS 卫星定位、校时系统、MDDEM 等仪器，实现了全自动观测、全自动数据采集和远程传输，为省市地震局研究和预报地震提供了观测数据。2002 年获杭州市地震局优秀测报站称号。2003 年，其设施和观测水平均居省内同类台站领先地位，被杭州市地震局授于"花园式地震测报站示范点"称号。

学校大力加强地震测报研究性学习，建立地震测报课题组，制定地震测报站两年发展规划和学期活动计划，开辟地震科普宣传室，开展 7 个地震测报方面的研究性课题的探究，参加的学生达到 70 多人。通过参观学习、观看地震录像、上网查阅资料、实地观察数据等方式，开展探究学习。探震园已成为学生地震科普实践的基地和学校的科技活动中心。

三、民营研究机构

2000 年起，开始建立民营和厂办研究机构，经余杭市(区)科委批准，在企业内建立，非独立法人单位，依附企业生存。这些研究机构以自筹资金、自愿结合、自主经营、自负盈亏为形式，开展科学研究和技术开发和服务，活跃在科技战线。

栝楼研究所 2001 年建立，法人代表葛建胜，位于余杭区瓶窑镇塘埠村。有工作人员 6 人，其中技术人员 4 人。2002 年，与浙江大学合作对"栝楼产品综合利用"进行开发研究，提高产品附加值，并在农户中示范，逐步形成产业化。

杭州余杭郎氏中医银屑病研究所 2000 年建立，法人代表郎玉林，位于余杭区瓶窑镇凤山村。研究所以中医门诊部为依托，外聘中医及中药方面的中医专家组成科研小组，主要从事银屑病的相关中医药应用及中医治疗方法的研究工作。研究所成立以来，已完成"郎氏消银汤治疗银屑病"及"郎氏克痹汤治疗风湿、类风湿性关节炎"等 2 个省级课题，其中"郎氏克痹汤治疗风湿、类风湿性关节炎"还获得 2007 年度浙江省中医药科技创新进步二等奖，区级课题 3 项，对外发表学术论文 4 篇，其中国家及刊物 1 篇，省级刊物 3 篇。

杭州余杭宋氏中草药研究所 2001 年建立，法人代表宋正明，位于余杭区瓶窑镇中兴弄。

2001 年 7 月，宋正明在大观山承包 20 亩地，创立了宋氏中草药研究所，专注于野生药用植物的人工种植及其产品开发和研究。五年后，当时的基地规模已经不能满足宋氏中草药研究所发展所需，遂将基地迁移至拥有更广阔土地的百丈皇位山，将基地拓展到 300 亩，后又在鸬鸟镇鸬鸟山上增设了 100 亩土地，共计 400 亩。现在主要种植有红楤木、白木槿、五加皮、厚朴等百余种中药材。宋氏中草药研究所致力于中草药的研究和开发。

余杭区海深特种水产研究所 2002 年建立，法人代表王官法，位于瓶窑镇塘埠村。

杭州市余杭区娃娃鱼研究所 2004 年年建立，法人代表沈宝泉，位于瓶窑镇凤都村。

厂办研究所 杭州瓶窑文教用品研究所，2000 年建立；浙江华通绒毛制品有限公司研究所，2000 年建立；杭州杭生空调设备厂研究所，2000 年建立；余杭市瓶窑照相制版厂研究所，2000 年建立；长命印刷厂研究所，2000 年建立。

利环环境公司 前身是 2003 年成立的杭州康源市政绿化有限公司，址在凤都工业园区。2014 年 4 月组建杭州利环环境集团有限公司，迁址杭州未来科技城(海创园)。属提供环境生态系统解决方案和建设工程服务的高新技术企业。为浙江省科技企业、余杭区农业龙头企业、浙股交中心"创新板"挂牌企业。主营业务为污染土壤、污染水体、环境大气、垃圾填埋场、矿山、农田的改良及修复。

利环环境公司是首批国家污染场地调查评估修复实施推荐企业。有国家发改委(生态建设与环境专业)工程咨询单位、国家发改委工程管理资格证书、省环境污染防治专项设计甲级、省环境污染治理工程总承包甲级、省生态工程建设综合甲级等资质。企业通过质量管理、环境管理、职业健康安全管理体系认证。2015 年有各类专业高、中级工程师等技术人员 59 人。

公司参与对浙江某电镀塑化厂、浙江某日用化工厂等 30 余宗退役工业场地环境调查、评估、修复项目。2006 年获评浙江省优秀创新型单位;2008 北京奥运场馆园林绿化项目优秀服务供应商;2010 年获浙江省园林绿化施工优秀示范单位;2011 年获评余杭区农业龙头企业;2015 年获得浙江省生态优秀企业。

第二节　科技研究

一、科技推广

民国时,科技推广活动集中在水稻、蚕桑方面,但影响较小。中华人民共和国成立后,开展科普宣传和科技推广活动,形式广泛多样。1972 年 6 月中国科学院华罗庚教授到仇山磁土矿和瓶窑镇等地推广"优选法"和"统筹法"。1973 年 27 日,瑞典气象研究所长施纳德考察瓶窑水文站水文测量设施。巴基斯坦、美国、日本及联合国等水文专家也先后前来考察。20 世纪 90 年代以后,瓶窑镇通过举办各类科技培训班,引导农民科技致富。1993 年,举办各类科技培训班 27 期,建立科技示范户 35 户。1994 年,开办各类科技培训班 18 期,参加人员 1795 人次,开办 3 个电视中专班和 3 个电视大专班。1995 年,彭公乡行早稻抛秧直播轻型栽培技术,亩产达 400 公斤。

在科技推广过程中,瓶窑镇因地制宜,走农科教结合的道路,经济效益明显。

图 5－16　彭公山羊(2005 年)

彭公山羊节　彭公乡地处丘陵山地,草资源丰富,农户素有饲养山羊和利用羊窠肥田的传统,彭公乡科学技术协会因势利导,向农民传授科学饲养山羊知识。1990 年 12 月 10 日,在农贸市场附近,举办第二届山羊节。彭公乡各村和毗邻乡镇(包括德清县)农民纷纷前来参加,浙江农业大学、省农科院、市科委等山羊协作组的科技山羊 78 只,由科技人员、干部和有丰富经验的农民组成考评组,人员专程前来指导活动。该届山羊节,汇集全乡最优良的公母当众评选出一、二、三等公母良种山羊 6 只,鼓励奖山羊 6 只。当场交易 51 只,洽谈买卖 23 只,接受技术咨询 50 人次。1993 年 12 月 10 日,在彭公乡举行第五届山羊节,省农科院、浙江农业大学、县科协等有关专家和领导专程前往参加考评。参加评选的四川五羊、萨能羊、杂交羊、本地羊 4 个品种、57 头山羊,由有关专家和科技人员当场评比出最优良的公、母山羊6只,并给予养羊户精神和物质奖励。

科学种笋 彭公乡发动群众,充分利用当地低丘缓坡荒地多的优势,引导农民科学种竹养笋,取得很好的效果。1991年,全乡有早竹园3000余亩,每户农户平均有早竹园近一亩。当年总产春笋88.8万公斤,收入186万元,人均早笋收入150元。

为发展早竹生产,彭公乡政府采取多种措施帮助引导农户种早竹,建立早竹笋科技协会,制订经济奖励措施鼓励农民种竹。这几年,全乡每年以新种500亩竹园的速度向前发展。彭公乡开发早竹选择产笋期早、产量高、品种优的"窄叶种"为母竹,竹笋体大、壳薄、肉丰、味鲜。栽培技术上采用竹叶薄膜覆盖技术,使出笋期提前40天,经济效益成倍增长。早笋销往上海、杭州、萧山、嘉兴、宜兴等城市,其中销往上海市的占早笋总产量的80%左右。

1992年3月24日,浙江省科委组织全省10个地区的40个县科协主任一行58人到彭公实地考察科技种早竹、管理、销售一条龙服务。全乡已种早竹3300亩,投产2050亩,平均亩产522公斤,总产107.1万公斤,总收入239.9万元,早笋总产比上年增长21.1%,总收入比上年增长33.27%。早笋收入占农业总收入的17%,全乡每户平均715元。

1995年,彭公乡早笋产量1967吨,比上年增长1.1%;收入1436万元,增长79%。全乡人均(农村人口)达到1122元,成为全乡经济发展的主要支柱之一。其中,"笋干皇"在国家科委举办的"八五农业科技攻关成果博览会"上被评为优秀项目。彭公乡板石村的省级科技示范户沈跃岗成为科技致富的典型,他承包的早竹面积已达6.62亩,由于他引进"窄叶"新竹种,实行"七改"技术,采用宽行、密枝等技术,1995年,早竹笋收入达6.8045万元,平均每亩收益1.0278万元,成为远近闻名的科技致富大户。2011年,沈跃岗经省、市、区三级科技部门联合选拔推荐,获国家"三农科技服务金桥奖"。

在科学种笋的过程中,彭公乡早竹笋协会发挥了很大的作用。到1997年,全乡的早竹笋面积从1223亩发展到7115亩,早竹产业已成为该乡的支柱产业。协会下设早竹笋栽培技术、鲜笋购销、笋干加工3个分会,发展会员205人。栽培技术分会对竹农进行新技术的引进、试验示范和推广,1997年由于竹农采用"春笋冬出"技术,使全乡竹笋销售收入达1431万元,占竹笋总收入的84%。购销分会把全乡48户竹笋贩销大户组织起来,在巩固原有的上海、杭州、嘉兴等市场外,又开辟了宁波、常州等新市场,1997年贩销竹笋2000多吨,占全乡总量的75%。加工分会则引导竹农开展竹笋深度加工,提高竹笋附加值,1997年全乡仅加工笋干一项总产值就达336万元,创利105万元,既丰富了市场,又增加了竹农收入。

2005年,彭公乡3个竹笋品牌通过有机食品认证。11月,产自塘埠村野山笋、毛竹笋基地的"彭公"牌鲜笋、"梦春"牌笋干和产自彭公村两水坞三、四组早竹笋基地的"彭公"牌早竹笋通过了有机食品的认证。"有机食品"是国际上通用的最高农产品认证级别,产品在生产过程中不使用农药、化肥、激素等物质。塘埠村野山笋、毛竹笋基地和彭公村两水坞三、四组早竹笋基占地600多公顷,其竹林均处于半自然状态,一般不施用化肥,施用农药也比较注意环保,并开展生物降解技术,有效降解部分土壤中残留的农药和重金属,所以竹笋的各项指标都达到认证的有关标准。

彭公乡还承办杭州竹笋节活动,活动由中国竹产业协会、杭州市政府和浙江省林业厅共同主办,竹笋节期间一般举行杭州竹笋节经贸洽谈会、中国竹产业发展杭州论坛,以及名优竹产品展示展销、竹主题书画摄影展、竹乡生态游等系列活动。

2010年3月5日,由余杭区人民政府和杭州市农业和农村办公室联合主办,瓶窑镇人民政府和浙江彭公竹制品市场共同承办,余杭区林业水利局和农业局协办的中国浙江(彭公)竹制品交易博览会开幕。该会展主题是“发展低碳经济,宣传低碳生活”,是杭州市第三届竹笋节系列活动之一,也是2009年杭州西湖博览会延续活动项目。除已入驻彭公竹制品市场的约200家经营商家外,还吸引了350多家以品牌为主的参展商,参展产品以传统制品和现代高科技产品相结合,涵盖竹草藤制日用家居、家具、建材、工艺品、土特产等几十个系列数百个品种。

彭公竹制品市场是余杭区最大的竹制品商贸市场,也是中国最大的竹制品集散中心,该市场竹制品年销售量约占全区竹产值的70%。

2011年3月6日,第二届中国彭公竹制品交易博览会开幕。本届博览会旨在宣传“发展低碳经济,宣传低碳生活”理念。活动内容主要包括:草藤棕系列产品展示展销、竹木工艺品展示和竹工艺、木工艺、茶道专业人士现场操作演绎、知名工艺美术大师现场指导等。整个博览会场馆共分普通产品展示展销区、新建竹木工艺品陈列馆及现场操作演示3个区块,推出250个普通展位和1200平方米的精品陈列馆,吸引100多家参展商参展。

通过举办竹笋节和竹制品交易博览会活动,推动了竹业从原料到粗加工、精加工、贸易的转型,有不少精制竹制窗帘、竹席出口国外,提升了竹业的附加值。

2012年4月26日,第三届中国·彭公竹木工艺品博览会在瓶窑开幕。本届博览会为期五天,至4月30日结束。整个博览会展览场馆面积40000余平方米,共推出展位700余个。

2013年11月27日,首届浙北竹乡早竹笋业发展学术研讨会在“早竹笋之乡”瓶窑镇召开。浙江农林大学、中国林业科学院亚热带林业研究所、浙江省林业科学研究所的教授、博士,余杭、德清、临安以及安徽广德的林业技术推广机构、行业组织的负责人参加会议,共同研讨如何应对竹笋业面临的竹地土壤酸化、地力退化等问题。

二、主要成果

1980年,县第三医院与黄湖农机厂合作的KKX型可控胸外心脏按摩机获浙江省科技成果四等奖和杭州市科技成果三等奖;1981年,瓶窑电器塑料农机厂的76—40型沼气灯获浙江省科技成果四等奖;1985年,杭生电扇厂的400毫米节能电扇获杭州市科技进步三等奖;1986年,瓶窑无线电元件厂的滚镀光亮锡铈合金获杭州市科技成果三等奖。

1987年,全省第一座500千伏的瓶窑变电所在北湖乡状元岭建成。瓶窑变电站是华东电网第一批投运的500千伏变电站,是浙江电网与江苏、安徽电网连接的重要变电站,也是华东电网的主要枢纽变电站。经过20年运营后,为了保证华东电网枢纽变的安全、稳定运行,2008年,华东公司进行了瓶窑变电站的整体改造工程。这项工程从容应对了改造范围之最、施工周期之最、作业难度之最等多项“极限”挑战,在历时长达435天的漫长施工中,圆满完成了100多台开关、互感器、阻波器、避雷器等一次设备装置的全面更新,成功实施了新建继电器室、更换全部保护装置等二次设备的全面改造,变电所执行操作任务近千项。

重视科普基地建设,在农业产业结构调整和农业产业化中培育有发展前途的科普示范基地,2002年,瓶窑镇早竹“春笋冬出”持续高产科普示范基地被列为余杭区16个科普示范基地之一。

引进技术合作项目,同高校开展技术合作。2003年,位于瓶窑镇彭公的杭州石门笋制品有限公司与浙江省农业科学院合作,就“茭白安全商业化保鲜技术”签订了合作协议。

瓶窑镇在科技型企业培育、创新平台建设、科技项目实施等方面取得了重大突破,企业技术创新工作引领了工业经济的快速发展。

重视低碳经济发展,引导企业走节能降耗之路。2010 年,“欧帆能源科技”公司研发的《嵌入板型承压水箱的一体化平板太阳能热水系统》项目,获得了国家科技部 80 万元创新基金项目奖励。该项目是集太阳能技术研发、设计、制造的新技术,吸收了澳大利亚 30 年成熟的平板式太阳能产品经验,设计出适合中国市场的分体介质强制循环平板太阳能热水系统,年生产能力达到 2 万平方米的太阳能热水器,每年可供 10000 户家庭使用低碳新能源。

“双金机械”公司的《sji1200 圆锥式破碎机》项目,获 2009 年杭州市科技进步三等奖,同样也获得国家火炬计划项目。该公司采用耐磨性最强的高锰铬铁与碳钢复合材料,首期研制出双金属复合颚板后,获得国家发明专利,紧接着又实施二期研发,生产圆锥式破碎机,经国家矿山机械质量监督检验中心的现场检测,其综合性能达到国内外领先水平。

积极支持企业建立科技创新平台,先后建立了省、市、区三级科研机构 50 多家。杭州珂瑞特机械制造有限公司是该镇典型的科技创新企业,研发的《智能高速成人尿裤伺服成套装备》项目,获 2009 年杭州市科技进步三等奖,2010 年被国家科技部列入重点新产品计划项目。该项目是国内行业领先并达到国际先进水平的一次性卫生用品成套装备的高新技术产品(该项目)。由于技术的尖端性和良好的发展前景,中国银泰风险投资公司加盟了“珂瑞特”,并达成了长久性战略投资协议。该公司成为省高新技术企业,并拥有 40 余项国家专利技术,被评为浙江省专利示范企业。

大力扶持生物制品行业的发展。杭州科皇饲料有限公司原先是生产猪饲料的传统产业,在土地资源十分紧缺的情况下,镇政府挤出 20 余亩土地支持企业开展转型升级活动,使“科皇公司”有条件涉足生物制品先进产业,先后成立了“爱力迈药业”、“德邦生物”两家公司。2010 年,“爱力迈药业”的《新型高效天然仔猪促生长剂的开发与推广》技术获得国家星火计划项目。

第四章　体　　育

民国以前，境内体育运动以民间活动为主，且以民间文艺、民俗相结合，常见的有武术、舞龙、舞灯、踩高跷、风筝、荡秋千、跳绳、踢毽子等。清末民国初，西方近代体育传入境内，学校体育渐兴。民国期间的瓶窑境内的学校均设有体育课，主要是以乒乓球、跳绳、拍皮球、团体操等为主。

中华人民共和国成立后，以"发展体育活动，增强人民体质"为宗旨，由单位、学校组织的篮球、乒乓球、象棋活动持续开展。1954 年，学校开展试行劳动与卫国体育制度（简称劳卫制），学校建立篮球场，并开始篮球比赛。

20 世纪 70 年代，职工体育、农民体育开始兴起。各种可供开展体育运动和竞赛的场地设施纷纷建起。农村普遍开展的体育活动是乒乓球、象棋、跳绳、踢毽子等。1973 年，乡镇开始成立文化站，各村都建立俱乐部、青年民兵之家，体育活动随之兴起。乒乓球、象棋、羽毛球等比赛活动蓬勃开展。各乡镇除组织本镇体育活动外，还组队参加区县级比赛活动。

20 世纪 90 年代，中小学校建起了田径运动场，每年除举办运动会外，平时还开展单项体育比赛活动，企事业单位有条件的都建有篮球场、乒乓室，丰富职工业余文体生活。镇文化站组织各类体育活动，培养体育骨干，建立体育队伍，体育活动全面开展。1992 年，瓶窑镇开始申报"省体育先进乡镇"，1993 年被省农业厅、省体委命名为"体育先进乡镇"。1998 年，彭公乡成为杭州市先进体育乡镇。2001 年，组织业余体育爱好者参加区第七届人民运动会，获镇乡组团体总分第七名、老年组团体总分第六名，被区政府命名为群众体育先进单位。2005 年获"合作银行杯"余杭区第八届人民运动会"优秀组织奖"，获得了当年比赛中的镇乡（街道）组乒乓球比赛女子组第七名、挑担比赛第五名、拔河比赛第二名、登山比赛第三名、定点投篮比赛第八名、个人五项比赛第八名、中国象棋比赛第六名等奖牌。2006 年，瓶窑镇通过浙江省体育强镇验收，被浙江省体育局命名为浙江省体育强镇。2010 年，瓶窑镇通过第二批省体育强镇复评。2012 年，瓶窑镇新窑社区成为省级体育先进社区。2013 年，瓶窑镇创建为省级体育特色乡镇。瓶窑一小获得 2007 年—2012 年全国亿万学生阳光体育冬季长跑活动（浙江省）优秀学校。瓶窑镇塘埠村创建为省体育小康村。瓶窑镇新窑社区复评通过浙江省体育先进社区。

群众性体育活动发展较快，至 2015 年，瓶窑镇共举办人民运动会 7 届，先后多次承办区、市级各类比赛。

第一节　体育设施

一、镇文体中心

2006 年，改建文体中心，投入资金 10 多万元，成立乒乓球俱乐部。投资 25 万建灯光球场，占地100平方米。投资5万元建老年门球场,占地400平方米。投入100多万元,改造文体艺术中心,配备图书1万多册,新增电子阅览室、国民体质监测站、书画社、活动室等设施。

二、村、社区体育设施

2002年,瓶窑镇窑山公园建成全民健身点。2005年,在杨梅坞和新窑社区分别增设2处健身点。2006年,新建窑北、塘埠、南山等14个健身苑和彭公、塘埠、窑北等3个村级篮球场,改建塘埠、窑北、奇鹤等乒乓球室5个,成立乒乓球、太极拳、棋类等5个体育协会。2012年,瓶窑镇新增1个省级体育先进社区和5处健身场所。

截至2014年底,全镇有健身点苑55个,镇村两级篮球场10个(不包括学校、单位和企业)

三、学校单位体育设施

1996年,瓶窑中学建成400米标准田径场。2008年10月,学校体育馆建成。新建的瓶窑一中有400米标准田径场和运动场馆。瓶窑一小有250米田径场。

2003年,区文体局会同区教育局按照“合理布局,优胜劣汰”的原则,重新命名16所小学为区级体育传统项目学校,期限三年。瓶窑二小为“三棋”类体育传统项目学校,瓶窑一小为乒乓球类体育传统项目学校。瓶窑二小被命名为省级体育传统项目学校。

第二节 体育活动

一、镇人民运动会

1956年,瓶窑镇曾举行首届人民运动会。1991年,瓶窑镇第二届人民运动会4月15日开幕。运动会设中国象棋、乒乓球、拔河、篮球(男)、自行车30米慢骑和田径六大项。全镇40个单位、村的900多名选手参加了比赛,历经一月于5月20日闭幕。同日镇体育协会成立。

2000年,瓶窑镇举行第三届人民运动会,设中国象棋、围棋、篮球、乒乓球、射击、拔河、交谊舞、自行车负重拉力、登山、田径10个大项,直接参与人数达1800人以上,历时2个月。

2000年12月,彭公乡首届人民运动会召开,共有26支代表团,427名运动员参赛,设置项目有乒乓球、围棋、中国象棋、篮球、拔河、女子投篮六大项,通过两天的角逐,杭州茶场、彭公中学、彭公小学分获团体总分冠亚季军。2003年,瓶窑镇举办第四届人民运动会和艺术节。

2006年,成立瓶窑镇太极拳、剑协会。

2006年4月28日—10月30日,瓶窑镇举行第五届人民运动会。运动会设田径、球类、棋类、飞镖、拔河等14个大项21个小项,来自各村、社区、机关、学校、企事业单位的50个代表队,2000余名运动员参加了比赛,比赛产生金牌78枚,银牌77枚,铜牌74枚。

2009年11月22日,瓶窑镇举办第六届人民运动会暨第三届老年人运动会。运动会设田径、球类、棋类、拔河、飞镖等15个大项30余个小项。全镇13个村、5个社区及企事业单位,3000名运动员组成40支代表队参加比赛。

2015年5月26日,瓶窑镇第七届人民运动会暨第四届老年人运动会拉开序幕。运动会以“全民健身、幸福人生”为主题,设城镇组、农村组、老年组、残疾人组四个组别,共有14个类别的比赛项目。残疾人组是本届运动会新增设的组别。本届运动会以“双金杯”中国象棋比赛揭开序幕,城镇组共有17支代表队参加、农村组共有12支代表队参加、老年组共有13支队伍参加、残疾人组共有12支代表队参加。经过26日、27日、28日三天紧张激烈的角逐，里窑社区、新窑社区、城建系统分获城镇组团体前三名，袁国勇、李建明、池百川分获城镇组个人前三。外窑村、窑北村、南山村分获农村组团体前三名，单生杰、刘林森、吴德璋分获农村组个人前三名。里窑社区、窑北村、西安寺村分获老年组团体前三名，章银泉、张桂根、袁根泉分获老年组个人前三名。里窑社区李荣可、王自力、新窑社区周振东分获残疾人组个人前三名。

二、镇老年人运动会

瓶窑镇在举办镇人民运动会的同时举办镇老年人运动会，到2015年底为止，共举办了四届老年人运动会，并配合上级老龄委的各种文体活动，组队参加全区的经络操、越剧、舞蹈、导引功的表演赛，获得社会好评。

2008年5月，瓶窑镇举行第二届老年人运动会，比赛项目设有乒乓球、飞镖、太极拳、投篮、钓鱼、象棋、围棋等七个大项，并分别以城镇组、农村组二组别进行比赛，参赛运动员达156人次。

2009年举办第三届老年人运动会。9月16日，太极拳比赛在镇老年活动中心举行，共有5个代表队15名选手参赛，分别进行了团体赛和个人赛。2015年，举办镇第四届老年人运动会。

2015年8月，瓶窑镇第四届老年人运动会“明云杯”太极拳比赛在瓶窑镇老年活动中心举行，本次比赛由杭州明云混泥土有限公司赞助，共有来自瓶窑镇各村社区的6支代表队参加了比赛。本次比赛以杨氏四十式太极拳作为比赛项目，新窑社区获得团体第一名，余永海和白阿柳分获个人第一。

三、镇内其他赛事

1992年，瓶窑镇承办省体育先进乡镇乒乓球赛。瓶窑镇政府承办的杭州市“杭生杯”省体育先进乡镇乒乓球赛8月17日举行。杭州各县（市）、区8支代表队36名选手参加男、女团体和单打比赛，经过3天角逐，余杭县瓶窑镇、塘栖镇和五杭镇分获男子团体前三名，余杭县余杭镇、瓶窑镇和塘栖镇分获女子团体前三名；余杭县瓶窑镇沈海瑞和余杭镇的杨瑾分别夺得男、女单打冠军。这次比赛得到杭州杭生空调设备厂赞助。

图5-17 世界冠军张怡宁、孔令辉对抗赛（2006年）

2006年，世界冠军乒乓球对抗赛在瓶窑举行。5月28日，“日通杯”乒乓球世界冠军对抗赛在瓶窑镇政府会议中心举行。中国乒协主席徐寅生，省政协副主席李青及区有关领导到场观赛并颁奖。原中国乒乓球队总教练许绍发、乒乓球奥运会冠军吕林、郭跃华、陈新华等到现场观战，并为现场观众表演别开生面的“乒乓小品”。乒乓球世界冠军张怡宁对抗孔令辉。

2007年11月，瓶窑镇举行“2007年太极拳、剑比赛”。来自各社区参赛人员达31人，分别进行了四十式杨式太极拳和四十二式太极剑比赛。12月,举行2007年度“迎奥运”象棋、围棋比赛,这次比赛参加的人员涉及面广,人数也是历年来最多的一次,中国象棋有87人,围棋有29人参赛,其中年龄最大的75岁,最小的仅9岁。

2008年,经瓶窑镇文体中心的牵线搭桥,瓶窑镇棋类协会与杭州双金机械配件有限公司经过认真协商,达成了相互合作意向,并签订了合作协议。自签定之日起,瓶窑镇棋类协会将自己举办的象棋和围棋赛事(每年一届)冠名为“双金杯”,同时将棋队冠名为“双金”队参加市区等上级比赛。杭州双金机械配件有限公司每年赞助“双金”队一万元作为日常活动经费,如遇重大赛事,需追加经费由双方协商解决。2008年—2015年,双方合作连续举办了七届“双金杯”棋类比赛。

2010年,全民健身日活动仪式在瓶窑镇举行。8月8日,全国第二个全民健身日,杭州市以“绿色低碳,亲近自然,健康从脚下开始”为主题开展全民健身大联动活动。瓶窑镇作为余杭区分会场开展全民健身日活动,1500多名健身爱好者聚集到西险大塘瓶窑段,以千人沿苕溪徒步健身走的方式迎接全民健身日。来自各社区、企业的1500多名健身爱好者沿苕溪进行3公里徒步健身走。

2012年8月,举办瓶窑镇2012年排舞大赛,共有来自各村及社区的12支代表队参加了比赛。经过两轮紧张激烈的比赛,新窑社区、瓶窑社区代表队获得金奖,外窑村、里窑社区、大观山村、彭公村代表队获得银奖,其他6支队伍获得铜奖。同月,瓶窑镇举行第五届“双金杯”中国象棋、围棋比赛,共有13支村社区代表队,3支企事业单位代表队及1支个人代表队报名参加了象棋比赛。

2012年8月,余杭区妇女健身操大赛瓶窑片循环赛在瓶窑镇举行,来自瓶窑、良渚、径山、黄湖、鸬鸟、百丈的六支代表队参加了展示活动,瓶窑镇获得最佳风采奖。9月,瓶窑镇举办首届羽毛球比赛,来自镇机关、村社区、企事业单位的30多支队伍报名参赛。

2013年,举办各类竞技体育活动,并承办全区排舞选拔赛和围棋擂台赛。11月,举办瓶窑镇乒乓球比赛,共有来自瓶窑镇村、社区及企事业单位的8支男子代表队和7支女子代表队参加了比赛,经过两天紧张激烈的角逐,华兴社区、新窑社区、区三院分获男子团体前三名;华兴社区、杨梅坞社区、新窑社区分获女子团体前三名。

2014年4月,在瓶窑镇第五届文化艺术节开幕式上举行了第四届排舞比赛,共有10支队伍参加了城镇组和农村组的比赛,经过规定动作和自选动作两轮的比赛,最后新窑社区,华兴社区分获城镇组一等奖和二等奖,石濑村2队,彭公村和大观山村代表队分获农村组一等奖和二等奖。

举办瓶窑镇第五届职工飞镖比赛。举办以“文明出行、安全上路,交通文明宣传”为主题的文艺演出活动。

8月,区十运会“中国象棋”比赛在瓶窑镇成校圆满落幕,共有来自19个街道、乡镇及经济开发区的55名运动员参加了比赛,瓶窑镇代表队获得团体第七名。

2015年9月下旬至10月举办瓶窑片区第一届业余足球邀请赛。

四、外出参赛

1993年,杭州市种猪场风筝队参加全国赛。全国第三届风筝赛4月12日至23日分开封和潍坊两个赛区进行。瓶窑镇境内的杭州市种猪场风筝队代表杭州队员参加了比赛,取得了

3 枚金牌、1 枚银牌和 3 枚铜牌的好成绩。在开封赛区,周俨获软体类第一名,刘明获板子类(大型)第一名,程迪申获龙类第二名,章祖舜获复线操纵类第三名。在潍坊赛区,章祖舜获复线操纵类第一名,周俨获硬翅类(中型)第三名,王纪仪获立体类(超大型)第三名。

1993 年 5 月 13 日,杭州种猪试验场长跑队吴允焘参加海峡两岸台北—上海—北京接力跑(杭州段)活动。

1996 年,以杭州市种猪试验场为主组建的省风筝队参加全国第三届农运会。

2009 年 12 月,在余杭第二高级中学举行的余杭区第 24 届"足协杯"足球比赛中,瓶窑镇华达代表队获得冠军,这是瓶窑镇代表队从 07 年开始连续第三次获得足协杯的冠军。

2011 年 8 月 14 日,瓶窑镇乒乓球俱乐部一行 15 人,前往安吉进行乒乓球交流学习活动。25 日,在径山镇小古城村举行瓶窑片乒乓球比赛,来自瓶窑、径山、黄湖、百丈、鸬鸟 5 个乡镇的 25 名男女乒乓球好手参加了团体、男、女个人三个项目的角逐。瓶窑镇代表队表现出色,以四战全胜的战绩获得团体冠军。

2011 年,江建获第八届全国残疾人运动会首金。6 月 11 日,第八届全国残运会在杭州各赛场开赛。来自瓶窑镇华兴社区的选手江建在射箭项目男子复合弓 W2 个人 50 米单轮赛项目中,以 327 环、领先第二名 2 环的成绩,摘取金牌,并成为该届运动会首枚金牌获得者。

2014 年,组队参加余杭区第十届人民运动会,获篮球赛镇(街道)组季军。

2015 年 7 月,瓶窑镇武术辅导站 14 名队员在"第十届浙江国际传统武术比赛"中,参加了劈挂拳、长拳、杨式太极、六字诀、鞭杆、八段锦、六字诀等多个项目的比赛,取得了 15 枚金牌,7 枚铜牌。2016 年 8 月,参加"江郎山杯"第十一届浙江省传统武术比赛,获得金牌 23 块,银牌 9 块。

五、业余体育团队

女子舞龙队,成立于 2000 年,现有成员 17 人。在余杭区首届舞龙比赛中获二等奖。

瓶窑足球队,成立于 2004 年 11 月,现有成员 30 人。2007 年—2010 年在余杭区"足协杯"足球赛获冠军三次,2009 年在杭州市足协"西湖杯"足球赛中获县市组季军。

乒乓球协会,成立于 2006 年 5 月,现有成员 48 人。在余杭区八运会乒乓球比赛中,获乡镇组男子团体第二名,在"瓶窑组团"乒乓球比赛中多次获团体冠军。

棋类协会,成立于 2006 年 6 月,现有成员 52 人,余杭区二级体育团队。2011 年,余杭区"年鉴杯"中国象棋比赛中获团体第三名,在瓶窑组团中国象棋比赛中,获团体第一名。

太极拳协会,成立于 2006 年 9 月,现有成员 48 人,余杭区二级体育团队。2011 年,在浙江省传统武术锦标赛中获团体第一名,在杭嘉湖太极拳比赛中获团体第三名。

自行车骑游队,2011 年 8 月 28 日,由浙江双金机械集团冠名的瓶窑双金自行车骑游队在里窑社区正式成立,吸收会员 46 人。

武术辅导站,成立于 2015 年 5 月,罗生祥任站长,莫建杭、闻卯英任副站长,2016 年 1 月免莫建杭付站长,汤锦泉任副站长。有队员 50 人,先后参加 2015 年第十届浙江省传统武术比赛和 2016 年"江郎山杯"第十一届浙江省传统武术比赛,共获得金牌 41 块,银牌 19 块。镇武术辅导站被区武术协会评为 2016 年度先进集体。镇武术辅导站的宗旨是:使武术走进学校、走进机关、走进社区、走进农村、走进军营、走进企业。

第五章　卫　　生

瓶窑的医疗卫生事业起步较早，清时有钱塘儒医魏之琇和仲学辂。清道（光）咸（丰）年间，浙江四大名医之一姚梦兰的传人李劳世，坐诊外窑街，擅长内科兼治杂病。民国19年（1930年），德清潘氏外科嫡传后人潘芹波迁居瓶窑开设诊所，主外科，擅肠科。27年（1938年），福音医院开设，为当时瓶窑最早的一家西医医院。

1949年秋，瓶窑卫生所成立，后几经变迁，后易名为瓶窑农村卫生工作管理指导站。1951年12月，瓶窑镇李劳世、李宗恒、张育才等开业医生创立“瓶窑镇中西医联合诊所”。1952年后入瓶窑联合诊所。1956年春更名为瓶窑区联合诊所，下设长命、安溪、良渚、七贤桥4个分诊所，以及水河桥、上纤埠、石桥头、杜甫村5个医疗点。1958年夏改称为瓶窑镇医院，1961年春改称为瓶窑区医院。当时的瓶窑医院业务繁忙，在群众中有较高威望。有姚派传人以诊治温病、肝肾疾病为特长。中医外科有曲溪湾潘氏外科传人应用传统膏药、散剂及拔火罐、针灸等疗法，治疗疮疡、痈肿，兼理跌打损伤。1978年夏更名为余杭县第三人民医院，属县级医疗单位。长命乡、北湖乡、彭公乡也分别建有乡卫生院。

1998年，通过以镇乡为单位的初级医疗保健达标验收。2000年，全镇农村合作医疗覆盖率56.15%。麻风病、疟疾、甲状腺、白喉、脊髓灰质炎、血吸虫病等疾病已得于消灭或控制。人均寿命72岁。

2000年，原长命乡卫生院、瓶窑镇卫生院并入区第三人民医院，成为第三人民医院下属的门诊站（点）。2001年占地5亩，建筑面积1500平方米的华兴路门诊所建成投入使用，新城区有了一家科室齐全的门诊部。至2001年底，瓶窑境内平均每千人6.9人。核定病床158张，平均每千人3张。

1986年，镇爱国卫生运动委员会成立。1992年，开展“卫生城镇“的创建活动，通过多方努力，于1997年被评为“余杭市卫生城镇”，1998年被评为“杭州市卫生城镇”，2000年12月，通过评估验收成为“浙江省卫生城镇”。

2004年，新余杭区第三人民医院建成，并于2005年投入使用，有效地改善了瓶窑附近就医难、就医条件差的状况。2005年3月，瓶窑镇获国家卫生镇称号，成为杭州地区第一个非县城镇的国家卫生镇。

2013年，通过杭州市级药品安全示范镇区级验收。2016年，第三人民医院迁建工程开始。

第一节　医疗机构

一、医疗单位

杭县卫生院瓶窑分院　民国32年（1943年）6月，杭县卫生院（区一院前身）成立，院长祝应祥,因抗日战争期间,杭县沦陷,院址设在原余杭县太平乡太公堂。民国34年(1945年)下设上泗、五西两个分院,此后又增设瓶调、东塘、瓶窑三个分院,时合时分,从未固定。民国35年(1946)5月,奉杭县县政府令撤销卫生分院,瓶窑分院随此撤销。

中医师公会第十三办事处　民国36年(1947年),杭县社会科设立中医师公会办事处,瓶窑(包括长命)为第十三办事处,会员6人,李宗垣为主任。1949年,中华人民共和国成立后瓶窑第十三办事处,下辖中医私人诊所13所,共计14人。其中,内科6所6人,外科4所5人,伤科2所2人,儿科1所1人。

苕溪医疗诊察所　由长命乡仲颖(1895—1954)创办,仲颖,1922年毕业于浙江医专医科7期。曾任国民党军旅二等军医,后在瓶窑镇开设苕溪医疗诊察所,深为乡民信赖。

瓶窑镇福音医院　民国27年(1938年),瓶窑开设第一家西医医院"福音医院"。前身是一位基督教徒吴巾英(女)开设的私人诊所。吴早年毕业于湖州福音医护士科。1946年,吴与张维合伙开设医院。为传教方便、征得当地基督教牧师李明达同意后,命名为福音医院。设病床4张,设内、妇产科。

瓶窑的西医历史不长,1949年解放前,瓶窑镇西医人员包括医师2人,助生士4人,镶牙生1人,护士1人。

余杭区第三人民医院　余杭区第三人民医院,它的前身是杭县瓶窑镇中西医联合诊所,成立于1951年12月。位于瓶窑镇大桥北路88号。1956年春,改称杭县瓶窑区联合诊所。1958年夏,"乡乡办医院",瓶窑划归余杭县,改称余杭县瓶窑镇医院,院址从窑坝头迁至西溪街43号。同年冬,余杭县又划给临安县,医院也随之改为临安县瓶窑镇医院。实行公社化后,因"政社合一",瓶窑镇建制归长命大公社管辖,医院改称为长命公社瓶窑镇医院。1961年3月,行政区域又从临安县划归钱塘联社,4月重建余杭县,改称瓶窑区医院。1962年春,改为瓶窑镇联合医院。1970年,改称瓶窑地区人民防治院,1976年春,改为瓶窑区人民医院。1978年夏,中共余杭县委批准医院为县级医疗单位,改名为余杭县第三人民医院。2001年,更名为余杭区第三人民医院。

图5-18　区第三人民医院

1951年,联合诊所初建时,只有8位医生,由民主选举产生主任,负责管理工作。设中内科、中外科、西内科、药房及挂号收费等科室。1956年春,扩大为杭县瓶窑区联合诊所时,人员发展到48人,下设长命、安溪、良渚、七贤桥4个分诊所,以及水河桥、上牵埠、石桥头、九房桥、杜甫村5个医疗点,行政业务统一领导。增设妇产科、口腔科。1958年,乡乡办医院后,对分诊所及医疗点全部划出,人员减为八人。增设检验室。1961年,人员增至26名。复设西内科、妇产科,并增设中药房、针灸科,留观病室及会计室。1962年,医院购买了一台50mAX光机及直肠镜,下半年将上窑官口桥旁中药配方部迁出,设置了8张病床,医院开始有了住院部。增设西外科、放射科。1963 年初病房迁至关帝庙旁二层砖结构楼房，开设床位 24 张。1963 年秋，住院部迁至馒头山山下的一排平房，开设病床 50 张。1965 年，增设五官科。1969 年人员增至 47 人，设床位 42 张，1971 年床位增至 64 张。1973 年，制定医院管理各项规章制度，由于"文化大革命"的干扰，未能得到执行。1976 年建立了心电图、超声波检查室、手术室、人流室、中西药库。

1981 年—1983 年，先后设院办室、医务科、总务科、护理部、急诊室、注射室、肠道门诊室、供应室、制剂室、推拿科、心理咨询门诊室、改会计室为财务科。1983 年，新建病房楼启用，计 1963 平方米，改善了病员的住院条件和环境。床位增至 118 张。1985 年，医院进行了全面改革。一是党政分工，实行院长负责制；二是中层干部聘任制，聘任了一批能力较强的科室中层干部；三是实行技术经济责任制，使奖金与工作数、质量指标、劳动强度，经济效益和服务态度挂钩，体现了按劳分配的原则。同时建立职工代表大会制，实行民主管理，发挥群众性决策管理和监督干部的权力。1985 年，人员增至 140 人，床位增至 138 张，分内儿科、外科、妇产科、中西医结合四个病区。开展家庭病床 10 张，由内外科各派医师一名主管，每周两次巡诊。新设胃镜室、精神病门诊室、计划生育指导室及药剂科。

1990 年，医院被评为杭州市卫生先进单位，1993 年被省卫生厅命名为省级文明医院，1998 年被评为国家级"爱婴医院"。2001 年，医院占地面积 2.9 公顷，建筑面积 2.02 万平方米。

2002 年 5 月 31 日，余杭区政府现场办公会议决定：区"三院"将实施整体南迁，总投资约 1000 万元，增加建筑面积 5000 平方米，规划设床位 300 张，分二期实施。2005 年初，完成医院整体迁址工作。新医院医疗设备先进、技术力量雄厚，拥有固定资产 4500 余万元，医疗用房 2 万多平方米。2015 年，有员工 293 人，其中卫技人员 260 人，中高级职称 93 人。设计床位 300 张（现开放 200 张），设有内科、外科、妇产科、骨科、儿科、重症监护室（ICU）、高洁净层流手术室、血液透析中心、健康体检中心等 13 个临床科室和 6 个医技科室。其中皮肤科为区级重点学科，在区内外有较高知名人士度。近年来，医院先后购置了德国西门子全身螺旋 CT、计算机放射成像系统 CR、DG3310 型 C 形 X 射线机、瑞典 AK95/95S 血液透析仪、进口腹腔镜、彩色 B 超、日立 7060 全自动生化仪、膀胱镜、彩色多普勒仪、多功能麻醉机、纽邦呼吸机、超声波碎石仪等一批具有国内外先进水平的医疗仪器。新病房综合大楼采用电脑系统化管理，内设百级层流手术间、集中供氧。每个病区设有单人、双人、多人间及豪华套间病房，均有独立卫生间，极大地改善了病人的住院条件，能满足不同消费层次病人的需求。

2005 年，在余杭区首届"名院、名科、名医"评比和创建"等级医院"、"绿色医院"达标活动中，区第三人民医院通过二级乙等综合性医院评审。被评为区第二批"绿色医院"。2006 年，为推进医疗卫生信息化建设，区三院建立医院网站及内部信息平台，创办《余杭三院报》。区三院皮肤科被评为余杭区临床医学名科室。2011 年，区第三医院创建为二级甲等综合性医院。2014 年，区属各医院分别与省、市三级医院开展合作办医，全面提升医疗综合实力。区第三医院成为市第一医院集团瓶窑分院。2014 年，被评为杭州市文明单位。

2016 年，区第三人民医院易地重建，新址位于镇西新 104 国道北侧，北临精工西路，东临安三路，西侧为精工南路，以 21 世纪现代化医院标准设计，总用地面积 84169 平方米，总建筑面积 77599.6 平方米，地上建筑面积 59251.4 平方米，地下建筑面积 18348.2 平方米。

历任院长（负责人）有李劳世、李宗垣、高玉堂、孟昭郡、张毓振、耿士进、周阿山、乔励绥、吴桂堂、孙宜春、张立民、叶茂良、陈柏泉、章福根、唐鼎新、谢金水、方海鹰、杭建飞、袁春锋。

瓶窑镇卫生院 其前身为北湖公社卫生院。1962 年 4 月,省北湖种畜场被撤销,原管理的张堰等 4 个大队划回余杭县。张堰等 4 个大队和瓶窑镇原管理的上窑、西中、河中、角窦、外窑 5 个大队合并新建北湖公社。1963 年 4 月,由来鸿岐等人北湖公社卫生院,地址栲栳山,下设张堰门诊所。1970 年,杭州市五院(当时红卫医院)派人在良种场兴办赤脚医生培训班,时间 6 个月,培训结束后,部分人员到张堰村、南山村、外窑村绿园设 3 个医疗点,每个医疗点 3 人(1983 年外窑村划给瓶窑镇,外窑绿园医疗点撤销)。

1980 年,更名为北湖乡卫生院,1981 年 7 月医疗点迁移到瓶窑镇窑坝头,租用民房三间;1983 年对窑坝头旧房征用,进行拆除,政府补贴建造医疗用房 5 层 800 平方米;1988 年北湖乡并入瓶窑镇,卫生院更名为瓶窑镇卫生院;1998 年 11 月,经瓶窑镇、余杭市政府批准在华兴路西侧、张家墩北侧建造砖混结构医疗用房,面积 4500 平方米。2001 年 3 月,瓶窑镇卫生院人员、财产、房屋全部并入余杭市第三人民医院,在原地址设立西溪门诊部,在余杭市三院内设立农村卫生办公室,2015 年西溪门诊部撤销。

瓶窑镇卫生院是在私人诊所联合基础发展起来的,初期医疗水平低,逐年有计划地采取分批选用到县、市医院进修和县卫生进修学校培训提高,逐步解决当地群众常见病、多发病的诊治,抢救一些疑难病、危重病、急性传染病、中毒、休克以及施行输卵管结扎、宫内放环、人工流产等手术,检验室能做血、尿、大便三大常规及生化检验,放射科能胸透、摄片。卫生院成立时,只有医护人员 4 人,1985 年发展到 11 人。床位数 3 张,村卫生室 6 个,乡村医生 5 人,村卫生员 8 人,基本做到村村有医、有药、有人搞预防。

1992 年,瓶窑镇卫生院逐步发展到 22 人,建立内科、外科、妇产科、中医(内、外)科、放射科、牙科、B 超室、药房、防保科,负责瓶窑镇范围内医疗、初级卫生保健、防保食品卫生、公共场所卫生、妇保、儿保等预防保健工作。1985 年北湖乡基本消灭血吸虫病,1998 年瓶窑镇初级卫生保健工作达标。瓶窑镇卫生院历任负责人(院长)有来鸿岐、陈继仁、林岩弟、梁国防。

彭公乡卫生院 1961 年 3 月,原石濑公社、塘埠公社合并建立彭公公社,1963 年,由原石濑联合诊所、塘埠联合诊所合并成立彭公公社卫生院,地点设在陈和村,在塘埠设立门诊部。1986 年在彭公乡政府新建医疗用房 700 平方米,卫生院整体搬迁到新建卫生院内,1995 年扩建医疗用房 800 平方米。

1985 年卫生院内有医生 6 人、护士 1 人、管理人员 1 人、其他 5 人,建立病床 4 张(包括塘埠门诊部),建立 13 个村卫生室,乡村医生 15 人、卫生员 5 人,卫生院内设立西医内科、西医外科、口腔科、中医骨伤科、防保科、妇产科等。

2001 年,医院占地面积 2329 平方米,建筑面积 1817 平方米。有医务人员 21 名,其中主治医师 2 名。核定病床 8 张。设西医内科、西医外科、口腔科、化验室、中医内科、中医骨伤科、防保科、妇产科、儿科等科室,中医骨伤科、儿科为该院特色科室。拥有 200 毫安 X 光机,65ll 心电图机,B 超,血、尿电脑分析仪,肝功能检测仪等医疗设备。2001 年业务总量达 140 万元。2004 年 8 月,浙江省新华医院与卫生院进行医疗技术合作,成立"新华医院彭公分院",开展骨伤专科,每周骨伤专科医师坐诊。当年,全院有正式工 14 人,乡村医生 11 人。

2004 年,进行了医疗卫生体制改革,卫生院转股份制,股东 7 人,总股数 100 股,总股本 200 万元。2001 年 8 月,彭公乡合并到瓶窑镇,10 月撤销彭公乡卫生院,设余杭区第三人民医院彭公分院。历任负责人(院长)有沈慧敏、刘雪飞、施兆峰、孟忠根、吕荣根、胡志明、丁建华、陈东海、黄连明、施世伟。

长命乡卫生院　其前身为长命公社卫生院,成立于1958年8月,地点长命桥,下设水河桥、长命门诊所。1980年更名为长命乡卫生院,1998年更名为瓶窑镇长命卫生院,仍独立核算,政府补贴、自负盈亏。主要负责原长命片辖区内医疗、预防保健、初级卫生保健等工作。

1985年,发展到医师3人、管理1人、其他10人、病床4个。下设2个村卫生室,合计14人。其中,乡村医生12人、卫生院2人。1992年,员工人数为17人。2001年3月,长命卫生院并入余杭市第三人民医院统一管理,原医疗用房改为余杭市第三人民医院长命门诊部,初级卫生保健工作由市三院农村卫生办公室统一管理。2010年10月,长命门诊部并入瓶窑镇社区卫生服务中心。历任负责人(院长)有巴梦熊、任金友、莫金佰、张妙珠、谭洪泉、陈志德。

此外,瓶窑设区时,尚建有瓶窑区卫生所,历任负责人为孟昭君、王锡九、张苗林、李望生、丁任远、范力强、沈黎明。

二、社会个体医疗

杭州余杭邦尔门诊部　2015年1月正式成立,是一家集医疗、预防、保健、健康咨询于一体的营利性综合民营门诊部,坐落于瓶窑新城,羊城路65－71号,紧邻瓶窑凤都工业园区。开设西内科、中内科、骨伤科、西外科、妇科、口腔科,检验科、放射科、B超等科室,配备全数字DR、进口迈瑞血球仪、汕头彩色B超机、高端牙椅等设备,科室设置较全、医疗设备先进、就诊环境舒适。现有工作人员15人,其中中、高级职称人员4人,初级职称人员10余人,以内科、骨伤科为特色,与余杭区三院、余杭区二院、余杭骨科医院紧密联系,内科、骨科、外科、妇科等专家每周定期坐诊。

杭州余杭康宁医院　2015年9月设立,是一家精神疾病专业治疗的民营医院,位于瓶窑镇彭公,104国道边,与德清、安吉交界,交通便捷。占地面积1公顷,建筑面积约4500平方米,耗资3000余万元。医院主楼共四层,实际开放床位250张,还有400余平方米的康复活动区;配备有X光机、彩色B超、五分类血球仪、视频脑电地形图、小脑生物反馈治疗仪等先进设备。拥有强大的管理团队:由院长、副院长主导,并配设有医院办公室、财务科、后勤总务科、对外联络办公室等。服务对象:医院主要科目为精神科,二期将逐步设立康复科及老年医养等科目,主要收治对象为精神病患者及老年痴呆患者。

2015年瓶窑镇其他医疗机构情况表

表5－5－1

单位名称	法人、负责人	类型	地　址
余杭新窑口腔门诊部	蒋玲玲	个体诊所	余杭区瓶窑镇新窑路163号
余杭王涛口腔诊所	王　涛	个体诊所	余杭区瓶窑镇国辅路135、136号
余杭陆越英牙科诊所	陆越英	个体诊所	余杭区瓶窑镇大桥路77号
余杭周希广中医内科诊所	周希广	个体诊所	余杭区瓶窑西中叉口樟树路84号
余杭瓶窑宋正明中医诊所	宋正明	个体诊所	余杭区瓶窑凤城花园6号楼6－4号
余杭区瓶窑镇盛建华中医诊所	盛建华	个体诊所	余杭区瓶窑镇大桥北路229号
余杭长明综合门诊部	郁荣海	门诊部	余杭区瓶窑镇长命村俞家角37号

续表 5－5－1

单位名称	法人、负责人	类型	地 址
杭州市第一社会福利院门诊部	王荣富	门诊部	余杭区瓶窑镇华兴街社区
余杭郎氏中医门诊部	郎玉林	门诊部	余杭区瓶窑镇华兴路 408 号
余杭彭公杭茗门诊部	宋仲缘	门诊部	余杭区彭公茶场万鸡山 2 号
杭州进取健康管理有限公司精工路口腔诊所	胡永进	医务室	余杭区瓶窑镇精工路 53 号
浙江省良渚强制隔离戒毒所医务室	赵建功	医务室	余杭区瓶窑镇观山路 1 号
杭州市瓶窑中学医务室	俞小平	医务室	余杭区瓶窑镇里窑街 78 号
浙江省未成年劳动教养人员管理所医务室	周晓虹	医务室	余杭区瓶窑镇凤都村
杭州市种猪试验场医务室	卢伟法	医务室	余杭区瓶窑镇长命桥

三、卫生行政单位

图 5－19 瓶窑镇卫生服务中心（2010 年）

瓶窑镇社区卫生服务中心 瓶窑镇社区卫生服务中心成立于 2010 年，下辖 11 个社区卫生服务站，是一家集基本医疗、健康咨询、计划免疫、预防保健、康复医疗、计划生育、慢性病随访等服务于一体的非营利性医疗单位。中心实行国家基本药物制度及收支两条线的预算管理办法。是浙江省规范化社区卫生服务中心，杭州市绿色医院，杭州市无烟单位，杭州市健康单位，拥有浙江省五星级预防接种门诊、杭州市三星级孕产妇保健门诊、杭州市三星级儿童保健门诊。

2010 年 11 月，瓶窑镇社区卫生服务中心成立，由原彭公卫生院及已并入区三院的长命、北湖卫生院合并而成，地址为原三院老院区，瓶窑镇大桥北路 232 号。黄连明担任中心主任，缪建宏担任书记。2013 年 5 月，由施世伟担任中心主任兼书记。2015 年，由朱盛珍担任中心党支部书记。陈国庆、朱学军从 2014 年起担任中心副主任。

中心毗邻老 104 国道，占地 13 亩（0. 87 公顷），医疗用房 8000 平方米，病床数 50 张，固定资产 3200 万元。拥有彩色 B 超、500 毫安 X 线机、CR、全自动生化仪、全自动血球计数仪、全自动尿液分析仪、十二导联心电图机、多参数心电监护仪等设备。截至 2016 年，共 111 名员工，其中在编人员 80 人，临时人员 16 人，退休返聘人员 4 人，乡村医生 11 人，其中本科学历 55 人，大专学历 39 人，高级职称 1 人，中级职称 18 人。中心设有全科医疗科（内科、外科、儿科、中医科、口腔科、妇科、针灸科）、公共卫生科、护理部、药械科、中心办公室、后勤保障科等科室。

2015 年 10 月，瓶窑镇社区卫生服务中心增挂瓶窑镇妇幼保健计划生育服务站名称，承担妇幼保健和计划生育技术服务部分职能。

2015 年瓶窑镇卫生服务站点情况表

表 5－5－2

编号	站　点	地　址	人员配置
1	奇鹤社区卫生服务站	瓶窑镇奇鹤村村委	1 医 1 护
2	彭公社区卫生服务站	瓶窑镇彭兴路 19 号	3 医 3 护 1 收费 1 药房
3	凤都社区卫生服务站	瓶窑镇凤都村北村	1 医 1 护
4	西安寺社区卫生服务站	瓶窑镇西安寺村委	1 医 1 护
5	瓶窑社区卫生服务站	瓶窑镇社区老年活动室	1 医 1 护
6	石濑社区卫生服务站	瓶窑镇石濑村	1 医 1 护
7	塘埠社区卫生服务站	瓶窑镇塘埠村 19 号	1 医 1 护
8	崇化社区卫生服务站	瓶窑镇崇化村水河桥	1 医 1 护
9	南山社区卫生服务站	瓶窑镇南山村横山 1 号	1 医 1 护
10	张堰社区卫生服务站	张堰村委	1 医 1 护
11	长命社区卫生服务站	瓶窑镇长命街道 125 号	2 医 2 护 1 收费 1 药房

2011 年—2015 年瓶窑镇医疗业务情况表

表 5－5－3

	年度	医疗收入(万)	门诊人次(万)
1	2011 年	940.60	14.53
2	2012 年	1260.44	17.79
3	2013 年	1480.71	17.87
4	2014 年	1532.08	17.97
5	2015 年	1802.56	20.06

第二节　中　　医

瓶窑的中医自清代起见之史载，康乾时期瓶窑人魏之琇，出身于世医之家，他通过自学，“精其奥巧”，终于医理贯通，医术大进。遂悬壶行医，知名于时。

魏之琇悉心研究前人医方，结合自己的临床心得，创制治肝疗法“一贯煎”，为肝病学说做出贡献。乾隆三十五年(1770 年)，魏之琇初步编著成《续名医类案》六十卷，惜尚未整理就绪，魏氏因病突然去世。后经清代名医王士雄改编成三十六卷本，分三百四十五门，内、外、妇、儿、五官等科病症兼备。

道(光)咸(丰)年间的瓶窑人仲学辂是钱塘医派的重要代表人物，曾北上“请脉”，给慈禧太后治病，后主持杭垣医局多年，力行研经、讲学、行医三位一体的传统精神。同一时期，浙江四大名医姚氏传人李劳世坐诊外窑街，擅长内科兼治杂病。私人诊所还有横叉弄的中医内科医师沈子恒,上窑街28号的袁家汇吴氏外科五代传人吴晋卿(专治疮疡)。

1930年,德清潘氏外科的嫡传后人潘芹波迁居瓶窑,他幼承庭训学外科,擅肠科,对疔疮、臁疮的治疗颇有心得,自制“灵异药”疗效显著。著有《药性赋歌谣》、《舌诊歌诀》、《医案稿》和《医学简明》等医书。清道(光)咸(丰)年间,浙江四大名医之一姚梦兰的传人李劳世,坐诊外窑街,擅长内科兼治杂病。

区第三医院初创时期,即设中内科、中外科,1961年,增设中药房、针灸科。后又设中妇科,建立中西医结合病区。2010年,区三院方宏图获“杭州市首批基层名中医师”称号。

1991年,郎玉麟在瓶窑镇创建郎氏中医门诊部,设有三个专科门诊、理疗科、检验科、中药房,煎药室等科室,并专门开辟了200余亩的中药种植基地为门诊提供绿色、优质的药材,门诊部现有专业技术人员30余人。先后投资百万元购置了检验,理疗,中药煎煮等专门设备,门诊部注重医疗服务质量的提高,同时发展特色医疗,先后与浙江省中医药研究院、省医学科学院等单位联合开展科研攻关,对郎氏经验方“消银汤”,“克痹汤”等进行科学研究,为在临床上推广应用提供了科学依据。

2010年5月18日,由浙江省作家薛家柱和上海作家卞茵联袂创作,一部反映瓶窑镇郎氏中医创始人郎玉麟行医创业历程的长篇纪实文学《郎中》举行首发式暨研讨会。2016年7月,以《郎中》为蓝本的网络电影《郎中传奇》在瓶窑镇正式开机拍摄。

一、郎氏中医

杭州余杭郎氏中医门诊部的前身是郎玉林中医内科诊所,20世纪80年代由郎玉林医师创建,经余杭区卫生局、科委及工商局批准,从事中医皮肤病和中医内科、中医外科等病种的中医治疗和研究工作,地处杭州市余杭区瓶窑镇。郎氏中医门诊部拥有正式员工30余名,门诊部面积800余平方米,内设:中医皮肤科、中医内科、中医外科、中医针灸科等四个临床科室及中药熏蒸治疗、检验科、中药房、煎药室等职能科室。经几十年的发展,逐渐形成了中医治疗银屑病及各类顽固性皮肤病以及相关风湿、类风湿性关节炎为主要特色,集中医临床治疗、中医药研究、中药种植开发为一体的中医药综合性单位。

2003年开始,为了保证临床使用的中草药的质量和探索中草药培育和规模种植,郎氏中医投入大量资金和人力开辟建立了200余亩中草药种植基地,基地位于彭公石濑村,占地面积200余亩(13.33公顷),引进和繁殖各类中草药350余味,种植有苦参、丹参、白术、金银花、蒲公英、地丁草、白花蛇舌草、芍药、紫苏、葛根、桔梗等常用100种中草药以及天南星,紫玉簪、黄芩、栝楼、半夏、虎杖、垂盆草、合欢树、苍耳等200余种观赏性中草药,有效保证了门诊部的中草药供应。2007年,基地与浙江省中医药大学药学院联合作为浙江中医药大学的学生实践基地和余杭区青少年科普教育园,2012年1月被浙江省参事咨询协会选为“省参事咨询协会养生保健基地”,2013年又被定点为余杭区环境教育基地和“余杭区老干部活动基地”。

二、宋氏中医

杭州余杭宋氏中医的历史最早可以追溯到民国时期,迄今有近百年。1930年,宋福根在鸬鸟镇上开设了中德堂药店,并坐堂行医。解放后,其子宋朝荣继承父业,在安吉山川、临安横畔一带出诊行医。1953年,宋朝荣联合其他一些乡镇医生在杭州市临安县组织成立了横畔中西医联合诊所,并参加了上山下乡巡回医疗工作。1958年,宋正明出生,作为家中三代单传的独子,宋正明也被父辈寄予了厚望,自幼便跟着祖父上山识药采药,十多岁便给邻居诊病出方。

1983年,宋正明来到瓶窑镇,和父亲宋朝荣开设了宋氏中医诊所。1994年,应舟山军分区所邀,宋正明远赴舟山行医,1996年,宋正明回到瓶窑镇开设宋正明中医诊所。1998年,宋氏中医诊所停业。2008年,宋正明在瓶窑镇再次开设了宋氏中医诊所。在医疗实践中,宋正明形成一套独特的宋氏特色疗法。该疗法对治疗腰椎间盘突出、骨质增生、关节炎等治疗有效率在80%以上,复发率低于1‰。进入21世纪,宋氏中医已传至第四代。

第三节　公共卫生

中华人民共和国成立前,境内环境卫生差,各种疫病时有流行,传染病、地方病危害百姓身心健康。20世纪50年代初,开展以除"四害"讲卫生为主要内容的群众性爱国卫生运动,90年代深入开展创建卫生城市和农村爱国卫生活动,通过卫生创建、改水改厕、健康促进、除四害达标,公共卫生、疫病防治等活动,预防保健工作成效显著,人均期望寿命大幅提高。

1954年,建立瓶窑清卫组,属卫生局部门管辖。20世纪六七十年代,主要服务西溪、外窑、横街及苕溪运输船上的住户,以倒马桶、清扫粪坑厕所为主。随着瓶窑城镇化建设推进,集镇面积扩大,保洁设施逐步改善,除粪便清理以外,又增加公共道路的清扫、保洁工作。2000年后,实行卫生清扫向外经济承包,由镇城管中心统一管理。2005年,镇政府投资400万元,在羊城大道南侧,占地1万平方米的瓶窑环境卫生管理站和压缩式垃圾中转站建成。负责区域面积10平方公里,清扫工增至200余人(含临时工)。新建改建公共厕所10座,购置洒水车、清运车、垃圾压缩车13辆、人力三轮车70余辆等,日清垃圾100余吨,在创建区、市、省、国家卫生镇活动中发挥重要作用。环境卫生管理站历任负责人:叶文财、张法林、贾祖鹏、俞德良。

一、爱国卫生

20世纪50年代初,境内开展爱国卫生运动,发动群众开展除"四害"、讲卫生运动。瓶窑镇建立环境卫生管理站,对城镇的粪便垃圾实行统一管理。1956年组建瓶窑清肥组,人员12人,以扫街路,倒马桶为主,清扫保洁西溪、里窑、外窑三条街,对镇区粪便实行管理。1957年易名为"瓶窑镇环境卫生管理站",随着镇区的扩展,保洁范围比1956年时增加几十倍。从肩挑、手提清扫方式改进到用双轮车,三轮车直到用汽车清运垃圾粪便。1958年,大规模开展除"四害"、讲卫生运动,1962年测定,瓶窑镇鼠类密度从12%下降到5.7%。

"文化大革命"期间,爱国卫生运动无人负责。1979年,聘请兼职卫生宣传员,加强卫生宣传。1982年,实行门前"三包"(包卫生、绿化、秩序)责任制。瓶窑镇聘请卫生监督员,监督检查责任制执行情况。

1986年瓶窑镇成立了"爱国卫生运动委员会",积极开展"卫生城镇"的创建活动。1997年成为余杭市(区)卫生镇,1998年首批通过杭州市级卫生城镇验收,2000年12月获得浙江省卫生镇荣誉称号,2004年成功创建杭州地区非县城镇中第一个国家卫生镇。

2005年,深入贯彻落实计划生育政策法规,出台优惠政策,鼓励和指导农村开展生育文化村创建活动,全镇生育文化村的创建率50%。全面应用流动人口信息管理系统,提高对流动人口的管理服务水平。

2005年,压缩式垃圾中转站投入使用,该站位于瓶窑镇新区羊城大道南侧、乌山北面,占地面积1公顷，建筑面积2900平方米，其中生产车间300平方米，办公楼及车库2600平方米，总投资400万元。2004年10月动工建设，2005年底完工。生产设备主要采用上海同济远征环卫机械工程有限公司生产的TCY160型压缩式生活垃圾中转设备，最大生产能力每小时压缩垃圾200余立方米。

2006年，进一步推进农村卫生改厕工作，瓶窑镇凤都村被列为市级改厕示范点。结合新农村建设，大力开展卫生镇（村、社区、单位）的创建。至年末，瓶窑镇通过国家卫生镇复评。

图5-20 国家卫生镇授牌仪式（2005年）

2007年，全镇投入公共卫生事业经费416.7万元，其中投入125万元，开展清洁绿化余杭行动，奇鹤、彭公、长命、凤都等4个首批推进村通过考核，清除垃圾1805吨，完成庭院整治3156户，完成绿化面积17.4万平方米，清洁河道68.5公里，河道清淤28公里，池塘整治4.41公顷。石濑、大观山、窑北3个村被列为第二批推进村。

2008年，瓶窑镇通过国家卫生镇复评。

2009年7月，瓶窑镇全面完成14个村的“清洁绿化余杭”整治工作，落实奖励补助资金450万元。14个村清除垃圾7798吨，投入资金134.65万元，其中4个村实行物业化保洁。全镇拆除露天粪坑和棚厕4211个，改建三格式无害化卫生厕所3084座，建立公共厕所38座。投入661.34万元，清淤河道109.55公里；投入194.02万元，整治内塘94.13公顷；投入236.25万元，完成绿化103206平方米；投入1056.37万元，新建硬化道路194335平方米；投入380万元，搬迁村内坟4168座。

2010年12月22日，国家环境保护部、省环境保护厅领导和专家到瓶窑进行国家级生态镇预验收。瓶窑镇于2007年成功创建省级生态镇后，又确立争创国家级生态镇的目标。截至2010年，全镇共创建12个区级生态村、4个绿色社区、8个省级卫生村、6个市级卫生村。

2011年11月，瓶窑镇垃圾分类收集、直运正式启动。先后投入120余万元，购置大型垃圾分类直运车辆及分类垃圾收集容器，发放垃圾分类调查问卷、宣传手册、宣传彩页。首先在华兴社区试点，取得经验后在镇政府、瓶窑法庭、余杭区第三人民医院等11家单位实行，逐步实现垃圾处理资源化、产业化，推进生活垃圾的减量化、无害化。

2012年，巩固落实“清洁余杭”及国家卫生镇创建长效管理机制，开展病媒生物防制、妇幼保健和农民健康体检工作。2月，瓶窑镇被列为杭州市首批健康镇试点。在市建设健康城市工作领导小组办公室和杭州师范大学医学院的调研、指导下，完成资料收集、基线调查并形成调查报告，为科学评价打下基础。6月，区卫生局组织瓶窑镇分管镇长及相关工作人员到上海市金山区张堰镇，对健康镇建设进行考察学习。9月，瓶窑健康镇建设指标体系基本形成，并向相关部门征求意见，健康镇试点建设稳步推进。

2013年，通过国家卫生镇复评。全年共举办健康巡回知识讲座30场，学校卫生知识课普及率100%。承担国家“十二五”科技支撑计划——流动人口生育调查试点，建立慢病首席医生制。建成1000米健康慢步道，南山、奇鹤慢病管理示范村创建成效显现。开展集居儿童及农民健康体检活动，试行全科家庭医生签约服务，启动造血干细胞库建设。做好病媒生物防治，开展灭“四害”活动，通过区级“灭鼠先进镇”复评。开展各类清洁大行动，做好农村改水改厕工作，推进“美丽瓶窑”建设。

二、疾病防控

中华人民共和国成立前，境内医务力量薄弱，多数为个体开业中医，西医则寥若晨星。由于缺医少药，境内血吸虫病严重流行，危害甚烈，霍乱、天花、白喉、麻疹、疟疾、伤寒、痢疾、乙脑等传染病连年不断，死亡枕籍。20世纪50年代初，卫生防疫事业克服底子薄、条件差的状况，发展较快。短期内消灭了霍乱、天花等烈性传染病；其他传染病如流脑、乙脑、麻疹、百日咳、脊髓灰质炎等也大幅度下降。

预防接种　是传染病预防、管理工作中的一个重要环节。新中国建立初期，以种牛痘防天花为主。1952年开始，开展爱国卫生运动，接种疫苗逐渐增多，有牛痘苗、卡介苗、鼠疫苗、霍乱、伤寒副伤寒甲乙三联苗、破伤风菌苗、白喉类毒素等疫苗。50年代开始接种百日咳菌苗、流脑菌苗、乙脑疫苗、开始组织儿童服脊髓灰质炎减毒活疫苗。1978年，卫生部颁发《关于加强计划免疫工作的通知》后，预防接种工作推向有计划免疫，至1990年镇乡儿童基础免疫卡介苗、脊灰糖丸、百白破疫苗、麻疹疫苗接种率已达95%以上。从1992年开始，针对易感人群推广乙肝、甲肝、风疹疫苗，1997年将乙肝、风疹纳入计划免疫管理。2001年，乙肝疫苗实施无偿接种。同时推广接种的还有水痘、麻腮风、流感、伤寒、肺炎、狂犬等疫苗。

2006年，区三院对流动儿童预防接种，采取“以外管外”模式，就是对具有一定文化程度，防病意识较强的外来人员进行沟通、联系，聘其为卫生联络员，建立联络制度。通过外来卫生联络员的宣传教育，让新来的流动儿童及时建立预防接种证，及时到当地防保部门接受预防接种，提高流动儿童预防接种率。这种模式在全区各接种门诊得到推广。

地方病防治　境内地方病以血吸虫病为最。除血吸虫病以外，丝虫病、钩虫病、地方性甲状腺肿、地氟病、布氏病等在境内亦有流行。中华人民共和国成立后，经过积极防治，血吸虫病、丝虫病、地甲病分别于1994年、1996年、1997年宣布消灭（消除）。

血吸虫病。解放前，境内血吸虫病危害甚烈，被列为“严重流行区，究竟起于何时，已难查考。1924年，美国学者曾记载杭州、临平等地有血吸虫病流行。20世纪50年代前急性血吸虫病发病无从查考，60年代发病最多。血吸虫病防治从1955年大规模开展以来，除经常性工作外，有3次大规模活动，即1955年至1957年为第一次血吸虫病防治高潮；1966年掀起第二次高潮；1970年中共中央下达〔1970〕2号、49号文件后，全县出现第三次防治血吸虫病高潮。防治措施主要采取查螺灭螺（每年春秋两次开展查灭螺突击活动）、查病治病、粪管、安全用水和个人防护等。

血吸虫病防治　境内地方病以血吸虫病为最，民间早有：“三年黄胖，四年膨胀，五年见阎王”的说法。1962年夏，全县发生急性血吸虫病462例，主要发生在北湖草荡周围，占97.5%（450例），经抢救无效死亡2人。从20世纪50年代起，到70年代，经过几次围歼防治血吸虫病群众运动。1979年，经省、市考核组考核验收，境内彻底消灭血吸虫病。

1970 年 10 月,余杭县委根据北湖草荡钉螺肆虐,成为血吸虫病主要孳生地的状况,开展了北湖草荡水利、农垦、灭螺综合治理工程,成立了北湖围垦灭螺指挥部。从 24 个公社派出 18000 余名民工在北湖草荡扎营,修建了 4.5 米高的堤坝 11 公里,新开 80 余米宽的河道 5.5 公里,主干渠道 10 公里,建造水闸 4 座、桥梁 2 座,完成土石方 83 万方,共投入劳动力 100 余万工,历时一年,把北湖草荡 15.5 公里长的 8 条河道、6000 多亩耕地和数百亩荒地反复进行了土埋和药物处理,端掉了境内大钉螺窝。境内建立了一支由县血防专业人员、公社卫生院医生、大队赤脚医生、化验员、查螺员和清卫员组成的防治队伍,轮流到各个大队为村民化验、送检大便、筛查血吸虫病患者,达到查、医、灭三管齐下。境内总结出一般地区普查、复杂地区重点查、坝沟灌溉反复查、毗邻地区联防查等"八查"经验。

1971 年冬又在北湖外围的窑山和毛园岭小草荡进行了修渠、改田、灭螺,投工 30 余万工,修建了十里渠,彻底清除了钉螺孳生环境。沿苕溪的长命、北湖、彭公地段,用五氯酚钠"一清二喷三铲四浸杀"进行药物灭螺,基本消灭了苕溪钉螺。

传染病防治　流行性脑脊髓膜炎、霍乱、天花、白喉曾在境内流行。

流行性脑脊髓膜炎。民国 18 年(1929 年),杭县流行性脑脊髓膜炎流行,瓶窑设防疫分会,民国 19 年、20 年流脑继续流行。1944 年春,流脑一度盛行,尤以五四、瓶窑、东塘等地区为最烈,杭县县政府派员采购疫苗后,在瓶窑等地区实施救治,4 月上旬控制疫情。

霍乱。50 年代初,境内财务防治结合的措施,至 20 世纪 50 年代末,霍乱已绝迹。1962 年,由于海外发生副霍乱,为防范于未然,建立余杭县防疫指挥部,第二年增设塘栖、瓶窑镇公路,水路交通检疫站。副霍乱(E1 - tor 生物型)1975 年在下沙乡发现首例带菌者后,1979 年后扩散到瓶窑,均属散在性发病,一直到 1988 年,瓶窑镇辖区内仍有少数人感染,但并未发生死亡案例。

天花。民国期间,杭县卫生院已使用种痘防治天花,中华人民共和国成立后瓶窑未发生疫情,1952 年境内已经消灭天花。

白喉。1951 年—1977 年余杭县存在白喉疫情,瓶窑受到影响。长命乡长命村 1961 年 11 月 3 日发生第一例白喉患者,未及时控制,至 24 日在短短 20 余天中,互相传播,共发生 10 例,引起局部暴发流行。

此外,2006 年,区三院创建艾滋病(HIV)筛查实验室,通过杭州市考评组验收。2009 年,为加强甲型 H1N1 流感的预防控制工作,镇政府制订《余杭区瓶窑镇甲型 H1N1 流感应急处置预案》。

2012 年,为做好麻疹防控工作,提高麻疹的防治水平和应对能力,及时、有效地采取各项防控措施,做到早发现、早报告、早隔离、早治疗麻疹病例,控制疫情的传播、蔓延,保障广大人民群众的身体健康和生命安全,维护社会的稳定,制订《瓶窑镇麻疹防控应急预案》。

三、妇幼保健

瓶窑镇社区卫生服务中心承接瓶窑镇所有的妇女建卡(建立围产期保健册)、产前检查、产后复查、叶酸随访、产后访视、并包括瓶窑镇的妇女病检查、两癌筛查工作,每年共接辖区固定人口和流动人口总数达 1000 余人次。

瓶窑镇共 12 家幼儿园及入托机构,中心自 2010 年 12 月成立以来,承担着辖区内各托幼机构的公共卫生工作,瓶窑镇学前儿童保健工作,每年秋季进行入托前体检并反馈给学校。

瓶窑镇社区卫生服务中心负责辖区内各中小学校的公共卫生工作,具体工作包括传染病防控、健康教育、预防接种、卫生监督、健康体检、学生常见病防治指导等方面。瓶窑镇共有中小学校7所(包括蒲公英学校,不包括高中),共有学生1万多人。中心与学校建立了较为密切的工作关系,定期深入学校指导和协助开展学校卫生保健工作。

2005年,区教育局确定瓶窑镇第二中学为全区第一所健康促进学校,同时开展艾滋病防治知识讲座。

2006年,开展健康促进工作。区内首家健康促进学校——瓶窑二中开展健康促进学校铜牌创建活动。2007年,镇第二中学成为省级"健康促进"学校,镇第三小学通过绿色学校验收。中、小学校"体育与健康"开课率100%。2008年,中小学校健康教育入校率100%。

四、农村合作医疗

合作医疗是指由政府组织、引导、支持,农民自愿参加,个人、集体和政府多方筹资,以大病统筹为主的农民医疗互助共济制度。采取个人缴费、集体扶持和政府资助的方式筹集资金。合作医疗起始于20世纪60年代。

城乡居民基本医疗保险

年份	参保数(人)	参保率(%)	筹　资　标　准
2004	32691	90.89	
2005	33985	95.04	50元(其中个人20元,区、镇两级财政补助30元)
2006	35365	99.13	50元(其中个人20元,区、镇两级财政补助30元)
2007	35564	99.51	120元(其中个人40元,区、镇两级财政补助80元)
2008	33658	99.32	200元(其中个人60元,区、镇两级财政补助140元)
2009	31426	99.48	360元(其中个人100元,区、镇两级财政补助260元)
2010	29287	99.57	360元(其中个人100元,区、镇两级财政补助260元)
2011	27968	99.61	800元(其中个人200元,区、镇两级财政补助600元)
2012	26917	99.64	800元(其中个人200元,区、镇两级财政补助600元)
2013	25582	99.93	800元(其中个人200元,区、镇两级财政补助600元)
2014	24770	99.8	1000元(其中个人300元,区、镇两级财政补助700元)
2015	24488	99.54	1000元(其中个人300元,区、镇两级财政补助700元)
2016	24357	99.82	1000元(其中个人300元,区、镇两级财政补助700元)

1997年,实施新的农村合作医疗制度,实行"四级筹资、二级管理"体制。2001年7月,完善"四级筹资、二级管理"的农民合作医疗保险制度。同时,建立区级二次补偿机制,患大病的农民可在区级资金享受到最高限额为2万元的二次补偿。

2004年,区政府制定《关于建立新型农民合作医疗制度的实施意见(试行)》等,实行个人缴费、集体扶持和政府资助相结合的筹资机制。瓶窑镇全面实施新型农民合作医疗保险制度,参保率90.89%,完成无偿献血257人次,献血57800毫升。积极开展农村食品卫生放心店工程,确保农村食品安全。

2005年,制定《关于完善新型农民合作医疗的实施意见(试行)》。境内新型农村合作医疗参保率98.88%。新建社区卫生服务中心1家,社区卫生服务站8家,全部通过验收;创建市级卫生村2个,区级卫生村1个。

2006年,瓶窑有3.5万余人参加新型农村合作医疗保险,参保率99.13%,体检参合农民1.83万人,被区政府评为农村新型合作医疗工作先进单位。生育文化村创建率88.33%。

2007年,新型农民合作医疗参保率99.5%,完成农民健康体检任务。合并14家社区服务站为11家。

2011年,加强城乡居民基本医疗保险参保工作,全镇共有27560人参保,参保率达99.47%。

五、乡村医生

1967年,遵照毛泽东"把卫生工作重点放到农村去"的指示,境内长命、彭公、北湖公社选送培训第一批社内赤脚医生5人。1969年9月,又选送第二批人员去双溪"红医班"学习,学期4个月。1970年和1974年,三墩文卫学校、县卫生学校分别举办赤脚医生培训班,境内先后选送12人参加。至此,达到各大队(村)有1名赤脚医生,除长命、水河桥两大队结合在卫生院内外,其余29个大队(村)都办起了医疗站。

赤脚医生平时在大队医疗站坐诊,农忙时活跃在田间地头巡回医疗,除危重病人送医院就诊外,一般感冒、皮外伤、中暑、肠胃不适,均在大队医疗站就诊。有时为病人上门诊治,医疗费用均由大队报销。赤脚医生除看病外,还担负着血防(查螺灭螺)、卫生防疫、计划生育、妇幼保健等工作。

1982年后,"赤脚医生"改称"乡村医生",大队"卫生医疗站"改称"大队卫生室"。实行独立核算,自负盈亏,原有"赤脚医生"通过筛选加以复习补课,由省卫生厅命题统一考试,合格者发给乡村医生证书。达不到医士水平的改称"卫生员"。2002年后,卫生院实行改革,集镇卫生院均改称社区卫生服务中心,原村卫生室由服务中心重新设置,并改称卫生服务站,现境内部分村仍保留医务室,经济上实行自负盈亏。

六、民间接生员

旧时,农村医疗卫生设施落后,民间靠产婆接生,往往导致产妇产褥热(俗称产后风),以及新生儿七日后死亡,俗称染上"脐风鬼"。

1951年8月,人民政府举办新法接生学习班。1953年4月,由余杭县妇幼保健所先后分批轮训旧产婆。1958年,境内各公社卫生院均配备经过系统学习的正式助产士,设立妇产科、产房、产床。长命、彭公、北湖公社30多个队,每个大队选派出一名已婚女青年到医院培训学习新法接生。长命公社北村大队的吴恩慈,被选派去潘板医院培训学习,掌握了"平产"和"难产"接生技术。2017年,吴恩慈已经78岁高龄,足足干了37年,每年接生数超过100人,共有4000多人。且无一人死亡,无一例事故。

从2010年起,根据工龄年份,境内的民间老接生员都拿到每月700元以上的补助金。

20世纪90年代后,随着医疗卫生事业发展壮大,民间接生员逐年减少,逐年退出历史舞台。

第六章 广播 电视

瓶窑广播电视站是余杭基层广播电视播出机构，随着地域变更、社会进步，从无到有，从小到大，得到了不断发展。以余杭电台、电视台为中心，以乡镇广播电视站为基础，瓶窑广播电视网络已连结千家万户，对宣传党的方针政策、科学技术知识、各种文艺节目起到主渠道作用。公社电影队在20世纪70年代至80年代，曾经辉煌过20年，电影是一种最受大众欢迎的文化产品，农村露天电影极大丰富了当年社员群众的文娱生活。

第一节 有线广播

瓶窑镇广播电视覆盖区域为三乡一镇（原北湖乡、长命乡、彭公乡、瓶窑集镇）。

一、机构沿革

1951年，瓶窑镇文化站内办起瓶窑收音站，1958年成立瓶窑镇广播站。不久，随着行政区域变动，广播站撤销。1962年，瓶窑区广播放大站建立，址设窑山上。

有线广播沿革：瓶窑镇老街原先没有广播站，只是原先余杭县广播站在瓶窑设立在窑山上的瓶窑区广播转播站而已。现在的瓶窑广电站是由原先的北湖广播站、长命广播站、彭公广播站由行政区域调整后合并而成，最早并入瓶窑镇的是在1988年3月北湖广播站，人员为线播员、报道员、播音员3人。1992年5月23日，长命乡广播站也合并到瓶窑广电站，人员为线播员、报道员、播音员3人。2001年8月24日，彭公广播电视站并入瓶窑广电站，人员为线护员、报道员、播音员。从此三乡一镇的合并为其后广播电视的快速发展奠定了基础。

瓶窑最早设立广播站的是在1964年的原石濑乡（下辖13个村），广播站设在石濑村的一间砖瓦房平屋里，设备非常简陋，有300瓦美多牌扩大机一台、话筒和增音机各一件，设备都是余杭县财政拨款购置赠送的，最早工作人员是播音员、线护员。原石濑村和原翁家村为最先开通广播信号的村、长岭村山高路远相距数年才开通广播信号。1961年4月，石濑从潘板桥公社分出，建立石濑人民公社，9月和塘埠人民公社的部分大队合并建立彭公人民公社。当时公社设在石濑，1972年搬迁到翁家村鲁家头，广播站直到1969年才从石濑村搬到彭公公社鲁家头，至2001年8月并入瓶窑广电站。

1965年原长命公社创建广播站，当时长命公社设在羊山村仲家村生产队，广播站萌生在一间老式木结构楼房，楼下设机房。当时有一台美多300瓦广播扩大机、一台增音机、一只唱机、一台602录音机、话筒等设备，均为余杭县财政拨款购置赠送，1978年长命乡搬到凤山多福寺，广播站也从仲家村搬至凤山多福寺。1986年，又跟乡政府搬至长命村，直到1992年5月23日长命乡并入瓶窑镇，广播也并入瓶窑广电站（此前1988年3月北湖广播站已并入瓶窑，建立瓶窑广电站）。

原北湖广播站创建最迟，创建于1967年，当时北湖公社（11个村）社址在上窑村，作为公社宣传的唯一工具。广播站跟随公社创建于此，余杭县财政拨款购置设备赠送，有美多300瓦扩大机、增音机、反盖式唱机、602录音机、话筒各一件，“文化大革命”破“四旧”弄来一台老式电风扇，用来机房内机器降温之用。由于当时北湖乡张堰村评为余杭县农业学大寨的粮食生产先进村；1970年，余杭县政府奖给北湖一台上海产的华丽牌台式电风扇也拿来作机器降温之用。可见当时领导对广播站是十分重视和保护的，到1972年11月上窑村五年的广播站随公社搬迁至观音堂北湖公社新址；1976年，更换美多扩大机为2×275瓦扩大机，几乎在同年原长命、彭公二站也更换2×275瓦扩大机，功率大大提高，广播入户率迅速提高。

有线电视沿革。1992年瓶窑镇广播站开始酝酿有线电视，在无资金无技术的情况下站内6名同志，千方百计筹集资金，发扬“蚂蟥精神”“和尚化缘”的精神，历时半年集资近七万元，采用美国可克公司前端进口设备。于1993年9月28日正式开通有线电视信号，办公地址在瓶窑镇政府综合办公楼四楼，原为7间的大会议室，为创办有线电视，镇政府把这7间房子全部腾出搞有线电视。2005年3月成立杭州广电集团，余杭区成立网络分公司，区、镇的广电台站正式实行网台分离，瓶窑镇的7名老同志，3名继续留在瓶窑广电站工作，另4名同志留瓶窑镇政府工作。截止当年，广电站已彻底和乡镇脱钩，镇政府不再行使宣传、网络、管理等职能。至2005年，全镇网络线路350多公里，光接点100多个，用户1.1万多户，固定资产达到1000多万元。

二、有线广播网络

1965年原长命广播站在羊山大队仲家村生产队创建，在余杭县广播站和公社的重视下，根据村布局，11个村架设6条主杆线，第一条广播线为羊山线；第二条为柏树庙线；第三条为长命村线……余下的城隍山、雉山、凤山、乌山、水河桥、高俞塘、北村共11个村相继开通。1965年建站时，电杆都用毛竹、赤膊单线、0.01瓦的舌簧喇叭为主要传播设备。毛竹易破，爬杆维修十分困难，于是每年逐步更换杉木电杆。至1972年，杉木电杆又逐步更换为水泥方杆；1975年，又逐渐改为6米—7米的圆电杆；1976年，余杭县第一次广播线路大整网，全部采用双线、横担、磁瓶、动圈喇叭为主要传输设备；1986年，又开始全县大规模广播整网，改为铝包钢线和音箱喇叭，传输质量和入户率达到鼎盛时期，音箱喇叭达到3000多只。1992年5月长命乡并入瓶窑镇，1993年创办有线电视，广播事业受到冲击，逐渐萎缩，至2004年广播基本停机。

1975年长命公社财政投入资金更换新的扩音机，为宁波产立式扩大机，功率达到750瓦，1970年高俞塘村办起长命公社首村广播室，配备100瓦扩音机，到1973年11个村全部设有村广播室。

北湖乡广播站1967年创办在上窑村，时值“文化大革命”，县、公社十分重视，第一个通广播的是外窑村，电杆借用高压电力线、邮电杆，然后逐步通往角窦、何中、西中、南山、横山、毛园岭、西安寺、圣堂、张堰、外窑共11个村，1969年广播站还在上窑村时，在上窑村田畈劳动现场搞试点，安装田头土高音喇叭，全公社共有40余只，对宣传党和政府在农村的方针政策鼓舞士气起到有力推进作用。1970年，张堰村因是有名的产粮村和滞洪区，最早在原北湖公社设立村广播室，后来11个村全部设立村广播室。70年代，北湖乡广播喇叭达到1500多只。

原石濑乡广播站由于站址设在石濑村，因此石濑村为第一个设村广播室的村，后逐步扩大到翁家村、板石、大山、卸车、东篁坞、西水坞、奇坑、白鹤、塘埠、西坞、石门、长岭共13个村。至

70年代末,全乡拥有广播3000多只。

第二节　电视　电影放映

一、网络

瓶窑有线电视创办时,站址设在新窑路与东兴路交叉十字路口西北面的“瓶窑镇综合办公楼”四楼,整个四楼七间210平方米全部划归广电站,当时二站合并有职工6人,1992年,在国内大办有线电视的大背景下,瓶窑镇在原瓶窑地区9个乡镇中率先自筹资金创办有线电视,通过余杭县广播电视技术人员的设计帮衬下,采用300兆赫兹邻频,同轴电缆技术覆盖半径4公里的方案,有线电视开始搭架子,前端设备共花11万余元,进口美国可克公司设备,并在屋顶浇筑安装卫星天线,经过1年的紧张运作,到北湖、长命二乡合并为瓶窑广电站16个月后即1993年9月28日正式开播瓶窑有史以来首次有线电视信号,当年底,全县乡镇有线电视现场会在瓶窑镇召开,瓶窑镇广电站长姚雪贵在会上作了《克服资金困难,开拓有线电视》的经验介绍。新窑居民区的桥南新村宿舍和精工模具厂宿舍的住户为第一批收看用户,当时为12个频道,1995年增至20个频道,1997年增到22个频道,1998年瓶窑广电站又率先在瓶窑地区与余杭市有线电视联网。信号由余杭市广播电台传输,结束了由各乡镇自己接受信号发送信号的历史。

就在瓶窑镇广电站1993年9月28日开通电视信号之际,原彭公广电站(当时还设立乡政府,乡址在翁家村鲁家头,2001年8月并入瓶窑广电视)正抓紧规划实施,也请余杭市广播电视台技术人员规划设计,并积极与杭州茶叶试验场洽谈电视客户,最终达成共识,前端设备采用德国进品产品,购置费8.5万元。至1994年12月,原彭公有线电视信号正式开通,第一条有线电视主杆道通往杭州茶叶试验场杭州蛋鸡场,首批用户500多户,12个频道。此后,原西坞村、塘埠村、彭公集镇等13个村逐渐开通,原长岭村直到彭公并入瓶窑的第二年即2003年7月投入30多万元才开通有线电视。

1993年9月28日,瓶窑广电站开播有线电视信号后,当时向用户传输12个频道,主杆道采用—12电缆多节放大技术,至1998年与余杭市广播电视台联网,余杭市到镇频带已达550兆赫兹,频道增加到22个,2002年通过旧网改造,网络升级,把站以下的300兆赫兹(频带)改为550兆赫兹(频带),33个频道才正式传输到千家万户,同时电缆主杆道开始更换光缆传输,前端采用光发机,下设若干光接眯,再由电缆传输给用户,联网和网络升级大大提高了传输图像质量,1998年开始采用智能化可寻址收费系统,在原横山村、毛元岭村首先使用。2002年开始对旧城老化线路进行更换,借此机会进行网络升级和安装可寻址系统,先期改造有凤山、五彩、新窑、外窑四个小区用户2000多户。原彭公广电站在1999年实现与余杭市广电信号联网之际,到村主杆道—12电缆逐渐更换为光缆,1999年底,采用上海嘉宁公司生产的可寻址电脑收费系统。

从1993年创办有线电视至2004年共11年,经过全体职工的辛勤耕耘,走村串户宣传有线电视,扩大安装面,收入与日俱增,站容站貌焕然一新,购买了必要的宣传设备,有松下M9000摄像机、编辑机、字幕机、放像机,还有广播电视播出机房、演播室、总编室,添置了空调设备,1997 年购置一辆皮卡工程车,原彭公广电站有线电视前端创建在鲁家头彭公乡政府大楼南端四楼广播室隔壁,1999 年搬到 104 国道北侧乡政府综合楼四楼,站内设备有电视控制台、松下 M9000 摄像机、松下放像机、空调,2000 年购置长城皮卡工程车一辆,2003 年 9 月 19 日购置一台松下数字摄录一体机(DVC200)。

二、宣传内容

原北湖、长命、彭公三乡办站初期的播出设备一样,系美多 300 瓦扩大机、增音机等设备,都开办自办节目。北湖乡双抢期间每天凌晨 3 时开始播放"双抢快报"等节目。平时经常播出各种会议通知(都用土语),有时直接转播公社大会实况,开办一些农业生产知识讲座,每周二到三组,每组 3—5 份稿件,稿件大都为一线劳动的通讯员和热心人士撰写,1969 年北湖乡把土高音喇叭装在上窑村田头,上午 9 时转播给田头劳动者听,1969 年北湖乡发大水,北湖草荡受淹,1984 年澄清塘危在旦夕,都是通过广播动员,及时通知群众抢救堤塘,免遭塌堤之灾。原彭公广播站同样开办自办节目,有消息专题、讲话、转播,每周 2 组—3 组节目,13 个通讯员积极投稿,1973 年建造彭公十里渠时,为鼓舞士气把广播站办到工地现场二个月,发现好人好事,感人的故事及时宣传,并播送当时的革命歌曲为劳动者服务,积极为兴修石门水库、奇坑水库、抗旱工程等重大事件宣传教育鼓舞士气。长命广播站抓好二支队伍,一支业余通讯员队伍,一支线护员队伍,坚持开办自办节目,每周 2 组—3 组。1983 年,经考核评定,易友仙为县二级播音员。并入瓶窑站 1993 年开通有线电视后,瓶窑广播站自办节目逐渐减少,电视自办节目开始播出,2000 年电视自办节目停办。

1993 年 9 月 28 日瓶窑镇开通有线电视后,购买编播设备开办自办节目,每周天天播放余杭县音像发行站供应的录像节目,内容多为港台、武打、言情片深受用户欢迎。还自办"瓶窑新闻"、"瓶窑经济信息"、"空中礼仪"、"特约点播"等节目。并积极向余杭县电视台送新闻片,每年自办节目 100 多期,至 2000 年,执行广电总局政策,乡镇自办节目停播。以 2004 年为例,瓶窑镇广电站(即网台分离最后一年)在余杭区电视台用稿 68 件,余杭区广播电台 80 篇、《余杭日报》150 篇、《杭州日报》4 篇、《浙江日报》2 篇、《经济日报》(农村版)2 篇、《都市快报》4 篇,共计对外宣传采用 310 件稿子,较好地担负起宣传瓶窑推出瓶窑的重任,充当党和政府的喉舌。1980 年代初,《钱阿毛植树》、《没有飞走的金凤凰》被《浙江日报》头版、2 版刊登,还配发了"编者按语"(姚雪贵)。2004 年 4 月余杭电视台《余杭大地》栏目在石门村拍摄的《石门笋干人的一天》获全国县区电视台对农节目二等奖;《破烂王成了再生使者》(吴云水、姚雪贵)荣获 2004 年度"余杭区好新闻"三等奖。该题材由杭州都市快报刊登后,被新华社作为通稿向全国发布;1996 年电视新闻《彭公十里渠抢险记》获杭州市"1996 年"6・30"洪水抗洪新闻一等奖(吴云水等);1993 年广播节目《春笋冬出创奇迹》获杭州市一等奖、省广电厅广电学会三等奖(吴云水等);1999 年国庆五十周年参加余杭日报征文《户籍的追求》获余杭市一等奖(姚雪贵)。

三、华数产业

2004 年,华数首创互动式数字电视,被誉为"杭州模式",开创全世界首款广播与交互合一的数字电视发展方式。

华数在推动有线电视数字化发展的过程中,创新了数字电视的发展模式,在全国首创了交互数字电视,以及交互数字电视的信息化应用,将数字电视拓展到"新网络、新通信、新传媒、新信息应用”的数字化产业发展领域,形成了在技术创新、应用创新、商业模式创新等多方面的综合优势,整转用户早在2006年底快速推进杭州有线电视数字化整体转换过程中,瓶窑先突破万户大关,取得了良好的社会效益和经济效益。

2001年,杭州网通信息港有限公司正式成立。杭州网通由广电集团牵头组建,吸收了中国网通宽带网络有限公司和浙江省经济建设投资公司。网通的进入,打破了杭城宽带市场一家垄断的局面,并首创中国宽带包月模式。

2005年3月,原瓶窑广电站经过“三网整合”,并入余杭网络传输有限公司。2009年6月,并入杭州华数传媒电视网络有限公司。2015年,华数宽带开户数33132户,入户率为99.4%。

四、公社电影队

1974年,境内北湖、彭公、长命公社相继成立8.75电影放映队,一般每个队为2人,通常与广播站、电话总机合为一个宣传部门,放映员工资参照当时普遍大众工资,每月36元,夜里放映每晚补贴三角。发放工资后,有上交生产队调换工分的,也有直接归自己与生产队脱钩的。

20世纪70年代,经历“文化大革命”的农村正处在文化娱乐的枯燥期,大部分优秀电影片子被当作“毒草”来批判禁放。

公社电影队开始用的是8.75毫米放映机,1977年4月通过20天全县在余杭农垦局培训16毫米电影放映员,后带回新机晶体管。各公社电影队才使用上16毫米放映机。碰到放映机、扩音机之类的修理技术始终靠当初一二个月的培训水平应付。北湖、长命、彭公各有10个以上放映点。每次下村放映,都是放映员自己骑着自行车、携带机器。放映员之间会经常开展搭银幕架、抛绳子、挂银幕、架电影机器、放电缆线等业务训练比赛。

露天电影放映地点多数选择在大队部的院子里或大一点的谷仓晒谷场地,也有选择在小学操场,位置以大队中心地段为主。电影放映过程一般是先放本地土特产(幻灯片),继而是新闻简报或者农科教育片,最后是故事片。电影片子以《沙家浜》、《红灯记》等八个样板戏为主,也有苏联片子《列宁在十月》、朝鲜片子《卖花姑娘》、南斯拉夫片子《桥》等,中国片子大多数是战斗故事片,《地道战》、《地雷战》为主,当时一句流行语叫做:越南片子飞机大炮,朝鲜片子哭哭笑笑,中国片子新闻简报。尽管片子不多,反复重放,但群众看露天电影热情不减,赶来涌去,开心至极。

放电影的钱是生产大队出的,电影收费以故事片(正片)为主,其余新闻简报等(加映片)不计钱,一晚下来,最多是15~20元。

幻灯片是当时重要的宣传工具,公社大队有重要政治中心工作、重大行动,编写成口号式,在幻灯片中播放,有时真比开个会效果好。北湖公社放映员高明标及长命公社放映员费妙富制作幻灯片、编写快板、顺口溜、说唱等节目,快板《王大娘和张大嫂,计划生育就是好》在幻灯片中播放后,群众捧腹大笑。1978年以后,“百家争鸣、百花齐放”的文艺方针得到了落实,优秀电影片子陆续上映。一次放《红楼梦》、《追鱼》,村民争相观看,热闹空前,公社电影队就采取“多点同放”、“轮流跑片”式放映。农村人民公社电影队辉煌了20年左右的时间。彭公放映员龚正良在1982年全县文化系统技术练兵上比武中得16毫米电影放映技术第一名。

第六编

社　　会

Society

“社会”一编包含民政、社会生活、风俗、宗教等内容。

清以前未设专门管理机构,“民政”局限于“蠲缓赋税”、“发廪赈饥”或善捐之类。余杭县、杭县解放后,人民政府设民政科,主管民主建政、优待抚恤、复员安置、救灾救济、社会福利、地政、户籍、婚姻登记、移民安置、收容遣送、宗教等工作,为完成民主革命、建立并巩固新生政权、稳定社会秩序发挥了作用。嗣后,民政工作职能主要为基层政权建设、优待抚恤、复退安置、救灾救济、社会福利、婚姻登记、社团登记、殡葬改革等内容。随着改革开放的深入,民政工作亦有诸多创新。2005 年,顺应农村基层民主政治发展趋势,村委会“自荐海选”,实施“村务村民理、村官村民选、村情村民知、村策村民定、村事村民管”的村民自治,实现了村民当家做主。

旧时,百姓安居乐业,只是休养生息、天下升平时的短暂现象。一遇苛政暴敛或战乱灾荒,便食不果腹,衣不蔽体。中华人民共和国成立后,随着国民经济恢复和发展,人民生活有所改善。中共十一届三中全会后,国民经济快速发展,各项社会福利、劳动保障制度逐步建立,城乡居民经济收入大幅度增长,人民的物质与文化生活均有显著提高,家庭积累亦逐年增加。1995 年基本实现小康。嗣后,经济总量快速增长,人民生活富足殷实,消费水平和质量逐年提高。

社会保障由中华人民共和国成立初个别行业单一享有的病残保险发展至企业职工基本养老保险、机关事业单位职工基本养老保险、农村社会基本养老保险和基本医疗保险、失业保险、工伤保险、生育保险等,涵盖全社会。社会保障体系不断完善,特别是解决社会弱势群体生产生活困难,成为劳动保障改革的重要环节和政府主要工作的出发点和归宿。

瓶窑地域受吴越文化影响颇重。“故风俗澄清而道教隆洽,亦其风气所尚也。”(南宋《乾道临安志》卷二)杭俗为其主要习俗。然因生活环境不同,平原与山区生产、生活方式存在着明显差异,并逐渐形成各具特色的风情民俗,其中不乏人们改造自然的智慧,团结互助、自强不息的精神和勤劳俭朴、济困扶危、尊老爱幼、助人为乐等传统美德。随着社会的不断变革,一些习俗,尤其是礼仪、生产习俗,相应有了变化甚至消失,但由于民间习俗的传承性,不少习俗仍在延续。方言与此亦大致一样。延绵千年的宗教在瓶窑时兴时衰,并逐渐融入社会成为传统文化的一个重要内容,其恢弘淑世的利人精神,甚为百姓接受,对余杭的经济发展和社会进步产生一定的影响。

第一章　民　　政

历代地方长官中不乏关注民生者，开展赈济。清以前未设专门管理机构，“民政”局限于“蠲缓赋税”、“发廪赈饥”或善捐之类。民国时期，区、乡镇一级没有专职民政干部。民政工作由乡长、保长统管。1949年5月，余杭县、杭县新政权诞生，各区、乡（镇）都设有民政司法助理员一名。后司法、民政分离，设民政助理员。“文化大革命”期间，民政工作数度中断。1978年中共十一届三中全会后，民政工作诸如优扶安置、拥军优属、救灾救济、社会福利、地名管理、老龄事业、殡葬改革、宗教事务等，走上正规。同时，按居民居住地设立居民委员会或村民委员会。

1983年10月，在政社分设中，各区、乡（镇），村都有一名领导分管民政工作，后逐步配备专职或兼职民政助理员。1989年6月以后，瓶窑镇、长命乡、彭公乡建立起民政办公室，后称劳动保障和民政办公室。研究辖区内的民政大事，贯彻上级民政工作方针政策等。

第一节　基层自治组织

自秦建县，形成众多自然村落，城镇则形成居住社区，其活动形式主要是邻里婚丧红白喜事、造房建屋，互请互帮。乡、里等基层组织负责户口管理、征收税费等。民国初，实行乡、镇地方自治，规定学务、卫生、公共善举等为自治事项，并以保甲为自治基层组织。中华人民共和国成立后，城市和农村按居民居住地设立居民委员会或村民委员会。村（居）委会是村（居）民自我管理、自我教育、自我服务的基层群众性自治组织。乡、镇人民政府对其工作给予指导、支持和帮助，村（居）委会协助乡、镇人民政府开展工作。

一、历代基层组织

自秦统一中国置余杭县、钱唐县后，县以下基层组织有里、亭、乡。汉袭秦制，五家为伍、伍长主之；二伍为什、什长主之；十什为里、里魁主之；十里为亭、亭长主之；十亭为乡、有乡佐、三老、有秩、啬夫、游缴各一人；乡佐，有秩主赋税；三老主教化；啬夫主争讼；游缴主奸非。三老最长，系公举，而有秩、啬夫或乡举、或朝廷委派。这些职官各有一定的俸禄。（《中国民政史稿》第61页，《民政概论》第35—36页）以后历朝县以下的基层组织略有变动。两晋时，只置乡、里两级；唐朝设乡、里、保、邻；宋朝设乡、里或坊；元朝里制、社制并举；明朝县以下为乡、里、甲；清朝县以下为乡、都、保、里。据清嘉庆《余杭县志》卷三记载：余杭县管八乡七十三里。1912年，辛亥革命推翻清王朝，建立了中华民国。1930年县组织法规定：县以下分为区、乡、镇。乡镇之下设闾、邻。民国22年（1932年）8月，国民政府颁行《剿匪区内各县编查保甲戶口条例》，次年推行全国。《条例》规定：县以下设区、区以下设保甲。保甲组织以户为单位，户设户长，由家长担任；十户为甲，设甲长；十甲为保，设保长，保有办事处。保甲组织有管、教、养、卫四项任务。“管”即清查户口,监视居民言行;“教”即宣传国民党的感化教育;“养”即摊派各种苛捐杂税;“卫”即组织武装。

二、村(居)民委员会

《中华人民共和国宪法》规定:“城市和农村按居民居住地区设立的居民委员会或村民委员会是群众性自治组织。”根据村委会和居委会的组织法,村(居)会是村(居)民自我管理、自我教育、自我服务的基层群众性自治组织,镇人民政府对其工作给予指导、支持和帮助;村(居)委会协助乡、镇府开展工作。

1949年5月2日、3日,余杭县、杭县相继解放后,在建立乡、镇人民政权的同时,两县于7月分别废除保甲制。1950年2月,在农村建立村行政委员会,在城镇建立居民委员会。村(居)委会设人民调解、治安保卫、公共卫生、民政福利等委员会,办理本居住地区的公共事务和公益事业,调解民间纠纷,协助维护社会治安,并向人民政府反映群众的意见、要求和建议。

居民委员会由主任(旧称街长)、副主任、委员组成。分管治保、调解、户籍、兵役、民政、卫生等工作。下辖居民组,设正副组长。居委会及居民组的领导成员由居民或者居民代表民主选举产生,任期三年。中华人民共和国成立之初,居委会负责人由有声望的人士担任。20世纪60年代由单位骨干兼任。80年代后,一般聘离退休老同志担任。居委会成员原先均是义务任职,1991年主要成员有少量补贴。2004年转为社区后,主任由全民投票选举,工资基数由镇政府核定发放,2007年、2008年,两次进行了工资调整。

1951年,今瓶窑为苕北镇、瓶窑镇、联合乡、石濑乡、长命乡、羊山乡、崇化乡、角窦乡、民主乡,建有36个村行政委员会,1个居民委员会。均建立村行政委员会和居民委员会。村行政委员会设村长、副村长,治保财粮、生产、优抚等委员。1955年冬,农业合作化后,管理职能由农业社取代。1956年冬,建立高级农业生产合作社,职能由高级社取代。统一管理社内行政、生产、财务、分配等工作。

村民委员会设村长、副村长,治保、财粮、生产、优扶等委员。村级组织为村长、农会主任、民兵队长(兼治保委员)、妇女主任等人组成,分工负责各项工作。农业合作化前村干部义务任职,农忙时适当抽工代耕。合作化后,实行实误实记,按同等劳力参加社内分配。1961年后,实行固定误工补贴。大队负担,参加生产队统一分配。1983年家庭联产承包后,实行固定工资补贴,也有在村企业挂职参加分配。2002年村干部实行工资制,基数在550/月。2004年,村干部工资基数由镇政府确定。年终,实行村民代表评定工资制,评定时。上浮30%,下浮30%。

1958年10月,人民公社建立后,实行“政社合一”。1959年4月,村改为大队,设大队管理委员会。

1961年,生产队由大队管委会领导,大队由公社管理委员会领导。“文化大革命”期间,大队管理委员会一度由民兵连长负总责,组织临时班子。1969年6月,建立大队革命领导小组,代替村级行政组织。1981年6月,撤销革命领导小组,恢复管理委员会。1983年12月,公社改为乡,大队改为村,设村民委员会、经济合作社。村民委员会的组员3—5人,与党支部、经济合作社互相兼职。

1989年底,瓶窑镇、彭公乡、长命乡共有35个村民委员会,182个村民小组,6个居民委员会,79个居民小组。

1992 年 5 月，撤销长命乡的行政建制，地域并入瓶窑镇，辖 22 个村，196 个村民小组，7 个居民区。时彭公乡有 9 个村，53 个村民小组。

2001 年 8 月，撤销彭公乡建制，其行政区域并入瓶窑镇。全镇辖 35 个建制村，283 个村民小组，8 个居民区，3 个家属委员会。

2003 年 9 月，村规模调整。将原 35 个建制村调整为 14 个，即：合并长命村、胡林村，新建长命村；合并城隍山村、北村村，新建凤都村；合并雉山村、凤山村，新建大观山村；合并水河桥村、柏树庙村、高俞塘村，新建崇化村；合并羊山村、乌山村，新建瓶窑村；合并西中村、何中村、角窦村、毛元岭村，新建窑北村；合并南山村、横山村、上窑村，新建南山村；合并圣堂村、西安寺村，新建西安寺村；合并大山村、卸车村、板石村、东篁坞村、两水坞村，新建彭公村；合并长岭村、石门村、塘埠村、西坞村，新建塘埠村；合并白鹤村、骑坑村，新建奇鹤村；合并翁家村、石濑村，新建石濑村；张堰村、外窑村不作调整。村规模调整后，全镇下辖 14 个建制村，4 个社区居委会，284 个村民小组。

2015 年，瓶窑镇下辖华兴、新窑、里窑、杨梅坞、瓶窑、溪东 6 个社区。外窑、大观山、长命、凤都、崇化、南山、张堰、西安寺、窑北、彭公、塘埠、奇鹤、石濑 13 个建制村。

三、村(居)自治

自我管理　1989 年，贯彻实施《中华人民共和国村民委员会组织法》、《中华人民共和国居民委员会组织法》，村(居)委组成人员由村(居)民直接选举产生，每届任期 3 年，可连选连任。依照法律，除被剥夺政治权利的人外，凡年满 18 周岁的村(居)民，不分民族、种族、性别、职业、家庭出身、宗教信仰、文化程度、财产状况、居住期限，都有选举权和被选举权。村(居)委会除设各委员会外，根据村(居)民多少，设若干个村(居)民小组，小组长由村(居)民小组会议推选。1991 年，余杭县首次评选先进村(居)委和先进村干部。1993 年，瓶窑镇、彭公乡各村完成 31 个村、7 个居民区第二届村委换届选举，换届率达 100%。次年，对村委主任进行培训。1996 年，瓶窑镇、彭公乡各村委会依法进行第三届换届选举，选出 35 个村委会主任、副主任、委员。一大批年纪轻、有文化、政治素质好、有一定基层工作能力的同志进入村委领导班子。是年 10 月 7 日开始，各村委主任分批在余杭市委党校进行一个月的培训。1997 年，组织开展《村委会组织法》颁布十周年宣传月活动。1998 年底，村委会任期届满。10 月 10 日，瓶窑镇、彭公乡根据余杭市村委会换届选举会议精神，开始村委会换届选举工作。1999 年 5 月，村委会换届选举结束，参选率为 97.65%。1999 年，利用广播、电视、报纸、下发资料、培训等形式广泛学习、宣传新的《村委会组织法》。10 月，瓶窑镇、彭公乡村委主任及镇乡分管民政的领导参加市委组织部、党校、农经委、公安局、司法局举办为期一周的培训班。培训内容为中共十五大文件、《村委会组织法》、依法开展民主自治的方法、要求以及人民调解、治安保卫、公共卫生、民政福利等。1998 年 3 月，开展村务公开、民主管理工作。其间，各村实行村务公开制度，设立公开栏、意见箱，建立村务公开民主管理领导小组、村务监督小组。

1994 年—1999 年，开展村民自治示范活动，瓶窑镇、彭公乡 90% 以上村为余杭市级村民自治模范村。1996 年，村民自治示范活动根据民政部和省民政厅的统一部署开展验收评比活动。是年，余杭市命名瓶窑镇外窑村等 27 个市级村民自治示范村；2000 年 3 月，瓶窑镇、彭公乡全面展开自治示范活动。做到在村自治栏内五个上墙(村行政区划图、村民自治章程、村规民约、村委三年任期目标、村干部职责及村委会下属四个工作委员会职责和村民小组长职责)，三个归类存档(将开展自治示范活动的各类文件、讨论通过的各类制度、各种职责按三类归档),一个完整、齐全(村委会工作记录本)。并强调村委会制定的各项制度必须经村民会议或村民代表会议讨论通过,各项制度不得与现行的法律、法规相抵触。2001 年,村民自治示范活动继续深入,依法建制(度),以制治村,民主自治制度不断完善;民主决策、村务公开、村委会工作的透明度进一步提高,摆正了村民和村委干部在村民自治中的位置。

2002 年,瓶窑镇 35 个村委会,8 个居委会按期完成第五届村委会换届选举,参选率 97%。第五届村委会换届选举,余杭区首次实行"海推直选",区民政局通过组织换届选举培训班,出台实施意见和实施方案,加强对"一法两办法"的宣传,认真处理来信来访等,保证村委会换届选举工作依法开展,顺利完成。2008 年 3 月下旬至 5 月上旬,全镇 14 个村级组织进行换届选举,选举产生 102 名村三副班子成员。于 5 月 27 日—28 日举办为期两天的新一届村干部培训班,内容包括规范村务管理工作、土地管理、新农村建设等。2011 年 4 月中旬,13 个村和 1 个社区完成各个组织换届选举工作。村党组织书记的平均年龄 41 周岁,文化程度、领导能力得到提升,完成区委要求的换届村、社区党组织书记的"3 个 80%"的目标。有 10 人新选入村、社区两委班子。

2004 年,按照区委办《关于认真做好规模调整村村级组织换届选举工作的意见》文件精神和民政局《规模调整村村委换届选举工作实施方案》,选出新的村委会及主任、副主任、委员。随即参加民政局对新当选村委主任业务培训(属第六届换届选举,因村规模调整提前进行)。

2005 年,认真落实《余杭区村务工作规则(试行)》,严格村务民主决策流程,细化村务公开的内容、程序,全面推行村干部"双述双评"制度,村民的知情权、参与权和监督权得到较好的维护。是年 3 月 28 日,村委会换届选举试点工作在塘栖镇唐家埭村进行,随后在瓶窑镇 14 个村推开,并于 5 月底结束。主要做法是,具备村委会成员任职条件和有志于村务管理、自愿为村民服务的选民,自荐参加村委会成员的竞选,选民可以选举"自荐"人,也可以另选其他选民。经过推选村民代表、推选村民小组长、村民会议授权、推选村选举委员会、讨论选举办法、选民登记、自荐报名、办理委托、竞职演讲、投票选举等环节。"自荐海选"对村级民主选举程序和步骤进行依法、科学、规范的设计和细化,严格做到"三创新、四公开、五规范"。"三创新"即创新"自荐海选"模式;实施村民会议向村民代表会议授权书制度,依法设计授权书;村民代表由联系户选举。"四公开"即村选举办法、致村民的公开信、村民会议向村民代表会议授权内容、咨询监督电话到户公开。"五规范"即规范选举程序;规范村民代表的推选,普遍采取 10 户—15 户户代表推选村民代表的方式,村民代表由无记名投票方式选出,健全村民代表联系户选举制度;规范村民委员会成员任职条件和自荐人条件;规范竞职演说,演讲材料必须经村选举委员会审核,不允许违法违规,空头许诺;规范投票方式,以选举大会为主设若干投票分站,严格投票规范制度,投票站管理有序。是年,区内 14 个村完成选举任务,参选率 99.1%,选举产生村委会成员 35 人。2005 年,第五届任期届满的 14 个村委会举行了换届选举(第六届),参选率 99.1%,此次村委会换届选举,在全国首推"自荐海选"。14 个村因区划调整提前换届选举,产生新一届村民委员会,同时选举产生民主监督理财小组。石濑村通过杭州市文明村复评,彭公村、石濑村通过整治村验收,窑北、瓶窑等 5 个村通过省级卫生村验收。

村务公开 村务公开是村委会建设的重要内容,是构建和谐农村的基础工作。1998 年 4 月,据中共中央办公厅、国务院办公厅《在农村普遍实行村务公开和民主管理制度》和余杭市有关要求，瓶窑镇、彭公乡明确各村由党支部书记负责抓这项工作，坚持“四个统一”制作：即村务公开栏统一面积标准3平方米以上；意见箱统一制作悬挂；村务公开民主管理8个工艺字统一制作上栏；村务台帐统一发放到村。余杭市专门成立5个督查组，由村务公开和民主管理领导小组成员任督查组组长，实行分片包干。是年10月和1999年3月、7月，共3次抽查各村的村务公开工作，基本达到“七个一”的规范：即每个村都有一副村务公开领导班子，一支监督队伍，一套工作计划，一本制度册，一个公开栏，一只意见箱，一套村务台帐。村务公开，坚持标准，规范操作，注重实效，取信于民。规范公开内容与规范公开程序。公开内容真实可靠、防止弄虚作假和随意性，以保证村务公开的质量，各村普遍建立以支部书记负总责的工作班子和分管纪检的支部委员为组长的监督小组。健全村民代表会议制度，并在公开栏旁设置监督箱。村务公开由工作班子组织实施，监督小组负责对公开内容的审核和村务公开工作监督。监督箱由监督小组2人一起负责开启。同时，规范公开形式。村务公开的形式，主要是选择在群众集聚和活动较多的地方设置公开栏，有的村还将公开的内容，打印后发到各村民家里。公开栏多数村采用铝合金橱窗，有的采用木橱窗，少数比较简陋。并普遍健全有关制度，如《村级财务管理制度》、《镇乡村集体资产管理使用规定》、《村民建房管理制度》、《计划生育管理制度》、《集体企业转制、承包经营管理制度》、《村务工作制度》、《村干部任期目标考核制度》和《村务公开和民主管理制度》等。2000年，民政局把村委会建设作为全年重点工作，健全和完善村委会各项制度建设，要求村委会制定的各项制度必须经过村民会议或村民代表会议讨论通过。2003年，贯彻余杭区农村民主建设13个规范性制度。次年，悬挂民政局为各村统一制作“健全民主管理制度，实现村民自治目标”和“民主决策流程图”宣传图板。2005年，认真落实《余杭区村务工作规则（试行）》严格村务民主决策流程，细化村务公开的内容、程序，全面推行村干部“双述双评”制度等，保护了村民的知情权、参与权、监督权。7月，瓶窑镇开展村务公开民主化管理自查工作。存在的问题：工作机制不健全，公开形式指导工作不平衡。2006年，组织实施“阳光村务”，推广村干部业绩公示制度和村党务、村务、财务入户公开制度，以推进村务民主管理。

四、社区建设

20世纪50年代初，城镇建有社区组织（时称居民委员会），作为基层群众性组织，地方政府对其工作予以指导，并加强建设。居民委员会则协助政府开展各项工作，宣传国家法律法规，贯彻党的方针、政策，办理公共事务，调解纠纷，维护治安，搞好公共卫生，优扶救济，应征服役，劳动就业，整顿市容市貌，反映社情民意等。

20世纪80年代前，居委会主任、副主任、委员等由镇（乡）政府委任，其成员一般由退休人员担任，年龄大，文化程度低。90年代，居委会成员逐步由居民代表选举（组织推荐候选人）。

2001年10月，余杭区制发《关于推进社区建设的试行意见》，该《试行意见》指出：每个社区一般管辖1000户—2000户居民，规模较大的居民区可单独建立社区，特大型居民区可设立若干个社区。要求在2001年底前，基本实施余杭区社区划定、规模调整等工作。2003年6月，瓶窑镇完成撤居建社区工作，区政府批复：1. 撤销西溪街、里窑街居民区，建立里窑社区。北湖集镇归其管辖。新建社区的区域范围：南至上上窑街，西至里窑街，东至外窑街，北至窑山。2. 撤销杨梅坞、物探、何家埠（家属）居民区，建立杨梅坞社区。窑山花苑、彭公集镇归其管辖。新建社区的区域范围：东至老104国道，西至窑山，南至瓶窑车站，北至西中村路口。3. 撤销新窑、强立(家属)居民区,建立新窑社区。原华兴街居民区新兴路以西住户归其管辖。新建社区的区域范围:东至东兴路,西至西险大塘,北至老104国道,南至强立公司。4.撤销华兴街居民区,建立华兴社区。新建社区的区域范围:东至凤山村,西至东兴路,南至羊山村,北至老104国道。

图6-1 瓶窑社区成立大会(2009年)

2004年3月—4月,开展社区居民委员会的选举工作。该次选举工作扩大选民范围,除本社区人户一致和人在户不在辖区的居民外,还将社区单位代表和在本社区居住满一年以上的外来人员纳入选民范围;打破原来候选人提名的框框,采用有选举权的居民10人以上联合提名,或自荐提名相结合的方式,凡选民皆有提名权和自荐权;充分体现差额选举原则,增加候选人名额。4月,4个社区换届选举工作结束。新窑和杨梅坞社区成功创建区一级示范社区和绿色社区,里窑社区成功创建杭州市特色社区和余杭区文化社区,华兴社区办公大楼动工建设,有3个社区实施老年星光计划。

2007年,开展充分就业社区创建活动,3个社区通过杭州市级考核。2009年11月,瓶窑村完成撤村建居,建立瓶窑社区。系全镇首个撤村建居村,新成立的瓶窑社区所辖区域3.5平方公里,辖区居民2350户、户籍人口6780人。

2004年,李春霞进入杨梅坞社区工作,2007年担任杨梅坞社区党委书记。9年多来,李春霞先后创造出“125”社区管理工作方法、“老旧社区党建文化”社区党建工作新机制。她所在社区先后获得浙江省体育先进社区、老龄规范化社区、杭州市和谐社区、充分就业社区、文化示范社区10余个省市荣誉及余杭区五星级服务社区、民主法治社区等20余个区级荣誉。杨梅坞社区党委是区级先进党组织和余杭区创先争优基层党建示范点。李春霞先后获得“杭州市魅力社工”、“余杭区优秀共产党员”、“余杭区先进社区工作者”等荣誉称号,是连续两届的区级行风监督员,并作为瓶窑镇唯一来自社区的基层党代表参加余杭区第十三次党代会。2011年,社区卫生服务中心通过省级示范验收,建成标准化社区卫生服务站11个。

第二节 优抚安置

历代征兵有民军制、募兵制、世兵制、征兵制等,退役兵员无所谓优抚安置。明朝法律规定军人的抚恤。清末,开始有明确对军人实行抚恤的条款。民国期间,先后实施《中华民国浙军赏恤暂行章程》、《人民守士伤亡抚恤实施暂行办法》。

中华人民共和国成立后,对伤残军人、复员军人、退伍军人和革命烈士,还有因公牺牲的军人、病故军人、失踪军人及现役军人家属,依照宪法和有关条例实施优待和抚恤,并广泛开展群众性、经常性拥军优属活动。同时，实行国家抚恤、补助和群众优待相结合的办法保障优抚对象生活。1978年以后，瓶窑(含原彭公、长命、北湖乡)优抚安置工作进一步发展。

一、优待抚恤

中华人民共和国成立后，国家制定了一系列优抚工作政策、条例，瓶窑各乡按照县拥军优属委员会和转业建设委员会制定拥军优属章程、公约，开展拥军优属活动。具体开展褒扬、抚恤、优待工作，安置复员退伍转业军人。优待工作以国家发放优抚粮和补助粮为主，辅以群众捐献和义务劳动。1951年，对烈军属或发行耕工票，或固定代耕对象，或临时拨工代耕。

群众优待　对烈属(包括因公牺牲、病故、失踪军人家属)、现役军人、家属、革命伤残军人和带病回乡的复员、退伍军人实行群众优待。其优待方法是:1949年5月镇境解放至1950年底，由国家发放优抚粮、以补助粮为主，以群众捐款和义务劳动为辅。1951年—1955年，以代耕(帮工)为主。代耕制分工票制代耕，固定制代耕及临时拨工代耕。公民年满17岁—55岁的都有代耕义务。1955年，军队和地方干部实行工薪制，缩小优待范围，优待对象为农村中的烈属、义务兵家属和部分在乡残疾军人及带病回乡的复退军人，优待的原则是“困难大多优待，困难小少优待，不困难不优待”。1956年后，农村对烈军属采取优待劳动日的办法，烈军属如不能达到社员年平均劳动日的，由农业社优待补足，自报公议，民主评定，经上级批准，春评、夏查、秋兑现。

1956年—1981年，农村对烈军属实行劳动日优待。根据合作社的生产规划预算出每一社员平均所得的劳动日为优待劳动日，到年终其优待劳动日达不到社员全年平均劳动日，烈军属如不能达到社员年平均劳动日的，由农业社优待补足，自报公议，民主评定，经上级批准，春评、夏查、秋兑现，此劳动日参加合作社的分配。

1981年，优待政策用货币兑现，由行政村根据人年均收入金额，减成付给，年终一次性兑现(以全乡年人均收入的2/3数额付给补贴，有的年为1/2，有的年为1/3不等)。

1986年，实行(乡)镇全镇统筹，平均负担年终核算，支付平衡。1988年，据《余杭县征兵工作实施办法》规定:农村入伍的，其优待金由(乡)镇政府从农户、企业和税前列支的总社会性开支等三方面按比例统筹优待标准，不低于本(乡)镇上年人均收入的70%。城镇在职人员入伍的，由原单位按同等职工基本工资给予，居民待业入伍的，由政府从本辖区国家机关和事业企业单位中统筹优待金每月不少于40元，并逐年提高。1989年前入伍仍在部队服役的余杭籍农村义务兵，以乡镇为单位办理集体投保手续。是年12月，据《余杭县义务兵养老保险暨团体人身保险实施办法(试行)》规定，1990年后，新兵入伍时集体办理投保手续，并缴纳保险金(镇、乡从其优待金中扣除)。被保险人在服役期间，因战、因公牺牲、病故或致残的，保险公司给予不同额度保险金(致残的称优待补贴)。

1992年，实施县政府《余杭县实施军人优待抚恤条例若干规定》、《余杭县在乡部分优抚对象医疗减免办法(试行)》。1995年，城镇入伍户均优待金从607.55元提高到1791.21元。1996年4月，建立优抚事业费自然增长机制，对优抚对象的抚恤、补助、优待实行动态管理，优抚对象生活保障水平随着国民经济的发展而相应提高。1998年4月，根据余杭市人民政府《余杭市兵役义务费和优待金社会统筹实施办法》，按“以支定收，略有节余，均衡负担”原则实行社会统筹。是年，瓶窑城镇入伍义务兵家属户均优待金3600元，农村入伍义务兵家属户均3200元，进藏义务兵家属户均优待金7600元，另加父母补贴每年1200元。次年，城镇退伍安置工作实行“按系统分配任务、包干安置”的指令性分配办法,并采取自谋职业、有偿转移安置等辅助办法,保证退伍军人第一次就业。用人单位不得以任何理由拒绝接收当地政府分配的安置任务。拨款20万元,建立退伍安置保险金制度。是年,退伍安置推荐率达60%以上,退伍兵领发一次性安置补助,安置率达100%。

1999年起,农村退伍军人发放一次性安置费,每人1200元,而后逐年增至3000元。2003年,退役军人由区财政和镇财政分成负担,援藏、驻港军人实行特殊补助。2015年,现退役军人全镇26名,人均补助10800元。援藏军人1人,补助22800元。现役军人在部队立功,镇民政办给予一定奖金。办法为:军人干部立功者不发给奖金;志愿兵立功者,按士兵立功者奖金相应减少;士兵立功者以年份定额奖金不等,每人300—500元。2001年—2015年,共有147位军人立功受到奖励。

2005年—2015年,向退伍军人推荐岗位150余个,招收70名优秀退伍军人进入联防、城管队伍,及任镇村两级干部。政府对优扶对象予以资助,改造危房15户。因病和因突发事件造成生活困难5余户(人),给予临时救济补助8万余元。

至2015年底,全镇有复员军人、“三属”残疾军人、患病退伍回乡军人等101人,现役军人家属115户。2015年发放抚恤补助金、优待金75.88万元,参加社会基金养老保险1050人。2006年,全镇60周岁以上老退休军人63人(除已有基本养老保险外),自2007年1月1日至2015年底,已发放优待金近123.56万元。

此外,对镇境内78名参加自卫反击战和参加核试验的退伍军人,建立定期回访制度。按照优扶政策,解决实际困难。每年春节、“八一”建军节,对生活困难的退伍军人进行慰问,2005年—2015年。临时发放补助款25.5万元。

2001年—2015年现役军人补助经费情况表

表6-1-1 单位:元

年份	现役军人					
	人数	金额	人均数	其中		
				援藏驻港	金额	人均数
2001	67	241200	3600	-	-	-
2002	64	256000	4000	-	-	-
2003	63	323600	5000	3	33600	11200
2004	70	368600	5000	3	33600	11200
2005	58	350400	5800	2	25600	12800
2007	59	568400	9400	3	60000	20000
2008	59	649200	10800	1	22800	22800
2009	59	931000	14000	5	175000	35000
2010	56	992000	16000	4	160000	40000
2011	55	952050	17310	-	-	-
2012	56	1092000	19500	-	-	-

续表 6-1-1 单位:元

年份	现役军人					
	人数	金额	人均数	其中		
				援藏驻港	金额	人均数
2013	57	1142850	20050	-	-	-
2014	56	1275925	22190	1	55475	55475
2015	58	1408186	23667	1	59167	59167
合计	893	10911211	-	28	689242	

国家抚恤 1950年11月,中华人民共和国颁布抚恤标准,国家抚恤对象为三类。革命烈士:因公牺牲、病故军人一次性抚恤。革命烈士:因公牺牲、病故军人家庭定期抚恤。革命伤残人员抚恤。

至2015年底,瓶窑镇革命烈士及革命工作人员牺牲、病故抚恤人员为122人,全年抚恤金为88.22元。革命伤残人员33人,全年补贴19.03万元。

定期定量补助 1976年,恢复优抚对象定期定量补助。1979年,扩大"定补"面,提高"定补"标准。2015年,全镇定期定量补助户(人)为122户(人),获得补助额176.44万元,人均14462元。

此外,2001年起,对自谋职业的采取新的一次性补助方法:军龄10年转业士官补助3.5万元,每超1年增补2000元;2年退伍义务兵补助2万元,每超1年增补2000元。是年,自谋职业率达80%以上。2002年7月,余杭区取消优抚安置费乡镇统筹,改由区和镇乡两级财政负担。与城镇退伍士兵签订自谋职业协议书,自谋职业达100%。2004年,重点优抚对象参加新型农民合作医疗保险和二等乙级以上革命伤残军人医疗报销实施优惠医疗政策。是年,规范重点优抚对象优抚金(指抚恤、定期补助、优待金之和)标准自然增长机制,调整各类优抚对象优抚金标准计算基础和比例:以上年度农村居民人均纯收入为基数,烈属、因公牺牲军人家属、病故军人家属分别不低于130%、120%、110%;中华人民共和国成立前、后入伍的在乡复员军人分别不低于90%、80%;带病回乡退伍军人不低于50%;在乡残疾军人分等级按比例享受优抚金,最高的三级因战残疾军人年优抚金26110元,最低的九级因公残疾军人年优抚金6820元。优抚对象还享受子女入学、招工等优待。

二、安置接收

旧时,所征兵员战后大凡解甲归田。秦时,士兵60岁免老(不再服兵役)回乡,恢复庶民身份,分给田地。西汉,诏精减官兵各归其县,并按军功爵位高下赐土地宅田。尔后各朝虽有终生为兵者,但大抵实行"有事出征,事毕遣归"。清时,士兵退伍发恩饷两个月,并给退伍凭证。民国初无定制,35年(1946年),县政府曾办理复员士兵临时救济等事宜。

中华人民共和国成立后,政府对复员退伍军人实施安置。复员退伍军人安置工作,与军队性质、兵役制度相联系。军人服役期满复员退伍后,政府和人民群众把妥善安置复退军人视为应尽的义务和光荣职责,瓶窑镇安置工作逐年如期完成。每年接受复退军人期间,镇政府成立由人武部、民政办为主组成的领导小组,设组长、办事人员若干名。专设接待室、报到处,负责接待,登记。召开座谈会,广泛听取复退军人意见和要求。并对安置事宜进行沟通。

中华人民共和国成立后,因兵役制的变化,复退军人接收安置政策各期有所不同。1950年,中央军委和政务院提出“妥善安置,各得其所”的要求,制定一系列具体的安置政策,妥善解决复退军人的工作、学习、生产、生活、住房、治病及婚姻等方面的实际问题。每年安置的情况也不相同,1954年,对复员转业军人的安置,原籍农村的回农村务农,城镇的介绍到全民或集体所有制事业单位和企业工作,也有少量自谋职业。1955年,“有农业生产能力的继续务农,无农业生产能力,而有条件做其它工作的给予适当介绍工作”。1956年鉴于当时安置工作的难度,实行“归口包干安置”的政策。1958年贯彻“从哪里来回到哪里去”的归口包干安置的政策。在职入伍的退伍军人(不包括临时工、试用工、学徒工、练习工、半脱产乡干部等)回原单位复职、复工、复学。1980年对退伍军人的安置农村入伍的,回农村安置;乡村“赤脚医生”(户口在农村,非正式在编的农村医生)、“赤脚教师”(户口在农村,非正式在编的农村教师)应征入伍的,退伍后依旧从事原工作。1983年,随着军队大力培养军地两用人才工作的开展,大部分退伍兵均掌握一二门地方所需专业技术,安置中做到“妥善安置、各得其所”。1985年,农村入伍荣立二等功以上,参战荣立三等功以上的退伍军人均由县安置办公室安排到全民事业单位工作。1989年,县人民政府制定《余杭县退伍义务兵安置工作实施办法》,退伍工作走上法制化。此后退伍军人大多数安排进社办企业(乡、镇企业)就业。

1992年,实施余杭县人民政府《余杭县实施〈军人抚恤优待条例〉若干规定》和《余杭县部分在乡优扶对象医疗费减免办法》做好退伍军人的安置工作。1994年,根据《余杭市贯彻〈退伍义务兵安置条例〉实施办法》,初步形成国家与地方相互配套的优扶法规体系和国家、社会、个人相结合的优待抚恤制度,采取“双向选择,供需见面,政府包底,按需分配”的方法,将城镇退伍兵、转业志愿兵分配在单位,农村退伍义务兵均由镇政府妥善安排。

1998年4月,据余杭市人民政府《余杭市兵役义务费和优待金社会统筹实施办法》,按“以支定收,略有节余,均衡负担”的原则,实行社会统筹。是年,城镇入伍义务兵家属户均优待金3600元,农村入伍义务兵家属户均3200元,进藏义务兵家属平均优待金7600元。次年,据《余杭市城镇退伍义务兵,转业志愿兵安置工作暂行规定》,退伍安置工作实行“按系统分配任务,包干安置”的指令性分配方法,并采取自谋职业,有偿转移安置等辅助办法,保证退伍军人第一次就业。

2001年后,退伍军人安置以自谋职业为主,对自谋职业的给予一次性补助:10年转业士官补助3.5万元,每超一年增补2000元;2年退役义务兵补助2万元,每超1年增补2000元。援藏驻港军人,志愿兵退伍的由区民政局安置工作。2001年—2015年共接受退役士兵238人。安置人数238名。

彭公村退伍军人俞国富自主创业做出成绩,2009年11月,他被评为第二届全国退伍军人优秀代表,受到中央军委主席胡锦涛的接见。

2001 年—2015 年退伍军人接收安置情况表

表 6－1－2

年 份	退伍军人	
	接收人数	安置人数
2001	32	32
2002	19	19
2003	28	28
2004	33	33
2005	35	35
2006	24	24
2007	37	37
2008	30	30
2009	32	32
2010	25	25
2011	22	22
2012	23	23
2013	31	31
2014	27	27
2015	26	26
合计	424	424

三、其他安置

知识青年　中华人民共和国成立后，为了解决城市中的就业问题，从 50 年代中开始就组织将城市中的年轻人移居到农村。

图 6－2　安置知青用房(20 世纪 70 年代)

瓶窑镇现境内的知识青年从 1958 年 3 月开始，从杭州来的知识青年都安排在当时的各高级社。1959 年杭州市 200 多名刚从学校毕业的学生，来到了当时的大观山农场。1960 年有 40 余名学生被分配到北湖草荡割草、放牛。1964 年和 1965 年开始知青插队落户，主要来源是杭州上城区文教局、江干区等地应届初、高中毕业生。长命公社接收知识青年近百人，分别落实在柏树庙、高泥塘等大队；而北湖公社接收的 111 名知识青年，全部落实在张堰大队；彭公公社 74 名知识青年则安排在石濑大队和翁家村大队。

1969 年—1976 年,知识青年上山下乡到农村插队落户形成高峰,这一时期以政府“动员”为主。城镇和农村的各级党委、政府先后成立知青上山下乡办公室,确定专人负责。为了保证安置,政府落实每位知青 0.5 立方的建房木材及所需的铁丝、石灰等建材。配备必要的劳动工具,如:铁耙、锄头、镰刀和蓑衣等。在生活上国家给每位知青 6 个月,每月 6 元、粮票 30 斤的生活补助。各知青接收公社和大队也在劳动工分、劳动工种的安排上都给以适当的照顾。知青下乡比较多的城镇街道或单位还派专人带队,与知青同吃同住同劳动,负责协调解决知青与当地在生产生活中碰到的困难。

当时瓶窑镇主要是动员知识青年下乡,去向一般为长命、北湖、彭公、双溪等瓶窑区范围内的乡镇插队落户,也有到临安、德清、安吉等临近县投亲靠友插队落户的。而长命乡、北湖乡、彭公乡主要任务是接收和安置城镇来的知青。下乡的知识青年安置方式以插队为主,即安插在农村生产队,和普通社员一样挣工分、分红分口粮。

1969 年瓶窑镇动员下乡 67 人,嗣后每年有 70—80 余人下乡,至 1976 年共动员知识青年下乡 607 人,分别落实在瓶窑区辖的长命、北湖、彭公、黄湖等公社,也有部分投亲靠友去临安,湖州等地下乡的。1969 年长命公社接收知识青年 64 人、北湖公社接收 37 人、彭公公社接收 79 人。1970 年长命公社接收 40 余人,北湖公社接收 40 余人、彭公公社接收 30 人。1972 年起杭州知识青年下乡的数量不断增加。1974 ~ 1975 年,开始厂社挂钩,邮电部杭州通信设备厂(522 厂)与长命公社合作创办长命电信器材厂(后发展为长命电扇厂),主要安置邮电部杭州通信设备厂在长命公社下乡的职工子女(知识青年)70 余人。彭公公社与杭州汽车制造厂合作创办彭公拖拉机汽车修配厂,安置杭州汽车制造厂职工子女(知识青年)近 300 人。北湖公社张堰大队与江干区的杭州电镀厂、拖拉机修配厂挂钩建立张堰电镀厂、农机修配厂,安置知青 50 余人。

1977 年高考恢复,大多数在农村的知青逐步返乡回城。知识青年上山下乡工作搁置。1980 年 10 月 1 日中央决定上山下乡的知青可以返乡回城。

瓶窑镇现境内从 1969 年开始到 1977 年结束共动员下乡知识青年 607 人,从 1964 年 10 月接收第一批到 1977 年是最后一批至,当时北湖、长命、彭公三个人民公社共计安置插队落户的知识青年 3400 余人。

三峡库区移民　为了保证三峡工程的顺利推进,根据中央和国务院的要求,瓶窑镇认真贯彻国务院《长江三峡工程建设移民条例》及省、市、区移民政策,建立移民安置机构,落实专人负责。在做好前期的对口考察的基础上,会同库区移民共同选择确定移民点,按上级城建的规定,统一招标实施移民住房的建造,同时瓶窑镇多方筹措资金,对库区移民住宅的进出道路进行修整。

2001 年 8 月,重庆市奉节县三峡库区移民共 14 户 59 人(34 男 25 女)落户瓶窑镇。分别安排在崇化村 5 户 18 人(11 男 7 女)、南山村 5 户 24 人(15 男 9 女)、石濑村 4 户 17 人(8 男 9 女)。瓶窑镇严格按照省、市、区对三峡库区移民补助的相关政策规定,落实承包田和自留地,足额发放移民个人生产、生活补助资金。

第三节 社会救济

余杭自然灾害频繁,尤以水、旱灾害为最。百姓因战乱及疾病而导致贫穷者众多。历代政府重视赈灾救济,每次发生灾害,都要派遣官员踏勘上报。常以减免赋税田租,放粮平粜赈济。“余邑田亩近山,田高忧旱,近水田低忧水,一遇水旱为灾,不得不仰邀赈恤。”(清嘉庆《余杭县志》卷十四《恤政》)但终因灾重赈轻,杯水车薪,百姓生活仍困苦。中华人民共和国成立后,人民政府重视救济扶贫工作,采取治标与治本相结合的方针,投入大量人力、物力、财力,大规模兴建农田水利,加强灾情预报。灾后,努力开展救灾工作,通过政府救济和扶持,帮助灾民抗灾救灾。发展社会保险、社会救济等事业,并由镇民政部门具体办理救济扶贫事宜。

一、扶贫救济

春秋战国时,勾践已有“开谷仓,贷贫乏”之举。历代均有因灾而蠲免事。民国时期,政府亦有救济之举。因多战乱,流于形式。

中华人民共和国成立后,人民政府一直重视和关心对贫困家庭的救济和扶持,发救济金、救济粮,还减免子女学费,发放“贫农无息贷款”等。因病因灾造成的特困户,乡镇、村及广大群众则进行重点救助。春夏赈荒,冬令补助,医疗救济均成为经常性制度。农村贫困救济分春夏令救济和冬夏令救济。前者是对生产歉收、生活低于一般水平的贫困户进行救济,主要是补助粮食。后者救济夏令和冬令日常生活困难户,主要是发放蚊帐、棉被、冬衣等物资。1955 年春,余杭县人民政府发放春荒救济粮 9 万公斤,救济款 2025 元。1962 年—1966 年的 5 年中,发放冬令救济布票 119457 尺、棉花票 41606 斤、救济款 9388 元。1978 年—1984 年,国家拨发春夏荒救济款 5. 14 万元。1984 年—1987 年拨发冬夏令救济款 10. 60 万元。1999 年—2005 年拨发春夏荒救济粮食 24. 30 万公斤、现金 138. 50 万元;冬夏令救济实物,计有蚊帐 5070 顶、衣 4250 件、裤 2529 条、棉被 4518 条。2002 年起发放危房改造经费 2254. 30 万元。上述救济款项中分配至瓶窑的部分,均由当地政府在核实情况后,如数下拨各困难户。

城镇贫困救济对象主要是生活无依无靠的孤残老幼和无固定职业、无固定收入、生活有困难的居民及退休职工和死亡职工遗属。1978 年,救济对象增加生活困难的回城待业青年、冤假错案改正人员和原国民党起义投诚人员及县团级以上宽大释放人员。救济分定期与临时两种。嗣后,随着居民生活水平逐步提高,城镇救济逐步减少(1997 年实行最低生活保障制度)。

此外,尚有火灾救济、精神病救济、麻风病救济等专项救济。2004 年农村实行新型合作医疗制度,各种疾病专项贫困救济逐步减少。2005 年起,瓶窑执行《余杭区突发性灾害造成特殊困难群众的应急救助办法》和《余杭区社会医疗救助办法》,对因突发性事故、灾害陷于贫困的家庭,因病致病的家庭实施应急救助和医疗救助。

二、扶贫脱困

20 世纪 50—80 年代,以公益金方式扶持农村贫困社员。对其中少数特殊困难户由民政部门拨发救济钱物。1980 年,瓶窑镇、彭公乡、长命乡、北湖乡有困难户近百户,镇乡政府从扶持生产着手,按困难程度及劳动力情况,采取脱贫措施。下达县财政扶贫救济款 3000 余元,扶持 50 余户从事饲养家禽、家畜和发展手工工艺等家庭副业。并对其中 40 余户或贷款、或社队公益金补助。是年,有14户脱贫,占扶贫户的15%左右。嗣后,扶贫户数逐年有所增加,至1987年,10户贫困户均列入扶贫对象。

图6-3 镇领导与老年人喜过寿星宴(2000年)

1990年,瓶窑镇、彭公等乡均确定扶贫对象。为帮助贫困户发展生产,民政部门发放扶贫物资,发放省拨化肥。夏收夏种期间,出动100人次为贫困户和烈军属收种水稻。另优惠供应化肥、减免机耕费。扶持3年—5年仍不能摆脱贫困的常年困难户,除继续享受各种优惠扶持政策外,由国家和集体给予一定的救济和照顾。

1997年1月,扶贫户和常困户统一纳入最低生活保障体系。2002年,镇政府把农村困难户危房改造工作纳入为民办实事的范围。补助资金20余万元对镇内20户困难群众的危房进行改造,除文物保护区外,全部入住新房。岁末又在全镇范围内开展送温暖捐款活动,收到捐款25万元。在"春风行动"中,政府和各群众团体都行动起来,慰问贫困党员95名、困难群众567名,切实有效地帮助了困难群众,取得了良好的社会效益。

2003年,全镇各单位共捐款40余万元,对困难群体给予帮助。2004年,全镇有535户、1288人纳入城镇和农村低保;有120余户得到助学资金,计20余万元;出资36万元,帮助37户困难户改造、改建危房。

2005年8月,瓶窑镇建立慈善机构——扶贫帮困基金会,由民政部门专人负责。基金会制定章程,设组织机构,活动二三次。2006年2月,成立瓶窑分会,下设办公室。救济对象为镇内持"乡镇农村困难家庭救助证"的家庭,有助学救济、低保户家庭助学救济、困难家庭助学金、困难户补助、突发性灾难(病、伤、残,火灾及风、水等自然灾难)救助等。由困难户申请,村、社区调查核实,上报镇慈善分会确定救济、补助金额,镇财政办发放。2005年,投入24万元,帮助27户困难户完成危房改造;有549户困难家庭享受最低生活保障;发放助学金26.82万元,受助贫困学生342人。2006年,投入15.93万元,完成危房改造16户;480户困难家庭享受最低生活保障;发放助学金5.16万元,65名贫困学生受助。2007年,对5个区级集体经济相对薄弱村开展"异地脱薄",农民素质教育培训2500人。对509户低保户发放最低生活保障金145.83万元,对316户贫困家庭发放临时救济金24.08万元;慰问困难中共党员、困难家庭683户,捐赠慰问款34.65万元;对173名困难学生发放助学金31.02万元;对3253名老年人发放生活补助金;对150名水库移民进行每人每年600元直补。次年,发放各类低保金147.47万元,发放困难群众物价补贴62.93万元,发放医疗补助金4.73万元。推荐"4050"(即40岁50岁)人员就业356人次,121人实现再就业。2009年,全年发放各类低保金159.95万元,救助金80万元。2010年,瓶窑镇成为全区首批扶残助残爱心乡镇之一。全年共发放各类救助资金近210万元,对13户农村困难户实施危房改建,17个村(社区)建立"一门式"服务大厅。2011年,完善分层分类的救助管理体系,发放低保金172.68余万元,发放医疗救助金44万元。

图6-4 镇领导慰问困难户(2015年)

2012年,完成2012年度镇级助学金调查,实际发放助学金10.6万元,受助学生50人。对处于低保标准150%以下的245户低保对象及63户农村困难家庭进行临时性生活补助,为27户困难家庭实施危旧房改造。2013年,围绕"就业优先",举办春风行动人力资源招聘会,430多人达成就业协议;实现农村富余劳动力就业转移450多人。重新核定低保家庭情况,并做好困难救助与补助;完成12户困难家庭房屋改造,做好三峡移民补偿款发放;完成困难学生情况调查,发放各类助学资金35万元。2014年,完成困难家庭房屋改造11户,发放助学金31.7万元。举办2014年"春风行动"人才资源招聘会。

2015年,全镇低保对象685户,1051人,其中农村低保户580户,925人。城镇低保户105户,126人。全年发放救济金共180.48万元。全镇共有56户困难群众得到区慈善总会救助,救助资金达31万元。帮助解决21户弱势群体因病因祸造成的临时生活困难。镇关工委进行"扶贫帮困,奉献爱心"的宣传发动。780名镇村干部、企事业单位和个人共捐助50万元。全镇开展"送温暖、献爱心"慈善捐款活动。镇领导及镇、村(社区)、企事业单位负责人,累计捐款550万元。5月,镇扶贫帮困基金会对全镇13个村55户特殊困难家庭补助2.75万元。5月18日世界助残日,区镇慈善机构相关领导到全镇多个村、社区对10户困难残疾人家庭慰问,每户送去800元慰问金。瓶窑镇低保户685户,救助金额180余万元。特困户23户,救助金10.15万元。残疾人2148人,安排在企业工作的515人,受补助人员150人。2015年末,全镇各项慈善总支出219.3987万元。2001—2015年对195户困难户危房进行改造,动员社会力量扶贫结对304户,其中镇属单位287户。

2001—2015年低保户、特困户救济基本情况

表6-1-3 单位:元

年 份	低保户		临时救济		灾害救济		特困户	
	户数	金额	人数	金额	户数	金额	户数	金额
2001	245	504225	254	70500	44	34100	-	-
2002	257	518368	305	102900	-	-	-	-
2003	345	798148	807	202460	8	11000	-	-
2004	535	1081904	426	184280	-	-	-	-
2005	549	1148892	271	124900	-	-	-	-
2006	480	1008396	328	202400	-	-	-	-

续表 6－1－3

年份	低保户		临时救济		灾害救济		特困户	
	户数	金额	人数	金额	户数	金额	户数	金额
2007	509	1458300	386	186700	11	14100	–	–
2008	500	1474710	503	160170	51	117500	–	–
2009	320	1599522	372	211200	–	–	–	–
2010	631	2069307	359	246950	65	50440	–	–
2011	251	1726860	336	326280	–	–	–	–
2012	246	1465312	455	350890	–	–	–	–
2013	198	1537891	509	380330	–	–	–	–
2014	158	1227977	489	354900	–	–	–	–
2015	685	1804787	438	287700	–	–	23	101500
合计	5636	19424599	6238	3392560	–	–	23	101500

随着经济发展，当地政府和群众将扶贫救济工作发扬光大，对境外地区的灾害予以帮助，如汶川大地震时，瓶窑捐款近336.4万元。

三、鳏寡老人供养

1956年，根据《高级农业生产合作社示范章程》规定，对没有依靠的老、弱、孤、寡、残社员实行保吃、保穿、保烧、保教、保葬的“五保”供给政策，后改为保吃、保穿、保住、保医、保葬。

1978年后，“五保”供养工作发展较快，绝大多数孤寡老人基本生活得到保障。1983年，对全县“五保”户重作普查，评定发证，由集体供养。

1984年，彭公乡及北湖乡的张堰村建立敬老院，入院老人20余人。1990年，瓶窑镇、彭公乡、长命乡“五保”老人人均年供养经费653元；分散供养人均年供养经费530元。1994年，彭公乡有五保户20人，其中入敬老院8人，分散供养12人。

2000年，瓶窑镇、彭公乡有“五保”老人52人，年人均供养标准760元，其中入院老人人均800余元。

2003年，建立、完善城乡“低保”和农村“五保”老人供养制度。2004年，瓶窑投资200多万元，新建敬老院。城镇“三无”(无依无靠、无劳动能力、无经济来源)老人，全部入院供养。是年，执行区政府《余杭区农村“五保”供养工作实施意见》，对“五保”对象界定、供养形式、供养内容和标准、财务及财产管理、敬老院管理、优惠帮扶政策、奖惩等作出明确规定。2006年，五保户集中供养率100%。

2015年供养五保老人37人，社会寄养对象9人，供养标准为全镇上年农民人均收入的70%，社会寄养对象费用则由镇负责结算。居家养老的“五保”户有9户，年补助资金9万元。

瓶窑镇2008年—2015年五保户补助费情况

表6－1－4　　单位:万元

年份	人数	五保生活费用	工作人员费用	合　计
2008	48	31.35	23.06	54.41
2009	48	21.90	21.43	43.33
2010	46	29.68	35.08	64.76
2011	45	29.13	29.40	58.53
2012	44	50.98	53.09	104.07
2013	43	85.33	48.66	133.99
2014	41	82.47	51.37	133.84
2015	37	85.22	66.21	151.43
合计	352	416.06	328.30	744.36

瓶窑镇敬老院　镇敬老院创办于2005年1月,址在原风山小学(改建),占地面积17140平方米,建筑面积为4910.5平方米。床位60张,配备空调、电视机、电风扇、浴室热水器,还配置了健身器材,总投资547万元。院长1名,医务组、护理组、食堂、门卫等员工11名。

进院对象为农村无法定扶养义务人、无劳动能力的、无生活来源老年、残疾、未满16周岁的村民和城镇无劳动能力、无生活来源、无法定赡养的人员。经村民(社区居民)委员会审核,报镇政府批准的农村"五保户"和城镇"三无"人员。2005年首期进院48人。

办院10年来,围绕着贯彻《中华人民共和国老年人权益保障法》这条主线,践行尊老敬老爱老的传统美德,加强院区管理,服务孤寡老人,累计进院孤寡老人106人,无发生出走逃离、无饮食中毒、无内部群体吵架、无医疗和无火灾事故,先后获得"省先进敬老院"、"区敬老文明号"等荣誉。2015年末,在院孤寡老人37人。

第四节　残疾人事业

慈善助残,向为中华民族的传统美德。残疾人福利事业,大凡得到社会慈善机构和人士募集捐款提供救助。宋、元、明、清及民国时期,均有慈善救济机构之设,提供食物、衣着等。中华人民共和国成立后,主要由人民政府负责,辅之以社会捐助,为生活贫困人群等提供生活保障和其他服务。政府还筹办福利企业,安置残疾人就业,开展康复治疗、特殊教育、文体活动等,为残疾人提高福利待遇。2013年12月,余杭区残疾人联合会的扶残爱心验收小组对瓶窑镇杭州市扶残爱心创建情况进行验收,瓶窑镇通过杭州市扶残爱心乡镇的验收。2014年,第十届杭州市道德模范(平民英雄)评选结果揭晓,瓶窑镇推选的孝老爱亲典范盛玉皎获提名奖。

一、残联理事会

1988年,瓶窑镇第一届残疾人联合会(简称"残联")名誉理事长为傅阿惠,理事长梁法根。

1993年,瓶窑镇、彭公乡选举产生残疾人联合会理事会(简称残联理事会),由镇、乡长兼任理事长,民政干部兼任副理事长,下设理事若干名。给予残疾人生活、工作、就业等方面帮助和关怀。镇乡残疾专职员各1人。瓶窑镇第三届残联理事会(1993年)名誉理事长为孔祥华,理事长为付勤。1998年,召开第三届残疾人代表大会,产生瓶窑镇第三届残联理事会,理事长蒋永才。2003年,召开第四届残联代表大会,理事长廖红星,副理事长陆顺玉。2008年第五届残联理事长为沈萍。2012年10月29日,瓶窑镇召开第六届残联代表大会,代表160名,其中残疾人代表115名,占72%。选举产生第六届执行理事会,理事长、副理事长及理事会成员。理事长骆利勇。各行政村、社区也相继成立残疾人协会,给予残疾人生活、工作、就业等方面帮助和关怀。镇残疾专职委员1名,村(社区)18名。

二、扶残助残

中华人民共和国成立后,国家和社会帮助安排盲、聋、哑和其他有残疾公民的劳动、生活和教育。1959年起,举办社会福利企业,为残疾人创造劳动条件,保障他们享受与健全人同样平等的权利。是年,境内办有草绳、服装等2家福利生产企业,开设妇女零售商店,吸收残疾人参加生产。

20世纪70年代起,对社会福利实行特殊照顾政策,即凡残疾人比例达35%的生产单位,国家免征所得税;残疾人达50%的福利生产单位,免征营业税、产品税、增值税。福利生产企业时起时伏,20世纪80年代后有较快发展。

从1985年开始,国家对创办的社会福利企业,实行免税扶持政策。1991年5月,镇域内有各乡镇,先后办起福利工厂,安置残疾人就业。99%的农村残疾人参加农村新型合作医疗保险,并享受再次医疗救助政策。另外,社区全部建立康复站。并对残疾人优先列入最低生活保障救助,残疾儿童及残疾人家庭子女入学免学杂费,对残疾人经营个体工商户实行适当减免税收等优惠政策。1994年,彭公乡级福利企业4家,安置四残人员34人。进入21世纪,政府及各级组织对残疾人扶持、优待政策不断实施和完善。五保户集中供养率89%。2005年,新安置18名残疾人就业,成立4个社区残疾人协会。遵照《中华人民共和国残疾人保障法》,残疾人就业在劳动合同、社会养老保险、工资福利待遇方面得到了规范。2006年安置14名残疾人就业。此外,安排残疾人参加种养殖等技能培训100多人。按照“有访必接、有接必果”的要求,做好残疾人信访工作,及时、准确、快速地处理各种来信来访,与镇综合治理办公室联合处理10余件,维护了残疾人的合法权益。2013年,仁爱家园瓶窑工疗站投入使用,截至2013年年底站内共有工疗员28名。开展残疾人实名制调查,建立残疾人志愿服务队,吴大德一家获区级“爱心家庭”称号。

1985年,域内有福利企业10余家。后经整合,1994年,瓶窑8家福利企业,安置各类残疾人105人,2015年尚有6家,安置各类残疾人210多人。

此外,镇残联以实施残疾人共享小康工程和“扶残助残”为中心,开展助残活动。进入21世纪,政府及各级组织对残疾人扶持、优待政策不断实施和完善。2015年止,在“光明行动”中为256人做了白内障治疗手术。“小康工程”中为肢体残疾人赠送假肢33副,为35名聋人配送助听器,为109名肢残人赠送轮椅,为241户残疾人发放救助金36.8万元。截至2015年底有42名卧床不起困难残疾人,每年发放护理费3.8万元,重度残疾人护理48人,每年发放护理费14.4万元。

遵照《中华人民共和国残疾人保障法》,残疾人就业在劳动合同、社会养老保险、工资福利待遇方面得到了规范。安排残疾人参加种养殖等技能培训80多人。按照“有访必接、有接必果”的要求,做好残疾人信访工作,及时、准确、快速地处理各种来信来访,维护了残疾人的合法权益。2015 年,镇残联李卿,工作成绩显著,被区团委、区青联评为“出彩余杭人”。

三、残疾人状况

残疾人等级标准各年份有所不同,人数多寡亦不同。2008 年,以国家统一标准,由县级以上医院重新鉴定,认定后换发中华人民共和国残疾人证,对残疾人规范化管理。2015 年,全镇有残疾人 2332 人(其中持证残疾人 2148 人),占总人口的 3.71%。残疾人类型分布为智障残疾 278 人,精神残疾 170 人,肢体残疾 1152 人,视力残疾 255 人,听力言语残疾 220,多重残疾 73 人。

残疾人分布较多的村有崇化村 209 人、长命村 173 人、华兴社区 250 人。最少的外窑村也有 22 人。

2016 年瓶窑镇残疾人(持证)基本情况

表 6-1-5

项目 单位	福利企业(万元)			残疾人情况(人)						
	家数	销售	利润	合计	视力	听力语音	肢体	精神	智力	多重
长命	-	-	-	173	19	33	93	10	13	5
凤都	-	-	-	100	12	12	68	1	5	2
大观山	-	-	-	93	8	14	54	5	7	5
瓶窑	-	-	-	66	9	6	36	10	4	1
崇化	-	-	-	209	16	15	136	7	24	11
张堰	-	-	-	69	19	6	35	5	2	2
西安寺	-	-	-	131	18	9	74	9	15	6
南山	-	-	-	97	17	6	59	9	4	2
窑北	-	-	-	135	11	16	73	19	8	8
外窑	-	-	-	22	1	3	13	4	1	0
石濑	-	-	-	119	12	12	67	6	16	6
彭公	-	-	-	177	22	26	97	12	18	2
奇鹤	-	-	-	77	19	10	31	7	8	2
塘埠	-	-	-	143	18	11	83	12	15	4
里窑	-	-	-	70	7	6	31	12	8	6
杨梅坞	-	-	-	139	17	10	80	17	13	2
新窑	-	-	-	78	6	5	53	5	5	4
华兴	-	-	-	250	24	20	69	20	112	5
镇属	6	314450	1756	-	-	-	-	-	-	
合计	6	314450	1756	2148	255	220	1152	170	278	73

四、瓶窑镇工疗站

工疗站位于瓶窑镇大桥北路 232-2 号,瓶窑镇社区卫生服务中心北侧。2013 年 12 月建成投入使用,投资 350 余万元。工疗站配有工疗室、多功能治疗锻炼室、医务室、多媒体教学室、文化体育活动室和办公室、午间休息室、厨房餐厅,同时配置有电梯、空调、卫生设施、安全监控设备等。

瓶窑镇工疗站针对不同的精神、智力残疾人,采用不同的康复方式,有针对性的开展一对一的康复治疗。余杭区心理志愿者服务小组区三院的多位医生为工疗员开展“沙盘心理治疗”、镇团委志愿者队伍、镇成校、蒲公英学校志愿者老师为工疗员开展文化补习和生活常识的教学。通过药疗、工疗、娱疗和文化、思想教育(“三疗一教育”),工疗员的生活自理能力加强,社会沟通能力改善。

图 6-5 瓶窑工疗站(2016 年)

工疗员享受每人每天补贴 10 元交通费,中午午餐提供 10 元标准的伙食费,并为每个入站工疗员购买了意外伤害险。从 2014 年 10 月份开始,工疗站为每位过生日的工疗员精心准备一份生日蛋糕。工疗站还定期为工疗员提供志愿者服务,包括理发、个人卫生整理和健康体检,邀请社会各界艺术团队为工疗员进行义演。

2015 年末,工疗站配备有专职站长 1 名,精防医生、管理护理人员 7 名,接收 37 名工疗员入站工疗。

第五节 殡葬改革

境内居民大都为汉族,丧葬习俗均以棺木土葬为主,延续数千年。如死者三朝入葬,亲人披麻戴孝,扬幡招魂,焚烧纸人纸钱纸马等。送葬后还守丧、做七、供饭、六七,49 天断“七”,须供羹饭祭拜,至此葬礼告一段落。

中华人民共和国成立后,经过宣传教育,破除迷信,进行丧葬改革。20 世纪 50 年代及“文化大革命”期间曾几次清理过厝柩和坟墓。70 年代末,提倡遗体火化,但实施者很少。1982 年 3 月,根据《余杭县殡葬管理试行办法》,经多层次宣传教育,村民对火葬有了初步认识。火葬逐步代替土葬。1985 年,境内推行火葬,至 1987 年,全镇故世者遗体已经全部实行火化。

一、改革土葬 推行火葬

“大跃进”和“学大寨”时期,两次大规模对厝柩、坟墓进行清理。1983 年,开展平坟深埋棺材。至 1985 年底,所有地面裸露坟墩全部清理深埋。

1982 年 9 月,境内杜绝土葬。原长命乡北村 5 组某村民逝世,为第一个实行火化,成为殡葬改革的先行者,殡葬改革有了重大突破。原各村在推行火葬中均遇到阻力,经宣传与严密的组织工作,扭转了土葬回潮,遗体火化最终被广大群众认可和接受。2002 年,境内死者全部火化。至 2015 年,遗体火化 2423 具,火化率达 100%。

二、建立骨灰存放室和公墓

1992 年后,境内以行政村为单位建造骨灰存放室或公墓,建设资金由村集体支付,镇政府补贴并着手清理坟墓,将坟墩中挖出的骨灰盒搬进新建的存放室。给予一定的资金补助,每个坟墩搬迁费 200 元—300 元不等。2008 年,达到村村有骨灰存放室或公墓,实现耕地无坟化。

2015 年末,域内有河中公墓、西中公墓,由于瓶窑镇地处山区与平原交界处,其他各村建有小公墓若干个。

第二章 社会生活

旧时,百姓安居乐业,只是休养生息、天下升平时的短暂现象。一遇苛政暴敛或战乱灾荒,便食不果腹,衣不蔽体。民国时期战事频繁,物资匮乏,通货膨胀,除地主、官僚等上等户之外,劳动人民生活艰辛。中华人民共和国成立后,随着国民经济恢复和发展,人民生活有所改善。1959年—1961年,因天灾人祸,职工精简,农业歉收,人民生活困难。“文化大革命”期间,生产遭受破坏,市场商品紧缺,影响人民生活水平提高。中共十一届三中全会后,实行改革开放,国民经济快速发展,各项社会福利、劳动保障制度逐步建立,城乡居民经济收入大幅度增长,市场商品丰富,人民的物质与文化生活均有显著提高,家庭积累亦逐年增加。1995年,基本实现小康。嗣后,经济体制改革,经济总量快速增长,人民生活富足殷实,居民消费结构也发生较大变化,消费水平和质量逐年提高。

社会保障亦进展较快,由个别行业单一享有的病残保险发展至企业职工基本养老保险、机关事业单位职工基本养老保险、农村社会基本养老保险和基本医疗保险、失业保险、工伤保险、生育保险等,涵盖全社会。社会保障体系不断完善,特别是解决社会弱势群体生产生活困难,成为劳动保障改革的重要环节和政府主要工作的出发点和归宿。

除物质文明外,余杭还重视精神文明,精神文明建设的源头可以远溯到距今四五千年前。当时的良渚先民以原创、首创、独创精神,创造“天人合一,天工巧夺”的良渚文化,其后数千年的历史中,这笔精神遗产得到不断的传承和发扬。特别是中共十一届三中全会以来,精神文明建设被导入社会主义建设的轨道。

第一节 居民收入

瓶窑自然资源丰富,百姓勤劳,其收入较他处为高,然贫富不均。民国时期,土地大部分为地主、富农占有。贫农、雇农、中农,只拥有耕地,人均1亩上下。其时,粮食亩产仅200公斤左右,贫、雇农收入微薄。城镇居民收入也不高,且遭失业之苦。

中华人民共和国成立后,经过第一个五年计划建设,国民经济有所发展,城乡居民生活水平有所好转。在“大跃进”和“文化大革命”期间,生产遭受破坏,城乡居民收入徘徊不前。实行改革开放政策后,农村发生一系列变化:家庭联产承包,乡镇企业崛起,取消农副产品统购统销,农业产业结构调整,农民家庭经营第二、第三产业,农村居民收入来源多元化且大幅度增长。

城镇居民就业人数增加,国家多次进行工资制度改革和工资调整,企业转制,民营企业发展,城镇居民生活水平有较大提高。但城乡差距仍明显存在,且不同地域间由于自然条件和经济发展水平的差异,农民收入水平存在明显差距。

一、农村居民

因生活、生产环境差异，境内农村居民收入水平亦不同，大抵平原地区收入高于山区。20世纪80年代前，农村居民收入主要来自家庭经营农副业。中共十一届三中全会后，农民收入结构有较大变化，其收入来源由集体统一分派为主向家庭经营收入为主转换。工资性收入占纯收入的比重大幅度上升。

瓶窑西北部山区种植毛竹、种茶；东部平原居民种粮、种桑、养鱼，农村延续几千年的封建土地制度中，地主与农民占地悬殊，地主占有大量土地，凭借土地剥削农民。民国时，大多农村居民占有极少土地，"十亩以下谓之贫农，占百分之八十；十亩至二十亩之间，谓之中农，占百分之十八；三十亩以上谓之富农，占百分之三而已。"（民国《杭县志稿》卷五《人口》）"惟地寡人众，出多入少，足兹隐忧。耕者有地十之七八，不及十亩，益以地力有限，捐赋特重。销路又为各国产品攘夺殆尽。终岁勤苦，不得温饱。江南富沃之区，而犹若是，他可知矣。"（民国《杭县志稿》卷五《人口》）

封建的生产关系，阻碍农村生产力发展，致使农村居民生活清贫。无地少地农民被迫出卖劳力，收入菲薄。资料记载：民国32年（1943年），杭县短工每天得大米2公斤—2.5公斤，或法币0.5元—0.8元。余杭县长工年收入一般折合大米600公斤，劳力差的270公斤；佃户缴租后所得无几，一遇天灾人祸，生活濒于绝境。民国23年（1934年）《杭县县情报告》中叙述农村经济情况，10户农家9户负债。

1949年人均收入50余元（折成1956年价款）。土地改革后，生活逐步改善，1956年村集体分配收入人均约80元，1959年人均100元。1960年—1962年，农民收入下降为人均88元。"文化大革命"期间，1967年人均收入124元，1977年人均收入125元，10年间仅增1元。

中共十一届三中全会后，农村实行家庭联产承包责任制，农村商品经济由此发展。1982年后乡镇企业发展，瓶窑镇、彭公乡、长命乡、北湖乡有近万农民在乡镇企业从业，农民收入增长较快。1979年，人均收入190元，1982年人均231元，1985年人均648元，7年间人均收入提高4.18倍，平均年递增22.9%。据1987年百户农村住户抽样调查，常住人口465人中有劳动力318人，其中在乡镇企业从业的71人，在外地从业的26人，从事非农产业的劳动力占总劳动力的30.5%，农民年人均纯收入866元。农民生活开始由温饱型向小康型过渡。

1990年后，随着农村经济体制改革和农村产业结构调整，都市型优高农业凸显，个体私营企业快速发展，非农产业收入急剧上升。1992年，瓶窑镇共有镇村企业92家，其中镇办56家，村办36家，有职工4394人；农民人均收入1252元，比上年增加113元；城乡居民人均银行年末储蓄额为2103元。次年全镇农村经济总收入2.62亿元，比上年增长49.8%，农民人均收入1558元。1993年，彭公乡村企业有汽车改装厂、机械厂、化工厂、电化厂、内燃机厂、石矿等22家，职工977人。乡财政收入390.4万元，比上年增长34%；人均收入1405元，比上年增长22.9%。1994年，瓶窑镇财政总收入679.3万元（不包括上交中央增值税75%部分），比上年增长37%。农民人均收入2199元，比上年增长40.4%。彭公乡财政收入519.28万元，比上年增长33%；人均收入1906元，比上年增长35.6%。1996年，瓶窑镇共有镇村企业49家，其中镇办30家，职工5899人。财政收入822.64万元（不包括上交中央增值税75%部分），增长1.84%；农民人均收入3321元，增长15.31%。彭公乡财政收入325.19万元，与上年持平；农民人均收入3058元，增长18.9%。1997年，瓶窑镇农民人均收入达到3806元，比上年增长

14.6%;彭公乡农民人均收入3503元。1998年,瓶窑镇农民人均收入4261元,比上年增长12%;彭公乡农民人均收入3763元,增长7.42%。1999年,瓶窑镇农民人均收入4596元,比上年增长9.2%;彭公乡农民人均收入4080元,比上年增长8.42%,年末信用社各项存款5274万元,比上年增长21.5%。

2000年后,农村推行股份合作制改革,农民从第一产业延伸到经营第二、第三产业,人均纯收入不断提高,2000年,瓶窑镇农民人均收入5066元,比上年增长10.2%;彭公乡农民人均收入4585元,比上年增长12.38%。

2001年8月,撤销彭公乡建制,其行政区域并入瓶窑镇。是年,农民人均收入5315元,比上年增长8.4%。2002年—2011年,农民人均收入分别为5778元,比上年增长8.71%;6395元,增长10.68%;7542元,增长10.68%;8319元,增长10.3%;8960元,增长10.8%;9955元,增长10%;10980元,增长10.1%;12598元,增长14.8%;14625元,增长16.09%;16971元,增长16.04%。

2012年,农民人均收入19567元,增长15.3%;农村人员人均收入19638元,增长15.72%次年农民人均收入21995元,增长12%。2014年,农民人均纯收入25588元,同比增长12.3%。2015年农民人均收入28543元,增长11.55%。

自古以来,农村居民以农为本,收入来自家庭经营农副业。中华人民共和国成立后的农业合作化时期,农民收入主要来自集体统一经营分配所得。改革开放以后,农民收入结构有很大变化。1987年,据县统计局百户农村住户抽样调查,常住人口465人,年人均纯收入866元。人均纯收入由工资收入、经营第二和第三产业、经营第一产业、财产性转移4个方面构成。其中家庭经营第一产业纯收入424元,占49.0%;家庭经营第二、第三产业纯收入243元,占28.03%;工资性收入176元,占20.33%;财产性转移性收入23.0元,占2.64%。

1987年,农户从事非农产业的劳动力占总劳动力的50%升至2000年的58.30%,再升至2005年的88.04%;第一产业收入所占比重由1987年的49.0%下降到2005年的11.96%。

二、城镇居民

城镇居民收入因工作性质不同而不同。民国时期,职工工作时间长,劳动强度大,工资收入低,且随时可能被解雇,加之自负医药费用及病休停发工资,多数工人家庭入不敷出,生活贫困。一般工人月工资可买米1石左右。日军侵占余杭、杭县后,疯狂掠夺农产品,粮价成倍上涨,民不聊生。抗战胜利后,国民政府又滥发纸币,通货膨胀,物价飞涨。“据民国37年余杭县政府编制之工人生活指数表,以民国26年6月份7种生活必需品和房租的消费值为基数,37年4月的生活指数提高为45.19万倍,8月份提高为637.27万倍。如每升中熟米0.64元升至4683333元(法币元,下同),中等菜油每两由0.24元升至1306666元,盐每斤由0.07元升至140000元,土白布每尺由0.10元升至850000元。”(《余杭县志》,1990年版)

中华人民共和国成立后,工资收入为城镇居民收入主要来源,且不断增加。收入来源亦呈多样化。

1952年,余杭、杭县两县县城职工8200余人,最高年工资700元—800元(折合新人民币,下同),年平均工资357元,可购大米1500公斤。以后,就业人数不断增加,又经过多次调整工资,职工生活水平随之提高。1955年7月,干部、教师、职工统一实行货币工资制。1956年4月,工资改革,职工人均月增工资7.13元,比增资前提高19.08%,职工人均年工资收入534.0

元。1957 年,公私合营企业人均月工资由 40.47 元增至 42.20 元,增长 4.5%。1959 年,国有企事业单位人均月增工资 5.09 元。1963 年,全民所有制职工人均月增工资 3.34 元。1971 年全民所有制企事业单位职工人均月增工资 4.9 元。1977 年机关干部人均月增工资 5.98 元;全民所有制企业职工人均月增工资 5.05 元,人均年工资收入 534 元;集体所有制企业职工人均月增工资 5.06 元,人均年工资收入 448 元。1979 年,职工人均月增工资 5.89 元,人均年工资收入 553 元。

图 6-6 居民业余活动(2005 年)

1982 年后,企事业单位实行奖金、补贴制度,职工收入不断增加。1983 年,全民所有制企业职工人均月增工资 7.23 元,人均年工资收入 741 元;集体所有制职工人均月增工资 7.15 元,街道企业职工人均月增工资 6.28 元;集体企业职工人均年工资收入 771 元。1985 年,全民所有制职工人均月增工资 18.07 元,人均年工资收入 1076 元;集体所有制职工人均月增工资 17.93 元,人均年工资收入 1126 元。1987 年,城镇职工年平均工资 1338 元,月平均工资 111.5 元,比 1952 年增长 2.74 倍。国有单位职工年平均工资 1375 元,集体单位职工年平均工资 1305 元,其他单位职工年平均工资 1361 元。是年,据县统计局对城镇 40 户家庭抽样调查,常住人口 137 人,有收入者 89 人,占总数的 65.7%,收入 169743 元,人均 1239 元,其中可支配收入 1221 元。

1990 年,调整全县企业职工工资,全民企业职工人均月增资 11.65 元;县以上集体企业职工人均月增资 11.62 元。职工年平均工资 2116 元,人均月工资 176.33 元,其中国有单位职工年平均工资 2218 元,集体单位职工年平均工资 1987 元,其他单位职工年平均工资 2626 元。据 40 户家庭抽样调查,常住人口 136 人,有收入者 92 人,占总数的 67.5%,年收入 258672 元,人均 1902 元,其中可支配收入 1882 元。

1991 年,实行工资与经济效益挂钩。1993 年后,机关事业单位进行工资改革,调整基础工资,建立公务员正常工资晋升制度,公务员职务工资每两年晋升一次,级别工资每五年滚动一次;企业实行浮动工资制,企业退休人员养老金多次调整;个体私营企业经营者收入大幅提升,城镇居民收入成倍增加。1995 年,职工年平均工资 5722 元,月工资 476.83 元,比 1990 年增长 170.42%。其中国有单位职工年平均工资 6334 元,集体单位职工年平均工资 4772 元,其他单位职工年平均工资 6363 元。据 40 户家庭抽样调查,常住人口 123 人,有收入者 95 人,占总数的 76.3%,收入 772440 元,人均 6280 元,其中可支配收入 6220 元,比 1990 年增长 2.30 倍。2000 年,职工年平均工资 10681 元,月平均工资 864.92 元,比 1995 年增长 81.39%。其中国有单位职工年平均工资 13123 元,集体单位职工年平均工资 8442 元,其他单位职工年平均工资 8496 元。据 40 户家庭抽样调查,常住人口 120 人,有收入者 86 人,占总数的 71.70%,收入 1052760 元,人均 8773 元,其中可支配收入 8697 元,比 1995 年增长 39.82%。2005 年,职工年平均工资28323元,月工资2360.25元,比2000年增长172.89%。其中,国有单位职工年平均工资38143元,集体单位职工年平均工资32265元,其他单位职工年平均工资18323元。据100户家庭抽样调查,常住人口297人,有收入者217人,占总数的73.30%,收入5533128元,人均18693元,其中可支配收入16863元,比2000年增长93.89%。与1987年相比,增长12.81倍,平均每年递增15.70%。

2010年,城镇居民可支配收入28836元,比上年26087元增长10.5%。其中,工资性收入20280元,比上年18281元增长10.9%。2015年,城镇居民可支配收入49273元。

第二节 居民消费

民国时期,居民消费状况无专项调查记录。20世纪50年代初,始有少量抽样调查,60年代中断调查统计,80年代恢复。随着居民经济收入逐渐增加,城乡居民消费水平随之提高,消费观念也随之变化。

境内居民消费水平和消费观念是在不断变化的,其趋势大致可以分为两个阶段。20世纪80年代以前是解决温饱问题,表现在对基本生存消费的需求量上,生存消费支出多,而享受和发展方面的消费甚少。80年代以后,温饱问题得到解决,居民消费由数量扩张向质量提高转变,享受和发展方面的消费比重不断提高,该两方面支出增长亦较快。然城乡居民的消费差距仍在扩大,消费投向上亦有较大差异。居民生活恩格尔系数①有所下降,膳食结构向营养保健型转变。

一、消费水平

民国时期,占农村居民80%以上的贫苦农民收入微薄,生活非常困苦,糠菜半年粮。城镇居民中,工商企业主生活优越,商店职工伙食由店方供应,月薪可作家用;手工业作坊雇工和搬运工人及小商贩生活水平甚低。抗日战争胜利后,国民政府滥发纸币,物价一日数涨,米珠薪桂,城乡居民生活贫困。

中华人民共和国成立后,城乡居民消费水平随生产发展逐步提高。按社会商品零售额计算,1952年人均消费品支出为60元左右,生活消费水平仍然很低。1959年—1962年,农民收入下降,生活艰难;城镇居民收入大部分用于食品,少量用于衣着及日常必需品。1962年9月起,为解决市场商品供需矛盾,政府对城乡居民日常生活必需商品采取凭票、凭卡、凭券等7种形式供应,城乡居民基本保持吃饱穿暖水平。"文化大革命"期间,居民消费水平提高缓慢,除用于食品、衣着方面的支出略有提高外,住房、用品、燃料、文化生活等方面支出有所减少。

1978年,国民经济得到恢复和发展,城乡居民人均生活消费品支出增至123元,1979年增至143元;1985年更增至456.89元,城乡居民消费结构也发生变化。据中国人民银行余杭县支行对城镇百户居民抽样调查,1985年人均购买消费品支出677元,比1978年增长2.15倍,

---

① 恩格尔系数(%)=(食品支出额÷消费支出总额)×100%。系19世纪德国统计学家恩格尔对消费结构变化提出的观点,即家庭收入越低,用于购买食品的支出所占比例就越大;随着收入增加,用于购买食品的支出比例则会下降。

其中用于食品的消费比重下降较大，穿着消费有所上升，日用消费及其他（房租、医药费等）消费亦有上升，。县统计局对农村百户抽样调查，1985 年人均购买消费品支出为 597 元，其中食品占 51.6%，穿着占 7.4%，日用占 14.5%，燃料占 3.4%，修建房屋占 23.1%。非商品性支出如水、电、看电影等支出，城镇居民人均 33.74 元，农村居民人均 20.79 元，均比 1979 年增长 2 倍多。1987 年以来，城乡居民生活消费水平不断提升，消费结构日益优化。20 世纪 80 年代中后期，城乡居民消费方向集中在家用电器等商品，出现消费势头，因物资匮乏，抢购商品之风时有发生，电冰箱、彩色电视机、录音机销售量激增。1990 年，农民人均生活消费支出 1066 元，其中食品消费支出 611 元，占生活消费支出的 57.32%；城镇居民人均生活消费支出 1520 元，其中食品消费支出 838 元，占生活消费支出的 55.13%。消费投向以吃饱穿暖为主，属于温饱型。

2000 年，农民人均生活消费支出 4533.65 元，其中食品消费 1895.33 元，占生活消费支出的 41.81%；城镇居民人均生活消费支出 6528 元，其中食品消费支出 2818 元，占生活消费支出的 43.16%。按照国际通用的衡量标准，恩格尔系数在 40%—49%，属于小康水平。

2005 年，农民人均生活消费支出 7243.26 元，比 1987 年增长 9.04 倍，其中食品消费支出 2562.65 元，恩格尔系数为 35.38%；城镇居民生活消费支出 12127 元，比 1987 年增长 9.08 倍，其中食品消费支出 4270 元，恩格尔系数为 35.21%。消费投向购房、买车等，食品消费以营养为主。

2011 年，城镇居民生活消费支出 21962 元，比 2010 年的 19928 增长 10.2%；农村居民人均生活消费支出 14995 元，比 2010 年的 12423 增长 20.7%。

消费观念　旧时，生产力低下，绝大多数城乡居民生活贫困，唯求温饱，消费习惯注重节俭和积累。衣着固守“新三年，旧三年，缝缝补补又三年”节约理念。随着生活水平提高，食品消费由温饱逐步转向讲究营养，主食消费量减少，副食和其他食品消费量增加。衣着由单一、低档转向多样、时尚，服装面料由传统的棉布转向化纤、呢绒、丝绸、皮革，且讲究款式、色调、花样。日用品由不敷应用转向追求排场，耐用消费品由“老三件”（自行车、手表、缝纫机）、“新三件”（冰箱、彩电、洗衣机）、“时新三件”（空调、摩托车、手机）转到“现代三件”（小汽车、家用电脑、摄像机）。住房由挡风雨的简易房、茅草房，大多变为砖混结构的楼房，人均居住面积增加，配套房结构，注重装潢。燃料由传统柴草转为煤、液化气、电力、沼气，城镇居民以石油液化气为主要燃料。文化娱乐用品类比重也不断增加。

20 世纪 90 年代中后期，生活消费品日益丰富。这一时期，超前消费有两大热点：一是城乡居民“建房热”，至 2005 年，城镇居民人均住房面积 29.9 平方米；二是城乡居民“购车热”，20 世纪 90 年代中期，城乡居民掀起摩托车购买热；之后，个体私营企业主开始购买小汽车，至 2005 年，居民购买私家汽车。

瓶窑镇居民生活变化情况表

表6-2-1

时间	户数	生活									住房				交通工具			
		收录机(台)	手表(只)	自行车(辆)	缝纫机(台)	电视机(台)	电话手机(部)	电脑(台)	空调冰箱(台)	洗衣机(台)	草屋(幢)	泥砖瓦平房(幢)	楼房别墅(幢)	商品房(套)	电动车摩托车(辆)	货车(辆)	轿车(辆)	面包车大客车(辆)
1950年	6775		31	10							3149	3190	436				1	
1966年	8204	295	321	287	133		13				2758	4731	857			10		
1978年	11050	1746	7068	3818	2977	1508	735	7	127	109	1047	7205	2168	630	35	72	25	28
2008年	19607	5678	21019	13566	5642	28914	30598	11129	30279	15018		2489	11432	11665	10497	634	7550	487
2015年	25725	4272	18673	6344	3085	55955	64255	27345	67133	43099		927	12913	31126	22034	688	19222	734

说明:1. 该表反映数据,均含原长命乡、北湖乡、彭公乡、瓶窑集镇

2. “三转一响”(缝纫机、手表、自行车、收录机)拥有高峰期为20世纪90年代,据调查,1992年,境内总户12051户,有手表18550只、自行车18050辆、缝纫机5550台

二、消费结构

民国时期,农村居民生活消费支出以食品为主,然后用于住宅、衣着、用品等,生活消费结构变化很小。城镇居民收入微薄,唯求温饱,生活消费结构也很简单。中华人民共和国成立后的10多年间,城乡居民生活消费结构无多大变化。改革开放后,随着生产的发展,商品不断丰富并逐步取消票证限制,城乡居民广开就业门路,经济收入增长,消费总量持续增加,消费规模不断扩大,消费水平和消费质量逐年提高,消费结构由增长型向追求质量型和营养型转变,消费比重向精神文化生活和信息消费倾斜,逐步实现消费结构的优化和完善。

1987年起,开始对城乡居民生活状况进行调查,是年农村居民家庭人均生活消费656元。其中,食品支出351元,占人均消费53.5%。食品支出的主要品种和消费量为:人均消费粮食291.5公斤、食油6.5公斤、肉类及制品15.1公斤、蛋类及制品2.9公斤、食糖2.4公斤、香烟51包、酒类23.3公斤、蔬菜84.6公斤、水产品7.4公斤;衣着支出41元;居住支出154元;其他支出(含用和行,下同)53.5元。衣食住行排位为:食第一,住排第二,其他支出排第三,衣排第四。是年,恩格尔系数为53.51%。此种消费结构一直维持到1992年。1993年,随着农村经济发展,农民家庭人均生活消费相应增加。是年人均消费支出1526.40元。其中,食品支出689.90元,占人均消费总额的45.20%;衣着支出117.50元,占人均消费总额的7.70%;居住支出368.40元,占人均消费总额的24.10%;其他支出350.60元,占人均消费总额的23%。其他支出首次接近居住消费支出,食品支出和衣着支出排位未变,此种消费结构大体维持到2000年。是年,恩格尔系数为45.20%,比1993年下降8.3%。

进入21世纪,农业实施产业化经营,使农民收入大幅度增加,农民人均消费支出也大幅度增加。2005年,农村居民家庭人均生活消费支出7243元,比2000年增长59.80%,年均增长9.8%。其中,食品支出2562.70元,占人均消费总额35.40%;衣着支出395.40元,占人均消费总额5.50%;居住支出1614.60元,占人均消费总额22.30%;其他支出2706.30元,占人均消费总额37.40%。衣食住行的消费结构是其他支出排第一,食品排第二,住排第三,穿着排第四。食品支出与其他支出所占比重基本持平。是年,恩格尔系数为35.38%,比2000年下降

6.43%。同年，农民家庭人均主要消费品的消费量发生明显变化。其中，粮食消费176.80公斤，比2000年减少56.70公斤；食油消费7.70公斤，比2000年增加2.70公斤；肉类及制品消费16.70公斤，比2000年减少5.60公斤；蛋类及制品消费3.70公斤，比2000年减少1公斤；食糖消费1.10公斤，比2000年减少0.70公斤；香烟消费44.50包，比2000年减少2.30包；酒类消费26.80公斤，比2000年增加6.20公斤；水产品消费12.70公斤，与2000年持平。副食品消费量的增加替代部分主食的消费量。精神生活消费以文化消费和服务性消费为主要内容的精神生活消费逐年增加。1987年，城乡居民人均文化和生活服务性消费分别为64元、5元。随着经济发展，城乡居民文化消费和生活服务性消费随之增加。2000年，城乡居民文化消费和生活服务性人均消费分别为817元、361元，增长12.77倍和72.20倍。

进入21世纪，随着经济快速发展，精神生活消费增幅持续上升。2005年，城乡居民人均文化和生活服务性消费分别为1689元和817元，分别比2000年增长1.07倍和1.26倍。以休闲、娱乐为时尚内容的精神生活消费日益丰富。至1998年，瓶窑、彭公各村建有文化室。2001年，瓶窑推进有线电视进村入户工程，全年新入村7个，新增用户750户；投入5万元专项资金，新建全民健身点1个；发展群众性文体活动，苕溪艺术团、女子舞龙队、石濑腰鼓队、西溪书画社等民间团体的活动，组织农民参加区第二届农民艺术节；业余体育爱好者参加区第七届人民运会，被区政府命名为群众体育先进单位。2003年，成立“夕阳红”健身队、横山舞狮队和石濑舞龙队等3支文体队伍，新建全民健身苑等一批公益性体育设施。2005年，瓶窑镇新博士综艺乐团注册成立。该团是一支以器乐、声乐为主的综合性民间艺术团队，以弘扬瓶窑器乐、声乐事业为宗旨，为中、小学生提供文艺活动的平台，繁荣企业、社区文化。该乐团采用与企业、社区挂勾的运作方式，以新博士工具有限公司与华兴社区为后盾，2005年开展各类文艺活动65次，并在区第三届艺术节的声乐大赛中获得一等奖，器乐大赛中分获合奏、独奏三等奖。上述内容均说明政府关注民生，采取适应群众以休闲、娱乐为时尚内容的精神生活消费。

除以上所述物质生活和精神生活消费之外，还包括人的成长成才、生老病死和医疗保健等消费，并逐渐成为消费热点。养老保险覆盖面逐年扩大，人寿保险成为发展消费热点。

第三节 居住条件

民国时期，农村普通农家多数是木结构平瓦房，也有不少竹结构草房。城镇居民绝大多数租屋居住，住自有房者仅十之一二。贫苦居民多住低矮平房，地面潮湿，光线阴暗，有三代同室拥挤不堪者。中华人民共和国成立后，农村土地改革，没收地主多余房屋分配给无房贫苦农民，草房、棚屋逐步翻建为平房瓦屋，部分农民新建和翻建楼房，土木结构向钢筋混凝土结构转化。人民政府对城镇居民住房实行“国家包、低房租”政策，多数居住公房或租赁私房，房租低而稳定。改革开放后，由国家、集体投资，陆续兴建一批职工住宅；农村统一规划、统一建房。2005年，农村居民人均住房面积由1987年26.91平方米上升到61.10平方米；城镇居民人均住房面积由1987年11平方米，上升到29.90平方米。

一、农村居住条件

农村居住条件历来较差，一般为砖木结构瓦房。也有高档的，如位于瓶窑镇彭公村黄其岭

49号农居，系民国建筑，坐北朝南，一进五间二层单檐木结构，通面宽19.2米，通进深12.75米。石库院门朝南，石门槛，双扇木板门，门楣上有黑色大字"鸣凤朝阳"，门两边墙上写有红色大字标语。块石墙基，夯土墙体，南墙两端封火墙。正厅明间抬梁式，落三柱，梁枋上雕盆花、仙鹤等吉祥图案；一二层开几何纹镂空花窗，花纹各不相同；院内门楼及两侧的墙上绘有宝剑、花篮、各种花卉、变形云纹等纹样。格局完整、用材考究、雕饰精美。

70年代起，建房增多，从大多翻建为砖木结构平房，逐渐改变为翻建砖木结构楼房。80年代，建房趋向美观，普遍采用钢筋混凝土结构，以三层为主，附建阳台、平台，但因条件局限，缺少独户卫生设施和自来水设施。90年代，新建住房多数是混凝土结构，建筑层高以3层居多。室内装潢讲究，设施配套齐全。2000年，全国第五次人口普查时，户均155.58平方米，其中20世纪40年代建的占0.69%，50年代建的占0.33%，60年代建的占0.70%，70年代建的占3.05%，80年代建的占36.56%，90年代建的占58.67%。1978年改革开放以来，新建的住房占房屋总数的95.16%。住房设施日趋配套齐全，独立使用厨房的有21506户，占95.29%；使用燃气的有13208户，占58.53%；有洗澡设施的11491户，占50.92%；有独立卫生间的17885户，占79.25%。

21世纪以来，部分先富裕起来的村庄，新建新农村住宅小区，农户住房面积在300—400平方米之间，室内宽敞明亮，水、电及卫生间、厨房间设施齐全，有99.5%的住户用上自来水，97.6%的住户用上液化气，99.4%的住户有线电视入户。然经济发展滞后的一些村庄，农户仍住旧房，有的房子年久失修，条件较差，危房依然存在。

2000年以来，开始建设一批新农村住宅新区，向城区住宅区靠拢。2005年，农村居民生活居住用房面积户均为230平方米，人均60平方米以上，其中新农村住宅小区平均每户为300平方米—400平方米，不少农村居民进城购买自住商品房。2006年，启动羊山农居点建设。项目用地面积11.73万平方米，一期建筑面积2.5万平方米，安置拆迁农户218户；至2015年二期竣工建成16幢6层270套拆迁户全部安置完毕。

二、城镇居住条件

中华人民共和国成立前，城镇居民住房条件悬殊，富者高墙深宅，贫者住房简陋破败。瓶窑茅棚连片，石板小街残缺不全，3000余人集中居住在窑山南麓、苕溪北岸狭长地带。每至汛期，洪水淹没街道、住屋，居民深受其害。20世纪50年代，城镇居民住房仍十分简陋，低矮暗湿，相互紧邻，以泥地平房居多，砖木结构。20世纪60年代，开始建造简易住房，同时兴建多层居民住宅楼。70年代，城镇开始兴建营业楼，底层商用营业，上层住宅，合用卫生间，居民住房条件开始改善。80年代随着地方财政和经济实力增长，建房渐多，质量提高。1985年，瓶窑镇房地产开发公司开始经营商品房，在横街建标准住房10套，建筑面积475平方米；在桥南住宅区建商品房4幢，各4层计200间，建筑面积7900平方米。至年底，全镇房屋建筑面积共269438平方米，其中住宅建筑面积137972平方米，人均居住面积8.08平方米。1987年，镇房管部门在新区新建住宅建筑1.45万平方米，至年底全镇建筑面积达20.72万平方米，其中住房面积88104平方米，人均9.78平方米。1988年，镇桥南小区，建住宅房80幢，面积3.2万平方米，搬入居民155户；1989年，桥南小区又建住宅房110幢，面积4.7万平方米，搬入居民205户。90年代。加快城市化建设步伐，翠园小区、桃园路小区、五彩小区、精工小区等先后建成。1993年，城镇实行住房制度改革，将公房按照地段、朝向、楼层，按政策折价出售给职工。同时，在扩大城区面积、改造旧城过程中，新建大批住宅小区。政府为解决中低收入居民住房问题,实施“安居工程”,城镇居民居住条件大为改善,居住面积和成套率增加,客厅、饭厅、卧室、厨房、卫生间、阳台等设施配套齐全,多数居民安装铁制防盗门、窗,室内装饰档次越来越高。1994 年,城区面积已由 0. 8 平方公里扩展至 3 平方公里。1999 年,新建住宅楼 55 幢,住房面积 180 万平方米。

2000 年,新建住宅楼 68 幢,建筑面积 190 余万平方米,人均居住面积 35 平方米;城区面积扩大至 3. 7 平方公里,人口增至 1. 6 万人。2002 年,兴泰花苑、凤华别墅、华兴公寓、凤溪花苑、凤城花苑、兴和苑等住宅小区先后建成,建筑面积近 20 万平方米。其中凤城花园有 40 栋多层住宅楼,占地近 6 万平方米,建筑面积 9 万平方米。嗣后,相继建成瑞达城市花苑、方惠家园、东方广场等多个住宅小区,建筑面积 8. 37 万平方米至 2005 年新增住宅建筑面积 280 万平方米。2004,华源住宅小区建成。至 2015 年,柳郡、南北乐章、桂花溪园、祥盛家苑相继建成。

住宅建设向高品位方向发展,面积、户型结构、绿化、总体布局、建筑风格等有很大突破,以现代绿色社区为建设范本,不少居民住宅小区楼宇对讲系统、保安监控系统、电脑网络系统、集中供热系统、净水供应系统、管道煤气等一应俱全。城镇居民每套装潢费用多数耗资十几万元,甚至上百万元。小区内绿树成荫,环境优美。

第三章　社会保障

瓶窑的各项社会保障制度，随经济建设不断发展和经济实力逐年增长而逐步提高完善。

1951 年 2 月，在邮电等系统建立工伤、病残、生育、养老及供养直系亲属、死亡等待遇制度，1956 年扩大至商业、粮食、供销社、金融等系统。20 世纪 60 年代，以农村人民公社为单位开展农村合作医疗。1984 年，实行劳动合同职工养老保险。1986 年，建立和实施职工失业保险制度。1987 年，境内全民、集体和事业单位（包括国家机关、社会团体、学校）固定工、合同制职工、离退休人员、退职人员中实行离退休基金统筹。1996 年，开展农村社会养老保险工作。1998 年，改革职工劳动保险和医疗制度，实行“社会统筹、互助共济、合理负担”。2005 年，各项社会保险基本建立。至此，失业、养老、生育、工伤、医疗保险及相关的社会保障制度相继建立并逐步完善，民生得以更好体现。

第一节　养老保险

历来有“养儿防老”一说，然并不完全现实。1984 年起，境内集体企业合同制职工开始实行养老保险制度，并逐步完善。1993 年起，农村亦开始实行养老保险制度。自此，老有所养有了保证。

一、企业基本养老保险

1984 年，境内国营和城镇集体企业合同制职工开始实行养老保险制度，企业按人均每月 12.50 元标准向县劳动保险机构缴纳养老费，实行退休基金统筹。1987 年 7 月起，境内全民所有制企业、县以上集体所有制企业和事业单位固定工、合同制职工、退（离）休职工、退职职工、退职保养人员，全民所有制企业中非独立核算的混岗集体职工，国家机关、团体、学校、全民事业单位的劳动合同制工人均参与离退休基金统筹，统筹项目包括按规定计发的离休金、退休金、退职生活费和保养费，丧葬费、抚恤金和供养直系亲属生活补助费，按规定发放的生活补贴和物价补贴，合同制职工的退休养老金和医疗金。养老保险基金筹集坚持“以支定筹、略有节余”原则，按照各单位职工工资总额与离退休列入统筹项目费用之和，分别按 18%、22%、25%、30% 档次征集。合同制职工个人按其标准工资 2% 缴纳。

1991 年 1 月起，瓶窑镇的 400 余名镇办企业职工和近百名退休人员参加社会统筹，单独建账、分镇核算。1992 年 1 月 1 日起，固定职工与合同制职工养老保险基金分别征集，职工按月标准工资 3% 缴纳。1994 年 8 月，企业职工基本养老金实行与社会平均工资挂钩，与职工缴纳养老保险费缴费年限挂钩，与职工生活费价格指数挂钩。1998 年 1 月，原固定工缴纳的统筹基金和合同制职工缴纳的养老基金合并，统称职工养老保险基金，统一按在职职工缴费工资基数的 21%、离退休统筹支付的 18% 缴纳基本养老保险费。职工个人缴纳部分，按本人缴费工资4%缴纳。对1998年1月1日以后参加工作的职工,达到法定退休年龄、缴纳养老保险费满15年的,退休后按月发给养老金。基本养老金月标准为职工退休时上一年全省社会平均工资的20%,加上个人账户储存额的1/120。1997年12月31日以前参加工作、1998年以后退休的职工,达到法定退休年龄、缴费满10年,退休后按月发给养老金。1997年12月31日以前已经退休人员,仍按原办法计发养老金。建立退休人员基本养老金最低生活保障制度,职工最低基本养老金标准按上年余杭社会月平均工资的40%确定。

基本养老金由基础养老金、个人账户养老金和过渡性养老金组成。2000年4月,扩大社会保险覆盖面,社会保险参保对象扩大到各类企业及其职工,包括个体工商户及雇工、城镇自由职业者。年末,瓶窑参保收缴率97%。

2002年3月,对2000年1月后符合规定新参保企业及城镇自由职业者、个体工商户及其雇工,可申请参加"低门槛准入,低标准享受"的参保办法。2005年1月1日起,企业职工养老保险费一律按企业职工工资总额征收。

2000年,离退休人员养老金实现社会化发放。纳入管理服务的企业离退休人员,占全镇离退休人员总数的63%。2003年,职工在办理退休后,其管理服务工作与原企业脱离,养老金实行社会化发放,人员移交镇乡(街道)和社区实行属地管理,由社区服务组织提供相应的管理服务。至2015年底,纳入社会化管理服务的企业退休人员,社会化管理率99.8%。

二、农村社会养老保险

1991年11月,余杭县为省农村社会养老保险试点之一。1993年,在总结试点经验基础上,推行农村养老保险制度。1996年8月,瓶窑在农村各业人员实行农村社会养老保险,参保对象为乡镇企业职工、村干部、义务兵、个体户、独生子女及其父母等。农村社会养老保险制度以"自我保障为主、自助与互剂相结合、权利与义务相统一"为原则,采取储蓄积累式、个人账户结算办法。

农村社会养老保险费征集以个人缴纳为主,集体补助为辅,国家政策予以扶持。个人缴纳和集体补助养老保险费全部计入个人账户。养老保险费采取一次性投保或年缴、月缴等方式,按月缴纳标准分为10元、12元、14元、16元、18元和20元;按年缴纳于当年投保时缴清。集体补助比例由各地视情况而定,各类人员平等享受。镇乡各类企业职工和个体企业人员最高不超过投保额的40%,个人缴纳不少于60%。1982年后出生的纯农独女户,享受财政一次性补贴;村干部养老保险缴费镇乡负担30%、个人负担40%。参保人员男年满60周岁、女年满55周岁后,根据其缴费积累总额确定领取标准,按月或按季领取养老保险金。领取养老保险金保证期为10年。1996年,有农民开始领取养老金。2002年8月,符合年龄条件村党支部、村委会、村经济合作社在职成员,均参加城镇职工基本养老保险,缴费资金实行区财政、镇乡(街道)和村及个人共同负担办法。区财政按城镇职工养老保险正常缴费标准的单位缴纳部分为基数,每人每年补助30%。2005年底,村干部均参加城镇职工基本养老保险。

2008年8月5日,瓶窑镇政府建立农村居民养老保险工作领导小组,设办公室。村(社区)建立相应班子,发放宣传册,进行调查摸底,做好养老保险工作。

2015 年瓶窑镇各类养老保险参保率情况表

表 6－3－1

辖区名称	职工养老	城居养老	事业养老	征地养老	公务员	享受其他	在校学生	已参保	区外参保	未参保	应参保	参保率
里窑社区	2125	60	323	0	20	10	485	2528	229	85	2613	96.75
杨梅坞社区	3001	61	671	0	25	4	655	3758	572	74	3832	98.07
新窑社区	2351	25	485	1	130	6	630	2992	373	34	3026	98.88
华兴社区	2645	48	934	0	141	98	1132	3768	687	101	3869	97.39
长命村	2489	758	71	3	6	7	777	3327	220	180	3507	94.87
凤都村	1641	268	36	7	3	10	468	1955	120	73	2028	96.4
大观山村	1601	638	46	2	9	9	532	2296	212	107	2403	95.55
崇化村	2591	747	72	29	4	12	766	3443	188	156	3599	95.67
瓶窑社区	1632	10	46	11	4	0	423	1703	120	23	1726	98.67
窑北村	1649	1018	41	2	3	3	590	2713	321	57	2770	97.94
南山村	1491	509	28	5	3	1	396	2036	95	51	2087	97.56
西安寺村	1510	1036	25	2	3	10	581	2576	154	194	2770	93
彭公村	2188	1097	26	7	2	16	770	3320	303	166	3486	95.24
塘埠村	1891	1244	40	0	2	12	728	3177	264	153	3330	95.41
奇鹤村	643	619	9	2	1	3	298	1274	107	32	1306	97.55
石濑村	1486	698	22	0	0	5	473	2206	133	96	2302	95.83
张堰村	780	597	19	1	0	3	261	1397	74	69	1466	95.29
外窑村	319	117	8	2	0	3	83	446	23	17	463	96.33
溪东社区	121	7	5	0	0	0	91	133	61	5	138	96.38
合计	32154	9557	2907	74	356	212	10139	45048	4256	1673	46721	96.42

三、养老补助

2010 年，新建 18 个居家养老服务站和 3 个老年食堂。2012 年建立瓶窑镇首个居家养老照料中心。次年，探索为老服务新模式，推进“96345”便民服务中心进社区，近 400 名老人享受到政府免费服务。2014 年，586 名老人享受政府提供的免费服务。

国家行政干部、事业干部、企业职工退休后，由社会保障部门发给退休金，同时享受医疗保险。农村老人参加新型农村合作医疗保险。60 周岁以上的老年人可领取浙江省老年优待卡，享受看病挂号、参观政府办的展览馆、博物馆、借阅图书等免费优惠。70 以上老人领取老年卡后，免费乘公交车、西湖游船，免除公园、寺庙等门票。

重阳节对老年人分级慰问，并发给慰问金(品)，100 岁以上的老年人由省、市、区政府领导慰问发慰问金 3000 元。90 岁以上的老年人由镇政府委托村干部慰问，发慰问金 500 元，60 岁—80 岁老年人由村干部代表慰问，根据自己的经济实力，发给数额不等的慰问金。

镇政府对 70 岁以上老年人实行长期按月发放生活补贴金，从 2007 年 1 月 1 日起实施。

当年有3336名老人得到生活补贴,总额约17万元。2008年政府规定70岁以上的老年人征地农转非可以买保险,受优待老年人相应减少,人数为1663人,直接发放补助金8.96万元。发放范围:1. 无保障人员:2006年12月31日(含12月31日)前户籍在本区范围内的无社会基本养老保险(障)年满70周岁及以上的城乡常住居民。2. 在乡退伍军人:2006年12月31日(含12月31日)前户籍在本区范围内的无社会基本养老保险(障)可享受优抚金的60周岁以上的在乡退伍军人。3. 撤村建居"农转非"人员,撤村建居未实行养老基本生活保障或未参加社会养老保险;且年满65周岁以上的"农转非"人员。发放标准:1. 无保障人员:年满70—89周岁老年人每人每月发放生活补助金50元;90—99周岁老人,每人每月发放生活补助金100元。100周岁以上的老年人,每人每月发放生活补助金300元。2. 在乡退伍军人:年满60—69周岁老年人,每人每月发放生活补助金60元;70—89周岁老年人每人每月发放生活补助金110元;90—99周岁老年人,每人每月发放生活补助金160元。100周岁以上老年人每人每月发放生活补助金360元。3. 撤村建居"农转非"人员:年满65—89周岁老年人,每人每月发放生活补助金90元;90—99周岁的老年人每人每月发放生活补助金160元;100周岁以上的老年人,每人每月发放生活补助金300元。同时符合在乡退伍军人的条件,按就高原则享受老年人生活补助金。

2015年12月,瓶窑镇给予补助人数为2860人,补助金16.88万元,其中区财政补助10.13万元,镇财政支付6.75万元。无保障人员2470人,补助金为12.92万元,在乡退伍军人360人,补助金为3.96万元。全年补助金总额为200.58万元,其中区财政补助120.35万元,镇财政支付80.23万元。

2008年,《余杭区城镇老年居民生活保障办法》进行调整,参加城镇老年居民生活保障,户籍年限限制从25年降低到5年,准入年限男60周岁,女55周岁。

第二节　基本医疗保险

瓶窑职工医疗保险制度始于20世纪50年代初,其时分企业职工劳保医疗保险和机关、事业单位工作人员公费医疗保险。公费医疗保险制度实施范围为国家机关和事业单位全体工作人员,退休人员及学校教师和复员、退伍、返乡军人及二等乙级以上伤残军人。公费医疗经费由国家财政全额承担。职工劳保医疗保险制度实施范围为国有企业和部分集体所有制企业职工及其家属,以及企业退休人员。经费来源于企业职工福利基金并计入企业成本。1991年,改革公费医疗制度,实行定额包干,超支补助;1993年后,数次调整定额基数和报销比例。

一、城镇职工基本医疗保险

2002年1月1日起,瓶窑实行新的城镇职工基本医疗保险制度。基本医疗保险基金采用社会统筹和个人账户相结合办法,由用人单位和个人按规定缴纳,政府适当补贴。企业和民办非企业单位以本年度单位职工总数与上年全省社会平均工资乘积的7%缴纳,其中5%由单位按月向区医保机构缴纳,用于建立基本医疗保险统筹基金,2%由用人单位从职工工资中代扣,全部计入个人账户;国家机关、事业单位和社会团体以本年度本单位职工总数与上年度全省社会平均工资乘积的8%,按月向区医保经办机构缴纳,其中6%用于建立统筹基金,2%划入职工个人账户;城镇个体经济组织业主及其从业人员、自由职业者按上年度全省社会平均工资的5%缴纳,按本年度应参保人员总人数与上年度全省职工平均工资乘积的0.5%予以补贴。参保人员个人账户资金用于支付基本医疗保险开支范围为普通门(急)诊和住院、规定病种门诊中按规定应由个人负担的部分医疗费。参保人员在定点医疗机构中发生的住院医疗费,在起付标准以上、最高支付限额以下部分医疗费由统筹基金与个人分别负担。起付标准:区外杭州市医院、三级及相应医疗机构为2000元,二级及相应医疗机构为1500元,其他医疗机构为1000元。起付标准以下部分医疗费由个人或用人单位和个人共同负担。年度内参保人员医疗费最高支付限额4万元/人。中华人民共和国成立前参加革命工作的老工人,个人负担比例按照退休、退职人员减半执行。

2005年1月1日起,住院医疗费统筹基金起付标准调整为区外杭州市医院、三级及相应医疗机构为800元,二级及相应医疗机构为600元,一级及相应医疗机构为400元。统筹基金起付标准以上至最高支付限额以下部分医疗费个人负担比例调整为:起付标准至2万元不变;2万元以上至3万元调整为至4万元;3万元以上至4万元调整为4万元以上至8万元,个人负担比例与原比例不变。提高统筹基金支付限额,从原来4万元调整为8万元。公务员当年医疗费自负从2500元调整为2200元,取消住院、规定病种门诊统筹基金起付标准以下部分使用个人账户资金的规定。2003年5月,建立重大疾病救助基金,基金由个人缴纳和政府补助两部分组成,个人缴纳部分每人每年36元,政府补助在按每年度参保职工总数与上年度全省职工平均工资乘积的0.5%的补贴中提取一部分。支付比例和范围为:住院4万元以上部分,个人支付10%,基金支付90%。2004年1月1日起,实行企业退休人员门诊医疗费统筹。缴费以参保人数与上年省职工月平均工资的乘积为基数,统一以0.5%按月缴纳。参加企业退休门诊医疗统筹人员退休后,由区社险办按上年全省职工平均工资的4.2%为退休人员建立基本医疗保险个人账户,用于门诊;个人账户用完、门诊医药费超过2000元后,由社险办报销50%,支付限额为5000元。

2005年后,调整为个人账户用完且门诊医药费超过1000元的,社险办报销50%,支付限额为10000元,同时取消住院起付线以下报销40%的办法。2004年1月起,参加本区城镇职工基本医疗保险人员,因病情特殊必须使用没有列入基本医疗保险范围药品或进行特殊治疗、救治而发生的大额医疗费用,实行特殊医疗救助政策。救助对象为参加城镇职工基本医疗保险、家庭人均收入在最低基本生活保障线以下或领有特困证的人员,年度内特殊医疗费超过2000元以上的;公务员年度内特殊医疗费超过1万元以上的;其他参保人员年度内特殊医疗费超过5000元以上的。救助标准为:特殊医疗费达到超过规定至3万元由救助资金救助40%;特殊医疗费3万元以上至4万元救助50%;特殊医疗费4万元以上救助60%;特殊医疗费救助实行分段计算,最高救助限额为5万元。

2005年底,确定定点医疗机构71家,定点药店24家。

此外,1997年12月,开始改革企业职工劳保医疗制度。按照“社会统筹、互助共济、合理负担”的原则,建立城镇企业职工大病住院基本医疗保险制度。1998年1月1日起,境内国有、城镇集体企业(股份制企业)和中央部、省、杭州市属企业,瓶窑镇老镇办企业中劳动合同制职工,离休、退休、退职(保养)人员及“三资”企业中方职工,在参加城镇企业职工养老保险同时,均参加大病住院基本医疗保险。

二、农民合作医疗保险

农民合作医疗始于20世纪60年代，时以瓶窑、彭公、长命、北湖人民公社为单位组织实施。后几经曲折。至1996年，参加合作医疗和企业统筹医疗占农业人口的60%左右。1997年起，试行农民合作医疗保险，并逐步完善。

合作医疗及统筹医疗　1986年，瓶窑、彭公、长命、北湖乡镇开始恢复农村合作医疗。次年，参加人员占农业人口的35%左右，均以乡镇为单位组织实施。1988年，建立“风险型”农民合作医疗制度，占51.21%；建立“风险—福利型”合作医疗保险，占6.57%；总受益人数占全镇农业人口34.20%。1989年，瓶窑、彭公、长命乡镇举办乡镇企业统筹医疗。

1993年，农村合作医疗以建制村为单位举办率达60%以上。其中，参加合作医疗人员占本村常住人口70%以上有12个，占村总数的36%；参加合作医疗和企业统筹医疗近1.5万人，占农业人口36%。

1995年，实行合作医疗的建制村24个，占总数的70%；参加合作医疗和企业统筹医疗2.4万余人，占农业人口的62%。1998年，实行“四级筹资、二级管理”的管理体制，即余杭市、镇乡、村和个人分别筹资和市、镇乡二级分别报销。医药费用在0.5万元以下的由各镇乡报销，超过0.5万元的由余杭市级资金实行补偿。

2000年，瓶窑镇、彭公乡农民合作医疗保险的参加率92%

2001年，制定新的农民合作医疗保险实施办法，扶持资金由原来区、镇乡两级财政分别按农村人口每人每年拨款1元增加到1.5元。区财政安排合作医疗专项资金由65万元增加到95万元。同时，建立两次补偿机制，患大病农民可在区级资金享受最高限额2万元的两次补偿金。2004年，按“统一管理机制，统一起始时间，统一筹资标准，统一报销方案”，完善新型农民合作医疗保险制度。是年，瓶窑镇全面实施新型农民合作医疗保险制度，参保率90.89%。2005年，实行个人缴费、集体扶持、政府资助相结合的筹资机制，区、镇两级财政每人每年各补助10元，个人每人每年缴费标准为20元。

2005年，进一步完善新型农民合作医疗保险制度，以个人缴费20元、区级财政扶持20元、镇乡级财政出资10元标准筹集。是年，瓶窑镇有3.5万余人参加新型农村合作医疗保险，参保率99.13%，体检参合农民1.83万人，被区政府评为农村新型合作医疗工作先进单位。2007年，瓶窑镇投入公共卫生事业经费416.7万元，新型农民合作医疗参保率99.5%，完成农民健康体检任务。2009年，瓶窑镇城乡居民合作医疗参保率99.7%。完成农民健康体检21401人，妇女病普查12079人。2011年，加强城乡居民基本医疗保险参保工作，全镇共有27560人参保，参保率达99.47%。次年，城乡居民基本医疗保险参保率99.8%。2015年城乡居民基本医疗保险参保率98.54%。

第三节　生活保障

保障民生是政府所有工作的出发点和归宿。瓶窑地方政府按主要工作围绕民生、政府各项实事体现民生的要求，将民生保障落到实处。除建立并实施失业、养老、生育、工伤、医疗等社会保障制度外，又对征地“农转非”人员和生活困难居民予以关注，并制定相关保障制度。

2001 年以来,瓶窑镇镇财政 70% 以上用于民生工程。

一、征地"农转非"人员生活保障及安置

1987 年—1992 年,国家建设征用耕地后剩余劳动力由所在镇、乡和村安置,从事农业、工副业生产;安置不完的剩余劳动力,经劳动部门批准,用招工办法安置,主要安排在独立核算、自负盈亏的城镇集体所有制企事业单位。1993 年 5 月,规定国家建设征用耕地后造成的农村剩余劳动力原则上就地"农转非"(农业户口转为非农业户口)。"农转非"手续按被征耕地面积与全组(村)劳力人均耕地之比核定人数,报人口控制办公室审批后,办理"农转非"户粮关系手续。1998 年,鼓励征地"农转非"人员自谋职业,在办理自谋职业时,可领取 50% 征地劳力安置补助费,发给待业卡,参加社会招工。次年,调整土地征用补偿和安置补助费标准。

2002 年,安置政策作出新的规定:征用土地涉及的农业人口,必须就地"农转非";征地"农转非"安置人员,一律采用货币形式安置。鼓励自谋职业,对男性 16—55 周岁,女性 16—45 周岁自谋职业者,再增发 5000 元自谋职业费,并对男年满 55 周岁、女年满 45 周岁以上的,在安置补助费的基础上每人发给 3000 元的一次性补贴。2003 年,实施征地"农转非"人员就业援助,在就业、培训、再就业政策享受城镇人员同等待遇。调整养老生活保障政策:养老保险参保范围扩大到全区,年龄放宽到年满 16 周岁及以上人员;采取四种形式的保障方式,即征地"农转非"人员可选择参加正常缴费或"双低"缴费的城镇职工基本养老保险、基本养老保险或养老基本生活保障等,并对参加基本养老保险或养老基本生活保障人员给予适当参保补助。是年 12 月,执行区政府《关于实施征地区片综合补偿标准和实行征地"农转非"人员基本生活保障办法》,从 2004 年 1 月 1 日起,征地农业人口必须就地"农转非"和实行养老基本生活保障。具体安置办法为:未满 16 周岁的征地"农转非"人员,采取一次性支付 1.50 万元安置补助费;年满 16 周岁及以上至未满 65 周岁征地"农转非"人员,实行养老基本生活保障安置;年满 65 周岁及以上"农转非"人员,可自行选择养老基本生活保障安置或一次性领取 1.50 万元安置补助费;已享受基本养老保险待遇的征地"农转非"人员,不再实行养老基本生活保障安置,在征地安置时一次性支付 1.50 万元安置补助费。养老基本生活保障安置人员男年满 60 周岁、女年满 50 周岁时,按当年城镇居民最低生活保障金的 105% 发给养老待遇(2004 年每月为 263 元),并随城镇居民最低生活保障金调整而调整。

2005 年 11 月,按区政府要求,调整 2003 年底前征地"农转非"人员参加养老基本生活保障缴费标准,参加征地"农转非"人员基本养老保险或养老基本生活保障人员,个人缴费标准从原 2.40 万元调整为 1.50 万元,其不足 2.40 万元部分由区财政和瓶窑镇按土地出让收益分配比例承担(已参保人员多缴部分退回其本人)。

此外,2015 年,对失业人员再就业和培训,是年再就业 741 人,其中困难人员 703 人;对 543 名失业人员进行技术培训 15 期。

二、城乡居民最低生活保障

城乡居民最低生活保障(简称"低保",下同)源于城乡社会救济。20 世纪 50 年代初,贯彻"在自力更生的原则下,动员与组织人民实行劳动互助,实行自救、自助、助人"的方针。

1954 年以后,在相当长时间内,贯彻"生产自救、群众互助,辅之以政府必要的救济"的方针。

1979 年后,实行"依靠基层,生产自救,群众互助,辅之以国家必要的救济"。1983 年后,实行“依靠群众,依靠集体,生产自救,互助互济,辅之以国家必要的救济和扶持”。

随着社会主义市场经济体制不断完善,市场化用工制度、人事制度、福利制度、分配制度的确立与推行,计划经济下建立起来的社会救济制度已不能适应形势。1996年9月,实施《余杭市城乡居民最低生活保障暂行办法》。确定城镇居民最低生活线人均每月为130元,农村村民人均每月为80元。不足上述标准的“低保”对象,采取定额补足予以救助。其基本生活保障救助资金,农村的由余杭市财政负担30%、乡镇负担70%;城镇的由市财政全额负担。1997年,城乡居民最低生活保障制度正式实施。是年,瓶窑镇(含彭公乡)保障标准农村为960元/年・人,城镇为1560元/年・人。

1999年7月,调整城镇居民最低生活保障标准,每月为169元/人。是年,城镇居民享受最低生活保障的人员按3:3:4的比例筹资(市30%、镇乡30%、村级40%),并从7月1日起调整农村最低保障标准为96元/月・人。

2000年,城镇居民享受“低保”金人员,每人月按170元标准补足差额;农村居民“低保”对象,每人月按96元标准补足差额。2001年4月,再次调整“低保”金标准,农村为106元/月・人;城镇为196元/月・人。2002年,城镇“低保”调整为250元/月・人,农村“低保”调整为120元/月・人。

2003年3月,启用余杭区困难家庭救助证。救助证分为农村和城镇两种。2004年9月,瓶窑镇民政办公室增挂劳动保障和社会帮扶救助所的牌子,配备专职的社会帮扶救助工作人员;各社区建立社区劳动保障和社会帮扶救助室。是年,全镇有535户、1288人纳入城镇和农村低保;为城镇“低保”和困难家庭发放水、气、电定额补贴每户每月25元;帮助城乡“低保”家庭子女就学,发放助学补助金。

2005年1月,再次提高“低保”标准:农村“低保”标准为150元/月・人;城镇“低保”标准为260元/月・人。2006年7月,建立城乡居民最低生活保障标准自然增长机制。城镇居民最低生活保障标准按本地上年城镇职工最低工资标准的40%确定,农村“低保”标准按城镇低保标准的60%确定。是年,有578户困难家庭享受最低生活保障。城镇居民生活费最低标准为260元/月・人,农村为156元/月・人。是年12月,提高城乡居民最低生活保障的标准。2015年,城乡居民生活最低标准为744元/月・人。

此外,镇委、镇政府切实关心困难群众日常生活,不断完善社会保障制度,确保困难群众基本生活权益,以多渠道、多形式将送温暖活动深入开展。2002年,补助资金20余万元对镇内20户困难群众的危房进行改造,除良渚文化保护区外,全部入住新房。岁末又在全镇范围内开展送温暖捐款活动,收到捐款25万元。在“春风行动”中,政府和各群众团体慰问贫困党员95名、困难群众567名。2003年,全镇各单位共捐款40余万元,对困难群体给予帮助。2004年,有120余户得到助学资金,计20余万元;出资36万元,帮助37户困难户改造、改建危房。2005年,投入24万元,帮助27户困难户完成危房改造。次年,投入15.93万元,完成危房改造16户;发放助学金5.16万元,65名贫困学生受助。2006年,对509户低保户发放最低生活保障金145.85万元,对316户贫困家庭发放临时救济金24.08万元;慰问困难中共党员、困难家庭683户,捐赠慰问款34.65万元;对173名困难学生发放助学金31.02万元;对3253名老年人发放生活补助金;对150名水库移民进行每人每年600元直补。发放困难群众物价补贴62.93万元,发放医疗补助金4.73万元。2009年,全年共发放各类救助资金近190万元,对13

户农村困难户实施危房改建。2012 年,对处于低保标准 150% 以下的 245 户低保对象及 63 户农村困难家庭进行临时性生活补助,为 27 户困难家庭实施危旧房改造等。

此外,根据《杭州市城镇老年居民生活保障办法》,对符合条件的,可自愿申请参加城镇老年居民生活保障。对退休人员实行有难就帮,有疑必答,有求必应,有急必访,做到信息网络化,服务人性化。2015 年属劳动保障服务站管理的退休人员有 8736 名,对他们进行一年度一次体格检查,对行动不便、体弱的 203 位退休人员,派医生上门体检。203 名体检人员中,查出高血压 157 例、肺部恶性肿瘤 2 例。

第四章　风　　俗

瓶窑地域范围多变，受吴越文化影响颇重。“吴地古扬州之境也，其俗躁劲，故曰扬州，或云州界多水，水波扬也。”“数与楚接战，互相兼并，故吴越风俗，略与楚同”。“吴郡余杭川泽沃衍，有海陆之饶，珍异所聚，商贾并凑，其人君子尚礼，庸庶敦庞，故风俗澄清而道教隆洽，亦其风气所尚也。”（南宋《乾道临安志》卷二）然因平原与山区生活环境不同，生产、生活方式存在着差异，并逐渐形成各具特色的风情民俗，其中不乏人们改造自然的智慧，团结互助、自强不息的精神和勤劳俭朴、济困扶危、尊老爱幼、助人为乐等传统美德，像石濑花灯等。许多风俗习惯实际上已成为人们的道德规范、行为准则。

瓶窑地域的民间习俗是随着当地经济及自然条件变化发展，不断丰富而逐步衍变而成的。从良渚遗址出土的丰富文物表明，距今四五千年的良渚文化，就已有具江南特征的民情风俗。由于社会的不断变革，一些习俗，尤其是礼仪、生产习俗，相应有了变化甚至消失，但由于民间习俗的传承性，不少习俗仍在延续。随社会交通融会，不同风俗相互渗透、相互影响，形成与时俱进的新时尚习俗，精致和谐，大气开放。现将旧俗新尚择要而载。

第一节　生　　产

瓶窑东部为平原，农家多种稻、养蚕，形成了独特风俗；西部为山地丘陵，多栽竹木，生产上也有不同他地的习俗。瓶窑镇上店铺众多，经商人也有自己的习俗。此外，流经境内的苕溪，对当地及杭嘉湖利害关系颇大，历来都被重视，在水利上也形成定俗。

一、稻作

稻作是境内最常见的生产活动，其习俗由来已久，盛行于20世纪50年代初合作化运动之前。此后逐步淡化。

落谷种　立春过后农家便做早稻秧田，工具是千步和秧耥。撒谷种前祭祀田公，在田塍上点3支香，烧1帖黄纸。不准小孩在田头讲“鸟要吃谷”之类不吉利话。扎稻草人并套上旧衣、戴上笠帽，手执蒲扇，插在秧田四周以恐吓鸟雀。

开秧门　芒种后拔秧种田，拔第一把秧叫开秧门。农家视为喜事，合家以鱼肉荤腥佐餐，另用猪头、条肉置盘中供田头，祈天保佑。开秧门需选日子，有“二、八不开秧田”之说。瓶窑镇南山村有一“大明成化元年祭田记碑”，内容即为祈祷风调雨顺、五谷丰登。

关秧门　插秧至最后一丘田最后一丛秧时，称为关秧门。其时晚餐要请吃关秧门酒。插秧要求直、匀、快，忌种岔行，忌“关在汤罐里”，更忌“困棺材”（意思是中间未插完的地方被围住）。

车水　天旱时需车水灌田，工具为水车。民间信奉龙生水，故水车上的零部件名皆带

"龙"字,如龙车、龙头、龙骨、龙板等。有2—4人合踏的脚踏水车,也有单人双手摇的水车。坡陡地势高的山地,要用几部水车,逐级往上送水。其时,车水人高唱号子以记水车转数,也有敲锣打鼓以鼓点为记的,大多100转换一班人。

开镰 待备酒菜请过五谷神后,所割第一把稻谓之"开镰"。旧时脱粒用稻栈(又称稻桶),稻谷挑回家摊在晒簟上晒干,用风箱(风车)扬净后收藏。收割后,遗落田里的稻头允许人们捡拾。

吃新米饭 新米砻出,第一餐烧新米饭时,不能加剩饭,须在落锅时加上一把黄豆,谓之豆(头)米。饭煮熟后第一碗敬天公,米筛内放饭菜酒,插一股香,供在大门口;第二碗供灶神。

二、养蚕

养蚕有一年一熟(春蚕)至一年三熟(春蚕、夏蚕、秋蚕)。1949年中华人民共和国成立后,逐步推广中秋蚕、晚秋蚕,变成一年五熟。旧时,养蚕习俗名目繁多。

求蚕花 农历除夕夜,小孩们结队打着灯笼串行田间,喊"灯笼爷爷、灯笼奶奶,吃了我家年夜饭,保佑蚕花廿四分"。

扫蚕花地 农历大年初一,蚕花娘子(养蚕女子)要到蚕房扫地,叫"扫蚕花地",须从外向里扫,说是把蚕花扫进来。年节里,时,村人见面互道"蚕花廿四分"祝福语,祝愿蚕茧丰收。

请蚕宝宝 瓶窑蚕乡称蚕为"宝宝",以示爱如掌上明珠。清明前,蚕籽进门,请来蚕"宝宝",蚕户用桃花纸糊窗,贴上用红纸剪的蚕猫、聚宝盆、摇钱树等吉祥图案,门窗上插野桃树枝以示避邪。

闭蚕门 农历四月,掸乌儿后(辟蚁,用鹅毛轻轻地把孵在蚕纸上的细蚕掸落在铺垫着白纸的蚕匾里),开始养蚕,蚕乡家家关闭大门,大门上贴上写着"蚕月知礼"、"蚕月"的红纸。平常家里人进出走边门,亲朋邻里不相往来,俗称"闭蚕门"。即使有陌生人走过门口,蚕户也要做一碗"螺蛳头羹饭"(一小碗饭上搁一颗螺蛳)供在蚕房里,以避免被陌生人冲掉蚕花。

请蚕猫 蚕房忌鼠,蚕农多养猫,还请"蚕猫"。蚕猫即用泥土烧制的泥猫。每年春天,苏北人摇船到蚕乡兜售泥猫,以米、面、豆等实物交换。船家谓"送",蚕家谓"请"。泥猫置蚕房窗台吓唬老鼠。

开蚕门 农历五月,蚕熟茧成。蚕农将茧从簇上摘下来,称为落茧。落茧需从门口开始。此后蚕禁解除,蚕房开门迎客,亲朋邻里互祝蚕茧丰收,办酒庆贺。

谢蚕花 端午谢蚕花、吃蚕花酒、祭拜"马鸣王菩萨"(蚕花娘娘),姑娘、妇女聚在河埠头洗头戏耍,谓之洗蚕花水。请来皮影戏班演蚕花戏,皮影戏屏幕所用棉纸成为来年垫蚕匾吉祥物。

蚕乡禁忌 春蚕伊始,蚕乡气氛神圣凝重,不再串门和高声喧哗,男人不打赤膊,禁忌甚多。如忌生人进蚕房、忌带孝人进蚕房、忌经期妇女和产妇娘进蚕房等。

三、渔业

养鱼 养鱼分外荡与内荡。外荡为荡、漾、潭及与之相通的港、浜。内荡是平原地带的池塘,一般人工开挖,孤立分布。渔谚:"大荡放秧(指鱼苗)不过正月半,小荡放秧不过二月二。"外荡需建竹箔(鱼簖)以拦鱼,由竹帘、竹桩(座桩、碰桩、门桩、撑桩、保险桩)等组成,有瞒牢箔、直过箔、兜底箔、桥兜箔、三角箔等。门有浮门、死门之分,并排两道,航道上的鱼簖浮门可升降通船。死门略低于水面,钉死在河里,一般不通航。渔哨是鱼簖旁用竹架设的小楼,俗称簖棚子。

“夺大头” 农历六月十五日和九月十六日,渔家奏乐祈神、聚餐。举行争选最佳水面的“夺大头”活动,其时一人掌舵,两人划桨,快者先择。20世纪50年代,此俗遂废。

渔簖 外荡养鱼,建好竹箔拦鱼,名叫“渔簖”。由竹帘、竹桩(座桩、碰桩、门桩、撑桩、保险桩)等组成,有瞒牢箔、直过箔、兜底箔、桥兜箔、三角箔等多种,浮门、死门二道并排。处于航道上的渔簖浮门可升降通船,但不通鱼,死门略低于水面,钉死在河里。

渔哨(舍) 在渔簖旁用竹架设小楼,凌空于水面上,管鱼人居此楼日夜守护渔簖名为“渔哨”。

钓子 钓子是一种钓具,适合于东苕溪和境内小河小港,专钓鲫鱼。一根长百米的网绳上,扣着一只只钓子,这是用韧性好的竹篾削成细条,弯成U形,口子上用一芦梗条套扣住,中间夹一小块豆饼。傍晚时,钓者撑着腰子菱桶把钓索一节一节地放在水中,第二天晨曦初现时,下河收钓子。夜来鱼因为偷吃豆饼,篾扣弹开,把嘴巴撑住较难逃脱。

渔网 捕鱼工具,分游丝网、敲敲网、扳网、赶虾网等。外荡水面宽阔,都用几十丈长游丝兜网,几条船共拖一口网围捕。一般外荡捕鱼则用一条船抛网作业,网有10余平方米。大型拖网作业俗称牵鱼,由专业捕捞队操作。扳网用在河水汇流处,有大小网之分。大者达数10平方米,四角分别用绳紧固在河道两岸,沉于水中,起网时用辘轳牵起绳子,苕溪涨水时,有时能网起从太湖逆流而上的几十斤重大鱼。小板网将四角捆扎在两根十字交叉弧形小竹竿上,竹竿一头捆在交叉点上。零星鱼的捕捞工具还有赶虾网,又叫三角网、“棺材”网(形似),一手持网,一手持竹夹在浅水中边赶、边兜。

四、竹木

瓶窑地域盛产竹木。旧时,竹木依靠自然条件自生自长。中华人民共和国成立后,人民政府号召植树造林,逐渐开始人工造林。

禁山 每块山都有禁石、界沟或其他自然界限,一般山主雇人管山。管山人在山林深处搭一茅棚居住,不时在山上巡视。山主给管山人发竹片牌子,边沿刻大小形状不同的缺口,正反相对,各执一块,上山作业的人,必须随带竹牌与管山人对缺口,相符才准进山。对偷盗竹、笋、木、水果者,轻者放礼炮致歉;重者罚演戏,以表示赔礼悔过。受罚者必须请山主和管山人吃酒,邀请村族中长老代为调停释怨,同时,全村分发馒头、米果等食物。若是砍伐坟头树、风水树、神灵树或山林火灾肇事者,必开祠堂门当众惩罚,直至送官府究办。

树神 旧时山民对风景树和古老大树极为崇敬,视若神明,村口大树被视为“风水树”,主全村的凶吉兴败,拜为“樟神菩萨”、“白果娘娘”、“大夫松”等(这几种树的树龄较长)。还有的人叫子女拜树神为干爹、干娘,祖宗坟头树、寺庙祠堂里的树都绝不准砍伐。

吃三签 山主雇人开山劈山,每人给3片肉,山主不叫吃肉,叫“吃三签”,吃酒叫“三滴”。

扑山 也称“扑山钩梢”,隔年一次。毛竹出笋有大小年,小年夏伏天扑山,易使柴草枯死,变成毛竹肥料;大年笋长成竹后,在冬雪前钩完竹梢。山民用扑山刀将毛竹山中的灌木杂草清除,用钩梢刀砍去长竹梢,使竹长得粗壮,防雪压断。

捏油记 一小布袋,装着青油和煤灰调成糊状的黑色油灰,在嫩(当年青皮新竹,白皮老竹才可砍用)毛竹上捏写文字油记。不同山主油记有别,隔年一次,如被偷伐就能按油记寻找。

祭山公、山母 为祈求平安,村民上山干活、砍伐竹木,先在山神庙祭山公、山母。没有山神庙的山岙就在山口用3块石头搭一神座，供上猪头、鱼等菜肴以及香烛、纸元宝，然后上山干活。整个山岙生活落场（方言“做完”的意思）后再焚烧纸元宝。拖运竹木出山也要先到山神庙上供，以求一路平安。

判山 大宗山货买卖和劳作估工的一种方法，由经验丰富而精于计算的老山民担当。一般按竹木长势、地势平陡、上下山路程等因素，由山主与买者谈竹木柴笋等山货价钱，或山主与当工者协商钩梢扑山、砍伐竹木的工钱。或以货折钱或以工折钱一次买断，或待山货出售后拆账分成。

山林禁忌 山林禁忌颇多，如吃饭需先抛饭粒在地，让山公山母先吃；上山不准带火做饭烧水，都带中午饭菜和茶水上山。吸烟后必须踏灭或浇灭烟蒂。互相招呼不能直呼其名，叫人吃饭或歇力，只能用柴刀敲打毛竹和学鸟兽叫唤。

出运 山溪筑坝蓄水，涨水时开坝放筏（排），顺流而出，至余杭镇、瓶窑镇等水陆码头出售竹木。砍毛竹大的10枝一捆，小的30枝一捆，一捆又称一帖，约250公斤。一帖一帖（一般30帖左右）用篾索把竹梢两帖并连结扎成接龙式竹筏，长达数十米。放筏前，须备猪头三牲到五圣庙祭拜以保佑平安。放排时，每张排上选熟悉航道、使篙技术精良、富有经验的人撑筏头和把舵，后面带1个—2个副手撑运。随着山区经济的开发，公路已通到深山冷岙，出运竹木由水路改为陆路，由汽车装运。

五、经商

瓶窑历来是临安、昌化、於潜、安吉、孝丰和县内的山货集散地，是设铺办栈的商业中心，商店货行众多。据杭县1946年统计，瓶窑商家174家（不包括属余杭县山货业集中的上窑），开店经商也有行业习俗。

开张 店家开张之日，张灯结彩鸣放鞭炮。以三牲福利拜财神和本行业祖师，大摆宴席广邀各界人士，头三天大减价。还有“开门包”之习俗，即新店开门接待的头一个顾客，用红纸包点钱买东西，不论多少，店家即将预先备好的一包货卖给，价值往往超过红包几倍。今商店开业，时兴摆花篮、放鞭炮。

经营 一般商店都营业至农历大年三十上午。南货酒酱油盐、纸马店营业到农历大年三十下午。染坊在农历十二月二十四停工，叫“封缸”；农历正月十八开工叫“开缸”。中药店规定切丹皮封刀，切冬术开刀。大多商店在农历新年初五接财神吃一顿生意酒，农历大年初六开门营业。商店伙计饭是吃老板的，平时没有肉吃，逢六（农历初六、十六、二十六）吃肉，每人4两（老秤、16两为一市斤），称为“吃六肉”。

生意酒 旧时，伙计的工作是无保障的，俗话说“包裹雨伞放在门背后”，即随时要走的意思。农历大年初五是老板与伙计讲生意的时候，这天，老板请全店员工吃生意酒，席上必有一碗全鱼，鱼头指向谁，谁就被解雇了，如果鱼头对着老板，就表明一个也不走。也有上一碗“元宝蛋”，老板夹蛋请吃，将蛋的小头朝向谁，则表示谁被解雇。还有的是席散后，老板依次找伙计个别谈话，送一张红贴者就是被辞退的意思。被解雇的伙计要马上打包裹，把衣被放在柜台上摊开拍打，以表示无“夹带”，清白离店。

吃戤饭 已被解雇的伙计，一时找不到工作，只好请师兄弟帮忙，在同行店里暂住几天，帮帮忙，只有饭吃，没有工钱，叫“吃戤饭”。

接财神 农历正月初五，店内设有财神堂供奉财神赵公元帅塑像或神像。古时财神有文武之分。文财神是比干和范蠡,武财神则为赵公明。届时,敞开大门,摆开香案,店主穿戴整齐,执香拜天地、拜财神,以示把财神请接进店堂,然后烧香火、洒酒,全店人员聚餐,名为“散福”。

赊账　诚信客户享有赊账之待遇,店家主动送上金折挂账。客户在店中取货,或应客户要求上门送货,均逐一记在折上,待端午、中秋、年终各结算一次。民国末,物价飞涨,货币贬值,此俗渐废。

抄盘　逢年过节,或新店开张,或店家货物积压、资金周转不灵,或店将转业、倒闭,往往实行大减价、大拍卖,名曰“抄盘”。届时,贴广告、放鞭炮、敲锣打鼓以招徕顾客。民国时,还雇请“洋乐队”演奏,以造声势吸引路人。今亦然。

行商　坐商以收购农副土特产品为主,其少量供应当地,多数贩运到外地销售。贩运竹木、柴炭、茶叶、山核桃、笋干的商家称山货行。1950 年,瓶窑镇有此类行商 40 余家,有的山货行备有食宿,来往客商、船户、排户(撑竹排、木排者)皆可免费食宿。各行各业有同业公会,并有行规,行与行之间的生意、运输、价格都按行规办,如有违反往往引起同行公愤。

行贩　甲地收购货物,雇人肩挑背驮至乙地出卖者,谓之行贩。路程长的被雇者叫挑长担,搬运工和山区背竹木上市的叫脚背。专挑私盐卖的叫私盐贩子。众多串乡走户货郎担,以各种形式招徕顾客。磨剪刀、补缸补碗、豆腐担、水果担高声吆喝,糖担用拨浪鼓,馄饨担敲竹筒,补锅、补铜壶等敲铁片,走方郎中摇虎撑等。有些行贩可以用农副产品以物换物,有黄豆换豆腐,小麦换面条,大米换粉干,鸡毛换糖换鸡毛掸帚,鸡蛋和废品换针线纽扣等。

六、匠作

信奉祖师　手工业门类繁多,有石匠、泥水匠、木匠、箍桶匠、铁匠、铜匠、白铁匠、补缸(碗)匠、篾匠、漆匠、弹花匠、染匠、鞋匠、裁缝等,还有剥茧缫丝、纺织棉绸土布、扎糊灯彩、背裱字画等。各行业都有本行业的祖师爷。木、石、泥匠祖师爷是鲁班,篾匠祖师叫泰山(传为鲁班徒弟),理发业祖师是吕洞宾,裁缝祖师是轩辕,鞋匠祖师是孙膑,纺织业信奉织女娘娘,戏班子信奉唐明皇,豆腐作坊信奉东毅等。各行业都挂祖师爷神像于中堂,招收学徒或学徒满师须祭拜祖师爷。祖师爷生日应备三牲隆重祭祀。

拜师　学徒由中人带领前往,焚香点烛拜过祖师爷后,再叩拜师父、师母,并由中人作保订立拜师契约。礼毕办拜师酒。民间对师徒关系有“师徒乃父子”、“一日为师,终身为父”之说。学徒敬师如敬父,如吃饭时礼让师傅先入首座,逢年过节学徒须向师父师母送礼。师傅也会给学徒一点鞋袜等物或少许铜钿。徒弟离开师傅后,逢年过节仍需拜师傅,师傅遇到困难,徒弟必尽力相助。中华人民共和国成立后,拜师的习俗延续下来,但形式简化许多。

学艺　师傅带徒弟是旧时传授手工艺、生意经的唯一途径。学做生意、学手艺的称学生子、学徒或徒弟。旧时,时有师傅体罚学徒。信奉“徒弟带出山,师傅要讨饭”,师傅在向徒弟传授技艺时常留一手。“师傅领进门,修行靠自身。”若要真正将师傅的本领学到手,就须自己用心“偷拳头”。学手艺、技术有规矩,学徒在三年之内除过年可以回家外,其余时间均不得回家,若遇意外伤亡事故师傅概不负责。拜师行话叫“三年满师、四年半作”。以学剃头(理发)为例,三年中只干些扫地、担水等杂活,以后才慢慢传授剃头的技术。三年学徒只供饭无工钱,四年半作只有一半工钱。做伙计时才能独立操作,且有全份工钱。也有三年满后另跟一师傅继续学艺的,民间称为“过堂”。学徒除学手艺外,还得为店家做家务杂活。

作工　手工业匠走村串户干活，统称百家师傅。作工的形式有点工、清包工、包工包料等。点工，吃主人饭，做一天算一天工钱；清包工，不吃主人饭，不计工时，材料由主人供给，完工后按包定工数结算工钱；包工包料，主人家不管吃、不管工时、不管材料，只待完工后验收，按包定的工钱和材料钱结算。建屋等大宗工作，可在工程中按段分期结算。上述形式今均存。若工程较大，层层转包为多。

七、水利

西险大塘为杭嘉湖屏障，历来都为当地重视。烂泥塘、化湾、羊山、压沙4段塘及化湾、角窦、澄清陡门都在镇境内。民间对大塘和陡门的护理千百年来形成一套既成定俗的规矩。

修塘　修塘分大修和岁修，大修是全民动员，丁壮全部上塘。岁修以图（村）为单位分工承担，以每图出工百工为限，超过百工由衙门给每工白米一升钱十文。每图称一庄，有一庄董，岁修派工、以田产20亩以上为上户，10亩以上为中户，10亩以下至佃农皆为下户，派工以三二一的比例进行。房族祭产等公田（地）轮值者承岁修工。

护塘　每段塘设有塘保，大水激堤由塘保鸣锣聚众抢护，所需泥土物料由庄董平时预备交塘保收存，不敷，临时取用，不得拒绝。丁壮上塘护堤日夜救护，至水退止。如需用木桩，由庄董计数报衙门核赏桩价。此俗沿习至今，洪水时西险大塘每数十米即有一人守护一有险情，鸣锣告警，聚众抢修。

严禁擅自砍伐塘松，塘松归塘保照料，小树滋长大树保全即是管塘出力，衙门酌赏钱文。塘上枯草及树上应删枝叶归塘保作为酬劳。修塘时不得擅砍塘松，所用木桩必须另办。此外，严禁塘上纵牛食草，严禁陡门迎流网鱼。

陡门管理　瓶窑境内有化湾、角窦、澄清三陡门。化湾、角窦位于东苕溪，衙门每年补贴部分经费，化湾十二千、角窦六千，立冬日支取。陡门管理由所在保甲担任，由庄董负责，向受益地区农户摊派收取费用，岁轮一户负责召集。水涨水落和灌溉需要时，集人加减闸板。船舶经过时开启陡门，洪水时守护报警等等。由庄董补贴少量酬劳。但过往船舶可由岁轮户收取过陡门费，归开陡门者所有。

挖塘和分水　挖塘选低洼地，独户联户挖塘皆有，若联户开挖，地金与劳力按受益田亩分摊，旱时用水按受益田亩出劳力车水，至各家田里有水为止；也有在池塘中埋下固定的木桩，刻上各家应分得之水的标记，按标记车水，避免纠纷。

第二节　生　　活

饮食、居住、服饰、出行等生活习俗，因社会、地域不同而呈现多彩多样。这种基于生产方式或生活方式的某些特征凝固成习俗之后，就有一定的稳定性，也有相对独立性。随着生活节奏加快，很多传统的生活方式和生活习惯还是有所变化。

一、饮食

瓶窑人以米饭为主食，不善加工面食，调节口味吃面条、麦饼。传统早饭多用隔夜剩饭加水煮成泡饭，称泡饭粥。城镇一日三餐，两干一稀；农村农忙时早餐也吃干饭，并在早中和中晚两餐之间添上点心，为面、饼等麦食和番薯、玉米、芋艿等杂粮。旧时，西部山区多种玉米（俗称

“六谷”),主食以六谷饼、六谷糊等为主。

米饭　分煮饭、离汤饭、蒸谷米饭、川蒸饭、蒸饭等。煮饭一般放米加入3倍水煮成;离汤饭也叫捞饭,煮沸后兜起米汤,加水再煮成饭;蒸谷米饭是稻谷半干时装在囤里,盖紧发热(蒸),再晒干轧米烧的饭;川蒸饭,将米浸透后置蒸桶淋水后蒸,打年糕也用这种蒸桶蒸粉;蒸饭始于学校、单位等集体食堂和饭店,碗里放米加水后上竹(木)制蒸笼蒸熟,后又换用铁皮制的蒸架。为多出饭,煮饭时加入少许剩饭当“饭娘”。平时,城乡居民也偶尔吃菜米饭、菜泡饭、泡饭、油炒饭、蛋炒饭的。

麦疙瘩　又叫麦田鸡,面粉加水搅和,用汤匙舀入沸水中,“夹头”有青菜、咸菜、笋干或南瓜片等,熟后加盐、油少许即食。

年糕　多为春节前制作,取年年高升之意。糯米中掺少量粳米淘净后磨成粉,蒸熟后倒入石臼舂,再摊在板上压扁,凉后切成条或块状。可做炒年糕、汤年糕,作早餐或点心。民间浸年糕水用冬水(立春前的水),能放置数月。

汤圆　糯米粉做的圆子,有肉心、细沙心、麻心等,蒸、煮均可。还有一种实心无馅,比珍珠略大的称小圆子,加糖、桂花、红枣、莲子和水一起煮。

饭圆(万圆)　取成事圆满之意,用于结婚、上梁、做寿等喜庆活动。饭圆系用粳米粉揉成的实心半球形团子,小的如乒乓,称子孙饭圆,中档有如大碗大小,最大的用8斤米的粉做成,一只木制盒子(旧时盛物器具,有盖)只能盛一个。饭圆无馅,只在表面上缀上几颗枣子、蜜饯和红丝绿丝。大饭圆不可能一次蒸熟,需要切开蒸熟后食用。

菜肴　水乡人称菜肴为肴馔,菜肴一般三四样,荤素搭配,荤以猪肉为主,次为鱼、蛋,禽类逢年过节或有客人时食用。家常荤菜多以素菜为辅料,如茭白炒肉丝、韭菜炒蛋、肉末豆腐等。民间有腌瓜菜习惯,酱瓜、冬腌菜作日常菜肴。农村有制作腌肉、火腿、毛腌鸡、鱼干等习惯。90年代起,鸡鸭鱼肉作家常菜。菜肴口味清淡,轻油、轻酱,讲究刀工、火候,色、香、味俱佳,与杭帮菜系风格相近。

点心为馄饨、粽子、生煎、小笼、烧饼、油条等,自制以过年过节为多,平时多购自或食用于店家,各色点心店遍布城镇。农家点心以糯食为主,多在腊月底或贺喜时蒸制,分有馅、无馅两种。家制点心还有粽子、春卷、油墩、八宝饭、酒酿等。

饮水、饮料　旧时,城镇家家户户都备有七石缸、青果缸、腰子缸等盛屋檐水(俗称“天落水”)。烧饭炒菜用天落水或井水,洗衣洗菜用河水、井水。河水浑浊时,多用明矾沉淀。城乡普及水井,现存著名的有南山寺水井,位于瓶窑镇南山村唐山37号西侧。凿于明代,为原南山寺内井。井身圆形,井壁由青砖横向叠砌而成,井身直径1.4米。井壁以上、井圈以下有一圈石板,呈圆形,内径0.5米。井圈圆形,内径0.61米,外径0.75米,高0.2米。山区村民饮用泉水、溪水,水质纯而透明,含矿物质较多,俗称沙滤水。山民路过山溪,有手捧溪水而饮的习惯。家有病人,便往土地庙插香点烛,求之于神,取庙边泉水给病人喝。冬天的雪水封存至夏天,其时饮用据传可不生痱子。

饮料以茶为主,尤喜绿茶。另有姜片茶、橘皮茶、金银花茶等。20世纪60年代,汽水、棒冰等畅销。80年代,各种汽水、冷饮、牛奶、麦乳精、橙汁等成普通饮料。年轻人一度崇尚咖啡。农村饮酒多自制,称米酒,居家待客多饮白酒、黄酒。80年代起,啤酒、葡萄酒及白酒消费大增。

二、居住

住房 城乡住房历来因家庭贫富、地位高低而有差异,不同年代建筑风格亦不尽相同。贫困户也有居住草房的。其材料以毛竹为架,上盖茅草、稻草或芦苇叶。为防火灾,分散建造。城乡以瓦房为多。披屋(为简易平房)的屋顶有人字披或稻桶扑,也有靠邻家高墙的一落披,一排3间—5间。山区有一排2间或3间房,门前有道地,很少有围墙、天井。平原除一排2间或3间外,还有"一直落"瓦房。户与户之间瓦房紧挨成埭,故一户大多只有1间门面,前为厅,中为穿堂(灶间),后面住人,屋后饲养牲畜。楼屋很少,大凡2层。集镇沿街建筑,多为一楼一底或两楼两底,前店后院,朝向不甚忌讳,但必开南窗及后门或边门。瓦房为泥木结构或砖木结构,多数是2间3榀或3间5榀,上盖小瓦(青瓦),墙身多数为泥墙,用泥土夯成,亦有用砖砌或泥墙上砌砖的,有的减少2头2榀,桁条直接搁在墙上。墙门占地广,大都坐北面南,主要分布在镇上、古村落,为数不多。历来,平原地区靠河造屋,山民依山坡建宅,挑选出入方便、水源近、地势高燥开阔之地,一般不择西或北朝向,防夏日暴晒和冬日寒风侵袭。正南为祠堂、庙宇朝向,民居大忌。旧时,建房必请风水先生择地定址,阴阳先生选吉时良辰破土,立磉、上梁时祭神,民间有办上梁酒和抛馒头习惯。

20世纪80年代后,城镇旧房日趋减少,多层住宅小区成片兴建,居室多为钢筋混凝土结构,有厨卫设施和两三间卧室。农村住房从简朴实用型趋向美观舒适型,普遍建2层或3层,采用钢筋水泥砖混结构。90年代,城镇出现高层、小高层和排屋,农村建房以单门独院、别墅居多。新房装饰讲究,购房与装潢成为居民主要经济支出。

村落与地名 境内世居居民少,大都从外地迁来渐成村落。一些村落有同姓同族聚迁、重建村庄的,也有世居本地繁衍而成族的。西部山区同姓聚居村落较多,以姓氏为自然村名的有金家弄、钟家村、仲家村、沈家村等。依山而建的村镇,有横山、大观山、钱家坞、童家坞等。有的因傍水得名,如斤线潭、汤湾渡、西溪、河池头等。有的与桥结缘,如长命桥、关口桥、小木桥等。与动物相关的,有雉山、青狮斗、白鹤、燕子窝、龙舌嘴等。有的以植物冠名,如杨梅坞、瓜村、松子坞、麻栗脚、梧桐弄等。有的与生产劳作有关,如瓶窑、窑厂头等。有的以寺观庵院命名,有胡林庙、香山寺、杨府庙等。更有趣的是以数字命名,如一堡村、两水坞、三角塘、八房弄、拾亩头等。

三、服饰

服式 民国时服式大致分短衫和长衫,大多数工人农民穿短衫,"贵贱之别,望而知之"。

年轻人穿的布衫、罩衫为对襟,葡萄扣在中间。老年人穿的是大襟,扣在右边,多为士林蓝、玄色(黑色)。裤子一般以中式大裆裤(俗称折叠裤)为主,裤腰大、镶白色腰布,便于系捆。老年人喜穿土布(俗称杜布)做的作裙(又叫长裙、百褶裙),缀腰,腰带宽厚牢固,下摆宽大,长达脚背。穿长衫是斯文人的象征,以生意人、公教人员为多,有的外加一件马褂。长衫也叫袍子,有单袍、夹袍、棉袍和皮袍之分。妇女夏天以白色为主,平时喜士林蓝,考究者在袖口、裤腿口、裙沿镶边。20世纪30年代,花色多样的旗袍多为城镇妇女穿用。婴儿穿的毛衫为明代传下来的服式,上衣大襟无扣,边沿不缝针线,后领口缝一"聪明角"。未上学儿童,多穿开裆裤。民国后流行中山装,50年代初流行列宁装、人民装和连衫裙,短衫、叠裤仅有老年人穿用,旗袍少见。"文化大革命"期间,军装、军便服流行,青年人以穿黄军装、扎皮带、挎黄军包为时髦,其余服装款式不多,大多为蓝、灰色。后出现学生装、青年装、两用衫、夹克衫等服式。80年代后,广州、深圳等地服装进入,服饰样式众多、质料新颖、色彩丰富。男女青年喜穿喇叭裤、牛仔衫裤,男子有西装、夹克衫、航空衫、滑雪衣等,女子时装每年翻新,出现宽松衫、蝙蝠衫、健美裤等,夏天穿裙,有喇叭裙、一步裙、超短裙等款式。此后,又出现皮装、羽绒服、羊毛衫裤等。衣服档次、式样呈多样化,中老年人着装趋向年轻化,仅有少数老年人仍喜中山装,山区尚有穿对襟或大襟和宽腰大裆裤的老年人。

质地 主要有棉布,棉布有土布(杜布)和龙头细布之分,料均系棉花。龙头细布为机织,又称洋布。运河沿岸的塘栖、临平、良渚、仓前一带,旧时盛行家织土布,一般2市尺门面,10丈为1匹,有稀、密两种,稀布为360支—400支粗纱,密布为500支以上细纱。稀布缝制夏衣,密布缝制冬装和被褥。农家备有纺车和木制布机,自纺纱、自织布,送染坊染色或漂白。市镇皆有染坊,专染土布、棉绸,采用蜡染方法染成色底白花,或白底色花的布称印花布。民国时期,出现机织布。60年代后,土布随化纤布、呢绒毛料流行而渐被淘汰。虽布料市场以化纤织物、绸缎呢绒为多,然棉布更受欢迎。夏布,又叫苎麻布。缝制的毛白夏布衫有长袖无领和无袖无领两种,为境内东部农民、渔民劳动时服饰,穿着通气。无袖衫又称"甩头",前襟2爿,后背1爿,对襟,3颗扣,腋下用布带系住。城镇居民喜穿漂白的夏布衫。栲皮,不论苎、丝,通常都以栲汁染制,其色呈深赭。栲汁是一种用薯莨根皮煎煮的汁液。缝制的栲皮衫耐穿,出汗时不粘身,有清凉之感。棉绸,是农家用下脚茧抽丝在绸机上织成的较为粗糙绸料,在蚕桑地区流行,一般以本色用于制作服装、头巾、床帘、桌帏、被褥等。考究者将糙白坯绸送染坊染色或漂白,有红、蓝、绿等颜色,也有色底白花和白底色花。丝绸,用好丝在绸机上织成的绸和缎,光滑、柔软、有亮度,是制作被面和服装的上等料。旧时用来做新郎新娘的新衣新裙和出客的绸衫绸裤,现使用较普遍,然做夏单衫易沾汗搭背,又不耐洗涤。

饰物 良渚文化时期,先民崇玉,有佩带玉器习惯,为显贵的象征。考古发掘的有璜、镯、冠状饰、锥形饰、三叉形冠饰、丰圆形冠饰、串挂饰等器物。20世纪20年代起,城镇妇女流行佩戴发带、围巾、项链、耳环等。80年代起,饰物有男子领带、金项链、金戒指等,女子还有发夹、金项链、金手链、玉镯及背包等。首饰主要是女性佩戴。有头饰、耳饰、项饰和手饰之分。旧时,妇女发髻上使用的簪子质料有金、铜、银、玉等不一,也有插角梳或绢花的。少女喜欢穿耳朵,即用针在耳垂上扎孔,以备成人后戴耳饰用。民间有用茶梗插入孔中的做法。戒指质料多为黄金,也有银、铂、玉石、翡翠、钻石。手镯多为老妇戴用,有玉质和银质。小孩出生时亲朋送银手镯、脚镯,上有铃。儿童戴的还有长命锁、项圈,均为银质。首饰品质、档次不同,价值亦相差甚远,数百元至万元不等。男女结婚仍流行戴戒指、耳环、项链,质料首选铂金,镶有钻石、翡翠等。时兴颈部挂用红绳串起的玉石吉祥物,大多为生肖雕件。

四、出行

历来短途大多步行,平原地区亦用轿、独轮车,平原则以船为主。民国12年(1923年),杭州至余杭镇公路建成通车,为省内第一条公路,20世纪70年代后,公路建设加快,自行车成为城乡居民主要交通工具。至2015年,外出交通工具远途有飞机、火车、汽车,短途有摩托车、电瓶车、自行车、三轮车和船等,更普遍增加公交车、出租车及大量自驾车,百姓出行方便。但城区机动车激增,致使交通拥堵、大气污染。

独轮车 "余杭乡间有独轮车以载物,土名羊头车。"(《光绪余杭县志稿·物产补遗》)又叫羊角车,其轮子装在车架正中,木质,外有铁制轮箍,是老人、小孩出行乘坐的交通工具,亦可装货。推车人肩背着系在车把的绳子,双手握车把推动。后多改为胶皮独轮车,并装轴承。

双轮车 平原和半山区主要运载工具。早先用木轮,20 世纪 60 年代初改为滚珠轴承胶轮,硬边阔胎,一辆车装货半吨至一吨,农户家几乎都有。青年人喜欢在自行车后架上绑住双轮车杠拖带,也能装上三四百斤。山民装运竹木时以长梢为车把。

三轮车 主要运货物,车把与自行车相似。20 世纪 90 年代初,人力三轮车从杭城流传境内,三轮二座,后渐成为居民代步工具。

自行车 20 世纪 50 年代少见,60 年代渐多,机关单位曾配备为公务用车。70 年代,自行车普及,成为城镇主要交通工具之一。进入 21 世纪,自行车逐渐退而居其次,电瓶车、自驾汽车数量增加较快,农村青年则多使用摩托车。

舟船 舟船是平原水网地带主要交通和运输工具。据史料记载,公元前 210 年秦始皇南巡,就由水路经临平至钱唐。唐宋以后,东苕溪、京杭运河为漕运重要航道。"四方贾舟,雁次相缀"、"舟航上下,日有千百"。旧时余杭舟船大都为木质船,由杉木劈锯成长方料拼接而成。辅料为桐灰、麻丝和铁钉(分拼钉、扒头钉、插钉 3 种)。

船只种类很多,有客船、货船、农船、渔船等。除轮船外,都靠人力驱动,主要工具有桨、橹、篙、背纤(纤杆、纤绳、纤板)。借风力行驶的船,由桅杆、桅灯、扒杆、风篷、桅绳、转向绳等部件组成,借着风力内河行驶船速每小时可达七八公里。

渡船,又称摆渡船,方头方尾平底,苕溪渡口都有。扯渡船头尾各系有棕索或麻绳,另一头系两边河岸,行人只需自行拉动绳索便可摆渡过河。街市或人员进出繁忙河道渡口,有专人用竹篙撑或橹摇运送人、物过河的渡船。20 世纪 80 年代,部分木质船换成铁质平底船。后随公路发展,渡船逐渐减少。

木帆船,清光绪十三年(1887 年)前就有木帆船在瓶窑一带专门从事水上货物运输,吨位在 10 吨左右,来往于安溪、东塘、三墩、塘栖之间。至民国时期,出现从山东、苏南及上海来的西庄船、码头驳、八哥船和有"眼睛"的乌梢船,吨位大都在 40 吨以上,能进黄浦江过长江,航线随之扩大到上海、苏州、无锡以至苏北。中华人民共和国成立后,各地成立联合运输社。

航船,民国至中华人民共和国成立初期,瓶窑等镇均设有水上码头,航船为主要水上运输工具。航船以载人为主、兼货运,有日班和夜班之分。航线除通区内一些镇乡外,还通苏州、杭州及海宁市长安、德清县新市等地。大航船下舱载货、上舱乘客,夏供茶、冬供被,船舱铺席,可卧可坐。远程快班航船五橹齐发,速度较快。此类船称客船,一般由人雇用,如不在船中宿夜的,雇一天接近半石米价钱,远途客人也可吃住在船上。后发展的都是机动客船,木质 8 匹马力,座位 30—40 个,时行 10 余公里。轮船,50 年代后逐步替代航船,为水上主要交通运输工具。船身为铁板,用柴油机作动力。随着公路交通事业发展,航船等已绝迹,渡船亦少见,曾在 20 世纪六七十年代风行一时的水泥船,由于载物少、不安全,也慢慢退出运输行列。另有被称为"水上拖拉机"的挂桨机船,柴油机作动力,为简陋的非标准化船舶,一般为普通中小型船舶,有水泥船,也有木船。因噪声大、污染重,2005 年 7 月 1 日起逐步被禁航。

竹筏 西部山区溪流,水急礁多,不能行船,以竹筏(排)运货载客。东苕溪是浙西古漕运航道,"上流于临安者,底石累累",中流至余杭"浅不周径,不容舟楫,编竹为筏,以相往来",下游至瓶窑"帆樯出没,无碍舟行"。竹筏(排),又叫水上漂,10 余支粗竹截成 2 丈余,经刨光表皮,放火上烘烤、捆扎铆紧等工序制成,现双溪漂流景区用的便是此物。

第三节 礼仪 岁时

礼仪习俗主要指婚嫁、生育、寿庆、丧葬等人生习俗。婚俗虽因时因地略有变化，但仍出自古代婚姻六礼——纳采、问名、纳吉、纳征、请期、迎亲。其他礼仪亦跟婚俗一样，自古就有繁缛与简约、奢靡与俭朴之分。随时代前进，礼仪习俗新内容逐渐增加，一些礼仪趋于简化。社会提倡文明，讲究礼仪，社交通行的礼俗亦在传播中逐渐融于当今社会生活。娱乐、交谊、收藏等生活方式及算命、求签等陋习与他地大致相似。

岁时习俗是独具特色的风俗，余杭各地区基本一致，但毕竟地域不同，其活动内容也有差异。自古以来，还有许多民俗活动，庙会便是其中之一。

中华人民共和国成立后，除元旦和"五一"、"五四"、"六一"、"七一"、"十一"等全国性节日外，余杭新兴的节日繁多。有弘扬文化艺术、展示余杭风采的农民艺术节、民间艺术节、广场艺术节；有"文化搭台、经济唱戏"的的竹笋节等。

一、礼仪

婚嫁　旧时，婚姻讲究门当户对，青年男女由父母做主、媒妁之言而结合。五四运动后，知识青年视婚姻自主为反封建的主要内容，追求个性解放，自由恋爱，但广大农村仍受封建礼教禁锢。婚配亦有少数陋习，如表亲婚、换亲婚、转房婚、指腹婚、童养婚，以及"冲喜"、"材头亲"（男家长辈亡故，大殓后即发彩与娶媳）等婚姻。择偶时，笃信迷信，双方"八字"（生辰年庚）必请算命者合之，如有冲犯则不能婚配。1950 年后，新婚姻法严禁包办和买卖婚姻，提倡婚姻自主。后受频繁的政治运动影响，一度时兴以政治条件为择偶标准。一些地方偏见与忌讳仍左右择偶，贫困地区还发生从人贩子买有夫之妇为妻之事。

20 世纪 80 年代后，自主择偶标准依然是双方家庭条件、职业和经济收入及相貌和品质。

订婚，俗称订亲、定亲，又叫"传红"。《杭县志稿》称："婚嫁之道，先凭媒氏以草帖子通于男家，男家以单帖子问卜或祷神得吉无克，方回单帖并卜吉由媒氏通音，过细帖又谓定帖，送过定帖方为定论。然后男家择日备酒礼请女家，或园圃或湖舫内两亲相会，谓之相亲。男以酒四杯，女则添备两杯（此礼取男强女弱之意），如新人中意，则以金钗插于冠髻中名曰'插钗'，若不中意，则送彩缎两匹，谓之'压惊'，则诸事不谐。既已插钗则伐柯人通好议定礼往女家报定。"可见，订婚时必经媒人说合，男方提亲、拜帖，女方还帖（有媒帖、亲翁帖、收礼谢贴和允结秦晋之好帖），以及男女双方请至亲吃定盘酒等过程。订婚之后，凡逢端午、中秋、春节等节日，男方都去女方家送节，礼品为烟酒食品和衣料。两家的家务大事互相通告，互相照应。民国期间，男女青年有在报上登订婚、结婚启事的，媒妁改称介绍人。

娶亲，也叫结婚、迎亲、成亲、并亲，俗话叫讨老婆、讨新娘子、讨老娘（方言称妻子为老娘）等。婚前须通日（准日）。男方定迎娶之日后，媒人将写有迎娶日期的红纸信套连同现金和各式果子送女方，现金含有请女方办嫁妆之意，尾数也必须逢"六"，需男女双方的娘舅姑夫各一人在场。通日后，男女双方分别发请帖，开始准备婚事，总管及茶厢、鼓手、彩郎、轿夫等行郎安排定当。婚前一日发奁，俗称发嫁妆。嫁妆随贫富而厚薄不一，富者箱、橱、桌椅、桶、盆等家什无所不有。旧时豪富还陪嫁田山、耕牛、农具和婢女。男方请媒人吃晚饭，近房族人和主要亲戚作陪,名为起媒酒。结婚之日,男方迎亲队伍吹打至女家,媒人身带红包以应付女方要求。女方上茶,设宴接待迎亲宾客。下午新娘上轿前还要"赖轿",经更衣、洗脸、开面等程序后由娘舅抱上轿,一路吹打送至男家。喜娘扶着用红布或红绸蒙着头的新娘出轿,坐于左方椅上,随后举行拜堂仪式。拜堂仪式由司仪主持,"一拜天地","二拜高堂","夫妻对拜",送入洞房。此时,吹鼓手奏乐,新郎用红绸带牵着新娘缓慢走进新房。新郎新娘双脚不着地,有几个人用五只麻袋前后交替铺垫,一直铺到婚床前,嘴里还喊着"宗接代"。新郎新娘坐在床沿喝交杯酒(古称"合卺")后,新郎退出,由喜娘(也有由男方舅母)为新娘洗脸卸妆。堂前,喜宴开席。婚后尚有"三朝回门"、"满月"等礼仪。

民国初期,婚嫁习俗如前。"洋"习传入后稍有变革,开始文明婚礼。婚仪一般由家属长辈主婚,并设男女傧相、证婚人,男女双方交换信物后在结婚证书上盖印章。此礼始于乡绅富户人家,间有追逐时髦者纷纷仿效。至于传统婚礼的订亲、迎亲、回门、见礼诸节仍沿旧俗,不同之处是繁文缛节略减。中华人民共和国成立后,男女双方到当地政府办理结婚登记手续,即为合法夫妻。届时办喜筵宴请亲朋至友,婚礼从简。新郎新娘胸佩大红花,迎亲者手持彩旗,敲锣打鼓,女方嫁妆较为俭朴。此新风城镇实行者为多。新娘仍要娘舅抱上船或自行车,由兄弟或小姐妹护送,由别人摇着船或蹬着车送到夫家。20 世纪 80 年代以来,婚事操办铺张和攀比之风日盛。嫁妆从 20 世纪六七十年代的手表、缝纫机、自行车"三大件",逐步发展成彩电、冰箱、空调、电脑,甚至轿车等高档用品。90 年代后,婚房设施、嫁妆、婚宴等变化较大,许多城镇青年结婚购置商品房,室内装饰豪华,电器家具等一应俱全。婚礼注重轻松、活泼、热闹,一般选"五一"、国庆、元旦、春节等法定假日和传统节日,用 6 辆或 8 辆小汽车接新娘过门。城镇青年婚礼酒席大都安排在宾馆饭店,有的旅行结婚。形式虽有变化,但女家陪嫁、亲友送礼、长辈送红包、办喜酒和回门酒等俗仍存在,且标准越来越高,陪嫁和酒席之数量、质量已趋于大操大办。近时,信奉耶稣教、天主教等教徒也会按教仪举行婚礼。

张建群《古镇婚俗》较详细介绍瓶窑的婚俗,载之供参考:

在瓶窑,娶亲也叫结婚,俗称"讨老娘"、讨新娘子。娶亲前两日,男家的左邻右舍便开始来帮忙了,男方家长不插手掌管,而由男方聘一信得过的亲朋做"总管"。结婚前一日,男方派人去女方接嫁妆,同时送去开脸盘。开脸盘内备有姻脂花粉等物。结婚之日,男方出门迎娶,由媒人、喜娘、娘舅、姑夫、密友、同辈兄弟、小辈侄儿、乐队等组成迎亲队伍,人数必须是偶数,媒人迎娶时身带几十个红包,以应付女方要求。红包的种类名目众多,有开门包(给女方为迎亲人开大门者)、开水包(给女方冲开水者)、烧茶包(给烧茶者)、裁缝包(给为新娘做嫁衣的裁缝)、屠宰包(给屠工)、司工包(给厨师)、烧火包(给灶头烧火者)、开笼包(给管新娘箱笼者)、煞浪包(给阿舅)、肚痛包(给岳母)、千金包(给新娘)、捏手包(给新娘捏在手心)、喜娘包、谢媒包等等。有的女方会想出各种各样的名堂来要红包,男方如果没准备或准备不足的话,那媒人只有回家拿了再来,毫无通融余地。据说,最多者红包竟达 72 个。在这些林林总总的包中,其中给新娘的捏手包必须当场打开,女方要按男方包中的钱一比一放入,钱全归新娘所有。按瓶窑的旧俗,迎亲人到女方家门口,由媒人先递进开门包,如女方看门者要求加钱或加喜糖、喜烟,叫做添喜,必须满足了要求后才开门请迎娶者入内。然后女方上茶,摆开酒席招待娶亲人员,并由女方长辈落座陪同。此席不久便撤席,男方起身交付完带来的鸡鸭鱼肉(办回门酒用),然后便催促新娘动身上轿。新娘此时正由舅母、姑母或小姐妹陪同,躺在被里不起床,乡间俗称“赖轿”。男方喜娘就拿着男方做的新衣鞋褊(上面缀有红线),协同女方舅母帮新娘起床更衣,然后由新娘的哥嫂陪着洗脸,由嫂嫂用纱线为新娘“开脸”,卷去脸上的绒毛,以示将由闺女变成少妇。新娘上轿前,新娘要抱住母亲哭上一阵,以示恋娘家,俗称“哭嫁”。然后由娘舅或抱或背,抱到堂前上轿,女家放炮仗四个,以送女儿出门。此时,前来娶亲的新郎的朋友和侄子辈,乘乱将女方的小茶杯带回男家,可持此向新郎多要喜果子,乡间有“一只空碗一碗糖”之说。到男家后,先发上嫁妆,由男方亲友搬运。唯有马桶(子孙桶)必须由阿舅拎至大门的门槛里,早已等候在那里的婆婆递给阿舅包,接过马桶径直前往新房放好。这马桶里(子孙桶)放有一个红包和喜果,由新郎的小侄儿或男方其他的小男孩拿走果子和红包,然后在里面撒上第一泡尿,接下去便是举行拜堂仪式。旧俗通行一拜天地、二拜高堂、夫妻对拜。仪式后,新郎用红绸将新娘牵入新房,在新郎新娘脚下,有几个人用五只新麻袋交替铺垫,嘴里还不停地喊着“传代接代”,使新郎新娘脚不落地,一直铺到新床前,小俩口坐在床沿上。此时,新郎新娘喝交杯酒,旁边有人讲着“乐乐淘淘,夫妻和睦,乐乐淘淘,夫妻到老”、“早生贵子”等吉利话。交杯酒喝罢,新郎退出,由喜娘为新娘卸装。外面,喜宴开始,席间,新郎新娘必须为宾朋倒酒递烟。先由婆婆带新媳妇向男方的长辈们一一敬酒,并介绍称谓。每介绍到一人,被介绍的长辈在新娘开口叫后,须给新娘子一红包,谓之“见面礼”。解放后,瓶窑的婚俗有了很大的变化,简化了拜堂的礼仪,结婚时召集双方亲友在宾馆酒楼办场喜宴。

生育 结婚之时,就有种种养儿育女口彩,新房撒红枣、莲子、桂圆,祝愿新娘早(枣)生贵(桂圆)子(莲子);撒花生、红蛋,祝愿新娘开花(花生)结果(红蛋。旧时,社会、家庭重男轻女,生孩子尤其是得贵子更是合家欢乐。办酒是庆贺的主要形式,从出生、三朝、百日、满月到周岁不断。催生,孕妇“踏月”(预产期将临)俗称有喜,娘家送礼物去女儿家“催生”。礼物有婴儿衣物及糖、面、蛋之类,礼物不能放桌上而要放地上,以盼小孩落地。随生活水平提高,重视孕妇产前检查、胎教和营养。

报生。产妇生孩子后,须向娘家报生。各地风俗不同,生男生女礼品亦不相同。一般生男孩送公鸡一只,生女儿送母鸡一只。生子之家,要将红蛋(喜蛋)分送亲友,数量有男单女双之说。

贺生。又叫送汤。孩子出生后至满月前,亲戚送舍母(指产妇)汤,祝贺小孩出生,大多是糖、面、鸡、核桃、鸡蛋、衣料等。三朝,婴儿出生三天称三朝,考究人家办三朝酒,邀亲友同喜。宴请的都是长辈,还有接生婆。三朝这天,婴儿开奶之前在嘴唇上先擦点黄连,黄连清火解毒,又含祝愿孩子先苦后甜之意。

满月。在孩子出生一个月内产妇不能出门,在家精心护养孩子和调养自己,叫“坐月子”。孩子出生满一月礼仪热闹、隆重。主人办满月酒(古称弥月酒)宴请亲友,长辈给孩子红纸包,称长寿钱。长寿钱不能齐头整数,一定须有零头,如6元6角、10元零2分。主人还做满月圆子分发亲戚、朋友、邻居。是日,由舅舅抱着剃满月头,剃去婴儿胎发。

周岁。小孩穿新衣、老虎头鞋,戴老虎头帽,挂长命锁(百岁锁)或项圈(箍),戴手镯、脚镯等。父母为小孩办周岁酒,还做周岁饼分送亲友邻里。外婆家送的礼物是孩子四季衣衫、鞋帽。周岁酒后抓阄(也叫拿龟儿)。其时,中堂(客厅)点香烛,桌上摆笔、墨、砚、书、钱、食品、刀枪、弓箭等物品、玩具,让孩子随手去抓,观其先拈何物为佳兆,以示孩子前程。

取名,早时孩子取名要排生辰八字,看其在金木水火土五行中缺什么,就在名字中补什么,如缺“金”则取带金字旁的字为名。小孩上学要请先生按氏族排行取名,宗族内每代有一个通用派号,同宗和未出五服的按派号区分辈分。孩子取名方式众多,如以祈福的,有福庆、荣华、富贵、耀宇,以节气时令的,有桂芬、菊仙、杏生。为使孩子顺利长大,婴儿出生后不取名字,仅以“阿狗”、“阿猫(毛)”称呼(贱气);亦有寄拜樟树、柏树和菩萨为干爹干娘而以樟某柏某为名的。1949 年后,氏族以排辈的“字”取名方法渐渐淡出,不少名字打上时代烙印,如 50 年代初取名有“建国”、“国庆”、“解放”等,“文化大革命”时生的小孩有“卫东”、“东辉”、“学军”。八九十年代,孩子取单名的较多。现时,计划生育后一个家庭只生一个孩子,有些以父母双方姓氏作姓。

寿庆。余杭习俗一般 50 岁以下的诞生礼称“做生日”,50 岁以上称“做寿”,有“男做九,女做十”之说。男子做寿“做九不做十”,即 49 岁做 50 大寿,59 岁做 60 大寿,以此类推。女子则逢十做寿。

过生日。人的诞辰谓生日,俗以农历计算,现为公历。生日分大小,每年一次是小生日,一般吃面和糖氽蛋。逢十为大生日,但 40 岁不做,因“四”与“死”谐音,故忌。今城镇“过生日”大都吃生日蛋糕,农村小孩 10 岁、20 岁生日也有办酒宴客的。

做寿。一般由子孙为长辈办酒宴。殷实人家做寿,发帖邀客,花费巨、排场大。厅堂挂灯结彩,点燃寿烛,供王母寿星,摆放寿桃、寿糕、寿粽、寿面等物。长辈上坐后小辈先行叩拜,来客行礼时右边地上设一拜垫,由子孙答拜。拜毕入席吃寿酒、寿面。也有在寺院做寿的,拜忏做功德以求长寿。旧时,百岁称上寿,70 岁、80 岁称中寿,60 岁称下寿,每逢朝廷庆典,特赐中寿上者以棉、米、肉等物。现政府提倡敬老,定农历九月初九为老人节。城镇单位老年人有退休制度,农村老人也享养老福利。做阴寿,即给去世的父母做寿,旧为大户人家通行。长辈死后,按其年龄逢十做阴寿。寿堂陈设素色,仪式和生者做寿相同,并办寿宴。送礼者须加送纸元宝,寿轴上写“仙乡不老,佛国长春”等故人所用之词。做阴寿已沉寂多年,经济发达地区此风又起,多者办酒数十桌,甚为奢华。

丧葬 余杭民间一直受佛教思想的影响,百姓存在灵魂观念、冥界观念,灵魂崇拜,故衍生出许多丧葬习俗。寿衣、寿材、寿坑。旧时,50 岁以上的老人预先为自己备好去世时穿的衣裤,包括衬衣、棉袄、棉裤、鞋袜和帽等,称为寿衣;预先建造好坟茔,称为寿茔(坑);预先做好棺材称寿材。

送终。老人病重弥留之际,家人日夜守候在旁,为其沐身穿寿衣,并在床边烧锡箔、纸锭,信佛者还烧念佛篮、佛经,烧落地纸、送盘缠。人死时,子孙在旁送终。

报丧、守灵。人死后即转尸并设立灵堂,由家人守灵,子女为死者戴孝,派人到亲友家通报。老者去世称报丧。亲朋至戚得讯奔丧,携鱼肉及油被四事(指菜油、被、香烛、纸锭)、大小羹饭纷至,女、媳哭跪陪拜。

丧礼。大门挂白布,或于原红对联处覆盖白纸,告示左邻右舍。逝者须停尸 3 日,请道士、和尚拜忏念经或请老太太念佛超度亡灵,还备素筵(俗称豆腐饭)。入殓,俗称落材,分小殓、大殓,一般在出丧前一天的后半夜举行,家人及堂亲、姻亲等都到场。入殓时,凡生肖五行与死者相克者均应回避,哭丧者忌把眼泪滴到逝者身上。收殓后,需将逝者生前所用衣服等日常生活用品送至室外焚化,传为让逝者带走享用。出丧,又称出殡,一般为农历单日的清晨。子女、媳妇披麻戴孝,亲人一身白衣或白布鞋帽,孙辈佩红布戴红帽。沿途邻居门外要烧烟堆并倒竖扫帚。出丧时,孝子在棺材前手捧纸糊的牌位,前有人手执哭丧棒和招魂幡幛,敲锣打鼓,散抛纸钱,引导送葬队伍前往墓地,凡过桥(由子弯腰背着棺材)、转弯、上坡要下跪。送葬人回来不走原路,途中分喝糖水或吃糖,进门前须跨过稻草火堆后入屋,或爬上备好在屋内的梯子照镜子,洗脸,以此驱去邪气。若遇村里德高望重年长者无疾而终,年轻男子便会赶来试抬棺材,称“开肩”。此种丧事,乡人不以为悲,呼为“喜丧”。

落葬。遗体入土为安为自古以来的做法。墓址须请风水先生择定,有的已于生前选好做就厝柩;有的一时未能找到风水地,或安葬时间不妥者则权为浮厝,或寄存于会馆、祠堂。暂为浮厝的,到冬至或清明再落葬。东部平原地区还有一种乡风,3 年后的清明或冬至日开棺烧衣被,理骨入骨殖甏内,筑坟立碑。旧时,贫富人家丧事规模各不相同,穷人只能用薄皮棺材草草掩埋。做七。死者安葬后家中为其设一灵位,7 日一祭,称“做七”。凡七仪,有孝子七七四十九日不理发之俗(谓之养七头)。五七仪最讲究,七七为断七,始可撤去灵堂,结束丧仪,并开荤办酒席宴请奔丧的亲朋好友。另外,来年农历正月初一,亲戚拜年插烛纪念,死者逝世日祭拜纪念称“做忌日”。

中华人民共和国成立后,丧事逐渐简化。丧家一般于门口贴“免吊”白纸,以示丧事从简,敬谢吊唁。灵堂前挂花圈、挽联,点香烛、供祭品。以乐队替代和尚道场,家人以黑纱袖套代替披麻戴孝。1982 年开始实行遗体火化,以举行遗体告别仪式寄托哀思,骨灰盒存放于安乐堂或公墓。同时,发动群众清理厝柩和坟墓,将棺木、骨殖甏或年久坟墓理骨深埋。地方法规禁止土葬后,今已无寿材寿坑,唯大多老人仍预做寿衣。由于地域及丧家贫富差异,丧事操办习俗与方式也不尽相同。信奉天主教、基督教者,视逝者是升天解脱,不烧纸钱祭拜,不可悲哀哭泣,只念《圣经》为逝者忏悔。

二、岁时习俗

时令节气

立春。据民国《杭县志稿》载:立春日之迎春仪式,由仁和、钱塘两县轮年递办。选集优人、妇女扮作各种戏曲人物游行,殿以春牛,一真、一纸扎俱披红挂绿,郡守率属往迎,于官署开宴,宴后鞭打一肥猪大小泥塑之牛,碎之,众人抢碎土携回,抛入田中、栏中,此俗叫鞭春牛。此日,家家举酒以祭芒神(主管农事之神),邻居亲友以春饼、春卷互饷。是日,债主不可讨债,孩子不能信口胡言,要讲吉利话,忌口角争吵、打破家什,以求吉利。今迎春仪式已不见,一些禁忌仍在民间流传。

清明。古时也叫三月节,既是节气又是节日。瓶窑民间有吃寒食、做清明果、扫墓、踏青等习俗。春秋时晋国介子推不受封赏宁被烧死绵山,百姓为纪念他家家不举火,只吃冷食。清明果,又叫清明圆子,作供品及邻里亲友互相馈赠,有大小之分和青白之分,有咸馅或甜馅,大的直径约 6 厘米—7 厘米,小的直径只有 1 厘米—2 厘米。青圆子用嫩蓬蒿草煮烂放少许石灰泡几天,洗淘干净,与糯米粉拌和揉成。同时,还做小狗形状“清明狗”挂檐下,直至立夏再蒸熟食用,说是“吃了清明狗,一年健到头”。俗话说“清明螺,壮如鹅”,有的地方把吃剩螺蛳壳抛上屋顶,说是可以驱虫。扫墓,一般在屋内祭拜后再去上坟,为茔地除草、添土,并在坟头压一黄表纸,或在坟头插挂一纸标。扫祭后向坟头泼酒、抛撒供饭,且在坟前分享供品。氏族聚居地要举行祠堂祭祖,集体扫先祖坟墓。20 世纪 80 年代,祭祀扫墓渐恢复,仪式趋于简化,以献花或花圈来表示对先人的缅怀。烈士墓地多由机关、学校、单位组织祭扫,并进行革命传统教育。清明结伴出外游玩，古时称踏青，现时叫春游。

立夏。吃乌米饭。乌饭紫黑色，是用乌饭树叶浸出汁液煮成的糯米饭，冷却切块便成乌米饭糕。吃乌糯米饭不备菜肴，只在乌米饭或乌米饭糕上撒些白糖或红糖。民间有敬老风气，邻居中有鳏、寡、孤、独老人，便将乌糯米饭送上，说些健康度夏等吉祥话。江南一带还流传孙膑在狱中吃乌饭团强身后出逃的逸闻。今余杭民间已少闻此事，但流传乌米饭能祛风败毒，不会疰夏，免除乌蚊虫叮咬的说法。此外，立夏还吃"健脚笋"，即整条野小笋加盐煮熟吃，谓可增脚力；吃"立夏狗"，谓可免疰夏。富户人家有吃"三烧"、"五腊"、"九时新"习俗。"三烧"即立夏饼（烧饼）、烧鸡、烧酒，"五腊"即黄鱼、腊肉、盐鸭蛋、海螺蛳、立夏狗，"九时新"即樱桃、青梅、鲥鱼、蚕豆、苋菜、黄豆笋、玫瑰花、乌饭糕、莴苣笋。立夏饼源于民国时期，市面常有麦芽饼制售，比苏式月饼略小。是日，家家堂前悬一杆大秤，为男女老少称重。露天支锅灶，任由孩子向邻家兜米，到菜地、竹园采蚕豆豌豆、挖笋（是日采挖，园主不干涉），煮成立夏饭（又叫野米饭），分而食之。小孩要去外婆家、娘舅家住一日，叫躲夏，躲过此日不会疰夏。娘舅家鱼肉好菜相待，还必备葫芦和苋菜，传为吃苋菜不会发痧，吃葫芦两腿有力。

冬至。殷周时以冬至前一日为岁终，二十四节气亦以冬至为首，民间有"冬至大如年"之说，故冬至又称亚岁。为送冬迎春，安排农事和生活，人们习惯从冬至日算起九天为一个"九"，冬季共有 9 个"九"，九九消寒，冬去春来。冬至是祭祖日，一般在家中进行，亦有到坟上祭拜的，跟过清明一样做圆子。祭祖供饭用包头鱼，淘箩盛米，上铺年糕、橘子等，并插上红绿丝线扎成的花。族里祭祖要开祠堂门，分胙肉。是日可动坟头土，整修坟墓或迁墓、捡骨殖做坟。当今，农村尚存冬至祭祖习俗，城镇已消失。冬至日，儿媳、女儿献自缝鞋袜给公婆、父母。冬至夜寒（阴）气最重，是重病人和老年人的关煞，有"熬过冬至夜，又可活一年"之说。

传统节日

春节。农历正月初一，为最隆重的传统节日。此节由一年农事完毕，喜庆丰收，答谢神之恩赐的腊祭发展而来，其本意为除灾祈福。古时，岁首时间各有不同，汉武帝太初元年采用太初历，定孟春正月为岁首。辛亥革命后改为公历纪年，公历 1 月 1 日为元旦，而余杭民间依旧将春节叫新年。中华人民共和国成立后，使用公历纪年，民间对春节比对元旦重视，也更热闹。

正月初一早起，家家户户放开门爆仗。民间信爆竹放得早，得福越多，因此放爆仗越来越早，半夜零时前便开始放爆仗接福迎年。是日，人人穿戴一新，男人早起烧糖茶敬父母、妻子。早餐吃年糕、粽子，也有吃汤圆或长寿面的。按传统初一不出门做客，全家聚于中堂，晚辈先向长辈叩拜，而后平辈互拜互致祝词，家长还率全家到本房堂前、本族宗祠和家庙拜岁祭祖，有的还到上代坟头拜坟头岁，也有去寺院抢烧头香的。春节禁忌不少，不洗衣、不扫地、不动刀、不倒马桶，忌争吵、忌讲不吉利话、忌做不吉利事等。初二开始走亲访友，必先至娘舅姑夫家拜年。给长辈拜年送礼多为酥糖、白糖、荔枝、桂圆等，用大草纸包裹，上贴红纸。平辈拜年为糕点之类。初五接五路财神，商家烧五纸，茶酒蔬果供品皆五数，接财神后，商店开市。农户亦在初五开始下地劳作。出门谋生要过初八（叫上八），做客一般至农历正月十五。

春节期间，人们作揖恭贺，互致祝福，邻里好友入门，让座待茶。21 世纪初，拜年方式更多，有贺卡、电话、短信、电子邮件等。俗话"三日清明四日年"。旧时，春节各行各业歇业 4 天。中华人民共和国成立后，春节放假 3 天，元旦放假 1 天。春节，文娱活动丰富多彩，街上人来客往非常热闹。元旦、春节期间，政府举行春节联欢会、团拜会，并慰问驻军和烈军属、贫困家庭等。

元宵节。农历正月十五为元宵节,又称上元节。“上元”本是道教用语,正月十五为上元,七月十五为中元,十月十五为下元。元宵节最早起源于原始初民对火的崇拜,唐宋以后虽还有祈求意味,然主要是张灯、观灯等游乐活动。旧时灯会由民间自发组织,每户出钱作为灯会经费,家家户户扎制灯笼。每年的农历正月十三上灯(迎灯),正月十五为正灯之日,至正月十八落灯。元宵出灯时,龙灯居首行在前边,后有狮子灯、滚灯、花灯、马灯等各式灯彩。秧歌、莲湘等民间艺术表演队伍从四乡八村会聚瓶窑镇和人烟集中、交通方便、庙宇众多的小镇。镇上商家皆张挂飞禽走兽、戏剧人物的奇巧灯彩。舞龙灯。龙灯由竹片扎成,糊上布、纸,连接十数节至几十节不等,内点有蜡烛,映出不同的人物或花卉画面。余杭流传布龙和绸龙,驰名中外的百叶龙也属绸龙。舞龙灯十分壮观,有行龙、甩龙、开龙门等形式。每一节龙灯由一壮汉用木棍撑着,掌龙头龙尾由剽悍强壮中青年担当。俗语“龙头动一动,龙尾跟煞人”,说明掌龙尾的难度更大。舞龙灯体现了集体的凝聚力和团结协作精神。元宵节有吃元宵习俗。元宵又称汤圆,分有馅、无馅两种。无馅的个小仅指甲大,以白糖、桂花、蜜饯等为作料;有馅的个大状如大核桃,以白糖、豆沙、芝麻等为馅。今商场汤圆品种丰富,鲜肉、水果等都可入料,已少见手工做汤圆情景。据传,元宵是宋代开始流行的一种新奇食品,古《琅嬛记》有记。20 世纪 80 年代,元宵灯会重新崛起,举办过元宵灯会,张灯时间从农历正月十四日持续到十六日。舞龙灯除表达喜庆外,还作为一种民间体育竞技活动。

端午节。农历五月初五,又叫端阳节、中夏节。由童男、童女在门框挂一把蒲剑,由菖蒲、艾叶、桃枝、蒜头扎成。其出典是姜太公要纣王在后宫门楼上挂上蒲剑,可以斩杀妲己,扫除害人虫,故有“艾旗抬百福,蒲剑斩千邪”之说。一些家庭堂屋张挂钟馗或张天师像,以驱鬼镇邪。中午时刻,以苍术、白芷打烟堆燃熏,泼洒雄黄酒于屋室,以驱杀蚊蝇、蛇虫百脚(指蜈蚣)。端午流行吃“五黄”,即黄鱼、黄瓜、黄鳝、雄黄酒和黄豆,还有白切肉、咸蛋。节前数天,家家要裹端午粽,三角粽(锥形,又称尖脚粽)用红枣、赤豆、豆沙等素馅,斧头粽(四角菱形)为鲜肉、咸肉、火腿等荤馅。旧时,小孩端午要穿戴图案花布衣、老虎鞋、老虎帽,额头用雄黄酒书写“王”字,颈挂香袋,里面盛朱砂、樟脑、雄黄、菖蒲等粉,用来祛暑避邪。吃粽子、“五黄”,挂蒲剑插艾青,以及划龙舟仍流行。

中秋节。是远古天象崇拜—敬月习俗的遗痕,为月亮菩萨生日。民间,午后点香,入夜,露天或在客堂设案祭月,供秋果、月饼。此俗,20 世纪 50 年代后已少见。节前,亲友间走动互访,子女看望父母,携上月饼、酒等节礼。中秋节围绕月亮这一主题进行,除点香烛,供月饼、水果,拜月、敬月亮神外,还留有许多民间传说和神话故事。比如嫦娥奔月、吴刚砍树、玉兔捣药等。20 世纪 80 年代起,机关、企事业单位以工会名义给职工发月饼。店家竞销月饼,成为应时茶食。

重阳节。农历九月初九为重阳节。旧俗吃重阳糕,以糜栗粉和糯米拌糖,上铺莲子、瓜子仁等,蒸熟后切成菱形,插小彩旗于上。“糕”与“高”谐音,寓步步高意。此日有登高之举,爬山登塔,有兴者常为之。是日宜晴,所谓“重阳无雨一冬晴”。民国时,瓶窑镇以窑山为活动中心开展重阳节活动,时间从九月初一到初九。组织者是瓶窑镇商会。地点在窑山小关帝庙里(上窑为大关帝庙),小关帝庙,正殿有关羽塑像两座,一站一坐,立象可以搬动,旁边还有一尊吕纯阳的塑象。第一天叫开年日,以道场为前奏,接着把装满灯笼的吊斗升于吊杆顶,意为捐助者接受日月精华，庇佑平安。乐队用笙、管、弦（三弦）、提琴、云锣、汤锣、木鱼、檀板、大鼓等十种乐器组成的粗细十番，演奏出传统声乐。文人则挥毫泼墨，书写对联，用于闭斗日送户。中午，举行宴会。晚上，窑山仍灯火辉煌。开斗以后接着迎神。将关公立像迎至山下巡游。十番在后吹奏，关公被大轿抬着，居于中间，灯笼前后提照。每到一地，商户、居民焚香点烛、冲茶鸣炮，表示虔诚，祈求忠义勇武之神保佑一方平安。道场日夜不停，直到初九。初九是闭斗日。此日仪式和第一天一样，不同的是把吊斗从吊杆上卸下来，然后把灯笼按店铺，居家姓名发送到家，接受者马上把灯笼悬挂于显耀处。日寇侵华，窑山小关帝庙被拆，活动被迫中断。如今，九月初九已被定为敬老日，重阳节又称老人节。活动形式多样，有老年人座谈会、联欢、赏菊、登高、书画展及慰问老人等。随着老年人口增加，社会敬老尊老风气逐渐盛行，重阳节更受政府重视。

除夕。岁时节日以旧历年节为大。农历十二月中旬起，家家户户贴春联、挂年画、裹粽子、备炒货、腌腊货、置新衣新鞋，农村还杀猪、网鱼、做酒、打年糕，筹办过年。女儿回娘家送年节，徒弟向师父送年礼，渐露过年气氛。旧时过年，交易、借贷要结账清理。年三十夜，债主提灯笼讨债到凌晨。穷人还不清债务只得离家躲避年关。过年始于农历腊月廿三小年夜。入夜，以糕点、糖果祭灶司菩萨（灶神），祭毕送灶、谢灶，灶君上天。是日，家家户户掸尘、擦门窗，拆洗被褥、蚊帐，家人沐浴擦身干干净净迎新年。是日，长工回自家过年。廿八、廿九谢年，先上庙供拜，再在家请年菩萨，祈求岁岁平安、万事如意。除夕又称大年夜，外出者必回家与家人团聚。是日，各家堂前悬挂祖先画像，点香烛、供酒菜，按长幼次第跪拜，酒过三巡，化纸元宝祭祖。年夜饭又称“分岁酒”，是一年中最丰盛一餐，弟兄多的人家，一户接一户轮着“捧碗”。席间，长辈给小孩发压岁钱“分岁”。年夜饭后接灶，供糕点、燃香烛、迎回灶像，还点烛守岁保佑来年平安。过年菜肴丰盛，数量多，有“年三十有吃，年初一有穿”之说。红烧肉、笋干烧肉、羊肉等大菜用钵头盛装，肉圆子、鱼丸子、蛋饺制成半成品备用，鸡鸭鱼杀好洗净。20 世纪 60 年代至 70 年代，鱼肉禽蛋、粉丝及豆制品等凭票限量购买，年夜饭以吃饱为满足。90 年代起，用海鲜、珍禽、精细蔬菜制作年夜饭。单位职工节前聚餐，有的请家属、请上级领导出席。有些家庭年夜饭移师饭店、宾馆。除夕夜，家家户户守在电视机旁观看中央电视台春节晚会。零时，新年钟声敲响，爆竹声声震耳。

地方习俗

庙会。是传统社会民众的群体性活动，以祭祀神灵为中心，并伴随商业贸易、文艺表演、休闲娱乐等多种形式。庙会有朝山进香和迎神赛会两种类型，境内两类兼而有之，往往迎神赛会比朝山进香庙会热闹。传统庙会由称为庙祝或庙鬼的人操办，其形式大同小异，先在寺庙举行祭祀仪式，后抬神灵偶像巡街。庙会围绕寺庙进行，届时商家、手工业者，乃至江湖艺人、三教九流闻风而至。寺庙周围搭起帐篷，摆满货摊，形成集市。庙会时衰时兴，传统庙会虽有浓厚迷信色彩和封建糟粕，也有弃恶扬善、护佑百姓、催人奋进、弘扬民族精神的一面。庙会文化是民俗文化的集中展示，丰富多彩的民间工艺品、民间小吃，特别是民间艺术，以及精神力量借此得到传承。中华人民共和国成立后，庙会更多的以城乡物资交流会和展示民间艺术的载体出现，赋予新的文化内涵。

瓶窑镇历史上有影响的庙会尚有下述多种：

桑秧会，农历二月初八至十二日，瓶窑镇回龙寺。明末清初间，瓶窑回龙寺主持闻谷禅师发起组织“陀佛会”，后又叫“百花会”，因正值桑苗上市时，故乡民称“桑秧会”。农历二月初八至十二，为瓶窑最大的庙会。庙会期间商贩云集，乡民赶市、庙宇香客纷集，灯彩、杂耍等民间艺术会聚在瓶窑街头，十分热闹。

朱天会，农历四月廿四日，瓶窑镇。

关帝会，农历五月十三日，瓶窑镇。

观音会，农历六月十九日，瓶窑镇。

组香会，农历七月十一日，瓶窑镇。

盂兰盆会，农历七月十五日，各地皆兴。

烧地藏香，农历七月三十日为地藏王菩萨生日。天黑，各家在门前就地点烛上香，供酒菜祭祀，然后在屋前屋后、门庭院落遍插点燃的棒香，并以木屑拌菜油脚揉成团，放在瓦片上点燃。夜色中香火点点，密密麻麻，左邻右舍相接。民间称烧狗屎香，又称插棒头香。

水龙会。旧时，民间崇敬主管火种的火神菩萨，供奉神像或到火神庙朝拜。据旧志记载，火灾原因：其一，民居稠比，灶突连绵；其二，板壁居多，砖垣特少；其三，奉佛太盛，家作佛堂，彻夜点灯，幡幢飘引；其四，夜饮无禁，童婢酣倦，烛烬乱抛；其五，妇女娇惰，篝笼失检。因此，民间水龙会应运而生。水龙会成员大都为街坊男性青壮年。街坊邻居一旦发生火警，司锣持一面大铜锣（称火锣）沿街边跑边敲。水龙会成员闻讯后，迅速赶到水龙房集合、出发施救。水龙是一种灭火器材，早期水龙是用人抬的一只能盛10多担水的大木桶，里面有两个铜镍铸的唧筒，唧筒中有活塞，设进水和出水阀门，活塞与杠杆连接，经人工按压将水从水枪口喷出。后有“洋龙”，系一种铁制的、下装轮子能推着走的救火器材，原理同水龙。民国《杭县志稿》称，“五月二十为分龙日，各集水龙、洋龙排列广场，验徽府之高下，亦消防要政焉。”消防水龙的演练比试，成为一个出自民间的消防节日。节前，镇上各街坊的水龙房检修水龙、水桶、水枪、油灯、头盔、扁担、绳索等器具。是日拂晓，各水龙房焚香燃烛，面对《水墨乌龙图》举行祭龙仪式。水龙优劣，以最先到、出水快、水头高、射程远来定夺。农历五月二十日，是瓶窑古镇民间消防水龙演习竞技的日子，是日，水龙会在回龙寺门前苕溪畔进行。

此外，一些新兴活动，如彭公竹笋节也逐渐相沿成习，成为民俗活动。

三、祭祀

生卒祭　祖先生卒之日（上溯到三代至五代）于家中设祭，以香烛、酒菜供奉，菜必有鱼肉，以符血食之礼，并烧纸钱送祖先在阴间使用。父母、亡夫，逢十之生辰，则要大祭，俗称做阴寿，礼节隆重。此俗已消亡40余年。

节祭　旧时，在春节、元宵、清明、寒食、端午、中元、中秋、重阳、二分（即春分和秋分）、二至（即夏至和冬至），及每月的朔望（即初一、十五）进行。现时，祭祀活动大都集中在清明、中元、冬至。清明，无家不祭祀，无家不扫墓。是日，店铺雇员和富户长工、公职人员和学校师生等均放假。家祭点香烛、供酒菜，门外上一支香，烧几只纸锭给门神户尉，将结束时烧一小堆纸钱给土地菩萨（民间称地主阿太），再烧纸钱给祖宗，仪式结束去坟头祭扫。人们还在清明和冬至动土修墓、立碑。中元节又称鬼节，旧时七月半祭祖行拜忏，道士放焰口称盂兰盆会，以超度亡魂、祈求平安。今已少见。冬至扫墓大都比清明简单，家祭后去坟头培土修整，并以供品祭奠，上香烧纸钱。

年祭　大都在除夕举行，有在农历十二月二十二日举行。堂上挂祖宗遗像，祭品丰富有含义，如鱼圆肉圆以示团团圆圆，白鲞烧肉说是有想头，元宝鱼谓年年有鱼，豆芽菜等称百宝菜。自除夕起，每天在列祖列宗像前供奉酒菜、点燃香烛，直至农历正月十八。岁祭余杭农村同姓聚居不多，故少有较大祠堂，但同样举行岁祭。设有神龛的祠堂为族人祭祖场地，供奉列祖列宗之神位。祠堂祭祀分春、秋二祭，二月春祭，十月秋祭。是日，开祠堂门，全族房长、户主率族人前往。祭祀由族长主持，有仪式程序、赞辞祭文等。祭祀毕，按辈分、官职、学历等标准分胙肉，排饮宴座次。祠堂祭田租息为祭祀之需，专人管理。除祠堂岁祀外，还有本房集中祭祀的房祭，分清明、冬至、正月三次，规模比祠堂岁祀简单。20 世纪 80 年代后，除祭祖、扫墓外，纪念已故先人、亲人方式已呈多元，有文字、网络、艺术或绿化祭祀等多种形式。

四、术教

相面　旧时，城镇常见设摊者竖一"善观气色"、"铁口论相"布幡招揽顾客，乡村也有持布幡流动看相者。相面即看相，分为看面相和看手相。以柼柳庄梓、柼麻衣梓等相书为依据，以五官四肢、相貌气色察其富贵或贫贱、得志或失意、喜或忧、吉或凶、祸或福，看人说话、随机应变，以连吹带捧、又哄又骗等方式预测被相面者眼前处境和未来遭遇。

算命　算命者多为盲人，以算命糊口，有弹三弦、敲笏形小铁钣走街串巷的，亦有开店算命的，如余杭王瞎子，临平钱姓小瞎子、杨瞎子等。算命先生善揣问者心理，骗人手法很多。问清顾客生肖、出生年月日后，用天干地支排出"八字"，再以"八字"来推断终生行藏，以话套话揣测对方身份、家庭和社会交往情况，迎合对方需要卜凶吉。另有所谓批命书，用文字记录和预测八字命运、宜忌事项等，以红纸装订成册。上学、结婚、就业、建房、出行等择日，称"拣日子"，并用红纸写成字帖。还有驮（衔）牌算命的，手提鸟笼，走街串巷。操业者以中老年妇女居多。预先做好命牌，牌上画各种年龄、属相男人、女人和小孩，写上批语，并训练一只会用嘴啄牌的鸟。先问清来者年龄属相，边问边摆弄命牌，此时已在所需牌上做上鸟儿认识的记号，然后让鸟啄出那张牌来，因预先已做手脚，故使人信而不疑。

测字　操业者事先做好画上图像的几十张纸牌，叠放桌上，让人抽取。抽取时，男用左手女用右手，先抽一张并告之求卜之事，不合可重抽，以 3 张为限。还有木匣内放纸卷数十个，纸上题字让人摸取，可连摸 3 张。测字先生察言观色，弄清求问者意愿后，将所抽之字进行拼、拆，加、减笔画，随心所欲解释字义。因有 3 次机会，命中率较高。难度较高的不用纸牌和纸卷，仅由求问者任意写一字，凭经验和手段迎合求者心理。

求签　寺院道观香案上常设一签筒，内储竹签 36 支，编有序号，标有上上、上中、上下、中上、中、中下、下、下下等字样，凡有求财、谋事、问病、求子、求学、求婚姻、求寿和消灾免祸者，会到寺庙求签，也有疑难不决之事求决者。善男信女跪拜、焚香，先摆动签筒震出一支，再凭签领取签书，交由和尚或道士、庙祝解说。签书多为七言绝句，语意含糊，模棱两可，可随意解说。求签者，上中签居多，下签仅为少数。有的还让夹上两支签，上书"烧香不诚，罚油三斤"，以牟利。尚有医神吕纯阳（吕洞宾）菩萨庙中药医方签，每味药均是无疗效的平和中草药。

扶乩　同善社（反动道会门）的迷信活动。开坛时，设一沙盘，两根木头十字交叉，横木左右由两人抬住，直木连接木笔，坛主燃烛焚香作法以示祖师附身，手指直木带动木笔在沙盘上移动，划出似像非像字迹，点传师按需任意解说，然后焚纸送祖师巫婆，以此欺骗社众。

占卜　也叫卜卦、卜课。余杭卦者多用文王课，以铜钱 3 枚置入竹筒中，以烟熏之，连摇数次，倒出铜钱，看钱背面朝上还是正面朝上，反复 6 次，再以"卦""课"推断求卦者所求事之凶吉。民间有掼鱼先骨来推凶吉的,抛起包头鱼鱼先骨,落在桌面上直立则主吉,躺倒则主凶。有脱下一双鞋,闭眼往空中抛,着地后一正一反为凶,俱正俱反为吉。有抛或旋转硬币待停止后翻倒,阳面主吉,数字主凶。有闭眼拔一把竹筷,其双数为吉,单数为凶。

看风水　旧时,建宅造墓确定位置、朝向、开工时日需先看风水,也叫堪舆。风水先生凭指针、罗盘、日晷等器物,根据住宅、坟墓所处地势、地形、朝向、水流等地理状况预测祸福凶吉和贫富贵贱。民间亦流传众多刘伯温破风水传说。瓶窑窑山被刘看出有帝王气,遣人凿断山腰破风水。

第五章　语　　言

瓶窑方言属于吴语区太湖片湖嘉小区，境内方言总体上较统一，但受周边影响，口音有不少差别。作为一地交流重要工具，方言至今仍起作用。随经济社会发展，瓶窑与外地交往日益频繁，普通话渐成风习，新词语亦随之增多。

第一节　方　　言

一、语音

声母　余杭区方言有声母 33 个（含零声母），其中瓶窑镇 31 个（没有 z 和 u）。

韵母　余杭区方言有韵母 49 个。其中瓶窑 37 个（没有 ce、il、ie、ice、ue、uce、y、yce、yn、yoŋ、uoʔ、yəʔ）。表中的例字用当地的方言音读，即为该韵母的音值。读 en、in、un、yn 等韵母时，舌尖不顶住硬腭，不是地道的 n，也不是地道 ŋ，因部位略偏前，姑记作 n 尾入声韵母都带有喉塞尾 ʔ。

声调　瓶窑方言有声调 7 个。平上去入各分阴阳，唯阳上并入阳去。各点调类大致相同，只瓶窑镇归阳去。调值也大致相同，只有阴平阳平相互略有差异。

瓶窑方言咸、山两摄三四等帮、端、见系舒声字，如天，不同于安吉、德清的读作单元音[i]，也不同于杭州的读作鼻化元音，而和临安相似，读作后响的复元音。近杭州主城区，却与杭州方言相去甚远。

瓶窑方言中，瓶窑镇上与彭公一带在语音上又有不同。

二、词汇举例

普通话	方言
父亲	爸爸　阿爸
母亲	姆妈
祖父	爹爹　阿爹
祖母	娘娘　阿娘
外祖父	外公
外祖母	外婆
儿媳妇	① 媳妇　②西妇
夫	① 老头子　②老公
妻	① 老太婆　②老婆
男人	男人家
女人	女人家

小孩儿	小人
左手	借手
右手	顺手
中饭	点心　案饭
锅	锅子
锅铲子	锅抢
羹匙	瓢羹
筷子	筷儿
厨房	灶间
昨天	昨日子
前天	前日子
今天	根朝
明天	明朝
白天	日里
我	哦
你	倷
他	伊
干活	做桑伍
没有	姆不
害怕	杰煞
这种事情	吉滑事体
现在	葛息毛
心急	杰皮拉抓
过去	哈里个辰光
农具	铁耙嘎双
全部	一踏刮子
所有	夯不隆冬
傻瓜	毒头毒脑
女人	女宁嘎(阿娘呢)
吓坏	哈煞
好笑	发靥
轻松	暇意、揩伍
不合时宜	沙莫摊西西
胳子窝	肋格子窝

三、俚语

急棍:赶快。

白相、嬉:游玩、做客。

弄送、调爬:故意戏弄。

落胃:完成,心中忧烦有了着落。
勿来头:办不到。
收桌:整理。
搞罗皂:玩耍。
勿还债:不懂事给父母添乱。
倩:妇女忸怩作态,或叫倩煞煞。
犟:不听话,或叫犟头倔脑。
交关:形容词。很、十分。
倒灶:店铺闭歇,或做事失败。
倒楣:可羞之意,有时与“倒灶”通。
发靥:可笑、可爱。
吃瘪:与人争执失败。
藤头:固执己见者。
毒头:无可理喻者。
坍台:失面子。
出山:事业有成、出人头地。
小器:吝啬。
肴馔:小菜。
撞木钟:短时间内连续访友或办事遇挫。
甩锣槌:为人做事,半途撒手。
木佬佬:多。
起哄头:带头喧哗扰攘。
别苗头:争比高下。
没花头:平庸、无可取。
打圆场:调解。
老花头:旧样子。
三脚猫:技艺不精。
火逼鸡:仓促成事。
蛮胡佬:不可理喻、蛮不讲理者。
背木梢:甘愿代人办事和代担责任。
滥好人:不择人而施。
头大心晃:目中无人。
阴阳搭戤:游移两可。
气鼓闹槽:不如意、闹情绪。
瞎七瞎八:不明事理。
夹七夹八:强欲参与,为人讨厌。
直角弄通:无所遮蔽。
搅七廿三:胡搅蛮缠,惹人厌烦。

钉头碰铁头:硬碰硬。
吃空心汤团:已诺之事,言而无信。
吃隔夜螺蛳:讲话重复,纠缠不清。
陈年挖臭屁:提以往丑事。
板板六十四:刻板。
出头椽子先烂:抛头露面总先吃亏。
自道好,烂稻草:自我吹嘘,没实际本事。
掼煞儿子做奶娘:勿合算。
吃素碰到月大:运气不好。
出丧忘记棺材:办事忘记主体。
上门不见土地:访人不遇。
大家马儿大家骑:人人有分。
矮子里头挑长子:差中选好。
眼睛生在额角头:看不起人。
铜钿眼里翻跟斗:死要钱。
骨头没有四两重:轻佻。
馒头吃到豆沙边:渐入佳境或已近尾声。
麻子搽粉,蚀杀老本:投入太大,华而不实。
钱塘不管,仁和不收:言互相推诿。钱塘、仁和两县同治杭州城内,遇诉讼,两县常互推,无人处理。
生煞的性、钉煞的秤:本性难改。
若要俏,骨头冻得嘎嘎叫:求美观宁挨冻而少穿衣裤。
荷叶包野菱里戳出:变从内起。
救急好救,救穷难救:意长久之事难做。
脸皮老老,肚皮饱饱:形容恬不知耻之人。
癞痢头儿子,自家的好:偏袒自己人。
半斤八两,黄鱼水鲞:喻对一事物叫法不一,本质相同。
螺蛳壳里做道场:地方狭窄办大事。
冬瓜扯到豆棚里:乱扯一气。
扫地扫壁角,抹桌抹四角:办事认真周到。
落水喊救命,上岸讨包裹:忘恩负义。

第二节　谚　　语

一、生活类

里窑外窑,瓶山蛮高;曹操勿要,到处乱跑。
小灾年年有,大灾三、六、九

张堰，张堰，十年九淹
蚂蟥像扁担，田螺像鸭蛋。
甘蔗老头甜，越活越轻健。
十分英雄勿撑尽，留与三分给子孙。
贼偷一半，火烧全完。
拚车剩个壳，拚牛剩副骨。
三三四四杀条牛，不如私私房房杀只狗。
一天省根线，百日把牛牵。
想得滚滚圆，得个箍噜圈。
吃勿穷，着勿穷，不会打算一世穷。
脚踏西瓜皮，滑到哪里算哪里。
冷在风里，穷在债里。
夜里落雨日里晴，气煞懒惰人。
一不赌力，二不赌吃。
金窝银窝，不如家里草窝。
新穿鞋子三日紧，新造茅坑三日香。
萝卜小菜，各人各爱。
亲兄弟，明算账。
冷言冷语难听，冷粥冷饭难吃。
闲时不可去赌钱，准备犁耙好种田。
补漏趁天晴，读书趁年轻。
前半夜想想自己，后半夜想想别人。
宁可隔出一方，不可隔出一家。
好话不可讲完，坏事不可做绝。
不听老人言，吃苦在眼前。
出门看天色，进门看脸色。
强中自有强中手，莫在人前自夸自。
有借有还，再借不难。
买只夜壶等勿到夜。
讲过忘记，吃过肚饥。
外面敲铜锣，里头喝盐卤。
日里讲到夜里，菩萨还勒(在)庙里。
出力不讨好，黄胖搡年糕。
吃苦不记苦，到老无结果。
学好三年，学坏三天。
外行人看热闹，内行人看门道。
三月桃花一时红，风吹雨打一场空。
若要富，先修路。

穿讲漂亮,用讲高档,吃讲营养,住讲宽敞。

有技术进工厂,有门路去经商,老实头人做田庄。

吃人家嘴软,拿人家手短。

管理田地有谷,孝顺大人有福。

二、生产类

一脚勿去,一脚勿来。

只有懒人,没有懒田。

儿要亲生,田要冬耕。

苗多欺草,草多欺苗,地里有草难出苗。

白露白咪咪,秋分稻头齐。

寒冬施肥施根线,抵过春天施三遍。

大寒小寒施腊肥,油菜小麦过冬齐。

芒种芒种,样样要种;芒种勿种,再种落空。

人要补,桂圆荔枝;田要补,河泥草子。

秧好半年稻,叶好一半蚕。

麦头齐,谷落泥。

早稻不种六月田,晚稻不过立秋关。

有收无收靠灌水,多收少收靠施肥。

深耕加一寸,抵上一担粪。

稻要泡,麦要燥。

种子年年选,产量节节高。

稻熟要养,麦熟要抢。

千浇万浇,不如寸麦(小麦)一浇。

小麦屁股痒,不踏不敲不肯长。

麦怕春风连夜雨,稻怕寒露一朝霜。

千浇万浇,不如撒花(油菜)一浇。

花草种三年,坏田变好田。

山怕无林地怕荒,人怕懒惰花怕霜。

三年护林人养树,五年成林树养人。

冬季捻河泥,桑果胀破皮。

有收无收在小蚕,多收少收在大蚕。

蚕老一刻,麦老一时。

春施催芽肥,夏施拔蕻肥,秋施嫩壮肥,冬施基础肥。

桑地冬耕有三好,保水灭虫又除草。

人怕露筋,船怕露钉,桑怕露根。

茶树绿丛丛,只怕拱拱虫(茶尺蠖)。

前三日早,正三日宝,后三日草。(采茶)

采得好,茶是宝;采不好,茶是草。

夏至杨梅满山红，小暑杨梅要出虫。

要吃梨，刮树皮。

清明下种，立夏分行，小暑齐叶，伏里起节，白露齐杈，立冬倒蔗。

三日两头浇，廿日可动刀。（指种小白菜）

谷雨前后，种瓜种豆。

七月半，芋艿挖挖看；八月半，芋艿剩一半。

立夏种姜，夏至离娘。

秀才不离书，种田不离猪。

静水鲤鱼流水鲫。

桃花含苞，鲤鱼扎草。

鲫鱼浮头，全池无救。

养鱼如绣花，一针不能差。

三、气候类

春霜不露白，露白要赤脚。

立春雨淋淋，阴阴湿湿到清明。

清明断雪，谷雨断霜。

吃了端午粽，还要冻三冻；吃了端午粽，棉袄不可送。

黄梅天，十八变。

六月不热，五谷不结。

立秋湿脚，秋雨呱呱。

重阳无雨望十三，十三无雨一冬干。

立冬晴，一冬晴。

冬旱吃饱，春旱吃草。

干净冬至邋遢年，邋遢冬至晴过年。

一日黄沙三日雨，三日黄沙九日晴。

落雨见星，难想天晴。

星星眨眼，离雨勿远。

满天星，明朝晴。

正月雾，日里无燥路；二月雾，水满山头多；五月雾，井里水勿多；六月雾，晒得塘水枯；七月雾，河港当大路；九月雾，沟里水勿多；十月雾，低田好摆渡。

春雾雨，夏雾热，秋雾凉风，冬雾雪。

早上有大雾，尽管晒衣裤。

夜雾阴，明朝晴。

霜夹雾，旱得井也枯。

春东风，雨祖宗；夏东风，燥松松。

久晴夜风雨，久雨夜风晴。

天上钩钩云，地上雨淋淋；天上鲤鱼斑，晒谷不用翻。

早上见红云，带上雨伞行；晚上见红云，出门方定心。

云幛推上南，阿婆屋里好撑船；云幛推落北，阿婆门前好晒谷。

早上浮云走，下午晒煞狗。

雷轰天顶，有雨没劲；雷轰天边，大雨连天。

一日春雷十日雨。午雷两头空。

未到惊蛰先打雷，七七四十九天雪花飞。

小暑一声雷，十八日黄梅倒转来。

雷公先唱歌，有雨亦勿多；闪电不出声，雷雨不会来。

狗喝水，天要落；猫喝水，天要晴。

早蚯出太阳，晚蚯迎雨场。

鸡儿进棚早，明朝天气好；鸡儿进棚迟，明朝必有雨；鸡鸭出笼早，当天雨就到。

泥鳅跳水面，大雨即涟涟。

缸出汗，地还潮，咸菜缸滴水雨来到。

黄鳝纳夜凉，近日有雨降。

蚂蚁搬家要落雨。

四、时政类

有国有家，国富民强。

好男要当兵，好铁要打钉。

干部带头，万事不愁。

村看村，户看户，社员看干部。

干部干部，先干一步。

不当撑舵手，不会摸篙竿。

新官上任三把火，新来媳妇三年勤。

不见人长，总见衣短。

五、卫生类

有病不瞒医，瞒医害自己。

病来如山倒，病去如抽丝。

多困得毛病，多哭坏眼睛。

不染烟和酒，活到九十九。

冬吃萝卜夏吃姜，不用郎中开药方。

小孩防噎，老年防跌。

若要小儿安，要带三分饥和寒。

一顿吃伤，十顿喝汤。

吃了苍蝇脚，泻得眼翻白。

闭目养神，赛过人参。

做做力出，缩缩病出。

吃饭不言语，困觉不捂头。

眼睛不擦不瞎，耳朵不挖不聋。

早餐吃得好，中餐吃得饱，晚餐吃得少。

千金难买老来瘦。
饭焐萝卜,人参之补。
三分吃药,七分调理。
单方一味,气煞名医。
少吃多滋味,多吃坏肚皮。
走路防跌,吃饭防噎。
燥呛无痰,要好犯难。
杨柳青,百病生。

第三节 普通话推广

一、学校

1956 年 1 月,国务院发出《关于推广普通话的指示》后,余杭、杭县即在县内举办全县小学教师汉语拼音学习班,瓶窑小学教师均参加培训。中小学语文课开始使用汉语拼音和普通话教学。1957 年 12 月,国务院颁布《汉语拼音方案(草案)》,翌年,余杭、杭县据教育部要求,在中小学和各级师范学校教学拼音字母,先在教育系统推广普通话。“文化大革命”中,部分中学和小学停课,教学秩序混乱。1969 年,小学下放到大队(村),教师回队任教,各公社都办初级中学,有的小学也办“戴帽初中”,中小学师资严重不足,大量聘用民办教师和代课教师以维持教学,普通话推广受到影响。1973 年—1975 年,举办小学语音培训班,瓶窑各小学教师参加培训。

1978 年 8 月,教育部要求加强普通话汉语拼音教学,继续贯彻“大力提倡、重点推行、逐步普及”方针,是年秋季起,中小学开始使用部编新教材。瓶窑各小学教师先后参加全县小学教师语音学习班、全县小学汉语拼音等竞赛。幼儿园在小班即开始学习普通话,中班学习声母、单元音韵母、复元音韵母和拼音,大班学习鼻音韵母和拼音。小学即按照教学大纲进入系统汉语拼音学习,强调在教师授课和与学生交谈时都要使用普通话。

20 世纪 80 年代后,在职教师常有进修培训和交流活动,学校音像教学设备逐步添置,教师学生说普通话蔚然成风,教师成为推广普通话的主要力量。

二、社会

广播电视普及,音像制品迭出,许多家庭都有录放设备可以随时学习普通话。随着经济和社会的发展,推行和使用普通话已成为人们的自觉需要。机关企事业单位干部职工说普通话的人数亦与日俱增。幼儿在学语时即受到家庭和幼儿园启蒙,大凡学说普通话。

第六章　宗　　教

境内宗教流传甚早，且与历史发展同步。在对距今四五千年的良渚遗址考古发掘中，已发现先民各种祭祀和宗教活动痕迹，具有浓厚的对自然和祖先崇拜的原始宗教色彩。

瓶窑历史上存有佛教、道教、基督教和天主教等宗教活动。最先流传的是道教，于东汉末年传入。佛教于东晋时传入，五代吴越国兴起，宋代鼎盛，一直为民众信仰的主要宗教。后晋天福七年(942年)即建有坛石寺。径山寺为临济宗祖庭，日本僧人多至参谒求法，境内石濑原有径山接待寺。元初，基督教传入。清光绪二年(1876年)天主教传入余杭。延绵一两千年的诸教时有兴衰，众多寺院庵堂、宫观庙祠和教堂时建时毁，清末始见衰败。民国期间，宗教活动未中断，但建筑物缺少维修而渐破落，部分在连年战火中遭毁。中华人民共和国成立后，国家实行宗教信仰自由政策。20世纪60年代，宗教一度销声匿迹。改革开放后，不少寺院、教堂经修缮、重建后开放。宗教延续其精神和思想，亦对经济、文化产生影响。

第一节　佛　　教

一、渊源

东晋咸和初，印度僧人慧理到钱唐结庵，兴建寺院。后晋天福七年(942年)，石门建坛石寺，是为佛教传入瓶窑之始。南北朝时，门阀士族提倡佛教，佛寺渐多。唐、五代至宋，历代帝王以朝廷名义支持佛教传播者为多，一时梵刹林立、名僧辈出。宋代，佛教进入鼎盛期。

元代，佛教中心自临安(杭州)转移浙西。瓶窑南山寺院僧徒在南山之阳山腰，组织工匠利用采石壁面凿出浅龛浮雕造像30余身，绵延360多米。这组江南罕见的石刻群身躯高大、造型端庄，现存13身，其中12身属佛像。明代限佛，佛教渐见败落。直至清代康、乾两朝，才呈中兴之势，但又随着国势衰颓而不振。抗战前夕，瓶窑有寺院10所。佛教寺院庵堂多数置有田地山产。民国38年(1949年)5月，大陆乡(今属良渚镇)崇福寺有田产五六百亩，山约千亩，并在杭(州)瓶(窑)汽车公司拥有大量股份；瓶窑镇回龙寺有田400余亩、山300余亩、地40余亩(共约50公顷)；中华人民共和国成立初，寺院大都已破落。20世纪50年代初破除迷信运动中，寺庙内佛像、菩萨几乎全部被毁，其殿宇被拆或收为公产作办学和办公场所。“文化大革命”中，佛教界受到冲击，佛教活动停止，仅存的少量寺院亦难逃厄运。

中共十一届三中全会以后，恢复佛教活动。1998年，余杭市佛教协会在径山寺成立。佛教历来是瓶窑的主要宗教，鼎盛时期寺院庵堂多达20余所，著名寺院有普宁寺等。现大多已废，部分在废墟上重建或迁建。

二、寺院

坛石寺　坛石寺位于瓶窑镇石门天平山。寺院北面背靠状元山，东临狮子山，西有白象山，

图6－7 坛石寺 李纲戍 摄

南摆笔架山，风景优美。坛石寺原名灵石寺，始建于后晋天福七年(942年)，距今已有1000余年的历史。北宋治平年间改名净严寺，元朝中统年间再改成灵石寺。明朝中期，灵石寺已有相当规模，传说原名叫坛柘寺，因与京城“坛柘寺”重名，故改为“坛石寺”。清朝咸丰年间因太平天国战乱被毁。瓶窑镇西坞村木象畈胡万成对朝廷的暴政和地方官吏的腐败极为不满，借办团练积聚力量，聚集起万余人马，于咸丰七年(1857年)年五月初四，在潘板桥感塘村举旗起义，义军直扑余杭县城，知县刘玉衡等望风而逃。清杭嘉湖道叶堃领军镇压，胡万成拒战失利，兵退至石门坛石寺，由于内奸张鹤群(同办团练的双溪乡绅、秀才)的出卖，坛石寺被围，胡万成突围不成而被俘遇害，寺院也因此被毁。稍后由寿道法师重建。

清《光绪余杭县志稿》卷一“山水补遗”：“天平山，在县北东林西庄。山林僻深，盗贼匿伏山中，向有佛殿。同治七年重建，今僧人亦不敢住持。”坛石寺的再次复兴是在民国。民国19年(1930年)，时有黄志风，年十七，在寿道法师座下剃度出家，法名莲舟。莲舟法师在杭州昭庆寺受具足戒后，又在坛石寺随寿道法师专心修习佛法，并与寿道法师开始扩建寺院。师徒二人到处化缘不懈努力下，终于成就。大雄宝殿模仿杭州灵隐寺规模式样，大雄宝殿占地面积600平方米，殿柱胸径1.3米，殿长19米，径深15.5米，高16.7米。

大殿四周建有观音殿、金刚殿、地藏殿，共有殿堂31间，占地面积80多亩。另建有两个仙水池、一龙潭，“文化大革命”期间寺院再次破坏。唯留百年古樟和枫树各一株，莲舟老法师亦辗转到临海观音寺。

1994年，莲舟老法师回到坛石寺，发愿重建，当时就给石门村的吴文山留下6000元，让村民尽快重建。1998年开始重建的大雄宝殿及东西两厢简易木结构楼房及膳食房。1999年9月15日，老法师坐化。嗣后，宁波阿育王寺的证果老和尚不顾年迈体弱，一直不断为重建寺院而努力。2000年，大雄宝殿落成，占地面积600平方米，殿柱胸径1.3米，殿长19米，径深15.5米，高16.7米。此后陆续有观音殿、地藏殿、天王殿等完成。

龙光寺　位于瓶窑镇上窑村。龙光禅寺联：“佛成六根净；道得一心清。”“大千世界无始无终灭灭生生生生灭灭；庄严佛土有觉有悟清清净净净净清清。”塔已毁。

上窑关帝庙　位于瓶窑镇上窑村。关帝庙联：“江山永久兼文武双全，当为世间豪杰；天地亘古冠忠义二绝，自是人间精英。”“入殿便见自身渺；出门更知天地宽。”

普宁寺　明吴之鲸《武林梵志》载：“在余杭县北三十里常熟乡。宋白云通教大师创庵以居，绍兴间改庵为院，曰传灯，又改普安。淳熙七年改今额。元至正末毁，洪武三年重建，归并于此，曰慧照塔院，在县东北三十里。曰定一院，在县东北三十五里。曰松隐庵，在县北七十五里。”明万历《余杭县志》卷之三建置志“南山大普宁禅寺在山前界。宋绍兴间创，名传登院。

淳熙七年改今名。”清嘉庆《余杭县志》亦载：南山普宁禅寺“在常熟乡瓶窑镇西，宋白云通教大师创庵以居，绍兴间改庵为院，曰传灯，又改普安。淳熙七年改今额，元末毁。明洪武三年重建。”普宁寺位于瓶窑镇南山。北宋白云宗创始人清觉（1043—1121）逝世后，“弟子慧能禀遗训，奉灵骨舍利归葬杭州余杭之南山。”（《释氏稽古略》）宣和五年（1123年），其弟子为之建塔，名白云，又建院，亦称白云。南宋绍兴年间，白云塔院改称传灯院。淳熙七年（1180年）改称普宁寺。元末毁于战火。明洪武三年（1370年）重建。清咸丰年间，逐渐萧条。后被日本侵略军烧毁。附近有省级文保单鏞山摩崖造像，为元代所凿佛道合一的石刻选像群，今存13尊。元《释氏稽古略》载：清觉卒后，“弟子慧能禀遗训，奉灵骨舍利归藏杭州余杭之南山，当宣和五年（1123年）二月也。塔曰白云。”明万历《杭州府志》记载：白云庵在南宋绍兴年间（1131年—1162年）改名为传灯院，后又改称普安寺。淳熙七年（1181年）改称普宁寺。北宋宣和五年（1123）归藏白云宗创始人清觉灵骨舍利《大藏经》为汉文佛教经典的总称，一称《一切经》，简称《藏经》。刊刻《大藏经》始自北宋。元、明两代，余杭刻有两部《大藏经》。《普宁藏》即其一。开雕于元至元六年（1269年），约成于大德年间（1297年—1307年），因刻于杭州路余杭县南山大普宁寺而得名，世称《普宁藏》。系梵本，半叶6行，每版30行，每行17字，共558函，6010卷（一说559函，千字文编次由天字至感字，1430部，6004卷）。由释道安、如一、崇善、如贤等管领其事。大德十年（1306），松江府僧录管主八从弘法寺本藏经内（即《赵城藏》版输入燕京后的元代补雕本）选出南方版本藏经所缺的秘密经约97部，315卷，刻完编为千字文武字到遵字28函，随同《普宁藏》一同流通。最后又补入约字函的7部，6卷，收入元代沙啰巴译的秘密经轨5种，白云和尚初学记和白云和尚正行集2种。除武字至遵字的28函秘密经不计外（因详细目录佚失），应为559函，1437部，6010卷。该藏基本上是依据《圆觉藏》复刻的，版式略小，但刻工精巧细致，装帧古朴典雅。《普宁藏》传世极罕，清末康有为藏有1200余册，后售予王绶珊，现下落不明，传日本尚有少量残本庋藏。

明代蒋灼《闻田子艺御倭寇于瓶窑往访南山寺》：“溪上悠悠鼓角闻，知君已守北乡营。雨深客路曾分袂，夜静辕门独请缨。访旧偶从萧寺过，移尊还对竹堂清。相看况有参军在，好让穰苴奕世名。”可见南山大普宁寺在抗倭时起过作用。田艺蘅亦有文记南山寺：“丙午新霁，泛舟过小青坂，泊亭桥，游南山寺，寺在螺峰之北，由山址折而东南观石佛，岩壁镌石佛像者二十有四，傍有石佛庵。南山僧鉴公邀酌。晚归乙月映澄溪，舟影与山光荡漾，空明中矣。丁未雨，径山四上人来访。戊申霁，买舟东归，过瓶窑镇下西庵闸，见月抵舍。”

真寂禅寺 清《嘉庆余杭县志》记载：真寂禅寺在瓶窑。《径山志》卷之七《碑记》载有明朱国桢《瓶窑重建真寂禅院记》：“闻谷禅师慨然捐衣钵为善信，倡访真寂废刹故址，复建禅院为往来食息之所。厚直市地，集材构屋，凡为佛堂若干楹间、僧寮若干楹间，墙篱门庑树井滔溷各有其所。虽无雄殿杰阁震竦观听，凡所以供佛养僧之具灿然备矣。院未有储粟而居民千余家环拱敬信，每食必储净饭一瓯，以候禅师使沙弥三四辈聚而归之，蒸倍以为僧食，食时主客僧恒不下千指，无匮乏之忧。晨钟暮鼓木鱼梵唱之声闻数里外有过，大丛林无不及焉。久之，四方敬信者日益众，竞为师佃复古安众寺并旁寺山场二顷，有得以供薪火，又陆续施买饭僧田五十余亩，稍佐净食云。”

志载：院始建于宋宝庆间，中更废兴不一，重建于万历四十二年甲寅，落成于次年乙卯。

复建真寂禅院的高僧正是曾经坐禅径山寺的闻谷广印禅师。闻谷广印禅师，字闻谷，别号掌石。云栖袾宏禅师(即莲池大师)之法嗣,俗姓周,嘉善人。其母生他时,曾梦见玄武神手执宝剑率众甲士守护其门,师遂落地。广印禅师七岁时,常常瞑目端坐,沉默寡言。十三岁前往杭州开元寺出家。参仪峰禅师,峰令看云门露字因缘,至忘寝食。历参云栖龙池。结茆双径。其后,住于真寂寺(瓶窑)、净慈寺,接化弟子甚多。崇祯九年(1636年)示寂。闻谷广印禅师生于明嘉靖四十五年(1566年),逝世于崇祯九年(1636年),世寿七十一。著有《宗门警语》二卷、《闻谷广印禅师语录》四卷。著名的永觉元贤禅师(1578—1657)和学者钱谦益为他撰写塔铭。《传灯录》又有闻谷"坐禅径山莲。居永庆诸处。万历壬子(1612年)。兴复真寂。戊午退隐楚之黄安,天台。次于建宁创宝善。晚归真寂。"的记载。瓶窑老大桥东北侧,瓶窑粮管所的位置即是古代的瓶窑真寂禅寺故址,亦即民国时回龙寺旧址。禅宗丛林清规——《禅苑清规》,经由南宋圆尔辨圆带去日本。原版本为余杭瓶窑真寂寺、杭州昭庆寺经房制版印刷。

回龙寺　清同治年间(1862年—1874年),开果大师兴建。位于苕溪回龙渡北岸,即真寂禅寺旧址。民国时,寺内有大殿大悲楼,下为官堂,又有养老堂,实为静修好去处。房屋一百四十余间,僧侣约百余,系禅宗丛林。抗日战争时毁于兵燹,仅存大殿。清仁和名医姚梦兰(1827年—1897年),初习儒,年长后患肺痨病,垂死。瓶窑镇回龙寺老僧接至寺中,授以气功,每夜相对静坐,年余病愈。又授以技击,竟成伟丈夫。据传,民国时,弘一法师的师兄弘伞法师曾至此颂法。

慈圣寺　南宋咸淳《临安志》卷之八十三《志〔六十八〕寺观九寺院》:"慈圣寺,在县东北四十里常熟乡旧名灵岳寺。唐欧阳询《寺记》略云:杭州余杭县西北有镇曰曹桥,镇走北十里得精舍曰灵岳兹寺也。建武二年,有周闽越王无诸十二代孙摇氏舍宅之所建也。后唐天成元年复置,治平二年改今额。"

吉祥禅寺　在县北三十里后杳界。旧名无相禅院,唐咸通十四年创,宋祥符元年改今名。元末兵毁,明洪武间重建。旧《县志》。国朝嘉庆四年,僧智皋重建大殿。元吴莱《重过吉祥寺》诗:忆昔逢寒食,行吟采物华。风生敲院竹,雨湿堕山花。曲坞青龙树,长滩白鹭沙。回看溪上水,直欲到君家。

顺庆禅寺　在县北三十里后杳界。宋咸淳间,僧伊岩禅师开山。元末毁于兵,明洪武三年重建。万历四十三年,僧祖山置田一十一亩,地一亩二分,山三十二亩,荡五分,于寺有碑记存焉。国朝乾隆二十四年重修。明符俊《顺庆寺》诗:访旧入云林,山幽草树深。吟边忘俗虑,定里识禅心。流水无昏晓,荒坟自古今。感怀重太息,人世几浮沉。

万年正续寺　《径山寺》有载,万年正续寺"宋佛鉴无准师范禅师建,以接待云水。仁宗皇帝亲洒宸翰而赐额焉。无准圆寂葬全身于正续之侧,塔曰'圆照'。今废,基犹存。坐双溪下二十里张堰。"

万年正续寺地处张堰,即今瓶窑镇北湖西安寺村之西,为径山寺三十四代住持无准师范创建,主要接待往来僧侣,理宗亲洒宸翰,赐"万年正续寺"额。无准圆寂时,其弟子尊师命,奉其全身葬于万年正续寺之侧,理宗赐塔名"圆照"。无准师范墓,至今尚存于瓶窑镇西安寺村。无准师范奉诏主径山,两次营建扩大径山,是径山寺泰斗级人物,被誉为"南宋佛教界泰斗",在茶文化传播日本过程中居功至伟。

安众寺　明万历《余杭县志》记载:"安众寺在县东北四十里黄坑界。唐同光二年,僧道济禅师开山创。宋治平二年,敕赐圣寿。隆兴二年,改名广福院。元末兵毁。洪武十年重建。"

《康熙余杭县志》补充:“万历间,闻谷禅师复建为真寂别院云。”《径山志》也记载:“万历间瓶窑闻谷禅师捐资恢复,至天启年造楼房若干楹以安置学徒,请玄著眼法师住持,称真寂别院焉。”

安众寺亦为闻谷禅师所建,故有真寂别院之称。天启年间,安众寺成了径山寺僧人的培训学校,成了僧众学习的场所。

安众寺“在县东北四十里黄坑界”,清《嘉庆余杭县志》卷一“图考”之“常熟乡图”中标注“黄坑”,即今瓶窑镇塘埠村黄坑畈一带,与县东北四十里相符,此地名至今仍存。

妙济寺　妙济寺亦坐落于瓶窑镇塘埠,《径山志》记载:“(妙济寺)去县北四十里常熟乡。”明万历《余杭县志》:“妙济寺在县东北四十里黄坑界。”明确指出了妙济寺的位置。

妙济寺始建于宋淳熙五年(1178 年),由径山第二十五代住持密庵咸杰开山。元至元间,愚溪禅师创为接待寺。《康熙余杭县志》载:“中统问,改今额。元末兵毁。明洪武四年复毁。万历三十年间,僧宝碧峰再建。”明人胡滢曾做《妙济禅寺重建修记》一文,记载了重修妙济寺的盛况,说妙济寺“比隆于径山,殿阁宏丽”。

云福禅院　《万历余杭县志》:“云福禅院在县东北四十里常熟乡。宋绍兴三十年,僧善智创。元末兵毁。洪武间重建。”常熟乡在今瓶窑镇石濑、塘埠一带。云福禅院毗邻古石濑市。

此外,南宋咸淳《临安志》卷之八十三又载“胜因院在县东五十里常熟乡。旧名报圣,开成二年建,治平二年改今额。大智院,在县东四十里常熟乡。旧名感山,同光二年建,治平二年改今额。崇因报本禅院,在县东三十五里常熟乡。旧名兴福,干德四年建,大中祥符中改普宁绍兴三十一年改今额。大觉禅院,在县北四十里常熟乡。绍兴三十年建。普安院,在县东北三十五里常熟乡。绍兴二十七年建,请今额。”清万历《余杭县志》卷之三建置志“永寿寺在县北三十五里常熟乡。晋天福七年,僧了悟祖师开山。元毁于兵。洪武二十四年重建。”“普安院在县东北三十里常熟乡。宋白云通教大师创文庵为院,一名传灯。”“慧照塔院在县东北三十里常熟乡。元大德元年,僧如志创。至正末兵毁。洪武初重建。”“定一院在县东北三十五里常熟乡厚郎界。元至大间,僧文晟创。元末兵毁。洪武初重建。”“云福禅院在县东北四十里常熟乡。宋绍兴三十年,僧善智创。元末兵毁。洪武间重建。崇因报禅院在县三十五里常熟乡。宋乾德三年创。今废。”清嘉庆《余杭县志》卷十五寺观一“慈圣寺在常熟乡,名灵岳。肇于唐,至天成元年复建。宋治平二年,改今额。元至正末毁,明洪武年间重建。《成化府志》。在山后界,旧有唐欧阳询碑,久毁。”“妙济寺在县东北四十里黄坑界。元至元[元]年,僧愚溪创为(对)[接]待寺。(中)[元]统间,改今额。元末兵毁。明洪武四年复毁,万历三十年间,僧宝碧峰再建。《万历县志》。”“般若寺去县北三十里,在白社界。旧名长安寺,唐大中十一年,僧清泰创。宋治平元年,改今名。元末毁于兵,明洪武二年重建。《万历县志》。国朝乾隆十八年重建。”“永寿寺在县北三十五里常熟乡。晋天福七年,僧了悟祖师开山。元毁于兵,明洪武二十四年重建。”“慧照塔院在常熟乡。元大德元年,僧如志创。至正末兵毁,明洪武初重建。《万历县志》。”“定一院在常熟乡厚郎界。元至大间,僧文晨创。元末兵毁,明洪武初重建。旧《县志》”“重阳庵俗名圣堂,在石濑镇。里人翁氏舍基建。明万历四十四年重新。”“大悲庵在盛宅庄。国朝乾隆四十三年重建。”

清张思齐纂修《康熙余杭县志》卷之三规制志:“般若寺去县北三十里,在白社界。旧名长安寺。唐大中十一年,僧清泰创。宋治平元年,改今名。元末毁于兵。明洪武二年重建。”“吉祥禅寺在县北三十里,后杳界。旧名无相禅院。唐咸通十四年创。宋祥符元年,改今名。元末毁于兵。明洪武间重建。”“顺庆禅寺在县北三十里,后杳界。宋咸淳间,僧伊岩禅师开山。元末毁于兵。明洪武三年重建。万历四十三年,僧祖山,置田一十一亩,地一亩二分,山三十二亩,荡五分于寺。有《碑记》存焉。”“永寿寺在县北三十五里,常熟乡。晋天福七年,僧了悟祖师开山。元毁于兵。明洪武二十四年重建。”“接待寺在石濑镇。”“南山寺在瓶窑镇西。”清张吉安朱文藻纂修嘉庆《余杭县志》卷十六寺观二清真庵在石濑。元至元庚午,洞霄知宫事袁清一建。“清真庵在石濑。元至元庚午,洞霄知宫事袁清一建。”

据民国 19 年 5 月杭县县长潘忠甲呈报的《杭县宗教调查》,瓶窑尚有:天池庵,住持妙法,尼姑 3 人;圣帝殿,住持宝灵,尼姑 2 人;范福庵,住持石炳文,尼姑 2 人;土地庙(大观山),住持李永林,和尚 3 人;柏树庙(沙塘上),住持张阿二,和尚 2 人。

第二节　道教　基督教

一、道教

汉武帝元封三年(前 108 年)建宫坛于大涤洞前,为道教宫观前身。东汉,道教在余杭出现。东晋时道教发展较快,流传较广。葛洪辞官后,曾在余杭天柱山游历、修炼。许迈于余杭悬霤山立精舍。东晋太元二十年(395 年),于法华山建东岳庙。唐、宋期间,道教宫观增多。唐弘道元年(683 年),潘道士奉旨建天柱观。宋大中祥符五年(1012 年),天柱观改名洞霄宫。宋时道教鼎盛,县境内观院林立,香火极盛。明清时期,第十一代高道沈轻云主持大涤山洞霄宫,传门下陈樵云立余杭三元宫支派,周梯霞立桐山半持庵支派。元南山摩崖造像存有一尊真武帝像(通高 2.45 米),且与佛教造像并存,具有较高的历史价值。清代,余杭道教趋于衰落。民国 16 年(1927 年),国民政府废除道教天师称号,次年又颁布神祠除留标准。民国 21 年(1932 年),杭县有道观 10 所,道士 137 人,以东岳庙、景星观较大;余杭县有 11 所、25 人,以洞霄宫最著。中华人民共和国成立后,道教活动极少,职业道士多散居民间,少数以替丧家斋醮为生。

元代,佛教中心自临安(杭州)转移浙西。瓶窑南山寺院僧徒在南山之阳山腰,组织工匠利用采石壁面凿出浅龛浮雕造像 30 余身,绵延 360 多米。这组江南罕见的石刻群身躯高大、造型端庄,现存 13 身,其中 1 身属道教像。为道教玄武帝造像,面南向南偏东,披发垂肩,圆脸大耳,有须无髭。右手持利剑,锋向上。剑长 103 厘米,斜在左胸前。左手搭膝上,宽袖长袍圆领道服,盘腿端坐,右脚搁左膝,足外露。座下为蛇缠龟身。像通高 2.45 米,头高 55 厘米,躯高 1.4 米,肩宽 85 厘米,座宽 1.25 米,座高 50 厘米。

二、基督教

唐贞观九年(635 年)前后基督教传入中国,当时称为景教。元至元二十一年(1284 年)传入杭州。近代基督教传入境内在太平天国时期,以宁波为入口渐次推进至钱塘。清光绪末年,余杭教堂分内地会、长老会,有信徒近百人,内地会教堂在孔圣殿旁,信徒 40 人;长老会教堂在牌楼街,信徒 50 人。邬牧师在瓶窑上窑村羊山湾开堂。教堂由加拿大教会资助建造,信徒 26 人。抗战期间,教堂活动停止,抗战胜利后恢复。据民国 19 年 5 月杭县县长潘忠甲呈报的《杭县宗教调查》,瓶窑尚有浸社会,主教应会沼。

1950 年,教会响应“自治、自养、自传”口号,拥护“独立自主、自办教会”方针,以摆脱帝国主义统治和束缚。1956 年,余杭县有教徒 1169 人,杭县有教徒 1032 人。1964 年,信徒 1100 余人,参加杭州市“三自”(自治、自养、自传)爱国运动委员会。“文化大革命”期间,宗教活动停止,教徒自发建立家庭聚会点。1981 年成立余杭县基督教“三自”爱国运动委员会,有牧师 2 人、长老 18 人、传道 1 人、执事 27 人。1982 年 1 月起,陆续恢复基督教活动。

宗教信仰在中国各地复兴,政府对于民众在正常的教堂和寺庙以外开展的宗教活动,普遍变得更加宽容。基督教是中国增长最快的宗教,2015 年瓶窑有教徒约千余人,余杭区瓶窑镇基督教堂在毛元岭村,另有张堰、石濑村基督教堂点等处。礼拜是基督教主要的崇拜活动,内容包括祈祷、读经、唱诗、讲道、祝福等,一般是星期日在教堂内举行(守安息日的信徒则在星期六举行礼拜),由牧师或长老主礼。无圣职人员时亦可推举一位信徒主领。若在信徒家中举行且由家庭成员参加的礼拜活动称为家庭聚会。除星期日公众礼拜外,还有一些特殊的礼拜,如结婚礼拜、丧事礼拜、追思礼拜、感恩礼拜等。

第七编

人　　物

Figure

瓶窑既有天目山灵秀之气，又得东南沿海浩荡之风，访大禹之遗航，缅秦皇之渡浙，人杰地灵，代有传人。摇泰，生卒不详。东汉时余杭石濑人，古闽越国国王无诸后裔（无诸是移居今福建境内的越人后裔，自称为闽越王）。摇泰为东汉南阳太守。

摇泰曾在境内建查湖，惠及乡里。盛度（968—1041），字公量，出生于瓶窑横山。北宋著名的政治家、军事家、外交家。北宋祥符七年（1014 年）中进士。曾任翰林学士、兵部郎中、参知政事、知枢密院事、枢密使等。奉使陕西，勘察疆域，参质汉、唐故地，绘《西域图》献于朝廷，宋真宗曾嘉奖他，以“博学”称之。迁右谏议大夫，为翰林学士，加史馆修撰、兵部郎中。景祐二年（1035 年），任参知政事，知应天府，任太子少傅。卒后赠太子太保，谥文肃。盛度为官清廉。宋人笔记小说《青箱杂记》有载。柴车（？—1441），字叔舆，瓶窑人。永乐年间考中举人，步入仕途，官至兵部尚书。柴车为人正直清廉，不好奢华，后人将柴车和于谦相提并论。清代名医魏之琇，世医出身，幼因贫于质肆帮活，夜则灯下苦读，先后达 20 年，竟通医术，并以医济世，颇有医名。《续名医类案》是魏之琇继明江瓘《名医类案》之后的一部中医医案巨著。另有《柳州医话》等，均行于世。名人中有的驰骋疆场、叱咤风云，有的勇于创新、独领风骚，有的作官清廉为朝野所钦佩，有的钻研医道、为民悬壶，有的学识既广、著述宏富。更有今朝无数风流人物。

限于篇幅，几经筛选删定，选取本籍、外籍人物 13 名。另为在世先进人物设人物简介，附以“瓶窑镇十佳印象人物（2009 年）”。“名录”一章载革命烈士、省部级先进个人及先进集体。

第一章　人物传

摇　泰

摇泰，生卒不详。东汉时余杭石濑人，古闽越国国王无诸后裔（无诸是移居今福建境内的越人后裔，自称为闽越王）。摇泰曾为东汉（25 年—220 年）南阳太守，《后汉书》未载。摇泰曾在境内建查湖。南宋咸淳《临安志》卷之三十八有载：“查湖塘，高一丈，广二丈，在县北三十五里。其源出诸山，即后汉南阳太守摇泰所封之湖，溉田甚广，湖侧亭址尚存。”《明一统志》、《大清一统志》“北湖”条下均有附记。另据杭州市档案馆编《杭州古旧地图集》之《余杭县图》中，瓶窑镇西北亦标有“查湖”一名。南阳太守摇泰未见记载，恐为余杭人而官南阳者。据当地学者张宏明考证：查湖，其范围大致为以渣河墩、大舍、苏家头为中心的一大片区域，总面积约 600 亩（40 公顷），略同于现在的北湖面积。

此外，南宋《咸淳临安志》载：“建武二年，有周闽越王无诸十二代孙摇氏舍宅之所建慈圣寺，在霅湖边。”明万历《余杭县志》载：“摇相公庙在县东北三十五里石濑埠。祈祷有应。自宋迄今，居民奉之本境土神。洪武三年重建。”摇氏是石濑的名门大户，自西汉迁至石濑，至今尚有后裔在此生衍发展。

归　珧

归珧（生卒年未详），唐宝历元年（825 年）任余杭县令。当时因水利失修，南湖湮塞严重。归珧到任后，循着汉代陈浑所开南湖旧迹，浚湖修堤，恢复蓄泄之利，百姓得以富实。

825 年—827 年，归珧为蓄泄调节中苕溪、北苕溪的溪水流量，在古县城北五里许，开筑北湖，古称天荒荡。北湖塘高一丈，方圆 60 里，蓄泄调节中、北两苕溪水，受益田地 1000 余顷。以其在县北，故名北湖。旧《志》云：湖在县北五里。周六十里，引苕溪诸水以灌民田。塘上广一丈五尺，下广二丈五尺。其界为：东至南苕溪险塘、东南至西涵陡门、西北至漕桥、西至小横山、北至北苕溪险塘、南至西山。《新唐书 · 地理志》亦载：“唐宝历二年，余杭县令归珧筑甬道，通西北大路，高广经直百余里，行旅无山水之患。”1916 年 5 月，浙江省第二测量队测定，北湖总面积为 53260 亩。北湖筑成后，中苕溪、北苕溪的洪水便可得以分泄，使余杭人民免受洪涝灾害之苦，同时又有灌溉农田之利，使数千顷农田受益。又因县北一带坑洼不平，逢雨，山水骤至，常淹害行旅。归珧取开湖之土，筑西北甬道百余里，使路人免受溺水之苦。甬道起自余杭镇澄清巷尾莲花桥，用鹅卵石砌筑铺设而成，驿道路面宽五尺左右。途经三里铺、邵墓铺、漕桥铺、麻车铺、招兜铺、古城铺、过独松关至安吉县余丰铺。湖堤初筑成时，又遇洪峰，堤塘多次决堤。归珧誓死筑湖，他发誓：“民遭此水溺不能拯救，某不职也。”湖成，归珧卒。余杭百姓念其功德，众称“归长官塘”。县人又称“归珧誓死筑湖”。其归夫人亦与珧，俱死水难。据归珧《传》言：开北湖，筑甬道，其备水患也至矣。虽云筑溪塘时，洪水冲决，功用弗成，珧与神誓，并未言死水难也。

里俗相传,谓县东钱塘界之女儿桥老人铺,为归珧之女及苍头尸漂至此,故名。说明归珧一家全为余杭水利事业献身。陈善《南湖考》称:唐宝历间,县令归珧誓死筑塘,大功克就。更可见死难之说,为后人讹传无疑。明孙应龙《圣夫人庙》曰:“三贤祠畔祀归、陈,庙祀复有归夫人。归夫人,真女士,大水垫吾民,偷生素所耻。嗟嗟!归公夫死尽人臣,妾死殉夫子,照见妾心有如水。嗟嗟!归公死归公不死,夫人死夫人不死。”明代成化年间(1465 年—1487 年),余杭籍明代太子少保、礼部尚书邹干等人士,将“陈明府祠”、“归府君庙”、“龟山书院”在龟山书院旧址合建成“三贤祠”,以示对归珧及陈浑、杨时三位县令的怀念。

盛　度

盛度(968—1041),字公量,祖籍应天府(今河南商丘),曾祖盛锴曾为吴越国余杭县令,爱瓶窑黄山之秀,遂举家从河南商丘迁之余杭。其父盛豫随钱俶归宋,官至尚书度支郎中。

盛度于宋端拱二年(989 年)中进士,历任济阴尉、封丘主簿、光禄寺丞、御史台推勘官、秘书省秘书郎、直史馆、三司户部判官、尚书屯田员外郎等职。时宋辽交战,曾随帝出征至大名(今河北大名东),屡次上书对边防事务提出建议。受命出使陕西,勘察疆域,参考汉唐故地,绘成《西域图》。真宗询问西域地理形势,度详细介绍酒泉、张掖、武威、敦煌、金城(今兰州市)等五郡之东南形势,绘出《河西陇右图》,标明山川、道路、壁垒、区聚,以供备览。真宗称其博学,累擢知制诰、右谏议大夫、翰林学士、史馆修撰、兵部郎中。寇准罢相后,盛度以宦官罪,出知光州(今属河南)。乾兴元年(1022 年)再贬和州(今属安徽)团练副使。天圣初重又起用,复为兵部郎中,迁知筠州、知审刑院、知扬州,加集贤院学士。复为翰林学士,迁给事中。受诏议定流通解池盐法,允许商旅“人钱算盐”。不久,进礼部侍郎兼端明殿学士,仁宗召问边备之计,盛度陈述 10 条建议。景祐二年(1035 年)任参知政事,四年知枢密院事。后坐事,罢为尚书左丞,先后知扬州、泰州、应天府。最后以太子少傅致仕。卒后赠太子太保,谥文肃。

盛度为官清廉,宋人笔记小说中《青箱杂记》有载:盛度为翰林学士时,有个下属孙忭召试馆职,给盛度送礼,盛度大怒:凡送礼的人都是歪门邪道。呵责再三,孙忭惶然失措而退。但在考试后,盛度见孙的文章不错,擢为三等上,不埋没人才,可见盛度的公正。史书上还记载,盛度对贫穷之人多有施舍,而对送礼行贿者则绳之以法。“所至,下贫无赖,多所纵舍;稍有赀者,一切绳之以法”。

盛度勤奋好学,家有不少藏书,每当公事闲暇,即埋头读书,手不释卷。曾与李宗谔等一起编纂《续通典》、《文苑英华》等书,又收集皇帝日常文书和群臣奏章,编成《愚谷集》、《银台集》、《中书集》、《枢中集》和《中书制集》、《翰林制集》、《沿韦制置敕》3 卷、《庸调租赋》3 卷等。《宋史・盛度传》中对他的为人也有微词,说他“性极猜险,虽平居,僚友不敢易语言”。盛度墓在瓶窑镇横山,“太子太傅盛度墓在县东北三十里黄山。”(嘉庆《余杭县志》卷十八《坟墓》)俗称“宰相坟”。

盛　京

盛京(约 965—?)余杭人,盛度之兄。登咸平戊戌(998 年)进士,宋康定(1040 年)初为谏议大夫,出守江宁以老乞便郡诏移海州。天资仁厚,不忍以法绳下,吏民化服,无有欺者。以事去久，而民益思之，仕终尚书工部侍郎。

后十年，子遵甫以光禄寺丞通判海州，岁旱发公私藏粟以廪民，全活甚众，设方略捕盗，辄得。又四十余年，遵甫子仲孙，以朝奉大夫守渑州，期年大治，郡人有“盛使君家儿世世循史”之称。

盛　新

盛新(1100—1160)，字崇德，余杭县人，自幼聪敏，熟习《左氏春秋》，精通《孙子兵法》。南宋绍兴四年(1134)，岳飞攻取襄邓六州后，招募天下奇谋宏略之士。盛新被招，并任命为“指挥使”，跟随岳飞北上抗金，宋兵南渡时，盛新督兵江口一带，后又奉命守卫独松关。

观国山，又称“观孤山”，在老余杭西北15里，旧名“孝行乡”，现为径山镇邵墓桥与长乐桥一带，山高300米，周围3.6公里。金兵至观国山下，盛新率兵与乡人拒之，三日不得进，击退金兵建奇功，事闻于朝，被封为“沂泊侯”，封山为“观国山”，盛新为“观国山神”。

清嘉庆《余杭县志》载：“护国将军墓，在观护(国)山。”

清　觉

清觉(1043—1121)，宋河南登封人，俗姓孔，孔子第五十二世孙。其曾祖父曾在五代后唐庄宗时任节度使、太子太师等职；其父曾考中进士。清觉从汝州龙门山宝应寺海慧出家，遍历四方，于舒州浮山结庵静修20年。

元祐八年(1093年)，清觉入杭州灵隐寺后山白云庵，自创白云教新义，以枟华严经枠为根本要典，主张儒、释、道三教合一，重视忠孝慈善，晨夕持诵礼拜供养，躬耕自活，不沾荤酒。后移居余杭龙门山福地庵、钱塘六和塔后紫云庵。

清觉开创白云宗后，在瓶窑镇西南山建庵(普宁寺)传教，这一派别被后世称为“南山白云宗”。政和六年(1116年)，清觉著《证宗论》，其说法与传统的华严宗不同，而且排斥当时佛教主流禅宗，遭到觉海愚禅师反对，诉之于朝，清觉因被流放恩州(广东)，4年后获赦放还。宣和三年(1121年)圆寂，弟子慧能于余杭县南山之普安院建白云塔安放其遗骨，超山及德清的龙山、乾元山，归安岩山等地皆分葬其舍利。世人尊称其为“通教大师”，所著有《三教编》、《十地歌》、《初学记》、《正行集》等。

元初，孔清觉的传人僧道安(慧照大师)，北上大都觐见元帝，建议雕刻大藏经，得到元帝准许及佛教界权贵的赞同。元至元十四年(1277年)在瓶窑大普宁寺开雕，由普宁寺僧道安、如一、崇善、如贤等管领其事。至元二十七年(1291年)雕刻完毕，得印梵筴本大藏经五千零十卷，共装五百五十八函，世号《普宁藏》。寺僧如莹又将《普宁藏》的总目，编为《杭州路余杭县白云宗南山大普宁寺大藏经目录》四卷出版。后来日本的第一部大藏经——德川时期(1637年—1648年)印行的《天海藏》，即根据南宋思溪本与元代大普宁寺本翻刻成者。

师　范

师范(1177—1249)，字无准，号径山。俗姓雍氏，四川梓潼人。径山禅寺第三十四代住持。南宋绍定五年(1232年)秋，奉宋理宗御诏主径山法席。次年七月，理宗召师范入修政殿奏对，师范在奏对中，答词详细明了，深得理宗赞赏，命于慈明殿升座说法，理宗亦垂帘而听。说法后，参政陈贵谊向理宗奏说："师范说法，简明直截，有补圣治。"理宗喜，遂赐"佛鉴禅师"之号，并赐缣帛金银等物于径山。

师范主径山时期，绍定六年（1233 年）和淳祐二年（1242 年）径山寺两次遭火灾。师范不辞辛劳，两次营建，所建规模越旧时，功盖前人，道声远振，向其求法拜师者甚多。就其法嗣说，有据可查的有雪岩祖钦、西岩了惠、环溪惟一、别山祖智、无学祖元、退耕德宁、断桥妙伦、兀庵普宁、圆尔辨圆（日本人）、妙见道（日本人）、了然法明（朝鲜人）、随乘房湛慧（日本人）、性才法心（日本人）、樵谷惟仙（日本人）等。日本佛教临济宗杨岐派，主要是圆尔等人在径山寺从师范禅师处得法后回国发起的。当时曾有"双径为道之所在"的说法，把师范的法嗣法孙称之为"佛鉴派"。

淳祐八年（1248 年）秋，于径山明月池之上建一室，名为"退耕"。退耕室建成后，向理宗申奏退休。淳祐九年三月十五日，师范亲书遗表遗书，并对弟子嘱后事。十八日黎明，索笔书偈而逝。其偈云："来时空索索，去也赤条条。更要问端的，天台有石桥。"终寿 73 岁，其弟子尊师命，奉其全身葬于瓶窑西安寺村的万年正续院之侧。著有《会宗录》。

柴 车

柴车（1375—1441），字叔舆，钱塘柴家坝人。明永乐二年（1404 年）举人，选为兵部武选司主事，后任员外郎、江西右参议。永乐八年（1408 年），皇上朱棣率军北征，柴车随从尚书方宾扈行。回来后升为江西右参议。后因犯有过失，降为兵部郎中，出京任岳州知府，后来又入京任郎中。

宣德五年（1430 年）柴车擢兵部侍郎，受命往山西大同处理豪家多占屯田案，柴车严查细勘，收回田地近 2000 公顷。明英宗初期，西陲多有外族人叛乱。皇上因柴车廉洁而有才干，命他协助赞理甘肃军务。柴车调动军队，供应粮饷，都很合宜。当初，朵儿只伯入侵凉州，副总兵刘广兵败丧师，不据实上报，还粉饰功劳以邀赏赐。柴车弹劾他的罪状。刘广被押送到京师，皇上赐给柴车金币，以表彰他的正直。岷州土官后能冒功获得升赏，柴车奏请给他加罪。后能又上书请赏，皇上命令宽宥他。柴车反复论奏说这样不行，他说："像后能这样欺诈的人，实应罚做苦役，臣正在逐步调查。现在宽宥后能，何以管治大众？如果无功可以得官，那么捐躯死敌的人，又怎么对待他们呢？"朝廷虽然批准了后能的请求，但都赞柴车贤明，派使者去慰劳他。正统初年（1436 年），西部边境不靖，英宗以柴车廉干，命协甘肃军务，调军筹饷得宜，副总兵刘广丧师，反饰功邀赏，车劾其罪。岷州士官后能冒功得升赏，车反复奏请加罪，朝廷遣使嘉其贤。正统三年（1438 年），柴车以击破朵儿只伯之功，得增加一级俸禄。他在边防，上了数十篇奏章，都切中时弊。同事多不高兴，柴车却更坚持自己的意见。他曾建议说：漠北来投降的人，朝廷把他们留在京师，虽然给了他们优厚的封赏，但其心终究与我们不同。如长脱脱木儿，当初随他的首领来归附，不久却又叛去。如今又来，怎知将来他不再叛呢？宜将他迁到江南，让他与他的族类分开。此事下到兵部，兵部请把他安置到河间、德州一带。皇上的回报批准了。后来来归降的人都按此令执行。柴车检查被豪门占去的屯田，全部清了出来，共得六百余顷。正统四年（1439 年），柴车升为兵部尚书，仍参赞边务。不久命他兼理陕西屯田。正统五年（1440 年），朝廷召回柴车，命他与佥都御史曹翼每年轮流出去镇守。到期时，柴车病重，诏派大理寺少卿程富代替曹翼，而命柴车回来治病。柴车还来不及动身，正统六年（1441 年）六月去世。正统六年(1441 年)六月卒。归葬瓶窑西中村和河中村交界处骆家山麓。柴车在江西时,因采办木材入四川,经过广信。广信长官是柴车的老朋友,赠给他一坛蜜。柴车揭开一看,却是白金。柴车笑道:“你还是不了解你的故人。”推辞不收。在边塞的同事多以宴乐为豪华,柴车很厌恶,便戒掉了酒肉。后人将柴车和于谦相提并论,明代黄道周《节寰袁公传》:“二三贤士大夫黾勉戮力,柴叔舆以质实匡襄于先,于廷益以骏烈克巩于后。”其评价确是非常公正的。《明史》卷一百五十七《列传第四十五》有柴车事迹。明万历《钱塘县志》“纪制·墓”记载:“尚书柴车墓在大遮山之西原。”

田艺蘅

田艺蘅(1524—?),字子艺,号香宇,明钱塘人。十岁时跟随父亲游姑苏、滁州、金陵等地,好吟咏。一日,过采石,即景赋诗:“白玉楼成招太白,青山相对忆青莲。寥寥采石江头月,曾照仙人宫锦船。”十五六岁的时候“南游楚,逾五岭,骖鸾八桂。”成年后又自吴越北入齐鲁、燕赵,足迹所致大半个中国。田艺蘅自幼好博览,凡天官、舆图、兵法、医卜、外典无不涉猎。明嘉靖年间岁贡生,但举业偃蹇,七举不遇。仅官安徽休宁县训导,后罢归。每日放浪西湖,日逐声乐、妇女、狗马、剑鞠、掷搏之事。当时人说他“几死于醉”、“几死于色”、“几死于水”,甚至“殒于骑”、“危于讼”、“险于盗”、“伤于烧丹”,偶尔还被黑社会头目追杀,“终不能死……行径大自奇僻。”

田艺蘅所居地近寡山(今属仓前镇),“有洞曰‘品岩’,石阙窿然,轩厂空朗,上有三穴仰天,大小石梁纵横斜界,故旧名三穿洞”,陈应时为其书四言诗,刻于洞口。筑香宇别墅、寡山书院,与余杭蒋灼,塘栖吕需、俞润之相友,倡和颇多。客至,即具座酬唱,斗酒百篇。田艺蘅在长命筑有“长明别迪箩”。客至,即具座斗酒酬唱。

明嘉靖三十四年(1555 年)正月初七,倭寇入侵,数万众掠塘栖镇。田艺蘅从巡抚阮鹗守杭州武林门。瓶窑镇系余杭紧关隘口,四月,知县吴应征分拨乡义兵 2000 名,又调石濑、双溪兵并力防守瓶窑镇,悉听生员田艺蘅操练调遣,督练乡兵。田艺蘅作诗明志,云:“郡邑几成空,能无保障功。身惭一乡望,名属万夫雄。阵卷蛇游雾,旗翻虎啸风。从来投笔志,况复抱孤忠。”(《海寇猖獗·纠集义兵扬师有作》)“谩信天时远,还居地利偏。山溪原设险,挺刃可乘坚。敌忾千人合,兵衡四镇连。君家多秘术,莫惜圮桥编。”(《调石濑双溪兵驻札瓶窑镇简张少府》)每当倭寇骚扰和平居民时候,田艺蘅总是自发组织起义民保障社里。议论时事慷慨激昂,其言说为别人不敢言说。

虽然田艺蘅最终以岁贡生为徽州训导(一说以贡教授应天),后来以年龄偏大的原因辞职而归于家中。本来高旷磊落的他,至老愈豪,朱衣白发,挟两绛衣女奴,坐西湖花柳下,观者如堵,但田艺蘅视而不见,一副傲然出世的样子。客至,即具座酬唱、斗酒挥毫诗文。

田艺蘅以博雅闻尤好嗜奇,世人常拿他与名士杨慎比。其最有代表性的作品是《留青日札》。时人评价《留青日札》“所载博物通雅,抚时悼俗。或徵、或谑、或经、或怪、或质已闻、或标独解。”田艺蘅在《留青日札》是这样剖析自己的:“以尔为人,则无所事。以尔为官,文非所志。时与命违,神将名忌。直而好言,和尔弗媚。戆嫩本呆,醒狂若醉……心以澹存,貌因幻奇。”

田艺蘅学识既广,著述宏富,世人比之杨慎。著有《田子艺集》、《玉笑零拾》、《大明同文集》、《诗女史》等书,今传世的有《香宇集》34 卷、《留青日札》40 卷、《煮泉小品》1 卷。

“根据田艺蘅《香宇集》卷三《哀母》一诗:‘甲申季春,九日之巳。伯氏梦征,举余小子。寝我以床,弄我以璋……’古代称生子为‘弄璋’,这个诗说的是田艺蘅出生的情况。说明田艺蘅生于明嘉靖三年三月初九日,即 1524 年 4 月 12 日。”(浙江大学王宁硕士论文《田艺蘅研究》)

魏之琇

魏之琇(1722—1772),字玉璜,号柳洲,清瓶窑镇人。出身于世医之家,幼时家道清贫,曾在质库(当铺)做工,白天工作,夜则刻苦学习。生平喜欢诗画,尤好医学。历时 20 余年,贯通医理,遂悬壶行医,知名于时。他在《岭云诗钞自序》中略曰:“余幼而孤贫,长益落拓,以手业自给,几二十年矣。居恒好为韵语以自娱。甲戌岁,获交鲍子以文,以文工诗而富于书,每商略前人,与余见多合,而尤爱余诗。抑余实未尝学问,任意为之,夫好为而寡学者病也。余又粗知医,而不能自疗其病,兹以文之梓余诗,殆欲示善医者以疗之乎?”

魏之琇悉心研究前人治肝法,汲取他人祖方精华,结合自己的临证心得,创制“一贯煎”。不仅纠正胃脘痛治疗的用药偏颇,而且将此方推广于胁痛、吞酸、症瘕、疝气等一切肝病,为肝病学说作出贡献。其养阴用药,药味一般在三五味之间,很少超过 6 味以上,而每药用量少则 5 钱,多则二三两,药少而量大,颇具特色。

乾隆三十五年(1770 年),以明江瓘之《名医类案》尚有未备,遂予以补充,著《续名医类案》。另有《柳州医话》等,均行于世。《续名医类案》是魏之琇继明江环《名医类案》之后的一部中医医案巨著。该书集录了清初以前历代名医临证的验案。原书六十卷,是魏氏草创初稿,后经王孟英删定为三十六卷,计三百四十五类病证,内、外、妇、儿、五官等科病症兼备。各案均列姓名、年龄、病症、治则方药,其用药,品、量俱详,一病有数案,诊治方法各异,以变证咸备见长。所录验案治法众多,不仅重视药物疗法,且对针灸、单方、外治、心理疗法等验案也予收录。魏氏及王士雄按语,分析各案得失,或辩驳纠正,或引申发挥,对后学很有启发。王士雄将《续名医类案》中魏之琇所加 85 则按语,10 则单方约万字从书中辑出,加评注予以阐发,汇成一卷,取名为《柳洲医话》,又名《柳洲医话良方》,于咸丰三年(1853 年)刊行于世。所涉内容广泛,语多中肯,文辞流畅,简要明确。著有《岭云诗钞》、《柳州遗诗》。清阮元、杨秉初《两浙輶轩录》载魏之琇诗 17 首。

民国《杭州府志》卷一五〇《人物十一》载:魏之琇,字玉横(或作玉璜)。钱塘布衣。少佐计于瓶窑质库,画营所职,夜读书,为同事所厌,又夜禁灯火,乃坐帐中障灯默诵,兼攻岐黄书。业成辞归,悬壶卖药。復为市扇作画,置扇于前,摊卷于左,手丹墨,口伊吾,不知惫也。诗甚工,为《落花》诗至五十首。吴鸿极赏之,延至奥东学幕。鲍廷博刻其《岭云诗钞》。后悔少作,自删定,即胡涛、项墉与廷博復刻者也。晚年以医自给,辑《续名医类案》60 卷,以补江瓘所未备。採取宏富,间有辨论。自述医案数十,其治胁痛、胃脘、疝瘕诸证,收效极神。

胡万成

胡万成(?—1857),瓶窑镇西坞村木象畈人。孔武有力,粗识文墨,平时急公好义,帮扶弱小,抑制豪强,乡里之间有威望。西坞、石门一带民间有传说,说胡万成身高七尺,能挥舞二百多斤重的石担,平时帮扶弱小,打击豪强,在乡里之间有很高的威望。对朝廷的暴政和地方官吏的腐败极为不满。

清咸丰年间，太平军兴，胡万成准备起事响应，时清政府要求地方办团练自保，北乡（今黄湖、双溪、瓶窑、百丈、鸬鸟等地）民众共推胡万成为头组织团练。胡万成借办团练积聚力量，聚集起万余人马，于咸丰七年（1857 年）五月初四，在潘板桥感塘村举旗起义，义军直扑余杭县城，知县刘玉衡等望风而逃，胡万成进城，义军纪律严明。

清杭嘉湖道叶堃领军镇压，胡万成拒战失利，兵退至石门坛石寺，由于内奸张鹤群（同办团练的双溪乡绅、秀才）的出卖，坛石寺被围，胡万成突围不成而被俘遇害。胡万成起义虽然仅七天，但其影响极大，尤其是余杭县城被攻占，使浙北门户天险独松关形同虚设，又切断了浙西通往安徽、江西的通路，切断了省城杭州的粮道。

仲学辂

仲学辂（？—1900），字昴庭，清钱塘仲家村（今属瓶窑镇）人。清同治元年（1862 年）举人，授宁波教授。生平博览群书，好宋代程颐、程颢之学。尤精医，善用古方，稀用峻药，常药到病除。初行医于宁波一带，后于钱塘开设抗垣医局 20 余年，详解开示，传先师之学于后世。章炳麟与仲家为姑表亲，常相互切磋医术。章炳麟在《仲氏世医记略》一文中称：“先生独祖述仲景，旁及孙思邈、王焘之长，以近世喻、张、柯、陈 4 家语教人。病应汤辄效，人以为神。”时俞曲园疾病委身，恨俗医下药反而增人病情，发愤作《废医论》，卧床以待天命。后经仲学辂医治，病始愈。不禁感叹：“道未绝也！”

清光绪六年（1880 年）夏，慈禧太后疾病缠身，诸太医束手无策。为此，征召天下良医入宫诊治。浙江巡抚谭钟麟举荐鹾尹（盐运使）如皋薛宝阳（字心农）及训导（淳安县教谕）仲学辂进京为太后诊治。据薛宝田《北行日记》记载，被推荐的良医，皆为名医世家，而非一般悬壶行医之人。如另一位连书樵为湖南新宁县令，亦为精研医学之人。薛仲二人进京入宫，先经太医院测试认定二人精通医学脉理，方准许入宫诊治。经过一个多月的治疗，太后病愈。二人颇受清廷赞许。皇上令内务府招待，游皇家花园西苑。挽留其在京供职，仲学辂婉言恳辞。关于给慈禧太后看病，光绪六年八月十六日（1880 年 9 月 20 日），马文植在日记中记录：“微雨，黎明进内，仲昴亭（仲学辂）、薛抚屏（薛福辰）、赵德舆（赵天向）请脉，公议立方，去益智仁，加霍石斛一味进呈。赐饭毕，太后旨下，命马文植至宝公府为福晋诊脉。福晋为慈禧皇太后同胞姊妹，故又命佟医士及内务府司员翁同往，着李总管先行知道。遵旨退出，前往宝公府，门卫森严，规模壮丽，文植进诊，审是颠病，已十年卧床不起，但食生米，不省人事。诊毕，辞不可治。公爷坚命立方，因拟泻心汤加琥珀、龙齿、麦冬、竹茹。辞出。”薛宝田作《北行日记》也记述了在宫中四十三天的治疗过程，从太后的病因病机、病理病状到辨证论治，先后使用了养心汤、保元汤、归脾汤、逍遥散四个基本方剂，加减调方二十余次。

返浙后，仲学辂因十分仰慕明末清初钱塘侣山堂的治学精神，便遵前贤遗愿，在钱塘设杭垣医局（章太炎《仲氏世医记》记载为“浙江医局”），不但行医治病，且承袭侣山堂遗风，集同道、弟子论经、讲学，几近二十年。章太炎在《仲氏世医记》中赞之：“先生（昴庭）独祖述仲景，旁及孙思邈、王焘之长，以近世喻（嘉言）、张（志聪）、柯（韵伯）、陈（修园）四家语教人，病应汤辄效，人以为神。”他在研经、讲学中，考虑到本草学无善本可读，遂以张志聪《本草崇源》为纲，根据《本草经读》、《本草经解》、《神农本草经百种录》等资料，汲取《侣山堂类辨》和《医学传真》中的论药内容,集众家之长,增补辑校,撰成《本草崇源集说》(刊印于清宣统二年,即1910年)。教导后人读书探源衡今,类辨同异,析疑解谬,以药论性,因性论方,因方论治,因治论病氲《本草崇源集说》一书成为昴庭先生留于世间唯一的一部医药著作,传承发扬了侣山堂医派的医学思想,是国内清代本草药颇具影响的巨著。特别是江、浙一带影响较大。仲对侣山堂学派的另一贡献是,编印《内经集论》、《黄帝素问直解》等医籍。当时此书罕有存者,大有失传之势,后广为搜集,终获完本。后付浙江官医局重刊,流传至今,颇具功绩。仲学辂不但精医,对故乡水利事业也十分关心,著有《钟邑苕溪险塘杂记》、《南北湖开浚记》等文。卒后葬于仲家村故里,后迁葬瓶窑镇窑山。

孙锦文

孙锦文(1895—1965),字庭奎,雉山村西庄人,纺织业专家。自幼就读瓶窑小学,后考取杭州甲种工业学校,与夏衍、汪馥泉同学,参加过“五四”运动,毕业后赴日本留学。回国后在上海申新九厂任技术员、工程师。为厂长荣毅仁所赏识,任机械技术科科长。为桑梓出力,提携瓶窑、长命、安溪等地青年数百人去上海工作,培养出一大批纺织业专门人才,大都成为上海纺织业的技术骨干。

王斐声

王斐声(1919.6 — 2011.12),女,又名王秀姣,彭公乡长岭村人(今属瓶窑镇塘埠村),大学妇科专业毕业。1953年去中国香港,70年代与丈夫同去尼日利亚拉格斯投资创业。经过多年经营,成为尼日利亚搪瓷、玻璃、钢铁、塑胶等领域有名望的家族企业。1986年,王斐声的丈夫被尼日利亚王室封为工业区酋长,并获得首席工商长老的勋衔,王斐声则成为尼日利亚受勋的第一位华侨夫人。1988年,时任香港万利隆集团公司董事长的王斐声被聘为浙江省海外联谊会第三届理事会名誉理事。1995年,王斐声从美国回杭州定居;2002年,王斐声到上海与儿子朱立琦同住,安享晚年。

2011年12月王斐声去世后,其子朱立琦,遵照母亲生前爱国爱乡造福桑梓的心愿,设立“瓶窑镇第一中学王斐声奖学金”。至2017年,6年间,共出资40万元,奖励优秀学生235人。

方　正

方正(1936—2000),又名方英华,石濑村人,中共党员,高级工程师,知名物理学家。早年毕业于北京大学地质系,供职于上海市海洋地质调查局,后任上海市物理学会秘书长、科技咨询部主任等职,生前经常参加国际学术研究活动。2000年,在上海病故。

第二章　人物简介

陈李云华

陈李云华，原名李云华，女，1922 年出生，瓶窑镇石濑人。1946 年，离开内地，嫁与陈占美，名陈李云华。夫妻俩从做服装生意开始，发展到百货、交通、旅游等行业，创出誉满港岛的“高登眼镜”品牌，开设陈占美集团公司。

1990 年，捐赠人民币 50 万元建造良渚云华幼儿园；1992 年，捐赠人民币 10 万元用于瓶窑镇石濑村自来水工程；1999 年，分别捐赠 40 万元和 30 万元用于石濑村建造村级水泥路和“良渚云华幼儿园”第二期工程；1997 年以后，连续 8 年给予余杭区 14 位孤寡老人每人每年生活补助 1500 元，计 16.8 万元；2008 年，又为鸬鸟镇中心幼儿园建设捐赠 115 万元，向浙江大学城市学院捐赠 200 万元，向淳安浪川乡捐赠 40 万元；并为良渚镇罗家荡村修桥铺路，向良渚博物馆、良渚小学等单位赠送各种设备，累计捐赠 350 多万元。1994 年，还投资 1 亿元，在上海南京东路建造置地广场、设立海门登有限公司和捐赠图书馆及 4 所学校。为浙江余杭海外联谊会名誉会长，余杭区特邀政协委员。

张彦才

张彦才，生于 1923 年，江苏高淳人，中共党员。1950 年参加工作，1959 年任大观山种猪试验场奶牛场场长。因工作成绩突出，1962 年被浙江省人民政府评为浙江省劳动模范。1984 年退休，现住瓶窑上窑居民区。

施俊文

施俊文，生于 1925 年，字新范，东皇坞村人。中华人民共和国成立前，毕业于国立海疆学校教育系，1949 年去台湾，先后兼任台湾海洋学院、私立“中国文化大学”、淡江大学等学校的企业管理、行政学等课程教授。著作有《西洋文化大纲》、《我国历代地方教育之研究》、《青年活动及其发展趋势》、《管理学概论——现代管理之原则及其应用》等。1972 年，国父纪念馆管理处成立，任首任处长。网罗台湾的专家学者及书画名家，编撰《建国复国大业史画》、《中华伟人画家传》。

汪柏铭

汪柏铭,生于1932年。中共党员,1951年参加工作,一直在粮食系统工作。1953年参与余杭县无虫粮仓建设,为无害虫、无变质、无鼠雀、无事故“四无粮仓”的创建打下基础。历任余杭县仁爱区粮库职工、余杭县城关粮库副主任、瓶窑粮管所党支部书记、所长等职务。1955年,汪柏铭获团中央“青年社会主义建设积极分子”称号,受到毛泽东、刘少奇、周恩来、朱德等党和国家领导人的接见;1956年获浙江省先进工作者称号;2014年,获国家粮食总局授予的“新中国四无粮仓创建者优秀代表”荣誉证书。

徐玉林

徐玉林,生于1933年3月。长命公社北村大队民兵。1964年,在民兵中推广郭兴福教学法,全县掀起大练兵活动。除将射击、投弹、刺杀、土工作业和利用地形地物五大技术作为共同课目外,还对民兵担负的具体任务开展不同的训练内容。训练明确要求基干民兵达到会打炮、投弹、利用地形地物、站岗放哨、防空等“五会”。全县民兵还广泛开展以军事训练为中心的军事野营活动,一般有射击、投弹、行军、战术演习。是年,徐玉林因步兵六大科目全部优秀,赴北京参加全国民兵代表大会,获奖一支半自动步枪(后交地方人武部保管)。

吴建军

吴建军,生于1954年9月,1988年,吴建军作为彭公乡人民武装部部长,维护备战坑道成绩突出,被评为全军国防工程维护先进个人,受到总参谋部表彰。

葛彩娟

葛彩娟,生于1952年,女,石濑村人,中共党员。1991年起,任石濑村支部书记达12年。因工作积极,成绩突出,1990年3月,被中华全国妇女联合会授予全国“三八”红旗手称号。

吕培良

吕培良，生于1953年，翁家村人，种粮大户。1989年—1998年，年均承包粮田约4公顷，累计向国家售粮39万公斤，曾获余杭县委、县政府颁发的售粮超万斤证书和手扶拖拉机1台。1999年以来年承包粮田2公顷，每年向国家售粮1.3万公斤。1993年，被评为杭州市劳动模范。1995年，被评为浙江省劳动模范。

徐晓芸

徐晓芸，生于1957年，女，瓶窑镇人，中共党员。1980年任瓶窑中学政治教师，从事农村中学思想政治课教学20余年，现任余杭区高级中学教务主任。1994年，被评为余杭市“三八红旗手”、“女状元”、“优秀共产党员”、杭州市“巾帼建功”先进个人；1997年，获省教育委员会“省优秀思想政治课教师”荣誉称号；1998年，获“全国模范教师”称号。1997年，在全国中学思想政治课教学研讨会上开设“小课堂、大社会”的教学模式讲课。教研成果显著，撰写的论文在市级以上获奖和发表的有15篇(次)，其中《举纲张目，学得轻松》获国家级三等奖，《读政治课教学中的知识整理》获省级一等奖。3次承担和主持省级、国家级课题的研究。1991年和1995年先后两次被破格晋升中学一级和中学高级教师专业技术职称。2000年，成为浙江省第七批特级教师。

蔡大生

蔡大生，生于1958年，祖籍湖北黄陂，1958年生于杭州，高中曾就读于瓶窑中学。著名华人歌唱家，瑞典大剧院、挪威国家歌剧院、哥德堡歌剧院终身演员。1988年于上海音乐学院毕业后赴瑞典参加国际歌剧歌唱家大师班角逐，荣获瑞典最高艺术基金奖并留学该国。至今已在意大利、法国、德国、英国、比利时等20多个国家演出近40部歌剧、音乐剧等，是挪威国家歌剧院终身演员。为华人艺术家在世界舞台上登台最多的歌唱家之一。2006年，被聘请为杭州市委市政府的文化顾问，浙江传媒学院音乐学院名誉院长，音乐舞蹈系名誉主任。

刘锦惠

刘锦惠，生于1963年，西坞村人。少年时就读瓶窑中学，1980年考入杭州大学区域与城市科学系，1984年毕业留校任教，1986年考取研究生。1990年，赴德国留学，就读于富赖堡大学、卡尔斯鲁厄大学、波恩大学，取得博士学位。2000年，就职于德国克赖尔斯海姆肠衣有限公司，后回国在中德合资杭州利德肠衣有限公司任外方代表。曾参与《浙江省海岸带调查》课题获省科技进步一等奖，并有多篇论文获奖。

李春霞

李春霞,瓶窑镇杨梅坞社区党委书记。2004年,李春霞进入杨梅坞社区工作,2007年担任杨梅坞社区党委书记。其间,李春霞先后创造出“125”社区管理工作方法、“老旧社区党建文化”社区党建工作新机制。她所在社区先后获得浙江省体育先进社区、老龄规范化社区、杭州市和谐社区、充分就业社区、文化示范社区10余个省市荣誉及余杭区五星级服务社区、民主法治社区等20余个区级荣誉。杨梅坞社区党委是区级先进党组织和余杭区创先争优基层党建示范点。她本人先后获得“杭州市魅力社工”“余杭区优秀共产党员”“余杭区先进社区工作者”等荣誉称号,是连续两届的区级行风监督员,并作为瓶窑镇唯一来自社区的基层党代表参加余杭区第十三次党代会。2013年4月,在市劳动模范和模范集体表彰大会上受到表彰。

俞国富

俞国富,生于1970年。瓶窑镇彭公村冷水坞人,中共党员,瓶窑镇彭公村村委会主任,2009年,被民政部授予“全国优秀复员退伍军人”荣誉称号,并受到胡锦涛等党和国家领导人接见。

瓶窑镇十佳影响人物(2009年)

徐建杭　革命烈士,生前是瓶窑镇平安巡防气队队员。2006年10月29日凌晨,徐建杭随同瓶窑派出所民警追捕5名正在彭公加油站附近偷盗柴油的犯罪嫌疑人过程中,英勇牺牲,年仅34岁。区委政法委作出《关于开展向徐建杭同志学习活动的决定》,区综治委、区见义勇为基会授予徐建杭“余杭区见义勇为勇士”荣誉称号,发给奖金1万元;杭州市见义勇为基金会授予“杭州市见义勇为积极分子”荣誉称号,发给奖金1万元。省人民政府于2009年5月8日正式批准徐建杭同志为革命烈士,颁发“中华人民共和国烈士证明书”,徐建杭烈士的家属依照《军人抚恤优待条例》的规定享受死亡抚恤。

施奇强　20多岁到乡镇企业参加工作。由于工作出色，1999年任车间主任，并光荣地加入中国共产党。2003年，施奇强感到眼睛不适，随后视力不断下降。经查系葡萄膜炎，继发新生血管性青光眼。2006年3月，他在余杭区残联的帮助下，学习盲人按摩技术，当年7月上岗，做按摩期间，他左眼持续恶化，就医省人民医院，专家告诉他必须摘除左眼。当他得知自己的眼角膜仍然完好的时候，决定把眼角膜捐献给金华义乌一小女孩，成为全国首位活体捐献眼角膜的人，他的事迹经过杭城媒体的报道，立刻在社会上引起极大反响，中央电视台《焦点访谈》栏目也对他作专题报道（详见丛录）。2006年，被评为首届感动余杭十佳人物，2008年5月18日被选为北京奥运会火炬手。

汤国华　杭州华达集团创始人，1991年成立矿产品经销部，靠3个人、3张桌子、3万元资金起家，进行矿山开发与深加工业务和外贸出口。至2009年，华达集团公司已拥有全资子企业11家，合资企业4家。2008年完成销售总额22亿元。参与瓶窑镇旧城改造及窑山花园、汇观山花苑、瑞达城市花苑、北湖绿洲花园、华达农贸市场等建设。2006年2月，在驻马店市南部地区投资2.5亿元，开发建设14万平方米的“华达西湖城市花园”。在河南收购嵩县钼矿，还进入陕西渭南市进行多元素共生的多金属矿4的勘探。汤国华热心公益事业，累计向公益事业捐助的资金已逾300余万元。2008年5月12日，四川省汶川地震，捐助100余万元，组织集团员工捐款20余万元。2005年当选举余杭区人大代表，2006年荣获区优秀企业家称号，2007年当选任湖州市长兴县政协委员，获得杭州市第三届（2006年—2007年度）“优秀社会主义事业建设者”光荣称号。受到了杭州市委、市政府通报表彰。

葛彩娟　（有人物简介）原石濑村党支部书记，全国“三八”红旗手，多次荣获杭州市、余杭区优秀共产党员称号。葛彩娟自2002年从书记岗位上退下来之后，继续保持共产党员的本色，讲党性讲原则，模范履行党员义务，处处以自己的实际行动影响着周围的人。作为朱家堰组的村民代表、妇女组长，按时完成民主、社会保障，“清洁余杭”等项工作。

沈祝其　余杭区苕溪堤防河道管理所所长。在1996年“6·30”特大洪灾中，西险大塘乌龙涧段由于还未达到二十年一遇的标准，在超历史高水位的重压下，堤身因渗漏出现50米长的严重滑坡，堤顶宽度从4.5米减少到80厘米。危急关头，沈祝其会同省水利厅等各级水利专家制定出抢险方案，同时他按照上级领导的指挥，及时进行人力、物资的调配，在水利专家和广大群众的合力拼博之下，西险大塘终于转危为安。在其他多次水利工程抢险中，他均参与抢险技术方案的制定和人员物资的调配工作,确保了水利工程的安全。在几次特大洪水面前,东苕溪(杭州段)的各项水利工程都能够安全运行,经受住了严峻的考验。作为区、镇人大代表,沈祝其也非常关心瓶窑镇城镇的发展和建设,争取资金美化西险大塘瓶窑集镇段堤顶路面,浇筑了沥青,堤背路面上安装了路灯,修建堤边小花园,使西险大塘成为当地一道美丽的风景。1997 年,沈祝其被评为杭州市建设功臣,同年被水利部太湖流域管理局评为治理太湖工程先进个人;1998 年,被评为余杭市劳动模范,同年被评为杭州市劳动模范。1996 年、1997 年、1998 年被中共余杭市委评为优秀共产党员。

沈要刚　农民高级技师,杭州市农村实用人材培训师资骨干,余杭区农民素质教育讲师团成员之一。沈要刚先后被评为全国科普惠农带头人、全国绿色小康户、杭州劳动模范、浙江省科技示范能手、杭州市科普先进个人,享受杭州市政府特殊津贴,连续 12 年获省级科技示范户荣誉。是第九、十届杭州市人大代表,第六、七、八、九届杭州市余杭区政协委员。沈要刚在 20 年的早竹笋栽培实践中总结出早竹"春笋冬出"实用技术,编写《早竹笋栽培与加工新技术》一书,先后编印 4 个版次共 1.5 余册,向广大农民群众发放。该实用技术还入选《杭州市余杭区农民素质教育工程之农业实用技术培训教材》、《杭州市新编都市农业实用技术》和《杭州市都市农业实用技术宝典》。由他主持实施的《早竹"春笋冬出"技术推广》和《早竹"春笋冬出"持续高产技术推广》两项"金桥工程"分别获得杭州人民政府颁发"金桥工程"优秀项目一等奖和浙江省科协"金桥工程"三等奖,《5000 亩早竹"春笋冬出"示范基地建设》获余杭区人民政府科技进步二等奖。2004 年,沈要刚牵头组建瓶窑竹笋专业合作,2009 年组建杭州余杭联一竹笋专业合作社,他还牵头组建了余杭区竹笋研究所并任所长,为产业发展提供技术后盾。

金少闲　原彭公乡成人文化技术学校校长,全国教育系统劳动模范。金少闲于 1950 年踏上教育工作岗位,整整 39 年一直在地处山区的彭公乡小学教书,白天在小学教书,晚上到夜校辅导,开展扫盲工作,使原彭公乡石濑村成为全乡第一个无盲村。1981 年 9 月,金少闲调任彭公乡成人教育专职干部,认真推广石濑村的经验,由点到面的开展扫盲工作,1984 年,彭公乡实现了青壮年基本无盲乡。1983 年,筹备和创建彭公乡成人教育中心学校,并负责全面工作。1984 年 4 月,任彭公乡中心小学党支部委员,是年办起乡农民业余技校。他先后多次被评为余杭县教育系统先进工作者、县两个文明建设工作者、县劳动模范。曾当选为县六、七届人大代表,县七届党代表、市五届政协委员。1988 年 7 月,经余杭县人民政府批准成立彭公乡成人文化技术学校,金少闲被余杭县教育委员会任命为校长。1989 年 9 月,被评为全国教育系统劳动模范,他写的《开展农村成人教育工作浅淡》一文被收入国家教育委员会人事司组织编写的《中国中小学校长群英集》,以《办学八年,稳步前进》为题,被教育部编入《开创农民教育新局面》书中。

胡祖尧 杭州双金机械有限公司创始人。杭州双金机械有限公司主要生产矿山机械产品，自主研发的SJ1400型园锥式破碎机集各同类机器的优点于一身，通过国家权威部门“洛阳矿山机械研究所”鉴定确认。该机器各项经济、技术指标都达到和超过了国家标准。年销售将突破2亿元。公司拥有三项国家发明专利，被汽定为浙江省高新技术企业，“双金”商标被评为杭州市著名商标。专利产品双金踢板被国家科技部列入“火炬项目”，专利产品石料分级用筛网板被认定为浙江省高新技术产品。公司拥有冶炼、热处理、机械制造等三大优势。产品除满足国内客户外，长年远销到意大利、澳大利亚、美国等国家和地区。胡祖尧多次被余杭区人民政府评为余杭区残疾志愿者先进个人、余杭区劳动模范等荣誉称号。他主动申请放弃福利企业减免的优惠政策，为50多名残疾人安排工作。为全公司400多名职工购买养老、医疗保险和其他各种险种，为临近农村慷慨解囊数十万元用于修路、筑桥等公益性事业，他关注老龄事业，与贫困户子女结对，资助他们完成学业。

董文龙 窑北村村民委员会主任。26年的农村工作使董文龙成为一名具有丰富农村工作经验的村干部，农村的大事、小事他都了如指掌。为使农村各项设稳步向前，他投入巨资加强农村基础设施建设，完成全村的道路硬化并逐步开展散户农户道路硬化工作，把老百姓最需要解决的问题，摆到首要位置来做。加强村委班子内部管理，村级各类考核都名列前茅。董文龙非常乐于帮助有困难的群众，尤其是低保困难户。群众一有困难，董文龙总是尽力相助。低保户张如琴的女儿、低保户潘金根的儿子学校毕业没有工作，董文龙就千万百计联系企事业单位，帮助解决工作问题。协低保户残疾人王志根以养鸡谋生，开始了致富梦想。严谨的工作作风，平易近人，乐于助人的精神，使董文龙获得了较高的支持率，每届选举他总能高票当选，在村民中有着良好的声誉和号召力。他本人也多次获得区、镇先进个人称号，2007年获连“十佳村干部”荣誉称号。

葛建水 余杭区第三医院口腔科主任。葛建水担任科主任以来，科室业务量，呈持续快速上升发展态势，门急诊量年均增长率近30%，业务水平与业务量在区属医院口腔科均名列前茅。他主持科室开展的医疗服务项目基本涵盖了口腔内科、外科、修复、正畸各学科，方便了当地患者就医，还吸引了周边地区的患者前来就医。精湛的医术、高尚的医德，使他成了远近闻名的牙医，他时刻关注口腔医学的最新进展，参与临床科研工作。业余时间学习大量的专业书籍，参加各类继续教育学习，先后到浙江大学附属二院、邵逸夫医院、浙江省口腔医院、上海第九人民医院进修学习和参加培训。率先在当地开展口腔固定正畸他个人现代根管治疗、牙科美容治疗等，并引进新技术、新项目10余项，先后在《浙江医学》，《口腔医学》，《实用口腔医学》等杂志发表多篇医学论文。

瓶窑镇见义勇为勇士

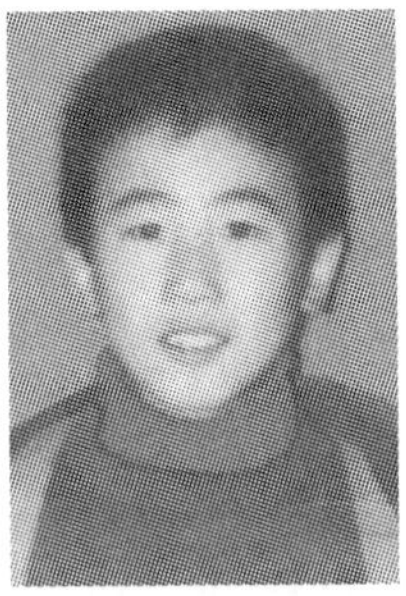

周朝龙(1994—2006),瓶窑镇奇鹤村奇坑6组人。2006年,为抢救一位7岁落水儿童,不幸牺牲。精神可嘉,被杭州市批准为见义勇为勇士。

江维建、江勇,瓶窑镇南山村上窑人,1994年与抢劫犯作斗争中受伤,精神可嘉,被杭州市批准为见义勇为勇士。

马绍中,瓶窑镇窑北村毛元岭4组人,镇应急分队队员。因1994年6月16日中午抢救落入洪水中的小学生,被余杭市人武部授予"三等功"。

陈小明(瓶窑镇石濑村人)、王永浩(瓶窑石濑茶叶试验场人)、吴俊(瓶窑石濑茶叶试验场乙炔厂人)。2014年11月23日,陈小明开车从塘埠村回家,路过石濑茶叶试验场前的小店时,听到池塘边有个女人一边报警,一边高声喊"救命啊!"于是马上熄火停车,朝着女人指引的方向跑去,知道有一辆面包车落入水中,陈小明不顾天气寒冷,脱掉衣裤跳入池塘,几次潜入水中,试图打开车门,但由于巨大的水压,而未成功,这时石濑茶叶试验场王永浩、石濑茶叶试验场乙炔厂吴俊也跳入冰冷的池塘参加救援,虽经多次努力施救未果,但他们见义勇为的精

神得到社会的认可，获余杭区见义勇为基金会奖励。

俞顺刚、俞顺松二兄弟是瓶窑镇彭公村陈和村人。1991年5月1日清晨，熟睡中的俞顺刚被敲门声惊醒，开门一看，原来敲门这二人和俞顺刚做黄豆、大米生意认识的，是当时正被公安部门通缉的二名杀人嫌犯。

俞顺刚努力控制自己的情绪，面带笑容与二名通缉嫌犯交谈，得知他们十分饥饿，俞顺刚马上淘米做饭，并拿出二包外国烟给他们抽，然后假装小便与隔壁的哥哥俞顺松通风报信，让他火速到瓶窑派出所报案。俞顺刚沉着机智与通缉嫌犯抽烟、吃饭，稳住他们。二名通缉犯烟瘾很大，俞顺刚还借给他们300元钱。

接到俞顺松报案，瓶窑派出所及时调集警力直奔彭公陈和村。其中一个通缉嫌犯要去周家畈小店买烟，出门不到100米，就被迎面赶来的警察抓获。其余警察迅速冲进俞顺刚的住房，抓获另一名通缉嫌犯。

兄弟俩与嫌犯斗智斗勇，经过3个多小时的周旋，在公安部门的配合下终于将二名通缉嫌犯擒获。

1991年6月18日，杭州公安局召开表彰大会，表彰全市治安积极分子和见义勇为志士，俞顺刚被授予浙江省公安厅二等治安荣誉奖章，俞顺松被授予浙江省公安厅三等治安荣誉奖章。

瓶窑镇主要领导简介
（2001年8月—2016年12月）

姚建华，男，1960年11月生，杭州市余杭区五常街道人，大专学历。1981年8月加入中国共产党，1978年12月参加工作。2001年8月至2006年9月任杭州市余杭区瓶窑镇党委书记、人大主席、杭州良渚遗址管理区党工委委员（兼）。

曾任省军区独立师炮兵团一连文书，余杭县五常公社友谊电表厂科长，余杭县勾庄乡人武部干事、党委委员、人武部部长，余杭县运河乡党委副书记、人武部部长，余杭县五常乡党委副书记，乡长，余杭县勾庄乡党委副书记、乡长，余杭县运河乡党委书记，余杭县勾庄镇党委副书记、镇长，余杭市勾庄镇党委副书记、镇长等职。

1994年度，获浙江省第五届“绿叶奖”。2002年度，被评为余杭区优秀共产党员。是余杭市第九、十届人民代表大会代表，余杭区第十二届人民代表大会代表，中共余杭市第十届代表大会代表、市委委员，中共余杭区第十一届代表大会代表、区委委员，中共杭州市第九届代表大会代表。

钟湘君，女，1962 年 10 月出生，杭州市余杭区运河街道人，大学学历。1988 年 12 月加入中国共产党，1979 年 10 月参加工作。2006 年 9 月至 2014 年 10 月，任杭州市余杭区瓶窑镇党委书记、杭州良渚遗址管理区党工委委员（兼）。

曾任余杭县博陆中心学校教师，余杭县博陆公社、余杭县乔司公社办事员，余杭县亭趾乡文书，余杭市亭趾乡团委书记、纪委委员，余杭市亭趾镇党委委员，余杭市（区）五杭镇党委副书记、纪委书记，余杭区运河镇党委副书记、纪委书记，余杭区崇贤镇党委副书记、镇长等职。

1994 年，被评为第四次人口普查全国先进个人。2008 年，评为杭州市社会治安综合治理先进个人。2013 年，被评为杭州市县（区）市十佳优秀公务员，记二等功一次。2015 年，因连续三年获优秀公务员，被余杭区委、区政府记三等功一次。是中共余杭区第十一、十二、十三届代表大会代表，中共余杭区第十二、十三届委员会委员，中共杭州市第十、十一届代表大会代表，杭州市余杭区第十三届人民代表大会代表。

吕复春，男，汉族，1973 年 11 月生，杭州市余杭区闲林街道人，大学学历。1994 年 2 月加入中国共产党，1992 年 7 月参加工作。2014 年 10 月起任杭州市余杭区瓶窑镇党委书记、杭州良渚遗址管理区党工委委员（兼）。

曾任武警上海总队八支队战士，余杭市巡特警大队城监中队队员，余杭市（区）五常乡人武部干事、村镇建设办公室主任、人武部副部长，杭州市余杭区闲林镇人武部副部长兼社会事务办副主任，杭州市余杭区余杭镇党委委员、人武部部长，杭州市余杭区仓前镇（街道）党（工）委副书记、纪委书记、人武部长，余杭区仓前街道党工委副书记、街道办事处主任等职。

2015 年，因连续三年获优秀公务员，被余杭区委区政府记三等功一次。2016 年度，被评为杭州市综治维稳工作先进个人。是余杭区第九届政协委员，中共杭州市余杭区第十三、十四届代表大会代表，中共杭州市余杭区第十四届委员会委员，杭州市余杭区第十四、十五届人民代表大会代表。

祝明良，男，汉族，1956 年 7 月生，杭州市余杭区径山镇人，大专学历。1983 年 3 月加入中国共产党，1980 年 9 月参加工作。2004 年 10 月至 2006 年 9 月任杭州市余杭区瓶窑镇人大主席。

曾任余杭县瓶窑区公所农业承包工作组成员，余杭县北湖乡办事员，余杭县瓶窑区公所农办主任、组织员、纪委委员，余杭县瓶窑镇党委委员，余杭县（市）潘板桥镇党委委员、副书记、纪委书记，余杭市潘板桥镇党委副书记、镇长，余杭区径山风景旅游开发区管委会党工委副书记、主任，余杭区鸬鸟镇党委书记、人大主席等职。余杭市第十一届人民代表大会代表。

罗生祥，男，汉族，1958 年 9 月生，杭州市余杭区鸬鸟镇人，大专学历。1978 年 3 月加入中国共产党，1976 年 2 月参加工作。2006 年 9 月至 2013 年 8 月任杭州市余杭区瓶窑镇人大主席。

曾任上海警备区警备团炮三连战士、副班长、班长，余杭县太平公社（乡）水利辅导员，余杭县瓶窑区人武部干事，余杭县（市）双溪乡（镇）人武部部长、党委委员、党委副书记，余杭市潘板桥镇党委副书记、纪委书记、人武部部长、党委书记、人大主席，杭州市余杭区径山镇党委书记、人大主席等职。

1990 年度，被评为余杭县优秀共产党员。1996 年，被杭州市委、市政府、市军分区评为 6·30 洪水抗洪救灾先进个人。1998 年度，被评为杭州市纪检、检察工作先进个人。2000 年度，被评为浙江省第十一届“绿叶奖”。是中共余杭市第十届代表大会代表，中共余杭区第十一届代表大会代表，中共杭州市第九届代表大会代表，杭州市余杭区第十三、十四届人民代表大会代表。

俞卫强，男，汉族，1962 年 6 月生，杭州市余杭区百丈镇人，大学学历。1985 年 6 月加入中国共产党，1982 年 12 月参加工作。2001 年 8 月至 2010 年 10 月任余杭区瓶窑镇党委副书记、镇长，2014 年 1 月任杭州市余杭区瓶窑镇人大主席。

曾任余杭县百丈乡农技站农技员、工办会计辅导员，余杭县双溪乡财务辅导员，余杭县百丈乡经营管理站财务辅导员，余杭县（市）百丈镇副镇长、党委委员，余杭市黄湖镇党委委员、副镇长，余杭市彭公乡党委副书记、乡长，杭州市余杭区人大常委会五常街道工作委员会主任等职。

1990 年度，被评为余杭县优秀共产党员。2008 年度，获浙江省第十九届“绿叶奖”。是中共杭州市余杭区第十一、十二届代表大会代表，杭州市余杭区第十二、十三、十四、十五届人民代表大会代表。

黄国连，男，汉族，1965 年 6 月生，杭州市余杭区运河街道人，大学学历。1991 年 1 月加入中国共产党，1985 年 8 月参加工作。2010 年 10 月至 2013 年 5 月任杭州市余杭区瓶窑镇党委副书记、镇长。

曾任余杭县公安局乔司派出所民警，余杭县（市）公安局预审科民警、科员、副科长，余杭市（区）公安局临平派出所副教导员兼刑侦中队指导员、经侦大队政治教导员，中共杭州市余杭区纪委常委、纪检监察室主任、监察局副局长、案件审理室主任，杭州市余杭区塘栖镇党委副书记、纪委书记等职。

2009 年，被评为浙江省国庆维稳和信访工作先进个人。2010 年度，被杭州市评为公安系统先进个人。

沈建立，男，汉族，1976 年 1 月生，杭州市余杭区乔司街道人，大学学历。1998 年 6 月加入中国共产党，1996 年 8 月参加工作。2013 年 4 月至 2016 年 5 月任杭州市余杭区瓶窑镇党委副书记、镇长。

曾任余杭市(区)乔司镇综治办、财政统计办办事员、征地拆迁办副主任、财政办副主任兼税征组组长、市场管理办副主任、经济发展办副主任兼劳动管理和企业服务中心主任，杭州市余杭经济开发区南区管委会成员兼乔司镇经济开发领导小组办公室主任，杭州市余杭区乔司镇经济发展和安全生产办主任，余杭经济开发区(高新技术产业园区)党工委委员、党工委副书记、管委会副主任等职。

2011 年度，获杭州市“十一五”期间主要污染物减排工作先进个人。

吴建中，男，汉族，1973 年 7 月生，杭州市余杭区余杭街道人，研究生学历。1996 年 6 月加入中国共产党，1991 年 8 月参加工作。2016 年 5 月起任杭州市余杭区瓶窑镇党委副书记、镇长。

曾任余杭县吴山镇民政助理员、司法助理员、财政总出纳，余杭县仓前镇团委书记，余杭市仓前镇团委书记、财政办副主任，余杭市(区)仓前镇党委委员、团委书记，杭州市余杭区中泰乡党委委员，杭州市余杭区余杭镇(街道)党(工)委委员、杭州市余杭区余杭街道党工委副书记，杭州市余杭区中泰街道党工委副书记，中共杭州市余杭区委正处级组织员(驻中泰街道)等职。

2015 年，因连续三年优秀公务员被余杭区委区政府记三等功一次。

第三章　名　　录

一、瓶窑籍革命烈士名录

李亦金(1919—1946),余杭县塘埠乡高田畈(现瓶窑镇塘埠村)人,又名云南阿郎,幼时父母相继死亡,靠大哥抚养,后给人放牛、当长工。1945年3月,在双溪参加新四军,在苏、浙军区一纵队四十八团三营七连当战士,副班长。随军北辙,转战大江南北,1946年11月于江苏省涟水战斗中牺牲。

叶德法(1911—1947),余杭县仁爱乡西安寺村木溪口(现瓶窑镇西安寺村)人。因后父姓吴,改名吴德华,十岁给地主放牛、做长工。1945年5月,在百丈参加新四军,苏浙军区一纵队四十八团三营战士,随军北辙,转战苏、鲁。1947年,在山东作战时遭敌机轰炸中弹牺牲。

陆锦桂(1925—1950),杭县羊山乡凤山东杨家村(现瓶窑镇大观山村)人,又名杨炳堂、杨锦桂,小时候读书一年,11岁起在家务农,兼当短工、长工。1948年,被抽壮丁当兵。1949年4月在安徽省南陵县解放入伍,在人民解放军二十七军警备营二连当战士,1950年失踪。

陈培玉(1926—1951),杭县崇化乡柏树庙村朱家桥(现瓶窑镇崇化村)人,小名老虎,从小给人放牛,做长工,24岁后在家务农。1951年3月参加人民解放军在一〇三师三〇九团警卫连当战士。1951年8月于青田县船寮区剿匪中牺牲。

沈阿根(1932—1951),杭县羊山乡北村丁家(现瓶窑镇凤都村)人。从小给人放牛,15岁起当长工。1951年3月参加人民解放军,在一〇三师三〇九团警卫连当战士。1951年8月,于青田县船寮区剿匪中牺牲。

朱应高(1920—1952),杭县崇化乡水河桥烂泥湾(现瓶窑镇崇化村)人。又名锦荣,从小随父务农,抗日战争初期抽壮丁当兵,1948年11月解放入伍,为中国人民解放军26军77师230团3营战士,立三等功一次、四等功二次,1952年1月3日在东北军区陆军因伤病医治无效去世。

胡小毛(1931—1953),余杭县塘埠乡东坞村(现瓶窑镇塘埠村)人。1951年参加中国人民解放军,不久加入新民主主义青年团,1952年随军抗美援朝,在中国人民志愿军炮兵523团2营驾驶助手,1953年1月3日在朝鲜平安南道遭敌机轰炸,中弹牺牲。

何元辉(1933—1954),余杭县联合乡大山村(现瓶窑镇彭公村)人。又名士根,1953年参加中国人民解放军0100部队3支队1炮连战士,1954年6月在无锡因公牺牲。

吴孔玉(1927—1951),余杭县塘埠乡朱家弄(现瓶窑镇塘埠村)人,又名孔瑞,从小放牛做短工,砍柴为生,1949年3月在国民党八十五军当兵,5月在萧山县临浦解放入伍。1951年1月在0100部队三支队一分队炮连当战士,1954年6月在江苏省无锡市因公牺牲。

丁枕勇(1927—1954),又名亥成,瓶窑镇人。1937年,逃难至丽水碧湖,进浙江儿童保育院,后在其所属简易师范读书。1945—1948年先后再到金华、富阳、桐庐,后在余杭任小学教师。1949年4月参加革命,加入中国共产党。历任人民政府文教、乡长和任公安十七师文工队班长、副分队长、副指导员等职。1954 年 12 月 13 日,在洞头县霓坞岛因船触礁沉没而牺牲。

许妙坤(1963—1998),余杭县长命乡羊山村一组(现瓶窑镇瓶窑社区)人,1982 年参加中国人民解放军 32170 部队,后提干,1998 年在下基层检查工作时因公牺牲。

韩保宏(1905—1942),江苏建湖县近湖乡太平村韩家圩人,早年参加中国共产党,任建湖县荡东区区委书记,1942 年被国民党和平军土匪杀害,葬本地。1985 年因女儿嫁在瓶窑镇毛元岭七组,因此把墓迁到瓶窑镇毛元岭七组安葬。

徐建杭(1972—2006),杭州茶叶试验场,瓶窑镇巡防大队"外口办"桥北片片长,1987 年 3 月入团。2006 年 10 月 29 日凌晨,在彭公加油站盗窃柴油案中,与盗窃团伙犯罪分子作斗争,被不法分子用偷油车撞倒并拖出七米,于 11 月 22 日晚英雄牺牲,2007 年 5 月 8 日省人民政府批准为革命烈士。

蒋玉虎(1933—1953),余杭县石门乡石门村(现瓶窑镇塘埠村)人,19 岁参军,安吉县大队战士,1953 年病故。

郎德根(1969—1990),余杭县彭公乡东篁坞村(现瓶窑镇彭公村)人,1981 年参军,1990 年病故。

胡炳木(1941—1966),余杭县彭公公社塘埠大队朱家弄小队(现瓶窑镇塘埠村)人,又名胡立春,1960 年参军,舟山群岛西京防空部队战士,1966 年病故。

二、省和国家部委表彰的先进个人

徐彩芝,女,(1931—1997),中共党员,余杭县长命乡乌山村妇代会主任,1961 年被全国妇联授予全国"三八红旗手"称号。

陈雪娥,女,1945 年 5 月出生,中共党员,北湖乡西中村,1983 年被全国农业集体经济经营管理总站评为"全国农业合作经济财务会计先进工作者"。同年,被省农业厅评为"省农业合作经济财务会计先进工作者"。1986 年,被省农业厅评为"省农村合作经济经营管理先进工作者"。1993 年被省统计局授予"全省农调系统先进辅助调查员"。

王元俊,1936 年 12 月出生,余杭县瓶窑苕溪堤防河道管理所工作人员。1992 年,被水利部授予"全国水利管理先进工作者"称号。1996 年,获杭州市"抗洪救灾先进个人"称号。

沈祝其,1958 年 11 月出生,中共党员,余杭县瓶窑苕溪堤防河道管理所工作人员。1993 年被水利部授予"全国水利公安保卫战线'水利卫士'"。1997 年,获杭州市"重点(实事)工程建设功臣",同年获水利部太湖流域管理局"治太工程建设先进个人"。1997 年,获"杭州市劳动模范"称号。

金少闲,1933 年 2 月出生,中共党员,余杭县彭公乡成人文化技术学校校长。1989 年,被教育部评为"全国教育系统劳动模范"。

盛祖琛,1956 年 1 月出生,中共党员,瓶窑镇财政统计办公室工作。2003 年,被第二次全国基本单位普查领导小组评为全国先进个人。1986 年,被省农业厅评为"全省农业系统先进工作者"。2001 年,被杭州市人民政府授予"市级统计先进工作者"。

蒋德成,1936 年 12 月出生,中共党员,浙江省精密工模具厂干部。1982 年,获"浙江省劳动模范"称号。

沈炳泉,1932 年 3 月出生,群众,余杭县长命抽水机站机手。1956 年,获"浙江省先进工作者"称号。

张友增,1928 年 5 月出生,中共党员,地方国营瓶窑淀粉厂厂长。1958 年,获"浙江省先进工作者"称号。

宣文法,1931 年 12 月出生,群众,余杭县彭公供销社职工。1963 年,获"浙江省先进工作者"称号。

狄春心(1927—2007),群众,余杭县瓶窑综合商店职工。1963 年,被浙江省人民政府评为"浙江省先进工作者"。

陈省方(1908—1997),群众,余杭县长命供销社职工。1961 年,被浙江省人民政府评为"浙江省先进工作者"。

华玉水,1964 年 1 月出生。2002 年,被浙江省第五次人口普查领导小组、浙江省公安厅授予人口普查、户口整顿先进个人。2005 年,被浙江省经济普查领导小组评为省级"先进个人"。

孙杏虎,1963 年 1 月出生。2002 年,被浙江省第五次人口普查领导小组、浙江省公安厅授予人口普查、户口整顿先进个人。

王根富,1930 年 8 月出生。2002 年,被浙江省第五次人口普查领导小组、浙江省公安厅授予人口普查、户口整顿先进个人。

胡志龙,1960 年 4 月出生。2002 年,被浙江省第五次人口普查领导小组、浙江省公安厅授予人口普查、户口整顿先进个人。

潘萍,女,1969 年 12 月出生。2011 年,被浙江省统计局、浙江省第六次全国人口普查领导小组办公室授予省级先进个人。

陆顺玉,1950 年 10 月出生。2009 年,被浙江省残疾人联合会评为省优秀乡镇残联理事长。

姜维军,1971 年 9 月出生,群众,杭州恒立钣金有限公司技工。2015 年,获"浙江省五一劳动奖"称号。2013 年获"余杭区劳动模范"称号。

三、杭州市劳动模范、杭州市优秀党员、杭州市先进

金锦坤,1939 年 3 月出生,群众,地方国营塘栖养鱼场职工。1958 年,获"杭州市先进"称号(转入)。

贾祖华,1948 年 9 月出生,中共党员,余杭县瓶窑邮政局投递员。1988 年,获"杭州市劳动模范"称号。

王瑞生,1936 年 9 月出生,中共党员,浙江精密工模具厂技师。1989 年,获"杭州市劳动模范"称号。

孙立佐,1958 年 1 月出生,中共党员,余杭天目鸡场农民。1989 年,杭州市"劳动模范"称号。

葛彩娟,女,1950 年 9 月出生,中共党员,余杭县彭公乡石濑村妇女主任。1990 年,获"杭州市劳动模范"称号。

刘永巳,1942 年 1 月出生,中共党员,杭州市种猪试验场工会主席。1991 年,获"杭州市劳动模范"称号。

沈申义,1945 年 4 月出生,中共党员,杭州余宏精工有限公司工人。1992 年,获"杭州市劳动模范"称号。

宋月樵,1949 年 6 月出生,中共党员,瓶窑外窑村农民,养猪大户。1992 年,获"杭州市劳动模范”称号。

徐仁方,1941 年 12 月出生,中共党员,杭州市种猪试验场高级工程师。1993 年,获“杭州市劳动模范”称号。

沈要岗,1950 年 2 月出生,群众,彭公乡板石村农民,1996 年获“杭州市劳动模范”称号。

严一军,1942 年 12 月出生,中共党员,瓶窑工商管理所所长。1996 年,获“杭州市劳动模范”称号。

姜鸣,女,1957 年 10 月出生,中共党员,余杭区瓶窑供销社职工。1997 年,获“杭州市劳动模范”称号。

沈祝其,1958 年 11 月出生,中共党员,余杭区苕溪堤防河道管理所所长。1998 年,获“杭州市劳动模范”称号。

吴广林,1963 年 7 月出生,中共党员,余杭区公路段站长,2000 年,获“杭州市劳动模范”称号。

胡洛敏,1965 年 6 月出生,中共党员,余杭区苕溪堤防河道管理所副所长,2000 年,获“杭州市劳动模范”称号。

王玉霞,女,1957 年 1 月出生,中共党员,杭州长命摩擦材料有限公司车间主任,2000 年获“杭州市劳动模范”称号。

蔡国平,1963 年 3 月出生,群众,浙江日通实业集团股份有限公司董事长。2004 年,获“杭州市劳动模范”称号。

俞国富,1970 年 8 月出生,中共党员,杭州石门笋制品公司董事长。2004 年,获“杭州市劳动模范”称号。

金花玉,女,1953 年 12 月出生,群众,浙江溢佳香食品集团有限公司副总裁。2007 年,获“杭州市劳动模范”称号。

俞占良,1975 年 5 月出生,群众,杭州兴龙泵业有限公司车工。2010 年,获“杭州市劳动模范”称号。

李春霞,女,1976 年 2 月出生,中共党员,瓶窑镇杨梅坞社区党总支书记。2013 年,获杭州市劳动模范称号。

肖茂伟,1972 年 11 月出生,群众,杭州余杭振华日化玻璃有限公司工人。2016 年,获“杭州市劳动模范”称号。

林清勇,1966 年 4 月出生,中共党员,瓶窑镇石濑村党委副书记。2016 年,获“杭州市劳动模范”称号。

胡子良,1941 年 8 月出生,中共党员,杭州钢铁厂采矿工。1960 年,获“杭州市先进”称号(转入)。

黄仲言,1954 年 10 出生,群众,杭州公路运输段司机。1961 年,获“杭州市先进”称号(转入)。

姬长永,1929 年 6 月出生,中共党员,杭州半山钢铁厂副工段长。1961 年,获“杭州市先进”称号(转入)。

沈桂芬,女,1934 年 4 月出生,中共党员,杭州钢铁厂电焊工。1962 年,获“杭州市先进”称号(转入)。

李健民,1935 年 2 月出生,中共党员,杭州半山重型机械厂检验员。1963 年,获“杭州市先进”称号(转入)。

华桂荣,1943 年 3 月出生,中共党员,余杭县北湖乡张堰村党支部副书记、村委主任。1986 年,获“杭州市优秀党员”称号。

邵震,1945 年 7 月出生,中共党员,杭州市种猪试验场党支部书记,1986 年获“杭州市优秀党员”称号。

沈祝其,中共党员,1958 年 11 月出生,余杭县瓶窑苕溪堤防河道管理所,1987 年获“杭州市两个文明建设先进工作者”称号;1997 年获太湖流域管理局“治太工程建设先进个人”。

陆松根,1941 年 7 月出生,中共党员,余杭县长命乡胡林村党支部书记,1991 年获“杭州市优秀党员”称号。

顾阿松,1948 年 4 月出生,中共党员,杭州长命制动材料厂厂长,1993 年获“杭州市优秀党员”称号。

李金木,1943 年 6 月出生,中共党员,杭州市种猪试验场副场长,1993 年获“杭州市优秀党员”称号。

赵大川,1941 年 7 月出生,中共党员,杭州市种猪试验场党委书记,1996 年获“杭州市优秀党员”称号。

吴滨,1981 年 2 月出生,中共党员,瓶窑镇综合治理办公室工作,2010 年,被中共杭州市委,杭州市人民政府评为“杭州市上海世博会环沪护城河”安保志愿服务工作先进个人”。

钟湘君,女,1962 年 10 月出生,中共党员,中共瓶窑镇党委书记,2013 年,因工作成绩显著,被中共杭州市委、杭州市人民政府评为“十佳公务员工作者,并记“二等功”一次。

刘彩凤,女,1964 年 1 月出生,群众,杭州绿丰竹笋专业合作社理事长,2014 年被杭州市妇联授予“三八红旗手”称号。

徐存权,1933 年 11 月,中共党员,杭州市种猪试验场组宣科长,1991 年获“杭州市优秀党员”称号。

王元俊,1936 年 12 月出生,群众,余杭市苕溪堤防管理所职工。1986 年,获“杭州市先进生产(工作)者”称号;1996 年获杭州市“抗洪救灾先进个人”。

四、余杭区(县、市)劳动模范

刘永水,余杭县瓶窑区农技站职工。1963 年,获“余杭县劳动模范”称号。

韩士华,1947 年 2 月出生,中共党员,余杭县彭公乡奇坑村党支部书记。1987 年,获“余杭县劳动模范”称号。

吴维根,1959 年 2 月出生,中共党员,余杭县瓶窑杭丰机械厂车间主任。1989 年,获“余杭县劳动模范”称号。

沈楚人,1928 年 8 月出生,中共党员,瓶窑文教用品厂厂长。1991 年,获“余杭县劳动模范”称号;1995 年获“余杭市劳动模范”称号。

李荣华,1948 年 12 月出生,中共党员,杭州气门厂厂长。1991 年,获“余杭县劳动模范”称号。

傅阿惠,1941 年 1 月出生,中共党员,瓶窑镇政府镇长。1991 年,获“余杭县劳动模范”称号。

费云娥,女,1956 年 5 月出生,中共党员,彭公乡翁家村种粮大户农民。1995 年,获“余杭市劳动模范”称号。

沈祝其,1958 年 11 月出生。中共党员,瓶窑苕溪堤防河道管理所职工。1998 年,获“余杭市劳动模范”。

林素蓉,女,1950 年 8 月出生,中共党员,瓶窑镇政府计生专职干部。2000 年,获“余杭市劳动模范”称号。

胡祖尧,1945 年 7 月出生,中共党员,杭州瓶窑合金钢铸造厂厂长。2004 年,获“余杭区劳动模范”称号。

陈全林,1950 年 5 月出生,中共党员,杭州市长命印刷厂工程师。2004 年,获“余杭区劳动模范”称号。

陈国民,1956 年 6 月出生,中共党员,杭州长命印刷有限公司经理。2007 年,获“余杭区劳动模范”称号。

何伟忠,1969 年 3 月出生,杭州市余杭区瓶窑镇环境卫生管理职工。2007 年,获“余杭区劳动模范”称号。

王新华,1971 年 12 月出生,中共党员,余杭地方税务局瓶窑税务分局副主任科员。2010 年,获“余杭区劳动模范”称号。

卞华俊,1971 年 4 月出生,杭州鼎成铝业有限公司磨床组长。2010 年,获“余杭区劳动模范”称号。

高恩来,1955 年 10 月出生,中共党员,瓶窑镇杨梅坞社区主任。2010 年,获“余杭区劳动模范”称号。

姜维军,1971 年 9 月出生,群众,杭州恒立钣金有限公司技工。2013 年,获“余杭区劳动模范”称号。

肖茂伟,1972 年 11 月出生,群众,杭州余杭振华日化玻璃有限公司工人。2013 年,获“余杭区劳动模范”称号。

罗劲敏,1975 年 7 月出生,中共党员,余杭地方税务局良渚税务分局会计师。2013 年,获“余杭区劳动模范”称号。

杨马云,1962 年 9 月出生,群众,杭州明云混凝土有限公司工人。2016 年,“余杭区劳动模范”称号。

王改,1970 年 1 月出生,群众,杭州燃油锅炉有限公司工人。2016 年,获“余杭区劳动模范”称号。

五、余杭区先进个人

吕复春,1973 年 11 月出生,在公务员考核中连续 3 年确定为优秀等次,2015 年被中共余杭区委、余杭区人民政府记三等功。

倪满芬,女,1976 年 2 月出生,在公务员考核中连续 3 年确定为优秀等次,2015 年被中共余杭区委、余杭区人民政府记三等功。

顾斌,1975 年 11 月出生,在公务员考核中连续 3 年确定为优秀等次,2015 年被中共余杭区委、余杭区人民政府记三等功。同年,被余杭区人民政府评为“主要河流和交接断面水质保护管理工作先进个人”。

华玉水,1964 年 1 月出生,在公务员考核中连续 3 年确定为优秀等次,2015 年被中共余杭区委、余杭区人民政府记三等功。

蒋雪,女,1979 年 1 月出生,中共党员,余杭区总工会驻瓶窑总工会专职工会工作者,获杭州市总工会"2013—2014 年度'杭州市五一巾帼标兵'"称号。

黄奇凯,1986 年 4 月出生,中共党员,瓶窑镇村镇建设办公室,被余杭区人民政府评为"2015 年国土资源管理工作先进个人"。

沈继森,1956 年 11 月出生,中共党员,瓶窑镇综合治理办公室,被余杭区人民政府评为"2009 年度拆违控违工作先进个人"。

章吕君,女,1983 年 9 月出生,中共党员,瓶窑镇民政办主任,2011 年被余杭区人民政府评为"民政工作先进个人"。

沈飚,1973 年 4 月出生,中共党员,瓶窑镇综合治理办公室,被余杭区人民政府评为"2011 年度余杭区人民调解工作先进个人"和"2013 年度先进人民调解员"、2006 年获余杭区依法治区普法教育先进个人。

胡宏亮,1970 年 4 月出生,群众,瓶窑镇综合治理办公室,被中共余杭区委员会,余杭区人民政府评为"2014 年度余杭区人民调解工作先进人民调解员"。

六、先进集体

(一)国家级

瓶窑镇

2004 年,获全国爱国卫生运动委员会颁发的"国家卫生镇"奖牌;2006 年,获得中华人民共和国建设部颁发"全国小城镇建设示范镇"荣誉称号;2006 年,获得国家统计局农村社会经济调查司、中国信息报社颁发"全国小城镇综合发展水平 1000 强(2005 年度)"奖牌;2012 年,获全国爱国卫生运动委员会颁发"浙江省杭州市瓶窑镇(2012—2015)'国家卫生镇'"荣誉称号。

瓶窑镇成人文化技术学校

2014 年 11 月,被全民终身学习活动周工作小组、中国成人教育协会、中国教科院、中国教育电视台、中国教育报评为竹产业培训基地"学习共同体"2014 年全国终身学习活动品牌;2014 年,被中国成人教育协会农村成人教育专业委员会、社区教育专业委员会,社区教育活动项目《宣传良渚文化 传承古代文明》获"全国农村成人(社区)教育优秀品牌项目评审二等奖"。

余杭县瓶窑水文站

1990 年,被水利部授予"全国水文系统先进集体"称号。

余杭区水文水资源监测站

2005 年,被水利部水文局授予"2003—2004 年度全国文明水文站"称号。

(二)省级

瓶窑镇

2000 年,被浙江省教育厅授予"教育强镇"称号;2005 年,获浙江省统计局颁发的"浙江百强乡镇"奖牌;2006 年,获得浙江省体育局颁发"浙江省体育强镇(乡)"奖牌;2007 年,获得浙江省文化厅颁发"浙江东海文化明珠"荣誉奖牌、浙江生态省建设工作领导小组办公室颁发颁发"省级生态镇"奖牌、浙江省"行动"办颁发"全国亿万农民健康促进行动暨浙江省农村公共卫生项目健康教育示范乡(镇)"奖牌、被浙江省发展和改革委员会、省农业和农村工作办公室、省建设厅确定为浙江省第一批中心镇培育工程的省级中心镇名单;2008年,获浙江省农办、浙江广电集团、浙江省电视台“新农村冲击播”浙江十大电视助推特色乡镇提名奖;2009年获浙江省档案局“浙江省行政村示范档案室”;2009年,获浙江省农业厅、省安全生产监管局、省公安厅“浙江省平安农机示范镇”;2011年,获浙江省统计局、省第六次人口普查领导小组办“第六次全国人口普查先进集体”;2013年,获得浙江在线“美丽浙江·强镇榜样”组委会颁发的“2013美丽浙江·强镇榜样大型展评活动综合实力强镇榜样”证书、奖牌。

彭公乡

1991年,被浙江省委省政府授予“抗洪救灾先进集体”称号;2000年被浙江省林业厅授予“早竹之乡”称号。

镇武装部

2013年,获得中国人民解放军浙江省军区颁发的“2013年度基层建设标兵单位”奖状。

镇司法所

2007年,获得浙江省司法局颁发“示范司法所”奖牌。

北湖乡张堰村

1972年,被浙江省妇联授予“三八”红旗单位。

瓶窑镇成人文化技术学校

2014年,被浙江省教育厅“浙江省企业职工培训示范基地”。

余杭市东苕溪防洪工程指挥部

1997年,被水利部太湖流域管理局授予“治太工程建设管理优秀单位”称号。

余杭县长命抽水机站

1962年,被浙江省人民委员会授予“浙江省农业先进单位(水利)”称号;1963年被浙江省人民委员会授予“浙江省农业先进单位(水利)”称号;1978年,被浙江省革命委员会授予“浙江省水利管理学大寨、学大庆先进单位”称号”。

余杭区水文站

1963年,被浙江省人民委员会授予“浙江省社会主义建设农业先进集体(水利)”称号。2002年,被浙江省水文局授予“浙江省2001年水文资料质量优秀测站”称号;2003年,受浙江省水文总站表彰获“全国水文资源质量先进单位一等奖”;2003年,被浙江省水文局授予“浙江省2002年水文资料质量优秀测站”称号;2003年,被浙江省水文局授予“浙江省水文系统2001—2002年文明单位”称号。

余杭区水文水资源监测站

2004年,被浙江省水文局授予“浙江省2003年水文资料质量优秀测站”称号;2007年,被浙江省水文局授予“浙江省2006年水文资料质量优秀测站”称号;2007年,被浙江省水文局授予“浙江省水文系统2005—2006年文明单位”称号;2008年,被浙江省水文局授予“浙江省2007年水文资料质量优秀测站”称号;2009年,被浙江省水文局授予“浙江省2008年水文资料质量优秀测站”称号;2009年,被浙江省水文局授予“浙江省2007—2008年水文系统文明单位”称号;2010年,被浙江省水文局授予“全省水文系统信息工作先进单位”称号;2010年,被浙江省水文局授予“浙江省水文系统2009—2010年度文明单位”称号。

(三)杭州市级

瓶窑镇

2003年获杭州市司法局“人民调解工作先进集体”称号;2005年,被杭州市中心镇改革试点工作领导小组授予“2004年度杭州市中心镇改革试点‘先进镇’”奖牌。2005年,被杭州市人民政府侨务办评为“全市侨务工作先进集体”。2006年,获得杭州市生态办颁发“杭州市生态镇”奖牌。2006年,获得中共杭州市委、市人民政府颁发“杭州市帮扶工作先进集体”奖牌;2007年,获得中共杭州市委、市人民政府颁发“文明镇”奖牌;2007年,获得杭州市人民政府颁发“2006年度劳动和社会保障工作先进单位”奖牌;2008年,获得中共杭州市委、市人民政府颁发“2007年度社会治安综合治理先进单位”奖牌;2008年,获得杭州市人民政府颁发“2007年度杭州市农村连锁经营发展工作先进单位”奖牌;2008年,获得杭州市人民政府教育督导室、杭州市教育局颁发“杭州市乡镇(街道)学前教育达标”奖牌;2008年,获得杭州市农村工作指导员、科技特派员领导小组颁发“杭州市农村指导员工作先进乡镇(街道)”奖牌;2008年度,获得杭州市计划生育协会颁发“杭州市乡镇(街道)计划生育示范协会”奖牌;2009年,获中共杭州市委、杭州市人民政府“杭州市社会主义新农村建设‘示范乡镇(街道)’”;2009年度被杭州市道路交通安全工作领导小组评为2009年度“杭州市平安畅通乡镇”;2009年,获得杭州良渚遗址管委会“文物保护工作先进单位”;2010年度,获中共杭州市委、杭州市人民政府“杭州市基础信访和‘12345’工作先进单位”;2010年度获中共杭州市委、杭州市人民政府“杭州市“无邪教乡镇(街道)”奖牌;2010年,获中共杭州市委、杭州市人民政府2010年度“维护稳定工作先进单位”称号;2010年度,被杭州市委防范和处理邪教问题领导小组办评为2010年度“杭州市教育转化攻坚与巩固工作‘先进集体’”;2011年度获杭州市人民政府“杭州市特色城镇工业功能区(省级经济开发区)‘单项先进单位’”奖牌;2011年被杭州市社区矫正暨归正人员帮教安置委员会办公室评为“杭州市社区矫正‘三防’专项活动先进集体”;2012年瓶窑镇获杭州市十大新型中心镇荣誉;2012年度,获杭州市文化创意产业办“杭州市发展文化创意产业先进街道(乡镇)”;2012年被中共杭州市委办公厅、杭州市人民政府办公厅评为“杭州市侨务工作先进集体”;2012年,获杭州市档案局“杭州市社区‘规范化档案室’”;2012年,获杭州市档案局“杭州市行政村‘示范档案室’”;2013年,获杭州市全民科学素质工作领导小组授予2013年度“杭州市全民科学素质工作先进乡镇”称号。2014年,获得杭州市人政府颁发的“杭州市扶残助残爱心乡镇(街道)”奖牌。

瓶窑镇调委会

2006年,杭州市司法局授予“人民调解先进集体”奖牌。

张堰村

1996年,被中共杭州市委、市人民政府、市军分区授予“抗洪救灾先进集体”称号。

余杭区瓶窑镇质监站

2007年,获得杭州市质量技术监督局余杭分局颁发“2007年度先进工作站”奖牌。

余杭区水文站

2000年,获杭州市水文总站表彰,被评为“杭州市水文资料一等奖”。

第八编

丛　　录

Appendix

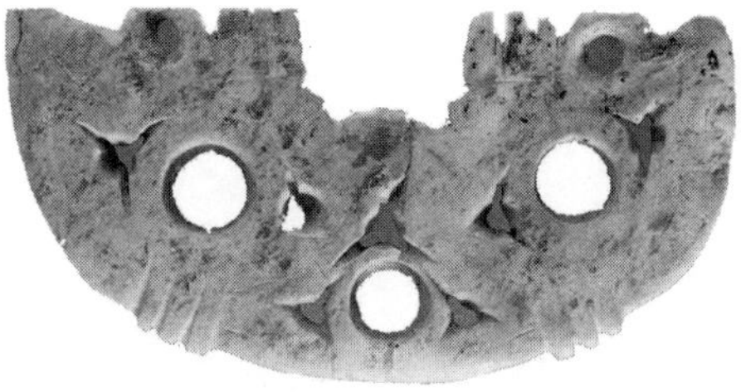

民国《杭县志稿》卷十三云:"文明四乡发达较早,自元季许文泰,以耕乐处士起于灵芝乡,槎渡张與昆弟继之。而横里平显、前漳丁养浩、孤林胡襟环,以及漳溪北之沈氏、落瓜之徐氏,皆以文学显。余如三墩蒋氏、博陆吴氏、义桥郁氏,今其族尚称盛者。"瓶窑文化内涵丰富,或许编者孤陋寡问,疏于采撷,少见名家著述,客籍名家皇题咏亦不多见。

镇志择其要者,录以存史,诗文选含诗选、文选、碑记、民间故事。如诗有宋杨万里《苕溪登舟》、元吴莱《重过吉祥寺》、明田艺蘅《偕子久游南山晚酌村舍》、清魏之琇《芦花》等40余首。文有明代朱国桢《瓶窑重建真寂禅院记》、王洪《黄山书屋记》、黄汝亨《重修苕溪化湾闸记》,民国章太炎《仲氏世医记》、仲学辂《钱邑苕溪险塘杂记》等10余篇,以及虞淳熙《瓶窑重建真寂院碑》、光绪十八年九月《钱塘县布告碑》等碑记。其余多为今人对瓶窑历史、地理、人文等方面文字,如苏秉琦《良渚文化的历史地位》、陈杰《瓶窑南山普宁寺考》、胡樾《薪尽火传 仲学辂终善局—— 再论钱塘仲学辂身史、世族及事业成果》、史 得《"亭市"真的是瓶窑古称吗?》等。

另设杂录一章,含清末、民国期刊和报纸关于瓶窑报道,既标奇于前乘,方采于新书。

第一章　诗文选

第一节　诗　选

苕溪登舟

［宋］杨万里

深於池沼浅於河，动地风来也不波。
只道东来行役苦，胡床面面是菱荷。

苕溪道中

［宋］曹勋

秋日苕溪路，轻舟棹晚霞。
梦魂犹畏客，行李乍离家。
细细来凉吹，娟娟有晚花。
平生云水兴，老境似难夸。

泛苕溪

［宋］王谌

六幅蒲帆去似飞，浪翻新涨绿沿堤。
一川水墨王摩诘，十里莺花杜牧之。
云绕楚宫春雨后，烟笼秦树晚晴时。
人生来往情何极，江北江南尽酒卮。

苕溪舟次

［宋］王谌

扁舟烟重冷渔蓑，两岸人家浸小河。
芳草自生春自老，落花随雨晚风多。

苕溪

［宋］杜耒

风掠蓬窗两鬓秋，生涯无岁不扁舟。

吟诗本欲相消遣,及到吟成字字愁。

苕溪

[宋]朱继芳

维舟古祠下,野饭就鱼羹。
坐听篙人说,行逢纤路平。
居民难问姓,溪鸭自呼名。
天目无由到,沿洄更几程。

苕溪道中

[宋]邵棠

上苑啼莺春事休,吴中山水暂淹留。
黄梅时候千门雨,老麦郊墟一望秋。
村熟香醪清入腥,庭存修竹旧封侯。
数声牛笛长亭暮,试把羁情问马周。

苕溪夜泛

[宋]释文珦

萍踪人泛清苕去,水宿风餐几度经。
结网灯沈渔浦雾,待艘船泊酒家亭。
树头栖鹭疑残雪,草上流萤似乱星。
夜后梦回寒月上,棹歌声里弁山青。

金鹅晚眺

[宋]释永颐

天低野旷树濛濛,尽入金鹅望眼中。
青嶂月生双雁去,碧溪云绕乱帆通。
平篙落照沉烟墅,结阵寒鸦噪暝丛。
岁月飞腾吾懒矣,昏钟迢递起秋宫。

风雨中同章德茂泛苕溪

[元]黄溍

黑风翻江白雨倾,樯欹柂侧断人行。
此时惟我与章子,孤舟荡漾烟波里。
烟波苍苍杨柳黄,浩歌击舷兴弥长。
翩然一叶恣掀舞,青山白塔频低昂。
朝过城南暮城北,舟人问我谁将适?

章子掉头作吴语，秋水夜来深几许。
忽看大字标竹林，寺门对水仍阴阴。
敲门见竹不见人，竹间翠石何萧森！
回舟少林雨如注，四顾冥茫但烟雾。
鱼惊龙跃吾不知，披蓑却入菰蒲去。
岸旁群儿拍手呼，笑言狂客世所无。
呜呼古人今则无，后来视我知何如？
为君留此有声画，题作扁舟烟雨图。

重过吉祥寺

［元］吴莱

忆昔逢寒食，行吟采物华。
风生敲槛竹，雨湿堕山花。
曲坞青龙树，长滩白鹭沙。
回看溪上水，直去到君家。

苕溪

［元］戴表元

六月苕溪路，人言似若邪。
渔罾挂棕树，酒舫出荷花。
碧水千塍共，青山一道斜。
人间无限事，不厌是桑麻。

送僧友

［元］释文璘

石濑滩头系野航，山云漠漠树苍苍。
钦师面目分明在，见得依然未厮当。

游北湖

［元］王都中

画舟摇曳泛空明，满酌流霞倒玉觥。
山鸟亦知游乐意，夕阳高处两三声。

和彬卿北湖（二首）

［元］王都中

（一）

访古空遗迹，叉鱼旧有亭。

苔封荒径绿，草没断碑青。
老树根横水，寒芦叶满汀。
渔歌何处起，倦客倚栏听。

（二）

云容水态若为模，仿佛风光似鉴湖。
桥跨沧浪泻寒玉，舟横沁碧滚明珠。
且斟酿醁碎鹦鹉，应用娉婷唱鹧鸪。
席上佳宾贤雪牖，高吟原不让三苏。

顺庆寺

［明］符俊

访旧入云林，山幽草树深。
吟边忘俗虑，定里识禅心。
流水无昏晓，荒坟自古今。
感怀重太息，人世几浮沉。

偕子久游南山晚酌村舍

［明］田艺蘅

雨霁轻飞白鹭舟，塘南山北共遨游。
秦皇渡海留奇石，宋室边江多古丘。
拨雪稻香炊正熟，泼云茱落酒初酋。
有秋自识田家乐，遥听唐村子夜讴。

原注："酒熟曰酋。"

闻田子艺御倭寇于瓶窑往访南山寺

［明］蒋灼

溪上悠悠鼓角鸣，知君已守北乡营。
雨深客路曾分袂，夜静辕门独请缨。
访旧偶从萧寺集，移尊还对竹堂清。
相看况有参军在，好继穰苴奕世名。

原注："南山寺，旧在瓶窑镇南山，今仅存石窟。"

游南山寺鉴上人指十韵索诗时日暮酒酣挥笔不加点染继出二篇则张别驾及周大尹先咏之矣一笑贻之不复更易

［明］田艺蘅

双径插天际，岚雾锁重冈。

雨阻谢公屐，飘然椒归装。
回首有遐想，五峰见美墙。
地主雅兴同，扁舟共翱翔。
螺峰白云霁，始见海日光。
松篁夹道周，斋心升赝堂。
千仞石佛嵓，独振芙蓉裳。
焚香坐谈玄，欲去仍彷徨。
缅惭尘坌中，空门岁月长。
幸有住山心，借宿昙花房。

南山寺雨中与诸上人燕集

［明］田艺蘅

数日来为金革所困，偶因雨暇稍得幽闲，以兵卫森画戟宴寝凝请香为韵各赋一首，盖即景摅抒用以无忘空门意味云尔。

谁知请缨者，便是弃繻生。
鸣剑方驰志，由来笑墨兵。
镃基当待时。智慧亦乘势。
跃马荆棘中，百里奋武卫。
散军投古寺，风雨满山林。
卒岁苦格斗，时物皆萧森。
嗟哉离乱晨，士民久凋瘵。
愿囗王会图，敢望麟阁画。
少倬谒军门，长揖鲁杖策。
为问守橐简，何如列双戟。
远人以德来，用兵贵心战。
何吕赐大酺，得沾镐京宴。
兵凶战复危，自愧学制锦。
展转同卧薪，终宵不甘寝。
昔闻北斗饮，今对南山僧。
薄暮孤磬发，旷野烟光凝。
丁未入兵籍，三时常辍耕。
宇宙几蛮触，缆辔思澄清。
从军古云乐，况宿替公房。
世事复何有，且熏知见香。

长明山中游报恩寺即唐冯孝女宅

［明］田艺蘅

莫谓山居远，频年一度过。
荒苔行处合，修竹别来多。
古寺余香火，高风谢绮罗。
苕溪秋月冷，归棹逐渔歌。

游报恩禅智寺与蒋子久小酌长明别业

［明］田艺蘅

寺径接溪湾，萧条不掩关。
僧居孝女宅，墙带古城山。
寒日云容淡，深林鸟语闲。
开尊松竹里，聊得远人间。

同咏一首

［明］蒋灼

双桨泊回塘，寻游得上方。
名乡传孝女，遗墓托空主。
林密鸟声聚，碑残鸟迹亡。
行厨君自备，同醉古城庄。

听石濑翁叟弹琴

［明］田艺蘅

白发山中叟，携琴为我来。
焚香调素轸，横膝坐苍苔。
流水客心静，清风秋气开。
知音深愧尔，叹息广陵材。

调石濑双溪兵驻扎瓶窑镇简张少府

［明］田艺蘅

谩信天时远，还居地利偏。
山溪原设险，挺刃可乘坚。
敌忾千人合，兵衡四镇连。
君家多秘术，莫惜圯桥编。

石濑燕摇良臣家

［明］田艺蘅

苕溪春水急，小艇任流连。
暖日褰帏幕，和风入管弦。
交情何郑重，信宿且回还。
芍药花开近，重来泛酒船。

从安溪务上瓶窑寺

［明］魏耕

务口桃花发，江潭见底清。
寻源过客少，采药有人行。
金刹悬霄迥，朱楼绕树平。
神仙不可接，犹见小蓬瀛。

蒋子久及我文明伯翁过访南山寺

宴奕抵暮送别溪渚

［明］田艺蘅

雅歌此地有余闲，白石青萝且共攀。
尊酒况能来北海，围棋绝胜在东山。
参军旧业要荒外，记室新声俎豆间。
愧我不材膺武备，螺舟怅望碧溪湾。

隆庆元年三月二十丁巳，苕溪宴集

［明］田艺蘅

圣历祥元启，春郊乐事多。
先期逢上巳，此地复临河。
杯泛青田影，徽流白雪歌。
芳蔺随意秉，丝竹奈君何！

秋夜见南山白云

［明］田艺蘅

新秋雨初霁，夜象了澄沏。
明月照远山，白云如积雪。
采之道路长，可望不可撷。
徙倚古松枝，素心聊自悦。

秋日苕溪道中

[明]张羽

深秋群物肃,灏气明朝阳。
方舟荡清溪,良游阅景光。
疏林缀余绿,菰蒲摇晚芳。
鸣鸿去杳杳,遥岭翳苍苍。
闲行无物役,洄沿蔀尚徉。
寂寞欣有得,留连岂为荒。
一理沧浪调,知音非所望。

夜泛苕溪

[明]王淮

倚棹苕溪上,孤吟思不群。
抱珠龙卧月,失侣雁呼云。
楼影依桥见,箫声隔水闻。
诗成何处泊,凉露正纷纷。

寓瓶窑屠氏庄

[清]董沛

湖东迂曲路,容我此待车。
拟托巢林燕,才甦涸辙鱼。
冥情留隐踪,远梦当家书。
犹虑吾亲老,山村不惯居。

三塘渔唱

[清]丁丙

虎(唐)彪乡里捍艰难,伯锡崇仁驻虎山。
螳臂双撑忠血碧,瓶窑千古泪潺潺。

瓶窑镇

[清]梁同书

弱缆且长堤,村船逆上溪。
白鱼如切玉,朱果落村泥。①
古镇峰峦集,田家树水低。
恨无抱甕力,偏性合幽栖。

①原注:他产白小鱼、柿子。

苕溪晓涨二首

［清］夏止善

雨足清溪拂槛流，兼葭历历散汀洲。
鱼冲雪浪翻银鬣，燕掠芹泥上玉楼。
震泽潮生春渺渺，龟山宅在晚悠悠。
行吟更起濠梁兴，万道飞泉似鉴浮。

杨柳飞花燕子来，河豚初上水如苔。
朱丝彩袖瑶台近，画舫青帘绮席开。
天目西来平望眼，海门东去放诗怀。
桑麻两岸三州接，财赋江南亦壮哉！

自瓶窑真寂院过姊民宅

［清］严调御

顷从招堤游，得悟清净理。
还过姊民宅，情爱纷复起。
执手话苦辛，酸更不能已。
诸甥牵人衣，楚楚亦可喜。
欢愁从何集？儿女情多尔。
垢净互起灭，一生拳相似。
何当足心源，空寂了无倚。

芦花

［清］魏之琇

寒汀极浦雪绵绵，拂岸縈波送远天。
千顷夕阳茅舍外，十分秋色板桥边。
凉风淅沥吹明月，细雨溟濛湿乱烟。
辽亮一声何处笛，夜灯红出钓鱼船。

病疸戏作呈鲍以文

［清］魏之琇

柳洲居士食无肉，食笋要待将成竹。
鸠形自与鹤争瘦，菜色由来蛙比绿。
唯余濁醪不可无，日读离骚醉几壶。
不令渴羌受韈靮，时听枯腸辘轳。
岂虞快意逢轲轗，湿热侵淫作黄疸。
未能学佛聊学禅，初祖金容壮观览。

新旧时劳致问频，劝余药里搜菌陈。
笑而不答心自了，地下未要穷诗人。
绿飲先生独殊众，酒钱日日还相送。
夜间藏神来入梦，尚有黃虀三百甕。

大水行

[清]江毓荃

昔年大水食无粟，今年大水居无屋。
屋外有田汇深渊，屋中有水如流泉。
衣服打包觅亲戚，亲戚家中苔满屋。
晚来舣棹芦花中，小港炊烟处处同。
身在扁舟心在室，不归难安归不得。
日望水退无分毫，梦回急雨声潇潇。

清平乐・春日苕溪道中

[清]张应昌

红情绿意，柳眼桃腮里。做暖生寒花事起，春在二分花底。朝来细雨吹醒，远山淡水螺屏。一幅徐熙书稿，书中少个樵青。

柳梢青・丙申三月十一日由武林放棹苕溪

[清]张应昌

春满江南，节过寒食，短棹横塘。万树桃花，几湾流水，一片斜阳。心情分付垂杨，教击住，东风莫狂。燕子不来，莺儿无语，人倚昏黄。

解佩令・苕中雨归

[清]徐士俊

山横云阴。溪平浪舞。恰装来、一船清苦。细雨纷纷，记得起、清明前路。唤舟人、急摇双艣。　　披衣寒楚。推篷风许。小炉中、水沉香吐。还树微微，恍惚是、桃源迷渡。但闲将、落花偷数。

凤栖梧・送丁天庵之苕溪

[清]邵锡荣

春尽残红飞满地。夜月多情，照管君行旅。客路高年应子细。经营惨淡谁相慰。　　一阵南风何处起。吹得离魂，先渡苕溪水。上马登舟休下泪。不多时节相逢矣。

题中华第一城

胡雨泽

应中新社之邀，四月前往瓶窑。此镇历史悠久，考古学者探得古城址，规模浩大，经考证迄今约六千年，可称中华第一城。缘此而有进代繁衍，生生不息。杭嘉湖上，苕溪边，有西险大墙，有南山摩崖石刻，故有防风古国，今有百业兴隆，安居乐业，人文丰厚，作诗以赞。

千古悠悠筑一城，漫天飞雪落无声。
大塘西海佑世代，长命善桥谢天平。
白鹤摩崖一枝俏，观山古国席地晴。
百业举推华夏兴，大同应效思贤明。

苕溪行

胡雨泽

至瓶窑则必游苕溪。苕溪穿此镇而过，常言有水则灵，依水则兴。中华第一城，千年古镇，莫不得益。往日西险，几多风雨，经不断治理，已成杭嘉湖天然屏障。新碑矗立，人人见而欣然，人间天堂，令天下神往。四月在楼科敏老师引领下，遍游此地，以诗相赠。

堤间四月两三舟，烟雨高低画满楼。
风教山前飞残絮，柳扬溪畔砥中流。
长念孤胆云随鹤，独立新碑春已秋。
萧瑟故窑了无迹，起帆最忆向杭州。

摩崖石刻像

河奔

任凭风雨蚀，趺坐不计年。
世事纷纭变，天地自宽闲。
遥瞻千嶂碧，近睇万家烟。
雕颜含禅意，白鸟掠岩巅。

第二节 文 选

瓶窑重建真寂禅院记

［明］朱国桢

言天下之名山，无不举东西两天目者；言天下之名刹，无不举径山者。远则国一、大慧诸祖之法席，近则紫柏、可大师之灵蜕在焉，故黑白之侣登临两天目，瞻礼径山者，日无虚晷，或乘竹筏缘溪涧而进，或包腰芒穿林麓而入，虽水陆异途，要必于瓶窑发足焉。故言两天目、径山，又无不先举瓶窑者也。然其地俗朴民俭,自农桑外,多以埏埴为业,故市廛之与陶穴,相望如栉比,而求所谓伽蓝精舍,则杳乎无闻。

登临两天目,瞻礼径山,托宿焉者非寄民庐,则依食肆,虽缁衣白足之流,势不得与齐民异,有识者过之,未尝不徘徊兴叹也。闻谷禅师慨然捐衣钵,为善信倡,访真寂废刹故址,复建禅院,为往来食息之所。厚直市地,集材构屋,凡为佛堂若干楹间,僧寮若干楹间,墙篱门庑、树井湢溷,各有其所,虽无雄殿杰阁震竦观听,凡所以供佛养僧之具,灿然备矣。院未有储粟,而居民千余家,环拱敬信,每食必贮净饭一瓯,以俟禅师使沙弥三四辈,聚而归之蒸饎,以为僧食。食时,主客僧恒不下千指,无匮乏之忧。晨钟暮鼓,木鱼梵呗之声,闻数里外,有过大丛林无不及焉。

久之,四方敬信者日益众,竞为师佃复古安众寺,并旁寺山场二顷,有得以供薪爨。又陆续施买饭僧田五十余亩,稍佐净食云。盖禅师貌温而气寂,行修而言中,当其在云栖会下,苦行菁山,名闻已洋溢诸方。乃余所醉心禅师者,不止是。自初祖西来,而义学之士,疾之如仇。六祖传衣,而南北宗亦相为水火。盖我相难浣,法执易起,所从来久矣。紫柏以单传之印,倡道径山,而云栖大师专提净土二大士之权实,隐显讵可凡情分别,而偎墙倚壁之徒,亦遂各分门户。今禅师不离净土,直契单传,且以云栖之的派,作径山之津梁。此真寂院之作,盖亦借事显理,合异为同之妙用也。按志:院始建于宋宝庆间,中更废兴不一,重建于万历四十二年甲寅,落成于次年乙卯。院成后,师旋入闽中芝山。至泰昌十月,徇善信之请,复来主院事。及天启改元季冬,而国桢始为之记。

妙济禅寺重建修记

[明]胡濙

自佛法入中国以来,天地之间名区奥壤,为宝坊绀宇,碧瓦雕甍。盖佛氏之教,始则福田利益之说,足以化导庸愚,终则明心见性之说,足以启沃贤智。是以贵贱贤愚,莫不皈依信奉。由汉晋隋(梁)唐宋元,以迄于今,日新月盛,名蓝巨刹,无处无之。

杭州府余杭县大觉山妙济禅寺,宋淳熙五年,密庵杰禅师开山,东接武林,西连径山,南有苕溪之映带,北有天目之耸峙,重崦层关,郁藏纳,景物清胜,比隆于径山,殿阁宏丽。元季罹郁攸之厄,向之翬飞云烂者,悉委为煨烬。国朝洪武丁丑,呆庵庄禅师,戒律精严,缁素向慕,因举兴复之念,捐资以助者踵至,遂翦荆榛,除瓦砾,鸠工聚材,次第营创,未克就绪。

永乐壬寅,木庵荣禅师,广化山址,鼎建丈室。宣德癸丑,大雄宝殿告成,以至山门、廊庑、僧堂、庖湢之属,佛祖、天人菩萨之像,香灯、旛盖供具之器,悉渐完美,规模焕然,比旧有加,实今住持昙轮极力经营之所致也。僧录重其成此宝坊,扶树像教,培植善根,阐化之功居多,特给符牒,延为住持,欲其久居兹寺,为国祝釐,为民祈福,昙轮恪遵无怠。恐久而泯其兴复之由,今兵部主事钱塘邹干,持状诣南宫,征予为记,欲勒贞珉,以垂悠久。予惟福利之诱,固足动人,然非主维是刹者,有坚志长才,高识远见,雄伟特达,而无一毫贪痴留滞于胸臆者,亦安能成就如是伟绩?予嘉其心志之公、计之远,故不辞其请,用书大概,俾归以勒于石,使将来有考焉。正统六年岁次辛酉三月望日。

种树记

［明］李谷

瓶窑闻谷禅师，以陶轮智埏埴诸方，一时英俊蔚然相从。譬之种植，已自金锄不动土，灵苗在处生矣。复念径山大殿，需材实难。尝见万历戊申，吴江沈中丞公鼎新之，求木千里之外，已达双溪，弹指入径山耳，而溪流横溢，飘散邱陵草莽间，运载之费，十倍于易。因择地于山，募植松杉于上，曰："百年之计有待也。"予闻之，为之三叹，华严五十三参，所在祥河宝树，散花流香，而极乐土中，亦行树周匝，阶楯严饰。可知宝所变现，刹刹庄严矣。而予谓末法像教，则庄严尤第一义也。凡夫见相作佛事，非庄严无以启信。则夫念及于佛刹者，安得不计及夫庄严佛刹之具？昔卫文播迁一方，犹"树之榛栗，椅桐梓漆"，诗人之意曰："礼乐不患无具也。"矧八十七祖，炳中天之耀，而后之人崇隆像教，顾艰于堂构耶？向无虑及此者，而师独秉远识，预为善后，不必龙神缔造，祇陀信施，而径山佛刹，知无穷尽矣。虽然，既树矣，成就周圆，是在守之者。语云"剩栽无影树，留与后人看守"之谓也。予虑众生情见尘沙不一，因为之记，以告将来。地名黄沙滩，种树期满大藏之数。始终经纪其事，为本山松源僧桂庭，名大砿者也。

种树山瓶窑闻谷印师募置，松源房僧大砿协种树一藏，以备大常住修造采取。

黄山书屋记

［明］王洪

黄山距余杭二十里，而东面苕溪，望之拳然蔚然，盖山之小而秀者，盛氏公行居之。自其先世雅尚儒术，筑馆于是山之阳，蓄古书，延名师，以训其子姓，匾曰"黄山书屋"。至公行，尤大而新之。间因友人蒋伯昂，自中山走临安来征言，予亦颇有志读书，因不辞而为之言。盛氏富而好礼，其先彦道尝牧山东，有惠在人，至今犹思之。公行又能率厥祖训，孝亲敬兄，而宗族翕如，人无间言，兹非读书之效乎！虽然，予又有以告公行也，自孔子之徒没，异端蜂起，老庄之诞，佛氏之怪，申韩之惨刻，皆蟊贼正道而惑人心，公行读书，其尚谨于是哉！若夫览山水之秀，风物之美，而写情寓怀于烟云月露、崖谷杳冥出没之间，公行必自得之，余不复赘也。

黄山记

［明］景星

杭之属邑曰余杭，山曰天目。天目背兑面震，其支三分钱唐南北诸山，映带左右，而中一支，或起或伏，发为三山：西曰舟枕，东曰阳山，其中一山，峰峦秀拔，云气弥漫，草木丛茂，苕溪之水萦抱于前，诚佳境也。邑之大姓盛氏祖太乙府君，仕唐开成间，为显官，乃自临安缠下，以众山环绕，而兹山特处其间，如土之在中央，遂命名为黄山。于时雅善侍书学士柳公权，为书"黄山"二大字，刻石其巅。

岁月既久，荐罹兵燹，石刻之仆者有年。十世孙讳先，尝为之树立。迨元初，又仆焉。至十二世孙钦，仕元江淮财赋府总管，暨其从子临安儒学教谕伯珙、子定安县尉仲深，志在重立，皆未遂而卒。今彦道公兴举废坠，以成前人之志，而黄山之胜，克复旧观。间来请文为记，乃勉为文以贻公之子孙，使知石刻之倾植有如此。公名仁，彦道其字也，以材能仕为山东左布政使，其视太乙府君为十四世祖。至若黄山之胜，公尝厘为八景，属之善鸣者矣，予得而略焉。是为记。

（县志：黄山书屋，黄山在县东，近瓶窑。黄山在县东北三十余里山前界。《成化府志》）

真寂禅院迎住持师启

［清］章藻功

沙看撒手，悟色想之真空；石待点头，信声闻之妙谛。式瞻慧日，用阐宗风。锡无翼而常飞，身将舍去；棒何言而顿喝，心与安来？溯净水于金流，问迷津乎宝筏。某师狮座，名宗鸡园。上品云栖，六叶界并；生莲日冷，双松林偏。倚奈渡杯渺渺，盟海上之浮鸥；振策铃铃，听云间之唳鹤。似此介推，偕隐奉母而来；笑彼苏耽，求仙弃亲以出。轼凭五衍，即是板舆；布著七斤，便当彩服。乃如来何处？大开六妙之门；而曾过此间，应认三生之石。余杭真寂禅院者，地即佛心，路经天目。苕溪所注，则沃荡云霞；径山所盘，则回薄日月。结茅伊始，记垂创于百年；开叶相成，溯源流者四世。嗟乎！利名都假，此则归真；尘俗何喧？于焉示寂。固知澄什，不须携手山西；若使远林，亦且掉头江左。用是云游者众，星见于兹。龙鱼腾跃以偕归，鸾凤缤翻而下集。僧人行脚，即同象负而游；菩萨低眉，竟许鸠分以食。浮萍所托，疲此津梁；只树何因？供诸璎珞。倘住持不得其人，沙河安在？则去来已归无物，石窟如空。伏望重过丈室，广引方袍。敝衲有传，克绍箕裘之学；折铛已久，定随瓶钵之缘。得遍洒其醍醐，乃同游乎欢喜。凤抚龙飞之势，驱象驾以言旋；虎林鹫岭之间，待马鸣而说法。

（《思绮堂文集》）

重修苕溪化湾闸记

［明］黄汝亨

聂侯治钱塘之五年，士服教，民戴德，吏不敢为奸。下令流水沃焦润槁，所兴除不可胜纪。惟是苕溪居邑之西偏通霅溪、太湖注于海，沿袤百五十里，为闸有五，曰化湾闸者，北注径山，南注天目，承双流之要冲焉。水溢则合，旱魃则开，以堤以泄，讵惟钱邑是赖。盖三郡邑利病所关系重矣。创始于宋淳熙六年，重建自洪武，而永乐间数横决，闸圮至淹没郡国，人民流散。

天子乃敕大司农夏公原吉，暨大纳言赵公岳，会同三司诣勘修筑，三年乃竣。迨正统十年，复以冲圮，民害尤烈。邑令叶公宗行申请事闻，上敕少司空周公经再勘。议动支广丰仓米三千七百石有奇，抽分厂木三千余株，筑治如故。详碣中，至今利赖之。盖百六十二年无患矣。

万历戊申夏四月，天乃降割，霪雨为灾，浃四旬不休。五月，塘崩闸复圮。苕水悬注如倾，三峡大浸稽天，桑田为海，下民其鱼，屋庐荡析，莳种无具，啼号离散，遍于四野。侯蒿目计拯，而里诸生徐生懋升，率父老徐梦麟、陈埙辈，伏侯庭具陈利害状。侯蹙额曰："赤子在溺，父母之谓何？且一劳永逸，策之善也。前事后师，政之径也。民将亡命，吾何爱顶踵。"于是单车出郭门，拿小艇，行赤曝下，涉巨浸。凡旬日数临患所，与父老议，谓："闸不备，塘胡以御冲。冲则易溃，何以施筑？"于是得衍义黄河筑堤法：用六尺竹篰千余，实之以石，下柱水为两股，中填土而垒之，高若干。发公帑可百金，庚粟百石。父老辈奋身董其事，不期月备塘成，举伏地欢呼曰：

“是沟壑也而登之场圃，父母哉！虽然亡塘患水，亡闸亡以输水，则患旱焦烂之祸，与沦胥等，闸何可已。”侯乃复与父老辈议，闸工必千余金，乃瞻顾灾民不堪再浚，而赋无出帑藏且告匮。侯慨然曰：“不闻医家以血补血法乎？小损大益，先瘠而后肥。”于是量乡都之邻闸者凡八十里，亩派五厘，凡若干亩，可得九百金。民输恐后。又力请诸上官动支常平仓粟五百石，凡材木伐石，缮公取给焉。不足则捐俸，多方济之。又躬为劳来将作，负畚者靡倦。为亘而高者四丈，培而厚者五丈，阔而疏其兑若口者九尺。甫一载余而闻成矣！父老子弟又举伏地欢呼曰：“是役也，水无虞浸，旱无虞焦，以堤以泄，可桑可田，非侯畴其乂焉。”

于是徐生懋升率邑父老徐梦麟、陈埙纪其事，而属余辞。余览而叹曰：惠哉懋哉，世世永赖哉侯也，而功视往者则倍，何者？往天子痌瘝下民，至勤以大司农、司空诸重臣，履亩兴筑，而侯只身肩之。往往费罄，司庚粟几四千，榷木三千，而侯半之。往阅三载乃底绩，所勘议者再，而侯捷之。侯利侔于百年。而三善溢于前人，其忧殷，其才敏达，其夙昔入人深矣！列郡邑所被润泽丰美甚博，侯其为众父父矣！夫善无近名，侯也；有孚惠德，以规百世，民也。碑曷能已。若夫请折停征，岁两行赈，活饥民，瘗死入骨，四境复业，比于丰穰。种种德政，详他纪中，又奚缀焉。为闸也碑，用告来者，侯名心汤，字纯中，别号铭源，豫章之新淦人。登甲辰进士。其辞曰：

苕水之湾，冲以双流。动决静啬，水旱为忧。以塘以闸，天惠我侯。身先子来，沟壑田畴。昔在列祖，拯溺救然。劳苦重臣，动经岁年。生民其亿，费亦溢千。事半功倍，侯若易焉。惟天降割，惟帝迪哲。百年同功，二贤合辙。昔也有叶，今也有聂。郑渠邵埭，千载争烈，泽国名山，永不堙灭。

韩瓶歌序

[清]王诚

韩瓶者，崇二尺，厚寸，围尺半，直腹，背微坳，弇口，旁有双耳，其色黝然。皋亭山人垦田得之，售诸酒肆，及门俞生拱辰闻而购其一，出以示子，云是韩蕲王军中盛酒器也。考《宋史》韩、岳二传，皆有背嵬军，《云麓漫钞》云：燕北人名酒瓶曰“嵬”。按此，则瓶即韩兵所背，其不曰岳，而专属之韩者，按建炎三年，蕲王讨苗傅、刘正彦之乱，师驻临平。皋亭与临平近，故宜有是物欤。

钱邑苕溪险塘杂记

[清]仲学辂

苕溪发源于天目岷山之脉，一折为衡，再折为庐，三折为钟山，别入吴为天目，经杭、嘉、湖三郡而入太湖由钱唐至太湖，延袤百五十里。绘《在皇朝舆地图》，而浙省《水利通志》、《水利备考》、钱唐新旧《县志》，复言之凿凿，要其所以资蓄泄、卫田庐，则恃有闸塘，而三郡尤以钱邑塘闸为首重，何也？盖天目两乳东向为万山之祖。万山龙飞、凤舞。三面出水南注江，北注梅溪。其东趋者天目南北诸山为旁支，东为中干，苕溪之水，随中干而来。又流南、北、中三大溪是为南苕，中苕、北苕。南有南湖，周围三十四里；北有北湖，又名裘山草荡，周围六十里，皆囤水之区也。浩浩荡荡绕出临安、余杭，至钱邑孝女乡冯孝女,唐时人,前辈江古香诗云:“前有冯媛后丑卿,剖肝刲股进亲尝。乡传孝女分南北,千载双坟土尚香。”坟在女南四图孝女山。始合为一新《志》云:钱唐为咽,吴兴为腹,而太湖则尾闾也。每遇淫雨,波涛汹涌,三郡在吞吐间。明户部尚书夏原吉望而叹曰:“朝见平沙,晚没苕花,此殆患区乎?”沿塘各里,古名患区,非仁和之患区也。患区唐臣尉迟敬德筑石阻鸭沙塘,有小碑记,咸丰时犹见之。常以邻郡为壑嘉兴、湖州。而疏下流,抑洪水,始于钱武肃王,惜其事已无可考,可考者,宋淳熙六年分段筑堤,间以陡门见县志。为十塘、详见免役碑,总名西险大塘,皆栽松,故明人称西塘古松为苕溪十景之一。五闸化湾陡门、角窦陡门、安溪陡门、乌麻陡门、奉口陡门。化湾最险,奉口与仁和分界,自此以下水势渐缓。所自起。明则洪武、永乐、塘闸数横决,淹没郡国,人民流散。正统、万历,代有修建,夏原吉之外,如通政司赵君荣永乐时会同三司诣勘,发帑修筑三年乃竣。工部侍郎周经正统十年,塘闸倾圮、支广丰仓米三千七百石,南关厂木二千余株,筑始如故。皆以朝廷诣勘,发帑经营。县主叶公正统十一年勒石、聂公时在万历戊申岁踵而行之,塘闸斯固黄汝亨为记,略曰:讵惟钱邑是赖,盖三郡邑利病所系重矣。以其地当冲要也,越百十年,而固者仍圮。国朝龙兴,爰照明例,创修于康熙八年者,袁方伯也。续修于雍正十一年者,秦太守、李大尹也朱督宪奉旨动帑,扎饬勒石。今化湾塘遗碑尚存。惟康熙五十五年,修龙冈西塘,出自魏邑侯捐资独任,里民颂之,为立碑碑在瓶窑东北首。由雍雍正十三年。迄乾乾隆五年,唐、周两大尹继起,定为各里保护塘险计长五千六百余丈,优免徭役,大修动帑,民承岁修,前后秉奉太子太傅、文华殿大学士兼吏部尚书、总理浙江海塘,兼管总督巡抚印务稽公,批饬勒石各都图分段承管,土名、丈尺详碣中。其他碑碣,或日久埋没无考征,或字迹模糊无从摹拟,或里民照府县告示私镌,概勿注。今本府头门免役碑是也。道光时偃仆。抑问之,唐公、周公与明季叶公、聂公,皆按月巡塘,与民分忧,故办理如法。乾嘉之际,塘患少安。道光纪元,余邑北乡群山万壑搭厂温台人作佣,千百年之厉禁忽焉废弛,于是,搭厂者之蔓延山谷,日事垦削,一经雨洗,泥沙随山水而下山土愈掘愈松,松则浮动。直到三大溪交会之所钱塘西隅与余杭(借)〔接〕壤。盘旋停顿,溪底积累既久,高以丈计余杭南湖、北湖同病。状如复盆,既不能廓乎有容,则水来易盈。溢塘。水去易竭。露底。下游属邻郡嘉兴、湖州,其承受上游之水,翻觉来速去迟。此旱潦所以不均,荒歉所由迭见也。自是上游塘面,渐因溪底而加高,高犹不足,复因水溢而大溃,道光以来,渐以塘溃为常事,凡遇修筑、非委员督办,即庄首承办,无论帑银敷不敷,必再摊派,自是里民受累无穷矣。溃在上游,下游虽有塘闸,安所用之!譬如北门一开,腹背无不受敌,掌北门之管者,可弗矜慎哉!道光以来,各塘弊病蜂起,渐不可支。光绪八年中夏,大水溢塘,旧例塘形险要之处,皆钉抢水桩,以折水势,见国初《苕溪图本》。溃者五处,矬陷坍塌之类,几难指数。其时三郡同为巨浸,议者均归咎于塘东海大塘坍溃,三郡遍灾。西险大塘坍溃,三郡全灾。缘杭郡地高,为经水灾处,嘉湖田最低,为盛水处也,旧称两塘并重,尤以西险大塘为三郡命根。延至是冬,无谋及者。临安县知县赵明府时为钱邑宰,心窃异之,因与同善绅士金少伯、丁松生等会筹款项,估计工料,次春备案上详,由县发给清单,照会城乡各绅董,传知各里庄首,具结承领,协同商办,办至次年十月,大水又来余邑各地复溃,恃以无恐。各塘向设张英济侯神位,并有金龙四大王庙。大王姓谢,其坟墓宅基犹存,子孙世守,庙宇向关帑修,闻此次与英济侯同日显圣。虽然,此特小补云尔。若前次水为塘患,其病酿于溪底,起于山厂,而滋毒遂遍于三郡,而贻害乃延及于国计民生。今欲为三郡策万全,当先为钱邑塘闸策万全。欲为钱邑城闸策万全,莫若先浚溪底,次议山厂。二事于国计民生所全甚大,实为浙右第一要公,况一劳可以永逸耶!凡有血气者,咸翘首以俟社稷臣云。

南北湖开浚记

［清］仲学辂

苕溪隶杭州者为上游，水势猛厉；经嘉兴、湖州者为下游，水势宽缓。故重上游，上游尤重钱塘一节。十塘五闸，独扼险要，以卫杭嘉湖三郡田庐。其恃以分受水势稍缓冲激者，首在余杭之北湖，次在南湖。乃近来言水利者连篇累牍，只重南湖，苟非闻见有偏，即是情形不熟。今将南北两湖并详如左，兼附开浚末议，并详于左：

一、南苕、中苕、北苕三大溪，均从余杭绕到钱界，合为一溪。北苕水势最大，南苕次之，中苕又次之。陈浑开南湖，为南苕而设下南湖，坐县前周三十四里。上南湖渐远，周三十二里。归珧开北湖，当中苕之冲，接(引)〔近〕南苕、北苕周六十里。上南湖淤塞之后，桑麻禾稻，面目全非。下南湖于明季时犹存六千九百余亩，荒荡九百余亩，现除荒荡不算，约存六千亩。北湖除已成田地外，所存亦不过万亩，其下尚有草荡数千亩不核在内，此南湖、北湖之情形也。

一、下南湖近城市，如武林西湖，可供游览，共进水之口甚狭，即南苕水长借以分水处也。开湖时意存潴蓄，后余杭东乡亢旱，引以灌田，故利在上游。北湖如大泽，茫无关闭，水来则任其蔓延，上截可缓中苕之冲激，下截兼缓南苕、北苕之冲激，冲激既缓，则三溪交会之所，不至一涌即溢，决溃塘堤，实为杭嘉湖三郡受水较南湖力量更大而远，故利在上下游。此南湖、北湖之关系也。

一、南湖水满，必从滚坝溢到内河，邻近低田，往往遭没，若一浚深，则水不易溢，然后南苕借分水势，庶免以邻为壑。其泥出口费事，就近有隙事可容北湖，自宋元迄今未曾清，迨(瘀)〔淤〕积高于南湖。如果开掘，则出土非难，可运至各塘，卸入塘背，俾各塘增厚，固如长城。复由地方官谕饬塘保，广种垂杨，以固塘脚，则一举而三善已兼。此南湖、北湖开浚之利便也。

一、开浚非旦夕功，须得长策以善其后，否则，创而莫继，如前功何？尝闻下南湖疏浚几次，中间被人奏罢，今若与北湖并开，则见效非迂，人无异言，以较关大也。动工之后，即应严定章程，以俟接年。工竣，或照西湖办法，年年酌提经理之费，使不复(瘀)〔淤〕，国家所损无多，所全实大。以此浙右水利，不难上追汉唐。此开浚时慎始图终之道也。

一、苕溪上游，河道亦多(瘀)〔淤〕积，开南湖、北湖时，酌量河道形势，择要以图，若得浅处复深，则众流自然顺轨，此疏凿胜于堤防也。

一、泥沙(瘀)〔淤〕积，说者皆归咎于余杭北乡棚民开山之故，然北乡开山历朝严禁，以上工程一毕，便可追复旧规。盖实事求是，民所敬畏，既见开浚如此认真，将有不言而自喻者，乘机禁治，谁敢故违，此清源在乎正本也。

一、以上要公，须由地方官照会地方城乡绅董数人，就地设立公所，支应其间，复由绅董拣选情形熟悉、不存意见者数人，袭办其间，非止为照料杂项也。如某处宜先动工，某处宜先卸土，某塘背培到多少厚，其(瘀)〔淤〕沙浚到多少深，水浅则清其下，水满则治其上，一一酌量，临时指引，设有疑难事件，凭绅董与委员妥商，此大纲一立，细目自张，可不劳而理也。

仲氏世医记

［民国］章太炎

杭县仲右长，余中表弟也。父昴亭先生，清时以举人教于淳安，好明道、伊川之学，尤善医。是时下江诸师皆宗苏州叶氏，顾忘其有禁方，习灸刺，以郛表钞撮为真。不效，则不知反求经训，视汉唐师法，矫枉日众。先生独祖述仲景，旁治孙思邈、王焘之长，以近世喻、张、柯、陈四家语教人，然自有神悟。处方精微洁静，希用峻药。而病应汤辄效，人以为神。上元宗源瀚知宁波府，闻先生名，设局属主之，已而就征疗清慈禧太后归，又主浙江医局，所全治无虑数万人。先师德清人俞君，恨俗医不知古，下药辄增人病，发愤作《废医论》。有疾委身以待天命，后病笃，得先生方，始肯服。服之，病良已，乃知道未绝也。先生殁几二十年，而右长继其学，所蓄方书甚众，右长发箧尽抽读之。尤精《伤寒论》，口占指数，条条可覆，故治病无犹豫。民国九年春，余以中酒病胆，传为黄疸，自治得愈。逾二月，又病宿食，自调局方平胃散啜之，时即发热，中夜汗出止，自是寒热往来如疟，日二三度，自知阳明少阳病也，服“小柴胡汤”四五剂，不应。热作，即愦愦不可奈何。间以芒消窜之，微得下表，证不为衰，乃遣力延右长至。右长视方曰：“不误。”余曰：“苟不误，何故服四五剂不效？其小柴胡加减七分汤剂最神者也。余颇为人治疾，诸病在经府表里者，服此不过二三日愈，今为己治，乃如啖朽木又不省也。”右长视方良久，曰：“此病挟热，诊脉得阳(征)〔症〕结，何乃去黄芩加芍药，此小误也。”余曰：“病自宿疾起，常欲得溲便解之，以黄芩止利，故去之耳。”右长曰：“在小柴胡汤中勿虑也。”乃去芍药，还黄芩，少减生姜，分剂服汤。二刻即热作，汗随至出，神气甚清。诘旦，如疟者止。余曰：“增损一味，神效至此乎？”右长犹谦让不自许。盖其识用精微，虽用恒法而奇效过于人也。方昴庭先生在时，于余为尊行，常得传余治经甚勤。先生曰：“厉学诚善，然当更达性命，知天人，无以经术为至。”余时少年锐进，不甚求道术，取医经视之，亦莫能辨其条理。中岁，荐历忧患，始然痛求大乘教典，旁通老庄，晚更涉二程，陈王师说甚善之。功成屏居，岁岁逢天行疫疠，且莫不能自保，于医经亦勤求之矣。今右长承嗣家学，条秩审谛，善决嫌疑，此于前人故乐而道之。抑记云：“医不三世，不服其药。”顾仲景又以各承家学，为谓今之称世医者岂少耶！本术已乖，后嗣转益讹陋，则误人也愈甚。必如仲氏父子者始可也。民国九年八月。

（原载民国《杭县志稿》卷十八）

南北湖测量报告书

一、测量南湖报告书(略)

二、测量北湖报告书余杭北湖，土名仇山草荡，古称天荒荡，位于县北五里许。原有形势图籍失传，无可考证。此次察勘天然现状，参考晚近图志，其界线应东至南苕溪之险塘，东南至西涵陡门，西北至曹桥，西至小横山，北至北苕溪之险塘，南至西山，周围六十五里有奇，面积五万三千二百六十余亩(内仇山占积八百四十亩，土坝占积五百五十亩)，幅员辽阔，三倍南湖。只以年久失修，淤成平陆。客民筑坝占垦，庐舍桑麻，俨成村落；馀剩荒地一万二百二十余亩，亦复强半侵占，日渐开拓，寻觅旧址，几渺不可得矣！此次测量所得，举凡湖面广袤及地势高低，均于平面剖面各图表示明确，并就管见所及，缕晰陈之。

一、北湖之历史　北湖湖基京属天荒废田，唐县令归珧鉴于三苕之水流湍急，创议开辟，湖成而身殉焉。宋、元以来，未加清理，淤积情形较甚南湖。前清光绪十一年，粮道廖寿丰修浚相公庙一带，拨兵挑浚三年毕事。其时，尚有湖基万亩及西溪南山等草荡共数千亩。今则桑田茅舍，犬牙相错，侵占既广，湖身益窄。数年而后，恐更不堪设想矣！

一、北湖之形势　南北二苕环束东北，中苕横贯湖中，天目万山之水由此过，脉如沟浍。然中南二苕直趋余杭之汤湾渡，两水会合，北行五里至瓶窑之相公庙，北苕来注之，此为三苕会合之处，湖形三角巨浸，适当其冲，承受三苕之流，停顿湍急之势，与南湖仅受南苕一溪之水者，其水量多寡相去倍蓰，故北湖之形势，较南湖尤为险要也。

一、开垦及侵占之原因　北湖离城僻远，无人注意，客民试种桑麦，筑埂御水（桐湾以北之荒地，客民试筑土坝，高五尺，上宽二尺，下宽七尺，数年以后，又成堤矣），薄有所得。官吏既不顾问，遂贿通胥吏，报升纳粮，视同己产。由是田埂增高，俨如塘阜。沿堤河荡，星罗棋布，此即昔日取土培堤之明证也。由湖基侵占成田，计四万三千四十余亩。其间土著甚少，客民占其泰半。此外荒地全属豫民势力范围。光绪五、六年间，始来开垦者，土民畏其强悍，不敢与抗，以致湖内蔓草丛生，无人芟除，一片荒芜，诚有不堪寓目者。

一、淤积之情形　全湖淤积，虽已垦种成熟，然年遭淹没，鲜获收成。惟湖西小横山一带，地势曲折，水来不易停顿，故彼处独成膏腴，完纳正课。然东面无塘，犹患水患时至，主是田者，拟筑塘防御，只以经费无着，尚未实行。然及今之不治，诚恐塘成以后，湖之旧迹，更难识别。今日北湖形势一片平陆，塘堤交错，惟苕溪为航路所必经，故不敢公然占据，然昔日之极大溪流，今仅羊肠一曲矣！黄鄱塘之西，已淤积成滩，滩名磨盘，四周环水，地不甚高。士民杂处，从事耕种，桑竹成林，一望无际。遥想北湖昔日之成田，同一原因也。北湖当未成田之前，淤积之土，近村乡人得以任意挑运，藉培桑竹；今则承垦，有人禁止挑运；加以余、临一带，棚民租山垦种，土脉松浮，一遇洪水，泥沙夹流而下，随处停顿，日积月累，渐成高阜。然为治本计，当永禁开垦，广植森林，亦防水之道也。

一、北湖与三苕之关系　中苕一名仇溪，发源于临安之穆公山，经长乐镇东行二十里至北湖；南苕，发源于天目山，万壑归流，水势自猛；北苕，发源于独松大麓，水势亦急。北湖接引三苕之水，为之囊蓄，所以分盛涨以杀剽悍之势；而三苕会合处亦不一致，一涌即溢，溃决塘堤。实为浙西三郡水利之要隘。修浚之举，不能视为缓图，而三苕亦宜择要与北湖并加疏浚，庶为正本清源之道也。

一、浚治之利益　北湖稻粱，岁比不登，获利甚微，完纳粮税，所余无几（每亩年纳一百文至三百文不等）；所种桑树，时遭水淹，树身枯瘠，产叶不肥，甚有种至数十年久而径不满二寸者，培养稍一不善，立即枯槁，试种之家，幸而入得以敷者，未始绝无，而得不偿失者，实所在多有。是以一遇荒歉，群聚为盗。浚治时，宜选择该处土客精壮者充浚湖夫，酌给工食，并以湖中蔓草任其刈取，不独盗患可以稍弭，即水潦亦可以末减，国计民生两蒙其利也。

（疏浚计划与概算工费略）

中华民国五年五月　第二测量队队长赵震有

国道飞车记(节选)

[民国]郁达夫

飞跑了二三十分钟,面前看见了一条澄碧的清溪,溪上有一围小山,山上山下更有无数的白壁的人家,倒映在溪水的中流,大家都说是瓶窑到了;是拱宸桥以北的第一个大镇,也就是杭州属下四大镇中间的一个。前两个月,由日本庚款中拨钱创设的上海自然科学研究所所长中尾博士来浙江调查地质,曾对我说过,瓶窑是五百年前窑业极盛的地方;虽则土质不十分细致,但若开掘下去,也还可以掘出许多有价值的古瓶古碗来。车从那条架在苕溪溪上的木桥上驶过,我心里正在打算,想回来的时候,时间若来得及,倒也可以下车去看看,这瓶窑究竟是一个怎么样的地方。

当这一个念头正还没有转完,汽车到了山后,却迟迟迟地突然发出了几声异样的响声。勃来克一攀,车刹住了;车夫跳下去检查了一下,上来再踏;车身竟摆下了架子,再也不肯动了;我们只有一齐下来,在野道旁一处车水的地方暂息了一下尘身。等车夫上瓶窑公路车站去叫了机器师来检查的时候,我们已经吃完了几个茶叶蛋,两杯黄酒,和三个梨儿;而四周的野景,南面的山坡,和一池浅水,数簇疏林,还不算是正式的下酒之物。

唱着自然的大道之歌,和一群聚拢来看热闹的乡下顽童,亨落呵落地将汽车倒推了车站的旁边,赵公夫妇就忙去打电话叫汽车;不负责任的我们四人,便幸灾乐祸,悠悠地踏上了桥头,踏上了后窑的街市,大嚼了一阵油条烧饼、炒豆黄金瓜。好容易把电话打通,等第 = 乘汽车自杭州出发来接替的中间,我们大家更不忙不怕,在四十几分钟之内,游尽了瓶窑镇上磨子心、横街等最热闹的街市,看遍了四面有绿水回环着的回龙寺的伽蓝。

当第二乘接替的汽车到来,喇叭吹着,催我们再上车去的一刻,我们立在回龙寺东面的小桥栏里,看看寺后的湖光,看看北面湖上的群山,更问问上这寺里来出家养老,要出几百元钱才可以买到一所寮房的内部组织,简直有点儿不想上车,不想回到红尘人世去的

良渚文化的历史地位①

——纪念良渚遗址发现60周年

苏秉琦

良渚文化从发现到现在已经60年了,在这期间中国文明起源问题的研究已经迈出了一大步,良渚文化本身的研究也取得重要突破。在这个大背景下纪念良渚遗址发现60周年,是一件大事。这是处于五帝前后段之间,以环太湖流域为中心,已具方国规模的良渚文化在中国文明起源、中华民族和中华文化传统形成过程中所起的重要作用所决定的。

在中国整个文明发展史上,东南半壁是“半边天”,中国古文化如果分为面向大陆和面向海洋的两大块,或西北与东南两大块的话,早在距今四五千年前的良渚文化时期这种格局就已

---

① 原载《中国文物报》1996年10月13日。苏秉琦,中国社会科学院考古研究所研究员、中国考古学会理事长。

形成。西北与东南的对向交流，不仅表现于玉器的种类及纹饰，尤其表现为鼎、豆、壶的组合在东南沿海地区出现早，成组合，成序列，并在中国传统礼制中长期成为定制，这不能不追溯到环太湖流域的良渚文化甚至先良渚文化。大约从良渚文化晚期起，以石犁的大量使用为标志，农业的精耕细作传统和对环太湖流域的开发，使江南一直有强大的经济力量作后盾，也提高了江南地区在全国政权中的地位和作用。良渚文化之后吴越已具有逐鹿中原争天下的大国实力；秦汉帝国以后，北人南渡，南人北上，西北与东南地区的对立统一，也经常是影响中国历史大局的重要流向。在南北朝对峙时期。江南虽然在政治、军事上不占优势，但经济、文化发达，六朝时代文人们四六对句的散文韵化，很为北方人所欣赏传诵，所以到了宋代以后科举兴盛时，江南文人占了优势。而明末清初孤踞东南一隅的南明政权，敢于同强大的清王朝对立几十年，表现得很有气节，最后得到康熙大帝对郑成功台湾政权的承认，也不是一件简单的事，南明史应在中国史上大书一笔。到了近代，上海成为全国经济重心，也不能说与古老的良渚文化无关，宁波籍人在上海经济、文化活动中所起到的重要作用就很能说明这一点。

今天，当地政府重视良渚文化遗址的保护，建起良渚文化博物馆，并借用这次纪念良渚遗址发现60周年活动的机会，出版集中了海内外学者高质量文章的纪念文集，这可以说是实现21世纪中国考古学的古与今接轨、世界与中国接轨目标的一个前奏曲。所以我预祝良渚遗址发现60周年纪念活动圆满成功。

1996年1月26日于深圳贝岭居

良渚随笔①

严文明

造访良渚遗址不知多少次了，每次都有一些新的收获，同时又留下了许多疑问，让人回味、思索。记得1967年底借着“文化大革命”大串连的名义，同几个朋友一起到杭州，遍游了西湖的各个景区。大家觉得很惬意了，我却感到兴犹未尽，一个人揣了两个馒头跑到良渚镇附近想看看良渚遗址的风貌。根据施昕更《良渚》一书的提示，我在路边的小溪边和一些池塘边察看，想找到文化层或捡到一些陶片。因为时间短促，又没有专人指引，终于不得要领而回。但对于良渚附近的山山水水，肥沃的稻田，美丽的农舍，还是留下了深刻的印象。

事隔10年，1977年在南京参加长江下游新石器时代文化学术讨论会之后，同几位朋友历经常州、苏州、上海，最后到达杭州。沿途参观了许多遗址和博物馆藏品，对长江下游的新石器文化遗存有了一些实际感受。到杭州后跟苏秉琦先生会合了。记得有一天牟永抗同志把我们领到良渚遗址参观，先是在荀山一带看了几个地方，看了施昕更曾调查和试掘过的水塘，又看了几个曾出土玉器或良渚陶器的地方，最后坐在大观山果园也就是现在叫做莫角山遗址的地方休息。苏先生问我：

“你说良渚这个遗址怎么样？”

“很大，但是一下子看不很清楚。”我答。

“我是说，它很重要。你看重要在什么地方？它在历史上应该占一个什么位置？”

---

① 《良渚随笔》一文原载《文物》1996年第3期。严文明，国家文物局考古专家组成员，北京大学教授。

“我看很像是良渚文化的中心。打一个不恰当的比方，假如良渚文化是一个国家，良渚遗址就应当是它的首都。”我答。

“你说得也对。”苏先生顿了一下，“我本来是想说良渚是古杭州。你看这里地势比杭州高些，天目山余脉是它的天然屏障，苕溪是对外的重要通道。这里鱼肥稻香，是江南典型的鱼米之乡。杭州应该是从这里起步，后来才逐渐向钱塘江口靠近，到西湖边就扎住了。把良渚比喻成首都，也有道理。杭州也做过首都，南宋的首都，那个时候叫临安。这是从政治上说。如果从经济、文化上说，杭州应该是丝绸之都，是古越文化的中心。考古学更重视经济、文化的研究，所以你说这里是良渚文化的中心或者首都，我说是古杭州，好像我们坐在这里大发奇想，其实都是有道理的。只是还要做许多工作。没有扎实的工作不行，没有一个想法去做工作，也难得到理想的效果。”

这一段谈话给我留下了十分深刻的印象，至今还能清楚地记得当时的情景。有趣的是我们坐下休息谈话的地方，当时从地形分析就觉得重要，也仔细地踏查过，可惜一块陶片都没有找到。只是在10年后的1987年，因为扩建公路而发现了大量良渚文化的红烧土坯，才引起了我们极大的注意。此事后文还要细说。的确，做考古工作也跟做任何事情一样，事先总要有个想法。而想法又往往是在有关的发现和研究的基础上才能形成的。施昕更发现良渚遗址，是受到《城子崖》发掘报告的启发和在杭州古荡遗址发掘的体会，所以特别注意黑陶和石器的关系。尽管他知道良渚出土过许多玉器，但因为一般人都以周、汉玉视之，而城子崖又没有发现玉器，所以他和在他以后的许多人都不曾把两者联系起来。

良渚本来有许多小土墩，也曾引起过学者们的注意。但只是在草鞋山、张陵山等一系列其名为山，实为人工筑成的土墩上不断发现良渚文化的大墓，并且在墓中往往出土精美玉器之后，人们才会对良渚的那些土墩刮目相看，才会把至少从清乾隆以来不断在良渚出土的玉器同良渚文化联系起来。再把良渚遗址同其他良渚文化遗址作一比较，才会有良渚文化中心古杭州的想法。

我想正是因为对良渚遗址群中的土墩有了一定认识，所以在1986年一个制动材料厂扩建工程中将要触及雉山村的反山时，浙江省考古所的同行们便采取了坚决保护的措施，并且组织了一次非常成功的发掘工作。仅在它的西头就发现了11座良渚文化的大墓。其规模之大，出土玉器和漆器等的精美程度和数量之多，在良渚文化乃至同时代的其他文化中都是罕见的。良渚遗址的中心地位于此得到了一定的证实，因而在当年举行的纪念良渚遗址发现50周年的学术讨论会上，反山的发现便成了会议讨论的中心议题，人们对良渚文化是否进入了文明时代，以及它对后来夏商周三代文明的影响，也都展开了热烈的讨论。反山的名声提高以后也产生了负面的影响，盗玉之风又曾一度刮了起来。一些不法分子在苕溪北面的一个叫做瑶山的小山头上挖了许多坑穴，挖出了许多玉器。在当地政府严肃查处之后，省考古所立即组织发掘，结果发现那里原是良渚文化的一个祭坛。那祭坛的做法大致是先把山头削平，然后从山下运去不同颜色的土筑成层层相套的方块，外面筑石头护坡。这在良渚文化中是首次发现，或至少是首次被认识。更有甚者，这祭坛后来又当成了贵族墓地。被发现的12座墓葬同样出土了大量精美的玉器等物，其规格仅略逊于反山墓地。

在良渚，类似反山、瑶山的地方还有许多，其中必然还包含有一些墓地和祭坛。人们自然会想到，这些墓地祭坛的主人应该有在生时的住地。根据墓地和祭坛的情况可以推知，这些人是相当富有的，掌握有军事指挥权和宗教权力的，甚至已组成为一个脱离人民的统治集团。他们活动的地方一定不同一般，应是良渚文化的中枢所在。这个中枢机构的遗址究竟在哪里呢？

事有凑巧，在瑶山发掘之后不久，104 国道余杭段动工扩建，在通过大观山果园的公路两侧发现了大量的经火烧过的土坯。省文物主管部门一方面及时上报国家文物局，一方面组织考古人员进行清理。国家文物局派我去了解情况，对发现的文化遗存作出估计，以便及时采取必要的保护措施。1987 年 12 月 1 日，我和李水城到了工地。一看正是 10 年前我和苏秉琦先生休息和谈话的地方。公路的北侧拓展较宽，省考古所在那里开了 13 个探方，各探方中都有厚薄不等的红烧土坯的堆积。这些土坯被一层一层地夯筑紧密。有的地方夯层较平，厚薄也较均匀，大致厚 15—20 厘米左右，有的地方有些起伏，夯层较薄也较短，层层相咬接，总厚度也有很大变化，厚的地方超过 1 米，薄的地方只有一二十厘米。夯层中夹杂了许多灰烬和炭末，薄的地方则以灰烬为主，呈黑灰色。土坯因大部分已被砸碎，原有尺寸无法量度。个别较完整的仅从剖面上看也难以测到准确的数据。勉强可测的大约长 25—30 厘米、宽 16—20 厘米、厚 8—10 厘米不等。一般表面已被烧成红色，里面因没有烧透而呈灰黑色。我用步子量度，东边的一段东西断断续续延伸约 100 米，较宽的地方南北长约 20 多米。往西隔三四百米，在路南的断面上又可看到约 30 米长的一个剖面上，有用红烧土坯夯筑的情况。特别值得注意的是这一段夯土中夹杂了许多良渚文化的陶片而根本没有其他时代的遗物，可见这些用红烧土坯筑成的夯土是属于良渚文化的。看到这些从来没有见过的遗址，我心里真有说不出的兴奋和激动。

为了让我更深一层地了解这一发现的意义，牟永抗和王明达向我展示了一张万分之一的地形图，图上清楚地显示这大观山果园实际上是一个长方形土台子，东西长约 670 米，南北长约 450 米，相当规整，只有西头有一小块地方突出去。自然力量是不可能形成这样一种长方形土台子的，换句话说，这面积 30 万平方米、高 5—8 米的土台子竟是人工筑成的，至少也应该是依托自然土冈，由人工裁弯取直、填平补齐才成为现在这个样子的。王明达还特别补充说，在已经开挖的 13 个探方中，在红烧土坯以下的看似生土的地层，实际是经过人工搬动的，是人们用自然土筑成的，其最深的一处已达 7 米！听到这里，我真是惊呆了：良渚文化时期果真有能力营建这么巨大的工程吗？这么整齐的台子，来了几次怎么就没有看出来呢？于是我拉着他们两位沿着台子边缘走了一圈，才知道每边的确是很直的，除南边外，地势也是相当陡峭的。平常因为只在上面走，又有许多果树，体量又大，所以看不清楚。真所谓“不识庐山真面目，只缘身在此山中”。现在总算看到“庐山”的轮廓线了！重要的发现接踵而来。1991 年 2—6 月，浙江省考古所等单位对瓶窑镇的汇观山遗址进行了发掘，发现了一处与瑶山大小相若、形状相似的祭坛遗址。除顶部系凿平风岩石并铺以三层相套的土外，北部缺口有石头护坡，东西两边坡下有在石头上开凿出来的排水沟，沟外稍低处又凿成平台，这些是瑶山祭坛所未见的。有意思的是这祭坛后来也被作为贵族墓地，只是多已破坏，仅清理了四座大墓，除随葬玉器、陶器外还有较多的石器，其规格似比瑶山者略逊一筹。

1992—1993 年，省考古所在大观山果园中的大莫角山西南、乌龟山东侧的长命印刷厂院墙内发掘了 1400 平方米。发现下面全是良渚文化的夯土，而且四周都没有到边。1992 年 12 月 26 日，我曾专程赶到良渚看杨楠和赵晔挖的夯土。虽然冒着小雨，我却不肯放过任何一个细节。他们的工作做得很仔细。我看到那些夯土是先铺一层泥，密密地夯筑，然后垫一层沙子,再铺一层泥,又密密地夯筑,如此反复达9—13层之多,总厚度为50厘米左右。这是在良渚文化以及整个龙山时代文化中所见加工最好的夯土,如此大面积地精心夯筑,说明它很可能是一个大型建筑的基址。在印刷厂西北、小莫角山的南侧也曾发现过一片夯土基址,上面有成排的柱洞,只是夯筑方法没有前者那么讲究。据初步钻探表明,这些夯土基址附近还有大片基址,总面积不少于3万平方米,估计是一个大型建筑群的地基。那么上面应该是什么样的房屋建筑呢?大量的土坯应该是房屋建筑的重要材料。考古发现表明,土坯是龙山时代发明的,在龙山文化、中原龙山文化和良渚文化的福泉山、赵陵山等遗址中都有发现,但数量都很少。莫角山遗址发现的土坯的数量超过了同时代诸遗址土坯的总和,说明其建筑的规模大,技术先进。据当地老乡说,过去在长命印刷厂修围墙时,曾发现有一条壕沟内出土几米长的大方木。不久以前,在莫角山遗址东北不远处的马金口也发现过同样的大方木与良渚陶片共存。在良渚镇附近的庙前遗址中发现的良渚文化的大型房基,柱洞也都是方形的。把这些情况联系起来,可以得到一种比较合理的推测:就是在莫角山这个长方形土台上,一定有成组的大型房屋建筑。虽然我们暂时还不知道这些房屋的具体形状,但可知道它们都有精心夯筑的地基,有用大方木构建的梁柱和用土坯建造的墙体,房子外面还可能有壕沟。这在当时的条件下,可以算是颇为雄伟和气派的了。很有可能,它就是我国最早的宫殿!人们甚至还可以进一步推测,因为房子内有大量的木柱梁架,一旦失火,就会引发熊熊烈焰。有的梁柱倒下掉进了壕沟,因而长期在淤泥中偶尔保存了下来。土坯墙倒塌了,大量土坯被烧成了砖红色,乱七八糟地堆在那里。人们清理废墟,把那些烧过的碎土坯运走铺在大方台子的边缘,并加以层层夯实。这样就出现了扩建104国道时发现大批红烧土坯被夯筑的情况。火不能烧掉所有的屋宇。人们清除废墟并精心夯筑大土台,是为了重建他们的宫殿。所以在莫角山遗址上应不止一层建筑遗迹。要详细地搞清楚这些情况自然不是短期内能够完成的,但这些建筑的规模和规格还是可以大致勾画出来的。

近些年在龙山时代的各考古学文化中发现的许多城址,小的几万平方米,较大的多为十几万或20万平方米,只有湖北天门的石家河城址特别大。莫角山那个长方形土台子的面积已经超过除石家河以外的较大型的城址,它是否是良渚文化的一座城呢?

现在对整个长方形台子还没有进行普遍的勘察,要作出确切的判断还比较困难。不过根据它的规模和一些建筑遗迹的规格来看,应该就是良渚文化最高贵族集团的一个统治中心。既然在这个时期许多地方都已出现城堡,这样一个统治中心自然也不应没有坚固的防卫设施。土台子呈长方形可能出于某种礼制的需要,而它周围修成陡坡并且用红烧土坯等夯筑结实,使人很难爬得上去。如果在边缘加修一条小土垣,或都建造篱笆栏,栽些荆棘之类的防护带,当可起到有效的防卫作用。山东城子崖的龙山"城址"实际上就是这么做的,有的学者把它称为台城。也许莫角山遗址就是良渚文化的一座台城。这并不排除在它的外围还会有其他的防卫设施的可能。

有了这个想法以后,整个良渚遗址群乃至整个良渚文化的社会就似乎看得明白了。莫角山城(姑且这样称呼)的中心地位不但表现在大型建筑群和城址本身,还在于这台城中有三个更高的土墩,即大莫角山、小莫角山和乌龟山,自然原因很难形成这样鼎立的小土山,推测它可能是人工建造的中心祭坛之类的设施。这需要以后通过勘察发掘来证实。紧靠莫角山城的几处遗址的地位也是非常突出的。反山就在它的西北不足200米处,那是一座人工堆筑的坟山。

现在仅发掘了它西头的三分之一的面积，发现的 11 座大墓就已震动了学术界，是良渚文化所有大墓中规格最高的，剩下的三分之二要是发掘出来，你能保证它不会有更惊人的发现吗？那么这反山到底是贵族坟山还是应该称做王室陵墓呢？莫角山城西南约 200 米处有一个桑树头遗址，过去曾出土过大型玉璧等物，推测它也是一处贵族墓地。莫角山东北约 500 余米的马金口遗址，那里有许多红烧土和良渚文化的陶片，还出过 7 米多长，约 40 厘米见方的大木柱或横梁，显然是一处重要的建筑遗址。莫角山东南约 500 米的钟家村发现过玉器，东面的稻田里又发现了很大的石筑墙基，表明那里也有重要的遗迹。

把视野放大一点，我们就会看到所谓良渚遗址，实际上是以莫角山为中心的一个大型遗址群。它位于浙西山地与东部平原的交接地带。西天目山的余脉向东伸展，至彭公分为南北两支，良渚遗址群即位于这两支山脉之间的谷地，东西长约 8 公里，南北长 3—5 公里，总面积约 34 平方公里。其间共发现有五十多处遗址或墓地。除前面谈过的几处外，荀山周围几处也曾出土过大量玉器，附近的庙前遗址发现过有大方形柱洞、面积达 80 平方米的大型房基，以及用大量木桩护坡的水沟，同时也发现过一些小型墓葬，何家埠、梅园里等处也有一些小墓。看来这个遗址群的结构还是很复杂的。加强勘探，配合试掘，尽快了解各遗址的内涵、性质及各遗址间的关系，是今后一个时期内的重要任务。

良渚文化不只一个中心，例如上海的福泉山、江苏昆山的赵陵山和武进寺墩等处都有人工筑造的贵族坟山，周围往往集聚许多较小的遗址，它们都各自构成一个中心。但就其规模及出土遗迹、遗物的规格来看，都不如良渚遗址群。以莫角山城为代表的良渚遗址群既是良渚文化中最大的中心，是不是就可以看成是整个良渚文化的中心呢？假定莫角山城是某个统_治集团的权力机构所在地，是否就可以称为都城？反山墓地是否可以称为王陵？这里牵涉的问题很多，不是几句话就能说得清楚的。但是我想要强调的是，由于一系列令人鼓舞的新发现，此问题已经现实地摆在我们的面前，理所当然要继续深入地研究。哪怕花几代人的努力，也要探索出一个究竟。每想到这些，就越发感到良渚遗址重要，可以毫不夸张地说，良渚遗址是探索中国文明起源的一块圣地。值此经济建设的大潮汹涌澎湃，良渚三镇的现代化建设也正突飞猛进，我的心可说是亦喜亦忧。因为建设要动土，稍一不慎就会对遗址造成威胁。而不法分子因觊觎良渚玉器，不时有盗掘事例发生。如何保护好良渚遗址，现在已经成为一件非常迫切而又困难的任务。但愿我们的各级主管部门、当地群众和专业人员通力合作，下决心把这件事办好，让现代化的良渚同时焕发出中华古老文明的光彩！

1943 西险大塘

张　迎

1943 年，杭县国民政府提交了《杭县三十二年度中心工作报告》（后简称《报告》），总结了年度三项中心工作，对敌斗争、抢购物资两项工作自不必多说，战时特征所决定的；第三项工作是事关民生安危的工作——兴修水利（对西险大塘进行大修），在日军占领的土地上，在战时，开展这样一项“劳民伤财”的工作，是需要相当的勇气与担当的。

根据《报告》的记载，在战前曾设有岁修专款保管委员会，负责管理修筑西险大塘的任务，所需经费由省方统筹配发。抗战爆发后，县境沦陷，西险大塘无人管理，处于自生自灭的状态，

“塘身日溃,塘基日危”。1940年,委员会恢复成立,对大塘开展一些修补。到了1943年,这年春季,瓶窑区署会同委员会,派工程委员查勘塘身,“发觉塘身漏洞甚多有坍坏迹象”,于是下决心进行一次大修。县政府根据查勘的情况,详细列出大塘各地段的损毁情况、维修内容,并将维修责任落实到人。崇化乡乡长高如钟负责黄鄱塘、烂泥塘、化弯塘,瓶窑镇镇长黄乃章负责羊山塘、龙岗南塘、龙岗西塘,黄湾乡乡长叶昂生负责上林陵塘、龙岗东塘,安溪乡乡长祝育元负责中林陵塘、下林陵塘、金岗洞、吴沙塘、北林陵塘,纤石乡乡长来润标负责唐家塘、大云塘。

工程于3月17日开工。所用的材料,石料是拆用宁绍会馆的墙石,松木料是到临安横畈采买的,石灰由各段负责人自行购买。整个施工征用纤石、黄湾、大陆、严柴、安溪、瓶窑、大雄、山桥、良渚、崇化、勾庄、双桥等12个乡镇的民工,共计4800工。到6月底工程全部完工,支用经费一共12万余元,由就近受益田亩分摊负担。

在总结完这次大修后,政府还针对新的情况,提出了明年的工作任务:“自本年七月以后,塘上原植松树均为敌寇强伐而去,二三年后松根腐烂,塘身松坏,经不起洪水冲击,必然会发生崩决的大患。这是一桩至可忧虑的事情。现正计划着于明春沿塘补植柳树使之生根,俾在抗战期内不致有决塘的危险。”

新出版的《余杭通志》,记载了两次民国时期修建西险大塘的情况,一次在抗战前,1933年3月,拆建奉口陡门,新建的陡门闸孔宽4米,闸上为钢筋混凝土桥;一次在抗战后,1947年,杭县发动11个乡镇对东苕溪局部河道进行疏浚,同时对西险大塘进行培修加固,抛石护岸,修补漏洞,由县政府派员监督实施。对1943年战时的这一次,《余杭通志》没有记载。是因为其规模小不够入史的分量?的确,这次的主要建设内容是修补漏洞和塌陷,没有大修大建。但是,如果把这次规模不大的建设放入抗日战争这样一个非常时期,放入政府当时所处之非常环境,分量就会有所不同。

1943年,抗日战争进入第六年,处于黎明前的黑暗时期。同样来自《报告》的记载,这一年因为全民抗日,日军一度实行的怀柔政策并没有达到他们想要的结果,于是又开始恢复抗战初期的烧杀政策。也在这一年,因为日本与汪伪政府《共同作战联合宣言》的发表,在杭县出现“以伪代敌(日军)”的形势。伪军数量增加,活动更为频繁。虽然其作战能力非常薄弱,但与日军大部分时间龟缩在据点不同,伪军大量利用当地的地痞流氓,“拉拢地方封建关系”,建立伪乡保机构,编查户口,开展大规模的“清乡”,对当地的政治控制与经济掠夺搜刮,相比于日军,有过之而无不及。

就是在这样的背景下,杭县国民政府最终做成了这件颇有些历史分量的事情。整个修建过程是否顺利,有否经历风险和阻碍,等等,《报告》中没有涉及。不管怎样,现在想想,当时的政府毕竟还是有自己的责任和担当的。冒着战时的风险,下决心做这样“劳民伤财”的事情,应该不会奔着“利益”去的,也不会想到要在青史留名。有一点可以肯定,即使依然身处“黑暗”之中,胜利的曙光已日益显现,他们做这样的事情,不是为了眼前,而是在考虑长远了。当时的百姓,经历了日伪这么多年的蹂躏,陷于极度的困苦之中,还是肯响应政府的号召,出钱、出力,除了西险大塘关乎身家性命外,也是因为心中已经怀着对胜利的实实在在的希望,开始谋划将来的正常生活了。这或许比修建西险大塘本身更有意义,更值得写上一笔。

从普宁寺到红莲寺
——兼论瓶窑南山白云宗的兴衰

陈 杰

一

火烧红莲寺的故事,已为世人所熟知。上个世纪20年代末,上海明星公司将其拍成电影上映,曾轰动一时。90年代香港又予重拍。它根据平江不肖生的小说改编,说的是寺僧作恶最终被诛的武侠故事。虽然故事以我国西南地区为背景,但情节恐怕与瓶窑南山红莲寺的传闻不无关联。几百年来,关于南山红莲寺的传说,诸说纷纭,但也不免以讹传讹,渐渐失却了历史的本来面目。要了解这一段历史,那就必须从白云宗的创立说起。

白云宗,是宋、元间佛教华严宗的一个支派。宋徽宗大观年间(1107年—1110年)僧人孔清觉(1049—1121年)创建于杭州白云庵,故名。清觉立四果十地论,分修行果位为十等,主张儒、释、道三教合一,认为儒教明乎仁义礼智信,忠孝君父;佛教慈悲救苦,化诱群迷;道教则寂默恬淡,无贪无爱。因此白云宗重忠孝慈善,主张不事荤酒,不娶妻子,强调晨夕持诵,躬耕自食。其入教者称为“道民”,南宋时在浙西北开始流行起来。

不过,在整个宋代,白云宗可谓命运多舛。白云宗虽是正统的佛教僧人所开创的宗派,所谈的也是自佛法中推演出来的法门,但白云宗只以华严为宗义,贬低、攻击禅宗。所以白云宗自从在世间出现,就被当作异端受到禁止。尤其是禅宗,更视白云宗为邪党,当然白云宗也为政府所不容。政和六年(1116年),清觉因所撰《证宗论》中有忤逆朝政闻官之句,为忌者所告发,被流放广南恩州(广东恩平),交地方官管束,四年后蒙旨获释。此后白云宗的处境又有所好转。大约就在此时,白云宗在浙西和浙北地区发展起来。瓶窑地处杭州之郊,再加上制陶业的发展,宋朝时人口激增,已成为一个繁庶的江南小镇,白云宗在瓶窑地区的传播也就顺理成章了。

清觉逝世(1121年)后,僧徒选址瓶窑南山为其建塔院供奉,史称白云塔院,这就是南山建寺有记载的开始。由此我们知道,南山是白云宗创始人清觉的遗骨安葬之处,因此它在宗教史上的地位就非同一般。据清·嘉庆《余杭县志》卷十五引明·万历《杭州府志》说,白云塔院在南宋绍兴年间改名为传灯院,后又改称普安寺,淳熙七年即1180年改称为普宁寺。这样白云宗在瓶窑南山得以绵延发展。到了南宋嘉泰二年(1202年),当时的临安府余杭县南山白云庵道民沈智元,给皇帝上了一道诉状,要求皇上御赐寺院匾额,借以抬高白云宗的地位。宁宗把此事交给大臣们讨论,不想却给白云宗引来了一场飞来横祸。当即就有臣寮上奏,列数白云宗种种罪恶,什么“游堕不逞,吃菜事魔”、“挟持妖教,聋瞽愚俗”,什么借修路建桥之名,“敛率民财,自丰囊橐”,甚至包揽诉讼,为害地方。特别是自植党群、创置私产引起了宁宗的警觉,于是下令将沈智元流放,庵舍拆除,僧徒解散,院产没收(事见《释门正统》卷四)。白云宗遭受了一次重创。可是在民间,白云宗仍在秘密流传。

二

入元以后,白云宗盛极一时,迎来了它的大发展时期。探讨发展的原因,主要有以下几点:

首先,白云宗得到了政府的承认和支持,从地下走向公开。元朝统治者不但承认白云宗,而且还特设江南白云宗都僧录司加以统摄。1277 年,恶僧杨琏真伽被任为江南释教都总统,权倾一时。至于元初统治者为什么要恢复白云宗的地位,这可能主要是出于利用白云宗对付南宋残余势力和笼络江南人心的考虑。

其次,白云宗道民可以免除政府的徭役,这恐怕也是吸引下层民众参加的一个原因。寺院田产也不向国家纳租,高度发展的寺院经济成为白云宗强大的经济后盾。

再次,白云宗三教合一的教义也广受信奉。南山普宁寺由于它特殊的宗教地位,成为全国白云宗的传播中心。普宁寺也得以扩建,被称做大普宁寺了。也正是在这时,南山普宁寺的僧众们完成了一件载入中国宗教史册的大事,即从 1277 年起,到 1290 年止,普宁寺住持道安、如一、如贤等发起募缘,以思溪、福州二藏为校勘本,雕刻了一部大藏经,史称普宁藏或元藏。此经 587 函 6327 卷,收经 1594 部。经摺装。后来有续刻部份(1306),加入了许多密教经典。大藏经卷佚浩繁,雕刻的工程量之大,非常人所能想象,如果没有一定的人力、物力和财力支撑,恐怕是难以完成的。好在元朝的寺院经济相当发达,再加上僧众们坚定的信念和官府的支持,历时十三年,终于大功告成。这一段时间前后,恐怕也是普宁寺的鼎盛时期了。可是,白云宗势力的发展和其教义本身的局限性,到元代以后,这一宗派日益变质为"非佛非道"的宗教结社,对社会形成了不良的影响,教团上层腐化现象甚为明显。其上层分子往往勾结豪民,广置田宅,为恶地方。因此大德十年(1306 年),元政府罢白云宗都僧录司,依附寺院的道民复归州县,僧归各寺,田悉输租。这对寺院经济是一个沉重的打击。过了两年即至大元年(1308 年),元政府又复立白云宗摄所于杭州,次年又罢。就这样,普宁寺首当其冲,也跟着备受荣哀。从这里可以看出,元统治者对待白云宗态度的朝夕变化,反映了其内心的矛盾心理。他们既对白云宗强大的号召力有所忌讳,同时也想利用白云宗为其统治服务。

元延祐二年(1315),皇帝授白云宗主、总摄沈明仁为荣禄大夫、司空。"荣禄大夫"虽说是文职散官,可也是从一品的大官。宗教与世俗政权的结合,导致沈明仁在其势力大增的同时,也终为当权者所不容。延祐六年(1319 年),终于有人告发沈明仁。据《续资治通鉴》卷第二百《元纪十八》记载:冬,十月,乙卯,中书省言:"白云宗统摄沈明仁,强夺民田二万顷,诳诱愚俗十万人,私赂近侍,妄受名爵,已奉旨追夺,请汰其徒,还所夺民田。其诸不法事,宜令核问。"皇帝顺水推舟地说:"我已经知道沈明仁的奸恶了,你们就严加处置吧。"于是,沈明仁被治罪,徒众遭遣散。自此,白云宗又被官方取缔。但皇帝还嫌不够,到了至治三年(1323),干脆把白云宗的田产全部籍没。按理说,白云宗到了这步田地,应该是一蹶不振了,普宁寺的僧人也该分道扬镳、各行其是了。但是,在瓶窑南山,却发生了一件让人感慨和惊叹的事。就在此时,普宁寺的僧人又给后人留下了一笔丰厚的遗产,与至元年间雕刻大藏经不同的是,这次是他们在上受朝廷排挤、下无资金保证的情况下,在南山采石后留下的峭壁上雕琢或雇人雕琢了几十尊释道佛像。六百多年过去了,这些佛像现仅剩相对完整 13 尊,为总数的三分之一,另外还有九尊断头残臂的佛像尚存。但这群造像,以今人的眼光来看,仍然是一组美轮美奂的艺术品。佛像线条流畅,比例匀称,造型端庄。尤其是其中三尊佛像还给我们留下了石刻的纪年,这使得我们能判断其刻凿的年代。有两尊刻于泰定五年(1328 年),一尊刻于至正元年(1341 年),前后相继 14 年。这些造像的雕琢风格一致,如出一人之手或一脉师传,显然刻于同一时期。应该在这 14 年期间或前后,时间不会隔得太久。虽然至顺年间(1330—1333 年)白云宗势力有所恢复,但环境对其来讲还是日趋险恶。因此,造像工程并未完工,这可以从南山开门堂中的尚未完成的三世佛可以看出。这里有一个问题不能不引起我们的思考:到底是什么力量促使普宁寺的僧人们从事这项异常艰难的工作?是对朝廷迫害的愤懑,还是对当时遭主流派僧人排斥的抗争?是为了阻止朝廷采石、救民于水火还是一种纯粹的宗教信念使然?元末,烽烟四起。当成吉思汗的子孙再也无暇顾及白云宗的时候,各路诸侯争夺天下的战火还是毁了大普宁寺。遗憾的是,纷乱的世道也没有给我们留下“毁于战火”的详情,以至于我们并不知道这座法相庄严的寺院被毁时是一种怎样的惨象!

史载,1356年,张士诚南下,据苏、湖、杭。到1367年朱元璋打败张士诚,期间浙北战事频仍,盗贼四起,社会极度动荡。据《杭县志稿》卷三·通纪二记载:“至正末,临平寺院尽毁。以为张士诚往来苏杭,临平实当孔道,然张氏袭杭,自平望、乌墩水路出发,不必经临平,意者杨鄂勒哲由硖石长安援杭之苗军,或常遇春率师以攻杭者。寺院如此,人民蹂躏可知。”普宁寺毁于此时,不足为怪。

明初,天下甫定。四处逃散的僧人又聚齐到了南山。普宁寺断垣残壁,一片废墟。在无言的凝眸中,他们一致决定重建庙宇,只是把寺院建在了南山的西面,他们把寺院取名为——红莲寺。或许原本他们就想通过迁址和改名免受白云宗的牵累,可以在此与晨钟暮鼓、青灯黄卷相伴,默默地传播教义。可是不久,更大的厄运还是降临到红莲寺及它的僧人们头上。

三

从目前红莲寺的遗址来看,其规模之大,还是超出我们的想象。红莲寺依山而建,每拾级而上,便有一大块平整的空地,想必为当年建殿之所。现在已成为村民的菜地、果园和竹林。极目之处,不难想象出当年庙宇之森伟。红莲寺建筑用料考究,从目前我们发现的石料来看,石刻花纹图案精美,巨石条上凿有凹槽,用于连接石榫头。目前尚存的石坎壁面光滑平整,六百多年来没有出现一丝裂缝。据村民讲,这些石坎内部都有凹槽相嵌,故牢固异常。我们还在一村民的偏屋里发现红莲寺旧墙遗迹,偏屋的墙就砌在旧墙上面,可是它的厚度只有旧墙的一半,可见红莲寺的寺墙之厚。遗址内还有很多青砖、条石、柱墩,青砖之大,非常罕见。条石、柱墩散见于村民房屋院内、墙基或路旁,此外还有三口古井尚存,三口井呈三角形分布,分别相距150—200米左右。井口不大,内壁宽而深,全用青砖砌成,水质清冽甘甜,大旱之年也不会干涸。附近一78岁的老农告诉我们,他家原来还有一只石盒,盒内有一顶铜质的帽子,盒壁上刻有“洪武二十几年”的字样,现在已不可寻了。这石盒应该是高僧圆寂后火化的骨灰盒。这倒可以引证红莲寺在明初已经存在了。我们还发现大量被烟火熏黑的石柱、石梁,这也可以确证,红莲寺的确是被火烧掉的。红莲寺最迟建于明初,这并不值得怀疑。但从其规模之大和用料之考究来看,红莲寺不是短期内就能建成。建筑这样宏伟的寺院,必须要有强大的经济实力。如果说,红莲寺继承了普宁寺的衣钵,仍然以白云宗为教义的话,那么,在明初白云宗作为邪教取缔的情况下,红莲寺的僧众们就会连生命都得不到保障,更不用说大规模地建筑寺院了。但能不能说,红莲寺已经成为正统佛教的传播场所,完成了从世俗的道民集团到纯粹的宗教境界的转型,从而在一定程度上逃脱了政府的迫害了呢?

事实上不会。因为白云宗不会就此烟消云散。信仰是一种具有顽强生命力的东西,不可能一日间消亡。白云宗的信徒还大有人在。我们完全有理由相信,白云宗的教义会在同处南山(距普宁寺仅三四百米)的红莲寺暗中传播。红莲寺还极有可能受到地方的告密和政府的铁腕打击而遭受飞来横祸。由此我们可以设想火烧红莲寺的原因,那就是明政府为铲除白云宗的影响,在一个月黑风高的夜晚,派官兵包围了红莲寺,僧人被宰杀殆尽,寺院也被官兵放了一把火,烧了个一干二净。就这样,历尽沧桑、受尽磨难的白云宗在流传近三百年后,终于寿终正寝。

这有正史可以佐证。明朝初年,明政府就在全国范围内掀起了一场剪除异教的运动。明太祖以"禁淫祠"之名取缔各种宗教异端。白云宗等所有秘密教门都被冠予"左道乱正"、"煽惑人民"之罪,为首者处绞刑,从者打上一百大棍,流放三千里。乡间里长(相当于现在的村长)如果隐瞒不报,也要鞭笞四十,其法之严,史无前例,而且此禁还被写入《明律》之中。在这样的情况下,红莲寺稍有不慎,就会遭受灭门之祸。

另外一个结局就是民间一直以来的说法,跟电影《火烧红莲寺》情同。因为寺僧作恶,掳奸民女,激起民愤,被老百姓一把火烧了。倒是最近又听当地老农讲了一个新的版本:据说红莲寺有和尚360多人,有360多间房,每个和尚一间僧房,寺内住持权大位重,又偏偏要欺压众僧,住持每天到一个和尚那里白吃白拿,如此一年一个轮回,要众僧供养他。僧人们为巴结主持,尽量山珍海味地供他。这可苦了烧火僧,再加上这住持还有种种不法行为(如奸淫民女之类),烧火僧看在眼里,恨在心里,寻机除害。恰巧寺院的墙壁上爬满了层层缠绕的白扁豆藤,秋冬枯萎,很容易被火引燃。烧火僧就点了一把火,引燃扁豆藤想烧死住持。但谁知,火势猛烈,竟引发了一场大火,把大殿等许多建筑都付之一炬了。不过这样的结局臆想的成分太多,因而可能性不是很大。

不管怎么个烧法,红莲寺已元气大伤,无力恢复了。我们推测,真正无力恢复的原因其实应该来自于政府对白云宗的打击。因而,红莲寺被官府所烧这种可能性就显得更大了。

到了近代太平天国后期,浙北是李秀成的根据地,瓶窑又是杭州的门户,是军事要道和战略重地,太平军和清军在此激战三年(1861.1—1864.3),萧条冷落的红莲寺再次遭受劫难。到抗日战争前,红莲寺还剩下八间僧房。日本鬼子占领瓶窑后,又一把火烧了这最后的八间房,红莲寺就此灰飞烟灭。

四

若干年过去了,红莲寺僧屋藏娇、民众火烧红莲寺的传说开始在小镇上流行。电影《火烧红莲寺》更是起到了推波助澜的作用。不过,退一步讲,即使红莲寺恶僧罪名成立的话,也扯不到白云宗头上去。虽然白云宗在其势力强大时,依附世俗政权,确也出现过扰民、为害地方的行为,但到了明初,噤若寒蝉的白云宗岂能恣意张扬,胆大狂为?

历史,在不经意间,就这样铸成了一个个冤假错案。

…………

又在若干年后的今天,瓶窑窑山原太平庵旧址上,人们仍旧在供奉着佛教和道教的神像,还有儒家圣人像。三教并存、佛道共祀这种奇特的现象,令小镇的人们一直无法解释其中的缘由,只知道上辈就这么供奉下来的。

谁能够说,这只是一种偶然现象吗?白云宗三百年的兴衰,毕竟在这块土地上留下了难于磨灭的斑斑痕迹。

瓶窑黄山自然村探源

盛伟祥

黄山自然村，位于瓶窑镇西二华里的南山行政村境内。新104国道穿村而过，村因山而得名。瓶窑黄山系天目山余脉，由东山、蚂蝗山、赵坞山、馒头山、二亩山、棋盘山6座山包组成。黄山前临苕溪源流，后倚天目余脉，藏风聚水物产丰饶，确是宜居的好地方。黄山古村（“文化大革命”期间为避黄字曾改名横山村，当地方言“黄”“横”口音相同）建村于唐末，距今已逾千年，历史文化积淀相当深厚且古迹众多。在新104国道改道以前，沿瓶窑古镇西溪街上行，过官口桥穿经上窑头关帝庙旁江家弄，再沿一条蜿蜒三华里由石板铺就的古道，就可至黄山古村。现经新104国道过瓶窑苕溪大桥至南山村委即可抵达。明代会稽名人景星在其《黄山记》一文中记载：“天目山脉、背兑面震，其支三分钱塘南北诸山，映带左右。而中一支或起或伏发为三山，西舟枕、东阳山，而中为黄山。众山环绕而兹山特处其间，如土之在中央，遂命名为黄山……黄山峰峦秀拔、云气弥漫，草木丛茂，苕溪之水萦抱于前，诚佳景也。”（收录于清嘉庆《余杭县志》）可见瓶窑黄山自古就是一个物丰境美的好地方。

黄山古村因唐代柳公权石刻而蜚声江南

据余邑《盛氏宗谱》记载：唐大中元年（847年），河南人盛珰任余杭令。爱瓶窑黄山之秀，遂举家从河南商丘虞城迁至瓶窑黄山居住。成为江南盛氏始祖。现村里尚有盛姓村民50余户、200余人。盛姓家族在当地也已居住生活1100余年，瓜瓞繁衍，后裔已传至37代。唐代大书法家柳公权与盛家是姻亲，盛珰的孙女嫁给柳公权之孙，二家成了儿女亲家。柳公权受请特书“黄山”二大字。盛珰命工匠将“黄山”二字刻石竖于黄山之颠。瓶窑黄山因有了唐代大家柳公权的石刻而蜚声江南。据康熙《余杭县志》记载：“柳公权黄山石刻大书‘黄山’二字今存”，说明清康熙年间石刻尚存，但现经二百余年的历史变迁，唐代柳公权石刻已形迹全无，国宝级文物的灭失，使人扼腕叹息！

黄山古村因辅国重臣盛氏而声名远播

瓶窑黄山盛氏为当地名门望族，簪缨世家。康末宋初以来，出过不少做官人。有的还是辅弼国君的重臣。在众多的仕籍中，以盛豫、盛度父子最为著名。盛珰之孙盛豫在吴越国钱俶时任检校太傅（官名），赵匡胤建立北宋后先消灭了南唐政权，后对吴越国虎视眈眈。面对强大的北宋政权，吴越国王钱俶为保境安民，纳土归宋。盛豫随钱氏献土出使宋朝归来，举止安详，神态自若，当时人说：“盛太傅无忧色，吾属安矣。”（《十国春秋》）盛豫在吴越归宋，全国统一的历史关键时刻，起了安定地方，促进统一的作用。吴越国的百姓也免受了兵燹之灾。因吴越归宋盛豫发挥了重要作用，宋王朝赐盛豫享受“赠太师”待遇。“赠太师”并非实职，但也是北宋朝作为最高荣典以示恩宠。

盛豫之子盛度（968—1041），字公量，以进士历官至参政知事、知枢密院事、太子少傅等职。卒赠太子太保，谥文肃。盛度在北宋朝做官五十余载，三朝元老位高权重，是当时有名的政坛长青树。宋代枢密院为最高军事机关，与中书省分掌军政大权。盛度以参政知事兼枢密院事位极人臣，行使的是宰相的权力。也是迄今余杭历史上职位最高的官员之一。盛度殁后归葬故里瓶窑黄山，盛度墓被当地人称“宰相坟”。在历代盛氏仕籍中既有文臣，也有武将。既有地方官吏也有朝廷大员。如宋代工部侍郎盛京，南宋抗金名将盛新、盛允升父子，元代江淮财赋总管盛钦,明代南京兵部主事后任吏部尚书的盛云,山东布政使盛仁等。不大的黄山村盛氏家族成为当地声名显赫的官宦世家、一方望族。

黄山古村因书香门第盛氏而受人尊敬

学而优则仕是古代读书人的目的,也是普通老百姓踏入官场的唯一途径。黄山村盛氏家族在千年历史的发展中十分重视对子孙后代的教育培养。整个家族崇尚儒学,代代家学相传,子孙笃志好学,形成了浓厚的书香气息。盛度少年时,勤奋好学,手不释卷。据《宋史·盛度传》记载:“极好学,家居列图书,每归手不释卷、废寝忘食,敏于为文。”北宋端拱二年(989年),盛度弱冠(二十岁),进士及第得中一甲第二,荣耀至极。宋咸平二年(999年),盛度之兄盛京亦登进士。哥俩都能高中进士金榜题名,在宋代被传为佳话。据嘉庆《余杭县志》记载,仅宋、明二代瓶窑黄山盛氏家族中进士的有8人之多。盛度博学一生,著作颇丰,仅载入正史的就有《愚谷》、《银台》、《中书》、《文苑英华》、《翰林制集》等许多作品。元代瓶窑黄山人盛彪也博学多才,能诗善文,工书法。宋亡之后,不艳功名,归故乡闲居。与元代大家赵孟頫、鲜于枢、仇远等名人巨擘均有来往,互相赠答交流诗词、书画等。盛彪因才华出众还曾担任过鲜于枢儿子的家庭教师,并与龚开、马臻等名人也成为挚友。盛彪的行楷书造旨极深,在元代享有盛名。中国近代已故书画大师徐邦达先生对盛彪的行楷书作品评价极高,称其“知法晋人而强其骨者,虽生拙而格局其超,久对可移性远俗……”盛彪书法作品行楷书《和义山元旦诗》册页,仅一页在2010年嘉实国际秋拍中拍出44万高价,足见其书法成就之高。可惜的是盛彪作为余杭籍元代书法大家,存世作品极少,令人遗憾。崇尚儒学耕读传家是黄山盛氏一贯的家风,盛氏子弟大多有志读书进而登科入仕。在元朝因盛氏家族对宋王朝死忠,盛氏子弟不愿为蒙古人统治的元朝效力,不艳功名,喜欢当老师传教儒学。如元代临安儒学教谕盛伯英、晋州学正盛圭、桃源训导盛哲、新昌教谕盛常等,都出自瓶窑黄山盛氏一族。到了明代盛氏家族为引朋会友,切磋学问,教育子孙、筑“黄山书屋”供莘莘学子求学读书。明代王洪著有《黄山书屋记》。王洪(1380—1420),钱塘仁和人,少年天才,六七岁就能作诗对句,八岁能文。明洪武三十年(1397年)进士,为《永乐大典》副总裁。王洪《黄山书屋记》文载:“黄山距余杭二十里,而东面苕溪,望之拳然蔚然,盖山之小而秀者,盛氏公引居之。自其先世雅尚儒术,筑馆于是山之阳,蓄古书,延各师以训其子姓……”当时的瓶窑黄山书屋,雕墙峻宇,画梁迴栏,竹苞松茂,藏书极富,成为文人墨客引朋会友吟诗填词的集聚地。也是青年学子求学读书、切磋学问、砥砺文章的场所。相当于现在的家庭图书馆和文人会所。且常有各地名流云集于此,江南才子王洪也是常客之一。盛氏家庭书香门第的传承也受到了家乡人民和地方知名人士的尊敬。大明万历年间,余杭县令(轶名)慕瓶窑黄山盛氏、耕读传家、睦族和乡。赠匾盛家“文德可风”。

黄山古村今昔的变迁

瓶窑黄山古村落在当地远近闻名。盛氏家族历代聚居在棋盘山脚一个月亮弯形状叫黄山廊的缓坡上。村东临瓶窑镇,走陆路到瓶窑上窑头只要穿过一个田畈,里程不足三华里。南接东苕溪和北苕溪交汇口,西北面与栲栳山、南山摩崖石刻隔河相望。走水路可由瓶窑上窑由苕溪进官口桥。沿官沟过澄清陡门再进入一条叫塘同漾的内河,就可至盛氏宅弟的北台门,水陆交通均十分便利。村子前面是一泓长约三百米、宽一百米,河面宽阔、水流清澈的池水,称大池。池南连着一口当年盛家种荷花的圆形小池塘叫星池,二池一方一圆,一大一小。池边有多个用长条石板砌成的河埠,这些石埠功能各异,有的专用取水,有的用于洗菜、洗衣服,还有专用洗脏物的河埠。盛氏先人的环保意识也令现代人啧啧称奇。星池旁就是占地近十亩的盛家花园,盛氏宅第均依山沿缓坡分层而建,且大多是明代以前的古建筑。古村建筑群加上牌坊、池水映照,千年古樟及花园假山相衬,显得气势恢弘而又别致。众多古建筑中数盛氏宗祠、太师第、天官府、黄山书屋、盛家花园、进士牌楼、旌节牌坊、十八口古井等最为有名。据嘉庆《余杭县志》记载:“进士坊为明代成化二十年(1484年)进士盛云立。旌节坊为盛治妻丁氏立。”距今都已有500多年历史。最有代表性的古建筑当属盛氏宗祠了,因黄山盛氏为江南盛姓始祖,是盛姓族人的“根”,所以黄山盛氏宗祠居庙堂之高属大祠堂,堂号为垂裕堂。祠堂建在村东北首,坐西朝东、背山面水,占地面积超过二千平方米。盛氏祠堂为北方四合院式建筑,建筑风格上带有浓重的中原文化气息。祠堂门口是三棵呈品字排列的千年古樟(现存二棵),门边二方硕大雕刻精美的太湖石抱鼓门当,旁边置有上马石、下马石。进祠堂大门左右建两碑亭,各立一块丈高太湖石碑,一块为“盛氏祠堂记碑”,另一块为“余杭黄山盛氏祭田记碑”。落款为大明成化元年。2005年现存残碑经区文物部门鉴定考证认定“祭田碑”在余杭是首次发现。碑亭旁置有旗杆石,表明族人得过功名。祠堂正中为二层大殿(称寝殿),大殿供奉盛氏祖先神位。二层设阁楼用于珍藏历代皇帝赐予盛家的诰命、诏书等。大殿两侧各设三开间侧殿。为族人议事、聚会之用。整个祠堂建筑规模大、雕刻精,加上周边民居簇拥、牌坊映照,更显气势恢弘、庄重大气。遗憾的是如此精美的古代建筑,也难逃日本鬼子侵略带来的厄运。据老辈人讲,1938年日本兵占领瓶窑期间,有一名驻守的鬼子兵在镇旁一个叫李王堂的村子里强奸妇女,被愤怒的村民打死。日本鬼子进行了疯狂的报复。李王堂村周围十里被抢光、烧光、杀光。相似于当年乔司大屠杀。黄山古村与李王堂村仅一河之隔,盛氏家族历经千年精心构筑的古宅第建筑群,遭遇了灭顶之灾,被日本鬼子放火烧成一片废墟。连同周边的南山普宁禅寺及相邻村庄尽毁于这场劫难之中。岁月沧桑,如今走进瓶窑黄山自然村,映入眼帘的是水泥路的村道和在古村旧址上建起来的一排排错落有致、风格迥异的别墅式农家新楼房。盛氏宗祠旧址前的土地也已全部被国家征用。不久的将来,这里将矗立许多钢筋水泥的高楼大厦。区第三人民医院新址、瓶窑镇市民文化广场项目都在这里落成。人们很难想象这里曾有一片恢宏而精美的古建筑群,是古代远近闻名的瓶窑黄山廊盛度宰相宅第。这里承载过许多的历史人文,不管过去了多少岁月,祖祖辈辈留下我……

回忆过去,珍惜现在,展望将来。作为后人,我们应时刻铭记和了解这方故土上曾经发生过的一切……

瓶窑南山普宁寺考

陈 杰

位于瓶窑镇的南山是一座貌不惊人的小山,可是它在中国的宗教史上有特殊的地位,南山西麓的普宁禅寺,在宋元近280年的时间里一直是白云宗的中心,名播江南。我们要了解普宁禅寺的历史,首先要了解白云宗。

一、什么是白云宗?

什么是白云宗?简单地说,它是中国佛教华严宗的支派。它的创始人是北宋末年的孔清觉。

清觉(1043—1121)俗姓孔,生于河南登封县,为孔子第五十二世孙。他的曾祖在五代的后唐庄宗时期,曾任节度使、太子太师等职。其父孔訢也曾考上进士。因此,清觉自幼即生长在官宦人家之中,受到良好的教育。宋神宗熙宁二年(1069 年),二十七岁的清觉读《法华经》时有所省悟,因而在龙门山宝应寺出家为僧,由海慧禅师为他剃度。

出家后的清觉,遵从其师的嘱咐,先后到南方各处禅院修行游历,他在舒州浮山(今安徽桐城)的太守岩结庵修禅达二十年之久。宋哲宗元祐七年(1092 年),清觉游方到浙江。最初住杭州灵隐寺,其后,由于慕名而来求法的人愈来愈多,乃移居灵隐寺后的白云庵,提倡三教一致之庶民佛教,主张诵经礼拜、自给自足。从者渐多,称师为白云和尚,门徒自称"白云菜",遂形成白云宗。

白云宗的教义主要体现在以下几个方面:

1. 三教归一。三教是指佛教、道教、儒教,三教归一是指三个教派的融和。我们知道,儒、道、佛是中国传统文化的主体,三教的分合是贯穿近二千年中国思想文化史中一股重要的潮流,对中国文化乃至中国社会的变迁产生巨大影响。魏晋南北朝时期,三教的概念就已经被广泛接受,至隋唐两宋,三教理念的交流也空前频繁。清觉是当时倡导三教合一的代表性人物之一。他认为儒教明乎仁义礼智信,忠孝君父;佛教慈悲救苦,化诱群迷;道教则寂默恬淡,无贪无爱。虽然三教各有特点,其义则一。白云宗号召儒、释、道三教归一,目的在于弘扬忠孝慈善之德,这同当时佛教一直来的主张并无二致。三教合一的思想,也迎合了当时社会的主流意识,因而能够起到吸引知识阶层或地主、士大夫参加的作用。

2. "四果十地"。清觉以为,只有《华严经》教义才是"顿教",属"菩萨十地"中的第十地,因而是引导众生成佛的"佛乘",需要特别加以弘扬。他将原佛教四果位发展成为"四果十地",因而其教又被称作"四果"、"十地菜"。

白云宗将修行果位分为十地,即:第一须陀洹果,第二斯陀含果,第三阿那含果,第四阿罗汉果,第五辟支佛果,第六远行地,第七不动地,第八善慧地,第九法云地,第十妙觉地。其中,前四地为声闻乘,第五地为缘觉乘,第六至第九为菩萨乘,第十地为佛乘;将第一地与初禅、第二地与二禅、第三地与三禅、第四地与四禅中之十三梵天、第五地与十八梵天、第六至第九之四地与空无边处等四无色相配当,后五地分别与般若、唯识、法华、禅、华严相配当;而认为前九地为渐教,第十地为顿教;第九地与第十地相比较,犹输一等,故称第十地为等觉大乘。这称为"十地三乘顿渐二教"。

白云宗只以华严为顿教佛乘,贬低禅宗、法华等是不了义的渐教。由于白云宗知见上的偏执,加之其排斥他宗的行为,所以自从在世间出现,就受到反对,尤其是禅宗,视白云宗为邪党。

3. 晨夕持诵,躬耕自食。白云宗提倡并主张朝夕供养法宝,并不强调人人出家当和尚,它更注重的是内心对佛法的虔诚以及个体的修性养身,白云宗甘心淡薄,崇尚节俭,强调人人参加劳动,自食其力,集会多在夜间,不影响白天劳动。白云宗还倡导团结互助,"一家有事,同党之人皆出力以相赈恤"。这些规定,吸引了大批在家信众。

4. 不事荤酒,不娶妻子。这一点也是佛教徒的戒律之一,遵循了佛教徒的基本要求。有人常将白云宗与白莲宗(白莲教)相混,其实它们之间最大的区别在于白莲宗僧人可娶妻生子,白云宗则不许娶妻,所以白莲宗常受攻讦,附带也连累了白云宗。

开宗之后的清觉,在浙西北的余杭、钱塘、湖州归安、乌程等地弘扬教义,法缘颇盛。开始时在余杭龙门山传教,建福地庵。崇宁三年(1104年),清觉移住钱塘开化寺紫云庵,后又受邀请到正济寺讲《华严经》。大观元年(1107年),建庵于湖州归安千金市,不久又到乌程(今湖州一带)菁山结庵而居。

宋徽宗政和六年(1116年),由于清觉所撰《证宗论》中有忤逆朝廷闻官之句,为忌者所告发,被流放到广南思州(今广东省),交由地方官管束(宋代称此为“编管”)。徽宗宣和二年(1120),由于其弟子政布等十人上京投诉,请求平反,乃得蒙旨释放。次年,清觉逝世,享年七十九岁。

二、普宁寺是白云宗的根据地和传播中心

清觉逝世以后,其弟子将其归葬于余杭瓶窑南山。为何归葬在南山?主要原因是清觉生前已经将瓶窑南山作为其归葬之所。据《释氏稽古略》记载:“弟子慧能禀遗训,奉灵骨舍利归葬杭州余杭之南山。”可见安葬在余杭南山是清觉的“遗训”。清觉生前曾将白云庵移居余杭龙门山,对余杭非常熟悉,另外,清觉从杭州到湖州传道,瓶窑南山为其必经之地,他多次在此停留休憩,对南山留下了深刻印象。当时的瓶窑小镇依托苕溪之利,制陶业异常兴盛,市镇繁荣,人口众多,交通也非常方便,是一个理想的传道播教之地。

宣和五年(1123年),清觉的弟子在南山为他建了一座塔,安放和供奉他的舍利,将塔命名为白云塔。又在此修建了一座塔院,称为白云塔院,这就是南山建寺有记载的开始。由此我们知道,南山是白云宗创始人清觉的遗骨安葬之处,因此它在宗教史上的地位就非同一般。据清·嘉庆《余杭县志》卷十五引明·万历《杭州府志》说,白云塔院在南宋绍兴年间改名为传灯院,后又改称普安寺,淳熙七年即1180年改称为普宁寺。由此看来,普宁寺的得名距今已有830年历史。

从白云塔院到传灯院到普安寺再到普宁寺,南山一直是弘扬清觉教义的根据地和白云宗的中心。南宋初年,白云宗在浙江西部地区发展很快,吸引了广大下层民众的参加,但在宋代,白云宗并没有获得合法地位。元朝建立后,政府承认了白云宗,白云宗实力大涨,普宁寺也发展到最大规模,极盛时期南山大普宁寺属下有四十座寺院,散布在浙江西部地区。

元朝末年,普宁寺毁于战火。明洪武三年(1370年),普宁寺重建。就在同一年,朱元璋以“禁淫祠”之名取缔各种宗教异端。白云宗等所有秘密教门都被冠予“左道乱正”、“煽惑人民”之罪,为首者处绞刑,从者打上一百大棍,流放三千里。乡间里长(相当于现在的村长)如果隐瞒不报,也要鞭笞四十,其法之严,史无前例,而且此禁还被写入《明律》之中。所以明太祖在位时,白云宗基本停止了活动。因此重建后的普宁寺已经跟白云宗没有多少关系了。

三、普宁寺、南山寺、红莲寺之辨析

在接触到大量地方史志的记载、民间传说以及实地考察以后,有两个问题曾使我困惑。

第一个问题是,普宁寺遗址的具体位置到底在哪里?是在南山的西麓还是东南麓?

南山西麓的南山村现在还可以发现寺院遗址和大量的寺院遗存物,比如古井,据说是明代时候就有的,水质清澈甘洌,百姓至今作为优质的饮用水,还有不少石墩、石盆、石条、石栏杆上的石狮子等及硕大的古砖散落在民房周围,还有椭圆型的高高的陶瓮,估计是和尚死后的陶棺,遗弃在沟边墙角,有的已经被农民用来栽种花木了,可是据当地乡间传说,这里的寺庙叫红莲寺,是明朝时候从普宁寺旧址迁建过来的。问起普宁寺,当地人反倒多不知情。如果普宁寺是在南山的东南麓,也就是摩崖造像的东侧,肯定会在那里留下遗迹,我不止一次在那块地方徘徊,发觉在那里不大可能建造一座大的寺庙,建在坡地之上无法解决水源问题,因为当时用水主要靠挖井,而南山的东南麓是大片的山体岩石,根本无法挖井。如果建在山脚下平坦之处,又因毗邻北湖草荡,常受苕溪泛滥之淹,也不可能。更主要的在于,如果普宁寺曾建在这个地方,那为什么没有留下半点遗物?所以,我觉得普宁寺的位置,只能在被老百姓称作红莲寺的地方,虽然现在这个地方多建造了农民的住房,或是成了连片的菜地、果园和竹林,但其丰富的遗存,我们不得不相信这里就是普宁寺的遗址。

第二个问题是:普宁寺、南山寺、红莲寺到底是不是同一个寺?

南山寺的说法,存于当地的口耳相传,因为地处南山,叫南山寺也是一种约定俗成的叫法,并不乏先例。南山寺见于史料,是我们现在尚能读到的明人蒋灼的《闻田子艺御倭寇于瓶窑往访南山寺》的诗,田子艺是明代嘉靖年间(1522年—1567年)人,曾任抗倭将领,率部驻扎在南山寺。普宁寺的全称叫"南山普宁禅寺",所以南山寺即普宁寺无疑。在清朝的《嘉庆余杭县志》卷十五·寺观中有"南山普宁禅寺"条:"在常熟乡瓶窑镇西,宋白云通教大师创庵以居,绍兴明改庵为院,曰传灯,又改普安。淳熙七年改今额,元末毁。明洪武三年重建。"所以在清代的嘉庆(1796年—1820年)年间,普宁寺还是存在的。但是到了民国年间修的《杭县志稿》中,已经没有了普宁寺的记载,《杭县志稿》卷八·建筑二·寺庙条有"瓶窑有廻龙寺"的记载,并没有其他寺庙的记载。可见,在清末,普宁寺已经不存在了。

明代重建后的普宁寺是如何被毁的?目前尚未见到任何地方史志的记载,流传于民间的说法跟"火烧红莲寺"的故事有关,也就是被火烧掉的。这一点基本上可以确信,因为我们发现的普宁寺古砖和石柱、石梁中,有明显的被火烧过的痕迹。为什么会被火烧?民间的传说有两个版本:一是寺僧作恶,掳奸民女,激起民愤,被老百姓一把火烧了。二是寺里的住持欺压烧火僧,烧火僧图谋报复,在住持的住处墙边种了大量的白扁豆,在秋冬扁豆藤枯萎之际,引燃扁豆藤想烧死住持,因火势猛烈把大殿等许多建筑都付之一炬了。我现在判断,比较可信的是第二种说法。因为第一种说法可能是受了"火烧红莲寺"的影响。火烧红莲寺的故事,因在上个世纪20年代末,上海明星公司将其拍成电影上映,曾轰动一时。八十、九十年代台湾和香港又予重拍。它根据平江不肖生的小说改编,以我国西南地区为背景,说的是寺僧作恶最终被诛的武侠故事。因为普宁寺也是被烧毁的,情节跟电影有点类似,所以在传说的过程中,免不了出现了张冠李戴的情况,并以讹传讹,把瓶窑的普宁寺说成是红莲寺了。之所以下这个结论,是因为在余杭的地方史志中,从来就没有红莲寺的记载,《嘉庆余杭县志》和光绪年间增补的《余杭县志》以及民国《杭县志稿》都没有记载。所以,我的推论是,普宁寺又叫做南山寺,两者是同一座寺,而红莲寺则与南山普宁寺无关。退一步说,即使民间所说的红莲寺存在的话,那跟普宁寺也是同一座寺院。此外,还有万相寺一说,南山造像第三号"宿王智佛"左肩侧竖刻题记七行:"泰定五年孟春吉日比丘明质命工镌刻尊像普颂尊华宿王智佛全忘胜劣印元因随缘涌现南山石功德庄严万相寺",此万相寺亦普宁寺无疑。

到了近代太平天国后期,因瓶窑是太平军和清军激战之地,萧条冷落的普宁寺再次遭受劫难。据当地百姓讲,到抗日战争前,普宁寺还剩下八间僧房。日本鬼子占领瓶窑后,又一把火烧了这最后的八间房。普宁寺终于不复存在。

南山摩崖造像中的释道儒并存现象

陈 杰

瓶窑南山位于浙江省杭州市余杭区瓶窑镇西,海拔110余米,熔结凝灰岩山体。曾是古代采石场的南山,山腰以下岩壁大块裸露,采石后山体上留下百尺削壁,如同斧劈刀削,为摩崖石刻的制作提供了独特的条件。南山造像镌刻在山的东南部,现存的23尊造像散布于山腰至山脚之间,首尾相距约300米。造像系用前期采石的壁面起龛雕琢,石像身躯比较高大,采取浅龛浮雕。佛像线条流畅,比例匀称,造型端庄,被誉为"第二飞来峰"。

南山摩崖造像,为元代镌造,我们从其中留下石刻纪年的两尊佛像可以判断其刻凿的年代。三号造像尊华宿王智佛像的左肩侧竖刻题记七行楷书46字:"泰定五年孟春吉日比丘明质命工镌刻尊像普颂尊华宿王智佛全忘胜劣印元因随缘涌现南山石功德庄严万相寺"。十一号阿弥陀如来坐像的左肩侧有直排自东向西五行楷书题记33字:"本寺都寺比丘徒众镌造阿弥陀如来尊像功德普渡众生有者至正元年八月□□。"泰定五年为1328年,至正元年是1341年,前后相继14年。这些造像的雕琢风格一致,如出一人之手或一脉师传,显然刻于同一时期。因此,南山摩崖造像的刻凿应该在这14年期间或前后的一段时间内,基本上在元朝的中后期。

元政府为管理江南白云宗,在普宁寺设立白云宗都僧录司作为白云宗的最高管理机构。南山造像的题记中,有"比丘明质命工镌刻"、"本寺都寺比丘徒众镌造"字样,可见,主持这项刻凿工程的是普宁寺,或者说是由白云宗都僧录司领导,由普宁寺具体负责实施。

由于元朝对佛教的重视,刻石造像是一种全国性的宗教行为,全国各地凿窟造像蔚然成风,普宁寺也不例外。造像所需的经费同刊刻《普宁藏》一样,来自于僧俗的募捐及寺院本身的租税收入。不过,元朝中期以后,白云宗屡受打击。至治三年(1323年),白云宗的田产全部籍没,几乎遭到毁灭性的打击。虽然至顺年间(1330年—1333年)白云宗势力有所恢复,但它再也不能恢复到原来的极盛时期了。所以,造像工程也是时断时续,经费捉襟见肘,因此,造像工程并未完工,这可以从南山开门堂中的尚未完成的三世佛可以看出。

南山摩崖造像有一个比较奇特的现象,就是释道儒三教并存。造像原有大小不等30余尊单身造像,1978年,原北湖乡上窑村采石,毁坏近2/3,现仅存造像13身,分布于南山的东、南部。另外在最东侧还有九尊断头残臂的造像,史称摩崖三龛,有学者认为是明代刻凿的。

现存的十三尊造像中,只有一尊是道教造像,其余均为佛教造像。被排序为一号的道教玄武帝造像,面南偏东,披发垂肩,圆脸大耳,有须无髭,右手持利剑,剑锋向上,剑长103厘米,斜在左胸前,左手搭膝上,着宽袖长袍圆领道服,盘腿端坐,右脚搁左膝,足外露,座下为蛇缠龟身。像通高2.45米,头高0.55米,躯高1.4米,肩宽0.85米,座宽1.25米,座高0.50米。这类释道合一的造像群,在全国也具有一定的代表性。

还有,位于南山东麓的摩崖三龛是释道儒三教并立的典型造像。摩崖三龛的方位大约为坐西朝东,前方是一块稍作加工的山岩台基,高0.65米,面积约30平方米,为僧俗的观瞻与礼拜提供了活动空间,地面上的几个大凹槽暗示这里曾覆盖建筑。造像龛并排而列,均作壶门形龛头,三龛的龛底齐平,距地面(台基)1.10米。中央主龛规模最大,宽2.90米、高1.72米,右龛宽1.89米、高0.89米,左龛宽1.64米、高0.89米。每龛均雕造像三尊。

摩崖三龛无题记可考，地方史志中也未见相关记载，故只能从造像的样式来推测其年代。瓶窑南山与杭州飞来峰都存有元代的石刻造像群，但无论从规模、龛型，还是服饰风格、台座形式和雕刻手法，摩崖三龛都与元代造像迥然不同。有研究者从雕像的帔帛、长条形的台子、不注重头光刻划等雕刻手法等特点来分析，与明代窟龛类似，因此南山摩崖三龛的年代定于明代较为合适。

中龛三像手印、姿态相同，双手于脐前结定印，惜头部均毁，手部亦有残损。中央主尊通座残高 0.60 米，毁去的头部应有 0.29 米高，身披右袒袈裟，右肩敷搭袈裟一角，内著僧祇支，像右下臂有损，结跏趺的双腿敦厚，右足显露，通体衣纹。左尊著双领下垂式袈裟，广袖，内衣结带，佩双穿环状的胸饰，肩头搭帔帛，袈裟下摆垂覆莲台前部上缘。像残高 0.67 米、莲台高 0.19 米、须弥座高 0.27 米。右尊残高 0.62 米，饰缀刻小花朵的宽边项圈，右肩头毁损，服饰、姿态与左尊雷同。

尽管造像的头部已毁，但服饰与台座表明中央主龛为佛教题材。有学者考证，中央主龛为一佛二菩萨的西方三圣，中尊是阿弥陀佛（佛陀双手定印的造型与明清时期弥陀像的惯常形象相符），左胁侍为观音，右胁侍为大势至菩萨。

右龛三尊倚坐于贯通全龛的素面长方形台子上，台子高 0.16 米，龛平面呈折角形，左尊与中尊刻于正壁，右尊刻于右侧壁。左尊高 0.54 米，面部毁，外著皂袍，右手持宝剑，剑斜挑至左肩，拖地的长袍内伸出蛇形物（蛇形物前端有损），尊像残毁的头部两侧似留有披发的痕迹。中尊残高 0.52 米，面部毁，著袍服，双手置于各自膝头，不披发，风化较重，但看得出颌下蓄须。右尊高 0.53 米，面亦毁，右手将一柄兵器（似带鞘之剑）横置于双膝，左手抚剑形器物的另一端，损毁的头部两侧遗留的披发痕迹与左尊相同。

右龛三尊均为道教中的真武造像，中尊属文神真武，两尊持剑披发的武神真武分居两侧，彰显了文神真武的地位。

左龛三尊并排倚坐于贯通整龛的长方形台座上，座高 0.16 米，台座样式与右龛全同。三像大体等高，头部损毁，均著圆领对襟广袖袍服，双手于胸前捧玉圭，绶带垂至双腿之间。从被毁头部遗留的残迹看，三尊造像均应头戴高冠。由于道教与儒教都塑造了一些著朝服、垂绶带、双手捧玉圭、头戴冕旒的尊神，故左龛内头面部毁去了三尊造像，从现状看既与某些道教神相似，也与儒家圣贤像不悖。若是道教题材，在窟龛造像中，这样的三尊以三元像（也称三官像）与三皇像居多。若左龛为儒家圣贤，则居中者当推儒家宗师孔子，左右尊分别为曾子与颜回。从白云宗在南山的历史影响及三龛雕刻的基本布局考虑，左龛造像系儒教题材的可能性要大些，更契合三教合一造像模式以及南山的历史渊源。

摩崖三龛的刻凿告诉我们，南山造像延续到了明代。此前，南山造像中有道教造像已为学界熟知，但指的是元代的真武像，且只有一尊。而明代摩崖三龛则不然，佛教、道教造像很可能还有儒教造像统一开造，构成一个有机的整体，是为佛道合一或三教合一造像。无论是佛道合一还是三教合一，这样的题材存例在江南地区现存窟龛造像中都是十分罕见的。当然，也有论者指出中龛为佛教、左右龛均为道教题材的可能。

为什么在南山摩崖造像中有释道并存或三教并存的现象呢？

首先，释道合一或三教合一是中国思想大合流趋势的具体反映。我们知道，儒、道、佛是中国传统文化的主体，三教的分合是贯穿中国思想文化史中近二千年的一股重要的潮流，对中国文化乃至中国社会的变迁产生巨大影响。魏晋南北朝时期，三教的概念就已经被广泛接受，不过当时由于一些帝王的崇佛，以及佛教作为一种新意识形态所具有的生气和丰富内涵，佛教成了三教的中心。至隋唐两宋，三教鼎立的局面达到了一个高潮，三教理念的交流也空前频繁。

其次，同白云宗的教义有关。孔清觉是白云宗的创始人，他在《正行集》一文中指出："三教之说，其义一同。儒教则仁义礼智信，归于忠孝君父焉；释教则慈悲救苦，归于化诱群迷焉；道教则寂默恬澹，归于无贪无爱焉。有故三教之言，可守而尊之，寻而究之。既洞其微，达其原，自然得圣人贤人之道、善人君子之行也。"他认为儒教明乎仁义礼智信，忠孝君父；佛教慈悲救苦，化诱群迷；道教则寂默恬淡，无贪无爱。虽然三教各有特点，其义则一。白云宗号召儒、释、道三教归一，目的在于弘扬忠孝慈善之德，这同当时佛教一直来的主张并无二致。清觉逝世以后，白云宗三教合一的教义一直被发扬光大。

第三，主流文化的倡导。三教合一的思想，也迎合了当时社会的主流意识，因而能够起到吸引知识阶层或士大夫的积极参加甚至大力倡导。如宋朝宰相李纲著《三教论》，大学士苏东坡、文彦博均以开放吸收的态势，鼓吹倡导"三教归一"。明代画家丁云鹏作《三教图》，绘佛、道、儒三教的创始人释迦牟尼、老子、孔子三人于一图之中，似正在辩经论道，体现了明代"三教合一"的社会思潮，此画影响深远。因此，三教合一的造像并非南山独有。四川安岳大般若洞刻像、重庆大足石刻均是三教合一刻像的代表。不过，江南地区出现这样的释道并存的摩崖和窟龛造像，还是十分罕见的。

南山普宁寺今虽已不存，但有趣的是，在南山近邻的瓶窑窑山原太平庵旧址上，人们仍旧在供奉着佛教和道教的神像和儒家圣人像。三教并存、佛道共祀这种奇特的现象，仍然是小镇一道独特的文化现象。

石濑曾是径山的门户

田舍子

《大清一统志》记载："双溪，在县北三十五里。有二源：一出天目山，一出高陆山，至双桥合流，又东入径山港，达于苕溪。"又云："径山港，在县西北三十里。源出径山，东流合苕溪，可通舟楫。"《径山志》记载："双溪尽处，凡至径山者停舟于此。"这告诉我们，双溪合流下至苕溪段当时称径山港。

《康熙余杭县新志》记载："许墩上桥，在县东北二十五里石濑市，跨径山港。宋咸淳间，里人重建。明洪武间又建，名归锦桥。""戚家桥，在县东北二十五里山后界石濑市，跨径山港。唐宝历间建，后圮。宋开庆初，里人戚氏建，故名。""横塘桥，在县东北二十六里石濑市。""盛家桥，在县东北三十里石濑市。盛氏所建，因名。""濑河，在县北石濑镇。相传下有穴通海，遇旱，祷雨辄应。今为放生河，禁捕捉。"这说明当时的石濑河属于径山港的一部分。

《成化杭州府志》记石濑有："许墩上桥，寺兴桥，盛家桥。"有关"市镇"记载："石濑市，去县东北三十五里；闲林市，去县东南一十八里。"别无记载。《淳临安志》记载："石濑市，县东北三十里。"而其"疆域五・诸镇"又云："余杭县，曹溪镇，在县北二十五里；余杭镇，在溪南；浣坎镇，在县西一十五里。"唯此三镇，说明石濑在咸淳(1265 年—1274 年)宋度宗赵禥时期只是一个人口相对集中的集市，而不是一个建制镇，到明代成化年间依然是一个集市。

这次去石濑有两个目的:一是去找历史上记载的桥梁;二是去了解水系,弄明白径山港的位置和起止点。

戚家桥是找到了,基本快沉没了。发现了“石濑桥”,题额时间是“一九□□年”,我以为,从历史记述和方位并去戚家桥的距离尤其是处于泻湖和寺湖来看,当是“横塘桥”无疑。没有找到“许墩上桥”和“寺兴桥”,石濑人告诉我,寺湖上曾经有桥,日本人占领的时候还在,那时此桥头两岸是最繁华的地方。

所谓“径山港”,我的理解当是双溪而下经漕溪、陶村港和渣河后才始称径山港,经石濑后向东,过铁路,过茅山桥,过彭公草荡,过栲栳山北,过南山北横山南至瓶窑,在瓶窑与苕溪汇合称东苕溪。因此,径山港是指渣河以下至瓶窑段。石濑是中心,是转运码头。旧时没有公路,水路是最重要的通道,石濑是船随时可以抵达的所在,是必经之地,也因此形成集市,清时演变成集镇。我现在明白了径山寺第三十四代住持无准师范(1177—1249)为什么会在石濑建西安接待寺(《万历县志》记载:接待寺,在石濑镇。)了。径山在石濑西,建寺称西安是表明无准师范要让径山安。径山当时最需要考虑的肯定不是维稳,而是云游僧和香客的顺利安全到达,寺庙粮食等物资的供应。而且,《径山志》“寺产”目下记载:“草荡三千亩,钦赐坐径山港口。”看看,石濑对于径山寺有多重要。渣河在七十年代被改造成现在的北苕溪,已经不复存在,尚余渣河墩。

石濑最大的家族当数翁家了,影响直到解放前,翁少山在这一带是著名的乡绅。在石濑曾经有“擢科坊”、“旌节坊”和“进士坊”等坊表,前者是替知县翁永年立,其次是为翁隆妻沈氏立,后者是为方坤立。坊表今无存,连遗址都无从考。翁家尚余老宅基,在大池后。不过,翁家自宋至今也已经彻底衰落,就像石濑式微一样。

石濑除了西安接待寺(如今留有西安寺村)外,老底子还有“摇相公庙”和“重阳庵”,今也无从考。《万历县志》记载:“摇相公庙,祈祷有应,自宋迄今,居民奉之本境土神。洪武三年重建。”“重阳庵,俗名圣堂,里人翁氏舍基建。万历四十四年重新。”圣堂村村名即来自此。

石濑自古繁华,宋元朝廷均在石濑设“石濑巡检司”,洪武初开设“石濑课税局”。

石濑,字面的含义有两条:一是指为石激形成的急流,二是为石潭,所谓“石濑同看千顷碧,磵窗闲写数峰青”,“石濑平旷,清流轻浅”。余杭的石濑,当是后者。

石濑回来,古迹几乎无存最为感慨。咱国人真像猴子掰玉米,掰一節掼一節,很辛苦,很努力,到头却无结果。一个有五千年文明的国度,还有多少传承是值得我们骄傲的?

南山摩崖石佛数量的新证

栖溪逸民

关于瓶窑南山石佛的刻造年代,人们根据石像旁镌刻的文字,已确知其刻于元代。但对石佛的具体数量,却历来没有一个明确的说法。查找了许多发表的文章,都是互相摘抄“有30余尊”。

近日偶读明代田子艺《香宇集》,在其于嘉靖三十四年秋天写的《游径山记》中意外发现一条宝贵的信息,子艺在游记中是这样写的:

“丙午新霁,泛舟过小青坂,泊亭桥(按:亭桥即瓶窑的别称),游南山寺,寺在螺峰之北,由山址折而东南观石佛，岩壁镌石佛像者二十有四，傍有石佛庵。南山僧鑑公邀酌。晚归已月映澄溪，舟影与山光荡漾，空明中矣。”

田子艺在这里给我们提供了南山寺当年所镌刻佛像的确切信息。历史上瓶窑南山石佛的准确数量是“二十四尊”。而且当年石佛旁还有一座“石佛寺”。

这样的话，若从整个南山摩崖群的走向、布局位置来判断，现在南山景区入口平台一带应是古时石佛庵遗址，平台东北边的那口放生池应是石佛庵的放生池。

田子艺在两年后的嘉靖三十六年丙辰，又一次游览了南山寺。有“南山寺雨中与诸上人宴集”诗，当时正是胡宗宪指挥浙江军民抗击倭寇斗争进入最紧张的关头。倭寇在杭州城郊骚扰，田子艺亦在军中效力，时驻军瓶窑。诗是这样写的：有叙；数日来为金革所困，偶因雨暇，稍得幽闲，以兵卫，森画戟；宴寝，凝清香为韵，各赋一首，盖即景据怀，用以无忘空门意味云尔。

谁知请缨者，便是弃儒生。鸣剑方驰志，由来笑墨兵。兹基当待时，智慧亦乘势。跃马荆棘中，百里奋武卫。散军投古寺，风雨满山林。卒岁苦格斗，时物皆萧森。嗟哉离乱晨，士民又凋瘵。愿献王会图，敢望麟阁画。少年谒军门，长揖鲁杖策，为问守纛简，何如列双戟。远人以德来，用兵贵心战。何日赐大甫，得沾镐京宴。兵凶战复危，自愧学制锦。展转同卧薪，终宵不甘寝。昔闻北斗饮，今对南山僧。薄暮孤磬发，旷野烟光凝。丁夫入兵籍，三时常辍耕。宇宙几蛮触，缆辔思澄清。从军古云乐，况宿赞公房。世事复何有，且薰知见香。

此后，田子艺还写有“谒宋白云和尚像”诗。

以上这些说明了，明代杭州文人，田子艺与佛教渊源颇深。其别墅在瓶窑南面数公里的寡山，故其与南山寺中僧人应是经常过往的，所以对南山寺周边环境应是比较熟悉的，故其文中提供的信息是基本准确的。

据此，历史上南山石窟镌刻的石佛尊数应为二十四尊。全国解放后瓶窑镇上窑村开石矿卖石料，以及文革期间毁掉的石佛是一十一尊，如今尚剩余一十三尊。

瓶窑古陶的种类及特点

陈 杰

瓶窑古代的制陶业兴于唐朝，南宋时发展到了顶点，明朝后期开始走下坡路，到了清代太平天国运动期间彻底崩溃，期间经历了大约800年左右的历史。由于瓶窑古陶属于粗放的日用品，价格低廉，也无人收藏，古陶大多在窑山南坡窑址的废墟上发现。前几年瓶窑中学新建校舍时，曾搜集了一些出土的陶器，大约有150余件，目前存放在瓶窑中学古陶陈列室内。我通过不同的渠道也搜集了一些。通过这些陶器实物，基本上可以看出瓶窑陶器的类型、特点及其发展脉络。

从种类上来看，瓶窑出土的陶器主要有以下几种：

1. 瓶　陶瓶是“瓶窑”出产之大宗，数量极多。最常见的一种为宋元时期所产，史称“韩瓶”。韩瓶主要有两种类型：一种是纺锤型，带耳环、腹鼓、两头略尖；还有一种是圆柱型，无耳，口部束颈。圆柱型的韩瓶出现较晚。

“瓶”用作酒具和汲水器。在人们的日常生活中是一种必备的用具，外出劳作、旅行，也常常需要用到它。因此，需求量比较大。《全唐诗话》卷六载：僧贯休（五代前蜀画家、诗人）入蜀,以诗投王建(前蜀皇帝),有“一瓶一钵垂垂老,千水千山得得来”之句。瓶用来装水,钵用来盛饭,贯休一路化缘而来,手上所持的“瓶”想必就是这陶瓶。到了后来,人们常用“韩瓶”来插花,杭嘉湖一带旧俗过年时,常在“韩瓶”里插上天竹、腊梅,以为新春清供。

2. 壶 壶在瓶窑的古陶器里种类非常丰富,各种形制的都有,大小不等有多种。小者仅可手握,大者容积可能有小者的几十倍。壶一般都有提手、耳扭、喷嘴,涂酱色釉,也有涂白釉、黑釉的。壶最大的用处就是用来沏茶和盛放酱醋之类,宋代以后人们对茶具已经比较讲究,茶壶的制作要比其他陶器精美得多。

3. 罐 用于盛放食物,大小不等。有制作较为精致的,亦有粗劣的。罐一般胎质细腻,遍身施釉,连底部亦不例外,施酱色釉、黑釉等,虽经几百年亦闪亮有光泽。罐的口部往往卷沿,短颈,鼓腹,平底,胎质坚硬,肩部有耳,造型优美。但有的比较粗糙,陶质厚实,夹砂较多,胎质疏松,表面粗糙,亦不上釉。

4. 钵 钵是一种容积相对较大的食物盛器。古时僧人云游常托钵化斋,民间亦用它装盛食物,故需求量较大。我们搜集到多种形制、大小不等的钵,直径在 20 厘米 ~ 30 厘米之间,高度在 10 厘米 ~ 20 厘米之间,里壁施酱色和青黄色釉,外壁只是简单地施一圈釉,口沿上部有砂粒支钉,为叠烧痕迹。制作较为精致,肩部各有两耳,中空,可用绳子穿起,既美观又实用,胎质坚硬,扣之作金属声。

5. 坛 坛是一种口小肚大的陶器,亦称瓮,旧称“罂”、“缶”。亦为瓶窑出产之较多者。坛的容积较瓶、罐为大,用于盛装食物或农作物的果实等。我们搜集到的一只橙色胎体的坛子,形制优美,为瓶窑陶器中之精品。此坛高 22.5 厘米,口径 9.5 厘米,底径 9.5 厘米,腹径 18.5 厘米,通体施淡黄色釉质,这种釉质较为少见,因而显得古朴典雅。

6. 甏 甏施酱色或青色釉者为多,形体较大,胎质厚实,鼓腹束颈,形态优美。有一种釉色黑亮的,至今民间仍称为乌甏,是储藏茶叶的好器具,它的内外都施釉,密不透风。乌甏贮茶的记载可见清代骆云程作的《芥茶六咏》,内有一首:“瓶窑乌甏满盛将,竹叶同封燥湿亡。五月防梅秋戒桂,慧心小妇谙依方。”描绘了一个聪慧的江南少妇精心储藏茶叶的情景。现在瓶窑附近的农户仍用这种乌甏来储存茶叶。

7. 碗 碗在瓶窑陶器出产中种类亦不在少数,质地也有多种。有的胎质黑紫疏松,有的胎质坚硬;有的敞口,有的敛口;有的施釉,有的素面;有的轻巧单薄,有的粗重厚实。价格也相差许多,适应了不同家庭的需要。

8. 盘 盘为一种浅身容器,直径在 20 厘米—30 厘米之间,高度在 2 厘米—5 厘米之间。有的遍身涂釉,有的外壁涂釉,内壁素胎。

9. 盆 一种比盘较深的敞口容器。其形制也多种多样,最大的变化在口沿部,有的内敛,有的外翻,有的束腰鼓腹,有的内壁斜直,高度在 10 厘米左右,口径在 25 厘米左右。内壁施釉,外壁部分施釉。

10. 杯 其形状略同于现在的瓷杯,只是缺少一个把手。这种杯子亦为宋元时期的风格。高度一般为 11 厘米左右,口径卷沿,约 8.5 厘米,通体施酱色釉。内壁釉层较薄,外壁较厚。陶质薄而坚硬,叩之铿锵作声。更为奇特的是,杯身上部有两个按扭,中空,左右对称,可用绳子穿起,用于手提。所以这种杯子除了用来泡茶喝水以外,也可用来装盛食物。

11. 盏 指油灯盛油的浅盆。盏的底部往往收小,便于搁置瓶罐之上。通体施釉,也有正面施釉,背面素色的。较为精致的,敞口部制成浅凹状,或者做成一个小圆管,用来放置灯芯。口径在7.5厘米—11.5厘米之间,大者厚实,小者轻巧。

12. *盖* 直径一般在20厘米左右,表面平整,外缘卷沿,可能用于坛、罐等器皿顶部的遮盖,所以命名为盖。正面有图案花纹,目前发现的有松柏草茎图案、竹雀图案、梅花图案、回字型图案等,有的还有凸字,如“周”,估计是一周姓的制窑人家所制。这些图案有一个共同的特点,都是用磨具压制上去的。图案的正面均上釉,背面素胎。有的图案中心有小孔。

13. *漏斗* 其形状大小同现在市场上塑料或金属漏斗没有什么两样,只是比较厚实,下半部涂釉。

14. *灯(烛台)* 现收集到一残器,从残物来看,其形制相当精美,烛台高11厘米,中心为空心管状,便于插蜡烛,下面是一个圆形的托盘,用于储存烛泪。下面又是一个圆形(中空)的底座,直径略小于托盘。厚薄得当,最薄处仅为0.2厘米,整件陶器形制规整,轻灵端庄,是瓶窑陶器中不可多得的精品,惜未收集到完整的。

15. *砚台* 砚台一般用石头制成,用陶来制作砚台比较少见。因此,陶砚对用料的要求很高,首先要防止渗水,我们知道,陶器是易吸水的,所以用陶来制作砚台,首先要克服渗水性。此砚台从苕溪中出水,形制简洁,线条流畅,陶质坚硬,表面光滑,是瓶窑陶器中的精品。

除上面所列外,瓶窑陶器还有其他品种,如形制庞大的陶缸、渔网上网坠、儿童玩具等。

纵观瓶窑出土的陶器,种类比较丰富。瓶窑的陶器纯粹是为了实用的目的,可以说是与普通百姓的生活密切相关。因此,瓶窑陶器史就是一部普通老百姓的具体生活史。概括起来有如下特点:

1. 品种多样,实用性强。瓶窑陶器的制作不是为了观赏,而是为了实用,如瓶、罐、壶、碗之类,都为普通家庭日常生活所需,而且是一种易耗品,所以在制作上不求精工细作,图案花纹也很少见,亦少文字款识,价格也较低廉。目前馆藏的一些陶器精品虽然有很高的制作工艺,但大多为宫廷用瓷,而瓶窑陶器却比较真实地反映了当时普通百姓的实际生活水平。

2. 粗犷自然,雄浑古朴。瓶窑陶器就地取材,粗料巧做,因陋就简,审美与实用相结合。瓶窑陶器从胎质来看,有棕、灰、黄、红、紫等色,估计是用料和烧制温度不同所造成,还有夹沙灰陶,陶质粗疏。这些器物中蕴含着坚固耐用又美观大方等诸多好处,既给人们生活提供便利,又提高了审美情趣。简洁质朴的造型,是广大制陶工匠创作实践积淀的成果。

3. 技术熟练,形制规整。普遍运用轮车制作陶器。轮车为一木制圆盘,盘下有立轴,轴上下有枢纽,便于圆盘旋转,操纵时拨动圆盘使之转动,利用轮车的旋转力,用手将泥捏成所需的器型。用这种方法制作的器物胎全厚薄一致,器形弧度规矩,器表光润。瓶窑所产陶器在成型上非常规整、对称,从制坯、装饰、施釉到烧成,工匠的技术已相当熟练。尤其是瓶窑陶器的施釉技术,宋代时就处在全国领先地位。目前发现的釉色就有酱色釉、绿釉、黄釉、白釉和黑釉等。可见,古代瓶窑的陶器制作技术尤其是釉陶技术已经有了相当高的水平。

铜陵人的骄傲

——《盛度与御赐牡丹》序

李兆玉

不久前,承蒙盛昌明先生的信任与厚爱,把他刚刚完成的《盛度与御赐牡丹》的书稿送我阅读,并希望我能为此书作序。面对一沓厚厚的书稿,我一页一页地拜读。书稿分八个章节约五、六万字。书稿对盛氏、盛氏家族、盛度和御赐牡丹字斟句酌的叙说,引经据典的推论,使我对盛昌明先生的敬佩之情油然而生,同时也引起了我对盛度和御赐牡丹的兴趣、研究和探讨。

盛度是铜陵文史资料记载的古代本土三大名人之一。另外两位名人:一是陈翥(982—1061),字风翔,号虚斋,铜陵县贵上耆土桥(今钟鸣镇)人。北宋著名的林业学家,史载其"五岁识字,十四入庠(县学),博综古今之文,详明圣贤之道",但"甘为布衣,乐道安贫",一直隐居家乡。宋仁宗天圣三年(1025年),曾有人多次举荐陈翥出来做官,但他均屡辞不就。皇佑二年(1050年),宋仁宗诏赠"金帛冠带"以荣终身,依旧"无意",处置淡然。一生著作甚丰,共撰书26部182卷,涉及天文、地理、儒、释、农、医、卜算等方面。著泡桐专著《桐谱》一书,对泡桐种类、种植等方面作了科学论述,是世界上较早的林业专著。二是佘翘(1567—1612),明代戏曲作家、诗人,字聿云,号燕南,亦称铜鹊山人,铜陵县合二耆(今大通镇)人。留有诗集《浮斋百韵》、《秋浦吟》,文集《翠微集》、《幼服集》、《偶记》、《白下游草》等,传奇剧本《量江记》、《赐环记》,杂剧《锁骨菩萨》等皆刊行于世。其中以戏曲作品《量江记》成就突出。陈翥的功绩是自然科学,佘翘的功绩在文学创作,而盛度同他们二人相比,功绩成就主要是政治的。一是曾随帝出征河北一带,他数次上疏朝廷陈述戍边之策。二是奉使陕西,勘察疆域,参质汉唐故地,绘成《西域图》,呈献宋真宗。史记:"真宗询问西域地理形势,度就详细介绍酒泉、张掖、武威、敦煌、金城(今兰州市)等五郡之东南形势,绘出《河西陇右图》,标明山川、道路、壁垒、区聚,以供备览,且应答咨询如流,真宗称其博学多才。"三是盛度被贬谪到洪州,仍念念不忘国家大事。"建请复贤良方正科,又请建四科以取士,曰:博通坟典达于教化科,才识兼茂明于体用科,军谋宏远堪任将帅科,明晓法律能按章覆问科。"古置六科取士,史书称"其议自度始。"此外,盛度不仅勤奋好学,每当公事闲暇,即埋头读书,手不释卷,而且还曾奉旨与李宗谔等共同编纂《续通典》、《文苑英华》等书。又收集皇帝日常文书和群臣奏章,编成《愚谷集》、《银台集》、《中书制集》、《翰林制集》四集和制书二集。盛度侍奉太宗、真宗、仁宗三朝约五十余年,最后仍能"全始全终",不能不说盛度是政治上的天才。

御赐牡丹是铜陵牡丹的重要组成部分。明万历十五年《铜陵县志》卷二"物类"载:"花类:牡丹、芍药、水樨……"五十余种花中,牡丹排在第一位。值得注意的是"牡丹"两字的右下面有两个小字:"二种"。哪两种牡丹呢?我认为极有可能一是铜陵的药用牡丹。铜陵的药用牡丹,相传葛洪在铜陵炼丹时所植。葛洪(284—364),字稚川,自号抱朴子,晋丹阳郡句容(今江苏句容县)人。此人生活在西晋末年东晋初期的乱世之中,不愿当官,尤好"神仙导养之法","志在炼丹耳"。铜陵有丰富的氧化铜和朱矿等大量的炼丹原料,因此他来铜陵炼丹是完全可能的。清代乾隆年间修撰的《铜陵县志·古迹》记载:"长山石窦中有白牡丹一株,高尺余,花开三、两枝,素艳绝(鹿)(尘),相传为葛稚川所植。"长山,"在北关外,沿江冈阜联络自铜鼓至鹊头,统谓之十里长山。”实际上,就是当今的笠帽山沿江到循环园区一带的丘陵。这一记载《南陵县志》也有。我以为与我市的史料所述并不矛盾,而是相互印证的。因为铜陵、南陵在唐末之前均为一家,唐末后“分南陵县工山、安定、凤台、丰姿、归化五乡置义安县在顺安镇”,“南唐保太平九年改义安县为铜陵县移于今之江浒即古之铜官镇也。”葛洪是道教理论家、炼丹术家,但也是医学家。为人看病种植牡丹是完全可能的。同样是明万历十五年《铜陵县志》卷二“物类”载:“药类:……牡丹皮、天花粉、山楂子……”显然利用牡丹皮治病古已有之。二是铜陵御赐牡丹。这个记载史料大多一致:天圣年间宋仁宗赐给盛度一棵牡丹。盛度将此牡丹带回铜陵,世世栽培。“其花蔚然成树,一开数百朵。”这里有所争议的是两点:第一点是御赐牡丹从何而来?一说盛度奉使西夏“……在陕得牡丹数本入贡,上嘉其德……还赐贡牡丹一本”。另一说法是盛度奉使西夏,是西夏王朝给宋仁宗的礼品也是贡品。盛度代表大宋王朝出使西夏与西夏议和成功,宋仁宗奖励给盛度的。第二点就是御赐牡丹是盛度告老还乡时赐给的,还是出使归来时赐给的。这一点无从查考。从史料记载北宋王朝天圣年号宋仁宗用了十年,即1023年到1032年。如从时间推算,宋仁宗御赐盛度牡丹应在盛度告老还乡之前的“干部”岗位上。

为什么赐给?因什么事赐给?我认为还可以进一步探讨。但有一点是可以肯定的,御赐牡丹世上少有,历经千年在铜陵绵延不绝更为珍奇。

盛度以御赐牡丹为荣,御赐牡丹又以盛度和盛氏子孙的珍视而绵绵不断。昌明先生作为盛度四十八代孙对盛氏和御赐牡丹耳濡目染,立志收集整理这方面资料。一九九四年退休至今一十六年来,走南闯北,访亲探友,追根溯源,历经千辛万苦,在浩瀚的文史资料典籍中,查找盛度与御赐牡丹的资料,并编撰了《盛度与御赐牡丹》这部书稿。我以为这部书稿是他辛勤的汗水和对盛氏一腔热血的结晶。这部书稿旁征博引、娓娓动听地向我们介绍了五松盛氏的由来,盛度的生平和历史政绩,古今诗人对御赐牡丹跌宕起伏命运的歌颂和感叹。同时,也介绍了盛氏的传统文化、美德等。当然受条件的限制,这本书也有不少不尽如人意的地方,盛度的资料、史料还不够丰满,盛度和御赐牡丹还有很多疑问需要进一步探讨。但不管怎么说,它都是一本研究盛氏、盛度、御赐牡丹、铜陵文化和铜陵历史的好书。

盛度与御赐牡丹是铜陵人的骄傲,祝愿这部书稿能早日付梓问世。“抛砖引玉”以吸引更多对盛度、对御赐牡丹、对铜陵文化、对铜陵历史文化有兴趣的人去探讨、去求索、去揭示铜陵充满秘密的昨天。

余杭仲氏来源与仲学辂的身世之谜

仲泗浙

仲学辂,熟悉余杭文史的人知道,他是清末杭州当地大名鼎鼎的“神医”,不仅治愈过慈禧太后,还留下了诸多著作。但对其身世或语焉不详,或偶尔涉及也讹误不断。迄今为止,鄙人尚未见到仲学辂身世准确无误的版本。故而不揣浅陋,略作介绍。

杭州仲氏概说

杭州之有仲氏始自宋高宗南渡。颜光敩《柳州二贤祠碑记》记载:“宋靖康间,北兵南下,人心惊怖,仲族悉舟居避难,稍稍散失。有仲基者,以武功授高邮判,建炎戊申,偕孔端友扈跸临安,杭之有仲族自基始。"这里面对杭州仲氏始迁祖为仲基的说法,系颜光敩偏信不了解实情的济宁仲氏翰博之言,故而略有偏差,关于仲基的行事大抵不差,所偏差者为杭州仲氏始迁祖的名字。

据仲谱记载,在建炎二年戊申间(1128 年),先贤仲子四十九代嫡长孙(族内称大宗主)仲基(号益庵)与胞弟仲祺(履庵)、仲琪(白庵)从山东济宁横坊村扈驾南渡。仲祺因家累留居扬州,仲基与仲琪扈跸南渡至临安。仲基后来官至台州知府、秘书学士,最终定居在吴江盛泽膳字圩朝潭浜。胞弟仲琪官临安同知,与子仲世科,孙仲尔仪、仲尔信留居浙江,部分家谱记载仲琪留居杭州。今余杭五常仲家村族裔颇多,来源不明,与杭州其他分支谱系皆不合,疑即仲琪后裔。又《万姓统谱》载永乐间(1403 年—1424 年)杭州进士"仲统",此人姓名亦与杭州其他分支不同,近年来余杭五常仲家村出土《明故隐君子仲公墓志铭》,因本人未见此碑,故不敢遽定此村仲氏是否与临安同知仲琪有关。

杭州的第二支仲氏族人世系明晰,迁入时间为元末。留居山东济宁横坊村的先贤仲子五十三代孙仲策,元顺帝时官南京评事。元明鼎革之际,隐居仁和县弼教坊西东西璧里。关于这一点明人沈守正《仲母沈孺人行状》记载得极为详实:"仲氏之先出自季路,世居济宁之卞里。五十三传有策者为南京评事,徙居杭。又四传而为仁和诸生发祥。发祥生琎,领天顺乙卯岁荐,为四川宜宾令。琎生凯,领嘉靖庚子岁荐,不及仕而殁。凯生麟,即仰村公。"仲麟的三个儿子仲大贤、仲大宾、仲大质,都是当地著名孝子,《(康熙)仁和县志》卷十九有合传。下一代仲震官至福宁州学正,《仲里志》有传。仲恒是名儒,《(康熙)钱塘县志》卷二十二有传。仲恒的下一代仲固存也是名儒,《思旧录》有传。仲嗣瑠、仲九皋、仲九章皆为诗人,有诗歌传世。乾隆年间,又有仲蕴棨与仲陈木,仲蕴棨也是诗人,与袁枚同学,《袁枚诗话》载其逸事。仲陈木,榜姓陈,乾隆三十五年(1770 年)庚寅孝圣宪皇后八旬万寿恩科浙江乡试举人,后选入乾隆壬辰科并中正榜,历官户部山西司主事。该支诗礼传家,名人最多。

仲氏家族素来脉络清晰,乃先贤仲子后裔。杭州明朝就建有仲子祠,在杭州弼教坊平海门内,鼎革之际倾圮。康熙二十六年(1687 年),六十三代孙仲诚、仲清申请浙江省院司改于涌金门外柳洲亭"子贡使越祠"内祀先贤仲子,称"二贤祠"。康熙三十五年(1696 年),提督浙江学使曲阜颜光敩撰文立碑。雍正年间(1722 年—1735 年),济宁翰林院五经博士仲蕴锦曾南下拜庙,留有《谒杭郡祖祠》一首:"涌金门外月轮孤,先祖祠堂面对湖。凛凛英风昭百代,岩岩正气壮千夫。带环碧水开明镜,屏列丹山展画图。赖有名贤扶大雅(自注:制府李公卫程公元章先后重修),巍峨庙貌见宏模。"乾隆三十年(1765 年),皇帝南巡之时,曾赐有对联"三德达身修勇故不怠 四科从政事果则无难"以及"贤诣升堂"、"道启东南"匾额。

瓶窑仲氏的来源

瓶窑仲氏是否与上述两支有关,因谱牒残缺,尚不能确定,故而仍赘言如上。今瓶窑仲氏一脉,谱牒散佚,仅存仲瑚与仲学辂履历两份。兹就履历略将瓶窑仲氏及仲学辂的生平陈述如下:

据履历,瓶窑仲氏形成于明嘉靖年间(1522 年—1566 年),始迁祖"耕乐公"于嘉靖年间自山东迁居瓶窑仲家村,娶妻唐氏、沈氏,开瓶窑仲氏一脉。耕乐公在山东仲氏统谱中失载,但在吴江盛泽仲谱中记载有太学生先贤仲子五十八世孙仲显,字伯铭,号耕乐,系嘉靖年间人,但配氏略有差异。至于瓶窑仲氏是否源自吴江盛泽镇,尚待考证。但明嘉靖年间瓶窑仲家村即有仲氏聚居是毫无疑问的。历明清两朝,瓶窑仲氏世居仲家村,一直以农商为业。这种状况一直延续到第九世仲麟(以耕乐公为第一世)。仲麟,字孔祥,是国学生。瓶窑仲氏此后开始业儒。业儒的家底是仲麟的儿子仲大魁打下的,仲大魁是仲学辂的曾祖父。

仲大魁,原名仲圣超,国学生。议叙六品候选通判,勅赠承德郎,晋赠文林郎,加封奉直大夫。他的贡献不在于功名,而在于人丁之兴旺。他一生先后娶了国学生江昌明长女江氏、国学生魏赞皇长女魏氏、魏赞皇三女魏氏等三位妻子和王氏、傅氏两位妾室,先后生育十个儿子、五个女儿,其中有两个孩子为余杭文化的发展埋下了伏笔。

首先是四女儿。她嫁给余杭县廪贡生任青田县训导章均。在她的辅佐下,章氏家族在余杭家声大振。章太炎的祖父章鑑(鉴的异体字)便成是章均与仲氏的儿子。章鑑的长子章濬(浚的异体字),字轮香,廪贡生,他有三个儿子:长子章炳森,光绪十四年(1888 年)戊子科举人,嘉兴教谕。次子章炳业,光绪二十八年(1902 年)壬寅补行庚子辛丑恩正科举人。三子章炳麟,也就是章太炎。余杭章氏与瓶窑仲氏的姻亲关系到仲学辂一代得以继续加强,仲学辂的长女嫁给章濬的二儿子章炳业,章炳业后来改名章箴,曾任浙江图书馆馆长。这也就是章太炎称仲学辂"丈人行"的缘故。也正是瓶窑仲氏家族与余杭章氏家族的这两层血缘关系,使得章太炎与仲学辂一家关系密切。章太炎留下的《仲昴庭先生家训序》、《仲氏世医记》等文章都追述了仲学辂的生平。

其次是大儿子仲瑚。他是瓶窑仲氏所出的唯一一位进士,也是杭州仲氏所出的第二位进士。仲瑚,字兰阶,号香祖,又号香国。乾隆十三年戊寅(1748 年)十一月初一日生,入杭州府仁和县学,以廪膳生民籍就读。乾隆五十七年(1792 年),仲瑚参加浙江乡试壬子科的考试,乡试中式第六十七名。乾隆五十八年(1793 年),参加癸丑科会试,以三甲三十五名中了进士。散馆授知县,历任河源县、龙川县、和平县知县,政绩卓著。期间,曾任广东辛酉科同考试官。仲瑚的原配是邑庠生张鉴的女儿张氏,继配为邑庠生沈琦的女儿沈氏,共育有二个儿子有裕、友仁(早殇)、三个女儿。长女嫁给余杭县国学生盛玉章,次女嫁给余杭县史鲁传,三女嫁给德清廪贡生候选训导江毓荪。

这次与德清江毓荪家族的联姻,意义重大。江毓荪,字恒斋,行二。诸生,精通宋明理学,以刘念台、李二曲为宗,著有《怡葶轩诗》。长兄江毓荃,字巽斋,号馥卿,道光十七年(1837 年)丁酉举人,通理学。三弟江毓蘅也通理学。时人将江氏三兄弟并称为理学"三江先生"。而他们兄弟三人在仲学辂的教育上作出了重要贡献,章太炎称仲学辂"好明道、伊川之学",明道、伊川为北宋程朱理学中的"二程"之号。

而仲有裕就是仲学辂的父亲,也被写作仲友于,原名福增,太学生,例赠修职郎。仲学辂生母曹氏,出身寒门,有四个儿子:仲履正、仲学辂、仲彦杨、仲治本;四个女儿:长女嫁给余杭庠生盛我昭,次女、四女早殇,三女嫁给余杭县钱在琢。

仲学辂的生平辨正

仲学辂,字养贞,号卯庭(昴庭),是家里的次子。道光十六年丙申(1836 年)五月初十六日吉时生,入杭州府学,系附生钱塘县民籍。同治四年(1865 年)乙丑补行咸丰辛酉正科并同治壬戌浙江乡试恩科举人中式第一百四十五名。光绪元年(1875 年)正月,选授淳安教谕。严州知府上元宗源瀚称其"志薄华靡,究心本务",因其妻骆氏(议叙从九品骆友龙女)工蚕事。宗源瀚嘱其以沈清渠《广蚕桑说》为底本,重新撰写农书,仲学辂撰成《广蚕桑说辑补》。宗源瀚称赞"条理始末,灿然毕备"为之刊行。光绪四年(1878 年),兼理淳安县训导。

光绪六年(1880年)七月十三日,应浙抚部谭文卿中丞钟麟之征,航海赴京,就疗清慈禧皇太后,历九十八日而归,恩荣备至。薛宝田《北行日记》述其事颇详,称"薛宝田《北行日记》,小序云:"光绪六年六月,慈禧皇太后圣躬违和,诏征天下医生。浙抚部谭文卿中丞钟麟保荐宝田与淳安县教谕仲昴庭学辂应命。捧檄后约同昴庭谨于七月十三日启程,往返皆航海。历九十八日差竣。"日记内还记载了两人对学术的探讨,途中两人曾畅谈甚欢,所谈内容有医学源流,也有蒋士铨、袁枚、赵翼三家诗歌,又有春申君轶事,还有汉学宋学异同、易学原理、春秋三传等等。两人所谈既有会心处也有差异处,总能求同存异,把酒言欢,彼此结下了深厚友谊。归来后,当道开浙江医局于省垣(杭州),延请仲学辂主持,所全治不下数万人。王绍庸《〈本草崇原〉跋》称"光绪六年岁庚辰,识昂庭先生于甬上。时余方从事于张、高二子《灵》、《素》、《伤寒》、《集注》、《直解》等书。遇有疑义,辄就先生质问,讲解开示,不啻游先生之门,饮上池水也。旋当道延先生开医局于省垣,于是同道诸君,如李宝庭、程逊斋、施瑞春、章椿伯、林舒青,皆萃于一局,复有武林医薮之目。"章太炎提到,德清大学者俞樾,"恨俗医不知古,下药辄增人病,发愤作《废医论》。有疾委身以待天命,后病笃",得仲学辂药方,才肯服药,服药不久,大病痊愈,从此对仲学辂推崇备至。

光绪九年(1883年),撰《钱邑苕溪险塘记》,鉴于光绪半年以来家乡水灾频发,认为:"今欲为三郡策万全,当先为钱邑塘闸策万全,欲为钱邑塘闸策万全,莫若先浚溪底,次议山厂。凡有血气者,咸翘首以俟社稷臣云。"

光绪二十二年(1896年)十月,升宁波府教授。光绪三十一年(1905年)后卸任。仲学辂的两次出仕经历详见《大清缙绅全书》与《申报》。

章太炎称仲学辂"平生行习二程遗书,兼明水利","年七十,能陟峻阪。殁时,神明不衰。著述颇多,多散佚"。仲学辂著作存世者仅《金龙四大王祠墓录》(六卷)、《本草崇原集说》(三卷附录一卷)、《广蚕桑说辑补》(二卷)。仲学辂擅长诗文兼通,尤擅文章,《(民国)杭州府志》所收录的王琦、张志聪的小传就是根据仲学辂所撰的《事略》和《传》改写而成的,此外仲学辂存世的散篇文章存世者仅有《侣山堂素问直解跋》、《南北湖开浚记》、《钱邑苕溪险塘杂记》等。其实仲学辂所创作的诗文著作尚有很多,但都未刻行,据其子仲以忠称"辛亥冬,家被匪毁,大半散佚。"另外,仲学辂的堂兄仲学陶也擅长诗文,仲学陶,字宣楼,号书圃,钱塘诸生。其《过绿云废庵》一诗被潘衍桐收入《两浙輶轩续録》卷四十。潘衍桐转述了仲学辂的话称:"宣楼长于诗赋,吟咏不假思索,家寒性傲。咸丰末被胁于塘西丁山河,不食死。"仲学陶的傲骨颇有先贤仲子结缨卫难得风范,可谓得其家风。

最后,谈一谈仲学辂的卒年。仲学辂的卒年多被误传,章太炎称其"年七十,能陟峻阪。殁时,神明不衰"。考虑到他生于道光十六年丙申(1836年),那么至少在1906年之时,他还在世。王绍庸在宣统二年(1910年)二月为《本草崇原集说》作跋的时候提到"先生归道多年,哲嗣省三以《集说》原本委任校雠"。数年,必然大于两年,那么1907年或许就是仲学辂的卒年,但也仅是推测而已,假如有墓志铭发现的话,那就一清二楚了。

“亭市”真的是瓶窑古称吗?

史 得

瓶窑古称亭市一直以来都是瓶窑地名历史溯源的主流说法。《余杭县志》说:“瓶窑镇原名亭市。唐宋时,居民多以埏埴为业。窑山上‘陶穴栉比’,镇因以为名。”很多文章著作进一步考证说:“南宋咸淳临安府志说镇北小山古称亭市山,山下村落以山名,故瓶窑旧称亭市。宋代亭市山南麓建窑烧制陶瓶,始称窑山,亭市村因此得名瓶窑。”而另一本地名历史权威出版物《浙江区划地名溯源》却提出了另一种说法:(瓶窑镇)“……镇北的窑山原名横山,唐代建窑烧瓶,始称窑山,瓶窑因此得名。”

那么“亭市到底是不是瓶窑古称”,或者说“亭市山到底是不是窑山”?要想弄清这个问题,在古代史料中寻找线索是个最好的选择。

目前能够读到的古代方志史料相当丰富,通过查阅与检索这些与瓶窑地名历史溯源有关的古籍史料,可以发现亭市山就是窑山的说法已经有231年的历史,很多方志史料清晰地勾勒出古人是如何把亭市山和窑山关联起来的历史脉络:亭市山至少在一千年前就被古代地理志书记载,随后的800年间亭市山的地理空间“被迁徙”了二次,又经历了离奇迷失和失而求得的曲折过程,最终在清朝乾隆年间被戏剧性地与窑山划上了等号……

一、亭市山的最早历史记载

大约公元987年,乐史所著《太平寰宇记》在叙钱塘县山水形胜时说:“亭市山 郡国志云,杭州亭市山余石乡亭市村人悉作大瓮,今谓之浙瓮是此地所出”(卷93《杭州》),但亭市山第一次出现在史料中的最早年代已经不可考了。古代地理志书中以“郡国志”为名的只有《后汉书·郡国志》,而在这部古籍中却找不到一处被引原文(《寰宇记》全书总共有354处引自《郡国志》)。根据乐史在自序中说的“虽则贾躭有十道述,元和有郡国志……”现在学术界主要倾向于《寰宇记》所引的《郡国志》应该是成书于唐元和8年(813)的《元和郡县图志》。也有一些学者认为西晋时吴郡太守袁山松也著有已佚的百卷《郡国志》,但提不出更有力的史料佐证。倒是在现存于世的《元和郡县志》(图已尽佚)上找到了36条文字与《寰宇记》对得上号,专家们认为《元和郡县图志》的原始版本应该有50卷,比现存40卷版本更为详尽。

目前看来,在没有发现新的史料证据前,尽管亭市山最早的历史记录大概可以上溯到唐朝中期,但我们现在能看到的最早记载文字就是北宋《寰宇记》上的这33个字。

古代地理志书相对来说比较严谨客观,很多是以亲身游历为基础的,迥然不同于那些专事搜神志异的杂记。《元和郡县志》和《太平寰宇记》作为官修地理总志对后世地志影响巨大,清人孙星衍评述前者“无此书而地理之学几绝矣”。因此,《寰宇记》的记载大体可信,历史上可能确实存在过以瓮闻名的亭市山。

二、亭市山第一次“被迁徙”

《寰宇记》把亭市山列为钱塘县10山(灵隐、定山、巨石、石膏、亭市、金鹅、马嗥、粟山、凤凰和秦望)之一,而瓶窑地方又是在钱塘县界的西北部,亭市山就是窑山的历史判断看起来很顺理成章,但在南宋末年,有关亭市地理方位的历史认知发生了分歧。

南宋临安三志中,年代最早的《乾道临安志》因散佚过多仅存三卷,是否曾记载过亭市山已经无法查考。《淳佑临安志》按方位远近依序交错记载了一府二赤(钱塘、仁和)的99座山名,《咸淳临安志》共记载了一府九县240多座(含一府二赤94座)山名。石膏和亭市二山被《淳佑志》和《咸淳志》列在城东和城东北诸山,与其他仁和县界的山放在了一起:临平、桐扣、皋亭、青龙、母山、佛日、石膏、黄鹤、超山、亭市、龙珠、泰山、大旗、南鲍、南山。这15座山除了石膏和亭市,其余山名基本沿用到今天,并能在皋亭—黄鹤山群中找到。可以说,南宋方志虽然没有明说亭市山属哪里,但事实上把亭市山列到仁和县界了。

而比《咸淳志》稍晚几年的《梦粱录》则明确称:“仁和县界东北有黄鹤山、永和等乡,超山亭市龙珠山大旗山……”(卷11《诸山岩》)在此后的500多年间,古人们一直把亭市山列在仁和县界,包括目前仅存的二部《仁和县志》(嘉靖、康熙)都把它列入本县山川,而期间钱塘志皆不载亭市山,看起来那时候的古人基本都认可了亭市山在仁和县。

三、万历年间的地理新发现

明朝万历七年(1579年),《万历杭州府志》在叙仁和城外诸山时写了很长一段按语:“善曰:境内山川非亲历其地无以知其名称之殊、高广之数,旧志漫寻故牒舛谬实多。予故专命数人裹粮而往、载笔以行,遵山蹑峤、询诸父老,并山中所产即时劄记,既已悉其种种秉椠者,因得以施绘彩焉。今所志补旧所遗者什三、订诸所误者什五,惜外七县不能尽历耳。后之志吾郡者苟能订吾谬误,取七县而细考之岂不幸哉。”

就在这种严谨的、类似于现代田野调查的实地核查下,在钱塘仁和地方有了地理新发现,一共补记了被前志遗漏的13座山,纠正了15座山的记载错误。这些发现中跟我们话题密切相关的有二点:

一是在这之前的近600年中不断被引载的亭市山居然匿迹无踪了:“石膏东山马嗥亭市皆旧志所有于今无考,姑依旧志录之以备参访。”(卷20《仁和县山川》),以至于100多年后的《康熙仁和县志》修纂者还发出如此感慨:“夫以巍然大山,地非广绝面积,人迹无稽,抑独何与。”(卷3《山川》)

二是窑山在这个时候神奇地出现了:“窑山　在县治北七十里,高七十丈周回四里,形如覆掌、窑屋重叠、盘曲与山、上下势若蟠龙,去西半里即余杭界【旧志无】。”(《万历杭州府志》卷20《钱塘县山川》)“旧志无”三个字毫无疑问表明是第一次记载在方志中。当然窑山高七十丈的“高广之数”显然夸张,按明朝一丈约相当于今天的3.11米计算,窑山由低矮孤丘凭空变成超过217米的高峻大山。而在同一府志中,实际海拔高度为217米的临平山仅“高六十丈”,260米的超山更是只有“五十三丈”,是目测错误还是误书误刻就不得而知了。

由于陈善主纂的《万历杭州府志》将亭市山和窑山分记于仁和和钱塘,且无任何关联性推测,因此可以肯定修志者这时还没有把“亭市山”和“窑山”简单等同起来。

值得一提的是,直到此时,所有与钱塘山川有关的方志史料中还不见横山的片字只语,到是《仁和县志》有横山、小横山和东西横山。直到约140年后的《康熙钱塘县志》才突然出现一种新说法:“窑山,旧名横山,郡志在县北七十里,高七十丈周回四里,窑屋绕山、上下重叠名瓶窑,有瓶窑镇”(卷2《山川上》),至于旧名横山是怎么考证出来的并没有交代也不见其他志书有记载。历史上一山多名情况并不鲜见,也许是山上陶户窑民称窑山、山下农户里人叫横山。不知道这是否就是《浙江区划地名溯源》“窑山原名横山”一说的原始史料出处?

四、亭市山的失而“求”得

亭市山的消失和窑山的发现蹊跷地出现在同一个时段里,不可能不引起关注与猜度:亭市山的匿迹无考不正好说明是前人把亭市山弄错了县界方位,而窑山的横空出世又反过来证明它就是亭市山吗?

200年后,确实有古人这么想并这么做了。

1784年,《乾隆杭州府志》在叙钱塘山川时连续摘引了四条经典史料后宣布亭市山就是窑山:"窑山,在县北七十里,高七十丈,周回四里形如覆掌,窑屋重叠盘曲,与山上下,势若蟠龙,去西半里即余杭界(《古今图书集成职方典》)旧名横山,绕山皆窑屋,名瓶窑,有瓶窑镇(《钱塘县志》)亭市山,郡国志云杭州亭市山在余石乡亭市村,人悉作大瓮,今人谓之浙瓮是此地所出(《太平寰宇记》)亭市山多陶户,今谓之浙瓮(《咸淳志》)按此山当即窑山近志列仁和县非。"(卷14《钱塘县山川》)——最后一句话正是"瓶窑古称亭市"一说的发端。又100年后,《光绪(民国)杭州府志》就直接写成了"亭市山今名窑山"(卷21《钱塘县山川》),山也再次"被迁徙"到钱塘。

为什么《乾隆杭州府志》会在没有充分论证的前提下就作出"亭市山即窑山"的判定呢?后面的一段话透出些许玄机:"寰宇记本舆亭市石膏二山并载钱塘县,咸淳志合二县山为一卷不标明何县,附识于此以备参考。"(卷17《仁和县山川》)《寰宇记》本舆亭市于钱塘,《咸淳志》将二县山合为一卷却不标明,所以后来的志书都将其列入仁和县。但是亭市山即窑山的理由仍然没有任何阐述,难道仅仅是因为亭市产瓮而窑山有窑,又凑巧在同一时间迷失和现身?

客观地说,乾隆时亭市山的复活并不是出于对史料证据的严谨考证或新史料的发现才失而复得,而是通过对现有史料片断主观解读出来的一个看起来合符情理的结果,称其为"失而求得"非常恰当。

既然是"寰宇记本舆亭市石膏二山并载钱塘县"给了《乾隆杭州府志》作出亭市即窑山判断的灵感与缘由,那就让我们再回到《太平寰宇记》,看看亭市山记载文字中还隐藏着什么地名历史密码。

五、神秘的余石乡

《寰宇记》引《郡国志》称亭市山在余石乡,可以说余石乡就是破解亭市之谜的第一把密钥。根据现有史料,钱塘县旧有25乡,北宋初10乡,《寰宇记》时11乡,《咸淳志》时13乡,而乡都名称一直到《咸淳志》才有完整记录,可惜这个时候已经没有余石乡名字了。除此之外,现存方志史料中也找不到其他有价值的历史线索,余石乡成了难以追溯前生后世的历史迷团。可能就是因为余石乡的不可考,才成为后来亭市山被凭空搬来搬去的历史缘由,也是后来所有力证亭市即窑山的文字几乎都刻意回避提到余石乡的现实原因。

虽然在史料记载上找不到有价值的线索,但是从《寰宇记》和临安三志的编纂背景来看,也许能帮助我们得出一些比较符合实际的历史判断。

乐史著《寰宇记》时远在京城汴梁,没有证据表明他亲历过杭州山水,除了前志史料外,主要只能依据公文案牍和文献典籍来编纂。仁和县的前身是由钱塘、盐官二县析地而置的钱江县,当时北宋立国时间不长,仁和县又新置不足10年,从杭州送达朝廷有关仁和县的界址资料不一定很完整,因此乐史在标注钱塘、盐官旧地上的地理事物时很可能因析地不清造成误识。如《寰宇记》对临平湖的标注就是这样:临平湖在北宋以前属盐官县,《元和郡县志》等前志都把临平湖记为盐官县界(因盐官在唐初曾短暂并入钱塘,也有部分志书记为钱塘)。宋初临平湖已划入仁和县长乐乡,但《寰宇记》仍记在盐官县。从《舆地广记》将其改识为仁和县开始,后世志书均列临平湖为仁和县界。

反观临安三志的主修者除了身为官员(长兴人周淙和缙云人潜说友都是时任临安知府,仙居人陈仁玉曾任浙东安抚使)外,还有在本地组织纂修的便利,所籍的舆图册籍资料更详尽丰富,又有亲历查考或询诸父老的条件。特别是在仁和析置过程中,余石乡可能被拆分改名,与政权治理有关的田亩人口税赋等册籍档案会被记录与移交。而修《乾道志》时南宋定都杭州仅38年,当时府县衙门很可能还留存有钱塘仁和界址析分案牍,因此改动亭市山的县界归属可能有相当充分的资料依据。

六、隐藏在"浙瓮"中的地理信息

出乎一般人的意料,浙瓮一词确实隐藏着一些有用的地理方位信息,成为帮助我们破解亭市之谜的第二把密钥,因为"浙"并不是地名简称而是江名简称。

以"浙"字命名政区名称始于北宋至道三年(997年)设置的二浙路(统辖北至苏州常州、南至台州温州的大片区域),"浙江"作为省级政区名称始于元朝,真正作为省名是在明朝。在《寰宇记》成书年代之前,"浙"就是浙水(又名淛水、浙江等,即浙江)的简称,"浙瓮"一词的含义并不是"浙江地方出产的瓮"而是特指"浙水江边出产的瓮",据此可以推断亭市山应该离浙江下游钱塘江边不远。如果亭市真的是窑山的前身,那么亭市瓮叫"苕瓮"的可能性恐怕要比"浙瓮"更大吧?

古代钱塘江的水道并不是像今天我们看到的走向,历史上钱塘江在仁和县境内曾与二个湖相通,《水经注》说:"浙江北合诏息湖,湖本名阼湖,因秦始皇帝巡狩所憩,故有诏息之名也。浙江又东合临平湖。"(卷40《渐江水》),《康熙仁和县志》也说梁龙德四年(924年)初置钱江县时"其时临平一湖尚与江水合也"(卷1《封畛沿革》)。诏息湖今在杭州市石桥镇北面一带,临平湖则在临平山东南五里,分别在皋亭—黄鹤山群的西南和东北。二湖时与浙江合的历史记载告诉我们,古时候钱塘江离皋亭—黄鹤山群很接近或有水道相通。

前文提到,《淳佑志》和《咸淳志》列亭市于皋亭—黄鹤山群,且排在超山之后龙珠山之前。按《淳佑志》"山川卷"记载,龙珠山"在仁和县肇元乡五都,高约六七丈,形圆象珠,与皋亭山黄鹤众山相望,一名巧山",其方位应在诏息湖北面,现在杭州市半山镇石塘村还有一座低矮的巧山。但是在古临平湖西南,也与皋亭黄鹤相望的仁和县长乐乡地界,现今犹存一座龙珠山,即星桥天都公园小山。根据这些线索推断,历史上如果真的存在过亭市山的话,其地理坐标最有可能在古仁和县太平乡以北、肇元乡至永和乡一带(即今天的杭钢至崇贤、康桥一带),在临平山到星桥一带的可能性相对小一点。当然,这个猜测只能等待新的考古发现来证实了。

七、亭市瓮业的湮废

为什么万历年间陈善派人实地核查时会找不到亭市山呢?

亭市山的瓮业可能在唐以前繁荣一时,浙瓮之名在《郡国志》成书时候曾具有一定地域影响力,以至于千百年来一直被后世各种方志史料甚至诗赋所引载,直到清朝雍正年间还有钱塘文人沈嘉辙在《南宋杂事诗》(1729年前后)中写下"野溪亭市列柴门,陶户家家作酒罇,纵有龙纹白芨碎,新窑青器已无伦"的诗句,并在诗后附注典故时将浙瓮与南宋哥窑名品"白芨碎"相提并论。乾隆年间又将浙瓮作为宋器种类写入《陶说》。

奇怪的是,自《咸淳志》起直到《万历杭州府志》三百多年间的所有方志中,浙瓮的名字只出现在山川卷中成为亭市山的故事素材,而物产、土产、货之品及土贡卷全部没有留下浙瓮的身影。南宋初亡时追记都城风貌的专著《梦粱录》在物产和诸色杂货中写了数百种出产货品，连瓯碗碟盏全都写到，浙瓮诸大的名头却并没有留下片字只语。元末明初陶宗仪《缀耕录》上记述了宋代福建乌泥窑、杭州余杭窑和续窑等民间窑口，也不见亭市浙瓮。

因此，亭市山的浙瓮业很可能在宋朝，最晚不过南宋就已经衰落湮废荡然无存了。因为古代窑业对自然资源的利用率很低而对自然环境的破坏性又很大，元代蒋祁在《陶记》中说"一里窑五里焦"，当一处窑场不足于支撑其持续发展时，窑弃人走是很自然的。数个世纪后，当昔日亭市恢复植被适宜垦作时，新来的耕户怎么还能说得上亭市的往事？

八、窑山陶业兴衰

当《元和郡县志》记载亭市瓮业兴盛之时，归珧还未开凿北湖，钱余交界处还没有形成中心镇市。北湖初开时面积约有 35.5 平方公里，东界与北界均至苕溪险塘，窑山只是北湖边的一座无名小山(或者被称为横山)，因此唐宋时窑山就筑窑烧瓶的说法很可能只是由亭市山的历史记载引申出来的。

窑山建窑业陶应该在明成化中期以后，因为 540 年前的《成化杭州府志》除了引用前志亭市山文字外，还没有窑山业陶的任何记载，至少是还未达到大规模生产阶段，因影响力较小而未被发现。

窑山陶业在万历七年(1579 年)被发现记载时已经非常兴盛，有文章据《杭县志稿》引《万历志》说"瓶窑缶，出钱塘瓶窑，今此镇不出售窑久矣"，断定瓶窑陶业在明中期就开始走下坡路，这是个误读，"今此镇不出售窑久矣"应该是抗战结束开修杭县县志时的事。因为天启元年(1621 年)，万历首辅大臣朱国桢还在《瓶窑重建真寂禅院记》中描述了窑山业陶盛况，其文字成为后世美誉瓶窑的主要史料元素之一。

窑山陶业很可能因兵燹而突然衰败于明末清初。从明末乙酉(1645 年)到辛丑(1661 年)的十多年间，瓶窑一带曾是南明鲁监国政权与清军之间攻守杭城的外围游击战场。晚清钱塘著名文人丁丙在《三塘渔唱》留有"虎彪乡里捍艰难，伯锡崇仁驻虎山，螳臂双撑忠血碧，瓶窑千古泪潺潺"诗句，典故引自高承埏《自靖录》："仁和县乡绅总兵虎彪字起凡，屯营天目往来安溪径山瓶窑，所统五六千人战死。崇仁伯王唐俊武举，乙酉闰六月与挂平原将军印、中军都督府左都督、仁武伯姚志卓各起兵于余杭瓶窑之间。俊驻虎山十余年，监国封崇仁伯，以秀水诸生金瓯监其军，俊于辛丑冬粮尽散其众，壬寅正月瓯被执死，俊挺身慷慨就死。"(按：虎彪疑为唐彪，清李天根著于 1747 年的《爝火录》称乙酉冬十月十六日甲午"鲁王总兵唐彪与大清兵战于瓶窑，杀伤相当")。

而仁和人金堡(字卫公，1614—1681)在给南明鲁王朱以海的奏疏中提到了瓶窑副将姚志卓收复余杭后，清军对瓶窑的乘虚焚毁："……不幸南畿再陷、武林失守，职避地禹航，潜结乡勇，与镇臣姚志卓协谋抗虏。复城之后，虏乘虚焚瓶窑、入石濑，职几死虏手。"(《岭海焚余·再上鲁藩启》)史称大量江南民众及手工业者因强烈反对清廷的剃发令而投身南明小朝廷的抗清斗争，加上连年战火必然造成窑户流离失所，这直接导致了窑山陶业的崩塌。

到 19 世纪初，窑山陶业应有一定程度的恢复。嘉庆年间余杭县潘瑗在《南湖水利论》中为治理南湖淤积献策说："窃见钱、余接壤，砖瓦窑场不下数十座，俱用坯泥，不可胜计……旋相度形势，择近南湖塘高阜之地，建筑砖瓦窑数十座，凡向在钱、余接壤建窑者，禁令停止，俱使赴南湖取泥作坯，积一二十年，土逐消去，湖量自多容纳矣。"(《嘉庆余杭县志·山水四》)。

而庚辛浙变(1860 年—1861 年)后,太平天国占领杭州 3 年,期间杭州人口由 81 万锐减为 7 万多。瓶窑作为太平天国的输杭粮道被太平天国军控制,丁丙的《庚辛泣杭录》记录了清军为断其粮道对瓶窑的几场战事。这次战火彻底催毁了窑山陶业,从此再无复苏之望。光绪十三年(1888 年),丁丙受命挑浚西险大塘时写下了"险塘西岸宿沙痕,仿佛当年亭市村,草绿窑山烟火灭,土花犹胜破瓶盆"(《三塘渔唱》卷下)的诗句,让我们感受到了窑山因窑废已久满山泛绿,窑山上长出的苔藓比残瓶破盆更夺目的凄怆景象。

九、瓶窑和瓶窑镇

从南宋至清末宣统二年(1910 年)前长达七八个世纪时间里,现今瓶窑地方一直稳定地属钱塘县孝女北乡所管五里之一的上墟,并与余杭县的常熟乡接壤。

目前能够读到的关于瓶窑的最早文字记载还是出现在 436 年前的《万历杭州府志》上:"瓶罂瓮缶,(今出钱塘瓶窑),"(卷 32《土产 货之属》)"瓶窑镇,去县东三十里与钱塘接界,镇之大半属钱塘"(卷 34《坊里街巷镇市》)。这二段记叙文字没有注明"旧志无",而《万历杭州府志》前的《成化杭州府志》也没有瓶窑的记载,所以我们还无从判断瓶窑是什么时候出现、记载在什么史料上的。但有二点值得说一下:

其一是"钱塘瓶窑"所称的瓶窑还没有演变成地名,而是一种陶窑的窑型名称。明朝《天工开物》说:"凡陶家为缶属,其类百千。大者缸瓮,中者钵盂,小者瓶罐,……凡瓶窑烧小器,缸窑烧大器。山西、浙江省分缸窑、瓶窑,余省则合一处为之。"("罂瓮"篇)所以《康熙钱塘县志》才会说:"窑屋绕山上下重叠名瓶窑有瓶窑镇",前一瓶窑显指窑制。由此,现今瓶窑的地名其实是因窑制得名,如果真是因山得名那么就应该叫窑山镇了。

其二是大半属钱塘的瓶窑镇为什么会奇怪地被记载在余杭县市镇里,且后来的《万历余杭县志》《康熙余杭县志》《乾隆杭州府志》《嘉庆余杭县志》也是全部列瓶窑镇为余杭县市镇?因为"瓶窑镇"其实并不是一级政区建制名称,"商贾所集谓之镇",仅由县衙派出监官或机构执行火禁、酒税等事务并没有完整的政府治理序列。明代余杭县界的北湖淤积后吸引了大批流民垦殖,逐渐形成墟市进而发展成市镇,余杭县可能先在本县境内常熟乡行使课税管理,后因陶户窑民生活所需,交易中心逐步移到钱塘境内的窑山脚下,慢慢形成了交易多在钱塘县、税赋却在余杭县的特殊局面。

瓶窑作为一级政区名称的确立始于清亡前夕。宣统元年(1909 年),"移府同知驻瓶窑"(《清史稿》卷 65 志 40),次年(1910 年)"定自治区域计城一乡七钱塘城湖墅乡江干乡西湖乡上四乡调露乡钦履乡瓶窑乡新纂"(《光绪民国杭州府志 · 钱塘乡里》),自此瓶窑才正式成为行政建制意义上的地名。

十、结语

地名是一息尚存的历史,而历史唯其真实才能传承。

各个不同历史时期的史料片断拼接不起真实的历史,亭市山和窑山各有自己的缘起与归宿,而 231 年前的历史误判也终须有明辩之日。

存此一家之言以待方家指正。

瓶窑的"韩瓶"

孙金云 陈 杰

"韩瓶"是宋、元时期大量使用的一种陶制容器,主要用来盛水和酒。它的得名大致有两种说法,一说是楚汉战争时韩信的部队所用的行军水壶。汪曾祺在《岁寒三友》中曾写到"韩瓶":"阴城是一片古战场。相传韩信在这里打过仗。现在还能挖到一种有耳的尖底陶瓶,当地叫做'韩瓶',据说是韩信的部队所用的行军水壶。说是这种陶瓶冬天插了梅花,能结出梅子来。"还有一种说法最为流行,韩瓶是南宋抗金名将韩世忠部士兵所用的军用水壶,也有人说韩世忠曾用这种瓶装上酒,犒赏三军,用作酒壶。无论是用作水壶还是酒瓶,都跟韩世忠有关,因此叫"韩瓶",这可能是最符合历史事实的。

据王诚《韩瓶歌序》载:"韩瓶者,崇二尺,厚寸,围尺半,直腹,背微坳,弇口,旁有双耳,其色黝然,皋亭山人垦田得之,售诸酒肆,及门俞生拱辰闻而购之其一,出以示予,云是韩蕲王军中盛酒器也,考宋史韩、岳两传,皆有背嵬军,《云麓漫钞》云燕北人名酒瓶曰嵬,按此,则瓶即韩兵所背,其不曰岳而专属之韩者。按建炎三年,蕲王讨苗傅、刘正彦之乱,师驻临平,皋亭与临平近,故宜有斯物欤。"(《杭县志稿》卷二十四文《徵一》)王城这里提到的韩瓶是当时皋亭山(今半山一带)的农人垦田所得,其体形要比现在看到的大得多,是韩世忠在临平平苗傅、刘正彦之乱时留下的遗物。《云麓漫钞》的作者赵彦卫是与韩世忠同时代的人,他说建炎年间,韩世忠驻守江南时,先以比武的方法从部队基层中选拔出一批勇猛的战士,将这批战士编成"亲随军",也叫"背","背"很勇猛,也有些特权——"一入背,诸军统制而下,与之抗礼;犒赏异常,勇健无比,凡有攻坚,遣背军,无有不破者。"那么,这些"亲随军"为什么被叫作"背"这个古怪的名称,赵彦卫作了解释:"燕北人呼酒瓶为嵬,大将之酒瓶必令亲信人负之。范(一姓范的参政)使燕,见道中人有负者,指云:'此背危也。'故韩兵用以名军。即,北人语误。"韩家军驻守北方时,已有叫"亲随军"士兵为军官背酒瓶的军规,移驻江南后,江南的酒瓶自然也成了韩家军士兵背的酒瓶,人们以此呼此种瓶为"韩瓶"。后来人们把流行于宋元时期江南一带的陶瓶都通称为韩瓶了。不过在瓶窑还有一种说法,说韩瓶是东汉末年曹操部队的军用水壶,有瓶窑歌谣口口相传:"里窑外窑,瓶山蛮高,曹操勿要,到处乱跑。"当不足为信。

我们知道,江南一带的陶业,自宋室南迁后,受当时社会政治军事的影响,纷纷投入为军需服务的生产中,大量生产各种陶质瓶罐。江浙一带的古窑址,几乎都有大量"韩瓶"的废器。现在的江浙沪一带有许多关于韩瓶的遗迹。比如有多处关于"瓶山"的传说,最有名的是嘉兴城内的瓶山公园,是嘉兴的一个宋代酒文化遗址,相传就是南宋高宗用御酒十万瓶犒劳抗金名将韩世忠、梁红玉及众军士之处,"瓶山"亦因酒后积瓶成山所成,这也引证了韩瓶的来历,上海的青浦等地也有类似的瓶山遗迹。余杭临平城内也有"瓶山"遗迹,在现临平第一小学(分部)的右边原有一个阜丘,当地人就叫"瓶山",明人沈谦说是钱王犒军于此,叠瓶而成,恐怕是一种猜测。据安平院宝幢碑记:"北宋天禧初金承来监临平都酒务。"所谓"酒务"就是政府设立的酒类市场和征税管理机构。郭绍孔《瓶山辩说》记载:"瓶山在临平镇广严寺之侧,小小一土阜耳,宋时沽官酒处,碎甓堆积,久成一阜。其傍取土者,犹时有瓶遗也,俗称平山,平当是瓶字。"《杭县志稿》卷四"舆地"中记载:"瓶山,在镇中,宋时沽官酒处。"可见,临平的瓶山当为宋时沽酒之所,也就是官府专门经营和管理酒业的地方。宋代的酒是国家专营的,民间不准买卖,国家专门委派官员来监督管理此业,所以临平作为"沽官酒处",其规模不小,对于盛酒容器的需求量也比较大,因此瓶窑出产的韩瓶除了军用以外,也刚好适应了酿酒业发展的需要。在宋元两代,瓶窑的制陶业就以生产韩瓶为主,明代后以生产甏、罐为主,后来就渐渐萎缩了。

在瓶窑窑山的南坡,现在还有几米甚至十几米厚的陶片遗存,其中也间杂很多较为完整的韩瓶的出土。不同朝代,韩瓶的样式有所变化,宋代的韩瓶中间粗两端小,元代的样式直桶型,形体较瘦。据目前瓶窑出土的韩瓶来看,其形制主要有以下三种:一种为纺锤型。全身施釉,腹部鼓胀,口部和底部收缩,高度为腹部直径的一倍,为底径和口径的二倍,底径和口径相等,形制科学而又优美。高度小者为20厘米,大者为25厘米,我在镇江金山寺看到的"韩瓶"要比瓶窑出土的大一些,但形制跟瓶窑出产的一模一样。最有特点是它的口部,口沿一层外翻,一层直竖,这样既利于束缚,又利于封口和直接饮用,用来作酒瓶是最佳了。

还有一种也是纺锤型,同前一种不同的是,它不施釉,还有两头没有象纺锤型的瓶那样尖,且最宽处在瓶身中部偏上的部位,有点象鲫鱼的形状。此瓶高为15厘米,口径为6厘米,底径为6.5厘米,腹径最宽处约为9.5厘米,胎质橙红或灰褐,明显羼入砂子,为夹砂陶,灰陶羼入的砂子要多一些。羼入砂子的目的是为了增加陶器的强度。瓶的肩部有两耳可用绳子穿过提携,或是系在腰部。胎薄而又轻巧,这种瓶作为水壶是最合适了。

还有一种是圆柱型,如图3。这种瓶小口、短颈、深腹,实用性强,既可用作水壶,也可用作酒壶,口部束颈,易于封闭。它的高度一般为15—35厘米不等,口径为6厘米—8厘米左右,底径略小于口径,瘦身平底,深腹略鼓,口卷沿或立沿,口部施釉,多施青绿色釉或酱色釉,釉滴下垂,泪痕明显。有的在瓶的内壁施釉(目的是为了防止水分的蒸发)。瓶的外壁一般不涂釉,有的手指压纹明显,看上去显得粗放。这种瓶制作年代稍晚,在瓶窑窑山陶器遗址中发现最多。

瓶窑出产的韩瓶,无论是军用,还是民用,都留下了那个时代特有的印记,也引证了古代瓶窑制陶业一段辉煌的历史,同时为中国制陶史留下了绚丽多彩的一笔。星移斗转,一晃八百多年过去了,韩瓶成了古董。由于其线条简洁,式样粗笨,有汉陶遗韵,竟被文人雅士看中,认为韩瓶拙朴古雅,别有趣味,不少画家还常将其入画呢。许多志书还说韩瓶"原泥不去,插花可活","留泥插花,含苞者,能结实"、"极能发花,至今人尚重之",这倒是一奇了。

对北湖滞洪区开发利用的一些建议

罗泉岳 张秋华 刘永水

一、北湖草荡这个滞洪区在东苕溪流域所起的作用

南湖,北湖,历代以来是东苕溪流域调节洪水的滞洪区,与西险大塘共同起着阻天目万山之水东侵杭嘉湖平原,确保杭、嘉、湖平原及杭州市150万亩农田200万人口安全。

东苕溪流域全流域面积2267平方公里,其中瓶窑镇以上有1420平方公里。由于流域面积广,汛期降雨集中,洪峰流量大,河道泄洪能力低,山洪直接威胁杭州市及杭、嘉、湖东部平原。而南湖、北湖是历史上削减洪水的二个滞洪区;以减少西水东侵,减轻压力,历代各方人士对南、北两湖的管理是很重视的。

二、北湖草荡的历史和现状

北湖草荡创建于唐宝历中(325 年—827 年),原名仇山草荡。北湖湖基,原属天荒废荡,唐朝余杭县令归珧鉴于三苕溪之水流湍急,创议並率民筑堤成湖潴水。宋、元以来未加清理,淤积情形较甚南湖。清光绪十一年(1885 年)。粮道廖寿丰疏浚相公庙一带,拨兵士挑浚三年完成。民国 5 年(1916 年)5 月,浙江省第二测量队队长赵震有在北湖测量报告书中指出:“此次察勘天然现状,参考晚近图志,其界应东至南苕溪之险塘,东南至西涵陡门,西北至漕桥,西至小横山,北至北苕溪之险塘,南至山西,周围六十里有奇,面积 5. 326 万亩(内仇山占面积 340 亩,土坝占面积 550 亩),幅员辽阔三倍南湖,袛以年久失修,淤成平陆,客民筑坝占垦,庐舍桑麻,俨成村落,余剩荒地 10220 亩。1949 年除北湖草荡尚有 8000 亩外,其他如永建、长乐、潘板、北湖、彭公等乡境内尚有另星草荡,随着人口的发展,逐渐改田改地,草荡面积日益减少,堤塘无存,成了一个自然泛洪区。

为了使北湖草荡能够人工控制滞洪,I971 年县革命委员会成立了北湖围垦指挥部,发动 13 个公社 1. 2 万余人进行围提建闸,投工 71. 8 万工,完成土石方 79. 18 万立方米,投资 59. 07 万元(不包括付给民工的工资),围地面积 5. 3 平方公里。滞洪区田面高程 5. 2 米左右(吴淞零点计),设计蓄洪水位 9 米,滞洪水量 1908 万立米,新建围堤 10. 036 公里(不包括張堰南塘 4. 19 公里),堤顶高层 9. 2—10 米。在信桥建有 78. 45 米进水闸一座,堰顶高程 7 米,裝有 2. 3 ×2 米立轴式活动门 35 扇,设计最大分洪流量 310 秒立米。在汤湾渡建有 3 ×4 两孔泄水闸一座,同时在庄村渡和横山分别建有 1. 8 ×2 米与 1. 5 ×1. 8 米的泄水涵闸。滞洪区内高地上有住户 10 户 50 余人,桑园 2200 多亩,巳垦种的耕地面积 5255 亩。这些土地在围垦结束时,分给全县缺粮少地的乡、镇,有太平、鸬鸟、百丈、太山、彭公、北湖、博陆,永建等十个乡镇耕种。並议定不得在湖内搞永久建筑,国家不给征购任务,分洪淹没损失国家不给予补偿。

近年来出现在北湖草荡内筑堤,挖塘养鱼和乱挖黄沙等情况。挖塘养鱼,把土挖起来,塘里蓄水,如果水深平均 1. 5 米计算,每亩蓄水 1000 立方米,滞洪时每亩就要少蓄 1000 立方米,挖出的土方筑成堤塘,每挖一方又要少蓄一方。在一定程度上影响了滞洪区功能的正常发挥。

北湖滞洪区,在目前仍然是东苕溪流域削减洪蜂,确保苕溪北塘和西险大塘安全的一个重要手段。

解放后虽然进行大量的水利建设,在南苕溪上游兴建青山水库。北苕溪太平建立四岭水库,并加固西险大塘。但是这些水利建设远远达不到根治东苕溪的水患,其根本原由是集雨面积过大,而山洪来得猛快,南、北湖滞洪区仍是调洪蓄水,削减洪峰的有力措施。北湖滞洪区设计标准为 3 年一遇,自 1971 年建成后至 1985 年的 14 年共分洪 4 次,平均 3 年运用一次。根据瓶窑以上流域洪水总量平衡计算,如 3 年一遇洪水,即 3 刚洚雨 150 毫米,总产水量 1. 7 亿立方米,通过河道下泄青山水库调蓄,洪水余量还有 1060 万方,需启闸北湖进水滞洪。如不滞洪有可能影响永建、潘板、北湖的堤塘安全。因此北湖仍是现阶段东苕溪防洪削峰的一个重要滞洪区。

北湖滞洪区开发利用的意见。北湖滞洪区的开发利用前提是滞洪蓄水削减洪峰,减轻对北塘和西险大塘安全威胁,但洪水毕竟不是年年有,北湖滞洪区不是年年需进水,按频率的标准来讲三年中进一次水,还有二年可以利用,今后如水利建设建设搞好,条件改善,利用率还可以提高。对如何开发利用,我们认为首先必须在统一规划的基础上,有组织有计划地进行,具体可以从以下几个方面考虑:

建造砖瓦厂:1. 在湖外附近建厂烧砖瓦,在湖内取土做砖瓦坯,一座年产1000万块砖,约需取土1.5万立方米,这样既增加收入,又起到疏浚湖基,增加滞洪水量的作用。2. 建立挖沙队:北湖长期失修,淤积较深,底下沙资源丰富,有组织地进行开挖,挖去一方沙,等于增加一方蓄水量。3. 兴办奶牛场或湖羊场:兴办牧场,滞洪区的草源划归牧场使用,牧场建在湖区外附近,防止在湖内搞永久性建筑。4. 种植一年生作物:根据洪水规律,北湖正常运行,约三四年滞洪一次,这样在三四年中有二三次可以收益。总之,切不要在滞洪区内搞那些开塘筑提,建房筑路,拦河蓄水等有碍于滞洪的建设。以上只是我们的一些粗浅的不成熟的看法,供领导决策时参考。

一九八七年八月十四日

南山石窟由来

楼科敏

许多人来游南山,看到山坡上形成的石窟,以及刻造在悬崖峭壁的一尊尊佛像,禁不住会问:南山的石窟是怎么形成的?那些佛像又是怎样刻造出来的?要了解这些情况,必须追溯到南宋初期。

从南宋建都说起

凡懂点历史知识的人都知道,宋朝分北宋和南宋。

北宋靖康之耻,徽、钦二帝和皇族大批官吏被押到金国。于是从赵国胤称帝开始的北宋王朝,在统治了168年后宣告灭亡。

康王赵构,是宋徽宗的第九个儿子,也是宋钦宗的弟弟,他侥幸逃过了金兵追捕。一个国家不能没有主子,靖康二年(1127年)五月,赵构在南京应天府登基,改元“建炎”,成为南宋第一个皇帝。年轻气盛的赵构在刚登上皇帝宝座时有意抗金,收拾河山。但没过多久,赵构面对咄咄逼人的金军,采取了逃跑与求和态度。

说起宋高宗赵构,当他还是小康王时,瓶窑有个“长命桥”的传说,与他的落慌而逃有关。

北宋末年,金兵铁蹄横扫中原,小康王在逃难路上同文臣武将失散,孤身一人逃难。金兵紧追其后,当他逃到瓶窑长命桥时,跑不动了,而金兵却越追越近。情急之下,他躲到一座只有三块石板的小桥底下,躲过一劫。后来小康王登基当了皇帝,想起这座曾经救过自己性命的小石桥,就封为“藏命桥”。

也许是年代久远,后来“藏命桥”被当地人叫成了“长命桥”。如今的长命村,就是从长命桥演变而来。

瓶窑“长命桥”的传说尽管同历史较为吻合,但传说毕竟是传说,小康王在逃难时有否到过瓶窑无法考证,成了一个历史之谜。

然而当小康王登上皇位,变成高宗皇帝时,由于金国的入侵继续向南逼进,南宋政权招架不住,只得渡过长江往南撤退。在短短的两三年中,南宋政权先后建行都于扬州、建康、杭州、越州等地,长则一年多,短则仅百日。对比前后两次逃难,当他还是小康王时,逃难是孤身一人。如今成了南宋皇帝,虽说仍是逃难,但瘦死的骆驼比马大,当了皇帝即使是逃,也是前呼后拥。

且说赵构逃到杭州留下的地方,当手下问皇帝还往哪里跑时?宋高宗看这地方山水不错,便吩咐"暂且留下!"这队人困马乏的队伍,就这样在杭州留下了。

南宋定都临安(杭州)主要有两个原因:一方面,金兵处处主动进击,宋军处处被动防守,这是当时战局的长期态势。而建康靠近前线,不如杭州地处后方,比较安全。再说浙西一带水网交错,不利骑兵进攻。杭州有这一道天然屏障,给统治者增加了安全感。另一方面,唐宋以来,杭州迅速崛起,一跃成为万物富庶的"东南第一州"。这种相当规模的城市体制和比较雄厚的物质基础,恰恰是作为国都所必需的。

绍兴元年(1131 年),惊魂初定的赵构在临安建都,此后偏安一隅,纵情声色,大兴土木,极尽享乐。赵构为了巩固皇位,纵容奸臣秦桧弄权,杀害抗金名将岳飞,与金国屈辱求和,再也不提收复失地之事。

所以当时有人写诗讽刺道:山外青山楼外楼,西湖歌舞几时休?暖风熏得游人醉,直把杭州作汴州。

在这里有个重要的关键词,就是"建都"。建造国家的首都,势必大兴土木,同时需要很多质地坚硬的石材。因为开采石材,使瓶窑的南山同南宋历史牵在一块了。

曾是皇家采石场

如果说瓶窑的南山在南宋初是皇家采石场,也许会遭人质疑:杭州西湖边尽是青山,在那些山中也足可采石,为什么要舍近求远,到离杭州五十里外的瓶窑南山采石?据我推断,主要有两个原因:一是风水,二是运输方便。

先说第一个原因:风水。

在中国,风水是一门古老学问。风水又叫堪舆学,它以河图洛书为基础,结合八卦九星和阴阳五行的生克制化,通过天道运行和地气流转以及人在其中,从而推断或改变人的吉凶祸福,寿夭穷通,因此堪舆(风水)自古便与人的命运休戚相关。尤其在古代,历代王朝都很重视用它来进行都城的选址、营造,达到江山永固的目的。

且说北宋被金朝打败,南宋高宗皇帝仓促在临安建都。众所皆知,营造宫廷皇城需要大量质地坚硬的石料。尽管杭州西湖边的大山也足可采石,但皇帝周围那批会看风水的大师,骑着高头大马绕西湖山水走了一圈后,发觉西湖实在是太美了,如果在此动土,势必会破坏这种天然之美。再说宋高宗南渡,在江南跑了一大圈,好不容易才在杭州临时安顿下来,说明杭州是最适宜南宋王朝做都城的,因此决不能在西湖边的山上采石。何况赵构的南宋王朝这时很虚弱,再也经不起折腾,唯恐在京城动土败坏风水,再招灾祸,失掉江山。这帮风水师考虑到江山社稷的安稳,建议皇帝舍近求远,到距杭州五十里外的瓶窑南山采石。

再说第二个原因:水运。

也许有人会说,南宋建造都城到瓶窑的南山采石,除了出于风水考虑,主要是南山的石质较好。这我相信,造都城谁敢冒杀头风险提供以次充好的石料?但在南山采石,仅仅是为了石质好吗?那么试想一下,从杭州往北出来有那么多的山,为什么非要到南山采石?这里有一个很重要的原因,就是瓶窑境内有一条苕溪,水运方便。古代采石,为了获取石料,势必会考虑石质好、运输方便这两点。

发源于天目山脉的苕溪,从上游的临安、老余杭流到瓶窑,再往下可与京杭大运河、长江直接通航。而瓶窑从唐代开始就有烧制陶瓶的历史,瓶窑的地名就是从窑山上烧制陶瓶而来。

到了北宋后期，瓶窑烧制陶瓶已经很出名。根据《余杭文物志》记载，当时在窑山南坡、南山南坡、横山东、陶穴栉比，尽是烧制束口直筒形陶瓶。陶瓶要销往外地，在当时陆路交通不发达的情况下，最好的运输便是利用苕溪水运。

瓶窑境内因有一条水上通道——苕溪，使瓶窑成了著名的“三十六码头”之一。当时集镇主要沿苕溪西北畔而建，运货的船只从窑坝头和官口桥进入小港，可以直接通到南山脚下将陶瓶从水路运走。有了这样一条现成的水上运输通道，南宋朝廷到南山开采石材，自然会利用苕溪运送。经我研究与猜想，运送石头的线路不是从瓶窑往下顺水走，而是逆水上行。

为什么要逆水上行？因为这条线路是从南山运往杭州城内的最近航道。可能有人会想，一条条装满石头的船只在逆流中前行，会极其艰难。但我告诉大家，苕溪的水除了汛期汹涌奔腾，在平常是缓缓流淌水波不兴，适合运石船只逆水上行。

于是一只只装满南山石材的驳船，通过船工的撑、摇、背纤，从西险大塘的陡门进入余杭塘河、直接运到杭州城内……

采石形成的石窟

古代采石，不像如今在山的表面用炸药狂轰滥炸，而是以切割式凿岩技术垂直往下开采，这些刀削斧劈的悬崖峭壁，就是长期采石遗留的。

对于这种原始的采石方式，也许有人会说，可能是当时没有炸药。要知道，中国人在唐代就发明了火药，宋代已广泛应用于军事。南宋不使用火药，采取爆炸方式采石，主要是为了保护风水。

前面提到，南宋朝廷到南山采石，还有一点是因为南山的石材比较适合营建都城。那么南山的石材好在什么地方？据在瓶窑境内的浙江省地质大队李福田工程师介绍：南山的石质，是属于火山喷出岩中的融结凝灰岩。这种岩石质地硬度适中，在自然状态多呈淡紫色、少数呈黄褐色，表面一经风雨侵蚀就变成美丽的紫色。

紫色，在古代象征着祥瑞。由于南山的石材纹理清晰，石匠在开采时可以凿成各种建筑材料，同时也能雕琢出复杂的图案。这种石材因吸水性好，湿润的岩体常有藤蔓攀援，苔藓衍生，给人以古朴之美，这正是南宋朝廷建造都城宫殿、桥梁、御街所需的最佳材料。

于是南山响起了“叮当叮当”的开凿声。

南山的开门塘和闭门塘，是在采石留下的石窟典范。有专家对多处古代采石场调查后发现，凡是古采石场都具有这样一些共同特点：一是采石的山靠近河流，便于运输；二是山势陡峭，利于做阶梯状开采，同时往下运输时可利用山势自然滚落，省工省力；三是在山坡、山腰、山顶无规律地开采，较大的石宕一般石质优良，有些石宕把大半座山采完后，再往下深层采伐，形成很大很深的水塘。像开门塘、闭门塘就是这样形成的。

文章述及北宋、南宋，目的是要讲清南山的源流。如果没有南宋在临安大兴土木建都，就不会到南山采石，也不会有南山石窟，更不会有石窟上镌刻的佛像。

CCTV. com 消息(中国周刊):施奇强

一年的最后一天,也许对每一个人都有着不同的意味。而对于在这所医院内的两个不同寻常的病人来说,这一天似乎更加特殊。施奇强,一个30多岁双目失明的中年男人,苗苗,一个不到两岁左眼患有眼疾的可爱女孩,在这同一天拆下了眼睛上的纱布。

浙江人民医院眼科主任洪朝阳:移植上去的置片非常透明,而且对合得非常好,缝线都存在那里,我们叫缝线在位,都在位,炎症反应也非常轻。

苗苗的眼睛能看清楚了。然而这个还不懂世事的小宝宝似乎并不完全明白发生在自己身上的一切,在她眼中新的一年最大的礼物倒是施奇强送给她的这只绒毛玩具的小猪。而对于施奇强来说,在2006年的最后一天完成了自己人生的一个心愿,他将已经失明但完好的眼角膜移植给了苗苗,使小苗苗的眼睛看到了光明,然而他自己曾经对复明充满的希望却永远的画上了句号。

幸福的人是一样的,不幸的人各有各的不幸。施奇强的人生本来一直是充满光明的,直到30岁那年不知什么原因患上了“葡萄膜炎”,左眼的视力慢慢开始从模糊到最后完全失明。对于一个曾经看到过这个色彩缤纷世界的人来说,恐怕没有多少人能真正体会他内心的痛苦。

盲人角膜捐献者施奇强:我能感受到在双目失明的时候,带给我的是一片无边无际的黑暗,而且我一下子也适应不了,真的适应不了,一下子白天黑夜搞不清楚了,早上醒来也不知道是几点钟,晚上睡也不知道是几点钟,所以说一下子真的是不太适应了。

就在施奇强彻底失去视力的2005年,小苗苗也来到了这个世界上。然而她一出生左眼的眼球上就带有一块白膜,后来医生告诉小苗苗的父母,这种叫皮样瘤的疾病必须进行眼角膜的移植才能使眼睛重见光明,而且只有在三岁以前进行手术效果才能最好。然而当时小苗苗的父母在他们所在的金华当地找遍了医院,却依然没能找到一个眼角膜的捐献者。

小苗苗的母亲李娟:不敢去想,真的不敢去想,小女孩,这么可爱的小女孩如果失明的话,这种日子该怎么过,不敢去想,当时比较可怕的一件事情。

同样的恐惧当时也像阴影一样纠缠着施奇强,在一次次求医问药都无果而终之后,得到的回答却是目前的医疗技术无法实现他重现光明的希望。此时,自己失去工作、母亲身体瘫痪、女儿眼睛弱视,这一系列的打击让曾经这个幸福的家庭和这个帅气的小伙子变得绝望。就在这时施奇强得知自己的眼角膜还能给别人带来光明,他出现了他失明以来少有的兴奋。

盲人角膜捐献者施奇强:在社会上有一些人就是这样的,捐角膜的人没有,但是需要角膜的人太多,我的目的就是把我的角膜捐给别人,能够让别人重见光明。

浙江人民医院眼科主任洪朝阳:他从一个光明的世界逐步逐步的走到了一个黑暗的世界,所以他心里是非常难过的,也非常复杂的,他也知道生活在黑暗当中的痛苦,所以说当他知道他的眼角膜还可以给别人带来光明的时候,感到非常惊喜,我的眼角膜还可以给别人带来光明。

不同的喜悦之情几乎同时出现在另一个家庭,每天看着还不懂事的小苗苗快乐玩耍的李娟,内心里却一直无法轻松下来。而恰恰就在此时,原本已经不抱希望的李娟却接到了一个让她喜出望外的电话。

小苗苗的母亲李娟:去年12月26号,医院里面电话通知我们的,说你女儿可以做手术了,有眼角膜,当时听到的话,真的没想到,等了这么长时间。

兴奋异常的李娟当时甚至忘了问是哪里来的眼角膜,直到她带着女儿走进了医院,才见到在同一间病房的施奇强。一个已经看不见周围世界的中年男人,另一个还看不懂身边天地的咿呀宝宝,就这样被命运紧紧地联系在了一起。而在小苗苗眼中,面前的这样一个陌生人,似乎又让她有些不安。开始相处的时候,小苗苗总是不敢靠近施奇强。后来,施奇强让自己的妻子给小苗苗买了这只小猪,才使小苗苗和自己亲近起来。不过,小苗苗却依然不知道,这个越来越熟悉的叔叔到底和自己有什么关系。(黑场)

一同被推进手术的施奇强很清楚,这一天对自己来说意味着什么,而在他身旁不远处的小苗苗却在麻醉药的作用下呼呼熟睡。一个小时,两个小时,对于施奇强来说漫长的就像过了一辈子,而对于小苗苗来说却好像只是一顿觉的功夫。这一天,大批的记者在手术室外等待着这个"中国首例活体盲人角膜移植手术"成功的消息,而在另一边苗苗的妈妈却悄悄地在一份眼角膜捐献的志愿书上签下了自己的名字。

小苗苗的母亲李娟:像施大哥这种精神在号召我们,我们也在号召社会人嘛,本来真的死的话,真的没什么意义可以说,烧掉成灰,如果死后能够为生的人做点贡献,那也是我们,做人嘛,真的是好人有好报。

好人有好报,这个中国人最普通的处事信仰在这两个家庭之间更有一种别样的味道。就在本周,小苗苗的母亲在接受媒体采访时说的最多的就是"感激"两个字,而施奇强在手术之后也一直在感激小苗苗,在施奇强心里是小苗苗延续了他的光明。(黑场)

2007年1月4日 施奇强和小苗苗出院

一连下了几天雨的杭州,在这一天忽然放晴了。好像知道就要回家的小苗苗欢天喜地的在医院的走廊里跑来跑去,而此时的施奇强却十分平静,吃饭、穿衣、打点滴。笑呵呵的小苗苗并不懂得分别的滋味,她更不知道从这里走出去后自己的未来已经发生了怎样的改变,而施奇强眼中小苗苗更像是自己在这个世界上的另一个女儿……

主持人:在施奇强这件事情出了之后,社会之所以高度关注,可能就在于盲人捐眼角膜给孩子带来光明,这样的过程拥有更多的戏剧性而已。其实施奇强做的事情,如同众多捐献眼角膜的人做的一样,甚至内心的挑战还更低一些。因为那个眼球是他注定要失去的。但是,施奇强依然值得我们感动,并为之祝福。同时施奇强还带给我们一个很好的启示,帮助别人,会让自己多更多的幸福,而给别人希望,也能让自己多出更多的希望。假如真的医疗技术发展了,施奇强或许会成为最先一批的收益者,因为助人者,也会得人助。

第三节 碑 记

瓶窑重建真寂院碑

[明]虞淳熙

志所称真寂院者,旧在邑之瓶窑。窑家运轮于河滨,喧非寂也。太祖高皇帝尝戒陶冶僧。

而神宗显皇帝乃道敕瓦官寺僧曰："佛氏之教化，导群迷诸人。毋亵玩其经，意即喧而寂。"是名"真寂"，二圣命之矣。闻谷禅师闻如谷响，聚四十八人，经营十余年，复旧院焉。先帝所云"生成之表，别有陶冶"，普贤瓶泻甘露而活洒之者也。师树忏堂，期见普贤肖貌相好，夺瓦官戴颙之巧，又期真见如来矣。至有殿有室有寮有厦，香积周全而像设备具。太祖之美灵谷者若美真寂不虚美也，斯其《南询》之路乎？昔稳禅游方，帝勉之曰："天目、匡庐，天下名山。凡欲所向飞锡而进，且忧其日中一餐、树下一宿，而导之利往，创院食宿将。"师所以符帝心者欤。六镮鸣而双径接，孤筇指而九华开。东林西土，蓦直便去。而泣歧路哭穷途之子，藉僧邮焉。不幸而病，予耆婆之药，僧之惠民局也；设不幸而化，敛棺瓦之莲，僧之漏泽园也。若夫四教五教之阐扬，八识五灯之参学，布三宣之律，而严百丈之规，则又僧之学校也。夫二祖三宗常诋处道之荒唐矣，即《数珠》、《高王》、《梦感》、《血盆》诸经不入藏，况五部六册白莲红符之妖，今学埋诸不在六艺之科者，勿使并进，师亦何敢倍哉？是故院邑之象也，累朝弘护砧基之敕犹保守民社之令，诏毋私创寺，犹毋增设邑，将常住比于泉亭胙土安于黄山者矣。诸宰官之瞻谒其师者，取道于斯，冠盖络绎，佛之羽翼，王之爪牙，莫不望瓶窑而趋，俨京邑焉。尝伏读戒陶僧之诗曰"还闻陶冶空山内，致使空山空不空"，盖言喧也。师埏埴众生，俾德瓶常完人人。古之智广阻河象邑，喧寂俱空，束藤葛以稳坐，觑巨星而舒眸，出岫复归归有余，师倘所称真寂者乎。居士虞淳熙随喜赞叹，重宣此意，而作偈曰：

觉皇真胤古宓羲，金轮粟散非其匹。是为应声法王子，而世主此阎浮提。儒童传法日月明，文理尊者权御世。子孙金汤卫佛邑，一邑一尘周华藏。九卿九寺无多门，为护觉皇我开演。尘中真寂邻陶官，幽州南窑器无漏。碧甍上覆承琉璃，水土泥合传光相。安道脱沙及聚沙，陟入恒河矧名岳。神足沿钵小匡庐，华山径山复如是。觉人一宿蓦直去，迷者停锡问教塾。争取晬盘照宗镜，不起于座物不迁。毁方而合忘生灭，芥瓶花冠本互融。远离喧寂非真妄，口辅心官并鳏旷。无人敢号神明宰，觉王宝地遍十虚。梵释戴殿而侍卫，诸天呗赞吐妙音。赓和龙纶俪凤藻，返闻幻若空谷声。我今非听亦非说，以此回向于真寂。

明处士怀南黄公墓志铭

［明］虞淳熙

禹航黄公者居瓶窑。瓶窑人故忼而傲，道逢黄公，视每下下及于綦然。黄公非有所席父势，盖四岁孤耳，又无官。其重至与千户侯等。人谓黄公侠者，鲁朱家、季布之为也。无何黄公死，死之年才四十二。瓶窑人大惊，何物果毅，敢遽夺乃公乎？

当是时，黄公见新甫好奇服，服同贞父，而问奇于峑山人郑君。郑君，服予之服者也。去十年所，新甫伐奇石，绍郑君问铭。葬黄公有贞父之述，在果故不异人言。使欲过之，既以存亡死生矣。若耳夜鸣，他人率重听而咸腓，奇肱委弱者在场在筲之积委贫者。

贫者不以私邑，子亦复不得私，唯所役瓶窑，直走燕道。轺舻集，铙吹入比屋，诸贵人卒无入者，独造请黄公庐。户外履重，户之内马行炙也，尽千金产以宾客。故乃黄公日散金，何能均市义如是？顾非义不市，所散沈氏金三流，闻氏四流。沈氏逋，而公意在焚券。沈阴鬻妇偿。公闻，让曰："嘍！不可。汝行汝信，吾行吾义。"召而妇归矣。券以合，安得冯而生离不可，投于窑。券毁，沈夫妇之合二十年如散金数。

盗毒者挑闻氏之嫠，嫠拒，盗衔焉。俄被执，引嫠对薄急。嫠拥儿哭甚哀。公悯然，为居间，免。嫠乃推子泥首请曰："嫠几死盗！儿与俱闻鬼，终馁，庶得备门阑之厮，分草具祀闻。幸一听嫠言，纳之！"黄公于是慨然厉声谢曰："我，沈母之孤儿也！母患贫，甚于盗。我枕席有涕泣处，卒为母致千金产。藉第令母视若，我已入广柳车。今日能为若地哉，去毋感我。"侠之凡多盗渊，乃黄公独不为盗渊，执盗沈堂。禹航百里不瑾户。堂之为盗，鼠伏猱捷，蚊蚊缘壁如守官，肤篾遍，道路以目，衔其人无免者。黄公授史画迹，得毙狱，捕其党略尽，名闻吴越间。诸公以是益交黄公。黄公借以报母，曰："且令累世食我报。"竟坎坷不得志，死。死以嘱金鼎新甫。新甫既服奇母，论次其世叙曰："越彭桥之黄，始徙瓶窑者富，贾服。富子镆，儒服而显。镇子世魁，不早服而殁。魁之子予父，朝奉也，字应麟，号怀南；妻曰盛，妾曰徐，服侠烈而奇。同母弟金钥，异母弟金鼐、金路。视鼎各有所服。而予妇张贡士女，次妇盛隐君女，次妇沈文学女，少妇俞隐君女，服从夫。同母姊适施发郡丞子绍统，异母妹适高处士子尚义，服从倩。鼐一子一女，路一子，服从父。"所自叙如此。假令新甫见奇，世世其昌，宁使黄公埏下犹视，视吾铭不瞑耶！铭曰：

四十有闻，百里之侠。墨绶趋风，朱履弹铗。青蚨于飞，两家治子。母弗权妻，子惬裔幼。绪此奇服兮加锦带之晔晔，鱼烛龙纶光马鬣。嗟乎！黄公高往牒。

钱塘聂侯重修苕溪化湾闸碑

［明］黄汝亨

聂侯治钱唐之五年，土服教、民载德，吏不敢为奸。下令流水沃焦润稿，所兴除不可胜纪。唯是苕溪居邑之西偏，通霅溪、太湖，注于海，沿袤百五十里，为闸有五。曰化湾闸者，北注径山，南注天目，承双流之要冲焉，水溢则阖，旱魃则辟，以潴以泄。讵唯钱邑是赖？盖三郡邑利病所窍，系重矣！创始于宋淳熙六年，重建自洪武而永乐间。数横决，闸圮，至淹没郡国，人民流散。天子乃敕大司农夏公原吉，继纳言赵公岳，会同三司诣勘修筑，三年乃竣。迨正统十年，复以冲圮，民害尤烈。邑令叶公宗衡申请事闻。上敕少司空周公经再勘议，动支广丰仓米三千七百石有奇，抽分厂木三千余株，筑治如故。详碣中。至今利赖之，盖百六十二年无患矣。万历戊申夏四月天乃降割，霪雨为灾，浃四旬不休。五月，塘崩，闸复圮。苕水悬注如倾三峡，大浸稽天，桑田为海。下民其鱼，屋庐荡拆，莳种亡具。啼号流散，遍于四海。侯蒿目计拯，而里诸生徐生懋升率父老某某辈伏侯庭，具陈利害状，侯蹙额曰："赤子在溺，父母之谓何？且一劳永逸，策之善也；前事后师，政之经也。民将亡命，吾何爱顶踵？"于是单车出郭门，拏小艇行赤曝，下涉巨浸。凡旬日，数临患所，与父老议，谓："闸不备，塘胡以御冲？冲则易溃，何以施筑？"于是用黄河筑堤法，用六尺竹节千余，实之以石，下柱。水为两股，中填土而累之高若干。发公帑可百缗，庾粟百石，不期月备塘成举。伏地欢呼，曰："是沟壑也，而登之场圃。父母哉！虽然无塘患水，亡闸亡以输水，则患旱。焦烂之祸，与沦胥等，闸何可已？"侯乃复与父老辈议闸。工必千余金，乃瞻顾灾民不堪再浚而赋亡，出帑藏且告匮。侯慨然曰："不闻医家以血补血法乎！小损大益，先瘠而后肥。"于是量乡都之邻闸者，凡八十里，亩派五厘。凡若干亩可得九百金，民输恐后，又力请诸上官动支常平仓粟五百石，凡材木伐石缮工费取给焉不足，则捐俸多方济之。又躬为劳来将作，负畚者靡倦。为垣而高者四丈，培而厚者五丈，阔而疏其兑若口者九尺。甫一载余，而闸成矣！父老子弟又举伏地欢呼，曰："是役也，水无虞浸，旱儿奥焦，以潴以泄，可桑可田。非侯畴其义焉？"于是徐生懋升率邑父老某某纪其事，而嘱余以文。予览而叹曰："惠哉！懋哉！世世永赖哉！侯也而功，视往者则倍，何者？往天子恫瘝下民至勤，大司农、司空诸重臣履亩兴筑，而侯只身肩之。往经费罄，司庾粟几四千、榷木三千，而侯半之。往阅三载，乃底绩所勘议再者再，而侯捷成之。侯利侔于百年而三善溢于前人，其忧殷，其才敏，达其夙昔，人人深矣！列郡邑所被润泽，丰美甚博。侯其为，众甫甫矣！夫善无近名，侯也有孚惠，德以规百世民也，碑曷能已？若夫请折停征岁两行赈，活饥民，瘗死人骨，四境复业，比于丰穰。种种德政，详他纪中，又奚缀焉？为闸也碑，用告来者：侯名某，字纯中，别号铭源，豫章之新淦人。登甲辰进士。其辞曰：

苕水之湾，冲以双流。匪决则啬，水旱为忧。以塘以闸，夭惠我侯。身先子来，沟壑田畴。昔在列祖，拯溺救燃。劳苦重巨，动经岁年。生民其亿，费亦溢千。事半功倍，侯若易焉。唯天降割，唯帝迪哲。百年同功，二贤合辙。昔也有叶，今也有聂。郑渠邵埭，千载争烈。泽国名山，永不湮灭。

（《寓林集》）

钱塘县布告碑

光绪十八年九月

一、险塘自钱界碑起至奉口陡门止约长三十里，关要倘该图发修不力致误要工，咎由应得。今因里民艰苦，定为每图发修至百工以外，查无虚冒。每工由局给白米壹升又大钱三十文。百工内不给。如工段有须用粧之，亦由局核付，不得擅砍塘松。

二、险塘对岸金岗，吴沙北、林陵等塘专卫该坝田未，并称坝塘，向系承管之图自行修筑。但该图兼有险塘岁修之责，如遇险塘大修请币准，将该坝塘应修工段量予津贴，其岁修处或宜用桩并准报局验明核付。

三、险塘对岸龙岗塘，仿照坝塘办理，惟龙岗南塘适当三苕会冲，仿照险塘办理。

四、庄董即庄首，岁修派工。庄首先从本户派起，不敷再派产主，不敷再派佃民，周而复始。户主在十亩内为下户，十亩外为中户，廿亩为上户。有桑之地照田计亩。若上户派到三工，中户派到二工，下户才一工。如亩数多于上户者申算。倘该图无上户，即派中户；无中户，即派下户，佃田不计多寡，概作下户论。

五、庄首分别上中下派工，一家为一户，不以产内户名作数，其房族祭产归轮值者承岁修。

六、溪湖滩地例所应浚前曾奉宪勒石严禁侵占，并不准私纳滩税。止人取土，其高埂杂树，有凝洪流者，乡董会同庄首验明报局，以便修浚时择要清理。

七、大水激堤得归塘保鸣众抢护，所需泥土木料，临时聚议，毋误急工。此后就近取泥。其应用之物由庄首预备交塘保收存，俾可济急。如需用桩，亦由庄首采办计数报局核偿椿价。

八、塘树例禁盗窃，归塘保照料。如果小树滋长大树保全，即是管塘出力，每年由乡董会同就便验明报局酌赏钱文。三年之后专以塘上枯草及树上应删之枝叶听归该保作为酬劳。其不肯出力者另择人接管。

九、陡门闸夫闸板逐年经费乱后已无案可稽，今酌定每年补贴化湾陡门大钱拾式仟，安溪、五马陡门各捌仟，窦陡门陆仟。俱于立冬日付局支领。

十、塘上纵牛食草，堤岸无不破伤；陡门迎流网鱼，闸板定留空隙。均应严禁，嗣后再有放牛张网情弊，察出重惩。

计共十条，皆为慎重塘闸起见，凡有岁修之责者，自宜永远遵守，勿视为具文。倘或故违，准乡董庄首指名禀究。如有徇隐，咎亦难辞。各里诸色人等，一体遵守。

（此碑于1989年5月在瓶窑镇第一小学发现，高约1.4米，阔约70厘米，厚约20厘米，石质系太湖石。因一小礼堂原为“存诚公所”，是议事之所，故此碑立于“存诚公所”内。）

重建北湖滞洪工程碑记

中苕溪系东苕溪三大支流之一，集东天目山之水，经长乐汇东苕溪人太湖。每遇洪水泛滥，则万民受灾。唐宝历中（八二五—八二六年），余杭县令归珧修筑北湖，蓄中苕溪洪水以分洪峰。清光绪十一年（公元一八八五年），粮道廖寿丰拨兵挑浚，三年毕事。中华人民共和国成立后，人民政府视修湖为要务，于一九七一年组织民工一万一千余人，重建围堤十．零八六公里，围湖五，三平方公里，建立轴式钢筋混凝土闸门进水坝一座，蓄垦兼顾，与南湖并为东苕溪调洪削峰之两大滞洪区。而后二十余载分洪七次，效益显著。因运行已久，设施破损，而议决改造，再次重修。

北湖滞洪区改造工程为国家重点水利工程，属东苕溪防洪工程之一，重建分洪闸与加固围堤两大项。新建六孔钢筋混凝土分洪闸，按二十年一遇洪水设计，百年一遇洪水校核，最大分洪流量五四六．八秒立米。重修围堤自杭长铁路至张堰村塘角与张堰塘相连，按二十年一遇洪水设计。总投资一五二四万元，投工二十．三万工，于一九九六年十一月先后竣工。

北湖滞洪工程之重建，是人民政府为民造福一大实事，虽耗资巨大，然得益殊多，实为功在当今，利泽后世。而今工成之日，专此立碑为记。

余杭市人民政府

一九九六年十月三十日

重修西险大塘碑记

东苕溪源于东天目山，经南中北三苕溪汇合而成，其右岸西险大塘建于汉、唐，是杭嘉湖平原防洪的重要屏障，从余杭石门桥至德清长四十五公里，余杭境内长三十九公里。旧时堤塘古老残缺，堤身低矮单薄，历代屡修屡毁，常有险情和坍塌圮闸，民不聊生。新中国建立后，余杭人民在党和政府的领导下，年复一年岁修加固，一九八四年（六·一三）洪水后，在中央、省、市的重视支持下，实施第一期加固工程，至一九九五年基本完工。一九九六年（六·三〇）洪水后实施第二期加固工程，按国家二级堤塘标准进行建设，防洪标准由二十年一遇提高到百年一遇。一期工程由浙江省水管总站、余杭县林水局设计，二期工程由浙江省水利水电勘测设计院设计。从一九八四年至二〇〇四年底，实施了全线堤身加高培厚、外坡砌石护坡、堤背填筑石渣平台、老闸危涵处理、堤塘防渗加固、通济桥退堤扩孔、安溪桥拆建退堤等多项工程，同时还对南湖、北湖滞洪区进行分洪闸重建和堤防加固，共完成土方五百六十万方、石方五十五万方，混凝土十万方，工程先后征用土地二千 = 百亩，拆迁房屋十三万六千平方米，投入人民币四亿八千万元。

现在大塘面貌焕然一新，防汛公路全线贯通，险闸危涵全面改造，窄段退堤扩孔，堤身隐患清除，沿线建有防汛站房，通讯完善，交通便捷，堤防抗御洪水能力大为增强，防洪抗旱效益明显，此次重修之规模、投资、标准可谓史无前例，余杭人民为证始末，特立此碑，刻石为志。

杭州市余杭区人民政府

二〇〇五年元月立

（碑立于东苕溪瓶窑镇羊山碑亭内）

第四节　民间故事

红莲寺的故事

在瓶窑镇西南角的南山山坡上，有一座红莲寺。寺院坐北朝南，寺内有房屋、楼阁、亭台九九八十一间。里面还有金碧辉煌的三檐经阁，七层宝塔，八角钟楼。红莲寺的大雄宝殿雄伟壮观，寺院周围长满长松矮柏和名贵花卉，环境十分清雅。寺内和尚一千余个，寺院钟声当当传十里，香火十分旺盛。可是，到了当家和尚黑里法师时，红莲寺变得冷清了，行人也不敢近寺走了。因为这个黑里法师是个贪色之徒，见有漂亮的女子来寺进香，便拉入后院。周围百姓骂他是恶和尚，只因他手下人多，也不敢奈何他。红莲寺南面几十里外，有一个孙家庄。庄上有一对年轻夫妻，男的叫孙根宝，女的叫陈素贞。根宝长得身强力壮，素贞生得眉清目秀。这天，素贞只因成亲两年还未得子，提了只篮子，前来红莲寺烧香求子，谁知被黑里法师看见后，把素贞拖入后院强行奸污了。陈素贞求子不得，反遭侮辱，觉得无脸再见丈夫，一个纵身跳下了悬崖。孙根宝见妻子没有回来，一路寻来，在山崖下见到素贞的尸体，打听到是被寺里黑里法师所害，他把素贞尸体抱回家后操起劈柴刀，要去找贼秃拚命，这时却被隔壁的大伯拦住："根宝，你孤身一人，哪敌得过他手下几百和尚？君子报仇，十年未晚。我听说，红莲寺在找一个种蔬菜的小工，你不如去试试，到了里面，再见机行事嘛！"第二天，根宝把家中的事全托付给大伯，最后在素贞的灵位前拜了拜，含着泪，朝红莲寺走去。这天傍晚，改名换姓了的根宝跨进了红莲寺门，黑里法师见他身强力壮，吆挑会锄，便收下了他。根宝强压怒火，每天起早摸黑，垦荒种菜，提水施肥，不几天就把前山后坡都种上了菜，还在寺院四周墙边种上了白扁豆。到扁豆长藤时，根宝又砍来毛竹，沿墙搭起了棚架。从此，红莲寺天天吃上了新鲜蔬菜，哪怕冬天也有菜吃。红莲寺大大小小的和尚都很赏识他。一晃三年过去了，根宝年复一年地种菜，年年在寺院四周种上白扁豆。这样，白扁豆就新藤缠老藤，活藤缠死藤，藤越积越多，厚厚的一片，就象在寺院四周搭起了一座藤墙。这年深秋，遇上了大旱，一连几个月不下一滴雨，气候干燥得点火就着。十月廿四的夜里，刚起了西北风，到后半夜，孙根宝看看和尚都睡熟了，就偷偷地在扁豆藤下架起了四堆干草，点着火。呼地一下，火苗上窜，烧着了白扁豆藤。西北风一吹，火顺着藤很快蔓延开了，红莲寺被火海包围起来了。等值更和尚惊醒时，屋已被火四面围困。火越烧越旺,钟楼烧着了,大殿烧着了。睡得迷迷糊糊的黑里法师被人推醒时,整个寺院已成一片火海,平日凶恶残忍的贼秃,此时喊爹叫娘,乱成一团。有跳楼的,有想冲出火海的。黑里法师也吓坏了,不知所措。正在惊魂不定时,他想起大殿的宝座可以转动,座底有一暗道,可通山外。就立即呼朋唤执,呼叫大家一起帮着掀倒佛祖,移开宝座,一头钻了进去。就在这时,“彭”一声,大殿正梁倒塌了。黑里法师进洞以后,拚命往前爬去。不知过了多少时辰,他发现前头有了亮光,听到了哗哗的流水声。但就在这时,这黑里和尚因被大火一烧一惊,感到一阵阵头晕,两眼直冒火花,脚也发软了。他刚爬到洞口,只觉眼前一黑,便一头栽倒水里。原来,这暗道的出口在离南山十几里外的潘板桥桥墩下。这黑里和尚本是一黑鲤头鱼精所变,入水就会返形。于是,他变成了一条木乎乎的黑鲤头,昏昏沉沉在水中上下翻动。被一位正在洗菜的农民看见了,便用菜刀往这鱼头上一砍。顿时,这条黑鲤头沉入河底,一股黑红色的血水泛了起来。

(陈顺水整理)

窑山的传说

瓶窑的窑山古时候叫亭市山,它座落在镇老街的西侧。窑山西面山头与南山相隔百米,遥相呼应。南山很久以前叫狮子山,而窑山像一座猪山,从南山向西而望,只见猪头昂首挺立,尾巴拖延至南山脚下。话说明朝宰相刘伯温,那一日偶观天象,但见东南方有一股霞光,直冲云霄。刘伯温大吃一惊,这股霞光,可是帝王之相呀!为佑大明江山万代,第一天上早朝时,刘伯温出班启奏,说自己不知何故,身染顽疾,需请假一年养病。朱元璋糊涂了,皇宫之内,御医上千,个个妙手回春,刘伯温自己也是杏林高手,是何顽疾需请假一年呢?这朱元璋既夺得天下,自是精明异常,他知道刘伯温可能有难言之隐,当下假装愠怒,宣布退朝。傍晚时分,朱元璋在书房单独召见刘伯温:“刘爱卿,现在书房之内,仅你我二人,有什么话但讲无妨。”刘伯温将天象之势跟朱元璋说了,并恳求朱元璋给他一年假期,让他破了东南的皇气。当然,这一年的假期对外只能宣称是去养病了,否则,朝庭的宰相请假一年,别人会有其他想法的。朱元璋一听此事关系到自己的江山皇位,立即颁下圣旨,称刘伯温因操劳过度,积劳成疾,特准假一年,待病体康复后,继续任宰相之职。刘伯温打扮成一名看相先生,悄悄出京,向东南方寻去。那一日,刘伯温到了瓶窑,天降暴雨,雨停后,便在苕溪边上漫步,见溪上一长排整装待发的竹筏就像一条巨龙,高昂着头,面朝正南,溪水刚好退去,溪边上露出了一块滩地,就像一条龙舌头。刘伯温倒抽了一口冷气,心中暗想:“难道这就是出龙(皇帝)的地方?”于是刘伯温买来了丝瓜籽,挨家挨户地分送让老百姓将这块空地的泥土挖到堤塘边种丝瓜,老百姓果然上当,那丝瓜藤是缚龙的绳,龙舌嘴的土被挖得千疮百孔,这地方风水也就破了,只是留下了龙舌嘴这个地名。就在上窑村的南尽头。刘伯温沿苕溪大塘欣赏起了瓶窑风景,当他朝窑山方向看时,心里又吃了一惊,这座山造型奇特,瑞气缠绕,刘伯温仔细打量,老天!这是一头侧卧的猪呀!前几天破风水的地方是“龙”,这个地方是“猪”,莫非这又是一条猪婆龙?那唐朝造反的安禄山不就是一条猶婆龙吗?看来,自己是大意了,虽然破了“龙”,但真正的“猪婆龙”依然在。刘伯温又选了个开阔地对瓶窑的地形仔细观察,这一看吓得刘伯温汗流浃背,你道为何?原来,与猪山相隔百米之遥的南山,形状就像头趴在地上蓄势待发的狮子,在狮子的脖子处,有一大片野棕榈,风儿一吹,野棕榈哗哗地响,就好像脖子上的鬃毛,要多威风有多威风。这猪婆龙是皇帝，狮是大将，幸亏“猪”与“狮”还没有连在一起，要是来晚了，猪山与狮山连接了，反王与大将就出世了。说句老实话，破这个风水，刘伯温自己也很矛盾，像这样的风水，乃是千百年聚集天地之灵气而成，破了它，自己的道行也将毁于一旦。刘伯温闷闷不乐地回到了客栈，一夜辗转难眠。这一夜，刘伯温想了很多，朱元璋白手起家，自己帮着他南征北战，赢得了天下，朱元璋更是待他亲如手足。眼下，战事刚平，老百姓刚刚过上几天太平日子，如果战事一起，老百姓又将流离失所……咳！哪怕自己遭报应，为了皇帝为了百姓，也要破了这风水。第二天一早，刘伯温直奔县衙，出示令牌后，让县令召集能工巧匠，在窑山的山坡上建起了十八口窑，就地取材，制造瓶罐。十八口火窑的熊熊大火镇住了猪婆龙，同时，他还让人采集狮山的石料用于修筑运河，就这样，狮子脊梁被挖断了，风水自然也就破了。因为亭市山上有十八口窑，所以大家改名叫它窑山，窑山上出瓶，整个地方就叫“瓶窑”了。说也奇怪，刘伯温破了瓶窑的风水后回到京城，真的病了足足三个月，他知道是这次破风水冒犯了神明，此后，就再也不看风水了。

（马文星整理）

南山石佛的传说

南山不高，两边紧挨着窑山和栲栳山，三座山各不相连，居住在这里的人靠采石、卖石为生。传说在宋、元交替时期，余杭来了一位姓安的县官，他是个有名的贪官，刮取老百姓的民脂民膏，弄得祖祖辈辈以石为生的人们过上了苦役日子。他逼迫石匠们起早摸黑的采石、运石。把开采下来的石料用人工将这些石料通过苕溪运往外地。而卖得的石料钱却都进了他的腰包。一年过后，安县官请来了风水先生想在当地建个府，终于寻到一块风水宝地。风水先生和安县官说，这地方以后准能出状元。一传十，十传百，附近四村八乡一下传开了。人们将这地方称之为状元府，这地方在栲栳山下不远的高家山附近。安县官要求在南山的石匠们在半年内采够他建府和铺官道的石材，要石匠们加班加点，为他采石。状元府从山脚依山而建，方圆十里，分三进。全要用石条和石块，还有五里路的官道也需要用石无数，这安县官是个贪得无厌的家伙，石材免费提供，而且要上等的石材，石板尺寸大小全要一样，还要送到状元府。有一天，有个李姓的石匠突然生病，安县官家的监工还是逼着李石匠出工，李石匠实在受不了六月的毒日头的爆晒，昏倒在采石场，可凶狠的监工不问青红皂白，一顿皮鞭毒打，边打嘴上边说，让你装、让你装。后来，李石匠只有出气没有进气了，监工就派了几个手下人将他扔到了南山前面的草荡里。

天很快暗了下来，突然狂风四起，雷声大作，下起了雷阵雨。李石匠被雨淋醒，当他睁开眼，只见眼前坐着一位白胡子道人，慈祥地看着自己。白胡子老人问李石匠，天黑了，为什么睡在这里？身上这么多伤是怎么来的？于是李石匠便告诉白胡子老人采石场采石的事和安县官如何剥削、欺压采石工匠们的事。老人听完李石匠诉说后，紧锁双眉道，这贪官！老人给李石匠把脉治病，还从随身带的葫芦里倒出一颗丸药给李石匠吞下，告诉他，你的伤和病就会好的。要李石匠闭上双眼，不要怕。一阵风起，李石匠随风飞起，落地时睁开双眼，已经回到了家，白胡子老人要他把屋里的扫帚拿上，跟他出去。又一阵风来到南山采石场。李石匠根据老人的指点在采石过的岩石用扫帚在石壁上来来回回扫来扫去，李石匠自己也不知道扫了多少石壁，也不知自己扫了多久，只觉得东方天空露出一丝白时，白胡子老人叫他可以回家了，白胡子老人却大声一笑就不见了踪影。回家后的李石匠想想奇怪,老人家叫我扫来扫去到底扫了些什么?天刚亮就急急来到采石场,他被眼前的情景惊呆了,昨晚扫过的石壁上全是大大小小的菩萨,菩萨大小不一,神态不同,数数有三十多个。一夜之间采石场的石壁上雕刻上无数的菩萨的事很快传到了安县官那儿。

这安县官不信,以为是石匠们为了拖延工期而想出的招,第二天一大早就从县衙赶来采石场。一看,的确如此,他一下子愣了,心想,采石场变成了西天菩萨聚会的地方了,我怎么还能采石建府,采石收钱,自己的财路断了,又气又急,想想还是发财要紧,就命令手下,把石匠们全叫到采石场,将一夜间出现的菩萨统统凿掉。正在此时,天上突然一道闪电,一声炸雷,直对县官而来,吓得他大叫一声就晕了过去,家丁们七手八脚把他抬回县衙,躺在床上,一会叫菩萨饶命,一会儿叫我不敢了,折腾了大半夜,到三更时分,双脚一伸,眼睛闭上,死了。

(谢祝平整理)

木竹救建文帝

彭公乡卸车里和王子村的山野里,长着一种竹。这种竹子干粗节短,低矮叶茂,心实不空,大家都叫它木竹。木竹可以做老烟斗或手杖,人们都很喜爱它。

传说,明朝建文帝被他的阿叔篡夺了皇位以后,按照军师刘伯温的锦囊计,连夜从南京逃出来,准备到安溪古镇的东明山避难。那天,快到东明山时,听到他阿叔派来追捕的兵将已在后面赶上了。这时,又见四面是山冈,仅有一条小路通到一个小村子去。村名叫王子村,据当地人说它是南宋小康王南逃时住过夜的,所以就得了这个名。建文帝听后心里开始有点怏怏不乐,再想想可能是转危为安的兆头,就命车驾卸下。这就是现在的卸车里。前面的道路愈来愈狭,崎岖难行,他们只好步行,隐蔽着向东明山方向走。此时,已过黄昏时分,山里一片漆黑。建文帝想最好有个安稳的住处,他饥肠辘辘,实在是太疲倦了。就在这时,突然两旁的竹林沙沙沙地响,竹箫抱成一团,竹干节节缩短,竹枝慢慢躺下,做成个严严密密的竹窝棚,窝棚里还填满厚厚的竹叶。君臣一行立即走了进去,向苍天祝祷,感谢上天的保佑。他们粗粗地打点了一下,就在里面过夜,安全地逃过了后面的追兵。第二天一清早,他们再步行到东明山的东明寺,接着就都剃度为僧了。

后来,这种竹子就一直在这里繁衍生长起来,现在大家都叫它木竹。

讲述者:徐阿德,60 岁,彭公乡(今属瓶窑镇)冷水坞村老支书。

记录者:张长工,55 岁,时为县文化馆干部。

尉迟恭程咬金造西险大塘

传说,在唐朝时候,余杭地方是一片坑坑洼洼的芦苇草荡。唐太宗为了多收粮食,派猛将尉迟恭和福将程咬金带军队到余杭开垦军田。一共开了 3 年,开出了很多良田。他二人刚要回朝复旨,不料来了一场大水,良田被淹没,种的田稻都被淹死。想走走不成,他二人只好再留下来,商量怎样把大水治理好。大水是从苕溪里涨上来的。他们就决定在苕溪的两岸建造堤塘。尉迟恭负责北塘,程咬金负责南塘。

尉迟恭为人性急,他负责的堤塘造得又长又快,而且又高又直。程咬金为人和气,他并没有什么规定。手下的军士就沿着溪流的路线造,所以造起来的堤塘是弯弯曲曲的。

堤塘造好以后,他们都去向皇帝报功。谁知文书刚送出,大水又来了。南塘造得比较牢固,倒还不要紧。北塘却是摇摇荡荡,眼看有倒塌的危险。尉迟恭一想如果北塘坍了,自己岂不有欺君之罪,他真是急得要死。那天半夜里,尉迟恭冒雨从帐篷里走出来,拿起乌龙枪,对着南塘猛刺了一枪,这一枪,刺了一个漏洞,大水就从洞口漏了出来。这时候程咬金正在守夜,他一见南塘出了漏洞,知道是尉迟恭捣的鬼,不管三七廿一,抡起大斧朝北塘劈了过去。这一斧,把北塘劈了个大缺口,大水就从缺口里涌了出来。尉迟恭看见了,情知自己理亏,没有话说,只好赶忙带领军士抢修缺口。

说也奇怪,到了现在,苕溪北岸的堤塘常常被大水冲开缺口,南岸的堤塘常常出现漏洞。还有,那尉迟恭刺枪过的地方叫乌龙涧,程咬金护塘过的地方叫将军塘,这两个地名也流传了下来。

讲述者:童汝生,87 岁。仓前镇葛巷村农民,已故。

采录者:童松豪,27 岁。时为仓前镇职工。

第五节　文　　件

奏请修筑钱塘县境内苕溪险要塘工折

清　杨　頀

浙江巡抚臣杨頀跪奏为钱塘县境内险要塘工坍卸,亟应动项修筑以资保卫,循例恭折具奏,仰祈圣鉴事。

窃照工程银数在五百两以上者,例应奏明办理。兹据署布政使事按察使魏元煜详称:钱塘县境内,苕溪大云寺湾险塘,因上游山水建瓴直下,以致被冲坍卸石脚柴土塘工四段,凑长七十七丈五尺。饬据仁和县知县曹堃逐加查勘,该塘通长五百余丈,上承天目诸山之水,下注太湖,全藉塘身坚固,以资保卫杭、嘉、湖三郡民舍、田畴,实为险要之工。于乾隆四十四、五十九等年,咨部勘修过一百余丈之后,嘉庆十四、十五等年,又奏咨兴修过一百二十余丈,并抢水排桩一座。现在坍卸,系属老塘,已逾保固例限。又大云湾转北之处,水势甚迫,前建抢水排桩一座,逐渐被水搜刷,塘脚空松,排桩朽烂,均应修筑。且所建抢水仅止一座,难资抵御,应添钉抢水排桩一座,挡御水势,以卫塘身,撙节估需柴桩、块石、白灰、土方、夫工银一千七百一两零,由署杭州府知府德庆覆勘无浮,自应准予修办。惟查塘堤等工,例动引费银款。今引费支用无存,请循照江海塘工之例,在於藩库新工经费款内借支给办,仍俟运库解到引费,即行归还本款等情具详。前护抚臣额特布,因值交卸,来及具奏,移交到臣。臣查该处塘堤,外御溪水,内保田庐,最为险要,既据勘明坍卸属实,且逾固限,其抢水排桩二座,系挡御水势要工,复经臣覆勘无异,自应准予一并修建,以资捍卫,所估工料,核无浮多,如蒙俞允,臣即饬司督率该府、县,照估如式办理,务使工坚料实,妥速完竣,报明委员验收,勿使稍有草率偷减,并令照例保固。

除饬取图册另疏题估外，臣谨恭折具奏。伏乞皇上睿鉴，谨奏。

嘉庆二十一年九月十二日

杭县修筑圩堤办法

第一条　杭县所有应修筑之圩堤，悉依本办之规定，一律修筑之。第二条　修筑圩堤之步骤如下：一、各区调查应修筑之圩堤，报告县政府。二、县政府派员分往各区复查，其复查要点如左：甲、复查各区调查报告，有无脱漏，脱漏者补足之。乙、复查各区调查报告有无冒滥，冒滥者别除之。丙、复查各区调查报告所列工程计划，是否适当，工料估价，是否核实。三、县政府核算全县圩堤所需工料，分别确定津贴限度。四、成立各区修筑圩堤事务所。五、各区事务所，筹集款项，并进行修筑工程。六、县政府派员验收，并呈请建设厅派员查，随发津贴。七、结束各区事务所。第三条　各区修筑圩堤事务所，由县政府指定下列人员为委员组织之，并由各委员中，指定一至三人为主任委员。一、区长。一、公安分局长。三、县建设委员，县政府代表。四、农会代表。五、地方公正绅耆。六、业主代表。事务所各委员，均为无给职，并不支川旅津贴。但事务所在必要时，得酌给文具、邮电等费。第四条　各区修筑圩堤事务所，掌理各该区圩堤修筑事宜。举凡款项之筹集，工程之督促与管理均属之。第五条　各区修筑圩堤事务所，得酌量地方情形，划分区域，由各委员分工，负工程督促管理，及款项筹集之责。但每一星期至少须在区事务所领会一次，以资接洽。第六条　每一乡镇区域内之圩堤，或数乡镇有连带关系之圩堤，其修筑事宜，或责由各乡镇长负责办理，或指定相当人员共同负责，纯由各区事务所就当地情形，妥为分别处理。第七条　各圩堤修筑之料价（泥土不计），统由县政府拨款供给。第八条　各圩堤一律征工修筑，仅给相当之伙食费。该项伙食费，除由县政府津贴之款开支外，余由各圩堤范围内田地业主按田亩数平均分摊。其分摊办法及征收手续，须呈报县政府，并由县政府呈报建设厅备案。收款时，由各区修筑圩堤事务所，制定收捐四联单，以一联交纳捐业主，一联汇呈县政府，一联汇呈县府转报建设厅，一联作存根，其式样由县政府定之。第九条　县政府拨款津贴，按各区所有应修筑圩堤之工程大小比例分配之。第十条　修筑圩堤之征工办法，以在该圩堤范围内耕种田亩之农民为限。如在工程必需之石工水木工，当地农民确无此项人选，得另行招雇。第十一条　每户农民征工数之多寡，以其耕种田亩之多寡为比例。第十二条　被征工之农民，如有特别事故，不能亲到应征，须自行雇人代理。第十三条　自耕农除尽征工所分配之佃农义务外，并须尽按亩摊款之业主义务。第十四条　业主不按时缴纳分摊之款，各区事务所即将第八条规定四联单，交纳捐业主之一联转给应征农民收执，准其在缴租时扣除。并须造具清册，呈报县政府转送县佃业仲裁委员会存案，俾作处理纠纷之根据。第十五条　农民有不应征，及故意藉词推诿者，各区事务所得呈请县政府，或就近会商公安分局长，强制执行，并予以相当之惩处。第十六条　各圩堤工程开始，县政府应即派干员分驻各区事务所，或轮流督促指导。第十七条　各圩堤工程结束，各区事务所须随时分别呈请县政府，派员验收。并由县政府呈请建设厅派员抽查，验收合格，随发津贴。第十八条　各区事务所于工程结束后，应将每乡镇或每圩堤经收经付之工料各款，造册呈报县政府，并就地分别公布。第十九条　本县各圩堤一律修筑完成后，其管理办法另定之。第二十条　本办法经县政府会议通过，呈请建设厅备案。　（《浙江省建设月刊》1932年第5卷第9期）

苕溪灾情源委

苕溪诸水道，为浙西最主要之天然河流，其上游均发源于天目山，东北流向浙西平壤，汇入太湖，然后经苏省诸水道，而入扬子江，天目为浙西之水源，而苕溪乃分泄之于道。其蓄泄得宜于否，影响于浙西之农田、交通者，至深且巨，历来视为要政。治理之策，代有所闻。近年对于该溪局部亦时有浚治之举，惟水文研究，向未举办，欲作根本之治理计划，则苦无所根据。良以该溪水源面积甚大，中部经浙西平壤，支流四散，情形甚为复杂，断非一语疏浚或提防，所能解决，必当熟察水位之变迁，地势之高下，河床之宽深，流量之大小，水流之缓急等，穿源极委，研究精详，而后能有适当之设施，不惟宜去其患，更当兼利其用。本局一年来对于苕溪之工作，除治标方面，有梅溪横塘港、余杭南湖尾闾等处之疏浚，及瓶窑鸭沙塘修堤等计划外，其治本方面，从水文测量入手，计已陆续设立水标、雨量等观测站多处，并努力进行水文调查，流量测量。由所得之经验，对于苕溪干支各流之尾闾蓄泄，及水患旱涸情形，与夫一切水文状况，业明其大概，定有苕溪全系水文测量计划，以为进行标准，而树他日整理基础。兹分述于次：

苕溪各水道源委及旱潦情况

苕溪依天目山之水流方向，而分东西两系。西苕溪在天目山系之西，发源于孝丰县境，其上湔流，有苕溪、黄溪、东溪等，北流经安吉、长兴、吴兴而入太湖，全流水源面积约一千六百余方公里。在安吉以上，地势陡斜（孝丰县以上之河底坡约在四百分一以上），安吉梅溪之下，直至太湖，几一片平坦。梅溪之上，均为水源地带，其下南岸尚受小水北岸则由长兴诸支流以通太湖，目前苕溪流域，在梅溪之上者，水旱两受其困。每遇山洪一发，水涨极速，一日之中，有高至三四公尺者，水来汹涌，势不可挡，沿流谷原，动受水灾，居民虽筑堤防范，每颜冲刷坍塌。且溪道多挟沙石，此涨彼坍，变迁无定，及至旱季，因地势陡斜，溪道浅漫之故，水不能蓄，常患旱涸。灌溉既感匮乏，遑论舟运，即竹筏亦难于上下，纵使沿途筑坝阻水，亦不过少有补耳。梅溪之下情形较佳，小轮货运，可通至荆湾镇（梅溪下约五公里）。惟水患则不能免，最高水位，亦有至平地上一二公尺者，近年来受灾以上游为最重。东苕溪在天目山之东，为南、中、北三苕，及武康、吴兴诸山水之汇，北流入太湖，南、中、北三苕地势陡斜（上游河底坡度均在四百分之一以上），淫身淤曲浅散，水旱情况，均与西苕略同。南苕溪在余杭，本有面积逾二万亩之南湖，为之蓄水，中、北两苕在瓶窑镇南汇入东苕溪，亦有相似之北湖，惟现在北湖早已淤塞无存，南湖所仅存者亦只二千余亩，最大容水量不过八百万立方公尺，尚不及原有六分之一矣。东苕溪余杭瓶窑一段（此段亦或称苕溪）淤塞极甚。瓶窑以下，虽如获港等处，亦浅淤塞，惟尚可通航，中、北、南三苕，山洪发时，水位立涨（高者至五六公尺，流急沙多，居民筑有堤防然终不能免患，南苕流域皆山谷，原极狭，受灾面积甚少，中、北两苕流域多平原，受灾面积颇大。东苕溪承三苕之水，水位涨落，亦极速且多（去年水位高低相差五公尺余）。余杭、德清之间，两岸尚有旧堤，可以防灾（高水位至堤顶），惟颇多年久失修者。德清以下，支汊极多，离源较远，水势稍杀，但菱湖、吴兴等处，尚时受水患，幸两岸多桑田高地，故虽无堤防，受灾尚不极烈耳。

（二）苕溪流域被灾之原因

苕溪流域甚广，情形复杂，水旱偏灾，时有所闻。其间虽不无特别原因，而其主因，殆不出下列数端：（一）上游有甚大之水源面积，而溪道多在狭谷中，地势下倾特甚，不易蓄洪，山水一发，即泻而下。（二）上游地多沙层，又乏善于吸水之种植物，故地层吃水之力弱，地面径流多。

(三)西苕溪上游及南、中、北三苕溪道,均甚倾斜(下斜坡度均在四百分之一以上),而西苕溪在梅溪以下,及三苕会合为一东苕之后,斜坡骤失,地势平坦,上下游流速比率相差过远,故水聚中段。(四)上游无蓄水之湖荡,或其他蓄水设备,即东苕溪之南、北两湖,亦淤塞失用。(五)水源地带之山地,既无适宜之种植,居民每开垦山荒,以致土质松动,山洪一发,沙土随流而下,为河道淤塞之源。(六)沿溪及支流居民,每于溪道淤积之涨滩上种树,或用其他方法,阻碍水流,助其增涨,冀获涨地之利,卒至溪道愈坏,此种情形,以中苕溪、东苕溪为甚。(七)东苕沿溪及支流多桑田,农民每年挖溪土或塘泥,培壅桑田,往往将岸坡填堆,以致岸坡失自然之度,水流所及,辄挟堆积之土而去,洪水时更甚,年年如此,亦为淤塞之一因。(八>苕溪流域之支流,及灌溉汊港,大抵淤浅,农民灌溉方法复幼稚无统系,故近溪农田,已受水患,而远处者,尚有乏水之虞。(九)太湖水位颇高(太湖水位西南隅常较高于东北隅,在平常水位时,西南隅之大钱口一带,水位常在吴淞零点上二公尺六七左右,与东苕溪瓶窑水位相似,在山洪发时,瓶窑水位骤升至七公尺,时大钱口水位则三公尺半,此瓶窑水位受苕溪之故,至平常水位,太湖与瓶窑固相似也),且受苏境雨量、水流及天气、风向等影响甚大,每增苕水下泄之困难。(十)沿溪虽多筑有堤岸,惟多年久失修,甚有河道变迁,堤岸方位已有不适用者。此外原有防灾设备,亦欠整治。以上诸因中,如(一)(三)(九)各项,为天然地势所造成者。(五)(六)(七)各项,系人为者。其他各项,亦均可改善,治理方针,当于此注意焉。

(三)治理方针

就上述种种原因,观察苕溪之害,以溪流本身而论,在于上游水源地带之地势过于倾斜,中部煌浅失治,而下游之太湖水位又高,是以蓄既不能,泄亦不畅,急流腾涌,每致成灾。整治之法,当因地以制宜,如在水源地带,则宜劝导人民改良种植方法,使免巨量沙石下降,斜度较大之山场,若无藩篱等之设备,则不许开垦,并应择地建造蓄洪池,或坝闸以蓄制水流。其中蓄洪池一项,犹可用以发电营利。所获赢余,得充其他水利工程之费。中下游之整治,则侧重于疏浚、筑堤等项。如水槽宽狭之节制,湾曲之改良,河岸之整理等,亦当逐步施行,以使水入正轨,宣泄合度,同时对于灌溉方法,亦当设法促进,藉尽水利,至下游太湖水位,与苏省水利有重大关系,当与江苏省水利局,太湖流域水利委员会会商办理。凡此设施,莫不以水文为根据,必有待于长期之观测及研究,始能逐渐阐发,非一朝一夕之功,所能奏效。目前所应办理者,即此有关水利根本之水文观测,与夫局部治标工程而已。

(《浙江省水利局年刊》1930 年)

禁掘冬笋、以护竹林布告

(四经字第 10765 号)

查本县北区各乡镇山多田少,生产以毛竹为大宗,多数人民生计赖此维持,冬笋为毛竹之胎芽,历年禁止挖掘,唯现有不宵之徒盗卖牟利,影响竹林盛衰至巨,合行重申禁令,希各乡镇居民一体自行严禁挖掘,以收获护林之效,如有偷掘或私运等情事,验查获,定予依法惩处,除分电各乡镇公所查禁,合照布告周知。

此布

余杭县县长 白冲浩

民国 37 年 10 月 23 日

余杭县人民政府布告

府秘字第 2017 号

育苗造林及保护山林是防除水、旱灾害，保护农业生产的基本条件之一，直接关系人民的切身利益，解放以来，政府再三以令严禁破坏山林在案，近查本县不少地区尚有不法地主及破坏分子等偷掘冬笋或聚众大肆挖掘，严重妨害竹林之培植，破坏生产，影响水利，本府为保护生产，特布告严禁挖掘冬笋，希各区乡政府及人民团体，开展群众性的保护运动，对一切不法分子继续挖掘破坏，应予检举揭发，查明属实，依法惩办，如有蓄意为首结伙破坏生产，捣乱社会秩序的首恶分子定予严惩，希各一体遵照。

此　布

县长　袁　浩

1950 年 11 月 18 日

杭县人民政府布告

为加强堤塘之管理养护，增强抗御洪水能力，确保沿塘人民生命财产的安全，特规定以下注意事项，布告周告希遵照执行：

一、不得在海塘、堤塘堤身范围内拆石、挖土、削草皮、挖洞、种植作物。

二、禁止在堤顶上搞建筑和掩埋尸体。

三、不准在堤塘内外塘脚挖黄沙。

四、不得私自启闭涵洞陡门。

县长　胡广清

1955 年 6 月

杭县人民委员会颁发堤塘闸涵管理养护办法

一、凡主要堤塘，非经省防汛指挥部批准，不得开口放水。

二、各社所负责管理的堤段内，遇有兽穴、缺口等小量工程应立即修理。

三、塘上不许种植作物，挖洞及其他足以危害工程安全的行为。

四、塘外、内坡须栽植草皮或茅草，以社为单位谁种谁有。

五、所有防汛器材，除抢险外，非经县防汛指挥部批准，任何人不得移用。

六、洪水时在警戒水位（瓶窑 7.5 米、余杭 8.5 米）以上，各社必须分段巡查，彻夜防守。

七、闸坝涵洞启闭应根据水利情况，订出统一标准，较大水闸启闭由乡指定专人负责掌握。

1957 年 5 月 31 日

余杭县人民委员会布告关于主要堤塘水库保护管理的几项规定

西险大塘(包括南湖堤塘),九堡海塘,运河堤塘,以及康门水库等,是本县重要水利设施。解放以来,党和政府大力地兴建这些防护工程,整修险要地段,加固堤塘,使沿塘和杭嘉湖地区的广大人民得以安居乐业。为了促进农业生产的发展,确保人民生命财产的安全,本委特对主要堤塘、水库的保护和管理工作,作如下规定:

一、不准在堤塘上和水库土坝上(包括内外坡,堤顶,平面)种植农作物、树木、竹林和削除护塘草皮,以免影响堤身安全,应当发动群众在堤塘上种植茅草,每年从立夏到霜降期不削割。立夏前、霜降后可以由负责分段管理堤塘的大队、生产队,组织收割,而收割时要注意不损坏堤塘。

二、不准在堤塘上和水库土坝上建筑房屋、厕所、挖洞取土、埋葬棺木,以及拔除护塘木桩、挖除块石等一切有害堤塘巩固的行为。

三、未经本委批准,不准在堤塘上行驶汽车、拖拉机,以及在苕溪河内行驶轮船,以免影响堤塘巩固。

四、未经本委批准,不准在堤塘上埋设涵洞,挖沟引水。

五、堤塘上的现有建筑物,如水准标点、界碑、涵洞、陡门、电话线路,以及防汛未用器材,人人有保护之责,严防盗窃破坏,未经县防汛防旱指挥部批准,擅自移用防汛专用物资,不得私自启用涵洞。

六、沿塘各人民公社,生产大队、生产队,都应建立护塘组织,公社成立护塘委员会。大队、生产队成立护塘小组,护塘组织的任务是:积极向群众宣传,保护堤塘的重要意义,发动群众订立护塘公约,检查公约的执行情况。检查本地段的堤塘巩固情况,并且及时向上汇报,随时补修堤塘上的天落洞和裂缝,保护堤的一切建筑物,防止破坏;在汛期或台汛期间,负责通讯联络,及时组织抢险。

七、各人民公社,各大队、生产队,应当对主要堤塘划段管理,建立管理责制,并且发动群众订立护塘公约,定期或不定期开展评比,对于积极护塘并有显著成绩者,给予表扬奖励,对于工作不负责任者或不遵守护塘公约者,给予批评。

以上七条规定:希沿塘各人民公社,生产大队,生产队和全体社员相互督促,共同遵守,确保堤塘、水库安全,对故意不遵守上述规定,以致造成重大损失者和蓄意破坏者,根据情节轻重,依法惩办。

县长 胡广清

1962年8月21日

杭州市余杭区人民政府办公室关于批转《关于瓶窑组团生态保护机制公益林区划与管理的实施意见(试行)》的通知

余政办〔2009〕332号

各镇乡人民政府、街道办事处,区政府各部门、各直属单位:

区林水局拟订的《关于瓶窑组团生态保护机制公益林区划与管理的实施意见(试行)》已

经区政府研究同意，现予批转。请结合实际，认真贯彻实施。

二〇〇九年十二月二十五日

关于瓶窑组团生态保护机制公益林区划与管理的实施意见（试行）

根据《浙江省公益林管理办法》（省政府令第260号）和区委区政府《关于建立瓶窑组团生态保护机制的实施意见（试行）》（区委(2008)112号）精神，结合《浙江省重点生态公益林管理办法（试行）》、《余杭区重点生态公益林管理实施细则（试行）》有关要求，现就进一步完善我区瓶窑组团公益林的区划、建设、管理等工作，提出如下实施意见：

一、瓶窑组团公益林区划目标和范围

（一）瓶窑组团生态保护机制实行全覆盖瓶窑组团是杭州市重要的生态保护区、水源涵养区，其生态价值、区位价值十分重要，应当实现生态保护全覆盖。瓶窑组团公益林的区划，以实现生态保护全覆盖为目标。

（二）瓶窑组团公益林区划类型和标准根据现有的森林资源状况和当地经济的发展要求，兼顾保护和发展相促进，瓶窑组团公益林保护划分为三个层级：

1. 省级生态公益林。2004年经省政府批准、区划确定为省级重点生态公益林的范围和面积保持不变，按照《浙江省重点生态公益林管理办法》实施严格管理。

2. 区级重点保护林。瓶窑组团内除省级生态公益林外的其他山林，原则上全部区划为重点保护林范围，享受瓶窑组团生态保护机制财政扶持政策。以维护生态平衡，促进生态恢复为目标，严格控制各种类型的开发利用。

3. 各类经济林地（指茶叶、水果、干果等）和开发利用的其他林地。已经开发利用的经济林地，矿山采矿采石迹地，已造田造地的林地，以及今年起3至5年内需预留开发的低丘缓坡山林，不纳入区级重点保护林的区划范围，也不享受补偿政策。

二、瓶窑组团公益林区划方法

（一）区划分布范围。以森林资源二类清查为依据，在余杭区森林资源1∶10000分布图上，按照上述原则，勾绘出省级生态公益林、区级重点保护林、其他各类经济林地三个层级的分布区域，并以行政村为单位，对应区划四至范围，形成每种类型的森林资源林业小班清册，按实际面积统计三个层级的相关数据。

（二）建立农户清册和面积清册。以行政村为单位，按照三个层级的分布范围，由镇人民政府、村委会联合核实三个层级的林权证面积。以行政村为单位，以林权证面积为依据，建立拟补偿农户和不补偿农户的农户清册、面积清册。列为省级公益林补偿对象的农户应单独建册。

（三）公示核实。编列到组到户补偿清册后，由村委会在村务公开栏发布补偿清册进行公示，并通知补偿对象进行核对，公示期不少于7天。公示无异议后，由村委会编印成册，村民组长、村委会主任签名确认，加盖公章，报所在地镇乡人民政府。

（四）镇乡核实汇总。相关镇乡对各行政村上报的清册名单和面积，要认真进行核实。重点核实三个层级的区划范围与相对应的林权证面积情况，享受补偿政策对象的真实性。核实无误并加盖公章后，报区林业主管部门备案。经区林水局审核无异议的镇乡，应当编制“余杭区农民补贴网”补偿农户的基础信息。

（五）主管部门核查。在区划保护范围和建立补偿清册过程中，区林业主管部门要加强业务指导和督查，对不符合要求的，应督促镇乡调整核实并重新上报。

三、瓶窑组团公益林补偿标准和方法

（一）补偿标准

1. 省级生态公益林范围，按林权证面积计算，补偿标准为每亩40元，其中：损失性补偿费15元/亩，护林员劳务费4元/亩，公共管护费2元/亩，考核奖励19元/亩。

2. 区级重点保护林范围，按林权证面积计算，补偿标准为每亩20元，其中：损失性补偿费15元/亩，护林员劳务费3元/亩，考核奖励2元/亩。

3. 闲林镇、中泰乡有省级重点生态公益林的行政村，参照瓶窑组团公益林区划政策；补助标准均提高到20元/亩，其中损失性补偿费15元/亩，护林员劳务费3元/亩，考核奖励2元/亩。

（二）生态保护资金发放方法

1. 到户的损失性补偿资金。通过"余杭区农民信息管理系统"发放。在每年的7月份直接拨付到各农户存折中。

2. 护林员劳务费。以镇为单位，统一建立护林员队伍，各行政村进行分片组管护。护林劳务费由区财政拨付到镇乡人民政府。由镇乡根据考核情况，分次直接拨付到各护林员个人存折上。

3. 考核奖励资金。根据《关于印发〈瓶窑组团生态保护机制考核实施细则（试行）〉的通知》〔区委办（2009）98号〕文件，由瓶窑组团考核领导小组组织对瓶窑组团各镇乡进行公益林保护考核。涉及公益林管理考核的具体办法，由区林业主管部门另行发文明确。考核合格后，奖励资金下达到各镇乡人民政府。各镇乡人民政府应对各行政村的生态公益林、重点保护林的管护情况进行考核。考核奖励到瓶窑组团各镇的公益林资金，原则上只能用于公益林公共管护支出，禁止用于工资性支出和业务招待费支出。闲林镇、中泰乡参照执行。

4. 省级重点生态公益林中的公共管护经费。由区林业主管部门专门建帐，统一安排使用，专项用于全区生态公益林、保护林的区划管理、数据动态监测、宣传培训、信息系统维护等支出。

5. 其他国有山、集体统管山资金发放。村组集体统管山，损失性补偿资金统一发放到村集体。国有山、镇林场的山林，损失性补偿资金发放到管理人。以生态保护为目的进行流转的山林，损失性补偿资金发放到流转人（房地产项目、农庄项目除外）。

四、建立健全生态保护机制公益林管理组织

（一）建立健全生态公益林管理的组织体系。建立健全公益林管理体系，设立三级管理机制：区林业主管部门设立余杭区生态公益林管理办公室，具体承担生态公益林、重点保护林的区划、管理、考核、培训等工作。镇乡人民政府设立镇乡生态公益林监管员办公室，具体承担本辖区内的生态公益林、重点保护林的日常管理、监督检查等工作。各行政村设立村生态公益林管护中心，主要任务是协助镇乡生态公益林监管员办公室，组织管理专（兼）职的生态公益林护林员队伍，掌握并报告违反生态公益林区划界定和管理的情况等。

（二）强化公益林管理队伍规范化建设。逐步建立一支专职和兼职相结合的生态公益林、重点保护林监管队伍。各镇乡人民政府要加强镇乡生态公益林监管员办公室的队伍建设；村级生态公益林管护中心负责人和护林员，由所在村委民主推荐，报镇乡人民政府审核，经区级专业培训合格后，由镇乡人民政府公布确定，并纳入镇乡生态公益林监管员办公室管理。

（三）建立健全区、镇乡、村级生态补偿资金管理制度。区设立生态公益林补偿专项资金，该专项资金由省级重点生态公益林补助资金和瓶窑组团生态补偿资金组成，实行专项管理。镇乡人民政府对生态公益林和保护林的管护等经费实行专帐核算、专款专用；村级生态公益林管护中心不单独设帐，日常开支纳入镇乡生态公益林专帐支出管理。

（四）建立健全省级重点生态公益林、区级重点保护林的档案管理。要动态反映辖区内省级生态公益林、区级重点保护林的动态变化。要将界定过程中形成的文字、协议和公示征询等资料分门别类，整理成册；生态公益林管理考核、日常管理台帐等工作应纳入档案管理。

五、加强领导，确保生态补偿机制真正发挥作用

（一）统一思想，提高认识。生态公益林、重点保护林的区划界定是实践科学发展观，贯彻省委省政府“生态立省”，落实区委区政府“环境立区”发展战略的具体举措，是倡导生态伦理、生态文明的必然选择，更是山区、半山区农村社区发展和民生提升工程的迫切需要。各级各部门要加强领导，提高认识，切实担负起组织、协调责任，及时化解矛盾，合力做好区划界定和管理工作。

（二）克难攻坚，维护稳定。生态保护补偿机制是一项政策性强，涉及面广，与山区、半山区农民实际利益密切相关的民心工程。在落实补偿政策时，必须认真做好广大干部群众的思想工作，凝聚共识；在具体操作上要做到公开、透明，既要严格按照生态保护机制、生态补偿机制将生态公益林、重点保护林区划好、保护好、培育好，又要将生态补偿资金分配好、使用好，让有限的资金发挥应有的作用。

（三）刚性保护，保障成效。生态公益林、重点保护林以培育、恢复森林的生态功能、生态效益为目的，省级重点生态公益林纳入省级管理，区划界定面积与范围不得随意调整和改变用途；区级重点保护林区划界定后，应落实封山育林措施，与农户签订保护责任书，落实保护管理措施，禁止乱砍、乱垦行为，原则上一定五年，中途不作调整和改变用途。确需调整的，须报区政府批准同意。

（四）强化考核，严格奖惩。各镇乡要集中人力、精力，全面完成生态公益林、重点保护林的区划界定工作，完成公益林监管和管理体系建设。区划界定和区划管理、补偿资金发放、监管员和护林员队伍建设等情况纳入《瓶窑组团生态保护机制考核实施细则（试行）》，并作为镇乡年度综合考评依据。本《实施意见》自2009年1月1日起试行。

瓶窑镇2013—2016年美丽乡村建设实施方案

瓶政〔2013〕143号

各村、瓶窑社区，机关各部门：

为深入贯彻落实党的十八大精神和省、市有关部署要求，根据区委、区政府《关于深入开展美丽乡村建设的实施意见》（区委〔2013〕27号）文件精神，加快推进我镇美丽乡村建设，全面提升新农村建设水平，促进城乡统筹发展，现提出如下意见：

一、总体目标

以科学发展观为统领，围绕打造“和谐幸福新瓶窑”总目标，把建设“四美、三宜、两园”（科学规划布局美、村容整洁环境美、创业增收生活美、乡风文明身心美，宜居、宜业、宜游，打造农民幸福生活家园、市民休闲旅游乐园）美丽乡村作为基本导向，协同推进新农村建设与生态文明建设，不断提升农民生活品质和生态环境质量，推进城乡经济社会发展一体化。

二、建设任务

（一）实施范围。建设对象为城镇建设规划范围及凤都工业区（一期、二期）外的村：奇鹤村、塘埠村、彭公村、石濑村、西安寺村、南山村、窑北村、张堰村、大观山村、长命等十个村。根据各村区域特点和发展方向，分类开展特色精品村、重点村、一般村创建。没有开展“美丽乡村”建设的外窑村、凤都村、崇化村、瓶窑社区，主要做好“清洁余杭”长效管理工作。

（二）实施步骤及建设目标。2013—2016 年，全镇基本建成 4 个美丽乡村特色精品村、4 个美丽乡村重点村、2 个村创建为美丽乡村一般村，15% 以上的农户成为美丽庭院示范户。在各村自主申报基础上，由“镇美丽乡村领导小组”讨论后确定。具体安排如下表。

瓶窑镇“美丽乡村”创建年度计划表

年度	特色精品村	重点村	一般村
2013	奇鹤村、西安寺村	南山村、石濑村	
2014	南山村	窑北村、塘埠村、张堰村	大观山村
2015	窑北村	彭公村	长命村
2016	10 月完成任务，验收。		

三、建设标准及主要任务

（一）建设标准

1. 美丽乡村创建村。按照美丽乡村建设考核评价标准（考核验收办法及标准另行制定），对村容整洁、民主管理、乡风文明和资金筹措等方面工作实绩进行量化考核评分（满分 100 分）。经综合考评，总分达到 95 分（含）以上的，评定为特色精品村；90 分（含）—95 分的，评定为重点村；85（含）—90 分的，评定为一般村。其中农村生活污水治理、防违控违、长效管理等必须达到相应指标，其他考核指标中有两项以上指标不得分或四项以上指标不达标的，不得参与评选。

特色精品村：农村生活污水治理全覆盖，全村集中式处理率达到 80% 以上；路网健全，入户道路硬化率在 95% 以上，路灯设置合理；村容村貌整洁有序，无视觉污染；生活垃圾日产日清，集中收集率 100%；乔灌草合理搭配，有特色，成景观，实现绿化、彩化、庭院美化；文体、休闲等村民公共活动场所齐全；充分挖掘历史遗迹、风土人情、风俗习惯等人文元素，村庄文化特色鲜明，形成“一村一品”、“一村一景”、“一村一韵”。

重点村：主要整治区域内生活污水治理全覆盖，全村集中式处理率达到 65% 以上；通组道路基本硬化，入户道路硬化率在 90% 以上，主要道路设置路灯；村容整洁，垃圾收集设施完善，集中收集率 100%；村庄绿化布局均衡，富有层次；合理建设村民公共活动场所。

一般村：中心区域生活污水治理全覆盖，全村集中式处理率达到 50% 以上；主要道路基本硬化，入户道路硬化率在 85% 以上；提高垃圾收集、保洁工作水平；村主要道路、河道、公共场所合理绿化。

（二）主要任务

1. 改善农村人居环境。加快农村基础设施建设和生态环境建设,积极开展农村道路改造提升、路灯亮化、水电改造、卫生改厕、公益设施建设等工程,重点加强水环境治理,大力实施农村生活污水处理,开展河道清淤疏浚、生态护岸等综合治理和沟渠池塘整治,积极做好农业面源污染治理工作。推进村容秩序管理,切实做好拆违控违、一户多宅清理等工作,完成区政府下达的防违控违整治目标,无新增违章建筑。开展不雅观建筑物(构筑物)整治、村内坟治理及环境综合整治,消除视觉污染。大力推进乡村绿化美化,开展美丽庭院创建,打造环境整洁、生态优美、设施便利、服务完善的美丽乡村。

2. 推动农村产业发展。推进现代农业园区建设,大力发展生态高效、特色品牌、休闲观光农业,构建新型农业经营体制。积极培育乡村旅游、民宿旅游等农村新型产业,不断彰显美丽乡村宜居、宜业、宜游成效,推动农民创业就业,促进农民持续较快增收。运用经营村庄的理念,发展壮大村级集体经济,盘活存量资产,拓展增收渠道。充分发挥农村田园风光、山水资源、农耕文化、特色产业、森林景观等优势,构建绿色、高效的农村生态产业体系。

3. 提升农村文明水平。加强以村党组织为核心的村级班子建设,深化农村基层党风廉政建设,规范村级组织运行机制和民主管理制度,不断提升农村社会管理水平。完善农村社区公共服务,提高农民社会保障水平。加强农村平安法制建设,维护农村社会和谐稳定。深化农村精神文明建设,弘扬传统美德,传播现代文明,开展群众性生态文明创建活动,引导农民养成健康文明的生活方式,营造良好村风民风。保持乡村功能和特色,加强历史文化和自然风貌的保护与利用,实现历史文化、地域文化和现代文化相融合,在共性中追求个性,打造多元化魅力乡村。

4. 健全农村长效管理。巩固清洁绿化行动,建立健全农村环卫保洁、公共设施维护和村容村貌管理长效运行机制,加强专业化保洁和养护队伍建设,全面落实"村庄、道路、河道、庭院"等综合保洁工作,做好村庄绿化养护和道路、路灯、污水治理设施、环卫设施等方面的管护工作。健全"户集、村收、镇运、区处理"的农村垃圾收集处理体系,促进农村垃圾的减量化、无害化、资源化处理。完善区、镇、村三级督查考评制度,加大社会参与、社会监督力度,提高农村环境长效管理水平。

四、资金政策及管理

(一)奖励补助标准

美丽乡村创建村。对通过考核验收达到美丽乡村"特色精品村、重点村、一般村"创建标准的村,根据考评结果,按区委〔2013〕27 号文件,对本村常住户籍人口分别给予每人 2300 元、1800 元、1200 元的一次性奖励,区财政对每村最高奖励金额分别不超过 700 万元、500 万元、350 万元。精品村镇财政按不少于区级奖励资金的 50% 落实配套资金,重点村及一般村财政按不少于区级奖励资金的 20% 落实配套资金,创建村负责筹集其余所需建设资金(投资投劳不少于总投入的 10%)。

鼓励从一般村向重点村、特色精品村逐级提升创建,通过验收的,按标准补足奖励资金。

对"第一批重点提升村"申报创建特色精品村并达到标准的,每村给予 30 万元的一次性奖励。

(二)资金拨付。按照美丽乡村创建工作计划和实施进度,项目立项启动后镇政府按照区财政下拨款项进行同步下拨配套款项(项目立项启动后镇财政按实施工程额的 30% 预拨资金,项目基本完工后再拨付45%,验收合格后按评定等次拨付其余奖励资金。)

(三)监督管理。美丽乡村建设资金镇级实行专户管理:区级下拨资金及镇配套资金在专户中收支;村级实行专账管理,专款专用,不得移用、挪用,由镇财政统计审计办和“美丽乡村”建设领导小组办公室对资金进行监管。各村要按镇纪委及招投标办的相关规定、规范工程招投标、工程合同、资金拨付使用等各个环节程序,确保规范、依法、阳光操作。

五、项目管理

1、美丽乡村工作的实施主体是各村村委会,为各项创建工程的项目业主。

2、创建工作开展的所有工程项目,实行政府投资项目管理制度。

3、各村对照创建要求,会同镇属各办提出初步的建设内容,列出建设清单,由镇“美丽乡村”建设领导小组办公室讨论审核,交专业单位进行工程的初步方案设计,初步建设方案交“美丽乡村”建设领导小组讨论并报区相关部门及区政府同意后确定为建设方案,交专业单位进行施工设计。

4、为加强美丽乡村创建工作的建设与管理,由镇组织相关单位进行统一测量、统一设计、统一监理。工程的测量、设计、监理单位由镇“美丽乡村”建设领导小组办公室牵头与各村确定。单项工程测量、设计、监理费超过50万的,必须在镇公共资源交易平台上进行公开招标确定测量、设计、监理单位。

5、创建所涉及到的工程必须经由镇招标办公开招标后实施。

6、工程竣工后,统一由镇财政统计审计办组织工程审计与财务审计。

7、工程所涉及的征地、借地(租地)政策处理费、临时的误工开支以及拆除不雅观建筑的补偿等支出,由各村自行处理。

六、工作措施

(一)加强组织领导。美丽乡村建设是统筹城乡发展、协同推进新农村建设与生态文明建设的重要抓手,要高度重视,加强领导,改进作风,坚定不移地把这项惠民工程不断推向深入。瓶窑镇“美丽乡村”建设工作由镇“美丽乡村”建设领导小组具体承担综合协调、政策制定、检查督查等工作。各村是建设主体,当年有建设任务的各村必须建立“美丽乡村“建设领导小组、村民督查小组。美丽乡村建设工作纳入镇政府对各村的年度综合考评内容。

(二)完善投入机制。建立健全“政府主导、社会参与、农民自筹”的资金筹措机制,调动各方力量合力推进美丽乡村建设。创建村要按照量力而行、尽力而为的原则,多方筹措美丽乡村建设资金,积极开展农村“一事一议”筹资筹劳等活动,引导农民群众出资出力共建美好家园。

(三)加强指导协作。镇属各部门要各司其职加强指导,镇纪委要加强对“美丽乡村”创建工作监督,对工程的招投标、建设管理及资金使用加强监管。镇农办、党务群团办、村镇建办、卫生、妇联等部门要加大资源整合力度,以美丽乡村建设为载体,统筹实施新农村建设相关工作,并与城乡规划管理、基层党组织建设、党风廉政建设、民主法治建设、农村经济发展以及文明、健康、生态、绿色等各类创建活动结合起来,做到计划衔接、项目配套,努力发挥集成效应,切实提高美丽乡村建设水平。

(四)营造浓厚氛围。各村要利用现有各种手段与载体加大美丽乡村建设的宣传力度,持续营造人人参与、共建共享的浓厚氛围。积极倡导自力更生、艰苦奋斗精神,鼓励和引导农民群众自觉投工投劳投资,研究有效激励鼓励机制和活动载体,充分调动农民群众创建积极性。

要广泛宣传美丽乡村建设工作中涌现出来的先进典型、先进经验，宣传部门要适时组织宣传报道，扩大美丽乡村建设社会影响力，激发创建激情，推动工作开展，形成上下一心、社会参与、齐抓共管的良好局面。

杭州市余杭区瓶窑镇人民政府

2013 年 7 月 11 日

第二章　杂　　录

第一节　清末瓶窑报道

械斗续闻

钱塘余杭之瓶窑乡，温台人与两湖人械斗，致伤毙数十名。两湖人避赴省城呼冤，经官宪暂为安捶(抚)，日给钱米，令分处钱塘、清波各门外。前报已述其详。兹乃该难民等不尽皆两湖产，亦有河南。前年避荒来者，附于楚鄂人，与温台人不合。现经胡雪岩方伯商诸事名，宪以该难民等在各属垦田，人数不敌温台，弱肉强食，终不相安，拟给川资，尽数遣回原籍。其有出资，向温台人及土人购置山田房屋者，一律代赎。闻已定议，所有川资等项，均由方伯垫给。不日即将发遣矣。但被杀多命，目下：温台帮中仍无主名可索，尚不知如何办理也。(《申报》1881年9月25日第3018号第2版)

械斗结案

杭之瓶窑乡械斗一事，钱邑尊亲往查办，以案无主名，无从下手，依然回省。后经中丞委前任嘉兴府许雪门太守偕同钱邑尊驰往办理，现已一律停妥。闻太守到后，先饬温台之人举出棚头，编户造册。其所种田亩及房舍屋宇，详细叙明，分以界限，无得搀越。其两湖与河南客民，亦令一人为棚头，管束其群。所焚去之草屋，由官一律造还。所有开垦之田，准其自往收获。两造杀伤多命，现已自行收殓，均无庸议。嗣后即有争闹等事，皆归棚头调处，不得以干戈从事，故许太守业已回省销差。俟该处草舍一律盖齐，则杭城外散处之难民，皆可陆续归去矣。是役也不戮一人，不费一矢，而卒能一语解纷，四乡安堵，非太守平日有爱民之实心，安能如是相孚乎。(《申报》1881年10月8日第3031号第2版)

给资遣散

杭州瓶窑乡客民械斗，虽经许雪门太守调处，现已安然无事。然以仇敌而共处一方，将来弱肉强食，终难免挟忿寻仇。现悉省宪议定，俟两湖人秋收毕后，给发川资，尽数遣回。此项巨款，前经胡雪岩方伯慨然自任，每一人给银十六两，按名给发，另派邢司马守道，汤大令庆怀押解回籍，以免沿途逗遛生事。其已死之人，则由许太守查明人数，每名给以烧埋银五两。闻系许太守独自捐廉者，是以各难民无不悦而诚服也。(《申报》1881年10月10日第3033号第1版)

邑尊擒盗

月前，余杭县前出一抢案。闻该盗共十三人，奏函瓶窑镇而来。缘瓶窑有某富户嫁女于余杭，奁资丰盛，载有两船。内有大皮箱八口，皆衣服首饰等，价值千金。该盗侦悉，遂于是日尾奁船而来。见妆奁发入某冢，即于是夜打门而入，抢劫一空。次日，邑尊得报，当即带同干役四五人，勇悍亲兵七八人，邑尊微服，身藏暗器，购得眼线一人。得知详细，遂至瓶窑镇直扑盗巢。

比及门首，差勇皆不敢入，邑尊手舞双铁尺，打门先入。盗等见县官亲来，必带兵勇，争先惊避。邑尊手起铁尺，先将两盗击倒。一盗死命将铁尺夺住，不意铁尺中藏有火药，触着关键，一枪突出，盗亦中伤而倒。一时兵丁齐奋，尽数捉获，计共七人。搜其赃物，仅有空皮箱数只，所有衣饰等件，已令六人分携至嘉兴典当。邑尊将该盗带回收禁，当即亲于嘉郡缉获。未及三日，又于市中获住两盗，尚有余党三四人。据供在杭州之湖墅地方逗留，邑尊派同干捕移咨该处。汛弁日夜巡缉，烟盘茶馆查察尤严。讵料未及半月，而邑尊忽丁内艰，当即卸事，想此案已移交新令尹矣。(《申报》1883年12月24日第3845号第1版)

瓶窑多盗

杭州所属瓶窑地方，离省不过数十里，其间口港甚多。一面直达长兴通太湖，一面入余杭境至青山等处。近来，该处时有匪徒出没，乘机抢夺，不止一次。有上虞某姓，在彼耕种有年，现当秋收已毕，将谷售去，得洋七十余元。于本月初一夜，突被匪徒撞门而入，将洋银及衣物等抢掠一空。某无以为生，遂携带家眷，仍回故里。经该处绅耆禀请抚宪，调兵驻彼以防盗贼。本月初四日，抚宪特派新右旗亲兵全营往彼驻扎，并派新前旗亲兵五队，分驻湖墅。(《申报》1895年1月17日第7812号第3版)

邑尊勘案

杭州访事友手毕云，上月二十夜，钱塘县属之瓶窑地方，某丝行于三更时，有窃贼三四人，撬门而入。身穿短窄黑衣，正在搜括，为栈司所闻，起而捕捉。该贼举刃相向，伤其右臂。及众伙咸起，贼始启门遁逃，计所失约值二百金。次日，由地保报县，吴小村明府即带同差役往勘验伤，尚不甚重。回署后，立饬捕役访缉，未识鸿飞冥冥，果能弋获否也。(《申报》1897年8月28日第8752号第2版)

杭郡歉收

杭州访事友云，钱塘县属西乡一带，居民皆以务农为业。所种之田，大半皆系城中人之产。本因秋雨连绵，田稻收成歉薄，闻所收租米，高田每亩仅三斗有零，低田不过二斗左右。除完纳钱漕夕实无盈余，即上等沙田所收，亦只二斗余，故业珏者，无不为之愁眉双锁也。(《申报》1897年12月30日第8876号第2版)

杭属各镇举办警察

杭属各镇近奉颜廉访谕，饬县主仿行巡警，矽由仁钱二首县之塘栖、瓶窑、山墩等镇先行试办，均派汛弁为巡长。所需经费，分向铺户劝集。刻下塘栖汛徐金富等，各率巡士来省，禀请府县点验，给发军装，俾资保卫闾阎云。(《申报》(陈)1906年7月22日第11947号第9版)

瓶窑水灾

杭属瓶窑镇，为南苕、中苕、北苕三溪汇流处。前月杪天目万山之水，从三溪汹涌而来，宣泄不及，致水涨三丈。瓶窑全镇俨成泽国，且冲坍丁姓房屋三间，淹毙救塘人夫一名。初十以后，水势渐退。讵十四日，水又暴涨，对岸险塘高峙，为浙西三郡屏障，水与塘平，前次已矬，陷四十余丈，今更岌岌可危。各乡田禾漂没多日，各庄董以无可补救，大灾已成。拟日内赴省呈报云。(《申报》)1909年7月7日第13082号第5版)

乡镇添兵驻防之手续

杭州总捕同知，日前详请省宪以据瓶窑自治各团体等禀，称瓶窑镇接近独松、幽岭、章头、九洞岭四关，系属钱余临武孝五县交界之区，直达江宁及皖赣陆路必由之地，且又濒临苕水，下通嘉湖。洵为省会西北门户,历来驻有重兵。司省垣之筦钥,乃庚子以后,用兵者专驻海疆。瓶窑防兵遽行少,或扎半哨,或扎数棚。兵力一单,盗风日炽,截劫要路,连抢多家,假扮官军,骚扰市镇等事,层见迭出,均各有案可查。自经抚宪奏准,以贵捕府稽移驻瓶窑,迭蒙贵捕府请添防兵四棚,驻守辖本年三月间,忽奉抽去两棚,地重兵单,益难镇摄接情上求省宪,俯念要地,迅速添拨防兵营驻窑,资捍卫云云。未知上宪若何批示也。(《申报》1911 年 6 月 10 日第 13770 号第 10 版)

警告

杭垣瓶窑地方,于本月初五、六日两昼夜,倾盆大雨,溪水陡深丈余。而初七、八,山水继至,乡民抢护不及,冲坍塘闸十余处。急流横溢,低区田禾尽遭淹没。各乡区牲畜漂亡,室卢荡尽。讵十四日上午,忽有乡民千余人来镇抢劫米店,其中河南客民最居多数。自十点钟起,至下午三点钟止,声势汹汹,计共被劫沈世昌等米店五家,抢去米豆粉食三四百石。随后蜂拥至苕西小学堂肆闹,捣毁门窗、食物、器具,现在人心惶惶,市面大为震恐。该处当五方冲要,驻扎防营仅止两棚兵力,不敷镇压。昨经杭总捕同知郅司马禀请,上峰迅拨勇队暂驻,并请赐拨重帑,先办急赈以保危局。(《申报》1911 年 9 月 9 日第 13861 号第 10 版)

第二节 民国瓶窑报道

杭属匪势蔓延

杭县所属之瓶窑、临平、三都、良渚、勾庄等区,离省仅二十余里,年来迭遭水患,饥民遍野,致强悍者勾结外匪,肆行焚劫。自前月二十二号起,三都四图吴桂生等十一家被抢十三号周天贵等十八家被难;二十四号又扰五图翁煜全等十余户,以致邻村数十里一夕数惊,群思迁避。现经各乡自治绅董协议,公推骆绅泰,环禀都督,要求酌发军队及水师炮艇,分扎良渚、勾庄,以慑匪焰而保地方各情。已奉都督核准严饬内河水师,即日照办矣。(《申报》1912 年 6 月 20 日第 14126 号第 6 版)

溃兵匪徒窜入瓶窑之严防

杭县知事周李光君,昨致省会警察厅公函云:据瓶窑镇商务分会呈称,该镇为省垣门户,前清注重异常,光复后裁撤同知,仅耆警察分署。本年春季改为西乡派出所,匪徒公然出没,烟赌到处横行,现在赣宁变起,里山伏莽蠢动堪处。近日有溃兵二百余人,由宁国窜入离瓶窑数十里之大和山地方,复有近镇之嵊县客民,纠集上杭,每日数十人或百余人,询其何往,则云王金发在嵊县招兵,我等前去应募等语。又有谣传谓前入共进会匪徒千余人,欲往上海为叛军效力,拟于起程时先在瓶窑上带掳掠财物作为盘川。因是地主,疑惧一夕数惊,各商号纷纷来会,要求欲将每月所出警捐改办商团,化无用为有用云云。闻夏厅长已拟另派干员前往整顿,并联络军界相机严防,务使叛兵溃匪不得越雷池一步矣。(《申报》1913 年 8 月 17 日第 14558 号第 6 版)

瓶窑镇迎灯肇祸

杭县瓶窑镇无知乡民,忽于前日迎赛龙灯,警察深恐酿事,出示禁阻,乡民非但不听,反敢纠集邻村游匪数百人,出而反抗,所员见势不佳,立即函商防营韩管带拨兵四棚来此弹压。无奈兵民联成一气，并有匪徒怂恿，竟敢于次日由兵士出场，排队迎赛过派出所门前，任意嘲笑岗警，稍为干涉即上前攒殴，所员无可再忍乃拿肇祸兵士四人，拟暂押以挫其势，不料在外兵士一齐鼓噪闯进大门，立将派出所冲毁，军械物件掳掠无遗，殴伤长警多人，内有巡长奄奄待毙，所员先已奔逃飞告韩管带求救，韩又斥其多事，致兵士之胆愈大，无从收拾。于是由所长电省请示，该镇近日谣言蜂起，人心惶惶，周知事昨已飞舆往勘，闻军民两府今亦派员查办云。（《申报》1914 年 3 月 7 日第 14751 号第 7 版）

余杭之灾讯

余杭水灾急赈会来电云：上海各报馆转全浙同乡诸公章太炎盛壮叔许复初杨耳山徐博泉孙慕唐梅伯荪董芸生诸先生均鉴，余杭自八月三十一日起至九月二日止，飓风急雨，昼夜不息，山洪四发，苕溪南湖并溢，塘堤尽溃，以致全县皆成泽国，秋收绝望，城之不没，仅及数寸。溺毙人畜，倒坍房屋无算。高处居民咸登屋顶或集树杪呼号求救，. 一日起急雇船筏拯救，安顿各庙宇，由县垫款，暂时施粥，藉延残喘。惟来日方长，后继实难，且余邑本年六七两月，叠遭大水三次，田禾尽皆重种，种后又造大旱，民力财力穷困已极。此次灾较辛亥年为尤甚，诚数十年来未有之浩劫。哀此灾黎，其何能堪，素仰执事热心公益，慈善为怀。为此，函请先生俯念乡梓灾黎，生命垂绝，慷慨施赈，并请鼎力代募，陆续汇下；一面再恳通电督办省长，迅拨巨款急赈，免致流离失所，扰乱治安。不胜迫切待命之至。余杭水灾急赈会叩阳。（《申报》1922 年 9 月 10 日第 17798 号第 14 版）

浙省修筑道路之踊跃（节选）

杭瓶线发展杭瓶线系以杭州湖墅为起点，而良渚、而勾庄、而山墩、而至瓶窑，计程约念余里，前经二地绅商谢莼叔、骆树立等发起，修筑预计资本约需十二万元。以五元为一股，由瓶人先行认定二千股一节，业已志前刊。兹悉谢君等以由瓶窑至周家坂（约计十八里），与周家坂至横河（约计三十里）。一线为杭余武三县交通之枢纽，亦为杭余余武二路汽车欲谋衔接之冲要，故特商请杭余长途汽车公司，尽先修筑，以便行旅。（《申报》1923 年 10 月 20 日第 18194 号第 23 版）

浙省近来之道路消息

杭瓶路开始施工瓶窑士绅发起杭瓶汽车路，以余杭双溪黄湖为起点，杭县湖墅为终点。计黄湖至瓶窑三十六里，瓶窑至良渚十八里，良渚至山墩十八里，山墩至湖墅十六里。现黄瓶段已着手施工，黄湖方面由张星叔君主持一切。其自瓶窑至周家畈一段，长十二里。作为瓶周段，工程费约一万三千元，筹认数目已达万元。昨由筹备主任骆树立君函催各股东，请其正月终以前，先缴半数，以便二月初五可如期开工云。（《申报》1924 年 3 月 8 日第 18326 号第 23 版）

浙省筑路之新消息（一）

杭瓶路从事测量。杭瓶路系由杭瓶士顾子才、谢纯叔、骆树立等所发起，迭经城乡联合会议，结果颇佳。故该发起人等，已决于即日先派员将该路线测成口说。俾里数及施工计划，均有一定之标准，其呈请杭县县公署立案，并妥予保护之。原文如下：窃查杭县属之湖墅调露瓶窑等区，向为省道直达之孔道。惟查原有水陆之回互屈曲，里数既苦广长，交通殊感不便，乃斌（即顾子才）等，鉴于省道之积极进行，莫不认为要举而县道之广续翎起，何可置诸缓图。兹拟发起集资修筑，组织汽车股份有限公司，即以附郭之湖墅区为起点，中经调露区之三墩，暨瓶窑区之良渚、长明桥、安溪，迄瓶窑镇止，计长五十里左右。非先将路线实地测量，制成图说，既无以求精确之标准，即欲计划而无从。业由发起人派垫股银，赶从路线一方着手，惟将来实测时，难保无末明真相者，发生误会。拟请转予分行各警所，通令所属沿途保护，藉利进行云云。(《申报》1924年1月26日第18291号第22版)

瓶窑茧行预备停秤

余杭瓶窑长乐桥一带，茧行开秤已有一星期，各行收货大致均较往岁为少，只及十之五六。茧价最高五十六七元，最低四十元，统扯须四十七八元。今岁余杭茧质不佳，薄皮双宫居多。类须三百二三十斤，各行以市上到货渐稀，均预备停秤云。(《申报》1929年5月22日第20175号第11版)

纪庄长林之点穴功

距今二十年前，余杭北乡石濑镇永春糟坊，有酒匠庄长林者，甬人，年六十许，善技击，尤精点穴术。尝闻人言，庄之点穴功夫颇有惊人处，盖庄能以长线贯鸡毛一串，系于楼板下，人与鸡毛相距丈许，以指向鸡毛一指，则线立断，而鸡毛飞舞满屋。又能立于距石灰墙丈许处，以指指墙，则墙上之石灰即纷纷落下。最奇者，人与玻璃窗相距五六尺，以指向窗之玻璃空画，则玻璃应手碎裂，而裂痕成一直线，一若划以金钢钻然。顾庄之为人颇谦和，虽具此绝技，而深自韬晦，居恒不肯轻易献技，遑论伤人。虽有时受人侮辱，亦容忍不糜。闻终其身，仅丧人一命，然出于一时义愤。盖某年回里，由余杭搭舟至杭，舟中有某甲者，无意中损坏某乙之伞，但甲当向乙道歉认赔，而乙不之理，始而辱骂，继而痛殴，舟中人出为解劝，乙怒卒不稍息，谓必须处置某甲如伞，于是殴骂不休。及舟抵杭之湖墅，乘客均纷纷登岸，乙犹在船头殴甲，同舟者咸抱不平，群斥某乙，而乙非特不自知过，且迁怒于众。斯时庄某立于岸上，见乙如此横暴无礼，愤甚，乃以指遥指之，乙当即呆若木鸡，庄谓之曰："一月后汝若要命，可来余杭北乡石濑镇某家找寻庄长林也"，言毕竟去。庄家居半月，即返石濑候乙，讵一月后不见乙来，庄于是深悔，盖庄之点穴功夫甚深，被点者如一月内不求救于庄，则五十日后必殒命也。庄于民国十二年逝世，弥留时犹悔当年对乙不应下此毒手云。(《申报》1929年5月11日第20164号第21版)

杭瓶路业已通车

浙省公路局筹筑之杭州小河至瓶窑镇汽车路，业已竣工，于本月十六日起实行通车。自瓶窑镇起，经过长桥、良渚、勾庄、祥符桥以达小河，均设站售票，每日来回八次。两站时刻，计上午七时，八时十五分，九时三十五分，十时四十五分，下午十二时五十分，二时十分，三时三十五分，四时五十分。瓶窑站并与瓶湖汽车公司互相衔接，时间为上午头班及下午尾班云。(《申报》1929年7月2日第20214号第31版)

木屐儿赏识瓶窑乌甏

瓶窑在杭垣北四十五里，烟户稠密，市廛堕闹，为杭县四巨镇之一。而该镇之坐山，曰窑山，屏列镇北。该山原名横山，自明初刘青田于山南麓设窑制造陶器后，始易今名。至该镇之所以名瓶窑者，亦以出产陶器故也。顾该镇之窑，已于清乾隆时停烧矣，今窑址已无形迹可辨，唯窑之附近，则瓦砾累累满地耳。瓶窑所产之陶器，以乌甏为最著名。甏高尺许，面大底小。面径九寸，口径三寸半，底径亦如之。质为乌泥，外敷黑粕，光可鉴人。现今该镇及附近乡间，尚有收藏者，用以贮酒，夏日不坏，其价近年来每只值洋一元，然此为普通者。又有所谓特别者，形式大小与普通者无殊，所异者，内外敷釉，光泽异恒，人立其前，则甏面每人映有三影，诚珍奇之物也,顾此物甚少。据陶器谱所载,仅明季万历间制造.一窑,故流传至今者,已绝无仅有矣。今春西湖博览会派员来瓶窑征求乌鳖出品,该眺令镇上丁永茂瓷器号担任搜集。嗣该号于乡间高胜魁家假得三只,其中一为特别者。该号假得后,即送西览会陈列,以供众览。及闭会,即有木屐儿男女三人来瓶窑采访乌鬣。经乡人某甲导之至窑址所在,该三日人即俯拾缸块甏片,旋为附近居民骆某瞥见,骆即返家出一甏示日人。三日人见而狂喜,当易以钞洋十元。事为骆之邻人陈某所悉,亦出示二甏,日人又以钞洋一十元易之。三日人得鳖后,即欣欣然携之而去。讵由是时有日人来瓶窑搜罗乌甏,数日前,有杭垣日领事馆男女四五人,偕翻译员,携摄影机,乘杭瓶路包车来瓶窑访查乌髯事。若辈既至瓶窑,径赴窑址所在,拾取缸块甏片四大麻袋,又益以各人衣囊。或有询若辈取之作何用,彼等仅答质地甚佳四字。旋该日人等见市梢祝姓家有以瓦罐筑成之墙垣一垛,日人坚欲向祝某购墙上之瓦罐十只,声言愿出巨值。祝以系墙系遮蔽风雨之物,乌可拆卸,是以婉言拒绝。该日人等既不如愿,遂将该墙摄影而去。按祝姓墙上之罐,系当年制烧乌甏时用以垫底者,故俗名脚罐。高约二寸半,口底值径均三寸余,腰际略大,质粗陋,价极廉。任昔贫乏之家,常实泥罐中,以之代砖,而筑墙垣。而祝氏之墙,闻系洪杨前之物也。(《申报》1929 年 12 月 16 日第 20380 号第 11 版)

瓶窑蚕已三眠开叶

天气乍寒乍热稍受影响杭属瓶窑长乐桥一带,今岁因官厅加发改良蚕种,扩充饲额,蚁饲育不弱,催青时虽天气寒冷,而用火力补温,尚无影响。现下早帮已三眠开叶多日奈近数日阴雨连绵,加以气候乍寒乍热,以致蚕眠不起,间有下泄黑水,因蚕湿叶之故,叶价现开两元八角。(《申报》1930 年 4 月 26 日第 20502 号第 18 版)

杭县孝女乡之铁田

杭邑孝女乡尹家山之麓,有田一畦,共计亩。田之四周,胥界以山,而田中开掘稍深,即现铁隔,全田皆然,故以铁田称。抒事者或谓其下系古时王坟,或谓其下藏有宝物,猜测纷纭,究不知下为何物。顾铁田之名,由来已久,且传播遐迩,乃者。事闻于杭垣博物学家江子善君,君为好奇心所驱使,特往该处怂恿田主顾某开掘,以觇究竟。而顾早具此心,只以助兴无人,故未实行。此次经江怂恿,即欣然从之。当雇工人多名,偕江至田中开掘。掘时,先将上层浮泥掘去,讵掘至二尺余深处,即过硬物隔住,不能再掘,视之果铁隔也。于是用种种方法,经六人一昼夜之功,始将该铁隔凿破而掘去方丈之地。铁厚可三分,铁之下则为细粘之香灰泥,泥厚尺许,下铺石蛋。去石蛋,则为平铺之碗足底。讵碗底下,则又为铁隔,似较上层为厚,故竟无法去之,于是江顾二人气为之馁,且风声所播,四方来观者踵相接,二人恐当地警局闻讯前往干涉,故即将泥土耙平,停止工作。然已轰传迩遐矣。上述之铁田,自此次开掘后,虽不得其究竟,然睹此秘诡之形迹,实令人称奇不置。兹特纪之如右,以供海内考古家之研究。(《申报》1930 年 4 月 30 日第 20506 号第 17 版)

杭县县长会商九乡士商筹款请领平米　分配各乡区办粜

杭县县长潘忠甲,因各乡缺米,亟待救济,特会商瓶窑、四乡、调露、钦履、五都、西镇等九乡士商,筹款请领平米,分配各乡区办粜。今日先领平米三千,依户口之多寡支配,分运回乡,即日开粜。(《申报》1930 年 7 月 17 日第 20582 号第 7 版)

猎虎者言

余杭北乡之白鹿山,峰峦起伏,竹密林深,而虎豹之属,恒出没其间。有甬人邱阿丙者,家于该山之麓。上月初，邱之表兄曹某自奉化来邱家盘桓。某日，曹登山游览，忽于山腰间瞥见虎之足迹。曹固猎者，见此虎迹，即返奉化取弓箭至，装于虎迹原处，以备射虎。当晚，即有一虎毙于附近，虎重二百余斤，售于杭垣某药铺。（《申报》1931 年 2 月 10 日第 20780 号第 11 版）

杭县瓶窑茧市看好

杭县四乡春蚕，今岁早帮孵育土种者多。初时天气寒雨，中途走失十之六七，故均补育晚蚕。改良种孵化较迟，经调护尚鲜损失。大眠后天气暖，蚕蚁发育良好。早帮茧已上市，经纶等茧行先后开秤，市上到货不旺，且土种茧较多，茧身较次。茧价初开十八元，改良种二十元，蚕户不愿贱售，故均涨起四五元。瓶窑附近金家弄等处，今岁农村经济不足，孵育土种者多，天时不正，抵抗力薄，备受损害。嗣均补育改良种，调护得力，成绩尚佳。新茧已上市，统扯只有五六分年岁，茧身以改良种较优。茧价土只二十元至二十四元，改良种茧扯三十二三元，后市看涨。（《申报》1934 年 5 月 27 日第 21948 号第 18 版）

瓶窑农民受亏蚀

瓶窑一带农民，早帮土种蚕均受天时损害，咸起补育改良种之晚蚕，而孵化较迟，食叶较多，晚帮茧收成虽较丰，茧身亦较早帮土种茧为优，而茧本不願。茧行开秤多日，茧价因受公议之限制，不得缒，改良种茧只二十五六元，土种茧十五六元，司马秤亦不过三十一二元至十八九元，农民备受亏蚀。（《申报》1934 年 6 月 3 日第 21954 号第 18 版）

金华廿三日中央社电

杭州敌一千五百人，十九日向临平退去，沪沿线各地敌，现悬赏捉我便衣队，并派敌便衣队五百名，分布铁路沿线各地，防我便衣队之袭击。廿日敌以汽车由杭运兵三百增援余杭，并由杭县之三郎庙向瓶窑增兵，现瓶窑、余杭、闲林埠一带之敌，共约二千，正加强工事，司令部及主力均在留下。（《申报》1938 年 4 月 24 目第 23308 号第 1 版）

饬修杭县各区险塘

本厅据杭县县长电，以本县第三区之上塘河贺家堰塘身、第一区之西险大塘、奉口陡门及永泰乡之西险大塘，均亟待兴修，乞迅令会估拨款施工等情到厅。当查各该处工程，迭经令饬第一区水利议事会及省水利局会同勘估在案。旋据该会呈报，议决修理上塘河贺家堰工程，应重行设计等情。查是项工程，早经该局测估送交该会，迄今将及一载，始行议决，且以重行设计为词，实属不合。至修筑西险大塘，前经该会议决补助工费七千元，并准该县在二十年度建设经费收入超溢项下补助工款三千元，当即令县从速兴工，来电所称永泰乡之西险大塘，是否另一地点，应由县列席声明。又奉口陡门工程，亦未据该局会估复，现在各该处工程既甚险要，自应从速设法兴修。为经指令杭县县长派员列席，令饬第一区水利议事会核议并饬水利局各派员列席。（《浙江省建设月刊》1932 年第 6 卷第 3 期）

后 记

瓶窑镇承载着丰富生动的传统文化和历史记忆,传承着良渚文化文明血脉,在当地经济、社会、文化发展进程中发挥着重要作用。伴随城镇化建设步伐加快,基层政区变动频繁,瓶窑镇所承载的重要历史文化信息、传统文化信息不断消亡,乡土文化和民俗文化不断流失。在探索中国特色新型城镇化建设过程中,留住乡音、乡思、乡风,保留乡土文化记忆,继承传统文化精华,挖掘历史智慧,让百姓望得见山、看得见水、记得住乡愁,成为推进中国特色新型城镇化建设的重要内容。

2016年3月,中共瓶窑镇委员会、瓶窑镇人民政府决定编纂《瓶窑镇志》,成立杭州市余杭区瓶窑镇志编纂委员会,由镇党委书记吕复春任主任,原镇人大主席罗生祥任主审,负责编纂工作。并聘请区地方志办公室原主任、省地方志专家委员会委员王庆为主编,延请原镇人大副主席付勤、原镇广播电视站长姚雪贵、区教育局教研员陈杰共同编纂。编纂《瓶窑镇志》,对积累和保存瓶窑镇历史和现状的资料,资政育人,推动瓶窑镇经济社会可持续发展都具有重要的借鉴意义。我们能参与其间,深感责任重大而谨勤于业。

中国地方志有着悠久的传统,承载着中华民族源远流长的历史文化,必须认真继承。然而,这种继承又不是简单的承袭,必须有所创新和发展,与时俱进,以适应现实的社会。我们在编纂中,坚持质量第一、史实为准的原则,详加考证,存真求实,坚持用事实说话;在前期的资料收集与随后的资料整理过程中,力求科学性、思想性和资料性的统一;严格按照编纂体例规范行文,标题简洁、明晰、准确,文字通顺、朴实、严谨,事件要素齐全、完整,数字、标点符号、计量单位等按照国家有关规定正确使用,努力修出一部切实反映瓶窑镇历史沿革、变化规律的《瓶窑镇志》。

要真实地反映其自然、经济、政治、文化、社会等方面历史和现状,使其读之可信,查之有据,行之能鉴,寓教于志,深感不易。在镇志编纂委员会指导下,我们认真学习,广泛搜罗,手足胼胝,稿不吝涂。罗生祥主审自始至终做好镇志组织统筹工作,还刻苦钻研业务知识,认真审改志稿、选配随文照片;王庆主编编制凡例、纲目及除文化编外近百万字的初稿并总纂;付勤、姚雪贵等编纂人员,不辞辛劳,对镇志的资料或深入实地调查,或现场座谈询问,或电话专访,反复核实、补充资料,力求史料真实。陈杰编辑则在教务繁忙之中,提供了该志文化编的初稿。

2017 年 6 月完成初稿。经广泛征求意见并作认真修改,2017 年 10 月完成送审稿,送出版社。在两年时间内得以付梓,时间虽短,却也三易纲目,六改其稿,又经镇党委、政府领导审阅,各科室内行修正。全志设 8 编 36 章 112 节,志首设综述、大事记,志末设丛录,共 132 万余字,另有志前彩页和随文图照 200 余幅。中国地方志指导小组秘书长、方志出版社社长冀祥德认为:"《瓶窑镇志》较为全面、真实地记述瓶窑镇有关基本情况,为社会各界了解瓶窑镇情况提供了资料,有较大的出版价值。"

在《瓶窑镇志》付梓前,省地方志专家委员会主任魏桥先生,原余杭县委书记刘永根及区地方志办公室吴莹岗、陶贤德、张嫣等先生给予指导,赵大川、康烈华、吕伟刚以及镇内仲良永、陆顺玉、万守祥、章玉良、马文星、李望生、王月松等先生热心提供资料、图片,吴云水、胡兴国等先生提供许多珍贵照片。在此,表示衷心感谢!限于学识、水平,缥帙不齐,采择不详,传疑疏略甚至谬误,诚有不免,望读者指正。

编者

2018 年 2 月

图书在版编目（CIP）数据

瓶窑镇志／杭州市余杭区瓶窑镇志编纂委员会编
--北京：方志出版社，2017.10
ISBN 978-7-5144-2581-9

Ⅰ.①瓶… Ⅱ.①杭… Ⅲ.①乡镇-地方志-余杭区
Ⅳ.K295.55

中国版本图书馆CIP数据核字（2017）第254741号

瓶窑镇志

编　　者： 杭州市余杭区瓶窑镇志编纂委员会
责任编辑： 刘方圆
出 版 人：冀祥德
出 版 者： 方志出版社
地址北京市朝阳区潘家园东里9号（国家方志馆4层）
邮编100021
网址http://www.fzph.org
发　　行： 方志出版社图书经销中心
电话（010）67110500
经　　销： 各地新华社
印　　刷： 杭州供销印刷有限公司
开　　本： 889×1194　1/16
印　　张： 55.375
字　　数： 1334千字
版　　次： 2017年10月第1版　2017年10月第1次印刷
印　　数： 0001~2000册

ISBN：978-7-5144-2581-9　**定价：** 200.00元